NOUVELLE COLLECTION

DES

MÉMOIRES

POUR SERVIR

A L'HISTOIRE DE FRANCE.

TROISIÈME SÉRIE.

II.

NOUVELLE COLLECTION

DES

MÉMOIRES

POUR SERVIR

A L'HISTOIRE DE FRANCE,

DEPUIS LE XIIIe SIÈCLE JUSQU'A LA FIN DU XVIIIe;

Précédés

DE NOTICES POUR CARACTÉRISER CHAQUE AUTEUR DES MÉMOIRES ET SON ÉPOQUE;

Suivis de l'analyse des documents historiques qui s'y rapportent;

PAR MM. MICHAUD DE L'ACADÉMIE FRANÇAISE ET POUJOULAT.

TOME DEUXIÈME.

GUY JOLY, CLAUDE JOLY, PIERRE LENET.

A PARIS,

CHEZ L'ÉDITEUR DU COMMENTAIRE ANALYTIQUE DU CODE CIVIL,

RUE DES PETITS-AUGUSTINS, N° 24.

IMPRIMERIE D'ÉDOUARD PROUX ET COMP^e, RUE NEUVE-DES-BONS-ENFANTS, N. 3.

1838

8.54403(z)

MÉMOIRES
DE GUY JOLY.

SUR LES MÉMOIRES DE GUY JOLY.

Les Mémoires de Guy Joly ont toujours été regardés comme la suite naturelle des Mémoires du cardinal de Retz. Guy Joly, conseiller au Châtelet, neveu de Claude, chanoine de Notre-Dame de Paris, dont il sera question plus tard, se dévoua, dès sa jeunesse, aux projets, aux intrigues, à l'ambition turbulente du cardinal de Retz. Son intelligente activité servit utilement le coadjuteur. Il fut son compagnon d'exil après l'évasion de Nantes; il le suivit dans ses courses vagabondes en Italie, dans les Pays-Bas, en Hollande, en Allemagne et en Angleterre. Quand la mort de Mazarin eut rouvert au cardinal de Retz les portes de la France, il rentra avec lui et plaida en faveur de son patron pour rendre bonnes et profitables ses conditions de paix avec la cour. Peu de temps après, Guy Joly et le cardinal furent mécontents l'un de l'autre; ils se séparèrent en 1665 en s'accusant mutuellement d'ingratitude. En 1667, Guy Joly, obéissant aux inspirations de la cour, écrivit plusieurs ouvrages pour la défense des droits de la reine Marie-Thérèse d'Autriche, sur le Brabant. L'époque de sa mort n'est pas connue.

Lorsque Guy Joly songea à composer ses Mémoires, il était brouillé avec le cardinal de Retz, et cela explique suffisamment tout le mal qu'il a dit de son ancien maître. Certainement personne mieux que Joly n'a connu le prélat révolutionnaire, et les détails qu'il nous donne sur son caractère, sur ses habitudes, doivent généralement avoir de la vérité; mais l'histoire courrait risque de devenir complice des rancunes d'un homme, si elle adoptait aveuglément toutes les couleurs dont s'est servi Joly en voulant peindre le cardinal de Retz qu'il avait mission de discréditer. Dans la dernière partie de ses Mémoires, Joly est fort intéressant, fort amusant, toutes les fois qu'il parle du cardinal. « Mon pauvre ami, lui » disait un jour le prélat, tu perds ton temps à » me prêcher; je sais bien que je ne suis qu'un » coquin; mais, malgré toi et tout le monde, je » le veux être, parce que j'y trouve plus de » plaisir. »

Un des morceaux les plus curieux de ces Mémoires, c'est celui où Joly raconte la suspension des rentes de l'Hôtel-de-Ville en 1649, le mouvement à la suite duquel il se fit nommer l'un des douze syndics des rentiers, et ensuite *l'entreprise feinte* sur sa personne pour exciter le peuple en lui faisant croire que Mazarin avait voulu faire assassiner l'un des syndics chargés de veiller à la conservation des rentes. Le 7 décembre, à sept heures et demie du matin (et non point à sept heures et demie du soir, comme le rapporte un des précédents éditeurs), le gentilhomme d'Estainville tira un coup de pistolet à Joly, au moment où il passait en carrosse dans la rue des Bernardins; on avait eu la précaution de ne faire monter aucun laquais derrière le carrosse, pour que le dessein pût s'accomplir plus facilement. « Aussitôt après l'action, Joly fut conduit chez » un chirurgien au bout de la rue des Bernar- » dins, vis-à-vis Saint-Nicolas-du-Chardonnet, » où, ayant été déshabillé, on lui trouva au bras » gauche, à l'endroit où les balles devoient avoir » passé, une espèce de plaie qu'il s'étoit faite lui- » même, la nuit, avec des pierres à fusil; de sorte » que le chirurgien ne douta pas que ce ne fût » l'effet du coup, et il y mit un appareil dans les » formes. » Guénaud, le même qui figure dans la satire de Boileau sur les Embarras de Paris,

Guénaud, sur son cheval, en passant m'éclabousse,

fut un des médecins appelés à présider à la levée de l'appareil de la blessure; le soir, en rendant compte à la Reine de ce qu'il avait vu, il déclara qu'on ne pouvait mettre en doute la *vérité de la chose*, et ajouta que le plus grand comédien du monde ne pouvait porter la dissimulation aussi loin dans une affaire de cette nature. La tentative d'assassinat commise sur le prince de Condé vint bientôt faire oublier Joly qui, de toute cette comédie, recueillit seulement une cicatrice au bras gauche.

Claude Joly nous représente son neveu comme *un magistrat d'une probité aussi grande que d'une érudition profonde*. Ce qu'il y a de plus vrai dans cet éloge, ce n'est peut-être pas la probité. Ses longues et étroites liaisons avec le cardinal de Retz, sa constante complicité dans les mouvements des factieux, sa facilité à se prêter aux exigences des passions grossières, tout cela ne donne pas l'idée d'une complète franchise et d'une entière bonne foi. Les Mémoires de Guy Joly embrassent une période de vingt-deux ans (depuis l'année 1643 jusqu'à l'année 1665). Ils sont écrits avec beaucoup d'ordre; la phrase en est facile, correcte et d'une grande clarté. A voir la langue française telle qu'elle est écrite par Joly, on pressent le grand siècle de Louis XIV. En lisant ses Mémoires, on n'a pas grand'peine à croire que Joly vint plus d'une fois en aide au cardinal de Retz pour composer ses discours. La narration historique laissée par l'ancien ami du coadjuteur, est l'œuvre d'un homme d'esprit qui savait observer. On y trouve une sorte d'affectation de bon sens qui semble avoir pour but de faire ressortir les extravagances du cardinal de Retz. Joly est un acteur de la Fronde, dont les impressions et les témoignages sont utiles à étudier. Outre les Mémoires qu'on va lire, Joly a composé deux autres ouvrages, dont l'un a pour titre : *Intrigues de la Paix*, l'autre *Négociations faites à la cour par les amis de M. le Prince*.

MÉMOIRES
DE GUY JOLY.

[1643 et suiv.] Le ministère du cardinal de Richelieu étant devenu odieux, la nouvelle de sa mort fut reçue généralement dans toute la France avec des témoignages et des sentimens d'une joie qu'on ne peut assez exprimer; et même, comme cette mort fut bientôt suivie de celle du roi Louis XIII, et que la régence fut donnée à la Reine, cette joie fut extrêmement augmentée par l'espérance qu'on eut d'un changement avantageux, et que la Reine, qui avoit elle-même beaucoup souffert des violences du cardinal de Richelieu, prendroit une conduite opposée à celle de ce ministre, d'autant plus que jusqu'alors Sa Majesté avoit toujours paru fort sensible à la misère des peuples et aux disgrâces des particuliers. Mais comme on remarqua bientôt après que la Reine, en changeant d'état, avoit aussi changé d'humeur et de sentiment; comme on vit qu'elle remettoit le gouvernement du royaume et le soin des affaires au cardinal Mazarin, après s'être défaite de l'évêque de Beauvais (1), à qui elle avoit de grandes obligations, et qui étoit au moins un homme de bien, chacun se figura diversement et à sa mode les raisons de ce choix, et de cet attachement à un étranger. De sorte qu'elle tomba insensiblement dans le mépris de la plupart des grands seigneurs et autres personnes de qualité, même de quelques-uns de ses amis particuliers, qu'elle sollicitoit fort inconsidérément de s'attacher à son nouveau favori.

Aussi les peuples, au lieu du soulagement qu'ils avoient attendu, se trouvant plus que jamais accablés de nouveaux subsides, les belles espérances qu'on avoit eues, et les acclamations générales qui avoient été faites lorsque la Reine amena le nouveau Roi à Paris, et qu'elle fut déclarée régente, se tournèrent subitement en murmures, en imprécations, et dans une espèce de désespoir, qui est toujours plus violent en ceux qui ont commencé d'espérer, et qui se trouvent tout d'un coup frustrés de leur attente.

Voilà dans la vérité quelle fut la cause des barricades : car, bien qu'elles ne soient arrivées que plus de cinq ans après la régence, les dégoûts qu'on donnoit sans cesse à toutes sortes de personnes, et les impositions qui augmentoient tous les jours au lieu de diminuer, aigrissoient si fort les esprits, et les tenoient dans une agitation si continuelle, qu'il y a moins de sujet de s'étonner que les barricades aient été faites, que de ce qu'elles ne se soient pas faites plus tôt.

On avoit souffert long-temps avec patience; on avoit laissé mourir le président de Barillon dans la prison d'Amboise où la Reine l'avoit jeté, quoiqu'il eût contribué plus que personne à faire dans le parlement tout ce qu'elle avoit voulu lors de la régence. Bientôt après que M. le duc de Beaufort eut amené le Roi et la Reine à Paris, on le vit renfermé dans Vincennes sous prétexte d'une accusation ridicule contre la vie du cardinal Mazarin, et on l'y laissa languir plusieurs années. On murmuroit publiquement du désordre des finances; on parloit ouvertement contre d'Emery, homme violent et de basse naissance, qui avoit été fait surintendant. Le parlement s'étoit assemblé plusieurs fois sur la fin de l'année 1647 pour l'édit du tarif, que la cour fut obligée de réformer. Le peuple s'attroupoit tous les jours dans le Palais et dans les places publiques; et même comme on envoya le régiment des Gardes dans la rue Saint-Denis pour favoriser l'enlèvement de Cadeau, fameux négociant, de Croiset, procureur au Châtelet de Paris, et de quelques autres bons bourgeois qui poursuivoient avec chaleur, au parlement, une requête qu'ils avoient présentée contre l'édit du domaine, le peuple s'étoit ému et avoit sonné le tocsin aux églises de la même rue et des environs, et s'étoit si bien mis en état de défendre ceux qu'on vouloit arrêter, que les gardes furent obligés de se retirer, aussi bien que le lieutenant civil, qui avoit eu ordre d'aller en personne faire cette exécution.

Depuis ce temps-là le peuple, dans tous les quartiers de Paris et pendant toutes les nuits, se mit à faire des décharges d'armes à feu si

(1) Augustin Potier, oncle du président de Blancménil.

continuelles, qu'il étoit aisé de voir que tout le monde ne songeoit pas seulement à se tenir sur ses gardes, mais encore se disposoit à quelque chose de fort extraordinaire.

Cependant, parce que le parlement et les autres compagnies ne s'étoient pas encore entièrement déclarées, et qu'elles tâchoient toujours de conserver un milieu entre les violences de la cour et les ressentimens du peuple, les choses traînoient en longueur; et il ne seroit peut-être rien arrivé de considérable, si l'imprudence du ministre et de ses suppôts n'avoit, au commencement de 1648, fait deux choses qui choquoient si directement les intérêts de toutes les compagnies souveraines, qu'elles furent enfin comme forcées de faire pour leur conservation particulière ce qu'elles n'auroient pas voulu pour le bien public.

[1648] Ce n'est pas qu'il n'y eût dans toutes ces compagnies bon nombre de fort honnêtes gens dont les intentions étoient droites, et sans aucun intérêt particulier; mais leurs bonnes intentions étoient tellement traversées par la cabale et par la corruption des méchans, que la cour auroit à la fin triomphé des larmes des peuples et des efforts des magistrats, si elle ne se fût embarrassée elle-même dans ses desseins par sa mauvaise conduite.

Quoi qu'il en soit, la première des entreprises de la cour qui commença d'échauffer les compagnies souveraines fut l'édit que le Roi porta au parlement au mois de janvier 1648, contenant la création de douze maîtres des requêtes. Car, bien que cet édit ne semblât regarder que le corps des maîtres des requêtes, les conséquences en retomboient sur toute la robe, et il y avoit peu de familles qui n'y fussent intéressées pour leurs parens ou pour leurs amis. De plus, comme on vit que les maîtres des requêtes s'assemblèrent le même jour, et que le lendemain ils formèrent opposition à l'édit par des députés de leur corps qui entrèrent à la grand'chambre, cette action de vigueur d'une compagnie qui n'avoit pas coutume d'en faire paroître contre les desseins de la cour, réveilla tout le monde, d'autant plus qu'on savoit que cette assemblée s'étoit faite contre les défenses expresses du chancelier, et qu'on y avoit arrêté de faire de leurs bourses particulières une somme de douze mille livres par an à chacun de ceux de leur corps qui pourroient être exilés; et qu'en cas de mort de quelqu'un d'entre eux avant le rétablissement du droit annuel, ils se cotiseroient tous pour payer la valeur de la charge à la veuve et aux héritiers du défunt.

La seconde chose qui obligea les compagnies souveraines à se réunir contre la cour fut la saisie des gages de messieurs de la chambre des comptes, du grand conseil et de la cour des aides, sous prétexte du prêt dans lequel on les voulut comprendre pour le renouvellement de la paulette, quoique ce prêt n'eût jamais été payé que par les officiers subalternes.

La comédie en musique qui dans ce même temps fut représentée pour la première fois au Palais-Royal, pour laquelle on avoit fait venir d'Italie quantité de musiciens et de chanteuses, et qui coûta plus de cinq cent mille écus, fit aussi faire beaucoup de réflexions à tout le monde, mais particulièrement à ceux des compagnies souveraines qu'on tourmentoit, et qui voyoient bien, par cette dépense excessive et superflue, que les besoins de l'État n'étoient pas si pressans, qu'on ne les eût bien épargnés si l'on eût voulu.

S'ils ne témoignèrent pas hautement dans le monde le ressentiment qu'ils avoient de la dureté de la cour, et du peu de ménagement qu'elle avoit pour eux, ils ne laissèrent pas de prendre des mesures secrètes entre eux pour leurs intérêts communs; et jugeant bien que ce qui les regardoit en particulier ne feroit pas assez d'effet dans l'esprit du peuple, et ne seroit pas assez appuyé s'ils ne prenoient le prétexte du bien public et de la réformation des finances, ils résolurent de ne point parler d'autres choses; ensuite de quoi messieurs du grand conseil et de la cour des aides firent un arrêté d'aller demander à messieurs de la chambre des comptes la jonction de leur corps, pour travailler ensemble à la réformation de l'État, sans parler ni du prêt qu'on leur demandoit, ni de la saisie de leurs gages.

Cette résolution surprit fort tout le monde, d'autant plus qu'elle fut suivie par messieurs de la chambre des comptes, qui nommèrent sur-le-champ des députés pour aller avec ceux de la chambre des aides proposer à messieurs du parlement l'union des quatre compagnies : laquelle, après toutes les remises, et nonobstant les artifices du cardinal Mazarin, fut résolue par arrêt du 13 mai 1648, et ordonné qu'à cet effet les députés des quatre compagnies s'assembleroient à la chambre de Saint-Louis, pour y délibérer sur le soulagement du peuple et le bien de l'État.

Cet arrêt d'union fit un très-grand bruit à Paris et dans toutes les provinces; et la cour, qui ne s'y attendoit pas, fit tous ses efforts pour le renverser, jusqu'à se relâcher à l'égard des compagnies souveraines de la demande du prêt. Mais ces offres, faites hors de saison, ne furent pas écoutées, les compagnies redoublant leur vigueur par la foiblesse de la cour, et témoignant hautement qu'elles n'avoient jamais eu d'autres intentions que le soulagement du public.

Ainsi la cour, qui voyoit tous les jours diminuer son crédit et son autorité, résolut de tenter les voies de la force; et, la nuit du jeudi au vendredi devant la Pentecôte, elle fit arrêter les sieurs Turgot et d'Argouges, conseillers au grand conseil, qui furent conduits au Mont-Olympe; et le président Lotin et deux conseillers de la même compagnie, qui furent menés à Pont-à-Mousson; et les sieurs de Chesel et Guérin, conseillers de la cour des aides, qui furent relégués à Nancy.

Le conseil donna aussi des arrêts de cassation contre celui du parlement du 13 mai; et le sieur Guénégaud, secrétaire d'Etat, fut envoyé au Palais avec le sieur Carnavalet, lieutenant des gardes du corps, pour tirer la feuille du registre où étoit cet arrêt. Mais un petit commis qui étoit dans le greffe ne lui ayant pas voulu obéir, sa résistance fit que le bruit de cette entreprise se répandit aussitôt dans la grand'salle, dont les marchands fermèrent toutes les portes; et ils se préparoient à faire pis, si les sieurs Guénégaud et Carnavalet ne se fussent sauvés par un escalier dérobé, sans exécuter leur entreprise.

Il y eut encore à peu près dans le même temps une bagatelle qui ne laissa pas d'aigrir extrêmement les esprits même les moins emportés du parlement : ce fut la précaution ridicule qu'on eut à la cour d'envoyer un espion devant la maison du président de Mesmes, parce qu'on avoit su qu'il avoit dans une occasion opiné assez vigoureusement, contre sa coutume. Cet espion écrivoit sur des tablettes les noms de tous ceux qui entroient chez le président : lequel, en ayant été averti, envoya chercher un commissaire, et fit mettre l'espion au Châtelet, d'où il fut tiré le lendemain de grand matin par un exempt des gardes de la Reine; de sorte qu'il étoit en liberté quand le parlement envoya au Châtelet pour le transférer à la Conciergerie. Ce qui fut trouvé très-mauvais par toute la compagnie, dont quelques-uns crurent que ce n'étoit qu'un jeu, et une pièce faite à la main pour donner plus de crédit à ce que diroit dorénavant ce président, dont les avis étoient fort suspects.

Il arrivoit ainsi tous les jours de petits incidens qui augmentoient la chaleur du peuple, et diminuoient son respect pour la cour : de manière qu'on déclamoit hautement contre les édits dans tous les lieux publics, et principalement dans la salle du Palais. Il y eut même des femmes qui s'assembloient les samedis aux portes de Notre-Dame, lorsque la Reine y alloit entendre la messe; lesquelles, ne pouvant aborder de Sa Majesté pour lui parler, en étant empêchées par les gardes, se mirent à crier plusieurs fois *à Naples! à Naples!* pour marquer que si on ne leur faisoit justice, on en feroit autant à Paris qu'on en avoit fait à Naples (1) peu de temps auparavant.

Toutes ces choses ne faisoient pourtant pas beaucoup d'impression sur l'esprit de la Reine, ni des ministres, quoique des exemples de cette nature soient toujours très-dangereux, parce qu'ils entraînent insensiblement les peuples dans les mêmes dispositions qu'ils remarquent chez leurs voisins. Ce qui se passoit en Angleterre (2) faisoit aussi un très-mauvais effet : et bien que tout le monde désapprouvât l'emportement des Anglois, on n'en blâmoit que l'excès, et non pas les raisons; et le peuple tomboit imperceptiblement dans le sentiment dangereux, qu'il est naturel et permis de se défendre et de s'armer contre la violence des supérieurs.

La sortie de M. de Beaufort du bois de Vincennes, d'où il se sauva le jour de la Pentecôte 1648, augmenta aussi beaucoup les espérances du peuple, qui dès ce moment regarda ce prince comme un chef capable de le défendre contre les entreprises de la cour. On ne parloit d'autre chose dans le monde; et la haine qu'on avoit contre le cardinal Mazarin, fit regarder la liberté de ce prince comme le commencement de celle du public.

Ce prince entretenoit depuis long-temps une intelligence secrète avec un de ceux qui le gardoient, appelé Vaugrimaut, lequel ayant provision de cordes et d'autres choses nécessaires pour son dessein, le jour de la Pentecôte, une heure après midi, il entra dans la galerie du donjon avec M. de Beaufort, qui s'y promenoit tous les jours avec le sieur de La Ramée, gouverneur du château de Vincennes; et ayant fermé par dedans la porte de la galerie au verrou, il se jeta sur cet officier avec M. de Beaufort; et après l'avoir bien lié, et lui avoir mis une poire d'angoisse dans la bouche pour l'empêcher de crier, Vaugrimaut prit les devants sans façon, et se coula par une corde dans le fossé, disant à ce prince qu'il étoit juste qu'il se mît le premier hors de danger, puisqu'il y alloit

---

(1) Allusion à l'insurrection des Napolitains, ayant à leur tête Masaniello, pêcheur d'Amalfi.
(2) Allusion à la chute de Charles Ier.

de sa vie ; au lieu que si on venoit à reprendre Son Altesse, il en seroit quitte pour garder une prison plus resserrée. Ainsi M. de Beaufort ayant cédé le pas à son libérateur, descendit après lui dans le fossé, d'où ils furent tirés tous deux aussitôt avec d'autres cordes par des hommes qui les attendoient, sous la conduite de Vaumorin, gentilhomme du duc ; et étant monté à cheval, il se rendit, lui quatrième, dans le pays du Maine et d'Anjou, et demeura quelque temps caché chez le curé de La Flèche.

La cour fut surprise de cet événement, dont on avoit cependant averti le cardinal Mazarin quelques jours auparavant, et qui avoit été prédit par l'abbé de Marivaux et Goiset, avocat, qui se mêloit d'astrologie. La chose fut traittée de bagatelle. Cependant l'abbé de Marivaux étoit si persuadé de la certitude de sa prédiction, qu'il l'avoit publiée avec toutes ses circonstances : et quelques-uns de ses amis l'ayant rencontré au Cours le jour qu'elle eut son effet, et lui ayant dit tout haut que M. de Beaufort étoit encore à Vincennes, il leur répondit froidement qu'il n'étoit pas encore quatre heures, et qu'il falloit qu'elles fussent passées avant qu'ils fussent en droit de faire des railleries. Enfin l'affaire fit tant de bruit, et les avis réitérés qui furent donnés au cardinal firent tant d'impression sur son esprit, qu'il dépêcha un exprès au sieur de La Ramée pour l'avertir de se tenir sur ses gardes, sans s'expliquer davantage ; mais La Ramée n'avoit garde de soupçonner Vaugrimaut, qui étoit son homme de confiance.

D'un autre côté, les nouvelles qui arrivoient tous les jours de Munster, faisant désespérer de la paix, achevèrent de soulever les esprits du peuple, qui rejettoit sur le cardinal le retardement et les obstacles de sa conclusion.

Dès l'année 1643, la cour avoit envoyé à Munster M. le duc de Longueville et messieurs d'Avaux et Servien en qualité de plénipotentiaires, où, après plusieurs difficultés suscitées par Servien, qui avoit le secret du cardinal, on ne laissa pas de convenir de plusieurs articles qui furent trouvés justes et avantageux à la France par messieurs de Longueville et d'Avaux. Il est même certain que ces deux plénipotentiaires étoient disposés à les signer ; mais Servien s'y étant opposé, ils n'eurent pas assez de courage pour le faire, quoique leurs commissions leur donnassent le pouvoir de signer lorsqu'ils seroient deux du même avis. Après quoi M. de Longueville étant revenu en France, tous ceux qui avoient été avec lui confirmèrent ce qui avoit été écrit de Munster ; de sorte qu'on ne douta plus que le cardinal Mazarin n'empêchât la conclusion de la paix pour ses intérêts particuliers, craignant de n'être plus si nécessaire, et de ne pouvoir plus profiter des impositions nouvelles qu'il faisoit sans cesse sur le peuple, sous prétexte de la guerre.

Cependant le parlement et les autres compagnies continuoient de s'assembler par leurs députés à la chambre de Saint-Louis, en exécution de l'arrêt d'union, malgré ceux de défense et de cassation que le conseil rendoit tous les jours : ce qui tenoit toute la France dans une émotion si générale et dans une espérance si prochaine d'avoir du changement dans les affaires, qu'il n'y avoit personne qui ne cherchât les moyens de l'avancer, et d'y contribuer par toutes sortes de voies.

Mais la bataille de Lens ayant été gagnée en ce temps-là le 20 août 1648 par M. le prince, la cour s'imagina qu'elle pourroit encore entreprendre un coup d'autorité, et qu'arrêtant les plus vigoureux du parlement elle viendroit aisément à bout de tout le reste.

Ces pensées étoient même inspirées par quelques-uns de ce corps, et particulièrement par le premier président Molé (1), qui s'opposoit par toutes sortes d'artifices aux desseins de la compagnie, quoiqu'il parlât assez vigoureusement en quelques occasions ; mais ce n'étoit que pour gagner du crédit dans le parlement, et pour faire peur à la cour, afin d'être mieux payé des cent mille livres qu'on lui donnoit tous les ans, et pour obtenir tous les jours de nouvelles grâces pour ses enfans, qui le gouvernoient et qui le vendoient à la cour.

Cet homme avoit aussi une jalousie secrète du sieur de Broussel, dont la réputation lui étoit insupportable : ce qui a fait croire qu'il fut un de ceux qui donnèrent le pernicieux conseil d'enlever cet officier avec quelques autres de la même compagnie, qui n'étoient criminels que parce qu'ils avoient l'affection du peuple, dont ils avoient pris la défense contre les entreprises du ministre.

Quoi qu'il en soit, ce grand dessein fut exécuté le 26 août 1648, la Reine ayant mené le Roi à Notre-Dame, au *Te Deum* qui se chanta sur le midi, pour la victoire de Lens. Après quoi Leurs Majestés s'étant retirées, le régiment des gardes françoises et suisses, qui avoient accoutumé de les suivre, demeurèrent dans leurs postes, aux environs de Notre-Dame ; et en même temps le sieur de Comminges, lieutenant des gardes de la Reine, suivi de quelques

---

(1) Le président Molé n'inspira point le *coup d'autorité* du 26 août.

soldats, entrèrent, environ une heure après midi, chez le sieur Broussel, logé au port Saint-Landry, dans le moment qu'il sortoit de table, étant alors en soutane et en pantoufles, avec ses enfans.

Le sieur de Comminges présenta d'abord à ce bonhomme une lettre de cachet par laquelle il lui étoit ordonné de le suivre à l'instant. Ce conseiller ayant répondu qu'il étoit prêt d'obéir en lui donnant le loisir de s'habiller, la demoiselle de Broussel ajouta que son père ayant pris médecine ce jour-là, comme il étoit vrai, pourroit avoir besoin de se retirer avant de partir : ce qui lui fut accordé par le sieur de Comminges. Mais voyant que le sieur de Broussel tardoit un peu trop, et que le peuple s'assembloit autour de la maison, et avoit même fait éloigner le carrosse préparé pour l'emmener, le sieur de Comminges le pressa tellement qu'il le fit partir en l'état qu'il étoit, où il l'avoit trouvé, en simple soutane et sans souliers. En passant par la rue des Marmousets, on jeta au milieu un banc de bois de l'étude d'un notaire pour arrêter le carrosse; mais il ne laissa pas de passer outre au travers des gardes, et de gagner le Marché-Neuf et ensuite le quai des Orfèvres, où le carrosse s'étant rompu, le sieur de Comminges fit arrêter celui d'une dame qui passoit et, l'ayant obligée de descendre, il y fit monter son prisonnier, qu'il mena par la porte de la Conférence, premièrement au château de Madrid, et de là à Saint-Germain, où il coucha. Après cet événement, les gardes défilèrent jusqu'au lieu où le carrosse s'étoit rompu, occupant tout le Pont-Neuf. Cependant le bruit s'en étant répandu, le peuple commença de s'assembler, et toutes les boutiques furent fermées presque dans un moment dans le Palais, sur le pont Notre-Dame, dans la rue Saint-Honoré, et ensuite partout ailleurs. Plusieurs bateliers qui étoient à la Grève, ayant été avertis par les cris des gens et des voisins du sieur de Broussel, dont les fenêtres répondoient sur la rivière, passèrent, dans de petits bateaux, au port Saint-Landry, avec des crocs, où, ayant joint ceux du quartier et plusieurs autres gens attroupés au son du tocsin de Saint-Landry, armés de hallebardes et de vieilles épées, ils coururent après le carrosse en criant : *Tue! tue!* Mais ils furent arrêtés par le maréchal de La Meilleraye qui, étant sur le Pont-Neuf, à la tête des gardes, s'avança à cheval jusque dans la rue Saint-Louis, pour arrêter le désordre : cependant il fut obligé de se retirer avec assez de peine et de danger, un horloger de cette rue ayant pensé le tuer des fenêtres de sa chambre avec son fusil, qui heureusement ne prit pas feu.

Ce tumulte obligea aussi le lieutenant civil, le lieutenant criminel et les autres magistrats de police d'aller par les rues, et de se rendre chez le premier président; mais ce ne fut pas sans courir de grands risques, le peuple les chargeant à coups de pierres, aussi bien que le maréchal, lequel, ayant été blessé légèrement, tua un crocheteur d'un coup de pistolet, vers Saint-Germain-l'Auxerrois.

Ce fut dans la rue Saint-Honoré que le maréchal de la Meilleraye blessa le crocheteur; et le coadjuteur, en revenant du Palais, mécontent de la manière dont il avoit été reçu, le confessa dans le ruisseau : ce qui ne contribua pas peu à émouvoir le peuple et à se le concilier; je lui ai ouï dire qu'il l'avoit fait exprès. En arrivant dans la chambre de la Reine, en rochet et en camail qu'il n'avoit pas quitté depuis le *Te Deum*, il entendit Beautru qui disoit à la Reine : « Madame, Votre Majesté » est bien malade; le coadjuteur apporte l'ex- » trême-onction; » et bien d'autres plaisanteries. La Reine lui dit : « M. le coadjuteur, le » Roi mon fils saura bien punir quelque jour... » Dans ce temps-là le cardinal Mazarin donna un coup sur l'épaule de la Reine, qui lui fit adoucir le discours qu'elle commençoit. Le coadjuteur, en confessant le crocheteur, reçut un coup de pierre qui lui fit une contusion aux côtes : la Reine l'envoya prier de venir au Palais-Royal le lendemain, mais il s'étoit mis au lit exprès; la Reine lui offrit de faire justice de Beautru, mais il dit qu'il ne se plaignoit de rien. Il envoya le soir chercher un maître des comptes nommé Miron, qui fut tué depuis au feu de l'Hôtel-de-ville : il étoit fort ami du coadjuteur; il étoit capitaine de son quartier, qui étoit au Chevalier-du-Guet. Miron proposa les barricades : il falloit que dans quelque autre quartier que celui du Chevalier-du-Guet, on battît le tambour. On envoya chez Martineau, conseiller des requêtes, capitaine de la rue Saint-Jacques : il étoit ivre. Sa femme, sœur du président de Pommereuil, dont le coadjuteur étoit amoureux, se leva, fit battre le tambour, et commença les barricades dans ce quartier, comme Miron dans le sien.

Le coadjuteur de Paris, voulant aussi tâcher d'y apporter du remède, partit à pied du petit archevêché, en rochet, camail et bonnet carré, donnant partout de grandes bénédictions au peuple, qui se mettoit à genoux pour les recevoir, mais qui ne laissoit pas de crier en même temps qu'il falloit leur rendre M. Broussel. Ce prélat alla ainsi avec assez de peine jusqu'au Palais-Royal, où il parla à la Reine assez fortement du péril qu'il y avoit de pousser les choses plus loin; mais la Reine lui ayant répondu assez aigrement, et les partisans du cardinal s'étant moqués de lui, on a cru que ce qui se passa en cette rencontre fut la principale cause de l'engagement où il a toujours été depuis contre la cour.

D'autres disoient pourtant qu'avant ce temps-là le coadjuteur étoit déjà mécontent du cardinal, qui lui avoit refusé l'agrément du gouvernement de Paris, dont il avoit traité avec le duc de Montbazon. Ce qu'il y a de vrai, c'est qu'il recevoit depuis quelque temps chez lui tous les mécontens, comme le comte de Montrésor, le marquis de Noirmoutier, les sieurs de Saint-Ibal, de Laigues, de Fontrailles, de Varicarville, d'Argenteuil, et plusieurs personnes du parlement et de la ville : il avoit fait même un sermon aux Jésuites, le jour de saint Louis, en présence du Roi et de la Reine, qui fut trouvé fort emporté et séditieux par les courtisans. Aussi disoit-on que les bénédictions qu'il affectoit de donner par les rues étoient bien plus propres à exciter le peuple qu'à l'apaiser, ce qui étoit vrai; et que les sieurs d'Argenteuil et de Marigny, qui le tenoient sous les bras, encourageoient le peuple à tenir bon.

Dans le même temps on arrêta le président de Blancménil; on alla aussi chez le président Charton dans le même dessein, mais il s'étoit déjà sauvé; messieurs Lainé et Loysel en avoient fait de même. Et ceux qui furent envoyés chez eux y laissèrent des lettres de cachet qui les reléguoient, l'un à Nantes, l'autre à Senlis; mais ils n'y déférèrent pas. Enfin tout ce bruit ayant obligé messieurs du parlement à se rendre au Palais, quand le parlement entra au Palais-Royal, la Reine vouloit faire pendre quelques conseillers aux fenêtres (1). Mon père étoit sur la liste : le cardinal l'en empêcha. J'ai ouï dire que la délibération fut fort belle pour savoir si on délibéreroit, n'étant pas *in loco majorum* : il passa à délibérer. Martineau dit qu'il falloit rendre M. de Broussel, et que le peuple le demandoit de trop bonne grâce : ce qui excita un grand murmure. Apparemment il n'avoit pas bien cuvé son vin.

Il y eut dès ce moment une espèce d'assemblée des chambres, où il ne se résolut pourtant rien alors, la délibération ayant été remise au lendemain matin ; le peuple parut même un peu s'apaiser sur les six heures du soir, et se retira peu à peu chacun chez soi, après que les gardes eurent abandonné le Pont-Neuf par ordre du maréchal de La Meilleraye, lequel y retourna, et fit crier *vive le Roi!* par des gens apostés. Cependant les boutiques demeurèrent fermées, et la plupart des bourgeois en armes à leurs portes, qui eurent même la précaution de faire leur provision de poudre et de plomb. Après tout, il y avoit assez d'apparence que la nuit auroit radouci l'altération des esprits, si le prévôt des marchands et les échevins n'eussent averti, par ordre de la cour, les officiers de la bourgeoisie de tenir leurs armes et leurs compagnies en bon état; ce qui fut fait, parce qu'on fit entendre à la Reine que les bons bourgeois étoient bien intentionnés, et que les séditieux n'étoient qu'une poignée de canaille aisée à dissiper.

Cependant il est certain que cet ordre donna beaucoup de hardiesse aux bourgeois, qui se voyoient par là autorisés, en quelque façon, dans ce qu'ils voudroient entreprendre. Outre cela, les parens et amis du sieur de Broussel et des autres exilés, avec ceux qui étoient mécontens de la cour, eurent le soin d'envoyer toute la nuit chez les officiers et bourgeois de leur connoissance, pour les exhorter à bien faire dans une occasion de cette importance.

Le coadjuteur, qui étoit piqué de la manière dont on avoit reçu ses offres de services au Palais-Royal, fit aussi solliciter ses amis par le chevalier de Sévigné (2), son parent, par le sieur d'Argenteuil et le sieur de Laigues, qui étoit revenu depuis peu de l'armée, fort irrité contre M. le prince à l'occasion d'une dispute de jeu, où il avoit été maltraité par Son Altesse.

Tout cela n'auroit cependant peut-être servi de rien, si le hasard et la mauvaise conduite de la cour n'avoient le lendemain matin porté les choses à la dernière extrémité. Dans la confiance que la Reine et le cardinal avoient sur les bons bourgeois de Paris, ils voulurent continuer l'affaire avec la même hauteur qu'ils l'avoient commencée, et résolurent d'envoyer M. le chancelier (3) au parlement, afin d'empêcher les délibérations de la compagnie, et leur faire défense à l'avenir de connoître des affaires publiques : ce qui se faisoit de concert avec le premier président et quelques partisans

---

(1) Guy Joly est le seul qui prête à la reine un pareil projet.

(2) Renaud de Sévigné, oncle de Henri, mari de madame de Sévigné. — (3) Pierre Séguier.

du cardinal Mazarin, qui tâchoient par toutes sortes de moyens de ralentir la première chaleur du parlement, et de traîner l'affaire en longueur. Mais il arriva que le chancelier, qui étoit parti de chez lui en carrosse, n'ayant pu passer sur le quai de la Mégisserie, ni sur celui des Orfèvres où les chaînes étoient tendues, fut obligé de se mettre dans sa chaise, qu'il avoit fait suivre, et de continuer son chemin le long du Pont-Neuf et sur le quai des Augustins, jusques à l'hôtel de Luynes, près le pont Saint-Michel, où, ayant encore trouvé une chaîne tendue, il mit pied à terre. Il fut reconnu par un homme auquel il avoit fait perdre un procès au conseil, qui, étant mêlé dans un peloton de plusieurs autres, s'écria tout d'un coup : « Voilà » le b..... de chancelier qui vient pour empê- » cher que le parlement ne s'assemble et qu'on » ne rende M. de Broussel : il faut l'assommer. » Sur quoi la populace courant vers le chancelier, il n'eut que le temps de se jeter dans l'hôtel de Luynes où, étant monté dans une chambre, il fut caché dans une armoire pratiquée dans le mur, où il demeura fort long-temps.

En moins de rien, ce peloton de peuple, ayant été grossi d'une infinité de gens qui accoururent de tous côtés, ils entrèrent dans la maison et cherchèrent partout ; mais ne trouvant pas le chancelier, ils y alloient mettre le feu, lorsque le maréchal de La Meilleraye y arriva à la tête de deux ou trois compagnies des Gardes françaises et suisses, qui écartèrent la populace, et donnèrent lieu au chancelier d'entrer dans le carrosse du lieutenant civil d'Aubray, son parent, qui étoit venu pour le secourir avec quelques officiers de justice.

La retraite du maréchal de La Meilleraye fut fort précipitée, parce qu'il vit que le peuple se mettoit en état de tous côtés de l'empêcher : ce qui fut cause que les gardes, par son ordre, commencèrent à faire des décharges en se retirant ; et le maréchal, qui étoit à cheval, tua encore d'un coup de pistolet, à l'entrée du Pont-Neuf, une pauvre femme qui portoit une hotte : ce qui ne servit qu'à exciter davantage la fureur du peuple, tellement qu'en passant devant le cheval de bronze on tira des maisons qui sont vis-à-vis plusieurs coups de fusil, dont le carrosse du chancelier fut percé en cinq ou six endroits ; et Picard, lieutenant du grand prévôt de l'hôtel, qui servoit auprès de lui, en fut tué, avec le fils aîné de Sanson le géographe, qui étoit à la portière.

Il y eut encore beaucoup de tumulte à l'autre bout du Pont-Neuf, le peuple, qui étoit sur le quai de la Mégisserie, étant accouru au bruit des mousquetades, après s'être saisi des vieilles ferrailles qui se vendent en cet endroit. Cependant le peuple n'ayant pu empêcher que le chancelier ne se sauvât, on vit tout d'un coup cinq ou six cents d'entre eux, lesquels, ayant arboré un morceau de linge au bout d'un bâton et pris un tambour, se mirent à marcher en confusion le long du quai vers le grand Châtelet.

Sur quoi le capitaine du quartier, qui étoit en état avec sa compagnie suivant l'ordre du jour précédent, craignant le pillage, fit tendre la chaîne qui est au bout de la rue vis-à-vis Saint-Leufroi ; et ayant en même temps fait battre la caisse, tous les bourgeois du quartier sortirent en armes, et se postèrent sur la chaîne ou aux environs. Cet exemple fut aussitôt suivi par toute la ville, tout le monde s'étant mis à crier aux armes et barricades avec tant de promptitude et tant d'ordre, qu'en moins d'une demi-heure toutes les chaînes furent tendues, avec double rang de barriques pleines de terre, de pierres et de fumier, derrière lesquelles tous les bourgeois étoient en armes en si grand nombre, qu'il est presque impossible de l'imaginer.

Ce tumulte arriva vers les dix heures du matin, le 27 août 1648, pendant que le parlement étoit assemblé pour délibérer sur l'emprisonnement de leurs confrères : au sujet de quoi plusieurs avis ayant été ouverts plus ou moins vigoureux, il fut enfin résolu, après avoir su ce qui se passoit dans la ville, que la compagnie iroit en corps demander leur liberté à la Reine ; et qu'en cas de refus elle reviendroit au Palais pour délibérer, et demeureroit assemblée jusques à leur élargissement. Suivant cette délibération, messieurs du parlement en robes et en bonnets carrés, au nombre de plus de cent soixante, sortirent du Palais sur les dix heures et demie, le peuple ouvrant partout les barricades pour lui faire passage, criant *vive le Roi ! vive Broussel ! vive le parlement !* et les priant de faire revenir M. de Broussel, à quelque prix que ce fût.

Le parlement étant arrivé au Palais-Royal, on leur donna aussitôt audience dans une salle où se trouvèrent le Roi, la Reine, M. le duc d'Orléans, le cardinal Mazarin, le chancelier, le maréchal de La Meilleraye et plusieurs autres. Le premier président ayant représenté l'état de la ville et la nécessité qu'il y avoit de rappeler incessamment les exilés, la Reine répondit avec beaucoup d'aigreur qu'elle ne changeroit pas de résolution ; que le parlement seroit responsable au Roi de tout ce désordre, qui n'étoit pas si grand qu'on ne le pût bien apaiser ; que le Roi s'en vengeroit un jour. On prétend même qu'elle ajouta d'un ton plus bas, en se levant pour se retirer dans une autre chambre : « Oui, « je le rendrai, mais je ne le rendrai que mort. » Après quoi, comme la compagnie commençoit à sortir, il y eut quelques personnes qui firent des propositions d'accommodement ; mais cela n'ayant eu aucun effet, le parlement retourna comme il étoit venu, sinon qu'en passant aux premières barricades les bourgeois commencèrent à murmurer, criant qu'ils vouloient revoir M. Broussel.

Enfin, le premier président, suivi de toute la compagnie, s'étant présenté à la barricade de la Croix-du-Tiroir, un nommé Raguenet, marchand de fer, capitaine du quartier, s'avança avec douze ou quinze bourgeois de sa compagnie, une hallebarde à la main, et s'adressant au premier président, il lui demanda s'il ramenoit M. de Broussel. A quoi ce magistrat ayant répondu que non, mais qu'ils avoient de bonnes paroles de la Reine, et qu'ils retournoient délibérer au Palais, Raguenet répliqua que c'étoit au Palais-Royal qu'il falloit retourner, et ramener M. de Broussel, autrement qu'ils ne passeroient pas. Et plusieurs voix s'étant élevées, on en entendit qui disoient qu'ils savoient bien qu'il y avoit des traîtres parmi eux, entre autres lui premier président, qui étoit d'intelligence avec la cour, et qu'il vouloit du mal à M. de Broussel ; que s'ils ne le ramenoient, ils n'épargneroient pas un d'eux. Paroles qui furent suivies d'outrages envers quelques-uns de la compagnie, surtout envers le premier président, qui fut bien tiraillé, et pris enfin à la barbe, qu'il portoit fort longue.

Ce tumulte fut en partie excité par ceux du parlement qui étoient les plus fermes, et qui exhortoient en passant le peuple à prendre courage, et à faire retourner le premier président : ce qu'il fut enfin obligé de faire, se voyant traité de la sorte, et en péril de l'être plus durement s'il eût résisté. Mais il ne fut pas suivi de toute la compagnie, cinq présidens à mortier et plusieurs conseillers s'étant sauvés par des rues détournées, dans l'appréhension des menaces du peuple.

Enfin le parlement étant retourné au Palais-Royal, et la cour ayant été informée de ce qui se passoit, elle jugea qu'il n'étoit pas à propos de résister aux désirs du parlement et du peuple : elle consentit donc que la compagnie délibérât dans une des salles du Palais-Royal, où il fut arrêté que la Reine seroit suppliée d'envoyer des lettres de cachet pour le retour du sieur Broussel et des autres exilés : ce qui fut exécuté à l'instant. On fit partir deux carrosses, un du Roi, et l'autre de la Reine, pour aller quérir les sieurs de Blancménil et de Broussel ; et on remit les lettres de cachet, qui furent expédiées sur-le-champ, pour le retour des autres exilés, entre les mains de leurs parens, qui se chargèrent du soin de les leur porter, ou de les leur envoyer dans les lieux où ils étoient.

Tout cela ne fut achevé que sur les six ou sept heures du soir : après quoi, messieurs du parlement se retirèrent chacun chez soi sans aucun obstacle de la part du peuple, qui avoit su ce qui s'étoit fait, et qui avoit vu passer les carrosses du Roi et de la Reine pour aller prendre les sieurs de Blancménil et de Broussel.

Ce même jour, le coadjuteur, qui étoit averti de tout ce qui se faisoit, jugeant bien que toute cette affaire ne pouvoit manquer d'avoir de grandes suites, fut porté par quelques-uns de ses amis à prendre des mesures avec M. le duc de Longueville, qui n'étoit pas content de la cour non plus que lui ; et à envoyer chez lui le sieur d'Argenteuil, pour le prier de trouver bon qu'ils pussent se voir, et conférer ensemble sur les affaires présentes. Le duc accepta la proposition sur-le-champ, et se résolut d'aller trouver le coadjuteur ; mais comme il ne pouvoit passer par la ville à cause des barricades, il se mit dans un petit bateau, à l'abreuvoir qui est au bout de la rue des Poulies, et alla descendre dans un lieu qui s'appelle le Terrain, par où il entra dans le petit archevêché, que le coadjuteur habitoit alors.

Leur conférence fut assez longue, et il s'y trouva quelques amis du coadjuteur, qui dès ce moment auroient bien voulu pousser les affaires plus avant, disant qu'on n'en trouveroit jamais une plus belle occasion ; que le peuple étoit disposé à tout entreprendre ; que bien des gens crioient dans les rues qu'il falloit aller droit au cardinal Mazarin ; que ce n'étoit rien faire sans cela ; et que s'il en revenoit, il n'épargneroit pas ceux qui l'auroient ménagé dans cette conjoncture.

Mais comme ces sortes d'entreprises sont plus aisées à proposer qu'à exécuter, et qu'elles notent pour jamais auprès du prince ceux qui s'en déclarent les chefs, il arrive rarement que les grands seigneurs veuillent s'en charger. De sorte que la conférence se réduisit à convenir qu'il falloit suivre les mouvemens du parlement et du peuple, et tâcher d'engager, dans les intérêts publics, les personnes de qualité, particulièrement M. le prince, à qui il sembloit qu'on faisoit une injure en prenant le moment de la réjouissance de sa victoire pour l'exécution d'une entreprise si odieuse. Les choses en demeurèrent donc là, ce qui s'étoit passé au Palais-Royal ayant beaucoup diminué l'animosité du peuple. Il demeura pourtant encore en armes toute la nuit, et ne voulut jamais les mettre bas qu'il n'eût vu le sieur de Broussel, malgré les efforts du prévôt des marchands et des échevins pour faire rompre les barricades, et quoique le président Blancménil fût arrivé dès le matin du vendredi. Enfin le sieur de Broussel étant arrivé sur les dix heures, il fut reçu avec des acclamations extraordinaires du peuple, criant *vive le Roi! vive Broussel!* Partout où il passoit, on fit des salves et des décharges générales de mousqueterie : ce qui fit croire en plusieurs endroits que les bourgeois en étoient venus aux mains avec les soldats. Mais enfin ce conseiller étant descendu de carrosse à Notre-Dame, et ayant été conduit chez lui par une foule innombrable de peuple, le bruit commença de s'apaiser. Il fallut pourtant qu'il mît encore la tête à ses fenêtres, qui regardoient sur l'eau du côté de la Grève, pour contenter les habitans du quartier, dont une partie passèrent la rivière dans de petits bateaux pour le reconnoître.

Après cela il fut au Palais, où messieurs du parlement l'avoient envoyé prier d'aller reprendre place : ce qu'il fit à son ordinaire et sans aucune démonstration de vanité, ayant répondu avec beaucoup de modestie au compliment que le premier président lui fit, et au président Blancménil, de la part de toute la compagnie, qui l'en avoit chargé.

On ordonna ensuite un arrêt pour rompre les barricades et mettre les armes bas : lequel fut exécuté dans un moment, les boutiques ayant été ouvertes, et les carrosses roulant une heure après dans les rues comme auparavant. Il y eut pourtant encore quelque rumeur vers le soir, sur le bruit qui se répandit qu'il y avoit troupes dans le bois de Boulogne ; mais ce bruit fut dissipé dans un instant, et on dormit en repos toute la nuit. Quelques-uns ont dit que le duc de Beaufort, ayant été averti à La Flèche de ce qui se passoit à Paris, avoit pris la poste, et qu'il y étoit arrivé un peu après la rupture des barricades. S'il eût fait un peu plus de diligence, il se seroit vengé du cardinal Mazarin : du moins il est bien certain qu'il y avoit quantité de gens dans la ville qui avoient le même dessein, et que s'ils avoient eu un chef comme M. le duc de Beaufort, les choses n'en seroient pas demeurées là.

C'est ce qui a fait dire à plusieurs personnes que le cardinal Mazarin avoit eu grand tort d'exposer ainsi en même temps le Roi, la Reine et lui-même ; et que, voulant entreprendre d'enlever le sieur de Broussel et les autres, il ne devoit pas demeurer à Paris : mais, au sortir du *Te Deum*, mener le Roi à Saint-Germain ou à Fontainebleau, où il n'auroit pu être forcé de faire ce qu'il fit, et d'où il auroit été aisé de dissiper la rumeur du peuple et les remontrances du parlement.

Ce fut aussi une grande faute d'envoyer le chancelier au parlement, dans la première chaleur des esprits. Il auroit été plus prudent et plus de la majesté de la cour d'attendre tranquillement ses remontrances ; et on devoit considérer que quand le chancelier auroit pu arriver au Palais sans obstacle, il y avoit toujours lieu de craindre que le peuple ne l'arrêtât pour servir d'otage aux exilés.

Ce fut aussi une grande imprudence de faire prendre les armes aux bourgeois, qui apparemment ne les auroient pas prises sans cela, au moins si universellement, attendu que les particuliers qui ont quelque chose à perdre ne se portent guère d'eux-mêmes à ces dangereuses extrémités, dans la crainte de se faire remarquer ; au lieu qu'on s'abandonne plus aisément à son emportement quand on s'y voit autorisé par les magistrats ; et il falloit n'avoir aucune connoissance de la disposition générale des esprits pour s'imaginer que les bourgeois, animés comme ils l'étoient, ayant les armes à la main, prissent le parti de la cour. Les barricades qui furent faites sous Henri III, devoient tenir lieu de leçon ; et si la majesté d'un roi de son âge n'avoit pas contenu le peuple, il ne falloit pas croire que la présence d'un roi enfant, d'une reine espagnole et méprisée, et celle d'un ministre étranger très-haï, dût retenir le peuple dans le respect.

Ce qui put excuser le cardinal Mazarin dans cette rencontre, c'est que tous ceux qui l'approchoient, et qui attendoient des grâces par son moyen, croyoient ne pouvoir mieux faire leur cour qu'en déguisant l'état des choses, et en donnant des conseils violens, qui étoient fort conformes à l'humeur hautaine et emportée de la Reine. La plupart des courtisans n'étoient pas même fâchés du désordre, dans l'espérance qu'ils deviendroient plus nécessaires, et qu'ils attireroient plus aisément des récompenses.

Ceux qui étoient dans les principales charges de l'État n'auroient peut-être pas aussi été fâchés de la perte du cardinal, dans la pensée qu'ils pourroient remplir sa place, et que la Reine seroit forcée de se jeter entre leurs bras : ce qui est si véritable, que ceux d'entre eux qui paroissoient les plus échauffés, et qui donnoient les conseils les plus violens, ne laissoient pas d'envoyer sous main, par leurs créatures, des avis à quelques-uns du parlement et de la ville pour les affermir dans leur dessein.

Le calme qui parut rétabli pendant quelques jours ne diminua rien de la haine que tout le monde avoit contre le cardinal Mazarin, son seul nom étant devenu une injure si odieuse, que les juges donnèrent des permissions d'informer contre ceux qui le donnoient à quelqu'un ; et cela étoit véritablement nécessaire, parce que ceux auxquels on reprochoit publiquement d'être mazarins couroient souvent risque de la vie, ou du moins d'être maltraités par le peuple, comme il arriva plusieurs fois. Ce nom même tomba dans une telle horreur, que le menu peuple s'en servoit comme d'une espèce d'imprécation contre les choses déplaisantes ; et il étoit assez ordinaire d'entendre les charretiers dans les rues, en frappant leurs chevaux, les traiter de b...... de mazarins.

D'un autre côté, ce nom devint aussi d'une conséquence très-dangereuse, en ce qu'il servit à marquer un parti. Ceux qui tenoient pour la cour étoient appelés *mazarins*, et les autres *frondeurs* : tout le monde se divisant par ces deux noms, qui causoient même des brouilleries dans les familles entre les pères et les enfans, les maris et les femmes, les frères et les sœurs ; mais avec cette différence que le premier passoit pour une injure dont tout le monde se fâchoit, ceux même qui étoient dans le parti de la cour, au lieu qu'on se glorifioit de l'autre.

Ce terme de *frondeur* vient de ce qu'en ce temps-là, et dès l'année précédente, les garçons de boutique et autres jeunes gens s'assembloient en différens lieux, où ils se battoient les uns contre les autres à coups de fronde, malgré les archers, qui ne pouvoient les en empêcher : ce que le sieur Bachaumont, conseiller au parlement, et fils du président Le Coigneux, appliqua un jour en riant aux assemblées du parlement, où M. le duc d'Orléans alloit souvent exprès pour réprimer la chaleur des plus emportés : ce qui réussissoit ordinairement pendant que Son Altesse Royale étoit présente ; mais en son absence la compagnie reprenoit souvent les affaires des jours précédens, et délibéroit en toute liberté, d'une manière dont la cour n'étoit pas contente. Sur quoi le sieur de Bachaumont dit un jour que la cour viendroit aussi peu à bout de ses desseins dans le parlement, que les archers des leurs à l'égard des frondeurs ; de sorte que ce nom se donnoit premièrement à ceux qui opinoient vigoureusement, et depuis à ceux qui se déclaroient contre le cardinal ; et il devint tellement à la mode qu'il n'y avoit rien de bien fait qu'on ne dît être à la fronde : les étoffes, les rubans, les dentelles, les épées, et presque généralement toutes sortes de marchandises, jusqu'au pain. Rien n'étoit ni beau ni bon, s'il n'étoit à la fronde ; et pour exprimer un homme de bien, il n'y avoit pas d'expression plus énergique que celle de bon frondeur.

GUERRE DE PARIS.

Les barricades n'ayant interrompu que pour quelque temps les délibérations du parlement sur les affaires publiques, cette compagnie recommença ses assemblées au sujet des propositions faites dans la chambre de Saint-Louis pour les rentes sur l'Hôtel-de-Ville et pour le tarif : et comme la fin des séances ordinaires approchoit, le parlement se continua de lui-même pendant les vacations, ayant, seulement pour la forme, envoyé demander à la Reine des lettres de continuation, qui, après une extrême résistance de la cour, furent accordées pour quelque temps, et même prorogées dans la suite.

Cependant la Reine, qui avoit coutume de faire prendre au Roi l'air de la campagne dans cette saison, l'ayant fait sortir de Paris dès les six heures du matin pour le mener à Ruel, tout le monde s'imagina qu'il y avoit du mystère dans cette sortie, qui fut prise pour lors pour un dessein formé d'assiéger la ville ; d'autant plus que dans le même temps on eut avis que les troupes s'approchoient, et commettoient de grands désordres dans leur passage.

C'est pourquoi le parlement s'étant assemblé le 22 septembre 1648, on résolut de prier la Reine de ramener incessamment le Roi à Paris, et d'en écarter les troupes, plusieurs de la compagnie ayant parlé très-haut contre le cardinal Mazarin, comme contre l'auteur de tous les désordres ; quelques-uns ayant même proposé de renouveler l'arrêt de 1617, par lequel les étrangers sont exclus du gouvernement et du ministère. Mais cet avis ne fut pas suivi, et on se contenta d'ajouter à la délibération que M. le duc d'Orléans et M. le prince seroient priés de venir prendre leurs places dans la compagnie, pour y délibérer sur les affaires d'Etat.

Mais comme ces deux princes écrivirent à messieurs du parlement pour les prier d'aller conférer avec eux à Ruel, on nomma des députés pour cet effet, qui proposèrent beaucoup de choses sur tout ce qui avoit été agité dans la chambre et dans les assemblées du parlement depuis les barricades : et parce que le sieur de Chavigny avoit été arrêté dans ce temps-là, et que le sieur de Châteauneuf, garde des sceaux, et le marquis de La Vieuville, surintendant des finances, avoient été exilés, cela fut cause qu'on insista beaucoup dans ces conférences sur le point de la sûreté publique.

On ne sait pas précisément quel fut le sujet de la prison du sieur de Chavigny, si ce n'est qu'on l'accusoit de porter M. le prince à embrasser les intérêts du parlement pour se venger du cardinal, qui lui avoit ôté la charge de secrétaire d'Etat pour la donner au sieur de Brienne ; et on disoit que le sieur de Chavigny ayant fait confidence de son dessein au président Perrault, qui étoit à M. le prince, ce président en avoit averti le cardinal : ce qui fit arrêter le sieur de Chavigny, dont il appréhenda l'esprit et la grande liaison qu'il avoit avec les principales personnes de la cour et du parlement, et qui auroit pu faire une intrigue dans le cabinet, plus dangereuse pour le cardinal que tous les murmures du peuple et les remontrances du parlement. Enfin, après plusieurs conférences et beaucoup de voyages des députés, on convint d'une déclaration qui fut publiée le 24 octobre 1648, par laquelle le Roi accordoit à ses peuples la diminution d'un cinquième sur les tailles pour les années 1648 et 1649, et la suppression de plusieurs autres droits, avec promesse de ne créer aucun office de judicature ni de finance pendant les quatre années suivantes ; et que les officiers des cours souveraines ne pourroient être troublés dans l'exercice de leur charge par lettres de cachet ou autrement, et que tout prisonnier d'Etat seroit interrogé dans vingt-quatre heures. Après cette publication, le parlement cessa ses assemblées jusqu'après la Saint-Martin, le Roi étant revenu à Paris le dernier jour du mois d'octobre.

Pendant que ces choses se négocioient, ceux qui s'étoient distingués dans les barricades, voyant que l'intention de la cour étoit de se venger, et sachant bien d'ailleurs que le retour du Roi à Paris ne venoit que du refus que M. le duc d'Orléans avoit fait jusque là de consentir au siège de cette grande ville, on pensa de tous côtés à se réunir et à se préparer à la défense.

Plusieurs conseillers du parlement, des plus zélés s'assembloient régulièrement presque tous les jours, après midi, chez le sieur Longueil, conseiller de la grand'chambre, où l'on concertoit ce qu'il y avoit à faire, et les avis qu'il faudroit suivre les jours suivans sur les différentes propositions qui pourroient être faites. Ceux qui se trouvoient le plus souvent à ces conférences étoient les sieurs de Croissy, Fouquet, Dorat, Quatresous, de Montenglos, l'abbé Amelot, de Caumartin, Le Fèvre, La Barre, et quelques autres, entre lesquels il y en avoit qui se voyoient encore chez le sieur Coulon, où étoient ordinairement le sieur de Bachaumont, fils du président Le Conigneux, Givry, Vialard, avec quelques gens d'épée.

Mais le principal de toute l'intrigue étoit ménagé chez le coadjuteur par quelques personnes de qualité qui s'étoient unies avec lui : entre autres le marquis de Noirmoutier, qui étoit revenu de l'armée fort mécontent de M. le Prince, à cause de quelques paroles fâcheuses que Son Altesse avoit dites de lui après la bataille de Lens, sous prétexte que la première ligne de l'armée que ce marquis commandoit fut poussée, quoiqu'il y eût très-bien fait son devoir. Mais M. le prince ne laissa pas de faire des railleries de ce marquis, qui se retira de l'armée, et chercha ensuite toutes les occasions de se venger de M. le prince et de la cour, qui lui avoit refusé la satisfaction qu'il demandoit pour cette offense.

C'est pourquoi le marquis de Noirmoutier fut des premiers à se joindre au coadjuteur, aussi bien que son ami le marquis de Laigues, qui avoit aussi des raisons de se plaindre de M. le prince ; et comme Noirmoutier avoit des liaisons avec M. le prince de Conti, qu'il savoit être très-mécontent de M. le prince son frère, aussi bien que madame de Longueville, dont M. le prince avoit dit mille choses fort outrageantes au sujet du prince de Marsillac, il crut qu'il ne seroit pas difficile de les engager l'un et l'autre dans un parti contraire à M. le prince, et même à la cour, dont le prince de Conti se plaignoit aussi, à cause de la prétention qu'il avoit d'entrer au conseil : ce qui lui avoit été refusé.

M. de Longueville, qui prétendoit avoir le premier rang après les princes du sang, n'étoit pas plus content que les autres de M. le prince, qui n'appuyoit pas ses prétentions comme il l'auroit désiré, et il ne fut pas difficile de le faire entrer dans une faction opposée à la sienne, animé comme il étoit par la princesse son épouse, que le prince de Marsillac ménageoit avec une grande attention, jugeant bien dès-lors qu'elle auroit une considération toute particulière dans le parti, par l'ascendant qu'elle avoit sur les princes de Conti et de Longueville ; et qu'étant comme il étoit dans ses bonnes grâces, il lui seroit aisé de tirer de grands avantages pour lui quand il seroit question de traiter et de s'accommoder avec la cour. Les mesures étant donc prises de tous les côtés, on résolut de se trouver à Noisy, où M. le prince de Conti et madame de Longueville promirent de se jeter dans Paris, en cas que M. le prince en entreprît le siége par ordre de la cour, comme le bruit en couroit déjà partout. Cette promesse fut très-agréable au coadjuteur, non-seulement par rapport aux affaires générales, mais aussi parce que depuis quelque temps il avoit des sentimens fort vifs et fort tendres pour madame de Longueville, et qu'il espéra que le séjour de Paris pourroit lui fournir des occasions de l'entretenir plus souvent, et peut-être de prendre des avantages sur le prince de Marsillac, qu'il regardoit comme son rival.

Cependant le coadjuteur ne laissoit pas d'agir en même temps du côté de M. le prince, pour l'engager dans le parti; et il a toujours soutenu que Son Altesse lui avoit donné parole positive d'y entrer, et qu'ils s'étoient vus deux fois chez le sieur de Broussel, pour s'entredonner de nouvelles assurances. Mais M. le prince a toujours nié le fait; et il y a bien de l'apparence qu'il n'avoit donné que des paroles générales qu'on peut expliquer, et dont il est aisé de se dégager quand on veut.

Il est pourtant certain que dans ce temps-là l'esprit de M. le prince fut extrêmement combattu, et qu'il balança beaucoup entre les raisons de Châtillon, qui vouloit le lier avec les frondeurs, et celles du maréchal de Gramont, qui le sollicitoit fortement de demeurer uni avec la cour. Dans la vérité, l'affaire étoit assez douteuse, et méritoit bien qu'on y pensât. Enfin il se détermina en faveur de la cour, dans l'espérance qu'il alloit devenir le maître du cabinet et de la fortune du cardinal, qu'il pourroit même détruire quand il voudroit regagner l'affection publique (qu'il voyoit bien qu'il alloit perdre pour un temps), en le sacrifiant au parlement et au peuple. Ce fut dans cette pensée que Son Altesse fit offrir ses services à la Reine; faisant sonner bien haut son attachement inviolable au service de Sa Majesté.

La Reine se voyant assurée de ce côté-là, fit représenter à M. le duc d'Orléans, par l'abbé de La Rivière, qu'il lui étoit très-dangereux de souffrir que M. le prince demeurât seul auprès du Roi et de la Reine; que ce lui seroit un moyen infaillible de se rendre dans peu maître de toutes les affaires, et d'en exclure Son Altesse Royale, qui perdroit ainsi toute sorte de considération; avec plusieurs autres raisons de la même nature qui piquoient sensiblement l'esprit du duc d'Orléans, naturellement jaloux de l'espérance et de la réputation de M. le prince.

Ce n'est pas que si Son Altesse Royale eût voulu écouter ses véritables amis, et bien examiner les dispositions des esprits et des affaires, il n'eût bien vu que le parti du parlement étoit le plus avantageux; et qu'en se déclarant en sa faveur il auroit été lui-même le maître des affaires, sans avoir rien à craindre de la cour, ni de la trop grande élévation de M. le prince. Mais tous les esprits ont leurs bornes et leurs foiblesses, et il est difficile de porter à des résolutions vigoureuses ceux qui sont prévenus de la crainte. Le duc s'étant donc laissé persuader par les émissaires de la Reine, le siége de Paris fut résolu, et les troupes commencèrent à s'en approcher de tous côtés : ce qui ne put se faire si secrètement, que le parlement et la ville n'en fussent avertis de toutes parts.

C'est pourquoi le parlement étant rentré à la Saint-Martin, on commença à délibérer sur l'approche des troupes, et sur l'inexécution de la déclaration du 24 octobre : ce qui obligea M. le duc d'Orléans et M. le prince à se rendre à leur assemblée, où le dernier parla même une fois avec beaucoup de chaleur et de hauteur, interrompant le président Viole, et faisant un signe de la main comme pour le menacer ; ce qui ayant soulevé toute la compagnie, il y tint le lendemain un discours beaucoup plus modéré. Les choses traînèrent ainsi en confusion et en murmure, le cardinal ne pouvant se résoudre, à cause du souvenir tout récent des barricades. Il voyoit bien que les suites d'une entreprise de cette nature, si elle ne réussissoit pas, retomberoient nécessairement sur lui; il savoit bien aussi que quand elle réussiroit, il ne pouvoit manquer de tomber dans la dépendance de M. le prince : ce qu'il craignoit sur toutes choses; de sorte qu'il y a bien de l'apparence que s'il en avoit été le maître, on n'auroit pas assiégé Paris. Mais comme il étoit entraîné par l'emportement de la Reine, et que la plupart des courtisans le poussoient même sur ce sujet en l'accusant de timidité devant elle, il fut obligé de suivre le torrent, et de s'abandonner aux événemens, d'autant plus que le sieur Le Tellier disoit que le siége de Paris n'étoit pas une affaire de plus de quinze jours, et que le peuple viendroit demander pardon la corde au cou, si le pain de Gonesse manquoit seulement deux ou trois jours de marché.

[1649] On commença donc à la cour à prendre tout de bon les mesures nécessaires pour le siége, et on fit différentes propositions sur ce sujet, qui partagèrent pour quelque temps les esprits. M. le prince et M. le maréchal de La

Meilleraye vouloient que le Roi allât loger à l'Arsenal, et qu'on se rendît maître des portes Saint-Antoine et Saint-Bernard, et de l'île Notre-Dame : ce qui auroit sans doute causé un grand désordre dans Paris, et c'étoit le meilleur moyen de réduire cette ville par la force. Mais le cardinal craignant de n'avoir pas une sortie assez libre et assez sûre dans le besoin, cet avis ne fut pas suivi ; on aima mieux prendre la campagne. Le Roi et la Reine, M. le duc d'Anjou et le cardinal sortirent le jour des Rois 1649, à deux heures après minuit, par la porte de la Conférence, où s'étoient rendus M. le duc d'Orléans et M. le prince, M. le prince de Conti, le maréchal de Villeroy, le chancelier, les secrétaires d'État, et autres gens de la cour, qui s'en allèrent tous à Saint-Germain, sans qu'on s'en aperçût à Paris qu'à la pointe du jour.

Cette sortie étant venue à la connoissance du peuple, causa sur-le-champ une très-grande émotion parmi les bourgeois, qui se saisirent aussitôt et sans ordre des portes Saint-Honoré, de la Conférence et de plusieurs autres. Messieurs du parlement en ayant été informés s'assemblèrent à l'instant, quoiqu'il fût fête ; et ayant su que la cour avoit laissé une lettre adressée aux prévôt des marchands et échevins, on envoya aussitôt pour savoir le contenu de cette lettre, qui leur fut apportée. Elle portoit en substance que le Roi ayant été obligé de sortir de sa bonne ville de Paris, pour ne pas demeurer exposé aux desseins pernicieux de quelques officiers du parlement qui, après avoir attenté contre son autorité en diverses rencontres, et abusé long-temps de sa bonté, se seroient portés jusqu'à conspirer de se saisir de sa propre personne, et à former des intelligences avec les ennemis de l'État ; Sa Majesté avoit bien voulu faire part aux prévôt des marchands et échevins de sa résolution, leur ordonnant très-expressément de s'employer en tout ce qui dépendroit d'eux pour empêcher qu'il n'arrivât rien dans la ville qui pût en troubler le repos, ni faire préjudice au service du Roi, Sa Majesté se réservant de les informer plus amplement dans la suite de ses résolutions.

Cette lettre auroit peut-être eu plus d'effet, si on y eût désigné quelqu'un en particulier sur qui on eût voulu faire tomber ces soupçons ; mais comme elle ne nommoit personne, et que le commerce prétendu avec les ennemis de l'État étoit sans aucun fondement, elle ne fit pas une grande impression sur les esprits, non plus que celles de la Reine, de M. le duc d'Orléans et de M. le prince, par lesquelles ils leur faisoient savoir que c'étoit eux qui avoient conseillé au Roi sa sortie, et même la manière de l'exécuter. Ainsi le parlement résolut, sans s'arrêter à ces lettres, que toutes les portes de la ville seroient gardées par les bourgeois ; qu'on poseroit des corps-de-garde aux lieux nécessaires pour la sûreté publique, et que les chaînes seroient tendues si le besoin y étoit, enjoignant au lieutenant civil et officiers de police de tenir la main à ce qu'il fût apporté des vivres avec sûreté dans Paris, et de faire retirer les gens de guerre qui étoient dans les villes et villages à vingt lieues à la ronde, avec défense aux places voisines de recevoir aucunes garnisons.

Il y eut aussi une lettre particulière pour M. le coadjuteur, par laquelle il lui étoit ordonné de se rendre à Saint-Germain : à quoi il fit démonstration de vouloir obéir ; mais son carrosse fut arrêté dès le Marché-Neuf, où quelques-uns de ses partisans se jetèrent, de concert avec lui, sur les brides de ses chevaux, le priant de n'abandonner pas la ville, et de continuer à soutenir les intérêts du peuple : à quoi il déféra sans se faire beaucoup prier, sachant bien qu'il seroit plus en sûreté à Paris qu'à Saint-Germain.

Le lendemain, 7 janvier, un lieutenant des gardes du Roi apporta au parquet des gens du Roi une lettre de cachet adressée à eux, et une autre pour le parlement, que les gens du Roi portèrent aussitôt à l'assemblée des chambres ; et dirent que par celle qu'ils avoient reçue ils voyoient que la volonté du Roi étoit que le parlement se transférât à Saint-Germain et attendît là ses ordres. Sur quoi la compagnie résolut de rendre cette lettre sans l'ouvrir, et délibéra ensuite sur les autres articles des lettres du jour précédent, adressées au prévôt des marchands et aux échevins : elle ordonna que les gens du Roi iroient trouver la Reine à Saint-Germain, et la supplieroient de donner les noms de ceux qui avoient calomnié la compagnie, pour être procédé contre eux selon la rigueur des lois de l'État.

Les gens du Roi allèrent à Saint-Germain ; mais ils furent obligés de s'en revenir sans voir la Reine, qui leur refusa audience, leur faisant dire qu'il n'étoit plus temps, et qu'ils eussent à se retirer sans coucher à Saint-Germain. Mais comme il étoit neuf heures du soir lorsqu'ils reçurent cet ordre, et qu'ils n'auroient pu retourner à Paris sans un péril manifeste, ils demeurèrent où ils étoient, mais sans se coucher, pour exécuter l'ordre de la Reine à la lettre.

Si la Reine les eût écoutés, et congédiés avec de bonnes paroles ; et si, au lieu de prendre tout le parlement à partie, elle se fût contentée de faire une querelle bien ou mal fondée à quelques particuliers, il y a bien de l'apparence que tout le corps ne se seroit pas déclaré, une bonne partie d'entre eux étant découragée, et appréhendant les suites de la guerre. Mais sur cette réponse fière, le parlement ayant jugé qu'il n'y avoit plus de mesures à garder, donna le 8 un arrêt sanglant contre le cardinal Mazarin, comme l'unique auteur des désordres de l'Etat; enjoint à lui de se retirer de la cour dans les vingt-quatre heures, et du royaume dans huit jours : sinon ordonne à tous sujets du Roi de lui courir sus, et défense à toutes personnes de le recevoir.

Il y eut encore un arrêt le samedi matin, à l'occasion d'une seconde lettre aux prévôt des marchands et échevins, qui leur enjoignoit de faire obéir le parlement, comme si la chose eût été en leur pouvoir ; et il fut ordonné qu'on feroit un fonds de deniers pour lever des troupes. Ce qui fut reçu avec un applaudissement si général, qu'il se trouva en peu de temps un fonds de quatre ou cinq millions, le parlement et toutes les autres compagnies s'étant cotisés.

Jusque là tous les nouveaux conseillers de la dernière création faite sous le ministère du cardinal de Richelieu étoient si mal reçus dans la compagnie, que les présidens ne leur distribuoient jamais de procès, et prenoient à peine leurs avis aux audiences, de sorte que ces charges étoient dans un étrange rebut, et ceux qui en étoient pourvus ne trouvoient pas aisément des acheteurs qui voulussent se charger de si mauvaise marchandise. Le sieur Boylesire, chanoine de Notre-Dame, qui avoit une de ces charges, jugeant l'occasion favorable pour les mettre sur un meilleur pied, proposa que les nouveaux donnassent chacun quinze mille livres pour les affaires publiques, outre ce que la compagnie devoit fournir ; à condition qu'il n'y auroit plus de différence entre les charges anciennes et les leurs, et qu'on leur distribueroit des procès comme aux autres. La proposition fut acceptée; et les vingt nouveaux conseillers ayant financé, furent depuis considérés comme les anciens. On ne laissa pas pourtant de les appeler *les Quinze-Vingts*, parce qu'ils étoient vingt qui avoient donné chacun quinze mille livres.

Dès qu'on sut qu'il y avoit de l'argent dans la caisse publique, les officiers et gens de qualité vinrent offrir leurs services au parlement et à la ville. Le marquis de La Boulaye fut le premier qui se présenta, peut-être un peu par rapport à un grand procès qu'il avoit au parlement

Le duc d'Elbœuf le suivit de près avec messieurs ses enfans, et il fut déclaré général des armées du Roi sous l'autorité du parlement : ce qui lui donna un si grand crédit dans la ville pendant les premiers jours, qu'il en étoit comme le maître absolu. Il s'en aperçut si bien qu'il écrivit aussitôt à la Reine pour lui offrir ses services, priant Sa Majesté de l'employer dans cette conjoncture, qu'il prévoyoit bien ne pouvoir être de longue durée.

En effet, M. le prince de Conti, M. le duc de Longueville, le prince de Marsillac et le marquis de Noirmoutier ayant quitté Saint-Germain pour se jeter dans Paris, le crédit du duc d'Elbœuf cessa tout d'un coup, et le prince de Conti fut déclaré généralissime malgré l'opposition du duc d'Elbœuf, qui étoit pourtant en état de faire bien du bruit, s'il avoit bien connu ses forces, et la défiance que tout le monde avoit de Son Altesse ; car il est certain que le duc fut pendant un jour entier le maître de faire chasser ce prince hors la ville s'il avoit voulu. Mais le coadjuteur, qui commençoit à établir son autorité parmi le peuple, ayant fait connoître que Son Altesse et M. de Longueville avoient donné leur parole il y avoit long-temps et qu'ils n'avoient eu aucune part à l'enlèvement du Roi (ce qui fut confirmé par le président de Novion, à qui le coadjuteur avoit confié ce secret), tout le monde tourna de ce côté-là, et le reconnut pour généralissime ; et messieurs d'Elbœuf, de Bouillon et de La Mothe-Houdancourt pour lieutenans-généraux, avec un pouvoir égal qu'ils exerceroient alternativement, avec cette seule distinction que M. d'Elbœuf devoit commencer, et avoir la première séance au conseil de guerre, qui se tiendroit toujours chez M. le prince de Conti ; après quoi ce prince alla loger à l'Hôtel-de-Ville, pour effacer la défiance qui pouvoit rester dans l'esprit du peuple contre lui. Madame la duchesse de Longueville, sa sœur, y prit aussi un appartement par la même raison ; de sorte que la maison de ville fut le lieu où tout le monde alloit faire sa cour, les officiers de robe et d'épée s'y rendant régulièrement tous les soirs, et le coadjuteur pour des raisons générales et particulières. Dans ce temps-là madame de Longueville accoucha d'un fils que le corps de ville tint sur les fonts, et le nomma Charles-Paris. Cependant M. de Longueville alla dans son gouvernement de Normandie pour y servir le parti, n'ayant point voulu prendre de qualité entre les autres généraux, qu'il croyoit au-dessous de lui. Il y eut aussi beaucoup d'autres seigneurs qui s'engagèrent avec le parlement et la ville, comme les ducs de Chevreuse, de Luynes, de Brissac, e marquis de Vitry, de Fosseuse, de Sillery, etc.

M. de Beaufort ne manqua pas de se rendre aussi à Paris, où il fut reçu avec de grandes acclamations du peuple, qui dans la suite n'eut de véritable confiance qu'en lui et au coadjuteur, avec lequel le duc s'unit très-étroitement. Jusque-là le coadjuteur n'avoit pas eu de voix délibérative dans le parlement; mais on la lui donna le 21 janvier 1649, en l'absence de monseigneur l'archevêque de Paris, son oncle; et il y prit sa place, après avoir fait le serment accoutumé.

Pendant tout ce temps-là il y eut peu d'exploits de guerre de part et d'autre. Les bourgeois de Paris s'emparèrent seulement de la Bastille, dont le sieur de Broussel fut fait gouverneur, et le sieur de La Louvière son fils, qui étoit lieutenant aux gardes, son lieutenant. D'un autre côté, M. le prince, qui commandoit l'armée du Roi, se rendit maître des postes importans de Saint-Cloud, de Saint-Denis et de Charenton; mais il ne garda pas longtemps le dernier. Le parlement s'occupoit aussi à faire venir des vivres à Paris et à trouver des fonds pour les gens de guerre. Il donna, pour cet effet, des arrêts pour prendre dans toutes les recettes les deniers qui s'y trouveroient, et pour se saisir de tous les effets et meubles appartenans au cardinal Mazarin ou à ses partisans, avec promesse du tiers aux dénonciateurs: mais cette recherche fut assez inutile, et ne produisit pas grand'chose. On ne laissa pas cependant de délivrer de l'argent aux officiers; et le coadjuteur leva un régiment de cavalerie à ses frais, dont il donna le commandement au chevalier de Sévigné, son parent, qui fut appelé le régiment des Corinthiens, parce que ce prélat étoit archevêque titulaire de Corinthe.

Cette levée de boucliers sous le nom d'un prêtre ne fut pas approuvée de tout le monde, et ne réussit pas avantageusement pour son auteur; car le chevalier de Sévigné étant sorti à la tête de son régiment, et ayant rencontré un parti des ennemis, il fut battu, et on n'en fit que rire, cet échec ayant été appelé par raillerie *la première aux Corinthiens*. Les officiers ne furent pas long-temps à former leurs régimens, tout le monde s'empressant à prendre parti; et l'armée du parlement se trouva dans peu de jours composée de plus de douze mille hommes effectifs, mais mauvais soldats, particulièrement la cavalerie, qui n'étoit remplie que de cavaliers faits à la hâte par chacune des portes cochères, suivant l'ordre du parlement; et comme le marquis de La Boulaye en avoit le principal commandement, on l'appela par dérision le général des portes cochères.

L'armée du Roi n'étoit pas si nombreuse, et ne passoit pas neuf ou dix mille hommes; mais c'étoient de vieilles troupes et bien meilleures. Le duc de Bouillon avoit proposé un expédient qui ne fut pas suivi, mais qui auroit été bien plus avantageux pour Paris et de moindre dépense. C'étoit d'envoyer une somme de cinq cent mille livres à M. de Turenne, son frère, pour distribuer dans l'armée d'Allemagne qu'il commandoit et l'amener au service du parlement. M. de Turenne et la plupart des officiers généraux étoient disposés à prendre ce parti; mais la cour ne leur laissa pas le temps d'exécuter leur dessein; et le sieur d'Erlac ayant été envoyé par le cardinal dans cette armée avec de l'argent, il trouva moyen de retenir au service du Roi plusieurs officiers étrangers, particulièrement le colonel Rosen, ennemi déclaré de M. de Turenne, qui par ce moyen fut obligé de quitter l'armée avec ses amis: ce qui ne seroit pas arrivé si on lui avoit envoyé de l'argent à propos.

Mais il y avoit dans la ville et dans le parlement tant de gens gagés, qu'il ne faut pas s'étonner si ceux qui étoient bien intentionnés ne purent rien faire de considérable pendant la guerre. On ne laissoit pourtant pas de se réjouir à Paris: il ne se passoit pas jour qu'il ne se fît quelque chanson nouvelle contre le cardinal Mazarin, la plupart fort spirituelles, et de la façon de M. de Marigny. Le sieur Scarron fit aussi sa Mazarinade; et il paroissoit tant d'autres écrits si injurieux, même contre la Reine, que le parlement fut obligé de faire défenses d'en débiter de cette nature. Mais ces défenses n'empêchèrent pas le cours de ces libelles; et la Reine étoit tombée dans un mépris si général, que le menu peuple ne la nommoit plus que madame Anne. Cette licence de parler étoit une des choses qui contribuoit le plus à entretenir l'animosité du peuple et à diminuer le chagrin qu'on avoit de voir qu'il ne se faisoit rien d'ailleurs.

M. de Beaufort entreprit pourtant d'ouvrir le passage de Corbeil, et il se mit en marche à grand bruit avec un gros détachement de bourgeois de la ville, qui devoient faire des merveilles; mais ils n'eurent pas le courage de passer Juvisy, ayant appris qu'il étoit sorti des troupes de Saint-Germain pour les couper. Il fut plus heureux dans une autre rencontre, étant sorti avec trois cents chevaux au-devant d'un grand convoi que le marquis de Noirmoutier amenoit du côté d'Etampes et qui arriva heureusement,

2.

quoiqu'il eût été attaqué par les troupes du Roi, qui le poussèrent jusques au village de Vitry, à l'entrée duquel M. de Beaufort fit face, et se mêla de bonne sorte avec les ennemis. On fit même courir le bruit qu'il avoit tué Nerlieu, qui commandoit le régiment du cardinal Mazarin, quoique d'autres assurassent qu'il avoit été blessé à plus de cinquante pas de lui.

Cette journée fut très-glorieuse à ce prince, non-seulement par cette action, mais parce que le bruit s'étant répandu qu'il étoit aux mains avec les ennemis, les bourgeois prirent les armes d'eux-mêmes, et sortirent au nombre de plus trente mille en moins d'une heure, y ayant eu même des femmes qui suivirent avec des épées, des hallebardes et des broches et autres instrumens de cette sorte ; et quand M. de Beaufort rentra le soir dans la ville, on alluma des chandelles à toutes les fenêtres des rues où il passa, le monde criant *vive Beaufort!*

Le marquis de Noirmoutier amena encore un autre convoi par la vallée de Grosbois avec assez de peine, parce que les troupes qu'il avoit postées pour favoriser son passage étoient sorties du lieu où il les avoit mises, pour charger quelques escadrons du parti contraire. Le marquis de Sillery fut pris dans cette occasion, et le prince de Marsillac y fut blessé dangereusement avec le comte de Royan.

On fit encore une autre sortie presque générale du côté des portes de Saint-Denis et de Saint-Martin, pour faire entrer un convoi de blé et autres provisions, si nombreux que les charrettes ne cessèrent de défiler nuit et jour pendant deux fois vingt-quatre heures ; le marquis de Noirmoutier, qui avoit la tête de tout, s'étant avancé jusqu'à Dammartin, et le marquis de La Mothe jusqu'à Gonesse. Mais tout cela fut fort mal distribué.

Le marquis de La Boulaye fit aussi entrer quelques petits convois ; et quoiqu'il ne fût pas estimé des gens de guerre, il ne laissoit pas d'être fort agréable au peuple.

Enfin les généraux s'avisèrent de faire un camp à Villejuif, où l'on mit la plupart des troupes, le reste étant dans les villages voisins, et particulièrement au Port-à-l'Anglois, pour la défense d'un pont de bateaux qu'on avoit construit sur la rivière de Seine.

Voilà les principales actions de guerre qui se firent durant le siége de Paris par les troupes de la ville. Celles du Roi ne furent pas beaucoup plus importantes. Après s'être rendu maître de Lagny et de Brie-Comte-Robert, M. le prince attaqua Charenton, où l'on avoit jeté un corps de troupes assez considérable pour conserver ce poste, qui étoit très-important pour la subsistance de la ville. Le marquis de Clanleu, qui y commandoit, y fut tué, n'ayant pas voulu de quartier, avec plusieurs officiers distingués. Il n'y eut presque que le marquis de Coignac, petit-fils du maréchal de La Force, qui se sauva heureusement par la rivière sur un glaçon qui l'apporta auprès de Paris, après avoir rempli très-bien son devoir à la tête de son régiment. M. le prince y perdit aussi beaucoup de monde, entre autres le duc de Châtillon, qui fut emporté d'un coup de canon (1), et qui fut fort regretté dans les deux partis.

Les généraux de Paris sortirent bien avec leurs troupes pour empêcher cette attaque ; mais M. le prince s'étoit posté si avantageusement avec les sept à huit mille hommes qu'il avoit, qu'on ne jugea pas à propos de l'aller attaquer avec de nouvelles troupes, n'y ayant eu que le coadjuteur qui fût d'avis de donner bataille, et qui sortit en équipage de guerre avec des pistolets à l'arçon de la selle, voulant faire voir que la qualité de prêtre n'étoit pas incompatible avec celle de brave.

Cette prise de Charenton, quoique abandonné deux jours après par M. le prince, ne laissa pas de mettre une grande consternation dans le parti, et contribua beaucoup à disposer le parlement à écouter des propositions de paix. Les partisans de la cour prirent de là occasion de se réveiller, comme on le découvrit par une lettre interceptée de l'ancien évêque de Dol, nommé Cohon, où il rendoit compte de toutes choses au cardinal Mazarin, disant que l'évêque de Glandèves, religieux cordelier, connu auparavant sous le nom de père Faure, confesseur de la Reine, et le sieur Delaune, conseiller au Châtelet, le servoient fort bien ; que le parlement feroit bientôt la paix à telles conditions qu'on voudroit, et que les officiers généraux ne s'y opposeroient pas. Cela fut cause qu'on lui donna des gardes ; on en devoit aussi donner à l'évêque de Glandèves ; mais on ne le fit pas, parce qu'il étoit logé aux Cordeliers. On envoya chez Delaune pour l'arrêter ; mais ayant été averti de bonne heure, il se retira à Saint-Germain. On surprit plusieurs autres lettres sans signature, qui disoient encore davantage, et qui venoient de quelques officiers du parlement. On en fit beaucoup de bruit, mais l'affaire fut étouffée. On ne poursuivit pas aussi comme on auroit pu l'affaire du chevalier de

(1) Gaspard de Coligny reçut une balle de mousquet dans les reins, et mourut le lendemain dans le château de Vincennes.

La Valette, bâtard de la maison d'Epernon, qui fut arrêté jetant la nuit des billets par la ville pour émouvoir le peuple.

Fondée sur ces intelligences secrètes, la cour avoit envoyé quelques jours auparavant un héraut d'armes chargé de lettres pour le parlement, pour M. le prince de Conti, et pour les prevôt des marchands et échevins. Ce héraut s'étant présenté à la porte Saint-Honoré y fit sa chamade; et le capitaine (1) qui y étoit de garde l'ayant arrêté à la barrière, en fut aussitôt donner avis au parlement, qui, après de longues délibérations, arrêta de ne point entendre le héraut ni recevoir ses lettres, et d'envoyer les gens du Roi à Saint-Germain, pour dire à la Reine que le refus de la compagnie ne venoit que du respect qu'ils avoient pour elle, les hérauts n'étant envoyés qu'à des souverains ou des ennemis; et qu'ils supplioient Sa Majesté de leur faire savoir sa volonté de sa propre bouche, l'assurant de la continuation de leur fidélité pour le service du Roi.

C'étoit là proprement ce que la cour souhaitoit pour avoir lieu d'entrer en négociation: à quoi elle n'avoit encore pu réussir; et il y a lieu de croire que cette momerie de héraut avoit été concertée avec ceux du parlement qui étoient dans les intérêts de la cour, à dessein d'engager la compagnie à faire cette démarche. Aussi la Reine ne perdit pas cette occasion; elle fit dire aux gens du Roi que Sa Majesté étoit satisfaite des assurances qu'ils lui donnoient: mais qu'elle en désiroit des effets véritables; après quoi on se pouvoit promettre des témoignages sincères de sa bienveillance envers toutes sortes de personnes, sans exception.

Cette réponse gracieuse donna lieu aux délibérations qui se firent depuis au contentement de la cour. A quoi la venue d'un autre héraut (2) envoyé dans le même temps par l'archiduc, gouverneur des Pays-Bas, et chargé de lettres pour le parlement, ne contribua pas peu: les émissaires de la cour s'étant adroitement servis de cette conjoncture pour faire voir qu'il y avoit des gens qui entretenoient des correspondances avec les Espagnols: ce qui étoit odieux, et de dangereuse conséquence.

Dans la vérité, il y avoit plus de quinze jours que cet envoyé étoit à Paris, quelques-uns de la compagnie ayant travaillé pendant ce temps à lui dresser une créance, dont on accusoit particulièrement le président de Bellièvre et le sieur de Longueil.

Quoi qu'il en soit, cet homme s'étant présenté au parlement, on résolut, après plusieurs contestations, de l'entendre et de lui donner séance dans la compagnie quand il eut fait voir ses créances. Il s'appeloit don Joseph Illesca Arnolphini, homme de peu de considération, mais qui ne manquoit pas d'esprit. Il avoit été choisi par madame de Chevreuse, qui étoit à Bruxelles, et il avoit ordre de négocier principalement avec le coadjuteur, et avec ceux qui étoient le plus dans la confidence de cette dame. Dans le discours qu'il fit au parlement, il dit qu'il ne pouvoit douter que sa présence ne fût agréable à la compagnie, puisqu'il apportoit des offres d'une paix générale tant désirée dans le monde chrétien, que le cardinal Mazarin n'avoit pas voulu la conclure à Munster, quoiqu'il le pût à des conditions avantageuses à la France; mais que depuis la sortie du Roi hors de Paris il en avoit proposé d'autres fort avantageuses à l'Espagne, pour se mettre en état de châtier les rebelles, et de réduire Paris à la raison; que Sa Majesté Catholique n'avoit pas estimé qu'il fût sûr ni honnête d'accepter des offres de cette nature de la part d'un homme déclaré ennemi de l'Etat par arrêt du parlement, où les traités de paix doivent être vérifiés pour être authentiques: qu'ainsi le Roi son maître l'avoit envoyé à la compagnie pour lui déclarer qu'il se soumettoit volontiers à son jugement, laissant à son choix de députer quelques-uns de leur corps en tel lieu qu'ils voudroient, même à Paris, où il enverroit ses plénipotentiaires pour y conclure une paix entre les deux couronnes; et qu'il offriroit cependant à la compagnie toutes les troupes du Roi son maître pour en disposer, et les faire commander par des officiers françois; déclarant, au surplus, qu'en cas que le parlement n'eût pas besoin de ces troupes, elles demeureroient sur la frontière, sans rien entreprendre pendant qu'on traiteroit de la paix.

---

(1) C'étoit le président de Maisons fils qui étoit à la porte Saint-Honoré quand le héraut se présenta: il refusa de le laisser entrer; le héraut mit la lettre sur la barrière. M. de Maisons, qui étoit alors conseiller, vint rendre compte au Palais de ce qu'il avoit fait. J'ai ouï dire au cardinal de Retz et à mon père que ce qui fut dit dans cette occasion est ce qu'ils ont entendu de plus beau dans leur vie, où tout le monde des différens partis, réunis tous au même avis, dirent, par respect pour Sa Majesté Royale, tout ce qu'on peut s'imaginer de plus éloquent, et qui faisoit bien connoître qu'on n'en vouloit qu'au cardinal Mazarin. (*Note de l'auteur.*)

(2) Jamais l'archiduc n'a envoyé de trompettes: on fit faire un habit de ses livrées, et cette fable fut concertée à Paris par Laigues qui, par sa correspondance avec madame de Chevreuse, avoit imaginé de rendre le cardinal Mazarin odieux, en proposant la paix générale. (*Note de l'auteur.*)

Ce discours, et le rapport fait par les gens du Roi de ce qui s'étoit passé à Saint-Germain, fut suivi d'une délibération, où il fut arrêté qu'on députeroit vers la Reine pour la remercier de la manière dont elle avoit reçu les gens du Roi; pour la prier de vouloir bien faire lever le blocus de Paris, et pour lui porter copie de la lettre de l'archiduc, et l'informer de ce qui avoit été dit par son envoyé : sur quoi le parlement n'avoit pas voulu délibérer sans savoir la volonté de Sa Majesté, à laquelle ils étoient prêts d'obéir, et de lui témoigner qu'ils étoient fidèles serviteurs du Roi.

Ainsi le premier président, avec le président de Mesmes et des députés de toutes les chambres, étant partis pour Saint-Germain, on y convint que de part et d'autre on enverroit des commissaires à Ruel, avec plein pouvoir de conclure un accommodement; et que, dès que le parlement auroit donné les mains à cette conférence, les passages seroient ouverts pour laisser entrer des vivres à Paris.

Cet expédient fut accepté par le parlement, où les partisans de la cour faisoient proposer tous les jours de nouvelles taxes pour la guerre, afin de dégoûter le peuple. De leur côté les frondeurs faisoient courir le bruit de la venue de M. de Longueville avec dix ou douze mille hommes; mais comme ces bruits n'étoient suivis d'aucun effet, les partisans de la cour s'en prévaloient pour décrier la foiblesse du parti et décourager ses sectateurs.

Cependant le peuple ne laissoit pas de continuer dans sa fermeté, et de crier à toute occasion qu'il ne vouloit pas de paix; mais la conférence de Ruel ayant été arrêtée, les députés s'y rendirent de part et d'autre, et l'on y convint enfin de quelques articles, qui furent rapportés à Paris pour les faire ratifier : à quoi on trouva de grandes oppositions fondées sur ce qu'il n'y avoit rien de précis pour les intérêts des officiers-généraux; que l'article du parlement de Rouen n'étoit pas comme on souhaitoit, et que les députés avoient permis que le cardinal Mazarin signât le traité. Sur quoi il s'éleva un si grand bruit à leur retour, et quand on s'assembla au parlement pour délibérer, que le peuple pensa se jeter sur eux, demandant la signature du cardinal Mazarin pour la faire brûler par la main du bourreau, et menaçant de tuer les députés quand ils sortiroient: ce qui obligea M. de Beaufort de sortir pour parler à eux et pour les apaiser.

Il fallut donc en venir à une nouvelle délibération, malgré le premier président et le président de Mesmes, dans laquelle il fut résolu que les mêmes députés retourneroient à Ruel pour traiter des prétentions des officiers-généraux, qui pour cet effet envoyèrent aussi leurs agens; et on leur recommanda de faire en sorte que le cardinal ne signât pas le traité.

Cette délibération dura depuis le matin jusqu'au soir; et à la sortie il fallut que le coadjuteur et le duc de Beaufort accompagnassent le premier président, pour le garantir de la fureur du peuple. Une lettre de cachet, qui fut envoyée dans le même temps au sujet des généraux, ne servit qu'à faire crier davantage, et donna lieu à un second arrêt pour faire réformer encore d'autres articles pour le prêt et pour plusieurs autres choses.

Cependant les officiers-généraux ayant choisi le duc de Brissac et le comte de Maure pour assister à la conférence, et ayant réduit en apparence tous leurs intérêts à l'éloignement du cardinal Mazarin, les députés du parlement eurent ordre d'insister aussi fortement sur cet article; et ils l'auroient obtenu, si les généraux eussent été aussi parfaitement unis qu'ils le paroissoient; d'autant plus que l'archiduc, à qui on avoit envoyé le marquis de Noirmoutier et de Laigues, étoit enfin entré en France avec l'armée du roi d'Espagne, et avoit écrit à M. le prince de Conti que, nonobstant sa marche, il seroit toujours prêt d'entendre aux propositions de la paix générale, et de s'arrêter au cas qu'on voulût nommer des députés. Cette lettre ayant été communiquée au parlement, il ordonna qu'on en donneroit avis à la Reine, et l'affaire en demeura là. Si les Espagnols eussent fait dès le commencement cette démarche, ils en auroient sans doute tiré de grands avantages; mais ils s'en avisèrent trop tard, et leur entrée dans le royaume ne servit qu'à terminer plus tôt l'accommodement, tout le monde étant déjà las et rebuté de la guerre.

Enfin la cour ayant eu l'adresse de diviser le parlement, elle eut aussi celle de diviser les généraux, et les promesses qui furent faites sous main à M. le prince de Conti de lui donner entrée au conseil du Roi, et un gouvernement de place; à M. le duc de Longueville, le gouvernement du Pont-de-l'Arche; au duc d'Elbœuf, une somme d'argent et un domaine considérable en Normandie; au duc de Bouillon, satisfaction entière sur ses prétentions; et au prince de Marsillac, des lettres de duc et pair; ce qui facilita la réconciliation de madame de Longueville avec M. le prince. Après quoi la paix ne reçut plus aucune difficulté; et le premier président, à son tour avec les autres députés, rapporta une déclaration du Roi qui fut vérifiée le premier avril 1648, portant amnistie générale pour tous ceux qui avoient été dans le parti, spécialement pour le marquis de Noirmoutier, de Laigues, le comte de Fiesque, Saint-Ibal, La Sauvetat et La Boulaye; sans faire aucune mention du cardinal Mazarin, qui demeura, comme il étoit, le maître de toutes les affaires, et en état de se venger à sa discrétion du coadjuteur et du duc de Beaufort, qui avoient paru les plus affectionnés au parti, et sans aucun intérêt.

Comme la paix ne fit avoir à aucun des partis tous les avantages qu'on s'étoit promis, ce ne fut proprement qu'une suspension d'armes, et nullement d'intrigues et de cabales. Les frondeurs ne pouvoient souffrir le cardinal Mazarin en place : ils appréhendoient ses ressentimens; et, pour s'en défendre, ils tâchoient d'entretenir l'animosité dans les esprits. Le cardinal, de son côté, tâchoit de rétablir son crédit, espérant que le temps lui fourniroit les occasions de se venger; mais ce qui l'inquiétoit davantage étoit l'autorité que M. le prince avoit prise dans les conseils pendant la guerre, dont il appréhendoit les suites.

M. le prince, nullement disposé à en souffrir la diminution, prétendoit conserver l'avantage qu'il avoit, comme dû à sa naissance et à ses services; et quoiqu'il n'eût pas dessein de perdre le cardinal, il vouloit le retenir dans le respect et dans la dépendance. De plus, dans la pensée que les frondeurs pouvoient traverser une partie de ses desseins, il cherchoit sur toutes choses à les perdre, ou du moins à les abaisser et à leur ôter la faveur du peuple, qui étoit entière et sans partage pour les chefs du parti.

Avec tant de vues différentes il étoit difficile que tous ces partis s'accommodassent bien ensemble : aussi leur arrivoit-il souvent de se barrer et de s'entrechoquer, quelquefois même sans dessein. Une des premières actions d'éclat qui réveilla la chaleur des esprits fut l'arrivée du duc de Candale (1) à Paris, où l'on crut que la cour l'avoit fait venir à dessein pour insulter le duc de Beaufort, afin de voir de quelle façon cela seroit reçu du peuple. Quelques-uns disoient pourtant qu'il y étoit venu de son mouvement, et sans aucun concert avec la cour. Quoi qu'il en soit,

s'étant remontré un soir aux Tuileries avec quelques-uns de ses amis, il se mit à plaisanter tout haut sur la liberté qu'il disoit être alors pour tout le monde sur le pavé de Paris, tournant en ridicule certaines choses de la guerre qui dénotoient assez intelligiblement le duc de Beaufort, sans néanmois nommer personne.

Ces discours ayant été faits publiquement, furent bientôt rapportés au duc de Beaufort et à ses amis; lesquels ayant su que le duc de Candale devoit souper peu de jours après dans le jardin de Renard, au bout des Tuileries (2), ils résolurent d'y aller, sous prétexte de la promenade, pour l'insulter à leur tour. Cela se fit comme il avoit été projeté. Le duc de Beaufort étant entré dans le lieu où le duc de Candale étoit à table, lui dit en riant qu'il venoit se réjouir avec lui familièrement, qui régnoit alors sur le pavé de Paris. La raillerie ne plut pas; on y répondit avec aigreur; et le duc de Beaufort, qui n'attendoit que cela, prit un bout de la nappe, et renversa tout ce qui étoit sur la table. Le duc de Candale voulut mettre l'épée à la main, mais il en fut empêché par ses amis, qui virent bien que la partie n'étoit pas bien faite pour eux : on se sépara donc de part et d'autre, et le duc de Candale sortit de Paris le lendemain matin, dans le dessein de faire appeler le duc de Beaufort; mais la cour empêcha que la chose allât plus loin. Cette brusquerie fit beaucoup de bruit dans Paris pendant quelques jours, et fut fort approuvée du peuple, qui marqua vouloir entrer dans la querelle envers et contre tous.

Il pensa encore arriver du bruit à l'occasion d'un bateau chargé de bombes et de grenades à l'Arsenal, et qui, descendant la rivière comme pour aller à Saint-Germain, fut arrêté vers le Pont-Rouge, et pillé par le peuple, qui disoit tout haut qu'on avoit dessein d'assiéger Paris une seconde fois.

Le duc de Beaufort étant tombé malade dans le même temps, on ne manqua pas de dire qu'il étoit empoisonné. Le peuple alloit tout le long du jour en procession à l'hôtel de Vendôme pour savoir de ses nouvelles; et quoique sa maladie ne fût rien, les frondeurs la faisoient passer pour périlleuse. Cependant ses gens avoient ordre de

(1) Louis-Charles Gaston de Nogaret, fils du duc d'Epernon et d'une fille naturelle de Henri IV.
(2) Ce Renard avoit été laquais de l'évêque de Beauvais, et ensuite son valet de chambre. Comme il entroit au Louvre par le moyen de son maître, il étoit accoutumé de présenter tous les matins un bouquet à la Reine, qui aimoit les fleurs. Ces petits présens étant bien reçus, Renard obtint de Sa Majesté quelques récompenses, et entre autres la jouissance d'une partie du jardin des Tuileries. Il y bâtit une maison, et l'embellit si bien, que ce lieu devint un réduit pour les personnes de la plus haute qualité. On s'y divertissoit, on y jouoit, et souvent même on y tenoit des conférences sur les affaires du temps. Renard se fit peindre en jeune garçon qui présentoit des fleurs à la Fortune, pour tirer quelque présent de la déesse. La Fortune tendoit la main pour recevoir le bouquet, et faisoit, en souriant, tomber une pluie d'or dans le sein du jeune garçon. (*Note de l'auteur.*)

faire entrer une partie de ceux qui se présentoient : dont plusieurs le voyant au lit se jetoient à genoux, pleurant à chaudes larmes, et priant Dieu pour lui comme pour leur père et leur libérateur.

Tous ces accidens, joints à l'animosité qui paroissoit encore dans les discours du peuple contre le cardinal Mazarin, lui firent juger qu'il ne faisoit pas encore bon à Paris pour lui : aussi ne put-il se résoudre d'y retourner, quoique la Reine l'en pressât beaucoup, et que M. le prince se chargeât de l'y conduire en toute sûreté. On dit même que pour justifier sa crainte, et faire voir qu'elle n'étoit pas sans fondement, il envoya un chariot couvert de ses armes à Paris, qui fut pillé à l'entrée de la ville par des gens apostés ; de sorte que la cour, pour laisser refroidir cette chaleur, alla de Saint-Germain à Compiègne, à la réserve de M. le prince, qui fut seul à Paris, où il fut complimenté par le parlement, qui lui députa exprès : ce qui ne fut pas approuvé du peuple, qui ne regardoit ce prince qu'avec aversion, comme le principal auteur de tous ses malheurs ; jusque là que s'il avoit séjourné plus long-temps à Paris, il n'y auroit peut-être pas trouvé toute la sûreté qu'il s'imaginoit : mais il s'en alla bientôt en Bourgogne, laissant ainsi le cardinal seul auprès de Leurs Majestés, bien aise de se voir délivré de sa présence, qui l'incommodoit fort.

Le peuple de Paris eut aussi beaucoup de joie du départ de Son Altesse, comme il le fit connoître dans une affaire qui arriva peu de temps après, et qui fit assez de bruit. Beautou, avocat au conseil, ayant été arrêté au sujet d'une pièce offensante pour Son Altesse, dont on l'accusoit d'être l'auteur, intitulée : *Discours sur la députation du parlement à M. le prince ;* la cour témoigna y prendre beaucoup de part, et s'intéresser fortement à la satisfaction de M. le prince, ne négligeant rien pour faire punir cet innocent.

La substance de cet écrit étoit que le parlement n'avoit pas dû députer à M. le prince, parce que cette compagnie n'avoit jamais fait cette démarche que pour le Roi et M. le duc d'Orléans, et que, M. le prince ayant été l'auteur du siége de Paris, le protecteur du cardinal, et la cause de tout ce qu'ils avoient souffert, il n'étoit pas juste de se réjouir de son retour ; et à la fin, l'auteur (1), apostrophant M. le prince, lui pronostiquoit qu'il seroit la victime du ministre, qui le jetteroit dans une prison, d'où il ne sortiroit que par la générosité de ceux qu'il avoit persécutés sans sujet : ce qui arriva effectivement depuis.

Si M. le prince eût fait alors une réflexion sérieuse sur cette prédiction, il ne se seroit peut-être pas si fort emporté dans cette rencontre ; et il auroit dû juger que les sollicitations publiques de la cour n'étoient que pour l'engager davantage dans cette affaire, et pour rejeter sur lui toute la mauvaise humeur qui restoit dans l'esprit du peuple. En effet, tous les mouvemens qu'il se donna auprès des juges ne produisirent que de nouveaux écrits plus forts qui furent publiés sous prétexte de la défense de Beautou, lequel fut enfin déchargé de l'accusation par le parlement, après avoir couru risque d'être condamné à mort par le Châtelet : ce qui seroit certainement arrivé, si le sieur Joly (2), conseiller au Châtelet, qui commença de se faire remarquer dans cette occasion, n'avoit engagé quelques-uns des juges à s'opposer avec lui aux opinions de ceux qui étoient dévoués à la cour. Ce conseiller, par un pur esprit de générosité, entreprit la défense de l'accusé avec tant de chaleur, qu'il alla plusieurs fois dans le cachot instruire le prisonnier de ce qu'il avoit à faire et à dire : mais ce malheureux étoit si troublé, qu'au lieu de profiter des conseils qui lui avoient été donnés, il pensa se perdre lui-même par ses réponses. Le sieur Joly avoit été jusqu'alors infiniment uni avec le sieur d'Aubray, lieutenant civil, dont il rapportoit tous les procès ; mais ils rompirent dans cette occasion, et en vinrent même à des paroles assez fortes.

Il arriva dans ce temps une affaire de la même nature, à l'occasion d'un nommé Marlot, qui avoit été condamné à être pendu, pour avoir imprimé un libelle très-sale et offensant contre l'honneur de la Reine, intitulé *La Custode*. Mais comme il sortoit de la Conciergerie pour être mené en Grève, plusieurs garçons libraires et imprimeurs se trouvèrent à la porte du Palais, qui chargèrent brusquement les archers à coups de pierres, et criant sur eux *aux mazarins !* ils furent secondés par les gens de boutique du quartier : de sorte que Marlot fut sauvé, y ayant eu plusieurs archers de blessés, et même le sieur Le Grant, lieutenant criminel, qui les commandoit, et qui eut assez de peine à se sauver, après avoir reçu plusieurs coups de bâton.

Tous ces événemens étonnoient la cour. Le cardinal vouloit s'en servir pour différer le retour du Roi à Paris ; mais on lui fit connoître

---

(1) C'était un avocat de Paris, nommé Portail.

(2) L'auteur de ces Mémoires.

qu'une plus longue absence pourroit faire naître des affaires plus dangereuses, et dont les suites pourroient empêcher la cour de revenir quand il en seroit absolument nécessaire. On lui disoit aussi qu'il falloit accoutumer le peuple à la présence du Roi; que c'étoit le seul remède pour refroidir la chaleur des esprits; et qu'enfin il étoit bon d'appuyer de plus près ceux qui étoient bien intentionnés, et qui étoient las de la continuation de ces désordres.

Aussi le cardinal Mazarin se résolut enfin de venir à Paris, après avoir pris toutes les mesures possibles contre la mauvaise volonté du peuple. La première précaution qu'il prit fut de faire parler à madame la duchesse de Montbazon, qui gouvernoit absolument le duc de Beaufort; de laquelle on obtint, à force de promesses, que le duc ne traverseroit point le dessein du retour. On auroit bien voulu l'engager d'aller à la cour; mais il fallut se contenter de la parole que madame de Montbazon donna pour lui. Le coadjuteur ne fut pas si difficile: il alla sans beaucoup de façon à Compiègne, sur les instances qui lui en furent faites, quoique plusieurs de ses amis l'en détournassent, dans la pensée que ce voyage ne lui étoit proposé que pour le décrier dans l'esprit du peuple; mais il n'écouta pas ces raisons, et il se figura qu'il suffisoit de publier à son retour qu'il n'y avoit été que pour rendre ses devoirs au Roi et à la Reine, sans voir le cardinal. La vérité est pourtant qu'il le vit, et qu'il eut une conférence avec lui, de trois ou quatre heures, pendant la nuit.

Après cela on prit un grand soin de s'assurer des corps de métiers, par le moyen du lieutenant civil, du prévôt des marchands et de plusieurs autres, jusqu'à se servir de La Ratière, partisan, pour ménager les bateliers en les faisant boire, et en leur disiribuant de l'argent. On employa aussi M. de Longueil, conseiller de la grand'chambre, en lui promettant la surintendance des finances pour le président de Maisons, son frère.

Le cardinal crut aussi qu'il seroit bon de faire une entreprise d'éclat qui rétablît sa réputation. C'est pourquoi il fit assiéger Cambray par le comte d'Harcourt, et il y alla lui-même pour faire des présens d'épées, de baudriers et de gants de senteur à la plupart des officiers. Mais toute cette dépense mesquine ne servoit qu'à lui attirer la raillerie publique, d'autant plus que le siége fut levé: de sorte qu'il fallut en revenir aux premières mesures pour préparer les bourgeois de Paris au retour de la cour, que tout le monde leur conseilloit plus que jamais:

ce à quoi le cardinal n'auroit jamais donné les mains, si M. le prince n'eût répondu du succès de l'affaire.

La cour revint donc enfin à Paris au mois d'août 1649, le cardinal étant à la portière du carrosse du Roi avec M. le prince, qui lui servoit comme de brave, et pour signaler ce retour, on fit une cavalcade du Palais-Royal aux Jésuites de la rue Saint-Antoine, le jour de saint Louis: cette Eminence étant encore dans le carrosse du Roi, et M. le prince à cheval avec toute la cour, dans des habits magnifiques, dont l'éclat n'empêcha pas la continuation des murmures, le peuple étant toujours si animé, qu'il eût fallu peu de chose pour faire repentir le cardinal de n'avoir pas suivi les conseils de sa prudente timidité.

M. le prince lui donna, peu de jours après, d'autres sujets d'inquiétude, en menaçant de s'unir aux frondeurs pour le perdre, sur le refus qu'il faisoit de donner, suivant sa promesse, le Pont-de-l'Arche à M. de Longueville. Cette raison n'étoit, à le bien prendre, qu'un prétexte, car M. le prince avoit d'autres raisons personnelles et plus essentielles de se plaindre de ce ministre, qu'il ne pouvoit pas dire. Il n'étoit pas content de l'alliance que M. le cardinal vouloit faire avec la maison de Vendôme, en donnant une de ses nièces à M. de Mercœur: il étoit indigné, avec justice, de ce qu'après lui avoir fait espérer que le Roi traiteroit de la principauté de Montbelliard pour la lui donner, et ayant dépêché Hervart en apparence pour négocier cette affaire, il lui avoit néanmoins donné des ordres secrets de ne rien conclure. Enfin il éprouvoit tous les jours que ce ministre le traversoit sous main en toutes rencontres, quoiqu'il lui fît des démonstrations d'une considération toute particulière.

Le cardinal, de son côté, ne pouvoit souffrir la manière outrageante dont M. le prince parloit de ses nièces, ayant dit, au sujet du mariage qui se négocioit avec M. de Mercœur, que les nièces du cardinal n'étoient pas trop bonnes pour les gentilshommes; et que s'il le fâchoit, il obligeroit Champfleury, capitaine des gardes de Son Eminence, de lui amener son maître par la barbe à l'hôtel de Condé. Il crut aussi que la folle déclaration d'amour que Jarzé eut l'audace de faire à la Reine venoit de M. le prince, qui, à la vérité, donna sa protection à Jarzé, quoique banni de la cour pour ce sujet. Les soupçons du cardinal allèrent même plus loin: il s'imagina, comme bien d'autres qui voyoient les choses de plus près, que M. le prince n'avoit fait parler Jarzé que pour se mettre, par ce moyen, tout-à-fait à la place du cardinal. Il y avoit plusieurs autres raisons de part et d'autre, qui ne venoient que de la concurrence d'autorité que le cardinal vouloit se conserver, et que M. le prince auroit été bien aise de prendre pour lui. Cependant tout cela ne paroissoit pas, et, dans le monde, il n'étoit question que du Pont-de-l'Arche, sur quoi le cardinal ne se pressoit pas de satisfaire M. de Longueville, ses appréhensions étant presque entièrement dissipées, et les affaires commençant à se rétablir, pour vérifier le proverbe de son pays : *Passato il pericolo, se vien gabbato il santo* (1).

Enfin cette mésintelligence fit beaucoup de bruit ; et Son Altesse poussa les choses si loin, qu'il alla deux ou trois fois de suite chez le coadjuteur, comme pour prendre des mesures avec lui et avec les frondeurs pour perdre le cardinal. Le duc d'Orléans paroissoit même être de concert avec M. le prince, jusque là que ces deux princes se pelotèrent un jour à coups d'orange dans un soupé, comme par débauche ; et on remarqua qu'en buvant à la santé du cardinal, M. le prince dit tout haut à la Reine : *A La Rivière !* et cela d'un ton qui donnoit à douter s'il la portoit à l'abbé de La Rivière qui étoit présent, ou s'il vouloit dire qu'il falloit noyer le cardinal ; et le lendemain, on prétend qu'ils lui envoyèrent une lettre avec cette inscription : *A l'illustrissimo signor Facquino*.

Les choses étant en cet état, le coadjuteur, le duc de Beaufort et les chefs des frondeurs commencèrent à s'assurer de leurs amis, les avertissant de se tenir prêts pour les occasions qui pouvoient se présenter à tous momens. Mais il arriva que M. le prince s'accommoda tout d'un coup avec M. le cardinal, qui lui donna satisfaction sur le Pont-de-l'Arche, et lui promit de lui procurer, et à ses amis, tous les avantages qui dépendroient de lui. De son côté, Son Altesse s'engagea à soutenir de toutes ses forces les intérêts du cardinal, et à abandonner entièrement les frondeurs, qu'il recommença de haïr plus que jamais, d'autant plus qu'il sentoit bien qu'il les avoit offensés.

Les frondeurs, extrêmement irrités, se plaignirent hautement de M. le prince, disant qu'il ne les avoit recherchés que pour les sacrifier à ses intérêts ; et rappelant le souvenir de ses premières infidélités, ils n'oublièrent rien pour le rendre odieux au peuple, et pour lui faire regarder son accommodement avec le cardinal comme une perfidie horrible, et qui étoit sans exemple. Effectivement on avoit vu M. le prince en public avec le coadjuteur, pendant que le démêlé dura, et jusques à son accommodement. Aussi n'eut-il rien à dire de bon pour se justifier, sinon que le coadjuteur ne lui ayant proposé que des enlèvemens et des barricades fort hasardeuses, il n'avoit pu se résoudre à ces extrémités, qui auroient été suivies d'un désordre général.

Il sembloit que cette résolution devoit entraîner la perte des frondeurs, et que la cour alloit entrer dans l'exercice de son autorité arbitraire, dont elle étoit si jalouse : mais ceux qui connoissoient le fond des choses jugèrent bien que cet accommodement forcé ne dureroit pas long-temps, et que le cardinal, italien, chercheroit à se venger des affronts qui lui avoient été faits, et de se tirer de la nécessité où il s'étoit mis d'accorder à M. le prince tout ce qu'il voudroit demander.

Cependant le cardinal Mazarin ne paroissoit occupé que du soin de détruire les frondeurs, amusant ainsi Son Altesse qui le souhaitoit plus que lui, et qui s'imaginoit que leur perte rendroit celle du cardinal plus facile. De leur côté, les frondeurs cherchèrent les moyens de se soutenir, et de profiter des occasions qui pourroient entretenir la mauvaise humeur du peuple.

La cour leur en fournit elle-même un beau sujet, en prenant sous sa protection les fermiers des gabelles qui avoient été condamnés par plusieurs arrêts du parlement à fournir les fonds pour payer les rentes de l'Hôtel-de-Ville : de sorte que les rentiers voyant que le prévôt des marchands et les échevins, gagnés par la cour, négligeoient les intérêts du public, commencèrent à s'assembler dans la maison de ville, où, sur la proposition du sieur Joly, conseiller au Châtelet, ils arrêtèrent qu'ils choisiroient parmi eux des syndics pour veiller à la conservation de leurs rentes : ce qui fut arrêté, nonobstant un arrêt de la chambre des vacations qui leur défendoit de s'assembler, et qui n'empêcha pas qu'ils ne le fissent toutes les semaines, quelquefois jusqu'au nombre de cinq cents personnes. On passa même outre à l'élection des syndics, et on nomma les sieurs Charton, président aux requêtes ; Joly, conseiller au Châtelet ; Matharel, Labory et des Coutures, secrétaires du Roy ; Du Portail, avocat en parlement ; Maréchal, avocat au conseil ; Delote et quelques autres, au nombre de douze. Après quoi on afficha des billets imprimés pour avertir les rentiers de se trouver à l'Hôtel-de-Ville, où les principaux

---

(1) Le péril passé, on se moque du saint.

n'osèrent pourtant pas aller, de peur d'être remarqués, se contentant d'appuyer sous main la conduite des autres.

Toute la conséquence de cette affaire ne fut pas assez comprise dans le commencement, ni par la cour ni par les frondeurs. On ne la sentit bien que quelques jours après, qu'on vit qu'il y avoit peu de personnes dans Paris et dans les provinces qui n'y eussent quelque intérêt direct ou indirect. La cour s'avisa trop tard d'en prévoir les suites; et les frondeurs comprirent à la fin qu'ils ne pouvoient avoir de prétexte plus favorable pour entretenir dans l'esprit du peuple la chaleur qu'ils désiroient. Ils commencèrent donc à rechercher ceux des syndics qu'ils croyoient avoir le plus d'autorité dans les assemblées, particulièrement Joly, qui étoit connu pour avoir des sentimens si fermes pour la justice et pour l'intérêt public, qu'ils ne doutoient point, en le gagnant, de faire du peuple ce qu'ils voudroient. Après avoir pris ensemble leurs mesures, ils convinrent que les rentiers iroient en corps demander protection au coadjuteur et au duc de Beaufort: ce qui fut exécuté fort solennellement. Il y eut même un d'entre eux qui harangua ces deux messieurs, qui répondirent fort honnêtement, et avec toutes sortes d'assurances de leur affection pour le bien public.

Afin de donner plus de poids à cette affaire, et d'assurer les personnes qui s'étoient chargées du syndicat, Joly proposa aux frondeurs, avec qui il commença d'avoir grande liaison, de présenter une requête au parlement pour demander la confirmation du syndicat, et de la faire signer de quelques conseillers intéressés dans les rentes, afin que si la grand'chambre, dont le premier président étoit le maître, vouloit entreprendre quelque chose contre les rentiers, elle ne le pût sans une assemblée générale de toutes les chambres. Cette ouverture plut, parce qu'elle tendoit à faire assembler le parlement : ce que les frondeurs souhaitoient sur toutes choses, sachant bien qu'après cela il leur seroit aisé de faire naître des incidens favorables, comme fut l'affaire du parlement de Bordeaux, qui avoit envoyé des députés à celui de Paris pour demander qu'il se joignît à eux, afin d'obtenir du Roi l'éloignement du duc d'Epernon, gouverneur de la province. Ainsi la requête fut signée de près de cinq cents rentiers, entre autres du sieur de Loisel, conseiller au parlement, qui n'avoit aucune relation avec les frondeurs; des sieurs de Croissy, Fouquet, Dorat, Quatre-Sous, Caumartin, La Barre, Vialar, tous conseillers du parlement, qui signèrent, à la prière du coadjuteur et du duc de Beaufort, de sorte que cette affaire fit grand bruit aussitôt après la Saint-Martin de 1649, la requête ayant été présentée à la grand'chambre, qui prétendit en connoître seule; quoique messieurs des enquêtes eussent demandé l'assemblée des chambres à ce sujet, et eussent arrêté entre eux de confirmer le syndicat.

La cour étoit engagée trop avant et trop intéressée dans cette affaire, pour reculer : c'est pourquoi, au lieu de penser à satisfaire les rentiers, elle s'appliqua uniquement à rejeter la requête, jugeant bien que l'établissement du syndicat alloit déposséder les officiers ordinaires de la conduite de la ville qui demeureroit, par ce moyen, entre les mains des frondeurs. Elle résolut donc d'employer toute son autorité pour traverser son établissement, et elle donna ordre au premier président d'empêcher l'assemblée des chambres, à quelque prix que ce fût. Cependant le cardinal, voulant être informé de ce qui se disoit dans la ville, s'avisa de faire expédier des brevets à plusieurs personnes, portant permission d'assister aux assemblées des rentes et partout ailleurs; d'y parler et d'y agir de la manière qu'ils jugeroient la plus propre pour s'y donner créance et découvrir les sentimens d'un chacun, à condition d'en faire leur rapport. Cette infamie n'avoit point encore eu d'exemple en France, où l'on n'avoit jamais vu d'espions de cette nature : aussi ce nouveau tour de politique fut si secret qu'on n'en découvrit rien, et que personne même né s'en douta que long-temps après. On voyoit seulement que le premier président s'opposoit avec fermeté à l'assemblée des chambres, quoiqu'il y eût d'autres affaires qui la méritoient, principalement l'audience qui étoit demandée par les députés du parlement de Bordeaux.

Néanmoins les rentiers ne se relâchèrent point de leurs poursuites; et se sentant fortement appuyés par la chambre des enquêtes, le premier président fut enfin obligé de proposer une conférence chez lui, où il y auroit des députés de toutes les chambres, et où les rentiers seroient reçus pour y soutenir leurs intérêts : ce qui fut exécuté le samedi 4 décembre chez le premier président, où quelques présidens à mortier se rendirent avec les députés, et un grand nombre de rentiers. Dans le commencement les choses furent assez paisibles, le premier président ayant fait entendre à l'assemblée que l'affaire se pourroit accommoder en donnant satisfaction aux rentiers : mais messieurs des enquêtes dirent qu'il falloit aussi donner ordre à la connivence du prévôt des marchands et des échevins; on dit qu'il falloit laisser entrer quelques-uns des rentiers pour savoir quelles étoient leurs prétentions, mais un petit nombre. Sur quoi les portes ayant été ouvertes, Joly et deux autres furent introduits pour représenter leurs raisons.

D'abord le premier président tâcha de les éblouir par des propositions spécieuses, et qui n'étoient rien dans le fond : à quoy Joly répondit que la première chose par où il falloit commencer, et sans laquelle on ne pouvoit rien faire, étoit la confirmation du syndicat, et qu'il supplioit l'assemblée de vouloir bien faire cette justice au public : ce qui ayant été entendu par quelqu'un des rentiers, ils crièrent : « Des syn- » dics ! des syndics ! » Mais comme le premier président n'en vouloit pas, il rompit l'assemblée jusques au samedi suivant. A la sortie, les rentiers crièrent encore plusieurs fois en apostrophant ceux qu'ils savoient ne leur être pas favorables, et les traitèrent de traîtres et de mazarins ; et j'en vis même quelques-uns tiraillés sans aucun respect, et la plupart furent obligés de se sauver par des escaliers dérobés. Pendant tout ce vacarme, le sieur Champlatreux, fils aîné du premier président, s'étant approché de Joly, lui dit plusieurs paroles injurieuses, le traitant de séditieux, et le menaçant de lui faire son procès. Joly répondit aussi avec chaleur, se sentant appuyé de plusieurs rentiers qui s'étoient approchés : après quoi chacun se retira, sans que les autres qu'on avoit fait venir osassent approcher. Ce qui se passa dans cette occasion donna bien à penser aux deux partis.

Le cardinal crut qu'il falloit faire un coup d'autorité contre ceux des rentiers qui avoient paru les plus échauffés à la conférence ; et il résolut d'en faire arrêter cinq ou six à la première assemblée, qui devoit se tenir le samedi suivant en ce même lieu, où il y auroit des gens armés tout prêts à se saisir de ceux à qui on en vouloit ; et le régiment des Gardes s'y prendroit en même temps, pour appuyer l'exécution qui devoit en être faite sur le champ par ordre de certains commissaires apostés, qui les feroient pendre aux grilles du Palais.

On aura peut-être peine à croire que ce ministre eût voulu en venir à cet excès de violence ; mais il n'y a pourtant rien de plus véritable que c'étoit son dessein (1). Et quoique les frondeurs n'en fussent pas avertis alors, comme ils le furent depuis d'une manière à n'en pouvoir douter, ils surent cependant que la cour avoit un dessein contre eux ; que la garde se redoubloit tous les jours pour favoriser l'exécution ; qu'on devoit commencer par les rentiers, et attaquer ensuite le coadjuteur, le duc de Beaufort et les autres chefs, partout où on les rencontreroit.

Cet avis général fut donné par une personne qui le savoit d'un de ceux qui avoient assisté à la délibération. C'en étoit assez pour engager les intéressés à se tenir sur leurs gardes : aussi n'y manquèrent-ils pas. Pour cet effet, le comte de Montrésor, le marquis de Noirmoutier, de Fosseuse et de Laigues s'assemblèrent chez le coadjuteur, où ils firent venir aussi le sieur Joly : le tout à l'insu du duc de Beaufort, du marquis de La Boulaye et de plusieurs autres, parce qu'on n'étoit pas assuré du secret, surtout à l'égard de madame de Montbazon, à qui le duc de Beaufort ne céloit rien. Ceux qui étoient de cette conférence se trouvèrent assez embarrassés, jugeant bien que la cour pourroit rompre toutes leurs mesures par un coup de surprise qui seroit irréparable, de sorte qu'ils résolurent, après bien des contestations, de prévenir la cour à quelque prix que ce fût, et surtout de tâcher de faire assembler les chambres avant la conférence qui devoit se tenir chez le premier président, ne doutant pas que la cour ne prît ce jour pour exécuter son dessein.

La difficulté fut à trouver des prétextes suffisans et des raisons assez pressantes pour assembler le parlement. Le coadjuteur proposa plusieurs projets fondés sur le crédit qu'il avoit parmi le peuple, mais qui ne furent pas jugés assez solides. Le marquis de Noirmontier renouvela une proposition qui avoit été faite quelque temps auparavant, savoir, de faire une entreprise feinte sur le duc de Beaufort ou sur le sieur de Broussel, en les faisant attaquer dans les rues par des gens inconnus ou masqués : ce qu'on supposoit devoir faire un soulèvement général. Mais on trouva des difficultés dans le projet, attendu qu'il falloit être d'intelligence avec celui qu'on attaqueroit : ce qui ne se pourroit faire avec ledit sieur Broussel, ou avec le duc de Beaufort. On craignoit le défaut de secret. Le coadjuteur se proposa aussi ; mais il n'appuya pas assez pour faire croire qu'il le souhaitât tout de bon.

Enfin Joly, qui avoit déjà conféré sur ce sujet avec le comte de Montrésor et le sieur d'Argenteuil, résolut de se proposer lui-même, disant qu'à la vérité il pouvoit n'être pas assez connu, ni assez estimé dans le monde, pour exciter les esprits du peuple ; mais que sa qua-

(1) Guy Joly attribue seul ce dessein à Mazarin.

lité de syndic des rentiers, et la bonne opinion qu'ils avoient de lui, feroient sans doute leur effet, et produiroient du moins l'assemblée des chambres, par le bruit que les rentiers, qui étoient tous les jours au Palais, ne manqueroient pas d'y faire impétueusement, au premier bruit de cet attentat.

La proposition fut approuvée de toute la compagnie, où il n'y avoit assurément personne qui eût voulu risquer d'en faire autant. Pour l'exécution, le marquis de Noirmoutier se chargea de donner un gentilhomme qui étoit à lui, très-brave et très-adroit, nommé d'Estainville, pour tirer un coup de pistolet au sieur Joly lorsqu'il passeroit dans son carrosse, suivant les mesures qui seroient prises entre eux; et le marquis de Fosseuse promit de fournir à d'Estainville un bon cheval pour se sauver.

Pour concerter les moyens de l'exécution, Argenteuil et Joly furent le vendredi au soir chez le marquis de Noirmoutier, qui demeuroit dans la rue Béthisy, dans la maison où l'amiral de Châtillon étoit logé quand il fut tué à la journée de Saint-Barthélemy. Ils y trouvèrent d'Estainville qui les attendoit dans une chambre fort écartée, où on ajusta le pourpoint et le manteau de Joly sur un morceau de bois, dans une certaine attitude, une de manches du pourpoint étant pleine de foin, sur laquelle d'Estainville tira un coup de pistolet avec tant de justesse, qu'il la perça précisément où elle devoit être percée. Après quoi il fut arrêté entre eux que le véritable coup seroit tiré le lendemain sur les sept heures et demie du matin dans la rue des Bernardins, vis-à-vis la porte où logeoit Argenteuil, qui n'étoit pas bien éloignée de celle du président Charton, où Joly alloit presque tous les jours.

La chose fut faite comme on l'avoit projetée. D'Estainville s'approcha du carrosse, Joly se baissa, et le coup passa par dessus sa tête, et fut si bien ajusté qu'il se rapportoit parfaitement à la situation où Joly devoit être dans le carrosse, derrière lequel il n'y avoit pas de laquais, qui avoient été envoyés exprès en différens endroits, de peur qu'ils n'empêchassent le dessein. Après le coup, d'Estainville se sauva le plus vite qu'il put; mais ce ne fut pas sans danger, son cheval s'étant malheureusement abattu sur le pavé. Il vint à bout cependant de trouver l'hôtel de Noirmoutier par des chemins détournés; et la nuit il renvoya le cheval au marquis de Fosseuse, qui le fit mener à la campagne et empoisonner, pour en ôter tout à fait la connoissance.

Il arriva encore une autre chose qui étoit capable de tout gâter. D'Estainville avoit mis dans son pistolet, pour servir de bourre, un dessus de lettre qui lui avoit été adressée; mais par bonheur son nom se trouva brûlé : le reste du papier fut ramassé avec les balles encore toutes chaudes par le sieur Brignon, avocat-général, qui demeuroit dans le cloître des Bernardins. Ce qui contribua beaucoup à persuader le public.

Aussitôt après l'action, Joly fut conduit chez un chirurgien au bout de la rue des Bernardins, vis-à-vis Saint-Nicolas du Chardonnet, où ayant été déshabillé, on lui trouva au bras gauche, à l'endroit où les balles devoient avoir passé, une espèce de plaie qu'il s'étoit faite lui-même la nuit avec des pierres à fusil; de sorte que le chirurgien ne douta pas que ce ne fût l'effet du coup, et il y mit un appareil dans les formes.

Pendant ce temps d'Argenteuil fit et dit tout ce qu'il put pour insinuer que cette entreprise ne pouvoit venir que de la part de la cour, qui vouloit se défaire de celui des syndics qui paroissoit le plus affectionné. Il alla ensuite chez le président Charton, qui s'imagina que c'étoit à lui qu'on en vouloit; et comme il étoit colonel du quartier, il fit battre du tambour. Cependant Joly se retira chez lui pour se mettre au lit.

Le bruit de cette action ayant été porté bientôt au Palais, les rentiers, suivis de plusieurs autres frondeurs, coururent en foule à la Tournelle où l'on tenoit l'audience, et demandèrent justice de l'assassinat de Joly, qu'ils disoient être mort : ce qui fit cesser l'audience, et obligea messieurs des enquêtes d'aller aussitôt, bien échauffés, prendre leurs places à la grand'chambre, où le président Charton se rendit aussi en équipage de guerre, l'épée au côté, disant que c'étoit à lui qu'on en vouloit; que l'entreprise s'étoit faite à sa porte : et cela avec un emportement si grand et si naturel, qu'il répéta plus de cinquante fois : « Je dis ça; » au lieu qu'il ne le disoit que sept ou huit fois aux requêtes du Palais, par une mauvaise habitude, étant d'ailleurs un fort honnête homme, plein d'affection et de fidélité pour ses amis. Le bon président poussa même la chose si loin, qu'il alla jusqu'à demander des gardes à la compagnie; mais personne n'étant persuadé comme lui, on éluda sa demande, et il eut le déplaisir d'entendre dire au sieur Viole-Douzenceau, conseiller clerc de la grand'chambre, qu'il étoit d'avis qu'on donnât des gardes au président Charton, mais qu'il falloit un charpentier qui les fît. On ne fit pas grand'chose ce jour-là au parlement, ayant été seulement arrêté qu'il seroit informé de l'assassinat commis en la personne du sieur Joly, par es sieurs Champion et Doujat, qui furent aussi chargés de s'informer de l'état où il étoit. Cependant le marquis de La Boulaye ayant vu l'émotion du parlement, crut que l'on pouvoit pousser la chose plus loin, et se jeta dans les rues avec environ deux cens hommes qui crioient *aux armes!* disant que la cour avoit fait assassiner un conseiller, syndic des rentiers; et qu'on en vouloit faire autant à M. de Beaufort. Ce marquis alla ainsi de côté et d'autre, particulièrement chez le coadjuteur et chez le sieur de Broussel; mais il ne fut pas trop écouté: il y eut seulement quelques boutiques fermées en différens endroits de la ville; et le principal effet de cette levée de boucliers fut qu'en un instant le pain fût enlevé dans tous les marchés, au double du prix ordinaire.

Il est à remarquer que le marquis de La Boulaye ne savoit rien de l'affaire de Joly, et qu'il n'avoit pris aucunes mesures avec ceux du parti, à la réserve du duc de Beaufort, lequel, ayant su la blessure de Joly, jugea que la chose pourroit avoir des suites, et se tint tout le matin prêt à cheval avec ses amis pour appuyer le marquis, si le peuple s'étoit remué. Mais les bourgeois étant demeurés tranquilles, chacun demeura chez soi.

Les conseillers commissaires qui étoient venus dès le matin chez Joly y retournèrent l'après-dînée, et trouvèrent fort mauvais qu'on eût levé l'appareil de son bras avant de les attendre. Mais enfin on leur donna consentement en le faisant relever en leur présence par les médecins et chirurgiens du parlement, dont l'un, savoir le sieur Guénaud (1), eut ordre de la Reine d'aller le soir au Palais-Royal pour rendre compte à Sa Majesté de ce qu'il avoit vu: ce qu'il fit, en asseurant qu'on ne pouvoit pas douter de la vérité de la chose; qu'il avoit trouvé beaucoup de fièvre à M. Joly; et que le plus grand comédien du monde ne pouvoit porter la dissimulation si loin dans une affaire de cette nature.

Le soir du même jour, le marquis de La Boulaye, qui voyoit bien que son entreprise du matin l'exposoit à d'étranges suites, voulut la couvrir par une autre encore plus téméraire, en attaquant M. le prince sur le Pont-Neuf, à son retour du Louvre à l'hôtel de Condé. Pour cet effet il assembla deux ou trois cents personnes dans l'île du Palais et aux environs; mais le cardinal en ayant été averti, il le fit dire à M. le prince. Ainsi on résolut de faire mettre dans le carrosse de Son Altesse, et dans celui de M. de Duras qui le suivoit ordinairement, quelques laquais, dont il y en eut un fort blessé d'un coup de pistolet, et si M. le prince y eût été, il est certain qu'il auroit couru très-grand risque.

Cependant il y en a beaucoup qui ont cru que le cardinal étoit l'auteur de cette entreprise, et que La Boulaye n'avoit rien fait que par son ordre; mais il n'y a guère d'apparence, quoique depuis La Boulaye ait avoué à quelques-uns de ses amis, pendant sa retraite à l'hôtel de Vendôme, qu'il avoit imaginé cet attentat sur M. le prince pour réparer la faute qu'il avoit faite le matin; sachant bien que la perte de Son Altesse n'auroit pas déplu au cardinal, qui lui avoit fait proposer par madame de Montbazon, dès le mois d'octobre, de le faire arrêter en plein jour sur le Pont-Neuf.

Quoi qu'il en soit, il est certain que les autres chefs des frondeurs n'y avoient aucune part; que l'affaire de Joly ne venoit pas du même conseil, et n'avoient aucun rapport l'une à l'autre. Cependant, M. le prince ne laissa pas de s'imaginer le contraire, et le cardinal n'eut pas de peine à lui persuader tout ce qu'il voulut sur ce sujet, et que c'étoit une belle occasion de perdre tous les chefs de cette cabale que le peuple avoit abandonnée dans cette rencontre; que le parlement ne pouvoit se dispenser de condamner sur les preuves d'une conjuration aussi évidente.

Effectivement, pendant les premiers jours, l'affaire parut tourner d'une manière assez favorable pour la cour: et le Roi ayant envoyé, le lundi 13 décembre, une lettre de cachet au parlement, pour ordonner à cette compagnie d'informer de ce qui s'étoit passé le samedi, comme d'une conspiration dangereuse contre l'Etat, on fit pendant toute la semaine différentes informations qui furent tenues fort secrètes, dont les principaux témoins étoient les espions à brevet dont il a été fait mention. Mais comme on n'avoit pas encore découvert cette belle intrigue, les conseillers, bien intentionnés pour le parti, n'avoient osé rien dire contre la lettre de cachet, tout le monde étoit si consterné, que si la cour eût poussé la chose avec vigueur, elle auroit fait tout ce qu'elle auroit voulu, et dissipé tous les chefs. Il est même constant que le coadjuteur, le duc de Beaufort et les plus considérables de la faction étoient presque résolus de sortir de Paris, et de se retirer à Péronne, où ils espéroient d'être reçus par le maréchal d'Hocquicourt, ami intime des duchesses de Chevreuse et de Mont-

---

(1) C'est ce même Guénaud dont se sont moqués Molière et Boileau.

bazon : mais le comte de Montrésor leur fit connoître que ce seroit tout perdre ; qu'il falloit aller tête levée au parlement, où il y avoit encore quantité de gens bien intentionnés pour eux ; et qu'en faisant bonne mine, le peuple ne les abandonneroit pas dans le besoin.

Ayant donc été informés que le contenu aux informations ne contenoit que des bagatelles, et n'intéressoit proprement que La Boulaye qui s'étoit retiré à l'hôtel de Vendôme, ils résolurent d'aller tous ensemble au parlement, à la suite du coadjuteur et des ducs de Beaufort et de Brissac, afin de contrecarrer M. le duc d'Orléans, M. le prince et plusieurs autres seigneurs qui se présentèrent du côté de la cour. On ne fit pourtant rien d'important ce jour-là, toute la séance s'étant passée à parler d'une requête présentée par Joly au sujet de son assassinat prétendu ; sur laquelle le premier président ayant voulu empêcher qu'on ne délibérât, il s'éleva un grand bruit, qui fit connoître qu'il y avoit encore dans les esprits plus de chaleur qu'on ne pensoit.

Elle éclata tout d'un coup le mercredi suivant, lorsque le premier président, après la lecture des informations et des conclusions des gens du Roi, qui portoient que le coadjuteur, le duc de Beaufort et le sieur de Broussel seroient assignés pour être ouïs, voulut faire retirer ces trois messieurs comme étant accusés : car le coadjuteur et le duc de Beaufort s'étant levés pour se retirer, le sieur Coulon, conseiller, s'y opposa ; et le sieur Broussel dit tout haut qu'il ne sortiroit pas que le premier président ne sortît aussi, attendu qu'il étoit partie au procès, puisqu'il prétendoit qu'on avoit voulu l'assassiner : ajoutant qu'il étoit son ennemi particulier, qu'il l'avoit voulu perdre en plusieurs occasions, et qu'il en donneroit de bonnes preuves à la compagnie.

La déclaration résolue de ce bon vieillard changea en un moment la face des affaires, et il s'éleva un bruit si grand et si continuel contre le premier président, qu'il ne fut pas possible de délibérer pendant tout le jour, quoique l'assemblée eût commencé à sept heures du matin, et ne finit qu'à quatre heures du soir : et comme on sut peu après dans toutes les salles du Palais, où il y avoit plus de dix mille hommes, ce qui se passoit dans l'assemblée, on donna partout de grands signes de joie ; et lorsque le duc de Beaufort sortit, ceux qui étoient au passage s'étant mis à crier : *Chapeaux bas! c'est M. le duc de Beaufort*, tout le monde mit aussitôt le chapeau à la main, et se mit à crier *vive Beaufort! vive Broussel!* Et ces acclamations continuèrent toujours quand on s'assembloit, au lieu que la plupart murmuroient dès qu'ils voyoient paroître M. le duc d'Orléans ou M. le prince.

Depuis ce jour-là, les frondeurs, ayant reconnu leur avantage, n'oublièrent rien de ce qui pouvoit augmenter la chaleur du peuple et les dispositions favorables du parlement. Pour cet effet ils s'assemblèrent tous les soirs chez le sieur de Longueil pour concerter les délibérations du lendemain ; et ils résolurent qu'on donneroit des requêtes de récusation contre le premier président au nom du coadjuteur et du duc de Beaufort, et des sieurs Broussel et Joly, fondées sur l'intérêt personnel que ce magistrat avoit dans l'affaire, plusieurs témoins déposant qu'on avoit voulu l'assassiner. Ces requêtes eurent tout l'effet qu'on s'en étoit promis. Cependant, comme le premier président avoit plusieurs partisans dans la compagnie, outre ceux de la cour, on délibéra pendant quelques jours pour savoir si les requêtes seroient reçues ou non. Il y eut aussi des récusations présentées contre M. le prince, qui offrit de se retirer ; mais la compagnie ne le voulut pas souffrir, et on n'insista pas à son égard comme à celui du premier président.

Enfin cette affaire faisant toujours un grand bruit, et les frondeurs ayant fait imprimer des moyens de récusation qui soulevèrent partout les esprits du peuple, quelques amis communs proposèrent de passer outre au jugement du fond du procès, sans délibérer sur les récusations, promettant au coadjuteur, au duc de Beaufort et au sieur de Broussel, de les tirer d'affaire sur-le-champ, n'y ayant aucune preuve considérable contre eux : ce qui engagea ces messieurs à retirer leurs requêtes, se laissant endormir par de fausses apparences. Mais comme ce désistement ne pouvoit se consommer sans le consentement de Joly, qui avoit aussi récusé le premier président, le coadjuteur, qui avoit grande envie de sortir de cet embarras, alla chercher Joly dans la grand'salle du Palais, pour l'obliger à retirer aussi sa requête. Mais il lui répondit qu'il n'en feroit rien, ajoutant que cette proposition d'accommodement étoit un piége pour les perdre tous. Ainsi Joly n'ayant pas voulu y donner les mains, et ayant au contraire prié le sieur Lainé, qu'il avoit chargé de sa requête, de la rapporter sur-le-champ, elle fut lue, et on la trouva si forte et si précise contre le premier président, qu'il s'éleva tout d'un coup un murmure général : en suite de quoi le coadjuteur et le duc de Beaufort ayant remis aussitôt leurs requêtes entre les mains des conseillers qui devoient les rapporter, il fut ordonné que le premier président passeroit le barreau, et qu'il répondroit au contenu des requêtes : ce qu'il fit assez bien, mais pourtant avec des marques de douleur trop sensibles, ayant la larme à l'œil.

Celui des conseillers qui se distingua le plus en cette occasion, et qui marqua le plus de fermeté pour soutenir la récusation, fut le sieur Daurat, conseiller en la troisième des enquêtes, qui parloit toujours avec tant de justesse, d'éloquence et de bon sens, que dès qu'il ouvroit la bouche il se faisoit un silence général, qui ne finissoit pas qu'il n'eût cessé de parler.

[1650] Enfin, après plusieurs contestations, les voix étant presque partagées, il passa de fort peu en faveur du premier président, qu'il demeureroit juge : ce qui arriva par le caprice et la légèreté de quelques-uns de ceux qui passoient pour être des plus zélés, entre autres les sieurs Labbé, Amelot et Bachaumont.

Mais les frondeurs eurent bientôt lieu de se consoler de ce petit désavantage, par les mesures qu'ils prirent avec le cardinal pour la prison de M. le prince, dont ils n'étoient pas plus contens que de lui. Jusque-là le cardinal n'avoit rien osé entreprendre contre Son Altesse, dans la crainte que, se réunissant avec les frondeurs, ils ne le perdissent entièrement. Il avoit cru aussi qu'après avoir subjugué le parti avec M. le prince, il seroit aisé de le réduire lui-même avec l'autorité du Roi ; et c'est ce qui lui avoit fait prendre la résolution de commencer par eux. Mais il vit bien par les suites du procès criminel qu'ils étoient encore trop puissans, et qu'il étoit dangereux de les pousser à bout, ayant su qu'ils avoient fait venir un grand nombre de leurs amis dans la ville, qui tenoient leurs armes toutes prêtes pour éclater à la première occasion.

C'est ce que madame de Chevreuse prit soin de faire sentir au cardinal de concert avec eux, et de lui offrir en même temps leur amitié contre M. le prince, qu'il accepta enfin après bien des difficultés, pour se délivrer tout d'un coup de l'embarras présent où ils l'avoient réduit, et des inquiétudes continuelles que lui donnoit la trop grande autorité de Son Altesse.

Le mariage du duc de Richelieu, que M. le prince venoit de faire avec la fille du marquis de Vigean sans la participation de la cour, contribua beaucoup à déterminer le cardinal : ce prince ayant mené lui-même les nouveaux mariés à Trie chez madame de Longueville, et fait partir, dès la même nuit, le duc de Richelieu pour se jeter dans le Hâvre. Ce qui fit appréhender de plus grands desseins.

Le cardinal s'expliqua donc enfin ouvertement avec madame de Chevreuse, qui en fit aussitôt confidence au marquis de Laigues, son bon ami, et celui-ci au marquis de Noirmoutier. Ainsi ces deux messieurs, qui avoient été offensés par M. le prince, eurent la joie de se voir, en quelque façon, les arbitres de sa fortune, ayant été les premiers auteurs de sa prison.

Dans la suite, le coadjuteur y eut la plus grande part ; et ce fut lui proprement qui termina cette grande affaire, après plusieurs conférences secrètes qu'il eut avec le cardinal au Palais-Royal, où il se rendoit la nuit en habit de cavalier, pour concerter ensemble les mesures nécessaires pour l'exécution de ce dessein. Madame de Chevreuse, qui voyoit plus librement le cardinal, fut chargée du soin de négocier avec lui les conditions particulières des chefs du parti, qui répondoient des autres. On promit au coadjuteur un chapeau de cardinal ; l'amirauté à M. de Beaufort, quoiqu'il ne sût rien de cette intrigue, qui fut tenue fort secrète ; le gouvernement de Charleville et du Mont Olympe à Noirmoutier, et la charge de capitaine des gardes au marquis de Laigues.

Après cela, il ne restoit plus que le consentement de M. le duc d'Orléans, sans lequel on ne pouvoit entreprendre cette affaire ; mais il ne fut pas difficile à obtenir, et il se rendit aisément aux raisons de la Reine et de madame de Chevreuse, qui lui firent sentir, sans beaucoup de peine, qu'il étoit de son intérêt de diminuer le trop grand crédit de M. le prince, dont il étoit naturellement assez jaloux. La seule inquiétude qui resta sur ce chapitre fut la crainte que Son Altesse Royale ne découvrît le secret à l'abbé de La Rivière, son favori, qu'on savoit être dans les intérêts de M. le prince ; mais on tira des paroles si positives de M. le duc d'Orléans, qu'il ne lui en dît rien, ce prince étant déjà un peu dégoûté de cet abbé.

Cependant les frondeurs ne laissoient pas, dans le même temps, d'entretenir une négociation secrète avec M. le prince, par le moyen du de Retz et du marquis de Noirmoutier, qui traitoient avec le sieur de Chavigny et le prince de Marsillac. Mais Son Altesse n'y voulut jamais entendre, quoique plusieurs de ses amis lui conseillassent ; et ce fut même une des choses qui lui firent négliger les avis qu'on lui donna plus d'une fois de l'accommodement des frondeurs avec le cardinal ; ne pouvant croire qu'ils l'eussent fait presser comme ils faisoient, s'ils avoient été assurés de la cour ; ni que la Reine et ce ministre pussent jamais se résoudre à rien entreprendre contre lui, non-seulement à cause de ses services passés, mais aussi par rapport au besoin présent, dans la situation où étoient les affaires du dedans et du dehors. D'ailleurs ils avoient grand soin de l'endormir l'un et l'autre par de bonnes paroles pour lui et pour les siens. Enfin il jugea fort bien que la cour ne pouvoit rien entreprendre contre lui sans parler à M. le duc d'Orléans; mais il ne supposa pas que Son Altesse Royale pût s'empêcher d'en parler à l'abbé de La Rivière, et ce fut ce qui contribua le plus à le tromper.

Ainsi, quoique M. le prince eût reçu plusieurs avis des conférences nocturnes du cardinal avec le coadjuteur en habit de cavalier, il n'en voulut rien croire, et il se contenta d'en rire avec le cardinal, qui lui répondit sur le même ton, sans s'embarrasser, que sans doute ce seroit une chose fort plaisante de voir le coadjuteur avec de grands canons, un bouquet de plumes, un manteau rouge et l'épée au côté; et qu'il promettoit à Son Altesse de la réjouir de cette vue, s'il prenoit envie à ce prélat de le visiter dans cet équipage. Il lui donna tout cela d'un air si libre et si dégagé, que M. le prince y fut trompé; mais il pensa découvrir toute l'affaire quelques jours après, ayant surpris brusquement le cardinal dans son cabinet, qui faisoit écrire par le sieur de Lyonne les ordres pour l'arrêter, avec le prince de Conti et le duc de Longueville. La résolution en étant donc prise, il ne restoit plus que l'exécution; mais comme le cardinal étoit naturellement incertain et timide, et qu'il différoit toujours, peut-être dans l'espérance que le temps feroit naître des incidens qui le dispenseroient d'en venir à cette fâcheuse extrémité, les frondeurs furent obligés d'en venir aux menaces pour le déterminer; ils prirent même des mesures secrètes contre lui du côté du parlement, bien résolus de s'en servir si l'affaire eût traîné davantage. Ils eurent aussi le soin de lui représenter les sujets qu'ils avoient de craindre que M. le duc d'Orléans, naturellement peu discret, ne se lassât de garder le secret; que depuis quelques jours il n'alloit plus aux assemblées du parlement, sous prétexte d'une indisposition feinte; qu'il disoit hautement que le procès criminel n'étoit qu'une bagatelle, comme pour faire entendre à M. le prince qu'il ne devoit pas le poursuivre; qu'il pourroit en dire davantage par la suite, et donner lieu à Son Altesse de juger que la cour auroit changé de sentiment. Enfin ils en dirent tant, que le cardinal se résolut. Pour cet effet il fit entendre à M. le prince qu'il avoit reçu avis que des Coutures, un des principaux sujets du procès criminel, étoit caché dans une maison dans la rue Montmartre, d'où il devoit le faire enlever l'après-dînée; et que pour le faire plus sûrement il falloit donner ordre aux gendarmes et chevau-légers de monter à cheval, et de se tenir prêts à tout événement derrière le Palais-Royal : ce que Son Altesse approuva. Le ministre lui dit aussi qu'il avoit reçu des dépêches d'Allemagne sur lesquelles il falloit assembler le conseil, et qu'il seroit bon que Son Altesse fît avertir M. le prince de Conti et M. le duc de Longueville de s'y trouver : ce qu'il fit aussitôt. Ainsi ces trois princes s'étant rendus à l'heure ordinaire du conseil au Palais-Royal, furent arrêtés par le sieur Guitaut, capitaine des gardes de la Reine, et par le sieur de Comminges, son neveu, le 18 janvier 1650. Et bientôt après être descendus par l'escalier qui conduit au jardin, on le leur fit traverser pour monter ensuite dans le même carrosse, où le sieur de Comminges monta seul avec eux. Ils furent menés au château de Vincennes avec une escorte de cinquante chevaux, tant gendarmes que gardes de la Reine, commandées par les sieurs de Miossens, maréchal d'Albret, et de Comminges. Ils arrivèrent fort tard à Vincennes, le carrosse s'étant rompu en chemin : ce qui donna occasion à M. le prince de proposer à Miossens de le sauver. Mais il répondit à Son Altesse que la fidélité qu'il devoit au Roi ne le lui permettoit pas; et le sieur de Comminges ayant entendu la proposition, et remarqué que Son Altesse jetoit les yeux de toutes parts pour voir s'il ne lui venoit pas de secours, lui dit qu'il étoit son très-humble serviteur; mais que, quand il étoit question du service du Roi, il n'écoutoit que son devoir, et que s'il venoit du monde pour les sauver, il les poignarderoit plutôt que de les laisser sortir d'entre ses mains, et de ne pas rendre bon compte de leurs personnes à Sa Majesté, qui lui en avoit confié la garde. Ce discours, quoique dur, n'empêcha pas que M. le prince n'eût une entière confiance au sieur de Comminges pendant les premiers jours de sa prison. Elle fut même si grande, que Son Altesse ne voulut pas permettre que les officiers du sieur Guitaut, qui les servoient, fissent l'essai des viandes devant eux. Mais cela ne dura pas, le sieur de Bar ayant été nommé pour les garder; et on leur donna en même temps des officiers du Roi pour les servir.

Quand on annonça cette nouvelle à M. le duc d'Orléans, Son Altesse Royale dit : « Voilà un » beau coup de filet ! on vient de prendre un » lion, un singe et un renard ! » On arrêta aussi dans le même temps le président Perrault, intendant de M. le prince, et on alla chez d'autres personnes qui ne se trouvèrent pas. Il n'y eut que madame la princesse douairière qui fut épargnée ; mais bientôt après elle fut reléguée dans une de ses maisons de campagne.

Pendant tout ce temps-là, le coadjuteur étoit à l'hôtel de Chevreuse, avec le duc de Beaufort qui y avoit dîné, la porte de la maison étant fermée, avec défense de laisser entrer qui que ce fût, parce qu'alors ils écrivoient des billets à tous les curés de Paris, pour les avertir de la détention des princes. Ce qu'ils faisoient avec si peu de précaution, qu'il auroit été aisé à plusieurs de ceux qui étoient présens, s'ils avoient été plus curieux, de jeter les yeux sur ces billets, et d'en avertir Son Altesse encore à temps. Mais la destinée des princes ne le permit pas, et la nouvelle de leur prison fut apportée chez le coadjuteur par Brillet, écuyer du duc de Beaufort, qu'on avoit envoyé exprès au Palais-Royal, pour venir donner avis de ce qui se passeroit, dès qu'il en auroit l'ordre du marquis de Noirmoutier ou de Laigues, qui commencèrent à paroître ce jour-là chez la Reine, un peu avant que les princes fussent arrêtés.

Ces messieurs auroient peut-être mieux fait de ne se point trouver à cette action, attendu que leurs personnes seules étoient capables de faire soupçonner et découvrir le dessein ; mais la Reine avoit souhaité que cela fût. Ils avoient eu même tant d'envie de se venger de M. le prince, et de paroître les auteurs de sa prison, qu'ils ne purent s'empêcher de se donner ce plaisir : outre que ceux du parti doutoient toujours de la fermeté du cardinal, et jugèrent qu'il ne falloit pas l'abandonner à son incertitude dans le temps de l'exécution.

Le bruit s'étant répandu dans Paris qu'on avoit arrêté quelqu'un au Palais-Royal, sans dire qui, le peuple s'imagina que c'étoit M. de Beaufort ; ce qui obligea plusieurs bourgeois à prendre les armes, particulièrement dans le quartier des Halles et vers la porte Dauphine. Tout le reste auroit bientôt suivi, si la Reine n'eût envoyé en diligence chercher ce duc au palais d'Orléans, où lui et le coadjuteur étoient allés dès que Brillet leur eut porté la nouvelle. Il fallut même que le duc de Beaufort montât à cheval, avec quantité de flambeaux, pour se montrer au peuple, étant suivi de trois ou quatre cents chevaux, depuis neuf heures du soir jusqu'à deux heures après minuit ; dont quelques-uns crièrent qu'il falloit assommer la grande barbe, c'est-à-dire le premier président, jusqu'à prendre la bride de son cheval pour le faire tourner de ce côté-là.

Pendant que tout cela se passoit, des amis de M. le prince, qui s'étoient assemblés à l'hôtel de Condé, proposèrent de monter à cheval et d'aller attaquer le duc de Beaufort, pour mettre la confusion dans le peuple, qui auroit pu s'imaginer que c'étoit une entreprise du cardinal : et dans la vérité, si la chose avoit été bien conduite, elle auroit pu réussir ; mais l'avis ne fut pas suivi, et tous ses partisans ne pensèrent qu'à se retirer. Madame de Longueville étoit partie dès le commencement de la nuit pour aller en Normandie, escortée de soixante chevaux conduits par le duc de La Rochefoucauld. Le duc de Bouillon prit le chemin de Bordeaux, le vicomte de Turenne celui de Stenay, le sieur de Bouteville (depuis duc de Luxembourg et maréchal de France) et quelques autres celui de Bourgogne ; de sorte que, dès le lendemain, on convint que le parti des princes seroit assez considérable : ce qui n'empêcha pas que le peuple ne fît des feux de joie en plusieurs endroits de la ville, la plupart des bourgeois disant que le cardinal n'étoit plus Mazarin, après un coup de cette nature.

Ainsi le procès criminel fut bien aisé à juger, et tous les accusés furent déchargés des plaintes contre eux, et renvoyés hors de cour et de procès, avec des termes plus ou moins avantageux. L'arrêt de Joly fut le plus favorable de tous, ayant été non-seulement déchargé de l'accusation, mais ayant obtenu aussi permission de continuer ses informations. Il est vrai que le sieur de Champlatreux y contribua un peu, dans l'appréhension qu'étant privé de la protection de M. le prince, on ne se servît de l'affaire de Joly pour le pousser : ce qui auroit été aisé, sur la déposition de deux témoins, dont il auroit pu se trouver assez embarrassé. C'est pourquoi il alla trouver le duc de Noirmoutier pour accommoder l'affaire, offrant pour cela deux mille écus à Joly : ce qui donna lieu à rire à ceux qui étoient du secret, et leur fit cependant juger qu'il y avoit eu quelque dessein formé. Joly répondit que volontiers il prendroit de l'argent, mais qu'il vouloit qu'il y en eût un acte devant notaire ; ce qui n'étoit pas le compte de Champlatreux, auquel, par ce moyen, il n'en coûta rien, que la parole qu'il donna, que lui et tous ses parens sortiroient lorsqu'on parleroit de l'affaire de Joly, et qu'aucun d'eux ne seroit de ses juges ; et Joly promit de son côté qu'il ne poursuivroit pas son information. Il n'auroit pu le faire quand il auroit voulu, parce que la cour envoya, peu de temps après, une amnistie en faveur du marquis de

La Boulaye, et pour abolir ce qui s'étoit passé le 11 décembre 1649.

Cette amnistie confirma le soupçon de ceux qui croyoient que le marquis de La Boulaye n'avoit rien fait que de concert avec le cardinal ; ce qu'on a cru encore plus fortement après la mort de ce ministre, parce que La Boulaye a laissé entendre que cela étoit vrai, quoiqu'auparavant il ne parlât pas aussi ouvertement. Mais il y a bien de l'apparence qu'il a plutôt dit cela pour se disculper, et pour diminuer le blâme d'une action si étrange, que pour confesser la vérité.

Le commencement de la prison des princes fut fort rude, le cardinal les ayant mis à la garde de M. de Bar, homme farouche, qui s'imagina que le mauvais traitement qu'il leur feroit avanceroit sa fortune et lui seroit d'un grand mérite à la cour. Ainsi la seule consolation des prisonniers fut le commerce qu'ils eurent, dès le trois ou le quatrième jour de leur prison, avec leurs amis.

Le sieur de Montreuil (1), secrétaire de M. le prince de Conti, étoit celui qui conduisoit le commerce, si adroitement et par des inventions si subtiles, que le sieur de Bar étoit souvent lui-même l'instrument dont il se servoit pour faire tenir les lettres aux princes. Pour cela, on avoit fait faire des écus creux qui se fermoient à vis, qu'on mêloit avec ceux qu'on envoyoit de temps en temps aux prisonniers pour jouer, et que l'on confioit au sieur de Bar, pour les leur remettre lui-même entre les mains. On se servoit aussi quelquefois du ministère des officiers de la chambre, et même d'un valet du sieur de Bar ; sans plusieurs autres finesses dont les prisonniers ne manquent jamais.

Mais toutes ces petites ruses ne pouvoient pas leur donner de grandes consolations, puisqu'on ne leur apprenoit que d'assez mauvaises nouvelles ; car quoique leurs amis se donnassent de grands mouvemens au dedans et au dehors du royaume, le cardinal fut si heureux qu'il découvrit toutes leurs pratiques, souvent par le moyen des frondeurs. C'est pourquoi, dans les commencemens, il les ménageoit avec de grandes attentions, disant partout qu'il étoit fort aise d'être devenu frondeur. Mais ses prospérités lui ayant enflé le cœur, il les négligea dans la suite, et les força de prendre les mesures qui furent suivies de la liberté des princes, et d'une ligue presque générale contre lui.

(1) Montreuil, assez médiocre poète, qui n'en fut pas moins de l'Académie française.

La première démarche que le ministre fit contre les princes fut d'envoyer au parlement une déclaration assez mal digérée, concernant les raisons de leur emprisonnement, qui n'auroit pas produit un effet conforme à ses désirs, si les réponses qui furent faites par les partisans des princes n'avoient été encore plus mauvaises.

Ensuite il mena le Roi et la Reine à Rouen pour en chasser madame de Longueville, qui fut obligée de se retirer à Dieppe et de là en Flandre, d'où elle alla trouver le vicomte de Turenne à Stenay. Le duc de Richelieu abandonna aussi le Hâvre, et le Roi demeura maître de toute la province et des places que le duc de Longueville y avoit. La même chose arriva en Bourgogne, où tout ce qui tenoit pour les princes fut bientôt soumis après la réduction de Bellegarde.

Cependant madame la princesse douairière ayant présenté une requête au parlement, pour avoir la liberté de demeurer à Paris afin de solliciter l'élargissement de messieurs ses enfans, on n'y eut aucun égard, quoiqu'il y eût une forte cabale pour elle : le premier président, qui étoit des amis de M. le prince, ayant fait sous main, et sans trop se déclarer, tout son possible pour en favoriser le succès. Mais M. le duc d'Orléans avec le coadjuteur et le duc de Beaufort étant allés au parlement, firent rejeter la requête ; et toutes les sollicitations de cette princesse demeurèrent inutiles, aussi bien que les soumissions indignes d'elle et de ses enfans qu'elle fit au coadjuteur à l'entrée du Palais, en s'abaissant jusqu'à embrasser ses genoux : bassesse qu'il est bien difficile de pardonner à une mère de ce rang, quelque désolée qu'elle puisse être.

Quelque temps après le cardinal étant revenu à Paris, résolut tout d'un coup d'aller à Bordeaux, où madame la princesse et M. le duc d'Enghien avoient été reçus avec les ducs de Bouillon et de La Rochefoucauld, et avoient engagé le parlement à donner un arrêt portant qu'il seroit fait remontrance au Roi pour la liberté des princes. La plupart des amis du cardinal ne lui conseilloient pas ce voyage, parce qu'il y falloit mener beaucoup de troupes, et laisser les frontières de Flandre ouvertes aux ennemis. Ils disoient encore que, pendant l'absence de la cour, les amis des princes pourroient faire des pratiques dangereuses dans le parlement et dans la ville de Paris ; qu'on pouvoit remédier aux désordres de Bordeaux, en y envoyant un habile généra avec des troupes ; qu'enfin Paris étoit la tête de toutes les affaires

3.

et le cœur de l'Etat, où il falloit nécessairement s'arrêter. Mais ce ministre passa par-dessus toutes ces considérations; et comme les Espagnols venoient de lever le siége de Guise avec quelque perte, il crut qu'ils ne seroient pas sitôt en état de rien entreprendre, et qu'il auroit le temps de s'assurer de Bordeaux, où il ne s'attendoit pas de trouver plus de résistance qu'en Bourgogne et en Normandie. Il partit donc avec le Roi et la Reine, laissant à Paris M. le duc d'Orléans en qualité de lieutenant général de la couronne, avec le sieur Le Tellier, secrétaire d'Etat, qui avoit le secret et la confidence du cardinal.

Les frondeurs lui promirent aussi de demeurer fidèlement dans l'union qu'ils avoient faite avec lui, et de s'opposer aux cabales que les partisans des princes pourroient faire dans le parlement et dans la ville, et même auprès de M. le duc d'Orléans, dont le coadjuteur étoit devenu le confident depuis la disgrâce de l'abbé de La Rivière, qui fut chassé un peu après la prison des princes.

Le cardinal se reposa sur madame de Chevreuse du soin de ménager les frondeurs, et sur le garde des sceaux de Châteauneuf, par le moyen de madame de Rhodes son amie, qui alloit tous les soirs à l'hôtel de Chevreuse, où ces messieurs ne manquoient pas de se rencontrer. Mais comme le garde des sceaux étoit vieux, et que madame de Rhodes n'avoit plus pour lui qu'une complaisance intéressée, elle étoit bien plus disposée à servir les frondeurs, et elle découvroit beaucoup plus de choses en leur faveur par le moyen du garde des sceaux, qu'il n'en découvroit par elle en faveur du cardinal, auquel il n'étoit pas lui-même fort attaché.

Ces précautions n'empêchèrent donc pas les inconvéniens qui avoient été prédits au cardinal. Le siége de Bordeaux, qui dura plus qu'il n'avoit cru, donna lieu aux Espagnols d'entrer en campagne, où ils se rendirent maîtres de La Capelle, de Rethel et de Château-Porcien; et les amis des princes trouvèrent le moyen de faire délibérer plusieurs fois le parlement sur ce qui se passoit à Bordeaux, d'où il étoit venu deux députés avec des lettres.

Ces deux incidens commencèrent à faire changer la face des affaires. Le voisinage des Espagnols, qui pouvoient aisément venir de Rethel à Vincennes, obligea la cour à penser à en tirer les princes pour les transférer ailleurs: mais la difficulté fut de convenir du lieu. Le cardinal fit proposer le Hâvre; mais les agens des princes s'y opposèrent de toutes leurs forces, et les frondeurs ne trouvoient pas bon qu'on les mit dans un lieu qui dépendît si absolument du cardinal. Ils auroient mieux aimé la Bastille, dont ils étoient à peu près les maîtres; et ce fut le sentiment du coadjuteur et du duc de Beaufort. Mais le sieur Le Tellier s'y opposa fortement, faisant agir tous les partisans de la cour auprès de Son Altesse Royale pour l'en détourner et l'engager à consentir au Hâvre. Le marquis de Laigues, consulté par le duc d'Orléans, ne lui conseilla pas de les mettre à la Bastille; mais il n'approuva pas aussi la citadelle du Hâvre, où Son Altesse Royale n'avoit aucun pouvoir. Aussi M. le duc d'Orléans, après plusieurs délibérations, se résolut de lui-même de les faire transférer à Marcoussi, dont personne n'avoit parlé.

Cette translation déplut fort à la cour; et le cardinal en ayant été informé, commença de se plaindre du coadjuteur, comme s'il eût voulu se rendre maître des princes, sous le nom de Son Altesse Royale. Il trouva aussi fort mauvais que M. le duc d'Orléans eût envoyé le marquis de Verderonne et le comte d'Avaux à l'archiduc, sur de nouvelles propositions de paix faites par ce prince, disant que cela ne venoit que du coadjuteur, qui avoit voulu faire la paix sans lui. Il est vrai que cette négociation fut poussée un peu trop avant, l'archiduc ayant envoyé don Gabriel de Tolède à Paris: mais on découvrit bientôt que la conduite des Espagnols n'étoit qu'un pur artifice pour brouiller, par le refus que l'archiduc fit d'envoyer des passeports au nonce du Pape et à l'ambassadeur de Venise, qui avoient été nommés pour médiateurs, et qui s'étoient avancés en cette qualité jusqu'à Nanteuil.

Le cardinal Mazarin se tint aussi offensé d'une députation du parlement à la cour, ménagée par Son Altesse Royale, sous prétexte d'informer le Roi des propositions des députés de Bordeaux, mais en effet pour tâcher de terminer la chose par un accommodement, s'imaginant que le coadjuteur lui avoit suscité cette affaire pour lui ôter l'honneur de réduire Bordeaux par la force.

Toutes ces plaintes que le cardinal faisoit publiquement, refroidirent les esprits; et le coadjuteur, irrité, commença dès lors d'écouter le sieur Arnauld, général des carabins, ami des princes et le sien, qui venoit le voir la nuit dans un grand secret. Il cacha cependant son ressentiment, quoiqu'il vît bien que ce ministre cherchoit à lui faire une querelle d'allemand, et qu'il seroit bientôt obligé de se détacher de ses intérêts, les amis des princes ayant mis leurs affaires sur un pied qui mettoit les frondeurs hors d'état de leur résister, sans perdre leur crédit dans le parlement et parmi le peuple.

En effet, les délibérations du parlement alloient si avant sur les affaires de Bordeaux, qu'on ne parloit pas seulement de faire des remontrances pour la liberté des princes, mais aussi de l'éloignement du cardinal : sur quoi le coadjuteur et les frondeurs, en parlant d'une manière ambiguë, se faisoient un grand préjudice dans le monde, où le nom de Mazarin étoit toujours odieux.

Les amis des princes eurent aussi soin de distribuer de l'argent à plusieurs aventuriers, qui, se mêlant dans la salle du Palais, et déclamant hautement contre le cardinal, engageoient une infinité de gens de crier à tous momens : *vive le Roi ! vivent les princes ! point de Mazarin !* Ce qui causoit un tel bruit et une si grande confusion, que Son Altesse Royale délibéra plus d'une fois de rentrer dans la grand'salle, ses gardes ne pouvant lui ménager le passage, quoique assisté du duc de Beaufort qui se mit à leur tête, et qui fut repoussé aussi bien qu'eux. Le coadjuteur, s'il faut l'en croire, fut aussi attaqué un jour par un gentilhomme, le poignard à la main, qu'il se vantoit de lui avoir arraché des mains : cependant il n'a jamais voulu le nommer à personne, quoiqu'il assurât l'avoir fort bien reconnu. Mais il n'y a guère d'apparence qu'une action de cette nature se fût passée dans la grand'salle du Palais, sans que personne le vît. D'ailleurs ceux qui l'ont connu le plus familièrement savent bien qu'il étoit incapable de garder un secret de cette espèce, aussi bien que de ses bonnes fortunes avec les dames.

Malgré tout cela les frondeurs demeurèrent fermes et empêchèrent qu'il ne fût rien ordonné contre le cardinal, ou pour la liberté des princes ; et toutes les délibérations du parlement sur les affaires de Bordeaux se terminèrent à un second envoi de députés, par l'entremise desquels le traité fut enfin signé, portant la révocation du duc d'Epernon, gouverneur de la province ; une amnistie générale pour la ville, et pour tous ceux qui avoient pris les armes, particulièrement pour les ducs de Bouillon et de La Rochefoucauld; et permission à madame la princesse de se retirer avec monsieur son fils à Montrond, ou en quelqu'une de ses maisons d'Anjou.

La paix de Bordeaux étant faite, les délibérations du parlement cessèrent aussi ; mais les partisans des princes ne discontinuoient pas pour cela leurs intrigues pour se rendre les peuples favorables. Ils s'avisèrent, entre autres choses, d'exposer un matin le portrait du cardinal à mi-corps, en habit rouge, attaché à un poteau, la corde qui passoit à l'endroit du cou, comme s'il eût été pendu ; avec un écriteau portant différens crimes pour lesquels il étoit déclaré digne de mort. Ce Portrait fut exposé à la Croix-du-Tiroir, et au bout du Pont-Neuf, vis-à-vis la rue Dauphine ; et cette bagatelle ne laissa pas de plaire au peuple et d'y causer de l'émotion, jusque là qu'un exempt, qui alla ôter un de ces tableaux, pensa être assommé.

Il y eut aussi du bruit au sujet du meurtre d'un des gentilshommes de M. de Beaufort, nommé Saint-Eglan, lequel, allant quérir ce prince à l'hôtel de Montbazon, fut tué dans son carrosse dans la rue Saint-Honoré, sur les onze heures de nuit. Cet assassinat fit faire bien des raisonnemens : quelques-uns voulurent le faire passer pour un simple vol ; plusieurs l'imputèrent aux amis de M. le prince ; mais l'opinion la plus générale, appuyée par les émissaires des princes, fut que le cardinal avoit fait faire le coup, mais que ses gens s'étoient mépris, ayant cru que c'étoit le duc de Beaufort. Quoi qu'il en soit, on n'en a jamais bien pu découvrir la vérité, ceux des assassins qui furent exécutés ayant dit simplement qu'ils étoient conduits par un homme qui s'étoit sauvé, et qui avoit servi dans un des régimens de M. le prince.

Le corps d'un de ces misérables ayant été abandonné aux chirurgiens, on lui trouva toutes les parties transposées, le cœur et la rate au côté droit, et le foie au côté gauche. Cela fut remarqué comme une chose fort extraordinaire, quoiqu'elle ne soit pas sans exemple, puisque, dans le même temps ou à peu près, on trouva la même conformation dans le corps d'un chanoine de Nantes.

Pendant que toutes ces choses se passoient, les confidens des princes sollicitoient puissamment le coadjuteur, sans lequel ils voyoient bien qu'ils ne pouvoient rien faire auprès du duc d'Orléans. Ils savoient d'ailleurs qu'il étoit piqué des plaintes du cardinal, et il s'en étoit ouvert à madame de Chevreuse en lui faisant connoître en même temps les offres qui lui étoient faites de la part du prince. Cette dame lui représenta qu'il ne devoit pas se séparer si légèrement de la cour, ni rentrer avec tant de précipitation dans les intérêts de M. le prince, dont la fidélité devoit lui être suspecte après les expériences du passé ; qu'il ne devoit pas tant s'arrêter à des bruits qui pouvoient être répandus par les émissaires des princes, et qui, quand ils seroient vrais, n'étoient pas assez importans pour le porter aux extrémités ; et qu'enfin avant de se déterminer, il falloit voir si la cour lui refusoit la nomination au cardinalat qu'elle lui avoit fait espérer, et que c'étoit uniquement par cette pierre de touche qu'il devoit juger de ses bonnes ou mauvaises volontés à son égard.

Le coadjuteur se fit prier, disant qu'il ne vouloit rien demander au cardinal ; mais madame de Chevreuse, qui savoit combien il désiroit la chose, ne laissa pas d'en parler au sieur Le Tellier, le priant d'en écrire incessamment au cardinal, et de lui faire bien sentir qu'il lui étoit de la dernière conséquence de retenir le coadjuteur dans ses intérêts, à quelque prix que ce fût. Le sieur Le Tellier ayant refusé de se charger de cette proposition, qu'il savoit bien ne devoir pas être agréable, elle en écrivit elle-même au cardinal, qui lui répondit en termes généraux qui ne signifioient rien dans son langage, mais il ne laissoit pas de lui donner quelque lieu d'espérance.

Cette réponse retint le coadjuteur quelque temps, jusqu'à ce qu'il eût avis de certaines paroles qui étoient échappées au cardinal contre lui et contre ses amis ; dont madame de Chevreuse ayant été informée, elle commença aussi d'entrer en quelque défiance, d'autant plus que le sieur de Laigues son ami étoit mêlé dans ce discours ; le cardinal ayant dit que ce marquis avoit encore trop de teinture du coadjuteur pour se pouvoir fier en lui. C'est pourquoi, dès que la cour fut arrivée à Fontainebleau, cette dame s'y rendit exprès, afin de faire expliquer plus nettement ce ministre sur l'affaire du chapeau : ce que n'ayant pu obtenir, elle lui dit, en prenant congé de lui, qu'elle ne pourroit pas s'empêcher de témoigner au coadjuteur quelque chose de sa roideur à son égard. Sur quoi le cardinal ayant fait réflexion, il envoya chez elle le lendemain matin ; et ayant su qu'elle étoit déjà partie, il fit chercher avec empressement le marquis de Laigues, auquel il donna des paroles presque positives, dans la crainte qu'il avoit que le coadjuteur ne le traversât dans le dessein qu'il avoit de retourner à Paris, et de transférer les princes au Hâvre-de-Grâce.

Ce fut la première chose dont la Reine entretint M. le duc d'Orléans à Fontainebleau, en le priant de vouloir bien se charger de la prison des princes, ou de souffrir qu'on les menât au Hâvre ; à quoi Son Altesse Royale s'opposa pendant quelque temps avec assez de fermeté ; mais enfin il se rendit aux instances de la Reine. Et le cardinal craignant qu'il ne rétractât son consentement, fit expédier les ordres sur-le-champ par le sieur Le Tellier, auquel il dit en même temps de s'absenter, ou de se cacher si bien qu'on ne le pût trouver, au cas que Son Altesse Royale l'envoyât chercher pour lui défendre de passer outre à l'exécution des ordres. Cela ne manqua pas d'arriver, mais il n'étoit plus temps.

Cette translation fut fort sensible aux amis des princes, qui étoient sur le point d'exécuter un dessein concerté depuis long-temps pour les sauver. Dans cette vue ils avoient gagné quatre gardes des sept qui étoient dans l'appartement des princes, qui devoient se rendre maîtres des autres trois, ou les poignarder en cas de résistance. Ils s'étoient aussi assurés de quelques uns des officiers et soldats qui veilloient à la garde du dehors, sur la terrasse du château de Marcoussi, au pied de laquelle un homme s'étoit chargé de faire trouver un bateau dans lequel les princes devoient passer le fossé, pour aller joindre à vingt pas de là le duc de Nemours, qui les auroit conduits avec une bonne escorte en lieu de sûreté.

Ainsi le comte d'Harcourt, qui vouloit bien se charger de la conduite des princes, s'acquitta de cette commission sans beaucoup de peine ; mais il s'attira le blâme de tous les honnêtes gens, qui trouvèrent cette action indigne de lui et de la belle réputation qu'il s'étoit faite dans le monde. Cela donna lieu à cette chanson (1) :

> Cet homme gros et court,
> Si connu dans l'histoire ;
> Ce grand comte d'Harcourt,
> Tout couronné de gloire,
> Qui secourut Casal et qui reprit Turin,
> Est maintenant,
> Est maintenant
> Recors de Jules Mazarin.

Peu de temps après, la cour étant revenue à Paris, madame de Chevreuse ne manqua pas de presser le cardinal sur le chapeau promis au coadjuteur. Mais ce ministre se voyant maître des princes, et dans Paris, où il croyoit n'avoir plus rien à craindre, changea de langage, et refusa nettement de tenir les paroles qu'il avoit données au marquis de Laigues à Fontainebleau. Le coadjuteur avoit toujours bien prévu qu'il en useroit de la sorte, et madame de Chevreuse commençoit à s'en douter ; mais comme elle avoit beaucoup de peine à quitter le parti de la cour, on auroit eu beaucoup de peine à l'en détacher ; et on n'en seroit pas venu à bout, si l'on ne s'étoit pas avisé de lui proposer le ma-

(1) Cette chanson fut composée par M. le prince, en carrosse, pendant qu'on le transféroit.

riage de mademoiselle de Chevreuse avec M. le prince de Conti.

Cette affaire avoit déjà été ménagée par madame de Rhodes avec la princesse Palatine, qui avoit toute la confiance des princes. Le coadjuteur et mademoiselle de Chevreuse la désiroient sur toutes choses. Il n'en étoit pas de même de madame de Chevreuse, qui en reçut d'abord la proposition avec assez d'indifférence, parce que le marquis de Laigues s'y opposoit directement ; ne pouvant se résoudre, non plus que le marquis de Noirmoutier, à trahir le cardinal, dont ils avoient sujet d'être contens, et qui leur avoit tenu parole sur tout ce qu'il leur avoit promis. D'ailleurs ces deux messieurs avoient des raisons personnelles pour ne se pas raccommoder avec M. le prince, dont ils appréhendoient la vengeance et la légèreté. Ils disoient que tout étoit à craindre du côté de Son Altesse, et presque rien du côté du cardinal, qui ne s'empresseroit peut-être pas de leur accorder toutes les grâces qu'ils pourroient désirer de lui, mais qui seroit toujours obligé de garder de certaines mesures avec eux ; et qu'enfin le mariage de mademoiselle de Chevreuse n'étoit pas une assurance suffisante pour eux quand M. le prince lui tiendroit parole sur ce chef : ce qu'il pourroit bien ne pas faire s'il se voyoit une fois en liberté.

A la vérité ces raisons étoient plausibles et bien capables de faire impression sur l'esprit des frondeurs ; mais la négociation du mariage fut si secrète, qu'il n'y eut que le sieur Caumartin qui en sût quelque chose, en qualité d'ami de madame de Rhodes et de confident du coadjuteur, et de madame de Chevreuse dont il étoit fort considéré, parce que, tout jeune qu'il étoit, il avoit un esprit prévenant, souple et délicat, avec une grande connoissance des affaires du parlement, ce qui faisoit que lorsque le coadjuteur avoit à parler dans la compagnie, c'étoit Caumartin ou Joly qui dressoit le projet de son discours, et souvent l'un et l'autre ensemble.

Enfin, malgré les contradictions, mademoiselle de Chevreuse, madame de Rhodes, le coadjuteur et Caumartin firent si bien auprès de madame de Chevreuse et du marquis de Laigues, qu'ils obtinrent leur consentement pour le mariage et pour le traité avec les princes, dont le coadjuteur fut chargé pendant que madame de Chevreuse tâcheroit de persuader M. le duc d'Orléans. Cela ne fut pas aisé : ce n'est pas que Son Altesse Royale ne convînt aisément qu'il étoit bon de diminuer un peu la grande autorité du cardinal ; qu'il ne seroit plus temps d'y penser si l'on attendoit tranquillement la majorité du Roi, qui approchoit fort ; et qu'enfin l'unique moyen de le réduire étoit de se réunir avec les princes. Le comte de Béthune, en qui le duc d'Orléans avoit une grande confiance, aida bien à lui faire sentir cette nécessité ; mais il appréhendoit toujours les suites de cette réunion, et que M. le prince n'en tirât un trop grand avantage. Il y donna pourtant enfin les mains, sur la proposition qui fut faite de mademoiselle d'Orléans avec M. le duc d'Enghien.

Il ne restoit donc plus qu'à écrire ; mais comme il y avoit eu des avis différens parmi les frondeurs, il y en eut aussi parmi les amis des princes, dont quelques-uns étant entrés en négociation avec le cardinal, qui leur faisoit espérer dans peu la liberté des princes, soutenoient qu'il falloit tout attendre de ce côté-là. Les autres disoient que toutes les paroles qu'il donnoit n'étoient que pour amuser leurs amis, et qu'il ne falloit rien se promettre de lui que par force et en se rendant supérieurs : ce qui ne se pouvoit que par l'union avec les frondeurs. Mais ce qui les divisoit davantage étoit un article que ces messieurs vouloient insérer dans le traité, pour engager les princes à travailler, de concert avec eux, à l'éloignement du cardinal : à quoi plusieurs d'entre eux ne pouvoient consentir, parce qu'ils étoient anciens mazarins et ennemis jurés des frondeurs.

Cependant comme M. le prince remit cette négociation entre les mains de madame la princesse palatine, du président Viole et de Croissy, qui n'avoient aucune raison de ménager le cardinal, ils ne s'arrêtèrent point à ces considérations, et ils entrèrent en conférence avec le coadjuteur, qui alloit toutes les nuits *incognito* chez la palatine, souvent avec Caumartin.

Tout cela ne pouvoit pas être si secret qu'il n'en revînt quelque chose à la connoissance du cardinal ; mais comme les avis qu'on lui donnoit n'étoient pas bien circonstanciés, et qu'il négocioit lui-même avec les principaux amis des princes, il ne s'en mit pas beaucoup en peine, s'imaginant être au-dessus de toutes choses, parce qu'il étoit venu à bout de la Normandie, de la Bourgogne et de Bordeaux.

Comme il ne lui restoit rien à soumettre que la frontière de Champagne où les ennemis s'étoient établis, il résolut d'aller lui-même en ces quartiers-là ; et il y fut si heureux que non-seulement il reprit Rethel, mais il eut la fortune que l'armée du Roi, commandée par le maréchal Du Plessis, défit celle du vicomte de Turenne près de Saumepui ; après quoi il revint à Paris, triomphant, ne croyant pas que rien pût ni osât lui résister après cela.

[1651] Mais il y trouva plus d'affaires qu'il ne pensoit ; car le traité des princes ayant été signé peu de jours après, madame la princesse présenta une requête au parlement avec une lettre des princes, qui engagèrent la compagnie dans des délibérations que le cardinal ne put éviter avec tous ses artifices; et il fut arrêté que très-humbles remontrances seroient faites au Roi et à la Reine, et que M. le duc d'Orléans seroit prié d'employer son autorité pour la liberté des princes.

Son Altesse Royale n'étoit pas entré dans ces délibérations, quoique dès lors il témoignât publiquement désirer la liberté des prisonniers, et qu'il eût déclaré hautement que leur translation au Hâvre s'étoit faite sans son agrément ; mais comme son traité avec eux n'étoit pas encore conclu, il n'avoit pas jugé à propos de s'engager avant d'avoir pris ses sûretés.

Enfin le coadjuteur acheva le tout par deux traités qu'il fit avec madame la princesse palatine, qui avoit reçu pour cela un pouvoir de M. le prince sur un morceau d'ardoise, et une promesse de madame de Longueville d'agréer pour les princes tout ce dont on seroit convenu avec leurs agens. Dans le premier traité, qui regardoit Son Altesse Royale en particulier, on stipuloit le mariage d'une de mesdemoiselles ses filles avec le fils de M. le prince, et plusieurs autres conditions d'un attachement et d'une union très-étroite de part et d'autre. Par le second, qui regardoit le coadjuteur, le duc de Beaufort et le reste du parti, dont la plupart ne savoient pourtant rien, on convenoit du mariage de mademoiselle de Chevreuse avec le prince de Conti, en s'engageant à une intelligence réciproque contre le cardinal Mazarin, dans les termes les plus forts et les plus pressans. Il y avoit aussi un article pour assurer l'amirauté au duc de Beaufort, M. le prince renonçant, pour cet effet, à toutes les prétentions qu'il pourroit avoir sur cette charge. Ce dernier traité fut signé par le coadjuteur et le duc de Beaufort, qui n'étoit point entré dans le détail de la négociation, et auquel on prit soin de cacher l'article du mariage de mademoiselle de Chevreuse, dans l'appréhension que madame de Montbazon ne rompît l'affaire à cause de la jalousie qu'elle portoit à madame et à mademoiselle de Chevreuse, le coadjuteur, qui se chargea de la lecture de ce traité, ayant passé adroitement cette clause sans que le duc s'en aperçût. On a prétendu aussi que pour faciliter la signature on avoit promis, au nom des princes, une somme considérable à madame de Montbazon. Tout le monde étant d'accord, il ne fut plus question que de la manière dont on s'y prendroit pour faire élargir les princes. Quelques-uns proposèrent de se rendre maîtres de la personne du cardinal, et de le faire mettre à la Bastille, le coadjuteur ayant offert le ministère du marquis de Chandenier, premier capitaine des gardes-du-corps, dont il répondoit : et la chose fut poussée si loin, que ce prélat avertit quelques-uns de ses amis de se tenir prêts, et que l'affaire seroit exécutée à un souper que le sieur Tubeuf, surintendant de la Reine, devoit donner au cardinal. Mais Son Altesse Royale n'ayant pu s'y résoudre, on prit le parti de presser la réponse de la cour aux remontrances du parlement, qui avoit toujours été différée sous différens prétextes, et par les manéges du premier président, qui ne pouvoit souffrir, quoique ami des princes, que les frondeurs eussent la gloire de leur rendre la liberté. Mais enfin il ne fut plus possible ni à la cour ni à lui de résister aux empressemens et aux instances de la compagnie : il fallut céder et répondre, d'autant plus que plusieurs conseillers du parlement commençoient à mêler le cardinal dans les avis et à prendre des conclusions contre lui. La Reine déclara donc enfin, pour réponse aux remontrances, que Sa Majesté consentoit à la liberté des princes; mais qu'il étoit juste auparavant que madame de Longueville et le vicomte de Turenne, qui étoient en possession de la ville de Stenay, remissent cette place entre les mains du Roi et rentrassent dans l'obéissance ; après quoi, Sa Majesté donneroit les ordres nécessaires pour l'élargissement des princes. Cette réponse fut regardée comme un artifice du cardinal, qui vouloit gagner du temps et éluder les fins de la requête par une proposition captieuse, dont l'exécution auroit fait certainement languir l'affaire des princes, et l'eût peut-être entièrement ruinée.

Aussi la lecture fut suivie aussitôt d'un cri des enquêtes, disant qu'il falloit délibérer : à quoi le premier président ne put s'opposer après que le coadjuteur eut déclaré que Son Altesse Royale jugeoit la liberté des princes nécessaire au bien du royaume.

La délibération fut longue et les avis fort partagés, les frondeurs concluant toujours à l'éloignement du cardinal, et les amis des princes ne pouvant y consentir. Sur quoi quelques-uns ayant proposé d'inviter M. le duc d'Orléans à venir prendre sa place au parlement, tout le monde se rangea de cet avis, et on envoya prier Son Altesse Royale de donner cette satisfaction à la compagnie. Ce prince s'en excusa pendant quelques jours ; mais enfin il y donna les mains, piqué de certains propos que le cardinal avoit tenus sur ce sujet dans le conseil, où il avoit osé dire que le parlement vouloit faire comme celui d'Angleterre, et comparer le coadjuteur et le duc de Beaufort à Fairfax et à Cromwell. Ce que ce ministre dit pour rendre le parti odieux produisit un effet tout contraire, jusque là que Son Altesse Royale déclara hautement à la Reine qu'il n'entreroit plus dans le conseil tant que le cardinal y seroit.

Dans ces sentiments il résolut d'aller au parlement, quoique la Reine fît tous ses efforts pour l'en détourner, et pour l'obliger de retourner au conseil, offrant même de mener le Roi au Luxembourg avec un seul écuyer et sans garde, pour lui marquer la confiance qu'elle avoit en lui, et pour lui ôter les ombrages qu'il avoit pris de l'ordre qui avoit été donné aux gendarmes et aux chevau-légers de monter à cheval. Mais tout cela ne produisit rien. C'est pourquoi le cardinal, voyant qu'il n'y avoit rien à espérer du côté de Son Altesse Royale, dépêcha en diligence le maréchal de Gramont, ami de M. le prince, au Hâvre, pour traiter avec lui des conditions de sa liberté, quoiqu'il n'eût pas les pouvoirs nécessaires pour conclure. Cependant M. le duc d'Orléans étant allé au parlement, et la cour voulant empêcher la délibération, envoya le marquis de Rhodes, grand-maître des cérémonies, avec une lettre de cachet portant ordre à toute la compagnie de se trouver à neuf heures au Palais-Royal pour y apprendre la volonté de Sa Majesté : à quoi le premier président répondit qu'il falloit obéir. Mais plusieurs conseillers des enquêtes s'y opposèrent, disant qu'on avoit déjà arrêté de n'avoir aucun égard à ces lettres de cachet qu'on envoyoit à tous momens ; et que puisque Son Altesse Royale étoit présente, il falloit délibérer. Cela alloit passer malgré le premier président, si M. le duc d'Orléans n'avoit proposé sur l'heure de députer au Palais-Royal pour savoir la volonté de la Reine, et que cependant la compagnie demeureroit assemblée pour délibérer incessamment après le retour des députés : ce qui fut exécuté sur-le-champ par le premier président, qui fut nommé avec quelques autres, et qui ne revinrent qu'au bout de trois heures, pendant lesquelles Son Altesse Royale demeura dans la grand'chambre. Au retour, le premier président, avec une affectation assez grossière, pour mieux faire sentir la majesté de la cour, dit que le grand nombre des carrosses et la foule des courtisans leur avoit rendu l'accès du Palais fort difficile ; mais qu'enfin ayant été introduits en la présence du Roi et de la Reine, du duc d'Anjou, du cardinal et de plusieurs officiers de la couronne, le garde-des-sceaux leur avoit fait ce discours :

« Messieurs, la Reine vous a mandés pour » vous dire que depuis deux jours M. le coad-» juteur, pour émouvoir les esprits, va publiant » partout que le cardinal Mazarin a tenu des » discours désavantageux de votre corps. Elle » a voulu vous assurer que cela est faux, et » vous informer en même temps de ce qui se » passa mercredi dans le conseil, où, sur le » sujet des affaires, M. le cardinal dit qu'il » voyoit bien qu'on n'en vouloit pas seulement » à lui, mais à l'autorité royale ; et qu'après » s'être défait de lui on en viendroit à la per-» sonne de Monsieur, et ensuite à celle de la » Reine ; et que M. le coadjuteur étoit auteur » de tous ces désordres. A quoi Son Altesse » Royale avoit répondu qu'on n'en vouloit qu'au » ministre et à sa mauvaise conduite ; qu'après » le conseil il se plaignit à la Reine du discours » du cardinal ; et que le lendemain il lui manda, » par le maréchal de Villeroy et le sieur Le » Tellier, qu'il n'assisteroit plus au conseil tant » que le cardinal s'y trouveroit : ce qui est » d'autant plus fâcheux à la Reine qu'elle a tou-» jours traité avec Son Altesse Royale en pleine » confiance, sans lui rien céler des délibérations » les plus secrètes, et qu'elle ne peut attribuer » son éloignement qu'aux mauvais conseils de » M. le coadjuteur ; que quant à la liberté des » princes, elle la désire plus que lui, qui doit » l'appréhender ; et qu'enfin elle conjure Son » Altesse Royale de vouloir bien rentrer dans » le conseil, l'assurant que toutes choses se » raccommoderont par sa présence. »

Après cela, le premier président dit que la Reine avoit pris la parole, et les avoit chargés de dire à Son Altesse Royale qu'elle ne pouvoit assez exprimer le déplaisir qu'elle ressentoit de son éloignement, et qu'elle le conjuroit de retourner au Palais-Royal pour y ordonner de toutes choses comme Sa Majesté même ; qu'elle les avoit ensuite assurés que le Roi ne sortiroit pas de Paris ; que s'il en étoit dehors, il reviendroit ; et qu'enfin pour la liberté des princes, elle la promettoit pure et simple, sans aucune condition ; et qu'au retour du maréchal de Gramont, on verroit qui l'avoit plus désirée d'elle ou du coadjuteur, aux conseils duquel elle prioit Son Altesse Royale de ne se pas laisser surprendre. Ensuite le comte de Brienne, secrétaire d'Etat, laissa au parlement un écrit conforme au récit du premier président, et dit à M. le duc d'Orléans, de la part de la Reine, qu'elle le prioit d'aller au Palais-Royal, où elle souhaitoit de conférer avec lui sur l'état présent des affaires. Son Altesse Royale répondit que le rapport de M. le premier président étant de la dernière conséquence, il falloit auparavant voir ce qu'il y auroit à faire. Le premier président reprit aussitôt la parole pour dire à M. le duc d'Orléans, qu'il ne devoit pas refuser cette satisfaction à la Reine; que son refus mettroit la confusion et le désordre dans l'Etat; qu'on pourroit tout accommoder dans une conférence, sinon que le parlement feroit tout ce que Son Altesse Royale pourroit désirer; qu'il l'en conjuroit pour le bien et pour le repos de la France. En cet endroit, le premier président, qui avoit prononcé son discours avec force et véhémence, parut comme un homme saisi de douleur, les larmes aux yeux, et comme ayant peine à trouver ce qu'il vouloit dire; et finit par ces mots : « Monsieur, ne perdez pas le royaume! vous avez toujours aimé le Roi. »

Ce discours émut tellement toute la compagnie, qu'il y eut un silence général qui n'y avoit jamais été, personne n'osant prendre la parole dans une conjoncture si délicate. M. le duc d'Orléans répondit seulement, en peu de mots, qu'il ne refusoit pas de rendre visite à la Reine si la compagnie le lui conseilloit, malgré les sujets de crainte qu'il avoit; mais il dit cela d'un air et d'un ton si peu assurés, qu'il ne fit qu'augmenter l'embarras de toute l'assemblée. Ainsi le premier président reprenant la parole pour presser Son Altesse Royale d'aller chez la Reine, peut-être en seroit-il venu à bout, si le duc de Beaufort ne l'eût interrompu pour demander où étoit la sûreté de Monsieur. Encore cela ne fit pas un grand effet, le premier président ayant répondu : « Ah! Monsieur, elle est » tout entière : le parlement s'y obligera. » Enfin le coadjuteur, qui jusque là n'avoit rien dit, prit la parole d'un air décisif, et dit : « Monsieur, Son Altesse Royale vous a déjà » déclaré qu'elle s'en rapportoit à l'avis de la » compagnie; l'avis de la compagnie n'est pas » celui de deux ou trois : c'est pourquoi il faut » délibérer »

A ces mots tout le monde reprit courage; et il s'éleva un si grand bruit et si continuel de voix qui disoient qu'il falloit délibérer, qu'à la fin le premier président fut obligé de céder. M. le duc d'Orléans reprit aussi ses esprits, et, après avoir chargé le comte de Brienne de faire ses excuses à la Reine, il fit le discours suivant:
« Messieurs, par ce que vous venez d'en-
» tendre, il semble que la Reine me veut char-
» ger d'un changement notable en ma conduite,
» qui me pourroit être reproché si je négligeois
» de la justifier à la compagnie. Pour le faire,
» je suis obligé de reprendre la chose de plus
» haut, et de remonter au conseil qui se tint il
» y a dix-huit mois, à Compiègne, sur les
» troubles de Guyenne, où je dis que pour les
» apaiser je ne voyois pas de meilleure voie que
» de rappeler le duc d'Epernon. Le cardinal
» Mazarin me témoigna n'être pas content que
» j'eusse ouvert cet avis, il m'en fit parler par
» la Reine; et dans un autre conseil qui se tint
» à Paris pour la même affaire, ayant vu que
» je persistois dans mon sentiment, il le com-
» battit, et le fit passer pour fort extraordinaire.
» Je me tus, par respect pour Sa Majesté. De-
» puis il fut question de la prison des princes,
» qu'on me représenta comme absolument né-
» cessaire, et sur laquelle on ne me donna pas
» le peu de temps que j'avois demandé pour me
» résoudre. Au retour des voyages de Nor-
» mandie et de Bourgogne, on proposa celui
» de Bordeaux. Je m'y opposai autant que je
» pus, remontrant le péril où l'on s'exposoit en
» abandonnant les frontières aux entreprises
» des ennemis. Mes raisons ne firent qu'aigrir
» le cardinal : sans s'y arrêter, il fit résoudre
» le voyage, qu'on pouvoit éviter en retirant le
» duc d'Epernon de cette province et en y en-
» voyant un nouveau gouverneur. Quelque
» temps après j'appris la résistance de Bor-
» deaux, l'irruption des Espagnols en Cham-
» pagne, la prise du Catelet. Pour remédier à
» tant de désordres, je jugeai qu'il étoit à pro-
» pos de députer quelques-uns de votre corps
» pour aller aider à pacifier les troubles de
» Guyenne : vous savez, Messieurs, la manière
» dont ils furent reçus. La guerre continua;
» il fut résolu d'envoyer de nouveaux députés.
» Le cardinal m'en sut mauvais gré : il se
» plaignit que j'avois empêché le succès des
» armes, et m'en fit écrire en ces termes par la
» Reine.

» Quand madame la princesse sortit de Bor-
» deaux, il eut avec elle une longue conférence
» sans m'en donner avis; ensuite les ennemis
» pénétrant plus avant dans le royaume, il
» vous vint des nouvelles de plusieurs endroits
» que dans vingt-quatre heures ils se pouvoient
» rendre au bois de Vincennes. Pour la sûreté
» de messieurs les princes, je les fis transférer
» à Marcoussi; on s'en plaignit à la cour. Les
» Espagnols s'étant retirés, j'écrivis trois fois à
» la Reine pour savoir si elle souhaitoit qu'on
» les ramenât au bois de Vincennes : elle ne
» me fit point de réponse. Le Roi étant de
» retour à Fontainebleau, je m'y rendis aus-

» sitôt. On me proposa de souffrir qu'ils fussent
» conduits au Hâvre : la Reine m'en fit les der-
» nières instances, et pour ne pas l'irriter je fus
» obligé d'y consentir. Peu après je mandai
» M. le garde-des-sceaux et le sieur Le Tellier,
» pour leur déclarer que je n'approuvois point
» cette translation ; et que dans une affaire de
» cette importance, il falloit me vaincre par des
» raisons, et non par des prières. M. le car-
» dinal m'en fit faire des reproches par la
» Reine, et m'en témoigna même quelque
» chose. Depuis il a conservé tant d'aigreur
» contre moi, que la plus grande partie des
» conseils s'est passée en disputes. Il m'a dé-
» robé la connoissance de plusieurs affaires ; il
» a proposé ses desseins violens contre cette
» compagnie ; il m'a pressé d'abandonner mon
» neveu de Beaufort et M. le coadjuteur ; il a
» inspiré au Roi des sentimens de défiance à
» l'égard de ses sujets, et des maximes de dan-
» gereuse conséquence. Enfin, mercredi dernier,
» en parlant de vos assemblées, il osa dire qu'il
» voyoit bien qu'on en vouloit au Roi ; qu'on
» prétendoit commencer par lui comme on
» avoit fait en Angleterre par le vice-roi d'Ir-
» lande, et qu'après on n'épargneroit ni moi, ni
» la Reine, ni le Roi lui-même ; mais que si je
» voulois le laisser faire, il viendroit bien à
» bout des factieux. Je lui répondis que le par-
» lement de Paris n'étoit pas comme celui de
» Londres ; que vous étiez tous gens de bien,
» bons sujets du Roi, et que vous n'en vouliez
» qu'à la personne du ministre, que vous regar-
» diez comme l'unique cause des désordres.
» Enfin, voyant qu'il continuoit les mêmes
» discours, je dis à la Reine que je ne les pou-
» vois plus souffrir, ni me trouver avec un
» homme qui donnoit de si mauvaises impres-
» sions au Roi. Le lendemain je mandai M. le
» garde-des-sceaux, le maréchal de Villeroy et
» le sieur Le Tellier, pour leur déclarer que
» je n'irois plus au conseil ni au Palais-Royal
» tant que le cardinal y seroit. Voilà, Mes-
» sieurs, un compte exact de ma conduite,
» dans laquelle je ne crois pas qu'on puisse
» remarquer aucun intérêt particulier. Tout le
» monde sait comme j'en ai usé jusqu'ici, quel
» respect j'ai toujours eu pour la Reine : je ne
» m'en éloignerai jamais, encore moins du ser-
» vice du Roi, qui toujours m'a été plus cher
» que toute chose (1). »

Ce discours, quoique sans préparation, fut prononcé par Son Altesse Royale avec tant de facilité, de majesté, et d'un air si digne de sa naissance, qu'il fut suivi d'un applaudissement général, et d'une répétition continuelle qu'il falloit délibérer. Cependant le premier président et le président Le Coigneux ne laissèrent pas d'insister encore sur une conférence de Son Altesse Royale avec la Reine ; mais leurs remontrances n'eurent point d'effet, non plus que les conclusions de l'avocat-général, qui commença à dire fort gravement que les éclipses des corps célestes n'arrivoient que par l'interposition des corps étrangers : ce qui fit juger qu'il alloit conclure rigoureusement contre le cardinal ; mais il tomba tout d'un coup, en priant Son Altesse Royale de conférer avec la Reine. Il voulut aussi faire la grimace de pleurer (2), comme le premier président ; mais ce jeu fut traité comme il le méritoit, de badin et de ridicule. Le premier président n'en demeura pas là, il revint encore à la charge avec ses mêmes artifices, et dit à M. le duc d'Orléans : « Ah ! » Monsieur, toute la compagnie voit manifeste-
» ment que votre cœur est ému. Au nom de
» Dieu, Monsieur, au nom du Roi et de l'Etat,
» ne préférez point les voies extrêmes ! vous fe-
» rez plus par vos raisons sur la Reine que tou-
» tes ces assemblées. » Mais ayant malheureusement avancé qu'il osoit répondre de la liberté des princes ; qu'ils étoient peut-être déjà libres ; que le maréchal de Gramont étoit parti exprès pour cela, et que la Reine lui avoit commandé d'en assurer la compagnie, Son Altesse Royale lui répondit : « M. le premier président, vous
» en savez donc plus que moi : car tout ce que
» je sais là-dessus, c'est que le maréchal de
» Gramont est allé seulement pour négocier,
» sans aucun pouvoir, pour la liberté des prin-
» ces. » Ainsi le premier président ayant perdu toute espérance, commença à prendre les avis, qui furent, suivant l'usage des grandes assemblées, entremêlés de bonnes choses et de quantité de bagatelles. Tout le monde s'attendoit que le coadjuteur alloit faire une apologie dans les formes pour justifier sa conduite, mais il fut plus sage qu'on ne le pensoit. Il se contenta de

---

(1) La fermeté de ce prince ne répondoit pas à son éloquence, qui manquoit à M. de Beaufort. Sur quoi l'on fit ce quatrain :

Beaufort brille par les combats,
Gaston par la harangue.

Ah ! que Beaufort n'a-t-il sa langue !
Ah ! que Gaston n'a-t-il son bras !

(*Note de l'auteur.*)

(2) Joly n'est point ici de l'avis du cardinal de Retz qui, en parlant de la fin du discours de l'avocat-général Talon, dit : « Je n'ai jamais rien ouï ni lu de plus éloquent. »

dire : « Messieurs, pour me défendre des calomnies qu'on m'impose (1), *in difficillimis Reip. temporibus urbem non deserui ; in prosperis nihil de publico delibavi ; in desperatis nihil timui.* Ce n'est pas que je ne ressente un déplaisir extrême des mauvaises impressions qu'on a données au Roi et à la Reine contre moi ; mais ce qui me console est d'être calomnié par un homme dont les gens de bien méprisent jusqu'aux louanges. Après les témoignages dont M. le duc d'Orléans a bien voulu m'honorer, je ne dois point chercher de justification : c'est pourquoi mon sentiment est que la Reine doit être suppliée d'envoyer une déclaration d'innocence pour messieurs les princes ; d'éloigner M. le cardinal Mazarin d'auprès la personne du Roi et de ses conseils ; et que non-seulement on doit se plaindre des paroles injurieuses qu'il a dites contre le parlement, mais en demander une réparation publique. »

Enfin M. le duc d'Orléans opina en rejetant quelques avis qui avoient été proposés, d'informer, de décréter et de faire le procès au cardinal ; ce qu'il dit n'être pas à propos pour le présent ; et il conclut que le Roi et la Reine seroient très-humblement suppliés d'envoyer incessamment les ordres nécessaires pour mettre les princes en liberté, et ensuite une déclaration de leur innocence ; comme aussi d'éloigner le cardinal de la cour et du conseil, et de s'assembler le lundi suivant sur la réponse. Cet avis fut suivi, l'assemblée ayant duré jusqu'à quatre heures du soir en présence d'un peuple extraordinaire, qui témoigna beaucoup de joie par les cris redoublés qu'il fit, en voyant passer Son Altesse Royale, *de vive le Roi ! point de Mazarin !*

Cet arrêt surprit la cour, qui ne s'y attendoit pas ; mais elle ne désespéra pas d'y remédier en changeant de batteries. Voyant donc que les paroles dont elle avoit chargé le premier président pour la liberté des princes n'avoient pas produit l'effet qu'on s'en étoit promis, elle résolut de les désavouer, dans l'espérance que les amis des princes, qui avoient opiné pour l'éloignement du cardinal, pourroient revenir à changer d'avis en leur faisant sentir qu'ils n'obtiendroient rien pour les princes tant qu'ils toucheroient cette corde. C'est pourquoi la Reine envoya le garde-des-sceaux, le maréchal de Villeroy, le sieur Le Tellier, au Luxembourg, pour déclarer qu'elle désavouoit ce que le premier président avoit avancé touchant la liberté des princes : sur quoi le conseil n'avoit rien arrêté depuis la résolution qui avoit été prise en présence de Son Altesse Royale, le pressant toujours de retourner au Palais-Royal. A quoi M. le duc d'Orléans répondit seulement qu'il falloit auparavant finir ce qui regardoit la liberté des princes.

Le lundi matin, Son Altesse Royale fit rapport à la compagnie du sujet de ce message : ce qui excita un étrange murmure contre le premier président, et même des termes injurieux ; de sorte qu'il demeura dans une confusion extrême, qui augmenta encore par les questions qui lui furent faites sur les remontrances que la compagnie avoit ordonnées par le dernier arrêt. Et comme on vit qu'il avoit reculé cette affaire, il s'éleva de nouveaux bruits contre lui ; et tout le monde entra dans de grandes défiances du côté de la cour, d'autant plus que Son Altesse Royale se plaignit en même temps des défenses que la Reine avoit envoyé faire au prévôt des marchands et à tous les officiers de lui obéir, quoiqu'il fût lieutenant-général de la couronne. Ainsi le parlement ordonna derechef que très-humbles remontrances seroient faites à la Reine, et que M. le duc d'Orléans seroit remercié de la protection qu'il donnoit à la compagnie.

Les choses étant dans cet état, le cardinal jugea bien qu'il falloit se résoudre à faire de lui-même ce que dans la suite il auroit été obligé de faire par force, en se retirant sagement pour éviter les insultes fâcheuses qui lui auroient pu arriver dans un tumulte. Ayant donc communiqué ce dessein à quelqu'un de ses confidens, il y en eut qui lui conseilloient d'emmener le Roi et la Reine, et de se moquer ensuite de toutes les délibérations du parlement, en se mettant à la tête d'une armée qui réduiroit les partisans des princes à la nécessité de venir à lui pour solliciter leur liberté, dont il demeureroit toujours le maître. On lui avoit donné le même conseil après la bataille de Rethel, et, s'il l'eût suivi dans ce temps-là, il auroit certainement bien embarrassé ses ennemis, qui étoient désunis et mécontens les uns des autres. Mais ce ministre étant enivré de la victoire et des avantages qu'il avoit remportés en Normandie, en Bourgogne et Guyenne, il crut qu'il lui seroit aisé de réduire l'un des partis en s'attachant à l'autre, après quoi rien ne lui résisteroit : ce qui n'arriva pas comme il se l'étoit imaginé. Quoi qu'il en

---

(1) Le coadjuteur composa sur-le-champ ce latin, que la plupart des assistans prirent pour un passage de Cicéron, ou de quelque fameux auteur de l'antiquité. *(Note de l'auteur.)*

soit, les affaires ayant changé de face, il ne lui étoit plus ni sûr ni possible de prendre ce parti, ses ennemis ayant pris des mesures pour l'en empêcher, et ayant fait venir de tous côtés des gens de guerre qui montoient à cheval toutes les nuits et faisoient des rondes continuelles autour du Palais-Royal.

M. le duc d'Orléans autorisoit toutes ces précautions, et se tenoit lui-même prêt à monter à cheval et à se mettre en campagne au premier avis, aussi bien que les ducs de Beaufort, de Nemours, etc., avec un fort grand nombre de noblesse, qui avoit obtenu la permission de Son Altesse Royale de s'assembler. Le cardinal, bien informé de toutes ces choses, résolut donc de se retirer seul, dans l'espérance que son éloignement apaiseroit les esprits et donneroit lieu aux négociations. Ainsi ce ministre sortit de Paris à pied le 6 février 1651, sur les onze heures de nuit, en habit gris, accompagné seulement de son écuyer et de trois autres personnes, qui le menèrent par la porte de Richelieu jusqu'au rendez-vous, où ils trouvèrent des chevaux tout prêts : lesquels ayant montés, ils allèrent joindre un gros de cinq cents chevaux, qui le conduisirent à Saint-Germain. Cette retraite fut bientôt sue dans la ville, et la Reine en ayant fait informer M. le duc d'Orléans par le comte de Brienne, ce prince en apporta aussitôt la nouvelle au parlement, où il déclara que cette démarche ne suffisoit pas pour qu'il entrât en conférence avec la Reine : ce qu'il ne feroit point pendant que le cardinal demeureroit aux environs de Paris, et jusqu'à ce que la cour eût mis les princes en liberté (1). Cette résolution de Son Altesse Royale fut approuvée de tout le monde, et, pour la confirmer, le parlement ordonna que la Reine seroit très-humblement suppliée dès le même jour de faire expédier incessamment les ordres nécessaires pour la liberté des princes; que Leurs Majestés seroient remerciées de l'éloignement du cardinal et priées de lui commander de sortir du royaume; et d'envoyer au parlement une déclaration pour exclure à l'avenir des conseils du Roi tous étrangers, même les naturalisés, et en général tous ceux qui auroient prêté serment à d'autres princes que le Roi. Suivant cet arrêt, le premier président suivi des autres députés, étant allé au Palais-Royal, la Reine leur dit seulement qu'elle ne pouvoit leur donner de réponse sans l'avis de son conseil, dont M. le duc d'Orléans étoit chef; et que s'il n'y vouloit pas aller, elle seroit obligée d'assembler les grands du royaume, pour les consulter sur l'état présent des affaires. Conformément à cette réponse, la Reine envoya les ducs de Vendôme, d'Elbœuf, d'Epernon, les maréchaux d'Estrées, Schomberg, de l'Hôpital, de Villeroy, Du Plessis, d'Hocquincourt, de Grancey, avec l'archevêque d'Embrun (2), au Luxembourg, qui dirent à Son Altesse Royale que la Reine leur ayant témoigné qu'elle désiroit qu'ils s'assemblassent au Palais-Royal, ils venoient prier Son Altesse Royale de s'y trouver, l'assurant que cette conférence accommoderoit toutes choses, et qu'ils étoient prêts de se mettre tous entre les mains de ses gardes pour la sûreté de sa personne. A cela M. le duc d'Elbœuf ajouta assez indiscrètement qu'il seroit sa caution : sur quoi M. le duc d'Orléans, qui depuis long-temps étoit piqué contre ce duc à cause de son attachement au cardinal, contre les obligations qu'il avoit à Son Altesse Royale, et ce qu'il devoit à l'honneur de son alliance, lui répondit avec aigreur: « C'est bien à vous, maza» rin fieffé, à vous faire ici de fête! Vous êtes » un bel homme pour me servir de caution, vous » qui devriez être tous les jours à mon lever ! » On sait assez que ce qui vous a fait changer » de sentiment sont les domaines et l'argent que » l'on vous a donnés. Sans la considération de » ces messieurs avec qui vous êtes, je vous ap» prendrois le respect que vous me devez. Je » vous défends ma maison et de vous présenter » devant moi. » Ensuite Son Altesse Royale répondit à ces messieurs qu'elle les remercioit de leur honnêteté; qu'elle ne pouvoit aller au Palais-Royal jusqu'à ce que les princes fussent en liberté; et que ses amis ne lui pourroient conseiller autre chose pendant que le cardinal Mazarin demeureroit aux portes de Paris, d'où il gouvernoit toujours comme s'il étoit au Louvre. Cette fermeté de M. le duc d'Orléans étonna fort la Reine, qui avoit espéré, comme bien d'autres, que la retraite du cardinal lui ôterait les préjugés et les prétextes dont il s'étoit servi pour se dispenser d'assister au conseil. Il est même certain que ce fut le premier sentiment de Son Altesse Royale, qui fit assurer par deux fois la Reine qu'il iroit au Palais-Royal ; mais les amis des princes lui firent bientôt changer d'avis, sous prétexte de sa sûreté particulière, et pour

---

(1) Avant que le duc d'Orléans eût signé le traité pour faire sortir les princes de prison, M. de C. l'avoit porté trois jours dans sa poche, sans pouvoir l'y résoudre. Enfin, entre deux portes au Luxembourg, il le fit signer, son chapeau servant de table à Monsieur.
(*Note de l'auteur.*)

(2) Cet archevêque d'Embrun s'appeloit Georges d'Aubusson.
(*Note de l'auteur.*)

ne pas se commettre, disoient-ils, dans une occasion où il ne pourroit pas conserver toute la fermeté qu'il devoit à ceux avec lesquels il avoit traité, sans refuser la Reine en face : ce qui seroit bien plus désobligeant qu'en faisant des excuses de loin.

La Reine n'insista donc plus sur l'assemblée des grands ; et se voyant pressée de donner une réponse positive aux derniers arrêts, elle fit déclarer au parlement, par les gens du Roi, que si Son Altesse Royale persistoit à refuser d'aller au Palais-Royal, elle vouloit bien, pour marquer la sincérité de ses intentions, envoyer chez lui le maréchal de Villeroy, le garde-des-sceaux et le sieur Le Tellier, afin de concerter avec lui la manière dont on s'y prendroit pour l'élargissement des princes, ajoutant que l'éloignement du cardinal Mazarin étoit sans retour. Ce rapport ayant été fait au parlement, n'appaisa pas la chaleur des esprits ; et quoique M. le duc d'Orléans témoignât être satisfait de ce tempérament, on ne laissa pas de s'emporter autant que jamais contre le cardinal, et de donner un arrêt par lequel il fut ordonné qu'en conséquence de la déclaration de Leurs Majestés, le cardinal Mazarin, ses parens et ses domestiques étrangers, sortiroient dans quinze jours du royaume, sinon qu'il seroit procédé contre eux extraordinairement ; permis à tous les sujets du Roi de leur courir sus, sans qu'ils pussent revenir sous prétexte quelconque ; faisant défenses à tous gouverneurs, maires et échevins, de les souffrir dans aucune des villes du royaume, avec ordre de publier les arrêts à son de trompe.

Cependant la conférence ne laissa pas de se tenir chez M. le duc d'Orléans, où les ducs de Beaufort, de La Rochefoucauld, le coadjuteur, le président Violé et le sieur Arnauld se trouvèrent avec les commissaires de la Reine. Après quelques contestations, ils convinrent que le duc de La Rochefoucauld, le sieur de La Vrillière, le président Violé et le sieur Arnauld se transporteroient incessamment au Hâvre, avec une lettre de cachet signée de la Reine et de Son Altesse Royale, portant ordre exprès au sieur de Bar de mettre les princes en liberté. Il sembloit ainsi que tout le monde devoit être content, lorsqu'il s'éleva un bruit que la Reine vouloit emmener le Roi hors de Paris : ce qui donna de nouvelles inquiétudes. On n'a jamais bien su d'où venoit ce bruit, ni quel en étoit le fondement ; mais M. le duc d'Orléans en parut fort persuadé, disant tout haut qu'il en avoit des avis très certains : ce qui fit juger que la Reine ne s'étoit relâchée à consentir à la conférence que pour ôter tout sujet de défiance, et prendre plus aisément ses mesures pour exécuter son dessein. Quoi qu'il en soit, Son Altesse Royale donna de si bons ordres pour l'en empêcher, qu'il lui auroit été impossible d'en venir à bout quand elle l'auroit entreprise, d'autant plus que cinq à six compagnies de bourgeois du quartier Saint-Honoré se mirent sous les armes deux heures après minuit, par les intrigues du coadjuteur. Ils se saisirent des portes de la ville les plus proches du Palais-Royal. Cependant ce procédé ne fut pas approuvé d'une bonne partie du parlement, le premier président, et plusieurs autres après lui, ayant commencé à parler fortement au contraire. Mais tout le monde se tut lorsque M. le duc d'Orléans eut déclaré que le tout s'étoit fait par son ordre, et sur les avis qu'il avoit eus de nouveau de l'enlèvement du Roi ; et il fut résolu de supplier la Reine d'ôter au public toute sorte d'ombrages là-dessus. Ce que Sa Majesté fut obligée de faire, en consentant que les bourgeois gardassent les portes de la ville : ce qui se fit si exactement, qu'ils visitoient tous les carrosses qui sortoient par la porte Dauphine pour aller à la foire Saint-Germain, pour voir si le Roi n'y étoit point caché. Les choses étant en cet état, les députés qui étoient chargés de la lettre pour le Hâvre partirent aussitôt. Mais le cardinal Mazarin, qui étoit toujours aux environs de Paris, ayant été informé de cette résolution, prit le devant en poste, voulant se faire honneur de la liberté des princes : ainsi il arriva au Hâvre le lundi matin 13 février, après avoir marché toute la nuit ; et il alla aussitôt à la citadelle saluer messieurs les princes et les assurer de leur liberté. Il fit plus, car il s'humilia jusqu'à embrasser les genoux de M. le prince, les larmes aux yeux, en lui demandant sa protection ; mais il ne put tirer de Son Altesse que des paroles assez froides et générales, pendant une heure de conférence qu'il eut avec lui. Dès qu'ils eurent dîné, les princes sortirent du Hâvre pour venir à Paris, où ils arrivèrent le jeudi 16 du mois, ayant été rencontrés sur le chemin par une infinité de personnes de qualité. M. le duc d'Orléans fut même au devant d'eux sur le chemin de Saint-Denis ; et les princes ayant mis pied à terre, Son Altesse Royale descendit aussi de son carrosse, et, après les avoir embrassés, il leur présenta le duc de Beaufort et le coadjuteur, auxquels ils firent beaucoup de caresses. Ensuite ils montèrent tous dans le carrosse de Son Altesse Royale, qui les mena chez la Reine, où ils furent très-bien reçus de Leurs Majestés ; ils trouvèrent sur toute leur route un fort grand nombre de carrosses, et une foule extraordinaire de peuple qui crioit : *vive le Roi! vivent les princes!* Il y eut même la nuit des feux de joie en plusieurs endroits de la ville.

Les jours suivans, les princes allèrent au parlement pour remercier la compagnie de ses bons offices : ce qui se passa de part et d'autre avec beaucoup de satisfaction. Quelques jours après, la déclaration de leur innocence fut envoyée au parlement, et fut enregistrée le 28 février. Ensuite, pour mettre fin à toutes les délibérations du parlement, le Roi donna une nouvelle déclaration par laquelle Sa Majesté excluoit de ses conseils tous étrangers, quoique naturalisés, et tous cardinaux, même ceux de la nation. Cette dernière clause avoit long-temps occupé le parlement, et donna lieu à des discours assez étudiés. Ce fut proprement l'ouvrage des mazarins, lesquels, enragés de l'éloignement de leur patron, la firent passer pour se venger du coadjuteur, qui soupiroit avec ardeur après cette dignité.

C'est ainsi que finit la prison de M. le prince, pendant laquelle il éprouva un nombre infini d'amis, qui le servirent avec la dernière chaleur au dedans et au dehors du royaume. Après tout, il faut convenir que ce fut les frondeurs qui eurent le plus de part à sa liberté, quoique bien des gens crussent qu'ils ne le devoient pas faire. Mais outre les considérations qui les y engagèrent, il est certain qu'à la réserve des marquis de Noirmoutier et de Laigues, tous les autres chefs du parti n'avoient contribué à la prison des princes que par force, contre leur inclination, et pour éviter leur dernière ruine, ayant fait auparavant tous leurs efforts pour engager M. le prince à se raccommoder avec eux. La Reine n'ayant consenti que par force à l'éloignement du cardinal et à la liberté des princes, ce qui se passa dans la suite ne fut qu'une continuation des premières intrigues. Ce n'est pas que l'éloignement et la liberté des princes fît tant de peine à Sa Majesté : elle n'étoit blessée que de l'absence du cardinal; et comme l'union des princes avec les frondeurs en étoit la cause, et un obstacle invincible à son retour, elle mit toute son application à la rompre, suivant les mémoires qu'elle recevoit tous les jours du cardinal. Les voyages fréquens des courriers qui alloient ou revenoient de ce côté-là, étant venus à la connoissance du public, excitèrent de grands murmures parmi le peuple, et donnèrent beaucoup d'ombrage aux princes et au parlement.

M. le prince paroissoit toujours dans le même sentiment et fort animé contre le cardinal. La vérité est pourtant qu'il avoit déjà quelque pensée de se raccommoder avec lui, et que toutes ses démarches ne tendoient qu'à lui faire peur, et à le réduire à la nécessité de se soumettre entièrement à lui, pour se rendre par ce moyen, suivant ses anciens projets, le maître absolu du cabinet et des affaires. Mais comme ses sentimens n'étoient connus que de peu de personnes, et qu'il ne faisoit rien qui pût les faire soupçonner, tout le monde travailloit de bonne foi à fermer au cardinal toutes les avenues pour le retour. C'est pourquoi le parlement reprit avec chaleur les délibérations précédentes, qui furent suivies de nouveaux arrêts contre lui; et on envoya des députés sur la frontière, pour informer du trop long séjour qu'il avoit fait dans quelques lieux de son passage, afin de l'obliger à sortir du royaume, et d'empêcher les gouverneurs des places frontières à lui donner retraite.

Cependant madame de Longueville et le duc de Beaufort, qui avoient eu peu de part à l'élargissement des princes, et qui craignoient d'en avoir encore moins dans les affaires, s'ils souffroient la consommation du mariage de M. le prince de Conti avec mademoiselle de Chevreuse, faisoient tous leurs efforts pour empêcher cette alliance; et comme ils pénétroient mieux que personne dans les sentimens de M. le prince, ils crurent que ce n'étoit pas beaucoup hasarder que de laisser entrevoir à la Reine que Son Altesse n'étoit pas tellement unie avec les frondeurs qu'il n'en pût être séparé, en lui accordant certaines grâces pour lui et pour ses amis. Cette ouverture fut reçue fort agréablement de la Reine; et M. le cardinal en ayant été informé, lui écrivit aussitôt d'offrir carte blanche à M. le prince. Néanmoins comme son dessein n'étoit que d'entrer en négociation, pour tâcher de tourner à son avantage le bénéfice du temps, Sa Majesté, sous prétexte de vouloir éprouver si elle pouvoit prendre confiance en ce qu'on lui disoit, fit proposer à Son Altesse de faire cesser l'assemblée de la noblesse, qui s'étoit augmentée si considérablement depuis sa liberté, qu'il se trouvoit aux Cordeliers, deux ou trois fois la semaine, sept à huit cents gentilshommes des meilleures maisons de France, dont quelques-uns étoient porteurs de procurations. De sorte que cette assemblée représentoit, en quelque façon, toute la noblesse du royaume.

Cette nouvelle confédération donnoit avec justice de grandes inquiétudes au cardinal, parce que ces messieurs ne s'étant assemblés que pour demander son éloignement et la liberté des princes, il étoit naturel qu'ils prissent des résolutions contraires aux mesures qu'il préparoit pour son retour. D'ailleurs tout ce qu'ils avoient fait depuis le premier jour avoit été conduit avec tant d'ordre et de jugement, que l'autorité qu'ils avoient par eux-mêmes s'étoit fort augmentée par l'approbation de tous les honnêtes gens.

Ces messieurs choisissoient tous les quinze jours deux nouveaux présidens, pour prendre les avis sur toutes les affaires ; ce qui se passoit avec beaucoup moins de bruit et de tumulte qu'au parlement. Personne n'interrompoit jamais celui qui parloit. Ils avoient aussi élu deux secrétaires, qui ne changeoient pas comme les présidens. L'un étoit le marquis d'Auvery, de la maison d'Ailly, ami du coadjuteur ; et l'autre le marquis de Chanlost, serviteur de M. le prince, qui rédigeoient par écrit toutes les délibérations de la compagnie. Au reste, ces messieurs avoient poussé la chose si avant, sous prétexte de la conservation de leurs priviléges et du bien public, qu'ils demandèrent à la fin la convocation des Etats-généraux ; ce qui fut si agréable à tout le monde, que les prélats qui étoient alors à Paris députèrent M. de Comminges pour les assurer de la concurrence du clergé. De sorte qu'il ne manquoit plus que le consentement du tiers-état, qu'ils étoient sur le point d'aller demander à l'Hôtel-de-Ville, et d'écrire pour le même sujet dans les provinces ; après quoi, il ne faut pas douter que les Etats ne se fussent assemblés ; ce qui auroit rompu pour jamais les mesures du cardinal Mazarin. Aussi étoit-ce la chose du monde qu'il appréhendoit le plus, et contre laquelle tous ses partisans se déchaînoient dans le parlement, tâchant d'inspirer de la jalousie aux mieux intentionnés, qui se persuadèrent trop légèrement que les Etats-généraux ruineroient entièrement leur pouvoir et leur autorité.

Cependant, comme l'affaire étoit déjà fort avancée, et que tout le monde appuyoit les démarches de la noblesse, il falloit avoir recours à M. le duc d'Orléans et à M. le prince, qui se laissèrent aisément persuader par différentes raisons, particulièrement le dernier, auquel madame de Longueville et le duc de La Rochefoucauld n'eurent pas beaucoup de peine à faire comprendre qu'une assemblée d'Etats auroit nécessairement plus de déférence pour M. le duc d'Orléans que pour lui ; qu'elle mettroit les affaires dans une confusion générale, où les princes du sang pourroient bien ne pas trouver leur compte ; et que, sans courir aucun risque, il pourroit dans un quart-d'heure se procurer à lui et ses amis plus d'avantages réels et de grandeur par le cardinal, qu'il n'en pouvoit espérer ni des frondeurs ni des Etats-généraux.

Ces deux princes, gagnés, allèrent donc eux-mêmes à l'assemblée de la noblesse, après s'être assurés de leurs amis, pour les exhorter à se séparer, et à se contenter de la promesse que la Reine leur faisoit, et dont ils se rendoient cautions et garans, d'assembler les Etats-généraux aussitôt après la majorité du Roi ; et d'envoyer cependant, par provision, des lettres de cachet dans les provinces pour élire des députés. Malgré tout cela, il ne laissa pas d'y avoir plusieurs avis contraires ; et bien des gens de grande qualité représentèrent fortement à Leurs Altesses que rien ne leur pouvoit être plus désavantageux que ce qu'ils demandoient, les priant bien de considérer le péril qu'il y avoit dans le retardement, et le peu de cas qu'on feroit, après la majorité du Roi, des promesses dont on les flattoit : ce qui fut exprimé en termes si forts et si dignes du rang de ceux qui parloient, qu'on peut dire qu'il ne s'étoit point fait de discours qui approchassent de ceux-là dans toutes les assemblées du parlement.

Il fallut cependant céder à la pluralité des voix. L'assemblée fut rompue, et, pour la forme, on envoya quelques lettres dans le bailliage du ressort de Paris ; en conséquence de quoi il se fit une assemblée dans l'archevêché, pour nommer des députés aux prétendus Etats-généraux. Mais il arriva bientôt des affaires qui rompirent ces mesures apparentes, qu'on auroit bien trouvé le moyen d'éluder sans cela, de quelque manière que c'eût été. Cette première démarche faite, la cour n'en demeura pas là ; et le cardinal ayant pénétré l'éloignement extrême de madame de Longueville pour le mariage de mademoiselle de Chevreuse, il entreprit de le faire rompre, et d'engager M. le prince à faire cette seconde faute, qui dans la suite lui fut bien plus préjudiciable que la première, en lui faisant entendre que, pour établir entre eux une parfaite confiance, il falloit commencer par la rupture de ce mariage. Mademoiselle de Chevreuse étoit une jeune princesse belle, bien faite, d'une humeur engageante, et capable de gagner le cœur de M. le prince de Conti et de mériter l'estime de M. le prince. Madame de Longueville avoit bien une partie de ces qualités, mais elle ne s'y fioit plus tant, n'étant pas si jeune. C'est pourquoi elle appuyoit de toutes ses forces les instances du cardinal, en décriant de tous côtés mademoiselle de Chevreuse sans aucun ménagement, jusqu'à la traiter de maîtresse et de demoiselle du coadjuteur, en quoi elle étoit merveilleusement secondée et par madame de Montbazon et par le duc de Beaufort, qui étoient piqués du mystère qu'on leur en avoit fait, et de la supercherie du coadjuteur lors de la signature du traité. Le duc de La Rochefoucauld, de concert avec toutes ces personnes, représentoit incessamment à M. le prince qu'il n'obtiendroit jamais rien de la cour sans quelque complaisance pour la Reine; que la continuation de son engagement avec le coadjuteur, et la consommation de ce mariage, l'éloigneroit peut-être sans retour de toutes sortes de grâces, à moins de perdre absolument la Reine, ce qui étoit une entreprise très-difficile, et à laquelle M. le duc d'Orléans ne consentiroit jamais; que quand on en viendroit à bout, toute l'autorité retomberoit entre les mains de Son Altesse Royale; qu'il étoit vrai que la Reine avoit un grand attachement pour le cardinal, mais qu'après tout il n'étoit pas indissoluble; qu'il arrivoit tous les jours du dégoût entre les personnes les mieux engagées; et qu'au pis aller, en flattant et s'accommodant à la passion de la Reine, Son Altesse pourroit introduire ses amis et ses créatures dans les conseils; après quoi il falloit tout espérer des conjonctures et du temps.

Plusieurs amis de M. le prince soutenoient au contraire qu'il n'y avoit rien à espérer de ce côté-là; que la Reine ne changeroit jamais sur le chapitre du cardinal, que ce ministre n'avoit rien plus à cœur que d'éloigner ce prince des affaires; que les espérances vaines qu'il donnoit ne tendoient qu'à les séparer d'avec les frondeurs; après quoi le cardinal ne manqueroit pas de se raccommoder avec eux pour le perdre. Ainsi, que le plus sûr étoit de le pousser sans quartier, et même la Reine s'il étoit besoin; que la chose n'étoit pas si difficile qu'on se l'imaginoit, en s'unissant tous ensemble pour y faire consentir M. le duc d'Orléans; qu'il ne falloit pas craindre pour cela que Son Altesse Royale devînt si fort le maître des affaires, puisque le mariage en question attacheroit bien plus étroitement les frondeurs à M. le prince qu'à tout autre; qu'enfin il seroit peu honnête de manquer si fort aux engagemens d'un traité qui venoit de lui rendre la liberté; que cette mauvaise foi dégoûteroit ses amis, et empêcheroit les honnêtes gens de s'attacher à lui. Toutes ces considérations différentes embarrassèrent quelque temps M. le prince, et le firent balancer; mais enfin il ne lui fut pas possible de résister aux sollicitations de madame de Longueville, et aux cabales domestiques qui presque toujours l'emportent dans ces occasions. D'ailleurs, la Reine ayant été avertie de ce qui se passoit, intervint fort à propos dans le temps de ses irrésolutions, par la proposition qu'elle lui fit faire de rappeler dans le conseil le sieur de Chavigny, qui étoit de ses amis; d'en éloigner le garde des sceaux de Châteauneuf, qui étoit dans les intérêts des frondeurs; et de donner les sceaux au premier président, toujours prêt à servir Son Altesse quand elle seroit bien avec la cour. De plus, Sa Majesté promettoit de lui donner le gouvernement de la Guienne, au lieu de celui de Bourgogne; et la lieutenance-générale au duc de La Rochefoucauld, avec le gouvernement de Blaye; celui de Provence à M. le prince de Conti; et plusieurs grâces et dignités à un nombre considérable de leurs créatures. Toutes ces propositions ne manquèrent pas de produire leur effet, d'autant plus que la Reine commença par exécuter les plus considérables et les plus essentielles; M. le prince ayant bien voulu consentir à donner du temps pour les autres, parce qu'il en falloit pour retirer, par exemple, le gouvernement de Provence d'entre les mains de M. d'Angoulême; et que d'ailleurs il ne vouloit point que son traité vînt sitôt à la connoissance du public, ni qu'on pût juger qu'il avoit donné les mains au retour du cardinal. Ce qui n'auroit pas manqué d'arriver si l'on avoit vu tout d'un coup le conseil rempli de ses créatures, et les grâces de la cour pleuvoir sur lui et sur ses amis.

Cependant, M. le duc d'Orléans fut fort surpris du changement du conseil, dont on ne lui avoit rien dit; et il jugea bien que cela n'avoit pu se faire qu'en conséquence d'une liaison étroite avec M. le prince, qui n'en demeuroit pourtant pas d'accord, mais qui cependant la fit connoître avec trop d'affectation, étant allé le même jour en triomphe au Luxembourg, suivi du duc de La Rochefoucauld et de la plupart de ses partisans, qui firent une espèce d'insulte au coadjuteur et autres frondeurs qui s'y trouvèrent. M. le duc d'Orléans fut fort embarrassé de cette affaire; mais il dissimula son ressentiment, n'ayant pu se déterminer sur aucun des partis qui lui furent proposés par ses amis, qui lui conseillèrent de ne pas souffrir un mépris si marqué, et de ne pas accoutumer la Reine à faire des changemens de conséquence sans sa participation. Le coadjuteur et le marquis de Noirmoutier étoient même d'avis d'aller enlever par force les sceaux d'entre les mains du premier président, et de les apporter au Luxembourg, soutenant que Son Altesse Royale étoit en droit d'en user ainsi en qualité de lieutenant-général de la couronne. Mais M. le duc d'Orléans n'ayant pu se résoudre à cet éclat; ils jugèrent bien dès-lors qu'il n'y avoit pas grand'-chose à espérer de lui, et qu'il ne falloit plus s'attendre au mariage de mademoiselle de Chevreuse, ni à rien de ce qu'ils s'étoient promis de la part de M. le prince.

En effet, Son Altesse commença dès-lors à ne plus garder de mesures ni de bienséances sur l'effet du mariage; et quoiqu'il eût chargé au commencement le président Viole d'aller retirer sa parole et celle de M. le prince de Conti, avec quelques complimens pour madame et mademoiselle de Chevreuse, la chose ne se fit point, et il aima mieux rompre cette affaire avec éclat : ce qu'il fit un soir chez M. le prince de Conti, auquel il dit en présence de tout le monde cent choses injurieuses contre l'honneur de mademoiselle de Chevreuse; après quoi ce prince, qui en étoit amoureux, déclara qu'il ne penseroit plus à elle.

Cette conduite de M. le prince fut généralement désapprouvée de tous les honnêtes gens : mais ce qui offensa davantage le public, ce fut son raccommodement avec la cour, dont il ne se cachoit presque plus, et dont ses partisans tâchoient inutilement de le justifier. Il n'y eut que le coadjuteur qui dans la suite dit une chose qui pouvoit disculper Son Altesse : savoir, qu'un jour il avoit, en sa présence, dit à M. le duc d'Orléans qu'il seroit à propos d'ôter la régence à la Reine; que Son Altesse Royale ne l'avoit pas écouté, et que lui, coadjuteur, n'avoit pu y consentir, à cause des obligations qu'il avoit à Sa Majesté. Cela étant vrai, M. le prince n'auroit pas eu grand tort, parce qu'à la vérité c'étoit le seul moyen de perdre le cardinal Mazarin. Mais outre que Son Altesse ni ses amis n'ont point parlé de cela, le coadjuteur n'en à rien dit lui-même que très-long-temps après; et ceux à qui il en parla ne le crurent point, parce qu'ils le connoissoient, et qu'il ne cherchoit qu'à se faire une espèce de mérite auprès de la Reine, à laquelle il étoit vraiment redevable de sa coadjutorerie; et cela aux dépens de M. le prince. Quoi qu'il en soit, on ne parla plus du mariage de mademoiselle de Chevreuse. Il avoit même déjà couru un bruit, quand les sceaux furent ôtés à M. de Châteauneuf, que la mère et la fille devoient être exilées; et qu'elles l'avoient cru si bien qu'elles passèrent une nuit sans se déshabiller, ayant leurs bijoux dans une cassette que mademoiselle de Chevreuse tenoit sous son bras. Le coadjuteur et quelques-uns des frondeurs demeurèrent aussi toute la nuit à l'hôtel de Chevreuse, prenant des mesures pour se venger dans les occasions : mais la lettre de cachet n'étant point venue,

chacun se retira chez soi avec un peu moins de crainte.

Cependant, comme on n'étoit pas content de la mollesse de Son Altesse Royale, on crut qu'il seroit bon de lui en faire sentir quelque chose, et que cela pourroit le faire revenir. C'est pourquoi, quelques jours après, le coadjuteur étant allé au Luxembourg, lui dit qu'ayant cru jusqu'alors n'être pas entièrement inutile dans les affaires générales, il s'y étoit employé de son mieux : mais voyant qu'il n'étoit plus nécessaire, et que les affaires prenoient un autre train, il vouloit se mettre en repos, et ne plus s'exposer, comme il avoit fait, pour le public, et pour des intérêts particuliers dont on ne lui tenoit pas grand compte. Ce discours fit son effet sur M. le duc d'Orléans, qui en parut surpris, comme on l'avoit bien prévu : ce qu'il marqua pour sa réponse, en disant qu'on lui faisoit grand tort si l'on craignoit qu'il pût se livrer à l'autre parti, et qu'il souhaitoit d'entretenir ses amis. Mais enfin le coadjuteur feignit de persister dans sa résolution, malgré les prières et les instances assez vives de Son Altesse Royale.

Cette retraite simulée fut soutenue par tant de démonstrations extraordinaires du côté du coadjuteur, que plusieurs de ses amis la crurent sérieuse et sincère. Il s'avisa même, pour mieux couvrir son jeu, d'aller administrer la confirmation avec grand appareil dans plusieurs paroisses de la ville : ce qui n'empêchoit pas qu'il ne vaquât toujours aux affaires, qu'il n'allât toujours les soirs secrètement à l'hôtel de Chevreuse, où les principaux de la cabale ne manquoient pas de se rendre.

Ainsi les choses demeurèrent quelque temps dans une espèce de calme, M. le prince s'imaginant être le maître de tout. On ne faisoit même plus rien au parlement, que criailler contre le cardinal et contre ceux qui prenoient soin de lui porter les nouvelles à Bouillon, où il s'étoit retiré : et comme M. le prince n'appuyoit plus ces murmures, ils cessèrent peu à peu, avec les assemblées du parlement. Cela ne fut pourtant pas de longue durée : le ménagement que la cour avoit eu pour madame de Chevreuse ayant fait juger aux frondeurs que leurs affaires n'étoient point désespérées, ils firent agir sous main auprès de la Reine et du cardinal Mazarin, qui ne se trouvèrent pas difficiles à persuader, parce qu'ils avoient obtenu de M. le prince tout ce qu'ils désiroient, par la rupture du mariage de mademoiselle de Chevreuse.

Après avoir fait outrager si sensiblement les frondeurs par M. le prince, la cour chercha les moyens de faire rendre la pareille à M. le prince par les frondeurs, afin de les animer les uns contre les autres, de manière qu'ils ne pussent plus se raccommoder. Sans cela le cardinal voyoit une espèce d'impossibilité à son retour : ni l'un ni l'autre des partis n'étant pas assez fort pour l'assurer, il jugea qu'il falloit les brouiller ensemble pour les détruire l'un par l'autre; après quoi il lui seroit aisé de rentrer dans les affaires, et de gouverner comme auparavant. D'ailleurs il aimoit mieux avoir affaire aux frondeurs, parce que leur cabale étoit toujours la plus puisssante et la plus à craindre pour lui, outre que M. le prince l'embarrassoit fort par des demandes continuelles qui lui faisoient craindre qu'à la fin il ne se rendît le maître de toutes choses : au lieu qu'il n'avoit rien de semblable à redouter du côté des frondeurs, qui ne cherchoient qu'à se venger de Son Altesse, sans aucune autre condition.

Ce fut dans cette vue que le cardinal consentit en apparence aux propositions que madame de Chevreuse lui fit faire d'arrêter M. le prince une seconde fois. Il communiqua ce dessein à la princesse palatine, qui ne l'en détourna pas, étant alors mécontente de M. le prince, qui donnoit toute sa confiance à madame de Longueville et au duc de La Rochefoucauld, et qui avoit mal répondu aux soins qu'elles avoient pris de ses affaires pendant sa prison. Le cardinal qui le savoit bien, et qui connoissoit son esprit, se servit d'elle pendant son exil pour faire la plupart des siennes, l'employant dans les intrigues les plus secrètes et les plus délicates. Ce fut donc elle qui fit donner au coadjuteur, par madame de Rhodes, la première nouvelle du consentement du cardinal à un second emprisonnement de Son Altesse. Mais comme elle vouloit encore garder quelques mesures avec M. le prince, elle ne voulut point être nommée, jugeant peut-être bien aussi que le cardinal n'auroit pas le dessein d'en venir à l'exécution, mais de feindre à son ordinaire pour commettre les deux partis. Le sieur de Lyonne, secrétaire des commandemens de la Reine, fut chargé d'entrer dans le détail de cette négociation avec le coadjuteur. Il se rendit pour cet effet secrètement chez le comte de Montrésor, où le coadjuteur alla dans le carrosse de Joly, qui l'y accompagna. Ces messieurs, après une conférence de trois heures, ajustèrent facilement toutes choses, et convinrent d'une union parfaite et de bonne foi, moyennant la prison de M. le prince. Après quoi le coadjuteur promit, au nom du parti, de travailler au retour du cardinal, se réservant de prendre dans les assemblées du parlement tels avis qu'il lui plairoit, même contraires en apparence, afin de conserver son crédit pour être toujours en état de servir utilement dans les occasions; et le sieur de Lyonne s'engagea, au nom du cardinal, de procurer toutes sortes de grâces au coadjuteur et à ses amis.

En sortant de la conférence, le coadjuteur dit à Joly, qui l'avoit attendu dans une salle, qu'assurément l'affaire qu'il savoit alloit être mise en exécution, et qu'il n'y avoit plus que quelques mesures à prendre pour ne pas manquer M. le prince : qui étoient d'autant plus nécessaires qu'on avoit résolu, pour ne pas manquer le coup, de n'en pas parler à M. le duc d'Orléans. Mais les choses n'allèrent pas si vite qu'on l'avoit cru : M. de Lyonne, qu'on pressoit assez, rejetant le retardement d'avoir des nouvelles du cardinal sur la difficulté qu'il y avoit, afin de recevoir les derniers ordres qu'il falloit donner. Ce qui paroissoit si vraisemblable que ces longueurs ne donnèrent aucun soupçon au coadjuteur, ni à madame de Chevreuse, ni à ceux qui étoient du secret.

Cependant il est certain, comme on l'a su depuis, que le sieur de Lyonne, qui affectoit toujours le secret en parlant aux autres, l'avoit révélé lui-même au maréchal de Gramont : lequel en ayant fait confidence au sieur de Chavigny, celui-ci en avertit aussitôt M. le prince; et comme Son Altesse reçut un billet en même temps pour l'avertir que trois compagnies du régiment des Gardes avoient ordre de marcher vers le faubourg Saint-Germain, il monta promptement à cheval sur les deux heures du matin du 6 juillet 1651, avec quelques-uns de ses amis, pour se retirer à Saint-Maur, où il fut suivi peu de temps après par M. le prince de Conti, madame de Longueville, les ducs de Nemours et de La Rochefoucauld, et par plusieurs autres personnes de qualité. Cette retraite surprit extrêmement tout le monde, qui n'en voit savoir la raison : ses partisans faisoient ce qu'ils pouvoient pour persuader le peuple qu'on avoit voulu l'arrêter, parce qu'il s'opposoit au retour du cardinal; mais le coadjuteur et ses amis publioient partout que cette nouvelle escapade n'étoit fondée que sur le refus qui lui avoit été fait de plusieurs grâces qu'il demandoit encore pour lui et pour ses créatures; que ce qu'on alléguoit du cardinal n'étoit qu'un prétexte pour animer le peuple, qu'il n'étoit pas vrai qu'on eût voulu l'arrêter; et que l'ombrage qu'il avoit pris étoit sans fondement, et ne pouvoit marquer de mauvaises intentions.

Ces jugemens, dans la bouche de personnes non suspectes, firent juger qu'il y avoit de la terreur panique, avec un nouveau dessein de brouiller. Bien des gens le crurent d'autant plus que dès le lendemain on vit paroître M. le prince de Conti au parlement, où il dit seulement, pour justifier la retraite de monsieur son frère, qu'il avoit eu des avis très-certains qu'on le vouloit arrêter, sans ajouter aucune particularité, si ce n'est qu'on dépêchoit tous les jours des courriers au cardinal, qu'il étoit plus puissant que jamais dans le conseil par le moyen des sieurs Servien, Le Tellier et de Lyonne, ses créatures; qu'ils ne faisoient rien que par ses ordres; que Son Altesse ne pouvoit prendre aucune confiance, ni être en sûreté à la cour, si ces trois messieurs n'en étoient éloignés: ce qu'il demandoit instamment à la compagnie; après quoi il reviendroit aussitôt à Paris, et iroit rendre ses respects au Roi.

Ce discours ne fit pas une grande impression, non plus qu'une lettre de M. le prince qui fut présentée au parlement par un de ses gentilshommes, et qui ne disoit que les mêmes choses, hormis que M. le duc de Mercœur y étoit nommé entre ceux qui avoient été trouver le cardinal à Cologne : et cela dans le dessein d'épouser une de ses nièces. Ainsi le premier président, qui préféroit les intérêts de la cour à ceux de M. le prince, se contenta de répondre à M. le prince de Conti que Son Altesse auroit mieux fait de venir lui-même faire ses plaintes à la compagnie, au lieu de se retirer pour jeter la frayeur dans les esprits de tout le monde; et qu'après tout M. le prince n'avoit pas plus à craindre, et ne devoit pas faire plus de difficulté de venir au parlement, que lui. M. le duc d'Orléans prit aussi la parole, et dit qu'il se croyoit obligé de justifier la Reine dans cette rencontre, qui n'en vouloit pas à la personne du prince; et il le disoit comme il le pensoit, parce qu'on avoit pris un grand soin de lui cacher ce secret : et comme il parla en homme bien persuadé, son discours fit beaucoup d'effet dans l'assemblée, qui se contenta d'ordonner que la lettre du prince seroit portée à la Reine pour savoir sa volonté, et que M. le duc d'Orléans seroit prié de s'entremettre, et de rassurer M. le prince.

C'est pourquoi la Reine envoya, conjointement avec Son Altesse Royale, le maréchal de Gramont à Saint-Maur, pour dire à M. le prince qu'on n'avoit eu aucun mauvais dessein contre lui, et qu'il pouvoit revenir en toute sûreté sur sa parole. A quoi il répondit qu'il n'entreroit jamais pendant que la Reine auroit près d'elle le valet du cardinal Mazarin. Ces paroles furent trouvées un peu fortes, et on n'approuva pas qu'il eût écrit dès le même jour à tous les parlemens du royaume : ce qui sembloit marquer un dessein prémédité de porter les peuples à un soulèvement général, d'autant plus qu'il parut ce jour-là, dans la grand'salle du Palais, un grand nombre d'officiers et de gens de guerre, comme pour donner plus de chaleur aux délibérations de la compagnie. Il y eut aussi des gens apostés qui crièrent en sortant : *Point de Mazarin!* Mais ces cris n'approchoient point de ceux du temps passé; il n'étoit pas nécessaire d'avoir alors des crieurs à gage : tout le monde, d'un même esprit, se servoit de sa voix pour exprimer les sentimens de son cœur. Ce n'étoit plus la même chose, les affections étant partagées entre les différentes cabales, sans aucune considération pour les intérêts publics.

L'aversion qui régnoit toujours contre le cardinal donnoit pourtant encore les suffrages à M. le prince, par bien des gens qui croyoient qu'il agissoit tout de bon contre lui; mais les personnes éclairées alloient bride en main, sachant qu'il venoit de manquer à un traité dont le principal article étoit la perte de ce ministre. Le duc de Beaufort fut un de ceux qui se déclarèrent pour Son Altesse, s'imaginant porter dans son parti toutes les affections du peuple : mais les choses étoient bien changées. Tout le monde étoit las des désordres de la guerre, et n'y vouloit plus retomber; le cardinal étoit hors du royaume; d'ailleurs on avoit de la peine à se persuader que le duc de Beaufort entrât sincèrement dans le parti de M. le prince, qui venoit d'accuser en plein parlement le duc de Mercœur, son frère, d'avoir fait un voyage auprès du cardinal, à dessein d'épouser sa nièce. Enfin on voyoit bien qu'il ne s'étoit précipité dans ce nouvel engagement que par des vues particulières qui n'intéressoient personne, et qu'il n'y tenoit la place que d'un médiocre suivant, sans considération, sans mérite, au lieu qu'en prenant d'autres mesures, il auroit toujours paru le chef d'un parti très-considérable.

Cependant la lettre de M. le prince ayant été portée à la Reine, Sa Majesté y fit réponse par écrit, que les gens du Roi apportèrent au parlement, portant en substance que M. le prince ne devoit pas conserver les soupçons qu'il avoit pris pour prétexte de sa retraite, après les assurances que Sa Majesté et Son Altesse Royale lui avoient fait donner du contraire par le maréchal de Gramont; que Sa Majesté avoit donné pouvoir à M. le duc d'Orléans d'accommoder cette affaire conformément au désir du parlement; qu'à l'égard du cardinal Mazarin, Sa Majesté déclaroit qu'elle n'avoit eu aucune pensée de le faire revenir, et qu'elle vouloit observer religieusement la parole qu'elle avoit donnée au parlement ; qu'elle ne savoit rien du voyage du duc de Mercœur; qu'il s'étoit fait sans sa participation; que les sieurs Servien et Le Tellier avoient toujours bien servi le Roi défunt ; que le sieur de Lyonne étoit un de ses domestiques, qu'il lui étoit permis de choisir à sa discrétion ; qu'elle l'assuroit qu'aucun d'eux n'étoit entré en négociation pour le retour du cardinal ; que si après ces assurances M. le prince demeuroit éloigné de la cour, on auroit lieu de croire que d'autres desseins l'empêchoient de se rendre à son devoir ; et qu'enfin si cela continuoit, Sa Majesté en auroit un extrême déplaisir, puisqu'elle ne désiroit rien tant que de voir une parfaite union dans la maison royale, si nécessaire pour le bien et pour le repos de l'Etat.

Cette réponse, quoique peu sincère, ne laissa pas d'être assez bien reçue du parlement, qui cependant trouva à redire qu'elle ne fût pas signée d'un secrétaire d'Etat; mais on ne s'arrêta pas beaucoup à cette formalité. De sorte qu'on pria encore M. le duc d'Orléans de s'entremettre pour ramener l'esprit de M. le prince : ce que Son Altesse Royale accepta.

Il y eut ce jour-là des paroles fâcheuses entre M. le prince de Conti et le premier président, lequel, exagérant l'importance de l'affaire, dit que M. le prince ne devoit pas se retirer sur de simples soupçons, et que sa sortie précipitée pourroit causer une guerre civile. A ce mot M. le prince de Conti, l'interrompant, répartit qu'il ne devoit pas parler de la sorte d'un prince du sang. Mais le premier président, reprenant la parole, dit qu'il ne devoit pas être *brisé* dans son discours, et qu'en la place où il étoit il n'y avoit que le Roi qui lui pût imposer silence : et, se mettant à parler de la guerre civile, il s'échauffa jusqu'à dire qu'on avoit des exemples assez récens des ancêtres de M. le prince qui avoient brouillé l'Etat.

Cette répétition affectée mettant à bout la patience de M. le prince de Conti, il ne fut plus maître de lui et répliqua tout en colère au premier président, que partout ailleurs il lui feroit connoître ce que c'étoit qu'un prince du sang. M. le duc d'Orléans ne dit rien durant cette contestation ; mais quand ce fut à lui à parler, il marqua être fâché qu'on se fût servi du terme odieux de guerre civile ; qu'il espéroit qu'il n'y en auroit point et qu'on y mettroit bon ordre, promettant de ne rien négliger pour pacifier toutes choses. En effet, dans une conférence qu'il eut à Rambouillet avec M. le prince, il fit ce qu'il put pour dissiper ses soupçons, et pour l'obliger à se désister de ses demandes touchant l'éloignement des sieurs Servien, Le Tellier et de Lyonne. Mais Son Altesse demeura ferme, et ne voulut consentir à rien sans cette condition, ni la Reine s'y soumettre, Sa Majesté persistant avec autant de fermeté dans ses sentimens que Son Altesse dans les siens. Son Altesse Royale ayant fait rapport au parlement de ce qui s'étoit passé, sans découvrir ses sentimens, on fut obligé d'en venir à une délibération qui fut assez confuse, les esprits étant partagés par la chaleur des partis et par l'attachement aux différentes cabales. Celui de tous les opinans qui fut écouté avec le plus d'attention fut le coadjuteur, dont on ne savoit point les véritables sentimens, et qui paroissoit dans un pas assez délicat entre la cour et M. le prince. Mais comme il avoit pris des mesures avec le sieur de Lyonne, il ne lui fut pas malaisé de former son avis de manière que personne n'eût lieu de s'en offenser, l'ayant composé auparavant avec le sieur de Caumartin et Joly, qui connoissoient parfaitement les dispositions du parlement et les biais qu'il falloit prendre pour plaire à la plus grande partie de la compagnie. Voici les termes dont il se servit :

« Messieurs, j'ai toujours été persuadé qu'il
» eût été à souhaiter qu'il n'eût paru dans les
» esprits aucune inquiétude sur le retour du
» cardinal Mazarin, et que même on ne l'eût pas
» cru possible. Son éloignement ayant été jugé
» nécessaire par la voix commune de toute la
» France, il semble qu'on ne peut croire son re-
» tour sans douter en même temps du salut de
» l'Etat, dans lequel il jetteroit assurément la
» confusion et le désordre. Si les scrupules qui
» paroissoient sur ce sujet sont solides, il est à
» craindre qu'ils ne produisent des effets fâ-
» cheux ; et s'ils n'ont point de fondement, ils
» ne laissent pas de donner de justes sujets de
» crainte, par les prétextes qu'ils fournissent à
» toutes les nouveautés. Pour les étouffer tout
» d'un coup, et pour ôter aux uns l'espérance et
» aux autres le prétexte, j'estime qu'on ne sau-
» roit prendre d'avis trop décisif : et comme on
» parle de commerces fréquens qui donnent de
» l'inquiétude, il paroît à propos de déclarer
» criminels et perturbateurs du repos public
» ceux qui négocieront avec M. le cardinal
» Mazarin, ou pour son retour, de quelque
» manière que ce puisse être. Si les sentimens
» de Son Altesse Royale eussent été suivis il y
» a quelques mois, les affaires auroient mainte-
» nant une autre face : on ne seroit pas tombé
» dans ces défiances ; le repos de l'Etat seroit
» assuré, et nous ne serions pas obligés de
» supplier M. le duc d'Orléans, comme c'est

» mon avis, de s'employer auprès de la Reine
» pour éloigner de la cour les créatures de
» M. le cardinal qui ont été nommées. Il est
» vrai que la forme avec laquelle on demande
» cet éloignement est extraordinaire; et que si
» l'aversion d'un de messieurs les princes du
» sang étoit la règle de la fortune des particu-
» liers, cette dépendance diminueroit beaucoup
» l'autorité du Roi. La liberté de ses sujets, et
» la condition des courtisans, deviendroit fort
» désagréable, en les assujettissant au caprice
» de tant de maîtres. Il y a une exception à
» faire dans cette rencontre: il s'agit de l'éloi-
» gnement de quelques sujets, qui ne peut être
» que très-utile, en levant les ombrages qu'on
» pourroit prendre pour le retour de M. le car-
» dinal, qui même a été proposé à cette com-
» pagnie par Son Altesse Royale, dont les inten-
» tions toutes pures pour le bien de l'État et
» pour le service du Roi sont connues de toute
» l'Europe. Il faut espérer de la prudence de
» Leurs Majestés, et de la sage conduite de
» M. le duc d'Orléans, que les soupçons seront
» dissipés, et que nous verrons bientôt l'union
» rétablie dans la maison royale, suivant les
» vœux de tous les gens de bien, qui n'ont tra-
» vaillé à la liberté des princes que dans cette
» vue: trop heureux d'y avoir pu contribuer en
» quelque façon par leurs suffrages. Pour for-
» mer donc mon opinion, je suis d'avis de dé-
» clarer criminels et perturbateurs du repos
» public ceux qui négocieront avec M. le car-
» dinal Mazarin et pour son retour, de quelque
» manière que ce puisse être; de supplier Son
» Altesse Royale de s'employer auprès de la
» Reine pour éloigner de la cour les créatures
» de Son Éminence qui ont été nommées, et
» de remercier Son Altesse Royale des soins
» qu'il continue de prendre pour la réunion de
» la maison royale, si nécessaire pour le bien
» de l'État et le repos public. »

Ce discours du coadjuteur fut approuvé de tout le monde, les amis de M. le prince n'y pouvant trouver à redire, puisqu'il tendoit à lui donner la satisfaction qu'il désiroit, et la cour ayant fort applaudi à la hauteur avec laquelle il avoit redressé la conduite de Son Altesse. M. le duc d'Orléans eut aussi lieu d'être content de la manière avec laquelle il avoit parlé de lui. Aussi ce discours fit-il un très-grand effet sur les esprits, et il détruisit dans un moment toutes les mesures que M. le prince avoit prises dans le parlement: dont plusieurs conseillers ne purent s'empêcher de blâmer hautement la conduite de Son Altesse, entre autres le sieur Lainé, conseiller de la grand'chambre, qui se déclaroit en toutes occasions contre la cour, et qui cependant dit assez librement qu'avant de rien décider sur les demandes de M. le prince, il falloit le prier de venir lui-même faire ses plaintes, sur lesquelles on feroit droit; et l'obliger à ne plus rien demander après cela, parce qu'autrement il pourroit faire d'autres demandes nouvelles pour remplir le conseil et les premières charges du royaume de gens à sa dévotion, et se rendre ainsi le maître. M. le duc d'Orléans parla d'une manière peu décisive, en homme qui ne vouloit point se déclarer, ni prendre de parti entre la cour et M. le prince, quoique le coadjuteur n'eût rien négligé pour réveiller sa jalousie naturelle et ses inquiétudes sur la trop grande élévation de M. le prince. De sorte que par son incertitude, qui avoit paru pendant toute la délibération, l'arrêt qui intervint fut aussi ambigu que la plupart des avis: ayant été seulement ordonné que la Reine seroit remerciée de la parole qu'elle avoit donnée de ne point rappeler le cardinal, et très-humblement suppliée d'en envoyer une déclaration au parlement pour y être insérée dans les registres: comme aussi de donner à M. le prince toutes les sûretés nécessaires pour son retour, et qu'il seroit informé contre ceux qui avoient eu commerce avec le cardinal depuis la défense.

La Reine auroit donc pu, si elle avoit voulu, se dispenser de faire retirer les sieurs Servien, Le Tellier et de Lyonne, puisque l'arrêt n'en disoit rien précisément. Mais comme on avoit résolu d'ôter à Son Altesse jusqu'aux moindres prétextes, Sa Majesté leur ordonna de s'éloigner; et lorsque les gens du Roi allèrent au Palais-Royal en conséquence de l'arrêt, elle leur déclara qu'elle feroit dresser une déclaration conforme aux souhaits de la compagnie sur le chapitre du cardinal, et qu'elle feroit retirer les trois personnes suspectes à M. le prince. En effet, ils ne se trouvèrent plus au conseil; ils cessèrent même de paroître dans le monde avec leurs livrées. En quoi leur conduite fut prudente et peut-être nécessaire, à cause des placards que les partisans de M. le prince avoient fait afficher contre eux, et pour éviter l'animosité du peuple contre ceux qui étoient accusés de correspondance avec le cardinal Mazarin. On voyoit bien que cette démarche n'étoit qu'un pur artifice; mais comme elle ôtoit toute sorte de prétexte à M. le prince, il fut obligé aussi d'user de finesse, se faisant voir le jour à Paris, et retournant le soir à Saint-Maur; et quand il alloit par la ville, il se faisoit suivre par un nombre extraordinaire de pages et de valets de pied, avec des livrées fort riches, quoiqu'il fût en deuil de madame sa mère. Il se faisoit aussi accompagner de plusieurs personnes de qualité et d'officiers qui le suivoient en carrosse; et par-dessus tout cela, il avoit soin de faire distribuer de l'argent à de la canaille de la lie du peuple, qui le précédoit avec des acclamations continuelles de *vive le Roi! vivent les princes!* Ce fut dans cet équipage, et avec une fierté trop dédaigneuse, qu'il alla prendre sa place au parlement, où, après avoir entendu le récit que fit le premier président des promesses de la Reine pour l'éloignement des personnes qui lui étoient suspectes, il ajouta qu'il falloit qu'elles fussent éloignées sans espérance de retour : ce qui déplut beaucoup à toute l'assemblée, comme une marque trop sensible d'un dessein prémédité de former toujours des difficultés. On trouva aussi fort mauvais que M. le prince fût reçu au parlement sans avoir vu le Roi : le premier président l'exhorta fort de le faire, et sur cela ils eurent quelques paroles, Son Altesse soutenant qu'il n'y avoit point de sûreté pour lui, et qu'avant sa prison on lui avoit donné beaucoup d'assurances semblables, qui n'avoient pas empêché qu'on ne l'arrêtât ; de sorte qu'il retourna coucher à Saint-Maur sans avoir vu Leurs Majestés. Quoique dans la suite le Reine rendît le parlement dépositaire de la parole qu'elle donnoit pour la sûreté de sa personne, il ne voulut point s'y fier n'y aller rendre ses respects au Roi, bien qu'il rencontrât un jour Sa Majesté au Cours, où quelques-uns dirent qu'il étoit allé exprès. Il est vrai que M. le prince s'en est toujours fort défendu. Cela ne laissa pas d'être bien relevé par M. le premier président ; et la chose alla si avant un jour, sur la rencontre au Cours, que ce magistrat lui dit qu'il sembloit qu'il vouloit élever autel contre autel. M. le prince répondit, en l'interrompant, qu'il ne pouvoit laisser passer cette parole ; qu'il savoit le respect qu'il devoit au Roi ; qu'il n'y manqueroit jamais quand il pourroit s'y rendre sans risque ; et que ce n'étoit point élever autel contre autel que de demander des sûretés dans l'état où étoient les choses, les créatures du cardinal Mazarin ayant tous les jours des commerces publics avec lui, et les nommés Berthet, Brachet, Silhon et Ondedei faisant des voyages continuels à Cologne, où le cardinal s'étoit retiré. Outre qu'il étoit bien averti qu'on avoit fait depuis peu des assemblées où on avoit résolu de l'arrêter une seconde fois : dont il faisoit sa plainte en temps et lieu à la compagnie, et nommeroit les personnes, qu'il désigna si bien que tout le monde connut que cela tomboit sur le coadjuteur.

Ces contestations furent suivies d'une délibération, où il fut arrêté que les paroles de la Reine seroient enregistrées ; que M. le prince seroit prié d'aller voir Leurs Majestés ; que commission seroit délivrée au procureur-général, pour informer contre ceux qui avoient tenu des conférences secrètes pour arrêter M. le prince ; que le duc de Mercœur seroit mandé pour rendre compte de son voyage vers le cardinal Mazarin, et de son mariage avec sa nièce ; que le nommé Ondedei et les nommés Berthet, Brachet et Silhon seroient assignés pour répondre aux faits que le procureur-général pourroit proposer contre eux, et le premier des quatre seroit pris au corps.

Peu de jours après, M. le prince alla enfin rendre ses respects à Leurs Majestés, où il fut conduit par M. le duc d'Orléans, et assez bien reçu du Roi et de la Reine. Cependant il étoit bien aisé de voir que les esprits n'étoient pas bien remis, et qu'il restoit encore beaucoup de méfiance : et cette visite n'empêcha pas que M. le prince ne continuât de marcher avec une grande suite pendant le jour, et la nuit avec une escorte de quatre-vingts chevaux. M. le prince de Conti en usoit de même ; et le coadjuteur, à leur exemple, n'alloit jamais à l'hôtel de Chevreuse sans se faire bien accompagner.

Cependant M. le prince pressoit vivement l'interrogatoire sur le mariage de M. le duc de Mercœur, en conséquence de l'arrêt qui lui ordonnoit de venir répondre sur ce sujet : ce qu'il fut enfin obligé de faire en avouant qu'il étoit marié ; que le voyage qu'il avoit fait n'étoit que pour avoir sa femme ; qu'après tout, ce mariage s'étoit fait du consentement de Sa Majesté, de Son Altesse Royale et même de M. le prince. A cela M. le duc d'Orléans répondit qu'il étoit vrai que trois ans auparavant il y avoit consenti aussi bien que la Reine, à la sollicitation de l'abbé de La Rivière et du maréchal d'Estrée ; mais que depuis, ayant reconnu la pernicieuse conduite du cardinal, il avoit fait son possible pour dissuader Sa Majesté de ce mariage, et pour en détourner le duc de Mercœur, auquel il avoit déclaré qu'il n'y consentiroit jamais.

Quoique la déclaration de Son Altesse Royale fût assez contre le duc de Mercœur, l'affaire ne fut pas poussée plus loin, parce qu'il auroit été bien difficile de rompre un mariage fait et consommé dans toutes les formes : d'ailleurs on étoit occupé d'un dessein plus important. La Reine et son conseil mettoient tout en œuvre pour éloigner M. le prince, et faisoient presser sans relâche le coadjuteur de continuer ses intrigues secrètes et son manége dans le parlement pour s'opposer à tous les desseins de Son Altesse. Le coadjuteur et ses amis souhaitoient son éloignement avec autant et plus de passion que la Reine: car quoiqu'ils connussent bien ce qu'ils hasardoient en se fiant aux promesses du cardinal, ils étoient si outrés des manquemens de M. le prince à tant de promesses si solennelles, qu'il ne leur étoit pas possible de résister au désir de vengeance qui les aveugloit. Ils espéroient d'ailleurs que le cardinal auroit long-temps besoin de leur assistance; que l'éloignement de M. le prince ne finiroit pas sitôt les affaires et qu'il naîtroit dans la suite des occasions de se rendre nécessaires; ce qui obligeroit le cardinal à leur accorder certaines grâces, et peut-être la nomination du cardinalat au coadjuteur.

M. le prince, au contraire, tâchoit de se maintenir dans Paris dont il ne vouloit pas sortir; mais comme il voyoit approcher la majorité du Roi, et que son crédit diminuoit beaucoup dans la ville par sa mésintelligence avec les frondeurs, il commençoit à prendre des mesures au-dedans et au-dehors du royaume pour former un parti qui pût retenir le cardinal dans le respect et l'obliger à lui accorder les grâces qui lui avoient été refusées. Malheureusement pour lui ses négociations ne purent être si secrètes que la cour n'en fût avertie: ainsi la Reine, qui se voyoit pressée de répondre à l'arrêt du parlement qui lui demandoit une déclaration plus formelle contre le cardinal Mazarin, jugea qu'il étoit temps d'éclater; et comme M. le prince n'étoit pas retourné au Louvre depuis que Son Altesse Royale l'y avoit mené, Sa Majesté résolut de faire des plaintes publiques de sa conduite dangereuse et peu respectueuse, afin de l'obliger à se retirer, et d'éluder en même temps les instances du parlement contre la personne du cardinal.

Pour cet effet, la Reine ayant fait mander toutes les cours souveraines et le corps de ville le 17 août 1651, le parlement envoya des députés au Louvre, où, en présence de M. le duc d'Orléans et d'un grand nombre de seigneurs et d'officiers de la couronne, lecture leur fut faite d'un écrit sur la conduite de M. le prince, qui fut ensuite remis entre les mains du premier président pour en faire part à toute la compagnie. Cet écrit contenoit une nouvelle déclaration de Leurs Majestés pour l'exclusion perpétuelle du cardinal, et un examen général de la conduite de Son Altesse, auquel on reprochoit d'abord toutes les grâces qu'il avoit obtenues de la cour, les complaisances que Leurs Majestés avoient eues pour lui, et la manière dont il avoit répondu à toutes leurs bontés. Ensuite le Roi et la Reine déclaroient les avis qu'ils avoient reçus de bonne part des intelligences que ce prince entretenoit avec les ennemis de l'Etat, avec l'archiduc et le comte de Fuensaldagne; que pour cette raison il n'avoit pas voulu faire sortir de Stenay les Espagnols qu'on y avoit introduits pendant sa prison, quoique ce fût la seule chose que le Roy eût exigée de lui; qu'il avoit écrit à tous les parlemens et aux principales villes du royaume, pour leur inspirer des pensées de révolte; qu'il faisoit fortifier toutes les places dont il étoit le maître, particulièrement Montrond, où madame la princesse et madame de Longueville s'étoient déjà retirées; qu'il avoit toujours refusé de joindre ses troupes à celles du Roi, et qu'au lieu de les employer contre les ennemis, elles ne faisoient que désoler la Picardie et la Champagne; qu'enfin Leurs Majestés avoient trouvé à propos d'informer le parlement de toutes ces choses, s'assurant qu'ils emploieroient leurs soins pour appuyer les bonnes intentions du Roi, et pour faire rentrer Son Altesse dans son devoir.

La lecture de cet écrit surprit extrêmement toute la compagnie, et ce fut sans doute la source de tous les désordres qui suivirent peu de temps après. M. le prince tâcha d'y répondre en rejetant les accusations dont il étoit chargé sur la malice de ses ennemis, particulièrement du coadjuteur, qu'il traita de calomniateur, comme auteur de l'écrit, et qu'il accusoit d'avoir tenu plusieurs conseils contre lui chez le comte de Montrésor, pour le faire arrêter une seconde fois. M. le prince n'avoit pas encore parlé si positivement de ces conférences pour ménager le sieur de Lyonne, qui lui en avoit donné les premiers avis: ce que Son Altesse tâchoit encore de faire dans sa réponse, où il ne nommoit que le coadjuteur et le comte de Montrésor. Mais ces ménagemens n'eurent pas l'effet qu'il s'en étoit promis: au contraire, le coadjuteur et ses amis en eurent des soupçons plus violens contre le sieur de Lyonne; mais plusieurs doutoient qu'il eût osé révéler ce secret de son chef, et sans ordre du cardinal Mazarin.

Quoi qu'il en soit, le coadjuteur se défendit en niant tout, et qu'il fût auteur de l'écrit, quoiqu'il l'eût conseillé et approuvé; et désavouant les conférences chez le comte de Montrésor, dont il parla d'un si grand sang-froid, qu'on ne savoit ce qu'on en devoit croire. Après cela, M. le prince présenta deux écrits au parlement pour sa justification, dont l'un étoit de lui, contenant des réponses particulières aux faits articulés dans celui du Roi; et l'autre étoit une déclaration de M. le duc d'Orléans sur le même sujet. M. le prince auroit bien souhaité que Son Altesse Royale eût été en personne au parlement pour appuyer sa déclaration par sa présence; mais il ne put obtenir cela de lui, Son Altesse Royale s'étant dès auparavant retiré des assemblées, à cause du tumulte qui se faisoit toujours dans la salle du Palais, et parce qu'il ne vouloit pas s'engager dans un parti contre la cour, ni désobliger le coadjuteur, qui avoit toujours beaucoup de part à ses résolutions. Il est même certain qu'il fit tout ce qu'il falloit pour ne pas donner cette déclaration à M. le prince; mais il fut si pressé qu'il ne put s'en défendre.

Cette déclaration portoit que Son Altesse Royale n'avoit su que bien tard la résolution prise par Sa Majesté de mander les compagnies souveraines; que l'écrit en question ne lui avoit été communiqué qu'un quart-d'heure avant l'arrivée des députés du parlement; qu'il y avoit trouvé plusieurs choses à redire, et qu'il avoit conseillé de les supprimer; qu'en sa présence M. le prince avoit proposé à la Reine, et depuis au conseil, deux moyens pour faire sortir les Espagnols de Stenay: l'un par négociation, moyennant une suspension d'armes entre cette ville et les places du Luxembourg; et l'autre par la force, en lui donnant deux mille hommes pour en faire le siége, ne le pouvant sans cela, parce qu'il n'y avoit que deux cents hommes pour lui dans la citadelle, et que les Espagnols en avoient cinq cents dans la ville; que Son Altesse n'avoit pas envoyé ses troupes à l'armée du Roi, parce qu'elle étoit commandée par le maréchal de La Ferté, créature du cardinal, qui l'avoit escorté dans tous ses voyages, et l'avoit reçu dans ses places malgré les arrêts du parlement; que M. le prince ayant prié Son Altesse Royale d'envoyer un homme pour commander ses troupes, elle avoit nommé le sieur de Vallon, que la Reine avoit empêché de partir; que les défiances de M. le prince n'étoient pas sans fondement; qu'il n'avoit pas été bien reçu au Palais-Royal; que Son Altesse Royale ne lui avoit pas conseillé d'y retourner, et qu'il étoit bien informé des conférences qu'on avoit tenues à son préjudice; qu'enfin il ne croyoit pas que M. le prince fût capable de former de mauvais desseins contre l'Etat. L'écrit de M. le prince étoit assez conforme à cette déclaration. Sur le chapitre du cardinal, il protestoit qu'il n'avait eu aucune part à tout ce qui s'étoit fait contre lui avant et pendant sa prison; que depuis, à la vérité, il s'étoit uni à tout le parlement et aux vœux des peuples pour conserver la tranquillité publique, qui auroit pu être al-

térée par le retour du cardinal; que si le conseil de Sa Majesté avoit pris le soin qu'il devoit de lever les ombrages du public à l'occasion des voyages fréquens qui se faisoient à Cologne, le parlement n'auroit pas été obligé de demander une déclaration confirmative de ses arrêts, dont il sembloit qu'on vouloit éluder l'effet par l'écrit qu'on venoit de produire. Qu'à l'égard des grâces qu'on lui reprochoit, il prétendoit les avoir bien méritées par ses services; qu'après tout, ni lui ni ses amis n'avoient pas tant de places à leur discrétion que le cardinal et ses créatures, qui commandoient dans Pignerol, Perpignan, Roses, Brest, Dunkerque, Mardick, Bergues, Dourlans, La Bassée, Bapaume, Ypres, Courtray, etc.; qu'il falloit autre chose que des paroles pour éloigner un homme sans retour, qui avoit les clefs de tant de portes pour rentrer dans le royaume quand il voudroit. Que si l'on vouloit considérer la manière dont il vivoit avec le premier président, on ne lui imputeroit pas le dernier changement arrivé dans le conseil, où il assuroit n'avoir eu aucune part, si ce n'étoit peut-être en s'opposant, comme il avoit fait avec Son Altesse Royale, aux avis violens du coadjuteur et du comte de Montrésor, d'ôter les sceaux au premier président de force, de faire prendre les armes aux bourgeois, et d'aller droit au Palais-Royal; que l'éloignement des sieurs Servien, Le Tellier et Lyonne étoit nécessaire pour sa sûreté, et avoit été approuvé du parlement et du public; et que s'il s'étoit exécuté, il se seroit soumis aussitôt à toutes les volontés de la Reine; mais qu'ayant vu que dans le même temps on continuoit un commerce réglé avec le cardinal, il avoit cru devoir penser à sa sûreté; que cette seule raison l'avoit empêché de retourner à la cour et au conseil, où rien ne se décidoit que par les ordres du cardinal, et où il savoit qu'on vouloit faire entrer de nouveaux sujets qui lui étoient entièrement dévoués.

Les personnes dont M. le prince entendoit parler, étoient M. de Châteauneuf, ami intime de madame de Chevreuse et de madame de Rhodes, auquel il avoit fait ôter les sceaux, et qui fut rappelé et fait chef du conseil; et le marquis de La Vieuville, auquel on donna la surintendance des finances.

Ensuite Son Altesse avouoit qu'il avoit écrit au parlement et aux bonnes villes du royaume, mais simplement pour se justifier, et dissiper les bruits qu'on faisoit courir que son dessein étoit d'exciter une guerre civile: que si madame la princesse et madame de Longueville s'étoient retirées à Montrond, elles ne l'avoient fait que par une juste précaution, afin de mettre leurs personnes à couvert des entreprises de ses ennemis; qu'il n'étoit pas vrai qu'il fît fortifier ses places quoiqu'il eût permission et pouvoir de Sa Majesté pour cela; qu'enfin il étoit faux qu'il eût eu jamais aucune intelligence avec les Espagnols; que c'étoit une pure calomnie, dont il demandoit réparation, comme du plus grand outrage qui pût être fait à un prince du sang; qu'il supplioit la compagnie de la lui faire obtenir, et de prier Leurs Majestés d'en nommer les auteurs, se soumettant volontiers aux jugemens de la compagnie, s'il se trouvoit qu'il eût rien fait contre le devoir de sa naissance.

Après la lecture de cette réponse de M. le prince, aussi bien que la déclaration de M. le duc d'Orléans et l'écrit de Sa Majesté, on en vint à une délibération, dans laquelle il y eut deux avis principaux, dont le premier étoit de supplier Son Altesse Royale de s'entremettre de cet accommodement, et l'autre de supprimer tous les écrits de part et d'autre, afin qu'il n'en fût plus parlé. Mais la délibération n'ayant pu finir ce jour-là, elle fut remise au 21 août 1651. A la sortie, plusieurs personnes se mirent à crier dans la salle : *Point de Mazarin! point de coadjuteur!* sans doute par ordre de M. le prince, qui étoit venu au Palais si bien accompagné d'officiers et de gens de guerre, qu'il y a lieu de s'étonner que le coadjuteur en fût quitte à si bon marché, n'ayant avec lui qu'un fort petit nombre de ses amis. C'est pourquoi, étant obligé de se justifier le lundi suivant, il crut ne devoir plus tant se commettre, et fit si bien que dans ce peu de temps il s'assura d'un bon nombre de gens de main pour l'accompagner : tous les frondeurs s'étant ralliés dans cette occasion, à la réserve du duc de Beaufort, qui s'étoit déclaré en faveur de M. le prince.

La Reine, qui regardoit le coadjuteur comme le seul qui pût soutenir l'autorité du Roi dans le parlement, donna ordre aux officiers des gardes du corps, des gendarmes et des chevau-légers, et à quelques capitaines du régiment des gardes, d'envoyer secrètement le lundi matin dans la salle du Palais un certain nombre de leurs gens, qui recevroient des ordres de ce qu'ils auraient à faire du marquis de Laigues, auquel on donna, pour les reconnoître, le mot de *Notre-Dame*. De son côté, M. le prince rassembla le plus de monde qu'il put avec beaucoup plus de bruit que les jours précédens, auxquels il donna le mot de *Saint Louis*.

Le coadjuteur arriva le premier au Palais, bien accompagné de personnes de qualité qui se rangèrent vers le parquet, les gens du Roi occupant jusqu'à la porte de la grande chambre où se tiennent les huissiers; pendant que les gens de la maison du Roi, sans faire paroître leur dessein, étoient dispersés par pelotons; et dispersés de manière qu'ils auroient pu attaquer par devant et par derrière les gens de M. le prince. En un mot, on s'attendoit si bien d'en venir aux mains, que plusieurs conseillers, et autres gens de robe des deux partis, avoient des épées, des poignards et autres armes cachées sous leurs habits.

Le comte de Montrésor, que M. le prince avoit accusé de paroles et par écrit, se crut obligé d'aller aussi au parlement pour se justifier. Mais comme il n'y avoit pas d'entrée, il demeura dans le parquet des huissiers avec le sieur d'Argenteuil et quelques autres du parti, où il se trouva aussi un nombre considérable de partisans de M. le prince qui s'en rendirent les maîtres : ce qui, dans la suite, pensa être la perte du coadjuteur.

Son Altesse Royale ne se trouva pas à cette assemblée, non plus qu'aux autres précédentes: de sorte que les deux partis n'étant retenus par aucune considération ni par aucun respect, M. le prince commença à dire qu'on avoit de mauvais desseins sur sa personne; qu'en entrant dans la salle il avoit vu plusieurs amis du coadjuteur; qu'il savoit qu'on avoit détaché dix hommes de chaque compagnie des gardes, auxquels on avoit donné le mot de *Notre-Dame*. Le coadjuteur avoua cela, disant qu'il étoit vrai qu'il avoit prié ses amis de l'accompagner, pour n'être pas exposé au risque de la dernière assemblée; mais que si Son Altesse vouloit ordonner à ses gens de se retirer, il prieroit les siens d'en faire de même. Sur quoi le parlement ayant ordonné que tous ceux qui étoient dans la salle en sortiroient, le sieur Champlâtreux fut commis avec quelques autres conseillers pour cela; et M. le prince ayant envoyé M. de La Rochefoucauld avec eux pour faire retirer ses gens, le coadjuteur alla lui-même pour congédier les siens, sans penser qu'il alloit se commettre.

A peine eut-il passé la porte des huissiers avec le sieur d'Argenteuil, que cinq ou six valets de pied de M. le prince mirent l'épée à la main, et coururent à lui, criant *au Mazarin!* ce qui fut cause que les deux partis tirèrent aussi l'épée, se jetant en foule pour le couvrir, en criant *vive le Roi!* et les autres *vivent le Roi et les princes!* de sorte qu'il parut dans un moment trois ou quatre mille épées nues dans le Palais. Il y a bien de l'apparence qu'il y auroit eu bien du sang répandu si quelqu'un eût commencé, et que le parti de Son Altesse n'auroit pas été le plus fort, puisqu'ils furent d'abord obligés de reculer jusqu'à la porte qui mène aux enquêtes, et que les gens de la maison du Roi, leurs officiers à leur tête, commençoient à s'avancer pour envelopper ceux de M. le prince. Mais il arriva heureusement que le marquis de Crenan, capitaine des gardes du prince de Conti, s'étant trouvé en présence du marquis de Fosseuse, aîné de la maison de Montmorency, l'un des principaux amis du coadjuteur, lui dit qu'il étoit bien fâcheux que les plus braves gens et les plus grands seigneurs s'égorgeassent pour un coquin comme le cardinal Mazarin. A cela le marquis de Fosseuse ayant répondu qu'il n'étoit point question du cardinal, mais qu'il falloit crier *vive le Roi!* tout seul, le marquis de Crenan répliqua : « Nous sommes tous bons serviteurs du » Roi, » remettant en même temps son épée dans le fourreau : ce que tout le monde fit à son exemple, criant unanimement *vive le Roi!* sans rien ajouter. Il arriva cependant que le coadjuteur ayant voulu rentrer dans la grand'chambre par le parquet des huissiers d'où il ne faisoit que de sortir, il trouva en tête le duc de La Rochefoucauld qui étoit demeuré au-dedans du parquet et avoit fait mettre la barre de fer, de manière qu'elle leur tenoit la porte entr'ouverte, sans pourtant laisser assez d'espace pour passer un homme. Ce duc voyant le coadjuteur, dit au sieur de Chavagnac, ami de M. le prince, qu'il falloit tuer ce b...... là et qu'il le poignardât. Ce gentilhomme dit qu'il n'en feroit rien et qu'il étoit là pour le service de Son Altesse, mais non pour assassiner personne, et qu'il le poignardât lui-même s'il le vouloit.

Le coadjuteur échappa encore un autre danger plus pressant, pendant qu'il étoit arrêté au passage, par le secours du sieur d'Argenteuil, qui lui sauva certainement la vie. Car un homme de la lie du peuple, nommé Pech, le plus grand clabaudeur de M. le prince, s'étant avancé vers lui avec sa femme, le poignard à la main, disant et criant : « Où est ce b..... de » coadjuteur? que je le tue! » le sieur d'Argenteuil prit habilement le manteau d'un prêtre qui se trouvoit là, dont il couvrit le coadjuteur, afin qu'il ne fût pas reconnu à son rochet et à son camail : et se mettant entre deux, il demanda froidement à ce malheureux s'il auroit bien le cœur de tuer son archevêque. Cela le retint dans le respect; et dans ce temps-là messieurs de la grand'chambre ayant été informés de l'embarras où se trouvoit le coadjuteur, le sieur de Champlatreux, qui ne l'aimoit pas, et qui étoit serviteur de M. le prince, ne laissa pas d'aller brusquement à la porte du parquet pour la faire ouvrir. Ce qu'il ne fit qu'avec beaucoup de peine, assisté du sieur Noblet d'Auvilliers, qui, sans connoître le coadjuteur que de vue, ne laissa pas de lui rendre un service signalé dans cette rencontre, en lui facilitant le passage, et en arrêtant, à ce qu'il dit, le bras d'un homme qui lui vouloit enfoncer un poignard dans le corps. En reconnoissance de cela, le prélat reçut le sieur Noblet dans sa maison, où il est resté jusqu'à sa mort.

Ainsi le coadjuteur rentra dans la grand'-chambre au moment que chacun remettoit l'épée dans le fourreau; et le sieur de Champlatreux ayant paru dans la grand'salle et parlé aux chefs des deux partis, tout le monde défila par différentes portes dans la cour du Palais, ainsi qu'il fut réglé sur-le-champ par les commissaires, pour éviter les désordres et les contestations, les partisans de M. le prince prétendant que ceux du coadjuteur devoient sortir les premiers.

Tout ce grabuge empêcha qu'il ne se fît rien au parlement ce jour-là, les esprits étant trop échauffés. Au sortir de l'assemblée, Son Altesse et le coadjuteur furent reçus par leurs amis dans la cour du Palais, et conduits chez eux. Il ne faut pas oublier qu'il y eut des paroles assez vives entre le coadjuteur et le duc de La Rochefoucauld, quand ils furent rentrés dans la grand'chambre; mais cette contestation se termina cavalièrement par le coadjuteur qui, si on le veut croire, apostropha le duc, en lui disant en pleine assemblée : « Ami La Fran- » chise (c'étoit le nom ordinaire du duc), je » suis prêtre, et tu n'es qu'un poltron : c'est » pourquoi nous ne nous battrons point pour » cette affaire. » Cependant le duc de Brissac, parent du coadjuteur, et qui alloit toujours au parlement avec lui, à son retour de l'assemblée, envoya le marquis de Saint-Auban, gentilhomme du Dauphiné, faire un appel au duc de Larochefoucauld; mais la chose ayant été découverte, on y mit ordre, et le tout n'alla pas plus loin.

L'après-dînée, M. le duc d'Orléans fit prier le coadjuteur de n'aller pas au parlement le lendemain : ce qu'il eut bien de la peine à obtenir de lui, quoique ce prélat eût déjà su que la Reine étoit parfaitement contente de lui, et qu'elle n'attendoit rien davantage de sa part. Mais comme il lui sembloit que c'étoit en quelque façon quitter la partie, il n'y auroit pas consenti aisément, si dans le moment le sieur

Joly ne lui eût proposé un prétexte honnête pour s'en dispenser, en assistant à la procession solennelle de la grande confrérie qui devoit se faire ce jour-là, et où l'archevêque a coutume de se trouver avec tous les curés de la ville. Cette procession part de la Madeleine pour aller aux Cordeliers, où se dit la messe : et comme M. l'archevêque n'étoit pas en état d'assister à cette cérémonie, la bienséance vouloit que le coadjuteur remplît sa place ; et il ne fut peut-être pas fâché de cette ouverture, qui mettoit à couvert son honneur et sa personne.

Cependant peu s'en fallut qu'il n'y courût autant de danger que le jour précédent, quoiqu'à la fin le tout se tourna d'une manière avantageuse pour lui. Le hasard voulut donc que Son Altesse sortît ce jour-là du Palais pour retourner à l'hôtel de Condé, dans le même temps que la procession sortît des Cordeliers pour retourner à la Madeleine, et que les uns et les autres s'étant rencontrés dans la rue du Paon, la canaille qui marchoit devant le carrosse de Son Altesse, cria sur le coadjuteur *au Mazarin !* sans respect pour la cérémonie. Mais M. le prince les fît taire : et comme son carrosse fut vis-à-vis le coadjuteur, il le fit arrêter et baisser la portière ; et ceux qui étoient avec lui en sortirent tous pour se mettre à genoux, sans exception du sieur Gaucourt, qui fit comme les autres, quoiqu'il fût de la religion prétendue réformée. Son Altesse s'agenouilla dans la portière, et reçut en passant la bénédiction du coadjuteur, qui fit ensuite une profonde révérence à M. le prince, à laquelle il répondit aussi gracieusement que s'ils eussent été les meilleurs amis du monde. Ensuite chacun poursuivit son chemin.

Après cela, le coadjuteur ne retourna plus au parlement, n'en étant plus sollicité par la Reine, qui paroissoit toujours fort contente. On demanda une déclaration d'innocence : c'est pourquoi il fut ordonné que tous les écrits seroient portés à Leurs Majestés, et que très-humbles remontrances seroient faites à la Reine pour la porter à vouloir bien étouffer cette affaire, et à Son Altesse Royale de s'entremettre pour l'accommoder.

Les partisans de M. le prince avoient tâché de porter les choses plus loin, et de faire ajouter que la Reine seroit suppliée de nommer les auteurs de l'écrit contre Son Altesse, et de fournir les preuves des faits. Mais les amis du coadjuteur s'étant joints au parti de la cour ils empêchèrent ce dessein de réussir.

Enfin la reine ayant mandé le parlement, elle lui fit dire par le chancelier que les avis qui lui avoient été donnés de l'intelligence de M. le prince avec les Espagnols n'ayant pas été confirmés, Sa Majesté vouloit bien croire qu'ils n'étoient pas vrais ; que cependant elle entendoit que Son Altesse fît sortir la garnison de Stenay ; que ces troupes allassent incessamment joindre celles du Roi ; qu'il fît cesser les fortifications de Montrond, et sortir de ces places les soldats qui excéderoient le nombre des états expédiés. Pour cet effet qu'il vînt rendre ses respects au Roi et prendre sa place au conseil.

Cette réponse avoit été dictée par M. de Châteauneuf, qui étoit rentré en grâce, et avoit été fait chef du conseil, sans lui rendre pourtant les sceaux, qui demeurèrent entre les mains du premier président.

Il est bon de dire ici les prétextes dont on se servit pour ôter les sceaux à M. de Châteauneuf : ce qui a été omis dans son lieu.

Le parlement demandoit avec empressement la déclaration pour exclure les étrangers et tous cardinaux du conseil. Le garde des sceaux la refusa, et soutenoit que la Reine, tutrice de son fils, ne pouvoit faire de pareilles lois. Le motif étoit beau, mais la raison secrète étoit l'espérance qu'il avoit d'être cardinal, si le mariage de M. le prince de Conti, qui avoit la nomination, se concluoit.

Le coadjuteur fut averti que la Reine, qui avoit toujours ordonné au garde-des-sceaux de résister, avoit résolu d'accorder la déclaration après que le garde-des-sceaux auroit refusé, pour jeter sur lui la haine de la compagnie.

L'on envoya mon père au garde-des-sceaux, pour l'exhorter à se rendre ; mais il fut inébranlable, et dit pour toute raison : « Si la » Reine est ferme dans son refus, je n'ai rien à » craindre ; si elle me veut perdre, je ne ferai » que me déshonorer en consentant à une » chose si raisonnablement refusée ; et, sous » un autre prétexte, on m'éloignera huit jours » après. »

Le garde-des-sceaux vint : il s'approcha de la Reine pour recevoir ses ordres. Elle persista à refuser. Le premier président harangua : le garde-des-sceaux répondit avec force. La Reine se leva de son fauteuil, disant : « M. le garde- » des-sceaux, scellez ce que le parlement de- » mande. » Et elle s'alla enfermer dans son cabinet. Le garde-des-sceaux revint chez lui, et y trouva M. de Guénégaud, qui reprit les sceaux et les porta au premier président.

Un conseiller dit à Monsieur qu'il venoit de voir les sceaux sur la table du premier président. Mon père proposa à Monsieur de mener avec lui M. le prince pour les reprendre. Monsieur approuva la proposition, et la fit à M. le prince, qui, connoissant la foiblesse de Monsieur, dit qu'il étoit prêt à le suivre, qu'il entendoit la guerre de campagne, mais qu'il ignoroit celle des tisons et des papiers. Ce fut assez pour faire changer d'avis à Monsieur.

Le garde-des-sceaux en allant à Mont-Rouge passa au Luxembourg, fit descendre mon père, et envoya dire à Monsieur qu'il ne reprendroit pas les sceaux, mais qu'il viendroit tous les jours le conseiller quand il tiendroit le sceau.

Les sceaux ayant donc été donnés au premier président, ils lui restèrent entre les mains, et il demeura toujours cependant à la tête du parlement, où il réussissoit fort bien : au lieu qu'il étoit tout-à-fait neuf aux affaires du cabinet.

On avoit cru que la réponse de la Reine mettroit Son Altesse dans la nécessité de se soumettre, ou tout-à-fait dans son tort. Sa Majesté ne lui demanda que des choses justes, et justifia en quelque façon de son intelligence avec les ennemis de l'État, quoiqu'on sût fort bien ce qui en étoit, et qu'il continuoit avec eux de prendre des mesures pour faire la guerre. Mais on dissimula sur ce point, afin de lui ôter toute sorte de prétexte ; et comme M. le prince continuoit d'insister sur sa justification, et que M. le duc d'Orléans fut pour le même sujet au parlement, Sa Majesté se résolut d'envoyer enfin en même temps une déclaration d'innocence pour Son Altesse, et celle qu'on demandoit depuis si long-temps contre le cardinal Mazarin ; après quoi tout le monde crut les affaires finies, et que M. le prince ne feroit plus aucune difficulté de retourner au Palais-Royal.

Mais ceux qui voyoient les choses de plus près, et qui savoient les intrigues du prince pour gagner le parlement et le peuple, jugèrent bien qu'il ne feroit pas cette démarche. En effet, quand il vit qu'il n'avoit plus de bonnes raisons à dire, et que le terme de la majorité du Roi approchoit, il prit le parti de se retirer à Bordeaux, après avoir écrit une lettre au Roi pour s'excuser.

Il est certain que le prince eut assez de peine à prendre cette résolution, dont il voyoit bien que les suites pourroient être fâcheuses pour lui. D'ailleurs il avoit de la répugnance à quitter sa belle maison de Chantilly, et à s'éloigner de madame de Châtillon, dont il étoit fort amoureux. Mais Madame de Longueville, M. le duc de La Rochefoucauld, et une infinité d'officiers et de gens de guerre dont il étoit continuellement obsédé, qui ne demandoient que les occasions d'une meilleure fortune, le déterminèrent enfin à prendre le métier de la guerre. Madame de Longueville et le duc de La Rochefoucauld, qui avoient commencé les négociations de M. le prince avec le cardinal, et qui voyoient que le dernier s'étoit moqué d'eux, cherchoient les moyens de se venger.

Ils s'étoient figuré que la seule apparence de guerre étourdiroit le cardinal, et ils disoient sans cesse à Son Altesse qu'il n'iroit pas jusqu'à Bourges, sans qu'on lui envoyât offrir la carte blanche. Madame de Longueville avoit de plus un intérêt particulier et secret de souhaiter une rupture, parce qu'alors il lui importoit beaucoup d'être éloignée de monsieur son mari, qui la pressoit fort de retourner avec lui. Pour s'en dispenser avec quelque bienséance, elle avoit besoin d'une raison aussi spécieuse que celle de suivre monsieur son frère dans une querelle où tout le monde savoit qu'elle avoit autant et plus de part que personne.

Ainsi M. le prince se laissa emporter presque malgré lui aux sollicitations et aux passions de ceux qui l'environnoient, dont les vues intéressées ne lui étoient pas inconnues ; et l'obligèrent de leur déclarer que si une fois ils lui faisoient mettre l'épée hors du fourreau, il ne la remettroit peut-être pas sitôt qu'ils voudroient, ni selon leurs caprices.

Le duc de Nemours eut beaucoup de part à la résolution de M. le prince, et demeura jusqu'à la fin attaché à ses intérêts. Il n'en fut pas de même du duc de Longueville, qui se tint en repos dans son gouvernement de Normandie, fort mécontent de sa femme et peu satisfait de Son Altesse. Le duc de Bouillon et le vicomte de Turenne ne voulurent pas non plus entrer dans le parti, quelques offres qu'on leur pût faire, quoique le duc, dans le commencement, l'eût fait espérer à M. le prince, ayant eu pour cet effet plusieurs conférences avec M. le duc de La Rochefoucauld. Enfin Son Altesse prit avant son départ quelques mesures avec M. le duc d'Orléans, qui demeura cependant à Paris pour être spectateur de la tragédie qui alloit commencer.

Le Roi étant entré dans sa quatorzième année le 7 septembre 1651, Sa Majesté fut au parlement le même jour pour s'y faire déclarer majeur, selon les lois du royaume. Pour cet effet, ce jeune prince partit du Palais-Royal monté sur un fort beau cheval, accompagné des officiers de la couronne, et d'un grand nombre de seigneurs avec des habits magnifiques et des chevaux richement harnachés.

Cependant au travers de cette pompe superbe, et malgré la foule extraordinaire de monde dont les rues étoient remplies, on ne laissoit pas d'entrevoir des signes de la malheureuse disposition des esprits, par un silence triste qui régnoit presque partout, au lieu des cris ordinaires de *vive le Roi!* qui auroient dû être redoublés à tous momens dans cette occasion, et qui ne se faisoient entendre qu'assez rarement et foiblement. La marche de cette cavalcade fut par les rues Saint-Honoré, des Lombards, des Arcis, et ensuite par le pont Notre-Dame, où le Roi étant proche de Saint-Denis de La Chartre, et quelques-uns lui ayant fait remarquer le coadjuteur à une fenêtre, Sa Majesté lui fit l'honneur de le saluer. Le reste de la marche continua jusqu'au Palais avec beaucoup d'ordre, où la déclaration de majorité se fit dans les formes; et le Roy étant assis sur son lit de justice, remercia la Reine des soins qu'elle avoit pris de sa personne et de son éducation; compliment que la Reine ne méritoit point. Elle et le cardinal s'étoient mis peu en peine d'instruire le Roi, et de cultiver les heureuses dispositions qui se trouvoient dès-lors dans Sa Majesté, afin de le retenir plus long-temps dans leur dépendance, et de demeurer maîtres des affaires. Ensuite on publia un édit contre les duels, et un contre les blasphémateurs du saint nom de Dieu, avec une déclaration d'innocence en faveur de M. le prince. Cela se faisoit pour lui ôter toutes sortes de prétextes, et pour mieux colorer ce qu'on avoit dessein d'exécuter contre lui.

Cette déclaration n'empêcha pourtant pas M. le prince de continuer son voyage, à quoi ne contribuoit pas peu l'équivoque d'un courrier que lui envoya le maréchal de Gramont, pour l'avertir de ne se pas éloigner davantage; et il lui expliquoit par une lettre qu'il y avoit encore espérance d'accommodement. M. le prince étoit allé à Augerville, maison de plaisance du président Perrault. Le courrier, confondant Augerville avec Angerville, prit le chemin de ce dernier lieu. Ce détour fut cause que Son Altesse M. le prince ne reçut la dépêche qu'au moment qu'il alloit partir d'Augerville. M. le prince, après l'avoir lue, dit à ceux qui étoient auprès de lui, que si elle étoit arrivée un peu plus tôt, elle l'auroit arrêté; mais que puisqu'il avoit le cul sur la selle, il n'en descendroit pas pour des espérances incertaines. De sorte que, sans autre délibération, il marcha vers Bordeaux avec le peu de personnes dont il étoit accompagné; mais il fut bientôt suivi de M. le prince de Conti, qui avoit voulu assister à la cérémonie de la majorité; des ducs de Nemours et de La Rochefoucauld, et de la plupart des gens de qualité qui s'étoient déclarés pour lui pendant sa prison, à la réserve du duc de Bouillon et du vicomte de Turenne. Le comte du Dognon, gouverneur de Brouage, augmenta le nombre de ses partisans, après avoir été conférer avec lui à Bordeaux, où ce prince avoit été reçu avec de grandes acclamations du peuple, et du consentement du parlement, qui donna aussitôt plusieurs arrêts pour saisir les deniers du Roi, et pour faire tout ce que Son Altesse voudroit et pourroit désirer.

Après cela, M. le prince donna ses ordres pour lever des gens de guerre de tous côtés, et délivra des commissions aux officiers qui l'avoient suivi; de sorte qu'il se vit bientôt avec un corps de dix à douze mille hommes de troupes réglées, et en état d'entrer en action. Mais comme il étoit important de faire connoître au public qu'il n'en venoit à cette extrémité que pour sa défense et par pure nécessité, un des premiers soins de Son Altesse fut d'écrire à M. le duc d'Orléans une lettre en forme de manifeste, qui contenoit le récit de tout ce qui s'étoit passé à la cour depuis sa liberté; et sur toutes choses l'établissement dans le conseil des sieurs de Châteauneuf et de La Vieuville, créatures du cardinal Mazarin, et beaucoup plus attachés à lui que les sieurs Servien, Le Tellier et de Lyonne, qui n'avoient été congédiés que pour le surprendre, et pour mettre en leurs places ses ennemis déclarés. Il tâchoit aussi d'insinuer qu'il n'avoit rien fait que de concert avec Son Altesse Royale, qui n'avoit pas approuvé ce changement plus que lui ; finissant par des protestations générales de contribuer, autant qu'il pourroit, à tout ce que Son Altesse Royale et le parlement jugeroient le plus à propos pour remédier aux désordres de l'État.

La cour, informée de ce qui se passoit à Bordeaux, résolut de partir pour Fontainebleau le 26 septembre, et de là pour Poitiers, afin d'être à portée de s'opposer aux desseins et aux progrès de M. le prince, laissant à Paris le sieur de Châteauneuf, le marquis de La Vieuville, et surtout le coadjuteur, qui devoient, avec M. le premier président, prendre soin des affaires; et le dernier devoit s'attacher et agir auprès de M. le duc d'Orléans dans le parlement et dans la ville, pour ménager les esprits et traverser les cabales des amis de M. le prince. Ce n'est pas que la Reine et le cardinal se confiassent entièrement au coadjuteur; mais ils avoient si bien reconnu son crédit dans tout ce qui s'étoit passé, qu'ils comprirent que c'étoit pour eux une espèce de nécessité de se servir de lui pour empêcher une révolution générale, qui seroit infailliblement arrivée si ce prélat avoit changé de parti. Ses confidens surent si bien faire valoir cela à la cour, qu'ils obtinrent enfin pour lui la nomination au cardinalat, qui lui avoit été promise depuis long-temps. Madame de Chevreuse aida beaucoup à y déterminer la Reine et le cardinal, en leur représentant que la mésintelligence passée ne venoit que de ce qu'on ne lui avoit pas tenu parole, et que dans cette conjoncture, si on négligeoit de récompenser ses services, dont la cour avoit marqué tant de contentement, il y avoit lieu de craindre qu'il ne changeât encore une fois de sentiment et de conduite.

Ces mêmes considérations étoient aussi fortement représentées par la princesse palatine, dont le crédit étoit plus grand que celui de madame de Chevreuse. Il est certain que ce fut elle qui porta le dernier coup dans l'affaire du chapeau, et qui en eut tout l'honneur : le cardinal Mazarin ayant trouvé par plusieurs expériences que cette princesse avoit beaucoup plus de pouvoir sur l'esprit du coadjuteur qu'elle savoit mieux ménager que madame de Chevreuse.

Quoi qu'il en soit, il est certain que madame et mademoiselle de Chevreuse, et le marquis de Laigues, étoient dans ce temps-là les dupes du coadjuteur; qu'il alloit presque toutes les nuits chez la princesse palatine avec madame de Rhodes, dans le carrosse de Joly, qui de là le menoit à l'hôtel de Chevreuse, où il entroit comme s'il fût venu de chez lui, sans rien dire de son commerce; et, pour le mieux entretenir pendant l'absence de la cour, il donna un chiffre à cette princesse, qui en fit usage très-régulièrement et de fort bonne foi, donnant au coadjuteur les avis les plus sincères, jusqu'à lui mander souvent des choses qui sembloient être assez contre les intérêts de la cour. De son côté, le coadjuteur n'oublioit rien, dans le détail de ses lettres, de tout ce qui pouvoit augmenter la considération où il étoit auprès de la Reine, et faire connoître à Sa Majesté que la plupart des services essentiels qu'il rendoit alors dans toutes les occasions, étoient une suite des conseils de la princesse palatine : car on ne peut pas nier que ce prélat ne s'employât alors de bonne foi et très-utilement pour la cour, pour appuyer ses desseins et ses intérêts, soit dans le parlement, soit auprès de M. le duc d'Orléans, dont souvent il étoit fort malaisé de venir à bout, à cause des grands égards qu'il affectoit d'avoir pour les amis de M. le prince, dont il étoit continuellement obsédé. Cette conduite de Son Altesse Royale, qui éloignoit toujours avec soin ce qu'on pouvoit faire contre M. le prince, sous prétexte d'un accommodement auquel il disoit qu'il vouloit travailler, n'empêcha pas que, le 7 octobre 1651, le parlement ne donnât un arrêt, sur la requête du procureur-général, portant défenses à toutes personnes de faire aucune levée de gens de guerre dans le royaume, sinon en vertu de lettres-patentes du Roi, signées d'un secrétaire d'État et scellées du grand sceau, à peine d'être déclarés criminels de lèse-majesté, avec ordre aux gouverneurs des provinces et des places de se saisir des contrevenans. Cet arrêt étoit assurément contre M. le prince, quoiqu'il n'y fût pas nommé ; et il ne fut rendu que sur les avis qu'on reçut des levées qui se faisoient en son nom de tous côtés : la cour n'ayant sollicité cet arrêt que pour retenir les peuples et les officiers dans leur devoir et dans le respect, et les empêcher de prendre les armes en faveur de Son Altesse. Ce fut encore dans la même vue, et pour mettre M. le prince tout-à-fait dans son tort, que le Roi écrivit à Bourges une lettre en forme de réponse à celle de Son Altesse Royale, pour déclarer que Sa Majesté étoit prête d'écouter toutes les propositions qui lui pourroient être faites pour rétablir la tranquillité publique : donnant pour cet effet tous les pouvoirs nécessaires à M. le duc d'Orléans, assisté du maréchal de L'Hôpital, des sieurs d'Aligre et de La Marguerie, conseillers d'État, et des sieurs de Mesme, Menardeau, Champosé et de Cumont, conseillers au parlement, pour traiter avec M. le prince en tel lieu qu'ils jugeroient à propos. Mais cette proposition ayant été refusée par Son Altesse sous des prétextes assez frivoles, Sa Majesté envoya une déclaration au parlement qui déclaroit criminels de lèse-majesté messieurs les princes de Condé et de Conti, madame la princesse et madame la duchesse de Longueville, les ducs de Nemours, de La Rochefoucauld, et tous ceux qui les assisteroient, si dans un mois ils ne reconnoissoient leurs fautes, et ne rentroient dans leur devoir. M. le duc d'Orléans empêcha pendant quinze jours que cette déclaration ne fût vérifiée, sous différens prétextes, où il fut secondé vivement par les amis de M. le prince, qui formoient tous les jours de nouveaux incidens. Mais à la fin le parti de la cour et les amis du coadjuteur s'étant joints, il en fallut venir à la délibération, où Son Altesse Royale ne voulut pas se trouver, et suivant laquelle il fut ordonné, le 4 décembre 1651, que la déclaration seroit lue, publiée et enregistrée, pour être exécutée selon sa forme et teneur ; que cependant M. le duc d'Orléans seroit prié de continuer ses soins pour l'accommodement ; et qu'après le mois expiré on ne pourroit faire aucune procédure contre messieurs les princes et autres privilégiés qu'au parlement, et toutes les chambres assemblées, suivant les lois de l'Etat. Cet arrêt donna autant de joie à la cour que de déplaisir aux partisans des princes, qui n'avoient pas cru que la chose dût aller si vite, et qui soupçonnèrent M. le duc d'Orléans de n'avoir pas fait tout ce qu'il auroit pu faire pour l'empêcher. La vérité est que le coadjuteur avoit refroidi Son Altesse Royale, qui commença peu après à ne plus agir que par bienséance pour les intérêts de M. le prince. Après tout, quand il se seroit donné plus de mouvement, et qu'il auroit assisté à la délibération, il n'auroit pas empêché la vérification, M. le prince ayant commencé une guerre ouverte, ayant fait entrer la flotte espagnole dans la Garonne, et assiégé des places, entre autres Coignac, dont il fut obligé de lever le siége, un de ses quartiers ayant été forcé par le comte d'Harcourt.

Cependant on ne laissoit pas de négocier en faveur de Son Altesse à Poitiers, et auprès du cardinal Mazarin, à qui le sieur de Gourville fut envoyé plusieurs fois. Ces différens voyages servirent à M. le prince pour donner de ses nouvelles à ses correspondans, et pour en recevoir: outre qu'ils donnèrent lieu à Gourville de former une entreprise sur la personne du coadjuteur, dont il n'étoit pas assurément le premier auteur.

Quoi qu'il en soit, Gourville étant venu à Paris vers la fin du mois d'octobre, il y assembla quarante ou cinquante personnes de la dépendance de M. le prince, avec quelques officiers et cavaliers de la garnison de Damvilliers, que le major, nommé Rochecorbon, avoit amenés avec lui. Une partie de ces gens furent postés un soir dans la petite rue où est Saint-Thomas-du-Louvre, et l'autre sous l'arcade d'un petit pont qui est sur le bord de la rivière, au bout de la rue des Poulies, proche le Petit-Bourbon, à dessein d'attaquer le coadjuteur dans son carrosse au retour de l'hôtel de Chevreuse, d'où il revenoit ordinairement tous les soirs par le quai des galeries du Louvre. L'entreprise étoit fort bien imaginée, et il étoit difficile qu'elle manquât, le carrosse devant être attaqué par devant et par derrière, sur le bord de l'eau, et dans un lieu éloigné de secours. Mais il arriva que ce soir il survint une grosse pluie, qui ayant empêché les gens de madame de Rhodes de la venir prendre avec son carrosse qui étoit drapé, elle pria le coadjuteur de la ramener chez elle: ce qu'il fit, prenant ainsi, contre son ordinaire, le chemin de la rue Saint-Honoré, pour remettre cette dame à l'hôtel de Brissac où elle demeuroit, au coin de la rue d'Orléans. Ce fut certainement un coup de grand bonheur pour le coadjuteur; mais le lendemain il en arriva encore un autre plus surprenant. Un des cavaliers ayant ouï dire à quelques-uns de la troupe qu'on en vouloit au coadjuteur, et s'étant imaginé que ce prélat pouvoit être des amis de M. Talon, intendant des places frontières, avec lequel il avoit quelque habitude, il alla le trouver pour lui déclarer tout le dessein, avec les noms de ceux qui conduisoient l'entreprise, qu'il dit s'être retirés le soir précédent avec bien du chagrin d'avoir manqué leur coup. Le sieur Talon, qui croyoit le coadjuteur fort bien à la cour, à cause de sa nomination toute récente au cardinalat, alla aussitôt lui donner cet avis, marquant le lieu où La Rochecorbon étoit logé, et celui où se retiroient les cavaliers, avec offre de lui représenter son auteur: de sorte que le coadjuteur, qui, par un autre hasard, avoit pris médecine ce jour-là, et ne sortit point du logis, eut le temps de s'informer sous main des circonstances qui lui avoient été rapportées par le sieur Talon. Cependant cela ne l'empêcha pas le lendemain d'aller chez madame la présidente Pommereul, son ancienne amie, et pour laquelle il avoit une plus forte inclination que pour aucune autre, pour lui rendre visite. Il est vrai qu'avant de sortir il promit à Joly, qu'il avoit employé pour approfondir cette intrigue, de revenir avant la nuit: mais son plaisir l'ayant fait rester plus qu'il ne pensoit, peu s'en fallut qu'il ne lui coûtât cher, et qu'il ne fût rencontré ce soir-là par les gens de Gourville et de La Rochecorbon. Le cavalier, qui avoit donné le premier avis, dit qu'on les avoit fait monter encore à cheval ce même jour pour aller dans la vieille rue du Temple, où ils n'avoient manqué leur coup que d'un petit quart-d'heure.

Cette nouvelle circonstance frappa un peu plus le coadjuteur; et le soin qu'il vit qu'on avoit d'observer toutes ses démarches l'obligea de penser un peu plus à sa conservation: c'est pourquoi il se fit bien accompagner toutes les nuits en allant à l'hôtel de Chevreuse, d'où il ne retournoit chez lui que par la rue Saint-Honoré. Ce changement fit juger à Gourville qu'ils étoient découverts. Le cavalier donna encore avis de tout ce détail, et dit qu'ils avoient ordre de retourner à leur garnison, Gourville ayant déjà pris le chemin de Bordeaux, et La Rochecorbon étant résolu de partir incessamment. Cela fut cause que le coadjuteur demanda un ordre au premier président pour faire arrêter Gourville et La Rochecorbon, comme gens de M. le prince qui étoient à Paris pour lever des troupes contre la défense du parlement, sans cependant lui en déclarer le véritable sujet, ne voulant pas faire éclater une affaire de cette nature que bien à propos. Il écrivit aussi à M. de Châteauneuf pour le prier de faire arrêter Gourville à Poitiers, par où il devoit passer en retournant à Bordeaux; suivant les avis du cavalier. On mit aussi des espions autour du logis de La Rochecorbon, par le moyen desquels on apprit qu'il étoit parti à la pointe du jour; et qu'il avoit pris le chemin du Bourg-la-Reine. Sur cet avis, La Forêt, lieutenant du prévôt de Lille, monta aussitôt à cheval, et l'attrapa à Chartres où il avoit couché, d'où il fut ramené à la Bastille avec deux de ses gens. Il fut aussitôt interrogé par le lieutenant criminel, auquel il nia d'abord toutes choses; mais un de ses valets ayant parlé autrement, et luy ayant été confronté, il avoua le tout, et que Gourville l'avoit engagé dans le dessein d'enlever le coadjuteur pour tenir lieu de représailles, et assurer la personne de l'abbé de Sillery, que la cour avoit fait arrêter à Lyon. Peu de jours après, Gourville fut aussi arrêté à Poitiers par les soins de M. de Châteauneuf, qui en avertit aussitôt le coadjuteur; mais il lui fit savoir en même temps que la Reine l'avoit fait élargir sur-le-champ. Il arriva encore dans la suite que le même Gourville fut découvert à Paris au retour d'un autre voyage qu'il avoit fait auprès du cardinal Mazarin; et comme il étoit sur le point d'être arrêté par La Forêt et par l'écuyer du coadjuteur, qui le suivoient de près à la campagne, ils en furent empêchés par un ordre de M. le premier président.

Cette conduite de la cour donna bien à penser au coadjuteur et à ses amis; et quoiqu'ils ne crussent pas tout-à-fait que le cardinal eût part à l'entreprise, ils ne purent s'empêcher de concevoir des soupçons violens contre la cour, voyant la protection qu'elle donnoit à Gourville, et de présumer une intelligence secrète entre M. le prince et le cardinal. Cependant ils jugèrent à propos de dissimuler, et de traiter la chose de bagatelle : ainsi les poursuites furent insensiblement négligées et entièrement abandonnées. A l'égard de La Rochecorbon, quoiqu'il eût des preuves suffisantes pour lui, il en fut quitte pour cinq ou six mois de prison, d'où il trouva le moyen de se sauver par la muraille, où il fit un trou; en quoi il fut apparemment autorisé par la connivence du sieur de La Louvière, fils du sieur de Broussel, gouverneur de la Bastille, qui étoit dans ce temps-là plus attaché aux intérêts de M. le prince qu'à ceux du coadjuteur. Gourville continua donc ses voyages et ses négociations sans qu'on se mît en peine de le traverser; et il alloit librement à Paris et au lieu de la résidence du cardinal, sans que cependant il parût être envoyé par M. le prince, dont il n'avoit point en effet de pouvoir; mais il en avoit un précis de madame de Longueville et de M. le duc de La Rochefoucauld, qui faisoient à peu près la même chose : détour que M. le prince avoit imaginé pour ne paroître pas ouvertement dans les négociations, et pour se réserver le droit de désavouer les propositions que faisoit Gourville par son consentement, au retour du cardinal Mazarin. Ce n'est pas que dans le fond il n'y donnât volontiers les mains, et qu'il ne souhaitât fort d'engager le cardinal dans cette démarche, dans l'espérance qu'il se tireroit d'affaire par un accommodement avantageux, et que du moins son parti prendroit de nouvelles forces par le retour de ce ministre, dont la seule présence rendroit sa cause plus favorable, et feroit que sa querelle deviendroit celle du public. Dans la vérité, les affaires de Son Altesse commençoient à devenir si mauvaises de tous côtés, qu'il auroit été bientôt contraint de se soumettre, si le retour trop précipité du cardinal n'avoit changé la face de toutes choses. Les troupes du Roi avoient presque battu partout les siennes en Guienne; et ce prince, quoique très-brave et très-grand capitaine, avoit été obligé et forcé de céder en plusieurs rencontres à l'étoile du comte d'Harcourt, qui n'en savoit pas assurément tant que lui. Outre la levée du siége de Coignac, il avoit été obligé encore d'abandonner celui de Miradoux, mauvaise bicoque où étoit enfermé le régiment de Champagne, lequel, quoique manquant de toutes choses, ne voulut jamais lui rendre ce poste, et donna le temps au comte d'Harcourt de venir à leur secours. Après cela, M. le prince fut encore contraint de sortir honteusement d'Agen où il s'étoit retiré, les bourgeois de cette ville s'étant soulevés et barricadés contre lui, à l'approche des troupes du Roi. Ainsi M. le prince étoit comme renfermé dans les murailles de Bordeaux, sans argent et sans secours. A Paris, ses affaires n'étoient pas en meilleur état : tous les bons bourgeois étoient las de la guerre, et le prétexte du cardinal Mazarin ne faisoit plus d'impression que sur le menu peuple. Les émissaires de Son Altesse avoient beau jeter des billets dans les maisons, afficher des placards, faire crier la canaille dans les rues, tout cela ne produisoit rien. Le parlement donnoit des arrêts contre lui, qui étoient exécutés, non-seulement par les officiers de justice, mais encore par les bourgeois, qui souvent même les prévenoient. Il est donc certain que le parti de M. le prince étoit dans le dernier abattement, et qu'il auroit été bientôt ruiné sans ressource, si le cardinal ne se fût entêté de revenir par un contre-temps qui rendit ses affaires bien plus mauvaises. Aussi la plupart de ses amis ne le lui conseilloient pas, et le coadjuteur écrivoit souvent ce qu'il en pensoit à la princesse palatine, quoiqu'il fût bien assuré que ses conseils seroient mal reçus et mal interprétés par le cardinal Mazarin, et qu'ils pourroient même nuire à la poursuite qu'il faisoit à Rome du chapeau qu'il lui avoit accordé. Mais ces considérations ne l'empêchèrent point de déclarer librement sa pensée, ni de cardinal d'exécuter sa résolution, fortement persuadé que les conseils qu'on lui donnoit pour l'en détourner étoient tous intéressés ; en quoi, pour dire les choses comme elles sont, il pouvoit bien ne se pas tromper : car la vérité est qu'il se formoit à la cour une intelligence depuis quelque temps plus étroite entre ceux du conseil pour se passer du cardinal ; que la Reine ne paroissoit plus si touchée de son absence, et qu'elle commençoit à s'accoutumer à ceux qui étoient auprès d'elle, jusque là que la nouvelle étant venue de la maladie du Pape, Sa Majesté fit écrire au cardinal par M. le comte de Brienne, secrétaire d'Etat, qu'il ne pouvoit mieux employer le temps de son absence qu'en allant à Rome servir le Roi dans un conclave, si le Pape venoit à mourir ; et que cela pourroit servir à faciliter son retour. Mais il étoit trop rusé pour donner dans ce panneau, et pour ne pas voir les conséquences de ce voyage. Ce fut même ce qui lui fit précipiter son retour, dans l'appréhension que la Reine, sous ce prétexte, ne consentît à des choses auxquelles il n'y auroit plus de remède, et que, par un changement assez naturel aux personnes de son sexe, elle ne s'attachât à quelqu'un des objets présens, en oubliant les absens.

C'est pourquoi il se résolut tout d'un coup de revenir à la tête d'un corps de sept à huit mille hommes qu'il avoit levés à ses dépens, s'imaginant qu'il lui seroit aisé d'accabler le parti de M. le prince en les joignant aux troupes du Roi. Ayant disposé toutes choses pour cela, il donna le commandement de ses troupes au maréchal d'Hocquincourt qui en avoit levé la plus grande partie, et leur avoit donné des écharpes vertes.

Ce retour imprévu causa un bruit, lequel ne fut pas plus tôt répandu dans le monde, qu'il produisit tous les effets qu'on avoit appréhendés, et beaucoup d'autres auxquels on ne s'étoit pas attendu, qui rejetèrent toutes choses dans la confusion et dans le désordre. Le premier et le principal de ces effets fut le changement de M. le duc d'Orléans, qui avoit commencé à se dégager des intérêts de M. le prince, et n'assistoit plus aux assemblées du parlement, comme il faisoit auparavant pour adoucir les choses. Ce prince, ne pouvant souffrir qu'on eût consenti et osé penser au retour du cardinal Mazarin sans lui en parler, après tant de déclarations solennelles du contraire, crut ne pouvoir honnêtement se dispenser de se joindre à ceux qui vouloient s'y opposer ; et il agit dans la suite avec une fermeté dont on ne l'avoit pas cru capable, faisant même quelquefois des choses à l'avantage de M. le prince, que ses partisans les plus échauffés n'avoient pas osé se promettre de lui. Cela parut principalement lors de l'entrée des troupes espagnoles que le duc de Nemours amena en France, Son Altesse Royale ayant empêché que le parlement ne s'y opposât et n'obéît aux ordres réitérés de Sa Majesté sur ce sujet, soutenant toujours qu'elles n'étoient pas espagnoles, quoiqu'elles vinssent des Pays-Bas par les ordres de l'archiduc ; et que ce n'étoient que des Allemands, des Liégeois et autres étrangers dont M. le prince avoit plus de droit de se servir pour sa défense, que le cardinal de celles qu'il avoit amenées, au préjudice de tant de déclarations du Roi et des arrêts du parlement. Ainsi, quoi que la cour pût faire, il lui fut impossible de rien obtenir de ce qu'elle souhaitoit.

M. le duc d'Orléans n'en demeura pas là : il assembla un autre corps de troupes sous son nom et sous celui de M. de Valois, son fils, dont il donna le commandement au duc de Beaufort, à l'occasion d'un arrêt du parlement, par lequel il étoit prié de s'opposer au retour du cardinal, auquel arrêt le coadjuteur et ses amis auroient inutilement entrepris de s'opposer, vu le déchaînement et l'animosité des esprits, qui étoient plus échauffés que jamais contre le cardinal Mazarin. Le parlement recommença donc de donner des arrêts pour empêcher son retour : un du 13 et l'autre du 21 décembre 1651, portant que le Roi seroit averti par un président et quelques conseillers, qui seroient députés à cet effet, de ce qui se passoit sur la frontière, et qu'il seroit très-humblement supplié de vouloir donner sa parole royale pour l'exécution de sa déclaration vérifiée le 6 septembre dernier, avec défenses à toutes sortes de personnes de donner passage au cardinal, ou de faire aucune levée pour faciliter son retour, sur les peines portées par les arrêts, et d'être déchus de toute sorte de dignités. Ces arrêts n'empêchèrent pas le cardinal d'entrer dans le royaume.

[1652] Il étoit accompagné de messieurs les maréchaux de La Ferté, d'Hocquincourt, et de plusieurs personnes de qualité qui le suivirent jusqu'à Poitiers (1), sachant bien que c'étoit la meilleure manière de faire leur cour à la Reine, qui n'osa ou ne voulut plus écouter d'autre conseil que les siens depuis qu'il fut auprès d'elle. Cela obligea M. de Châteauneuf de se retirer, jugeant bien que sa présence ne plairoit pas au cardinal, et qu'il ne pourroit plus faire qu'une mauvaise figure à la cour.

Cependant le parlement ayant été informé de sa marche, donna un autre arrêt pour faire partir incessamment le président de Bellièvre et les autres députés, déclarant le cardinal Mazarin et tous ceux qui avoient favorisé son passage, criminels de lèse-majesté, perturbateurs du repos public, et déchus de toutes leurs charges et des priviléges de noblesse; avec ordre aux communes de courir sus au cardinal et à ses adhérens; que ses meubles et sa bibliothèque seroient vendus et ses bénéfices saisis: sur quoi il seroit pris une somme de quinze mille livres pour ceux qui le représenteroient en justice mort ou vif, et que M. le duc d'Orléans seroit prié d'employer toute son autorité pour l'exécution de l'arrêt.

Cet arrêt fit un grand bruit dans le monde, et surtout parmi le clergé, qui se scandalisa fort de voir mettre à prix d'argent la tête d'un cardinal. Le cardinal de Châtillon, frère de l'amiral de Coligny, qui avoit apostasié, donna aussi beaucoup d'inquiétude au cardinal Mazarin, qui savoit que dans son pays un arrêt de cette nature n'auroit pas été long-temps sans être exécuté. Mais ce qui lui en donna davantage fut un petit ouvrage de Marigny, qui contenoit un tarif ou répartition de cette somme de quinze mille livres en faveur de ceux qui trouveroient le moyen de se défaire de lui ou de le mutiler: l'auteur ayant plaisamment imaginé plus de cent manières différentes d'attenter sur la personne du cardinal, qui pouvoient tenter ses domestiques et ceux qui approchoient de lui, sans qu'il lui fût possible de se précautionner contre ceux qui auroient voulu l'entreprendre; et cela étoit assaisonné d'une espèce de plaisanterie qui fait souvent plus d'impression que les choses les plus sérieuses. Ce Marigny étoit d'un talent merveilleux pour ces sortes d'ouvrages, et il avoit déjà régalé le public de plusieurs chansons, vaudevilles, ballades et autres gentillesses de cette nature pendant la prison de M. le prince, qui n'avoient pas peu contribué à se rendre le parti des frondeurs favorable. En conséquence du dernier arrêt, le parlement envoya le sieur Bitaud et Du Coudray de Giviers pour faire rompre les ponts sur la route du cardinal; et ces deux conseillers étant arrivés à Pont-sur-Yonne à peu près dans le même temps que le maréchal d'Hocquincourt, le sieur Bitaud fut fait prisonnier, et le sieur de Giviers se sauva, après avoir été poursuivi long-temps par les coureurs du maréchal. Cette nouvelle donna lieu à une longue délibération du parlement, auquel on rapporta que le dernier avoit été tué; mais ce bruit s'étant trouvé faux, les conclusions furent modérées; et on se contenta de donner des arrêts pour la liberté du sieur Bitaud, à laquelle on prioit même les autres parlemens de s'intéresser comme si c'eût été une affaire importante. On n'en jugea pas de même à la cour, qui donna ordre que le sieur Bitaud fût élargi presque aussitôt après sa détention.

Enfin le cardinal Mazarin ayant surmonté tous les obstacles, arriva à Poitiers; et la Reine, bien informée de sa marche, engagea le Roi d'aller au devant de lui jusqu'à une grande lieue, où l'ayant rencontré, Sa Majesté le conduisit à cheval chez la Reine, que l'impatience retint plus d'une heure à une fenêtre pour voir arriver son cher favori. Les députés du parlement, qui arrivèrent presque en même temps, ne furent pas reçus si favorablement. On ne laissa pas pourtant de répondre à leurs remontrances d'une manière assez honnête, disant qu'on étoit persuadé des bonnes intentions de la compagnie; et qu'elle n'auroit pas fait cette démarche si elle avoit su que le cardinal n'étoit entré en France que par ordre de Sa Majesté, qui lui avoit commandé de lever des troupes et de les lui amener, afin de soumettre plus promptement les rebelles; que l'arrêt qu'ils avoient donné contre lui étoit extraordinaire et sans exemple; que le cardinal vouloit se justifier, et que Sa Majesté ne pouvoit le lui refuser. Cependant M. le prince dépêcha le sieur La Sale au parlement avec une lettre, et fit présenter une requête par laquelle il demandoit une surséance de la déclaration qui avoit été donnée contre lui jusqu'à l'entière exécution des arrêts contre le cardinal: ce qui lui fut accordé par un arrêt du 12 janvier 1652. Mais on n'en demeura pas là; car, en délibérant sur la réponse faite aux députés, il fut arrêté, le 25 du même mois, que très-humbles remontrances seroient faites au Roi pour l'éloignement du cardinal, et cependant que les arrêts donnés contre lui seroient exécu-

---

(1) Mazarin arriva à Poitiers le 28 janvier 1652. Le jeune Roi fit deux lieues pour aller au devant de lui.

5.

tés, et les autres parlemens priés d'en donner de semblables : ce que quelques-uns firent dans la suite.

Pendant que tout cela se passoit à Paris, les troupes espagnoles s'avancèrent sous le commandement du duc de Nemours jusque sur la Loire sans aucun obstacle, et le duc de Rohan-Chabot se saisit de la ville d'Angers : ce qui obligea le Roi d'aller à Saumur pour assiéger cette place, que le duc ne défendit pas long-temps, s'étant rendu à la veille du secours qui lui avoit été envoyé sous les ordres du duc de Beaufort. Cela n'empêcha pas que Son Altesse Royale ne le prît sous sa protection, sans laquelle il n'auroit pas certainement obtenu la vérification de ses lettres de duc et pair : tout le monde étant persuadé que ce seigneur, qui de tout temps avoit été attaché aux intérêts du cardinal, n'avoit excité ce désordre que pour se rendre le parlement favorable. Quoi qu'il en soit, il fut blâmé des deux partis : celui de la cour, l'accusant d'ingratitude et d'infidélité, et M. le prince, de lâcheté, pour avoir rendu une place dont le secours étoit assuré.

Il arriva dans le même temps une affaire qui auroit pu avoir de grandes suites si elle eût été bien ménagée. Ce fut la diversion des rentes de l'Hôtel-de-Ville, que Sa Majesté fit arrêter dans toutes les recettes pour s'en servir aux nécessités de la guerre. Le parlement prit feu d'abord là-dessus, et la chose fut poussée jusqu'à une assemblée de toutes les compagnies souveraines dans la chambre de Saint-Louis, où il y eut plusieurs conférences, dans lesquelles les partisans de M. le prince firent plusieurs tentatives pour engager, sous prétexte de l'intérêt public, les compagnies souveraines et le corps de ville dans une union semblable à celle de 1648. Mais ils n'y purent réussir, la plupart des députés ayant déclaré qu'ils n'avoient ordre de conférer que sur l'affaire des rentes, et qu'on leur parloit d'autre chose. Ainsi l'affaire, tirant en longueur, fut dissipée peu à peu par quelques arrêts du conseil, qui sembloient mettre à couvert les intérêts des particuliers (1).

Le parlement ayant beaucoup ralenti de sa première chaleur sur cette affaire, se radoucit peu à peu sur les autres, de manière qu'il ne fut pas possible de parvenir à l'union tant désirée, quoique le maréchal d'Étampes eût proposé pour cela un nouvel expédient qui d'abord fut approuvé par plusieurs personnes, mais combattu ensuite par le plus grand nombre. Les amis de M. le prince ne se rebutèrent point ; et les troupes du Roi s'étant approchées de Paris après la réduction d'Angers, il se servit de ce prétexte pour animer le parlement, sous ombre qu'il avoit autrefois donné des arrêts qui défendoient les approches de Paris aux troupes, dix lieues à la ronde. Mais le maréchal de L'Hôpital, gouverneur de Paris, éluda cet artifice par l'offre qu'il fit au nom de Sa Majesté de les faire éloigner, pourvu que celles de Son Altesse Royale et du duc de Nemours fissent la même chose. Ainsi cette proposition, quoique spécieuse, n'eut point de suite. Le maréchal de L'Hôpital étoit un homme ferme, qui avoit été choisi comme tel pour gouverner cette grande ville dans ces temps difficiles, et aussi en considération de la princesse palatine qui lui avoit ménagé ce poste, à la prière de madame de Rhodes, sa bonne amie, belle-fille du maréchal. Ce furent aussi ces deux dames qui formèrent une étroite liaison entre le coadjuteur et ce maréchal : lesquels agissant de concert contre les desseins de M. le prince, trouvoient aisément les moyens de rompre ses mesures dans la ville et dans le parlement ; car quoique le coadjuteur eût reçu dans ce temps-là le chapeau de cardinal, et que par cette raison il fût exclu du parlement, ses amis ne laissoient pas de s'y employer mieux que jamais, encouragés par sa nouvelle dignité, sur laquelle ils fondoient des espérances chimériques pour lui d'une fortune et d'une autorité plus considérables qu'il n'en avoit eu jusque-là. Ces pensées entrèrent si bien dans la tête de quelques-uns de ces messieurs, que, quoiqu'il n'eût aucun bien, ils ne laissèrent pas d'aller lui offrir leurs bourses, entre autres les sieurs Daurat, Le Fèvre, de La Barre et Pinon Du Martrai ; de sorte que le coadjuteur se trouva pendant un peu de temps avec cinquante mille écus d'argent comptant, et autant de billets sur sa seule réputation. Cependant il n'eut pas besoin d'envoyer beaucoup d'argent à Rome, si ce n'est pour quelques voyages de l'abbé Charier, qu'il avoit envoyé pour solliciter le chapeau, et pour quelques présens de bijoux à la princesse de Rossane, qui avoit épousé le neveu du pape Innocent X ;

---

(1) On fit, en cette occasion, bien des chansons et des petits vers. Nous nous contenterons de rapporter le vaudeville suivant :

Si des rentes, pour nos péchés,
Les quartiers nous sont retranchés,
Pourquoi nous échauffer la bile ?
Nous ne changerons que de lieu :
Nous allions à l'Hôtel-de-Ville,
Et nous irons à l'Hôtel-Dieu.
(*Note de l'auteur.*)

car le pontife se trouva dans des dispositions si favorables pour lui, tellement prévenu de ses grandes qualités, et si peu persuadé de celles du cardinal Mazarin, que la négociation du chapeau ne reçut presque aucune difficulté auprès de Sa Sainteté, qui s'imagina que le coadjuteur alloit aussitôt remplir la place du cardinal; qu'il auroit peut-être plus d'égards pour lui et pour le Saint-Siège que son prédécesseur. La seule chose qui retarda un peu sa promotion fut qu'elle ne devoit pas être seule, et qu'il en falloit faire pour les autres couronnes; et, de plus, les oppositions secrètes du bailli de Valencey, ambassadeur à Rome, qui fut depuis grand-prieur de France, qui le traversoit sourdement par les ordres du cardinal Mazarin, n'osant le faire ouvertement parce que ses instructions n'étoient pas précises, mais ambiguës, à cause des mesures que ce ministre étoit alors obligé de garder avec le coadjuteur, dont les services lui étoient utiles et nécessaires. Ainsi on se contenta d'insinuer adroitement à la cour de Rome que ce prélat étoit janséniste; et il s'en fallut peu que cet artifice ne leur réussît, attendu que dans ce temps-là le seul nom de janséniste étoit du moins aussi odieux à Rome que celui de Mazarin en France; et monsignor Chigi, secrétaire des brefs, prit une si forte alarme sur ce soupçon, qu'il obligea le Pape à demander au coadjuteur un écrit par lequel il renonçoit au jansénisme. En son particulier, le Pape ne s'en mettoit pas fort en peine; mais monsignor Chigi, qui se gouvernoit par les jésuites, n'entendoit point raison là-dessus; de sorte que l'abbé Charier fut obligé de dépêcher un courrier exprès au coadjuteur, pour lui demander une abjuration formelle du jansénisme; mais il n'en voulut rien faire, quoique dans le fond il ne fût ni janséniste ni moliniste, et qu'il s'embarrassât fort peu des disputes du temps. Peu s'en fallut même qu'il ne fît le contraire, ayant commencé une lettre latine (qu'il n'a jamais achevée) pour s'excuser, prouver par plusieurs raisons qu'on ne devoit pas exiger cela de lui, et qu'il n'étoit point obligé de donner l'écrit qu'on lui demandoit. Il fit voir ce commencement de lettre à tous ses amis un peu familiers; mais la chose en demeura là, et il arriva, heureusement pour lui, que les affaires ayant changé de face par les bruits qui se répandirent du retour du cardinal Mazarin, l'abbé Charier sut bien profiter de cette conjoncture et représenter au Pape que ses bonnes intentions pour le coadjuteur alloient devenir inutiles, si le cardinal rentroit une fois à la cour, où il seroit le maître plus que jamais,

et en état de le perdre, à moins que Sa Sainteté ne prévînt son retour et ne le mît en état de se soutenir par lui-même : ajoutant qu'il avoit avis certain que la révocation de sa nomination étoit en chemin : ce qui étoit vrai. De sorte que le Pape se résolut tout d'un coup d'avancer la promotion, après avoir tiré un écrit de l'abbé Charier, par lequel il s'engageoit d'en tirer un du coadjuteur tel qu'il le désiroit. Cette résolution, quoique fort secrète, ne laissa pas de pénétrer aux oreilles du bailli de Valencey qui, ayant ordre de révoquer la nomination en cas de besoin, envoya aussitôt demander audience le dimanche au soir pour le lundi matin. L'audience lui ayant été accordée sans aucune difficulté, il crut qu'il n'y avoit encore rien à craindre. Cependant le Pape, qui se doutoit bien de son dessein, envoya intimer le consistoire à petit bruit le lundi matin 18 février 1652, de fort bonne heure; et l'ayant commencé par la promotion, il attendit tranquillement la visite de l'ambassadeur, qui envoya s'excuser, voyant que le coup étoit manqué. Cela dut le toucher d'autant plus sensiblement que, le dimanche au soir, il avoit reçu par un courrier exprès, non-seulement la révocation en forme, mais aussi une nomination en sa faveur : du moins le bruit en courut à Rome. Quoi qu'il en soit, la nouvelle de cette promotion étant arrivée à Paris par le courrier du grand duc, qui devança celui de l'abbé Charier, le coadjuteur, qui prit aussitôt le titre de cardinal de Retz, l'envoya annoncer à tous ses amis, qui en témoignèrent une joie extrême, à la réserve de madame et de mademoiselle de Chevreuse, qui en parurent peu touchées, attendu qu'elles avoient découvert les intrigues de ce prélat avec la princesse palatine. Ce n'est pas qu'il n'eût toujours continué de vivre bien avec elles et d'y être fort assidu. Aussi s'acquittèrent-elles fort exactement à son égard de toutes les démonstrations extérieures usitées dans des occasions de cette nature. Mais on voyoit bien que leur joie n'étoit pas naturelle ni sincère, surtout celle de mademoiselle de Chevreuse, qui ne jouoit pas si bien son jeu que madame sa mère, et qui pouvoit avoir d'autres sujets de mécontentement que celui de la jalousie des affaires et le commerce avec la princesse palatine. Le cardinal de Retz, de son côté, avoit trouvé mauvais que madame de Chevreuse eût fait l'abbé Fouquet son principal agent à la cour; de sorte que de part et d'autre il y avoit des sujets de refroidissement, qui cependant ne furent connus que de peu de personnes : les marques extérieures de bonne intelligence ayant duré jusqu'à la mort de mademoiselle de Chevreuse, qui arriva peu de mois après.

Cette mort surprit tout le monde, mademoiselle de Chevreuse n'ayant été malade que trois ou quatre jours, sans aucun mauvais accident que celui qui l'étouffa tout d'un coup. On remarqua que son visage et son corps devinrent tout noirs, aussi bien que l'argenterie qui étoit dans sa chambre; de sorte que le bruit courut que c'étoit un effet du poison qu'elle avoit pris elle-même, ou que madame sa mère lui avoit donné pour des raisons secrètes. Quoi qu'il en soit, le cardinal de Retz reçut cette nouvelle avec tant d'indifférence, que cela fit de la peine à ceux qui savoient la manière dont il avoit vécu avec elle.

Si la promotion du cardinal de Retz fit plaisir à ses partisans, elle déplut beaucoup à ceux de M. le prince, et même aux personnes neutres, qui demeurèrent convaincues que dans les affaires passées il n'avoit eu en vue que ses intérêts particuliers, et que dans la suite il suivroit aveuglément le parti de la cour: ce qui étoit de dangereuse conséquence pour lui, d'autant plus qu'on tâcha d'inspirer ce sentiment à Son Altesse Royale; mais ce fut inutilement, et ce prince fut un de ceux qui lui marquèrent la plus véritable joie de sa nouvelle dignité. Il lui fit même l'honneur de l'aller voir chez lui; et quoiqu'il favorisât le parti de M. le prince, il ne laissa pas d'écouter toujours et de suivre souvent les avis du nouveau cardinal.

Aussi se donnoit-il de garde d'épouser en sa présence les intérêts du cardinal Mazarin; mais en récompense il ne manquoit pas de lui représenter dans les occasions qu'il n'étoit pas de son intérêt de contribuer à l'augmentation du crédit de M. le prince. C'étoit là l'endroit sensible de M. le duc d'Orléans, et par où il étoit susceptible de toutes sortes d'impressions, ce que le cardinal de Retz savoit mieux que personne; et il sut bien se prévaloir en plusieurs rencontres de cette jalousie, pour l'empêcher de faire bien des choses pour Son Altesse. Ce fut par là qu'il le détourna du voyage d'Orléans, où les amis de M. le prince firent tout ce qu'ils purent pour le faire aller, afin de prévenir l'armée du Roi qui s'avançoit de ce côté-là: ce qui lui auroit été aisé, cette ville étant la capitale de son domaine. Mais ce qu'ils ne purent obtenir de lui, ils l'obtinrent de mademoiselle sa fille, qui se laissa persuader de s'aller jeter dans cette place, où elle fut introduite par une brèche qui fut faite par des bateliers: après quoi la cour ne pensa plus, à la vérité, au dessein qu'elle avoit formé de s'établir à Orléans. Mais si Son Altesse Royale y eût été elle-même, sa présence auroit produit tout un autre effet, et auroit sans doute donné plus de vigueur aux affaires de Paris.

Ainsi, quoique les amis de M. le prince eussent fait ce qu'ils désiroient de ce côté-là, ils jugèrent que ce n'étoit pas assez, et qu'il falloit trouver les moyens de s'assurer de l'esprit de Son Altesse Royale, qui leur échappoit en bien des occasions. C'est pourquoi ils écrivirent à M. le prince, qui étoit encore à Bordeaux, qu'il falloit absolument venir à Paris, attendu que le cardinal de Retz devenoit de jour en jour plus puissant auprès de M. le duc d'Orléans, et que son parti, appuyé de celui de la cour, se fortifioit dans la ville: de manière qu'ils n'y pourroient pas résister, si l'armée du Roi s'en approchoit. Sur ces avis, M. le prince se résolut de venir à Paris, d'autant plus que ses affaires n'alloient pas bien en Guienne, et que les troupes espagnoles avoient besoin d'un autre chef que M. le duc de Nemours. Il espéroit aussi que les négociations du duc de La Rochefoucauld et de Gourville avec le cardinal Mazarin deviendroient plus vives par sa présence, et qu'il lui seroit plus aisé de prendre son parti suivant les conjonctures.

Cependant, dès que le bruit de son retour fut répandu dans la ville, le maréchal de L'Hôpital, le prévôt des marchands et les échevins, assistés de plusieurs bons bourgeois, allèrent chez Son Altesse Royale pour lui représenter qu'on ne devoit pas le recevoir, qu'il ne se fût auparavant justifié des faits contenus en la déclaration donnée contre lui: à quoi M. le duc d'Orléans se contenta de répondre que le prince ne venoit point pour causer aucun trouble, mais seulement pour conférer avec lui; et qu'il ne séjourneroit à Paris que vingt-quatre heures. Cela n'empêcha pas que ses partisans n'affichassent des placards pour faire soulever le peuple, et n'envoyassent leurs émissaires pour crier dans les rues *vive le Roi! vivent les princes! point de Mazarin!* En quoi ils réussissoient si bien, que Son Altesse Royale fut obligée d'envoyer ses gardes et de faire armer les bourgeois pour faire dissiper une troupe de canaille qui vouloit piller l'hôtel de Nevers, appartenant au sieur Guénégaud, secrétaire-d'Etat, et dont on fut obligé de faire pendre quelques-uns au bout du Pont-Neuf. Dans cette disposition, M. le prince auroit peut-être eu de la peine à entrer dans Paris, s'il n'avoit eu le bonheur d'enlever quelques quartiers de l'armée du Roi, sous la conduite du maréchal d'Hocquincourt, sur la Loire: mais cette nouvelle étant venue, retint tout le monde dans le respect, et personne n'osa branler.

M. le prince arriva à Paris le 11 avril 1652, suivi du duc de La Rochefoucauld et de quelques autres seigneurs en petit nombre, ayant été obligé de se servir du passeport du marquis de Levy pour faire son voyage avec moins de risque, et de se mettre à sa suite en qualité de cornette, sous la conduite d'un gentilhomme nommé Saint-Hippolyte, qui connoissoit parfaitement les chemins. Un soir qu'ils étoient à souper chez un vieux gentilhomme, il arriva qu'en buvant, le maître, qui ne connoissoit pas les principaux de ses hôtes, se mit à dire plusieurs vérités assez drôles de la maison de Son Altesse, qui les ignoroit sans doute, et qui l'embarrassèrent assez, aussi bien que le duc de La Rochefoucauld, qui y avoit bonne part. Le marquis de Levy eut beau faire pour empêcher ce gentilhomme de continuer, il ne lui fut pas possible de retenir sa langue, ni de l'empêcher de dire tout ce qu'il savoit. Cependant ces histoires, quoique vraies et très-offensantes, ne troublèrent point la fête. M. le prince fit bonne contenance, et fit semblant d'en rire comme les autres; et le lendemain, comme si de rien n'eût été, ils continuèrent leur voyage, Son Altesse raillant les uns et les autres sur leurs aventures. On remarqua, entre autres choses, qu'étant près de joindre son armée, il dit à Chavagnac qu'il avoit déjà changé de maître, et qu'il pourroit bien encore en changer. A quoi ce gentilhomme répartit brusquement qu'il étoit vrai, et qu'il en changeroit jusqu'à ce qu'il en eût trouvé un bon : ce qui arriva effectivement peu de temps après. M. le duc d'Orléans fut au devant de M. le prince une lieue hors de la ville, et le mena le lendemain au parlement, où ils protestèrent tous deux que ce qu'ils avoient fait étoit pour le service du Roi, le bien public et le repos du royaume. Après quoi M. le prince prenant la parole, dit qu'il venoit remercier le parlement de la surséance qu'il avoit accordée de la déclaration publiée au nom du Roi contre lui; qu'il prioit la compagnie d'être persuadée que son intention n'étoit point de troubler l'Etat; qu'il n'en auroit jamais d'autre que d'employer sa vie au service du Roy, comme il avoit déjà fait; et qu'il étoit prêt de mettre les armes bas dès que le cardinal Mazarin seroit hors du royaume, et que les arrêts donnés contre lui auroient été exécutés : priant que sa déclaration fût enregistrée, et qu'on lui en donnât acte. Ce discours spécieux fut fort applaudi, et fit des impressions avantageuses dans la plupart des esprits pour lui, d'autant plus que dans le même temps la cour soutenoit ouvertement le cardinal Mazarin, et que Sa Majesté n'avoit jamais voulu souffrir la lecture des remontrances du parlement, malgré les instances des députés : s'étant contentée d'y répondre par une lettre de cachet, avec une déclaration qui portoit que toutes les procédures, informations et arrêts contre le cardinal Mazarin seroient envoyés au garde-des-sceaux, pour y être pourvu ainsi que le Roi aviseroit bon; et que cependant l'exécution des arrêts et de la déclaration donnée contre lui le 6 septembre, seroit sursise. Le parlement s'étant assemblé pour délibérer, les avis se trouvèrent partagés pendant plusieurs jours; mais enfin il fut arrêté que les mêmes députés retourneroient à la cour, et feroient toutes les instances possibles pour obtenir la lecture des remontrances en présence de Sa Majesté; et que pour en avoir réponse, la déclaration de M. le duc d'Orléans et de M. le prince seroit aussi portée à Sa Majesté, et envoyée aux autres parlemens et compagnies souveraines, qui seroient priés d'envoyer aussi leurs députés à la cour; qu'enfin il seroit fait une assemblée générale en la maison de ville, où Son Altesse Royale et M. le prince seroient priés de faire une déclaration semblable à celle qu'ils avoient faite au parlement; et l'assemblée de ville conviée d'envoyer aussi des députés, pour demander tous ensemble l'éloignement du cardinal Mazarin. Tout cela fut exécuté. M. le duc d'Orléans et M. le prince ayant été réitérer leur déclaration à la chambre des comptes, à la cour des aides et à la maison de ville, on y prit des résolutions conformes à l'arrêt du parlement, mais d'une manière qui fit juger qu'ils ne prenoient ce parti qu'avec peine et par pure complaisance pour les princes. Le sieur de Nicolaï, premier président de la chambre des comptes, dit même que leurs remontrances seroient inutiles, et qu'ils feroient mieux de s'entremettre pour un bon accommodement : à quoi quelques maîtres des comptes ajoutèrent que le mieux seroit de défendre toute levée de gens de guerre sans permission du Roi. Le sieur Amelot, premier président de la cour des aides, prit même la liberté de dire en face à M. le prince qu'il s'étonnoit fort qu'après avoir triomphé si glorieusement des ennemis de l'Etat, il eût voulu se liguer avec eux contre Sa Majesté, et que non content de cela il vînt encore en triompher devant la compagnie.

La députation générale, qui se différoit de jour en jour, découvroit encore mieux la véritable disposition des esprits, chaque corps cherchant des pretextes pour reculer, particulièrement celui de la ville, qui porta ses plaintes au parlement de ce que les ponts de Charenton, de Saint-Cloud et de Neuilly avoient été rompus par ordre des princes : ce qui empêchoit de faire venir des vivres à Paris. Cette plainte fit du bruit, qui cependant fut apaisé quand on sut que les troupes du Roi étoient à Melun et à Corbeil.

Cependant messieurs les princes voyant que les députés ne partoient pas, envoyèrent à la cour messieurs de Rohan, de Chavigny et de Goulas, pour y faire les mêmes déclarations, et pour conférer des moyens de parvenir à la paix ; mais avec ordre de ne point voir le cardinal Mazarin. La reine d'Angleterre contribua beaucoup à leur faire prendre cette résolution dans une visite qu'elle rendit à Son Altesse, à qui elle dit que le roi de la Grande-Bretagne son fils étant allé saluer le Roi à Corbeil, avoit de lui-même proposé une conférence que Sa Majesté accepta, pourvu que les princes en fussent d'accord : ce qui les obligea de faire cette démarche pour faire connoître qu'il ne tenoit pas à eux que la paix ne se fît, quoiqu'ils jugeassent bien que cette proposition étoit un artifice de la cour, afin d'arrêter le cours des affaires présentes. En effet, ces messieurs s'étant rendus à Saint-Germain, où la cour étoit arrivée, y firent leurs déclarations ; mais on n'y eut aucun égard, et ils revinrent sans rien faire, quoiqu'ils eussent vu le cardinal : ce qui devoit rendre les affaires plus faciles. Mais ce ministre ne cherchoit qu'à engager des négociations inutiles et sans fin, pendant lesquelles il espéroit de fatiguer ses ennemis, et de venir à bout de ses desseins. Ainsi les princes ne pensèrent plus qu'à presser l'exécution du dernier arrêt. Le procureur-général fut envoyé à Saint-Germain demander un jour pour l'audience des députés : ce qui lui fut enfin accordé après plusieurs remises. Toutes les compagnies allèrent donc à Saint-Germain l'une après l'autre. La chambre des comptes ni la cour des aides n'y furent pas bien reçues, malgré ce que leurs premiers présidens avoient dit aux princes. Le corps de ville fut le mieux traité, la cour sachant que la plupart de ceux qui le composoient étoient entièrement dans ses intérêts. A l'égard du parlement, Sa Majesté consentit, après quelques difficultés, à entendre la lecture de leurs remontrances contre le cardinal Mazarin, feignant d'accorder cette grâce aux prières de la Reine : après quoi on dit aux députés que le Roi y feroit réponse dans quelques jours, quand il en auroit communiqué avec son conseil ; et à l'égard de l'éloignement des troupes, on dit que le Roi avoit mandé le maréchal de L'Hôpital, et envoyé un passeport à Son Altesse Royale pour telle personne qu'il lui plairoit d'envoyer, afin de conférer des moyens les plus propres pour cela.

Ce procédé n'étoit qu'une véritable fuite, et une affectation assez marquée de tirer les choses en longueur afin de profiter du bénéfice du temps, sur lequel le cardinal faisoit toujours un grand fonds (1). Mais ce temps ne fut pas si long qu'il l'auroit souhaité, à cause des instances des princes, qui ne lui donnoient point de relâche : car, dès que les députés furent de retour, on délibéra aussitôt sur ce qui s'étoit passé à Saint-Germain ; et il fut arrêté que les mêmes députés retourneroient pour presser une réponse plus positive : qui fut que Sa Majesté nommeroit des commissaires pour conférer avec eux, ou avec ceux que le parlement voudroit nommer, des moyens de rétablir la tranquillité publique et l'autorité du Roi. C'étoit l'avis qu'on eut de l'entrée du duc de Lorraine en France avec sept ou huit mille hommes : sans quoi la cour ne se seroit peut-être pas relâchée jusque-là. Ce n'est pas qu'il ne se fût passé bien des choses pendant le séjour de Saint-Germain, qui pouvoient donner de l'inquiétude au cardinal ; mais il en étoit arrivé aussi beaucoup qui entretenoient ses espérances. Il ne se passoit guère de jours que le même peuple ne donnât des marques de son zèle pour les princes, et de sa fureur contre le cardinal Mazarin. Le prévôt des marchands et tout le corps de ville en furent attaqués en plusieurs rencontres, particulièrement une fois en sortant du Luxembourg, avec tant de violence, qu'ils furent obligés de se réfugier dans quelques maisons au bout de la rue de Tournon, et d'abandonner leurs carrosses, qui furent mis en pièces par cette canaille. Cela seroit aussi arrivé à leurs personnes, s'ils ne s'étoient heureusement mis à couvert de leurs insultes. Le cardinal de Retz n'étoit pas plus épargné que les autres quand il étoit obligé d'aller dans ce quartier ; et comme les partisans de M. le prince l'avoient principalement en butte, il auroit couru plus de risque que personne, et il n'en auroit pas été quitte pour des injures qu'il essuyoit souvent, s'il n'avoit eu à sa suite des gens en état de le défendre. Ce-

---

(1) Le cardinal Mazarin se moquoit quelquefois avec ses confidens de la crédulité de ceux qui attribuoient à son esprit et à son adresse, quantité d'événemens favorables qu'il ne devoit qu'au temps et au hasard. Il disoit qu'il lui étoit souvent arrivé, qu'après avoir tourné son esprit en tous sens pour trouver quelque expédient décisif sans pouvoir en venir à bout, il avoit tout abandonné au caprice de la fortune, qui disposoit admirablement toutes choses à une fin heureuse.

(*Note de l'auteur.*)

pendant la plupart des bourgeois savoient fort bien qu'il n'avoit pas dans le cœur, pour le cardinal Mazarin tous les sentimens dont il étoit accusé. Ces emportemens du peuple donnoient au cardinal Mazarin, de violentes inquiétudes et des appréhensions, dont il étoit naturellement assez susceptible. De plus on affichoit tous les jours de nouveaux placards, et on imprimoit de nouveaux libelles contre lui et contre la cour. Et bien que le cardinal de Retz y fît répondre, et y répondît souvent lui-même d'une manière beaucoup meilleure que celle des attaquans, il restoit toujours tant de chaleur et d'animosité dans le même peuple, qu'il y avoit lieu de craindre qu'on n'en vînt enfin aux dernières extrémités.

Il est vrai que les partisans de la cour, appuyés des bons bourgeois et de la plus grande partie des honnêtes gens, faisoient ce qu'ils pouvoient pour rabattre les coups, et pour disposer les esprits à un accommodement : ce qui parut assez sensiblement lorsque M. le duc d'Orléans proposa de faire garder les portes de la ville par les bourgeois, sous prétexte d'empêcher les désordres. Car le gouverneur, le prévôt des marchands et les échevins s'y opposèrent d'abord très-fortement ; mais enfin ils y consentirent, sur un ordre du Roi qui fut donné de concert avec les principaux chefs de la ville, qui promirent de si bien prendre leurs mesures, que la cour, bien loin d'en souffrir, en pourroit tirer de grands avantages. M. le duc d'Orléans fit une autre tentative pour se rendre maître de la ville, qui ne fut pas mieux reçue, sous prétexte de veiller à la sûreté du parlement, qui se trouvoit exposé comme les autres aux insultes de la canaille, en proposant de se reposer de ce soin sur Son Altesse Royale. Mais on jugea que ce nouveau pouvoir étoit d'une trop grande conséquence, et qu'il alloit à déposséder les magistrats, et à changer le cours ordinaire du gouvernement. M. le prince tâcha aussi, mais inutilement, de faire prendre les armes aux bourgeois, à l'occasion de l'attaque de Saint-Cloud par M. de Turenne. Il monta aussitôt à cheval, et courut par les rues pour exciter le peuple à le suivre, pour aller au secours de cette place ; mais il ne put débaucher que quelques volontaires de la ville, avec lesquels, au lieu de tourner du côté de Saint-Cloud, il tourna du côté de Saint-Denis, dont il se rendit maître sans beaucoup de peine. Entreprise qui fut aussitôt désavouée par la ville, laquelle écrivit au Roi que cette sortie s'étoit faite sans ordre. D'ailleurs cette ville fut reprise dès le lendemain par les troupes de Sa Majesté, qui l'abandonnèrent ensuite, témoignant se mettre peu en peine de ce poste.

Après ce désaveu de la ville, qui faisoit assez connoître la disposition des esprits, le parlement fit une autre démarche qui n'étoit pas moins considérable, en s'opposant avec beaucoup de fermeté au dessein que Son Altesse Royale avoit formé de conduire solennellement M. le duc de Lorraine au Palais, et de le faire entrer au parlement : ce que la compagnie ne voulut jamais souffrir ; de sorte qu'il fut obligé de s'en désister. Ces divers incidens tenoient les esprits en suspens de part et d'autre ; et pendant que messieurs les princes faisoient tous leurs efforts pour se rendre maîtres du parlement et de la ville, les partisans de la cour tâchoient de disposer les choses à la paix et au retour du Roi. Ce fut dans cette vue que le prévôt des marchands et les échevins proposèrent au parlement de faire une procession générale pour la paix avec la châsse de sainte Geneviève, patronne de Paris, attendu que ces actions extérieures de religion font souvent de grands effets sur les esprits des peuples dans des conjonctures douteuses et embarrassantes. Cette cérémonie se fit avec toute la pompe et toutes les cérémonies imaginables, le parlement, toutes les cours souveraines, le corps de ville, et généralement tous les corps ecclésiastiques et séculiers y ayant assisté : ce qui ne servit pas peu à inspirer des désirs de paix à tout le monde. Le parlement commença à tourner ses délibérations de ce côté-là, et de disposer les esprits à la conférence que la cour désiroit, et que les princes éloignoient toujours autant qu'il leur étoit possible, dans l'espérance que l'armée du duc de Lorraine, qui étoit vers Brie-Comte-Robert les mettroit bientôt en état de donner la loi. Mais ils furent bien surpris lorsqu'ils apprirent que ce duc s'étoit retiré à la première nouvelle de l'approche du vicomte de Turenne, qui, ayant fait passer en diligence l'armée du Roi sur le pont de Corbeil, après avoir levé le siège d'Etampes, s'étoit mis en état de l'attaquer avant que l'armée des princes pût le joindre ; de manière que le duc de Lorraine se trouvant pressé, donna les mains à un accommodement avec la cour, dont le roi d'Angleterre fut médiateur, sans autres conditions que de le laisser retourner d'où il étoit venu, sans le poursuivre, quoique le bruit courût qu'il s'étoit laissé gagner par une somme d'argent assez médiocre. Mais la vérité est que la nécessité le réduisit à prendre ce parti, se sentant beaucoup plus foible que M. de Turenne, et sachant bien que le dessein des Espagnols n'étoit pas de donner des batailles en faveur de M. le prince. Ainsi Son Altesse, qui s'étoit avancé à son secours, fut obligé de retourner sur ses pas promptement, et de mener ses troupes à Saint-Cloud. Cependant les députés du parlement ayant suivi la cour à Melun, en rapportèrent une nouvelle réponse du Roi, par laquelle Sa Majesté commença de déclarer que son intention étoit de consentir à l'éloignement du cardinal, quoiqu'elle fût persuadée que les princes ne se servoient de son nom que pour colorer leurs mauvais desseins. C'est pourquoi Sa Majesté demandoit si, en congédiant le cardinal, les princes renonceroient à toutes sortes d'intrigues, sachant bien que le traité avec les Espagnols étoit général, et ne les assujettissoit point à mettre les armes bas. En cas de l'éloignement du cardinal, le Roi demandoit aussi si les princes n'exigeroient point autre chose de lui; s'ils rentreroient dans leur devoir aussitôt après, eux et leurs partisans; et s'ils s'engageroient de congédier incessamment toutes leurs troupes, soit françoises, soit étrangères, et de soumettre à son obéissance toutes les places dont ils étoient les maîtres, et les villes rebelles, comme Bordeaux, etc. Les princes firent ce qu'ils purent pour se dispenser de répondre précisément à toutes ces questions, insinuant que c'étoient des artifices du cardinal Mazarin. Mais enfin, après plusieurs délibérations, ils furent obligés de se conformer aux désirs du peuple, et de promettre qu'ils exécuteroient de bonne foi ces articles dès que Sa Majesté auroit éloigné le cardinal : sachant bien que s'ils ne l'avoient pas fait on auroit passé outre, et que la maison de ville auroit pris des mesures avec le gouvernement pour arrêter la populace insolente, et pourvoir à la sûreté du parlement et de la ville.

M. le prince remarquoit aussi que Son Altesse Royale commençoit à se rebuter de ces désordres continuels, et jugeoit que si la cour prenoit la résolution de lui accorder quelque satisfaction apparente sur le fait du cardinal Mazarin, il ne lui seroit pas possible de le tenir davantage, non plus que la plupart de ses partisans, qui ne cherchoient que des prétextes pour se tirer d'intrigue, sans se mettre en peine d'être trompés. Aussi la déclaration des princes ayant été dressée, le parlement ordonna qu'elle seroit incessamment portée au Roi par des députés, qui feroient entendre à Sa Majesté que la compagnie étoit entièrement disposée à faire de leur part tout ce qui seroit nécessaire pour acheminer les choses à un bon accommodement. Cet arrêt contribua beaucoup à ruiner les affaires de M. le prince et fit extraordinairement crier ses émissaires, qui firent, ce jour-là et les suivans, beaucoup plus de bruit à la sortie du Palais qu'ils n'avoient encore fait. Cependant il n'arriva point de désordre, parce que le prévôt des marchands et les échevins faisoient tous les jours monter des compagnies bourgeoises à la garde de toutes les avenues du Palais pour la sûreté du parlement. Précaution à laquelle on eut assez de peine dans les commencemens à s'accoutumer et qui coûta la vie à près de quarante personnes sur le quai des Orfèvres, par l'insolence de quelques bourgeois du quartier qui se mirent à crier *au Mazarin!* sur une compagnie de la colonelle du sieur Menardeau-Champré, conseiller de la grand'chambre, qui marchoit du côté de la petite porte du Palais, vis-à-vis le logis du premier président. Il est vrai que tout le monde connoissoit ce colonel pour être fort attaché aux intérêts du cardinal et dans des sentimens tout-à-fait opposés à ceux du peuple. Cependant les cris redoublés de *Mazarin!* ayant été suivis d'une décharge qui fit sur eux la compagnie qui gardoit la chaîne devant le cheval de bronze, ils y répondirent de manière que les auteurs de l'insulte eurent lieu de s'en repentir. Cette garde bourgeoise ayant été bien rétablie, rassura les partisans de la cour et ceux qui désiroient la paix, qui commencèrent à se déclarer si ouvertement et en si grand nombre, que ceux de M. le prince, avec tous leurs mouvemens, ne purent parvenir à lui faire ouvrir aucune des portes de Paris, lorsque M. de Turenne l'obligea de chercher une retraite sous les murs de cette grande ville, quoiqu'il se présentât successivement à celles de la Conférence, de Saint-Honoré, de Saint-Denis, de Saint-Martin, jusqu'à celle de Saint-Antoine. Celle-ci fut enfin ouverte par les sollicitations de Mademoiselle et de son autorité, après qu'elle eut obligé les troupes du Roi à se retirer en faisant tirer le canon de la Bastille sur elles : ce qui fut le salut de M. le prince et de toute son armée. Sans cela elle auroit été entièrement défaite sous les yeux de la plupart des bourgeois de Paris, qui ne faisoient que s'en rire, plusieurs ayant même tiré sur ses troupes, et quelques-uns ayant été assez hardis pour se vanter d'avoir tiré sur sa personne. M. le duc d'Orléans ne s'en émut pas beaucoup davantage; et ceux qui l'environnoient ne purent jamais obtenir de lui de sortir dans les rues pendant la bataille pour marquer qu'il y prenoit intérêt. Après cette action, le prévôt des marchands et les échevins, encouragés par le succès des armes du Roi, prirent cette occasion pour convoquer l'assemblée générale qui avoit été ordonnée par le parlement, où ils invitèrent ceux de tous les corps qu'ils savoient les mieux intentionnés pour la paix, dans la résolution de leur proposer le retour du Roi pur et simple sans aucune condition : ce qui auroit été certainement arrêté si messieurs les princes, avertis de leur dessein, ne s'étoient rendus à cette assemblée pour s'y opposer. L'entreprise étoit difficile : c'est pourquoi M. le prince, qui connoissoit la disposition des esprits, ayant jugé qu'il tenteroit inutilement de les faire entrer dans ses sentimens par les voies ordinaires, résolut d'emporter leurs suffrages par force en les intimidant.

Dans cette vue il fit entrer dans la ville un grand nombre d'officiers et de soldats, lesquels s'étant répandus aux environs de l'Hôtel-de-Ville se mêlèrent avec le même peuple ; et les émissaires ordinaires de Son Altesse mettant ensuite de la paille à leurs chapeaux, comme ils avoient fait le jour de la bataille de Saint-Antoine, ils forcèrent peu à peu tous ceux qui passoient de prendre la même marque : ce qui devint si commun et si nécessaire que personne n'osoit paroître sans en avoir, sans en excepter les femmes ni les religieux. Ce prélude assez manifeste de sédition n'empêcha pas que le maréchal de L'Hôpital, le prévôt des marchands, les échevins et la plupart de ceux qui avoient été invités, ne se trouvassent à l'Hôtel-de-Ville à deux heures après midi ; mais ce ne fut que pour remettre la partie, en vertu d'une lettre de cachet de Sa Majesté dont le maréchal étoit porteur : ce qui ayant été approuvé de la plus grande partie des députés, messieurs les princes furent obligés de se retirer après avoir remercié la ville du passage qu'on avoit accordé à leurs troupes et leur avoir fait des offres de service. M. le prince ayant dit tout haut, en sortant, qu'il n'y avoit dans l'assemblée que des mazarins qui ne cherchoient qu'à prolonger les affaires, ses partisans, qui n'attendoient que le moindre signal de sa part, se mirent à crier qu'il falloit les assommer tous ; et en même temps ils coururent en foule à la porte de l'Hôtel-de-Ville pour y entrer de force, mais ils en furent heureusement empêchés par les archers, qui trouvèrent le moyen de la fermer.

Cet obstacle, bien loin d'arrêter la fureur des séditieux, ne fit que les animer davantage ; et pendant qu'une partie d'entre eux tiroient dans les fenêtres de la maison de ville, les autres apportèrent du bois pour brûler la porte : de sorte que les archers et les gardes du maréchal ayant été obligés de se retirer, ceux de l'assemblée se cachèrent ou tâchèrent de se sauver comme ils purent au travers de la foule, déguisés en différentes manières : ce qui n'empêcha pas qu'il y en eût plusieurs de massacrés, entre autres les sieurs Le Gras, maître des requêtes, Ferrand, de Savary et Le Fèvre, conseillers au parlement, et Miron, maître des comptes, tous ennemis déclarés du cardinal Mazarin. Enfin l'animosité du peuple étoit devenue si grande que le curé de Saint-Jean s'étant avisé de porter le saint-sacrement dans la Grève pour tâcher de les retenir dans le respect, ils le menacèrent de le tuer lui-même s'il ne se retiroit promptement.

Après tout, cette rage ne fut pas si universelle que plusieurs des mutins qui paroissoient les plus échauffés ne s'employassent eux-mêmes à sauver ceux des députés qui étoient de leur connoissance. Le prévôt des marchands (1) et le sieur de La Barre son fils furent sauvés de cette sorte par des bateliers, qui rendirent service à plusieurs autres pour de l'argent. Le maréchal de L'Hôpital, que le danger menaçoit plus que personne, fut obligé de se déguiser pour se dérober à la fureur du peuple. Mais il ne put faire si bien qu'il ne fût reconnu par le sieur Dauvilliers, le même qui avoit garanti le coadjuteur à la journée du Palais contre une main armée d'un poignard ; et ce Dauvilliers fut peut-être la cause de son salut : car ce gentilhomme, avec l'aide d'un valet de chambre d'un de ses amis, qu'il remarqua entre les séditieux l'épée à la main, l'ayant tiré heureusement de l'Hôtel-de-Ville, le mena chez un bourgeois de sa connoissance, d'où ils le conduisirent chez lui pendant la nuit, avec un nouveau risque auquel ils ne s'étoient pas attendus, le maréchal, quoique déguisé, ayant été reconnu par un cabaretier de la cabale de M. le prince, proche la Croix-du-Tiroir, qui se mit aussitôt à crier pour donner l'alarme au quartier. Dauvilliers qui le connoissoit, s'étant approché de lui, lui fit croire qu'il se méprenoit ; et, passant vite leur chemin, ils arrivèrent heureusement à l'hôtel de L'Hôpital (2).

Pendant tout ce tumulte, le duc de Beaufort et le marquis de La Boulaye étoient dans une maison à la Grève, d'où ils regardoient froide-

---

(1) Ce prévôt se nommait Le Fèvre, et fut sauvé non point par des bateliers, mais par Mademoiselle et par le duc de Beaufort.

(2) Bien des politiques crurent que parmi les mutins il y avoit des gens dévoués à la cour qui les animoient exprès, pour dégoûter les bourgeois du parti des princes, qui passoient pour être les auteurs de cette violence, parce que l'on avoit entendu des gens crier : *A moi Bourgogne ! à moi Condé !*

(*Note de l'auteur.*)

ment ce qui se passoit, sans secourir personne, jusqu'à dix heures du soir que Son Altesse Royale envoya Mademoiselle pour sauver quelques-uns de ses amis. Ils suivirent cette princesse à la maison de ville, et firent retirer les séditieux assez à propos pour eux, attendu que plusieurs compagnies bourgeoises, qui avoient eu le temps de se reconnoître, commençoient à marcher de ce côté-là pour délivrer ceux qui étoient enfermés, dans le dessein de faire main-basse sur les rebelles : en quoi ils auroient apparemment été secondés de la plus grande partie des habitans, à qui cette action avoit donné de l'horreur.

Quelques jours après, Son Altesse Royale fut au parlement pour tâcher d'excuser cette violence, mais inutilement. La plupart des conseillers demeurèrent clos et couverts dans leurs maisons, aussi bien que les gens du Roi, qui désertèrent le parquet. Le maréchal de L'Hôpital et le prévôt, de leur côté, firent déclarer à la ville qu'ils n'y retourneroient plus, tant que les choses demeureroient dans l'état où elles étoient ; de sorte que ce tumulte, suscité par M. le prince, nuisit beaucoup à ses affaires, et aliéna généralement tous les cœurs des habitans. Cependant, dès ce temps-là bien des gens crurent que le cardinal Mazarin avoit eu beaucoup de part à ce désordre, et que par une personne gagnée il l'avoit proposé à Son Altesse comme une action capable d'intimider la cour, et de lui faire connoître ce qu'il pouvoit dans Paris, ayant envoyé en même temps des ordres secrets à ses amis pour augmenter le désordre et porter la confusion jusqu'au dernier point, afin d'en faire tomber toute la haine sur M. le prince, et de le ruiner entièrement dans l'esprit des Parisiens : en quoi il réussit parfaitement bien. On a su depuis que ces ordres avoient été expédiés par le sieur Ariste, commis du comte de Brienne, secrétaire d'Etat.

D'un autre côté, le cardinal de Retz et ses amis, sans rien savoir de ces ordres secrets, ne négligèrent rien pour exciter la haine publique contre M. le prince par les bruits qu'ils faisoient courir de ses négociations avec la cour, avec plusieurs particularités qui furent toutes rassemblées dans un écrit intitulé *les Intrigues de la paix*, dont il fut débité plus de cinq mille exemplaires en fort peu de jours.

M. le prince en auroit bien pu dire autant du cardinal de Retz et de ses amis, qui avoient tous leur commerce à la cour. Madame de Chevreuse avoit des relations avec l'abbé Fouquet ; l'abbé Charier avec le grand prévôt et l'abbé de Sourches son frère. Madame de Rhodes, qui mourut dans ce temps-là, faisoit elle-même ses voyages à la cour en habits déguisés (1), aussi bien que Berthet et le baron de Pennecors, parent du cardinal de Retz, qui tâchoient tous les deux de se rendre nécessaires, et de s'intriguer dans les négociations. Mais comme M. le prince n'étoit pas si bien informé des menées du cardinal de Retz qu'il l'étoit des siennes, il ne lui étoit pas si aisé de lui dire ses vérités, ni d'en tirer les avantages qu'on prenoit plus facilement contre Son Altesse Royale.

La seule ressource de M. le prince étoit donc dans la violence dont il auroit encore bien voulu se servir contre le cardinal de Retz : ce que la plupart de ses amis appréhendant, ils convinrent qu'ils devoient prendre le parti de la retraite, aussi bien que le maréchal de L'Hôpital et le prévôt des marchands ; et qu'il allât à Mézières ou à Charleville, dont le marquis de Noirmoutiers et le vicomte de Bussy-Lameth, parens du cardinal, étoient gouverneurs. C'étoit le sentiment de l'évêque de Châlons, du duc de Brissac, du comte de Montrésor, du marquis de Laigues, de l'abbé Charier et du sieur d'Argenteuil. Mais aussitôt que Joly, qui n'approuvoit pas cette conclusion, eut vu le sieur de Caumartin, ils résolurent d'exhorter le cardinal à tenir ferme, persuadés qu'il perdroit toute sa considération et son crédit auprès du roi et du peuple, dès qu'il seroit hors de Paris, et qu'il suffisoit de le mettre en état de résister à une insulte, en cas qu'on le voulût attaquer. C'est pourquoi le sieur de Caumartin lui offrit aussitôt une somme de dix mille livres pour s'assurer d'une bonne garde, qu'il composa de cent ou cent vingt Anglois de la suite du roi d'Angleterre, que ce prince voulut bien lui prêter, sans parler de plus de cent gentilshommes, dont une partie couchoit dans le petit archevêché, et les autres dans le cloître.

On s'assura aussi de la plupart des bourgeois des environs, dont les capitaines promirent de se mettre sous les armes au premier bruit. Il y en eut même des quartiers éloignés qui donnèrent leur parole, entre autres le sieur Houx, capitaine des bouchers au bout du pont Notre-Dame. On donna ordre aussi aux curés de faire sonner le tocsin en cas d'alarme, et d'exciter le peuple au secours de leur archevêque. Outre ces précau-

---

(1) On trouva dans sa garde-robe cinq ou six frocs de différens moines. On prétend qu'elle mourut de chagrin de ce qu'étant allée, déguisée en cordelier, pour donner quelques avis au cardinal Mazarin, ce dernier les reçut froidement et avec mépris.

(*Note de l'auteur.*)

tions, on prit aussi celle d'ouvrir secrètement des vitres de l'église Notre-Dame qui répondoient au petit archevêché, afin qu'en cas de besoin le cardinal de Retz pût se sauver dans les tours de l'église, où l'on fit provision de mousquets, de bombes, de grenades, avec des vivres pour quelques jours : tout cela dans un grand secret, et par le soin d'un bon prêtre qui avoit soin des cloches, nommé Carré ; mais le reste étoit public. Les soldats faisoient la garde régulièrement dans l'archevêché, sous les ordres du vicomte Lameth et du marquis de Château-Renaud.

Tous ces préparatifs retinrent les factieux dans le respect, et les empêchèrent de s'approcher, comme ils faisoient auparavant, du quartier Notre-Dame, et d'y continuer leurs insolences. Il y a bien de l'apparence qu'ils produisirent le même effet à l'égard de M. le prince ; et que, quelqu'envie qu'eût eu celle de le chasser de la ville, il rompoit toutes ses mesures, voyant qu'il ne pouvoit entreprendre de le forcer sans s'exposer à de grands risques. Il jugea plus à propos de n'en rien faire, d'autant plus qu'il appréhendoit d'offenser Son Altesse Royale, qui continuoit de l'aimer et de le protéger.

Cependant on amusoit à la cour les députés du parlement sans leur rendre réponse, dans l'espérance que les bourgeois, irrités des violences de M. le prince, se déclareroient contre lui. Mais voyant qu'au contraire il s'étoit rendu maître de l'Hôtel-de-Ville, par l'absence du maréchal de L'Hôpital et du prévôt des marchands, auxquels ils avoient substitué le duc de Beaufort et le sieur de Broussel, il fallut enfin leur répondre : ce que Sa Majesté fit, en leur déclarant qu'elle vouloit bien consentir à l'éloignement du cardinal Mazarin, quoiqu'elle vît bien que ce n'étoit qu'un prétexte, à condition que les princes enverroient des députés pour traiter d'une bonne paix. Mais M. le duc d'Orléans ayant représenté que cette réponse étoit captieuse, et que c'étoit un artifice du cardinal pour les engager à une conférence qui n'étoit point nécessaire, puisqu'ils persistoient dans la résolution de mettre les armes bas sans aucune condition, dès qu'il seroit retiré, le parlement ordonna que Sa Majesté seroit remerciée très-humblement ; que les députés insisteroient toujours à l'exécution de cette promesse ; et que messieurs les princes seroient priés de leur écrire pour les assurer qu'ils s'en tenoient à leur dernière déclaration, et pour les prier de recevoir pour eux les ordres du Roi de ce qu'ils auroient à faire, après que le cardinal Mazarin se seroit retiré.

Les termes de ces arrêts ne satisfirent aucun des deux partis. Ainsi de part et d'autre on continua les voies de fait ; et la cour ayant fait casser par un arrêt du conseil la nomination du sieur de Broussel à la charge de prévôt des marchands, les princes n'oublièrent rien pour soutenir ce qu'ils avoient fait, et pour porter les choses encore plus avant : ce qui ne leur fut pas difficile, la plupart des conseillers du parlement se tenant enfermés dans leurs maisons, et ne voulant plus se trouver aux assemblées. De sorte que les députés étant revenus de Saint-Denis, malgré les ordres de la cour de la suivre à Pontoise, et ayant fait leur rapport, le parlement, après plusieurs délibérations, donna un arrêt par lequel il fut déclaré que Sa Majesté n'étant pas en liberté, Son Altesse Royale emploieroit toute son autorité pour le tirer d'entre les mains du cardinal Mazarin ; et permission pour cela de prendre la qualité de lieutenant-général du royaume, avec ordre à tous les sujets de Sa Majesté de le reconnoître pour tel tant que le cardinal demeureroit en France ; que M. le prince seroit aussi prié d'accepter le commandement des armées sous l'autorité de Son Altesse Royale ; que tous officiers du Roi, capitaines de ses gardes, etc., en demeureroient responsables avec leur postérité ; qu'il seroit écrit au Roi pour excuser le retour des députés, et pour le supplier de vouloir bien éloigner le cardinal Mazarin, ajoutant que l'arrêt seroit envoyé aux autres parlemens, qui seroient invités d'en donner de semblables.

La cour cassa cet arrêt ; mais cela n'empêcha pas le parlement d'en donner deux autres, dont le premier ordonnoit l'exécution de celui qui mettoit la tête du cardinal à prix ; que sa bibliothèque seroit vendue et ses meubles ; que les fermiers de ses bénéfices seroient contraints de payer entre les mains de certains banquiers, pour assurer le paiement de ceux qui trouveroient moyen de se défaire du cardinal ; et le second imposoit une nouvelle taxe sur les bourgeois pour le paiement des troupes, qui fut fixé à la somme de huit cent mille livres par la maison de ville, et répartie sur toutes les maisons à raison de soixante-quinze livres par porte cochère, et les autres à proportion. Mais cette taxe ne fut payée que par quelques-uns des partisans des princes, et ne servit qu'à indisposer davantage contre eux l'esprit des bourgeois, qui se dispensèrent de payer, en disant que l'arrêt avoit été cassé par le conseil.

Cependant Son Altesse Royale et M. le prince acceptèrent les qualités qui leur avoient été données par le parlement ; ils dépêchèrent des lettres circulaires à tous les gouverneurs de provinces ; et M. le duc d'Orléans établit un conseil au Luxembourg où il appela deux officiers du parlement, le président de Nesmond et le sieur de Longueil, et même M. le chancelier, qui auroit bien pu et dû se dispenser d'y assister. La cour voyant que le parlement n'osoit plus s'opposer aux volontés des princes, prit le parti de le transférer à Pontoise où elle s'étoit rendue ; et ayant ramassé vingt ou trente maîtres des requêtes, présidens et conseillers, elle en composa une espèce de parlement pour opposer à celui de Paris. Ces officiers, quoiqu'en petit nombre, ne laissèrent pas de faire leurs fonctions avec assez de vigueur ; et, pour s'attirer plus de considération, ils firent, de concert avec la cour, des remontrances pour l'éloignement du cardinal, qui leur fut aussitôt accordé et exécuté : après quoi le Roi fut à Compiègne, laissant le maréchal de La Ferté à Pontoise avec une partie de ses troupes, pendant que le vicomte de Turenne étoit allé se poster à Villeneuve-Saint-Georges, pour tenir tête au duc de Lorraine, qui étoit rentré en France, et s'étoit avancé vers Brie-Comte-Robert.

Ce mouvement ayant obligé M. le prince à décamper de la plaine d'Ivry pour passer à Charenton sur un pont de bateaux qu'il fit dresser sur la Seine au Port-à-l'Anglois, M. de Turenne se trouva comme enfermé entre l'armée du duc de Lorraine et celle de M. le prince (embarras qui dura pendant quelques jours, mais dont il se tira heureusement pendant une nuit que ces deux princes étoient à Paris, et que M. le prince étoit indisposé pour s'être trop approché d'une comédienne), ayant pris si bien son temps que ses ennemis ne s'aperçurent de son éloignement que quand il fut en état de ne les plus appréhender. Cette retraite imprévue les déconcerta d'autant plus qu'ils remarquèrent dans le parlement un fort grand changement à leur égard depuis le départ du cardinal Mazarin : ce qui obligea les princes à penser sérieusement à la paix, et à déclarer qu'ils étoient prêts de se soumettre sans autre condition que celle d'une amnistie générale pour eux et pour tous leurs partisans. En conséquence de cela, le parlement donna un arrêt par lequel il fut ordonné que Sa Majesté seroit très-humblement remerciée de l'éloignement du cardinal, et suppliée de vouloir bien revenir à Paris pour recevoir toutes les marques qu'il pouvoit désirer de leur obéissance et de leur respect ; que messieurs les princes seroient aussi remerciés et priés de continuer leurs bons offices pour la paix, et que cependant leur déclaration seroit enregistrée. Cet arrêt ne satisfit pas la cour, qui prétendoit que les princes, conformément à leur déclaration, devoient mettre bas les armes, sans aucune capitulation : de sorte que Son Altesse Royale ayant écrit au duc de Damville, qui étoit à la cour, d'obtenir des passeports pour quelques personnes qu'il vouloit envoyer, le duc lui fit réponse qu'il n'avoit pu obtenir les passeports, parce que Sa Majesté vouloit qu'avant toutes choses M. le prince mît bas les armes, suivant ses promesses. Pour satisfaire en quelque façon à la demande des princes, la cour envoya une amnistie au parlement de Pontoise, dont la publication ne servit de rien, à cause de la manière dont elle étoit dressée, qui condamnoit trop ouvertement la conduite des princes, et parce que le canal du parlement de Pontoise ne plaisoit pas à celui de Paris : ce qui donna lieu à de nouvelles délibérations, dont le résultat fut que le Roi seroit très-humblement remercié et supplié de revenir à Paris ; d'accorder des passeports aux envoyés des princes, et une amnistie générale en bonne forme, pour être publiée dans tous les parlemens du royaume ; et que toutes les compagnies souveraines seroient invitées de députer vers Sa Majesté pour le même sujet. Cet arrêt faisoit voir la disposition où l'on étoit de se rendre à la première démarche que la cour voudroit faire, sans se mettre fort en peine des intérêts particuliers des princes ; et comme tous les corps étoient invités de députer au Roi pour le prier de revenir à Paris, tout le monde s'empressa d'exécuter cet article de l'arrêt, sans s'embarrasser du reste. Les ecclésiastiques, comme de raison, commencèrent à donner l'exemple ; et le doyen de Notre-Dame ayant proposé au chapitre d'envoyer des députés sans en parler au cardinal de Retz, Joly, après en avoir été informé, lui fit entendre qu'il lui étoit avantageux de se mettre à la tête de cette députation, et que ce seroit une occasion fort naturelle de recevoir de la main de Sa Majesté le bonnet que le Pape lui avoit envoyé par un courrier : ce que le cardinal souhaitoit avec le dernier empressement, ayant employé toutes sortes de moyens pour que le Roi donnât cette commission à Son Altesse Royale ou à quelque autre. C'est pour cela qu'après s'être assuré de l'agrément de la cour par le moyen de la princesse palatine, il prit ses mesures avec le chapitre et avec le reste du clergé, dont les différens corps joignirent leurs députés à ceux du chapitre ; et il partit à leur tête dans un appareil assez solennel et tranquille pour le temps, n'y ayant eu que quelques menues canailles qui crièrent à l'ordinaire après eux *aux Mazarins!* sans trouver aucun embarras ni obstacle sur toute la route (quoique les troupes de M. le prince fussent répandues dans toutes les campagnes), à cause de la protection de Son Altesse Royale, qui avoit donné un détachement de ses gardes au cardinal de Retz pour l'assister jusqu'à Compiègne. Leur voyage fut de huit jours, dont le cardinal en passa trois à la cour, où il fut fort bien reçu. Sa harangue fut approuvée de tout le monde, étant conçue en des termes parfaitement accommodés à la disposition des esprits. Il y eut plusieurs conférences pour concerter les moyens du retour du Roi et d'une réunion sincère entre les deux cardinaux, qui ne put être terminée, parce qu'il fut obligé de retourner à Paris : mais on convint de se donner des nouvelles de part et d'autre.

Cependant les partisans de M. le prince ayant fait imprimer une fausse harangue du cardinal de Retz au Roi, pour le décrier parmi le peuple, on fut obligé de publier la véritable, qui fut tellement goûtée du public, que quand il rentra dans Paris tout le monde sortoit des maisons pour le voir, avec des acclamations redoublées de *vive le Roi et la paix!*

Cet exemple du clergé fut bientôt suivi par toutes les compagnies souveraines, par le corps de ville, par le corps des marchands, par les colonels et les capitaines de la bourgeoisie, dont les derniers furent ménagés, principalement par le cardinal de Retz, qui avoit toutes les nuits des conférences avec quelques-uns d'entre eux, et particulièrement avec le sieur de Sève, maître des requêtes et colonel du faubourg Saint-Germain. L'abbé Fouquet, qui s'étoit érigé en agent du cardinal Mazarin, voulut aussi se faire de la fête, et se donner le mérite du retour du Roi. Pour cet effet, sur des ordres qu'il s'étoit fait adresser de la cour, il assembla dans le Palais-Royal un grand nombre de bourgeois bien intentionnés, sous la direction du sieur Le Prévôt, conseiller de la grand'chambre. Celui-ci, après un discours étudié pour leur faire sentir les douceurs de la paix et les avantages qu'ils devoient se promettre du retour du Roi qui étoit désiré de tous les gens de bien et traversé par un petit nombre de factieux, conclut en les exhortant à se saisir des principaux quartiers de la ville, à mettre tous du papier à leurs chapeaux suivant l'usage des armées du Roi, et crier en sortant *vive le Roi!* avec assurance qu'ils seroient suivis de tous les bons bourgeois. Mais peu s'en fallut que cette belle équipée n'eût un effet tout contraire. Ceux qui voulurent se signaler en sortant de cette assemblée furent aussitôt chargés et dissipés par les bourgeois ; de sorte que cette tentative mal concertée pensa tout gâter, et ne fit que retarder les desseins qui avoient été le mieux digérés par le cardinal de Retz.

Cependant, comme dans le fond les esprits étoient favorablement disposés, ce prélat, pour satisfaire à sa promesse, envoya secrètement à la cour le sieur Joly, afin de prendre des mesures pour le retour du Roi avec la princesse palatine. Mais il arriva qu'en revenant il fut arrêté par quelques cavaliers de l'armée de M. le prince, qui le menèrent à Charenton, où ils le gardèrent bien caché pendant deux jours, en attendant quatre cents écus qu'il leur avoit promis pour sa rançon, et qu'il envoya chercher à Paris : après quoi ces cavaliers le mirent en liberté de si bonne foi, qu'ils ne voulurent pas fouiller dans ses poches, où ils auroient trouvé les dépêches de la princesse palatine. Ce fut un grand bonheur que M. le prince n'eût aucune connoissance de sa capture : Son Altesse sachant quelle part il avoit dans les secrets du cardinal de Retz, Joly auroit sans doute couru risque s'il eût été à la discrétion de ce prince. Mais où son bonheur parut davantage, ce fut sur le chemin de Charenton à Paris, un moment après avoir été relâché : car il rencontra M. le prince presque tête à tête, de manière que pour l'éviter il fut obligé de pousser son cheval à travers des champs : ce qui auroit dû naturellement le rendre suspect, et le faire arrêter. Cependant il sortit heureusement de tous ces dangers, et il alla rendre compte de ses aventures et de ses négociations au cardinal de Retz, qu'il trouva fort inquiet de sa détention, et qui fut ravi de le voir, et d'apprendre de lui que dès que Leurs Majestés eurent appris de ses nouvelles, elles résolurent aussitôt de se rendre à Saint-Germain, où les députés furent entendus. Il y eut quelques difficultés sur ceux de la ville, parce que le duc de Beaufort et le sieur de Broussel s'étoient trouvés à leur nomination : mais elle fut levée quand on sut qu'ils s'étoient démis l'un et l'autre de leurs emplois, et le Roi leur accorda une audience très-favorable, aussi bien qu'aux autres. Mais ceux qui furent reçus le plus agréablement furent les officiers de la bourgeoisie, dont la cour avoit le plus de besoin pour assurer le retour du Roi, et une réception honorable dans Paris. M. le prince voyant que tout se disposoit de ce côté-là, se retira vers la Flandre avec ses troupes, à l'exemple du duc de Lorraine, après avoir tenté inutilement plusieurs moyens de s'accommoder avec la cour, par le ministère de Gourville, du duc de Bouillon, de l'abbé Fouquet, de madame de Châtillon, et en dernier lieu du duc de La Rochefoucauld :

soit que le cardinal n'eût pas envie de traiter avec lui, ou que les prétentions de Son Altesse fussent excessives et exorbitantes. 1° Il demandoit que le cardinal Mazarin sortît du royaume, et que le Roi donnât à Son Altesse Royale et à lui le pouvoir de faire la paix générale; 2° qu'on fît un conseil composé de personnes non suspectes, et qu'on ôtât le surintendant; 3° que tous ceux qui avoient suivi les princes fussent rétablis dans leurs biens, charges et gouvernemens; 4° que M. le duc d'Orléans auroit une pleine satisfaction pour lui et pour ses amis; 5° que l'on accorderoit à la ville de Bordeaux les immunités et priviléges qu'elle demandoit; 6° que M. le prince de Conti auroit permission de traiter du gouvernement de Provence avec le duc d'Angoulême; que le duc de Nemours auroit celui d'Auvergne, et le duc de La Rochefoucauld celui d'Angoumois et de Saintonge, ou une somme de trois cent cinquante mille livres pour traiter de tel autre qu'il voudroit; que le prince de Turenne seroit dédommagé du rasement de Taillebourg; que les comtes du Dognon et de Marsin seroient faits maréchaux de France, et le sieur Viole secrétaire d'État, ou président à mortier; qu'on donneroit des lettres de duc au marquis de Montespan; qu'on rendroit le gouvernement d'Anjou au duc de Rohan, avec celui du Pont-de-Cé et de Saumur; que le marquis de La Force auroit le gouvernement de Bergerac et de Sainte-Foy; et qu'on donneroit cent cinquante mille livres à M. de Sillery pour acheter un gouvernement, avec promesse de le faire chevalier de l'ordre à la première promotion. A ces conditions, M. le prince promettoit de mettre bas les armes, et de consentir au retour du cardinal dans trois mois, ou après la conclusion de la paix générale. Ces prétentions outrées rendirent toutes les négociations inutiles, quoiqu'elles fussent devenues moins difficiles par la mort du duc de Nemours, qui fut tué en duel par le duc de Beaufort son beau-frère, d'un coup de pistolet, derrière les Jacobins de la rue Saint-Honoré, pour des démêlés secrets qui duroient depuis long-temps entre eux, et qui se réveillèrent au sujet du gouvernement de Paris, qui avoit été donné au duc de Beaufort. Cet accident n'ayant pas levé toutes les difficultés, on ne conclut rien : il n'y eut que madame de Châtillon qui profita de ces négociations, par le don que lui fit M. le prince de la terre de Merlou, où il pouvoit cependant entrer d'autres considérations. Ainsi toutes les conférences ne produisirent rien, et il s'engagea tout-à-fait avec les Espagnols, résolu à la continuation de la guerre, entraîné par madame de Longueville, qui étoit jalouse de madame de Châtillon, et qui craignoit toujours d'être obligée de retourner vers son mari. D'ailleurs il faisoit un fort grand fonds sur la haine publique contre le cardinal Mazarin, d'où il espéroit tirer de grands avantages : mais faute d'un chef de confiance, cette haine s'étouffa peu à peu, et chacun ne songea qu'à se soumettre, dans la crainte de se perdre.

La cour ne manqua pas de profiter de cette consternation et d'en tirer avantage. Le Roi revint à Paris sans amnistie générale, et sans avoir rien accordé à M. le duc d'Orléans. Au contraire, Sa Majesté lui ayant dépêché un exprès du bois de Boulogne avec ordre de l'aller trouver ou de se retirer, il eut peur d'être arrêté, et il partit le lendemain matin pour aller à Blois.

Le Roi, continuant d'agir avec autorité, envoya une lettre de cachet au parlement pour lui ordonner de se rendre au Louvre, ce qui étonna un peu la compagnie. Mais comme il n'étoit plus temps de faire des difficultés, elle obéit sans raisonner, et alla au Louvre, où le Roi tint son lit de justice; et après une amnistie qui paroissoit générale, Sa Majesté fit publier une déclaration pour en excepter les ducs de Beaufort et de La Rochefoucauld, les sieurs de Broussel, Viole, de Thou, Portail, Betaul, de Croissy, Coulon, Machault, Fleury, Martineau, Genoux, le marquis de La Boulaye, Fontrailles et Denis, trésorier de France; avec défense au parlement de prendre à l'avenir connoissance des affaires d'Etat et de la direction des finances.

Cette hauteur surprit tout le monde, sans en excepter ceux qui s'étoient employés avec le plus de chaleur pour le retour de Sa Majesté. Cependant les disgraciés furent obligés de disparoître, et de se cacher en différens endroits, où quelques-uns sont morts exilés, entre autres le sieur de Broussel.

Cette subite révolution donna une grande réputation au cardinal Mazarin dans les pays étrangers, où d'ordinaire on ne juge des choses que par l'événement. La vérité est qu'il n'y avoit pas toute la part qu'on pourroit s'imaginer, la plupart de ces changemens s'étant faits par hasard, et sans son consentement. Mais quand même tous ces heureux succès auroient été un effet de son génie, il n'en mériteroit pas plus de gloire, puisqu'il est toujours aisé à celui qui a l'autorité du prince de s'en prévaloir et même d'en abuser, en donnant de belles espérances, et manquant impunément à sa parole. Certainement cela ne justifie pas Son Altesse Royale, ni M. le prince, ni le coadjuteur, qui devoient le mieux connoître. Une meilleure intelligence auroit pu prévenir ce malheur, et tous les autres qui leur sont arrivés dans la suite, qu'ils ne devoient attribuer qu'à leurs passions, et au désir qu'ils avoient chacun en particulier de se venger de leurs ennemis, c'est-à-dire de ceux dont ils croyoient avoir été offensés.

La manière dont le Roi rentra dans Paris devoit surprendre le cardinal de Retz plus que personne, parce qu'ayant contribué autant qu'il avoit fait au retour du Roi, il semble qu'on ne devoit pas oublier de si bonne heure les paroles qu'on lui avoit données de ne rien faire que de concert avec lui. Cependant il ne fit presque aucune réflexion sur cette conduite, non plus que sur le secret du message à M. le duc d'Orléans, qu'il n'apprit qu'au Louvre, où il se rendit d'assez bonne heure pour attendre Leurs Majestés : et cela par un hazard, le prévôt de L'Ile l'ayant dit à Joly comme une nouvelle publique.

Il lui arriva dans le même lieu une autre chose qui devoit encore l'étonner davantage : c'est qu'il reçut un moment après un billet de la princesse palatine, pour l'avertir de ne la point aller voir dans l'appartement qu'on lui avoit préparé au Louvre; et de lui envoyer seulement Joly, qu'elle instruiroit de toutes choses. Cela fut exécuté comme elle le désiroit; et cette princesse, en abordant Joly, commença par lui demander si le cardinal de Retz avoit perdu l'esprit, et pourquoi il avoit fait revenir le Roi sitôt à Paris, ajoutant qu'elle ne croyoit pas que cela fût de son intérêt, ni qu'il en dût espérer une grande satisfaction. Ce discours, rapporté au cardinal, ne fit pas une grande impression sur son esprit, si enthousiasmé des caresses de la Reine, qu'il n'écoutoit presque rien de tout ce qu'on lui représentoit. Sa Majesté lui dit entre autres choses que le retour du Roi étoit son ouvrage, et qu'il venoit de lui rendre un service dont elle vouloit le faire souvenir toute sa vie.

Cependant, quoiqu'il fût pénétré des flatteries de la Reine, il ne laissa pas, au sortir du Louvre, de faire encore une démarche qui sentoit bien l'esprit de la Fronde. Il alla chez M. le duc d'Orléans pour lui conseiller de demeurer à Paris, et de ne point obéir à l'ordre qui lui avoit été envoyé. Mais, à dire le vrai, ce conseil n'étoit plus qu'une espèce de bienséance dont Son Altesse Royale ne fit pas grand cas, ce prince étant parti le lendemain matin, peu satisfait du cardinal de Retz, qui ne lui offrit point de le suivre. Il découvrit même qu'il avoit négocié beaucoup de choses avec la cour sans sa participation, quoiqu'il lui eût protesté cent et cent fois qu'il ne vouloit dépendre que de lui. La Reine fut aussi peu contente du conseil qu'il avoit donné à Son Altesse Royale; mais elle ne lui en témoigna rien, et ne laissa pas de le caresser à son ordinaire quand il alloit au Louvre : ce qu'il continua de faire pendant quelque temps, si prévenu de l'importance de ses services, qu'on ne lui pouvoit faire écouter les avis qui lui venoient tous les jours du péril dont il étoit menacé. Il s'imaginoit vainement que la pourpre romaine le mettoit à couvert de toute entreprise, et que le peuple ne manqueroit pas, dans le besoin, d'accourir à son secours : en quoi il se trompoit fort. La plupart du monde, et particulièrement les personnes de qualité qui avoient le plus de part aux intrigues, avoient changé en haine l'affection qu'ils avoient eue pour lui, parce qu'on voyoit manifestement qu'il étoit l'unique auteur de la révolution dernière : à quoi il n'y avoit plus de remède.

Cependant la princesse palatine ne cessoit de faire avertir le cardinal de Retz de prendre garde à lui (1). Et comme il voulut enfin s'éclaircir par lui-même, et savoir d'elle ce qu'il avoit à craindre (ce qu'il jugeoit plus facile, parce qu'elle avoit quitté son appartement du Louvre, et qu'elle étoit logée chez elle à l'hôtel de Luynes), il chargea Joly, son entremetteur ordinaire, de lui demander une heure de la nuit pour s'entretenir avec elle sûrement et secrètement. Mais cette princesse répondit qu'elle ne vouloit en façon du monde que le cardinal mît les pieds chez elle dans son logis, parce que ce seroit trop l'exposer; et que tout ce qu'elle pouvoit faire pour lui étoit de se rendre le lendemain à neuf heures du soir chez Joly, où ce prélat n'ayant pas manqué de se trouver, elle lui répéta fort au long tous les avis qu'elle lui avoit fait donner; et le cardinal lui ayant enfin demandé où pouvoit donc aller ce

---

(1) Le cardinal Mazarin écrivoit sans cesse à la Reine qu'il falloit arrêter le cardinal de Retz : sans quoi il ne retourneroit jamais à Paris, où il ne se croyoit pas en sûreté pendant qu'il y resteroit un homme capable de lui tenir tête. D'ailleurs il ne vouloit retourner qu'après la prison du cardinal de Retz, afin de mander à Rome qu'on l'avoit résolue sans sa participation.

(*Note de l'auteur.*)

qu'il avoit à craindre, elle lui répondit brusquement, en se levant : « A tout, jusqu'à la » mort. »

Cette déclaration l'étourdit tellement, que, passant d'une extrémité à l'autre, il cessa tout d'un coup d'aller au Louvre, et il affecta de se faire suivre, partout où il alloit, de huit ou dix personnes armées : rodomontades fort inutiles, qui l'exposoient plutôt que de l'assurer. S'il eût été capable d'écouter de bons conseils, le seul parti qu'il avoit à prendre étoit de se retirer dans un lieu sûr, d'où il pût entretenir les inquiétudes du cardinal Mazarin. Mais il se piqua de suivre une conduite toute contraire, en déclarant fièrement qu'il ne quitteroit pas le pavé de Paris. Sotte vanité, qui pouvoit toute seule être la cause de sa perte, puisque c'étoit donner à entendre à la cour qu'il lui restoit encore des moyens de renouveler les désordres passés. La vérité est pourtant qu'il ne cherchoit qu'à s'accommoder avec le cardinal Mazarin, et qu'il s'imaginoit que le meilleur moyen étoit de lui faire peur, en affectant une fierté qui certainement n'étoit plus de saison, et qui n'étoit plus soutenue des moyens réels, ni d'aucune ressource essentielle. C'est ce que le cardinal Mazarin savoit fort bien, quoiqu'il feignît de l'ignorer, traitant toujours avec le cardinal de Retz comme s'il eût été en état de lui nuire, et lui faisant témoigner beaucoup de disposition à le satisfaire. Mais il savoit bien faire naître des difficultés pour se dispenser de conclure, se plaignant entre autres choses de ce que le cardinal de Retz se servoit de trop de gens pour négocier avec lui. Cette diversité de personnes, et même souvent de propositions, ne lui permettoit pas de se déterminer à rien ; et en cela il faut convenir que le cardinal Mazarin avoit raison : car la facilité du cardinal de Retz étoit si grande, qu'il ne refusoit aucun de ceux qui lui offroient leur médiation, quoique ses meilleurs amis lui représentassent souvent les dangereuses conséquences de cette conduite. Mais il étoit environné de gens qui trouvoient leur compte à cette confusion, et qui, plus occupés de leurs intérêts que des siens, tâchoient de s'intriguer dans ses négociations pour faire leurs affaires à ses dépens.

La princesse palatine avoit toujours eu plus de part que personne à sa confiance ; et, malgré les traverses des autres, elle avoit eu l'adresse de réduire la négociation en des propositions moins vagues et plus précises de part et d'autre, le cardinal Mazarin s'étant engagé de faire donner la direction des affaires au cardinal de Retz, s'il vouloit aller à Rome, et de lui procurer des abbayes, des pensions, et tout ce qui seroit nécessaire pour soutenir la dignité de son caractère dans cette cour. Mais il ne se contentoit pas de cela ; et comme il avoit plusieurs personnes considérables qui s'étoient attachées à lui, il demandoit trois gouvernemens de places importantes pour le duc de Brissac, pour le marquis de Fosseuse et pour le sieur d'Argenteuil ; une abbaye de vingt mille livres de rente pour l'abbé Charier, une charge de secrétaire d'État pour le sieur de Caumartin, et une somme d'argent pour le sieur Joly, ou l'emploi de secrétaire des commandemens de M. le duc d'Anjou. Dans le commencement, la princesse palatine s'étoit chargée de faire accepter toutes ces conditions ; mais quand elle vit le Roi de retour à Paris, et que les craintes du cardinal Mazarin n'étoient plus si pressantes, elle changea bientôt de sentiment, et dit nettement au cardinal de Retz que, puisqu'il avoit fait la faute de laisser revenir le Roi, il n'étoit plus question de marchander ; et qu'il falloit absolument se contenter de ce qu'on lui offroit, sans penser à ses amis, dont on se viendroit en temps et lieu.

De tous les amis du cardinal de Retz, il n'y eut que Joly qui appuyât ce sentiment. Il lui représentoit sans cesse le péril où il s'exposoit s'il en usoit autrement : et que, ne pouvant espérer d'obtenir les grâces qu'il souhaitoit pour un petit nombre de ses partisans, il ne devoit pas trop s'y opiniâtrer, quand ce ne seroit que pour ne pas décourager les autres, qui auroient lieu de se plaindre de cette préférence. Le cardinal de Retz étoit assez disposé à suivre ce conseil ; et si le sieur de Caumartin eût été à Paris, il y a bien de l'apparence que lui et Joly l'auroient déterminé, se mettant peu en peine l'un et l'autre de leurs intérêts particuliers. Mais Caumartin ayant été obligé d'aller à Poitiers pour se marier, Joly ne se trouva pas assez fort pour tenir tête au duc de Brissac, à l'abbé Charier, et à d'autres gens intéressés, dont il étoit continuellement obsédé. Au commencement, le duc de Brissac n'avoit eu que très-peu de part aux affaires du cardinal de Retz ; mais il s'étoit depuis quelque temps si bien mis avec lui, et par des voies si agréables, en lui ménageant des parties de plaisir, qu'il étoit fort difficile de faire prendre d'autres résolutions au cardinal que celles qui lui étoient inspirées par le duc. La principale de ces parties de divertissement vint du commerce que le duc de Brissac avoit avec mademoiselle de La Vergne, belle-fille du chancelier de Chiverny, parent du cardinal. Cette demoiselle, qui étoit fort bien faite, avoit pour voisines mesdemoiselles de La Loupe, dont l'aînée étoit une des plus belles personnes de France ; et comme il y avoit une porte de communication d'une maison à l'autre, mademoiselle de La Loupe étoit à tous momens chez mademoiselle de La Vergne, où le cardinal et ce duc alloient souvent la nuit entretenir ces deux demoiselles. Le cardinal de Retz s'étoit fait faire, pour ces visites nocturnes, des habits fort riches et fort galans, suivant son humeur vaine, qui le portoit à se tenir ordinairement, le jour aussi bien que la nuit, paré d'habits extraordinairement magnifiques, dont on se moquoit dans le monde. Outre ces rendez-vous de galanterie, le duc engageoit souvent le cardinal dans des parties de promenade ou de chasse, dans lesquelles ce prélat s'ouvroit à lui de ses affaires les plus secrètes, jusqu'à lui découvrir son commerce avec la princesse palatine, que le duc trouva bientôt le moyen de lui rendre suspecte, en lui représentant que ses frayeurs étoient purement politiques et affectées, pour le faire venir au but du cardinal Mazarin, et lui faire sa cour à ses dépens. Le duc ajoutoit que cette princesse n'avoit plus de crédit, et qu'il feroit bien mieux de traiter directement avec la Reine, qui ne se rendroit pas difficile sur les conditions ; ou avec Servien, qui avoit été rappelé depuis peu, et qui avoit alors toute la confiance de Sa Majesté. Cette pensée de traiter avec Servien venoit de madame la duchesse de Lesdiguières, amie du duc de Brissac, qui cherchoit depuis long-temps un prétexte pour entrer dans les affaires du cardinal de Retz son cousin, et qui crut en avoir trouvé un admirable. Servien alla remercier le cardinal de la manière obligeante dont il avoit été reçu dans sa maison de Beaupréau pendant son exil ; mais en effet pour insinuer par ce moyen à ce cardinal l'envie de retourner au Louvre, en lui faisant entendre qu'un léger compliment à la Reine mettroit les choses en état d'être terminées dans un moment. La duchesse de Lesdiguières donna dans ce panneau, et y fit tomber aisément le duc de Brissac, parce que les discours de Servien s'accommodoient à leurs desseins et à leurs intérêts. Ils ne savoient pas, l'un et l'autre, que Servien et l'abbé Fouquet ne s'étoient raccommodés que dans le dessein de perdre le cardinal de Retz, et d'empêcher sa réconciliation avec le cardinal Mazarin, prévoyant bien que si elle se faisoit une fois, ils ne seroient plus que des serviteurs inutiles et sans considération. Dans ce dessein, ces deux messieurs avoient prévenu l'esprit de la Reine, en lui faisant entendre qu'elle ne parviendroit jamais à faire revenir le cardinal Mazarin, si elle ne s'assuroit auparavant du cardinal de Retz, dont ils empoisonnoient la conduite, en faisant remarquer à Sa Majesté qu'il n'alloit plus au Louvre, et qu'il affectoit de se promener tous les jours dans les rues de Paris, et de se vanter publiquement qu'il n'en quitteroit pas le pavé. Ces discours ne manquèrent pas de produire leur effet dans l'esprit de la Reine, qui dans le fond haïssoit toujours le cardinal de Retz, quoiqu'elle n'ignorât pas les services qu'il lui avoit rendus ; et les choses furent poussées si avant, qu'elle donna son consentement, pour l'arrêter, au sieur de Pradelle, capitaine aux gardes, soit mort ou vif, et de l'attaquer dans les rues, s'il refusoit d'aller rendre ses respects à Leurs Majestés. L'abbé Fouquet se chargea du soin de disposer toutes choses pour cette exécution violente, pendant que Servien tâcheroit d'engager le cardinal d'aller au Louvre par le moyen de madame de Lesdiguières et du duc de Brissac, qui lui donnèrent tant d'ombrage contre la princesse palatine, qu'elle lui devint suspecte, et qu'il entra lui-même en commerce avec Servien. Cependant Joly, qui voyoit toutes choses, ne cessoit de représenter au cardinal les inconvéniens qui pouvoient en arriver, suivant les avis de la princesse palatine ; mais comme le comte de Montrésor et Argenteuil appuyoient les visions du duc de Brissac, le premier dit hautement qu'il tenoit en toutes rencontres pour des schelmes ceux qui conseilloient au cardinal de négliger les intérêts de ses amis. Joly ne fut point écouté, la princesse palatine devint suspecte, et le cardinal de Retz n'eut pas la force de résister au comte de Montrésor, ni à ses autres amis de la même cabale, dans la crainte de les perdre.

L'abbé Charier n'étoit pas moins vif que le duc de Brissac, étant fortifié dans les mêmes sentimens par les raisonnemens du maréchal de Villeroy, du grand prévôt de l'hôtel, et de l'abbé de Sourches son frère, avec lesquels il avoit toujours entretenu un commerce particulier : de manière qu'il concouroit presque avec eux sans savoir ce qu'il faisoit, l'envie qu'il avoit de sortir promptement d'affaire à son avantage lui faisant écouter trop aisément ce qui pouvoit flatter ses désirs. Ainsi le duc de Brissac et lui s'étant trouvés de même humeur et de même opinion, ils gouvernoient entièrement le cardinal de Retz avec d'autant plus d'empire, qu'ils entroient l'un et l'autre dans ses plaintes secrètes, où l'abbé s'étoit intrigué de tout temps, ne le perdant presque point de vue, et l'enga-

6.

geant presque tous les jours dans de nouvelles parties aux environs de Paris, où il n'étoit ordinairement suivi que de deux domestiques.

L'abbé Fouquet s'étant chargé de faire prendre le cardinal de Retz mort ou vif, et ayant été informé de ses parties de promenade, commença de concerter des mesures pour l'exécution de son dessein, qui auroit assurément été fort aisé en l'attaquant dans une de ces occasions. Ce dessein alloit à le faire périr en secret par assassinat et en trahison; mais il en fut détourné par deux raisons : la première fut un reste de répugnance et de honte dans l'esprit de la Reine pour une action si étrange. Sa Majesté questionnant cet abbé pour savoir comment il s'y prendroit pour en dérober la connoissance au public, il lui répondit qu'elle s'en reposât sur lui, et qu'il le feroit expédier en lieu et de sorte que rien ne seroit découvert : après quoi il le feroit saler. Ces paroles, comme l'on voit, dénotent une méchanceté si noire, qu'on aura sans doute peine à les croire; mais elles sont pourtant très-vraies. L'autre raison qui empêcha la Reine de presser l'exécution de cette entreprise vint des négociations de Servien, qui donnèrent lieu d'espérer que le cardinal se laisseroit persuader d'aller au Louvre, où il seroit plus aisé de s'assurer de sa personne sans en venir à ces fâcheuses extrémités. D'ailleurs le cardinal Mazarin ayant été consulté sur ce projet, ne l'avoit pas approuvé, dans la crainte sans doute de s'attirer de nouveaux embarras, et des obstacles insurmontables à son retour, par le moyen des parens et des amis du cardinal de Retz, qui n'auroient apparemment pas manqué de se joindre au parti de M. le prince pour le traverser.

La cour de Rome donnoit aussi de l'inquiétude au cardinal Mazarin, qui savoit bien que le Pape n'étoit pas de ses amis, et que le sacré collège n'approuveroit pas une action de cette nature sur un de leurs confrères. Ces considérations garantirent pour un temps le cardinal de Retz de l'abbé Fouquet, qui ne laissa pourtant pas d'entretenir ses pratiques pour observer ses démarches, faisant suivre son carrosse tout le long du jour, et tâchant de corrompre ses domestiques pour découvrir l'heure où il sortoit, et les lieux où il alloit pendant la nuit. Mais il arriva heureusement qu'un de ceux auxquels il s'adressa étoit fils d'un bourgeois de Paris, qui, ayant obligation au cardinal de Retz, découvrit ses menées, ajoutant qu'un nommé Du Fai, homme d'affaires, demeurant près de Saint-Paul, tâchoit de corrompre l'argentier de ce cardinal, nommé Péan. Sur cet avis, Joly ayant été chez Péan pour l'interroger, il répondit sans se troubler qu'il étoit vrai qu'il avoit vu plusieurs fois ce Fai chez son frère l'orfèvre, et qu'il lui avoit demandé des nouvelles de Son Éminence : à quoi il n'avoit pas fait d'attention; mais qu'il ne lui avoit jamais rien donné ni offert pour le séduire. Sur cela Joly l'ayant assuré qu'on ne doutoit point de sa fidélité, lui ordonna de feindre d'écouter cet homme, pour tâcher de tirer de lui le secret de ce complot. Cela fut commencé, mais mal suivi de la part du cardinal de Retz, qui se contenta d'informer le duc de Brissac, le comte de Montrésor et l'abbé Charier des avis qu'il avoit reçus, comme aussi d'une lettre du père Thomas, que celui-ci avoit écrite au père de Gondy, pour l'avertir du danger dont son fils étoit menacé. Mais il plut à ces messieurs de traiter tous ces avis de terreur panique, et de dire que c'étoient des artifices de la princesse palatine pour empêcher le cardinal d'aller au Louvre, dans la crainte qu'il ne s'accommodât avec la Reine sans sa participation, et afin de prolonger les négociations, qui lui attireroient de la considération et du mérite. Dans le fond, le cardinal de Retz n'étoit pas du même avis, mais il n'osoit pas les contredire. Joly remarqua cela, et lui proposa d'aller à Mézières ou à Charleville chez le duc de Noirmoutier où chez le vicomte de Bussy-Lameth, d'où il pourroit lui-même traiter avec le cardinal Mazarin, sans la médiation de la princesse palatine ni de personne. Il lui représenta que c'étoit le moyen le plus sûr pour sortir promptement d'affaire, et pour obtenir plus facilement les conditions qu'il demandoit, par la crainte que le cardinal Mazarin auroit de le voir dans un lieu qu'il pourroit livrer à M. le prince en s'accommodant avec lui. Cette ouverture plut fort au cardinal de Retz, qui l'auroit sans doute suivie s'il avoit été encore le maître de lui-même. Mais les nouveaux confidens n'avoient garde d'y consentir : ils vouloient absolument demeurer les maîtres de son accommodement, dont ils espéroient tirer de grands avantages. C'est pourquoi ils faisoient parler Servien en des termes qui représentoient les choses si prêtes à exécuter, qu'il sembloit que tout devoit être conclu dans un quart-d'heure d'entretien avec la Reine.

La proposition de Joly ayant donc été éludée par leurs artifices, le cardinal de Retz résolut enfin d'aller au Louvre. Cependant il écouta encore un nouvel expédient imaginé par le même Joly pour rompre ou du moins différer cette visite. Ce fut d'écrire à M. l'évêque de Châlons, son ami, pour le prier de faire savoir au cardinal Mazarin les dispositions où il étoit de l'aller trouver en tel lieu qu'il voudroit, pour traiter lui-même avec lui, et convenir ensemble de leurs faits.

Cette lettre fut écrite du consentement de tout le monde; et M. de Châlons l'ayant reçue s'acquitta aussitôt de sa commission auprès du cardinal Mazarin. Mais le duc de Brissac et ses associés n'eurent pas le temps d'en attendre la réponse; et comme Servien les pressoit extraordinairement, il firent tant par leurs importunités, qu'ils l'engagèrent enfin à leur donner sa parole pour le jeudi 19 décembre 1652. Dans l'incertitude de ce qui pouvoit arriver, le cardinal eut la précaution de brûler lui-même tous ses papiers, et de remettre sa cassette entre les mains de Joly, où il ne restoit que ses chiffres. Il ne garda dans ses poches qu'une lettre du roi d'Angleterre, et la moitié d'un sermon qu'il devoit prêcher à Notre-Dame le dernier dimanche de l'avent, comme il avoit déjà fait le premier. Il arriva cependant un petit incident qui pensa rompre encore une fois cette résolution : ce fut le retour du sieur de Caumartin, qui revint enfin, sur les instances réitérées de Joly, la veille de cette fatale visite. Il descendit chez Joly. Après une conférence sommaire sur l'état des choses, ils allèrent ensemble chez le cardinal, auquel Caumartin ayant dit d'abord qu'il le croyoit perdu sur ce qu'il venoit d'entendre, le prélat n'en voulut pas demeurer d'accord; et après avoir exposé ses raisons, il conclut que la cour pouvoit bien prendre la résolution de le faire assassiner, dont il ne la croyoit pas capable; mais qu'elle n'oseroit le faire arrêter (1), la chose étant sans exemple, et d'une périlleuse conséquence dans la conjoncture des affaires présentes. Dans toute cette conversation, il prit un grand soin de cacher à Caumartin sa grande liaison avec le duc de Brissac et ses nouveaux confidens, qui avoient tous une grande jalousie contre lui. Tout ce que put dire Caumartin pour détruire ses raisons ne servit de rien; et dans la vérité il ne s'y opposa pas avec la vigueur et la fermeté que Joly s'en étoit promise, soit qu'il ne fût pas suffisamment instruit de l'air du bureau, et peut-être par déférence aux volontés du cardinal, qui avoit pris sa résolution, et qu'il n'osa pas combattre ouvertement. Il demeura donc ferme, quoique la princesse palatine, trois heures avant qu'il sortît, lui envoyât dire encore une fois par le baron de Pennacors, qu'elle le conjuroit de ne rien précipiter, et de demeurer chez lui pendant quelques jours en attendant la réponse du cardinal Mazarin, qui lèveroit toutes les difficultés. Joly eut beau insister là-dessus et y joindre les remontrances, cela fut inutile, et ne servit qu'à augmenter les emportemens de l'abbé Charier, qui s'étoit rendu au petit archevêché, dès sept heures du matin, et qui persécutoit à tout moment le cardinal de monter en carrosse. C'est ce qu'il fit enfin sur les neuf heures, avec quelques autres personnes qui l'accompagnèrent jusqu'au Louvre. Etant arrivés, ils montèrent d'abord à l'appartement du maréchal de Villeroy, d'où l'on envoya savoir ce que le Roi faisoit; et comme on rapporta que Sa Majesté sortoit de sa chambre pour aller chez la Reine, le cardinal partit, et au bas de l'escalier il rencontra le Roi, qui lui dit en partant : « Ah! vous voilà donc, M. le cardinal! je » vous souhaite le bonjour. » Le Roi entra ensuite dans la chambre de la Reine qui, voyant paroître le cardinal de Retz, lui dit assez brusquement : « M. le cardinal, on m'a dit que vous » avez été malade; on le voit bien à votre visa- » ge. Mais il paroît pourtant assez bon pour ju- » ger que le mal n'a pas été grand. » La conversation finit là, sans que Sa Majesté lui dit un seul mot pendant le reste du temps qu'il fut en sa présence. Cette espèce d'indifférence l'obligea de sortir un peu plus tôt qu'il n'avoit dessein de faire; mais à peine fut-il hors de la porte, qu'il fut joint par M. de Villequier qui, l'ayant tiré vers une fenêtre de l'autre chambre, lui dit qu'il l'arrêtoit de la part du Roi; et, marchant à son côté, il lui fit prendre le chemin de sa chambre. Etant près d'y entrer, le cardinal se tourna vers ceux qui l'avoient suivi, et leur dit qu'ils n'avoient qu'à se retirer, et qu'il étoit arrêté. Cela se passa sur les onze heures du matin; après quoi il fut conduit au bois de Vincennes sur les trois heures après midi. Cette nouvelle s'étant répandue aussitôt dans le Louvre, la Reine dit qu'elle louoit Dieu de ce qu'il n'y avoit point eu de sang répandu : ce qui fait bien voir que les ordres étoient donnés de la manière qu'il a été dit. Sa Majesté demanda aussi au sieur Le Tellier si Joly étoit arrêté : à quoi il répondit que non, parce qu'il n'étoit pas venu au Louvre. La Reine répliqua qu'il falloit donc aller chez lui pour le prendre; mais le sieur Le Tellier lui représenta que cela pourroit être dangereux, attendu qu'il demeuroit dans le cloître, proche de l'archevêché, où il pourroit arriver du désordre.

---

(1) Le cardinal de Retz se précipita par la même présomption qui perdit le duc de Guise à Blois. Ils s'imaginoient l'un et l'autre qu'on n'oseroit attenter à leur personne, sans réfléchir que le plus dangereux état pour un sujet, c'est de se rendre redoutable à son souverain.
(*Note de l'auteur.*)

Joly eut donc le temps de se mettre en lieu de sûreté, après avoir hasardé d'aller chez le sieur Caumartin. Tous deux allèrent par différens chemins chez le comte de Montrésor, qui leur conseilla de se retirer, disant que sa maison seroit plus observée qu'aucune autre. Après cela, Joly retourna au cloître, où il demeura deux ou trois heures, tâchant d'exciter le chapitre à entreprendre quelque chose de vigoureux en faveur du cardinal. Cela étoit fort imprudent, puisque s'il eût été pris et qu'on lui eût fait son procès, comme on n'y auroit pas manqué, le cardinal de Retz étoit perdu sans ressource, Joly étant dépositaire des secrets les plus délicats et les plus importans. Enfin s'étant laissé persuader par les remontrances du marquis de Châteaurenaud, de l'abbé d'Hacqueville et du sieur Daurat, conseiller au parlement, il monta dans le carrosse du dernier, qui le mena dans une maison particulière, où il passa la nuit à écrire aux amis du cardinal de Retz.

La Providence toute seule conserva Joly dans cette occasion, le cardinal de Retz l'ayant pressé autant qu'il le put d'aller avec lui au Louvre, jusqu'à lui reprocher qu'il avoit peur, pour le piquer d'honneur. Cela pensa déterminer Joly à le suivre : mais enfin ayant fait réflexion au risque qu'il y avoit pour le cardinal lui-même, il prit congé de lui, et lui dit en le quittant que puisqu'il vouloit se perdre il falloit qu'il se perdît tout seul, et que peut-être il seroit assez heureux pour aider à le tirer un jour de l'abîme où il alloit se précipiter : ce qui est effectivement arrivé, comme on le verra dans la suite de ces Mémoires.

[1653] Il est étonnant combien peu de gens s'intéressèrent à la prison du cardinal de Retz, et combien il y en eut qui s'en réjouirent, même entre les frondeurs. On disoit hautement : Il n'a que ce qu'il mérite, pour avoir abandonné M. le prince et s'être employé comme il a fait au retour du Roi. Il n'y eut que le chapitre de Notre-Dame et les curés de Paris qui en témoignèrent du ressentiment. Aux premières nouvelles que les chanoines en eurent, ils s'assemblèrent extraordinairement, et résolurent de prier M. l'archevêque de Paris de se joindre à eux pour aller demander sa liberté. Plusieurs curés qui se trouvèrent dans le même temps à l'archevêché firent les mêmes instances; et le nonce du Pape, qui s'y rencontra pour le même sujet, les exhorta tous à faire leur devoir, les assurant qu'ils seroient soutenus avec vigueur du côté de Rome, et par lui-même en tout ce qui dépendroit de son pouvoir. Mais M. l'archevêque s'excusa, sous prétexte d'indisposition, et remit la partie au lendemain, quoiqu'il fût fortement sollicité d'y aller sur-le-champ par le père de Gondy son frère, et père du cardinal de Retz; et par la duchesse de Lesdiguières sa nièce, qui s'avisoit un peu trop tard de chercher du remède au mal dont elle étoit la cause.

Cette nonchalance de l'archevêque ralentit un peu les bonnes intentions du clergé ; mais le chapitre alla son chemin, et ordonna des prières de quarante heures pour la liberté du cardinal, avec l'exposition du Saint-Sacrement, qui dura trois jours entiers, quoique le sieur Le Tellier leur eût porté un ordre du Roi pour faire cesser cette dévotion, où il se trouvoit beaucoup de monde. Les chanoines refusèrent d'obéir, et quelques-uns même parlèrent en des termes si forts, que la cour vit bien qu'il ne falloit pas presser cette affaire ; de sorte que si l'archevêque avoit marqué un peu plus de résolution, et menacé de censures ecclésiastiques, il y a bien de l'apparence que la cour auroit été obligée de le relâcher. Car le chapitre et les curés étoient résolus de fermer Notre-Dame et toutes les églises, si l'archevêque les eût voulu appuyer : ce qui auroit causé un étrange désordre, d'autant plus que le parti de M. le prince étoit devenu beaucoup plus considérable.

Mais l'archevêque étoit bien éloigné de prendre parti dans cette affaire, tant par sa foiblesse naturelle qui étoit connue de tout le monde, que par une jalousie ridicule qu'il avoit conçue de son neveu depuis sa promotion au cardinalat. Ainsi, quoiqu'à la fin il fût obligé d'aller faire au Roi les remontrances dont il avoit été chargé par tout le clergé, il s'en acquitta si mal, que la Reine lui ayant reproché les prières de quarante heures, il répondit qu'elles ne s'étoient pas faites par son ordre, mais par celui du chapitre. Après cela Sa Majesté l'ayant tiré à part, et lui ayant dit quelques petits mots de douceur, avec des assurances que son neveu n'auroit aucun mal, il s'en contenta, et crut avoir beaucoup fait pour lui, laissant tous les ecclésiastiques peu satisfaits de sa conduite, qui leur lioit en quelque façon les mains, et ne leur permettoit pas de rien entreprendre davantage. Cependant le chapitre ne laissa pas de nommer des députés pour examiner les moyens de secourir le cardinal de Retz, et ordonna que l'on diroit tous les jours, à la fin de l'office, un psaume en chant lugubre, avec une oraison pour sa liberté. Mais on en demeura là, par la lâcheté de l'archevêque et de la plupart des parens ou amis du prisonnier, qui le négligèrent tellement, qu'on n'auroit pas seulement eu de ses nouvelles sans la présidente de Pommereuil, qui pratiqua dès les premiers jours deux commerces différens, par le moyen desquels le cardinal écrivoit et recevoit des lettres assez souvent.

Cette dame étoit depuis long-temps amie du cardinal de Retz, et il est certain qu'il avoit plus d'inclination et d'estime pour elle que pour toutes celles auprès desquelles il s'étoit attaché. Aussi peut-on dire qu'elle méritoit cette distinction, l'ayant toujours obligé sans intérêt, et sans avoir voulu prendre la moindre part dans les affaires pour en profiter comme les autres. Elle en usa même si généreusement dans cette rencontre, qu'elle engagea ses bijoux et ses pierreries pour le service du cardinal, pendant que ses parens refusoient de faire la moindre dépense ou démarche pour le soulager.

La duchesse de Lesdiguières fit aussi une chose à bonne intention, et qui pouvoit lui être utile, mais qui pensa le perdre; car s'étant imaginée qu'il pourroit avoir besoin de contrepoison, elle en donna deux petites boîtes au marquis de Villequier qui l'avoit arrêté, pour les lui faire tenir. Mais le marquis les ayant aussitôt remises entre les mains de la Reine, Sa Majesté proposa la chose au conseil, où Servien fut d'avis d'en ôter le contrepoison, et d'y mettre du poison véritable, pour être ensuite rendu au prisonnier. Lâche conseil! Mais le sieur Le Tellier opina au contraire, et dit qu'il n'y avoit qu'à jeter les boîtes et n'en plus parler. La Reine suivit cet avis, fort irritée contre la duchesse de ce qu'elle l'avoit prise pour une empoisonneuse. Dans la suite cependant sa colère s'apaisa, madame de Lesdiguières s'étant chargée de porter le cardinal de Retz à faire tout ce que la cour souhaiteroit de lui.

Le sieur de Caumartin servit aussi le cardinal en véritable ami; et comme la cour l'avoit laissé libre pendant que Joly étoit obligé de se tenir caché, ils se virent plusieurs fois la nuit, pour concerter ensemble la manière dont il falloit conduire ses affaires. Mais comme ils ne pouvoient rien faire seuls, et qu'il falloit engager le plus de monde qu'il se pourroit, ils jugèrent à propos de faire bonne mine au duc de Brissac et à la duchesse de Lesdiguières, au comte de Montrésor, à l'abbé Charier et au sieur d'Argenteuil, laissant là les éclaircissemens pour une autre saison. Ainsi ayant proposé à la duchesse de Lesdiguières, chez qui le duc de Brissac se tenoit caché, de recevoir chez elle les amis du cardinal pour prendre des mesures ensemble, ils se trouvèrent deux ou trois fois avec Argenteuil, qui faisoit aussi pour le comte de Montrésor. Ce dernier ne put paroître ni se commettre, à cause de quelques mauvaises affaires.

Ces conférences auroient pu produire quelque chose de bon, si l'on avoit exécuté ce qui y fut résolu : savoir que l'abbé Charier iroit incessamment à Rome, pour agir auprès du Pape (à quoi il ne se résolut qu'avec bien de la peine, après qu'on lui eut assuré un fonds pour sa subsistance); que Joly iroit en Bretagne trouver le duc de Retz, pour l'exhorter de se joindre au prince de Conti et au comte Du Dognon, qui tenoit encore dans Bordeaux et dans Brouage pour M. le prince. Le duc de Brissac promit de se rendre dans ces quartiers-là, pour appuyer les propositions de Joly. On résolut aussi que l'abbé de Lameth seroit prié d'aller à Mézières et à Charleville, pour engager le vicomte de Bussy et le marquis de Noirmoutier, gouverneurs de ces deux places, à se déclarer en faveur du cardinal de Retz en traitant avec M. le prince, et dans un besoin avec les Espagnols. Si tous ces projets avoient réussi, le cardinal Mazarin se seroit trouvé embarrassé plus que jamais. Cependant il arriva de tous côtés le contraire de ce qu'on avoit espéré : il n'y eut que le duc de Noirmoutier qui fit bonne contenance, et qui parut être dans la résolution de se déclarer : ce qu'il auroit fait apparemment s'il avoit été mieux ménagé, et si Joly avoit pu aller de ce côté-là, comme il en avoit grande envie, pour le faire souvenir de la parole qu'il avoit plusieurs fois donnée, de tirer le canon en faveur du cardinal de Retz, s'il lui arrivoit jamais de tomber dans la disgrâce de la cour, quoiqu'il n'eût pas grand sujet d'être content de lui. Cela est d'autant plus vraisemblable, que madame de Noirmoutier, deux heures après que le cardinal fut arrêté, avoit envoyé chez Joly pour le prier de se retirer chez elle, et pour lui offrir de le faire passer à Charleville, où étoit alors M. de Noirmoutier, qui lui avoit donné un ordre exprès de faire ce qu'elle faisoit. Joly représenta tout cela au duc de Brissac et à la duchesse de Lesdiguières; mais le duc ne voulut jamais consentir au voyage, disant qu'il étoit bien plus important d'agir auprès du duc de Retz, qui devoit commencer, et qui étoit bien plus en état de former un parti que personne, étant maître de Belle-Ile, et à portée de se joindre à M. le prince de Conti et au comte Du Dognon : après quoi le duc de Noirmoutier ne manqueroit pas de faire ce qu'on souhaiteroit de lui. Cette raison étoit plausible, et Caumartin s'y rendit; mais dans le fond, le duc de Brissac avoit ses vues particulières, et craignoit que le duc de Noirmoutier venant à se déclarer chef du parti, il ne lui fît perdre toute la considération qu'il pouvoit y prétendre. Ainsi Joly fut obligé de partir pour le pays de Retz, où le duc de Brissac avoit promis de le suivre incessamment. Cependant il ne lui tint pas parole : il laissa passer six semaines entières sous différens prétextes, mais dans la vérité pour consoler un peu plus long-temps la duchesse de Lesdiguières, et peut-être aussi madame de La Vergne. Enfin pourtant ce duc étant arrivé à Machecoul, où étoient le duc et la duchesse de Retz avec le vieux duc son père, il commença, dans son style ordinaire, à parler en homme qui souhaitoit de faire quelque chose, et qui avoit les meilleures intentions du monde. Mais Joly s'aperçut bien qu'il n'y avoit pas grand fonds à faire sur lui, ayant découvert que lorsqu'il étoit seul avec le duc et la duchesse de Retz, il leur parloit d'une manière toute différente. La différence qu'il y avoit entre ces messieurs étoit que le vieux duc disoit franchement qu'il n'y avoit rien à faire, et qu'il falloit se tenir en repos : au lieu que les ducs de Brissac et de Retz, avec la duchesse, affectoient de dire à tous propos qu'ils étoient dans la résolution de se réunir et d'agir tout de bon. Mais tous leurs beaux discours se terminèrent dans une partie de chasse, où il se trouva près de cent gentilshommes du Poitou qui buvoient fort bien, et qui, le verre à la main, disoient devoir faire des régimens, dont on ne parla plus le lendemain qu'ils retournèrent chez eux.

Les ducs de Retz et de Brissac crurent aussi faire beaucoup en écrivant une lettre au Roi sur la détention du cardinal de Retz, s'imaginant que cette épître produiroit un grand effet. Cependant ils avoient si grande peur qu'elle ne leur fît des affaires à la cour, qu'ils passèrent trois ou quatre jours à en examiner les syllabes, les points et les virgules. Joly eut bien de la peine à trouver des termes et des expressions assez foibles pour s'accommoder à leur goût. Voilà tout ce qui se fit au voyage de Machecoul, hors que le duc de Brissac prit quelques mesures avec la duchesse pour se donner de leurs nouvelles, ne cherchant tous deux que les moyens de paroître vouloir faire ce que dans le fond ils ne vouloient point. Après cela, le duc de Brissac s'en retourna chez lui, et toutes les belles espérances qu'ils avoient données s'évanouirent. Il excusa sa foiblesse par celle des autres, et tâcha de rejeter toute la faute sur les ducs de Retz, principalement sur son beau-père, dont il disoit n'oser combattre les sentimens : conduite qu'il tint toujours pendant la prison du cardinal de Retz, et dans des occasions même fort pressantes, où le duc de Retz affecta de le consulter, pour avoir sa revanche et pouvoir s'excuser à son tour sur lui. La première occasion fut l'arrivée d'un gentilhomme de M. le prince de Conti, nommé Mazerolle, dépêché par son maître pour offrir au duc de Retz des troupes, de l'argent, et tout ce qui dépendoit de lui pour se déclarer. La seconde fut un message de la même nature de la part de M. le prince, qui offrit encore des choses plus positives par le canal d'un gentilhomme nommé Saint-Marc, qui fut présenté au duc de Retz par le marquis de Châteaurenaud son parent, fort brave homme, qui mouroit d'envie de faire quelque chose d'important pour le cardinal de Retz. Mais le duc de Retz répondit aux deux envoyés d'une manière si ambiguë, et le duc de Brissac ayant été consulté fut si long-temps à former son avis, et le donna ensuite d'une manière si froide et si peu décisive, qu'il étoit aisé de voir qu'ils n'avoient ni l'un ni l'autre envie de rien faire. Ce fut aussi ce que le marquis de Châteaurenaud dit en parlant à Joly, qui ne l'avoit déjà que trop remarqué, en lui conseillant de ne perdre pas davantage de temps avec lui, et d'aller plutôt trouver le duc de Noirmoutier. Joly en avoit toujours grande envie, et il pensa à partir brusquement ; mais il en fut empêché encore une fois par Caumartin, qui lui écrivit si fortement là-dessus, qu'il fut obligé de demeurer à Machecoul, quoiqu'il sût fort bien qu'il n'y avoit rien à espérer de ce côté-là. Il ne laissoit pourtant pas de presser ces messieurs ; mais ils éludoient toujours ses poursuites, sous différens prétextes. L'accommodement de M. le prince de Conti et de Bordeaux leur en fournit un dont ils étoient ravis dans l'ame, sans se soucier de ce qu'on pouvoit dire du peu de soin qu'ils avoient eu de faire ce qui dépendoit d'eux pour l'empêcher, après les offres des deux princes. Le duc de Noirmoutier en fournit un autre, l'abbé de Lameth ayant écrit qu'il ne l'avoit pas trouvé disposé à faire ce qu'on souhaitoit de lui : ce que les ducs de Retz et de Brissac ne laissèrent pas tomber à terre, disant partout qu'il ne tenoit pas à eux, et qu'ils auroient été prêts à tout faire si le duc de Noirmoutier avoit voulu se déclarer ; pendant que lui de son côté, avec un peu plus de fondement, prétendoit et soutenoit que c'étoit au duc de Retz à donner l'exemple et le mouvement à tous les amis de son frère le cardinal.

C'est ainsi que ces messieurs, s'excusant les uns sur les autres, éludèrent tour à tour les propositions qui leur furent faites : tout le temps se perdant en voyages inutiles de Machecoul à

Mézières et à Charleville, la duchesse de Retz traversant sous main tout ce que Joly pouvoit faire, quoique d'ailleurs elle lui fît fort bonne mine, et qu'en parlant à lui elle affectât de blâmer son mari et le duc de Brissac de leur peu de vigueur. Elle faisoit même bien pis : car elle écrivoit à un nommé Vincent, créature du sieur Servien, la plupart des choses qui se passoient à Machecoul : ce qui alla si loin que Malclerc ayant fait un voyage auprès du duc de Retz dont il sembloit qu'il remportât quelque chose de plus positif qu'à l'ordinaire, et qui pouvoit engager le duc de Noirmoutier à se déclarer, la duchesse fit partir en même temps en poste un nommé Dolot, dont la femme, sœur de celle de Vincent, étoit sa confidente depuis long-temps, pour informer Vincent de tout ce qui se passoit. Cela pensa être cause que Malclerc fût arrêté à Paris ; mais il se conduisit si bien, et il étoit tellement sur ses gardes, qu'il évita le piége.

Ce Vincent, sa femme et la Dolot étoient des gens de rien, vraie canaille, qui s'étoient introduits auprès de la duchesse de Retz en qualité de musiciens, et qui étoient ensuite entrés peu à peu dans sa confidence en ménageant ses intrigues avec Servien pendant son exil, dont elle lui avoit fait passer une bonne partie du temps dans Beaupréau et dans les autres terres du duc de Retz. Cela donna lieu à Servien d'envoyer la Dolot à Machecoul, pour avoir des nouvelles de ce qui s'y passeroit pendant la prison du cardinal de Retz, et pour faire en sorte que la duchesse, qui gouvernoit absolument son père et son mari, les empêchât de rien faire. Mais il n'étoit pas besoin de tant de précautions contre des gens qui ne pensoient à rien moins qu'à secourir leur frère, particulièrement auprès de la duchesse, qui craignoit extrêmement de troubler son repos, et les plaisirs dont elle jouissoit alors dans son domestique.

D'un autre côté la duchesse de Chevreuse et le marquis de Laigues, qui pouvoient tout sur l'esprit du duc de Noirmoutier, agissoient à peu près de la même façon, faisant bonne mine à Caumartin et aux autres amis du cardinal de Retz, pendant qu'ils écrivoient sous main au duc de Noirmoutier de ne point se déclarer, parce que s'il l'eût fait le marquis de Laigues n'auroit pu avec honneur se dispenser de se retirer à Charleville et de quitter madame de Chevreuse : ce qui lui auroit faire perdre sa charge de capitaine des gardes du duc d'Anjou, et les occasions d'augmenter considérablement sa fortune. La duchesse de Chevreuse craignoit aussi pour elle-même si Laigues se fût déclaré, parce que le cardinal Mazarin, qui étoit revenu six semaines après la prison du cardinal de Retz, l'avoit chargée d'agir auprès du duc de Noirmoutier, dont elle s'étoit en quelque façon rendue responsable. Ainsi il étoit comme impossible que le prisonnier reçût aucun secours de ses parens ou amis.

Cependant le duc de Noirmoutier, qui n'avoit peut-être pas meilleure intention que les autres, continua à faire bonne mine et à témoigner qu'il ne tenoit pas à lui qu'il ne se déclarât : ce qu'il n'auroit pas manqué de faire si le cardinal Mazarin eût continué de faire approcher l'armée du Roi de sa place ; le duc ayant dans ce même temps fait avancer à son secours celle des Espagnols, dans le dessein de les recevoir s'il eût été pressé un peu davantage. Il avoit aussi déjà donné plusieurs ombrages au cardinal de son raccommodement avec M. le prince, et il lui avoit écrit plusieurs fois, et envoyé des gentilshommes conjointement avec le vicomte de Bussy-Lameth au sujet de la prison du cardinal de Retz. D'ailleurs il disoit toujours à l'abbé de Lameth qu'il ne pouvoit se déclarer, à moins que le cardinal de Retz n'exigeât cela de lui expressément, parce qu'il savoit que la plupart de ses amis disoient que si l'on faisoit quelque chose pour lors, cela pourroit porter le cardinal Mazarin aux dernières extrémités, peut-être jusqu'à le faire empoisonner. A cela l'abbé de Lameth répliquoit qu'il n'étoit pas si aisé d'avoir des lettres du cardinal de Retz ; et que quand on pourroit en avoir il n'étoit pas juste de l'exposer à se perdre lui-même sans ressource si elles étoient surprises. Le duc de Noirmoutier répondit qu'il savoit bien qu'on recevoit tous les jours de ses lettres ; et que s'il avoit de la peine à lui écrire si précisément, il se contentoit qu'il écrivit à lui, abbé de Lameth, une simple lettre de créance, pour l'autoriser à lui dire positivement de sa part qu'il le prioit de se déclarer : après quoi il promettoit de le faire. L'affaire paroissoit de cette sorte en assez bon état, et le duc de Noirmoutier auroit eu de la peine à s'en dispenser, si le cardinal de Retz eût voulu parler un peu plus clairement. Mais n'ayant pu s'y résoudre, il donna un beau champ au duc pour se disculper devant le monde : outre que, dans la vérité, plusieurs de ses amis doutoient si l'on devoit hasarder la chose dans la crainte du poison. Tous ceux qui appréhendoient de s'exposer se servoient de ce prétexte, particulièrement la duchesse, qui nuisoit autant au cardinal par ses frayeurs hors de saison qu'elle lui avoit porté préjudice par ses folles espérances. Le père de Gondy, quoique retiré du monde, avoit d'autres sentimens ; et il faut dire à sa louange qu'on ne lui proposoit jamais rien de vigoureux qu'il n'allât au-devant, quoique les duchesses de Lesdiguières et de Retz tâchassent de l'adoucir autant qu'elles pouvoient. Mais ce bon homme étoit si persuadé du préjudice que la prison de son fils portoit à l'Eglise, qu'il ne pouvoit goûter les raisons contraires, disant sans cesse qu'il vouloit hasarder toutes les fortunes de sa famille dans une occasion si juste et si sainte.

Le plus grand obstacle à tout cela fut l'irrésolution du cardinal de Retz, dans laquelle on le voyoit toujours. Il ne répondoit jamais précisément, par la crainte de s'exposer aux résolutions violentes de la cour dont les intentions ne lui étoient pas inconnues, après les ordres qu'il savoit qu'on avoit donnés à Pradelle en le chargeant de l'arrêter. Cette appréhension avoit, dans la vérité, tellement saisi son esprit, qu'elle paroissoit, quelque soin qu'il prît de la cacher, dans toutes ses actions. Une des premières fautes fut celle qu'il fit de négliger de se sauver dans une occasion que le président de Pommereuil et Caumartin avoient ménagée pour sa liberté, en corrompant Du Croisat, exempt des gardes, qui commandoit dans le donjon de Vincennes, et qui avoit promis de le mettre en liberté, moyennant une somme de cent cinquante mille livres qui devoit être entre les mains d'une personne sûre. Cette affaire fut poussée fort loin et le succès en paroissoit infaillible; mais le cardinal de Retz la rompit en écrivant qu'il ne falloit pas se fier à Du Croisat, dont il se plaignoit beaucoup et qu'il disoit être de concert avec la cour pour le faire périr dans l'exécution du dessein. Mais ce soupçon n'étoit fondé que sur la timidité du cardinal, et la suite fit connoître clairement que Du Croisat agissoit de bonne foi.

Cette intrigue se ménageoit avec une femme que Du Croisat entretenoit depuis long-temps, et qui offroit de se mettre en ôtage en tel lieu qu'on voudroit en attendant l'exécution; mais il arriva, lorsqu'on y pensoit le moins, que Du Croisat fut mis hors de Vincennes sur l'avis qu'il alla donner à Servien des offres qu'on lui faisoit. Il fit cela par une grande précaution pour assurer la cour de sa fidélité, si par hasard l'avis lui en étoit donné d'ailleurs : ce qui n'eut pas l'effet qu'il s'étoit promis, la cour n'ayant jugé à propos de laisser un homme sans biens, comme lui, plus long-temps exposé à une tentation de cette nature. De là il est aisé de juger qu'elle n'avoit pas assez de confiance en lui pour avoir concerté avec lui la perte du cardinal par une intrigue aussi délicate que celle-là.

Quoi qu'il en soit, ce ne fut pas dans cette seule occasion que le cardinal de Retz donna des marques de sa foiblesse et de son chagrin, qui ne paroissoient que trop dans toutes les lettres qu'il écrivoit à ses amis, sans parler de ce qu'il prenoit soin de leur cacher, comme la proposition qui lui fut faite par Pradelle, de concert avec la cour, de se démettre de son archevêché : ce qu'il écouta long-temps fort sérieusement sans leur en rien dire.

Pradelle étoit la créature de Servien, qui lui fit donner exprès la commission de garder le cardinal de Retz à Vincennes, pour se servir de lui afin de ménager l'esprit du prisonnier et lui inspirer les sentiments qu'il souhaiteroit sur l'article de la démission : à quoi la duchesse de Lesdiguières aidoit autant qu'il lui étoit possible, ayant pour cet effet, et sous prétexte de le soulager dans la prison, fait entrer le sieur de Bragelonne, son ancien domestique, et chanoine de Notre-Dame, homme fort timide et fort foible.

Cet homme avoit ordre de le porter à se démettre; de lui dire que c'étoient les sentiments du père de Gondy (et c'est ce qui n'étoit pas vrai); et de l'assurer que par ce moyen il seroit bientôt mis en liberté avec des conditions avantageuses. Mais Caumartin et madame de Pommereuil, ayant été informés de cette intrigue sourde, avertirent si bien le cardinal de Retz de prendre garde à ce que lui diroit Bragelonne, qu'au lieu d'écouter ses conseils il s'en éloigna si ouvertement, que ce pauvre chanoine tomba dans une fièvre chaude et se coupa lui-même la gorge avec un rasoir (1).

Cependant le cardinal de Retz ne laissa pas d'écouter toujours les propositions de Pradelle, quoiqu'il ne se fiât pas à lui, et qu'il fût bien résolu à ne rien conclure par son moyen. Mais dans le fond il avoit formé déjà le dessein d'exécuter la chose, comme il fit peu de temps après, n'attendant pour cela que des ouvertures plus favorables du côté de la cour, et le consentement de ses amis qui y étoient entièrement opposés, particulièrement Caumartin et plusieurs autres. Les choses étant en cet état, le cardinal Mazarin crut qu'il étoit temps de faire publiquement proposer au cardinal de Retz de se démettre de son archevêché, afin de se disculper auprès du Pape et de quantité de personnes, qui ne s'étonnèrent pas que le Roi souhaitât de le

---

(1) On attribue la frénésie de Bragelonne à une autre cause. Il n'étoit pas entré en prison pour porter le cardinal à se démettre (car c'étoit l'homme du monde le moins propre à une négociation), mais pour lui tenir compagnie. La solitude le fit tomber dans une noire mélancolie qui lui renversa la tête. (*Note de l'auteur.*)

voir hors de ce poste après tout ce qui s'étoit passé.

Ce prétexte étoit assurément le plus spécieux qu'on pût donner pour faire entendre raison à Sa Sainteté, qui avoit fait faire plusieurs instances et qui avoit envoyé un nonce exprès pour solliciter la liberté du cardinal (1). Et comme on n'avoit pas jugé à propos de recevoir ce nouveau nonce, il étoit en quelque façon nécessaire de se justifier, dans la crainte que la cour de Rome ne portât les choses plus loin et ne prît des résolutions fâcheuses contre le cardinal Mazarin : car, suivant les bruits qui couroient, le Pape vouloit le citer à Rome et lui faire ôter son chapeau. Dans la vérité, si les amis du cardinal de Retz eussent fait quelque chose, il y a bien de l'apparence que le Pape les auroit appuyés : Sa Sainteté ayant dit plusieurs fois à l'abbé Charier que si l'on pouvoit mettre seulement deux mille hommes en armes en sa faveur, il enverroit aussitôt un légat pour se mettre à leur tête et agir de concert avec ses amis.

Il est vrai que la cour n'avoit presque plus lieu de rien craindre du côté des partisans du cardinal de Retz, ni de ses parens ; mais elle devoit toujours appréhender leur jonction à ceux de M. le prince : aussi avoit-elle des espions de tous côtés pour prévenir cet inconvénient, et afin d'observer les démarches des uns et des autres. Ayant été informée par l'un d'eux que le nommé Breteval, marchand de dentelles dans la rue des Bourdonnois, entretenoit commerce avec M. le prince, elle donna ordre au lieutenant civil de l'arrêter, et de le conduire au bois de Vincennes, après avoir fait une perquisition exacte de tout ce qui étoit dans sa maison. Si cet officier s'étoit bien acquitté de sa commission, il auroit fait une capture importante en arrêtant le sieur de Marigny, agent de M. le prince, qui y étoit logé, et qui étoit encore au lit quand Breteval fut arrêté. Mais ayant entendu le bruit qui se faisoit dans la maison, il se leva tout nu en chemise, et gagna le haut de la maison sans que personne s'en aperçût. De là grimpant sur les tuiles, il se coula par une lucarne chez le sieur Fardouel, secrétaire du Roi et avocat au conseil : et ne se croyant pas en sûreté dans le grenier, il descendit jusque dans la cave. La fraîcheur du lieu et de la saison ne lui auroit pas permis d'y faire un long séjour sans s'incommoder, si heureusement pour lui une servante n'y fût descendue

(1) Le nonce eut ordre de s'arrêter à Lyon, et le Pape ne poussa pas plus loin cette affaire, dans la crainte de commettre son autorité. (*Note de l'auteur.*)

peu de temps après pour tirer du vin. Cette fille surprise, comme on peut penser, de voir là un homme en cet état, fit un cri qui fit plus de peur à Marigny qu'elle n'en avoit elle-même. Dans la crainte que ce cri le fît découvrir, après l'avoir priée de ne point faire de bruit, il lui dit, pour la rassurer, qu'il étoit un pauvre marchand de Rouen, ami de Breteval, poursuivi par ses créanciers qui le ruineroient, s'il étoit découvert. Après cela, il la pria d'avertir le sieur Dalancé, maître chirurgien, qui demeuroit à deux maisons de là, que son ami de chez Breteval s'étoit refugié chez M. Fardouel pendant le désordre du matin, et qu'il souhaitoit de lui parler. Dalancé, qui étoit en peine de lui, reçut ce message avec joie ; et ayant bien recommandé le secret à cette fille, et d'avoir bien soin de son hôte, il la chargea de lui dire de prendre patience jusqu'au soir, et qu'il iroit lui-même le tirer de son cachot. La servante trouvant Marigny tremblant de froid, lui porta la couverture de son lit, dans laquelle il s'enveloppa en attendant la nuit, qui étant venue, Dalancé lui fit porter des habits, et le conduisit chez un de ses amis : le tout à l'insu du sieur Fardouel, qui n'apprit les soins de sa servante que long-temps après.

Cependant le nonce du Pape qui résidoit à Paris, ayant souhaité de voir le cardinal de Retz pour savoir de ses nouvelles et du traitement qu'on lui faisoit, le cardinal Mazarin le lui permit, et le fit accompagner par le sieur de Lyonne, neveu de Servien, pour observer ce qui se passeroit, et s'il parleroit de sa démission conformément aux discours qu'il tenoit à Pradelle. Mais il tint tout un autre langage, ayant récité d'un ton ferme et d'un air assuré, en leur présence, un discours qui lui avoit été donné et envoyé quelques jours auparavant par Caumartin, dont la conclusion étoit qu'il refusoit sa liberté, si elle ne se pouvoit obtenir que par sa démission. Ce refus donna beaucoup de réputation au cardinal de Retz, qui fut fort loué de sa fermeté apparente ; mais cette belle résolution ne venant pas de lui, elle ne dura pas long-temps, et il ne put s'empêcher quelque temps après de s'ouvrir plus naturellement à Duflos-Davanton, jeune officier des gardes du corps, à qui la cour avoit depuis peu confié la garde de sa personne, et de lui laisser connoître la disposition où il étoit de donner sa démission, pourvu qu'on lui laissât les moyens de sauver son honneur dans le monde, et la liberté d'en conférer avec Caumartin ou avec le premier président de Bellièvre, auquel il vouloit avant toutes choses faire approuver sa résolution. Ces propos furent même dans la suite répétés si souvent et d'une manière si forte, que Davanton vit fort bien qu'il seroit aisé de pousser plus avant, et d'obtenir sa démission, même sans sauver les apparences. Mais ce nouveau confident en usa en honnête homme, et sans abuser de la confiance que le cardinal de Retz avoit en lui. Il se contenta de faire entendre au comte de Noailles, capitaine des gardes, la disposition où étoit son prisonnier de traiter sérieusement de sa démission avec la cour : ce que Davanton fit peut-être autant par prudence que par honnêteté, pour ne se pas exposer à être désavoué du cardinal qui l'en menaçoit tous les jours, s'il passoit les bornes de sa commission, et pour s'assurer par sa discrétion la négociation de cette importante affaire. Il craignoit que le cardinal ne se remît entre les mains de Pradelle, avec lequel il gardoit toujours quelques mesures, quoiqu'il ne le fît que pour l'amuser. Ce qui attira à Davanton la confiance du cardinal de Retz, fut sa complaisance et la manière honnête dont il en usoit avec lui dans tout ce qui ne regardoit point le service essentiel de sa charge ; et que d'ailleurs cet officier, avec un peu d'étude et un esprit plus orné que ne l'ont ordinairement les gens de sa profession, lui aidoit à passer avec quelque douceur des heures qui semblent toujours bien longues et bien ennuyantes à un prisonnier.

[1654] Cependant il y avoit encore des jours où le cardinal de Retz paroissoit fort irrésolu, et avoit oublié toutes les paroles qu'il avoit données. Cette manière bizarre embarrassa fort l'entremetteur dans les commencemens ; mais quand il eut mieux connu son esprit extrêmement léger, et qu'il eut pénétré le désir extrême qu'il avoit de se voir en liberté, il se fit bientôt à ce manége de variations continuelles, qui durèrent depuis le 15 janvier 1654 jusqu'à la mort de l'archevêque de Paris, qui arriva le 21 mars de la même année.

Cet événement changea un peu la face des affaires, Caumartin ayant eu l'adresse, dès que ce prélat eut les yeux fermés, de faire prendre possession de l'archevêché de Paris au nom du cardinal de Retz, sur une procuration signée de lui dans le château de Vincennes, quoiqu'elle parût avoir été passée avant la détention. Cette procuration portoit en substance que le cardinal, ayant le dessein d'aller à Rouen, donnoit charge au sieur de Labour, son aumônier, de prendre pour lui possession de l'archevêché, en cas de la mort de monsieur son oncle. Elle avoit été dressée par les sieurs Roger, notaire apostolique, et de Paris, docteur de Sorbonne.

Le chapitre ayant été averti, s'assembla dès sept heures du matin (1), trois heures après la mort de l'archevêque ; et les mesures furent si bien prises, que le doyen, qui avoit été jusque-là toujours assez contraire au cardinal de Retz, lui fut tout-à-fait favorable en cette occasion, disant qu'il ne falloit pas douter que le cardinal de Retz ne fût leur véritable archevêque, quoiqu'il n'eût pas prêté le serment de fidélité, formalité séculière à laquelle l'Eglise ne s'arrêtoit pas. Ainsi la chose ayant été mise en délibération, le chapitre arrêta tout d'une voix que sur-le-champ le sieur de Labour, son procureur, qui étoit à la porte, seroit introduit, et mis en possession avec toutes les cérémonies et solennités requises : ce qui fut exécuté. Après cela, le chapitre envoya des députés à M. le chancelier, pour le prier de leur ménager une audience du Roi, afin de supplier Sa Majesté de vouloir mettre en liberté le cardinal de Retz leur archevêque, pour faire les fonctions de sa charge dans la semaine sainte, qui approchoit. Tout cela se fit sans qu'il parût personne du côté de la cour pour s'y opposer, jusque vers les dix heures du matin, que le sieur Le Tellier alla de la part du Roi chez le doyen, pour faire assembler le chapitre, et l'obliger de prendre le gouvernement spirituel de l'archevêché, comme vacant en régale, parce que le cardinal de Retz n'avoit pas fait le serment de fidélité ; mais l'affaire étoit déjà consommée : il fut obligé de s'en retourner sans rien faire. Le soir du même jour, le chapitre alla au Louvre pour faire les remontrances et supplications à Sa Majesté : mais le chancelier, sans leur donner le temps de parler, leur dit d'abord qu'ils avoient été bien vite ; qu'ils avoient fait tort aux droits du Roi ; que Sa Majesté ne reconnoissoit point le cardinal de Retz pour archevêque de Paris ; qu'elle leur enjoignoit de nommer un grand vicaire pour le gouvernement spirituel de l'archevêché, laissant au Roi le soin de nommer des économes pour le temporel : après quoi le chancelier mit entre les mains du doyen un arrêt du conseil qui portoit tout ce qui vient d'être dit. Le doyen ayant voulu prendre la parole, la Reine fit signe au Roi de s'en tenir là, et le chapitre fut obligé de se retirer.

Ce procédé surprit tout le monde ; on l'imputa à l'aigreur et à la fierté de la Reine. Plusieurs murmuroient hautement, disant que c'étoit

(1) On prétend que le chapitre s'assembla dès cinq heures, une heure après la mort de l'archevêque.
(*Note de l'auteur.*)

mettre la main à l'encensoir, et que cette manière d'agir ressembloit fort à celle de Henri VIII, roi d'Angleterre. L'arrêt du conseil ayant été rapporté trois jours après au chapitre, on n'y eut point d'égard ; et il fut résolu de s'en tenir à ce qui avoit été arrêté, et de reconnoître les sieurs Chevalier et Lavocat pour grands vicaires, sur les lettres qu'ils présentèrent signées du cardinal de Retz, qui avoient été fabriquées par les auteurs de la procuration (1). De sorte que ces deux ecclésiastiques commencèrent à gouverner le diocèse, en ordonnant des prières publiques avec l'exposition du saint-sacrement par toutes les églises de Paris, quatre à la fois, pour demander à Dieu la liberté de leur archevêque. Ces prières furent commencées par le chapitre de Notre-Dame ; les curés de la ville entrèrent dans le même esprit, se soumirent aux grands vicaires, et laissèrent entendre qu'ils obéiroient en toutes choses, jusqu'à fermer les églises (2) en cas qu'on vînt à l'interdit. Cela seroit certainement arrivé, toutes les mesures étant prises pour cela, si le cardinal de Retz eût tenu bon. Le peuple, qui ne s'étoit point d'abord ému de sa prison, commençoit à murmurer, et à prendre feu sur la religion ; et les amis de M. le prince faisoient ce qu'ils pouvoient pour l'animer. Le nonce avoit aussi promis d'appuyer fortement le chapitre, les grands vicaires et les curés ; et le président de Bellièvre avoit donné lieu de croire que le parlement ne leur seroit pas contraire. Ainsi Caumartin, qui avoit ménagé toute cette intrigue, ne doutoit point qu'elle ne réussît, et que le cardinal de Retz ne fût incessamment élargi, se reposant sur les lettres qu'il recevoit de lui tous les jours, remplies de protestations très-expresses de ne donner jamais sa démission sur quoi que ce pût être. Cependant les choses qui se passoient dans son esprit étoient bien différentes de celles qui paroissoient dans ses lettres ; l'impatience, l'ennui, le chagrin, et par-dessus tout la crainte des entreprises violentes qu'on pouvoit faire sur sa personne, l'engagèrent à détruire tout ce que ses amis avoient fait en sa faveur lorsqu'on y pensoit le moins.

A bien examiner les choses, il est difficile de le condamner entièrement, quoiqu'il ne fût question que d'attendre peut-être sept à huit jours davantage ; car il y a bien de la différence du raisonnement d'un homme qui se voit à la discrétion de son ennemi, et qui souffre depuis long-temps dans une prison, à celui des gens en liberté, qui s'imaginent que rien n'est plus aisé que d'attendre tranquillement les effets de leurs sollicitations, ou des révolutions favorables. Quoi qu'il en soit, le cardinal Mazarin, qui avoit aussi ses inquiétudes et ses raisons pour faire finir cette affaire, envoya promptement à Vincennes le comte de Noailles, capitaine des gardes, pour conclure la négociation du sieur Davanton, sur les avis qu'il avoit donnés que le cardinal de Retz y étoit entièrement déterminé.

Ce comte s'y rendit de grand matin, et fut introduit dans la chambre du cardinal, qui étoit encore au lit. Il commença par lui faire un grand sermon sur l'autorité du Roi, et sur l'obéissance absolue qui lui étoit due, et sur les disgrâces auxquelles s'exposeroient ceux qui prétendroient s'en dispenser. Ce discours ne fut pas bien reçu du cardinal ; et quoiqu'il fût effectivement résolu à se soumettre aux volontés de la cour, il rejeta cependant fort loin les premières propositions du comte, et se tint fortement sur la négative. Ainsi cette première conférence se passa tout entière en contestations extrêmement vives de part et d'autre, quoiqu'elle eût duré bien deux heures. Davanton s'étant ensuite approché du comte de Noailles pendant qu'il mangeoit un morceau et qu'il se chauffoit auprès du feu, l'avertit qu'il n'obtiendroit rien du cardinal par hauteur, et en le contrariant, mais que s'il vouloit se radoucir un peu, et lui accorder la liberté qu'il avoit toujours demandée de conférer avec un de ses amis, il en obtiendroit tout ce qu'il voudroit. Alors le comte changea de ton ; et ayant donné les mains à cette conférence, ils rentrèrent en matière, et se trouvèrent bientôt d'accord, le cardinal de Retz ayant promis positivement de donner sa démission sous certaines conditions. Il y eut pourtant une petite difficulté sur ce que le comte de Noailles demandoit une réponse par écrit, qui exprimât ce dont ils étoient demeurés d'accord ; mais le cardinal ne voulut rien faire, disant qu'ils devoient se contenter de sa parole jusqu'à l'exécution ; que s'il vouloit absolument une réponse par écrit, il lui en donneroit une semblable à celle qu'il avoit donnée au nonce, c'est-à-dire un refus absolu ; parce qu'autrement il se ruineroit d'honneur auprès de ses

---

(1) La procuration n'avoit point été signée par le cardinal de Retz. Le principal d'un collège, nommé Le Houx, demanda à voir son écriture, et la contrefît si bien que tout ce que l'on a cru écrit par le cardinal étoit de la main de ce principal. (*Note de l'auteur.*)

(2) Les curés auroient fermé leurs églises ; mais on sut que les moines n'imiteroient pas les curés.
(*Note de l'auteur.*)

amis, et que d'ailleurs il ne vouloit point s'exposer au hasard des avantages que le cardinal Mazarin pourroit en tirer contre lui, sans être assuré de la récompense qu'on lui promettoit pour son archevêché. Enfin le comte de Noailles fut obligé de se contenter de la parole du cardinal, et d'une réponse par écrit, pour l'exposer au public, dans laquelle le cardinal de Retz, après des protestations de son obéissance, remercioit le Roi de la bonté qu'il avoit de penser à sa liberté; mais il déclaroit ne pouvoir l'accepter aux conditions qui lui étoient proposées de renoncer à l'archevêché de Paris, en prenant plusieurs bénéfices d'un revenu équivalent, persuadé qu'elles étoient contraires à sa conscience, à son honneur et à ce qu'il devoit à l'Eglise.

Ainsi le comte de Noailles sortit de Vincennes fort satisfait de sa négociation, après avoir fait bien des amitiés et des caresses à Davanton, et et l'avoir assuré de bonne sorte de la reconnoissance du cardinal Mazarin, qui étoit intéressé plus que personne dans cette affaire. Il avoit ses raisons pour lui parler de la sorte; car étant créature du cardinal Mazarin, et des plus dévoués, il étoit de son intérêt de ne rien négliger pour terminer cette affaire à son avantage et suivant ses désirs. La fortune du comte dépendoit absolument de celle du cardinal. Aussi n'oublia-t-il rien pour tâcher de découvrir à fond les véritables dispositions du cardinal de Retz; et il emmena exprès Davanton hors de Vincennes, pour le questionner sur ce sujet plus librement. Mais cet officier, soit par honneur, soit par discrétion, et pour mieux assurer le succès de l'affaire, ne jugea pas à propos d'en éclaircir davantage le comte de Noailles, lequel ayant fort bien remarqué la confiance que le cardinal de Retz avoit en lui, ne put s'empêcher de lui reprocher obligeamment, et en redoublant ses caresses, qu'il voyoit bien qu'il ne lui disoit pas tout ce qu'il savoit. Cela étoit plus vrai qu'il ne pensoit : car si Davanton avoit voulu trahir le secret et la fidélité qu'il avoit promis au cardinal de Retz, il est certain que la cour auroit obtenu sa démission beaucoup plus aisément, et peut-être sans aucune condition.

Caumartin et autres amis du cardinal de Retz ne surent rien du secret de cette conférence, et ils s'en tinrent comme les autres à la réponse par écrit, qui fut rendue publique le jour même, le prisonnier s'étant contenté de leur faire savoir qu'il avoit demandé encore une fois la liberté de parler à un de ses amis pour délibérer avec lui de l'état de ses affaires, et qu'il espéroit qu'enfin on la lui accorderoit. On a déjà dit que la raison qui l'obligeoit d'insister sur cette entrevue étoit pour couvrir son honneur, et pour faire croire au monde qu'on lui avoit conseillé de donner sa démission, jugeant que s'il ne pouvoit pas faire entrer son ami dans son sentiment, il n'oseroit au moins s'y opposer directement, ni laisser entendre à la cour qu'il l'en auroit détourné.

Quoi qu'il en soit, Caumartin, qui jugeoit de sa résolution par ses lettres, continua de presser les mesures qu'il avoit prises avec le clergé pour la liberté du cardinal de Retz; et ayant su que le président de Bellièvre avoit été nommé par la cour pour cette conférence, il l'alla voir pour le prier de fortifier le cardinal de Retz dans la résolution où il le croyoit de ne point donner sa démission. Mais il fut bien étonné d'apprendre de lui tout le mystère et le succès de la négociation de Davanton, dont le cardinal Mazarin avoit informé le premier président, pour bien faire connoître les dispositions où il trouveroit le cardinal de Retz; avec ordre de lui dire qu'aussitôt qu'il auroit donné sa démission, il pouvoit être assuré qu'on le mettroit entre les mains du maréchal de La Meilleraye, qui le mèneroit au château de Nantes, où il le garderoit comme son ami, jusqu'à ce que sa démission eût été acceptée en cour de Rome. Cependant cela ne désabusa point Caumartin. Prévenu par les protestations continuelles du cardinal de Retz de refuser toute sorte de conditions, il tâcha de persuader au premier président que le cardinal n'avoit feint d'écouter Davanton que pour amuser la cour, et se faciliter le moyen de conférer avec un de ses amis pour l'instruire de ses véritables intentions, et convenir ensemble des mesures qu'il falloit prendre.

Le président, persuadé par les raisons de Caumartin et par la lecture de plusieurs lettres toutes récentes du cardinal de Retz, alla donc à Vincennes dans l'espérance de le fortifier, et dans le dessein de le confirmer dans son refus. Cependant, suivant les ordres de la cour, il mena deux notaires avec lui pour recevoir la démission du cardinal en cas de besoin. Mais avant que de voir le cardinal, il voulut entretenir Davanton; il lui représenta les trois dernières lettres qu'il avoit écrites à la cour, par lesquelles il pressoit extrêmement sur l'envoi d'un des amis du cardinal de Retz pour consommer l'affaire, qu'il assuroit comme indubitable. Il le questionna de vingt manières différentes sur le fondement qu'il pouvoit avoir de donner des affirmations si positives. Il lui déclara nettement qu'il n'en pouvoit rien croire, et qu'il y avoit bien plus d'apparence qu'un jeune homme comme lui s'étoit laissé jouer par le cardinal de Retz, accoutumé aux intrigues et aux déguisemens. Mais cet officier ayant persisté à soutenir qu'il n'avoit rien écrit dont il ne fût bien assuré, et qu'il en alloit éprouver la vérité, ils passèrent dans l'appartement du cardinal, le président raillant toujours Davanton, et lui marquant par ses gestes et ses paroles qu'il n'en croyoit rien. Cependant à peine furent-ils entrés en matière qu'il vit que Davanton avoit raison, ayant trouvé le cardinal encore plus déterminé à la démission que Davanton ne lui avoit dit ; et que si la cour avoit voulu exiger de lui d'autres conditions, il s'y seroit soumis sans beaucoup de peine. Ainsi leurs conventions particulières et secrètes ne furent pas longues, et il ne fut plus question que de réduire en forme les articles dont ils étoient convenus, savoir : 1° Qu'on dresseroit deux expéditions de la démission du cardinal de Retz, dont l'une demeureroit entre les mains du président, et l'autre seroit envoyée en cour pour être agréée du Pape, moyennant la récompense dont ils étoient convenus ; 2° que cependant le cardinal de Retz seroit remis entre les mains de M. de La Meilleraye, son allié, qui le conduiroit au château de Nantes, où il demeureroit en attendant des nouvelles de Rome, avec la liberté d'y recevoir des visites de ses amis ; 3° que le maréchal de La Meilleraye s'obligeroit, en parole d'honneur et par écrit, de ne point souffrir, et sous aucun prétexte, qu'il fût transféré ailleurs ; et de le mettre en pleine liberté aussitôt que la démission seroit admise en cour de Rome, sans attendre de nouveaux ordres du Roi.

Après cela le président envoya chercher les deux notaires, qui étoient demeurés cachés dans un carrosse à la porte du château ; mais Pradelle, enragé de voir finir cette affaire à sa barbe et sans lui, fit d'abord grande difficulté de laisser entrer le président avec tous ceux qu'il voudroit. L'ordre, disoit-il, ne portoit point qu'on laisseroit entrer personne après lui ; mais enfin le président lui ayant fait comprendre l'importance de l'affaire, et à quoi il s'engageoit s'il en empêchoit la conclusion par son chagrin, il laissa entrer le carrosse avec les deux notaires, qui furent conduits par Davanton dans la chambre du cardinal de Retz, où ils dressèrent deux minutes de sa démission qu'il signa, et qui furent remises entre les mains du président, comme dépositaire et garant des promesses respectives de part et d'autre.

L'affaire finie, le président alla en diligence porter cette nouvelle à la cour, où elle fut reçue avec une grande joie, même par plusieurs des amis du cardinal de Retz. Mais il y en eut d'autres qui en furent fort fâchés, particulièrement Caumartin, à qui le président dit, pour le consoler, qu'il étoit la dupe du cardinal de Retz ; qu'il lui avoit jeté de lui-même sa démission à la tête sans attendre qu'il lui en parlât, bien loin d'être dans les dispositions qu'il lui avoit marquées.

Le chapitre et les curés, qui s'étoient donné bien des mouvemens inutiles en faveur du cardinal, furent aussi extrêmement étonnés de sa démission, et cela leur fit rabattre beaucoup de la bonne opinion qu'ils avoient eue jusque-là de sa constance et de sa fermeté. Enfin cette action lui fit un très-grand tort dans la suite des affaires. Le père de Gondy fut celui de tous qui en fut le plus touché, ayant répondu à ceux qui lui annoncèrent cette nouvelle comme devant lui être agréable, à cause de la liberté du cardinal son fils, qu'il auroit bien mieux aimé l'embrasser mort dans sa prison, que vivant en liberté à ces conditions ; sans pouvoir rien ajouter autre chose, à cause des larmes qu'il répandoit en abondance..

La duchesse de Lesdiguières elle-même, qui avoit fait son possible pour mettre les choses au point où elles étoient, n'en fut pourtant pas contente, parce qu'elles ne s'étoient pas faites par son moyen ni par celui de Servien et de Pradelle, qui étoient la même chose : tous ces gens-là s'étant imaginé devoir tirer de grands avantages de la cour pour cette négociation, qui se termina pourtant sans eux, et dont ils n'apprirent la nouvelle que par le bruit général.

Il n'y eut donc, à dire le vrai, que le duc et la duchesse de Retz, les ducs de Brissac et de Noirmoutier, le marquis de Laigues et la duchesse de Chevreuse, qui furent bien aises de voir la fin de cette affaire, dont ils ne cherchoient qu'à se débarrasser, afin de couvrir la honte de n'avoir rien voulu faire pour leur frère, leur parent et leur ami. Mais celui de tous qui fut le plus content fut le cardinal de Retz lui-même, qui, sans s'embarrasser de ce qu'on pourroit dire des autres, n'avoit cherché qu'à se mettre en liberté, et à se délivrer des appréhensions continuelles où il avoit été dans sa prison. Véritablement il est assez difficile d'en porter un jugement certain, et de dire s'il fit bien ou mal, vu les fâcheuses dispositions de la Reine et du cardinal Mazarin à son égard, et les desseins qu'il savoit qu'on avoit formés contre sa personne. Mais de quelque manière qu'on en juge, il faut convenir qu'il n'étoit ni nécessaire ni même honnête, ayant le dessein qu'il avoit, d'amuser, comme il fit jusqu'à la fin, Caumartin et ses amis.

Quoi qu'il en soit, le cardinal Mazarin étant parvenu à ses fins, ne laissa pas traîner cette affaire. Il fit aussitôt expédier les ordres pour la translation du cardinal de Retz au château de Nantes, le maréchal de La Meilleraye l'étant allé prendre à Vincennes conjointement avec le marquis de Villequier qui l'avoit arrêté, suivant l'usage qui veut que le prisonnier reçoive sa liberté de celui qui la lui a ôtée. Après cela ils lui donnèrent, de parole et par écrit, toutes les assurances spécifiées ci-dessus. Il le fit sortir du château d'entre les mains de Davanton, qui le conduisit à Nantes avec une escorte de trois cents chevaux de différentes brigades des gardes de la Reine, des gendarmes et chevau-légers, et des gardes du cardinal Mazarin, et un détachement de cent cinquante mousquetaires tirés des deux compagnies du régiment des Gardes, que Pradelle commandoit à Vincennes. Cette sortie du cardinal de Retz se fit le 30 mars 1654. On peut dire qu'une escorte si nombreuse n'avoit pas trop l'air de liberté, et ressembloit assez à un changement de prison. Aussi, quand le cardinal de Retz en fut averti par Davanton la veille de son départ, il en fut si effrayé qu'il ne put retenir ses larmes, disant qu'on lui avoit manqué de parole; qu'on lui avoit promis de le mettre entre les mains de M. de La Meilleraye comme entre les mains de son ami, qui avoit bien voulu repondre de sa personne ; que, s'il avoit cru devoir être traité de cette manière, il n'auroit jamais donné sa démission : avec plusieurs autres propos de cette nature, qui marquoient assez le trouble de son esprit ; dont le sieur Davanton eut bien de la peine à le remettre, en lui faisant entendre que la cour étoit obligée de prendre ces précautions, dans la crainte que les ducs de Retz et de Brissac n'entreprissent de l'enlever sur sa route. Mais ce n'étoit là qu'un prétexte : car il est bien certain que ces messieurs n'en avoient pas la moindre pensée, et qu'on leur faisoit beaucoup plus d'honneur qu'ils ne méritoient d'avoir si bonne opinion d'eux

Le changement d'état du cardinal de Retz avoit été annoncé et prévu quelque temps auparavant par Goiset, avocat, qui avoit comme prédit aussi l'évasion du duc de Beaufort. Écrivant à un des amis du cardinal, il lui disoit de se consoler et de prendre patience; que la prison du cardinal ne seroit pas longue; qu'il y auroit plusieurs négociations pour sa liberté dont il ressentiroit les premiers effets au mois de mars 1654, mais qu'elle ne seroit pleine que vers le 15 octobre de la même année : ce qui fut confirmé par l'événement. L'état où il se trouva dans le château de Nantes n'étoit en effet qu'une ombre de liberté : car, quoique M. de La Meilleraye le traitât avec toute la douceur et toute l'honnêteté possible, il ne laissoit pas de le faire garder aussi soigneusement qu'il l'avoit été dans le château de Vincennes.

Le cardinal de Retz étoit logé au second étage, dans une chambre où il couchoit avec quatre soldats qui passoient toutes les nuits à la porte de sa chambre, et une sentinelle dans la cour sous ses fenêtres. Il est vrai que pendant le jour il avoit la liberté de se promener dans le château, et dans une allée en terrasse qui avoit vue sur la rivière, sur la motte Saint-Pierre et sur le faubourg; mais il n'y alloit jamais qu'il n'y fût suivi de deux gardes, qui avoient ordre de l'observer : sans parler de deux sentinelles qui étoient toujours au bout de cette allée, éloignés l'un de l'autre environ de soixante pas. Ainsi le maréchal ne négligeoit rien pour s'assurer de sa personne, dont il avoit répondu à la cour : mais il faut avouer aussi qu'à cela près, il lui faisoit tout le bon traitement qu'il pouvoit désirer. Outre la bonne chère, qui étoit parfaite, il avoit soin de faire venir au château toutes les meilleures compagnies d'hommes et de femmes de la ville et de la province. Il lui donnoit souvent la comédie ; il donnoit à jouer tous les jours, et jouoit lui-même un fort gros jeu. Il laissoit une entière liberté au cardinal de Retz de voir tous ses amis et tous ses domestiques, jusqu'à ce qu'il se retirât dans sa chambre vers les onze heures du soir. Enfin il n'y a rien dont on puisse s'aviser pour divertir un ami dans un état de cette nature, que le maréchal ne fît en honnête homme et en grand seigneur, avec une galanterie et une complaisance parfaite. Cette manière d'agir consoloit fort le cardinal de Retz. Dès le lendemain de son arrivée il fut visité par les ducs de Retz et de Brissac, qui firent à Davanton toutes les caresses et toutes les amitiés possibles en présence de Pradelle, qu'ils avoient dessein de mortifier parce que le cardinal n'étoit pas content de lui. Caumartin s'y rendit aussi peu de temps après ; mais Joly, qui étoit à Machecoul, n'eut pas la liberté d'y aller sitôt, le cardinal de Retz lui ayant fait dire de ne se point presser, et qu'il falloit prendre sur son chapitre des mesures plus particulières avec le maréchal de La Meilleraye, à cause des affaires passées, dans lesquelles on savoit qu'il avoit eu plus de part que personne. La vérité est que le cardinal dans le commencement eut de la peine à se résoudre à voir Joly, se souvenant bien de ce qu'il lui avoit dit avant sa prison pour lui faire éviter cette disgrâce. Il appréhendoit qu'il ne lui reprochât cela, aussi bien que l'acte de sa démission. D'ailleurs les ducs de Retz et de Brissac ne pressoient pas cette entrevue, sachant bien que Joly ne manqueroit point d'informer le cardinal de tout ce qui s'étoit passé pendant sa prison : c'est pourquoi il y a bien de l'apparence que Joly ne l'auroit pas vu si tôt, sans les instances de Caumartin, qui le sollicitoit à tout moment de l'appeler auprès de lui. Joly n'alla donc à Nantes que trois semaines après l'arrivée du cardinal de Retz. Il fut fort bien reçu de M. de La Meilleraye, qui lui fit assez connoître qu'il n'avoit pas tenu à lui qu'il n'y fût allé plus tôt. Après cela le cardinal de Retz reprit bientôt en lui la même confiance qu'il avoit eue auparavant, et lui remit entre les mains tous les chiffres et toutes les affaires qu'il avoit à Rome, à Paris et ailleurs, avec de nouvelles marques de considération et d'amitié plus fortes que jamais. Aussi se donna-t-il bien garde de lui rien dire de ce qu'il jugeoit lui pouvoir faire de la peine. S'il arrivoit qu'on vînt à parler de sa prison, il se contentoit de dire que l'intérêt de ses amis en avoit été cause, et que cependant ils n'avoient voulu rien faire pour lui, quoiqu'il se fût sacrifié pour eux. Sur l'article de la démission, il disoit que le cardinal n'avoit peut-être pas mal fait de la donner, pour se tirer du lieu et du péril où il étoit ; mais qu'après cela il se persuadoit, ajouta-t-il, que ce que la cour avoit fait en cette occasion n'étoit que par nécessité, pour éviter la première chaleur du chapitre et du clergé ; et qu'enfin le cardinal Mazarin ne manqueroit pas de le tirer un jour des mains du maréchal de La Meilleraye, pour le mettre dans une prison plus observée que la première. Caumartin se conduisit à peu près de la même manière, sans lui rien reprocher qu'assez foiblement, s'attachant particulièrement à lui faire appréhender ce que la cour pouvoit encore entreprendre contre lui. Cela fit tant d'impression sur l'esprit du cardinal de Retz, qu'il convint avec eux des moyens de se sauver du château de Nantes quand ils jugeroient qu'il en seroit temps, et si la cour entreprenoit de le transférer ailleurs. Dès que cette résolution fut prise entre eux fort secrètement, Joly se chargea de l'exécution et des mesures qu'il falloit prendre pour ce dessein. Caumartin prit le parti de retourner à Paris, pour y tenir en haleine les partisans du cardinal de Retz. Joly se chargea aussi de ménager l'esprit du cardinal, et de le confirmer dans ce dessein : c'est pourquoi il s'attacha particulièrement à cultiver les bonnes grâces de M. de La Meilleraye, qui lui étoient absolument nécessaires pour demeurer toujours à Nantes, afin d'y être à portée de disposer et de concerter la manière dont on s'y prendroit. De son côté le cardinal de Retz affectoit de marquer au maréchal une confiance sans réserve, en lui communiquant toutes les lettres qu'il recevoit de Rome, dont Joly lui portoit les originaux après les avoir déchiffrés, et mis en interligne le véritable sens : ce qu'il continua pendant un assez long temps, et jusqu'à ce qu'il arrivât des choses qui ne se pouvoient pas montrer.

Le maréchal fut si satisfait et si pénétré de cette manière d'agir, que, par un retour peut-être trop généreux, il montroit aussi assez souvent au cardinal de Retz des dépêches de la cour, pour lesquelles il lui arrivoit plus d'une fois de s'emporter contre le cardinal Mazarin dans les termes les plus injurieux et les plus outrageans, en présence du cardinal de Retz et de Joly : disant qu'il étoit plus grand frondeur qu'ils n'avoient jamais été, et qu'il haïssoit le cardinal Mazarin cent fois plus qu'eux. Mais ils ne croyoient pas de cela qu'il en falloit croire, sans s'amuser à des discours qui pouvoient bien partir du fond du cœur, mais qui ne disoient rien pour l'essentiel de sa conduite, à cause de sa dépendance de la cour par des raisons d'intérêt et de fortune.

Cependant la cour et le cardinal de Retz agissoient de concert pour faire agréer la démission à la cour de Rome. Le sieur de Gaumont fut nommé par le Roi pour aller solliciter cette affaire. Gaumont ne s'étant pas pressé, le paquet arriva beaucoup plus tôt à Rome que lui, sous l'enveloppe de l'abbé Charier, qui, sachant ce qu'il contenoit, trouva le moyen de l'ouvrir adroitement et d'en tirer la démission : après quoi il le rendit bien fermé à Gaumont dès qu'il fut arrivé, sans qu'il parût avoir été ouvert. Gaumont n'y trouvant point la pièce en question, en écrivit au premier président ; mais comme ce magistrat, qui dans le fond étoit ami du cardinal de Retz, ne s'en mit pas fort en peine, cela ne fut point relevé. D'ailleurs le Pape s'étant déclaré hautement contre cet acte involontaire qui s'étoit fait en prison, il auroit été inutile de produire la démission : ce qui fit que l'on ne s'embarrassa pas de ce qu'elle étoit devenue. Le petit tour d'adresse de l'abbé Charier ne l'empêcha pourtant pas d'agir tout de bon ; et si Sa Sainteté eût été aussi aisée à persuader que le cardinal de Retz le souhaitoit, l'affaire auroit été bientôt conclue, et la démission se seroit bientôt retrouvée, ce qu'avoit fait l'abbé Charier n'ayant été que pour se rendre maître de la chose, et pour se faire rechercher selon les différentes conjonctures qui pouvoient arriver. Cependant, quoique le cardinal de Retz n'eût aucune part, ni directement ni indirectement, au refus du Pape, ses ennemis, et surtout l'abbé Fouquet, ne laissèrent pas d'en prendre occasion de faire entendre au cardinal Mazarin qu'il faisoit agir sous main l'abbé Charier pour empêcher l'expédition de l'affaire, et qu'il n'avoit pas intention d'exécuter ce qu'il avoit promis : ajoutant qu'il avoit des avis certains que le cardinal cherchoit les moyens de se sauver, et qu'il le feroit si on n'y prenoit garde. Les deux avis étoient pourtant très-faux dans ce temps-là, puisque l'abbé Charier sollicitoit sérieusement à Rome, et que le dessein de faire sortir le cardinal de Retz du château n'étoit encore qu'en idée, et ne devoit s'exécuter qu'en cas que la cour changeât de conduite à son égard. S'ils devinrent vrais dans la suite, ce fut l'abbé Fouquet qui en fut la cause, en inspirant à la cour et au cardinal Mazarin des soupçons qui l'obligèrent d'envoyer de nouveaux ordres pour observer le cardinal avec plus d'exactitude. La vérité est pourtant qu'il travailloit incessamment à se sauver, selon les sentimens de ses amis, sans s'arrêter à aucune considération. C'étoit aussi celui de Sa Sainteté, qui pressoit tous les jours l'abbé Charier d'en écrire au cardinal de Retz et de l'exhorter à venir à Rome, avec promesse de faire pour lui et contre le cardinal Mazarin tout ce qu'il pouvoit désirer. Mais comme l'abbé représentoit à Sa Sainteté les différentes difficultés et risques d'une entreprise de cette nature, et que cependant le retardement pouvoit obliger la cour à transférer le cardinal dans une prison plus sûre et plus étroite, le Pape répondit qu'il n'y pouvoit que faire ; que s'il étoit entre les mains des Turcs, il faudroit bien qu'il prît patience ; et qu'il ne pouvoit en conscience accepter la démission, qui étoit trop contraire aux lois de l'Eglise.

C'étoit aussi le sentiment du premier président de Bellièvre que Caumartin étoit chargé de pressentir ; et quoiqu'il ne s'expliquât pas d'abord assez ouvertement, parce que Caumartin de son côté biaisoit un peu, il se faisoit cependant assez entendre, en disant que le cardinal de Retz étoit trop habile homme pour se laisser prévenir ; et que puisque Joly étoit à Nantes, il ne doutoit point qu'il ne prît son parti quand il en seroit temps. Mais il alla plus avant dans la suite : car il dit nettement que le meilleur parti pour le cardinal de Retz étoit de venir droit à Paris au sortir de Nantes, de révoquer sa démission, de prendre possession en personne, et de faire le serment de fidélité au parlement : à quoi il promettoit d'aider de tout son pouvoir, répondant presque de l'événement. Caumartin s'étoit aussi assuré du premier président de la chambre des comptes pour le serment de fidélité.

Enfin il n'y avoit plus aucun des amis du cardinal de Retz qui ne lui conseillât de se sauver, même le duc de Brissac, l'abbé Charier et les autres qui avoient le plus été pour sa démission : et cela parce qu'ils n'étoient pas contens de la manière dont elle avoit été donnée, et qu'ils jugeoient bien que si elle étoit admise, le cardinal de Retz demeureroit sans aucune considération, et ne pourroit plus rien faire pour eux : au lieu que s'il se sauvoit du château de Nantes, on pourroit renouer de nouvelles négociations avec la cour, où les entremetteurs pourroient mieux trouver leur compte.

Cependant le cardinal de Retz résista jusqu'à l'extrémité aux sentimens de ses amis les plus intimes ; et quoiqu'il reçût tous les jours de nouveaux avis des mauvaises intentions du cardinal Mazarin, et des sollicitations continuelles de l'abbé Fouquet pour le faire transférer à Brest, il eut bien de la peine à se résoudre, s'imaginant que les chagrins de la cour à son égard ne venoient que du refus de Rome, et de l'opinion qu'on y avoit qu'il ne faisoit pas tout ce qu'il pouvoit pour faire admettre sa démission. Il étoit d'ailleurs entretenu dans cette pensée par le maréchal de La Meilleraye, qui lui conseilla, pour effacer tous les soupçons, d'écrire une nouvelle lettre au Pape en termes très-pressans, pour le prier d'accepter sa démission, et de l'envoyer au premier président par Maleclerc son écuyer qui pouvoit aller jusqu'à Rome si la cour le jugeoit à propos, avec des ordres très-positifs pour l'abbé Charier : ce qui fut exécuté.

Néanmoins le cardinal de Retz ne laissa pas dès ce temps-là d'entrer dans quelque sorte de défiance un peu plus vive, qui l'obligea de changer de conduite avec le maréchal. On ne lui laissoit plus voir les dépêches de Rome qu'avec un déchiffrement supposé, que Joly prenoit soin de composer de manière à ne lui laisser aucun ombrage, et à l'entretenir dans l'opinion où il étoit qu'on travailloit sérieusement pour faire agréer la démission : le cardinal n'ayant pas jugé à propos de lui laisser connoître que le Pape l'exhortoit à chercher les moyens de se sauver.

Cependant la nouvelle démarche du cardinal de Retz du côté de Rome n'empêcha pas l'abbé Fouquet de continuer les avis qu'il donnoit incessamment à la cour, du dessein que le cardinal avoit de se sauver ; et voyant que ses lettres ne faisoient pas assez d'impression sur l'esprit du Roi et du cardinal Mazarin, qui étoient alors en campagne occupés à d'autres soins, il résolut de les aller trouver exprès, pour solliciter lui-même et faire expédier les ordres nécessaires pour le faire transférer à Brest. Le premier président ayant su cela en avertit Caumartin, et celui-ci le cardinal de Retz ; lequel, ayant su que le maréchal de La Meilleraye avoit reçu dans le même temps des ordres plus pressans de le resserrer plus étroitement, commença d'écouter tout de bon ceux qui lui conseilloient de penser à se tirer de la captivité. Mais comme il n'en vouloit venir là que dans la dernière extrémité, il résolut avant toutes choses de faire sonder le maréchal, pour savoir ce qu'il feroit s'il arrivoit que la cour envoyât des ordres pour le transférer à Brest, ou que le Roi vînt exprès à Nantes, comme on en faisoit courir le bruit.

Il jeta pour cela les yeux sur le duc de Brissac, beau-frère du maréchal, auquel il jugea qu'il étoit à propos et temps de communiquer son dessein ; attendu qu'il avoit besoin de son secours pour l'exécuter. Il lui écrivit à Beaupréau pour le prier de le venir trouver. Le duc vint le trouver quelques jours après, et se chargea non-seulement de savoir ce qu'on pouvoit se promettre du maréchal, mais aussi de lui fournir tous les secours qui seroient en sa disposition pour lui aider à se sauver, et pour le conduire ensuite à Paris, ou partout ailleurs où il voudroit se retirer. Ces offres réjouirent infiniment le cardinal, qui aimoit le duc, et qui ne douta point de la sincérité de ses promesses ; de sorte que, rempli de belles espérances, il fit aussitôt appeler Joly, pour luy dire qu'il n'avoit qu'à prendre des mesures avec le duc de Brissac, qui étoit résolu de tout entreprendre pour luy. Joly ne fut pas si crédule, et ne put s'empêcher de lui en témoigner quelque chose, ajoutant cependant qu'il falloit se servir de lui, et en tirer ce qu'on pourroit. Pour cet effet, il lui proposa différens moyens de le sauver ; dont le principal dépendoit absolument du duc, parce qu'étant logé dans la chambre sous la garde-robe du cardinal de Retz, on avoit proposé qu'en faisant une ouverture au plancher qui les séparoit, le cardinal pourroit descendre dans l'appartement du duc et se mettre dans un des coffres de bagage fait exprès, et qu'on chargeroit à l'ordinaire sur un mulet qu'on feroit venir de grand matin.

L'invention plut d'abord au duc de Brissac, qui ordonna au sieur de La Bade, son écuyer, de conférer avec Joly pour la construction du coffre, et pour les autres préparatifs. Il parla ensuite au maréchal, pour savoir la manière dont il en useroit s'il recevoit des ordres de la cour pour la translation du cardinal ; et le maréchal, sans s'expliquer autrement, se contenta de lui dire qu'il n'étoit ni en humeur ni en état de faire la guerre au Roi. Mais étant interrogé sur le même sujet par madame sa femme, sœur du duc, et par madame de Chalausse, femme du lieutenant de roi, il leur répondit plus ouvertement, et elles dirent l'une et l'autre qu'il ne falloit pas s'y fier.

Sur cette réponse, le cardinal et le duc convinrent qu'il falloit disposer toutes choses pour l'exécution projetée ; et pour ne pas donner d'ombrage au maréchal, le duc, qui n'avoit pas accoutumé de séjourner long-temps à Nantes, s'en retourna chez lui jusqu'à ce qu'on le mandât.

Cependant Joly qui connoissoit assez le duc de Brissac, et qui jugea bien qu'il ne s'embarqueroit pas plus avant dans cette affaire, imagina un autre moyen plus hardi pour sauver le cardinal, dans lequel le duc ne fût pas intéressé. Ce fut de le descendre en plein jour avec une corde sur une escarpolette du haut de la terrasse, où il avoit la liberté de se promener, et qui répond sur le bord de la rivière auprès d'un abreuvoir. Quelques-uns de ses amis devoient s'y trouver avec des chevaux tout prêts, et le mener, au travers du faubourg de Richebourg, à quatre ou cinq lieues au-dessus de Nantes, à un rendez-vous sur la Loire, où ils trouveroient des bateaux prêts pour passer la rivière, et de l'autre côté des chevaux frais pour gagner différens relais disposés d'espace en espace chez des gentilshommes, afin de se rendre à Paris en toute diligence. Cet expédient ne fut point communiqué au duc de Brissac, pour ne pas diminuer les bonnes intentions qu'il faisoit toujours paroître. Mais Joly ne laissa pas de préparer ce qu'il jugea nécessaire pour cela, et d'écrire à Paris pour faire venir l'abbé Rousseau, frère de l'intendant du cardinal, homme fort affectionné, puissant de corps, et très-capable de bien exécuter ce à quoi on vouloit l'employer.

Cet abbé étant arrivé à Nantes, fit provision d'une corde pour l'exécution de ce dessein, avec un bon morceau de bois nommé palonnier, où l'on attache les traits des chevaux de carrosse, pour l'attacher au bout de la corde, et sur lequel le cardinal devoit être assis ; et une sangle avec un bon ardillon pour attacher le cardinal à la corde par le milieu du corps, de peur d'accident.

Tous les préparatifs étant presque disposés pour l'exécution des deux projets, le cardinal de Retz, qui recevoit tous les jours de nouveaux avis des mauvaises intentions de la cour, et de la nécessité qu'il y avoit de les prévenir le plus tôt qu'il pourroit, fit prier le duc de Brissac de

7.

revenir tenir sa parole : ce qu'il fît deux jours après, marquant toujours les meilleures intentions du monde ; et La Bade, son écuyer, ayant remis entre les mains de Joly le coffre qu'il avoit fait faire, on y fit une ouverture pour la liberté de la respiration. Le coffre fut éprouvé par Joly et par Imbert, valet de chambre du cardinal, qui s'y mirent l'un après l'autre chacun plus d'une demi-heure : après quoi on convint d'exécuter l'entreprise le lundi matin, 3 août 1654. Mais le duc de Brissac stipula qu'auparavant il lui fût permis d'aller à Machecoul en avertir les deux ducs de Retz, seulement par bienséance, avec promesse de revenir le dimanche au soir sans faute, pour mettre la main à l'œuvre. Le dimanche vint, et se passa sans qu'on eût aucune nouvelle de lui ; et il ne vint que le lundi fort tard, s'excusant sur un débordement d'eau qui avoit rompu le pont d'une petite rivière qui est sur le chemin de Machecoul à Nantes. Après quoi il déclara nettement au cardinal de Retz que les ducs n'étoient point du tout d'avis qu'il entrât dans un dessein de cette nature, étant beau-frère du maréchal et logé chez lui : de sorte qu'il se dégagea ainsi de toutes ses paroles et promesses si positives.

Le cardinal, feignant d'approuver ses raisons, ne le pressa pas davantage ; et l'ayant quitté pour un moment, il alla informer Joly de ce changement. Sur quoi ils résolurent à l'instant de tirer de lui au moins ce qu'on pourroit pour l'autre dessein, qu'il lui découvrit alors : le priant d'envoyer, dès qu'il seroit chez eux, son écuyer avec un cheval pour le cardinal de Retz, et de s'assurer de quelques bateaux pour passer la Loire au rendez-vous qui lui fut marqué avec des chevaux de l'autre côté de la rivière pour aller jusqu'à Brissac, et de là chez le marquis de Châteaurenaud, chez le marquis de Vassé, chez le marquis de Fosseuse, où le cardinal étoit assuré de trouver les équipages nécessaires pour le mener en diligence à Paris avec ceux de sa suite. Le duc de Brissac accepta cette proposition avec joie, parce qu'elle le dégageoit de la première, qui auroit été non-seulement peu honnête à lui par rapport au maréchal, mais encore fort dangereuse, puisque, suivant l'arrangement, il devoit demeurer le dernier dans le château, et n'en sortir qu'après son bagage. C'est pourquoi, dans le fond, on ne peut pas trop le blâmer de n'avoir pas voulu s'exposer à ce risque ; mais on ne peut pas aussi l'excuser d'une grande légèreté d'avoir promis aussi positivement qu'il avoit fait, et de manquer à sa parole dans le temps de l'exécution. Il falloit, avant de s'engager, examiner la chose mûrement avec son conseil, et en prévoir les conséquences.

Quoi qu'il en soit, ce duc retourna chez lui aussitôt, afin de donner ses ordres pour ce dont il s'étoit chargé. Cependant, comme l'expédient du coffre étoit plus du goût du cardinal que l'autre, Joly ayant su que la duchesse de Retz étoit en chemin pour le venir voir, et qu'elle devoit loger dans l'appartement du duc de Brissac, proposa de tenter la chose par son moyen. L'ouverture plut fort au cardinal de Retz, et même à la duchesse, qui, étant brouillée avec le duc de Brissac, fut ravie de trouver cette occasion de lui faire un affront sensible, en marquant plus d'assurance et plus de générosité que lui : ajoutant que s'il avoit bien insisté auprès de M. de Retz, ils se seroient apparemment désistés de leurs oppositions ; et qu'elle ne doutoit pas qu'en envoyant Joly à Machecoul, il n'obtînt leur consentement. Ces assurances, réitérées plusieurs fois avec chaleur, et accompagnées des anciennes marques de tendresse, engagèrent le cardinal de Retz à envoyer Joly à Machecoul, malgré les raisons qu'il lui représenta du peu d'apparence du succès, et du danger qu'il y avoit de donner de l'ombrage au maréchal, qui ne manqueroit pas d'en prendre de ce voyage. Pour lever cet obstacle, ils convinrent de lui faire entendre que la duchesse étoit mal avec son mari ; que c'étoit là le sujet de son voyage à Nantes ; et que le cardinal, voulant la raccommoder, envoyoit Joly à Machecoul, parce que le duc avoit beaucoup de confiance en lui. Tout cela fut dit au maréchal par le cardinal lui-même, qui le pria en même temps de ne vouloir pas révéler ce secret de famille, et de dire à ceux qui paroîtroient curieux sur le voyage de Joly, qu'il n'étoit fondé que sur la nouvelle qu'il avoit reçue de la vacance d'un prieuré de six mille livres de rente, à la nomination du duc de Retz. Le maréchal donna dans le panneau tout au travers, plaignant le malheur de la duchesse, pour laquelle il avoit eu autrefois quelques sentimens ; mais cela ne servit de rien. Joly trouva les deux ducs de Retz si éloignés et si prévenus contre cette affaire, qu'il n'en put rien obtenir que des ordres très-pressans pour la duchesse de revenir incessamment, menaçant Joly de le rendre responsable des événemens ; de sorte qu'il fut obligé de retourner sans rien faire.

Pendant son absence, la duchesse avoit proposé au cardinal de le sauver dans son carrosse avec les habits d'une de ses demoiselles qui sortoient toujours masquées aussi bien qu'elle, sans qu'on les examinât jamais à la porte du château ; mais comme ce n'étoit que sous la même condition du consentement de son père et de son mari, elle fut déchargée de ces nouveaux engagemens par le retour de Joly, qui la fit partir aussitôt pour tirer les deux ducs d'inquiétude : le cardinal ayant dit au maréchal que le voyage de Joly avoit réussi, et qu'il avoit raccommodé toutes choses.

Cependant La Bade, écuyer du duc de Brissac, étant arrivé à Nantes le même jour, deux heures après le départ de la duchesse, avec un cheval pour le cardinal, il envoya donner avis à Joly, qui l'alla trouver aussitôt dans une maison du faubourg de Richebourg, et qui lui apprit que le duc de Brissac et le chevalier de Sévigné ne manqueroient pas de se trouver à six heures du soir au rendez-vous sur la rivière, à quatre lieues de Nantes : dont le cardinal ayant été averti, il résolut de se sauver sur les cinq heures du soir, qui étoit le temps où il avoit coutume de se promener sur la terrasse. De sorte que toutes choses ayant été disposées pour cela, l'abbé Rousseau, qui s'étoit chargé de le descendre, se rendit au château avec la corde et la sangle, enveloppé dans son manteau, de manière à ne point être remarqué sans en être averti ; et afin qu'il ne manquât ni de conseil, ni de courage, ni de secours, on lui donna pour adjoint le sieur Vacherot, médecin de la Faculté de Paris, qui étoit attaché depuis long-temps à la personne du cardinal de Retz : homme résolu, de sang-froid, et capable de tempérer par sa prudence et par sa sagesse l'emportement et la vivacité de l'abbé Rousseau. Il fut aussi arrêté que Fromantin et Imbert, l'un chirurgien et l'autre valet de chambre du cardinal, qui avoient coutume de le suivre à la promenade, auroient quelques bouteilles de vin pour faire boire la sentinelle, qui seule pouvoit voir ce qui se passoit à l'endroit par où le cardinal devoit se sauver.

Toutes ces mesures prises, le cardinal de Retz fit venir le sieur Salmonet, prêtre écossois, homme savant et de mérite, qui demeuroit avec lui depuis long-temps ; et le sieur Montet son frère, qui depuis a été tué en Alsace, lieutenant-colonel du régiment écossois de Duglas ; le sieur de Boisguérin, gentilhomme breton attaché au cardinal, et le sieur de Beauchesne, ancien domestique de la maison, tous braves gens et fort résolus, auxquels il déclara le dessein qu'il avoit de se sauver, les priant de faire tout ce que Joly leur diroit. Ils répondirent tous à cette proposition avec de grandes expressions de joie et d'approbation, à la réserve de Salmonet, qui, s'étant mis à pleurer, fit ce qu'il put pour détourner le cardinal de cette résolution, en lui représentant fortement les suites fâcheuses qui pourroient en arriver. Cela fit impression sur l'esprit de son frère Montet, qui, quoique très-brave, se mit aussi à faire des réflexions. Mais le cardinal les ayant écoutés froidement, sans s'émouvoir et sans changer de sentiment, ils sortirent enfin tous, trois à quatre heures après, pour s'aller botter, et se tenir prêts à monter à cheval lorsque cinq heures sonneroient au château, pour se trouver avec La Bade, écuyer du duc de Brissac, au lieu du rendez-vous, qui étoit l'abreuvoir de tous les chevaux du quartier, et qui répondoit au bout de la terrasse. Mais comme de l'abreuvoir on ne découvroit point l'endroit par où devoit descendre le cardinal, à moins d'entrer fort avant dans la rivière, on chargea le sieur Paris, ecclésiastique, de se tenir dans un pré de l'autre côté de l'eau, et de jeter son chapeau trois fois en l'air lorsqu'il verroit le cardinal prêt à descendre. Cela pensa tout gâter, Paris ayant oublié de faire le signal, et n'ayant pensé qu'à se sauver. Mais ce qui embarrassa le plus Joly et ceux qui attendoient avec lui, fut que le cardinal de Retz, intimidé au moment de l'exécution par Salmonet qui étoit auprès de lui, ne se rendit sur la terrasse qu'un gros quart-d'heure après que l'horloge eut sonné ; et les remontrances de ce trembleur opérèrent si bien, que le cardinal dit à Imbert d'aller dire à Joly de remettre la chose au lendemain. Mais Imbert dit franchement que cela ne pouvoit plus se différer ; que l'affaire étoit sue de trop de gens pour n'être pas découverte si on temporisoit davantage ; que la seule présence de l'écuyer du duc de Brissac avec le cheval de main, dont le maréchal ne manqueroit pas d'être informé, suffisoit pour cela ; que le lendemain étoit un dimanche, jour auquel toute la ville avoit coutume de se promener sur la motte qui étoit au pied de la terrasse ; qu'après tout il iroit avertir Joly de ce changement, s'il le lui commandoit absolument ; mais qu'après cela il lui déclaroit qu'il ne rentreroit pas au château, et qu'il ne croyoit point que Joly fût assez fou pour demeurer à Nantes plus long-temps, attendu qu'il y alloit de leur vie.

Enfin Imbert parla si bien et si à propos que le cardinal de Retz résolut enfin de sortir de sa chambre, suivi du sieur Vacherot et de l'abbé Rousseau, qui portoit sous sa soutane tous les ustensiles nécessaires, Salmonet s'étant retiré au même temps pour aller continuer ses lamentations dans sa chambre. Imbert et Fromantin suivirent aussi le cardinal. Etant arrivés, Son Eminence fît semblant d'avoir soif, et dit à Imbert de lui aller chercher à boire : ce qu'il fît en diligence. Après que le cardinal eut bu, en se retournant il fît signe à Fromantin et à Imbert. Tous deux ensemble dirent aux gardes qu'il falloit vider la bouteille et boire à la santé de Son Eminence; et, feignant de craindre qu'il ne le sût, ils les tirèrent derrière une tour où ils se mirent à boire. Cependant le cardinal ayant quitté sa simarre rouge, la mit sur un bâton entre deux créneaux, de manière à faire croire aux sentinelles, quand ils seroient retournés à leurs factions, qu'il regardoit à son ordinaire ceux qui se promenoient sur la motte Saint-Pierre. S'étant ensuite placé sur l'escarpolette, et fait lier la corde avec la sangle, qui le prenoit en écharpe dessus une épaule par dessous l'autre, assujettissant la corde le long de l'estomac, il monta en cet équipage sur un créneau, d'où l'abbé Rousseau et le sieur Vacherot le dévalèrent heureusement jusqu'au pied du mur. A l'aspect de cette manœuvre, le sieur Paris s'étant mis à fuir sans avoir fait son signal, donna belle peur à Joly et aux autres, qui s'impatientoient à l'abreuvoir. Mais La Fontaine, valet de Joly, et celui de Rousseau, qui étoient aussi placés de manière à voir ce qui se passoit, le rassurèrent aussitôt par leurs signes.

S'étant avancés pour recevoir le cardinal, et l'ayant dégagé de la sangle et de l'escarpolette, ils le menèrent tout hors de lui au lieu où il étoit attendu. Après quoi Beauchesne et de La Bade l'ayant mis à cheval, Joly et Montet prirent le devant pour s'assurer de la porte du faubourg par où il fallut passer. Dans ce moment le trouble du cardinal de Retz fut si grand, qu'il ne savoit où il étoit, ni ce qu'il faisoit : ce qui fît que son cheval, qui étoit trop vigoureux pour lui, et dont il ne tenoit même pas la bride, s'étant cabré, s'abattit sur le pavé dès qu'on commença de marcher ; et le cardinal s'étant trouvé engagé dessous, se démit l'épaule. Cela obligea ceux qui étoient auprès de lui de mettre pied à terre pour le remonter ; et cet accident ayant assemblé beaucoup de monde à l'entour de lui, Joly et Montet, qui virent cela de loin, accoururent le pistolet à la main pour écarter le peuple. Mais cela n'étoit ni difficile ni nécessaire : la plupart des habitans étoient plutôt disposés à faciliter son évasion qu'à s'y opposer. Ils lui crièrent tout haut : « Dieu vous » bénisse, Monseigneur ! sauvez-vous. »

Ainsi le cardinal fut remis à cheval assez promptement, mais sans revenir de son trouble (1) qui alla si loin, qu'en sortant du faubourg il pensa se casser la tête à un endroit où son cheval l'emportoit, si un des sergens ne se fût mis entre deux. Il ne fut pas même possible de tirer un mot de lui pendant les quatre premières lieues, quoique tous ceux de sa suite fissent de leur mieux pour le mettre de meilleure humeur. Cela venoit apparemment de la douleur de sa chute. Il ne commença d'ouvrir la bouche que quand il se vit dans le bateau, où le duc de Brissac et le chevalier de Sévigné l'attendoient, et où il prit des bottes en passant la rivière. Après avoir donné des ordres pour arrêter tous les bateaux, et pris d'autres précautions pour arrêter ceux qui voudroient les suivre, et leur donner le change, on continua de courir pendant deux lieues sur des chevaux frais, sans que jusque-là le cardinal se fût plaint de rien : mais on fut étonné de l'entendre tout d'un coup faire des cris épouvantables, disant qu'il souffroit de si terribles douleurs qu'il ne lui étoit pas possible d'aller plus loin; qu'il aimoit mieux se laisser reprendre que de courir davantage. De sorte qu'il fallut le descendre de cheval à neuf heures du soir, et le coucher dans une pièce de terre à côté du grand chemin, où le duc de Brissac le quitta, sous prétexte d'aller assembler quelques-uns de ses amis pour le venir enlever avec plus de sûreté. Le chevalier de Sévigné alla chez un gentilhomme de ses parens proche de là, pour lui ménager une retraite pendant la nuit ; mais il fut refusé, et ne put obtenir qu'une chaise à bras avec une douzaine de paysans, pour porter le cardinal pendant la nuit jusqu'à Beaupréau, maison du duc de Brissac, et éloignée de là de trois ou quatre lieues : ce qui s'exécuta assez heureusement, sans qu'il parût être incommodé, les porteurs se relevant tour à tour.

Pendant que tout cela se passoit, le maréchal de La Meilleraye, qui étoit fort incommodé de la goutte, ne manqua pas d'être averti de l'évasion du cardinal. Mais il ne le fut qu'une demi-heure après, les gardes et les sentinelles ayant été si bien amusés et trompés par Imbert et Fromantin, qu'ils ne s'aperçurent de rien. Imbert et Fromantin, feignant de rapporter la bouteille, eurent le temps de sortir du château après l'abbé Rousseau et le sieur Vacherot, qui s'étoient retirés aussitôt après le coup, laissant la simarre rouge sur le créneau, pour leur faire croire que le cardinal étoit toujours là. Dès que

---

(1) Le cardinal dit que, pour s'empêcher de s'évanouir, il se tiroit de temps en temps les cheveux de toute sa force. (*Note de l'auteur.*)

l'abbé Rousseau fut hors du château, il entra dans la première maison qu'il trouva ouverte ; et l'ayant fermée sur lui, il quitta son manteau et sa soutane, qu'il laissa derrière la porte, et parut aussitôt en habit gris, avec une perruque dont il avoit fait provision. En cet état il sortit de la ville, et s'alla cacher dans la première pièce de blé qu'il trouva jusqu'à la nuit, pendant laquelle il gagna une maison d'ami, où il demeura plusieurs jours. Imbert fit un manége à peu près semblable, et ils se sauvèrent tous deux, malgré la perquisition exacte qui fut faite de leurs personnes par les ordres du maréchal. Le premier avis de l'évasion du cardinal fut porté au château par un petit page de madame la maréchale, qui se baignoit alors, et qui le voyant descendre se mit à crier de toute sa force pour avertir les sentinelles. Mais comme dans le même temps un jacobin qui se baignoit aussi fut en péril de se noyer, et que de tous côtés on crioit pour appeler du secours, les sentinelles lui appliquèrent les cris du page, qu'ils n'entendoient que confusément ; de sorte que le page fut obligé de courir au château tout nu pour se faire entendre, et de prendre pour cela un assez grand tour par la porte de la ville, celle du château qui répond sur la motte n'étant pas ouverte. Il arriva aussi que ceux à qui il tomboit en charge d'avertir le maréchal se regardèrent long-temps avant que de lui annoncer une nouvelle de cette nature, dans la crainte d'être maltraités, connoissant son humeur violente. Mais enfin le grand-maître de l'artillerie, fils du maréchal, ayant su la chose et l'ayant dite à son père, ils firent monter plusieurs personnes à cheval, mais plus d'une heure après la sortie du cardinal de Retz. Cependant le maréchal entra devant tout le monde dans des emportemens si étranges, qu'il paroissoit hors de son bon sens ; ce qui n'empêcha pas le public de croire qu'il avoit favorisé tacitement l'évasion de son prisonnier. Mais ce jugement étoit très-faux ; et il est constant qu'avec toute la courtoisie qu'il avoit pour lui, par ordre ou du moins par permission de la cour, il ne se relâchoit en rien pour tout ce qui avoit rapport à la sûreté de sa personne, et qu'il le faisoit garder aussi étroitement qu'il l'étoit auparavant à Vincennes.

Quoi qu'il en soit, le grand-maître étant monté à cheval avec les gardes du maréchal et plusieurs autres volontaires, jusqu'au nombre de deux à trois cents chevaux, ils suivirent le cardinal à la piste. Mais comme tant de monde ne pouvoit pas aller si vite, ils n'arrivèrent au lieu où il avoit passé la rivière que trois heures après, et n'y ayant point trouvé de bateau, ceux qui avoient servi au passage ayant été percés et coulés à fond de l'autre côté de l'eau, le grand-maître voulut tenter de passer à la nage avec dix ou douze gardes. Mais il en fut détourné par un gentilhomme qui avoit été page dans la maison de Retz, qui lui représenta qu'il seroit inutile et même dangereux de passer de l'autre côté, puisque le duc de Brissac se mêloit de l'affaire, et qu'il n'auroit pas manqué d'assembler ses amis : de sorte qu'il pourroit bien être pris lui-même en voulant prendre son prisonnier. Ce raisonnement sauva le cardinal de Retz : car il est certain que si le grand-maître fût passé seulement avec six personnes, il l'auroit trouvé dans sa chaise suivi seulement de trois hommes ; savoir, de Joly, Montet et La Bade. Le duc de Brissac et le chevalier de Sévigné étoient allés chacun de son côté assembler leurs amis. Boisguérin et Beauchesne avoient pris le devant par différentes routes, pour aller porter cette nouvelle à Paris ; mais le grand-maître, persuadé de ce qu'on lui disoit, retourna sur ses pas avec sa troupe, à la réserve de quelques gardes qu'il envoya tout le long de la rivière, pour savoir si le cardinal avoit effectivement passé la Loire au lieu où il étoit arrêté.

Ce qu'il y eut de plus heureux et de plus étonnant en tout cela, fut que le maréchal, outre le grand corps qui avoit suivi le grand-maître, en ayant détaché un autre beaucoup moindre de l'autre côté de la rivière, sur le chemin de Beaupréau, ceux-là, non plus que les autres, ne trouvoient personne sur leur route, hors le sieur de Paris, qu'ils gardèrent un jour entier avec menaces, et qu'ils ramenèrent dans le château de Nantes. Mais ils furent enfin obligés de le relâcher sur ce qu'il leur dit résolument qu'il ne demandoit autre chose, et qu'il auroit le plaisir de dire au maréchal qu'ils s'étoient amusés à prendre un pauvre prêtre dont ils n'avoient que faire, au lieu de courir après le cardinal, qui n'étoit que deux lieues devant lui. Cela fit tant de peur à ces gardes, qui connoissoient l'humeur violente du maréchal, qu'ils ne jugèrent pas à propos de lui mener le témoin de leur négligence.

Les sieurs Vacherot et Salmonet furent aussi découverts et arrêtés à Nantes, mais inutilement : car quoique le premier eût aidé à descendre le cardinal, il n'y avoit aucune preuve contre lui. L'autre n'eut pas de peine à justifier son innocence, et qu'ils s'étoient toujours fortement opposés à ce dessein. Mais les gens de Joly et de l'abbé Rousseau, qui furent arrêtés un peu après avoir reçu le cardinal de Retz au pied de la muraille, furent assez maltraités pendant quelque temps, quoique enfin on fut obligé de les élargir, attendu qu'ils n'avoient rien su de l'affaire qu'au moment de l'exécution, où ils ne purent pas se dispenser d'obéir à Joly, contre qui le maréchal juroit et s'emportoit à toute heure avec tant de fureur, qu'il s'arrachoit la barbe et les cheveux, disant qu'il étoit enragé d'avoir été si long-temps la dupe sur le chapitre des lettres, qu'il comprit bien alors avoir été chiffrées par lui, ou déchiffrées à plaisir (1).

Si le maréchal étoit embarrassé à Nantes, le cardinal de Retz ne l'étoit pas moins à Beaupréau. Y étant arrivé à quatre heures du matin, sans y trouver le duc de Brissac, qui étoit allé dans la maison d'un gentilhomme de ses voisins donner les ordres nécessaires pour assembler ses amis, il fut, sur les remontrances de madame la duchesse de Brissac, et pour la sûreté de sa personne, obligé de monter en carrosse avec le chevalier de Sévigné et sa compagnie ordinaire, pour aller, à deux lieues de là, se réfugier dans la maison d'un gentilhomme nommé M. de La Poise. Cette maison est entourée de bons fossés pleins d'eau; il y arriva sur les huit heures du matin. Dès qu'il y fut, il dépêcha Montet à Paris, pour y donner avis de l'état où sa chute l'avoit mis, qui ne lui permettoit pas de continuer son chemin. Les sieurs de Sévigné et de La Poise le quittèrent là, pour aller aider au duc de Brissac à ramasser ses amis, après avoir donné ordre à tous les domestiques d'obéir en toute chose au cardinal : de sorte que Joly demeura seul avec lui pendant cinq ou six heures, qu'il passa dans son lit assez tranquillement. Après quoi le concierge de la maison l'ayant averti qu'il avoit vu quelques cavaliers avec des gardes du maréchal de La Meilleraye passer auprès de la maison, le cardinal, effrayé, lui demanda un lieu où il pût se dérober à leurs recherches. Le concierge les ayant conduits dans son appartement, les fit descendre au bas d'une tour par une trape qui ne paroissoit point, étant couverte d'un grand coffre. Ils y descendirent avec une petite provision de pain et de vin. Le lieu étoit fort incommode, et on y enfonçoit jusqu'à mi-jambe dans l'eau et dans les terres glaises. Pour remédier à cela, on descendit quelques chaises de paille, sur lesquelles le cardinal et Joly furent obligés de passer près de neuf heures de temps fort désagréablement, en attendant le retour du maître de la maison, qui ne revint qu'après dix heures du soir, pour exhorter le cardinal à prendre encore un peu de patience : disant que le duc de Brissac n'avoit encore pu assembler que trente gentilshommes, et qu'il en vouloit un plus grand nombre pour le venir dégager plus sûrement et plus honorablement.

Mais le cardinal, qui s'ennuyoit dans son cachot, ne voulut pas y demeurer davantage; et ayant demandé des chevaux pour aller à Beaupréau avec Joly, ils se mirent en chemin vers onze heures du soir, sous la conduite du maître de la maison. Ils firent près d'une lieue assez légèrement; mais ensuite le cardinal se trouvant incommodé, se mit à faire de si grands cris qu'il fallut le mettre à terre environ à minuit, pendant que le sieur de La Poise alla chercher quelque espèce d'équipage dans le voisinage, pour le transporter à Beaupréau, qui n'étoit éloigné que d'une lieue. Mais n'ayant pu rien trouver qui convînt, il revint le trouver au point du jour, et il proposa au cardinal de se traîner comme il pourroit dans une ferme voisine qui étoit à lui, où il pourroit demeurer assez sûrement jusqu'au soir, caché dans un tas de foin qui étoit dans la cour ; après quoi il promit que le duc de Brissac viendroit le prendre à la tête de deux cens hommes, tous bons gentilshommes.

N'y ayant pas d'autre parti à prendre, il falloit bien se soumettre encore à cette nouvelle humiliation. S'étant donc rendus à la ferme, on y fit une petite loge dans le tas de foin, où le cardinal s'enferma avec Joly. On leur donna du pain, du vin et du salé; et ils demeurèrent dans cet état depuis huit heures du matin jusqu'à cinq heures du soir, le fermier allant de temps en temps officieusement leur donner des alarmes dès qu'il voyoit passer quelque cavalier. La chose alla même plus loin. Ils entendirent des gens à cheval entrer dans la cour, et faire plusieurs questions qui paroissoient imaginées exprès pour leur donner de l'inquiétude : et soit que cela se fît par jeu ou sérieusement, ils en furent fort effrayés.

Quoi qu'il en soit, à l'entrée de la nuit, le sieur de La Poise revint avec plusieurs chevaux les tirer de cette prison ; et le cardinal s'étant mis en croupe derrière un gentilhomme, sur l'épaule duquel il appuyoit son bras blessé, ils arrivèrent heureusement à Beaupréau, où ils trouvèrent le duc de Brissac avec plus de trois cens gentilshommes, un carrosse où l'on avoit mis deux matelas sur lesquels le cardinal se couchoit à son aise, son bras appuyé sur la cuisse de Joly, après avoir pris un bouillon à Beaupréau. Le duc de Brissac fit fort bien les choses, et en grand seigneur.

---

(1) Il ajoutoit que si jamais Joly tomboit entre ses mains, il le feroit pendre au créneau sur lequel étoit monté le cardinal pour se sauver. (*Note de l'auteur.*)

Il se mit à la tête de toute la troupe, sans affectation, faisant des caresses à tout le monde. Tous les pages et domestiques avoient des flambeaux allumés, pour éclairer la marche qui se fît pendant la nuit; et il eut la précaution de faire porter du vin, pour en servir à ceux qui en auroient besoin. En cet équipage on arriva vers la pointe du jour à un bourg appelé Montaigu, où l'on trouva le duc de Retz, frère du cardinal, avec sept ou huit cents chevaux : de sorte que les deux troupes étant jointes ensemble, il y avoit plus de douze cens hommes à cheval tant maîtres que valets, la plupart des gentilshommes de la province s'étant offerts de très-bonne grâce. On trouva aussi à Montaigu et sur toute la route les paysans sous les armes : de sorte que ces messieurs voyant leur partie si bien faite, jugèrent à propos de se faire voir au maréchal de La Meilleraye en passant à la vue de Nantes, d'où ils continuèrent leur marche jusqu'à Machecoul, où ils arrivèrent le mardi 11 août sur les cinq heures du soir, et où toute cette noblesse fut traitée magnifiquement, pendant que le cardinal de Retz y demeura.

La première chose qu'on fit dès qu'on fut arrivé fut de panser le bras du cardinal, et l'on vit bien alors qu'il ne se plaignoit pas sans sujet : tout son bras, depuis l'épaule jusqu'au coude, étant noir comme de l'encre. Cependant un vieux chirurgien du duc de Retz, fort considéré dans la maison, l'ayant bien examiné, dit que ce n'étoit rien. Cet ignorant ne s'aperçut pas que l'épaule étoit démise : ce qui fut cause que le cardinal ayant été traité tout d'une autre manière qu'il ne falloit, en ressentit de fort grandes douleurs, et demeura estropié pour toute sa vie. Cela ne seroit pas arrivé sans doute s'il avoit été traité par un habile homme, qui lui eût remis l'épaule dans ce temps-là.

La seconde chose à laquelle on s'appliqua fut la révocation de la démission de l'archevêché, qui lui étoit conseillée par tous ses amis de Paris et d'ailleurs, et à laquelle il les avoit déjà priés de travailler comme ils pourroient : mais comme tout ce qu'ils avoient pu faire sans lui ne suffisoit pas pour annuler un fait de sa main, Joly fit dresser un acte de révocation en bonne forme par les notaires de Machecoul, qui fut signé du cardinal, et envoyé à Paris en diligence, pour s'en servir dans le besoin. Cela ne se fit pas sans opposition, le vieux duc de Retz ayant fait représenter au cardinal, par sa fille la duchesse, plusieurs raisons considérables pour l'en détourner, et pour le porter au contraire à ratifier de bonne grâce ce qu'il avoit fait en prison. Il lui faisoit entendre que c'étoit l'unique moyen d'arrêter les persécutions de la cour, et de s'en attirer des grâces : mais le jeune duc de Retz et le duc de Brissac, qui n'envisageoient aucun avantage pour eux dans la démission, n'ayant appuyé que très-foiblement cet avis, et Joly ayant au contraire soutenu avec chaleur la nécessité de la révocation, et fait beaucoup valoir l'autorité des amis de Paris et du père de Gondy, la chose passa sans peine, les raisons du vieux duc de Retz n'ayant peut-être pas été pesées assez sérieusement.

Après cela il fut question de trouver un autre asyle au cardinal que celui de Machecoul, parce qu'on eut avis que le maréchal de La Meilleraye faisoit venir des troupes par ordre de la cour, et que le duc de Retz ne pouvoit arrêter ni entretenir long-temps chez lui en un aussi grand nombre de noblesse. Belle-Ile ayant été choisi (1) pour cela, le duc de Brissac, le chevalier de Sévigné et Joly s'embarquèrent avec le cardinal, et Du Brocard, le chirurgien du duc de Retz, dans une chaloupe; et trente ou quarante gentilshommes dans deux autres chaloupes, et un petit bâtiment appelé Chatte, au port de La Roche, qui n'est qu'à une lieue de Machecoul, où le cardinal fut porté dans une chaise, la nuit du vendredi 14 août, fort secrètement : personne n'en ayant rien su que ceux qui étoient de la partie, de peur que le maréchal, en étant informé, n'envoyât après eux des barques armées qui auroient pu les embarrasser.

Le premier jour de l'embarquement se passa assez bien, et la petite flotte arriva heureusement à la rade du Croisi, à la réserve de la Chatte, qui demeura derrière, faute de vent. Mais ayant été obligée d'y mouiller la nuit, elle y eut grande alarme au sujet de plusieurs petits bâtimens qui la vinrent reconnoître : toute la côte étant sur ses gardes, à cause de quelques vaisseaux biscayens qui partoient. Cette alarme fut légère, en comparaison de celle qu'on eut le lendemain sur les deux heures du matin, deux des bâtimens biscayens étant venus sur les chaloupes, qui furent forcées de gagner la terre en un lieu où il y avoit une église ruinée nommée Saint-Jacques, où le cardinal se retira. Il se fit cacher dans un monceau d'ardoises, de peur d'être découvert par les gens

---

(1) Il n'y avoit pas de choix à faire : Belle-Ile étoit l'unique endroit où le cardinal pût se retirer pour quelque temps. *(Note de l'auteur.)*

du pays. Dans cette fâcheuse nécessité, Joly fut d'avis de faire un signal aux Biscayens, et de les prier de les passer à Belle-Ile, ou même droit en Espagne, prévoyant bien qu'à la fin on seroit obligé d'en venir là. Mais le duc de Brissac, qui n'avoit aucune envie de passer en Espagne, rejeta bien loin cette proposition. Ainsi le cardinal de Retz, qui n'osoit rien décider sans lui, fut obligé de demeurer dans les ardoises depuis midi jusqu'à huit heures du soir, que les Espagnols se retirèrent, après avoir tiré de temps en temps quelques coups de canon sur les chaloupes. Il sembloit que ces coups de canon devoient naturellement faire venir du monde en cet endroit : cependant le cardinal fut assez heureux pour qu'il n'y vînt personne pendant tout le jour. Mais à peine fut-il remonté sur les chaloupes avec sa suite, qu'on aperçut une troupe de cavaliers courant sur la côte, qui étoient enfin apparemment venus au bruit, ou peut-être aussi pour apprendre des nouvelles du cardinal. Ce péril étant évité, le reste du voyage fut assez paisible. Les matelots firent force de rames toute la nuit ; et ayant été favorisés le lendemain d'un gros brouillard, les trois chaloupes arrivèrent heureusement à Belle-Ile le 27 août 1654, sur les onze heures du matin, et la Chatte le lendemain ; et quelques jours après le duc de Retz, qui n'avoit pu venir plus tôt, parce qu'il avoit été obligé de demeurer à Machecoul pour remercier la noblesse, et pour y donner les ordres nécessaires, en pareille occasion.

Tous ceux qui arrivèrent à Belle-Ile étoient si fatigués, et ils avoient été dans une action si continuelle depuis la sortie de Nantes, qu'on ne songea d'abord qu'à se reposer et à se divertir, se voyant dans un pays assez agréable, et en sûreté contre les entreprises du cardinal Mazarin ; de sorte qu'on y passa dix ou douze jours, sans autre inquiétude que celle de la blessure du cardinal. Mais comme son mal n'étoit pas encore bien connu, et que Du Brocard qui le pansoit n'en savoit pas plus que le chirurgien de Machecoul, qui avoit toujours soutenu que ce n'étoit qu'une contusion, on ne s'en mettoit pas autant en peine que la chose le méritoit ; d'autant plus que le lit, le repos et le moins d'inquiétude donnoient plus de relâche au cardinal dans la conversation de ses amis.

Ainsi on attendoit assez tranquillement des nouvelles de Paris, pour se déterminer à passer ou à Rome par l'Espagne, ou à Charleville par la Hollande. Cependant on ne laissoit pas, par provision, de se mettre en état de se défendre autant qu'il étoit possible ; et le duc du Retz ayant fait faire la revue à tous les habitans de l'île, qui se trouvèrent environ neuf cents hommes, il leur fit promettre de se jeter tous dans le fort au premier coup de canon, avec la garnison ordinaire, qui étoit de cent cinquante hommes, et les quarante gentilshommes qui avoient suivi le cardinal : dont le nombre s'augmenta considérablement dans la suite, plusieurs de ses amis lui étant venus faire offre de service.

Les premières nouvelles qu'on reçut furent apportées par Boisguérin, qui dit que si le cardinal de Retz avoit pu aller droit à Paris suivant le premier projet, il auroit été parfaitement bien reçu ; que tout le peuple avoit marqué une joie extraordinaire en apprenant qu'il s'étoit mis en liberté ; que le chancelier et l'abbé Fouquet se préparoient à sortir, sur le bruit qui se répandoit de son arrivée prochaine ; et que le président de Bellièvre n'attendoit que cette occasion pour se déclarer contre le cardinal Mazarin et les Fouquets, avec qui il étoit brouillé. Il ajoutoit que le clergé étoit fort bien disposé, que le chapitre de Notre-Dame avoit fait chanter un *Te Deum*, où plus de six cents personnes avoient assisté ; que les curés avoient aussi résolu d'en faire chanter un ; que le chapitre avoit enregistré la révocation du cardinal de Retz, qui avoit été aussitôt portée à Rome par le sieur Chevalier, frère du grand vicaire ; que l'abbé Fouquet, ayant été informé de tout cela, étoit allé chez le président pour lui demander le duplicata de la démission qui étoit entre ses mains ; mais que le président l'avoit refusé, disant que c'étoit un dépôt dont il ne pouvoit se dessaisir sans le consentement du cardinal de Retz ; que Caumartin avoit fait deux lettres, une au Roi et l'autre à la Reine, sur les blancs signés de Son Eminence ; lesquelles lettres avoient été portées par le sieur de Villiers, un des gentilshommes de la princesse palatine, qui avoit promis de prendre son temps pour les rendre ; que cette princesse avoit écrit à Caumartin qu'elle ne désespéroit pas de faire un nouveau traité avec le cardinal Mazarin, en conservant même l'archevêché ; mais qu'il falloit attendre l'événement du siége d'Arras par les Espagnols (1) ; que le duc de Noirmoutier avoit écrit à Paris aux amis du cardinal de Retz, pour leur déclarer qu'il étoit prêt de le recevoir dans Charleville s'il vouloit s'y retirer, et qu'il les conjuroit de le lui faire savoir : ce qu'il lui avoit fait déjà dire deux fois par deux

(1) Arras étoit une place très-importante pour les

gentilshommes pendant qu'il étoit au château de Nantes ; à l'occasion de quoi le cardinal avoit donné dès ce temps-là une lettre de créance à Joly pour le duc de Noirmoutier, afin de s'en servir dans le besoin. Par cette lettre, il le prioit de faire tout ce que Joly lui diroit. Boisguérin dit aussi que les partisans de M. le prince pressoient de traiter avec ceux du cardinal de Retz ; que Son Altesse avoit su son évasion, et qu'il s'acheminoit à Paris. Il avoit fait ce qu'il avoit pu pour engager le comte de Fuensaldague à lever le siége d'Arras pour marcher droit à Paris, ne doutant point qu'il n'y trouvât la plupart des bourgeois disposés à le recevoir ; mais ce général ne voulut point entendre à cette proposition, qui auroit été cependant, suivant les apparences, le salut de l'Espagne, de Son Altesse, du cardinal de Retz, et par conséquent la ruine infaillible du cardinal Mazarin (1).

Voilà tout ce qui fut rapporté par Boisguérin sur un billet de créance de Caumartin, qui n'avoit pas osé rédiger tout ce détail par écrit, dans la crainte qu'il ne fût arrêté par les gens du maréchal de La Meilleraye, qui s'étoient rendus maîtres de tous les passages. Mais comme le messager avoit de l'esprit et beaucoup d'habitude en Bretagne, il passa heureusement, et vit même la duchesse de Retz, qui auroit pu se servir de lui pour envoyer à son mari l'argent qu'elle lui avoit promis. Cependant elle n'en fit rien, non plus que la duchesse de Brissac sa sœur, qui avoit fait espérer la même chose au duc de Brissac son époux. Ces deux dames se contentèrent de leur donner, au lieu d'argent, quantité de fausses alarmes, en leur faisant entendre que le maréchal faisoit de grands amas de troupes pour les assiéger dans Belle-Ile. Cela donna tant d'inquiétudes feintes ou véritables à ces messieurs, que le cardinal fut obligé de penser à sortir d'un lieu où il voyoit bien qu'on ne vouloit pas qu'il séjournât davantage. Le chevalier de Sévigné et les autres remarquoient tous les jours des barques longues envoyées, selon eux, par le maréchal pour investir l'île ; après quoi il ne leur auroit plus été possible d'en sortir. L'embarras fut de convenir du lieu où le cardinal se retireroit. Les ducs de Retz et de Brissac ne vouloient point que ce fût à Charleville, parce qu'ils craignoient de s'engager dans des affaires qui pourroient avoir de longues suites, dont le duc de Noirmoutier ne manqueroit pas de tirer tous les avantages si l'on en venoit à un accommodement. Joly soutenoit de son côté qu'il n'y avoit pas de meilleur parti à prendre que celui-là ; que la présence du cardinal de Retz donneroit de l'inquiétude au cardinal Mazarin, lorsqu'il seroit dans ces quartiers-là ; qu'il y avoit à la rade de Belle-Ile des vaisseaux hollandois dont on pourroit se servir pour passer en Flandre, et de là à Charleville ou à Mézières ; et qu'enfin il valoit mieux prendre ce chemin-là pour aller à Rome, si ce voyage étoit jugé nécessaire, que de passer par l'Espagne : quand ce ne seroit que pour ôter au cardinal Mazarin les prétextes que ce passage fourniroit pour rendre le cardinal de Retz odieux et suspect. Cependant les ducs de Retz et de Brissac l'emportèrent, et déterminèrent le cardinal à passer en Espagne sur une petite barque de vingt-cinq tonneaux, dont tout l'équipage étoit composé de quatre matelots et du maître, qui, selon eux, avoit fait ce voyage plus de trente fois. Mais on avoit tant d'envie de se défaire de lui, qu'on lui fit croire qu'il passeroit plus sûrement sur cette barque que sur les plus grands vaisseaux. Après cela on affecta de prendre plusieurs vaines précautions pour donner le change aux barques longues du maréchal, qu'on supposoit toujours autour de Belle-Ile, et qui ne subsistoient que dans l'imagination de ces messieurs. Pour cet effet, on fit semblant d'embarquer le cardinal dans un gros vaisseau hollandois qui mit aussitôt à la voile ; et cependant il coucha cette nuit et la suivante chez le curé de Berger dans l'île, avec Joly, Boisguérin et Du Brocard, d'où ils partirent la troisième nuit déguisés en soldats pour s'embarquer sur la petite barque,

---

Espagnols. Un peu avant que les François la prissent, on disoit par dérision à Arras :

Quand les François prendront Arras,
Les souris mangeront les chats.

Les François l'ayant prise, on retrancha le *p* au quatrième mot du premier vers, et on dit :

Quand les François rendront Arras,
Les souris mangeront les chats.

Les Espagnols étoient commandés par le prince de Condé ; et ils furent obligés de lever le siége, après avoir été forcés dans leurs retranchemens. Il en seroit arrivé tout autrement si Fuensaldague avoit suivi le sentiment de M. le prince, qui fit admirer son habileté dans sa retraite. (*Note de l'auteur.*)

(1) Le cardinal de Retz n'étant pas venu à Paris, il est probable que la marche des Espagnols n'auroit pas produit un grand effet, dont le fondement étoit sa présence. Le cardinal Mazarin dit, à cette occasion, que la fortune qui avoit favorisé l'évasion du cardinal de Retz s'en étoit en quelque façon repentie, à cause de sa chute, qui en avoit rendu les suites inutiles.
(*Note de l'auteur.*)

sans que cardinal emportât avec lui ni or ni argent. Il est vrai que le duc de Retz avoit fait charger la barque de sardines, avec ordre au maître de les vendre, et d'en remettre le prix entre les mains du cardinal. Joly se trouva heureusement avoir cent vingt louis d'or, et Boisguérin soixante.

Le vent fut assez favorable les deux premiers jours, et on ne fit aucune mauvaise rencontre jusque vers les deux heures après midi, qu'on aperçut une grande frégate qui faisoit force de voile sur la petite barque. Elle continua de la poursuivre jusqu'à la nuit, et alors elle brouilla ses voiles, craignant apparemment d'approcher trop près de la terre. La nuit fut assez fâcheuse, à cause d'un vent violent qui portait à terre; cependant elle se passa sans accident, et on comptoit d'arriver de bonne heure à Saint-Sébastien; mais en approchant du cap, qui n'est qu'à deux lieues de ce port, le pilote, qui devoit se donner la terre à droite, la mit à gauche, courant du côté de Bilbao, et demeura égaré tout le jour sans en vouloir convenir, jusqu'aux approches de la nuit, qu'ayant vu un petit vaisseau, il fit un signal dans le dessein de demander la route. Celui-ci ne répondit qu'à coups de canon : de sorte qu'il fallut s'arrêter, et passer la nuit sur une côte qu'on ne connoissoit point. Pendant ce temps-là le maître ayant connu son erreur, doubla le cap le lendemain ; et ayant découvert une petite chaloupe, on lui fit signe de venir à bord. Elle fit quelque difficulté, voyant que la barque étoit françoise ; mais comme on lui demanda la route de Saint-Sébastien, et s'ils vouloient prendre quatre personnes pour les y porter en les payant bien, ils acceptèrent ce parti, et mirent le cardinal à terre avec ceux de sa suite, le 12 septembre 1654, la barque n'ayant pu arriver que le lendemain, à cause du calme.

Dès que le cardinal fut débarqué à Saint-Sébastien, il dépêcha Joly vers le baron de Vatteville, gouverneur de la place, qui étoit à une lieue de là, au port appelé le Passage. Il n'en devoit revenir que dans deux ou trois jours. Dès que le baron eut vu Joly habillé en soldat, il lui demanda s'il lui apportoit des nouvelles du siége d'Arras ; à qui Joly lui répondit que non ; et lui ayant expliqué le sujet de son voyage, il commença à le traiter avec beaucoup de courtoisie, et lui témoignant beaucoup de joie d'avoir occasion de servir le cardinal de Retz, qui étoit estimé de tout le monde, et pour qui le Roi son maître et don Louis de Haro ne manqueroient pas de s'intéresser fortement ; que s'il croyoit faire plaisir au cardinal, il retourneroit incessamment à Saint-Sébastien ; mais que pour ne point faire d'éclat il jugeoit plus à propos de n'y retourner que dans le temps qu'il avoit marqué en partant ; qu'en attendant il alloit dépêcher un courrier à Madrid, et que dans deux jours il ne manqueroit pas de se rendre à l'entrée de la nuit à l'auberge de Son Eminence, pour la conduire avec ceux de sa suite dans un appartement de son palais, où il seroit sans que personne de la ville en sût rien.

Tout cela fut exécuté ponctuellement dans le temps marqué. Le gouverneur étant venu avec quelques-uns de ses gens prendre Son Eminence, on le conduisit dans un appartement séparé, où don Juan de Vatteville, son frère, alloit tous les jours dire la messe, et où le cardinal étoit servi très-proprement et très-délicatement lui et les siens, pendant que le baron tenoit sa table ailleurs, où il y avoit quelques gens de M. le prince, des réfugiés de Bordeaux, et plusieurs officiers de mer et de terre.

Le cardinal écrivit d'abord au roi d'Espagne et à don Louis de Haro, pour demander la liberté du passage jusqu'en Italie ; et Boisguérin fut dépêché pour porter les lettres, sans aucune autre charge : le cardinal craignant de s'embarrasser, et tâchant d'éviter scrupuleusement les moindres occasions qui pouvoient le faire soupçonner de quelque engagement avec l'Espagne. Il eut seulement ordre de voir en particulier le comte de Fiesque qui étoit à Madrid de la part de M. le prince, et de lui faire beaucoup de compliments qui dans le fond ne signifioient rien. Le baron de Vatteville eût bien voulu que le cardinal se fût avancé un peu davantage. Il lui fit pour cela plusieurs ouvertures en homme sage, et avec beaucoup de discrétion ; mais elles ne produisirent rien, et le cardinal s'occupa uniquement du voyage de Rome, ayant fait vendre les sardines, dont il tira six cents écus qui servirent à le faire habiller, et ceux qui étoient avec lui, qui en avoient fort grand besoin. Deux jours après le départ de Boisguérin, il arriva encore une barque de Belle-Ile, chargée de la même marchandise, dont on tira pareille somme. Beauchêne vint sur cette barque : il avoit été envoyé de Paris à Belle-Ile, et de là à Saint-Sébastien, pour apporter des nouvelles assez différentes de Boisguérin, dont la plus importante étoit la levée du siége d'Arras, où l'on disoit que M. le prince avoit fait des merveilles ; et que s'il avoit été secondé par le comte de Fuensaldague, ils n'auroient pas été forcés comme ils furent dans leurs retranchemens. Après cela il dit que la cour avoit envoyé ordre aux sieurs Granger, Biet et

Joly, chanoines de Notre-Dame; au sieur Loisel, curé de Saint-Jean et chancelier de l'Université; aux sieurs Chevalier et Lavocat, aussi chanoines et grands-vicaires du cardinal de Retz, d'aller trouver le Roi à Péronne. Ils y reçurent de nouveaux ordres de se retirer en différens lieux, où ils furent relégués. On avoit fait publier à Paris, à son de trompe, que les gens du cardinal de Retz eussent à se retirer et à sortir de la ville en vingt-quatre heures. Ceux du dernier archevêque avoient été chassés de l'archevêché, où l'on avoit établi Saint-Amour, exempt, avec quatre gardes; ensuite on avoit signifié au chapitre un arrêt du conseil qui leur ordonnoit de prendre le gouvernement du spirituel de l'archevêché comme vacant en régale, faute d'avoir prêté le serment de fidélité; et de nommer incessamment des grands-vicaires. Une partie des chanoines avoit été d'avis, avant toutes choses, de faire des remontrances sur l'exil de leurs confrères; mais à la fin il avoit passé à la pluralité des voix, de trois seulement, qu'ils prendroient l'administration du spirituel, non par vacance, mais à cause de l'absence, et jusques au retour du cardinal de Retz et de ses grands-vicaires. A cet effet le chapitre avoit nommé les sieurs Descontes, doyen, Le Musle-Desroches, chantre, Charton, pénitencier, et Séguier, théologal, pour faire les fonctions de grands-vicaires; et ordonné qu'on feroit de remontrances et prières à Sa Majesté en faveur des exilés.

Toutes ces choses étant une suite de la levée du siége d'Arras dont le baron de Vatteville avoit donné avis à Madrid, Boisguérin, qui en revint quelques jours après, dit au cardinal que cela n'avoit servi qu'à fortifier don Louis de Haro dans le dessein d'exhorter Son Éminence à ne point aller du côté de Rome, mais d'aller plutôt trouver le duc de Noirmoutier, lui offrant pour cela l'escorte de toute leur armée navale, et une grosse somme d'argent, sans rien exiger de lui que ce qu'il jugeroit à propos lui-même pour ses intérêts particuliers; que s'il vouloit absolument aller à Rome, il le pourroit faire aussi aisément de Charleville que de partout ailleurs, en passant par l'Allemagne; mais qu'il ne croyoit pas qu'il dût prendre ce parti; qu'il ne trouveroit pas son compte à Rome comme il se l'imaginoit; qu'on ne s'y gouverneroit que suivant les événemens, qu'il y trouveroit, après l'affaire d'Arras, plus de foiblesse qu'il ne pourroit croire; que cependant il ne refusoit pas de le servir à sa mode; et que s'il avoit résolu de passer en Italie, il lui enverroit au premier jour un de ses secrétaires avec une litière du Roi, pour le conduire dans un port du royaume de Valence, où il trouveroit une galère toute prête, avec tel secours d'argent qu'il souhaiteroit : lui offrant sa bourse pour cela et tout le crédit du Roi son maître.

Tout cela fut confirmé quelques jours après par don Christoval de Crassemberg, allemand, et principal secrétaire de don Louis de Haro, qui amena une litière du roi d'Espagne, et qui apporta tous les ordres nécessaires pour le passage du cardinal en Italie, avec une bourse de quatre mille pistoles, et des lettres de crédit jusqu'à la somme de cinquante mille écus. Il lui en offroit beaucoup davantage, s'il vouloit aller à Charleville ou à Mézières.

Joly, qui avoit été de cet avis le premier, fit tout son possible pour engager le cardinal à le suivre, lui représentant que c'étoit l'unique moyen d'engager le cardinal Mazarin à s'accommoder avec lui, en lui faisant peur d'une nouvelle union avec M. le prince; que Rome ne seroit pour lui qu'un lieu d'exil trop éloigné pour pouvoir rien faire de considérable; que le cardinal Mazarin, bien loin de le craindre là, l'y souhaitoit depuis long-temps, puisqu'il le lui avoit fait proposer plusieurs fois; que le Pape étoit vieux, et incapable d'agir avec vigueur; qu'après lui il en pourroit venir un autre moins favorable; qu'au pis-aller il seroit aisé au cardinal Mazarin d'éluder en France tout ce qui pourroit se faire à Rome contre lui, en se couvrant de l'autorité du Roi, des lois de l'Etat, des maximes des parlemens, et des libertés de l'Eglise gallicane, et qu'enfin il ne voyoit rien de plus réel que les offres du duc de Noirmoutier, de le rendre maître d'une bonne place frontière d'où il lui seroit aisé d'entretenir ses intelligences avec ses amis, de traiter avec M. le prince, et dans un besoin avec les Espagnols. En tous cas Joly conseilloit fortement au cardinal de Retz d'accepter les quatre mille pistoles qui lui étoient en quelque façon nécessaires dans l'état où il se trouvoit, espérant que ce petit engagement le pourroit mener plus loin; que quand il ne les prendroit pas, on ne laisseroit pas toujours de l'accuser d'en avoir pris; que les engagemens de cette nature ne gâtoient jamais le fond des affaires, et n'étoient regardés que comme des bagatelles quand on venoit à un accommodement; qu'en allant à Rome, il ne pourroit subsister honorablement que sur la bourse et le crédit de ses amis, qui pourroient avec le temps manquer de pouvoir et de bonne volonté; et qu'enfin il devoit éviter avec grand soin de laisser connoître aux Espagnols qu'il ne vouloit recevoir d'eux aucun secours; qu'autrement il pourroit arriver que non-seulement ils négligeroient entièrement ses intérêts à Rome, mais qu'ils les traverseroient, et le sacrifieroient peut-être au cardinal Mazarin. Mais toutes ces raisons furent inutiles : le cardinal de Retz demeura ferme dans sa résolution d'aller à Rome. Beauchêne et le sieur de Salles, récemment venus de Paris, lui firent entendre que c'étoit le sentiment des ducs de Retz et de Brissac, et de tous ses amis de Paris. Il refusa aussi les quatre mille pistoles du roi d'Espagne, et il aima mieux en emprunter quatre cents du baron de Vatteville pour continuer son voyage, qu'il lui a fait rendre depuis. Il accepta cependant la litière du roi d'Espagne, et il laissa un chiffre à Christoval, dont il promit de se servir dans l'occasion pour donner de ses nouvelles à don Louis de Haro. Il tira de lui parole de secourir les ducs de Retz et de Brissac, s'ils étoient attaqués dans Belle-Ile, comme on les en menaçoit. C'est ce qu'il leur fit savoir par Beauchêne, qu'il leur envoya pour leur apprendre de ses nouvelles.

Après cela le cardinal se mit en chemin le premier jour d'octobre, dans la litière du roi d'Espagne, avec Joly et Boisguérin, de Salles et Du Brocard, qui le suivoient montés sur des mulets; et le maître-d'hôtel du baron de Vatteville, qui fit la dépense du voyage. Le premier jour ils allèrent coucher à Tolosette, à quatre lieues de Saint-Sébastien ; et le lendemain, à la dînée, ils rencontrèrent quelques marchands françois qui reconnurent fort bien le cardinal et Joly, quelque soin qu'on prît de se cacher d'eux. Le reste du voyage se passa assez agréablement, à la réserve des lits, qui sont rares en Espagne, même dans les hôtelleries, où il faut porter tout ce dont on a besoin. On passa près de Pampelune, et ensuite par une petite ville appelée Tudela, où le peuple s'étoit soulevé contre la noblesse, au sujet de la chasse : ce qui fut cause qu'on mit des gardes devant la maison du cardinal, les habitans s'étant imaginé qu'il venoit pour châtier les séditieux, parce qu'il voyageoit en équipage d'homme de guerre, sous le nom de marquis de Saint-Florent, bourguignon ; de sorte qu'il fut retenu dans cette ville pendant trois jours, et obligé, pour avoir la liberté d'en sortir, d'écrire au vice-roi de Navarre à Pampelune, qui lui fit sentir qu'il n'étoit pas content de n'avoir reçu aucun compliment de sa part en passant aux portes de sa capitale (1). De là on se rendit à Sarragosse, ville grande et belle, où il y a une église célèbre par une image de la Vierge appelée *N. Senora Delpilar*, renommée par ses miracles. Le cardinal y étant allé au commencement de la nuit pour faire ses prières, on lui ouvrit les portes de l'église qui étoient fermées; on ôta même les ornemens de l'image, pour la lui laisser voir : ce que les chanoines lui dirent qu'ils ne faisoient que pour les cardinaux ou les princes. C'en étoit assez pour lui faire connoître qu'ils savoient qui il étoit : mais le cardinal ne vouloit point être désabusé là-dessus, prétendant voyager toujours *incognito*, et faisant de son mieux pour imiter les manières des cavaliers. Il s'imaginoit toujours qu'on le poursuivoit criminellement en France sur son passage en Espagne; et ce fut cette crainte qui l'obligea de se conduire comme il fit à Saint-Sébastien et ailleurs avec les Espagnols.

Enfin, après plusieurs mauvais gîtes, on arriva le 14 octobre à un bourg du royaume de Valence, sur le bord de la mer, nommé Vivaros. Le lendemain matin on y trouva une galère toute prête, dont le commandant don Fernando de Carillo, chef d'escadre, jeune gentilhomme fort bien fait et fort sage, vint aussitôt saluer le cardinal de Retz et le suivit à l'église. Il communia à la fin de la messe en l'honneur de la fête de sainte Thérèse : après quoi il se rendit sur la galère, dont il envoya la felouque vers les six heures du soir, pour porter lui et son monde à bord. Il y fut reçu sans aucune cérémonie, tout le monde feignant de ne le point connoître, et le connoissant pourtant. La galère étoit fort bien équipée : il y avoit dessus cent vingt soldats effectifs, quatre-vingts matelots, et vingt-huit bancs de chaque côté, avec sept ou huit forçats à chaque rame.

Il étoit arrivé un peu auparavant à Vivaros un gentilhomme, parent de don Louis de Haro, appelé don Christoval, qui présenta, de la part de ce ministre, au cardinal deux grandes caisses pleines de gants et de peaux d'Espagne. On trouva dans une de ces caisses plusieurs bourses pleines d'or que le cardinal refusa encore une fois, n'ayant voulu accepter que les gants et les senteurs, qu'on estimoit plus de deux mille écus, qu'il donna ensuite à don Fernando de Carillo, à la réserve de quelques paires de gants. Ce procédé parut noble et généreux, comme il l'étoit, aux Espagnols, qui se piquent de ces galanteries; mais comme ils s'étoient promis autre chose de lui, cela ne fit pas tout l'effet qu'il s'étoit imaginé. Il fit aussi des largesses considérables, par rapport à ses finances, au maître-d'hôtel du ba-

---

(1) La vie du cardinal fut fort en danger à Tudéla, quelques mutins ayant proposé d'entrer chez lui de force pour l'assassiner : ce qui lui faisoit dire long-temps après, qu'il surpassoit Henri IV en un point, puisque la vie de ce prince n'avoit été en danger qu'onze fois, et que la sienne y avoit été quinze. (*Note de l'auteur.*)

ron de Vatteville, quoiqu'il lui eût fait assez mauvaise chère sur le chemin. Il en fit aussi à ceux qui conduisoient la litière.

Après cela on mit à la voile; et la galère ayant vogué tout le jour assez favorablement, mouilla, sur les cinq heures du soir, dans une petite anse vis-à-vis de Majorque. Le lendemain, don Fernando ayant dit au cardinal qu'il pouvoit descendre s'il le trouvoit bon, et se promener dans la ville, attendu que le vent étoit contraire, Son Eminence mit pied à terre, et fut régalé pendant trois jours par le vice-roi, qui fit aussi semblant de ne le pas connoître, et engagea sa femme à donner le bal, pour lui faire voir tout le beau monde du lieu. Majorque est une des plus agréables villes du monde, plus grande et plus peuplée qu'Orléans. Les femmes y sont fort belles; il n'en est pas de même des hommes, qui sont assez mal faits, mais fort braves et courageux sur la mer. On donna aussi des sérénades au cardinal dans des couvens de filles, et toutes sortes d'autres divertissemens; après quoi le vent ayant changé, il remonta sur la galère, qui le mit en douze heures de temps au port de Mahon dans l'île de Minorque, un des plus beaux hâvres de l'Europe. L'entrée en est fort étroite, et il est difficile qu'il y passe plus de deux galères de front, mais il s'élargit peu à peu pendant deux lieues jusqu'à la ville de Minorque, qui est sur une hauteur, au pied de laquelle le plus grand vaisseau s'amarre aisément avec des câbles. Les habitans, prévenus qu'il y avoit de la peste en Espagne, donnèrent pratique à la galère; mais ils apportèrent des vivres et des rafraîchissemens sur le bord de la mer, et en reçurent le prix dans du vinaigre. On fut obligé de demeurer dans cet état depuis le mardi jusqu'au dimanche matin, à cause du vent contraire. Le vent ayant ensuite changé, la galère sortit du port, afin de découvrir quelques vaisseaux qui avoient paru sur la côte; mais n'ayant rien vu, elle fit le trajet du golfe de Lion, gagna les côtes de l'île de Sardaigne, et le lundi au soir elle fit ce qu'elle put pour aborder à Sassary, mais inutilement. Ce fut un grand bonheur pour le cardinal, l'armée navale de France, qui menoit le duc de Guise à Naples, étant sur cette rade depuis quelques jours; de sorte que le lendemain matin la galère s'étant trouvée à l'embouchure du canal qui est entre la Sardaigne et l'île de Corse, elle continua sa route à Cagliari, comme on l'avoit résolu; et ayant entendu deux coups de canon tirés à balle l'un après l'autre avec un petit intervalle, don Fernando jugea que c'étoit un avis qu'on lui donnoit de terre de la proximité de cette flotte, qu'il

savoit devoir être en mer : ce qui l'obligea de faire monter un matelot au haut du mât, pour voir s'il ne découvriroit point de voile hors du canal, dont on étoit près de sortir, afin de se retirer en cas de besoin à Capo-Bonifacio. Le matelot ayant dit qu'il ne voyoit que deux tartanes qui couroient le long de la terre, qu'il jugea être des corsaires de Barbarie, le commandant ordonna de leur donner la chasse. Les soldats et la chiourme marquèrent une grande joie de cela; mais le pilote ayant mal pris ses mesures, la galère échoua, un moment après être sortie du canal, sur un fond de sable entre deux petits rochers. Heureusement elle ne se fit point de mal, parce que la mer étoit calme, et qu'il ne faisoit presque point de vent : cependant les forçats ayant voulu rompre leurs chaînes pour se sauver, don Fernando et tous les soldats mirent l'épée à la main, et les contraignirent de se rasseoir : après quoi il fit mettre la felouque et l'esquif en mer, pour porter le cardinal et ses gens, avec quelques autres passagers, sur les rochers, pendant qu'on travailloit à décharger la galère pour la remorquer : ce qui réussit au bout de trois heures, après beaucoup de fatigues et de peines.

Ensuite on alla mouiller à Porto-Vecchio, où l'on passa la nuit, et le lendemain, qui étoit la fête de Saint-Simon et Saint-Jude, le vent n'étant pas propre pour continuer le voyage, on mit pied à terre pour entendre la messe. Mais, pendant qu'on la disoit, quelques cavaliers étant venus avertir que l'armée navale de France étoit à Cagliari, don Fernando fit rembarquer tout le monde. Cependant la mer étant fort grosse, et le conseil s'étant assemblé, on ne jugea pas à propos de lever l'ancre, tous les officiers étant convenus qu'il étoit impossible aux vaisseaux de guerre de venir sur la galère pendant que ce vent-là dureroit; que s'il changeoit, elle auroit toujours beaucoup d'avance, et qu'il lui seroit aisé de gagner un port. Malgré ces considérations et les mauvais temps qui continuoit toujours, don Fernando ne laissa pas de mettre à la voile le lendemain de la fête, à quatre heures du matin, contre le sentiment des officiers subalternes, qui firent même leurs protestations par écrit. En effet la tempête fut si violente depuis les cinq heures du matin jusqu'à cinq heures du soir, que tout le monde se prépara à la mort par la confession, le naufrage paroissant inévitable. Cependant, comme le vent n'étoit pas contraire, on ne laissa pas d'avancer beaucoup; et la galère s'étant trouvée près d'une petite île appelée la Rinara, vers le commencement de la nuit, tout l'équipage s'écria : *Terra, terra!* et voulut se jeter à la mer, dans la pensée que la galère alloit se briser contre terre. Cela seroit arrivé, si le commandant n'eût fait changer la manœuvre pour gagner la pointe de l'île au-dessous du vent, où la mer s'étant trouvée moins agitée, tout l'équipage s'écria, en signe de réjouissance, *Calma, calma !* Elle étoit pourtant encore assez agitée pour empêcher l'usage des rames, dont on entreprit inutilement de se servir pour se mettre plus à l'abri, la mer en ayant rompu plusieurs ; de sorte que don Fernando fut obligé de faire jeter deux ancres, qui prirent heureusement toutes deux. Après cela il passa dans la chambre du cardinal pour lui dire qu'il avoit couru de fort grands dangers, mais qu'il en étoit dehors ; qu'il falloit penser à se reposer, et que le lendemain il espéroit gagner Porto-Longone. Ce gentilhomme avoit plus besoin de repos que personne, s'étant extrêmement fatigué tout le jour, et ayant veillé sur tout ce qui se passoit avec une attention extraordinaire, sans quitter le lieu d'où il donnoit ses ordres que pour aller rendre compte au cardinal de l'état des choses.

Le lendemain, la mer étant beaucoup plus calme, on leva les ancres à quatre heures du matin, et on arriva sur les neuf heures à Porto-Longone, où tout le monde fut étonné de voir arriver une galère, après la tempête qu'il avoit fait le jour précédent. Peu de temps après le vent recommença d'une si grande force, qu'il ne fut pas possible de passer à Piombino, quoiqu'on le tentât par trois fois. Cela donna le loisir au cardinal d'aller voir Porto-Ferrajo, autre port de l'île d'Elbe, qui appartient au grand-duc de Toscane.

Enfin le 3 novembre 1654 on prit terre à Piombino, où le cardinal de Retz se démasqua et se laissa connoître. En avançant dans les Etats du grand-duc de Toscane, on trouva, dans la première ville où l'on coucha, des officiers de Son Altesse qui avoient ordre de traiter le cardinal aux dépens de leur maître : ce prince ayant eu la précaution d'en dépêcher plusieurs en différens endroits pour le même sujet, sur l'avis qu'il avoit eu de son passage en Italie.

A une demi-lieue de là, on rencontra le maître des cérémonies de Son Altesse, qui apporta des lettres de la part du grand-duc au cardinal de Retz, remplies d'offres et d'honnêtetés les plus obligeantes du monde, mais accompagnées de prières qu'il ne trouvât point mauvais si on lui faisoit faire une espèce de quarantaine (à cause du mauvais air qu'on disoit régner en Espagne) dans un petit lieu nommé Spedaletta, qui est une maison presque seule dans les montagnes, proche de Volterra, peu éloignée du champ de bataille où Catilina fut autrefois défait par l'armée de la république romaine. On y trouva un maître-d'hôtel, un officier, un sommellier, qui traitèrent splendidement le cardinal pendant le séjour qu'il y fit. Au reste, il y a bien de l'apparence que le grand duc se servit du prétexte du mauvais air pour se donner le temps d'écrire en France, et pour y faire trouver bon le passage qu'il donnoit si honnêtement à Son Eminence.

Le premier soin du cardinal de Retz, dès qu'il fut en terre ferme, fut de dépêcher un courrier exprès à l'abbé Charier pour le faire venir à Spedaletta, où il arriva au bout de quatre ou cinq jours : tellement persuadé que le cardinal devoit donner sa démission, qu'ayant rencontré en arrivant Joly et Boisguérin qui se promenoient à deux cents pas de la maison, la première chose qu'il leur demanda fut s'il n'y étoit pas disposé : à quoi les autres ayant répondu qu'ils ne le croyoient pas, il en partit chagrin, et dit que si cela étoit, il n'y avoit rien à faire pour lui en Italie. Ensuite il fit son possible pour inspirer cette résolution au cardinal, qui de lui-même étoit assez disposé ; mais comme il reçut dans le même temps des lettres de ses amis de Paris qui l'en détournoient toujours fortement, et qui lui offroient leurs bourses pour s'entretenir dans Rome honorablement, pourvu qu'il ne s'engageât point dans de trop grandes dépenses, les remontrances de l'abbé Charier ne servirent de rien, quoiqu'il s'offrît d'aller à Paris pour convaincre ses amis de la nécessité de la démission, et pour disposer la cour à la recevoir favorablement. Ce projet fut remis jusqu'à ce qu'on fût à Rome, où l'on verroit de plus près ce qu'il y auroit à faire.

Cependant, comme le cardinal manquoit d'argent, ayant fait distribuer ce qui lui restoit aux officiers et à l'équipage de la galère, il pria l'abbé Charier, qui retournoit à Rome pour lui préparer un logis, de passer par Florence, et de demander une somme de quatre mille écus au bailli de Gondy, son parent et secrétaire-d'Etat du grand-duc, pour le conduire jusqu'à Rome : ce qu'il n'obtint pas sans difficulté. Après cela Son Altesse lui envoya une litière pour le porter de Spedaletta, où il avoit passé quinze jours, à l'Ambrogiano, maison de plaisance où il trouva le grand-duc, la grande-duchesse et le prince, qui le régalèrent parfaitement bien en toute manière pendant un jour et demi, quoiqu'il y fût *incognito* (1). Les conversations ne roulèrent que

(1) Le grand-duc donna la première place au cardinal

sur le sujet du voyage en général, sans entrer autrement dans le détail des affaires, à la réserve du conclave futur, qu'on disoit fort prochain à cause du grand âge et de la mauvaise santé du Pape. Sur cela le duc s'ouvrit un peu avec le cardinal, et lui recommanda fort le cardinal Chigi, lui laissant entendre qu'il le trouveroit plus favorable et mieux disposé que pas un autre à son égard.

De l'Ambrogiano on se rendit à Florence, où le cardinal Jean Carlo de Médicis traita magnifiquement le cardinal de Retz pendant trois jours dans le palais du grand-duc, mais toujours *incognito*. Il lui donna même le bal, à la mode du pays, dans une maison particulière, où il avoit assemblé les plus belles dames de la ville. Il fut reçu à Ficanes avec la même magnificence par le prince Léopold qui en étoit le gouverneur, et dans tous les autres lieux des Etats du grand-duc, par où il passa jusqu'à Radicofani; après quoi le cardinal entra dans les Etats ecclésiastiques, toujours *incognito*; et dans la litière du grand-duc, jusqu'à Rome, où il arriva le 28 novembre 1654.

Aussitôt que le cardinal de Retz fut arrivé, l'abbé Charier en fut porter la nouvelle au cardinal Chigi, secrétaire-d'Etat, pour en informer Sa Sainteté, qui dès le lendemain lui donna une audience secrète, où il lui donna beaucoup de marques d'estime et d'amitié, l'exhortant à prendre patience et à se faire traiter pour son mal d'épaule, avec promesse qu'on ne le laisseroit manquer de rien. Le cardinal Chigi lui envoya ensuite faire des complimens et des excuses de ce qu'il ne le voyoit point encore, disant que c'étoit pour ne point donner d'ombrage à la faction de France, et pour ne pas se mettre hors d'état de lui rendre service: raison dont il se servit en plusieurs autres occasions dans la suite, pour se dispenser d'accorder au cardinal de Retz les grâces qu'il demandoit. Ce fut sous ce prétexte qu'il fit retrancher beaucoup des libéralités et des honneurs que Sa Sainteté avoit intention de lui faire. Il fit réduire à quatre mille écus les vingt mille qu'il vouloit lui donner, et il empêcha le Pape de le loger auprès de lui dans son palais de Montecavallo : disant qu'il feroit mieux de se loger dans une maison religieuse, où, vivant dans un esprit de simplicité, de retraite et de modestie, il rendroit sa cause bien meilleure, et embarrasseroit d'avantage ses ennemis.

de Retz, et le fit mettre sur un siége plus élevé que le sien. Le cardinal reçut ces honneurs avec beaucoup de modestie.   (*Note de l'auteur.*)

Ces conseils avoient quelque chose de plausible à la vérité, et pouvoient passer pour sages et pour sincères, du moins à l'égard du logement et de la conduite qu'il prescrivoit au cardinal, quoique peut-être une marque plus publique d'une protection ouverte auroit fait plus d'honneur au Pape, et auroit été plus avantageuse aux affaires du cardinal de Retz. Mais certainement il ne devoit rien retrancher du secours d'argent, dont il savoit que le cardinal de Retz avoit un extrême besoin; et ce secours pouvoit se donner suivant l'Evangile, sans faire sonner la trompette.

Il y eut encore une autre affaire dans laquelle le cardinal de Chigi marqua peu d'inclination pour les intérêts du cardinal de Retz, quoiqu'il s'efforçât de persuader le contraire. Ce fut au sujet d'une lettre fort bien écrite qu'il adressoit à tous les évêques de France sur l'état des affaires, et dont messieurs de Port-Royal étoient les véritables auteurs. Le sieur de Verjus, qui depuis fut son secrétaire, la lui avoit apportée à l'Ambrogiano, avec d'autres dépêches du père de Gondy : et le cardinal de Retz ayant résolu de la faire imprimer pour l'envoyer à Paris, il en fit demander la permission au Pape, dans la vue de donner à cette lettre plus de poids et plus d'autorité par une approbation tacite de Sa Sainteté. Mais le cardinal de Chigi, qui vouloit ménager la faction de la France pour le conclave prochain, détourna la chose adroitement, après avoir enveloppé ce refus de plusieurs considérations qui avoient toutes, selon lui, rapport à l'avantage du cardinal de Retz, et qu'il fit trouver bonnes à l'abbé Charier, et l'abbé au cardinal de Retz, qui s'étoit laissé étrangement prévenir de l'affection sincère de cette Eminence. Cependant Joly, qui commença dès-lors à ouvrir les yeux et à entrevoir la vérité, leur dit franchement ce qu'il en pensoit, et les raisons qui devoient rendre sa conduite suspecte. Mais il ne lui fut pas possible de se faire écouter : de sorte qu'il fut ensuite enfin obligé de prendre le parti de se taire quand il étoit question du cardinal de Chigi, pour ne se commettre pas trop souvent avec le cardinal de Retz et l'abbé Charier, qui ont été ses dupes presque jusqu'à la fin, et qui n'ont jamais été d'assez bonne foi pour en vouloir convenir nettement.

Cependant, pour se conformer au conseil du cardinal de Chigi, on ménagea un appartement au cardinal de Retz chez les pères de la Mission, et son monde fut logé dans un petit hôtel tout proche. Après cela, on examina son épaule, que les chirurgiens trouvèrent être démise. Pour la lui remettre on lui fit souffrir des douleurs extrêmes, sans qu'il se plaignît pourtant beaucoup.

Les nouvelles qui vinrent de Paris dans ce temps-là donnèrent aussi beaucoup de peine au cardinal, principalement l'exil de monsieur son père, et des duchesses de Retz et de Brissac, qui ne dura pourtant guère, leurs époux s'étant accommodés peu après avec la cour. On apprit aussi qu'on avoit envoyé chez le sieur Caumartin pour l'arrêter, mais qu'heureusement il s'étoit sauvé en se cachant dans un trou de muraille, derrière une tapisserie, quoique cinquante archers fussent occupés à le chercher par toute la maison pendant plus d'une heure. Ils ne seroient peut-être pas sitôt sortis, s'ils n'avoient remarqué dans le jardin une échelle dressée contre un mur, par-dessus laquelle ils se figuroient que Caumartin étoit sorti pour se sauver; mais tous les domestiques, qui ne savoient pas eux-mêmes où étoit leur maître, furent bien étonnés quand ils le virent sortir de son trou une demi-heure après que les archers se furent retirés. Ensuite il se réfugia en Franche-Comté, où il demeura quelque temps avec madame sa mère, et depuis chez le baron de Languet, dont la maison étoit sur la frontière, et chez quelques autres personnes de ses amis, jusqu'à ce que le président de Bellièvre lui eût obtenu la permission de demeurer dans quelqu'une de ses maisons plus près de Paris. On sut aussi que le sieur Chevalier, frère du chanoine, grand-vicaire du cardinal de Retz, avoit été arrêté en passant à Lyon au retour de Rome, et que le procureur général avoit présenté, par ordre de la cour, sa requête au parlement, pour informer du passage du cardinal de Retz en Espagne, sur la déposition des marchands qui l'avoient vu dans une hôtellerie proche de Saint-Sébastien. Sur cela, le cardinal Mazarin prétendoit intenter un procès criminel à M. de Retz, comme s'il eût fait des traités avec les ennemis de l'État; mais comme le fait étoit faux, et qu'il n'en put fournir de preuve, l'affaire n'eut pas de suite. Cependant le Roi, qui peu de temps auparavant avoit envoyé le sieur de Lyonne avec la qualité d'ambassadeur extraordinaire vers les princes d'Italie, lui envoya des ordres pressans de quitter toute chose pour aller à Rome, et y traverser le cardinal de Retz. En attendant qu'il y fût, Sa Majesté fit défendre à tous les François d'avoir aucune communication avec lui; et aux cardinaux de la nation, ou même de la faction françoise, de faire arrêter leurs carrosses, suivant l'usage du pays. Mais le Pape ayant été averti de cet ordre donné aux cardinaux, prit la chose avec tant de hauteur, qu'aucun n'osa y obéir, Sa Sainteté ayant fait dire que si quelqu'un d'entre eux manquoit, à l'égard du cardinal, aux civilités ordinaires, elle les feroit mettre au château Saint-Ange. D'ailleurs, le cardinal de Retz s'étoit déjà mis sur un pied à se faire respecter, plus de vingt gentilshommes de ses amis s'étant rendus auprès de lui, qui l'accompagnoient en toute occasion comme ses domestiques, et qui mangeoient avec lui; sans parler de plusieurs autres qui s'étoient logés dans son quartier exprès pour être à portée de lui offrir leurs services dans le besoin. De plus, il avoit reçu des secours très-considérables de France, qui l'avoient mis en état de se faire un équipage fort leste de trois carrosses à six chevaux, avec un grand nombre d'estafiers, la plupart jeunes François fort délibérés et prêts à tout faire, qui, joints avec les gentilshommes et leurs valets de chambre, composoient du moins un corps de cent personnes, sur qui le cardinal pouvoit compter dans un besoin. Il n'y eut que sur la livrée qu'il affecta d'être modeste, n'ayant donné à tous ses gens que des habits gris sans galons : ce qui faisoit appeler sa suite *la nuée grise*.

Les amis du cardinal de Retz, qui l'assistoient de leurs bourses, n'approuvoient pas autrement cette dépense excessive, qu'ils jugeoient assez inutile et hors de saison : mais outre que son inclination l'y portoit, il disoit aussi qu'il falloit vivre de cette manière à Rome, dont le peuple n'estime les étrangers qu'à proportion de leur dépense et de la figure qu'ils font; que, paroissant dans un état d'abattement, tout le monde lui marcheroit sur le ventre, et que ses ennemis en tireroient de grands avantages contre lui. Effectivement cette conduite ne fit pas un mauvais effet, le Pape et la cour de Rome jugeant par là qu'il n'étoit pas un homme abandonné, ni qu'on dût craindre qu'il leur tombât sur les bras.

On savoit d'ailleurs qu'il avoit pour sa personne une table de six couverts fort délicieuse et très-bien servie; une de vingt pour ses gentilshommes, sans parler du commun, qui étoit de plus de quarante. Tout cela, suivi de grandes aumônes qui se faisoient régulièrement à la porte, donnoit au cardinal de Retz une grande réputation parmi le peuple, et lui attiroit une bienveillance presque générale, qui n'est pas à mépriser dans des rencontres de cette nature.

Aussi n'eut-il pas de peine à faire dans les commencemens une partie de ce qu'il vouloit, se voyant soutenu de l'approbation publique et de l'inclination du Pape à un point qui ne se peut presque pas imaginer. Il en auroit tiré sans doute des secours et des avantages considérables, sans les ménagemens, la foiblesse ou les artifices du cardinal de Chigi, qui rompit toutes ses mesures.

Cette inclination du Pape parut visiblement en deux occasions, dont la première fut lorsqu'il donna le chapeau au cardinal de Retz, suivant l'usage : car on vit sans cesse et en abondance couler des larmes des yeux de ce bon vieillard pendant toute la cérémonie, avec des manières et des expressions d'une tendresse toute particulière : ce qui fut remarqué de tout le monde. Le cardinal Antoine Barberin ne s'y trouva point ; et les cardinaux d'Est et Bichi se retirèrent dès le commencement du consistoire, ayant appris en entrant que cette cérémonie s'y devoit faire. Ils agirent ainsi dans la vue de faire leur cour au cardinal Mazarin, auquel ils écrivirent même pour s'excuser, disant qu'ils avoient été surpris, et que le Pape avoit tenu la chose si secrète qu'ils n'en avoient rien su, ce qui étoit vrai.

La seconde fut lorsque l'évêque de Coutances, autorisé par les grands vicaires du chapitre, donna les ordres dans l'église Notre-Dame : car Sa Sainteté en ayant été informée, adressa aussitôt des commandemens très-exprès au nonce d'interdire l'évêque et les grands vicaires : ce qui auroit produit un effet fort avantageux pour le cardinal de Retz, et auroit presque décidé l'affaire, si ces dépêches étoient arrivées un peu plus tôt à Paris. Mais un courrier extraordinaire et ayant apporté presque en même temps la nouvelle de la mort du Pape, cette action de justice, qui marquoit les intentions du chef, demeura inutile, et ses ordres ne furent point exécutés.

[1655] Le Saint-Père, qui ne fut malade que trois ou quatre jours, s'étant aperçu de sa fin, fit appeler tous les cardinaux, auxquels il donna sa bénédiction avec beaucoup de marques d'affection et une grande liberté d'esprit, les exhortant de choisir un bon sujet pour remplir sa place, et leur recommandant particulièrement le cardinal de Chigi. Après cela il mourut à Montecavallo, le 7 janvier 1655. Ce pape méritoit d'être plus regretté qu'il ne le fut. Il étoit ferme et vigoureux à soutenir les intérêts de l'Eglise ; assez pénétrant, et bien instruit des affaires du monde : ayant d'ailleurs ses foiblesses et ses défauts, qui éclatèrent un peu trop par sa complaisance excessive pour la signora Olympia sa belle-sœur, qui abusa longtemps de sa facilité, s'étant rendue maîtresse absolue de toutes les affaires (1). Tout le monde témoigna donc plutôt de la joie que du déplaisir de sa mort, sans excepter ses domestiques, qui l'abandonnèrent si parfaitement dès qu'il fut expiré, que les rats lui rongèrent les oreilles, personne n'étant resté près de son corps.

Après ses obsèques, qui se firent à l'ordinaire, les cardinaux entrèrent au conclave le 18 janvier, où ils demeurèrent près de trois mois enfermés. Le cardinal de Retz y entra comme les autres, avec trois conclavistes : l'abbé Charier, Joly et Imbert, son valet de chambre, quoique les cardinaux n'en aient ordinairement que deux, à la réserve de ceux qui sont princes ou incommodés : deux exceptions qui lui donnoient un double droit à jouir de ce privilége, étant de maison ducale (ce qui est équivalent aux princes d'Italie), et d'ailleurs étant toujours incommodé de son épaule. Voici un détail assez exact de ce qui se passa dans le conclave. Joly en composa la relation dans ce temps-là, et en fit part à un de ses amis à Paris. Dans la suite il a retouché cette lettre en quelques endroits, pour lui donner plus de liaison avec l'histoire.

Lettre à M***, touchant ce qui s'est passé dans le conclave d'Alexandre VII.

« MONSIEUR,

» Si je ne vous avois pas mandé dès les premiers jours du conclave ce qui devoit en arriver, je n'aurois pas maintenant la hardiesse de vous entretenir des biais et des moyens qui ont enfin porté cette grande assemblée à l'élection du cardinal de Chigi, que je vous avois prédite. Mais voyant que je ne me suis pas trompé dans mes conjectures, j'avoue que j'ai quelque penchant à croire que les dispositions générales et particulières que j'ai tâché d'observer soigneusement dans tous les esprits, sont effectivement les principales raisons qui ont le plus contribué à la consommation de cet ouvrage. C'est ce qui fait, Monsieur, que je me rends plus volontiers à la prière que vous m'avez faite de vous envoyer une relation de ce qui s'est passé dans cette assemblée, dont je ne puis garantir l'exactitude que pour des choses qui sont venues à ma connoissance : car il n'y a peut-être per-

---

(1) Voici un trait de l'avidité de dona Olympia : Un seigneur lui ayant envoyé de très-beaux fruits dans un bassin d'argent, elle retint tout, prétendant que le bassin faisoit partie du présent.   (*Note de l'auteur.*)

sonne qui puisse se vanter de savoir toutes les intrigues, les cabales et les négociations secrètes qui se font dans ces rencontres. Je suppose d'abord que vous n'ignorez pas la manière dont se fait l'élection des papes, dont plusieurs personnes ont écrit. Vous observerez seulement que les billets où sont les vœux des cardinaux sont faits de manière qu'on n'en sauroit découvrir les auteurs, n'y ayant que le nom du cardinal à qui on donne sa voix qui se présente d'abord. Ceux qui sont autorisés pour ouvrir ces billets sont obligés d'en demeurer là, jusqu'à ce que l'élection soit faite : car alors il est permis de les déplier entièrement, et par là on découvre bien des mystères, et des infidélités.

» Il est bon aussi de savoir la différence entre le scrutin et l'accessit, qui sont deux actes séparés, mais qui n'en font proprement qu'un. A l'égard de l'élection, le scrutin se fait le premier, par le moyen du billet, qui est conçu en ces termes : *Ego cardinalis, etc.* (cela ne se voit point qu'en rompant un cachet), *eligo in summum pontificem dominum N.....* (cela se voit) ; et au bas : *Sic me sancta Dei Evangelia adjuvent.* A quoi on ajoute une sentence tirée de l'Ecriture, qu'on dispose chacun à sa discrétion, et qui est aussi pliée et cachetée comme le commencement, sans qu'on la puisse lire.

» Si dans cette première action, qui s'appelle scrutin, quelqu'un avoit le nombre de voix suffisant, il seroit pape, et on en demeureroit là; mais cela n'arrive guère. Ordinairement on change et on corrige le scrutin par ce qu'on appelle accessit, en donnant sa voix à un autre sujet, avec cette seule différence qu'au lieu du terme *eligo* on met celui d'*accedo domino N.*; ou bien *accedo nemini*, quand on s'en tient au premier. Après cela on joint la voix de l'accessit à celle du scrutin ; et s'il se trouve qu'un cardinal en ait les deux tiers et une au-delà, l'affaire est faite, sinon c'est à recommencer : ce qui se fait deux fois le jour, matin et soir.

» A l'égard de ce qui se fait dans l'intérieur du conclave, si vous voulez en avoir une connoissance parfaite, il ne faut pas vous arrêter à ce qui s'en débite dans le monde, y ayant une infinité de gens qui cherchent du mystère et du merveilleux où il n'y en a point, et d'autres qui ne remarquent pas assez les traits de la Providence, qui domine toujours, et qui gouverne le caprice des hommes.

» Ainsi, quoique la figure extérieure du conclave soit environnée de pompe et de majesté, autant que celle de quelque assemblée que ce puisse être, cette grandeur apparente n'établit pas une conséquence nécessaire d'une élévation extraordinaire dans les esprits qui la composent. Les hommes y sont, comme partout ailleurs, sujets à leurs passions et à leurs foiblesses, remplis d'inégalité, de contradiction et de caprice. Ce n'est pas qu'une conduite sage et prudente n'ait là comme ailleurs un grand avantage sur les autres, et qu'un esprit supérieur ne trouve souvent là les moyens de manier adroitement les autres, et de les amener à ses fins ; mais il faut aussi avouer qu'on y remarque souvent une puissance invisible qui remue les volontés, qui entraîne leurs consentemens d'une manière étonnante, et qui confond souvent les projets les mieux concertés et les intrigues des plus habiles politiques. C'est ce qui a paru bien manifestement dans ce conclave, où l'on a vu les vieillards, contre leurs maximes ordinaires, concourir au choix d'un sujet dont l'âge doit éteindre toutes leurs espérances ; et les jeunes solliciter pour un homme fort régulier, qui n'aura pas apparemment beaucoup d'indulgence pour les foiblesse de leur tempérament. On y a vu la France revenir à un sujet qu'elle avoit exclu ; l'Espagne désirer, contre ses maximes, un pape qui paroît ferme et vigoureux ; et le cardinal Barberin sortir du nombre de ses partisans les créatures d'Urbain VIII son oncle, et se donner pour maître celui qu'il avoit si longtemps rebuté. Les derniers jours de la vie du pape Innocent X ayant délié toutes les langues de la cour de Rome, on vit tout d'un coup cette ville changer de face dès les premiers momens de l'agonie d'Innocent. Il est vrai que c'est une chose assez ordinaire à la fin de chaque pontificat ; mais dans celle-ci la révolution fut plus prompte et plus sensible, parce qu'il n'y avoit point de neveu pour soutenir la mémoire du défunt ; et que les esprits, vivement pénétrés des désordres et des scandales du dernier gouvernement, s'abandonnèrent à leurs premiers mouvemens avec trop de licence et d'impétuosité.

» Cet emportement, dans son excès, ne laissoit pas d'être fondé en raison. On peut même dire qu'il fut la principale cause du choix qui se fit dans le conclave, en faisant connoître que tout le monde attendoit et demandoit un nouveau pontife dont la conduite remédiât à ce qui avoit déplu dans le gouvernement précédent. L'attachement du dernier Pape et la complaisance outrée qu'il avoit pour la *signora Olympia* étoient ce qui avoit le plus offensé les esprits. Les électeurs s'attachèrent à choisir un sujet éloigné de ce défaut : après cela l'intérêt de tout le monde chrétien entra en quelque considération ; et comme on étoit persuadé que l'inaction d'Innocent X et son trop grand ménage lui avoient trop fait éloigner et négliger la guerre contre les Turcs qui donnoient de l'inquiétude à toute l'Europe, et que celle qui régnoit entre les princes chrétiens avoit besoin d'une médiation plus vigoureuse et plus efficace, on tâcha de trouver un successeur qui eût les qualités nécessaires pour remédier aux besoins publics.

» Dans ces dispositions presque générales de tous les esprits, personne ne se présentoit plus avantageusement pour remplir les souhaits des peuples que le cardinal de Chigi, qui, dans l'opinion des peuples et de tout le public, passoit pour rassembler en lui toutes les perfections requises pour rassurer les Romains contre la crainte des désordres passés, et pour faire concevoir à tout le monde chrétien l'espérance d'un avenir plus heureux.

» Ce n'est que le cardinal Sachetti ne partageât les vœux et les sentiments, et que la douceur et l'égalité de ses mœurs, jointe à une assez grande expérience dans les affaires, n'attirât sur lui les yeux et les souhaits d'une bonne partie du monde ; d'autant qu'il avoit par devers lui l'avantage de l'âge, qui n'étoit compensé dans le cardinal de Chigi que par des signes équivoques d'une santé assez incertaine et délicate. Cependant, comme le cardinal Sachetti laissoit dans les esprits quelques sujets de défiance sur l'article de ses parens, et surtout d'une belle-sœur qui ne lui étoit pas indifférente, et que son concurrent paroissoit plus éloigné des occasions de ce penchant, cette considération aida beaucoup à déterminer les cardinaux : sans parler de la réputation que le cardinal de Chigi s'étoit acquise à Munster, de l'autorité que lui avoit attirée sa charge de secrétaire-d'Etat, dont il avoit rempli les fonctions d'une manière fort gracieuse ; et enfin de la recommandation du dernier Pape au lit de la mort. Cette recommandation, pour venir d'un sujet peu recommandable, ne laissa pas de faire impression sur les esprits ; mais outre ces deux sujets, il y en avoit encore quelques-uns qui s'attiroient l'attention publique à certains égards, quoique assez foiblement. Tout ce qu'on en peut dire, c'est qu'ils auroient été plutôt approuvés que désirés, si ce n'est peut-être par quelques amis particuliers, et pour des intérêts personnels.

» Le conclave étoit, comme il est toujours, partagé en plusieurs factions qui avoient rapport aux principales puissances de l'Europe, dont il est à propos de vous donner une idée générale. Celle de France étoit alors peu considérable par le nombre des voix, et n'étoit pas en état de former elle seule une conclusion : mais, quoi qu'en disent les Italiens, son nom et la réputation de ses armes ne laissoient pas de lui donner assez de considération pour imposer du respect aux électeurs, et pour les empêcher de nommer un pape contre qui cette couronne auroit témoigné une défiance et une aversion ouverte. Je ne puis vous rien dire de ce qui se passoit de secret dans le conseil de ce parti : les cardinaux qui le composoient, Barberin, Bichi, Grimaldi, Est, Ursin, ayant refusé le concours et la communication que le cardinal de Retz leur avoit offerte. Ce qui en a paru au dehors, c'est que la France continuoit en faveur du cardinal Sachetti les mêmes offices qu'elle lui avoit rendus dans le conclave précédent, parce qu'il étoit ami intime du cardinal Mazarin ; et qu'au contraire elle rejetoit ouvertement le cardinal Chigi, auquel elle avoit donné même l'exclusion.

« Mais cette déclaration si déterminée de la France pour le cardinal Sachetti fut avantageuse en toute manière au cardinal Chigi, parce qu'elle l'attacha plus fortement au parti d'Espagne, et qu'elle détacha du parti de la France tous les autres vieillards qui avoient quelques prétentions au pontificat. Il tira aussi un grand secours du cardinal de Bichi, son parent et son ami, qui ne laissoit passer aucune occasion de lui rendre service, sans avoir aucun égard aux ordres du Roi.

» La faction d'Espagne (1) étoit sans comparaison plus nombreuse, et pouvoit, en demeurant unie, donner une exclusion certaine : mais tous les sujets dont elle étoit composée n'étoient pas tous tellement dépendans et assurés, qu'on pût compter sur leurs voix sans craindre de se tromper. La seule chose en quoi ils convenoient le plus étoit leur opposition constante et unanime au cardinal Sachetti, qu'il n'y eut pas moyen de vaincre. Au contraire, leurs véritables inclinations se déclarèrent toujours en faveur du cardinal Chigi, à cause de l'exclusion que la

---

(1) Carlo di Medicis, J. Carlo di Medicis, Trivulcio, Colonna, Caraffa, Cesi, Astalli, Brancaccio, Capponi, Durazzo, Costagalti, Filomarini, Harach, de Hesse, Ludovisio, de Lugo, Montalto, Maldachini, Rosetti, Raggi, S. Sforza, Savelli.

(*Note de l'auteur.*)

France lui avoit donnée, et de l'inimitié qu'il professoit contre le cardinal Mazarin, et de la conduite qu'il avoit tenue avec une grande fermeté sur l'affaire des évêchés vacans de Portugal (1), ayant toujours détourné le dernier pape de rien décider sur ce sujet, en lui faisant entendre que ce seroit un nouvel obstacle à la paix générale. Cependant ces dispositions de l'Espagne à l'égard de ces deux cardinaux étoient enveloppées d'une contenance et d'un secret si impénétrable, que bien des gens jugeoient que non-seulement cette cour ne désiroit pas l'élection du cardinal de Chigi, mais même qu'elle n'auroit consenti à l'exclusion du cardinal Sachetti que par condescendance pour les cardinaux de Médicis qui l'avoient soutenue dans le conclave précédent, fondés sur une espèce de mésintelligence qui parut entre les deux cardinaux de Médicis et l'ambassadeur d'Espagne, lequel évita en plusieurs rencontres de se déclarer sur l'exclusion du cardinal Sachetti, affectant de la rejeter sur eux, pendant que de leur côté les Médicis laissoient échapper de temps en temps des paroles qui ne paroissoient pas favorables au cardinal Chigi.

« Mais il y a de l'apparence que ces feintes mésintelligences et ces contradictions étoient des manéges de politique pour mieux couvrir leurs desseins, et pour ménager les suffrages de quelques particuliers, qui auroient pu se détacher de la faction s'ils s'étoient plus ouvertement déclarés contre l'un ou en faveur de l'autre : par exemple, celui du cardinal Rosetti, qui ne seroit assurément pas demeuré un moment dans leur parti s'il avoit cru que leur dessein eût été d'élire le cardinal Chigi, pour lequel il avoit une aversion et une antipathie naturelle; et ceux de plusieurs gens de bien, qui estimoient trop le cardinal Sachetti pour lui donner une exclusion formelle.

» La faction des Barberins (2) avoit un nombre de voix presque égal à celui d'Espagne, et par conséquent une exclusion peut-être autant et plus certaine, attendu qu'elle étoit composée de vieillards qui avoient tous chacun leurs prétentions au pontificat et leurs raisons particulières pour en exclure ceux qui en approchoient le plus. Ils parurent assez long-temps fortement déterminés en faveur du cardinal Sachetti, au préjudice de tout autre : mais les personnes sensées jugèrent qu'ils ne lui prêtoient leurs voix que parce qu'ils savoient bien qu'elles lui seroient inutiles, à cause de l'exclusion de l'Espagne, dans l'espérance qu'après l'avoir ballotté long-temps sans succès, on jetteroit enfin les yeux sur quelqu'un d'entre eux qui déplairoit moins à cette cour. Il y a même lieu de croire que ce fut en particulier la vue du cardinal Barberin, puisqu'après avoir vu pendant plusieurs jours de suite trente-trois suffrages pour le cardinal Sachetti, il en parut tout d'un coup dans un scrutin trente-un pour le cardinal Barberin : ce qui donna une alarme violente aux autres factions, et les obligea d'observer avec plus d'attention ses démarches et les discours de ses conclavistes ou autres partisans, qui ne laissoient passer aucune occasion d'exalter ses bonnes qualités et de s'accommoder au goût et à la disposition du conclave. Après tout, on demeura convaincu que la vue principale des Barberins regarda toujours le cardinal Sachetti comme celui de tous qui leur convenoit davantage, soit pour leur procurer la main-levée des biens que l'Espagne leur avoit fait saisir dans le royaume de Naples, soit pour assurer la fortune de leur maison et celle de la signora Olympia, qui, après la mort du Pape, s'étoit absolument remise entre leurs mains, en conséquence de l'alliance qu'elle avoit contractée avec leur maison.

» Ils n'avoient aucune inclination pour le cardinal Chigi : on peut même dire qu'il y avoit une espèce d'antipathie entre lui et le cardinal Antoine Barberin. Non-seulement il évitoit de s'expliquer sur son chapitre avec le cardinal de Retz et rejetoit les propos qu'il lui tenoit en sa faveur comme ne lui étant pas agréables, mais il tâchoit aussi souvent de l'en dégoûter par des endroits où il le croyoit beaucoup plus sensible qu'il ne l'étoit en effet, comme sur le jansénisme. Il disoit qu'il feroit bien, avant toutes choses, de s'assurer de ses sentimens sur la matière de la grâce. Le cardinal de Chigi, de son côté, n'étoit pas mieux disposé à l'égard du cardinal Barberin, et il ne manquoit jamais d'avertir le cardinal de Retz de ne pas prendre trop de confiance en lui, et il le lui présentoit comme un esprit artificieux et malin. Il n'en étoit pas de même du jeune cardinal Carlo Barberin, qui marquoit en toute rencontre beaucoup d'affection et de considération au cardinal Chigi, aussi bien que le cardinal Sachetti et plusieurs autres du même parti (3).

---

(1) Evêchés vacans depuis l'année 1640, où le Portugal s'était séparé de l'Espagne.
(2) Barberin, Carlo Barberin, Bragadini, Cherubini, Carpegna, Cessa, Lechini, Cafarelli, Facquiretti, Franciotti, Gabliel, Ginetti, Gierio, Gualtieri, Matulano Palotta, Rapaccioli, Spada, Santa-Suzanna, Sachetti.
(*Note de l'auteur.*)
(3) Aquaviva, Albizzi, Azzolini, Borromeo, Chigi,

» La faction de l'escadron volant (1), pour n'être pas si nombreuse ; n'étoit peut-être pas moins considérable ni moins puissante que les autres, étant composée de jeunes cardinaux alertes, habiles et toujours prêts à profiter des occasions. Ils parurent tous fort attachés dès le commencement au cardinal Sachetti, disant à tout propos : *Sachetti, o calaletto*. Mais, dans la vérité, une partie d'entre eux n'étoit occupée que du cardinal Chigi, et les autres lui donnoient au moins la seconde place : ce qui les fit déclarer sans peine en sa faveur, quand ils virent l'exclusion assurée de l'autre. Cette différence de sentimens dans les cardinaux de ce parti n'étoit connue que de peu de gens ; et les amis secrets du cardinal Chigi ne se laissoient pas connoître au cardinal Barberin, en se joignant, comme ils firent, tous à lui en faveur du cardinal Sachetti. Mais ils n'eurent pas la même réserve pour le cardinal de Retz : car quoiqu'il n'entrât pas dans leur conseil, comme ils savoient qu'il étoit entièrement porté pour le cardinal Chigi, il y avoit toujours quelqu'un d'entre eux qui le joignoit à l'entrée de la chapelle ou ailleurs, pour l'avertir de donner sa voix au cardinal Sachetti quand ils sauroient qu'elle lui seroit inutile, ou de ne la lui pas donner quand ils auroient lieu de craindre ; et s'ils ne pouvoient eux-mêmes lui donner cet avis, ils le lui faisoient dire par monsignor Febei, maître des cérémonies. On ne sait pas bien si le cardinal de Chigi étoit informé de tout ce manége, mais il feignoit toujours de l'ignorer ; et le cardinal de Retz, qui étoit assis auprès de lui dans la chapelle, assuroit qu'il l'avoit empêché de donner sa voix au cardinal Sachetti en plusieurs occasions où il ne lui manquoit que fort peu de suffrages.

» La faction du petit escadron (2) étoit composée de six cardinaux, que le prince Pamphile et la princesse de Rossane, sa femme, avoient unis si étroitement en faveur du cardinal Chigi, qu'ils regardoient ceux du grand escadron comme leurs ennemis déclarés, supposant qu'ils étoient tous fortement attachés au cardinal Sachetti. Cela les obligeoit de concourir avec la faction d'Espagne, pour mieux assurer son exclusion. La princesse Rossane s'intéressoit particulièrement au cardinal Chigi, parce qu'il avoit toujours eu pour elle de grands égards sous le pontificat dernier, et qu'il avoit pris plusieurs fois son parti contre la signora Olympia dans les démêlés qu'elles avoient souvent ensemble.

» Outre ces factions, qui comprenoient toutes les voix du conclave, il y en avoit une moins sensible qui se répandoit dans toutes les autres. C'est celle des jésuites, qui ne peuvent pas à la vérité tout ce qu'on se figure dans ces sortes d'affaires, mais qui font pourtant une espèce de *conditio sine quâ non* : n'étant presque pas possible de faire son chemin à la cour de Rome et de parvenir aux grandes dignités, sans avoir leur attache et leur agrément. Cette cabale invincible n'étoit pas opposée au cardinal Sachetti ; mais elle étoit attachée véritablement à la personne du cardinal Chigi, et c'étoit principalement pour lui qu'elle travailloit au dehors par les intrigues, et au dedans par le cardinal de Lugo et quelques autres ; mais surtout d'une manière efficace et délicate par les sermons du père Quœchi, prédicateur du conclave, dans lesquels il y avoit toujours quelque trait qui ne convenoit qu'à la personne du cardinal de Chigi : ce père décrivant adroitement ses manières et sa conduite, comme devant servir de modèle au conclave.

» Les choses étant disposées de cette manière, toutes ces différentes factions commencèrent à resserrer leurs pratiques et à prendre leurs mesures suivant leurs génies pour parvenir à leurs fins. Les Espagnols, avec leur flegme ordinaire et sans découvrir leurs véritables desseins, se contentèrent, dans les commencemens, de se tenir unis et serrés pour assurer l'exclusion du cardinal Sachetti, en ne donnant leurs voix à personne, par la formule *accedo nemini*. Ils pratiquèrent cela constamment pendant deux mois entiers, que l'on remarqua dans tous les scrutins vingt-deux ou vingt-trois billets avec cette clause, pendant que les cardinaux françois, avec les Barberins et l'escadron, faisoient des efforts inutiles en faveur du cardinal Sachetti, qui avoit tous les jours trente-trois suffrages et quelquefois trente-cinq, quoiqu'il auroit dû en avoir trente-huit, ou trente-neuf, s'ils avoient tous été sincèrement affectionnés pour lui. Mais, comme nous l'avons déjà dit, une partie de l'escadron le trahissoit. Quoi qu'il en soit, cette observation uniforme et constante donna lieu à une plaisanterie du cardinal Cesi, qu'on appeloit dans

---

Corrado, Homodei, Imperiale, Lomelino, Ottoboni, Pio, de Retz, Santacroce.
(*Note de l'auteur.*)
(1) On appeloit cette faction l'escadron volant, parce

qu'elle paroissoit détachée des deux autres, et comme voltiger entre elles. (*Note de l'auteur.*)
(2) Cibo, Aldobrandin, Odescalchi, Rondavivi, Vidman, Donghi. (*Note de l'auteur.*)

le conclave *la vecchia* (*la vieille*), parce qu'il avoit la mine d'un châtré. Il dit un jour, en sortant de la chapelle, qu'il n'y auroit point de pape si le cardinal *Nemini* et le cardinal *Trentatre* ne s'accommodoient ensemble.

» La trahison de l'escadron fut long-temps inconnue au cardinal Barberin, dont les soupçons tomboient plutôt sur les vieux cardinaux de sa faction, qu'il appeloit ordinairement dans son chagrin *le mie bestie*, quand il voyoit qu'il lui manquoit presque toujours six suffrages de trente-neuf sur lesquels il avoit lieu de compter, et qui auroit apparemment conduit le cardinal Sachetti sur le trône s'ils avoient tous répondu fidèlement à leurs démonstrations extérieures, puisque le nombre nécessaire pour rendre l'élection valide n'étoit que de quarante-une ou quarante-deux voix. Quand le nombre des suffrages approche si fort de celui qui est requis, il arrive souvent que les partisans des autres cabales se détachent pour suivre le torrent, dans l'appréhension de se trouver dans la liste des contredisans sous un nouveau pontificat : ce qu'on tâche d'éviter avec grand soin.

» D'ailleurs la manière ambiguë avec laquelle l'ambassadeur d'Espagne s'étoit expliqué sur le chapitre du cardinal Sachetti, et une espèce de mésintelligence qui se remarquoit entre ce ministre et les cardinaux de Médicis, pouvoient lui donner lieu d'espérer avec assez de fondement un retour favorable pour quelqu'un de leur parti qu'on savoit n'y être attaché qu'assez foiblement ; entre autres du cardinal Rosetti, qui n'auroit pas manqué de se joindre à eux s'il avoit pu prévoir l'élection du cardinal Chigi, comme il le vouloit faire après coup lorsqu'il n'en étoit plus temps.

» Enfin il y a bien de l'apparence que le cardinal Barberin ne s'attacha pendant un si long temps et avec tant d'opiniâtreté au cardinal Sachetti (quoiqu'il le priât lui-même tous les jours d'abandonner cette poursuite, dont tout le monde connoissoit à la fin l'inutilité), que pour tenir en échec le parti d'Espagne, et pour engager le Roi à répondre favorablement à une lettre qu'il lui écrivit en entrant dans le conclave. Il se plaignoit dans cette lettre des traitemens injurieux de ses ministres, qui avoient fait saisir tous ses biens dans le royaume de Naples : offrant cependant de servir Sa Majesté Catholique en tout ce qui dépendroit de lui.

» Ce n'est pas que de temps en temps il ne se fît quelques autres pratiques en faveur de différens sujets, qui se jetoient à la traverse pour tâcher de succéder aux espérances mortes du cardinal Sachetti. Mais toutes ces vaines tentatives n'étoient qu'un véritable amusement : ce qui faisoit dire au cardinal Cesi, qui se moquoit de ces petites intrigues : *Per Dio gli Sacchetano tutti*.

» Le premier qui fut mis sur le rang fut le cardinal Caraffe qui, après les cardinaux Sachetti et Chigi, étoit assurément celui qui avoit le plus de part dans l'estime publique : et s'il n'étoit pas mort dans le commencement du conclave, on ne sait ce qui en seroit arrivé, quoique son incommodité, qui l'obligeoit de demeurer toujours dans une chaise, dût l'exclure d'une dignité qui demande de l'action en bien des rencontres.

» Le cardinal Rapaccioli fut aussi balloté plus d'une fois, mais inutilement à cause de l'exclusion de la France, de l'opposition secrète de l'Espagne, qui le regardoit comme une créature des Barberins ; et de l'inimitié ouverte du cardinal Spada.

» On pourroit alléguer des raisons à peu près semblables de ceux qui s'opposèrent aux cardinaux Capponi, Genetti, Bragadini, Franciotti, Cherubini, Carpegna, Lecchini, Palotta, Durazzo, Brancacio, Santa-Suzana et Corrado, qui furent proposés les uns après les autres avec le même succès. Le cardinal Sau-Clemente, autrement Fiorenzola ou Matulano, attira un peu plus l'attention du conclave, étant appuyé fortement par les cardinaux Trivulce et Grimaldi, qui étoient l'un et l'autre assez capables de réunir les factions de France et d'Espagne, et de ménager même le concours du cardinal Barberin. Mais l'inimitié irréconciliable des cardinaux Montalto, de Lugo et Albizzi, et par dessus cela l'opposition formelle des jésuites, qu'aucun des partis n'osoit choquer directement, firent échouer ses espérances, qui autrement paroissoient assez bien fondées.

» Enfin, après toutes ces tentatives, qui demeurèrent sans effet, les amis du cardinal Chigi, qui pendant toutes ces vaines intrigues n'avoient rien négligé pour lui ménager des suffrages, jugèrent qu'il étoit temps de se déclarer, voyant la patience de la plupart des cardinaux épuisée, et qu'ils étoient enfin venus à bout de faire lever l'exclusion de la France.

» Car il faut savoir que le cardinal Bichi, après avoir fait sentir au cardinal Sachetti le peu d'apparence du succès de ses prétentions, l'avoit disposé adroitement à écrire au cardinal Mazarin en faveur du cardinal Chigi, pour le faire revenir de l'éloignement qu'il avoit pour lui, en se rendant caution de sa conduite future, tant à son égard qu'à celui de la France. En effet, cette Eminence donna dans ce conclave même une marque très-convaincante de la droiture de ses intentions pour cette couronne, dans une occasion où l'on peut dire que les cardinaux de la faction de France oublièrent leur devoir : car l'ambassadeur d'Espagne ayant donné à son maître la qualité de fils aîné de l'Eglise dans un mémoire qu'il présenta au conclave, sans que ces messieurs s'y opposassent, le cardinal de Chigi, qui étoit assis auprès du cardinal de Retz, non-seulement l'engagea de réclamer contre cette innovation, mais il lui marqua aussi la manière dont il devoit s'y prendre : après quoi le cardinal de Retz s'étant levé, dit que la qualité de fils aîné de l'Eglise étant réservée à Sa Majesté Très-Chrétienne, il étoit trop bon François et trop serviteur du Roi pour souffrir qu'on entreprît de la donner à un autre; que si les cardinaux attachés à ses intérêts manquoient à leur devoir, il ne vouloit pas manquer au sien; que la rigueur avec laquelle on le traitoit n'étoufferoit jamais dans son cœur les sentiments qu'il avoit toujours eus pour l'honneur et pour l'intérêt de son prince; et qu'il supplioit le sacré collège de ne point recevoir le mémoire dans cette forme, et de lui donner acte de ce qu'il s'y opposoit pour le Roi son maître.

» Quoi qu'il en soit, la lettre du cardinal Sachetti produisit son effet auprès du cardinal Mazarin qui envoya aussitôt les ordres nécessaires pour lever l'exclusion. Après cela il ne restoit plus que le cardinal Barberin à gagner. Il se rendit dans le commencement assez difficile, et résista long-temps aux sollicitations du cardinal Bichi et de ceux de l'escadron, qui se déclarèrent à la fin ouvertement pour le cardinal Chigi. Mais enfin la réponse du roi d'Espagne étant arrivée à peu près telle qu'il la souhaitoit, avec des paroles précises de lui donner satisfaction sur la main-levée de ses biens, et le cardinal Lugo l'ayant assuré de la protection du cardinal Chigi pour sa maison et pour celle de la signora Olympia, il donna les mains à une conférence avec les cardinaux de Médicis, où les principaux chefs de toutes les factions s'étant trouvés, ils convinrent tous de s'accorder le lendemain, 7 avril 1655, à l'élection du cardinal Chigi, qui se fit tout d'une voix, à la réserve de celle du cardinal Rosetti, qui, quoique de la faction d'Espagne, ne pouvant se résoudre à nommer le cardinal qu'il haïssoit mortellement, donna la sienne au cardinal Sachetti, après l'avoir été offrir, avec quatre autres dont il étoit sûr, au cardinal Barberin, qui lui dit qu'il n'étoit plus temps, et qu'il étoit engagé.

» Cette résolution fut si subite, et tenue si secrète jusqu'au moment de l'exécution, qu'elle étourdit tous ceux qui ne l'approuvoient pas intérieurement, et qui n'auroient pas manqué de se déclarer en faveur du cardinal Sachetti, s'ils avoient eu le temps de se reconnoître. Mais voyant courir tous leurs chefs à l'adoration, ils se laissèrent entraîner au torrent, de peur de se faire des affaires par une résistance inutile et hors de saison.

» Voilà, Monsieur, tout ce que je puis vous dire du conclave. Dieu veuille que ce que Pasquin en a dit aux armes du Pape et à la longueur du conclave, ne se trouve pas véritable, et que tout le monde ne dise pas après lui :

» *Parturient montes, nascetur ridiculus mus.*

» Je suis, Monsieur, votre, etc.

» Le 15 avril 1655. »

L'élection du cardinal Chigi, qui prit le nom d'Alexandre VII, fut d'abord reçue avec beaucoup de joie, tout le monde étant prévenu en sa faveur : l'alégresse publique dura même longtemps, parce que dans le commencement il ne fit point venir ses parens, suivant l'usage, et qu'il en parloit de manière à faire croire qu'il n'y penseroit jamais. Il affecta aussi plusieurs démonstrations extérieures de détachement du monde, ayant toujours son cercueil à la ruelle de son lit, pour témoigner qu'il avoit toujours l'idée de la mort présente. Cela donnoit au peuple une merveilleuse idée de lui. Après cela le Saint-Père ne laissoit pourtant pas de s'occuper jusqu'à la bagatelle de tout ce qui étoit du faste et de l'éclat, s'étant fait faire des habits, des meubles et des équipages magnifiques, avec des carrosses et des livrées plus superbes que tous ses prédécesseurs. Il n'épargna rien pour satisfaire son luxe dans les plus petites choses, jusqu'à ses pantoufles, qui lui revenoient à plus de cinquante écus. Ces badineries ne déplaisoient pas au peuple de Rome, qui aime le faste et la dépense; mais les honnêtes gens surent bientôt en porter un jugement convenable, et ce jugement ne lui faisoit pas honneur. On disoit de lui qu'il étoit *minimus in maximis*, et *maximus in minimis*.

Le cardinal de Retz n'ouvrit pas sitôt les yeux que les autres sur le caractère de ce pape, et il demeura long-temps dans l'erreur, tellement persuadé de son amitié et de sa fermeté, qu'il fit écrire au duc de Noirmoutier qu'il pouvoit s'accommoder avec la cour sans s'embarrasser de lui, se croyant assuré d'une si puissante protection du côté du Pape, qu'elle devoit suffire, selon lui, à terminer ses affaires sans aucune difficulté, à son honneur et à son avantage. Il écrivit sur le même ton à ses amis, affectant de leur laisser entendre qu'il avoit eu beaucoup de part à l'élection de Sa Sainteté ; et c'est ce que lui et l'abbé Charier disoient aussi dans Rome assez inconsidérément à tous ceux qui vouloient bien les en croire, quoique dans le fond il n'en fût rien. Mais quand cela auroit été vrai, la chose n'étoit pas trop bonne à dire, et pouvoit lui nuire dans l'esprit du Pape, comme il arriva dans la suite.

Ils croyoient l'un et l'autre leurs affaires en si bon état et si sûres, qu'ils s'emportoient contre ceux qui vouloient leur faire remarquer les froideurs et les remises de ce nouveau pontife. Ils déclamoient publiquement et sans aucune discrétion contre le sieur de Lyonne, envoyé extraordinaire de France, afin de traverser ses négociations ; et c'est ce qu'ils faisoient avec tant d'emportement et d'une manière si indigne, qu'ils en étoient blâmés par leurs meilleurs amis. Le sieur de Lyonne en usoit bien plus modérément, se contentant d'exécuter sans aucune passion les ordres du Roi dont il étoit chargé ; et pour marquer au cardinal de Retz que sa commission ne l'empêchoit pas de l'honorer, et qu'il n'étoit pas trop dans le sentiment de ceux qui l'employoient, il lui fit offrir secrètement par le sieur de Barillon de Châtillon de le servir en France et de ménager son accommodement, sans qu'il donnât sa démission. Mais l'abbé Charier l'empêcha d'écouter cette proposition, étant déjà engagé avec le sieur de Croissy-Fouquet (1), qui étoit arrivé à Rome presque dans le même temps que le sieur de Lyonne, et dans le dessein de le traverser, les Fouquets craignant sur toutes choses que cette affaire ne se terminât par l'entremise du sieur de Lyonne, contre lequel ils avoient une extrême jalousie. C'est pourquoi ils avoient engagé leur parent à faire ce voyage, pour les informer de tout ce qui se passeroit, l'ayant jugé plus propre qu'un autre pour s'insinuer chez le cardinal de Retz, parce qu'il avoit déjà traité avec lui pour la liberté de M. le prince, et que depuis il avoit été prisonnier avec lui au château de Vincennes. Ils y avoient eu ensemble un grand commerce de lettres par un trou de la cheminée et par le moyen d'une ficelle que Croissy laissoit descendre de la fenêtre de sa chambre qui étoit sur celle du cardinal. Ils attachoient des billets à cette ficelle et se communiquoient l'un à l'autre par cette voie. Les Fouquets firent encore davantage pour être informés de tout exactement : car ils envoyèrent à Rome, avec le sieur de Lyonne, leur jeune frère qui étoit alors conseiller au parlement, et qui depuis fut fait évêque d'Agde, pour leur servir d'espion auprès de Lyonne. C'est ce qu'il fit sans beaucoup de peine ni d'esprit, ce ministre n'osant lui refuser la communication de la plupart de ses dépêches, à cause de la faveur de ses frères ; et madame de Lyonne, dont le jeune conseiller possédoit les bonnes grâces, ne lui laissant rien ignorer de tout ce qui se passoit.

Avec cette intelligence secrète, l'abbé Charier n'eut pas de peine à persuader au cardinal de Retz qu'il lui étoit de la dernière importance de lier commerce avec ces messieurs, qui paroissoient en effet plus en état de le servir utilement que le sieur de Lyonne, soit à Paris ou à Rome : de manière qu'il ne balança pas à se déterminer de ce côté-là. Ainsi, le sieur de Croissy fut introduit par l'abbé Charier, qui visitoit le cardinal régulièrement toutes les nuits, amenant quelquefois avec lui le petit Fouquet pour autoriser ce qu'il avançoit, et pour divertir le cardinal par le récit de ses aventures avec madame de Lyonne, dont il rapportoit toutes les circonstances : désignant les manières, les endroits de leurs rendez-vous, avec certaines portes secrètes faites exprès, les unes pour la commodité de la femme et les autres pour celle du mari. Le mari, de son côté, faisoit l'amour à une jolie demoiselle de sa femme, nommée Agathe. Ces petits détails de galanterie réjouissoient le cardinal de Retz, et l'engageoient avec ces gens-là de manière qu'il n'y avoit pas moyen de l'en détacher. D'ailleurs Croissy prenoit un grand soin de l'informer exactement du contenu des dépêches que le sieur de Lyonne recevoit ou qu'il envoyoit en France ; et pour mieux justifier la fidélité et la justesse de ses avis, il fit intervenir dans cette intrigue une espèce de petit docteur en droit, nommé de Lot, qui s'alla offrir comme de lui-même au cardinal, pour lui donner les copies des lettres que son maître écrivoit à la cour, qui se trouvoient toujours très-conformes aux mémoires de Croissy.

Ce panneau étoit si grossier qu'il auroit dû tout seul ouvrir les yeux au cardinal de Retz et à l'abbé Charier, étant bien difficile de trouver un rapport si exact et aussi uniforme entre des gens qui ne se seroient pas entendus. Cependant c'étoit ce qui les persuadoit davantage : et l'abbé Charier étoit si amoureux de son ouvrage, et se savoit si bon gré de cette importante liaison, qu'il ne pouvoit souffrir que Joly ouvrît la bouche pour la rendre suspecte au cardinal ; qui n'en

---

(1) Croissy-Fouquet n'étoit rien au surintendant : famille différente et ennemie. *(Note de l'auteur.)*

étoit pas moins infatué que lui. Cependant Joly ne négligeoit rien pour l'en dégoûter, parce qu'il savoit que le dessein de Croissy n'étoit que de le porter à donner sa démission, comme il l'avoit déclaré au sieur Vacherot, son médecin, et à Verjus, son secrétaire.

Si les soins de Joly ne réussissoient pas entièrement selon ses souhaits, ils firent au moins que le cardinal continua ce petit commerce avec beaucoup plus de précaution et moins d'ouverture de cœur que dans le commencement : ses amis de Paris ayant appuyé les soupçons de Joly, en lui faisant entendre que les Fouquets le trahissoient; qu'ils informoient la cour de tout ce qu'il faisoit, disoit ou pensoit; et que l'abbé Fouquet étoit toujours le promoteur et l'exécuteur le plus échauffé des résolutions que la cour prenoit contre lui. Ils lui firent connoître que c'étoit par ses soins que la lettre aux évêques avoit été brûlée par la main du bourreau comme libelle séditieux, en vertu d'une sentence du Châtelet qu'on avoit publiée à son de trompe dans les carrefours de Paris, avec ordre pour tous ceux qui étoient auprès de lui, sans exception de ses domestiques, de le quitter incessamment et de retourner en France. Ils lui firent connoître encore qu'il avoit fait mettre dans les gazettes que la protestation du cardinal de Retz dans le conclave contre l'écrit de l'ambassadeur d'Espagne étoit un jeu joué de concert entre eux, et un effet de l'intelligence secrète qu'il entretenoit avec ce ministre: comme s'il eût été possible ou vraisemblable que cet ambassadeur eût osé susciter une affaire de cette nature à son maître et à lui-même pour donner au cardinal de Retz occasion de rendre à la France un service également glorieux et avantageux!

Toutes ces choses étoient, avec justice, imputées à l'abbé Fouquet qu'on savoit être le surintendant de la gazette, et le directeur de toutes les affiches de Paris dont il savoit se servir avec tant d'adresse, de malice et de fourberie, qu'il ne manquoit jamais de moyens pour ses fins. Il se servoit également de toutes sortes d'avis, vrais ou faux; il faisoit lui-même afficher des placards, en cas de besoin, dans Paris, sous le nom de M. le prince ou du cardinal de Retz; ensuite il les faisoit arracher et les portoit au cardinal Mazarin comme une marque de ses soins et de sa vigilance.

On apprit en ce temps-là une nouvelle qui donna lieu à bien des raisonnemens. C'étoit le mariage d'une des nièces du cardinal Mazarin avec le duc de Modène, dont on crut que le principal dessein étoit de faire peur au Pape, et de faire sentir que par cette alliance on pourroit, dans un besoin, porter la guerre jusque dans les Etats de Sa Sainteté, en cas qu'elle prît trop d'intérêt dans les affaires du cardinal de Retz. Mais cette alliance, au lieu de produire cet effet, en produisit un tout contraire dans l'esprit du Pape qui, bien loin de mollir, voulut faire connoître à ce ministre qu'il ne le craignoit point. En effet il accorda au cardinal de Retz le pallium de l'archevêché de Paris qu'il lui refusoit depuis depuis long-tems. Quoique cette cérémonie ne signifie pas grand'chose en soi, elle ne laissoit pas d'être importante en cette rencontre, puisque c'étoit une reconnoissance authentique de l'autorité archiépiscopale du cardinal, qui lui étoit alors contestée par la cour de France. La vérité est cependant que le Pape eut assez de peine à faire cette démarche de vigueur, et qu'il ne l'auroit peut-être pas faite en toute autre occasion, s'il n'avoit bien su que cette cérémonie n'étoit qu'une pure formalité qui ne l'engageoit à rien.

Cependant le cardinal de Retz ne laissa pas de faire sonner bien haut cette petite faveur en France, où la nouvelle en vint assez à propos pour rassurer les esprits de ses partisans qui commençoient à croire qu'il avoit été la dupe de l'élection du Pape, et qu'il leur en avoit imposé là-dessus. La publication du jubilé que tous les papes donnent à l'avènement de leur pontificat, lui fournit aussi un prétexte assez favorable d'exercer son autorité. Cette bulle étoit adressée aux archevêques et évêques, à leurs grands vicaires, et, en leur absence, à ceux qui ont la charge des ames; et comme par ces derniers mots les chapitres paroissoient exclus, le cardinal de Retz en prit occasion d'adresser son mandement pour en faire la publication dans son diocèse aux sieurs Chevalier et Lavocat ses grands-vicaires; ou, en leur absence, aux curés de la Madeleine et de Saint-Severin, archiprêtres qu'il nommoit aussi pour ses grands-vicaires. Ces messieurs le firent aussitôt publier dans leurs paroisses et commencèrent à en exercer les autres fonctions. Il arriva même que les curés de Paris, qui n'approuvoient pas que le chapitre se fût saisi de la juridiction, se prévalurent des termes de la bulle pour l'exécuter chacun dans leurs paroisses sans les ordres du chapitre, en se soumettant à leurs archiprêtres, revêtus de l'autorité du cardinal de Retz.

Le nonce fit aussi ce qu'il put pour mettre les choses sur ce pied-là, déclarant publiquement qu'il avoit ordre précis de ne point laisser agir le chapitre: de sorte que la division commença de se mettre dans le gouvernement du diocèse, d'autant plus que le cardinal de Retz écrivit au même temps au chapitre pour leur déclarer que le Pape lui ayant accordé le pallium, qui étoit la consommation de la puissance archiépiscopale, il leur enjoignoit de ne se plus mêler du gouvernement de son diocèse et de reconnoître les deux archiprêtres pour ses grands-vicaires.

Cette lettre ayant été portée au chapitre par un homme inconnu qui dit qu'il venoit de la cour, elle fut ouverte et lue sur-le-champ, après quelques légères difficultés que quelques-uns firent en voyant la signature du cardinal de Retz; et l'affaire ayant été mise en délibération, ils convinrent tacitement à la pluralité des voix qu'il falloit obéir, quoique personne n'osât s'en expliquer nettement, à la réserve de M. Stuart d'Aubigny, parent du roi d'Angleterre, et qui prenoit en toute occasion le parti du cardinal de Retz avec beaucoup de vigueur et de fermeté, appuyant sa conduite par de bonnes raisons. Le doyen avec quelques partisans de la cour voulurent s'y opposer, mais inutilement, et les grands-vicaires du chapitre cessèrent d'agir dès ce moment-là. Il fut seulement ordonné qu'on porteroit la lettre ouverte à la cour, qui se trouva un peu embarrassée de toutes ces nouvelles procédures pour en arrêter les suites; mais elle ne trouva pas d'autre expédient que de faire différer par le nonce la publication du jubilé, en lui faisant proposer de laisser nommer les grands-vicaires par le Pape: chose qui n'avoit jamais été en France, et qui est tout-à-fait contraire aux libertés de l'Eglise gallicane. Mais le cardinal Mazarin se mettoit fort peu en peine de ces libertés, pourvu qu'il empêchât l'exercice de l'autorité du cardinal de Retz. Il dépêcha donc un courrier à Rome pour cet effet, ne doutant point que cette proposition ne fût acceptée par la cour de Rome qui ne manque jamais les occasions d'étendre son pouvoir: aussi fut-il secondé par le nonce, qui n'avoit garde de laisser perdre une occasion si favorable pour le Saint-Siége. Par le même courrier on envoya des ordres au sieur de Lyonne pour demander des juges à Sa Sainteté pour faire le procès au cardinal de Retz; et cependant le cardinal Mazarin fit tous ses efforts pour obliger le chapitre de reprendre la juridiction. Mais n'ayant pu en venir à bout, il s'appliqua seulement à empêcher que les curés de la Madeleine et de Saint-Severin ne fussent reconnus pour grands-vicaires, en attendant des nouvelles de Rome, résolu de se servir de la violence s'ils ne déféroient point à sa volonté, c'est-à-dire de les exiler comme les premiers, ou peut-être de les arrêter.

Pour cet effet, ces deux messieurs furent mandés à la cour; mais Caumartin et quelques autres amis du cardinal de Retz s'étant doutés du dessein de la cour, engagèrent le sieur Chassebras, curé de la Madeleine, en qui on se fioit le plus, de se cacher et de laisser aller seul le curé de Saint-Severin. Celui-ci se laissa intimider, et eut la foiblesse de promettre de ne rien faire ou du moins de ne faire que ce qu'on désiroit de lui; mais le curé de la Madeleine, après avoir conféré avec le conseil du cardinal de Retz, fit imprimer et afficher aux portes des églises le mandement du cardinal qui le nommoit son grand-vicaire, avec une apostille signée de lui, dans laquelle il déclaroit les raisons qui l'avoient engagé à se charger de cette commission dans un temps aussi difficile. Ces affiches surprirent la cour et elle ne négligea rien pour en découvrir les auteurs. L'abbé Fouquet mit pour cet effet en campagne tous les archers et grisons de Paris, qui veilloient toutes les nuits pour tâcher de surprendre quelques-uns de ceux qui mettoient ces affiches. Mais ses soins furent inutiles; et le sieur Amblard, domestique du cardinal de Retz, qui s'étoit chargé de ce soin, exécutoit la chose si adroitement et avec tant de précautions, qu'il ne fut ni surpris ni soupçonné, quoique les affiches de cette nature se renouvelassent assez souvent. Un boucher, nommé Le Houx, se mêloit aussi de ces sortes d'affaires, où il employoit ordinairement ses garçons, parce que les gens de cet ordre vont à la ville de grand matin; et son frère, qui étoit principal du collége des Grassins, homme savant et de bon esprit, servoit aussi le cardinal de Retz d'une autre manière assez délicate en contrefaisant sa signature dans les besoins pressans: ce qu'il savoit faire si parfaitement qu'on n'y pouvoit remarquer aucune différence.

On ne sauroit dire combien tout le monde admiroit et exaltoit le curé de Sainte-Madeleine, et son secrétaire qui contresignoit Guillauteau. Ces deux hommes osoient bien au milieu de Paris et sous une autorité qui ne trouvoit point d'opposition, insulter impunément à la cour. Pour empêcher les suites de cette affaire, où le peuple paroissoit prendre goût, les officiers du Châtelet eurent ordre d'informer contre le sieur Chassebras et de lui faire son procès comme auteur de libelles et d'affiches séditieuses contraires à l'autorité du Roi; à raison de quoi on décerna un décret contre lui, et il fut contumacé et crié à son de trompe par les carrefours de Paris, suivant l'usage. Le grand-vicaire, de son côté, fit publier un monitoire qui fut affiché à l'ordinaire, dans lequel, après avoir représenté les entreprises qui se faisoient tous les jours contre la juridiction de l'archevêque et les poursuites scandaleuses de la justice séculière contre lui, quoiqu'il exerçât les fonctions de grand-vicaire avec toute la modération possible et tout le respect dû au Roi, il exhortoit et conjuroit ceux qui avoient fait cette injure à l'Eglise d'en demander pardon à Dieu, et de reconnoître leur faute, afin que cette première monition ne leur fût pas inutile, et qu'il ne fût pas obligé de procéder à des suites plus rigoureuses, suivant les règles de la discipline ecclésiastique. Cela n'empêcha pas les officiers du Châtelet de donner une sentence contre lui, et le 27 septembre 1655, par laquelle, pour les cas mentionnés au procès, pour sa rébellion aux commandemens du Roi, il étoit banni à perpétuité hors du royaume, ses biens confisqués au Roi et ses bénéfices déclarés vacans et impétrables : avec défense à toutes personnes de le retirer, de le fréquenter, ou de lui donner confort, sous les peines portées par les ordonnances ; déclarant ses monitions scandaleuses, séditieuses, injurieuses au Roi et aux droits du royaume, et ordonnant qu'elles seroient brûlées par la main de l'exécuteur de la haute justice. C'est ce qui fut fait le même jour. Le grand-vicaire répondit aussitôt à cette sentence par une seconde monition, dans laquelle il admonestoit une seconde fois les auteurs des persécutions faites à l'Eglise sous le nom de Sa Majesté, de cesser et de faire pénitence, de peur qu'en se rendant indignes par leur opiniâtreté, ils n'attirassent sur leurs têtes les foudres et les excommunications de l'Eglise. Ces monitions étoient fort bien écrites, ayant été concertées par messieurs de Port-Royal, et on ne doute point qu'elles n'eussent produit un grand effet, si on avoit poussé la chose jusqu'à l'interdit, comme le grand-vicaire, Caumartin et d'Aubigny le vouloient avec plusieurs autres, vu qu'on étoit assuré de l'obéissance de la plupart des curés et du chapitre. Mais le cardinal de Retz ne put jamais s'y résoudre. L'abbé Charier, Croissy et le plus grand nombre de ses amis n'oublioient rien pour l'en détourner, en lui représentant sans cesse que cette démarche extrême ne serviroit qu'à irriter davantage la cour; que le Pape lèveroit aussitôt l'interdit, et qu'après cela il n'y auroit plus de ressource pour lui. Les autres disoient au contraire qu'il pourroit naître à Paris des choses si subites, et d'une si dangereuse conséquence, que la cour seroit obligée d'accommoder les affaires sur-le-champ, et n'auroit pas le temps d'envoyer à Rome ; que d'ailleurs, quelque foible que fût le Pape, il n'y avoit pas d'apparence qu'il levât l'interdit sans faire auparavant l'accommodement du cardinal de Retz, son honneur et son autorité y étant engagés, après lui avoir donné le pallium ; que les Espagnols, avec tous les cardinaux de leur faction, ne manqueroient pas d'appuyer cette affaire ; enfin qu'il étoit dangereux de la laisser dans l'état où elle étoit, après l'avoir commencée avec tant de vigueur; et que la cour de Rome venant à remarquer la foiblesse du cardinal et le peu de pouvoir de ses amis s'opposeroit plus aisément aux choses que la cour désiroit de lui, et qui lui étoient fort avantageuses, en nommant des vicaires apostoliques ou un coadjuteur.

Ce n'est pas que le sieur de Lyonne avançât beaucoup sur ce sujet-là, non plus que sur les instances qu'il faisoit pour obtenir des juges qu'ils fissent le procès au cardinal de Retz, Sa Sainteté s'étant contentée d'établir une congrégation pour examiner ces affaires, afin de gagner du temps, et d'éluder ses poursuites plus aisément ; et cette congrégation avoit répondu qu'on ne pouvoit donner des juges au cardinal de Retz qu'il n'eût été entièrement rétabli, suivant la maxime : *Spoliatus antè omnia restituendus*. Après cela le cardinal de Retz ayant déclaré qu'il se vouloit rendre dénonciateur contre le cardinal Mazarin, et le convaincre de plusieurs crimes et scandales, la congrégation paroissoit inclinée à recevoir cette accusation : ce qui retenoit les choses en suspens.

Mais le cardinal de Retz ayant remarqué un grand changement dans l'esprit et dans les discours du Pape, il passa tout d'un coup d'une extrémité à l'autre, d'une confiance parfaite qu'il avoit eue jusque-là en sa protection, en une défiance extrême. C'est pourquoi, dans l'appréhension que Sa Sainteté ne l'abandonnât entièrement si le siège de Pavie réussissoit, et ne l'obligeât à se conformer aux désirs de la cour sans lui donner le temps de se reconnoître, il demanda permission à Sa Sainteté d'aller aux bains de Saint-Cassien, dans les Etats du grand-duc. Ces bains lui étoient conseillés par les médecins pour son mal d'épaule. Il n'eut pas de peine à obtenir cela, sa présence et ses sollicitations commençant à importuner le Pape.

Après un mois de séjour à Saint-Cassien, dont les bains ne lui furent pas d'un grand secours, le cardinal de Retz alla passer un autre mois à Caprarolles, maison de plaisance du duc de Parme, dans le territoire de l'Eglise, en attendant la saison des pluies, avant laquelle il est dangereux de se retirer à Rome. Il apprit là que la chambre des vacations, sur la requête du procureur-général, avoit donné un arrêt contre la dernière monition du curé de la Madeleine, par lequel il étoit enjoint au prévôt de Paris ou à ses lieutenans civil et criminel d'informer contre les auteurs de ces placards ; avec défense, sous peine de la vie, à toutes sortes de personnes d'en imprimer, publier ou afficher de semblables sans permission. Cet arrêt ne fut point délibéré à l'ordinaire, et il n'y eut que le président de Novion et le rapporteur qui le signèrent. Mais comme à Rome on ne prenoit point connoissance de ce défaut de formalité, il fut regardé comme un arrêt de tout le parlement, et y fit un grand effet, parce qu'on y redoute fort l'autorité de cette compagnie, qui s'oppose souvent au Pape, et annulle les prétentions de la cour de Rome. Aussi le Pape commença à croire que le parti du cardinal de Retz ne se soutenoit que foiblement en France ; qu'en nommant un suffragant le parlement ne s'y opposeroit point, et qu'il obligeroit sensiblement la cour, qui l'en sollicitoit continuellement par le ministère du sieur de Lyonne. Les jésuites l'exhortoient aussi de toutes leurs forces à cela, lui représentant sans cesse que le cardinal de Retz étoit un homme engagé avec les jansénistes, et que Sa Sainteté ne trouveroit jamais une occasion plus favorable d'étendre son autorité pontificale, même du consentement de toute la France.

Cependant ces raisons, quoique conformes aux résolutions du Pape, ne le déterminèrent point encore, à cause de la levée du siége de Pavie, qui rassura un peu Sa Sainteté, et lui fit donner des paroles plus favorables à l'abbé Charier, qui partit aussitôt pour se rendre à Caprarolles, afin d'obliger le cardinal de Retz à retourner à Rome : ajoutant que c'étoit le sentiment de Croissy, qui lui avoit dit que le sieur de Lyonne n'espéroit plus rien obtenir du Pape contre lui.

Joly soutenoit au contraire qu'il falloit s'approcher de Paris, afin d'appuyer le curé de la Madeleine, et de fulminer un interdit ; que c'étoit le seul moyen de réduire la cour ; que celle de Rome ne feroit jamais rien pour lui, s'il ne s'aidoit de ses propres forces, en profitant de la chaleur des esprits, qui ne duroit pas toujours ; et qu'il ne falloit pas s'épouvanter d'un arrêt de la chambre des vacations donné par un de ses ennemis déclarés, auquel on ne devoit pas douter que le président de Bellièvre ne trouvât aisément les moyens de remédier après la Saint-Martin, étant, comme il l'étoit toujours, bien intentionné en faveur du cardinal de Retz. Cependant il résolut de retourner à Rome, et même d'y faire une autre figure, ayant fait meubler un très-beau palais à Campo-Marzio, ayant augmenté le nombre de ses carrosses et de ses estaffiers, suivant son penchant naturel. Il s'imaginoit qu'on jugeroit de ses ressources et de son crédit par la dépense qu'il feroit à Rome : sans cependant rien changer dans sa conduite ordinaire, s'amusant à déclamer inutilement contre le sieur de Lyonne, et passant une partie des nuits à conférer avec l'abbé Charier, Croissy et le petit Fouquet, qui l'entretenoient de badineries et de vaines espérances sur les bonnes intentions du Pape, et qui l'obligèrent enfin d'écrire à Caumartin, pour empêcher le curé de la Madeleine de passer outre.

Ces deux messieurs obéirent ; mais ils surent dans la suite faire des actions de vigueur, dont le succès fit bien voir qu'on auroit pu réussir en poussant les choses avec plus de fermeté. L'archevêque de Rouen leur en fournit l'occasion par un mandement d'interdiction qu'il publia contre l'évêque de Coutances, pour avoir fait les fonctions épiscopales dans l'archevêché de Rouen : ce qui engagea le curé de la Madeleine à faire afficher un mandement semblable au nom du cardinal de Retz, par lequel il étoit déclaré que messire Antoine-Denis Cochon, ancien évêque de Dol, et Claude Auvry, évêque de Coutances, avoient encouru les censures de l'église, pour avoir administré les ordres dans son diocèse sans sa permission ; et que pour cet effet ils étoient interdits de toutes fonctions ecclésiastiques, et même de la célébration de la messe dans le diocèse de Paris ; avec défense à tous les doyens, chapitres, curés, et communautés séculières ou régulières, de les laisser officier dans leurs églises. Il y eut encore une autre occasion plus importante d'exercer avec éclat l'autorité du cardinal de Retz : ce fut au sujet de l'assemblée du clergé qui devoit se tenir à Paris cette année-là, et que le cardinal Mazarin avoit différée sous différens prétextes, parce qu'elle ne se pouvoit faire régulièrement qu'avec l'agrément du cardinal de Retz ou des grands-vicaires. Mais enfin le curé de la Madeleine ayant su que l'on prenoit des mesures pour faire la chose sans lui, il fit défense au clergé de s'assembler sans la permission de l'archevêque ou la sienne ; et aux Augustins, où ils ont coutume de s'assembler, de recevoir les députés : protestant de nullité de tout ce qui pourroit s'y passer contre l'autorité du cardinal de Retz. Ce qui fut appuyé par tous les curés de la ville, qui firent une pareille protestation, et envoyèrent pour cet effet des députés à ceux qui devoient composer l'assemblée. De sorte que ces messieurs ayant jugé ces défenses et protestations juridiques, allèrent déclarer au cardinal Mazarin qu'ils ne pouvoient commencer leur assemblée : et comme la cour avoit besoin d'argent, elle fut enfin obligée d'avoir recours au curé de Saint-Severin, grand-vicaire, pour faire l'ouverture de l'assemblée : ce qui étoit une reconnoissance solennelle des droits du cardinal de Retz. Par où il étoit aisé de voir que s'il eût agi dans toute l'étendue de son pouvoir, et soutenu le curé de la Madeleine, il auroit mis ses affaires sur un autre pied en France, où tout le monde étoit bien intentionné pour lui ; et à Rome, où le Pape n'auroit pas été fâché de voir naître des embarras de cette nature, dont il auroit su profiter.

Mais le cardinal n'ayant voulu prendre aucune résolution vigoureuse, et s'étant contenté de se tenir sur la défensive, il ne fut pas difficile au sieur de Lyonne, aux jésuites et à ses autres ennemis, de détacher le Pape de ses intérêts, en lui représentant la foiblesse de son parti, sa liaison avec les jansénistes, la puissance redoutable de ses parties ; et qu'en continuant de le protéger, Sa Sainteté pouvoit compter qu'elle n'auroit aucune part à la paix générale, dont il étoit déjà question : la chose du monde que le Pape appréhendoit le plus.

Toutes ces considérations déterminèrent enfin le Saint-Père, qui, peu de jours après le retour du cardinal de Retz à Rome, lui déclara que, ne se sentant pas assez de force pour le soutenir plus long-temps, il lui conseilloit de s'accommoder, et de donner quelque chose aux désirs de la cour de France, qu'il avoit de grandes raisons de ménager lui-même, et qu'il n'osoit pas choquer directement, dans le dessein qu'il avoit de disposer les deux couronnes à une bonne paix, qui étoit un bien préférable à tous les autres. Il concluoit par des expressions extrêmement pressantes : dont le cardinal demeura si surpris et si étourdi, qu'il vouloit prendre sur-le-champ des mesures pour se retirer, appréhendant les dernières extrémités, et qu'on ne le fît mettre au château Saint-Ange s'il refusoit de se soumettre aux conditions qui devoient lui être proposées dans le premier consistoire. Mais l'abbé Charier, l'abbé Lameth et Joly lui ayant représenté qu'il n'étoit plus temps ni possible de reculer après s'être engagé, il résolut de tenir ferme et d'attendre les événemens. Cependant, avant que d'aller au consistoire, il donna ordre à Joly de serrer tous ses papiers : ce qui marquoit sa défiance et la crainte qu'il avoit d'être arrêté : sentimens qui lui étoient particulièrement inspirés par l'abbé Charier, quoiqu'il fût obligé plus que personne à l'encourager, pour lui aider à se tirer du mauvais pas où il l'avoit engagé par ses conseils. Au lieu que l'abbé Lameth et Joly, qui avoient toujours bien prévu que le Pape l'abandonneroit, faisoient tous leurs efforts pour le soutenir et diminuer ses frayeurs, qui l'auroient perdu s'il s'y étoit abandonné.

Enfin s'étant présenté au consistoire, Sa Sainteté lui déclara nettement qu'elle avoit nommé un suffragant pour gouverner le diocèse de Paris pendant son absence, en qualité de vicaire apostolique : à quoi le cardinal de Retz tâcha inutilement de s'opposer. Le Pape demeura ferme dans sa résolution, aussi bien que le cardinal Rospigliosi, secrétaire d'Etat, chez qui il alla en sortant du consistoire, pour le prier de différer au moins l'exécution de ce dessein, sans pouvoir rien obtenir : après quoi il se retira chez lui fort consterné. Mais Joly, qu'il envoya chercher aussitôt pour l'informer de ce qui s'étoit passé, tâcha de le rassurer, en lui disant que cette nomination ne seroit pas reçue en France ; que tous les évêques s'y opposeroient, attendu qu'il y alloit de leur intérêt aussi bien que du sien ; que les parlemens ne souffriroient jamais un exemple de cette nature, qui étoit extrêmement contraire aux libertés de l'Eglise gallicane ; qu'il falloit faire bonne contenance, et dire à ceux qui lui en parleroient pour le consoler, qu'il en étoit plus fâché pour le repos de Sa Sainteté que pour son intérêt particulier, persuadé que sa nomination n'auroit point lieu, et qu'il seroit obligé de la rétracter ; qu'enfin il falloit, sans perdre de temps, dépêcher un courrier à Paris, avant celui du Pape, pour avertir ses amis de prendre leurs mesures avec les évêques et le parlement. Ce discours remit un peu le cardinal, qui fit aussitôt partir pour Gênes Imbert, son valet de chambre, avec ordre de remettre son paquet entre les mains d'un marchand de confiance, auquel on mandoit d'expédier incessamment un courrier pour Paris, sous prétexte de quelques affaires. On fut obligé de prendre ce détour pour la sûreté des dépêches, qui auroient pu, sans cette précaution, être interceptées par ordre de la cour, si le courrier eût paru venir directement de Rome : et cet expédient eut le succès qu'on s'en étoit promis. Car le courrier du cardinal de Retz étant arrivé deux ou trois jours avant celui du Pape, ses amis prirent si bien leurs mesures qu'à la première proposition qui se fit de l'établissement d'un suffragant, toute l'assemblée du clergé s'y opposa si unanimement et avec tant de chaleur, que le nonce n'osa présenter son bref, et fut obligé de le renvoyer au Pape, en lui disant qu'il avoit couru risque d'être lapidé par le peuple, sur le seul bruit qui s'étoit répandu de l'exécution de ce dessein. Le parlement ne marqua pas moins de vigueur contre cette nouveauté, le procureur et les avocats-généraux ayant déclaré hautement que si le bref paroissoit, ils en appelleroient comme d'abus. Le premier président avec la plupart des conseillers parurent aussi bien disposés à le casser, ou du moins à n'en pas souffrir l'exécution : et ce qu'il y a de plus étonnant et de plus fort, c'est que l'évêque de Meaux, frère du chancelier Séguier, que la cour avoit destiné pour être suffragant, refusa absolument cette commission, ne voulant point se charger de la haine publique, quoiqu'il fût d'ailleurs, et par lui et par son frère, fort attaché à la cour.

Il arriva même à la fin que le cardinal Mazarin se dégoûta du bref comme tous les autres, soit pour la contradiction universelle qu'il remarquoit dans les esprits du peuple et du clergé, ou peut-être parce qu'il ne laissoit pas d'être avantageux en quelque façon au cardinal de Retz, en ce qu'il y étoit qualifié archevêque de Paris, et que le Pape n'alléguoit point d'autres raisons de cette nomination que son absence.

Le bref ayant donc été rebuté de tout le monde, les correspondans du cardinal de Retz ne manquèrent pas de lui donner avis aussitôt par la même voie et avec les mêmes précautions : de sorte qu'il en reçut les nouvelles plusieurs jours avant le Pape et le sieur de Lyonne, et qu'il eut la satisfaction de triompher à son tour, et d'insulter à ceux qui croyoient avoir pris de grands avantages contre lui.

Ce fut en ce temps-là que la reine Christine vint à Rome. Elle avoit été invitée à ce voyage par Sa Sainteté, pour y confirmer d'une manière plus solennelle son abjuration à l'hérésie de Luther. Une action de cette nature devoit sans doute être traitée sérieusement et avec gravité ; mais le Pape, s'abandonnant à son génie, n'en fit qu'une scène de théâtre remplie de fêtes, de pompe, de bagatelles et de vaines cérémonies. Il n'oublia rien de tout de qui pouvoit faire du bruit et de l'éclat, s'imaginant que c'étoit là le moyen de paroître aux yeux de toute l'Europe comme le principal auteur de cette cérémonie. Ce ne furent que régals, festins, danses, ballets, comédies, carrousels, mascarades, galanteries de toutes les espèces, pendant plus de trois mois : et le Pape les ordonnoit lui-même avec tant d'application, et les faisoit exécuter avec tant de magnificence, que la reine de Suède s'en moquoit elle-même, et tournoit Sa Sainteté en ridicule : comme aussi toutes les personnes sensées, qui voyoient bien qu'il sortoit de son caractère. Le cardinal de Retz ne négligea rien pour s'insinuer dans les bonnes grâces de cette princesse : à quoi il réussit assez dans le commencement, mais non pas si bien que le cardinal Azolin ou Pimentel. Il ne tenoit pourtant pas à lui qu'on ne crût qu'il y entroit aussi avant que personne ; mais ceux qui voyoient les choses de plus près jugèrent, avec justice, qu'il y avoit plus de vanité que de réalité. Ces intrigues l'occupèrent quelque temps, et le cardinal s'y abandonnoit tout entier, suivant son penchant naturel, sans penser à ses affaires : jusqu'à ce qu'il fût réveillé de son assoupissement par la nouvelle proposition que le sieur de Lyonne fit à Sa Sainteté, par ordre de la cour, de nommer pour grand-vicaire l'un des six sujets suivans, savoir : le doyen de Notre-Dame, le sieur Charton, ancien pénitencier ; le sieur Du Saussay, curé de Saint-Leu et official de Paris, nommé à l'évêché de Toul ; le sieur de Rouillé, curé de Saint-Barthélemy, ou les sieurs Morel et Cornet, docteurs de Sorbonne. La cour engagea même les évêques suffragans de l'archevêché de Paris d'en écrire au cardinal de Retz pour lui faire agréer cette proposition, comme raisonnable et avantageuse pour lui, puisqu'en rétablissant l'ordre dans son diocèse elle renfermoit une reconnoissance tacite de son autorité.

Le Pape fit tout ce qu'il put pour appuyer les instance de la cour. Après en avoir fait part au cardinal de Retz par tous ses amis, il lui en parla lui-même en termes de prières, lui désignant particulièrement le sieur Du Saussay, dont Sa Sainteté dit qu'il lui répondoit, et qu'elle l'engageroit à se conduire de manière qu'il en seroit content, et qu'il exécuteroit pareillement tous ses ordres. Autrement il lui promettoit de le révoquer, et faire ensuite tout ce que bon lui sembleroit, avec promesse de le soutenir et de le protéger avec toute l'autorité du Saint-Siége. C'est du moins ainsi que le cardinal le fit entendre à ses amis, dont les sentimens furent partagés sur cette proposition. L'abbé Charier et le sieur de Croissy opinèrent d'abord, sans balancer, qu'il falloit se conformer aux désirs de la cour et du Pape : disant, pour leurs raisons, qu'il étoit d'une extrême conséquence de ménager les esprits des évêques suffragans, pour les disposer à bien faire dans d'autres rencontres ; et qu'avant toutes choses le cardinal devoit travailler à faire connoître son autorité sur le spirituel : après quoi il lui seroit aisé de se faire rétablir dans le temporel.

Joly fut d'un autre sentiment : et quoiqu'il demeurât d'accord de la nomination du sieur Du Saussay, il soutenoit qu'il falloit tirer des avantages réels et présens de la confusion du Pape pour le refus de son bref, des recherches à la cour, et de la disposition favorable du clergé ; qu'il n'étoit plus proprement question du rétablissement de l'autorité du spirituel, puisque le curé de Saint-Severin, nommé grand-vicaire par le cardinal de Retz, avoit été reconnu par tout le clergé; que la nomination d'un second grand-vicaire ne feroit pas plus d'effet à cet égard, et que c'étoit une affaire entièrement consommée; qu'il falloit donc porter la chose plus loin, jusqu'au rétablissement effectif du temporel, sans s'exposer sur des espérances éloignées et incertaines, en insérant une clause dans l'acte de nomination du sieur Du Saussay, qui portât que ledit sieur Du Saussay ne pourroit exercer ses fonctions qu'après que le cardinal de Retz auroit été rétabli dans son temporel. L'abbé de Lameth se déclara d'abord pour le sentiment de Joly, fondés l'un et l'autre sur toutes les lettres de Paris, qui assuroient que tout le clergé avoit les meilleures intentions du monde; et que si le cardinal vouloit bien, en leur considération, donner les mains à un grand-vicaire qui fût agréable, on ne devoit pas douter qu'ils ne s'employassent avec chaleur à lui faire donner satisfaction pour le reste : ce qui leur fit juger qu'il falloit ménager cette occurence favorable, et engager l'assemblée d'insister pendant l'embarras où l'on étoit pour le gouvernement du diocèse; et qu'autrement, si l'on accordoit un grand-vicaire sans condition, l'affaire tomberoit d'elle-même, et leurs bonnes intentions se dissiperoient avec l'assemblée, faute d'avoir été ménagées. Mais à la fin l'abbé de Lameth s'étant relâché, parce qu'il n'avoit pas la fermeté de s'opiniâtrer, et de s'opposer directement aux sentimens du cardinal de Retz, qui s'étoit déjà déclaré en faveur des premiers, il résolut d'envoyer la nomination du sieur Du Saussay pure et simple.

Cependant Joly jugeant la chose de la dernière importance, et que si l'on laissoit échapper cette conjoncture avantageuse elle ne reviendroit jamais, fit de nouveaux efforts pour obliger le cardinal à envoyer au moins sa nomination à M. l'évêque de Châlons, avec ordre de la faire voir à l'assemblée : mais de déclarer en même temps qu'il ne la rendroit point qu'après qu'on auroit rendu justice au cardinal sur son temporel. Mais ce dernier expédient ne fut pas mieux reçu que le premier; et Son Éminence se contenta des espérances en l'air qu'on lui donna des instances du Pape par le moyen de son nonce, et des bons offices du clergé.

Ainsi on dépêcha un courrier avec les ordres du Pape, et les dépêches du cardinal de Retz adressées à messieurs les évêques suffragans de l'archevêché de Paris, avec l'acte de nomination, et trois lettres qu'il prioit de présenter au Roi, à la Reine, et à l'assemblée du clergé. Ces trois lettres furent supprimées, parce que les suffragans ayant jugé à propos de les mettre entre les mains du cardinal Mazarin, il les garda long-temps, puis les renvoya au sieur de Lyonne pour les rendre au cardinal de Retz, disant que Leurs Majestés n'avoient pas voulu les ouvrir, ni souffrir qu'on rendît à l'assemblée du clergé celle qui lui étoit adressée. Ainsi il n'y eut que l'acte de nomination qui parut ; et, en vertu de cet acte, le sieur Du Saussay se mit aussitôt en possession du grand-vicariat, et commença de gouverner le diocèse, où par ce moyen toutes choses demeurèrent tranquilles pendant quelque temps, aussi bien qu'à Rome. Le cardinal de Retz se servit de cette intervalle pour faire travailler une seconde fois à son épaule par un homme qui se vantoit de le guérir, et qui passoit pour fort habile dans sa profession. La vérité est que depuis cette opération il se servit mieux de son bras qu'il n'avoit fait auparavant.

Cependant on attendoit tous les jours des nouvelles des bons offices qu'on s'étoit promis de l'assemblée du clergé; mais on ne fut pas long-temps sans s'apercevoir que ces messieurs avoient oublié l'intérêt de leur archevêque, après en avoir obtenu ce qu'ils désiroient. La même chose arriva du côté du nouveau grand-vicaire, avec cette différence que le sieur Du Saussay ne se contenta pas de ne rien faire de ce qu'on avoit attendu de lui, mais qu'il affecta même de s'opposer directement en toute rencontre aux intérêts du cardinal : ce qui parut principalement en trois occasions essentielles.

La première fut au sujet d'un ordre que Son Éminence lui adressa pour faire, en son nom et comme son procureur, le serment de fidélité, afin de lever toute difficulé pour la restitution du temporel, qui ne pouvoit plus rouler que sur ce prétexte. C'est ce que le sieur Du Saussay refusa de faire ; il refusa même de donner aucun acte par lequel il pût paroître qu'il s'étoit présenté pour prêter serment.

La seconde fut à l'occasion du jubilé, qui avoit toujours été remis pendant les contestations pour le gouvernement du diocèse. C'étoit une affaire dans laquelle il ne paroissoit pas qu'il pût y avoir aucune difficulté; mais le sieur Du Saussay s'avisa d'en faire naître une de gaieté de cœur, sans raison, et seulement pour nuire au cardinal de Retz, en prenant dans l'acte de publication la qualité de grand-vicaire de l'archevêché, au lieu de celle de grand-vicaire de l'archevêque ; ce qui auroit été d'une très-grande conséquence, si l'on eût laissé passer la chose. Mais le chapitre s'en aperçut heureusement, et s'y opposa vigoureusement, faisant réformer cette nouvelle qualité, qui ne pouvoit convenir de droit qu'à lui pendant la vacance du siége.

La troisième rencontre où le sieur Du Saussay fit connoître ses mauvaises intentions fut lorsqu'il donna permission à l'évêque de Coutances de conférer les ordres, et de faire les autres fonctions épiscopales pendant la semaine sainte, quoique ce prélat eût été interdit par le cardinal de Retz et par le curé de la Madeleine, son grand-vicaire. Cela empêcha un grand nombre de chanoines d'aller à l'office le jour du jeudi saint; et le peuple l'ayant remarqué, il en arriva un grand scandale, d'autant plus que l'évêque se trouva mal en faisant les saintes huiles, et en célébrant la messe, qu'il n'acheva qu'avec beaucoup de peine, après qu'on lui eut jeté de l'eau sur le visage, et qu'on lui eut frotté plusieurs fois le nez et les tempes avec du vin, pour le faire revenir. Tout le monde regarda cet accident comme une punition de Dieu, et comme un avertissement pour les auteurs de ce dérangement.

Tant d'actions d'éclat devoient, ce semble, obliger le cardinal de Retz à révoquer le sieur Du Saussay, comme il en étoit fortement sollicité par la plupart de ses amis. Il aima mieux cependant prendre patience, et en porter modestement ses plaintes à Sa Sainteté, d'autant plus qu'il ne manquoit pas de conseillers qui tâchoient d'expliquer favorablement la conduite du sieur Du Saussay, en disant que tout ce qu'il auroit pu faire pour le serment de fidélité n'auroit servi qu'à irriter la cour; que la qualité de grand-vicaire de l'archevêché n'intéressoit que le chapitre, et nullement l'archevêque; que la permission qu'il avoit donnée à l'évêque de Coutances l'avoit engagé lui-même à reconnoître l'autorité du cardinal dans le même lieu où il avoit paru la mépriser; qu'après tout la voie de douceur étoit la seule qui fût permise auprès de la cour; que le sieur Du Saussay ne pouvoit pas faire dans les commencemens tout ce qu'il auroit bien voulu; et que par sa conduite sage et prudente il avoit déjà ménagé le rappel des sieurs Chevalier et Lavocat, anciens grands-vicaires, et de tous les autres ecclésiastiques qui avoient été exilés à cause du cardinal de Retz.

Toutes ces raisons n'empêchoient pas que dans le fond Son Eminence ne fût vivement blessée de la conduite de son nouveau grand-vicaire, qu'elle voyoit bien n'être qu'un artifice; mais elle voulut différer son ressentiment pour quelque temps, à dessein de voir ce que produiroit un bref que Sa Sainteté avoit écrit un peu auparavant à l'assemblée du clergé, au sujet de la paix générale, pour exhorter le Roi à procurer ce bonheur à tout le monde chrétien. Il n'y étoit fait aucune mention du cardinal Mazarin; mais, sans le nommer, le bref ne laissoit pas de faire entendre qu'on le croyoit peu disposé à la paix. Il disoit, en parlant du Roi: *Alioquin per se ad pacem propensum:* ce qu'on jugea ne devoir pas plaire à ce ministre, et qu'il ne manqueroit pas d'en marquer son ressentiment par quelque démarche qui offenseroit Sa Sainteté. En effet, ce bref choqua extrêmement le cardinal Mazarin; et pour faire connoître à la cour de Rome qu'il l'avoit bien entendu, il engagea ces messieurs du clergé à le justifier dans leur réponse, ce qu'ils firent si exactement, que toutes leurs lettres ne rouloient que sur les bonnes intentions de Son Eminence pour la paix, sur les mesures qu'il avoit déjà prises pour y parvenir, et sur son application à finir ce grand ouvrage. Cette réponse fut assez mal reçue du Pape; et comme en même temps on reçut à Rome des nouvelles du traité de la France avec Cromwel, on espéra que Sa Sainteté pourroit éclater, et donner des marques publiques de son mécontentement: mais cela n'arriva pas; et le sieur de Lyonne ayant été rappelé bientôt après, cette nouvelle démarche augmenta les inquiétudes du Saint-Pere, qui commença d'appréhender que la France ne voulût rompre toute sorte de commerce avec lui, et s'appliquer entièrement à la guerre d'Italie. C'est ce qui fit tomber Sa Sainteté dans le dernier précipice de sa foiblesse naturelle, ne voulant plus entendre parler du cardinal de Retz que pour l'abîmer et le perdre s'il eût été possible.

[1656] L'arrivée de don Mario, frère du Pape, et celle de ses neveux, contribua beaucoup à l'entretenir dans cette mauvaise humeur. Ces messieurs furent enfin appelés à Rome par Sa Sainteté, et reçus avec une espèce de triomphe. Le Saint-Père avoit long-temps dissimulé sur ce sujet, s'en étant fait prier par la reine de Suède et par tous les cardinaux, auxquels il avoit demandé leurs sentimens par écrit: comme si sa foiblesse eût pu être excusée par celle de ses courtisans, qui savoient bien qu'ils ne pouvoient lui donner un autre conseil sans lui déplaire. Quoi qu'il en soit, il est certain que ce changement fut fort désavantageux au cardinal, parce que les parens du Pape, qui ne songeoient qu'à l'établissement de leur fortune, n'avoient garde d'épouser les intérêts d'un cardinal malheureux et abandonné presque de tout le monde, pour s'attirer l'indignation de la cour de France. Cependant le cardinal de Retz ayant fort bien remarqué ce changement, et qu'il ne pouvoit plus se promettre aucun secours de ce côté-là; sachant d'ailleurs que le sieur du Saussay continuoit de garder une conduite qui gâtoit entièrement ses affaires, résolut de passer outre à la révocation sans en parler à Sa Sainteté, qui n'auroit pas manqué de l'en détourner : et, dans ce dessein, il demanda encore une fois la permission d'aller aux eaux de Saint-Cassien, sous le même prétexte de son mal d'épaule, pour y attendre plus tranquillement, par des nouvelles, ce que produiroit cette révocation à Paris et à Rome, où il ne jugea pas à propos de demeurer exposé aux caprices et aux mavaises humeurs du Pape. Il fut encore déterminé à cela par la peste qui régnoit à Naples et qui commençoit à s'approcher de Rome, d'où il sortit peu de jours après le départ du sieur de Lyonne, et après avoir expédié l'acte de révocation.

Cet acte étoit conçu en termes assez honnêtes à l'égard du sieur Du Saussay; mais il étoit très-positif, et lui défendoit expressément de se mêler en aucune façon du gouvernement du diocèse, soit en qualité de grand-vicaire, soit en qualité d'official, dont il exerçoit la charge dès les temps de l'ancien archevêque. Il nommoit de rechef, pour ses grands-vicaires, les sieurs Chevalier et Lavocat, les curés de la Madeleine et de Saint-Severin; et pour official le sieur Joly, chanoine de Notre-Dame; et le sieur Pocher, docteur de Sorbonne, pour vice-gérent. L'acte fut non-seulement signifié au sieur Du Saussay, mais aussi attaché au coin des rues, afin que personne n'en prétendît cause d'ignorance. Ainsi le sieur Du Saussay ne put se dispenser d'obéir; et comme ses bulles de l'évêché de Toul étoient expédiées, il prit ses mesures pour se faire sacrer à Saint-Denis par les évêques de Chartres et de Meaux. Mais ces messieurs lui ayant représenté qu'ils ne pouvoient faire cette cérémonie sans la permission de l'archevêque ou de ses grands-vicaires, il fut obligé d'avoir recours au sieur Chevalier, qui ne se le fit pas dire deux fois, étant bien aise d'établir par cette soumission l'autorité du cardinal de Retz et la sienne, et ne doutant pas que la cour n'approuvât une démarche qu'il ne faisoit qu'à la prière d'un homme qu'elle protégeoit et affectionnoit.

Cependant la cour ayant été informée de cette affaire, il fut mandé aussitôt par le chancelier, qui lui fit de grandes mercuriales sur ce qu'il s'ingéroit encore de faire les fonctions de grand-vicaire; et en sortant de là il fut arrêté et conduit à la Bastille, où il fut traité long-temps avec une grande dureté. La cour, ou plutôt le cardinal Mazarin, n'en demeura pas là, et sa passion l'emporta jusqu'à empêcher l'effet de la permission qu'il avoit accordée, en obligeant le sieur Du Saussay d'aller se faire sacrer à Poissy, du diocèse de Chartres. La crainte d'un pareil traitement obligea le sieur Lavocat à se retirer aussitôt : de sorte que par son absence le gouvernement retomba sur les soins du curé de Saint-Severin, qui fut le seul à qui la cour laissa la liberté de faire les fonctions de grand-vicaire, quoique avec assez de peine, tout ce qui avoit rapport au cardinal de Retz, en faisant toujours beaucoup au cardinal Mazarin.

Les nouvelles de la révocation étant venues à Rome, le Pape en fut extrêmement irrité : et quoique la peste l'eût obligé de se retirer à Montecavallo, où il ne voyoit presque personne, et où il ne vouloit entendre parler d'aucunes affaires, il ne laissa pas de dépêcher un courrier au cardinal de Retz qui étoit encore à Saint-Cassien, pour lui ordonner de rétablir le sieur Du Saussay, suivant les instances qui lui en avoient été faites par ordre de la cour. Cet ordre acheva de convaincre le cardinal de Retz, et de lui faire sentir qu'il n'y avoit plus rien à faire pour lui à la cour de Rome : et comme il en étoit fort dégoûté par d'autres raisons, que la peste y étoit très-violente, et qu'il n'étoit plus en état d'y faire la même figure, faute de moyens, il résolut enfin de sortir d'Italie; et après avoir envoyé à Florence pour concerter secrètement avec le bailli de Gondy son passage sur les terres du grand duc, il se retira d'abord dans une maison particulière appelée Maresme, où il séjourna quelques jours avec toute sa suite.

Ce fut de là qu'il écrivit à Sa Sainteté, pour lui représenter que l'état où étoit son diocèse l'obligeoit de s'en rapprocher, afin d'être plus à portée de remédier aux désordres causés par son absence; qu'il comptoit toujours sur sa protection contre les persécutions de ses ennemis, et contre les violences qui étoient faites à sa personne et à l'Église; que d'ailleurs il se croyoit obligé de décharger Sa Sainteté des importunités qu'elle recevoit à son occasion, et de lui épargner une partie de l'embarras et de la peine que cette affaire lui faisoit. Après cela le cardinal de Retz fit prendre les devans à l'abbé de Lameth et à Joly, et partit de nuit de Maresme pour se rendre à une maison de plaisance du cardinal Jean Carlo de Médicis, n'ayant pris que Malclerc et deux valets de chambre, parce qu'il ne vouloit mener avec lui qu'un petit nombre de personnes affidées, pour mieux dérober sa marche. Dès qu'il fut arrivé dans cette maison, le bailli de Gondy s'y rendit, et lui apporta la nouvelle de la levée du siége de Valenciennes, dont M. le prince avoit forcé les lignes : ce qui lui fit concevoir de meilleures espérances du succès de son voyage, aussi bien qu'au grand duc et aux cardinaux de Médicis, qui sans cela paroissoient assez embarrassés sur sa retraite.

Il demeura deux jours dans cette maison, où il voulut voir Croissy qui étoit demeuré à Florence, ayant accompagné le sieur de Lyonne jusque là, et n'ayant osé retourner à Rome à cause de la peste. Le bailli de Gondy, qui vit cet homme dans la confidence du cardinal, apprenant qu'il lui avoit confié le secret de son voyage, et le dessein qu'il avoit d'aller à Besançon, avertit Son Eminence qu'il ne devoit pas se fier à lui, pour des raisons qu'il n'expliquoit pas, mais qui firent juger à Joly que le bailli étant général des postes du grand duc, avoit pu, suivant l'usage de toutes les cours, qui veulent savoir tout ce qui se passe, intercepter quelques dépêches de Croissy, par où il avoit connu qu'il trahissoit le cardinal. Cet avis ne l'empêcha pas de s'abandonner à lui, comme il avoit fait à Rome, sans vouloir rien écouter de ce qu'on lui disoit contre lui. Après cela il partit, prenant la route de Petromolle avec sa petite suite ; et après avoir traversé l'Etat de Massa, il se rendit dans le Milanois, sur un passeport du comte de Fuensaldagne, qui lui envoya de plus une escorte de cinquante chevaux. Ce gouverneur auroit bien voulu faire quelque chose de plus pour lui, et il tâta fort le pouls à Malclerc sur ce sujet, disant que Son Eminence devoit aller droit en Flandre trouver M. le prince, pour prendre des mesures avec lui qui seroient avantageuses à l'un et à l'autre; que s'il ne le faisoit, ses affaires tomberoient dans le mépris, et qu'il se trouveroit abandonné de tout le monde. C'étoit aussi le sentiment de Joly, qui l'avoit déjà fortement exhorté à ne pas laisser échapper cette occasion comme il avoit fait lors de son passage en Espagne, et à prendre des mesures avec le comte de Fuensaldagne : mais le cardinal n'eut pas la force de s'y résoudre, quoiqu'en partant de Rome il y parût assez disposé, et que sur la route il affectât de dire tous les jours qu'il iroit droit se livrer aux Espagnols et à M. le prince.

Cependant, comme il falloit se séparer honnêtement du comte, il lui demanda un chiffre, et lui fit dire par Malclerc qu'il alloit suivre ses conseils ; qu'il ne sortoit d'Italie que dans ce dessein ; qu'après avoir séjourné quelque temps à Besançon pour y apprendre des nouvelles de ses amis, il s'achemineroit en Flandre. Il lui fit demander des lettres pour le gouverneur de Franche-Comté, après quoi le cardinal de Retz continua son chemin avec son escorte : et après avoir passé à deux lieues de Milan et à huit de Valence qui étoit assiégée, il alla s'embarquer sur le lac pour aller à Mourgues, et de là par le mont San-Pione et le pays de Valais, à Lausanne, d'où il se rendit à Besançon vers la fin du mois d'août de l'année 1656.

Aussitôt que le cardinal de Retz fut arrivé en Franche-Comté, il envoya chercher l'abbé de Vatteville, qu'il avoit vu à Saint-Sébastien chez le baron son frère; et ayant appris, en passant à Pontarlier, qu'il étoit assez près de là à un lieu nommé Usains, il y envoya Malclerc pour lui trouver un lieu où il pût se retirer sûrement, en attendant des nouvelles de Paris. L'abbé de Lameth et Joly allèrent à Besançon.

L'abbé de Vatteville fut d'abord assez surpris et même embarrassé du compliment du cardinal, ayant peu de crédit dans ce pays, quoiqu'il affectât de faire connoître le contraire. Aussi laissa-t-il assez connoître, dans le commencement, qu'il auroit bien voulu être défait de Son Eminence. Mais ayant compris dans la suite que ce pourroit être pour lui une occasion de faveur à la cour d'Espagne, il lui ménagea une retraite chez la marquise de Conflans sa parente, dont le mari étoit alors en Flandre. Ce séjour ne fut pas pourtant tellement fixe qu'il ne se promenât à droite et à gauche dans tout le pays pendant quelques mois. Il est vrai qu'il retournoit de temps en temps chez la marquise, qui eut dans la suite, et suivant la bonne coutume de Son Eminence, beaucoup de part au récit des diverses aventures de sa vie.

Cependant l'abbé de Lameth et Joly étoient à Besançon, où il arriva peu après quelques-uns des gens du cardinal qu'il avoit laissés en Italie, et auxquels il donna ordre de l'aller attendre à Strasbourg et en divers autres endroits. Le sieur Verjus fut un des premiers qui passa par hasard à Besançon ; et Joly l'ayant vu passer à cheval devant l'auberge où il étoit logé, l'appela et le retint, l'ayant jugé plus propre que personne pour aller à Paris porter des nouvelles et en rapporter : ce que le cardinal ayant approuvé, on le dépêcha aussitôt. Il fit si grande diligence, qu'en peu de jours on sut par son moyen que le cardinal Mazarin avoit marqué beaucoup d'inquiétude du départ du cardinal de Retz d'Italie ; qu'il avoit fait publier des défenses à toutes sortes de personnes de lui donner retraite; qu'il faisoit tous ses efforts pour le rétablissement du sieur Du Saussay; que l'assemblée du clergé s'y opposoit, attendu que c'étoit revenir au dessein du suffragant ; mais qu'elle avoit résolu de prier le cardinal de Retz de nommer des grands-vicaires agréables au Roi, avec promesse de s'employer ensuite pour la restitution de son temporel ; que l'évêque de Châlons ne doutoit pas qu'elle ne le fît, et répondoit du succès en quelque façon ; que le comte de Montrésor et plusieurs autres étoient de son avis, insistant sur la nomination d'un nouveau grand-vicaire au goût de la cour ; et que si on n'y mettoit ordre promptement, il y avoit lieu de craindre qu'ils ne passassent outre, en nommant eux-mêmes un sujet : quoique le sieur d'Aubigny et quelques amis du cardinal ne fussent pas de ce sentiment, et qu'on leur eût représenté que Son Eminence en étoit fort éloignée.

Sur ces avis, le cardinal de Retz écrivit aussitôt à l'évêque de Châlons pour l'informer plus précisément de ses intentions, et pour le détourner de cette résolution ; mais à peine les lettres furent-elles parties, qu'on apprit par la voie de la poste que M. de Châlons avoit, de son autorité, fait faire, par celui dont on se servoit pour contrefaire l'écriture de Son Eminence, une nomination en forme du doyen de Notre-Dame pour faire les fonctions de grand-vicaire, avec une lettre du cardinal de Retz, de la même fabrique, à l'assemblée du clergé, par laquelle il les prioit d'intercéder auprès de Sa Majesté pour la restitution de son temporel. La lettre étoit datée du Plessis, deux jours seulement avant sa réception ; ce qui fit juger au cardinal Mazarin que le cardinal de Retz étoit fort proche. Dans l'alarme que la cour en prit, elle envoya aussitôt une lettre de cachet à l'assemblée, par laquelle Sa Majesté déclaroit qu'elle ne vouloit point entendre parler du temporel de l'archevêché, quoiqu'elle eût bien voulu consentir au rétablissement du spirituel en considération de l'assemblée, parce qu'on poursuivoit actuellement auprès du Pape une nomination de juges pour faire le procès au cardinal de Retz, qui examineroient s'il devoit être rétabli dans la jouissance du temporel ou non pendant l'instruction du procès. Après cela on apprit que l'assemblée du clergé avoit pris des mesures et des résolutions toutes contraires à celles que M. de Châlons s'en étoit promises ; dont il s'excusa en disant qu'il avoit été trompé le premier, et qu'il croyoit s'être assuré d'un nombre suffisant de suffrages. En effet, l'affaire fut presque partagée, et si elle eût été décidée à la pluralité des voix, elle l'auroit été sans difficulté en faveur du cardinal ; mais l'ordre de cette compagnie étant d'opiner par provinces, il se trouva que celle de Paris, qui par toutes sortes de raisons devoit lui être favorable, se déclara contre lui : ce qui fit que de onze provinces, il n'en eût que cinq pour lui.

Dans le fond, le projet de M. de Châlons n'étoit pas si avantageux pour le cardinal de Retz qu'on se l'imaginoit ; son avis portant seulement qu'on feroit office à Son Eminence pour la restitution de son temporel dans la conjoncture qui seroit la plus favorable ; et que cependant l'assemblée feroit de très-humbles remontrances au Roi, pour avoir la liberté de lui parler de cette affaire, et de toutes les autres affaires ecclésiastiques. A le bien prendre, l'autre avis, qui l'emporta, étoit bien mieux digéré et peut-être plus favorable : aussi avoit-il été concerté par de plus habiles gens que M. de Châlons, quoique peut-être plus malintentionnés : entre autres, par M. de Marca, archevêque de Toulouse. Il portoit que Sa Majesté seroit très-humblement suppliée de faire terminer cette affaire du cardinal de Retz dans six mois par des juges ecclésiastiques, en commençant par faire droit sur la saisie du temporel de l'archevêché et de ses autres bénéfices : et en cas que la chose traînât en plus grande longueur, que messieurs les agens feroient auprès du Roi les offices nécessaires pour faire régler ce qui regardoit le temporel, suivant le droit et les constitutions canoniques, les immunités et les libertés de l'Eglise gallicane.

Il faut du moins convenir que cette résolution étoit spécieuse, et paroissoit assez dans l'ordre, quoique cependant elle fût en effet fort désavantageuse au cardinal de Retz, attendu que tous les offices de l'assemblée se terminoient à un procès dont les juges seroient apparemment dans la dépendance de la cour ; et qu'au défaut de cela ils renverroient la chose aux agens du clergé, gens ordinairement esclaves de la cour, qui ne briguent cet emploi que pour faire leur fortune, et qui d'ailleurs ont fort peu de crédit, l'assemblée étant finie. Le cardinal de Retz parut fort touché, à cause de la nouvelle du procès dont il étoit menacé par la délibération, et dont il avoit tant de peur, que c'étoit l'unique raison qui l'empêchoit de prendre des résolutions si vigoureuses. La vérité est pourtant qu'il en fut bientôt consolé, parce qu'il jugea que cet abandon du clergé porteroit ses amis à lui conseiller de donner sa démission ; dessein qu'il n'avoit jamais quitté depuis les négociations de Davanton. D'ailleurs l'évêque de Châlons lui écrivit et lui fit écrire de belles lettres par messieurs de Port-Royal, dans lesquelles ils lui proposoient les exemples des saints évêques qui s'étoient cachés dans les déserts et dans les cavernes au temps de la persécution : ce qui lui fit former le dessein frivole et chimérique de se cacher aussi, pour se faire une grande réputation dans le monde en suivant l'exemple de ces grands hommes, quoique dans son cœur il ne se proposât de se tenir caché que d'une manière et dans un esprit tout-à-fait différent.

Mais comme par provision il falloit pourvoir à sa subsistance, le cardinal envoya Verjus pour ce sujet à Paris, pour en conférer avec ses amis. Avant qu'il partît, on fit plusieurs propositions pour trouver une espèce de fonds indépendant de la cour. Joly proposa de mettre dans les églises des troncs avec cette inscription : *Pour la subsistance de M. l'archevêque ;* disant que si la cour souffroit ces troncs, ils produiroient un profit et un revenu considérable sur lequel on pourroit faire fonds, et qu'ils serviroient à entretenir les bonnes dispositions du peuple ; et que si on les faisoit ôter, cette rigueur pourroit réveiller leur haine contre le cardinal Mazarin, auteur d'une persécution si opiniâtre, et animer davantage leur charité, dont les curés pourroient leur faire entendre qu'ils se rendroient dépositaires sous le sceau de la confession, pour ensuite les lui remettre par les voies qui leur seroient indiquées. Mais le cardinal rejeta bien loin cette proposition, qu'il traita de gueuserie, et indigne de lui. Cependant Verjus ne laissa pas de la proposer aux correspondans de Paris, dont plusieurs, entre autres M. d'Aubigny, l'approuvèrent fort, disant qu'on ne pouvoit rien imaginer de meilleur, ni qui convînt davantage à la conjoncture présente.

Cependant cette ouverture n'eut point de lieu, M. de Châlons, qui étoit toujours le principal directeur des affaires, ayant assuré huit mille écus par an au cardinal pour sa subsistance. Ainsi se croyant assuré de cette somme, qui étoit assez modique pour lui, il résolut d'abord de se cacher en allant de ville en ville, sans songer à parler à M. le prince ni aux Espagnols, quoiqu'il fût encore en état de traiter avantageusement avec eux. Mais outre que la seule idée du procès lui faisoit peur, il avoit pris tant de goût pour la vie libertine des hôtelleries, qu'il n'eut plus d'autre application que celle de se dérober aux yeux de ceux qu'il savoit bien n'approuver pas cette nouvelle manière de vivre. Dans ce dessein il dispersa, sous différens prétextes et en différens lieux, ceux dont la présence lui pouvoit être incommode. Il changea de nom, et en fit changer à tous ceux qui étoient auprès de lui. Il ne les entretenoit plus que de fausses marches et de contremarches pour se dérober à la poursuite des émissaires du cardinal Mazarin. En cela il étoit merveilleusement secondé par son écuyer Malclerc, qu'il retint toujours auprès de lui préférablement à tous les autres, parce que ce fidèle Achate prenoit soin de lui rendre d'autres offices plaisans en certaines occasions, par le moyen desquels il se rendit maître absolu de son esprit

Cependant plusieurs avis étant venus de Paris que la cour étoit informée du séjour du cardinal de Retz en Franche-Comté, et qu'elle avoit donné des ordres pour l'y faire arrêter, il fallut se résoudre à en sortir : ce que Son Eminence eut assez de peine à faire, à cause des liaisons qu'il y avoit faites. On ne s'y détermina même que par une dépêche de Joly, qui, étant demeuré malade dans son hôtellerie de Besançon, fit savoir au cardinal qu'un nommé La Neuville, major de Brisach, étant arrivé au même lieu, s'étoit informé si dans le pays on ne parloit point du cardinal de Retz ; que l'ayant fait suivre, on avoit remarqué qu'il alloit souvent chez un nommé Blein, échevin, et chez un homme qui avoit été secrétaire de M. de Beaussaut, intendant en Alsace ; que quand il sortoit pour aller en campagne, il y étoit joint par plusieurs cavaliers ; et qu'enfin le sieur Tineau, secrétaire de la maison de ville, auquel Son Eminence avoit été adressée par le comte de Fuensaldagne, avoit averti l'abbé de Lameth et Joly de prendre garde à eux et au cardinal de Retz, s'il étoit encore dans la province, parce qu'il voyoit bien qu'on ménageoit quelque chose contre lui avec le magistrat de la ville. L'abbé de Vatteville reçut aussi et donna les mêmes avis, qui obligèrent enfin le cardinal à se retirer en Suisse, d'où il écrivit à l'abbé de Lameth et à Joly de l'aller trouver à Constance avec quelques autres de ses domestiques qu'il avoit laissés derrière lui ; et au sieur Vacherot d'aller attendre de ses nouvelles à Strasbourg.

Ce départ fut un peu précipité, mais fort à propos, aussi bien que celui de Lameth et de Joly, dans l'hôtellerie desquels il arriva vingt gardes du cardinal Mazarin peu de jours après qu'ils en furent sortis. Ils prirent tous si bien leurs mesures dans leur retraite, que la cour fut long-temps sans pouvoir découvrir où ils étoient : le cardinal de Retz ayant passé presque tout l'hiver *incognito* à Constance, où l'abbé de Lameth et Joly le laissèrent, après avoir demeuré quelques jours avec lui pour régler le commerce de lettres, qui étoit devenu fort difficile par la recherche exacte qu'on faisoit de ceux qui étoient soupçonnés d'en avoir avec lui.

[1657] Le sieur Rousseau de Chenicourt, son intendant, fut arrêté, quoiqu'il ne se mêlât presque plus de ses affaires. Le sieur Matharel, secrétaire du Roi, fut aussi mis à la Bastille (quoiqu'on n'eût aucune relation avec lui), parce qu'il parloit indiscrètement des affaires du cardinal, par un pur mouvement de zèle. Le marquis de Fosseuse fut aussi arrêté, quoiqu'il fût à Paris par permission expresse de la cour pour ses affaires domestiques. Enfin la persécution s'étendit jusques sur deux ou trois malheureux de la lie du peuple, qui n'étoient accusés que de bagatelles : ce qui laissa bien voir la malignité des ennemis de Son Eminence, mais montra en même temps qu'ils étoient fort mal avertis, et donna lieu à ceux qui avoient de véritables intelligences de se précautionner davantage, et de se tenir sur leurs gardes.

De Constance le cardinal se rendit à Ulm, à Ausbourg et à Francfort, où il donna rendez-vous à l'abbé de Lameth et à Joly, et où ils reçurent des nouvelles de la liberté du sieur Chevalier, après lui avoir fait essuyer plusieurs duretés inouïes, dont le but étoit de l'obliger de promettre par écrit qu'il ne se mêleroit plus, ni directement ni indirectement, des affaires du cardinal : ce qu'il ne voulut jamais faire. La cour fut donc obligée de se contenter d'une promesse de ne rien faire contre le service du Roi ; après quoi Chevalier fut élargi, à la prière du doyen de Notre-Dame, nouveau grand-vicaire. On y apprit aussi la mort du premier président de Bellièvre, qu'on crut avoir été empoisonné. Il est vrai qu'il étoit brouillé avec les Fouquets, et que le cardinal Mazarin n'étoit pas content de lui, parce qu'il étoit extraordinairement aimé du peuple, dont il soutenoit les intérêts en toute rencontre. Ce président étoit aussi fort estimé dans sa compagnie et même à la cour, où il avoit des amis considérables jusque dans le cabinet. On prétend que le ministre avoit eu dessein de le faire arrêter, voyant qu'il s'opposoit à toutes les nouvelles maltôtes : mais il n'avoit jamais osé l'entreprendre, dans l'appréhension de nouvelles barricades (1). Quoi qu'il en soit, le cardinal de Retz perdit beaucoup à la mort de ce grand et digne magistrat, qui favorisoit ses affaires et protégeoit ses amis de toute sa force ; jusque-là que tout le commerce secret et les chiffres de Son Eminence étoient entre les mains de Bruslé, son secrétaire, qui lui avoit été donné par Caumartin, confident intime du cardinal de Retz : et c'étoit à lui que s'adressoient les dépêches les plus secrètes, qu'il prenoit soin de déchiffrer ; après quoi il en envoyoit des copies au sieur de Caumartin, qui étoit encore éloigné de Paris, et à l'évêque de Châlons, qui les communiquoit au sieur Le Pelletier de La Houssaye, son neveu, à l'abbé d'Hacqueville, à M. d'Aubigny, et quelquefois au comte de Montrésor et au marquis de Laigues, quoique madame de Chevreuse ne se mêlât plus des affaires du cardinal de Retz.

De l'autre côté, c'étoit Joly qui avoit soin de tout le commerce, et à qui s'adressoient les lettres de change, tantôt à Francfort et puis à Cologne, dont il mettoit le produit entre les mains de Malclerc pour Lameth. Celui-ci fut envoyé à Munster, et le cardinal passa en Hollande, où il se plaisoit fort, et d'où peut-être il ne seroit pas sorti sitôt, sans une petite incommodité qu'il ne gagna pas en disant son bréviaire. Cette incommodité l'obligea de retourner à Cologne, où il fit venir en diligence le sieur Vacherot, son médecin, et fit partir en même temps Joly pour Amsterdam, où il fut bientôt joint par Verjus, son premier secrétaire : le second, nommé Gautreau, ayant été envoyé à Liége avec l'abbé Rousseau pour y recevoir certains paquets, et les faire tenir sûrement à Joly.

Cependant la ville de Munster ayant été assiégée (2), l'abbé de Lameth s'y trouva enfermé malgré lui ; et comme il s'étoit travesti en cavalier avec un juste-au-corps de buffle, les bourgeois, qui, dans cet équipage, n'avoient garde de le prendre pour un docteur de Sorbonne, lui offrirent un emploi considérable dont il eut bien de la peine à se défendre. Après le siège il se rendit à Cologne, où ayant trouvé le cardinal de Retz, il lui fit de grandes et justes plaintes de ne lui avoir donné aucune de ses nouvelles depuis son séjour à Munster, où il l'avoit envoyé.

[1658] La ville de Cologne étant d'un grand commerce et un passage fort fréquenté, le cardinal ne put y être long-temps sans y être déterré par les émissaires du cardinal Mazarin et de l'abbé Fouquet, qui envoyèrent aussitôt sur les lieux des gens de main et d'exécution, avec ordre de prendre leurs mesures pour l'enlever quand il sortiroit de la ville pour aller à la pro-

---

(1) On a dit du président de Bellièvre, qu'il étoit plus grand par ce qu'il n'avoit pas fait que par ce qu'il avoit fait, à cause des exactions qu'il avoit empêchées. On trouva après sa mort, dans son cabinet, grand nombre d'édits onéreux au peuple, qu'il n'avoit pas voulu vérifier au parlement.

(2) Par son évêque Bernard Van Gale. Les bourgeois de Munster s'étoient révoltés contre lui. (*Notes de l'auteur.*)

menade, ou peut-être de faire pis : ce qui n'étoit pas difficile, Son Eminence n'étant ordinairement suivie que de deux domestiques. Mais ses amis de Paris lui en donnèrent avis par le canal de Joly, l'exhortant de prendre garde à lui, et de se souvenir que l'électeur de Cologne et l'évêque de Strasbourg, son ministre, qui étoient entièrement dans les intérêts du cardinal Mazarin, pourroient fort bien favoriser une entreprise de cette nature. Le cardinal traitoit ces conseils prudens d'avis chimériques et de terreurs paniques, ne se donnant pas même la peine de lire les lettres qu'on lui écrivoit sur ce sujet : et cela parce qu'il avoit trouvé de quoi s'amuser dans la maison d'un Liégeois, nommé Daudrimont, où il étoit logé.

Cependant l'abbé de Lameth et Vacherot, qui demeuroient aussi dans des lieux séparés dans la même ville, l'avertirent qu'ils avoient vu Croissy par la ville. Il y étoit venu de Francfort, après l'élection de l'Empereur. Le cardinal commença de croire alors que les avis pouvoient être véritables; et changeant en un moment la bonne opinion qu'il avoit eue de lui en une défiance extrême, il se figura que Croissy n'étoit à Cologne que pour le faire assassiner. Il poussa la chose jusqu'à s'imaginer que deux de ses domestiques les plus anciens et en apparence les plus fidèles, s'étoient laissés corrompre par Croissy et par un nommé de Bracq, parent des Fouquets, qui étoit aussi à Cologne, et qu'on découvrit avoir logé et défrayé cinquante ou soixante cavaliers en différentes hôtelleries.

Le premier de ces domestiques qui devint suspect au cardinal, fut Imbert, son valet-de-chambre, qui depuis vingt-cinq ans avoit eu part à ses secrets, et l'avoit servi avec une fidélité et un attachement sans exemple. Cependant ce pauvre garçon ayant eu ordre à Paris de l'aller trouver à Cologne et de passer par Besançon pour y prendre chez le sieur Tineau une valise avec quelques papiers de peu de conséquence, et cette valise ayant été dérobée ou égarée, il crut qu'Imbert l'avoit vendue à M. de Lyonne en passant à Francfort, et qu'en même temps il avoit pris des mesures avec Croissy, parce qu'ils arrivèrent à peu près en même temps.

L'autre domestique, que le cardinal de Retz voulut bien soupçonner, étoit un nommé Noël, son cuisinier, qui l'avoit bien servi dans sa prison de Vincennes, et qui depuis l'avoit suivi dans tous ses voyages, sans lui donner aucun sujet de plainte ni d'inquiétude. Cependant il eut le malheur de tomber tout d'un coup dans la disgrâce de son maître, et cela sans aucun fondement, si ce n'est qu'il étoit ami d'Imbert, et fort connu de Croissy, à raison de son commerce fréquent dans la maison de Son Eminence. Les prétextes dont se servit le cardinal pour le congédier, furent : 1° que lorqu'il sortoit, Noël le suivoit toujours sans son ordre, pour observer où il alloit : à quoi le cuisinier répondoit qu'il n'en usoit ainsi que par ordre exprès de Malclerc, qui lui faisoit entendre qu'il étoit bon de savoir à peu près ce que leur maître deviendroit. 2° Il l'accusoit d'avoir copié ses chiffres : ce qui étoit vrai; mais il ne l'avoit fait que par ordre du cardinal lui-même. 3° On lui reprochoit ses rendez-vous fréquens et ses commerces dans la maison où logeoit Croissy; et pour l'en convaincre, l'abbé de Lameth fut chargé de le suivre deux ou trois fois sans que Noël le sût, pour voir s'il ne passeroit pas plusieurs fois devant la maison de Croissy, et pour observer s'il ne tourneroit pas la tête de temps en temps pour voir s'il n'étoit point suivi. Noël répondit à cela en avouant le fait; mais en soutenant aussi que Malclerc lui avoit commandé tout ce manège, comme une chose importante pour le service de Son Eminence. En un mot il y a bien de l'apparence (et la suite l'a fait voir assez clairement) que ces deux domestiques ne tombèrent dans la disgrâce du cardinal que par les artifices de Malclerc, qui vouloit demeurer seul le maître de la personne de Son Eminence et de sa bourse : ce qui ne lui auroit pas été facile pendant qu'il auroit été éclairé par la vigilance de deux domestiques affectionnés et fidèles.

Quoi qu'il en soit, il est certain qu'il y eut dans ce temps-là une entreprise de la cour sur la personne du cardinal de Retz, et que le sieur de Croissy n'étoit allé à Cologne que sur les avis qu'il avoit eus de la retraite du cardinal en cette ville, comme il en est demeuré d'accord lui-même depuis, en disant que l'intention de Croissy étoit de lui offrir ses services et un asyle sûr qu'il avoit chez ses amis en Allemagne. On n'entreprendra pas ici de pénétrer dans les véritables intentions de Croissy; mais on ne sauroit disconvenir que le cardinal de Retz n'eût lieu d'être surpris que cet homme, avec qui il avoit eu des liaisons si étroites, ne lui donnât aucun signe de vie, étant dans un même lieu, et ne pouvant ignorer que Son Eminence n'y fût : quand ce n'auroit été que par la rencontre de ses gens, qui alloient tous les jours par la ville, et passoient exprès devant la maison de Croissy pour se faire reconnoître. On sauroit nier encore que les soupçons que Son Eminence conçut contre lui ne fussent bien fondés, étant informée de ses conférences fréquentes avec de Bracq, qu'il savoit être le chef d'une entreprise formée contre la personne de Son Eminence. Mais il peut bien être aussi que le cardinal porta les soupçons trop loin, et qu'il eut tort de lui reprocher, comme il fit depuis en parlant à Croissy lui-même, qu'il avoit eu dessein de l'assassiner. Les indices spécifiés n'étoient pas assez précis pour en inférer un complot de cette nature, dont il n'étoit pas permis d'accuser légèrement un homme qui avoit d'ailleurs une assez bonne réputation, et qui n'avoit aucun intérêt personnel pour entreprendre une action si noire, quoiqu'il fût ami et parent des Fouquets, et qu'il cherchât constamment une occasion de mériter par quelque service important son rappel en France, d'où il étoit exilé.

Il y a bien plus d'apparence que Croissy, qui avoit autrefois voulu engager le cardinal à donner sa démission, étoit venu à Cologne dans la même vue, prétendant de s'approcher peu à peu de lui, et de le disposer, sous prétexte d'une plus grande sûreté, à se retirer dans un lieu où il auroit été à peu près le maître, et où il avoit compté de lui persuader aisément une chose dont il savoit bien qu'il n'étoit pas dans le fond fort éloigné. Cette pensée est beaucoup plus naturelle, et s'accommode mieux avec les intérêts de Croissy, et avec l'idée d'un honnête homme.

On ne voit pas non plus quel avantage les domestiques du cardinal pouvoient retirer de sa mort; et on ne doit pas supposer que des serviteurs nullement reprochables d'ailleurs, et qui ont par devers eux près de trente ans de service, écoutent des propositions de cette nature sans de très-grandes raisons. Ainsi, de quelque côté qu'on envisage la chose, il y a lieu de croire que les jugemens du cardinal de Retz étoient téméraires, et ses soupçons mal fondés, s'il est vrai (car on en doute) qu'il les ait effectivement crus capables et coupables de cette trahison.

Ce qu'il y a de certain, c'est que de Bracq avoit des desseins sur la personne du cardinal, de quelque nature qu'ils fussent, et que ce ne fut pas sans beaucoup de bonheur et d'adresse que le cardinal évita ses embûches : ce qu'il fit par le moyen de M. le prince, que Malclerc alla trouver de sa part à Bruxelles pour lui demander une escorte, qui lui fut accordée sur-le-champ de fort bonne grâce, sous la conduite du sieur Dumont, son confident. Celui-ci prit cinquante ou soixante maîtres avec lui, et les fit défiler à Cologne par pelotons, et par différentes routes. Ils y furent dispersés en différens lieux; et après avoir concerté les mesures nécessaires avec Son Eminence, il les fit sortir par plusieurs portes, et leur donna un rendez-vous à un certain endroit éloigné d'une portée de mousquet de la ville, où le cardinal se rendit avec Malclerc, dans le moment qu'on fermoit les portes : de manière que de Bracq s'y trouva enfermé avec tous ses gens pendant toute la nuit. Cela donna tout le temps nécessaire au cardinal de Retz de se retirer sûrement avec son escorte sur les terres des Etats de Hollande, dans la ville de Genep, où Dumont le quitta pour aller rendre compte de sa commission à M. le prince. Le lendemain matin, de Bracq, qui avoit sans doute été informé de la sortie de Son Eminence, se mit en campagne avec tout son monde; mais il étoit trop tard, et il fut obligé de s'en retourner vers ceux qui l'avoient envoyé, avec le chagrin d'avoir manqué son coup. De Genep, le cardinal se rendit à Nimègue et ensuite à Leyde, où Joly l'alla trouver. Jusque là tout alloit bien, et il auroit été à souhaiter que le cardinal de Retz en fût demeuré là : trop heureux d'avoir évité le péril où sa trop grande sécurité l'avoit exposé. Mais, occupé comme il l'étoit de ses soupçons, il donna des ordres, avant que de partir de Cologne, à l'abbé de Lameth de faire arrêter les deux malheureux Imbert et Noël : de sorte que peu de jours après son départ, l'abbé ordonna à Imbert d'aller à Liége et de passer par Juliers, où il lui donna quelques commissions, entre autres pour le gouverneur de la citadelle, qui le retint prisonnier; et le lendemain l'abbé s'étant mis en chemin avec Noël comme pour aller à Bon, ils rencontrèrent un parti des gens de M. le prince apostés, qui les conduisirent aussi dans la citadelle de Juliers, où l'abbé ayant trouvé Imbert, il lui fit plusieurs questions, et enfin il lui déclara qu'il étoit prisonnier par ordre de son maître, qui l'accusoit de trahison aussi bien que Noël. Ces deux misérables ayant été mis dans des cachots séparés, l'abbé de Lameth en alla porter les nouvelles au cardinal, qui le reçut avec de grandes démonstrations de joie.

Cependant Joly lui représenta fortement qu'il feroit mieux en toute manière de ne pas tant éclater, dans une affaire assez équivoque, contre des gens qui avoient toujours été reconnus pour fidèles; qu'il valoit mieux les renvoyer en France sous quelque prétexte, en attendant que la vérité fût éclaircie; et qu'en les retenant prisonniers dans une place qui appartenoit aux Espagnols, il donneroit lieu au cardinal Mazarin de l'accuser et de le convaincre d'intelligence avec eux.

Sans avoir égard à toutes ces considérations, le cardinal de Retz voulut pousser l'affaire à toute rigueur. Il composa une espèce de factum rempli de faits ambigus, expliqués d'une manière odieuse, et de plusieurs conjectures assez mal établies. Il affecta d'envoyer le factum à ses amis de Paris, qui en jugèrent tout autrement que lui. Il envoya Verjus, son secrétaire, à Juliers, pour y faire interroger les deux prisonniers, dans le dessein de les remettre entre les mains de la justice. Mais ils répondirent si pertinemment à toutes les questions qu'on leur fit, que bien loin de leur faire mettre les fers aux pieds comme il l'avoit ordonné, le sieur Verjus fut tenté de les faire élargir sur-le-champ. Ce qu'il représenta d'une manière assez forte au cardinal à son retour, mais beaucoup plus vivement à Joly, avec lequel il convint de leur innocence, et que tout ce vacarme ne venoit que de l'intérêt, de la haine et de la jalousie de Malclerc ; peut-être aussi de la timidité naturelle du cardinal, qui lui avoit grossi les objets, et fait interpréter criminellement des actions d'elles-mêmes fort innocentes.

Mais toutes les remontrances furent inutiles, aussi bien que les instances du père de Gondy, de l'évêque de Châlons et du sieur de Caumartin, pour obtenir la liberté de ces malheureux, qu'ils croyoient fort innocens. Il sembla même que les offices qu'on leur rendoit ne faisoient que l'aigrir au lieu de l'adoucir : et cela alla si avant, que non-seulement ils restèrent prisonniers pendant deux ans entiers, jusqu'à la paix générale qui les devoit faire élargir, mais il fit en sorte, par le moyen de M. le prince, qu'ils furent transférés à Bilfelt (1), où ils demeurèrent encore un an à la charge de Son Eminence, qui payoit régulièrement leur pension de quartier en quartier. Peut-être même n'en seroient-ils jamais sortis, si Noël, qui étoit fort industrieux et entreprenant, n'avoit trouvé moyen de détacher peu à peu avec la pointe d'un petit couteau, et avec une patience de prisonnier, une très-grosse pierre de taille. Il fit un très-grand trou dans la muraille, par où il descendit avec ses draps : après quoi il vint droit en France, où il se présenta aux amis du cardinal, avec la constance d'un homme parfaitement innocent, pour leur demander justice ; offrant de se remettre dans la Conciergerie et partout ailleurs, si on vouloit lui faire son procès. M. de Châlons en ayant écrit à Son Eminence, prit occasion de lui demander la liberté d'Imbert, qui étoit toujours à Bilfelt, et de lui envoyer exprès le sieur Despinay, qui ne put rien obtenir au premier voyage ; mais y étant retourné une seconde fois, on le lui remit entre les mains, pour être rendu à M. de Châlons, à condition de répondre de sa personne et de sa conduite. Enfin, le cardinal de Retz est toujours demeuré si persuadé de leur prétendue trahison, que depuis son retour en France il n'a jamais voulu écouter aucun de ses amis sur ce sujet, ni les prières des deux accusés, pour être reçus à se justifier, et à lui faire connoître leur innocence.

Voilà le détail de ce qui s'est passé dans l'affaire de ces deux misérables ; et c'est là peut-être la cause du malheur qui a toujours été depuis dans les affaires du cardinal de Retz, dont la vie vagabonde continua plus de trois ans après qu'il les eut fait arrêter, et ne finit que par la démission de son archevêché, qui n'a pas été pour lui une fin fort avantageuse et fort glorieuse. Mais pouvoit-on attendre autre chose d'un homme dont toute la joie étoit, sur la fin, de s'enfoncer obscurément dans les hôtelleries, et de faire dans toutes les villes où il séjournoit ce que font ordinairement ceux dont il empruntoit les habits et les noms, sans vouloir presque entendre parler de ses affaires, surtout quand on lui proposoit quelque action de vigueur et de fermeté ?

Ce n'est pas qu'il n'en affectât toujours les apparences et le langage : il comparoit sa retraite dans les hôtelleries à celle des saints anachorètes dans les déserts ; mais il attribuoit, sans plus de fondement, l'obscurité de sa vie à la nécessité d'éviter les persécutions. Il est vrai, d'ailleurs, qu'il y eut de certains momens où il sembloit vouloir prendre courage, et suivre les conseils de ses amis : mais ce n'étoit qu'une boutade, qu'une vapeur qui se dissipoit en un instant. Après cela il retomboit aussitôt dans son néant ; et c'est pourquoi Malclerc, qui le connoissoit mieux que personne, disoit ordinairement à Joly, quand il le voyoit s'efforcer à lui inspirer des sentimens plus dignes de lui et de son caractère, qu'il perdoit son temps et ses paroles, et qu'il *ne feroit jamais d'une buse un épervier.*

Une des occasions où le cardinal de Retz parut un peu se réveiller, fut lorsque le cardinal Mazarin remit le fort de Mardick et les autres places maritimes de la Flandre entre les mains de Cromwell : d'où Joly, qui étoit à Amsterdam, prit sujet de composer un petit écrit pour faire sentir toutes les conséquences d'un marché si préjudiciable à la France, sous le titre de

---

(1) Place qui appartenoit à l'électeur de Brandebourg.
(*Note de l'auteur.*)

Lettre d'un gentilhomme anglois à un de ses amis à La Haye. Le cardinal en ayant été touché, en fit un autre en forme de *Remontrance adressée au Roi sur la remise des places maritimes de la Flandre entre les mains des Anglois*. Cette pièce, conçue en termes pompeux et magnifiques, courut par toute l'Europe avec un très-grand applaudissement, et fut traduite en diverses langues. Cette affaire n'avoit du reste aucun rapport avec celles du cardinal de Retz; cependant, comme elle intéressoit le cardinal Mazarin, dont elle décrioit la conduite, il fut fort flatté du succès de sa pièce; et ceux qui étoient auprès de lui espérèrent pendant quelque temps que cela pourroit réveiller son ambition, et lui faire entreprendre des choses plus grandes et plus importantes pour lui.

Ils conçurent de plus grandes espérances quand ils le virent résolu d'aller à Bruxelles pour remercier M. le prince du secours qu'il lui avoit envoyé à Cologne, ne doutant pas qu'ils ne s'unissent étroitement ensemble pour agir de concert contre leur ennemi commun. Le cardinal y paroissoit entièrement résolu : cependant ils ne firent rien, Son Éminence s'étant contentée de faire sentir à Son Altesse qu'il n'étoit plus en état de rien entreprendre, ses amis l'ayant abandonné, particulièrement le duc de Noirmoutier, qu'il disoit l'avoir trahi, et n'avoir rien voulu faire pour lui : ce qui n'étoit pas tout-à-fait vrai. Il se garda bien de laisser connoître à M. le prince les ressources qui lui restoient du côté du spirituel, en fulminant un interdit de concert avec lui et avec les Espagnols, qui pouvoient, en ce cas-là, ménager la protection du Pape : ce qui auroit causé sans doute un très-grand désordre dans Paris, et donné aux mécontens une belle occasion d'entreprendre quelque chose de considérable.

Ainsi toute leur conférence se passa en malédictions contre Noirmoutier, qui étoit fort haï de Son Altesse, et en assurances générales de correspondance et d'amitié, sans s'engager à rien, sinon que M. le prince promit de ne point faire sa paix, ni le cardinal de donner sa démission, sans s'avertir l'un l'autre. Après cela le cardinal, selon sa coutume, donna un chiffre à Son Altesse, dont il ne fit pas beaucoup plus d'usage que de ceux qu'il avoit laissés à don Louis de Haro et au comte de Fuensaldagne.

Dans ce même voyage le cardinal fit aussi faire des complimens au roi d'Angleterre, et donner au duc d'Ormond l'adresse de Joly à Amsterdam, afin que si Sa Majesté Britannique avoit quelque chose à lui ordonner, elle lui envoyât ses commandemens par cette voie. Après cela il retourna en Hollande, croyant avoir fait les plus belles choses du monde, ou du moins le voulant faire accroire, parce que de temps en temps il recevoit des lettres de M. le prince qui ne signifioient rien, et auxquelles il répondoit de même.

Cependant sa vie obscure et vagabonde continuoit toujours, tantôt d'un côté et tantôt d'un autre, à Amsterdam, à La Haye, à Rotterdam, à Utrecht, et en plusieurs autres villes de Hollande. Mais on se plaisoit particulièrement à Utrecht, dans une auberge qui avoit pour enseigne : *Kleine poortje* (la petite porte), dont la servante, nommée *Annetje*, ou Nanon, occupoit une assez bonne place dans le cœur du cardinal. Ce fut là que l'abbé Charier l'alla trouver pour lui persuader de donner sa démission, et d'entrer pour cet effet en négociation avec le maréchal de Villeroy et le grand prévôt, dont il exaltoit fort le crédit et les bonnes intentions. Mais il ne fut pas écouté, attendu qu'on doutoit du prétendu crédit de ces entremetteurs, et que le conseil de Paris n'étoit pas de cet avis. D'ailleurs, M. le prince ayant engagé le cardinal de faire un second voyage à Bruxelles, il lui fit part d'une intelligence qu'il ménageoit avec la noblesse de Normandie, par le moyen du comte de Creguy-Berneville, et par M. d'Annery, ancien ami du cardinal de Retz. Le maréchal d'Hocquincourt, qui s'étoit aussi retiré à Bruxelles, fort mécontent du cardinal Mazarin, avoit beaucoup de part en cette affaire, et devoit être détaché, avec quatre mille chevaux, pour se jeter en Normandie, pendant que l'armée d'Espagne iroit se poster sur la rivière de Somme, aux environs du Crotoy, dont le gouverneur avoit des relations avec M. le prince, qui devoit de là marcher à Paris aux premiers avis qu'on auroit du soulèvement de la Normandie, et mener avec lui le cardinal de Retz.

Mais tous ces projets, assez bien concertés, n'eurent point d'effet, par l'entêtement des Espagnols et de don Juan, qui, ayant voulu avant toutes choses tenter le secours de Dunkerque assiégé par M. de Turenne, furent battus à la bataille des Dunes, le maréchal d'Hocquincourt tué, et toute leur armée dissipée, malgré les soins et la bravoure de M. le prince et de don Juan, qui ne laissèrent pas d'y acquérir beaucoup de gloire.

Pendant tous ces grands événemens il arriva que douze ou quinze aventuriers françois allèrent descendre à Amsterdam, dans la maison où Joly et Verjus étoient logés, sous la conduite d'un homme qu'ils disoient avoir lui seul le secret de leur voyage, dont ils ignoroient le dessein, si ce n'est qu'ils cherchoient une personne de qualité dont ils avoient déjà fait la perquisition en plusieurs villes d'Allemagne, particulièrement à Cologne : que c'étoit l'abbé Fouquet qui les employoit, et qui leur faisoit donner à chacun demi-pistole par jour; qu'il y avoit encore une autre bande de leurs camarades dans Amsterdam, logés ailleurs. C'est tout ce qu'on put savoir de ces bandits, par le moyen de quelques gens que Joly chargea de boire avec eux, et de les faire causer : ce qui ne leur fut pas fort difficile, ces misérables s'étant conduits avec si peu de discrétion et de ménagement, qu'il y a lieu de juger qu'ils étoient envoyés autant pour faire peur que pour faire du mal. Quoi qu'il en soit, Joly partit aussitôt pour en aller donner avis au cardinal, qui étoit à Naërden avec l'abbé Charier : ce qui l'obligea de retourner à Utrecht, comme dans un lieu plus grand et plus sûr.

Il y fut visité peu de temps après par le duc d'Ormond, chargé de complimens pour Son Eminence, de la part du roi d'Angleterre; et ce fut de lui qu'il apprit la première nouvelle de la bataille de Dunkerque. Ce fut aussi le même seigneur qui lui vint annoncer dans la suite la mort de Cromwell, et qui pria Son Eminence de faire ce qu'elle pourroit du côté de Rome, pour disposer le Pape à secourir le roi d'Angleterre, son maître, de quelque somme d'argent dans cette conjoncture, et à lui rendre les catholiques de son royaume favorables, Sa Majesté promettant de les prendre sous sa protection après son rétablissement. La proposition fut reçue comme elle le devoit être par le cardinal de Retz, qui promit de faire tout ce qui dépendroit de lui pour le service du Roi. En effet, il proposa aussitôt à l'abbé Charier de retourner à Rome pour proposer cette affaire au Pape et au cardinal patron, et pour voir en même temps la disposition de cette cour par rapport à lui. Mais l'abbé, qui avoit d'autres vues, s'en défendit pendant quelque temps, et la chose en demeura là pour le coup.

Ensuite, le cardinal étant allé à Rotterdam, un nommé Saint-Gilles le fut trouver de la part des jansénistes, qui, se voyant fort pressés du côté de la cour de Rome et de celle de France, s'adressèrent au cardinal pour lui proposer de s'unir à eux, avec offre de tout le crédit et de la bourse de leurs amis, qui étoient en grand nombre et fort puissans, lui conseillant fortement d'éclater, et de se servir de toute son autorité, qui seroit appuyée vigoureusement de tous leurs partisans. Cette offre auroit pu être acceptée, et auroit peut-être produit son effet, si elle eût pu être faite à propos; mais ces messieurs n'ayant rien dit dans le temps, et ne se mettant alors en mouvement que pour leurs intérêts particuliers, le cardinal, dont le courage étoit d'ailleurs extrêmement amolli et le crédit diminué, ne fit aucune attention à leurs propositions, comme s'il eût voulu rebuter tous ceux dont il pouvoit espérer quelques secours. Ainsi l'abbé Charier, voyant qu'il n'y avoit rien à faire de ce côté-là, se résolut enfin d'aller à Rome, pour Son Eminence, en faveur du roi d'Angleterre. Saint-Gilles, qui lui avoit apporté des lettres du sieur de Bagnols, son parent, lui ayant fait comprendre que son voyage pourroit n'être pas inutile aux jansénistes, et lui ayant promis quelques fonds pour sa subsistance : sans quoi il ne se seroit pas embarqué, attendu qu'alors il ne comptoit pas beaucoup sur les promesses du cardinal. Ainsi Saint-Gilles étant retourné en France sans remporter avec lui autre chose qu'un chiffre, qui étoit la conclusion ordinaire des négociations qui se faisoient avec lui, l'abbé Charier se mit en chemin avec le cardinal de Retz, qui voulut le conduire lui-même jusqu'à Ausbourg, où il lui donna de plus une somme considérable, qui acheva de le déterminer, et leva toutes les difficultés qu'il avoit faites jusque-là.

[1659] Ce voyage, fait à contre-temps, fut entièrement inutile : tout ce que put faire l'abbé Charier fut d'obtenir une audience secrète du cardinal Azzolin, qui, s'étant bien voulu charger d'en parler au cardinal patron, lui dit pour toute réponse, peu de jours après, que les promesses du roi d'Angleterre n'avoient fait aucune impression; que, quelque avantage qu'on pût se promettre de sa part en faveur des catholiques anglois, on ne se résoudroit jamais à lui donner ou à lui prêter de l'argent; qu'à l'égard du cardinal de Retz, les parens du Pape ne songeant qu'à leur établissement, étoient plus éloignés que jamais de se brouiller en sa considération avec la cour de France; qu'enfin le jansénisme étoit une chose si odieuse, qu'il n'étoit pas permis d'en ouvrir la bouche, et qu'il seroit non-seulement inutile, mais même dangereux d'en parler; qu'il avoit dit au cardinal patron que l'abbé Charier étoit à Rome, mais qu'il l'avoit trouvé si froid, et tellement éloigné de rien écouter sur aucune des propositions dont il étoit chargé, qu'il ne lui conseilloit pas d'y songer davantage.

Sur cette réponse, l'abbé, sans demander audience au Pape ni au cardinal patron, s'en retourna en France, après avoir informé le cardinal de Retz du peu de succès de sa négociation. De son côté, le cardinal alla à Ratisbonne, d'où il retourna en Hollande en grande diligence, sur les bruits qui couroient de la paix générale. Il y trouva Verjus qui arrivoit de France, où il l'avoit envoyé pour avoir des nouvelles certaines de ses amis, et pour changer ses chiffres et ses adresses, à cause de la prétendue trahison de ses domestiques : après quoi il passa en Flandre pour conférer avec M. le prince, qui l'avoit averti des dispositions à la paix.

Ils auroient bien voulu empêcher la paix l'un et l'autre s'ils avoient pu, aussi bien que le marquis de Caracène, qui commandoit en Flandre. Il y avoit aussi une cabale à la cour d'Espagne qui s'y opposoit ouvertement, disant que leurs affaires n'étoient pas en assez mauvais état pour les obliger à rien précipiter; qu'il y avoit lieu d'espérer une révolution en France; qu'après avoir engagé le cardinal Mazarin à une conférence sur la frontière, il ne pouvoit éviter de deux choses l'une, ou de leur accorder la plupart de leurs demandes, ou de se charger de toute la haine de la rupture : ce qui seroit d'une dangereuse conséquence pour lui, et dans les pays étrangers et dans la France, la Reine commençant à croire elle-même qu'il ne souhaitoit pas la paix ni le mariage du Roi avec l'Infante, dans l'espérance peut-être de lui faire épouser Anne Mancini, sa nièce (1), dont le Roi étoit devenu fort amoureux.

Mais don Louis de Haro, ministre d'Espagne, raisonnoit d'une autre manière. Le mauvais succès de la bataille d'Elvas, gagnée par les Portugais au mois de janvier 1659, à laquelle il s'étoit trouvé en personne, lui avoit inspiré un si grand désir de vengeance, qu'il n'étoit occupé que de cela, répondant à tous propos à ceux qui le pressoient sur ce sujet : *Hà menester conquistar à Portugal* (2). Il avoit tant de peur que le traité commencé, par lequel le cardinal Mazarin promettoit d'abandonner les Portugais, ne manquât, qu'il pensa plusieurs fois se relâcher sur le rétablissement de M. le prince, en lui faisant offrir sur les terres d'Espagne deux fois plus de bien qu'il n'en avoit en France (3). Il écrivit aussi au marquis de Caracène de rompre tout commerce avec le cardinal de Retz, parce que le moindre ombrage qu'on donneroit de ce côté-là au cardinal Mazarin lui feroit rompre la paix.

Cela n'empêcha pas que le cardinal de Retz n'allât plusieurs fois à Bruxelles pendant le traité; qu'il n'y vît le marquis de Caracène, et qu'il n'y eût plusieurs conférences avec M. le prince sur les intelligences en Normandie, qui continuoient toujours, mais qui furent enfin découvertes par la prise du sieur de Bonneson, gentilhomme de Sologne, qui eut la tête coupée à Paris : ce qui obligea les sieurs de Cregui et d'Anneri à se retirer en Hollande.

La paix étant faite, les commerces du cardinal de Retz avec Son Altesse cessèrent tout d'un coup, ou se réduisirent à des protestations d'amitié, M. le prince étant revenu en France : au lieu que Son Eminence fut contrainte de s'en retourner en Hollande, avec le chagrin de n'avoir pas voulu profiter de l'union qu'il auroit pu faire avec Son Altesse. C'est pourquoi Joly, ne voyant plus de ressource pour lui, lui conseilla de quitter cette vie vagabonde, et de se retirer plutôt dans quelque monastère, sous la protection de l'Empereur, où il pourroit vivre d'une manière plus honorable, plus religieuse, et plus conforme à son état, et d'ailleurs avec beaucoup moins de dépenses.

[1660] Mais le cardinal ne voulut point écouter ses avis. Après avoir fait un troisième voyage à Bruxelles, pour y saluer le roi d'Angleterre à son retour de la conférence des Pyrénées, il retourna en Hollande pour y vivre comme auparavant, volant de ville en ville et courant d'auberge en auberge, passant son temps à la comédie, aux danseurs de corde, au marionnettes, et à d'autres amusemens de cette nature, sans pouvoir souffrir une lecture sérieuse. S'il lisoit, il ne lisoit que des livres de badinerie et des fadaises. Cette conduite bizarre fatiguoit étrangement Joly et Verjus, d'autant plus que sa plus grande application étoit de jeter de la défiance et de la jalousie entre tous ceux qui l'approchoient, par des rapports souvent supposés qu'il leur faisoit aux uns et autres; de sorte qu'il y avoit toujours des disputes et des éclaircissemens, dans lesquels le cardinal ne manquoit jamais de

---

(1) Le cardinal sachant que le Roi n'en viendroit jamais jusqu'à épouser sa nièce, et qu'elle ne pouvoit être tout au plus que sa maîtresse, craignit que ce prince ne s'en dégoûtât ensuite, et que la disgrâce ne retombât sur lui-même par contre-coup. Il prit donc le parti de l'éloigner, et ce fut un trait de prudence.

(2) Il faut conquérir le Portugal.

(3) C'étoit une feinte de l'Espagne, pour faire craindre au cardinal Mazarin qu'on n'abandonnât au prince une partie considérable des Pays-Bas.

(*Notes de l'auteur.*)

prendre le parti de son écuyer Malclerc, qui le gouvernoit avec un empire absolu, fondé non pas tant sur l'inclination ou sur l'amitié, que sur le besoin qu'il avoit de son ministère en certains amusemens ; et peut-être aussi de crainte qu'il ne découvrît ses foiblesses et ses folies, dont il étoit l'unique confident et le témoin.

Cette dépendance du cardinal augmenta même depuis une contestation violente qu'il eut un jour avec l'écuyer à Anvers, dans une hôtellerie qui a pour enseigne la ville de Sevemberg : car, des paroles en étant venus aux coups, ils se gourmèrent et se prirent à la gorge avec tant de fureur, et avec si peu de respect de la part de l'écuyer, que le cardinal eut le nez fort endommagé, et son rabat tout déchiré. Il fut apparemment bien battu ; et cela le rendit depuis si soumis et si souple, que Son Éminence n'osoit parler à personne sans en rendre compte à son écuyer et sans le consulter, faisant ensuite tout ce qu'il ordonnoit.

On n'a jamais bien su le sujet de cette querelle ; et le sieur Vacherot, médecin du cardinal, qui accourut au bruit avec quelques domestiques qui virent comme lui le débris du combat et les marques sanglantes sorties du nez des deux athlètes, ne purent dire autre chose à Joly que ce qu'ils avoient vu, les parties ayant gardé un profond silence sur le sujet de cette tragi-comédie. Quoi qu'il en soit, l'impudence de l'écuyer alla si loin, qu'il n'y avoit pas de malice basse et vilaine qu'il ne fît impunément à tous ceux qui approchoient du cardinal ; et cela en sa présence, sans qu'il osât dire un mot. Cet insolent ne se contenta pas d'être le maître de sa personne et de sa bourse sans rendre compte, il voulut encore l'être de toutes ses affaires, et se fit pour cet effet envoyer des chiffres de Paris qui lui étoient particuliers. Mais ayant découvert que le sieur de Caumartin et les autres confidens de Son Éminence ne vouloient avoir affaire qu'à Joly, il entreprit de le ruiner dans son esprit, et de le lui rendre suspect par ses artifices et ses calomnies : mettant tout en œuvre pour découvrir quelque chose dont il pût faire usage contre lui, jusqu'à entrer la nuit dans sa chambre pendant qu'il dormoit, et faire l'inventaire de tout ce qu'il y avoit dans ses poches.

Joly fut averti de tous ces tours par les domestiques du cardinal ; mais il ne daigna pas s'en plaindre, et il travailla toujours à ses affaires avec la même affection et la même assiduité. Le cardinal, de son côté, jouoit son rôle avec une grande dissimulation, et continuoit de donner à Joly les mêmes marques de confiance et d'amitié, particulièrement quand il lui survenoit des affaires au-dessus de la portée de Malclerc. Mais il est certain que ce n'étoit que par grimace, et que le cœur de Son Éminence étoit entièrement changé à son égard.

Le désordre dans la vie et dans les manières du cardinal de Retz dura deux ans entiers, et jusqu'à son accommodement : ne s'étant rien passé de considérable pendant tout ce temps, à la réserve de quelques voyages qu'il fit, l'un à Hambourg pour aller voir la reine Christine de Suède, et deux en Angleterre, après le rétablissement du roi Charles II, pour le faire souvenir des promesses qu'il lui avoit faites de ménager sa réconciliation avec la cour. M. d'Aubigny, qui se trouva pour lors en Angleterre, contribua beaucoup à la bonne réception qui lui fut faite par Sa Majesté, par le duc d'Ormond et par le chancelier : mais tout cela ne produisit rien de solide, qu'un présent de quatre mille guinées, dont les lettres de change furent rapportées en Hollande par le sieur Meade, gentilhomme irlandais, qui étoit auprès de M. d'Aubigny. Le sieur Malclerc ne manqua pas de se rendre aussitôt maître de cette somme, et d'obliger Son Éminence à tenir le cas fort secret : sous prétexte que si ses amis venoient à le savoir, ils cesseroient de lui envoyer les huit mille écus qu'ils lui fournissoient tous les ans pour sa subsistance.

Peu de temps après le cardinal Mazarin s'étant mis à la tête de marier une de ses nièces avec le roi d'Angleterre, et ayant envoyé le sieur Bertet à Londres pour ménager cette affaire, M. d'Aubigny ne manqua pas d'en donner avis au cardinal de Retz, afin qu'il tâchât de profiter de cette conjoncture : ce qui obligea Son Éminence de retourner à Londres, dans le dessein d'aider autant qu'il pourroit à la conclusion de ce mariage, ne doutant pas que ce ne fût une voie sûre pour se raccommoder avec le cardinal Mazarin. Mais ayant trouvé le Roi et son conseil fort éloignés de cette proposition, il changea de batterie ; et entrant dans l'esprit de la cour, il déclama vivement contre le dessein du cardinal Mazarin, et fit tout ce qu'il put pour persuader au monde que c'étoit lui qui avoit empêché cette indigne alliance, et qu'il n'avoit entrepris le voyage d'Angleterre que pour cela (1). Il proposa à Sa Majesté une personne plus digne de son attention, savoir la princesse de Parme, dont les Espagnols offroient de payer

(1) Le roi d'Angleterre écouta cette proposition avec mépris, et dit que la fortune ne lui avoit point encore fait de pareille insulte. *(Note de l'auteur.)*

la dot comme d'une fille d'Espagne ; et cela fut poussé si avant par M. d'Aubigny et par le moyen du comte de Bristol, que le Roi fit partir le dernier pour en aller faire la demande. Mais le chancelier qui avoit d'autres vues, et qui ne l'avoit laissé partir que pour l'éloigner de la cour, ayant proposé la princesse de Portugal, fit changer tout d'un coup l'esprit du Roi ; et le comte fut rappelé de Bruxelles, où il s'étoit arrêté. Cette résolution surprit un peu le cardinal, qui tâchoit de persuader au monde qu'il gouvernoit la cour d'Angleterre, quoique dans la vérité il n'eût aucune part dans les affaires du pays, si ce n'est peut-être dans celles de M. d'Aubigny, à qui Sa Majesté Britannique vouloit faire donner un chapeau de cardinal.

Le chancelier témoignoit aussi désirer la chose ; de sorte que le cardinal de Retz fut chargé de la conduite de cette négociation à la cour de Rome. Cela lui donna occasion d'écrire plusieurs lettres, et de dresser de grands mémoires dont il se faisoit honneur, et qui étoient pourtant de la façon de Joly. Enfin cette affaire traîna longtemps et ne réussit pas, quoique le chancelier eût envoyé à Rome le sieur Beslin, son secrétaire et son confident, avec des lettres très-pressantes de la reine d'Angleterre et des pouvoirs pour employer le nom du Roi où il le trouveroit à propos. Mais il y a bien de l'apparence que tout cela étoit pour la montre et que cet homme avoit été choisi plutôt pour traverser la chose que pour l'avancer.

Quoi qu'il en soit, cette affaire fut le prétexte de plusieurs sommes considérables qui furent données à Son Eminence en différentes occasions, pour lesquelles il ne rendit que peu de services et même assez inutiles : quoique cependant il se donnât de grands mouvemens, ayant fait exprès un voyage à Hambourg pour engager la reine Christine à écrire au cardinal Azzolin et à ses autres amis de Rome, en faveur de M. d'Aubigny. Il fit aussi la dépense de quelques conseils, entre autres celui de faire passer vingt vaisseaux de guerre dans le détroit, et jusqu'à Civita-Vecchia pour faire peur au Pape et à ses neveux, et les obliger à faire ce qu'on souhaitoit d'eux.

Ce fut à peu près dans ce temps-là que les amis du cardinal de Retz, prenant occasion de la mauvaise santé du cardinal Mazarin, tâchèrent de remuer la conscience de celui-ci, en lui faisant représenter qu'il n'étoit ni juste ni glorieux pour lui de laisser l'Eglise de Paris dans le trouble où elle étoit ; et qu'après avoir donné la paix à toute l'Europe, il devoit couronner son ouvrage en la donnant à l'Eglise. Mais voyant qu'il n'étoit pas fort sensible à cette gloire, ils entreprirent de lui faire peur, en publiant une lettre adressée à tous les évêques. Cette lettre, qui étoit très-bien faite et de la façon des jansénistes, reprochoit au cardinal Mazarin la dureté qu'il conservoit encore pour le cardinal de Retz après la conclusion de la paix générale et jusque sur le bord de son tombeau. Elle finissoit par implorer le secours et les prières de tous les prélats de l'Eglise catholique ; et cela étoit tourné de manière à faire juger que si on ne lui rendoit pas justice il n'en demeureroit pas là, et qu'il seroit enfin obligé à faire usage des derniers remèdes, dont on disoit n'avoir pas voulu se servir, dans la crainte de troubler l'Etat pendant la guerre.

Cette lettre plut extrêmement au cardinal de Retz qui, après l'avoir retouchée en quelques endroits, la fit imprimer aussitôt en latin et en françois, et en signa plusieurs exemplaires que Joly eut ordre d'envoyer aux évêques d'Italie, d'Allemagne, d'Espagne et de Pologne. Mais la maladie du cardinal Mazarin ayant augmenté considérablement, et l'évêque de Châlons lui ayant écrit qu'il seroit peut-être mieux de ne point porter les choses à l'extrémité, et qu'il y avoit encore quelque chose à espérer en ménageant l'esprit du ministre, Son Eminence changea tout d'un coup de sentiment et résolut de supprimer entièrement cette lettre, dans la crainte qu'elle ne l'engageât à soutenir cette démarche par quelque action d'éclat. Cela se fit malgré tout ce que put lui représenter Joly et les auteurs de la lettre, qui auroient bien voulu ne pas perdre le fruit de leur travail : jusque-là qu'il leur déclara nettement qu'il voyoit bien que leur dessein étoit de le pousser plus loin ; mais qu'il aimoit mieux demeurer encore dix ans dans le même état que de rien faire qui pût aigrir davantage la cour et le cardinal Mazarin contre lui.

(1661) Enfin pourtant l'évêque de Châlons ayant mandé qu'il n'y avoit plus rien à espérer qu'en donnant la démission, le cardinal de Retz revint à son premier sentiment, et consentit à la publication de la lettre, dans l'espérance qu'elle pourroit intimider le cardinal Mazarin et le faire rentrer en lui-même avant que de mourir, en fournissant à ceux qui l'assistoient à la mort une belle occasion de lui presser la conscience sur cet article : de sorte qu'on en répandit de tous les côtés. On en adressa des exemplaires non-seulement aux évêques, mais à tous les ecclésiastiques et particuliers qu'on jugea en devoir faire un bon usage. Mais cela ne fut pas d'une grande utilité, parce que le cardinal ne voulut pas faire la moindre démarche pour soutenir cette lettre: d'ailleurs le cardinal Mazarin étant mort à peu près dans ce temps-là, il fallut prendre d'autres mesures. La première fut un peu brusque et peut-être téméraire, quoique fondée sur les avis de plusieurs amis. On lui conseilla de se rendre à Paris incessamment. Il s'avança jusqu'à Valenciennes, pour être à portée de prendre son parti suivant les nouvelles qu'il y recevroit, et il écrivit à Joly et à Verjus de le suivre d'Amsterdam où ils étoient : ce qu'ils firent malgré eux, jugeant bien que ce mouvement précipité ne produiroit pas un bon effet. S'étant avancés jusqu'à Bruxelles, ils y trouvèrent le cardinal de retour, parce que Son Eminence apprit à Valenciennes que le Roi avoit fait publier des défenses à toutes sortes de personnes de le recevoir ou de lui donner passage, avec des expressions plus aigres et plus fortes que du temps du cardinal Mazarin.

M. d'Aubigny, qui étoit en Angleterre, avoit conçu à peu près des espérances semblables en faveur de Son Eminence, qu'il avoit même poussées beaucoup plus loin; car ayant conféré avec Bertet (1), qui s'étoit mêlé autrefois des affaires de Son Eminence, ils se figurèrent tous deux que non-seulement il seroit aisé de ménager son retour, mais ils se mirent aussi dans la tête de lui faire remplir la place de son ennemi dans le conseil de Sa Majesté; et dans cette vue chimérique Bertet partit de Londres en poste avec le sieur Méade, gentilhomme de M. d'Aubigny, qui devoit le faire aboucher avec les amis du cardinal de Retz. Le cardinal envoya dans le même temps son écuyer Malclerc à Paris, apparemment pour le même sujet, quoique depuis il s'en soit toujours bien défendu. Quoi qu'il en soit, cette intrigue finit bientôt par la prison de Bertet, qui fut mis à la Bastille. Pour l'écuyer du cardinal et le gentilhomme de M. d'Aubigny, ils se retirèrent heureusement, l'un en Angleterre, et l'autre à Valenciennes, où son maître l'attendoit avec impatience.

Cependant les sieurs Le Tellier et Fouquet ayant jugé qu'il leur seroit avantageux de ménager la démission du cardinal de Retz, qu'ils savoient être désirée sérieusement par le Roi et par la Reine-Mère, conformément aux derniers conseils du cardinal Mazarin, prirent séparément leurs mesures pour tâcher d'en venir à bout. Pour cet effet, le sieur Le Tellier fit partir le baron de Pennacors, parent du cardinal de Retz, qui avoit été employé dans la plupart des affaires passées : et cela de concert avec l'évêque de Coutances, qui, malgré ce qui s'étoit passé à son égard dans les derniers désordres, avoit toujours rendu de bons offices au cardinal. Le baron ayant donc été trouver Joly à Amsterdam, lui expliqua le sujet de sa commission, assurant que le sieur Le Tellier étoit dans la disposition de faire plaisir à Son Eminence autant qu'il lui seroit possible, et de le dispenser même de la démission, si cela étoit faisable; qu'en tout cas il se faisoit fort de lui procurer une récompense très-considérable dont il auroit lieu d'être content, laissant entendre qu'il falloit commencer par rentrer en grâce; et que Sa Majesté étant une fois contente de sa soumission, il pourroit se présenter pour lui des choses qui vaudroient mieux que l'archevêché de Paris. Joly, sans approuver la commission, ne laissa pas d'en écrire au cardinal de Retz, qui lui ordonna aussitôt de mener Pennacors à la Haye, où il eut de longues conférences avec Son Eminence qui feignit, en présence de Joly, de ne pouvoir se relâcher sur la démission : mais apparemment il tenoit un autre langage en particulier, puisqu'il consentit enfin à faire ce qu'on souhaitoit de lui. Il écrivit au Roi et à la Reine-Mère des lettres qui devoient leur être rendues par le sieur Le Tellier, dans lesquelles, après s'être excusé du refus qu'il avoit fait jusque là de donner sa démission, sur les manières du cardinal Mazarin, il assuroit Leurs Majestés d'une soumission parfaite à leurs volontés, et d'être prêt à renoncer à tous ses intérêts, lorsqu'il ne s'agiroit plus de ceux de la conscience et de l'Eglise.

Pennacors s'en retourna avec ces lettres, qui furent dressées par Joly; et le cardinal affecta de lui dire devant tout le monde que si on continuoit à vouloir sa démission, il n'avoit que faire de revenir, quoique dans le tête-à-tête il lui eût dit tout le contraire, mais en confidence, et après avoir exigé de lui le secret à l'égard de l'abbé de Lameth, de Joly et de Verjus. Pennacors, de son côté, stipula le même secret au nom du sieur Le Tellier sur toute cette négociation, déclarant qu'il quitteroit tout là, s'il apprenoit que le surintendant Fouquet en eût entendu parler.

Cependant, à peine fut-il parti, que l'abbé Charier arriva à La Haye de la part du sieur Fouquet, dans le même dessein de négocier avec Son Eminence pour la démission de son

---

(1) C'est ce Bertet qui avoit été chargé de proposer le mariage d'une nièce du cardinal Mazarin, et de promettre au roi de la Grande-Bretagne douze millions pour sa dote. *(Note de l'auteur.)*

archevêché, qu'il avoit intention de faire tomber à un de ses frères, offrant de lui faire donner en bénéfices tout ce qu'il auroit presque pu souhaiter, et de fixer la restitution des revenus de l'archevêché à telle somme qu'il auroit agréable, dont l'abbé avoit ordre de lui payer une partie d'avance, s'il savoit que la chose pût lui faire plaisir.

Ces propositions furent accompagnées d'éloges magnifiques du surintendant : le négociateur exaltant par dessus les nues sa générosité, sa libéralité, sa fidélité inviolable envers ses amis, le crédit extraordinaire qu'il avoit à la cour, et sa faveur auprès du Roi et de la Reine, qui ne laissoient pas lieu de douter qu'il ne devînt dans peu le maître de toutes les affaires. C'étoient là autant de considérations que l'abbé crut devoir faire une forte impression sur l'esprit du cardinal, et le déterminer à prendre un parti dont il savoit bien d'ailleurs qu'il n'étoit pas éloigné ; mais il fut bien surpris lorsque Son Eminence, après avoir exigé de lui le secret de la confession avec serment, lui conta en présence de Joly tout ce qui s'étoit passé avec Pennacors, et lui fit sentir la différence des propositions du sieur Le Tellier et de celles du sieur Fouquet, le dernier demandant absolument la démission, au lieu que l'autre se faisoit presque fort de lui conserver l'archevêché. Il y ajouta une réflexion encore plus essentielle : c'est que le surintendant ne parloit qu'en son nom et de son chef, au lieu que Pennacors avoit laissé à entendre qu'il étoit, en quelque façon, autorisé du Roi et de la Reine. Cela fit dire dès-lors à Joly que le surintendant n'étoit pas si bien en cour et dans l'esprit de Leurs Majestés qu'il se le figuroit, puisqu'on lui cachoit une affaire de cette nature.

Le cardinal et l'abbé Charier se moquèrent de cette conséquence, qui fut cependant bientôt justifiée dans la suite : mais ils convinrent qu'il falloit attendre des nouvelles de Pennacors, et qu'en attendant l'abbé pourroit écrire en termes généraux que Son Eminence ne vouloit point entendre parler de démission. Il eut cependant assez de peine à se réduire à ce parti, qui n'étoit pas d'un homme droit : s'imaginant d'ailleurs que la médiation du sieur Fouquet valoit mieux que celle du sieur Le Tellier, et ne pouvant digérer la perte des grandes espérances qu'il avoit bâties sur le succès de cette négociation pour ses intérêts particuliers. Mais comme il étoit attaché depuis long-temps au cardinal de Retz, il fut obligé de déférer à ses raisons et à ses volontés.

Les choses en demeurèrent là pendant trois semaines, sans aucuns incidens nouveaux que des plaintes et des reproches qui arrivoient de tous côtés de la part des amis du cardinal, sur les bruits qui couroient de son accommodement sans leur participation : à quoi on se contenta de répondre qu'il étoit vrai qu'on avoit fait des propositions, mais que Son Eminence ne les écoutoit pas, parce qu'elles rouloient toutes sur la démission qu'il ne vouloit pas donner. Joly en écrivit à Caumartin en ces termes, ne croyant pas que le cardinal de Retz pût jamais oublier les sermens qu'il faisoit à tous propos de ne point quitter son archevêché, comptant d'ailleurs que la négociation de Pennacors, si elle réussissoit, tomberoit entre ses mains pour arrêter les articles de la jouissance, comme il l'avoit toujours désiré. L'évêque de Châlons et son neveu La Houssaye faisoient aussi beaucoup de bruit, pour n'avoir pas de part dans un traité de cette nature, où ils prenoient encore plus d'intérêt que le sieur de Caumartin, attendu que l'évêque couchoit en joue l'archevêché, ayant déjà fait entendre à la cour que le cardinal de Retz se résoudroit beaucoup plus aisément en faveur d'un ami que d'un autre.

On fut assez long-temps sans recevoir des nouvelles de Pennacors, parce que le sieur Le Tellier avoit suivi le Roi au voyage de Nantes que Sa Majesté fit pour arrêter le sieur Fouquet, et qu'il jugea qu'il étoit à propos d'attendre la conclusion de cette affaire, qui occupoit fort Leurs Majestés, avant que de leur rendre les lettres du cardinal pour en obtenir une réponse favorable. Au reste, la nouvelle de la prison du surintendant surprit extraordinairement le cardinal de Retz et l'abbé Charier, qui s'étoient moqués de la conjecture de Joly (1). Le cardinal commença d'en tirer de bons augures pour ses affaires, et d'espérer un succès plus gracieux de l'entreprise du sieur Le Tellier, dont le crédit étoit considérablement augmenté. Mais il ne fut pas long-temps dans cette douce erreur, Pennacors lui ayant fait savoir enfin que ses lettres avoient été présentées et reçues favorablement de Leurs Ma-

---

(1) On engagea auparavant adroitement M. Fouquet à se défaire de sa charge de procureur-général, sous prétexte qu'étant chargé de toutes les affaires depuis la mort du cardinal Mazarin, elle lui devenoit inutile. La cour alla en Bretagne pour s'emparer de Belle-Ile, que le surintendant avoit achetée de la maison de Retz, et fait fortifier en cas de revers. M. Le Tellier ne voulut se mêler du procès ni directement ni indirectement.

(*Note de l'auteur.*)

jestés ; que le sieur Le Tellier avoit fait tout son possible pour les disposer à le recevoir en grâce, en lui conservant son archevêché; mais que tout ce qu'il avoit pu dire avoit été inutile, et que s'il vouloit sortir d'affaire il falloit absolument se résoudre à donner sa démission : après quoi il pouvoit se promettre une récompense avantageuse, et toutes sortes d'autres grâces de Sa Majesté. Les lettres de Pennacors étoient même conçues en termes à faire juger que le sieur Le Tellier ne se mettoit plus tant en peine de cette affaire, qu'il n'avoit apparemment entreprise que pour ôter à son concurrent le moyen de faire sa cour au Roi ; et quoique le cardinal lui eût dit plutôt cent fois qu'une de revenir, il douta s'il le devoit faire, voyant la froideur et l'indifférence de celui qu'il employoit. Il ne laissa pourtant pas de revenir avec les propositions de la cour sur le pied de sa démission, dont la première étoit l'abbaye de Saint-Denis, qu'on disoit affermée près de quarante mille écus ; ensuite la restitution de tous les revenus de l'archevêché, et des autres bénéfices qui se trouveroient avoir été portés à l'épargne ou mis en d'autres mains, que l'on confessoit monter à près de soixante mille livres, quoiqu'il dût y en avoir plus de deux cent mille livres, s'ils avoient été bien économisés ; enfin une amnistie générale pour tous ceux qui avoient suivi le cardinal de Retz, et le rappel de tous les chanoines, curés et autres personnes exilées par rapport à lui, qui seroient rétablis dans leurs bénéfices, charges et emplois : nommément le sieur Chassebras, curé de la Madeleine.

Pendant quelques jours le cardinal feignit de rejeter bien loin ces propositions, et de refuser la démission. L'abbé Charier et Malclerc, qui savoient ses intentions, jouoient aussi le même personnage, disant à l'abbé de Lameth, à Joly et à Verjus, qu'ils le confirmoient autant qu'ils pouvoient dans cette résolution ; mais il est certain qu'ils faisoient l'un et l'autre le contraire de ce qu'ils disoient, et qu'ils n'avoient pas de plus grandes passions que de finir cette affaire de quelque manière que ce fût, sans s'embarrasser de l'honneur de Son Eminence. La seule chose qui inquiétoit l'abbé étoit la crainte que ce traité ne se conclût par d'autres mains que les siennes, quoiqu'il eût tiré parole positive du contraire du cardinal, et que quand il seroit question de finir, il lui donneroit un billet de créance sur lequel il pourroit arrêter les articles avec le sieur Le Tellier, et terminer l'affaire au préjudice de Pennacors, qui s'en étoit donné tous les soins. Afin d'entretenir Son Eminence dans cette résolution, l'abbé lui représentoit sans cesse que Pennacors et l'évêque de Coutances étoient des misérables, sans aucune considération dans le monde, et dont le sieur Le Tellier se servoit dans le dessein de pouvoir plus aisément manquer de parole ; qu'ainsi le cardinal avoit intérêt de faire intervenir quelqu'un qui pût la mieux soutenir, comme lui, parce qu'il avoit beaucoup de liaisons avec le maréchal de de Villeroy, ami intime du sieur Le Tellier. Les autres confidens du cardinal de Retz écrivoient aussi fortement contre ces deux personnages, et s'accordoient tous en ce point, quoiqu'ils fussent fort divisés entre eux, chacun souhaitant de se rendre maître du traité dans la vue d'en tirer des avantages particuliers, et néanmoins désapprouvant presque tous la démission. Mais le cardinal, sans les consulter davantage, résolut tout d'un coup de l'offrir, disant qu'il ne pouvoit plus s'empêcher de faire cette démarche ; que, du reste, il embarrasseroit l'affaire de tant de difficultés, qu'elle deviendroit comme impossible. Ces conditions se réduisoient cependant à trois articles, dont le premier étoit qu'on lui rendroit un compte exact de tous ses revenus, à quelque somme qu'ils pussent monter. 2° Que le marquis de Chandenier seroit rétabli dans sa charge, ou qu'il en seroit récompensé : ce qui étoit une suite des sollicitations du sieur Le Clerc, que le marquis avoit envoyé en Hollande exprès pour cela. 3° Une abolition entière et sans restriction pour le sieur d'Anneri, avec son rétablissement dans tous ses biens. M. le prince avoit obtenu celui de M. de Cregui. Joly voyant tout ce qui se passoit jugea que c'étoit une affaire faite : et d'ailleurs il n'avoit pas oublié la facilité avec laquelle le cardinal de Retz avoit abandonné sa démission à Du Flos-Davanton. Cependant, afin de n'avoir rien à se reprocher, il voulut faire une dernière tentative sur l'esprit de Son Eminence pour l'obliger à ne rien précipiter, en lui représentant que le chemin qu'il prenoit ne cadroit pas avec la lettre qu'il avoit écrite au Roi, dans laquelle il ne s'excusoit de donner sa démission que sur l'intérêt de l'Eglise et sur les motifs de sa conscience ; qu'il n'y avoit ni grâce, ni honneur, ni bienséance à changer si promptement de principe, en se réduisant à des conditions purement temporelles ; qu'il n'en falloit venir là que peu à peu, et après bien des degrés ; qu'il ne risquoit rien dans le retardement, et qu'il seroit toujours reçu à cette capitulation ; qu'ainsi, pour mettre son honneur à couvert, il pouvoit faire dire au Roi qu'il étoit toujours dans la disposition de se soumettre à ses volontés, au moment qu'il le pourroit faire sans agir contre sa conscience et contre les lois de l'Eglise; que pour faire voir à Sa Majesté qu'il n'étoit retenu que par cette considération, il consentoit de donner sa démission, en lui faisant voir un avis canonique signé d'un certain nombre de prélats et de docteurs de Sorbonne, qui portât qu'il le pouvoit faire en bonne conscience; qu'en s'y prenant de cette manière il arriveroit, ou que le Roi n'insisteroit pas sur la démission, ou que sa conduite seroit justifiée devant tout le monde : après quoi il pourroit traiter des conditions. Mais Joly ne fut pas écouté : ses expédiens furent traités de petits moyens et de bagatelles, et il ne fut plus question que de députer Pennacors. L'embarras fut de le faire de manière que l'abbé Charier, à qui le cardinal avoit promis une lettre de créance pour finir cette affaire, ne pût s'en formaliser. Pour leur ôter cette difficulté, Son Eminence ne trouva pas d'autre moyen que celui de les prendre chacun en particulier, et de leur donner à l'un et à l'autre, sous un grand secret, un billet de créance, après quoi ils partirent tous deux à peu de distance l'un de l'autre, fort contens du personnage qu'ils alloient jouer, et remplis de grandes espérances. Ce petit micmac se fit sans en rien dire à Joly, mais à peine furent-ils sortis d'Amsterdam, que le cardinal lui conta tout ce qu'il avoit fait, en s'excusant sur les importunités de l'abbé Charier, et pestant fort contre lui. Il le chargea ensuite d'écrire à Pennacors pour le prier de ne s'en offenser point, et de laisser à l'abbé la petite satisfaction de discourir avec le sieur Le Tellier, l'assurant du reste qu'on se reposoit entièrement sur lui. A cela Joly répondit qu'il feroit tout ce qu'il lui ordonneroit, mais qu'il ne croyoit pas que Pennacors digérât aisément un tour de cette nature; que d'ailleurs il étoit à craindre que le sieur Le Tellier ne s'offensât de cette conduite, et ne trouvât mauvais qu'on eût donné connoissance de cette négociation à l'abbé Charrier, qu'il savoit avoir été envoyé par le sieur Fouquet; et qu'il ne prît de là occasion de rejeter les deux créances, et de laisser tomber cette affaire, dont apparemment il ne se mettoit plus en peine. Cette raison frappa si fort le cardinal de Retz, qu'il dépêcha au plus tôt un courrier à l'abbé Charier. Ce courrier, qui l'atteignit à Bruxelles, avoit des ordres très-exprès pour l'abbé de supprimer la lettre de créance et de ne la laisser voir à personne, pour des raisons qui étoient survenues depuis son départ. Et cela vint fort à propos, attendu que les deux agens s'étant joints sur la route, et l'abbé n'ayant pu s'empêcher de se vanter de son billet, Pennacors en fut tellement surpris et offensé, qu'il écrivit brusquement au cardinal qu'il ne se mêleroit pas davantage de ses affaires, s'il ne révoquoit incessamment un pouvoir qui le déshonoroit.

Ainsi l'abbé Charier ayant reçu ce contre-ordre, fila bien plus doux; et Pennacors se voyant rassuré par les lettres de Joly, continua son chemin sans inquiétude. Il se rendit auprès du sieur Le Tellier, et l'informa de l'état des choses, et des nouvelles propositions du cardinal de Retz ; ajoutant qu'il étoit prêt de se rendre à Commercy, ou tel autre lieu du royaume qu'il plairoit à Sa Majesté, pour y passer l'acte de sa démission, pourvu qu'on lui envoyât quelque argent pour faire son voyage, à déduire sur les revenus de ses bénéfices. Ces propositions furent communiquées au Roi; mais Sa Majesté ne voulut pas s'engager à rendre autre chose que ce qui étoit entré à l'épargne, ni consentir au rétablissement du marquis de Chandenier. Pennacors retourna en Hollande avec cette déclaration, et le cardinal ne jugea pas à propos de trop insister sur ces deux articles. Ils convinrent ensuite à peu près de leur fait, sur la parole qui lui fut donnée qu'on auroit soin de contenter le marquis de Chandenier. Cependant comme ce marquis et ses amis faisoient beaucoup de bruit dans Paris, Son Eminence trouva bon d'y envoyer Joly pour apaiser leurs murmures, et pour faire expliquer cet article d'une manière dont ils eussent lieu d'être contens : ce qui lui parut d'autant plus nécessaire, qu'il avoit besoin là d'un homme de confiance pour recevoir les paroles du sieur Le Tellier, qui ne lui avoient été apportées jusque là que par Pennacors, qui dépendoit presque entièrement de lui; et pour recevoir l'argent qu'il avoit demandé pour son voyage.

[1662] Joly fit ce qu'il put pour se dispenser de cette commission, n'ayant aucune envie de paroître dans un traité qu'il n'approuvoit pas, ni de se charger des murmures du marquis de Chandenier et des autres mécontens, qui se plaignoient d'avoir été abandonnés : mais enfin il fut obligé de se rendre et de partir pour Paris, où, étant arrivé, son premier soin fut de voir le marquis, pour le disposer à se contenter d'une bonne récompense : à quoi il eut assez de peine de consentir. Ensuite il fit demander audience au sieur Le Tellier, et ce ministre lui donna rendez-vous aux Célestins. Après plusieurs contestations, il obtint que Sa Majesté feroit donner six cent mille livres au marquis de Chandenier, et que le sieur Le Tellier verroit le premier président de Lamoignon, ami du marquis, pour lui faire agréer cette récompense. Mais toute cette négociation devint inutile par l'opiniâtreté de cet officier, qui refusa de prendre cette somme, voulant être rétabli dans sa charge : en quoi il fut blâmé généralement de tout le monde, et le cardinal justifié, pour avoir fait tout ce qu'on pouvoit exiger raisonnablement de lui dans une affaire de cette nature, où il n'étoit ni aisé ni possible de faire mieux, attendu qu'on traitoit avec son maître. Après cela Joly eut bientôt fait avec le ministre, qui lui promit de lui faire donner deux mille louis d'or pour le voyage du cardinal, avec un passeport pour lui et pour toutes les personnes de la suite : ce qui ayant été fait, Joly partit avec Pennacors chargé du modèle de la démission, pour se rendre à Bruxelles où il trouva le cardinal. Ils partirent tous ensemble pour Commercy, et y arrivèrent huit jours après.

Dès que le cardinal fut arrivé à Commercy, son premier soin fut de faire dresser sa démission de l'archevêché de Paris par devant deux notaires, sur le modèle de la cour, qu'il remit aussitôt entre les mains de Pennacors et de Joly pour la porter au sieur Le Tellier, avec ordre de solliciter la restitution d'une partie de ses revenus, dont il avoit un besoin pressant pour payer ses créanciers et pour fournir à sa subsistance. Sa Majesté l'ayant vue, parla en assez bons termes du cardinal de Retz, et laissa entendre qu'il ne se repentiroit pas de sa démission. Quelques-uns de ses amis expliquèrent cela suivant leurs désirs, et comme si le Roi eût eu intention de lui restituer l'archevêché ; mais ils ne furent pas long-temps dans cette erreur : car Sa Majesté nomma M. de Marca, archevêque de Toulouse, pour remplir cette place ; après quoi elle donna l'abbaye de Saint-Denis au cardinal, avec une autre petite abbaye dans le duché de Retz, nommée La Chaume, et dont le revenu n'est que de deux mille livres de rente. On lui fit aussi payer une somme de cinquante mille livres en attendant l'expédition des bulles, n'y ayant pas eu moyen d'en obtenir davantage, non plus que le rappel des exilés ; et même M. Le Tellier déclara qu'il ne falloit point espérer tout cela, ni que Sa Majesté se pressât d'exécuter les conditions du traité, que M. de Marca ne fût en pleine possession de l'archevêché. Tout ce qu'on put obtenir fut des lettres d'économat pour jouir, par provision, des fruits de l'abbaye de Saint-Denis. Ce déni apparent de justice donna lieu à plusieurs partisans du cardinal de déclamer hautement contre ce traité, auquel ils n'avoient point eu de part : disant que s'ils s'en fussent mêlés, ils se seroient bien précautionnés contre ces difficultés ; que Son Éminence ayant exécuté de bonne foi tout ce qu'elle avoit promis, la cour étoit obligée d'en faire de même à son égard ; qu'on trouveroit aisément les moyens de prolonger l'expédition des bulles, et de frustrer par ce moyen le cardinal de l'exécution de ses conventions ; avec plusieurs autres choses semblables qui lui donnèrent de très-grandes inquiétudes, d'autant plus que la cour de Rome tarda trois ou quatre ans avant que de rien expédier. Cela, dans la vérité, ne venoit que de la lenteur ordinaire de cette cour, et de ce que M. de Marca tâchoit d'en obtenir le gratis, ou quelque remise.

Après tout, si ces déclamations avoient quelque chose de spécieux, il faut convenir que le conseil du Roi avoit aussi de bonnes raisons pour ne se pas presser, ayant la mémoire toute récente de la révocation que le cardinal de Retz avoit faite, au sortir du château de Nantes, de sa première démission, qui donnoit un juste sujet de prendre des sûretés contre un retour semblable, et de différer le paiement de ses revenus jusqu'à ce que la chose fût entièrement consommée.

Si le cardinal de Retz eût bien voulu faire attention à tout cela, il auroit pris patience de meilleure grâce, et ne se seroit pas laissé transporter comme il faisoit à tous momens à un dépit outré qui lui faisoit dire et faire mille extravagances, jusqu'à jurer grossièrement que, pour se venger de la cour, il quitteroit son chapeau, et se feroit moine à Breuil, petit monastère de bénédictins à la porte de Commercy. Il se fâchoit sérieusement contre ceux qui rioient de ses boutades ; et cela me fait souvenir encore d'une saillie plus ridicule et plus indigne de Son Éminence, saillie qu'il ne manquoit jamais d'avoir quand il recevoit quelque mécontentement du Pape. Il disoit donc que pour le faire enrager il se feroit huguenot, et qu'il écriroit ensuite contre Rome d'une terrible manière. Par là il est aisé de juger que la bile et la colère régnoient avec une violence extraordinaire dans le tempérament du cardinal. Après tout, au milieu de ses chagrins excessifs, il ne laissoit pas de songer à se divertir le plus qu'il pouvoit dans Commercy, où véritablement il aimoit mieux être que partout ailleurs, quoiqu'il affectât le contraire devant ceux de ses amis de Paris qui venoient le voir, et qu'il se plaignît continuellement de la cour, qui le laissoit languir là si long-temps. Il ajoutoit cependant, par un autre déguisement beaucoup plus artificieux et plus faux, que si quelque chose pouvoit lui rendre ce triste séjour supportable, c'étoit le peu de dépense qu'il y faisoit, moyennant quoi, avec le temps, il espéroit s'acquitter de ses dettes : devoir dont il vouloit paroître uniquement occupé, quoique dans la vérité ce fût alors le moindre de tous ses soins, comme il le donna à connoître dans la suite assez manifestement à ceux qui examinoient sa conduite de plus près : car il employa plus de cent mille livres en vaisselle d'argent par pure vanité. Il dépensa plus de trente mille écus à bâtir dans son château de Commercy, et cela sans aucune nécessité. Ce n'est pas que Joly, qui étoit à Paris, et qui de temps en temps touchoit quelque somme de l'épargne pour Son Eminence, quoique avec assez de peine, ne l'employât autant qu'il pouvoit à satisfaire quelques-uns de ses créanciers : mais c'étoit presque toujours malgré le cardinal, et surtout malgré son écuyer Malclerc, qui attiroit tout l'argent entre ses mains, autant qu'il lui étoit possible, sous prétexte de prévenir ces folles dépenses qu'il lui mettoit pourtant dans la tête, et dont il ne rendoit jamais aucun compte. Cependant il est certain que dès ce temps-là le cardinal avoit d'autre argent dont il ne se vantoit pas, et qui lui venoit du roi d'Angleterre. Les dernières lettres de change (qui étoient de deux mille livres sterlings, c'est-à-dire de vingt-six mille livres de notre monnoie) ne lui avoient été rendues par le sieur Meade à Bruxelles que peu de jours avant son départ pour Commercy ; mais le temps de l'échéance n'étant pas encore venu alors, il envoya Du Flos-Davanton, qui l'étoit venu trouver en Hollande pour s'attacher à sa fortune, après s'être défait de la charge qu'il avoit dans les gardes du corps ; il l'envoya, dis-je, à Amsterdam, où ces lettres s'adressoient, pour en tirer d'autres sur Paris, lesquelles lui furent payées en louis d'or et en pistoles d'Espagne, qu'il remit ensuite à un oncle de Malclerc, nommé Taille-Fumières, prévôt du chapitre de Commercy, et à son valet Claudon. Outre cela, il y a lieu de juger que Son Eminence toucha encore dans la suite des sommes plus considérables de la part de ce monarque : car il est certain que, dans une autre occasion, il proposa encore au même personnage de passer en Angleterre avec Malclerc, pour y toucher une somme de plus de quinze mille livres sterlings, destinée à la poursuite du chapeau de cardinal pour M. d'Aubigny. Mais Davanton ayant fait quelque difficulté de s'embarquer dans une affaire de cette nature, qu'il connoissoit bien pour dangereuse, on ne lui en parla plus, et l'écuyer y alla seul, sous prétexte de faire des complimens au Roi sur la convalescence de la Reine, qui avoit été à l'extrémité. Savoir s'il rapporta cette somme avec lui, c'est ce qu'on ne sauroit dire : mais ce qu'il y a de sûr, c'est que depuis son retour il fit plusieurs petites absences mystérieuses, apparemment pour négocier les lettres de change qu'on lui avoit données sur différentes villes, et que dans ce temps-là il se fit de très-vives instances à Rome en faveur de M. d'Aubigny : le Roi d'Angleterre n'épargnant rien pour lui ménager un chapeau, dont ce monarque étoit toujours fort entêté. Le chancelier, à qui cette intrigue ne plaisoit pas trop, n'osa pourtant s'y opposer : au contraire, pour faire sa cour il donna Belling, son secrétaire, qui étoit catholique, comme pour aller la solliciter à Rome, mais dans la vérité pour la traverser sourdement ; et il est certain que M. d'Aubigny étoit en même temps la dupe du chancelier et du cardinal de Retz, et qu'ils prenoient l'argent à bon compte pour ne rien faire, attendu que Son Eminence n'avoit qu'un fort petit crédit à Rome, et que dans le fond le cardinal n'étoit pas intentionné pour lui, soit par jalousie ou autrement. Cela paroissoit même dans ses discours, où il n'épargnoit nullement M. d'Aubigny, quoiqu'il fît profession d'être de ses amis.

Pendant toutes ces affaires on eut avis de l'expédition des bulles de M. de Marca (1) : ce qui rejouit un peu la petite cour de Son Eminence. Mais cette joie ne dura guère, la nouvelle de sa mort étant arrivée presque en même temps, sans qu'il eût le temps de prendre possession de l'archevêché. Cet accident rejeta l'exécution des promesses qui avoient été faites au cardinal de Retz dans une nouvelle longueur, et donna occasion à de nouveaux murmures, qu'il coloroit habilement, en présence de certaines gens, de la peine que lui faisoit la prolongation de l'exil des ecclésiastiques qui souffroient à cause de lui, quoique dans le fond il en fût peu touché. Des murmures on passa aux imprécations, quand on apporta la nouvelle de la nomition de M. de Rhodez à l'archevêché de Paris ;

---

(1) M. de Marca mourut le 29 juin 1662, âgé de soixante-huit ans. Il avoit été président au parlement de Pau, conseiller d'état et archevêque de Toulouse. Il fut nommé à l'archevêché de Paris, et mourut voyant la terre promise, mais sans y mettre le pied. On lui fit cette épitaphe :

Ici gît monsieur de Marca,
Que notre grand prince marqua
Pour être le chef de son Eglise ;
Mais la Mort qui le remarqua,
Et qui se plaît à la surprise,
Dès aussitôt le démarqua. (*Note de l'auteur.*)

mais les vacarmes, les emportemens et les malédictions allèrent dans les derniers excès quand on sut l'insulte qui avoit été faite à Rome au duc de Créqui, dont le cardinal jugea bien que le contre-coup tomberoit nécessairement sur lui, en arrêtant les bulles du nouvel archevêque.

Le duc de Créqui s'attira en quelque manière cette insulte, qui donna lieu aux démêlés du Roi avec Alexandre VII, et dont la cour exigea une réparation qui étonna toute l'Europe par sa hauteur. Un peu avant que de partir pour l'ambassade de Rome, le duc avoit accordé sa protection à un bretteur des plus déterminés, et lui avoit permis, assez mal à propos, de le suivre. Cet homme, qui ne pouvoit vivre sans tirer l'épée, étoit d'une humeur si querelleuse, qu'un jour il attaqua seul et sans sujet plusieurs Corses qui passoient auprès de lui; et cette querelle alla si loin que les Corses résolurent de s'en défaire en trahison. Le bretteur, qui en eut avis, trouva moyen de se sauver : mais les Corses irrités, et peut-être excités sous main, en vinrent à de grandes insolences à l'égard de l'ambassadeur. Mais pour revenir au cardinal de Retz, les correspondans de Paris, au lieu de l'apaiser, ne firent qu'augmenter le trouble de son esprit, en lui insinuant que les remises de la cour ne venoient que du peu de considération qu'on y avoit pour l'évêque de Coutances et pour Pennacors; et que si Son Eminence vouloit se reposer sur eux et s'avancer jusqu'à Joigny, sous prétexte d'un rendez-vous avec le duc de Retz son frère pour conférer de ses affaires domestiques, ils se chargeoient d'obtenir pour lui la permission de venir à la cour, et toutes les autres grâces qu'on lui avoit refusées jusque là.

Le cardinal de Retz prit ce parti sans hésiter; et quoique Joly lui eût écrit que ses amis s'en faisoient accroire, et qu'il y seroit trompé, il ne laissa pas de se mettre en chemin, sur l'assurance qu'on lui donna que M. le maréchal de Villeroy avoit parlé au sieur Le Tellier, qui promit de faire son possible pour obtenir que le cardinal eût la liberté d'aller rendre ses respects au Roi. Le succès justifia la prédiction de Joly. Ce voyage lui fut non-seulement inutile, mais fort désavantageux et honteux, puisqu'il fut obligé de retourner sur-le-champ à Commercy pour y attendre l'expédition des bulles.

Cependant les affaires de la cour de Rome au sujet du duc de Créqui s'aigrirent, et dégénérèrent enfin dans une parfaite rupture. Comme on crut à la cour qu'on pourroit avoir affaire du cardinal et de ses amis en cette occasion, on commença de le ménager un peu davantage. Le sieur Le Tellier dit même à Joly, sous un grand secret, que Sa Majesté seroit bien aise de savoir le sentiment du cardinal sur la conduite qu'on devoit tenir avec cette cour, et sur la satisfaction qu'on pourroit demander en cas d'accommodement; et on laissa entrevoir au même Joly les grands avantages qui pourroient en revenir au cardinal, si ses avis étoient goûtés et suivis d'un bon succès. Joly ne demeura pas bien persuadé de ces espérances; mais comme il ne faut rien négliger dans ces sortes d'occasions, il dépêcha aussitôt un courrier au cardinal de Retz pour l'informer de la chose. Son Eminence envoya une réponse avec ses avis sur les questions du ministre, et ces avis contenoient entre autres choses l'érection d'une pyramide, et l'envoi du cardinal patron en qualité de légat en France, pour faire satisfaction à Sa Majesté : deux choses auxquelles la cour n'avoit pas pensé, et qui furent si bien reçues, que la susdite réponse fut envoyée au duc de Créqui, avec ordre de la suivre de point en point dans la négociation de cette affaire, qui se termina effectivement suivant le projet, sans que le cardinal en tirât cependant aucun avantage du côté de la cour.

[1663] Il arriva cependant peu de temps après un nouvel incident au sujet de la même affaire, les cardinaux résidant à Rome ayant écrit et répandu dans les différentes cours de l'Europe une lettre circulaire pour les prier d'employer tous leurs bons offices et tous leurs soins à terminer un démêlé si important au Saint-Siége. Le cardinal de Retz ayant reçu cette lettre, l'envoya aussitôt à Joly pour la communiquer au sieur Le Tellier, avec ordre de lui dire que Son Eminence n'y répondroit que comme il plairoit au Roi; mais les ministres étant eux-mêmes assez embarrassés de ce qu'ils devoient faire, le sieur Le Tellier dit à Joly que le cardinal pouvoit faire telle réponse qu'il lui plairoit, et que Sa Majesté trouveroit bon tout ce qu'il feroit. Néanmoins, comme on savoit ce que de semblables discours signifient dans les affaires de cette nature, le cardinal de Retz envoya, peu de jours après, sa réponse ouverte au ministre, en deux façons qui ne différoient que dans quelques expressions. Cette lettre étoit de la façon de Joly : elle fut mise en latin par le sieur Fléchier (1), qui étoit en ce temps-là auprès du fils aîné de M. Caumartin. La lettre

---

(1) Esprit Fléchier, mort en 1710, âgé de soixante-dix-huit ans. Son mérite l'avoit fait nommer à l'évêché de Lavaur en 1685, et ensuite à celui de Nîmes en 1687.

contenoit en substance que le cardinal de Retz ne refusoit pas de rendre tous les bons offices dont on le jugeroit capable, mais qu'il ne croyoit pas qu'il pût y en avoir d'efficaces, que ceux que le sacré collège emploieroit à Rome auprès de Sa Sainteté pour la porter à faire satisfaction au Roi sur un outrage si injurieux ; et que Leurs Eminences devoient se souvenir dans cette affaire que les rois de France sont les fils aînés de l'Eglise, et que cette Eglise n'avoit commencé à s'établir dans l'Occident que par leur protection et par leurs bienfaits.

Cela n'étoit peut-être pas si grand'chose; mais le sieur Le Tellier ne laissa pas d'en être fort content, ayant dit à Joly que la lettre étoit admirable, et que le cardinal de Retz n'avoit rien omis de ce qu'il falloit dire, ni rien dit de ce qu'il falloit omettre; que ce qu'il y trouvoit de plus merveilleux, c'est que Son Eminence parloit comme si elle eût été tous les jours dans les conseils du Roi. Cela flattoit si fort le cardinal, qu'il lisoit à tous ceux qui l'alloient voir cette lettre avec l'autre écrit, comme les meilleurs ouvrages de sa façon, imposant là-dessus à tout le monde, jusques à son ami l'évêque de Châlons. Mais tout cela ne lui servit pas de grand'chose, et n'adoucit point à son égard la dureté de la cour, qu'on peut dire avoir été excessive, sans raison et à contre-temps, par le refus opiniâtre qu'elle lui fit non-seulement de le recevoir à rendre ses devoirs à Sa Majesté (ce qui ne tiroit à aucune conséquence), mais aussi d'aller voir monsieur son père qui étoit à l'extrémité, qu'il n'avoit pas vu depuis sa prison, et qui mourut à l'Oratoire le même jour que M. de Marca : en sorte que le cardinal fut obligé de demeurer à Commercy, sans autre occupation que celle de s'abandonner aux plaisirs qui accompagnent ordinairement l'oisiveté. Cependant, afin de dérober aux yeux du monde cette vie molle et paresseuse, il faisoit de temps en temps de petits efforts et quelques actions d'éclat qui ne laissèrent pas d'imposer au peuple. Il faisoit assembler une ou deux fois la semaine avec un grand appareil tous les paysans de ses terres, sous le prétexte de leur rendre justice, et comme s'il eût été question de décider des affaires fort importantes. A l'ostentation près, son intention en cela pouvoit être bonne; mais outre qu'il n'entendoit rien aux affaires et aux procédures de justice, il arrivoit fort souvent que Malclerc et l'abbé de Saint-Avaux, religieux bénédictin, parent de Malclerc, renversoient toute la justice et les meilleures intentions de Son Eminence, qui n'avoit pas la force de les contredire. Ils lui alloient parler à l'oreille au milieu de l'audience, et de là s'ensuivoient des injustices considérables, suivies des plaintes des malheureux condamnés mal à propos, et des railleries de ceux qui voyoient ce petit manége. Les habitans de Commercy appeloient par sobriquet le bénédictin *l'Eminence noire*, et l'écuyer *l'Eminence grise* (1); et ils en faisoient bien plus de cas, en fait de procès, que de l'Eminence rouge, voyant par expérience que, sans leur protection et sans leur appui, les bonnes grâces du cardinal leur devenoient entièrement inutiles.

Après cela le cardinal de Retz tâchoit de faire croire au monde qu'il s'occupoit d'une autre chose qui lui avoit fait honneur dans le monde, et qui convenoit parfaitement à l'état où il se trouvoit. C'étoit d'écrire lui-même en latin l'histoire des troubles de Paris et celle de ses propres aventures : à quoi personne n'étoit plus propre que lui, s'il avoit voulu s'y appliquer sérieusement et dire la vérité; mais ce projet, comme les autres, s'évanouit en fumée et en pure vanité. Le cardinal se contentoit à ceux qui le visitoient deux ou trois pages de son histoire en latin : belles à la vérité, et qu'il avoit commencé de composer dans le bois de Vincennes avec l'aide du sieur Vacherot, son médecin, sous le titre de *Partus Vincennarum*. Il feignit de la vouloir continuer à Commercy, faisant montre d'un grand calepin qu'il feuilletoit avec toutes les marques extérieures d'une grande application, dans les heures où il ne savoit que faire, et lorsque le temps ne lui permettoit pas d'aller à la chasse ou à la promenade. Cependant il en demeura toujours à ces deux ou trois pages, auxquelles ceux qui le connoissoient peuvent assurer qu'il n'ajouta pas grand'chose pendant tout le temps de sa vie, à cause de sa paresse naturelle et de son penchant pour les plaisirs, qui avoient sur lui un si grand pouvoir, que lorsque Joly, par un excès d'affection, a voulu lui faire des remontrances là-dessus, et tâcher de le retirer de sa vie molle et paresseuse, en lui faisant honte de certaines foiblesses indignes de lui, il n'en a pu arracher autre chose qu'un lâche aveu de ses infirmités.

Il avoit été reçu de l'Académie françoise en 1673, à la place de M. Godeau, évêque de Vence.

(1) On avoit déjà donné le nom d'*Eminence grise* auparavant au père Joseph, favori du cardinal de Richelieu, dans l'épitaphe qu'on lui fit :

Ci gît au chœur de cette église
La petite Eminence grise ;
Et quand au Seigneur il plaira,
L'Eminence rouge y gira.

(*Notes de l'auteur.*)

« Mon pauvre ami, lui disoit-il, tu perds ton temps à me prêcher; je sais bien que je ne suis qu'un coquin. Mais malgré toi et tout le monde je le veux être, parce que j'y trouve plus de plaisir. Je sais que vous êtes trois ou quatre qui me connoissez, et me méprisez dans le cœur; mais je m'en console par la satisfaction que j'ai d'en imposer à tout le reste du monde par votre moyen même. On y est si bien trompé, et ma réputation si bien établie, que quand vous voudriez désabuser les gens, vous n'en seriez pas crus : ce qui me suffit pour être content et vivre à ma mode. »

Mais comme la vanité étoit une de ses plus fortes passions, il y avoit une autre chose à laquelle, par cette raison, il s'appliquoit de tout son cœur et avec plaisir dans certaines heures : c'étoit la généalogie de la maison de Gondy. Il se piquoit d'y trouver cinq cents et tant de quartiers sans aucune mésalliance. Il envoyoit chercher vingt et trente fois Verjus et Gautrai, ses secrétaires, pour ajouter ou corriger quelque chose à cette généalogie, qu'il lisoit sans cesse, sans sujet ni raison, à tous ceux qui l'approchoient, et jusqu'à les rebuter ou même leur faire éviter l'entrée de sa chambre. Enfin cette généalogie fut copiée une infinité de fois, et envoyée à d'Hozier pour la mettre en ordre et la faire dessiner, comme si c'avoit été celle d'un des plus grands princes du monde. Cependant, après tant de soins, elle est demeurée là comme ses autres ouvrages (1).

Pour achever de peindre le cardinal d'après nature dans son domestique, un de ses entêtemens étoit de faire parade de cinq ou six lettres qu'il écrivoit tous les ordinaires à ses correspondans de Paris, se plaisant fort à voir de grands portefeuilles et de grandes et belles écritures à ses secrétaires, dont l'un, appelé Gautrai, ne faisoit presque rien, et Verjus guère davantage. Cependant le cardinal affectoit de leur marquer une grande confiance; mais dans la vérité son secret, s'il en avoit qui en valût la peine, étoit entre les mains de Malclerc ou de l'abbé de Saint-Avaux, qui s'étoit insensiblement érigé sur le pied de troisième secrétaire, pour les correspondances avec ceux qui étoient fâchés que sa démission n'eût pas passé par leurs mains, comme pour toutes les autres fadaises qu'il ne vouloit pas être sues

de ceux qui faisoient ses affaires à Paris, suivant le train où elles étoient depuis la démission. Voilà donc quelle fut à peu près la manière de vivre du cardinal de Retz pendant son séjour à Commercy. D'abord il s'y logea dans une maison particulière; il se retiroit souvent dans le château, sous prétexte d'y aller voir ses bâtimens. Il s'enfermoit ensuite dans une chambre de Malclerc, où cet écuyer officieux disoit que Son Eminence ne faisoit que dormir. Mais les autres croyoient qu'il s'y occupoit à des amusemens conformes à son tempérament.

[1664] Enfin les affaires de Rome ayant été accommodées, et les bulles de l'archevêché de Paris expédiées en faveur de M. de Péréfix, le cardinal de Retz obtint la permission tant de fois refusée de rendre ses respects au Roi qui étoit alors à Fontainebleau, d'où l'on expédia des ordres pour le rappel des chanoines et des curés exilés; mais tout cela se fit d'une manière à faire juger que ce n'étoit que l'exécution d'un traité désagréable, et sans aucune gracieuseté pour le cardinal. Les ministres se conduisirent en tout ce qui le regardoit avec tant de sécheresse et avec si peu d'ouverture de cœur, qu'il y avoit lieu de juger qu'ils appréhendoient sa présence à la cour. Ce n'est pas qu'ils en fissent rien paroître dans leurs discours; au contraire, suivant l'usage de la cour, ils témoignoient chacun en particulier bonne envie de le servir, rejetant ce qu'il y avoit de dur les uns sur les autres. Surtout le sieur Le Tellier (2) ne manquoit pas aux occasions de désigner assez clairement le sieur Colbert comme l'unique auteur de tous les mauvais traitemens faits à Son Eminence, aussi bien que de toutes les affaires odieuses qui étoient à la charge du public.

Cette espèce de division entre les ministres fit espérer à quelques-uns des amis du cardinal de Retz qu'il pourroit en profiter, et que l'un d'eux prendroit peut-être des engagemens avec lui, quand ce ne seroit que pour nuire à son rival. Ils s'imaginèrent aussi que sa réputation et sa prudence feroient de grands effets à la cour, où ils avoient ménagé avec de grands soins de petites intrigues avec le maréchal de Villeroy et avec d'autres qui n'avoient pas grand crédit, et qui dans le fond se moquoient du cardinal et de ses amis. Dans ces vues, ils s'empressèrent d'aller au-devant de lui jusques

---

(1) Cette généalogie a été imprimée en l'année 1682, par les soins de madame de Lesdiguières.
(2) On n'a jamais douté que M. Le Tellier n'eût une jalousie secrète contre M. Colbert, parce que le Roi avoit souvent des conversations particulières avec lui, et qu'il paroissoit prendre beaucoup de confiance en ses avis.

(*Notes de l'auteur.*)

à Joigny, comme au-devant d'un héros, pour lui donner des avis sur sa conduite, sur ses paroles et sur ses moindres démarches. Ils affectèrent aussi de le suivre à Fontainebleau, sans le perdre de vue, mais malheureusement tous leurs soins et toutes leurs petites mesures furent inutiles.

Le cardinal arriva à Fontainebleau. Il y salua Sa Majesté, et y parut aux yeux des ministres et des courtisans d'une manière qui répondoit si peu à l'opinion qu'ils s'en étoient formée, que dès ce moment ils cessèrent de l'estimer ou de l'appréhender. Ceux qui avoient eu quelques dispositions à lui faire plaisir commencèrent à se refroidir, et le regarder comme un homme incapable de soutenir auprès du Roi les desseins qu'on auroit pu avoir pour lui. En un mot, le cardinal de Retz parut aux yeux des plus clairvoyans ce qu'il étoit en effet, et ce que ceux qui le connoissoient avoient aidé à cacher depuis si long-temps.

Cependant comme cela se passoit à Fontainebleau, qu'il n'étoit connu à fond que de peu de personnes, et que ceux qui s'aperçurent de quelque chose ne faisoient encore que douter, sa réputation ne laissa de se soutenir à Paris. La plupart des gens de qualité l'allèrent voir à Saint-Denis, où il alla résider au sortir de Fontainebleau : et il faut avouer qu'il y parut alors avec un air bien plus dégagé qu'à la cour, et beaucoup moins embarrassé.

On le laissa séjourner assez long-temps à Saint-Denis, ou plutôt à Pierrefitte, qui est un village tout proche ; mais enfin il fallut retourner à Commercy, le prétexte de régler ses affaires ne pouvant pas durer toujours, quoiqu'il tâchât d'en bien faire valoir l'importance et la nécessité. Dans le fond, ce n'étoit rien : la seule chose qui méritoit attention, et dont il fût extrêmement occupé, étoit le transport d'un grand coffre qu'il falloit faire venir de Paris. Le cardinal avoua confidemment, et sous le sceau du secret, à Davanton, qu'il y avoit beaucoup d'argent dans ce coffre; et ce fut lui qui fut chargé du soin de l'aller enlever à Paris, où Malclerc tenoit la voiture prête, après lui avoir bien recommandé de prendre garde qu'il fût si bien rempli qu'aucun mouvement ne pût faire connoître ce qu'il y avoit dedans, et de l'escorter avec Malclerc jusqu'à Pierrefitte. Malclerc, plus mystérieux que son maître, ne voulut jamais ouvrir ce coffre en présence de Davanton, s'étant contenté de lui dire qu'il y avoit neuf ou dix mille livres dedans, avec quelques hardes. Cependant il étoit si embarrassé et dans une si grande inquiétude des événemens qui pouvoient arriver sur le chemin, qu'il y a lieu de croire que la somme étoit beaucoup plus considérable : d'autant plus que Malclerc témoigna plusieurs fois appréhender que le poids du coffre ne fît rompre l'essieu du carrosse sur lequel il étoit attaché. Quoi qu'il en soit, il y a bien de l'apparence que cet argent venoit d'Angleterre, d'où Malclerc l'avoit apporté en lettres de change au dernier voyage qu'il avoit fait ; mais il est difficile de juger à quoi pouvoit se monter cette somme, cela n'ayant été su que de l'écuyer et de l'abbé de Saint-Avaux, à qui il échappa de dire à Davanton, après l'heureuse arrivée de la voiture, qu'il y avoit seulement dix-huit ou vingt mille livres : ce qui ne s'accordoit ni avec ce que le cardinal lui avoit fait entendre, ni avec l'aveu de Malclerc. Enfin Son Éminence partit deux jours après, ayant fait tout son possible, pendant tout son séjour aux environs de Paris, pour mettre mal ensemble la plupart de ses amis, et ceux qui étoient chargés de ses affaires ; de sorte que l'abbé de Lameth, Joly et Verjus pensèrent dès ce temps-là à se détacher de lui, voyant bien qu'il n'avoit plus en eux la même confiance ; qu'il leur faisoit mystère des plus petites choses, et par dessus tout, quantité de petites malices peu dignes de lui. Si cette séparation se fût faite alors, elle auroit eu assurément d'autres suites, et lui auroit fait perdre une bonne partie de ses meilleurs amis ; mais Joly raccommoda toutes choses, ayant fait entendre aux mécontens qu'il leur seroit plus honnête d'aller jusqu'au bout, parce que le cardinal s'excusoit sur ce que son traité n'étoit pas encore entièrement exécuté, et sous ombre qu'il lui restoit encore quelque argent à toucher à l'épargne.

[1665] Cette réconciliation ne fut pas de longue durée : car Sa Majesté ayant pris la résolution peu de temps après d'envoyer le cardinal de Retz à Rome, et Son Éminence ayant été mandée pour cela de Commercy, les premiers mécontentemens se réveillèrent bientôt en se voyant, parce que le cardinal continuoit de vivre avec eux de la même manière. Son affaire étant donc enfin entièrement terminée, l'abbé de Lameth, Joly, Verjus, Davanton et Rousseau ne se croyant plus engagés par des raisons d'honneur, résolurent de se retirer et de prendre congé de lui à Saint-Denis, où il étoit pour lors. La séparation ne se fit pourtant pas sans peine de la part du cardinal. Il fit tout son possible pour raccrocher la chose comme il avoit fait à Pierrefitte ; mais aucun d'eux ne voulut se fier à lui davantage, et ils furent tous ravis d'avoir trouvé l'occasion de quitter un homme avec qui ils ne s'étoient engagés que par honneur et par inclination, sans autre vue, et auprès duquel ils s'étoient toujours non-seulement entretenus à leurs dépens, mais ils avoient aussi fait des dépenses considérables en plusieurs occasions pour lui faire honneur, sans cependant en avoir reçu (du moins dans les dernières années) aucune marque de reconnoissance, comme cela étoit dû à leur affection et à l'attachement le plus désintéressé qui fût jamais. Aussi le cardinal de Retz, qui sentit la perte qu'il faisoit en ces cinq personnes, pria, pleura, jura, et fit mille protestations pour les retenir, mais inutilement. Ils le laissèrent avec joie, et même avec quelque sorte de mépris, entre les mains de son écuyer Malclerc et de l'abbé de Saint-Avaux, qui composèrent dans la suite tout son conseil. A la vérité les sieurs de Caumartin et d'Hacqueville continuèrent encore depuis à s'intéresser dans ses affaires. Le premier en tira l'abbaye de Buzay pour un de ses enfans, et l'autre une pension de deux mille écus, qui lui étoit payée régulièrement par Malclerc : mais il faut mettre une très-grande différence entre ces deux messieurs, qui étoient liés avec Son Eminence par une longue amitié, par inclination, et par une longue habitude; et ces deux autres conseillers, dont on sait bien qu'ils faisoient peu de cas, quoiqu'ils gardassent de certaines mesures avec eux.

La seule chose que le cardinal de Retz fit un peu honnêtement et consciencieusement dans cette séparation, fut de faire payer dix mille écus à Joly, qui lui étoient dus dès le temps de la prison de Son Eminence; mais il ne fut question d'aucune marque de reconnoissance pour les services d'aucun d'entre eux, et il ne s'informa pas seulement de ce qui pouvoit être dû à Davanton pour plusieurs petits voyages qu'il avoit faits à ses dépens, pour les affaires et par les ordres de Son Eminence.

Ainsi ces cinq personnes ayant pris congé du cardinal de Retz le lendemain de la Notre-Dame de mars 1665, il partit deux jours après pour retourner à Commercy. Il prit ensuite la route de Rome pour assister au conclave où Clément IX fut élu à la place d'Alexandre VII; mais il ne put s'empêcher de faire encore à ce sujet une dernière pièce à Joly, disant que c'étoit lui qui l'avoit engagé à ce voyage d'Italie contre son gré. Il se garda pourtant bien de le lui dire à lui-même, sachant bien que cela étoit faux et sans aucun fondement : mais il le disoit aux sieurs de Caumartin et d'Hacqueville, et à plusieurs autres, pour avoir le plaisir de pester contre Joly avec quelque apparence de raison, et pour leur cacher en même temps le véritable fondement de ce voyage, dont ils étoient surpris avec justice, attendu qu'on n'avoit encore aucune nouvelle certaine de la mort du Pape, ni même qu'il fût en péril. Joly en étoit étonné aussi bien qu'eux, ne sachant pas, comme il l'a su depuis, que par un des articles secrets du traité du cardinal avec la cour, et ménagé par Pennacors, il s'étoit engagé de retourner à Rome dès qu'il plairoit à Sa Majesté, et après qu'il auroit eu l'honneur de la saluer : à quoi il avoit consenti, quoique avec assez de répugnance, dans la crainte que l'accommodement ne se fît pas. C'est ce qu'il appréhendoit si étrangement, qu'il n'y avoit rien de si bas et de si rude qu'il ne fût capable d'accepter pour sortir d'affaire. C'est ici que je finis ces Mémoires,

MÉMOIRES

CONCERNANT

LE CARDINAL DE RETZ,

EXTRAITS

D'UNE HISTOIRE MANUSCRITE DE L'ÉGLISE DE PARIS,

COMPOSÉE PAR CLAUDE JOLY, CHANOINE DE CETTE ÉGLISE.

SUR LES MEMOIRES DE CLAUDE JOLY.

Le fragment historique qu'on va lire, tiré d'une œuvre inédite de Claude Joly, traite des événements de la Fronde depuis l'année 1648 jusqu'à l'année 1655. On y trouve des détails qui nous aident à saisir les divers aspects de la physionomie politique du cardinal de Retz. Le style de Claude ne vaut pas celui de son neveu Guy Joly; il est lourd, diffus et sans couleur; mais on passe sur la pesante allure de l'historien, en faveur de l'intérêt des faits. Claude Joly était un homme d'une grande piété et d'une grande instruction; il a composé un grand nombre d'ouvrages sur des questions de religion ou de discipline ecclésiastique. Son livre intitulé : *Recueil des maximes véritables pour l'institution du Roi contre la pernicieuse politique du cardinal Mazarin*, fut condamné par l'avocat du roi au Châtelet et brûlé des mains du bourreau. L'auteur eut le courage de publier la sentence avec deux lettres apologétiques qui reproduisaient d'une manière ferme et haute les principes exprimés dans le *Recueil des maximes véritables*. Ces principes ne renfermaient en eux-mêmes rien de très dangereux, mais ils avaient le tort de se mêler aux ardentes préoccupations d'un parti et de répondre aux passions de la multitude. Claude Joly, né à Paris en 1607, chanoine, official et grand-chantre de Notre-Dame, mourut, en 1700, des suites d'une chute dans une excavation pratiquée pour la construction du grand autel de l'église de Notre-Dame de Paris.

MÉMOIRES
CONCERNANT
LE CARDINAL DE RETZ.

Ceux qui ne sont pas instruits de ce qui se passa dans l'assemblée de 1655, et aux années suivantes jusqu'en l'année 1668, et des résolutions qu'elle prit de s'opposer aux entreprises que la cour de Rome tâchoit de renouveler sur les droits des évêques et sur ceux de l'Eglise de France, pour anéantir et rendre inutiles les délibérations prises par celle de 1650, et les causes des protestations et nullités qu'elle avoit fait signifier au nonce Bagni : ceux-là pourroient peut-être se plaindre de ce que, dans une relation particulière de ce qui s'est fait en l'assemblée de 1655, on auroit rapporté ce qui se fit aussi dans les deux précédentes, à l'occasion des brefs expédiés à Rome en 1632 et 1633, pour le jugement des causes majeures nées en France. Mais ils connoîtront dans la suite la nécessité absolue qu'il y a eu de le faire, de même que de rapporter sommairement ce qui se passa dans le diocèse de Paris après la mort de Jean-François de Gondy, son premier archevêque, arrivée le 21 mars 1654; et d'exposer les états différens dans lesquels on l'a vu, pour faire connoître au public que l'affaire qui regardoit son successeur ayant été regardée, par le clergé de Lyon et d'Alby, comme étant celle de l'épiscopat et de toute l'Eglise, elle a été presque la seule et unique cause, ou du moins la principale, de la longueur de la tenue de cette assemblée, et en effet la seule et véritable des deux remises que la cour fit de son ouverture, l'une après l'autre, du 25 mai au 25 août, et du 25 août au 25 octobre 1655. Le cardinal de Retz ayant remarqué, dans sa lettre du 14 décembre 1654, qu'il adressa de Rome aux archevêques et évêques de France, que la première aigreur que la cour avoit témoignée contre lui, et qui avoit peut-être été la source de la plupart des autres, avoit été un effet de fermeté avec laquelle il avoit cru être obligé d'obéir aux ordres que l'assemblée de 1645 lui avoit donnés de solliciter, après qu'elle se seroit séparée, le succès de ce qu'elle avoit été obligée de faire, en faveur de l'épiscopat, en la personne de l'évêque de Léon, on ne peut se dispenser de parler des autres qui le regardent particulièrement, et qui peuvent avoir excité les tempêtes dont l'Eglise de Paris n'a pas été exempte de ressentir les secousses et les effets extraordinaires : de même que ceux qu'il avoit choisis pour la conduire en son nom et sous son autorité.

La création des nouvelles charges des maîtres des requêtes, les commissions données à quelques-uns pour faire les fonctions dans les provinces, avec un pouvoir qui anéantissoit l'autorité des parlemens et leur juridiction; le retardement des rentes à l'Hôtel-de-Ville de Paris, dont les créanciers élurent des syndics, qui en cette qualité s'étoient pourvus en parlement, et plusieurs autres nouveautés, donnèrent lieu à plusieurs et fréquentes assemblées qui se tenoient dans la chambre appelée de Saint-Louis, et à l'union des compagnies alors encore souveraines, qui y assistoient par leurs députés : ce que la cour ne pouvoit pas souffrir, étant persuadée que toutes ces assemblées tendoient à diminuer l'autorité de la régence et la puissance des ministres.

Le coadjuteur de Paris assistoit à ces assemblées en qualité de conseiller né du parlement, de même que l'abbé de Saint-Denis : et d'autant que les délibérations qui s'y prenoient étoient contraires aux intentions du ministère et du gouvernement, on ne pouvoit pas se dispenser de regarder ceux qui paroissoient devoir, à cause de leur dignité, y avoir plus de crédit, comme en étant les principaux auteurs.

[1648] En cette année, le coadjuteur fit le panégyrique de saint Louis en l'église des Jésuites, en présence du Roi et de la Reine. Son sermon, dont il prit pour texte ces paroles du Sage : *Audi, fili mi, disciplinam patris tui, et legem matris tuæ ne dimittas*, fut aussitôt imprimé par les soins de Guy Joly, conseiller au Châtelet, l'un des syndics des rentiers, et son ami particulier, et d'un magistrat d'une probité aussi grande que d'une érudition profonde, dont le public a trouvé les marques et les preuves dans les ouvrages qu'il composa en 1667 pour la défense des droits de la reine Marie-Thérèse d'Autriche sur le Brabant, fille aînée du premier lit de Philippe IV, roi d'Espagne. Ceux qui le connoissoient, et sa manière d'écrire et de composer, le faisoient auteur de ce sermon.

Le lendemain mercredi au matin, le Roi et la Reine se rendirent, environ sur les trois heures, en l'église Notre-Dame, pour assister au *Te Deum* qui y fut chanté en actions de grâces de la victoire obtenue près la ville de Lens par les troupes commandées par le prince de Condé. Le coadjuteur y officia : et étant encore dans la sacristie pour y quitter ses habits pontificaux, la nouvelle y arriva qu'on venoit d'arrêter Pierre Broussel, conseiller en la grand'chambre; le président de Blancménil, président en la première des enquêtes, et autres qu'on avoit tirés de leurs maisons; quelques-uns ayant aussi reçu des lettres de cachet pour se retirer dans les lieux qui leur étoient marqués.

Le sieur de Broussel étant logé près de l'église de Saint-Landry, le bruit de l'arrêt fait de sa personne se répandit parmi les bateliers de ce port, et de celui de la Grève et des ports voisins, qui s'étant attroupés et étant accourus, n'ayant quasi pas d'autres armes que des crocs, donnèrent l'alarme aux compagnies des Gardes françoises et suisses, qui étoient restées dans la rue Neuve-Notre-Dame, dans le Marché-Neuf, la rue Saint-Louis, et le quai appelé des Orfèvres en l'île du Palais, et qui, étonnées de ce qu'on ne venoit pas les relever du lieu où elles avoient été posées, se retirèrent; les soldats marchant à la file, sans ordre, sans battre la caisse, leurs mousquets sous les bras, et sans leurs principaux officiers, jusqu'au Palais-Royal.

Le coadjuteur s'y rendit aussitôt en rochet et en camail, marchant à pied, les rues ayant été fermées en un moment par les chaînes qui furent tendues et par des barricades faites avec des tonneaux remplis de terre et de fumier. Il y fut très-mal reçu par la Reine, et très-mal écouté dans l'exposition qu'il lui fit de l'état auquel étoit toute la ville, du danger auquel elle exposoit la maison royale, et de la nécessité qu'il y avoit de remettre les prisonniers en liberté et de rappeler les exilés : ce que le parlement en corps obtint le lendemain jeudi, y étant allé l'après-midi à pied, et ayant été contraint par ceux qui gardoient la porte et la barricade faite à la Croix-du-Tiroir de retourner au Palais-Royal, parce qu'il n'amenoit pas avec lui les prisonniers et les exilés.

Le coadjuteur, fort abattu et fort fatigué, se retira au petit archevêché, marchant toujours à pied; soutenu sous les bras par l'abbé de Marigny et par un autre, précédé et suivi d'une troupe de gens de toute condition, qui s'augmenta dans sa marche dans les rues Saint-Honoré, de la Féronnerie, de Saint-Denis et autres, qui le conduisit en son hôtel, au cloître Notre-Dame, près la porte du Terrain.

[1649] La Reine n'ayant pu oublier ce qui s'étoit fait à Paris pendant trois jours, et de s'être vue contrainte de rendre les prisonniers et de rappeler les exilés, dont le retour n'apaisa pas les mouvemens qui avoient paru si subitement dans les compagnies souveraines et parmi le peuple, leur donna à tous des marques du ressentiment qu'elle en avoit, et du désir qu'elle avoit dès-lors conçu de s'en venger. Etant sortie de Paris secrètement avec le Roi, la nuit du mardi 5 au mercredi 6 janvier 1649, pour se retirer à Saint-Germain-en-Laye, la résolution ayant été prise dans le conseil d'assiéger la ville de Paris avec les troupes qui étoient en Flandre et sur la frontière de la Picardie, le prince de Condé se chargea de la conduite de ce siège.

Le parlement s'assembla le même jour extraordinairement, et ordonna ce qu'il jugea être nécessaire pour sa propre conservation et pour la défense de la ville; et de concert avec le prévôt des marchands, les échevins et les principaux habitans, pour ces assemblées à l'Hôtel-de-Ville. On fit une levée de troupes, dont on donna d'abord le commandement au duc d'Elbœuf, qui étoit venu le premier offrir ses services au parlement.

Il fut donné ensuite en chef au prince de Conti, qui s'étoit rendu de Saint-Germain-en-Laye à Paris, avec le duc de Longueville, son beaufrère, qui alla aussi en Normandie, dont il étoit gouverneur, laissant la duchesse de Longueville comme en otage de sa fidélité. Elle prit son logement dans l'Hôtel-de-Ville, où elle accoucha peu de jours après d'un prince, qui eut pour parrain la ville de Paris, qui lui donna le nom de Charles-Paris d'Orléans. C'est lui qui fut tué au passage du Rhin, près le fort de Schenk, en 1672. Le prince de Conti eut pour lieutenans-généraux les ducs de Beaufort et de Bouillon, le maréchal de La Mothe-Houdancourt, et plusieurs autres officiers qui n'étoient pas contens de la cour et du cardinal Mazarin, ou qui feignirent de ne l'être pas.

Le coadjuteur de Paris, qui n'avoit pu oublier

le mauvais accueil que la Reine lui avoit fait au Palais-Royal, le lendemain de la fête de Saint-Louis, et qui se rendoit très-assidûment aux assemblées du parlement, voulut donner des marques publiques du ressentiment qu'il en avoit : et sous prétexte de défendre une partie de son troupeau renfermé dans l'enceinte des murailles de la ville de Paris, il fit lever un régiment de cavalerie auquel il donna son nom, et le commandement au chevalier de Sévigné, son parent.

La paix ayant été conclue à Ruel, après trois mois de siége, il se trouva encore deux partis, qui continuèrent d'entretenir la division des esprits : celui de la cour et celui de la ville, à la tête duquel paroissoient le duc de Beaufort, très-accrédité parmi le peuple, le coadjuteur, la duchesse de Chevreuse, Noirmoutier et quantité d'autres. Et quoique le prince de Condé eût servi la Reine et le cardinal Mazarin aux dépens de sa propre réputation, néanmoins l'un et l'autre, craignant la grandeur et la puissance de sa maison, et l'autorité qu'il avoit sur les troupes, composées de plusieurs régimens qui dépendoient de lui et de ses amis, le firent arrêter dans le Palais-Royal, le soir du 18 janvier 1650, avec le prince de Conti et le duc de Longueville, par le comte de Miossens, depuis maréchal d'Albret, et par Guitaut, capitaine des gardes de la Reine, qui les conduisirent au château de Vincennes, gardés par un détachement de la compagnie des chevau-légers et de celle des gendarmes.

Quoique la cour n'eût pas lieu de craindre que la nouvelle de leur arrêt et de leur détention excitât quelque émotion dans la ville, le prince de Condé ayant perdu l'estime et l'affection de ses habitants, et causé des actes d'hostilité que les troupes qu'il commandoit avoient exercés pendant le siége, par de mauvais traitemens qu'on avoit faits tant aux prisonniers qu'elles faisoient, qu'aux paysans des villes circonvoisines, qui s'exposoient pour porter des vivres en la ville ou à leurs maîtres, elle crut toutefois ne devoir rien négliger pour la prévenir ou pour l'arrêter, si les domestiques ou si les amis des princes en eussent excité quelqu'une. Et parce que le duc de Beaufort s'étoit acquis l'amitié de la populace, on le vit en même temps sur les dix heures du soir dans tous les quartiers, marchant à cheval, accompagné d'un bon nombre de gens à cheval, éclairé de quantité de flambeaux, et suivi de quelques artisans à pied, criant *vive le Roi!* Cette marche fit juger que le duc, le coadjuteur et ceux de leur parti avoient eu quelque part dans la résolution que la Reine avoit prise de faire arrêter ces trois princes. Mathieu Molé,

lors encore premier président du parlement, fut aussitôt mandé au Palais-Royal, où étant arrivé, et la Reine lui ayant dit qu'elle avoit fait arrêter les trois princes, il lui dit ces paroles en élevant sa voix et ses mains : « Ah! madame, qu'avez-vous fait? Ce sont les enfans de la maison royale. » Lui marquant par là les suites fâcheuses et malheureuses qu'auroit cette action faite en considération d'un étranger et pour le maintenir dans la place de premier ministre : paroles à peu près semblables à celles que Catherine de Médicis dit au Roi son fils, après l'action faite à Blois.

Aussi ce que produisit dans la suite la détention de ces trois princes, fit connoître que ce grand et sage magistrat ne s'étoit pas trompé dans ses secrètes prédictions. On ne vit plus dès-lors que des assemblées au parlement, la princesse douairière de Condé dans le parquet des huissiers, à la porte de la grand'chambre dès les cinq heures du matin (après avoir passé la nuit en la maison du sieur Le Fèvre de Laubrière, chanoine de la Sainte-Chapelle et conseiller en cour, où elle avoit été secrètement menée et conduite par l'abbé de Roquette, depuis évêque d'Autun, dans le carrosse du sieur de Garibal, maître des requêtes, lui servant de cocher en cette occasion), y distribuer des copies imprimées de la requête qu'elle avoit présentée au parlement, lui demandant justice et la liberté de ses deux fils et de son gendre. On vit la princesse de Condé, le duc d'Enghien et la duchesse de Longueville retirés à Bordeaux, le siége mis devant la ville, mais défendue par le duc de Bouillon, avec les troupes qui étoient attachées à la maison de Condé, et qui s'y étoient rendues de plusieurs provinces, même celles que Marsin commandoit pour le Roi en Catalogne, à cause de l'aversion qu'avoit la Guienne contre le duc d'Epernon, qui en étoit gouverneur. On vit le maréchal de Turenne commander celles que le roi d'Espagne avoit jointes aux troupes qu'il avoit amassées en Champagne, dont le prince de Conti avoit le gouvernement; le corps de la noblesse assemblé à Paris, dans le grand couvent des Cordeliers, demander la convocation des Etats-généraux, et, par les députés, la jonction du clergé assemblé dans celui des Grands-Augustins, pour demander la même chose, avec la liberté des princes.

Le parti du duc de Beaufort fut obligé de quitter le parti de la cour, et de se joindre à celui des princes et au corps du clergé et à la noblesse, après la défaite arrivée à Rethel de l'armée que commandoit le maréchal de Turenne, et la levée du siége qu'il avoit mis devant Guise, craignant d'être accablé par la cour, devenue toute puissante par ces grands avantages qu'elle avoit eus, et qu'elle devoit à la valeur et à la sage conduite du maréchal Du Plessis, qui commandoit l'armée du Roi : avantages qui la mettoient en état de perdre ceux qui lui étoient opposés et ceux avec lesquels elle paroissoit s'être réconciliée.

Enfin il y eut des remontrances faites au Roi et à la Reine par Georges d'Aubusson, archevêque d'Embrun, second président de l'assemblée, au nom du clergé, qui en avoit été sollicité par la lettre que la princesse de Condé lui avoit écrite, et qui avoit été composée à Paris par un de ses agens, qui s'étoit servi d'un des blancs signés qu'elle avoit laissés et confiés à ceux qui étoient restés, pour s'en servir dans les occasions dans lesquelles ils en auroient besoin.

Celui qui rapporte ce fait est celui qui reçut un ordre, le soir d'environ l'heure de minuit, de remplir l'un de ces blancs seings du corps de la lettre, qui fut présentée le lendemain matin à l'assemblée du clergé.

Le cardinal Mazarin voyant qu'il ne pouvoit retenir plus long-temps les princes en prison, chercha alors tous les moyens de se réconcilier avec eux; et il crut qu'il n'y en avoit pas de plus propre pour y réussir que celui de leur faire paroître, et au public en même temps, qu'il étoit leur libérateur, et que c'étoit lui qui avoit obtenu du Roi et de la Reine régente, sa mère, leur liberté [1651].

Le Roi ne fut déclaré majeur que le 6 septembre 1651 ; et le prince de Conti assista à cette déclaration en habit long et en soutane violette.

Il se fit pour cela porteur lui-même des ordres que la Reine avoit été obligée d'en faire expédier : avec lesquels s'étant rendu au Hâvre, au mois de février 1651, il fit demander aux princes, qu'il y tenoit prisonniers, la permission de les voir et de leur parler : ce qu'ils refusèrent généreusement, et avec des paroles de mépris, de lui accorder, sachant bien que leur liberté n'étoit point son ouvrage. Ainsi il fut obligé de mettre les ordres dont il s'étoit fait le porteur entre les mains du sieur de Bar, auquel il avoit fait donner la commission de geôlier des princes, et de sortir en même temps du royaume, pour se retirer premièrement à Dinan, et ensuite à Bouillon et autres lieux, accompagné de quelques seigneurs françois, au nombre desquels s'étoient mis assez gratuitement François-Bonaventure de Harlay, marquis de Brenal, frère aîné de François de Harlay, premièrement sacré archevêque de Rouen dans l'église des Chartreux de Paris, le 27 décembre 1651, et depuis archevêque de Paris, mort en 1695, en qualité de président seul perpétuel de toutes les assemblées : qualité qu'il avoit su prendre et se procurer à lui-même, en faisant exclure de la députation des autres provinces les cardinaux et archevêques qui y devoient présider.

Ce qui contribua davantage à l'accélération de la liberté des princes, fut leur translation du château de Vincennes à celui de Marcoussis, et du château de Marcoussis au Hâvre, fort situé à l'embouchure de la Normandie, dont étoit gouverneur le duc de Longueville, l'un des trois princes que le cardinal Mazarin tenoit en prison : duquel fort étoit alors gouverneur le duc de Richelieu, très-attaché au prince de Condé, son allié, à cause de dame Claire-Clémence de Maillé-Brezé son épouse, fille de dame Nicolas Du Plessis de Richelieu, sœur du cardinal de ce nom, son grand oncle : personne ne pouvant voir ni souffrir plus long-temps que, pendant une minorité, deux princes de la maison royale, et un autre capable de succéder à la couronne, fussent entre les mains et la puissance d'un étranger et d'un cardinal italien, leur ennemi déclaré.

La cause de leur translation du château de Vincennes à celui de Marcoussis, et de celui-là à la citadelle du Hâvre, fut la crainte qu'eut le cardinal Mazarin que leurs amis, dont le nombre paroissoit s'augmenter tous les jours, et qui s'assembloient publiquement dans Paris, ne les tirassent par force du château de Vincennes, qui n'en est éloigné que d'environ une lieue et demie. Il en donna la conduite au comte d'Harcourt, qui se chargea de les conduire au Hâvre avec un gros détachement qui lui fut donné des gardes du corps, des gendarmes, chevau-légers, et autres troupes de la maison du Roi.

Il fut généralement blâmé de tout le monde d'avoir accepté une telle commission, quoiqu'il fût pauvre, et qu'il eût besoin des grâces de la cour : ne convenant pas à un prince de la maison de Lorraine, après avoir commandé les armées du Roi en Provence, en Piémont, dans l'Italie et ailleurs, et acquis beaucoup de gloire et de réputation, de faire les fonctions d'un prévôt des maréchaux pour conduire des prisonniers. C'est le nom que lui donna le prince de Condé pendant la route, ayant demandé plusieurs fois, aux gardes qui étoient les plus proches du carrosse, qu'on lui fît voir cet illustre prévôt des maréchaux.

Les princes ayant enfin recouvré leur liberté, étant sortis du Hâvre, arrivèrent à Paris le 16 février 1651, environ trois heures après midi, accompagnés non-seulement de leurs amis, mais encore de plusieurs personnes de la cour, qui étoient allées au-devant d'eux jusqu'à Saint-Denis et encore plus loin. Ils allèrent droit au Palais, où ils entrèrent, la garde étant sous les armes, et furent conduits par ceux qui étoient venus les recevoir à la descente de leurs carrosses, au bas de l'escalier, dans l'appartement où étoient le Roi et la Reine, qu'ils remercièrent de leur avoir donné la liberté.

Ils employèrent les premiers jours après leur arrivée dans Paris à rendre les visites les plus nécessaires, et à recevoir celles qu'on leur rendit en foule et avec empressement. Ils ne parurent néanmoins véritablement dans les rues et dans le grand public que lorsqu'on eut achevé les équipages de deuil, qu'ils furent obligés de prendre à cause de la mort de Charlotte-Marguerite de Montmorency, princesse douairière de Condé, leur mère et belle-mère, arrivée vers la fin du mois de décembre 1650. Ceux qui étoient chargés d'y faire travailler avoient fait attacher avec des clous la calotte du carrosse du prince de Condé, croyant qu'un premier prince du sang avoit droit d'user de cette marque d'honneur pour se distinguer des princes des maisons étrangères : le titre d'altesse sérénissime ayant été donné alors aux princes du sang, pour les distinguer de tant d'autres qu'on traitoit d'altesse. Mais madame d'Orléans, duchesse de Montpensier, l'ayant fait avertir que les seuls enfans de France avoient droit de jouir de cette marque d'honneur et de distinction, on réforma le carrosse aussitôt.

La princesse douairière de Condé étoit morte à Châtillon-sur-Loire, où la duchesse de Châtillon, et depuis de Meckelbourg, qui avoit l'honneur d'être sa parente, lors veuve du duc de Châtillon, tué, le 25 janvier 1649, à l'attaque et la prise du village et du pont de Charenton, l'avoit obligée de prendre sa demeure, après avoir quitté Angerville, situé sur le chemin de Paris à Orléans, appartenant au sieur Perraut, président en la chambre des comptes, intendant depuis long-temps de la maison de Condé. Elle s'y étoit retirée depuis que l'entrée et la demeure dans la ville de Paris lui avoient été interdites par la cour, avec défense très-expresse qu'elle lui avoit faite d'y venir, depuis qu'y ayant été amenée secrètement dans le carrosse de Garibal, maître des requêtes, par l'abbé Roquette, faisant la fonction de cocher, et descendue en la maison du sieur Le Fèvre de Laubrière, conseiller en la cour, chanoine de la Sainte-Chapelle, où elle coucha pour se rendre, comme elle fit, dès quatre heures du matin, dans le parquet des huissiers, et être à l'entrée de la cour pour lui présenter sa requête, par laquelle elle lui demandoit justice pour les princes, et qu'on fît le procès à ceux qui, abusant du nom et de l'autorité du Roi, les retenoient en prison.

Sa mort étant arrivée pendant la tenue générale du clergé de France, on se trouva obligé de lui rendre les honneurs funèbres qui étoient dus à la veuve d'un premier prince du sang, nonobstant l'état triste et malheureux dans lequel, en mourant, elle avoit laissé sa maison, accablée d'affliction, privée de la vue et de la présence de ses enfans, de son gendre et de ses petits-enfans. Les uns étoient encore détenus dans les fers, et les autres, savoir la princesse de Condé sa belle-fille, le duc d'Enghien, son fils unique, la duchesse de Longueville, sa fille, s'étoient alors retirés à Bordeaux ; et les comtes de Dunois et de Saint-Paul, ses enfans, retirés ailleurs.

Isaac Hubert, évêque de Vabres, auparavant théologal de l'église de Paris, fut prié par l'assemblée, où il avoit été député par la province de Bourges, de prononcer l'oraison funèbre au service qu'elle ordonna être fait dans l'église des Grands-Augustins ; et il répondit au choix qu'elle avoit fait de sa personne, que la conjoncture du temps rendoit très-délicat, mais avec une liberté vraiment épiscopale. En parlant des grandes vertus de cette princesse, il ne put se dispenser de faire ressouvenir ceux qui l'écoutoient des premières disgrâces dont le Ciel avoit affligé la maison de Condé, c'est-à-dire la prison qu'avoit soufferte son mari pendant plus de trois ans, ayant été arrêté le 7 septembre 1616, et n'en étant sorti qu'au mois d'octobre 1619. On ne rapporte point ici le détail de cette oraison funèbre et des autres qui furent prononcées dans les différens services solennels qui furent faits ; mais il suffit de dire que l'effet que produisirent ces services tristes, lugubres et si fréquens, fit augmenter dans l'esprit du peuple le mépris, la haine et la fureur qui en avoit couru depuis plus de trois années contre la personne du cardinal Mazarin, son nom et son ombre : ce qui alla si loin, que la Reine fut obligée de faire paroître qu'elle l'abandonnoit, et le feroit sortir du royaume. Ce qu'on ne peut pas se dispenser de rapporter ici, c'est que quelques gardes du corps du Roi, que le sieur de Bar, qui les commandoit, tenoit toujours enfermés au dedans de la cour du donjon du château de Vincennes, pour leur ôter toute sorte de commerce avec ceux qui en gardoient les dehors, et empêcher que par leur moyen les princes reçussent ni lettres, ni billets, ni aucun avis de vive voix de ce qui se passoit à Paris et ailleurs ; prenant aussi com-

11.

passion de leur état, et se persuadant que leurs disgrâces ne pourroient pas être de longue durée; assurés d'ailleurs qu'ils leur seroient très-récompensés des services qu'ils leur auroient rendus secrètement, embrassèrent les propositions qu'on trouva les moyens de leur faire, et exécutèrent fidèlement tout ce dont on les avoit instruits qu'ils feroient pour tenir les princes avertis de tout ce que leurs amis faisoient pour leur procurer la liberté, et de ce qui se passoit en Guienne, en Picardie, en Flandres, à la cour et ailleurs. Ils leur firent passer adroitement du papier, de l'encre et des plumes, dont ils se servirent pendant le temps de leur détention dans le château de Vincennes, où le prince de Condé étant allé dîner, au mois de juin 1652, chez le sieur de Chavigny qui en étoit gouverneur, et étant monté dans la chambre où il étoit autrefois, trouva encore dans un trou de la cheminée les deux plumes qu'il y avoit laissées.

Les billets qu'ils recevoient étoient écrits en chiffres; ceux qu'ils avoient doubles étoient fort étendus et contenoient peu de chiffres, qui signifioient beaucoup de choses. Ils s'en servoient pendant la nuit, étant dans leur lit, feignant de lire des livres qu'ils avoient, les rideaux étant tirés, aucun n'osant prendre la liberté de les entrevoir seulement pour savoir ce qu'ils faisoient. Ils les recevoient des mains de quelqu'un qui avoit la liberté d'entrer dans leur chambre pour les servir. On les mettoit souvent dans les doubles fonds des bouteilles de vin faites exprès, que les gardes du dehors passoient par une très-petite ouverture à ceux de dedans qui savoient le secret, pour les tirer de ce double fond et y remettre la réponse qu'on y faisoit, faisant passer ces bouteilles vides à ceux qui les devoient remplir de toutes les deux manières. On se servoit aussi d'écus d'argent, qui étoient creux, qu'on faisoit passer aux gardes affidés, dans lesquels on mettoit aussi les billets et les réponses. Ceux qui recevoient ces écus avoient le secret de les ouvrir et de les fermer.

Les princes ayant ainsi obtenu leur liberté, Louis-Henri de Gondrin, archevêque de Sens; de La Rochefoucauld, évêque de Lectoure, frère du duc de ce nom; et François Pericard, évêque d'Angoulême, vinrent de leur part remercier l'assemblée du clergé (s'étant placés au bureau) de tous les bons offices qu'elle leur avoit si généreusement rendus auprès du Roi et de la Reine en cette occasion.

La parti du coadjuteur s'étoit uni à celui des princes sous certaines conditions, dont la principale étoit le mariage du prince de Conti avec une des filles de la duchesse de Chevreuse, qui en étoit le principal mobile. On fit extérieurement ce qui pouvoit persuader l'une des parties qu'on vouloit de bonne foi exécuter ce qu'on avoit promis. Le prince de Conti quitta l'abbaye de Nicolesme en faveur d'un des fils du duc de La Rochefoucauld, et celle de Corbini en faveur de Saint-Romain, depuis ambassadeur pour le Roi en Suisse. Il déposa l'abbaye de Saint-Denis, et quelques autres encore, entre les mains de Montreuil, son secrétaire; et il passa procuration pour se démettre de l'abbaye de Clugny entre les mains des religieux, qui, en ayant accepté sa démission, postulèrent le duc d'Enghien pour leur abbé. Mais pour rendre tout cela inutile, et se conserver les bénéfices qu'il paroissoit que ce prince vouloit quitter, il passa en même temps des actes qui révoquoient et annuloient les premiers, qui furent dûment insinués et signifiés, et qu'on garda secrètement jusqu'au temps qu'on vouloit s'en servir.

Il seroit inutile de rapporter ce qui se passa ensuite : il suffit de dire que le coadjuteur, toujours attaché à la duchesse de Chevreuse, quitta le parti du prince de Condé, et se réunit à la cour, pour se venger de l'inexécution des paroles qui avoient été données pour le mariage de la fille aînée de cette duchesse, qui mourut quelques mois après le retour des princes à la cour : et ce fut alors qu'il obtint du Roi sa nomination au Pape pour le chapeau de cardinal, qu'on vit au commencement de l'année 1652, qu'il avoit plutôt arraché qu'obtenu, le Roi l'ayant depuis révoqué secrètement en faveur du bailli de Valançay, son ambassadeur à Rome, qui n'en put pas profiter néanmoins : d'autant que le Pape, qui fut averti de cette révocation, fit des cardinaux dès la première semaine de carême, du nombre desquels fut le coadjuteur de Paris, dont l'ambassadeur ne fut avisé qu'après la promotion, allant chez le Pape qui sortoit de son consistoire où il venoit de le créer, pour lui présenter les lettres du Roi de sa nomination, au lieu du coadjuteur : ce qui l'obligea de revenir à son palais sans être entré en celui du Pape, sans l'avoir vu, et exécuté sa commission.

Le coadjuteur, fait ainsi cardinal malgré la cour, devoit sa promotion au cardinalat, non pas tant à l'abbé Charier, son agent à Rome, et aux officiers du grand duc et des princes de sa maison, qu'au ressentiment que le Pape avoit de ce que le cardinal Mazarin l'avoit contraint de lui donner un chapeau pour Michel Mazarini, dominicain, son frère, qu'il avoit tiré de son couvent pour le faire archevêque d'Aix; ayant, pour l'y forcer, fait porter la guerre en Italie jusqu'aux places frontières de l'État ecclésiastique, Piombino, Orbitello et Porto-Longone, assiégées et prises par les armées du Roi.

L'archevêque de Paris n'en étoit pas plus content que le cardinal Mazarin, souffrant avec peine qu'on lui eût préféré son neveu ; et le cardinal Mazarin regardant celui de Retz comme étant alors en état de se procurer la place de premier ministre, ou du moins d'avoir une très-grande part au ministère. Ses amis agissoient auprès du cardinal Mazarin pour tâcher d'obtenir pour lui son amitié, et de l'assurer contre la jalousie qu'il avoit conçue contre lui, et contre la pensée qu'il avoit que le cardinal de Retz vouloit sa place. Aussi c'est ainsi qu'il répondoit aux amis de ce cardinal : « Je veux bien être de ses amis; mais il veut ma place. » Et il ne se trompoit pas dans le jugement qu'il en faisoit, le cardinal de Retz prenant les moyens qui paroissoient les plus expédiens pour y parvenir.

Le Roi étant absent de Paris, qui s'étoit déclaré en faveur du prince de Condé, auquel il ouvrit ses portes le 2 juillet 1652, pour y faire entrer ses troupes, après le combat donné dans le faubourg Saint-Antoine ; le cardinal de Retz, avec ceux de son parti, se déclara ouvertement contre le prince ; et se rendant à des heures indues au palais du Luxembourg, après que ce prince en étoit sorti, il le ruinoit dans l'esprit de M. le duc d'Orléans, et l'empêchoit de faire et d'exécuter tout ce qu'il lui venoit de promettre et accorder : ce qui obligea le prince de Condé, après que le duc de Lorrraine eut retiré ses troupes, qu'il avoit amenées lui-même en France à son beau-frère, de mener son armée à Villeneuve-Saint-Georges, où il tenoit enfermée celle du Roi commandée par le maréchal de Turenne, mais qui se trouva dégagée par la retraite des Lorrains, qu'on soupçonnoit avoir été ménagée pour la cour, par le cardinal de Retz, en Champagne. Il assiégea et prit la ville de Rocroy.

La ville de Paris se voyant en liberté, ne songea plus qu'à obliger la cour, qui étoit à Compiègne, d'y revenir, et d'obtenir du Roi un oubli général de ce qui s'étoit passé. Le cardinal de Retz y alla avec les députés du clergé, pour le supplier de revenir dans sa capitale. Le prevôt des marchands et les échevins, accompagnés des députés des quartiers, y allèrent ensuite, et tout le corps tant des marchands que des métiers les suivirent : ce que la cour avoit désiré et ce que le cardinal de Retz avoit évité, s'en étant chargé envers elle. Ce qui est si vrai, que le cardinal lui reprocha, dans une de ses lettres, les grands services que la Reine avoit déclaré publiquement qu'il avoit en cela rendus au Roi, en disant que son retour à Paris étoit l'ouvrage du cardinal de Retz,

Le désir qu'avoit la Reine de retenir auprès du Roi le cardinal Mazarin en qualité de premier ministre, et les sieurs Servien, Le Tellier et Fouquet, qui avoient le titre et le caractère de ministres d'Etat, et qui craignoient l'esprit inquiet du cardinal, firent prendre au Roi la résolution de le faire arrêter lorsqu'il viendroit le soir au Palais-Royal. Il avoit prêché dans l'église de Paris en la place du théologal, le premier dimanche de l'avent ; et lorsqu'il fut sorti de chaire, on y trouva attaché ce placard :

« Vous prêcherez malgré les uns, cardinal, en dépit des autres. Mais si vous prêchez l'avènement du Seigneur, ce n'est pas celui du seigneur Jules. »

Il vint seul au Palais-Royal (où il avoit paru plusieurs fois en habit déguisé), le soir qu'il y fut arrêté ; et de là conduit au château de Vincennes au mois de décembre 1652. Le sieur Joly, qui l'avoit averti de la résolution prise dans le conseil de l'arrêter, s'excusa de l'accompagner, lui disant qu'il s'allât perdre lui seul s'il vouloit ; mais que pour lui il ne vouloit pas se perdre avec lui. Ce qu'il lui dit, parce qu'il savoit que la cour n'avoit pas oublié ce qu'il avoit fait en 1649 en qualité de l'un des syndics des rentiers, ni son trop grand attachement et de ceux de sa famille au cardinal, dont quelques-uns furent exilés depuis, à l'occasion de la sortie du cardinal du château de Nantes en 1654, et de ce qui se passa dans la suite dans l'église et dans le diocèse de Paris.

La garde ordinaire du château et du donjon fut alors augmentée d'un grand nombre de gardes-du-corps de la première compagnie, commandée par le comte de Noailles qui, seul, n'avoit pas refusé de recevoir et de prendre le bâton en la place du marquis de Chandenier qui en étoit capitaine, et qui en jouit sans lui avoir jamais remboursé le prix de sa charge, le cardinal Mazarin, auquel il s'étoit attaché, l'ayant dispensé de faire justice à un gentilhomme et à un seigneur de la maison de Rochechouart, et neveu du cardinal de La Rochefoucauld.

[1653] Quelque grande que fût la fidélité de Claude Du Flos, sieur d'Avanton en Poitou, l'un des grands exempts des gardes de cette compagnie, et l'exactitude avec laquelle il veilloit pour rendre compte de la personne du cardinal de Retz ; quelque précaution qu'il pût prendre pour l'empêcher d'avoir aucun commerce au dehors, et qui étoit telle que les gardes-du-corps qu'il commandoit étoient tous enfermés au-dedans de la cour du donjon, sans avoir la liberté d'en sortir pour entendre la messe ailleurs que celle que le cardinal disoit lui-même assez souvent, ou que disoit un des chanoines de La Sainte-Chapelle à Vincennes, à laquelle il fit présent, en sortant de cette prison, du calice, des chandeliers, des burettes, et autres choses qu'il avoit fait faire pour célébrer la messe ; néanmoins on ne put jamais empêcher qu'il ne fût informé de ce qui se passoit au dehors, et qui le regardoit. A cela on ne sait qui peut y avoir eu plus de part, ou l'avarice de quelques gardes, ou la compassion qu'ils pouvoient avoir de l'état auquel ils voyoient un cardinal d'une maison illustre, leur futur archevêque et pasteur, dont les disgrâces pouvoient n'être pas éternelles, et qui pouvoit être en état de récompenser les offices de charité qu'ils lui rendoient. Et comme la mort de son oncle devoit produire beaucoup de changement dans ses affaires, par rapport à la dignité archiépiscopale, au titre dont il se trouvoit revêtu, et à l'autorité qu'il auroit dans le diocèse de Paris, dont le clergé séculier et régulier et le peuple ne pourroient voir sans indignation l'injure qu'on faisoit à l'Eglise et à la religion, en retenant dans les fers celui que Dieu leur avoit donné pour pasteur : ses amis eurent soin de lui faire savoir qu'il seroit averti de la mort de celui auquel il devoit succéder aussitôt qu'elle seroit arrivée, par des signaux qu'on lui avoit marqués ; l'un desquels étoit le son de certaines cloches qui sont dans les tours de Notre-Dame, que l'on feroit sonner d'une manière extraordinaire ; et la répétition qu'on feroit faire à la sonnerie de la Sainte-Chapelle du château de Vincennes, qui annonceroit deux fois de suite une même chose. On dit aussi qu'il en fut averti par le prêtre qui, en disant la messe devant lui, et en élevant sa voix plus haut qu'à l'ordinaire, le nomma dans le canon de la messe *Joannes-Franciscus-Paulus*, *antistes noster*, le nom de Paul le distinguant de son oncle.

[1654] De quelque manière que les choses soient arrivées, ce qui est certain et de fait est que Jean-François de Gondy, oncle du cardinal de Retz, mourut premier archevêque de Paris le 21 mars 1654, pendant la nuit ; que le même jour de très-grand matin parut, dans l'église de Paris, Pierre Le Beure, porteur de la procuration de ce cardinal pour prendre pour lui et en son nom possession de l'archevêché de Paris, qu'il prit en présence des doyens, dignitaires, chanoines et bénéficiers de cette église assemblés à cet effet ; qu'il fut installé en cette qualité en la chaire épiscopale, avec toutes les solennités ordinaires et accoutumées ; que le *Te Deum* fut chanté en musique, au son des cloches ; que la procuration pour prendre possession, et les actes faits en vertu d'icelle, furent le même jour insinués au greffe des insinuations ecclésiastiques du diocèse, avec les lettres du grand-vicaire qu'il avoit signées, et qu'il avoit fait expédier par les sieurs Lavocat et Chevalier, qu'il avoit choisis, nommés et institués ses vicaires-généraux ; et la commission de vice-gérant en l'officialité, qu'il avoit donnée en même temps au sieur Porcher, sous-pénitencier, docteur en la maison de Sorbonne.

Les lettres du grand-vicariat et la procuration pour prendre possession avoient été portées toutes dressées au château de Vincennes par Roger, notaire apostolique, et greffier des insinuations, qui s'étoit introduit en sa chambre déguisé en garçon tapissier, portant des pièces de tapisserie qu'il y tendit en la place de celles qui y étoient, et qu'il fit remporter, après avoir donné le moyen au cardinal de signer. Et c'est ce qui se trouve dans un livre manuscrit de l'Eglise de Paris, qui entre autres choses contient les noms des chanoines qui ont été promus à l'épiscopat et au cardinalat. L'auteur parle en ces termes du cardinal de Retz.

Il fut dès-lors reconnu pour archevêque de Paris, non-seulement dans tout son siége, mais encore dans tout le clergé de France. Les prêtres le nommoient à l'autel ; les curés, dans leurs prônes, le recommandoient aux prières en cette qualité ; le clergé et le peuple reconnoissoient l'autorité de ses grands-vicaires, qui en firent publiquement et paisiblement les fonctions, et qui administrèrent le diocèse sous son autorité, sans aucun trouble de la part de la cour, qui se contenta seulement de leur ordonner, par un arrêt du conseil d'en-haut, de ne faire aucun mandement extraordinaire sans l'avoir communiqué. Quoique la cour reconnût publiquement et en des actions particulières le cardinal de Retz pour archevêque de Paris, et qu'elle eût mis ses grands-vicaires en état de faire ce qu'il lui plairoit, néanmoins elle ne vouloit pas l'avoir pour archevêque de Paris ; et comme elle ne pouvoit plus le retenir en prison sans s'exposer aux reproches, au murmure et à l'indignation du public, elle chercha tous les moyens dont elle crut pouvoir se servir pour obtenir de lui sa démission, et lui rendre sa liberté aussitôt que le Pape l'auroit admise et lui auroit donné un successeur. Elle obligea le nonce Bagny d'aller visiter le cardinal à Vincennes, feignant d'avoir reçu de Rome ordre de le visiter de la part du Pape, mais plutôt pour le sonder touchant une démission : à quoi il ne le trouva nullement disposé. Toutes les fois qu'il alloit au château de Vincennes, il y trouvoit le comte de Brienne et M. Le Tellier, secrétaire d'Etat, chargés de propositions à lui faire. Il rejeta pendant un temps toutes celles qu'on lui faisoit; mais enfin, lassé des rigueurs d'une prison pendant seize mois, espérant de les adoucir et de jouir d'un peu de liberté, il les écouta et donna la démission de son archevêché en présence de deux secrétaires-d'Etat, du comte de Noailles, capitaine des gardes, et du président de Bellièvre, qui fut surpris de la nouvelle que Davanton lui donna, en entrant dans la cour du château, de la résolution qu'il avoit prise de se démettre de l'archevêché de Paris, et qui fut dépositaire de quelques paroles qui furent respectivement données, et que le cardinal de Retz n'a pas voulu déclarer, lorsqu'il en a parlé dans quelqu'une de ses lettres qu'il écrivit depuis sa sortie du château de Nantes. Ainsi, ni les promesses qu'on lui fit alors, ni les conditions sous lesquelles il donna sa démission, ni ce que la cour s'obligea de lui donner en bénéfice pour le récompenser de ce qu'il paroissoit s'abandonner volontairement aux vœux de la cour, ni ce qu'il avoit demandé et obtenu pour ses amis, qui ne l'avoient point abandonné, et qui l'avoient servi si utilement avant et depuis sa détention, ne fut point rendu public, parce qu'on savoit que ce que l'on avoit obtenu de lui, dans l'état auquel il étoit, ne pouvoit servir qu'à faire voir que la cour se trompoit elle-même, devant être assurée que la démission qu'un cardinal avoit faite étant dans les fers, entre les mains de ses ennemis, étoit absolument nulle; qu'elle lui seroit inutile, et que le Pape ne la recevroit et ne l'admettroit jamais, pour ne pas donner un titre d'exemple aux puissances séculières pour arracher, quand il leur plairoit, des évêques de leurs sièges.

Le seul effet que produisit cette démission fut que le cardinal de Retz changea de prison : Davanton, qui commandoit les gardes-du-corps, l'ayant transféré de Vincennes à Nantes, et mis entre les mains du maréchal de La Meilleraye, duquel il ne recevoit pas l'ordre pendant la marche, quoiqu'il accompagnât le cardinal, qui devoit être servi par quelques-uns de ses propres domestiques, et ses proches et ses amis avoir la liberté de le visiter au château, où, contre les paroles données, il se trouva enfermé sous une bonne et sûre garde.

Il faut en cet endroit remarquer plusieurs choses.

La première est que les grands-vicaires du cardinal de Retz, qui avoient commencé le 21 mars 1653, jour du décès de l'archevêque de Paris, son oncle, de prendre la conduite et l'administration du diocèse sous son autorité, continuèrent d'en faire les fonctions depuis, et nonobstant la démission qu'on avoit tirée de lui de son archevêché dans le château de Vincennes, parce qu'il étoit toujours demeuré en possession de son titre et de sa dignité, et qu'il ne pouvoit en être privé que lorsqu'elle auroit été admise par le Pape, et qu'il lui auroit donné un successeur.

La seconde, que la raison pour laquelle le maréchal de La Meilleraye renforça la garnison du château, et qu'il l'y fit garder très-étroitement par l'ordre de la cour, fut qu'elle avoit été assurée que la démission qu'elle avoit tirée de lui étant nulle, le Pape, bien loin de l'admettre, l'avoit rejetée avec colère et menaces, comme étant injurieuse à l'Eglise et au sacré collége.

La troisième, que le cardinal, dans ses lettres qu'il écrivit à Rome, depuis sa sortie du château de Nantes, a nié d'avoir donné aucune parole au maréchal de La Meilleraye de ne pas se servir du droit naturel, et de tous les moyens qu'il trouveroit pour procurer sa liberté, la cour lui ayant reproché d'avoir violé celle qu'elle disoit lui en avoir donnée.

La quatrième, que pendant sa détention dans le château de Vincennes et de Nantes, qui fut de près de vingt mois, on ne l'accusa d'aucun crime; et qu'on ne s'avisa de lui en imposer et de former des accusations contre lui (seulement dans le public, et non par devant aucun juge qui fût compétent d'en connoître) que depuis qu'il fut sorti du château de Nantes, par le secours que lui donna l'abbé Rousseau, très-fort et très-vigoureux, qui lui porta des cordes qu'il avoit mises autour de son bras gauche, étant caché dans un manteau long qu'il portoit ordinairement, avec lequel il descendit seul, en plein jour, le long de la muraille, dans un fossé près la rivière, pendant que ses gardes et ses sentinelles étoient occupés à vider une bouteille de vin qu'un des valets de chambre de ce cardinal, auquel cet abbé avoit recommandé d'apporter à boire à cette Eminence qui en demandoit, leur avoit donnée en s'en retournant. Et parce qu'il y avoit, assez proche de la muraille, un prie-dieu sur lequel le cardinal se mettoit à genoux lorsqu'il disoit son bréviaire, qu'il s'étoit fait apporter, l'abbé Rousseau étendit sur ce prie-dieu un habit du cardinal, et au-dessus sa calotte rouge, pour tromper les gardes, que les valets de chambre avoient avertis de ne pas approcher de leur maître, parce qu'il vouloit prier Dieu; et qu'ils crurent, en voyant de loin ses habits, qu'il étoit au prie-dieu.

Un des pages du maréchal de La Meilleraye, qui se baignoit, ayant aperçu qu'on descendoit quelqu'un avec des cordes dans le fossé de dessus la muraille, sortit de l'eau tout criant : « Le » cardinal de Retz se sauve! » Mais ceux qui étoient sur le bord de la rivière, et les mariniers, eurent moins d'attention à ce qu'il disoit qu'à secourir un religieux qui se noyoit.

Le cardinal de Retz ayant été heureusement descendu dans le fossé, il en fut tiré par ceux que le duc de Brissac tenoit tout prêts, avec des chevaux, sur l'un desquels on le monta. Mais à peine eut-il galoppé environ deux cents pas, qu'ayant voulu tourner trop court au coin d'une rue du faubourg, son cheval s'abattit et le renversa par terre, et en tombant il se démit l'épaule. Ceux qui l'escortoient, se voyant poursuivis par les gardes du maréchal de La Meilleraye, qui étoit monté à cheval, eurent toutes les peines, non-seulement à le remettre sur son cheval, mais encore à le faire consentir d'y être mis pour continuer leur chemin et le mettre dans un lieu de sûreté.

Tout avoit été disposé pour le conduire et le mener à Paris, et l'escorte devoit venir plus nombreuse dans les chemins, suivant les mesures qu'on avoit prises pour le mettre en possession de la maison épiscopale, ou lui donner les tours de son église pour sa retraite, au cas qu'elle ne fût pas pour lui un asyle assez sûr et assez fort.

Mais cet accident imprévu obligea ceux qui l'escortoient de chercher un asyle ailleurs, et de le conduire à un lieu près de Beaupréau, appartenant au duc de Brissac, beau-frère du duc de Retz, frère du cardinal, et qui avoit épousé la fille du duc de Retz, fils du marquis de Belle-Ile, fils aîné du maréchal de Retz, tué en voulant surprendre la forteresse du mont Saint-Michel.

Il sortit par ce moyen du château de Nantes, le 8 août 1654, après midi, lorsque la cour étoit sur les frontières de Picardie, et occupée, avec le cardinal Mazarin, à faire lever le siége mis devant Arras par le prince de Condé, qui fut contraint de le lever le jour de Saint-Louis, et qu'il n'auroit pas levé si le cardinal de Retz eût été assez heureux que de se rendre de Nantes à Paris : chacun étant persuadé que la nouvelle de son évasion, et celle de son arrivée et de sa présence dans Paris, auroient obligé le cardinal Mazarin d'abandonner la frontière et le secours de la place assiégée, pour se défaire de son plus grand ennemi, qui avoit un peuple entièrement à sa dévotion, et capable de le maintenir dans son siége.

Le même jour, 8 août 1654, il écrivit au chapitre de son église et aux curés de la ville de Paris, pour leur donner avis de sa liberté.

Lettre au chapitre de l'Eglise de Paris.

« Messieurs,

» L'état où j'ai été jusqu'à cette heure
» m'ayant obligé de retenir les véritables res-
» sentimens des obligations que je vous ai,
» j'emploie ces premiers momens de ma liberté
» pour vous les expliquer. Et, puisque j'ai eu
» le bonheur d'être élevé parmi vous, et que
» ç'a été le premier degré qui m'a fait passer à
» la dignité de votre archevêque, laquelle
» vous avez travaillé à me conserver avec tant
» de générosité, jusqu'à vous exposer à toutes
» sortes d'événemens pour l'amour de moi, je
» veux aussi vivre et mourir en cette même
» qualité, espérant que, comme vos affections
» iront toujours en augmentant, ma gratitude
» et ma reconnoissance seront aussi immortelles.
» C'est ce que je vous conjure de croire, et de
» me donner la part en votre souvenir et en vos
» prières, que je souhaite, Messieurs, votre
» très-requis et affectionné serviteur. *Signé* le
» cardinal DE RETZ.

» Proche Beaupréau, le 8 août 1654. »

Et au-dessus : « A messieurs les doyen, cha-
» noines et chapitre de l'Eglise de Paris. »

Lettre aux curés de Paris.

« Messieurs,

» Aussitôt que je me suis vu en lieu de sûreté,
» et qu'il m'a été permis de rendre publics les
» sentimens de mon cœur sur les affections que
» vous avez universellement fait paroître pour
» ma personne, je n'ai pas voulu différer plus
» long-temps à vous rendre mes justes remerci-
» mens, et vous donner les assurances que je
» serai inséparablement le reste de mes jours
» avec un clergé que j'aurai toujours aussi cher
» que je l'ai expérimenté généreux. Ma transla-
» tion a été l'ouvrage de votre fermeté, et ma

» liberté celui de vos prières. Je vous en rends
» toutes les reconnoissances dont je suis capa-
» ble ; et dans l'espérance que vous me continue-
» rez vos bons offices, je demeurerai, Messieurs,
» votre, etc, *Signé* le cardinal DE RETZ, arche-
» vêque de Paris.

» Proche Beaupréau, le 8 août 1654. »

Et au-dessus : « A Messieurs les curés de
» Paris. »

Le cardinal de Retz écrivit en même temps
au Roi, qui étoit à Péronne, où il avoit dépêché
un homme exprès pour lui présenter sa lettre.
Mais ses ennemis qui étoient auprès du Roi, suivant les plaintes qu'il en fit dans sa lettre du 14
décembre 1654, qu'il adressa aux évêques et
archevêques de France, prenant le soin de lui
ôter tous moyens de détromper le Roi des mauvaises impressions qu'ils tâchoient de lui donner contre lui, renvoyèrent le gentilhomme
sans aucune réponse, sinon celle-ci : qu'on ne
pouvoit rien recevoir de sa part qu'il ne se fût
remis auparavant dans l'état dont il étoit sorti.
C'étoit à dire que le seul moyen de se réconcilier
avec eux étoit de se rendre leur esclave et leur
captif, et que lorsqu'il seroit très-étroitement
resserré dans le château de Nantes ou dans les
prisons de Brest, il pourroit écrire au Roi avec
toute sorte de liberté. Ce qui obligea le cardinal
de méditer son évasion, et ceux de sa famille
avec ses amis de lui en procurer les moyens,
fut l'avis qu'il eut que la cour n'ayant pas trouvé
celle de Rome disposée à admettre une démission faite par un cardinal détenu prisonnier,
elle avoit, contre les paroles qui avoient été
données, dont le président de Bellièvre étoit dépositaire, fait expédier les ordres pour le faire
transférer du château de Nantes dans les prisons
de Brest, ou dans la forteresse de Brouage. Mais
quelle qu'en ait été la cause, outre le désir naturel qu'on a de sortir d'un état violent et de recouvrer sa liberté, il est certain qu'aussitôt que
la nouvelle en fut portée à Péronne, elle alarma
la cour, et lui fit prendre la résolution d'ôter
au cardinal de Retz la conduite et le gouvernement de son Eglise, voyant qu'elle n'avoit pu le
dépouiller de son titre et le priver de sa dignité.
Et ce qui la précipita à prendre des moyens qui
blessoient toutes les règles de l'Eglise, sans prévoir qu'ils exciteroient l'indignation publique,
et engageroient les évêques à s'unir avec lui
pour la défense commune des droits et pour s'assurer leur titre et la possession de leur dignité
et de leurs siéges, fut la joie que la nouvelle de
son évasion donna au clergé et au peuple, et les
témoignages publics que le chapitre de l'Eglis
de Paris et les curés en donnèrent par leurs actions de grâces, qu'ils rendirent solennellement
à Dieu de la liberté qu'il avoit rendue à leur archevêque.

Le chancelier Seguier, qui étoit resté à Paris
avec les deux surintendans des finances Servien
et Fouquet, qui s'étoient chargés de veiller pendant l'absence de la cour sur ce qui se passeroit
de la part du clergé, s'assemblèrent au Louvre,
seuls, où ils arrêtèrent, par l'avis du sieur Servien, que les deux autres furent obligés de suivre, qu'il seroit envoyé un ordre aux sieurs Lavocat et Chevalier, grands-vicaires du cardinal
de Retz, de se rendre incessamment à Péronne,
de même qu'à quelques-uns des chanoines et des
curés qui avoient paru les plus attachés à leur
archevêque, pour y rendre compte de leur conduite : ce qui alarma tellement les autres curés
leurs confrères, qu'ils n'osèrent ouvrir ni faire
lecture dans leur assemblée de la lettre qui leur
avoit été écrite le 8 d'août.

Ils ordonnèrent au sieur de Roquet, premier
commis du comte de Brienne, secrétaire d'Etat,
en sortant de leur assemblée, de se servir des
blancs signés qui lui avoient été envoyés de Péronne, et d'en remplir huit pour être portés le
lendemain matin par un exempt à ceux dont on
lui donna les noms. Peu de jours après, savoir,
le 22 du même mois d'août, on vit paroître quatre pièces faites à Paris par le sieur Servien,
mais datées de Péronne, dont quelques-unes
furent publiées par les jurés-crieurs trompettes
du Roi, et affichées dans les places publiques,
aux portes des églises et au coin des grandes
rues.

La première, du 29 août 1654, étoit une ordonnance du Roi, par laquelle, outre les ordres qui
avoient été envoyés au maréchal de La Meilleraye pour reprendre le cardinal de Retz, au cas
qu'il se fût retiré en quelque lieu de l'étendue de
sa charge ou du voisinage, il étoit ordonné et
enjoint très-expressément à tous gouverneurs et
lieutenans-généraux dans les provinces, gouverneurs des villes et places, maires et échevins,
gentilshommes et seigneurs des châteaux, et
tous autres dans le pouvoir, détroit, juridiction
et seigneuries desquels le cardinal de Retz se
trouveroit, de l'arrêter et mettre en lieu de sûreté, ou d'en donner avis, conseil, aide ou
main-forte pour l'arrêter et garder sûrement,
jusqu'à ce qu'ayant averti le Roi de sa détention, il en eût autrement ordonné ; à peine à
ceux qui sauroient le lieu où il seroit et ne le
révèleroient, et à ceux qui le pourroient arrêter
et qui le manqueroient, ou qui refuseroient toute

l'assistance qui dépendroit d'eux pour cet effet, d'être punis comme désobéissans et perturbateurs du repos public. Le Roi défendit très-expressément à tous ses officiers et sujets, de quelque état, dignité et profession qu'ils fussent, de lui donner aucune retraite, aide et assistance quelconque, pour quelque cause ou prétexte que ce pût être; d'avoir intelligence ou commerce avec lui directement ou indirectement; de recevoir aucunes lettres, messages ni ordres venant de sa part, ni d'en exécuter aucun; à peine de punition, d'être en cas de contravention privés des charges, offices et possessions des bénéfices dont ils se trouveroient pourvus, et déclarés incapables d'en posséder à l'avenir dans le royaume.

Les deux et troisième étoient deux lettres du Roi, écrites à Péronne le 22 du même mois. La première adressée au maréchal de L'Hôpital, gouverneur de Paris, et la seconde au prévôt des marchands et échevins de la même ville, pour leur ordonner de tenir la main à l'exécution de son ordonnance du 20 aussi du même mois d'août, et de s'assurer du cardinal de Retz, s'il étoit assez téméraire que d'entreprendre d'y venir.

La quatrième étoit un arrêt du conseil d'en-haut, donné à Péronne le même jour 22 d'août, qui déclaroit le siège de Paris vacant, et enjoint aux doyen, chanoines et chapitre de s'assembler pour nommer des grands-vicaires pour prendre l'administration et le gouvernement du diocèse pendant sa vacance; et qui leur fut signifié par deux huissiers de la chaîne, avec commandement d'y obéir.

Comme il a été très-difficile d'avoir les arrêts et l'acte de signification qui en fut fait au chapitre, ni ceux des délibérations qu'il fut obligé de prendre, on ne peut les rapporter, ni rendre compte de ce qui se passa depuis l'évasion du cardinal de Retz jusqu'au temps qu'il apprit lui-même au public son arrivée à Rome. Et pour en être en quelque manière un peu instruit, il faut se contenter nécessairement d'avoir recours à lui-même pour savoir ce qu'il a voulu en apprendre, tant aux archevêques et évêques de France, ses confrères, qu'au chapitre de son église, dans les lettres qu'il leur écrivit de Rome les 24 décembre 1654 et 22 avril 1655, avant la mort d'Innocent X, et depuis l'élection d'Alexandre VII, son successeur. La seule observation qu'on peut faire, sur l'obéissance que rendit le chapitre à l'arrêt du 22 août, est qu'elle fut récompensée par la cour en la personne du sieur de Contes, son doyen, d'une place de conseiller d'État; et que ceux qui avoient reconnu le siège vacant, qui avoient obtenu des dispenses, des institutions, des permissions de confesser, et qui avoient été ordonnés par les évêques de Dol et de Coutances, appelés les vicaires-généraux du chapitre, furent tous conseillés de se pourvoir à Rome pour être réhabilités et absous; que tous les autres évêques de France refusèrent de conférer les ordres à ceux qui se présentoient avec des démissoires de ces nouveaux vicaires-généraux; que ceux qui s'attachoient aux règles de l'Église s'adressèrent au cardinal de Retz qui étoit à Rome, pendant même la tenue du conclave, pour lui demander tout ce dont ils auroient besoin pour la mission, la juridiction et l'ordination, qui leur fut envoyée par l'abbé de Lameth, docteur de la maison de Sorbonne, son parent, et l'un de ses conclavistes; et que le nonce Bagny, auquel la cour avoit dit qu'il suffisoit qu'un évêque ne lui fût pas agréable pour être privé de son siège, refusa de se servir des saintes huiles que Claude Amory, évêque de Coutances, avoit faites dans l'église de Paris, à la prière des vicaires-généraux du chapitre, disant que *istud oleum non erat sacrum*.

[1655] Le cardinal de Retz, après avoir assuré ses confrères, par sa lettre du 24 décembre 1654, que la plus grande consolation qu'il avoit eue dans les liens avoit été d'apprendre qu'ils avoient joint leurs supplications aux instances du Pape, pour lui procurer la délivrance d'une misérable servitude; qu'ils avoient témoigné que les mêmes chaînes qui le retenoient en prison tenoient enchaînée la liberté de l'Église gallicane; et qu'ayant vu avec regret toutes leurs remontrances inutiles, ils avoient au moins gémi avec lui et avoient été touchés de son infortune, leur représentoit:

1° Que, quoiqu'il semblât que l'oppression de l'Église ne pût aller guère plus loin que d'emprisonner un cardinal et un archevêque, contre toutes les formes de la justice ecclésiastique et séculière, il n'avoit pu s'imaginer que ceux qui, pendant vingt mois de prison, n'avoient rien osé publier pour noircir son innocence, et qui n'avoient pas d'autres crimes à lui reprocher, sinon qu'il étoit archevêque de Paris, et qu'il possédoit une dignité dont ils avoient envie de le dépouiller, se seroient emportés tout d'un coup, aussitôt que Dieu lui auroit rendu sa liberté, à le déchirer de la manière du monde la plus indigne, et qui blessât davantage le respect que tous les fidèles et les princes même doivent avoir pour les images vivantes de Jésus-Christ et les ambassadeurs du maître des rois;

2° Qu'il s'étoit bien représenté que ceux qui

ne le vouloient plus pour archevêque de Paris auroient de la peine à souffrir qu'il fût dans un état où il pourroit conserver cette dignité malgré tous les efforts; mais qu'il avoit espéré que dans la plus cruelle guerre qu'ils pourroient lui faire ils auroient toujours quelque retenue pour la grandeur et la sainteté de l'épiscopat, et qu'il ne seroit pas si malheureux que de voir le sacerdoce de Jésus-Christ flétri de la dernière des ignominies dans un royaume très-chrétien : tous les peuples soumis à sa juridiction ayant vu avec autant de douleur que d'étonnement que la délivrance de leur prélat, qui avoit été un peu auparavant l'objet de leur joie publique, étoit devenue l'unique sujet d'une cruelle proscription contre sa personne, d'une sanglante diffamation contre l'honneur, d'une honteuse profanation de sa dignité sacrée;

3° Qu'il avoit eu bien de la peine à croire, avant que de l'avoir vu de ses propres yeux, qu'on eût traité un archevêque dans la ville de son diocèse, et chassé de son siège comme on auroit fait un bandit ou un capitaine de voleurs; qu'on eût affiché dans toutes les places et au coin de toutes les rues des placards qui ne le déshonoroient pas seulement par des injures et des calomnies, mais qui l'exposoient à toutes sortes de violences, par des ordres barbares et inouïs contre la vie d'un des princes de l'Eglise.

Il se plaignoit de ce que, sans aucune information et sans aucune apparence du moindre crime, on avoit commencé d'abord par une procédure aussi injuste et aussi inhumaine qu'étoit celle d'armer tous les gouverneurs des places, les maires et échevins des villes, tous les gentilshommes et seigneurs, contre un évêque qui n'avoit fait autre chose que de se délivrer, selon la loi naturelle et évangélique, d'une violence qui avoit fait soupirer toute l'Eglise durant tant de temps; de ce qu'on le traitoit comme un ennemi public qui travailloit à allumer la guerre dans tout le royaume, lorsqu'il ne pensoit qu'à en sortir pour se garantir d'une oppression qui lui étoit inévitable en y demeurant; de ce qu'on ne lui laissoit aucun lieu ouvert dans toute la France que les prisons et les cachots; de menacer de châtimens très-rigoureux, comme des recéleurs et des brigands, ceux qui auroient pitié de son infortune, et qui lui rendroient quelque office de charité, ou qui même seroient retenus, par un respect de chrétien vers l'Eglise leur mère, de porter leurs mains violentes et sacriléges sur l'un des oints du Seigneur, pour le sacrifier à la vengeance de ses ennemis, et enfin de faire un sacrilège digne d'une punition exemplaire.

Il leur représentoit que dans les placards on avoit déclaré au public qu'il méritoit d'être poursuivi à feu et à sang, à cause de l'ingratitude qu'il avoit témoignée des grâces qu'on lui vouloit faire; c'est-à-dire parce qu'il n'avoit pas reçu avec assez de gratitude cette nouvelle espèce de grâce qu'on jugeoit sans doute être fort signalée, qui étoit de le décharger, par un mouvement d'amour qu'on avoit pour lui, de la dignité d'archevêque de Paris, et de lui accorder, par un effort de la même charité, de passer tout le reste de ses jours dans la prison de Brest.

On reconnoissoit, disoit-il par le même écrit, c'est-à-dire l'ordonnance du 20 août 1654, qu'il avoit protesté et fait assurer le Roi par ses amis qu'il étoit toujours résolu de demeurer ferme dans l'obéissance et dans la fidélité qu'un sujet devoit à son souverain; mais que cette parole, qu'il garderoit constamment tant qu'il vivroit, à l'exemple de ceux de sa maison, aussi fidèle et aussi attachée à nos Rois qu'aucune de France, étoit devenue tout d'un coup, par sa sortie, le fondement de la plus inhumaine proscription qu'on ait jamais vue dans une semblable rencontre : comme si on ne pouvoit être fidèle au Roi que dans les fers; que tous ceux qui étoient libres fussent des rebelles; et que toutes les paroles qu'on avoit tirées de ses amis n'eussent été que pour assurer le Roi qu'il demeureroit fidèlement en prison.

Je devois donc, continua-t-il de dire, être exposé à la fureur des peuples, parce que, selon mes ennemis, je me suis rendu coupable d'une supercherie honteuse, quoique je n'aie fait que me servir du droit naturel qu'a toute personne opprimée de se délivrer de l'oppression sans avoir violé aucune parole. Il appeloit, en cet endroit M. le président de Bellièvre à témoin, comme dépositaire des paroles que ses ennemis lui donnèrent au sortir du bois de Vincennes, et le maréchal de La Meilleraye, qui avoit tant fait de prisonniers, et par conséquent n'ignoroit pas les lois de la prison, qui ne l'auroit pas gardé dans le château de Nantes aussi exactement, et avec tant de sentinelles et de gardes posées de nuit et de jour, s'il avoit cru qu'il eût été prisonnier sur sa parole, dont il l'auroit lui-même dégagé par cette conduite, s'il la lui avoit donnée: qui étoit seulement de ne se point sauver sur le chemin de Vincennes, quoiqu'il l'eût pu facilement, lui qui, contre la parole qu'il en avoit donnée, avoit averti une personne de grande condition qu'il ne pouvoit pas faire la guerre au Roi, et qu'il étoit obligé de le laisser transférer à Brest ou à Brouage, suivant l'ordre qui en avoit été expédié.

Il se plaignoit, dans la même lettre, de ce qu'ayant offert de s'éloigner volontairement de Paris pour guérir par son absence les frayeurs et les jalousies qu'on prenoit sur son sujet, et de ce qu'ayant travaillé si utilement, même au péril de sa vie, pour le retour du Roi, il n'avoit tiré autre fruit pour ses services que la perte de sa liberté ; que, dans le temps où il gémissoit sous les fers d'une prison, on n'avoit fait aucun scrupule de lui forger des crimes d'État ; de dire qu'il n'avoit pas cessé de faire ses pratiques accoutumées, et de renouer ses intelligences avec les étrangers et avec M. le prince de Condé, sans se mettre en peine d'apporter la moindre preuve d'une accusation capitale ; d'avoir aussi travaillé, d'abord depuis sa sortie, par ses lettres et par ses émissaires, à faire des assemblées illicites de noblesse, et exciter les peuples à la révolte, lorsque tout le monde étoit en paix comme avant sa délivrance. De ce qu'on ne le pouvoit rendre coupable des maux qui ne sont pas arrivés, on vouloit le rendre de ceux qu'on prétendoit pouvoir arriver s'il continuoit d'exercer sa charge d'archevêque de Paris, comme il avoit fait durant sa prison, paisiblement par ses grands-vicaires, jusqu'au jour de sa sortie du château de Nantes.

Il représentoit l'artifice grossier dont on s'étoit servi pour faire croire que le Roi ne pouvoit pas demeurer dans la capitale de son État, si celui que Dieu y avoit établi archevêque, et qui ne pouvoit cesser de l'être que par l'autorité de l'Église, qui ne relève point de l'autorité séculière, et par les lois canoniques, exerçoit sa charge, même étant absent, en la même manière qu'il l'avoit exercée durant six mois par ses grands-vicaires, sans qu'il fût arrivé pendant ce temps la moindre émotion dans Paris. Ce qui faisoit connoître, disoit-il, que le seul crime véritable qui avoit attiré sur lui les derniers et les plus violens efforts de la passion de ses ennemis, c'étoit qu'il n'étoit pas davantage leur prisonnier, et qu'ils ne pouvoient plus le renfermer dans la prison du château de Brest.

Il y continuoit de se plaindre de ce qu'on avoit soumis à une infâme proscription la dignité de cardinal et d'archevêque ; de ce qu'on avoit profané par une garnison de soldats sa maison archiépiscopale, quoique sacrée, comme faisant partie de l'Église ; et de ce qu'on lui avoit ravi tout le revenu de son archevêché, et employé, pour colorer cette action d'un faux prétexte, la plus haute des injustices, qui étoit celle d'alléguer le défaut d'avoir rendu au Roi le serment de fidélité, et par conséquent l'ouverture de la régale, pendant qu'on l'avoit détenu en prison, et empêché de rendre ce devoir ; de ce qu'on avoit condamné ses domestiques à un exil rigoureux sans aucune forme de procès, persécuté ceux qu'on croyoit être ses amis, bannissant les uns et emprisonnant les autres ; exposant les maisons et les terres de ses proches à la discrétion des soldats ; ayant avec inhumanité étendu la haine que ses ennemis lui portoient jusque sur la personne de celui qui lui avoit donné la vie (Philippe-Emmanuel de Gondy, comte de Joigny, chevalier des ordres du Roi, général des galères, depuis prêtre de l'Oratoire), sans considérer son extrême vieillesse, les services qu'il avoit rendus à la France en qualité de général des galères, ni l'état d'une vie retirée, et d'un prêtre qui n'avoit d'autre part en la disgrâce de son fils que celle de la tendresse d'un père et la charité d'un prêtre pour le recommander à Dieu dans ses sacrifices, ajoutant à un dernier exil de Paris un nouveau bannissement à cent lieues de sa maison, dans un pays de montagnes et de neiges, où des gardes l'avoient conduit.

Il leur représentoit l'attentat qu'on avoit formé contre leur autorité commune ; des brebis ayant entrepris de juger les juges et les pasteurs du troupeau, des séculiers de déposer un archevêque et de déclarer son siège vacant par un arrêt du conseil d'État du 22 août 1654, ayant arraché l'encensoir au pontife du Seigneur, et mis la main à l'arche, non pas pour la soutenir, mais pour la faire tomber ; et cela sous prétexte d'une démission que le Roi avoit acceptée, mais qui étoit nulle, ayant été extorquée dans une captivité de seize mois, étant datée du donjon du château de Vincennes, contre laquelle il avoit assez protesté auparavant par l'éloignement formel qu'il en avoit témoigné au nonce Bagny, en présence de deux secrétaires d'État qu'on lui avoit envoyés pour le sonder sur une démission qu'on n'osoit faire paroître, tant elle étoit pleine de nullités ; que le Pape avoit rejetée comme pernicieuse à l'Église, et comme étant l'effet de la violence et de l'oppression, et qu'il avoit révoquée ; démission enfin qui, de même que le défaut de la prestation du serment de fidélité, avoit été reconnue n'avoir produit aucun effet, et n'avoit pas été capable de faire déclarer son siège vacant, puisque ses grands-vicaires avoient continué depuis, comme ils faisoient auparavant, d'administrer son diocèse ; que toutes les paroisses et tous les prêtres, dans leurs sacrifices, avoient continué de prier pour lui comme pour leur archevêque, puisque le Roi l'avoit reconnu pour archevêque de Paris, par un arrêt à ses grands-vicaires de ne faire aucun mandement extraordinaire sans le communiquer, reconnoissant par là qu'ils avoient le pouvoir d'en faire : d'où il concluoit que puisqu'il avoit été reconnu pour archevêque de Paris depuis sa démission, nonobstant le défaut de prestation de serment de fidélité jusqu'au jour de sa délivrance, la seule sortie du château de Nantes avoit été la seule et unique cause de sa prétendue déposition, puisque ce n'étoit que depuis ce temps-là qu'un concile de nouvelle espèce, composé de maréchaux de France et de ministres d'Etat substitués à la place du Pape et des évêques, et tenu à Péronne le 22 août, avoit déclaré son siége vacant.

Il y observoit la différence qu'il y avoit entre les canons de ce concile et ceux de l'Eglise, qui vouloient qu'aussitôt que Dieu avoit rompu les liens d'un évêque prisonnier, il reprît la conduite de son diocèse, au lieu que ceux du concile de Péronne vouloient qu'un évêque, qui pendant sa détention gouvernoit son Eglise par ses grands-vicaires, perdît le pouvoir de le faire, ayant recouvré sa liberté, son Eglise devenant captive dès le moment qu'il devenoit libre, de libre qu'elle étoit lorsqu'il étoit captif.

Il ajoutoit que c'étoit peut-être dans ce même concile qu'on avoit fait un canon qui avoit été allégué pendant sa prison au nonce Bagny, suivant lequel il suffisoit qu'un évêque ne fût pas agréable à la cour pour être déposé ; que pour établir ces nouvelles lois on avoit commencé par intimider les grands, qui, n'ayant pu être ébranlés par les menaces, avoient été mandés à la cour avec quelques chanoines et quelques curés de Paris, pour y rendre compte de leurs actions ; qu'on avoit pris le temps de leur éloignement pour signifier au chapitre de l'Eglise de Paris cet arrêt qui déclaroit son siége vacant, et qui ordonnoit de nommer dans huit jours des grands-vicaires pour administrer le diocèse en son nom ; que l'absence de cinq des plus généreux de cette compagnie, les menaces faites à quelques autres, les promesses faites au plus intéressé, et la crainte de la perte de ses priviléges dont le chapitre avoit été menacé, ne l'avoient pas empêché de le reconnoître pour son archevêque, et de déclarer que son siége n'étoit pas vacant, ayant arrêté de très-humbles remontrances pour son retour et celui de ses grands-vicaires, jugeant que leur absence ne pouvoit pas servir de fondement pour s'immiscer dans l'administration du diocèse.

Le cardinal de Retz expliquoit encore dans sa lettre, d'un côté la douleur qu'il avoit d'avoir appris que le chapitre, cédant à la force et n'ayant pu résister à l'orage et à la tempête qui alloient fondre sur lui, avoit nommé des grands-vicaires pour administrer son diocèse, dont il venoit de déclarer que le siége n'étoit pas vacant ; et de l'autre la consolation qu'il avoit d'avoir su que, pour cette nomination, il n'y avoit eu que quatre voix de plus, que le suffrage de ceux qui avoient été éloignés ont rendues inutiles. Il leur faisoit connoître les conséquences de cette entreprise sur la juridiction, et du violement si public de toutes les lois de l'Eglise, et des voies que l'on prenoit pour faire que les ecclésiastiques et évêques ne fussent que de petits-vicaires du conseil d'Etat, destituables à la moindre volonté d'un favori.

Il finissoit sa lettre en conjurant ses confrères de faire quelque réflexion sur l'état de l'Eglise de Paris, sur la proscription de ses grands-vicaires, des chanoines et des curés relégués en diverses provinces et en des villes éloignées, afin que leur exemple y laissât une image de crainte et de terreur qui fît trembler les autres, qui n'avoient pas été lire dans leur assemblée la lettre qu'il leur avoit écrite. Il leur demandoit non pas seulement des larmes et des gémissemens, mais de la vigueur pour leur faire soutenir les intérêts de l'Eglise, leur faisant connoître que Dieu demandoit autre chose de ses principaux ministres que des mouvemens intérieurs, et la stérilité d'un zèle muet et sans action ; les faisant ressouvenir de ce que saint Martin avoit dit à un empereur, et Constantin aux évêques de son siècle ; et encore que l'assemblée de 1655 avoit fait en faveur de l'évêque de Léon, opprimé par un ministre, et déposé de son évêché par un jugement qui avoit apparence d'être canonique, mais qui n'avoit eu pour fondement qu'un faux crime de lèse-majesté.

Enfin il leur donnoit avis de son arrivée, après beaucoup de traverses, au siége du prince des apôtres, et au refuge le plus assuré de tous les évêques persécutés ; que la route qu'avoit pu prendre une barque de cinq pêcheurs avoit ôté à ses ennemis tout prétexte de l'accuser d'intelligence avec les ennemis de l'Etat ; et que la route qu'il avoit prise ensuite étoit suffisante pour justifier son passage d'Espagne, et pour convaincre de mensonge ceux qui avoient publié, dans un de leurs placards, qu'il avoit été à Madrid pour y offrir la place de Belle-Ile, et qu'il y avoit eu des conférences avec des personnes qu'il n'avoit jamais vues. Il les informoit des témoignages obligeans de charité et d'affection dont le Pape et les cardinaux l'avoient honoré, l'ayant reconnu pour archevêque de

Paris, et ayant reçu le pallium qui lui avoit été conféré en cette qualité ; les assurant qu'il espéroit demeurer dans la paix au milieu de la tempête, disant à Dieu ces paroles de David : *In umbrá alarum tuarum sperabo, donec transeat iniquitas.*

La nomination que le chapitre de Paris avoit faite du sieur de Contes, son doyen, et d'autres, pour, en qualité de ses vicaires-généraux, prendre l'administration et la conduite du diocèse pendant le temps non pas d'une véritable vacance, mais pendant celui que Pierre de Marca, archevêque de Toulouse, le plus cruel ennemi et le plus dangereux, à cause de sa science, qu'ait jamais eu le cardinal de Retz, ainsi qu'on le connoîtra dans la suite, commença dès-lors, et qu'il continua depuis d'appeler une quasi-vacance ; cette nomination, dis-je, introduisit dans cette Eglise un schisme aussi scandaleux qu'il étoit ouvert, déclaré et soutenu alors par la cour : les personnes les plus pieuses, les plus savantes et les plus instruites des règles de l'Eglise ayant refusé de reconnoître la juridiction des chapitres de ses vicaires-généraux.

Le scandale que causa ce schisme, qui désoloit l'Eglise de Paris, augmenta lorsqu'on vit deux évêques étrangers, Denis-Antoine Cohon, évêque de Dol, et Claude Auvry, évêque de Coutances, ancien domestique du cardinal Mazarin, appelés sans aucune nécessité, contre la disposition des canons et les réglemens du clergé, par ces schismatiques grands-vicaires, pour faire les ordres dans la chapelle de la maison archiépiscopale, et les saintes huiles dans le chœur de Paris : entreprise qui dès-lors fut si universellement condamnée, et depuis tant par les véritables et légitimes grands-vicaires du cardinal de Retz que par les évêques assemblés, que d'un côté ceux qui avoient été ordonnés par ces deux évêques étrangers furent obligés d'obtenir à Rome des absolutions, et que de l'autre ni les curés de la ville et ceux de la campagne, ni les doyens ruraux, ne vinrent point en 1655, prendre, suivant la coutume, les saintes huiles à Paris, chacun d'eux ayant conservé celles qu'ils avoient eues l'année précédente, ou en ayant eu des diocèses voisins ; et que le nonce Bagny refusa de s'en servir, parce qu'elles avoient été illicitement consacrées, ainsi qu'on l'a déjà rapporté.

Depuis cette longue et fameuse lettre du cardinal de Retz, adressée aux archevêques et évêques de France, il ne parut rien de sa part ni de celle de la cour pendant quelque temps.

La tenue du conclave où il étoit, qui fut ouvert le 7 de janvier 1655, n'ayant fini que le 7 d'avril suivant, lorsque le cardinal Fabio Chigi fut élu pape et prit le nom d'Alexandre VII, en fut la cause.

Mais le courrier Marquin, qui avoit été dépêché à M. de Lyonne, envoyé extraordinaire vers les princes d'Italie, et qui étoit à Rome pour y prendre le soin et la direction principale des affaires du Roi, qui sont les qualités qu'il désira qu'on lui donnât en la suscription des lettres qu'il recevoit du comte de Brienne, secrétaire d'Etat pour les affaires étrangères, arriva à Paris le 15 avril au matin, qui étoit le quinzième jour après son départ pour Rome, avec la nouvelle de l'élection du Pape. La cour, qui étoit à Vincennes, manda aussitôt le courrier (l'auteur lui délivra une ordonnance de deux mille livres pour sa course) ; et craignant que le Pape nouvellement créé ne suivît les mouvemens de son prédécesseur en faveur du cardinal de Retz, en la personne duquel il prétendoit que l'Eglise et le sacré collége avoient été également offensés, fit publier et afficher dans Paris, le 13 mai 1655, une ordonnance faite à Vincennes le 16 d'avril précédent, qui étoit le lendemain de l'arrivée de ce courrier, par laquelle le Roi déclaroit qu'ayant ci-devant envoyé à Rome pour informer cette cour de la mauvaise conduite de ce cardinal, et étant bien instruit des intelligences et pratiques qu'il continuoit d'avoir avec les ennemis déclarés de son Etat, en attendant que son procès eût été fait, il avoit donné les ordres nécessaires pour empêcher l'effet de ses pernicieux desseins. Mais d'autant qu'il pouvoit y avoir encore aucuns particuliers ses sujets, lesquels, feignant d'ignorer la mauvaise intention de ce cardinal, et n'avoir aucune connoissance des crimes dont il étoit prévenu (ce qui étoit impossible de connoître), ne laisseroient d'avoir correspondance avec lui, et de se laisser surprendre à ses artifices, il faisoit défense à tous ses sujets de quelque qualité et condition qu'ils fussent, ecclésiastiques ou autres, sous quelque prétexte que ce pût être, de demeurer près de lui, d'entretenir aucun commerce ou correspondance avec lui par lettres ou autrement ; et si aucuns se trouvoient alors auprès de sa personne, il leur enjoignoit de se retirer en France aussitôt que l'ordonnance leur auroit été connue : le tout à peine de saisie de leurs biens, et d'être procédé contre eux comme désobéissans à ses ordres, coupables de mêmes crimes, et perturbateurs du repos public. Et pour obliger les François qui étoient à Rome, et qui étoient attachés au cardinal de Retz et dans ses intérêts, d'en sortir, M. de Lyonne avoit porté avec lui une grande quantité de blancs signés du comte de Brienne, secrétaire d'Etat (l'auteur les joignit aux instructions qui lui furent données avant son départ), pour s'en servir suivant les ordres qu'il avoit reçus de la cour, et les remplir en conformité de ses intentions.

Quelque temps après la publication de cette ordonnance, il parut une lettre du cardinal de Retz, écrite à Rome le 22 du mois de mai, adressée aux doyen, chanoines et chapitre de son église, dont on distribua plusieurs copies imprimées, par lesquelles le public apprit :

1° Qu'ils lui avoient donné des marques de leur estime et de leur affection par la réponse obligeante qu'ils avoient faite à sa première lettre du 8 d'août 1654, et par les publiques actions de grâces qu'ils avoient offertes à Dieu pour sa délivrance.

2° Qu'il les y assuroit que, parmi tant de traverses et périls qu'il avoit courus depuis, il n'avoit pas eu d'affliction plus sensible que d'apprendre les tristes nouvelles de la manière dont on avoit traité leur compagnie pour la détacher de ses intérêts, qui étoient ceux de l'Eglise ; et leur faire abandonner, par des résolutions forcées et involontaires, celui dont ils avoient soutenu le droit et l'autorité avec tant de chaleur et de constance ; que la fin si heureuse de ses voyages et de ses travaux n'avoit pu lui faire oublier ce qu'on avoit fait pour les assujettir ; et que ni l'accueil favorable que lui avoit fait Innocent X, ni les marques de bonté et d'affection dont il lui avoit plu honorer son innocence et son exil, ni la protection apostolique que ce pape lui avoit promise avec tant de tendresse et de générosité, n'avoient pu entièrement adoucir l'amertume que lui avoit causée depuis six mois l'état déplorable auquel leur compagnie avoit été réduite.

3° Qu'il avoit appris avec douleur que ceux qui, depuis sa liberté, leur avoient fait un crime de leur zèle pour lui, ne lui avoient reproché, par un écrit public et diffamant, d'avoir fait faire dans la ville capitale des actions scandaleuses et injurieuses au Roi, que parce qu'ils avoient témoigné à Dieu, par l'un des cantiques de l'Eglise, la joie qu'ils avoient de sa délivrance, après la lui avoir demandée par leurs prières ; et que cette action avoit tellement irrité leurs ennemis, qu'ils en avoient pris occasion de les traiter de séditieux et de perturbateurs du repos public, s'étant servis de ce prétexte pour mander ses grands-vicaires en cour, et autres de leurs corps, sous ombre de leur faire rendre compte de leur conduite : mais dans la vérité pour les exposer au mépris par les outrages, par les insultes et les moqueries, et les abattre, s'ils eussent pu, par leurs menaces.

4° Que ce qui l'avoit plus touché avoit été d'apprendre que cette persécution qu'on avoit faite à ses grands-vicaires, et à quelques autres de leurs confrères, n'avoit servi que de degré pour se porter ensuite à une plus grande qu'on avoit faite à tout le corps, n'en ayant été écartés que pour l'affoiblir, et prendre le temps de leur exil pour signifier au chapitre un arrêt du 22 août 1654, par lequel des séculiers, usurpant l'autorité de l'Eglise, déclaroient son siége vacant, et leur ordonnoient, ensuite de cette vacance prétendue, de nommer dans huit jours des grands-vicaires pour gouverner son diocèse en la place de ceux qu'il avoit nommés, avec menace qu'il y seroit pourvu s'ils refusoient de le faire.

5° Que deux huissiers étant entrés dans l'assemblée du chapitre, leur avoient déclaré qu'ils leur signifioient cet arrêt par exprès commandement à ce qu'ils eussent à y obéir ; et parce que les premières impressions de la crainte et de la frayeur étoient toujours les plus puissantes, ne voulant pas leur laisser de temps pour se reconnoître, ils lui avoient enjoint de délibérer sur l'heure, leur déclarant qu'ils ne sortiroient pas du lieu jusqu'à ce qu'ils l'eussent fait.

6° Que le cardinal de Retz avoit repris dans sa lettre tout ce que le public avoit déjà lu dans celle qu'il avoit adressée, le 24 du mois de décembre 1654, aux archevêques et évêques de France, touchant les cas dans lesquels un chapitre peut prendre l'administration d'un diocèse pendant l'absence de son évêque, qui, quoiqu'il en soit éloigné, pourvu qu'il ne soit pas détenu prisonnier chez les Infidèles, peut continuer de le gouverner par ses grands-vicaires, à l'exemple de saint Cyprien, qui, s'étant retiré pour ne pas exciter la fureur des Infidèles contre son peuple, établit des grands-vicaires pour conduire en son nom son église de Carthage ; du cardinal de Richelieu, alors évêque de Luçon, et de M. de Sourdis, archevêque de Bordeaux, qui, s'étant retirés tous deux à Avignon, ne cessèrent de gouverner leurs diocèses par eux-mêmes en y envoyant leurs mandemens, et par leurs grands-vicaires.

7° Que ce qui lui avoit causé aussi une sensible douleur, c'étoit d'avoir appris qu'il s'étoit trouvé deux prélats assez indifférens pour l'honneur de leur caractère, et assez dévoués à outes les passions de ses ennemis, pour entreprendre de conférer les ordres sacrés dans son église, ou plutôt de les profaner par un attentat étrange; n'y ayant rien de plus établi dans toute la discipline ecclésiastique que le droit qu'a chaque évêque de communiquer la puissance sacerdotale de Jésus-Christ à ceux qui lui sont commis, sans qu'aucun évêque particulier le puisse faire contre son gré, que par une entreprise qui le rend digne d'être privé des fonctions de l'épiscopat dont il viole l'unité sainte, selon l'ordonnance de tous les anciens conciles, que celui de Trente avoit renouvelée.

Enfin, qu'ayant sujet de croire que ces grands-vicaires étoient alors à Paris, où la bonté du Roi les avoit appelés pour y exercer leurs fonctions sous son autorité, il leur avoit adressé la bulle du Pape pour le jubilé qu'il avoit accordé à cause de son exaltation au pontificat, pour la faire publier selon les formes; et, en cas qu'ils n'y fussent pas, qu'il l'avoit envoyée aux sieurs de Chassebras et de Haudencq, docteurs de Sorbonne, archiprêtres de la Madeleine et de Saint-Severin, pour en user selon ses ordres et selon la pratique du diocèse, en l'absence des sieurs Lavocat et Chevalier, ses grands-vicaires.

Le curé de Saint-Severin ayant reçu un commandement du Roi de l'aller trouver, le sieur de Chassebras, qui reçut un pareil ordre, crut qu'il ne devoit et ne pouvoit y déférer sans prévariquer à celui qu'il avoit reçu du cardinal de Retz pour faire cesser les entreprises du chapitre sur sa juridiction. Après avoir commis le soin et la conduite de sa paroisse de la Madeleine au sieur Barré, docteur de Sorbonne, mort en 1705 doyen de l'église d'Orléans, grand-vicaire du cardinal de Coaslin, évêque d'Orléans et official du diocèse, il disparut; et pour assurer sa personne et sa liberté dans l'exercice de ses fonctions de grand-vicaire, il choisit les tours de Saint-Jean en Grève pour le lieu de sa demeure, comme un asyle secret et assuré contre tout ce qui pourroit venir de la part de la cour pendant son absence de sa paroisse, et sa retraite de sa maison presbytérale. Comme il ne cessoit pas de gouverner le diocèse, ayant soin de faire mettre sur l'autel de l'église de la Madeleine toutes les expéditions de ce qu'on lui demandoit, par des mémoires que l'on portoit aussi sur le même autel : aussi la cour ne cessa-t-elle pas de faire procéder contre lui extraordinairement au Châtelet, où, après l'avoir fait appeler par trois différens jours à cri public devant la porte de son église,

on déclara les défauts et contumaces dûment obtenus; et pour le profit il fut déclaré rebelle, sans s'expliquer davantage, et ses bénéfices vacans et impétrables. Durant cette procédure, il ne laissa pas de communiquer souvent avec ceux qui entretenoient des correspondances secrètes avec le cardinal de Retz et ses amis qui étoient cachés dans Paris, sortant de ses tours en habit séculier et déguisé.

Le cardinal de Retz ne s'étoit pas contenté d'avoir averti le chapitre de son église, par sa lettre du 22 mai 1655, qu'il avoit établi les archiprêtres de la Madeleine et de Saint-Severin ses grands-vicaires, par le mandement qu'il leur avoit adressé pour la publication de la bulle du jubilé. Il en fit un autre le 28 juin suivant, adressé aux doyen, chanoines et chapitre de son église, à tous les curés, ecclésiastiques, et aux fidèles de son diocèse, par lequel il les avertissoit que, pour ne pas exposer son diocèse aux malheurs où le défaut d'une conduite légitime pourroit le précipiter, il avoit nommé les archiprêtres de ces deux églises pour l'administrer sous son autorité, et exercer les mêmes fonctions qu'eussent exercées ses autres grands-vicaires, si leur absence ne leur en eût ôté le moyen : voulant que tous les curés, prêtres séculiers et réguliers, et les fidèles de son diocèse, sussent qu'ils ne pouvoient se soumettre à l'avenir à autre puissance spirituelle qu'à la sienne; qu'elle étoit la seule et légitime approuvée de Dieu et de l'Eglise; que ceux qui cherchoient, ailleurs que sous sa conduite et celle des personnes par lui commises, la grâce qui les sauvoit n'y trouveroient que leur condamnation; que ceux qui prendroient les ordres sacrés se lieroient devant Dieu et se rendroient abominables, plutôt qu'ils ne se mettroient en état de délier les autres et de les sanctifier, et que ceux auxquels on voudroit communiquer le pouvoir d'absoudre ne le recevroient aucunement, et tromperoient malheureusement les ames qui prendroient leurs directions; que les dispenses données pour les mariages ne seroient pas valables, ni les professions religieuses canoniques; enfin que toute autre conduite que la sienne ne seroit qu'un horrible sacrilège et qu'une institution détestable. Mais qu'il espéroit mieux, et qu'il croyoit qu'après le désaveu qu'il faisoit d'une entreprise condamnée par la sainte Eglise romaine, par les conciles, par toutes les universités libres, par tous ceux qui avoient l'amour de Dieu, et par lui, à qui seul l'Eglise de Paris étoit commise, le chapitre de son église métropolitaine, dont il avoit par le passé expérimenté le zèle pour l'Eglise et l'affection pour ses prélats, obligeroit les autres par son exemple à reconnoître son autorité, en la personne des archiprêtres de la Madeleine et de Saint-Severin, ses grands-vicaires; et que ses ouailles, connoissant l'intention de leur seul pasteur, se garderoient bien à l'avenir de recevoir aucune pâture qui leur seroit mortelle, par une conduite infiniment préjudiciable au salut qu'il leur souhaitoit.

Ce commandement fut suivi d'un autre du sieur de Chassebras, du 28 juillet 1655, affiché aux portes des églises, qui étoit adressé à tous curés, communautés, maisons religieuses, monastères, et tous prêtres ecclésiastiques du diocèse, auxquels il faisoit savoir qu'ayant plu au cardinal de Retz de lui commettre l'administration de son diocèse pendant l'absence de ses grands-vicaires, il avoit cru qu'il étoit de sa charge de ne point abandonner la conduite de son troupeau, ainsi que faisoit un pasteur mercenaire, et de sa conscience de ne pas renoncer à la juridiction qu'il lui avoit donnée; de plus, d'encourir les censures que l'Eglise avoit fulminées contre les ecclésiastiques et autres qui abandonnoient, sous prétexte d'une accusation, leur évêque avant qu'il y eût contre lui une sentence juridique; et que puisque Jésus-Christ l'avertissoit de craindre plutôt celui qui tuoit l'ame que ceux qui pourroient nuire au corps, il appréhenderoit pour cela de répondre devant Dieu d'une horrible indiscrétion, en quittant le diocèse, qui seroit sans aucune forme de gouvernement, faute de supérieurs. C'est pourquoi, ne croyant pas s'éloigner du respect qu'il devoit aux magistrats, ni de l'entière obéissance qu'il devoit au Roi, en faisant exécuter, pour le gouvernement du diocèse, les ordres du cardinal de Retz, que toute l'Eglise reconnoissoit pour archevêque de Paris, il avoit cru leur devoir signifier sa volonté exprimée dans son mandement. Ces deux mandemens, imprimés l'un ensuite de l'autre et sur une même feuille, se trouvèrent affichés aux portes des églises de Paris et des faubourgs de la même ville, le matin 15 août, fête de l'Assomption, jour qu'on avoit choisi pour plus public, le peuple étant alors assemblé dans les églises pour assister au service divin, et dans les rues pour voir la cérémonie de la procession solennelle qui se fait tous les ans ce jour-là, et à laquelle le parlement, la chambre des comptes, la cour des aides et le corps de ville assistent.

L'absence du curé de Saint-Severin, qui étoit à la suite de la cour, où il avoit eu ordre de se rendre, et les défenses que le chancelier Séguier lui avoit faites, de la part du Roi, de faire aucune fonction de grand-vicaire dans le diocèse de Paris; la retraite du sieur de Chassebras dans un lieu inconnu, mais très-sûr, et les perquisitions exactes et rigoureuses qu'on faisoit de sa personne, avoient mis ce diocèse dans une espèce d'état d'abandonnement de la part de ceux qui étoient chargés de le conduire, parce que le sieur de Chassebras ne pouvoit, sans se découvrir, avoir aucune communication avec les curés, qui d'ailleurs n'avoient pas la liberté de publier les mandemens qu'il étoit obligé de faire et de leur adresser, pour avertir de ce qu'ils contenoient ceux qui étoient soumis à la juridiction du cardinal de Retz. Il se servoit de la seule voie qui lui restoit pour leur faire connoître les intentions de leur pasteur, qui étoit de faire afficher pendant la nuit, aux portes des églises et dans les rues, tout ce que les curés et les supérieurs des communautés séculières et régulières auroient dans un autre temps reçu de sa part et fait exécuter.

On se servit alors de gens affidés qui, marchant le soir dans les rues, portoient sur le derrière de leurs épaules des feuilles imprimées toutes enduites de colle, qu'ils appliquoient, en se retournant le corps et comme en passant, aux portes des églises, aux coins des rues et dans les places publiques, mettant leurs dos contre les murs et les portes des églises, et des édifices des places publiques. Ensuite ils continuoient leur chemin, sans que les passans eussent pu découvrir ce que faisoient ces gens, qui se retiroient du côté des murs des églises et des maisons pour leur laisser la liberté entière du chemin.

Ainsi on ne vit plus alors, par ce moyen, que des actes, des ordonnances, des mandemens imprimés et affichés dans les places publiques, qu'on notifioit par cette voie à ceux auxquels ils auroient dû être publiquement envoyés et signifiés en la manière ordinaire.

Le premier acte qui fut rendu public par cette voie (quoique néanmoins déjà signifié à Dominique Séguier, évêque de Meaux, comme plus ancien des évêques de la province de Paris, et parce qu'il y étoit, en parlant à son suisse, en la maison qu'il avoit conservée, comme ancien chanoine, dans le cloître de l'église de Paris, par Philippe Marcout, prêtre du diocèse de Meaux) fut celui par lequel le sieur de Chassebras (qui avoit été averti que cet évêque s'étoit engagé de convoquer l'assemblée de la province de Paris par une autorité autre que celle du cardinal de Retz, et qu'on prétendoit, après une certaine telle quelle comparution au palais archiépiscopal, faire procéder à la nomination des députés de la province pour assister à l'assemblée générale du clergé) conjuroit premièrement les évêques de la province de faire conjointement leurs efforts pour obtenir du Roi la sûreté de sa personne, à ce qu'il pût se trouver dans l'assemblée provinciale, et y tenir la place que l'ordre et la coutume lui donnoient; ou s'ils jugeoient plus à propos d'attendre que l'assemblée générale fût formée par tous trois ensemble, s'y trouver, et la supplier de joindre ses intercessions à celles qu'ils feroient au Roi pour la sûreté de sa personne. Ensuite il protestoit de nullité, tant contre l'assemblée provinciale, en cas qu'elle se tînt, et contre tout ce qui y seroit résolu, que contre les délibérations qui seroient prises dans l'assemblée générale du clergé de France, où se trouveroient ceux qui y auroient été députés, ensuite de la prétendue convocation ou assemblée des députés des trois diocèses de Chartres, de Meaux et d'Orléans.

Le second, du 25 août 1655, étoit une ordonnance du cardinal de Retz, par laquelle il étoit enjoint au sieur de Chassebras, son grand-vicaire, de faire savoir de sa part à Antoine-Denis Cohon, ancien évêque de Dol, et à Claude Auvry, évêque de Coutances, et à ceux qui étoient soumis à sa juridiction, qu'ils avoient encouru les peines portées par les saints canons contre ceux qui confèrent les ordres dans les lieux où ils n'ont aucune juridiction; et que pour cela il leur interdisoit toute sorte de fonctions ecclésiastiques dans son diocèse, même la célébration de la sainte messe et du service divin.

Les trois et quatre étant ensuite dans une même feuille imprimée, étoient, pour la notification de la déclaration que le sieur de Chassebras faisoit à ces deux évêques, qu'ils avoient encouru les peines portées par les saints canons, savoir: l'évêque de Coutances, pour avoir fait les saintes huiles, et celui de Dol pour avoir conféré les ordres sacrés dans l'église de Paris, sans la permission de son archevêque ou de ses grands-vicaires; et que, par le commandement exprès qu'il en avoit reçu, il leur interdisoit toute fonction ecclésiastique dans son diocèse, même la célébration de la sainte messe et le service divin: mandant au premier prêtre non suspendu, ni excommunié, de le leur signifier, et aussi l'acte par lequel il en donnoit avis aux doyen, chanoines et chapitre de l'église de Paris, et aux curés et communautés séculières et régulières tant de la ville que du diocèse, auxquels il envoya des copies de tout.

Le cinquième, du 8 de septembre 1655, contenoit une première monition du sieur de Chassebras, adressée à tous les fidèles du diocèse, auxquels il faisoit savoir:

1° Qu'il avoit cru que les témoignages de respect et de déférence qu'il avoit rendus au Roi en la personne du chancelier, aussitôt qu'il avoit été chargé de la conduite du diocèse, et les assurances qu'il lui avoit données de ne rien faire dans l'exercice de cette charge qui pût blesser en la moindre chose la fidélité qu'il devoit et le bien de son service, avoient assez fait voir avec quelle pureté d'intention il entroit dans le ministère ecclésiastique, et qu'il n'avoit point d'autre pensée que de s'employer au besoin des ames, à soulager les consciences des troubles et scrupules qu'avoit fait naître avec raison l'usurpation d'une puissance sacrée et incommunicable autrement que par une puissance légitime.

2° Que, pour cet effet, aussitôt que l'archiprêtre, curé de Saint-Severin, docteur de la maison de Sorbonne, son collègue au vicariat, eut eu commandement d'aller trouver le Roi, l'exemple des grands-vicaires, qu'on avoit bannis et chassés après un semblable commandement, l'avoit fait résoudre à se retirer par respect de sa maison curiale, pour ne pas recevoir de pareils ordres, et n'abandonner pas tous deux ensemble le soin d'une des plus grandes églises du monde dont ils étoient chargés de la part de Dieu, et qu'ils ne pouvoient quitter en même temps sans blesser leurs consciences et sans trahir les intérêts de Jésus-Christ; voyant d'ailleurs qu'il étoit suffisant, pour rendre au Roi la déférence que de très-humbles sujets devoient à ses ordres, en ce qui n'étoit pas contraire aux ordres de Dieu, que l'un d'eux se rendit en cour pour apprendre de Sa Majesté ce qu'elle désiroit de leur service.

3° Que cette soumission n'avoit servi qu'à faire voir que ceux qui, par surprise, avoient tiré ces ordres du Roi, avoient entrepris de ruiner tout l'ordre épiscopal, et d'anéantir la juridiction spirituelle, qui lui venoit de droit divin, et contre laquelle les hommes ne pouvoient rien entreprendre qu'en faisant la guerre à Dieu; puisqu'ayant fermé toutes les avenues à son collègue, vicaire-général, vers Sa Majesté, pour l'empêcher de l'informer de l'état de l'Église de Paris, et lui faire leurs justes plaintes de l'oppression qu'on avoit commencé d'exercer contre elle, l'avoient tenu près de deux mois dans une ville frontière, sans lui faire savoir autre chose sinon qu'on ne vouloit pas qu'il fît sa charge et qu'il obéît à son archevêque dans une fonction purement spirituelle; et qu'on avoit vu paroître trois ou quatre méchans libelles dignes du mépris et de l'aversion de toutes les personnes d'honneur, de savoir et de piété, comme étant injurieux à la dignité épiscopale, honteux à l'Eglise, et remplis tant d'impostures contre l'honneur et l'innocence d'un cardinal et d'un archevêque, que de maximes hérétiques et schismatiques contre l'autorité des successeurs des apôtres; qu'on avoit vu la main profane des juges laïques arracher, par un attentat sans exemple, des registres ecclésiastiques, la commission des vicaires-généraux, qu'ils avoient reçue du cardinal archevêque de Paris : comme si cette violence eût été capable d'arracher du cœur de cette Eglise l'obligation indispensable qu'elle avoit d'être soumise à son archevêque, et de les reconnoître pour ses grands-vicaires, et comme si elle eût pu leur lier les mains et les dégrader de leurs fonctions.

4° Qu'on avoit fait ensuite des défenses à tous les curés de recevoir aucun ordre du cardinal de Retz, ni d'y rendre aucune déférence, comme si c'eût été un crime à un évêque de faire des réglemens spirituels pour la conduite de son diocèse, dont le Pape et toute l'Église le reconnoissoient pour le seul et légitime pasteur; qu'on avoit arraché avec une violence inouïe les mandemens qu'il avoit publiés, fait des perquisitions scandaleuses dans leurs maisons curiales, visité tous leurs papiers, sans considérer qu'en la place qu'ils tenoient ils pourroient en avoir qui regardoient des secrets de conscience, interrogé et examiné contre eux les vicaires de leurs paroisses.

5° Que quoique la calomnie la plus hardie ne lui pût reprocher d'avoir expédié aucun acte qui pût porter le moindre préjudice au service du Roi, ni donné le moindre soupçon de sa conduite, on avoit décerné contre lui des décrets d'ajournement personnel et de prise de corps; et, par un procédé qu'à peine l'on avoit pu croire si un million de personnes n'en eussent été témoins, on l'avoit trompetté par les carrefours, et même devant la porte de l'église de la Madeleine, où il annonçoit la parole de Dieu, et disposoit des mystères de Jésus-Christ comme s'il eût été un criminel et un scélérat que la justice poursuivît à cri public, et qui méritât d'être recherché d'une manière si infâme.

6° Qu'après toutes ces choses, sa patience deviendroit lâcheté, son silence une horrible prévarication, et qu'il seroit indigne du ministère qu'il exerçoit s'il ne défendoit l'honneur de l'Eglise, de l'épiscopat, de sa charge et de sa personne, par les voies que Jésus-Christ lui avoit présentées.

7° Que quoiqu'il pût d'abord se servir des remèdes que les conciles, les canons et la coutume de la sainte Eglise opposent à des violences semblables, néanmoins, pour pratiquer de tous points, et même au delà de ce qu'on auroit pu attendre après une si grande injure, la mansuétude de l'Evangile, qui l'obligeoit à supporter charitablement les pécheurs jusqu'à ce qu'ils se rendent incorrigibles, il exhortoit ceux qui sous le nom sacré de Sa Majesté excitoient une si injuste et si violente persécution contre l'Eglise et sa personne, d'en faire une réparation si publique qu'elle pût attirer sur eux, pour un si grand crime, la compassion du Ciel et l'intercession de l'Eglise; leur déclarant par cette première monition que s'ils ne la faisoient, et s'ils continuoient à opprimer l'Eglise, à détruire sa juridiction, à persécuter ses ministres, il auroit recours aux voies que la sainte Eglise et les canons prescrivent en semblables occasions.

Le sixième étoit une seconde monition datée du mois d'octobre 1655, adressée comme la première à tous les fidèles du diocèse, par laquelle, après s'être plaint de ce que sa patience et sa modération n'avoient servi qu'à irriter davantage ceux qui persécutoient l'Eglise, pour continuer leurs violences, jusqu'à faire brûler par la main du bourreau la paternelle et charitable monition qu'il leur avoit faite pour les retirer de leurs péchés, il les exhortoit, ensemble leurs complices, et les admonestoit pour la seconde fois, avant que de les livrer à Satan, qu'ils eussent à cesser les persécutions qu'ils excitoient sous le nom du Roi (qui étoit trop juste et trop pieux pour prendre part à ce désordre) contre le cardinal de Retz, archevêque de Paris, contre l'ordre épiscopal et contre sa personne; laquelle monition se trouva, suivant l'ordonnance qu'elle contenoit, affichée aux portes de l'église métropolitaine, et aux autres portes de la ville et faubourgs de Paris.

Au commencement de l'année 1655, avant que la lettre du cardinal de Retz, écrite à Rome le 24 décembre 1654, et adressée aux archevêques et évêques de France, eût été rendue publique, et qu'ainsi on n'en pût prévoir les effets qu'elle pouvoit produire, M. de Guénégaud, secrétaire d'Etat, avoit délivré aux abbés de Mormielle et de Villars, agens généraux du clergé, pour les envoyer aux archevêques et évêques de France, les lettres du Roi, par lesquelles il leur permettoit de tenir leurs assemblées particulières chacun dans leur diocèse, et les assemblées provinciales dans chacune province, pour y nommer deux députés de chaque ordre pour assister à l'assemblée générale du clergé, qui,

12

suivant la coutume, étoit indicte en la ville de Paris au 25 mai 1655.

Mais aussitôt que la cour eut vu paroître cette lettre, elle connut bien qu'elle pourroit engager l'assemblée à défendre les droits de l'épiscopat, et à ne pas souffrir que des chapitres prissent l'administration d'un diocèse qui avoit son pasteur dans la ville de Rome, sous prétexte d'une absence involontaire et de celle de ses grands-vicaires, qu'on retenoit en des lieux éloignés pour leur ôter la liberté et les moyens de faire leurs fonctions. Ce fut pour cela qu'elle prit le soin d'avoir des députés, des suffrages desquels elle pût disposer, pour tâcher de rendre inutiles le zèle et les efforts de ceux qui se déclaroient en faveur de l'Eglise et de l'épiscopat, et empêcher de prendre dans l'assemblée des résolutions contraires aux desseins qu'elle avoit d'opprimer entièrement le cardinal de Retz. Le maréchal de La Meilleraye, lieutenant-général au gouvernement de Bretagne, entra dans le lieu où se tenoit l'assemblée du diocèse de Nantes, pour commander au sieur Le Normand, grand-vicaire de Gabriel de Beauveau, évêque de Nantes et official du diocèse, qui y présidoit, de nommer celui qu'il lui indiqua pour député, pour assister à l'assemblée provinciale qui seroit convoquée à Tours.

L'adresse que le cardinal de Retz avoit faite aux curés de la Madeleine et de Saint-Severin, qu'il avoit établis grands-vicaires en l'absence de ceux que la cour avoit exilés, de la bulle du jubilé pour l'exaltation du Pape Alexandre VII; sa lettre du 22 mai 1655 au chapitre de l'Eglise de Paris ; le zèle et la fermeté avec laquelle le sieur de Chassebras avoit commencé d'exécuter la commission qu'il avoit reçue de son archevêque, et ce qui parut de sa part dans la suite, obligèrent la cour de différer la tenue de l'assemblée générale du clergé, premièrement du 25 mai au 25 août, et ensuite du 25 août au 25 octobre; et de faire envoyer par les agens autant de nouvelles lettres dans les diocèses, pour en avertir les archevêques et évêques, et ceux qui auroient déjà été nommés pour y assister en qualité de députés.

La cour n'avoit pas eu le temps de découvrir les intentions du Pape nouvellement élu, ni de pénétrer s'il suivroit les mouvemens de son prédécesseur, qui avoit témoigné si publiquement pendant la détention du cardinal de Retz, et depuis son arrivée à Rome, le ressentiment qu'il avoit de l'injure qu'on avoit faite à l'Eglise et au collége en la personne d'un cardinal et d'un archevêque ; et s'il n'engageroit pas les évêques de France assemblés à se joindre avec lui pour en demander et obtenir la réparation. Elle espéroit néanmoins que M. Servien, qui avoit connu le Pape à Munster, pourroit se servir de quelques liaisons qu'il avoit eues avec lui pendant qu'il étoit nonce à Cologne, et pour la paix à Munster ; en quoi elle se trompoit, parce que la cour de Rome étoit indignée et en colère de ce qu'on l'y avoit conclue sans la participation du nonce Chigi, et de ce que dans le traité on n'avoit fait mention que de la médiation de la république de Venise, et non pas de celle du Pape, qui nomma cette paix une paix honteuse, *pacem pudendam*; dans le traité de laquelle son nonce n'auroit jamais souffert d'être nommé, à cause du nombre des archevêques et évêques qu'on y sécularisoit, et parce que l'Empereur et l'Empire cédoient aux princes protestans Magdebourg, Ferden, Minden et Osnabruck, par alternative aux catholiques et aux protestans.

La difficulté qu'il y avoit de convoquer l'assemblée provinciale de Paris pour y nommer des députés, sans la présence desquels l'assemblée générale ne pouvoit pas, dans la province de Paris, faire aucune délibération sans s'exposer à des protestations et désaveux, fut encore une des principales raisons pour laquelle on en défendoit ainsi la tenue.

Les évêques de Chartres et d'Orléans n'étoient pas disposés à reconnoître les grands-vicaires du chapitre de l'Eglise de Paris. Il avoit déclaré, en les nommant, que c'étoit à cause de l'absence de ceux de son archevêque qu'il prenoit l'administration de son diocèse, et que la présence du curé de Saint-Severin et de la Madeleine lui avoit ôté, dès le mois d'Avril, tout prétexte de continuer de gouverner ce diocèse. Il y avoit même une contestation entre les évêques de Meaux et de Chartres pour la présidence en l'assemblée provinciale. Celui de Meaux la prétendoit comme le plus ancien, suivant le temps de sa consécration : alléguant, pour soutenir sa prétention, le jugement que le pape Grégoire XIII avoit rendu en faveur de l'église de Séez contre celui de Bayeux, doyen des évêques de la province de Rouen, tenue en 1581. L'évêque de Chartres alléguoit, la bulle d'érection de l'évêché de Paris en archevêché, par laquelle on avoit conservé aux évêques de Chartres la qualité qu'ils avoient de doyens de la province de Sens, et le droit d'avoir la première place entre les évêques de la province. Mais cette contestation fut terminée à Gromveil près de Chartres, château appartenant au sieur de Ligny, fils d'une sœur du chancelier Séguier et de l'évêque de Meaux, où les deux prélats s'étoient rendus.

L'affaire du cardinal de Retz ayant non-seulement mis ce diocèse et la province de Paris, mais encore le clergé, dans un très-grand mouvement, elle obligea la cour à prendre des mesures pour tâcher de prévenir, ou du moins de se garantir des suites qu'elle devoit connoître qu'elle pourroit avoir, particulièrement dans le diocèse de Paris. Elle jugea que la présence du Roi lui étoit nécessaire dans le lieu où le clergé devoit s'assembler, pour se ménager d'un côté les suffrages des députés, et empêcher l'assemblée de prendre les résolutions que le cardinal Mazarin insinuoit pouvoir être dangereuses et contraires à ce qu'il lui représentoit être ses véritables intérêts et ceux de l'Etat; et de l'autre, pour rendre plus difficiles le recours du cardinal de Retz à l'assemblée et l'accès de ses agens auprès de ses députés; et pour rendre aussi inutiles les intentions que ses amis, et les plus zélés et les plus pieux d'entre les évêques, auroient pu avoir de défendre l'honneur de leur dignité et les droits de l'épiscopat, qu'on avoit attaqués et violés en la personne du cardinal de Retz. Mais le Roi ne pouvoit se rendre à Paris de la frontière où il étoit, qu'après la fin de la campagne de Flandre.

Les secrétaires-d'Etat eurent ordre pour cela d'écrire à tous les archevêques et évêques des provinces de leurs départemens, pour leur marquer ceux que la cour désiroit avoir pour députés à l'assemblée générale; et sans parler de ce qui se passa dans les provinces, il suffit de rapporter qu'elle demanda à l'archevêque de Sens l'évêque de Nevers, prélat d'un mérite très-petit, et l'abbé de Harlay-Cely, né à Constantinople, où le baron ou comte de Cely avoit résidé pendant plusieurs années en qualité d'ambassadeur, pour députés de sa province: en lui laissant par grâce la liberté de choisir un député du second ordre pour composer la députation de cet archevêque, qui accorda ce qu'elle demandoit, parce que l'évêque de Troyes refusa d'accepter et d'être de la députation, croyant que l'abbé de Cely, qui étoit redevable à la maison de Retz, dont il étoit vassal à cause du comté de Joigny, de la conservation de la terre de Cely dans sa famille, et qui d'ailleurs étoit filleul de Roger, duc de Bellegarde (c'est ce que dit à l'auteur de cette histoire le père de Gondy, prêtre de l'Oratoire et père du cardinal de Retz, l'étant allé voir au mois de juillet 1657, après la séparation de l'assemblée, en la ville de Joigny, où la cour lui avoit permis enfin de se retirer), lequel duc de Bellegarde étoit oncle maternel de l'archevêque de Sens; croyant, dis-je, qu'il ne manqueroit pas à la parole qu'il lui avoit donnée de faire son devoir, et qu'il n'abandonneroit jamais les intérêts de l'Eglise. Une coadjutorerie à l'évêque de Nevers, pour un neveu qui fut sacré sous le titre d'évêque de Tripoli, mais dont il ne jouit pas, étant mort avant lui; et l'évêché de Lodève promis et donné depuis à l'abbé de Cely, après la séparation de l'assemblée, rendirent les bonnes intentions de l'archevêque de Sens très-inutiles. Mais son courage et sa fermeté engagèrent à son exemple plusieurs de ses confrères et un plus grand nombre de ceux du second ordre à le suivre et à l'imiter.

Le comte de Brienne, secrétaire-d'Etat, fit savoir au chapitre de Reims, pour être maître de la députation de la province, que le Roi désiroit que ses grands-vicaires, qui avoient l'administration et la conduite du diocèse pendant la vacance du siége, convoquassent l'assemblée de la province en la ville de Senlis, afin d'y pouvoir faire nommer plus commodément les députés qu'on désiroit avoir, et empêcher la nomination des évêques de Châlons et de Boulogne, dont le premier étoit ami du cardinal de Retz. Cela obligea ce chapitre de députer au Roi, pour le supplier de le conserver dans le droit et dans la possession en laquelle sont tous les chapitres des églises métropolitaines qui sont vacantes, d'indire par leurs vicaires-généraux, et de choisir le lieu pour la tenue des assemblées de leurs provinces. Après une conférence qu'eurent les députés avec le comte de Brienne, secrétaire-d'Etat, auquel le Roi les avoit envoyés, le chapitre de Reims eut la liberté de faire assembler les évêques de la province et les députés de leurs diocèses dans la salle du palais et maison de l'archevêque, en la ville de Reims.

Les choses étoient en cet état lorsque, le lundi 25 octobre 1655, tous les prélats s'étant rendus à Paris, l'assemblée commença.

FIN DES MÉMOIRES DE CLAUDE JOLY.

MÉMOIRES
DE PIERRE LENET,

PROCUREUR-GÉNÉRAL AU PARLEMENT DE DIJON, ET CONSEILLER-D'ÉTAT,

CONCERNANT L'HISTOIRE DU PRINCE DE CONDÉ DEPUIS SA NAISSANCE, EN 1627, JUSQU'AU TRAITÉ DES PYRÉNÉES, EN 1659;

PUBLIÉS D'APRÈS SES MANUSCRITS AUTOGRAPHES INÉDITS,

PAR MM. CHAMPOLLION-FIGEAC ET AIMÉ CHAMPOLLION FILS.

PREMIÈRE PARTIE.

PRISON DES PRINCES DU SANG, TROUBLES DE LA GUYENNE.

1649. — 1650.

NOTICE
SUR PIERRE LENET,
SUR SES MÉMOIRES ET SES MANUSCRITS INÉDITS.

Depuis plusieurs générations, la famille de Pierre Lenet occupait la charge de *domestique* dans la maison des princes de Condé. Fils et petit-fils de présidents au parlement de Dijon, il reçut le même titre en 1637, par la transmission de cette charge que Cl. Lenet résigna en faveur de son fils. Pierre Lenet remplit ensuite (1641) les fonctions de procureur-général, et en 1646 à la Table de marbre. Mais il devait sa fortune au prince de Condé, qui lui destinait un emploi plus important, lorsque la mort enleva ce prince en 1646. Le duc d'Enghien, son fils, conserva tous les anciens serviteurs de sa maison, et Pierre Lenet, qui, au dire de madame de Sévigné, avait de l'esprit comme douze, fut remarqué par le jeune duc, admis dans son intimité, et au moment où la reine et Mazarin dépensaient toutes leurs faveurs pour attirer dans leur parti le nouveau prince de Condé, celui-ci en profita pour faire obtenir à Lenet le brevet de conseiller d'état. Des négociations particulières aux affaires du prince occupèrent, sans grand éclat et sans le mettre en évidence, l'habileté de Pierre Lenet jusqu'à la fin du mois de janvier 1650 : c'est en cette année qu'un nouveau dissentiment entre le cardinal Mazarin et M. le prince, détermina la reine et le premier ministre, alliés avec les Frondeurs, à faire arrêter tous les princes du sang.

Lenet était alors en Bourgogne : les tentatives qu'il fit, mais sans succès, dans cette province, pour porter à se déclarer en faveur des prisonniers le parlement de Bourgogne et le château de Dijon, ne lui permirent pas de se croire en sûreté dans cette ville, dès que l'approche du duc de Vendôme, à la tête des troupes du roi, lui fut connue. Il se rendit donc à Chantilly où avaient été reléguées la princesse douairière de Condé, sa belle-fille, et son petit-fils, le jeune duc d'Enghien. D'autres partisans des princes s'y trouvèrent aussi : on tint conseil et les projets « de périlleuse conduite et de très difficile exécution » que l'on y arrêta furent confiés à Pierre Lenet. C'est à partir de ce moment que Pierre Lenet devint l'un des hommes importants du parti des princes, et s'il n'était entièrement le chef des tentatives de guerre civile excitées au nom des princes prisonniers, il en fut du moins l'ame, l'esprit, l'un des meneurs les plus influents, celui entre les mains de qui passèrent toutes les affaires importantes : personne donc mieux que lui ne pouvait raconter l'histoire du prince de Condé pendant ces temps de troubles politiques.

Pierre Lenet nous apprend lui-même que dès le moment où il fut chargé de diriger les affaires de la faction des princes, il prit note de tous les événements qui se succédèrent jusqu'à la paix conclue après la soumission de Bordeaux, vers la fin de cette même année 1650; que ce fut après son retour en France, au mois de janvier 1661, qu'il entreprit de rédiger, au moyen de son journal, les Mémoires relatifs aux troubles de la Guienne, dont il fit toutefois remonter la relation jusqu'au milieu de l'année 1649. Quelque temps après les avoir terminés, il les lut au prince de Condé, qui en fut très satisfait. Cette approbation l'ayant engagé à poursuivre ses Mémoires jusqu'à la paix générale, Lenet se mit de nouveau à l'ouvrage, compulsa ses papiers et en prépara la suite; toutefois il n'en termina pas la rédaction. C'est pourquoi toutes les éditions qui ont été données, depuis la première, qui parut en 1729 (1), s'arrêtent à la paix de Bordeaux. « Mais l'abbé Papillon, qui mourut en 1738, à l'âge de soixante-douze ans, avait ouï dire à un parent de Lenet, qu'il y avait une copie des Mémoires beaucoup plus ample que l'imprimé, et que l'on ne tarderait pas de la donner au public. Cette deuxième édition n'a pas été faite et on ignore ce qu'est devenu le manuscrit dont parle l'abbé Papillon (2). » Feu M. Petitot ajoute dans sa notice : « Nous avons trouvé parmi ceux des manuscrits de Lenet qui sont déposés à la Bibliothèque du Roi, les premiers feuillets de cette suite de ses Mémoires et diverses notes sommaires que l'auteur avait prises pour se guider dans son travail. *Nous n'avons pu faire aucun usage de ces fragments* (3). »

Petitot ne fait connaître aucune des raisons qui

---

(1) **Mémoires** de M. L***, conseiller-d'état, etc., sans nom de ville ni d'imprimeur.

(2) Petitot, notice sur Lenet, page 27.
(3) *Ibidem*, page 24.

le portèrent à ne faire *aucun usage de ces fragments*; et pourtant, dans une édition nouvelle de Mémoires déjà publiés, ils ne devaient pas être à négliger, afin de donner plus d'intérêt à une réimpression. Ces fragments ont-ils été lus par lui et jugés indignes d'être publiés? Nous ne le pensons pas.

Nous avons déjà eu l'occasion de faire remarquer, dans notre *Notice des manuscrits autographes de Pierre de Lestoile* (1), que M. Petitot donnait peu d'attention et de temps à l'examen des matériaux authentiques qui ont servi à ses éditions et notamment à celle de Lestoile : il en est de même à l'égard des manuscrits de Lenet. Ces manuscrits inédits, que nous publions pour la première fois, lui ont été connus, ainsi qu'il le déclare à la page 24 de sa Notice ; l'analyse que nous en donnerons fera déjà pressentir tout l'intérêt que doit avoir une narration inédite qui se rapporte à l'un des principaux personnages de la Fronde : et Petitot a dédaigné tant d'avantages, si précieux et si rares pour un éditeur! L'état informe du manuscrit et sa mauvaise écriture l'auraient-ils découragé? On peut le supposer.

En effet, ces manuscrits autographes et inédits de Pierre Lenet se composent de trois parties distinctes: 1° les notes qui ont servi ou qui devaient servir à l'auteur pour le guider dans la rédaction de ce nouveau travail et qui consistent en 68 pages grand in-folio ; 2° les deux premiers livres des *nouveaux Mémoires* rédigés par Lenet, aussi entièrement écrits de sa main et contenus en 141 pages du même format ; 3° enfin, des lettres, notes, mémoires diplomatiques et autres papiers de toutes sortes, écrits par lui, par le prince de Condé et les adhérents à son parti, soit en France, soit à l'étranger, depuis sa sortie de prison jusqu'au traité de la paix générale en 1659, documents que Lenet comptait insérer dans ses nouveaux Mémoires, comme il l'indique suffisamment dans les notes destinées à le diriger dans leur rédaction. L'écriture de Pierre Lenet est d'une lecture difficile, le papier dont il s'est servi est si mauvais, que les caractères des deux côtés du feuillet se confondent et s'embrouillent mutuellement, et plusieurs noms propres en deviennent fort incertains.

Tous ces manuscrits de Lenet sont donc bien réellement: 1° la suite inédite des Mémoires rédigés par Lenet ; 2° les papiers qui devaient servir à l'auteur pour composer la partie inachevée de son travail en le continuant jusqu'à la paix de 1659. A la difficulté de l'écriture de ces textes se joint aussi le désordre complet des papiers indiqués dans les notes de l'auteur comme devant servir à continuer et achever ses Mémoires; car ces papiers étaient réunis en grosses liasses ficelées,

(1) Pages 2, 3, 4 et 10 de la *Notice*, tome 1er de la 2e série de la *Collection des Mémoires pour servir à l'Histoire de France*, par MM. Michaud et Poujoulat.

mais sans analogies ni de dates ni d'événements.

Une note insérée à la page 24 de la Notice sur Lenet, par Petitot, confirme notre opinion sur l'examen trop superficiel que ce critique fit de ces papiers inédits. Il y avance en effet que :

« D'après les fragments manuscrits de Lenet qui sont déposés à la Bibliothèque du Roi, il paraît qu'il avait d'abord entrepris la rédaction de ses Mémoires en janvier 1651, mais qu'il fut obligé de suspendre son travail, qui était à peine commencé : il ne le reprit qu'après sa rentrée en France. »

L'on trouve précisément le contraire dans le manuscrit autographe dont voici le texte :

« Je commençai le premier volume de mes Mémoires à Paris, au mois de janvier mil six cent soixante et un. J'y travaillai environ quinze jours après une maladie que j'eus en ce temps-là ; mais j'interrompis cet ouvrage, si l'on peut appeler ainsy le soing que j'ay pris, pour ma satisfaction particulière, de mettre au net un journal que je fis en 1650, des affaires que je conduisis et de celles èsquelles j'eus bonne part, pendant la prison du prince de Condé. Je ne l'achevai que l'hiver dernier, que j'avois passé dans ma maison de Larrey, où j'estois pour lors dans une grande oisiveté, si je ne m'estois donné cest amusement. »

C'est donc en 1661 qu'il commença ses Mémoires. Il les interrompit quelque temps pour les reprendre ensuite ; mais ce fut toujours après sa rentrée en France qu'il y travailla, et non en 1651. Et si Lenet s'occupa à les continuer, ce ne fut pas, comme le dit Petitot, à la sollicitation du prince, car, à ce sujet, Lenet s'exprime en ces termes :

« Il (le prince de Condé) parut satisfait et surpris de tout ce que ses serviteurs et amis avoient fait pour son service, dont il ignoroit beaucoup de particularités; peut-estre aussi avoit-il affecté jusques alors de ne les pas cognoistre pour n'estre pas obligé d'en faire esclater sa reconnoissance. Quoy qu'il en soit, j'observois certains mouvemens en luy qui me donnèrent envie de continuer d'escrire beaucoup de choses qui m'ont passé par les mains, ou desquelles j'ai particulière cognoissance, depuis le temps de la détention jusqu'à la paix générale, où j'eus l'honneur de me trouver de la part du prince. »

Quant à l'authenticité du manuscrit inédit, comme aussi des pièces qui devaient servir à continuer les Mémoires, elle ne peut être révoquée en doute ; l'identité de l'écriture de la partie inédite avec celle de plusieurs pièces entièrement transcrites et signées par Lenet est complète, et les autres pièces sont toutes originales ou autographes. L'on y trouve même beaucoup de duplicata des traités, instructions, lettres, etc., donnés par le prince de Condé, et qui ne furent pas envoyés à leur destination, probablement parce que les premières expéditions de ces documents avaient suffi. Enfin, le passage suivant lèvera toute espèce de doute, s'il en restait encore, sur l'authenticité du nouveau Mémoire, destiné à faire suite à celui dans lequel Lenet retrace les troubles de Bordeaux :

« Je reprends maintenant, dit-il, la suitte de notre Histoire. Nous avons fini l'autre volume (la partie inédite est intitulée, *second volume*), en disant que la princesse et le duc d'Enghien estoient arrivés à Montrond en bonne santé. »

L'authenticité du nouveau Mémoire de Lenet ainsi établie, il nous reste à donner une idée de son contenu, de l'intérêt de cette narration nouvelle, et enfin à dire en quoi consistent les documents qui nous ont servi à former, d'après les notes de l'auteur, la partie des Mémoires de Lenet qui n'a pas été rédigée par lui.

Lenet a consacré les deux premiers livres de son *second volume*, ou de la deuxième partie de ses Mémoires, à raconter à la princesse de Condé l'éducation, la jeunesse et les premiers faits d'armes du prince son mari. Ce travail comprend l'intervalle de temps depuis l'année 1627, date de la naissance du prince, jusqu'à la mort de Louis XIII, en 1643. La princesse avait témoigné le désir de connaître tous ces détails, pour les appliquer à l'éducation du jeune duc d'Enghien, et Lenet, vieux serviteur de la maison de Condé, plus que tout autre était à même de les lui retracer dans les plus grands détails. Ce fut aussi le sujet d'une des conversations destinées à charmer les loisirs forcés de la princesse de Condé, retirée, après la paix de la Guienne, dans son château de Montrond, avec tous ceux qui étaient restés fidèles à son parti. Elle avait assigné un emploi dans la place aux uns, tandis que d'autres étaient envoyés à Paris pour soutenir le zèle des partisans abattus par les derniers revers de Bordeaux, ou en Espagne pour solliciter de nouveaux secours en faveur du parti des princes. C'est donc après avoir consacré quelques pages à retracer les occupations et les charges, comme aussi les intrigues galantes de toutes les personnes retirées autour de la princesse à Montrond, que Lenet écrivit l'histoire de la jeunesse du prince, telle qu'il l'avait racontée à la princesse sa femme. Lorsqu'il arrive à l'époque des premières campagnes du prince de Condé, alors duc d'Enghien, il laisse dire à ceux qui avaient assisté à ces journées de gloire, l'intrépidité et les talents militaires déployés au début de sa carrière dans les armes, par le jeune d'Enghien, bien plus illustre encore sous le nom de Condé. Puis, avant d'insérer ces narrations dans ses Mémoires, Lenet a soin de nous dire :

« Je les ay depuis confrontées à celles que l'on avoit imprimées auparavant, à ce que j'en avois escript moy-mesme, à mesure que l'on apportoit au Roy les nouvelles de ces victoires, et aux dépêches que je recevois pour lors de quelques-uns de mes amis qui servoient soubs luy, et qui avoient quelque part à sa gloire. » Et si, comme l'ajoute Lenet : « c'est dans les plaisirs et dans les affaires que l'on cognoît les hommes, » et que « nul ne peut écrire la vie des héros que ceux qui les ont observés de près, » pas de doute que nous ne retrouvions dans les Mémoires de Lenet l'histoire la plus complète des vicissitudes de la vie agitée de Condé, depuis ses premiers temps jusqu'en l'année 1659. On leur assignera aussi une place plus importante dans l'histoire nationale, lorsqu'on aura remarqué que ces Mémoires présentent, par la partie inédite que nous publions aujourd'hui pour la première fois, l'histoire complète et la plus exacte possible du prince de Condé, depuis sa naissance jusqu'à la paix des Pyrénées.

Toutefois, ces Mémoires offrent, dans leur arrangement chronologique, cette singularité, qu'après avoir contenu le récit des événements de la fin de l'année 1649, et tous ceux qui occupèrent l'année 1650, c'est-à-dire les troubles de Bordeaux (Mémoires imprimés), la deuxième partie fait remonter la narration jusqu'à la naissance du prince de Condé (1627), retrace les faits de sa jeunesse jusqu'à sa prison en 1650, ajoutant aux faits déjà rapportés sous la date de cette même année, dans la première partie des Mémoires, quelques traits par lui oubliés, et renvoyant pour le surplus à ce « qu'il a dit ailleurs, » c'est-à-dire à la partie imprimée. Ils continuent ensuite à retracer les événements de l'année 1651 et suivantes, jusqu'en 1659. Ainsi donc, pour lire dans leur ensemble les Mémoires de Lenet, et sans éprouver d'interruption dans l'ordre des événements, il faudrait commencer par la deuxième partie, qui nous apprend la vie du prince de Condé jusqu'au milieu de l'année 1649 ; puis avoir recours à la première partie (celle qui forme les anciennes éditions des Mémoires de Lenet), pour la fin de l'année 1649 et pour toute l'année 1650. Enfin la troisième partie poursuit régulièrement l'histoire du prince, depuis 1651 jusqu'en 1657.

Les Mémoires inédits, rédigés entièrement par Lenet, s'arrêtent toutefois à l'année 1643 ; pour les années suivantes, nous nous sommes servis du plan même arrêté par l'auteur dans ses notes manuscrites, pour la suite de ses Mémoires ; nous reparlerons de la fin de notre travail, qui formera la troisième partie des Mémoires de Lenet.

Comme nous l'avons dit, la deuxième partie de ces Mémoires est consacrée à la jeunesse du prince. Quelques traits expressifs du caractère du grand Condé, alors en bas âge, et à peine indiqués dans la partie publiée des Mémoires de Lenet, se trouvent rapportés avec les plus grands détails dans la partie inédite. Les soins qu'apporta le prince son père à l'éducation du jeune duc, s'y trouvent également indiqués en détail ; et si l'on considère à quelle époque un tel plan pour l'éducation d'un prince du sang, *l'éducation publique*, fut mis en pratique, on ne pourra assez louer la haute prévoyance du prince de Condé.

« M. son père, dit Lenet, luy forma une petite maison...., et le mit avec tous ses gens à l'académie chez Banjamin, ancien escuyer du Roy, qui avoit appris à monter à cheval à Louis XIII, et qui estoit un gentilhomme fort sage et le plus accrédité de son temps en cest exercice. Il voulut que ce bon homme eust autant d'autorité sur le prince son fils que s'il avoit esté son gouverneur, et que toute la suitte fust absolument soubs ses ordres et dans sa dépendance. Enfin il voulut que l'émulation parmi la plus haulte noblesse de France, qui accourut en foulle en ceste académie, au bruit que le prince y entroit, fist en sa personne le mesme effect qu'elle avoit faict au collége, d'où il estoit sorti le plus capable de tous ceux qui y estoient avec luy. *L'on n'avoit point encore veu des princes du sang élevés et instruits de ceste manière vulgaire* : aussi n'en a-t-on point veu qui ayent, en si peu de temps, et dans une si grande jeunesse, acquis tant de sçavoir, tant de lumière et tant d'adresse en toute sorte d'exercices, que celuy duquel je parle. Le prince, son père, habille et éclairé en toute chose, creut qu'il seroit moins diverti de ceste occupation si précisément nécessaire à un homme de sa naissance, dans l'accadémie que dans l'hostel, et creut encore que, l'y mestant parmi tant de seigneurs et tant de gentilshommes, qui y estoient et qui y entreroient pour avoir l'honneur d'y estre avec luy, seroient autant de serviteurs et d'amis qui s'attacheroient à sa personne et à sa fortune.

» Tous les jours destinés au travail rien n'estoit capable de l'en divertir : toute la cour alloit admirer son air et sa bonne grâce à bien manier un cheval, à courre la bague, à danser et à faire des armes ; le Roy mesme se faisoit rendre compte de temps en temps de sa conduicte par Banjamin, *et louoit souvent le profond jugement du prince, son père, en toute chose, et particulièrement en l'éducation du duc, son fils*, et disoit à tout le monde : « Qu'il vouloit l'imiter en cela, et faire instruire et eslever monsieur le Dauphin (Louis XIV) de la mesme manière, pour lui faire cognoistre familièrement la principalle noblesse de son royaulme, qui feroit les exercices avec luy, et l'accoutumer, dès son enfance, à l'aymer et en faire cas, comme de ceux qui le feroient un jour glorieusement régner. »

Après avoir connu les principes qui guidèrent le prince de Condé dans le système d'éducation qu'il suivit pour son fils, il n'est pas moins curieux pour le lecteur de retrouver, dans le texte de Lenet, le souvenir de ces premières impressions qui révélèrent dans le jeune prince que « l'art de la guerre était en lui un instinct naturel, » et que « il était né général (1). »

« Les occupations grandes et sérieuses n'empeschoient pas les divertissemens, et les plaisirs n'estoient pas un obstacle à ses études. Il trouvoit des jours et des heures pour toutes choses ; il

(1) Voltaire.

alloit à la chasse, il tiroit des mieux en volant ; il donnoit le bal aux dames ; il alloit manger chez ses serviteurs ; il dençoit des ballez ; il continuoit d'apprendre les langues, de lire l'histoire ; il s'appliquoit aux mathématiques et surtout à la géométrie et aux fortifications. Il traça et esleva un fort de quatre bastions à une lieue de Dijon, dans la plaine de Blaye, et l'empressement qu'il eust de le voir achevé et en estat de l'attaquer et de le deffendre, comme il fit plusieurs fois avec tous les jeunes seigneurs et gentilshommes qui se rendoient assidus auprès de luy, estoit tel, qu'il s'y faisoit apporter son couvert et y prenoit la pluspart de ses repas. »

Voici le fragment qui se rapporte à l'entrée du jeune duc d'Enghien dans le monde :

« Il se rendit à la cour avec le prince son père, au commencement de l'année 1640 : il fut assez assidu près de la personne du Roy ; le cardinal, qui commençoit à le regarder comme celuy qui debvoit espouser mademoiselle de Brézé, sa nièce, le traictoit avec beaucoup d'égards ; les seigneurs de la cour luy rendoyent les debvoirs deus à sa naissance, et toute la jeunesse prit un fort grand attachement à sa personne. »

Et ce mariage que Richelieu méditait dans son orgueilleuse ambition, fut pour le jeune prince la source d'amers chagrins ; il ne voulait pas faire descendre le nom de Condé jusqu'à le donner à la nièce d'un simple favori.

Richelieu ne fut pas long-temps à s'apercevoir de cette répugnance ; et craignant quelque parti extrême de la part du prince, il pensa d'abord à s'assurer de ses actions en plaçant près de lui des gens qui fussent dévoués à Son Eminence. Mais le prince était clairvoyant ; il pénétra les desseins du cardinal, et les déçut en tout point par une dissimulation devenue nécessaire. Toutefois, il lui fallut céder ; le mariage avec mademoiselle de Brézé fut célébré ; mais le prince accabla de dédains la nouvelle duchesse d'Enghien, et se retira presque aussitôt dans son gouvernement.

Tout en continuant de nous raconter la jeunesse du grand Condé, Lenet ne perd pas de vue l'histoire des principaux événements qui ont occupé le cardinal de Richelieu ; et en les mêlant au sujet principal de ses Mémoires, il a su en rendre la lecture moins fatigante. C'est ainsi que l'on ne parcourra pas sans intérêt quelques détails nouveaux sur les malheureux Cinq-Mars et de Thou ; sur la révolte du comte de Soissons, qui coûta la vie à ce seigneur au moment où, par sa valeur personnelle, il venait de remporter une victoire signalée sur les armées du Roi. Les persécutions que la Reine avait endurées au Val-de-Grâce s'y trouvent aussi mentionnées ; et ces événements ne furent, pour ainsi dire, que le prélude des affronts répétés dont Richelieu, dans son omnipotence, voulut bientôt accabler les princes du sang, et surtout le jeune duc dont il connaissait toute la fierté et la force de caractère.

Peu satisfait du prince, dont la conduite ne cessait de témoigner l'aversion que lui avait inspirée le mariage qui lui avait été imposé, Richelieu eut bientôt un nouveau sujet d'éprouver la fermeté du prince son neveu, dans une affaire d'une moindre importance, mais qui n'en devait pas moins profondément blesser l'amour-propre du premier ministre.

Les cardinaux avaient prétendu la droite dans la maison même des princes du sang : Richelieu, toujours disposé à abaisser la dignité et les prétentions de ces princes, défendit celles de Mazarin, sa créature, en cette occasion. Le duc d'Enghien refusa absolument de lui concéder cet honneur, et ce sujet de dissension ne fut un moment oublié que par le péril auquel l'affaire de Cinq-Mars exposa le premier ministre. Le prince de Condé, père du duc, avait du reste promis d'exiger de son fils cette nouvelle concession ; mais après la prise de Perpignan, le jeune duc passa à Lyon, dont l'archevêché appartenait au frère de Richelieu : tout avait été préparé pour recevoir magnifiquement le prince devenu le neveu de l'archevêque par son mariage, et cette entrevue devait être encore l'occasion d'un nouveau triomphe pour la maison de Richelieu, puisque, selon ses promesses, le prince de Condé avait dû déterminer son fils à donner la droite aux cardinaux ; mais le duc d'Enghien avait une grande aversion à voir l'archevêque son allié, et, cédant à ses répugnances, il passa par Lyon, soupa et coucha chez l'abbé, frère du maréchal de Villeroi, et paya, d'un compliment qu'il envoya faire à l'archevêque, avant son départ, tous ces projets de fête et de réjouissances préparées à grands frais. Il fut rejoindre la cour à Tarare.

« Le cardinal de Richelieu, qui attendoit avec une impatience mortelle l'effet des parolles du prince de Condé, sut la manière dont le duc son fils en avoit usé en passant à Lyon. Il s'en mit dans des transports de colère si grands, que chacun croyoit qu'il en mourroit. »

Cette affaire causa de vives inquiétudes aux amis du duc d'Enghien et au prince son père. Jamais Richelieu n'oublia et ne pardonna cet affront ; et sa colère ne put être apaisée que par de nouvelles et excessives soumissions, pour lesquelles le prince de Condé engagea sa parole. Toutefois, il ne lui fut possible d'obtenir quelque chose du duc d'Enghien, qu'en usant de toute son autorité paternelle. Le père et le fils furent également affligés des nouvelles concessions qu'il leur fallut subir. Le duc d'Enghien alla chercher l'archevêque de Lyon en Provence, et prit la gauche auprès de lui.

Quelques jours après, Richelieu mourut ; le prince pensait à faire rompre son mariage, lorsque la grossesse de la duchesse fut déclarée. L'espoir d'un héritier pour sa maison, mit fin à ce projet de séparation. Bientôt le duc d'Enghien obtint le commandement de la principale armée, et il alla chercher dans les émotions de la guerre des distractions à ses chagrins domestiques.

Les succès signalés qu'il obtint sur les ennemis de la France, et dont l'éclat rejaillit sur la fin du règne de Louis XIII et les premières années de la Régence, pouvaient seuls consoler le jeune prince de tous les dégoûts que Richelieu n'avait cessé de lui prodiguer. Mais pouvaient-ils aussi lui faire oublier toutes les humiliations passées ? Et lorsque Mazarin, premier ministre de la reine régente, qui avait été ramené à Paris, après les troubles de 1648, par le duc d'Enghien devenu alors prince de Condé par la mort de son père, voulut à son tour essayer aussi de sa tyrannique autorité, le prince de Condé ne dut-il pas se rappeler les temps de Richelieu, et dès-lors se tenir toujours prêt à combattre l'omnipotence que s'arrogerait le nouveau premier ministre ? Ne dut-il pas aussi demander sans cesse, pour lui, des établissements capables de le mettre à l'abri des insultes du cardinal ; pour ses amis, des gouvernements qui devaient assurer au prince de Condé une autorité capable de contrebalancer celle que pourrait acquérir contre lui Mazarin soutenu par la faveur de la Régente ? Mazarin avait aussi à craindre dans M. le prince ou un ami trop puissant dont l'humeur était très changeante, ou un ennemi capable de le renverser. Alors commença cette guerre acharnée que se livrèrent le prince de Condé et Mazarin, guerre toute civile, qui compromit la sûreté de l'état, obligea un prince du sang royal à appeler l'ennemi de son pays à son secours, et fit bientôt après de ce prince français, un général au service de ces étrangers venant envahir le territoire national et s'emparer des places fortes de la France.

On trouvera dans le manuscrit inédit de Lenet ce tableau si varié, si vif, si vrai des événements qui remplirent la vie du prince de Condé, alors duc d'Enghien, jusqu'à l'année 1643 ; s'il y mêle d'autres récits de faits contemporains, ils y sont très rapides lorsqu'il n'a pas de détails nouveaux à présenter.

La rédaction de ces Mémoires s'arrête après la bataille de Rocroy, et les dernières lignes écrites par Lenet forment une sorte de digression relative aux événements qui se passaient à Paris pendant qu'il racontait la jeunesse de Condé à la princesse, sa femme, retirée à Montrond. On y apprend ainsi les nouvelles des princes changés de prison et transférés à Marcoussy, les détails de la mort de la princesse douairière de Condé, et enfin les négociations que tentèrent de nouer les partisans des princes avec les frondeurs, à la fin de l'année 1650.

Ainsi donc, la première partie des Mémoires de Lenet, celle qui a été toujours réimprimée, se rapporte aux troubles de la Guienne, en 1650. La deuxième partie, entièrement inédite et toute rédigée par Pierre Lenet, comprend dans son ensemble tous les faits qui se rapportent à la jeunesse du prince, tels que Lenet les raconta à la princesse de Condé, sa femme, à Montrond; les nouvelles que l'on y reçut et les détails des négociations tentées, à la fin de cette même année 1650, pour la délivrance des princes. Il nous reste à parler des matériaux qui ont servi, d'après les notes laissées par Lenet, pour former la troisième partie de ses Mémoires, laquelle, soumise également au plan, aux idées de l'auteur, mènera sa narration jusqu'à la paix générale de 1659.

Les notes autographes de Pierre Lenet, qui ont servi au plan général de son travail, et qui nous guideront dans la publication de *la troisième partie* de ses Mémoires, ne sont qu'une portion des faits qu'il avait systématiquement classés pour composer l'histoire entière du prince de Condé, depuis sa naissance jusqu'en 1659. A mesure que chacun de ces faits était employé dans sa relation, il avait soin d'en effacer la mention sur l'ensemble de ses notes. Nous avons pu savoir exactement par là de quels faits il avait déjà parlé, et nous épargner des répétitions. Par un surcroît de ressources non moins précieuses qu'abondantes, toutes les pièces originales auxquelles Lenet renvoie dans ses notes, ont été déposées avec les Mémoires mêmes à la Bibliothèque du Roi : nous n'avons donc eu qu'à coordonner, d'après le plan de l'auteur lui-même, ces notes et ces documents et à en publier le texte avec exactitude. Telle est l'origine, telle est l'analyse de la troisième partie des Mémoires de P. Lenet.

Elle contient la suite de l'histoire du prince de Condé, depuis sa cinquième campagne, en 1644, jusqu'à la paix générale de 1659.

On y remarquera un grand nombre de faits nouveaux, et peu connus, de la vie du prince. Quelques Mémoires relatifs aux opérations militaires, aux projets politiques dont elles étaient l'objet, adressés au premier ministre par le prince de Condé, en 1647, et que nous publions pour la première fois d'après les originaux autographes, ne manqueront pas d'être remarqués par le lecteur, parmi les documents relatés à cette même date. En continuant de raconter l'histoire du prince de Condé, Lenet retrace aussi, mais rapidement, les troubles de 1648 et 1649. L'on y trouve de nouveaux témoignages de l'exactitude des Mémoires du cardinal de Retz, sur ces mêmes événements. Mazarin et la Reine prenaient les conseils du prince dans les moments de crise ; ils n'oubliaient rien pour s'emparer de son esprit, mais il n'approuva pas toujours leur manière d'agir dans ces conjonctures.

La suite des événements se développe sous la plume de Lenet, avec un ordre, une exactitude et une impartialité qui ne peuvent manquer d'intéresser le lecteur. Elle ne s'arrête qu'au traité avec l'Espagne, en 1659. Le texte de ce traité, qui concerne directement le prince, termine les manuscrits de notre historiographe.

Quoique les matériaux qu'il avait assemblés pour composer ses Mémoires, nous soient parvenus dans un assez grand désordre, nous y avons cependant retrouvé tout ce qui était nécessaire pour réaliser le plan tracé de la main de l'auteur. Ses propres notes nous servent de fil conducteur, surtout lorsqu'elles s'expriment aussi clairement que le fait celle-ci :

« Suivre nos affaires de Bordeaux, contenues dans les lettres que j'écrivis au prince. »

Ces lettres sont en effet parmi les papiers de Lenet ; et des notes telles que celle qui se rapporte à l'affaire de Bordeaux, ou en trouve de semblables pour les négociations d'Angleterre, d'Espagne, de Hollande, etc., etc.; les faits sont contenus dans les lettres du prince de Condé, ou dans celles de ses chargés d'affaires ; et de tous les événements indiqués par l'auteur, ces documents ne nous ont fait faute sur aucun.

Il nous reste à dire un mot de la première partie des Mémoires de Lenet. Elle fut imprimée pour la première fois en 1729, sans noms de libraire ni d'imprimeur ; on en donna deux éditions dans cette même année. Quelques suppressions y avaient été faites ; mais Imbert de Cangé, qui avait eu probablement communication d'un manuscrit complet de cette partie des Mémoires, fit rétablir, à la fin de son exemplaire, quelques-unes des phrases supprimées ; et Petitot, qui consulta cet exemplaire déposé à la Bibliothèque du Roi, a compris ces fragments dans son édition, à l'exception cependant de trois passages qu'il a oubliés, et qui sont mis à leur place dans cette nouvelle édition.

Parmi les papiers de Lenet se trouvent aussi plusieurs relations isolées, se rattachant directement à la partie des Mémoires déjà imprimée. Nous les avons ajoutées à ce texte, et parmi les plus intéressantes on remarquera le traité secret qui fut conclu entre le prince de Condé et le cardinal Mazarin, en l'année 1649, traité absolument ignoré jusqu'ici dans son texte, et dont il n'avait transpiré que ce qu'il avait plu au ministre d'en répandre, au dire même du cardinal de Retz, si bien informé sur les affaires de la Fronde. Notre nouvelle édition se recommandera aussi sur les précédentes, par des additions importantes au texte déjà connu.

Nous pouvons donc résumer ainsi notre travail sur Pierre Lenet :

1° Le texte de la *Première partie* des Mémoires de Lenet, contient de nombreuses additions, et se trouve par là plus complet que dans les éditions publiées jusqu'à ce jour. Cette partie comprend l'histoire du prince de Condé pendant la fin de l'année 1649 et toute l'année 1650.

2° La *deuxième partie* de ces Mémoires est publiée pour la première fois. Elle contient tous les faits qui se rapportent à la jeunesse du prince, depuis 1627, date de sa naissance, jusque vers la fin de 1643.

Enfin la *troisième partie*, dont tous les matériaux avaient été assemblés par Lenet, mais dont il n'avait pas commencé la rédaction (1), a été composée par nous d'après les notes et le plan manuscrits de l'auteur : notes indiquant les faits dont il voulait parler, les documents où l'on devait en puiser la relation, documents tous authentiques ou originaux, et déposés à la Bibliothèque du Roi en même temps que les manuscrits de Lenet.

Cette troisième partie comprend l'Histoire du prince de Condé, depuis 1644 jusqu'au milieu de 1649. Les événements de la fin de cette année et de la suivante (1650) se trouvant racontés dans la première partie des Mémoires, Lenet renvoie pour cet intervalle à ce qu'il en a déjà dit, et recommence ses Mémoires avec l'année 1651, les continuant jusqu'en 1659, où son travail se termine entièrement.

Jusqu'à présent les Mémoires de Pierre Lenet n'ont eu qu'une médiocre importance historique, parce qu'ils ne contenaient qu'un épisode de l'Histoire de la Fronde : les troubles de Bordeaux et la prison des princes du sang. Les relations inédites du même auteur, que nous publions aujourd'hui, et qui complètent entièrement ses Mémoires, en font une *Histoire complète du grand Condé*, *depuis sa naissance jusqu'en* 1659, c'est-à-dire pendant tout le temps des troubles politiques de la France. Ces événements nous sont racontés par un témoin oculaire, l'un des conseillers les plus influens, les plus intimes du prince, et le seul qui connut bien toutes ses affaires, les dirigeant presque toujours à lui tout seul. Personne donc ne pouvait mieux nous initier aux secrètes pensées et aux actions en partie ignorées du prince de Condé, et on en tirera peut-être cette conviction, cette donnée historique, que la haine et la jalousie de Mazarin furent au nombre des causes qui déterminèrent le prince à faire la guerre à la couronne, lorsque la Reine ne lui promettait plus les garanties nécessaires à son rang et à sa dignité.

Nous terminerons notre Notice par une dernière observation. Les Mémoires de Lenet, rédigés à deux époques différentes, offrent un arrangement singulier dans la chronologie des événements. Si donc le lecteur veut les étudier dans leur ensemble et dans l'ordre naturel des faits, il devra se résoudre à en commencer la lecture par les premières pages de la *deuxième partie*, la continuer par la *troisième* qui comprend l'Histoire de Condé, depuis sa naissance jusqu'au milieu de l'année 1649; reprendre toute la *première partie* qui se rapporte à la fin de cette même année 1649, et à la suivante 1650; enfin terminer, pour les années 1651 à 1659, par ce qui restait de la *troisième partie*. Avec moins de respect que nous n'en avons pour la nature et le prix de tels documents, nous aurions pu prendre sur nous de donner cette forme nouvelle, méthodique et essentiellement historique à cette première édition complète des Mémoires de Lenet (2).

Mars 1838. A. C.

---

(1) Il mourut au mois de juillet 1671.
(2) Dans la première partie de ces Mémoires (1649 – 1650), tous les passages et toutes les pièces enfermés entre deux crochets [ ] étaient inédits; et dans l'ouvrage entier, les notes qui ne sont pas signées A. E. (*anciens éditeurs*), appartiennent aux nouveaux éditeurs.

MÉMOIRES
DE PIERRE LENET.

LIVRE PREMIER.

SEPTEMBRE 1649. — AVRIL 1650.

Je suis fort attaché à mon devoir et à mes plaisirs, et même si ponctuel à tout ce qui peut plaire à mes amis, que je ne crois pas pouvoir jamais achever ces Mémoires, que les premières atteintes de la goutte me donnent lieu de commencer à Paris, où tous les devoirs de la vie civile ne laissent pas le loisir qui seroit nécessaire à un ouvrage de cette nature. Si j'avois intention de le donner au public, je commencerois par un plan exact de l'état auquel se trouva la cour devant et après la mort du feu Roi (1), et par celui des principales choses qui se sont passées pendant la minorité du Roi à présent régnant, desquelles j'ai eu beaucoup de connoissance, parce que rien ne seroit plus nécessaire pour rendre moins ennuyeuse la lecture de ce que je prétends écrire. Mais comme plusieurs histoires de notre temps, bonnes ou mauvaises, en ont parlé avec tant de particularités que j'y renverrois le lecteur, avec l'avis de prendre garde que chacun a écrit suivant sa passion ou son intérêt, si je croyois que ceci pût dans la suite tomber dans les mains du public : aussi passerai-je tout cela sous silence, parce que j'en suis suffisamment instruit, et parce que je ne me propose que de mettre au net, pour ma satisfaction particulière, les Mémoires que j'ai dressés en divers temps des choses que j'ai conduites pendant et depuis la prison de M. le prince de Condé, et les lettres que j'ai écrites et reçues en différentes occasions sur les affaires que j'ai négociées tant dedans que dehors le royaume.

C'est à mon sens un travail fort infructueux que d'écrire des choses servant à l'histoire pendant la vie de ceux qui ont gouverné ou gouvernent les affaires, et de ceux mêmes qui ont agi ou souffert, parce qu'il est impossible de dire la vérité sans tomber dans l'inconvénient du reproche de la haine et de la vengeance ; que si on ne la dit point, ou qu'on la pallie par flatterie ou par crainte, on ne peut éviter la honte d'avoir sacrifié à l'intérêt et à la fortune la seule vertu qui fait l'essence de l'histoire, et qui doit servir de guide, dans les siècles à venir, à ceux qui auront le maniement des affaires publiques, et même aux particuliers qui voudront régler leur conduite par l'exemple des choses passées.

C'est par cette raison que j'ai résisté à mes amis quand ils m'ont voulu persuader que je devois au public la vérité des faits que peu de personnes savent aussi bien que moi, et que j'ai refusé à ceux qui écrivent l'histoire des instructions sur les affaires que j'ai vues ou que j'ai faites. Peut-être auroient-elles désabusé une infinité de personnes qui, par la lecture de ce qu'on a écrit depuis la régence, ont conçu des opinions directement contraires à la vérité contre la réputation des principaux acteurs de cette scène. Un mouvement de conscience et d'honneur, et même l'intérêt que je dois prendre en ce qui touche mes amis et moi-même, auroit pu me porter à leur faire connoître la vérité par des témoignages irréprochables, si je n'avois considéré que j'aurois peut-être fait moins pour leur service et pour leur satisfaction, en la publiant avec toutes ses circonstances, qu'en laissant le public dans l'erreur des mensonges qu'on a débités contre eux. C'est donc pour moi seul que j'écris ce qui suit :

[1649] Sur la fin de l'an 1649, je fis un voyage en Bourgogne pour mettre ordre à mes affaires domestiques, dans le dessein d'accepter l'emploi qu'on m'offroit d'une ambassade vers les princes d'Italie et vers la seigneurie de Venise. Je croyois qu'il étoit de la prudence de s'absenter de la cour, agitée de factions auxquelles les personnes les moins considérables prenoient parti, parce que ceux qui les formoient tâchoient de se fortifier du nombre, quand ils ne le pouvoient être du mérite ; et dans l'incertitude des succès, on couroit fortune de se former des exclusions

---

(1) Le roi Louis XIII, mort le 14 mai 1643. (A. E.)

aux emplois et aux charges auxquelles l'ambition ou les services faisoient aspirer : au lieu qu'une honnête absence donnoit lieu d'observer les choses de loin, et le temps de se ranger du côté qui prévaudroit, sans tomber dans les extrémités de demeurer inutile et suspect à ceux dont on auroit épousé les passions et les intérêts à contre-temps, ou de s'en séparer de mauvaise grâce pour chercher sa fortune auprès de leurs ennemis. C'est une politique bien fausse, mais établie de tous temps dans notre nation, de se tenir ferme au parti dans lequel on se jette, même contre le premier devoir; et c'est une espèce de honte que de l'abandonner pour se ranger même du côté du souverain, parce que ceux à qui les intérêts particuliers font former des factions dans le royaume, ne manquent jamais de prétextes pour les colorer du nom spécieux du service du Roi et du bien public.

Mon aïeul maternel et mon aïeul paternel second avoient été singulièrement attachés aux intérêts de Henri de Bourbon, premier du nom (1), et de sa veuve; et, par un motif de reconnoissance et de bonté, Henri II de Bourbon, son fils (2), avoit honoré toute ma famille, de père en fils, de sa protection et de sa bienveillance, et moi plus qu'aucun autre de tous ceux qui la composoient. J'étois entré dans sa confiance en plusieurs rencontres : il prenoit plaisir à me voir élever dans les charges, et m'avoit dit diverses fois, lorsque j'étois conseiller, et depuis procureur-général au parlement de Bourgogne, dont il étoit gouverneur, qu'il employeroit en temps et lieu son crédit pour me mettre dans le conseil du Roi, où il me procureroit par lui et par ses amis tous les emplois et les avantages qui lui seroient possibles. Il me fit la grâce de donner son nom au baptême à mon fils aîné; et en toutes occasions il faisoit connoître, disoit-il, la bonne opinion et l'amitié qu'il avoit pour moi. Il mourut en l'année 1646, laissant le prince de Condé, son fils, héritier de ses biens et de ses charges, et particulièrement de celle de chef du conseil du Roi pendant sa minorité.

La grande réputation que ce prince s'étoit acquise par le gain des batailles de Rocroy, de Fribourg, de Nordlingen, et depuis de celle de Lens; par la prise de Thionville, de Philisbourg, de tout le cours du Rhin jusqu'à Coblentz, de Dunkerque, et plusieurs autres places de grande considération; et enfin par diverses rencontres particulières, dont les histoires sont remplies, et le grand génie qui avoit concilié en lui plusieurs qualités différentes pour le rendre un grand homme, l'avoient fait l'admiration de son siècle, mais avoient en même temps jeté dans les esprits tout ce qui fait appréhender les talens extraordinaires, comme propres à tout entreprendre ou à s'opposer à tout, quand leurs passions ou leurs intérêts leur doivent faire désirer une chose ou une autre.

Je me trouvai assez heureux pour avoir autant de part en l'honneur de ses bonnes grâces que j'en avois eu en celles du prince de Condé, son père; et soit parce qu'il me crût affectionné de père en fils à sa maison, soit par l'habitude de me voir auprès de lui et dans ses plaisirs dès sa jeunesse, il me fit un traitement qui me distinguoit fort obligeamment de tous ceux de ma condition et de mon âge; de sorte que les gens de la cour qui vouloient s'attacher à sa fortune, ou ceux qui vouloient s'y opposer, me faisoient part de leurs sentimens divers, et des avances d'amitié au-delà de ce qu'un homme comme moi pouvoit prétendre. Il ne me fut pas malaisé dans cette conjoncture d'obtenir de la Reine, qui pour lors étoit régente, une place de conseiller d'État ordinaire, où je servis assez au gré de Sa Majesté pour l'obliger à me choisir pour l'un des intendans de la justice, police et finance au siége de Paris; après lequel, étant retourné à la cour, ce prince prit plaisir à faire valoir et publier mes services. Et comme en peu de temps la cour fut partialisée, il se servit de moi en beaucoup d'occasions importantes et de confiance.

J'ai fait cette digression pour dire que si le prince de Condé eût agi indépendamment par les mouvemens de son esprit et de ses intérêts, je n'aurois pu mieux faire que de ne m'éloigner pas de lui, parce que je ne pouvois être dans une assiette plus agréable, pour la tendre amitié que j'avois pour sa personne dès mon enfance, et par l'estime que j'avois conçue comme tous les autres pour un homme d'un génie aussi extraordinaire et aussi élevé que le sien; ni même rien faire de plus utile à ma fortune, parce que ses services devoient lui faire tout mériter envers la Reine et envers son ministre, s'il eût suivi son inclination toujours soumise à la cour, et son intérêt plutôt que celui de ceux qui n'avoient d'objet que la ruine du cardinal Mazarin, comme la base propre à élever leur grandeur : tels qu'ont été en divers temps fort proches l'un de l'autre madame la duchesse de Longueville et le duc de

---

(1) Henri de Bourbon, deuxième prince de Condé, empoisonné en 1588. En apprenant sa mort, Henri IV dit : « J'ai perdu mon bras droit. » — Nous avons rectifié cette note, la seule qui appartienne aux anciens éditeurs, et qui contenait une erreur de date.

(2) Henri, deuxième du nom, fils du précédent, troisième prince de Condé. (A. E.)

La Rochefoucauld, à l'habileté duquel elle avoit une entière créance ; M. le prince de Conti, son frère, qui prenoit toutes les impressions de ceux qui l'approchoient, comme du coadjuteur de Paris, à présent le cardinal de Retz, qui se servoit des Frondeurs d'un côté, et du duc d'Orléans de l'autre, non tant par son propre crédit (car l'abbé de La Rivière l'avoit pour lors tout entier auprès de lui), que par celui de la duchesse de Chevreuse, à qui une longue habitude avoit donné le pouvoir de lui parler avec une fort grande liberté : mais de quelque façon que ce fût, ce cardinal mettoit tout en usage pour donner atteinte à la faveur du cardinal Mazarin, et n'omettoit ni moyens sérieux ni railleries, par lui ou par ses émissaires, pour essayer d'en venir à bout.

Tous les intérêts différens de ceux que je viens de nommer, et d'autres qui agissoient plus sourdement, comme de Châteauneuf et de Chavigny, les obligeoient à tout proposer au prince de Condé, qui fit long-temps la sourde oreille, et ne se résolut à les écouter qu'après ce que vous allez entendre, qui ne laissa pas lieu de douter de la conduite incertaine du cardinal Mazarin, qui, soit par l'inégalité de son esprit, soit par sa foiblesse naturelle, soit par la crainte de ne pouvoir espérer dans tous les temps la même assistance qu'il avoit reçue jusque-là du prince de Condé, soit par la jalousie qu'il avoit de ce que l'on s'adressoit à ce prince pour les diverses prétentions qu'on avoit à la cour, soit qu'il fût étonné de la grandeur de celles que les services rendus à l'État et à lui-même lui devoient faire avoir, soit qu'il fût surpris des discours impétueux que Perrault, son intendant, faisoit partout où il se trouvoit contre lui et contre son ministère, soit par les railleries de plusieurs personnes qui étoient dans la familiarité du prince, soit qu'il crût être en brassière tant qu'il n'auroit point d'autre appui, soit par toutes ces considérations ensemble, il se résolut d'exécuter le dessein qu'il avoit formé quatre ou cinq mois auparavant, sur la fin de la guerre de Paris, étant encore à Saint-Germain, dans le temps de sa plus grande union avec le prince qui venoit de le tirer du précipice, et qui ne fut pas peu surpris quand il lui en donna part. Ce dessein étoit de marier mademoiselle Mancini au duc de Mercœur, à qui il promit l'amirauté (que le prince de Condé avoit lieu de prétendre, puisqu'elle avoit vaqué par la mort du duc de Brézé, son beau-frère) pour le duc de Vendôme, et la survivance au duc de Beaufort, son deuxième fils, croyant par cet intérêt le détacher des frondeurs, lui faire perdre l'amitié du peuple de Paris, qui l'avoit rendu considérable dans les derniers temps, lui faire oublier le ressentiment de sa prison, et les mauvais traitemens que toute sa maison avoit reçus depuis son ministère.

D'un autre côté, le duc de Longueville, de qui les vastes desseins qu'il avoit fait paroître pendant la guere de Paris étoient réduits à avoir le gouvernement du Pont-de-l'Arche en Normandie, et que le prince de Condé lui avoit fait espérer, comme en ayant des paroles positives du cardinal Mazarin dès le temps que l'on avoit conclu la paix avec ceux qui s'étoient jetés dans les intérêts de Paris, avoit pressé par ses gens d'affaires, par la duchesse, sa femme, et par le prince de Conti, de lui en faire voir l'effet, et de ne consentir jamais au mariage du duc de Mercœur, par la raison de l'opposition naturelle de la maison de Vendôme à celle de Longueville, et pour priver le cardinal Mazarin d'un appui qui ne pouvoit que lui être préjudiciable, et au prince de Condé même.

Le duc de Rohan, qui avoit toutes les intentions bonnes, et toutes portées à maintenir l'union entre le prince de Condé et le cardinal Mazarin, avoit fait diverses allées et venues vers l'un et vers l'autre pour en venir à bout, comme de la chose du monde qu'il jugeoit la plus nécessaire au bien de l'État et à la tranquillité publique. Discourant un jour avec moi dans toute la confiance et la liberté que l'amitié qu'il me portoit lui donnoit, je lui dis que le prince de Condé, à mon sens, n'étoit pas si blâmable qu'il me le vouloit persuader, d'avoir mandé au cardinal Mazarin par Le Tellier, secrétaire d'État, qu'il ne seroit jamais son serviteur ni son ami (paroles fatales, qui ont été la source de tout ce qui est arrivé depuis), puisqu'il posoit en fait que le cardinal lui avoit donné une parole formelle et positive de faire donner le gouvernement du Pont-de-l'Arche au duc de Longueville, à laquelle manquant, il avoit exposé le prince au déplaisir de rompre une seconde fois avec sa famille, s'il n'avoit rompu avec le cardinal Mazarin, ou à la honte d'avoir souffert impunément un déplaisir aussi sensible que celui-là. Le duc me répartit que le prince s'étoit trop précipité en donnant au duc de Longueville une parole qu'il n'avoit pas reçue du cardinal Mazarin; que le mépris qu'il avoit pour lui lui avoit persuadé qu'il le porteroit à point nommé à déférer à toutes ses volontés; que sur ce fondement il s'étoit engagé à promettre ce qu'on lui refusoit à présent, parce qu'on ne lui avoit jamais promis, et que se trouvant réduit à l'extrémité, ou de manquer au duc de Longueville, ou de rompre avec le cardinal, il avoit pris ce dernier parti, croyant qu'il n'auroit pas la force de soutenir la négative qu'il lui avoit fait donner par Le Tellier; et qu'en tous cas cette rupture lui acquerroit l'amitié des frondeurs, et lui rendroit celle du peuple de Paris qu'il avoit perdue par le siége qui s'étoit formé par son avis pour soutenir la fortune chancelante du cardinal. Le duc ajouta que, connoissant le prince aussi parfaitement qu'il faisoit, il jureroit qu'il se repentiroit de cette précipitation, qui le mettoit dans la nécessité de s'unir contre son inclination avec les frondeurs, desquels, et quasi de toute la cour, il avoit reçu les offres de services; que le duc d'Orléans en concevroit une jalousie qui l'obligeroit à soutenir le cardinal, pour ne pas voir tomber, à son mépris, toute l'autorité et toute la considération de la cour entre les mains du prince; qu'il feroit beaucoup mieux de se raccommoder de bonne heure et de bonne grâce avec le cardinal par leurs amis communs, que d'en donner l'avantage au duc d'Orléans; que l'abbé de La Rivière les porteroit à cela, pour les grands intérêts particuliers qu'il avoit à ménager avec le cardinal.

Je m'opiniâtrai, peut-être sans fondement, à soutenir au duc de Rohan qu'au fond de l'affaire tout le droit étoit du côté du prince; mais que quand il ne seroit pas ainsi, quelque déplaisir que j'eusse de cette rupture, qui étoit contre mon inclination, contre les intérêts de M. le prince, et contre le bien de l'Etat, il ne pouvoit prendre un conseil plus préjudiciable à sa sûreté et à sa réputation que celui de se raccommoder avec le cardinal, par quelque méditation que ce pût être, parce qu'outre que cela lui feroit de nouveau perdre son crédit parmi les peuples, cela l'exposeroit si non à manquer à sa parole, du moins à l'espérance qu'il avoit donnée à ceux desquels il avoit reçu les complimens; et que de plus je lui avois ouï dire si publiquement que, puisque le sort en étoit jeté, il n'y avoit plus de retour, que je croyois que le duc ne pouvoit jamais faire une chose si opposée au service du prince, que de lui parler davantage d'une réconciliation dont j'appréhendois les suites autant que j'avois appréhendé la rupture. Le jour même que le prince chargea Le Tellier de porter les paroles de rupture avec le cardinal, il m'envoya appeler au conseil du Roi où je servois pour lors : je le trouvai dans son lit où il étoit encore, quoiqu'il fût près de midi; mais outre qu'il étoit fatigué d'une grande débauche qu'il avoit faite la veille à Saint-Cloud avec le roi d'Angleterre, le long entretien qu'il eut avec Le Tellier et avec plusieurs de ses amis auxquels il en avoit donné part, l'y avoit retenu.

Il voulut aussi m'en faire le récit, qui me surprit et me fâcha, tant par la nature d'une chose dont je croyois que le bien public et le sien particulier le devoient détourner, que parce que je la jugeai sans retour. Je pris la liberté de lui en dire mes sentimens, qu'il écouta sans aucun fruit; puis il me dit que le comte de***, sachant ce qui s'étoit passé entre lui et Le Tellier, l'avoit envoyé prier de lui envoyer une personne de confiance. Il me chargea d'y aller pour lui rapporter ce qu'il avoit à lui dire; ce que je fis. Ce comte est un gentilhomme d'une grande vivacité d'esprit, qui lui avoit fait acquérir des entrées fort grandes auprès de la Reine, et l'avoit mis tout-à-fait dans la familiarité du cardinal. Je crus d'abord que cela l'obligeroit à faire des propositions d'accommodement; mais je me trouvai fort surpris, quand après avoir fait fermer la porte, et m'avoir demandé un secret fort exact, il me proposa de faire trouver bon à M. le prince qu'il ne s'offrît point à lui (comme assurément tout le monde feroit), afin que tous les matins il pût lui rendre compte par moi de tout ce que la Reine et le cardinal diroient, et les mesures qu'ils prendroient contre lui, avec ce qu'on appelle le petit coucher de l'un et de l'autre, où il se maintiendroit facilement en s'offrant au cardinal, qu'il importoit de tromper en ce rencontre pour profiter d'un autre plus important. Et m'ayant de rechef demandé le secret envers toute autre personne, sans en excepter aucune que celle de M. le prince, il me dit qu'il se trouvoit en état auprès de la Reine d'y ruiner le cardinal, et de se rendre maître de ses bonnes grâces, si M. le prince le vouloit appuyer et ne se réconcilier jamais avec le cardinal; qu'il étoit impossible qu'il se maintînt dans le royaume; que tous les matins il me diroit ce qui viendroit à sa connoissance, et que, pour ne point prendre de fausses mesures, je lui rapporterois les avis de M. le prince pour sa conduite. Rien au monde ne m'a jamais tant surpris qu'un discours autant imprudent et téméraire que celui-là; mais comme il importoit d'en tirer les avantages qui s'y pourroient, je le remerciai fort de la part du prince. Je lui dis ensuite que je croyois que, bien loin de trouver mauvais qu'il ne s'offrît pas à lui, il le prioit d'en user de la façon qu'il venoit de me dire; et sur le sujet de la Reine, je crus ne devoir entrer en aucuns discours sérieux : aussi le tournai-je en raillerie, et lui dis en riant que je le prios de se souvenir de moi quand il seroit dans son royaume. Je retournai sur-le-champ rendre compte au prince de l'entretien que j'avois eu avec ce comte. Il me chargea d'aller lui dire de sa part ce que je lui avois dit par avance de moi-même, et d'aller tous les matins recueillir ce qu'il auroit appris chez la Reine et chez le cardinal : ce que je fis tant que la rupture dura. Et sur ce qui touchoit la prétendue faveur du comte avec la Reine, le prince me dit que j'avois fort prudemment fait de n'y point entrer; qu'il ne croyoit pas Sa Majesté capable de prendre confiance en un homme d'aussi peu de jugement, et moins encore contre l'intérêt du cardinal; qu'il seroit pourtant bon de faire la guerre à l'œil, et de conserver cette correspondance, qui pouvoit donner des lumières qu'on ne pourroit tirer d'autre que de lui; qu'il étoit bon pour battre et découvrir du pays, mais qu'il lui manquoit bien des choses de celles qui rendent un homme capable de soutenir une affaire d'autant de poids que celle dont il flattoit sa vanité.

Cependant on ne voyoit que négociateurs aller du Palais-Royal au logis du prince de Condé; chacun vouloit s'acquérir ou avoir part au mérite de son accommodement avec le cardinal. L'abbé de La Rivière avoit à ménager les deux partis : M. le prince, pour s'aplanir le chemin au cardinalat, en maintenant la renonciation que le prince de Conti, son frère, avoit faite en sa faveur au chapeau qui étoit à la nomination de France; et M. le cardinal, pour n'y point former d'obstacles souterrains et secrets en cour de Rome. Il étoit dans une entière faveur auprès du duc d'Orléans, son maître : il le vouloit rendre l'arbitre de la négociation, pour éviter qu'en se déclarant absolument contre le cardinal, comme le peu d'estime qu'il avoit pour lui et l'amitié qu'il témoignoit pour lors au prince sembloient l'y porter, ce ministre ne le traversât.

Cependant les discours publics du prince de Condé et ceux de toute sa cour avoient persuadé à tout le monde l'impossibilité de réconciliation : chacun prenoit déjà ses mesures sur la perte du cardinal Mazarin; les railleries qu'on faisoit contre lui étoient publiques; les rues comme les cabinets retentissoient des couplets que l'on chantoit pour le rendre ridicule; les beaux esprits s'occupoient et prétendoient d'avancer leurs fortunes par les pièces qu'ils présentoient tous les jours au prince de Condé et au duc d'Orléans. Jamais je ne fus si surpris que, retournant un matin du conseil en mon logis, je trouvai au bout du Pont-Neuf le duc d'Orléans et le prince de Condé qui étoient dans un même carrosse. Le marquis de La Moussaye, qui avoit beaucoup de part dans les bonnes grâces du prince, et qui le suivoit dans un autre carrosse, me cria de la portière que tout étoit accommodé par le duc d'Orléans, qui le menoit au Palais-Royal. L'entrevue de l'un et de l'autre se fit en présence de la Reine, qui les invita à une sincère amitié; elle donna le Pont-de-l'Arche au duc de Longueville, et se plaignit depuis, comme elle avoit fait auparavant, qu'on lui arrachoit ce gouvernement par force. Au surplus, la réconciliation se fit avec assez de froideur, et le prince de Condé dit tout haut au cardinal Mazarin qu'il auroit souhaité qu'on eût accordé de meilleure grâce ce qu'on avoit promis au duc de Longueville; et que ce qui le fâchoit le plus étoit qu'il avoit enfin reçu des complimens des frondeurs après les avoir refusés trois jours de suite, pour donner lieu au cardinal, pendant ce temps-là, de revenir du mauvais compte au bon; et que ne l'ayant pas fait, il l'avoit mis en tel état qu'il seroit obligé de se livrer à tous ceux qui lui avoient offert leurs services, s'il arrivoit jamais qu'ils eussent quelque démêlé avec le cardinal Mazarin. Ce discours le surprit fort, aussi bien que tous ceux que la curiosité rendoit attentifs à ce qu'il disoit, et laissa quelques espérances, à ceux qui craignoient la tranquillité publique, que ce discours affecté ouvriroit bientôt la porte à une seconde brouillerie.

J'allai chercher la duchesse de Longueville, qui dînoit ce jour-là à l'hôtel de Condé, avec la princesse douairière : je la trouvai consternée d'une nouveauté si surprenante, dont pourtant le prince de Condé, avant que d'aller au Palais-Royal avec le duc d'Orléans, avoit donné part au prince de Conti, son frère, et au duc de La Rochefoucauld, tout puissant vers l'un et vers l'autre; et comme je parlois dans un grand particulier avec la duchesse, le prince de Condé entra dans le cabinet où elle m'expliquoit le déplaisir et les craintes que cette réconciliation lui donnoit; il lui dit d'un air riant et railleur : « Eh bien ! ma sœur, le Mazarin et » moi ne sommes plus que deux têtes dans un » bonnet. — Bien, lui répondit sérieusement » la duchesse, mon frère, je prie Dieu que » vous ne perdiez pas tous vos amis et votre » crédit, que l'abbé de La Rivière ni M. le duc » d'Orléans ne vous rendront pas, et encore » moins le cardinal et la Reine. Mais est-il » vrai, ajouta-t-elle après une longue pause, » que le Mazarin soupe chez vous ce soir ? — » Cela est assez plaisant, répliqua-t-il : Monsieur m'a demandé à souper, et m'a dit qu'il » y ameneroit le cardinal, et des joueurs pour » passer l'après-souper. — Cela est bien joli, » répartit la duchesse d'un ton qui marquoit l'aversion qu'elle avoit à cette partie. — Je

» n'ai pu m'en dispenser, ajouta le prince. » Et se tournant vers moi, il me dit : « Venez-y, je » vous prie, et vous verrez de quelle manière » je vivrai avec le cardinal, et si j'ai consenti » qu'il vînt souper chez moi, que par la seule » complaisance que je dois à Monsieur. » Je me rendis donc sur la fin de ce repas, où je trouvai tous les conviés fort mélancoliques, et le cardinal Mazarin plus qu'aucun autre. Ceux qui y étoient dès le commencement me dirent que le duc d'Orléans avoit suspendu son humeur naturellement gaie et enjouée, quand il avoit reconnu, après plusieurs tentatives, qu'elle avoit été inutile à échauffer la conversation entre le prince et le cardinal. Après le souper on se mit à jouer au piquet : chacun prit parti à parier sous les mains du maréchal de Villeroy et du président Tubœuf ; le prince fut, contre son ordinaire, dans un grand sérieux, et ne lâcha pas une parole qui ne fût une manière de brocard contre le cardinal, de qui l'air mélancolique nous fit juger à tous qu'il les ressentoit vivement. Sur les onze heures chacun se retira, et l'on sut depuis que plusieurs gardes du cardinal, qui l'attendoient entre l'hôtel de Nevers et le Pont-Neuf, l'accompagnèrent jusqu'en son logis, où il ne fut pas plus tôt arrivé que la goutte le prit avec beaucoup de violence.

Le lendemain matin, tous ceux qui portoient la réconciliation avec impatience furent congratuler le prince de Condé de la froide réception qu'il avoit faite au cardinal de Mazarin : il les reçut avec joie et complaisance, et donnoit à entendre à tout le monde la même chose qu'il avoit dite la veille à la duchesse de Longueville, et que c'étoit lui d'Orléans, et non lui, qui l'avoit invité à souper. Le duc de Navailles, qui commandoit pour lors les gendarmes du cardinal, qui avoit dès ce temps-là beaucoup d'amitié pour moi, et qui avoit été présent au souper de la veille, vint de grand matin me trouver en mon logis, et commença son entretien par la demande qu'il me fit de ce que je pensois de la manière dont M. le prince en avoit usé avec M. le cardinal ; et après qu'il l'eut blâmée, avec modestie néanmoins, je lui répliquai avec beaucoup de franchise que je n'avois point approuvé la rupture, que je blâmois fort le raccommodement ; mais que puisqu'il avoit été fait, je souhaiterois fort qu'il pût être sincère : et après divers discours de part et d'autre, je lui dis que la pierre d'achoppement, et qui seroit à la fin celle du scandale, étoit le mariage de mademoiselle de Mancini avec le duc de Mercœur. Je lui en dis toutes les raisons, telles que je les avois dites au cardinal Mazarin même, sur la terrasse de Compiègne, quelque temps auparavant. Le duc de Navailles les approuva, et me dit qu'il alloit tout de ce pas le dire au cardinal, et cependant qu'il pouvoit me dire qu'il ne parloit pas par cœur, ni sans être bien avoué ; et que si le prince vouloit passer chez le cardinal, qui, ayant rudement la goutte, ne pouvoit se trouver chez lui ni en lieu tiers, lorsqu'ils iroient chez la Reine, qu'ils se réconcilieroient plus sincèrement et par eux-mêmes, tête-à-tête, qu'ils n'avoient fait par l'entremise du duc d'Orléans ; qu'il se faisoit fort que portant, comme l'on dit, la carte blanche au cardinal, il lui accorderoit de bonne foi, pour lui et pour les siens, tout ce qu'il voudroit, pourvu qu'il lui donnât parole d'une amitié ferme et stable ; que le cardinal voyoit et connoissoit bien que sans cela sa perte étoit assurée ; mais que personne ne pouvoit entrer en sa place qui pût être d'une si grande utilité à M. le prince que lui. Et revenant au mariage, il me dit que le rompre seroit une honte non pareille au cardinal, après l'avoir déclaré aussi ouvertement qu'il avoit fait, et en avoir donné part à ses amis, tant dedans que dehors le royaume ; que pourtant il croyoit que pour la diminuer il prendroit le parti d'obliger sa nièce à se mettre dans un couvent. Il me chargea de rapporter toute notre conversation à M. le prince, et de lui dire que, faisant profession d'honneur, il ne se hasarderoit pas à lui faire porter de telles paroles, s'il n'étoit assuré de les faire accomplir. Nous nous donnâmes rendez-vous au cloître des Petits-Augustins, à quatre heures du soir, pour lui dire ce que le prince m'auroit répondu, et nous nous séparâmes.

J'allai à l'heure même rendre compte au prince de tout l'entretien que j'avois eu avec Navailles : je le trouvai environné de grand nombre de gens, la plupart desquels avoient des intentions bien opposées à ma mission. Il me donna une audience fort précipitée : la réponse le fut encore davantage, et me fit souvenir de celle qu'il m'avoit faite quelque temps auparavant, à Melun, lorsqu'il revenoit de son voyage de Bourgogne, où il avoit été une partie de l'été, ne s'étant pas voulu charger du commandement de l'armée, et où je lui écrivis, à mon sens, une des plus agréables nouvelles qu'il pouvoit recevoir pour lors, qui fut celle de la levée du siége de Cambray par le comte d'Harcourt. La réponse que le prince m'ordonna de faire à Navailles m'oblige à rapporter celle qu'il me fit à Melun, et l'entretien que je viens de dire que j'avois eu sur la terrasse de

Compiègne avec le cardinal Mazarin, qui commença par me faire un long récit des obligations qu'il disoit que le prince de Condé lui avoit; et entre autres qu'il lui avoit fait donner toutes les charges que possédoit le prince de Condé, son père; qu'il avoit conservé dans sa maison le gouvernement de Champagne, et fait donner en pleine propriété Clermont, Stenay et Jametz, avec les gouvernemens; et que de la qualité qu'étoient ces terres, elles valoient un million d'or, qui étoit infiniment plus que l'amirauté qu'il avoit prétendue par la mort du duc de Brézé, son beau-frère; qu'il avoit obligé la Reine à lui donner tous les ans le commandement de la principale armée du royaume; que lui avoit pris soin de l'assister d'hommes, d'argent, de munitions et de toutes choses nécessaires, ce qui lui avoit donné lieu d'acquérir la gloire dont il étoit couvert. Il ajouta tous les postes qu'on avoit donnés, et tous les biens qu'on avoit faits à divers particuliers, serviteurs de M. le prince, ou qui avoient servi sous lui dans les armées; et que cependant il ne savoit quel fondement faire sur son amitié, parce que, bien que le prince l'assurât tous les jours qu'elle étoit vraie et sincère, et même par ses lettres, depuis qu'il étoit en Bourgogne, il disoit tant de choses contraires à cela, il donnoit lieu à tant de railleries qui se faisoient en sa présence, que plusieurs de ses serviteurs, et entre autres Perrault, s'emportoient contre lui en toutes rencontres, de telle manière qu'il étoit impossible que le prince n'en fût averti, et qu'il ne l'approuvât; que depuis quatre jours Perrault avoit dit publiquement dans la chambre des comptes, dont il est président, mille choses contre sa réputation et contre son ministère; et qu'il avoit fini son emportement en disant, avec des blasphèmes horribles, que M. le prince vouloit l'amirauté, et qu'il l'auroit malgré le Mazarin; que cela le surprenoit fort, puisque, ayant parlé plusieurs fois à M. le prince de l'amirauté, il lui avoit toujours répliqué qu'il n'en vouloit point. Il ajouta encore que Perrault avoit fulminé contre le mariage de sa nièce avec le duc de Mercœur; qu'il avoit parlé de l'un et de l'autre avec un mépris insupportable, et dit que M. le prince empêcheroit bien, à son retour de Bourgogne, qu'il ne s'effectuât; que ce discours l'avoit encore plus étonné que les autres, puisqu'il pouvoit me jurer (et que M. le prince n'en disconviendroit pas) que d'abord qu'on lui proposa ce mariage à Saint-Germain, incontinent après le siège de Paris, il lui en parla comme au meilleur ami qu'il crût avoir au monde; et que non seulement il l'approuva, mais il lui conseilla et le pressa de le faire, ainsi qu'il avoit fait depuis plusieurs fois; que cependant j'entendois ce qu'il savoit de science certaine de Perrault, qui mettoit continuellement des chimères dans l'esprit du prince, que tantôt il vouloit qu'il fût amiral, tantôt connétable, tantôt duc de Rhetelois, avec les dépendances de Charleville, de Mézières et du Mont-Olympe; qu'il vouloit d'autres fois qu'on lui formât une souveraineté aux Pays-Bas, et d'autres, qu'on lui conquît et qu'on lui donnât la comté de Bourgogne, ou qu'on lui achetât la principauté de Montbelliard; que ces desseins étoient autant d'écueils à la fortune et à la grandeur de M. le prince, et qu'il valoit mieux se contenter d'établissemens honnêtes et assurés, tels qu'il les pouvoit avoir, que de se prévaloir par son autorité de la foiblesse d'une régence, pour donner une juste jalousie au Roi quand il seroit majeur. Le cardinal finit en me disant qu'il me laissoit à juger d'une telle conduite.

J'écoutai fort attentivement ce discours, et en pesai les conséquences assez pour n'en rien oublier, et pour appliquer toute mon attention à lui répartir comme je fis. Je commençai en excusant Perrault par le principe de la longue amitié qui étoit entre nous, plutôt que par la raison: car en effet son emportement étoit tel en toutes rencontres, que le cardinal ne me disoit qu'une bien petite partie de ce que j'avois ouï plusieurs fois, et dont j'avois fait considérer à Perrault les conséquences, mais inutilement; car l'argent qu'il avoit dans les prêts, et qui couroit fortune d'être perdu par la banqueroute générale qu'on avoit faite aux gens d'affaires, l'envie de voir son maître avec des établissemens qui lui donnassent lieu d'augmenter les grands biens qu'il avoit acquis, étoient les seuls conseils dont il prenoit avis. Je dis pourtant au cardinal que c'étoit un vieux serviteur, qui devoit son élévation tout entière à la maison de son maître, où il étoit entré en qualité de secrétaire avec une fortune médiocre; que la reconnoissance le portoit incessamment à désirer la grandeur du prince, et à en chercher les expédiens et les moyens; qu'il trouvoit faciles tous ceux que son imagination lui faisoit concevoir, parce qu'il étoit homme peu connoissant la cour; qu'il croyoit que les grands services de son maître lui faisoient tout mériter, et lui devoient faire obtenir, particulièrement sous le ministère de Son Eminence, qu'il avoit servie au préjudice de ses intérêts propres, et avec tant de sincérité que tout cela devoit faire estimer un zèle qui, de vérité, n'étoit pas des plus discrets ; et qu'il ne devoit nullement se mettre en peine de tirer aucune conséquence des discours dont il venoit de me parler, qui assurément ne seroient point avoués du prince, le connoissant comme il faisoit ; qu'il lui laissoit gouverner les affaires domestiques, parce qu'il savoit les conduire avec utilité ; que Son Eminence faisoit injure à M. le prince, en croyant qu'il étoit absolument gouverné par cet homme ; qu'à la vérité il avoit beaucoup de crédit auprès de lui, mais qu'il ne l'avoit jamais employé aux affaires de la cour, parce que son talent n'y étoit nullement propre.

Mais que pour lui répliquer sur tout ce qu'il me venoit de dire, je le priois de considérer que c'auroit été une chose bien étrange, si le feu Roi ayant, de son propre choix, confié sa principale armée à M. le prince, la Reine, de laquelle il avoit autorisé la régence par le gain de la bataille de Rocroy, lui en avoit ôté le commandement les années suivantes ; et qu'ayant par tant de grandes actions, rendu la minorité illustre, je m'étonnois comme on vouloit lui mettre en ligne de compte, comme un bienfait, d'avoir exposé tant de fois sa vie pour faire régner la Reine avec éclat, et autoriser le ministère de Son Eminence ; que je ne pouvois assez m'étonner de ce qu'elle lui comptoit encore le peu de grâces qu'on avoit fait à ceux qui l'avoient aidé à faire tant de belles actions aux dépens de leur sang et de leur liberté ; que quelques-uns qui l'avoient perdue sous ses ordres l'avoient recouvrée par sa libéralité, sans en importuner le Roi. Je lui dis ensuite que je ne savois par quelle politique on lui avoit refusé de lui laisser conquérir la comté de Bourgogne à ses dépens, quand il seroit vrai qu'il l'eût proposé : car il n'y avoit de véritable en cela que la seule idée que Perrault en avoit eue, et qu'il débitoit partout, quoique M. le prince m'eût assuré plusieurs fois qu'il n'y avoit jamais songé ; et je crois qu'il disoit vrai, car, quoi que l'on puisse croire de lui, je l'ai toujours connu un homme sans dessein, et vivant, comme l'on dit, du jour à la journée ; mais que quand il auroit eu cette intention, il me sembloit que la Reine devoit l'approuver, puisque c'étoit une chose fort utile au bien de l'Etat et au service du Roi d'ôter une province de cette considération et de cette situation au roi d'Espagne, pour en investir un prince de son sang, qui avoit un contre-gage dans le royaume, tel que l'étoient les grands biens de M. le prince. Je lui répliquai sur ce qu'il me disoit des établissemens de feu M. le prince, qu'en les faisant passer au prince son fils, qui avoit tant mérité de l'Etat, aussi bien que monsieur son père, ç'auroit été une justice que la Reine ne pouvoit ni ne devoit lui refuser ; et sur Stenay, Clermont et Jametz, qui lui avoient été donnés pour la récompense des charges et des gouvernemens du duc de Brézé, son beau-frère, mort dans le service, c'étoit chose bien au-dessous de ce qu'il avoit droit de prétendre, en comparaison de ce qu'on faisoit tous les jours, par un usage introduit dans notre cour depuis long-temps, à des personnes de peu ou de nul mérite, qui les arrachoient des mains du Roi en ruinant son service et son autorité, pendant que M. le prince exposoit sa vie pour l'un et pour l'autre ; mais que de plus, en lui donnant ces places, on n'ôtoit rien au Roi, puisqu'elles étoient de nature à les rendre au duc de Lorraine en faisant la paix générale, ou que l'on laisseroit un procès perpétuel à M. le prince et aux siens contre ce duc et toute sa maison. Et parce que je savois que quoique le prince dit, il désiroit ardemment l'amirauté, mais qu'il avoit raison de ne pas le dire en public, et qu'il suffisoit de s'en être expliqué au cardinal par leurs amis communs, que ce n'étoit pas que j'approuvasse la manière du prince de ne pas déclarer nettement ses desseins à lui qui, seul, les pouvoit faire réussir ; j'ajoutai qu'au fond de l'affaire je ne savois pourquoi l'on ne la lui donnoit pas plutôt que ces trois places, dont l'une étoit sur la Meuse, par le moyen de laquelle un prince, qui n'auroit pas les desseins autant sincères et fidèles pour le service du Roi, que je croyois celui-ci les avoir, mettroit, quand il lui plairoit, toutes les armées de l'Empire et de Flandre dans le cœur du royaume ; au lieu qu'il ne pourroit nuire à l'Etat avec l'amirauté, puisqu'un trait de plume d'un surintendant des finances pouvoit retrancher en un moment le fond de l'armée navale, et la rendre inutile, parce qu'il n'y avoit point de particulier qui pût la faire subsister de son bien propre, pour grand qu'il pût être, sans se ruiner en six mois ; outre que le Roi étoit toujours le maître pour faire exercer cette charge par commission, quand on se défieroit des intentions de celui qui la posséderoit ; aussi mon avis a toujours été qu'on ne pouvoit donner trop de charges à un prince du sang en France, parce que le fonds nécessaire pour les exercer avec utilité les rend dépendans de la cour ; ni trop peu de places fortes, parce qu'elles leur sont des retraites qui non-seulement les rendent indépendans quand il leur plaît, mais leur donnent lieu à entreprendre par eux, et par les alliances qu'ils contractent facilement avec les voisins. La politique d'Espagne devroit réveiller la nôtre : ils font servir leurs princes à genoux, et le profond respect avec lequel on les traite réjaillit sur le Roi même; mais on ne leur donne jamais de places ni même d'emplois dont l'autorité ne soit tellement contre-balancée par les ministres qui servent avec eux, qu'il ne leur est pas possible de donner la moindre atteinte à celle de leur souverain. Je dis quelque chose d'approchant sur ce que le cardinal m'avoit dit de la charge de connétable, ajoutant que, si le Roi vouloit la faire revivre, je doutois qu'il pût en tirer plus d'avantage qu'en la donnant au prince, qui ne la prétendoit, en l'état des choses, que du bon gré et avec quelque dépendance du duc d'Orléans, lieutenant-général de l'Etat; mais je n'en avois jamais ouï parler au prince, ni à personne de sa part. Et en effet, j'ai su depuis que lui-même n'en sut rien de plus de deux mois après que le duc de Rohan lui en avoit fait la proposition, étant à la chasse dans la garenne de Saint-Maur; d'où j'ai jugé que le cardinal lui préparoit dès-lors ce piège pour le brouiller avec le duc d'Orléans, et qu'il pouvoit bien avoir insinué au duc de Rohan de proposer cela au prince pour voir comment il le recevroit, et pour s'en servir après contre lui, comme il ne manqua pas de faire. Quant à la principauté de Montbelliard, le prince n'avoit songé à l'acheter que par le conseil de Son Eminence; que je ne voyois nul inconvénient à lui donner la permission d'acheter la duché de Rhetelois quand il la demanderoit au Roi, puisqu'elle étoit possédée par un prince étranger; et que M. le prince ne pourroit prétendre le gouvernement des places si Sa Majesté ne lui vouloit donner, et qu'en rendant des autres qu'il avoit à proportion de celle-là; qu'au surplus, j'avouois qu'en bonne politique il y avoit matière de réplique sur tout ce que je disois; mais que quand je voyois le gouvernement du Languedoc situé à l'extrémité du royaume, la citadelle de Montpellier, Brescou et le Saint-Esprit entre les mains d'un fils de France, lieutenant-général de l'Etat, je croyois que M. le prince avoit pu penser à l'un ou à l'autre des établissemens dont Son Eminence me parloit, avec moins de péril contre le service du Roi, par mille raisons qui sautoient aux yeux; et qu'en un mot il me parloit de tous ensemble comme si le prince les avoit tous prétendus conjointement, comme il me disoit que Perrault l'avoit fait entendre; et qu'il savoit bien que, cherchant les expédiens de le récompenser de ce qui vaquoit par la mort du duc de Brézé, on avoit proposé tantôt l'un, tantôt l'autre de ces établissemens, et qu'enfin on avoit choisi de lui donner Stenay,

Clermont et Jametz, dont je croyois qu'il se contenteroit, et ne songeroit jamais à aucune des autres, supposé que le Roi l'en rendît propriétaire incommutable, en faisant lever les oppositions de la duchesse Nicolle de Lorraine, et vérifier ses lettres au parlement de Paris.

Quant au mariage du duc de Mercœur, je lui dis que je ne doutois pas que le prince ne lui eût conseillé quand il le lui avoit proposé à Saint-Germain, parce qu'il n'étoit ni parent ni tuteur de mademoiselle sa nièce pour s'y opposer; que tels complimens étoient ordinaires en pareilles rencontres, où l'on payoit une civilité d'une civilité; mais qu'au fond M. le prince étoit trop éclairé pour ne pas avoir connu, à la seule proposition qu'il lui en fit, que Son Eminence cherchoit d'autres appuis dans le royaume, et d'autres amitiés que la sienne, avec tant de précipitation, qu'il s'allioit d'abord avec une maison qu'il avoit rendue son ennemie dès le commencement de son ministère, et qui vouloit ruiner sa fortune dans le temps que M. le prince le soutenoit avec le plus de vigueur; qu'au surplus cette maison étoit naturellement opposée à celle de Longueville; que les enfans qui viendroient de ce mariage le seroient par conséquent aux neveux de M. le prince, comme le duc de Vendôme le seroit et l'étoit à son beau-frère; qu'il ne pourroit manquer à les soutenir dans tous les temps, ni Son Eminence ses alliés, et que cela leur donneroit à tous momens des sujets de brouillerie; que, dans celui même que j'avois l'honneur de lui parler, la princesse douairière, le prince de Conti, la duchesse de Longueville, tous les parens et tous ceux qui prenoient part aux intérêts de M. le prince, lui reprochoient la facilité avec laquelle il avoit approuvé ce mariage, et le peu de réflexion qu'il avoit fait sur les suites de cette affaire, et ne manqueroient pas de le presser de s'y opposer, et qu'il auroit peut-être peine à s'en défendre.

De là je passai plus avant, et lui dis que je ne pouvois souffrir qu'il s'embarrassât de ce que disoit Perrault, ni tous les autres qu'il m'insinuoit; moins encore qu'il se servît de tierces personnes, comme du duc de Rohan, de Le Tellier, de Champlâtreux, ni d'aucun autre entre M. le prince et lui, puisque, étant amis comme ils l'étoient, et ayant intérêt réciproque de l'être, et se voyant tous les jours et à toute heure, ils pouvoient s'entretenir confidemment et se lier d'une amitié stable, la cimentant par les avantages qu'ils se pouvoient procurer l'un à l'autre, qui étoit le moyen le plus sûr de la rendre telle, que Son Eminence n'avoit encore aucun établissement solide ; que je souhaiterois qu'il en prît dans le temps qu'il pouvoit tout, quand M. le prince agiroit de concert avec lui ; mais qu'il les prît et les fît donner à M. le prince tels qu'ils se fussent utiles et se pussent donner la main l'un à l'autre dans le temps ; que peut-être ils en auroient besoin. Par exemple, revenant sur la proposition de la comté de Bourgogne, je dis au cardinal que s'il procuroit ce bien à M. le prince, qui seroit en même temps celui du Roi et de l'Etat, qu'il n'y auroit point d'homme de bien qui pût conseiller à Sa Majesté de lui laisser le gouvernement de la duché de Bellegarde, Saint-Jean-de-Losne et Verdun ; qu'en les ôtant à M. le prince il pourroit prendre l'un et l'autre pour lui, et faire revivre en sa faveur la duché de Bellegarde, pour, par un secours et une assistance mutuelle, être en temps et lieu utiles l'un à l'autre. Je lui dis la même chose de la duché de Rhetelois, en lui conseillant de prendre pour lui Sedan, Stenay et Jametz, et lui formai cinq ou six desseins de pareille nature ; et, par semblables raisons qui seroient trop longues à rapporter, je conclus, en lui disant qu'avec des entremetteurs on pouvoit difficilement conserver le secret, qui étoit l'ame des grands desseins ; qu'il étoit raisonnable d'établir mesdemoiselles ses nièces : mais je souhaiterois que les alliances qu'il prendroit l'attachassent à M. le prince au lieu de l'en désunir, comme il couroit fortune de faire par celle du duc de Mercœur, tels que seroient le fils unique du maréchal de La Meilleraye, proche parent de madame la princesse, que Son Eminence même désiroit pour lors, et d'autres que je lui nommai.

Il seroit malaisé et ennuyeux d'écrire le détail de tout ce qui fut dit et répliqué de part et d'autre sur tant de différentes et importantes matières dans une conversation qui dura près de cinq heures, et pendant laquelle l'utilité particulière du prince et celle du cardinal nous fît à tous deux débiter des raisons bien opposées à celles de l'Etat. Il suffira de dire qu'il parut approuver tout ce que je lui représentois, particulièrement sur ces deux derniers articles, me disant que plût à Dieu qu'on lui eût toujours parlé aussi raisonnablement, sans le lasser tous les jours de propositions nouvelles pour M. le prince, sans qu'aucune portât aucun coup à la sûreté de sa fortune ni à ses intérêts. Il ajouta que c'étoit par de tels expédiens qu'on devoit traiter les affaires, et non avec incertitude et emportement, et fit ensuite quelque diversion des nouvelles courantes ; puis, me priant de lui parler avec franchise, il me demanda si M. le prince m'avoit chargé de lui parler comme je venois de faire sur le sujet du mariage du duc de Mercœur. La vérité est que je n'en avois aucun ordre ; mais l'affection que j'avois pour les intérêts de M. le prince me fit juger à propos de répartir de manière que je donnasse à songer au cardinal. Je lui dis donc que je n'étois pas ministre de M. le prince, et que si je l'étois, et qu'il m'eût donné charge de lui tenir les propos que je venois d'avoir avec Son Eminence, je l'aurois fait avec liberté ; et qu'étant serviteur du prince autant que je l'étois, s'il m'avoit prié de lui dire comme de moi-même, et sans le mettre en jeu, tout ce que je lui avois dit, que Son Eminence me questionneroit jusqu'au lendemain matin, que je ne lui en dirois autre chose. Il fit encore quelque digression, puis il me dit qu'il étoit fort tard, qu'il vouloit se retirer, parce qu'il devoit partir le lendemain pour l'armée (ce fut lorsqu'il porta aux officiers allemands et à quelques François des plumes et des épées, des baudriers et d'autres présens plus agréables que de valeur, dont les ennemis de Son Eminence firent des railleries assez piquantes et assez injustes) ; qu'il me diroit pourtant, avant que de se retirer, que si M. le prince vouloit changer de style avec lui, reprendre celui qu'il n'avoit quitté qu'à la persuasion de certaines gens qu'il ne vouloit pas nommer (que je jugeai être le prince de Conti et la duchesse de Longueville), et dont il usoit fort obligeamment peu de temps avant son voyage de Bourgogne ; s'il vouloit fixer ses prétentions, et les lui expliquer avec sincérité, elles seroient bien injustes s'il ne les faisoit approuver par la Reine ; et que, quelques obstacles que la jalousie inspirée par La Rivière y pût apporter, il les feroit réussir, et que s'il vouloit se lier avec lui d'une amitié telle que je lui proposois, et dont il me sauroit gré toute sa vie, et l'aider à marier avantageusement ses nièces, il romproit le mariage du duc de Mercœur ; que quoiqu'il en eût donné part à tous ses amis en France, à plusieurs cardinaux et princes d'Italie, à des électeurs de l'Empire, au roi de Pologne et au Pape même, il prendroit sur lui le risque de la honte que ce changement, qu'on attribueroit à foiblesse, lui causeroit ; et que l'estime et l'amitié qu'il avoit pour M. le prince le feroit passer sur toute considération. Il finit son entretien en me priant de me rendre à Melun lorsque ce prince retourneroit de Bourgogne, pour lui dire le détail de notre conversation, et lui faire le récit et les propositions qu'il venoit de me faire.

Je répondis au cardinal ce à quoi l'honneur

qu'il me faisoit m'obligeoit, et me trouvai à Melun environ une heure avant que M. le prince y arrivât. Il témoigna de la joie de me voir ; et après avoir mis pied à terre, il me mena promener hors la ville, à pied, et du côté de Fontainebleau. Il commença par me dire qu'il avoit su à Sens que je devois l'aller attendre là, d'où je jugeai que Perrault, à qui j'avois communiqué la plus grande partie de ce que dessus, lui en avoit donné part. Il pouvoit lui avoir insinué quelque chose pour le détourner d'entrer en matière, ou d'autres pour l'animer contre la conduite du cardinal. En effet, après que le prince m'eut parlé fort confidemment de plusieurs choses de ce temps-là, je lui exposai toute la conversation que j'avois eue avec le cardinal, et ma mission vers lui. Il l'écouta avec une très-grande attention, et me dit, pour toute réponse, que c'étoit un bon fourbe qui vouloit le tromper et lui manquer de parole, puisqu'il ne la lui faisoit pas donner par Le Tellier ; qu'il le verroit dans peu, et le feroit expliquer et parler françois. Telle fut la réponse qu'il me fit, que je confiai, mais en termes plus doux et plus honnêtes, au duc de Rohan, qui étoit bien intentionné et fort sage, pour m'exempter de la faire moi-même au cardinal, et me retirer doucement d'une négociation que je prévoyois ne devoir point avoir la fin que j'aurois souhaitée pour l'avantage du prince et du bien public ; et telle fut la réponse que le prince me fit quand je lui rapportai la conversation que j'avois eue avec le duc de Navailles, et les propositions qu'il me fit, dont j'ai parlé ci-devant. Je la lui fis le plus doucement qu'il me fut possible, quand il me vint trouver au cloître des Petits-Augustins, où je lui dis que nous ferions beaucoup pour lui et pour moi de laisser agir d'autres que nous, puisque je connoissois assez le terrain pour prévoir de fâcheuses suites de telles affaires, dont nous devions éviter le maniement par prudence. Oncques depuis je ne voulus m'en mêler, et m'en suis fort bien trouvé.

Cependant, sans avoir rompu une seconde fois, le prince et le cardinal étoient tout-à-fait brouillés sur le fondement de la première rupture, qui n'avoit, pour ainsi dire, été que suspendue pendant un jour, et avoit même été plus aigrie par la froideur du souper dont j'ai parlé. La duchesse de Longueville, le prince de Conti, le duc de La Rochefoucauld et plusieurs autres, surtout les frondeurs, craignoient l'effet de toutes les négociations qui étoient sur pied pour les réconcilier une seconde fois. Cette duchesse jugea à propos de se servir d'une vision que j'avois eue, et que je lui avois communiquée le jour que le duc d'Orléans les avoit accommodés, qui fut telle : M. le prince avoit dit tout haut qu'il s'offriroit, ainsi que je l'ai rapporté ci-dessus, à tous ceux qui lui avoient fait compliment, s'il arrivoit qu'ils vinssent à se plaindre du cardinal. Par cette déclaration, il me sembla que l'on pouvoit empêcher l'effet de la réconciliation, et faire que le prince de Conti allât rendre une visite au cardinal, et lui dire qu'il alloit se réjouir avec lui de son accommodement avec le prince de Condé, son frère ; qu'il vouloit y entrer avec toute la sincérité ; et que, pour rendre leur amitié sûre et durable, il alloit le prier de rompre le mariage du duc de Mercœur, qui seroit dans la suite un obstacle invincible à la durée de leur bonne intelligence ; que de ce compliment il arriveroit de deux choses l'une, ou que le cardinal souscriroit à la proposition du prince de Conti, ou non ; que s'il l'approuvoit, leur maison auroit, outre l'avantage de voir faire une telle foiblesse au cardinal, celui de rompre une alliance qui étoit si préjudiciable à la maison de Condé et à celle de Longueville, et d'être en état d'en proposer quelque autre au cardinal, qui leur seroit avantageuse ; que s'il refusoit au prince de Conti ce qu'il lui demandoit, il pourroit lui dire qu'il connoissoit le peu d'envie qu'il avoit de conserver une bonne et solide union avec sa maison ; que cela le désabusoit tout-à-fait de ce qu'il avoit voulu lui persuader ; et que, se le tenant pour dit, il retiroit dès ce moment-là toutes les paroles qu'il lui avoit données, et lui diroit qu'il n'auroit jamais d'ennemi plus déclaré que lui ; que cette rupture formelle du prince de Conti avec le cardinal, obligeroit le prince de Condé à s'offrir à lui, et que par ce moyen l'accommodement fait par le duc d'Orléans demeureroit non-seulement sans effet, mais que le prince, ayant épousé la querelle du prince de Conti, son frère, ne seroit pas le maître pour la finir, et auroit à répliquer à Monsieur, quand il l'en presseroit, qu'étant l'affaire de son frère, il n'avoit pas le pouvoir de la terminer comme il avoit fait la sienne quand il lui avoit ordonné ; que de cette manière il feroit juger à tout le monde qu'il n'avoit pu refuser au duc d'Orléans ce qu'il devoit refuser à la raison, et au péril d'une réconciliation autant à contre-temps que celle-là le fut, et aussi généralement condamnée. La faute de se brouiller avoit été grande, et celle de se raccommoder avec une telle facilité ne se pouvoit, à mon sens, réparer que d'une manière telle que celle-ci, qui auroit jeté je ne sais quoi de risible sur le cardinal, qui n'auroit pu que lui nuire en l'état auquel il se trouvoit pour lors.

Le maréchal de Gramont et le premier président Molé se mêlèrent fort de cette seconde réconciliation. Le duc de Rohan alloit et venoit continuellement, aussi bien que Le Tellier, du duc d'Orléans au prince de Condé. L'abbé de La Rivière n'oublioit rien du pouvoir qu'il avoit sur son maître, par les mêmes raisons que j'ai dites ci-dessus, pour parvenir à l'accommodement que son intérêt lui faisoit désirer ardemment : cependant ce fut l'écueil de sa fortune.

Tous ceux qui étoient jaloux de la gloire et de l'autorité de M. le prince, ceux qui, par un principe d'amitié songeoient à la sûreté de sa liberté et de sa vie; et encore plus ceux de qui l'intérêt étoit la ruine et la chute du cardinal, appréhendoient la réunion. Les gens de douce conduite et de bonne intention vouloient sa conservation, parce qu'ils ne le croyoient pas, par la connoissance de la douceur de son naturel, d'une résolution violente, et sollicitoient ardemment la réconciliation. Le prince de son côté, de qui le talent à la cour lui a fait toujours appréhender les affaires d'un tel poids, par la nécessité de les pousser à bout, craignoit de s'y embarquer.

Son courage, le grand nombre de serviteurs et d'amis qu'il avoit, sa réputation, l'estime en laquelle il étoit, et le peu qu'il en avoit pour le cardinal, lui faisoit faire peu de cas des avis continuels qu'on lui donnoit de songer à sa sûreté; et il avoit plus d'envie de s'accommoder avec avantage, que de rompre avec incertitude des événemens. Le bien de l'Etat, qu'il avoit si avantageusement servi, le retenoit encore ; et il se trouvoit dans une agitation continuelle entre son propre vouloir et celui de ses amis, qu'il appréhendoit de perdre.

La duchesse de Longueville le sachant en suspens, après en avoir conféré avec le duc de La Rochefoucauld qui étoit pour lors l'arbitre de tous ses mouvemens, et le prince de Conti qui n'aspiroit qu'à l'être, alla trouver le prince de Condé en son logis, et lui ayant dit en riant qu'elle étoit une manière d'ambassadrice du prince de Conti, lui exposa ce que je viens de dire, non pas comme un avis qu'elle lui demandoit de sa part, mais comme un dessein qu'il avoit formé ; que pourtant il ne vouloit pas l'exécuter s'il ne l'approuvoit, puisqu'il ne l'avoit conçu que pour le bien et l'avantage commun de leur maison et de leurs amis. Le prince de Condé, après avoir écouté attentivement tout ce que la duchesse de Longueville lui voulut dire, éclata de rire, et lui dit que c'étoit la plus plaisante manière qu'on pouvoit trouver de relancer le Mazarin ; qu'il trouvoit fort bon qu'on l'exécutât, et que tous les jours on lui donneroit de semblables secousses ; mais qu'il falloit suspendre un peu ce dessein ; et que si Le Tellier, qu'il attendoit ce jour-là même, ne lui apportoit parole d'une satisfaction tout entière, l'on aviseroit le lendemain de quel air et de quelle façon le prince de Conti parleroit au cardinal.

Au récit que la duchesse de Longueville me fit de ce que dessus, je jugeai bien que la proposition ne réussiroit pas, parce que les personnes de la vivacité du prince de Condé ne consultent guère sur les choses qui tombent dans leur sens, particulièrement étant piqué autant qu'il vouloit persuader l'être : en quoi je connus la pente qu'il avoit au raccommodement, qui fut conclu à trois jours de là sur certaines conditions, qui furent mises par écrit, dont le prince et le cardinal gardèrent chacun une copie signée, que j'ai vue, [et dont voici la teneur :

PROMESSE RÉCIPROQUE D'ENTRE MONSEIGNEUR LE PRINCE ET MONSEIGNEUR LE CARDINAL MAZARIN (1).

I.

« La Royne songeant incessamment à tout ce qui peut contribuer le plus au service du Roy pendant sa régence, et croyant par beaucoup de raisons que rien ne peut estre plus propre que l'establissement d'une parfaicte intelligence entre M. le prince et moy, dans la congnoissance que Sa Majesté a de la passion de chacun de nous pour le bien et advantage de l'Estat, et voullant au mesme temps tesmoigner audict sieur prince l'estime qu'elle faict de sa personne et de ses bons conseils, et le désir qu'elle a de luy donner de plus en plus des marques de sa confiance et de son affection ; Sa Majesté a trouvé bon que je promette, comme je faict de sa part et par son ordre : qu'il ne sera

---

(1) « Les conditions de cet accommodement de M. le prince avec le cardinal, n'ont jamais esté publiques, parce qu'il ne s'en est sceu que ce qu'il pleut au cardinal, en ce temps-là, de jeter dans le monde. Je me ressouviens, en général, qu'il l'effectua : j'en ai oublié le destail et je ne l'ai pas trouvé, quoique j'aie cherché pour vous en rendre compte. Ce qui en parut, fut la remise du Pont-de-l'Arche entre les mains de M. de Longueville. »

Ce fragment, tiré de notre édition des *Mémoires du cardinal de Retz* (page 170, 3ᵉ série, *Collection des Mémoires*, par MM. Michaud et Poujoulat), rend encore plus précieux ce traité jusqu'ici inédit, qui nous révèle les conditions souscrites par Mazarin pour son accommodement avec le prince de Condé.

pourvu à aucun gouvernement généraulx ou particuliers, aux charges de sa couronne, aux charges principales de la maison du Roy et de la guerre, ny aux ambassades, qu'on n'esloignera personne de la cour et qu'on ne prendra point de résolution sur aucune affaire importante à l'Estat, sans avoir au préalable l'advis de M. le prince, et que lorsque M. le prince proposera des personnes qu'il croira capables desdictes charges, Sa Majesté y fera prendre considération ; que dans l'occurence de la vacance des bénéfices, Sadicte Majesté considerera les amis et serviteurs de M. le prince lorsqu'il les recommandera ; et comme la bonne correspondance d'entre M. le prince et moy peut estre très-utile au service du Roy, ainsi qu'il est dict cy-dessus, je prometz d'entretenir une parfaicte intelligence avec luy, et outre, je luy promets entièrement mon amitié et de le servir dans tous les interêtz de l'Estat et les siens particuliers envers tous et contre tous ; et pour commencer à luy en donner des marques, je promets à M. le prince de né marier mon neveu, ni aucune de mes nièces qui sont ici, sans l'avoir au préalable consulté avec luy. En foy de quoy j'ay signé la présente, à Paris, le 2 octobre 1649.

» Le cardinal MAZARINI.

II.

» Ne souhaitant rien tant que de contribuer par toute sorte de moyens, ce qui peut dépendre de ma personne et de mes soins pour le bien et la grandeur de l'Estat, le service du Roy et de la Royne, particulièrement pour relever l'auctorité du Roy pendant sa minorité et parvenir à une bonne paix, qui soit advantageuse à cette couronne, par le moyen de laquelle on puisse restablir toutte sorte de félicités dans le royaume : je promets à la Royne de luy donner mes advis sincèrement, lorsqu'on me communiquera les affaires concernant l'Estat, ensuitte de la promesse que M. le cardinal m'en a faicte par escript, par ordre et au nom de Sa Majesté ; et d'autant que la Royne m'a faict l'honneur de me tesmoigner en plusieurs occasions qu'elle n'a rien plus à cœur que de restablir pendant sa régence l'auctorité du Roy, au point qu'elle étoit lors du feu Roy de glorieuse mémoire, et qu'elle a esté maintenue depuis jusqu'au temps des mouvemens qui s'élevèrent dans le royaume l'année dernière :

» Je promets à Sa Majesté de m'y employer le plus utilement qu'il me sera possible en tout ce qui dépend de mes soins et de mon affection ;
et comme la bonne correspondance entre ledict sieur cardinal et moy peut contribuer à ce que dessus, je promets d'entretenir une parfaicte intelligence avec luy ; et outre, je lui promets entièrement mon amitié et de le servir dans tous les intérêts de l'Estat et les soins particuliers envers et contre tous. Faict le 2 octobre 1649.

» LOUIS DE BOURBON. »]

Le premier président Molé, qui eut grande part à cet accommodement, fut fait le dépositaire de l'original. La grande autorité qu'il avoit acquise et conservée au parlement, qui décidoit pour lors de toutes choses, faisoit pencher la balance selon qu'il les vouloit ou ne les vouloit pas. Le prince ne résista point à donner les mains à ce qu'il souhaitoit dans son ame autant que le cardinal, quoiqu'il le donnât moins à connoître que lui. Il dissimuloit son inclination sous les apparences d'une fierté autant ou plus affectée que naturelle ; et par la crainte des événemens qui suivent pour l'ordinaire la sûreté que l'on prend des ennemis offensés et réconciliés, on lui offrit de la part du cardinal, qui savoit bien qu'il n'avoit qu'à gagner du temps pour prendre ses avantages, toutes les assurances qu'il proposeroit. Il n'en demanda point d'autres que les conditions portées par l'écrit dont je viens de parler, dont la principale étoit la rupture du mariage, et la part qu'on lui promettoit au maniement des affaires, à la distribution des grâces, et à l'amitié du duc d'Orléans, sans lequel il croyoit avec raison que la cour ne pouvoit rien entreprendre contre lui. Mais comme, d'un autre côté, il jugea que c'étoit hasarder beaucoup que de poser les fondemens de sa liberté et peut-être de sa vie sur un esprit aussi peu ferme et autant gouverné que celui-là, il voulut se prévaloir de l'amitié et de la dépendance que l'abbé de La Rivière lui avoit promise par les raisons dont j'ai parlé, et par l'entremise du comte d'Aubijoux, il s'expliqua nettement de sa juste crainte aux négociateurs, qui proposèrent un expédient pour la faire cesser, qui fut que, comme on jugeoit impossible que le cardinal entreprit rien contre le prince tant que le duc d'Orléans ne seroit point de la partie ; qu'il n'en pouvoit être sans que l'abbé de La Rivière, qui avoit donné toute parole au prince, et qui étoit maître du sien, n'en eût une entière connoissance, qu'il promettoit donner au prince le cas arrivant, on proposeroit au duc d'Orléans, qui y consentit d'abord, de dispenser l'abbé de La Rivière du secret qu'il lui devoit dans cette seule conjoncture, et de lui ordonner de communiquer au prince tout ce qu'il sauroit tant de la cour que de son maître, qui regarderoit directement ou indirectement les intérêts du prince de Condé. Et sur la foi de cette promesse, toutes les choses furent pacifiées, et le prince reprit la même manière de vivre avec la Reine et le cardinal qu'auparavant; mais il avoit une assiduité plus grande et plus respectueuse qu'il n'avoit jamais eue auprès du duc d'Orléans.

Les Frondeurs se virent hors de l'espérance qu'ils avoient conçue. Le mépris qu'on faisoit du cardinal commença à cesser, et l'assiette de sa fortune à s'affermir par l'écueil qu'il venoit d'éviter. Le commerce avec les gens d'affaires, qui étoit demeuré suspendu parce que chacun étoit aux écoutes sur l'événement de cette rupture, et toutes choses, reprirent leur train ordinaire à la cour.

Cependant le coadjuteur de Paris alloit continuant ses pratiques secrètes; en lui seul résidoit toute l'autorité de la Fronde, par la supériorité de son génie sur tous ceux qui la composoient. Il ramassa tous les amis que le prince avoit perdus en se réconciliant une seconde fois avec le cardinal. Il en faisoit de toute condition, de tout âge et de tout sexe; il épuisoit les bourses de ceux qui vouloient lui prêter pour payer les émissaires qu'il avoit parmi le peuple, et par leur moyen semoit l'aversion et l'estime, suivant qu'il convenoit à ses intérêts. Il se rendoit assidu au parlement, où il avoit de grands amis. Il étoit uni d'une liaison étroite avec la duchesse de Chevreuse; et l'on disoit dans le monde qu'il essayoit de l'avoir encore plus cordiale avec mademoiselle sa fille. Cette duchesse se rendoit plus assidue que jamais auprès du duc d'Orléans, où elle tâchoit, comme elle fit peu à peu, à ruiner la faveur de l'abbé de La Rivière. D'un autre côté, le coadjuteur faisoit de temps en temps de certaines déclarations au Palais-Royal par ses amis et amies, et lâchoit de temps à autre des paroles pour donner envie à la Reine et au cardinal de le rapprocher, dans la vue d'opposer en temps et lieu toute sa faction au prince de Condé, dont on vit tôt après naître le dessein si fatal à l'État, duquel je parlerai ci-après.

Le duc de Beaufort, qui avoit une manière de talent propre à donner dans les yeux du menu peuple, et qui lui avoit fait acquérir de l'amitié et de l'estime à Paris, étoit possédé par la duchesse de Montbazon. Chavigny étoit retiré dans ses terres en Touraine, Châteauneuf à Montrouge. L'un et l'autre avoient été long-temps dans le ministère; ils avoient telle envie d'y rentrer, et avoient acquis une telle estime d'habileté, qu'il leur importoit et leur étoit aisé de conserver, et de se prévaloir de la correspondance qu'ils avoient avec leurs amis, qui étoient en grand nombre. Le conseiller de Broussel avoit également conservé dans l'estime du monde la créance d'un homme incorruptible, et l'aversion contre le cardinal, sans qu'il y eût raison pour l'un et pour l'autre qu'une humeur chagrine qui l'avoit toute sa vie rendu opposé à tout ce qui venoit de la cour, et qui l'avoit fait plaire dans sa pauvreté. Il ouvroit continuellement la bouche à ses enfans pour fomenter son chagrin naturel, et aux gens de dessein, qui se prévaloient de son peu d'habileté pour flatter la vaine gloire qu'il se donnoit dans son cœur d'être le tribun du peuple. Le conseiller de Longueille, homme habile et d'un génie éclairé, malicieux et intéressé, entretenoit toutes les cabales du parlement, pour opposées qu'elles pussent être; il les unissoit et les opposoit, suivant la convenance de ses desseins. Il s'étoit rendu redoutable à la cour, et l'arbitre de toutes les délibérations dans sa compagnie. Le premier président Molé y avoit le crédit ordinaire à ceux de son poste, l'opinion d'un homme intrépide, mais la créance que les intérêts de Champlâtreux son fils, qui le gouvernoit, et le mauvais état de ses affaires domestiques, l'avoient rendu absolument dépendant de la cour. Mais quoiqu'en toutes rencontres il employât son adresse pour faire tourner les délibérations de sa compagnie à son avantage, quand elles venoient à aboutir contre son sens, il les exécutoit si ponctuellement, et parloit avec tant de vigueur et d'efficace pour les soutenir, que, quoique les gens éclairés connussent la nécessité et l'adresse de sa conduite, la pluralité de la compagnie et presque tout le monde l'avoit en vénération. Ces trois personnages étoient les principaux mobiles de tout ce qui se délibéroit dans le parlement pour et contre la cour. Le président de Blancménil y fit quelque temps une figure assez considérable, par l'inimitié que la ruine d'un de ses oncles avoit allumée dans son cœur contre le cardinal Mazarin, et par les avis que le conseiller Pithou, homme de savoir et de mérite, lui donnoit par écrit et faisoit apprendre par cœur, pour les lui faire débiter comme siens dans l'assemblée des chambres, et se contentoit après d'opiner avec modestie dans le même sens de ce président. Le président Viole, d'une assez ancienne famille de robe de Paris, sur quelque raillerie qu'on lui avoit faite dans la débauche où il étoit assez agréable, de ce qu'il étoit un bourgeois, se voyant de ruiné qu'il étoit devenu riche par le bien que lui laissa un commis de l'épargne nommé Lambert, se mit dans la tête de devenir homme de cour, et de traiter de la charge de chancelier de la Reine, dont on lui refusa l'agrément à la cour. Dès-lors il ne songea plus qu'à se venger; et voyant ses espérances perdues du côté du cabinet, il crut qu'il falloit le battre en ruine. Chavigny, avec qui il avoit habitude, et qui connoissoit son naturel vain et impétueux, lui persuada qu'il ne seroit pas difficile de le faire secrétaire d'Etat, si le parlement renversoit la fortune du cardinal Mazarin; qu'il n'étoit pas né pour borner la sienne à présider dans une chambre des enquêtes; et le fit résoudre à prendre des avis vigoureux dans le parlement, et de s'y distinguer par des discours hardis et enrichis de doctrine. Il débitoit assez bien ceux que lui composoit un jeune homme d'étude nommé Servientis; mais comme le style de ce qu'il disoit de lui-même aux répliques, et dans les contestations qui arrivent souvent dans les compagnies, étoit fort différent, on connut en peu de temps que cette science, qu'on jugea d'abord infuse, n'étoit qu'un effet de sa mémoire. Il étoit cousin-germain de la duchesse de Châtillon, l'une des plus belles et des plus adroites de son siècle, de qui les belles qualités du corps et de l'esprit lui avoient acquis l'estime et l'amitié de gens fort relevés en naissance, en crédit et en mérite, qui firent, par divers intérêts, valoir le président Viole en plusieurs rencontres; et par là il acquéroit quelque réputation qui se ruinoit par la variété de son esprit et par la foiblesse de son talent propre, qui le firent changer autant de fois de parti qu'il étoit de l'intérêt de ceux qui le faisoient mouvoir.

Le reste du parlement étoit composé de gens de beaucoup de vertu, qui alloient au bien autant que le temps le pouvoit permettre; et d'autres entraînés par la persuasion, désintéressés contre la cour, qui, sans savoir la raison qui les faisoit agir, prenoient en toutes rencontres les avis de M. Broussel, qui croyoit, en les ouvrant, mériter qu'on lui érigeât des statues publiques, mais qui en effet lui étoient suggérés par ceux qui n'aspiroient qu'à renverser la fortune du cardinal Mazarin. Ceux-ci étoient quasi toujours les plus forts en nombre; et par l'emportement de leur humeur brusque, ils rendoient souvent les assemblées des chambres un lieu de confusion, où le grand bruit prévaloit sur la sagesse de ceux qui cherchoient quelque tempérament aux affaires.

Les choses étoient à peu près en cet état sur la fin du mois de septembre 1649, que je pris résolution de faire le voyage de Bourgogne, dont j'ai parlé au commencement, et duquel j'avois suspendu le dessein pendant tout le temps que dura la mésintelligence du prince avec le cardinal, parce qu'outre l'inclination que j'avois pour ce prince, je jugeai qu'il n'étoit pas honnête de s'absenter dans une saison où les moindres personnes pouvoient être utiles, comme j'aurois souhaité de lui être au péril de ma fortune et de ma vie. Le plus grand service que ses amis pouvoient lui rendre (car il leur avoit toujours déféré toutes choses) [ce que ses ennemis n'ont pas attribué à vertu] étoit de l'empêcher de rompre, puis de renouer, avec le cardinal Mazarin, du moins de la manière qu'il fit l'une et l'autre de ces actions opposées, et qui ont été le mobile de tant de choses imprévues qui ont agité sa vie et celle de ceux de sa maison et de ses amis, depuis ce temps-là jusqu'à la conclusion de la paix générale, où je me trouvai honoré de son plein pouvoir, après l'avoir servi avec beaucoup de confiance de sa part, et grande fidélité de la mienne.

Pendant mon séjour en Bourgogne, mes amis m'écrivoient fort ponctuellement ce qui se passoit à la cour; et je connoissois par leurs lettres le peu de sûreté que les uns pouvoient prendre aux autres. Je reçus entre autres nouvelles celle du mariage du duc de Richelieu avec madame de Pons, fille du baron Du Vigean, fait clandestinement et à l'insu de la cour par le conseil de la duchesse de Longueville, en sa maison de Trye, avec la participation du prince, qui sacrifia en cette rencontre les sentimens de la proche alliance qu'il avoit avec ce duc, à cause de la princesse sa femme, à l'amitié qu'il avoit conservée à madame de Pons, par le tendre souvenir de l'amour qu'il avoit eu pendant la vie du prince de Condé, son père, pour mademoiselle Du Vigean, sa sœur, à présent religieuse aux Carmélites de Paris, où elle s'étoit jetée quelques années auparavant, par le déplaisir de la rupture du mariage accordé entre elle et le marquis d'Huxelles, à qui le prince de Condé le père avoit dit, lorsqu'il fut lui en demander avis, qu'il le plaignoit d'épouser une femme de qui son fils étoit amoureux, et amoureux favorisé, quoique je sache, avec toute la certitude qu'on peut savoir les choses de cette nature, que jamais amour ne fut plus passionné de la part du prince, connu ni écouté avec plus de conduite, d'honnêteté et de modestie de la part de mademoiselle Du Vigean : tant y a qu'il avoit conservé et conserve encore je ne sais quelle mémoire pleine de respect et d'estime pour cette bonne religieuse (qu'il ne voit pourtant point), qui fut le principe du consentement et de l'appui de ce mariage.

Mais ce qui l'obligea davantage à l'avancer, à le maintenir et à l'autoriser par sa présence, fut la créance que le duc seroit gouverné par celle que l'amour lui donnoit pour femme; qu'il se rendroit maître du Havre-de-Grâce dont il a le gouvernement (qui étoit pourtant au pouvoir de la duchesse d'Aiguillon, sa tante), et qu'il le conserveroit à la dévotion du prince. En effet, il ne fut pas plus tôt marié qu'il s'alla jeter dans la place avec la duchesse sa femme, et deux mille pistoles que le prince leur donna pour vivre, attendant que leurs affaires eussent pris une autre assiette. J'appréhendai fort la suite de cette affaire, qui en nul temps ne pouvoit être approuvée de la cour, mais qui devoit, comme elle fit en celui-là, dégénérer en une espèce de crime. En effet, la duchesse d'Aiguillon n'oublia rien pour la faire considérer comme criminelle, et se servir de son esprit et de son courage, et de tout le crédit que la mémoire du cardinal de Richelieu, son oncle, lui donnoit auprès du cardinal, pour lui envenimer cette action, qui de soi lui avoit fait une grande blessure au cœur. Elle ne pouvoit trouver de consolation à la douleur que lui donna ce mariage, qu'elle qualifia de rapt de son neveu. Quand elle considéroit qu'ayant pu le marier avec mademoiselle de Chevreuse ou avec mademoiselle d'Elbeuf, elle le voyoit allié avec une maison si fort inférieure à celle de Lorraine, avec une femme beaucoup plus âgée que lui, qui avoit des enfans de son premier mariage, qui n'avoit que des biens fort médiocres, et qu'elle avoit nourrie quasi comme sa fille, l'étant de madame Du Vigean, qui a passé toute sa vie avec un attachement si grand pour elle, que, si l'on pouvoit ajouter foi aux vaudevilles, on le croiroit honteux et vilain, autant qu'extraordinaire, entre deux personnes de ce sexe; toutes ces diverses passions en excitèrent dans son cœur une violente de se venger du prince, comme elle fit avec assez de facilité, par la disposition qu'elle trouva dans la volonté du cardinal et dans celle de la Reine mère, d'entreprendre ce que l'on fit bientôt après contre lui.

Une autre nouvelle que je reçus en Bourgogne ne m'avoit pas peu surpris, et ne m'avoit pas moins donné de crainte que celle-là: ce fut le prétendu assassinat commis ou intenté, comme on le publioit, par le marquis de La Boulaye, que la prétention à la charge de capitaine des cent-suisses, que le duc de La Marck son beau-père avoit long-temps possédée, avoit jeté dans les intérêts et dans l'amitié des frondeurs, et qui avoit acquis de l'estime parmi eux pendant et depuis le siège de Paris. Le cardinal s'étoit réuni avec eux à la sourdine. Le coadjuteur de Paris alloit, les nuits, déguisé en homme d'épée et couvert de plumes, pour ôter toute connoissance de cette réconciliation, dont le secret emportoit quant et soi le crédit de ceux de sa faction parmi le peuple, que le dessein formé entre eux de perdre le prince de Condé rendoit autant nécessaire au cardinal qu'aux frondeurs mêmes. Toutes les histoires modernes ont écrit le détail du piége qu'il dressa à ce prince, et de la bonne foi avec laquelle il y tomba. Le cardinal me l'a depuis raconté lui-même avec toutes ses circonstances. Il seroit hors du sujet que je me suis proposé de le rapporter ici. Je me contenterai de dire que ce prétendu assassinat, qui ne fut qu'une fausse attaque faite au milieu du Pont-Neuf au carrosse du prince, qui retournoit vide à son hôtel, en fut le fondement. On voulut, par de faux témoins, y impliquer les principaux chefs de la Fronde: le prince les attaqua en même temps fort mal à propos dans le parlement de Paris, où il demanda justice. La Reine et le cardinal prirent, par une profonde dissimulation, son parti contre eux; et lui, animé par son propre ressentiment, par les conseils intéressés du cardinal, et par les persuasions de ceux qui étoient attachés à ses intérêts, plus encore par les mouvemens de sa famille, de ses amis et de ses serviteurs, et par l'emportement naturel de Perrault, il sollicitoit ardemment les juges. Il y eut des récusations de part et d'autre contre quelques-uns d'eux, proposées et appuyées avec grande chaleur; l'aigreur devint extrême entre les parties; et Paris, comme la cour, étoit partialisé pour et contre.

Je ne pouvois deviner de si loin l'artifice qui faisoit mouvoir toute cette machine: quand j'aurois été présent, je ne l'aurois jamais imaginé, tant il étoit délicat, et tant je le suis peu. Mais la connoissance que j'ai des matières criminelles, et la pratique que j'ai acquise dans les charges de judicature que j'ai exercées, m'auroit fait conseiller au prince de vive voix ce que je pris la liberté de lui conseiller par une lettre que je lui écrivis, dont la substance fut, après m'être offert à lui en cette rencontre comme j'avois fait en toutes les précédentes, que je le suppliois de prendre plutôt l'avis d'habiles procureurs consommés en telles affaires, que de courtisans qui ne consultent que leurs passions et leurs intérêts, qui ne s'arrêtent pas aux formalités parce qu'ils n'en connoissent pas la nécessité, ni combien une petite circonstance importe, et qui croient que tout ce que leur imagination ou leurs desseins leur représentent comme une notoriété de fait, est une conviction qui doit être punie, sans examiner si elle est vérifiée par les formes; que ce que je lui pouvois dire de si loin étoit que puisqu'il croyoit avoir des preuves concluantes contre La Boulaye, je croyois qu'il ne devoit attaquer que lui seul; que sa fuite le feroit nécessairement et indubitablement condamner à mort par contumace; que, dans les informations qu'on feroit contre lui, ou pouvoit faire entrer des conjectures contre ceux qu'on prétendoit être ses complices, capables de faire décréter contre eux par le même arrêt qui condamneroit La Boulaye; au lieu que si l'on pensoit compliquer des gens tels que le duc de Beaufort, le coadjuteur, le conseiller de Broussel et autres, [de ce crédit-là, dans une compagnie composée de deux cents juges et partialisée,] non-seulement on n'en viendroit jamais à une conclusion favorable contre eux, mais la complication empêcheroit qu'on vérifiât l'assassinat de La Boulaye. Je reçus une lettre du prince, qui me remercioit de mes bonnes volontés, mais qui ne me disoit pas un mot du fait dont il s'agissoit: aussi avoit-il d'autres choses à faire pour lors (1).

[1650] Cependant, tout ce qu'on m'écrivoit de Paris n'étoit que confusions, que partialités, que désordres, qui me firent résoudre à quitter le repos de ma maison pour venir en prendre ma part, et voir si ma présence pourroit servir de quelque chose au prince. Pensant donc sortir de Dijon le 21 de janvier 1650, pour retourner, j'allai dire adieu à Bussière et à Comeau, que le feu prince de Condé avoit établis pour gouverneurs alternatifs et par semestre dans le château de Dijon, plutôt pour se défaire d'eux que pour la sûreté de la place. C'étoient deux de ces écoliers qu'il avoit pris à Bourges, et dont il avoit rempli sa maison vingt-cinq ou trente ans auparavant, avec étonnement de toute la cour, qui le blâmoit d'avoir congédié quantité de personnes de qualité qui l'avoient servi dès sa jeunesse, pour remplir leurs places de gens de peu de naissance, de mérite, et sans autre expérience que celle que l'on acquiert d'ordinaire, étudiant aux universités. Cette manière d'agir, et le long séjour que ce prince faisoit pour lors à Bourges, faisoient gloser les courtisans. Lui, au contraire, en faisoit un point d'habileté, et disoit que devant, pendant et depuis sa prison, il avoit ressenti de si mauvais effets des habitudes que les principaux de sa maison avoient à la cour, dont les bienfaits les avoient quasi tous corrompus, et leur faisoient donner des avis continuels contre lui, qu'il avoit cru ne pouvoir éviter la continuation de cet inconvénient qu'en faisant maison nouvelle de jeunes gens sans correspondance et sans appui à la cour, qu'il formeroit à sa mode pour ses divertissemens, pour son service et pour ses affaires, et desquels il n'auroit à appréhender aucun mauvais office. Ainsi les plus éclairés se laissent entraîner à leurs désirs, et se forment des maximes d'État par le seul mouvement de leur propre humeur.

Je ne puis m'empêcher de dire dans les occasions quelques choses hors de mon sujet, quand je crois qu'elles servent à faire connoître le caractère de ceux de qui je dois parler. Je ne fus pas plus tôt entré dans le château de Dijon, que je trouvai ces deux gouverneurs dans une consternation étrange. Je leur en demandai plusieurs fois le sujet. Ils se résolurent enfin à me le dire et à me conter qu'un courrier dépêché par Girard, secrétaire du prince, homme de peu de talent, pour mettre à couvert quelque argent de Perrault, son beau-frère, avoit passé dès la pointe du jour par ce château, et leur avoit apporté une lettre qui leur apprenoit que le prince de Condé, le prince de Conti et le duc de Longueville avoient été arrêtés au Palais-Royal, sur les six heures du soir, le 17 du même mois.

Tous les mouvemens divers qu'une nouvelle si surprenante excitèrent dans mon esprit, ne m'empêchèrent pas de me plaindre à ces messieurs de ce qu'ils me l'avoient célée, ni de les exciter à leur devoir envers leur maître injustement opprimé. Je leur demandai l'état de leur place, de leurs munitions et de leur garnison; je leur rendis tout facile pour relever leur courage abattu, autant par leur foiblesse naturelle que par la surprise de l'événement. Je retour-

(1) Les Mémoires de Lenet sont en contradiction sur ce point avec ceux du cardinal de Retz (page 174 de notre édition), et les probabilités nous paraissent être pour la version du coadjuteur. Il raconte, en effet, que le cardinal Mazarin, de concert avec La Boulaye, fit tirer sur le carrosse du prince de Condé; puis Mazarin donna tous ses soins à persuader au prince que les frondeurs avoient voulu attenter à sa vie afin de le brouiller entièrement avec eux, dans un moment où le premier ministre savoit très bien qu'il existait des négociations entre la Fronde et le prince de Condé, mécontent de Mazarin. Son Eminence réussit par-là à rendre irréconciliables M. le prince et les frondeurs, et à persuader à celui-ci de déférer l'affaire de La Boulaye au parlement, et d'y impliquer les chefs de la Fronde. Mais les témoins à gage dont on se servit, firent tourner cette affaire contre le ministre lui-même; et elle eut des suites trop fâcheuses pour Mazarin, par la manière dont elle fut poursuivie par les frondeurs, pour pouvoir présumer qu'il était, comme le rapporte Lenet, d'accord avec eux et La Boulaye.

Dès que Mazarin eut reconnu que son plan était manqué, il se retourna pour en tirer le meilleur parti possible. Il négocia donc avec les frondeurs, vivement indisposés contre le prince de Condé, à cause du procès qu'il leur avait fait intenter. Une alliance fut conclue entre le ministre et le chef de la Fronde, et la prison des princes du sang servit de gage à ce traité nouveau.

nai en mon logis et différai mon voyage, parce que je crus que je pourrois être moins utile à la cour que dans une province où tous les principaux postes étoient remplis de créatures et de serviteurs de la maison de Condé, où partie de leurs troupes étoient en quartiers d'hiver, où les recettes étoient pleines d'argent, où j'avois même quantité de parens et d'amis. Je croyois qu'à la faveur de tout cela il ne seroit pas malaisé de soulever le parlement, les villes et la province contre l'auteur d'une si extraordinaire entreprise, dans un temps que la plaie qu'il avoit reçue depuis les barricades, n'étoit pas consolidée, et qu'on n'étoit pas encore revenu du mépris et de la haine que l'on avoit contre lui, et que l'autorité de la cour étoit fort chancelante.

Toutes les idées de ce qui pouvoit avoir causé cette détention se présentèrent à mon imagination; et les ruminant à part moi, je n'en pouvois concevoir aucun sujet légitime, connoissant le naturel du prince de Condé porté au bien de l'Etat, soumis à l'autorité royale, et ennemi des intrigues embarrassées. Je savois que son autorité, le poste qu'il tenoit dans le conseil, la considération en laquelle il étoit, ses grands biens et ses établissemens, étoient tels qu'un homme d'autant d'esprit que lui et de son humeur ne pouvoit avoir mis sa fortune en compromis par des négociations étrangères. Je ne pouvois m'imaginer, d'autre côté, que le cardinal Mazarin pût oser, en l'état auquel étoient ses affaires, et dans un temps si confus, entreprendre une action autant violente que celle-là, par la seule raison de la conduite que le prince avoit tenue envers lui, ni que le voulant il eût pu l'exécuter, sans que les peuples, les compagnies et tous les ordres du royaume eussent vengé sur sa fortune et sur sa personne un tel attentat. Il n'y avoit homme de bon sens qui pût penser son union nouvellement faite avec les frondeurs, dans la conjoncture du procès criminel que le prince faisoit faire aux principaux d'entre eux, et que la cour paroissoit appuyer. En un mot, je ne doutai nullement de voir promptement une révolution générale en faveur du prince contre le cardinal, et que vingt-quatre heures ne se passeroient pas que nous ne l'apprissions par quelques courriers extraordinaires.

Je doutai encore moins qu'à la faveur des places, des amis et des troupes que le prince avoit en Bourgogne, nous n'y excitassions des mouvemens semblables à ceux que je prévoyois devoir arriver à Paris, qui donneroient exemple aux provinces voisines, et particulièrement en Champagne, gouvernement du prince de Conti, où il avoit pareillement des troupes dévouées au prince, et où il avoit quatre places considérables. Je crus encore que la Normandie, dont le gouvernement et la plupart des places étoient au duc de Longueville et à ses parens, où il avoit quantité d'amis, où les peuples et les compagnies étoient irrités par les châtimens qu'ils avoient reçus quelques années auparavant, lèveroient incontinent le masque aussi bien que la Guienne ou la Provence, où les désordres de l'année précédente n'étoient point encore calmés. Le maréchal de Brézé étoit en Anjou avec le gouvernement du château de Saumur; le prince étoit encore gouverneur du Berri, où il avoit la tour de Bourges, et Montrond dans le Bourbonnais. Tant de gens à la cour étoient dans les intérêts de sa maison, et tant d'autres envenimés contre le cardinal, que je ne craignois plus la durée de la prison, mais bien qu'un soulèvement général ne donnât occasion à une mort violente. Mais l'exemple de ce qui arriva après la mort de messieurs de Guise à Blois, le naturel du cardinal, ennemi de la violence, et le foible état de sa fortune, affoiblissoit dans mon esprit cette dernière pensée; et je jugeai que tant plus il arriveroit de désordres, tant moins il oseroit entreprendre contre la vie des princes prisonniers: particulièrement si le jeune duc d'Enghien, la princesse douairière, la princesse de Condé et la duchesse de Longueville, que l'on m'avoit assuré n'avoir pas été arrêtés avec les princes, demeuroient en liberté, et se retiroient de la portée de la cour, pour se la conserver dans les gouvernemens de leurs maisons.

J'allai donc à l'heure même dépêcher un courrier, que je chargeai de trois lettres pour les trois princesses, afin de supplier la douairière d'amener le duc d'Enghien en Bourgogne, la princesse de Condé d'aller auprès du maréchal de Brézé, son père, en Anjou, et la duchesse de Longueville, pour lui conseiller de se retirer à Rouen. Après que mon courrier fut dépêché, j'allai voir et dire la nouvelle que j'avois apprise au château, et que personne ne savoit encore, aux principaux magistrats de Dijon. Guillon, procureur-général au parlement de Dijon, m'offrit d'abord de demander dès le lendemain l'assemblée des chambres, pour y requérir, contre le cardinal Mazarin, l'exécution de l'arrêt qu'on donna en 1617 contre les étrangers après la mort du maréchal d'Ancre, supposé qu'il vît apparence d'être soutenu dans la compagnie. Machaut, intendant de la justice, homme naturellement violent, mais vilainement intéressé, me dit que la Reine ne pouvoit mieux faire que d'empoisonner un homme autant ennemi de l'Etat que l'étoit le prince de Condé; qu'il alloit dépêcher un courrier pour l'en congratuler, et recevoir ses ordres dans cette rencontre. Ce discours me surprit fort dans la bouche d'un homme qui devoit la plus grande partie de sa fortune à la maison de Condé, et qui m'avoit dit, deux jours auparavant, que le prince ne se laveroit jamais, parmi les bons François, de n'avoir pas fait jeter le cardinal par les fenêtres, lorsqu'après s'être réconcilié la première fois il alla souper chez lui. Bouchu, premier président, qui devoit sa promotion en cette charge véritablement à son mérite et à sa bourse, mais encore à l'amitié que le prince de Condé, père de celui-ci, lui portoit, se mit à soupirer, à pleurer et à me dire que ce que vouloit faire le procureur-général étoit une pure folie; qu'il ne se trouveroit pas une voix dans le parlement pour appuyer ses conclusions; qu'il n'étoit pas même à propos de rien remuer en faveur du prince, quand on le pourroit; que le cardinal ne demanderoit pas mieux qu'un prétexte semblable pour le faire mourir en prison; qu'il falloit attendre les lettres que le Roi écriroit sur ce sujet à la compagnie, pour reconnoître quel étoit son prétendu crime; et que cependant on demeureroit clos et couvert, on verroit ce qui seroit arrivé à Paris, dont tous les mouvemens se communiqueroient infailliblement aux provinces. Montjay, ancien conseiller, et pour lors maire de la ville, tout-à-fait dépendant du prince, mais ami intime de Bouchu, entra chez lui pendant que j'y étois. Il entra dans notre conversation d'abord avec quelque chaleur, et quelque proposition d'assembler le corps de ville et de faire armer la bourgeoisie; mais il se rendit bien promptement aux sentimens du premier président. Le président Fyot, mon oncle, y survint, qui les fortifia dans leurs pensées; et avant que je me séparasse d'eux, tout aboutit à me blâmer de mon zèle, qu'ils appeloient inconsidéré, qui ne pouvoit servir de rien au prince, et qui me coûteroit la perte de ma fortune particulière, et peut-être la liberté ou la vie. Ils étoient plus sages que moi, plus obligés au prince que je ne l'étois; mais ils ne l'aimoient pas avec autant de passion que moi, et cette différence faisoit celle de nos avis et de nos desseins. Je les laissai donc ensemble dans ces conseils fort contraires à mes intentions. J'allai voir encore un notable ecclésiastique, attaché d'une affection particulière au prince, homme d'un bel esprit, d'une grande expérience, accrédité dans Dijon par son âge, sa naissance et sa bonne vie, parent de Perrault, qu'on avoit aussi emprisonné en même temps que les princes : c'étoit Baillet, doyen de la Sainte-Chapelle. Il s'ouvrit à moi au-delà de ce que j'espérois d'un homme autant retenu et modeste qu'il l'étoit. Il m'offrit sa bourse, son crédit, et me dit que sa profession le réduisoit à ne pouvoir servir le prince qu'avec des armes spirituelles; et qu'à la moindre apparence qu'il verroit dans les esprits séculiers d'agir en sa faveur avec quelque vigueur, il feroit parler les prédicateurs et agir les confesseurs; de sorte que ce seroit vertu de servir un homme de la maison royale aussi injustement opprimé, et que cependant il feroit prier Dieu qu'il protégeât son innocence. Voilà toute la vigueur que je trouvai dans la ville capitale du gouvernement du prince de Condé, où la foiblesse et l'ingratitude me firent juger qu'il falloit recourir à d'autres moyens pour mettre cette ville et la province ensuite, par la force et la crainte, dans ses intérêts, puisque la reconnoissance, l'amitié et la justice ne pouvoient le faire. De la manière dont je parle, il est aisé de voir que nous ne comptions le Roi pour rien à cause de son bas-âge; nous n'avions d'objet de vengeance que contre le cardinal, de la main duquel partoit directement le coup de foudre qui venoit de frapper la maison de Condé. Je me retirai fort tard, et dépêchai au sieur de Baas, major accrédité dans le régiment du marquis de Persan, et le priai de me venir trouver en diligence avec d'Alègre, premier capitaine, et Saint-Agoulin, capitaine du régiment.

Sur les deux heures après minuit, le comte de Tavannes, lieutenant des gendarmes du prince, arriva en poste. Il vint m'éveiller, et me dit qu'il étoit entré par le château; que son intention étoit d'y demeurer pour défendre la place si on venoit l'attaquer; mais que Bussière et Comeau lui avoient simplement donné le passage; qu'ils lui avoient déclaré qu'ils ne recevroient qui que ce fut dans leur place pour y commander, et qu'il étoit résolu de s'aller jeter dans Bellegarde. Ce discours me donna sujet de lui conseiller de ne le pas faire, parce que cette place-là ne pouvoit manquer à notre dessein; qu'il falloit essayer de surprendre le château d'Auxonne, qui seroit le plus considérable service qu'il pourroit rendre; et que, pour en venir à bout, il falloit qu'il passât toute la nuit, et sans perdre un moment de temps; qu'il arriveroit audit Auxonne avant qu'on y pût savoir la détention des princes; qu'il n'y avoit dans ledit château que madame Du Plessis-Besançon, dont le mari en étoit gouverneur; qu'il n'y avoit que dix ou douze soldats, et que nous avions dans la ville deux compagnies d'infanterie du régiment de Condé qui feroient ce qu'il leur commanderoit ; qu'il pourroit aller visiter cette dame qui, ne se doutant de rien, le recevroit ; qu'il se feroit accompagner de nombre de gens suffisans pour occuper le poste, et faire ensuite entrer dans la place celui qu'il jugeroit à propos pour s'en rendre le maître ; mettre dehors la garnison et la dame, ou la rendre prisonnière, s'il le jugeoit plus à propos. Le comte de Tavannes approuva mon dessein, me promit de l'exécuter, et se retira à la pointe du jour. Je sus que le marquis d'Huxelles s'étoit allé jeter en toute diligence dans la citadelle de Châlons-sur-Saône dont il étoit gouverneur, à dessein de se déclarer hautement en faveur du prince, auquel il s'étoit attaché peu de jours avant sa prison. Je lui écrivis sans perdre de temps, et reçus sa réponse confirmative de ce qu'il m'avoit fait savoir en passant : mais cette résolution ne dura pas longtemps ; car de Roches, son lieutenant, dont le génie étoit fort supérieur au sien, et qui prétendoit en tirer du mérite envers le cardinal Mazarin, lui fit changer de résolution, et se fit dépêcher à la cour pour l'assurer de sa fidélité, et donner parole de se détacher du prince, comme il fit.

Le comte de Tavannes, au lieu de faire avec diligence ce dont nous étions convenus, passa toute la nuit à Dijon ; et je ne fus jamais plus étonné que quand je l'appris le matin sur les dix heures en sortant de mon logis. Je l'allai trouver au sien, où étoient cinq ou six gentilshommes aboyant contre la lune, ou fulminant contre le cardinal et la régence. Je crus avec raison le dessein d'Auxonne avorté : je le pressai néanmoins, et le fis partir à tout hasard avec ceux que je trouvai auprès de lui. Flamarins, qui étoit du nombre, et qui avoit sa famille à Auxonne, au lieu de lui servir de guide et d'introducteur, lui fit changer de dessein à une lieue de Dijon ; et par un faux raisonnement, appuyé de toute la troupe, fit résoudre le comte de Tavannes à aller, comme il fit, se jeter dans Bellegarde.

Ce jour-là même, la dépêche du Roi, qui n'étoit qu'une lettre de cachet contenant la raison de la détention des princes, fut apportée au parlement de Bourgogne comme elle l'avoit été à celui de Paris, et qu'elle le fut en tous les autres du royaume. J'eus une grande impatience de la lire, et une consolation non pareille, après l'avoir vue, qu'elle n'imputoit au prince de Condé que des choses qui, à mon sens, ne pouvoient tout au plus que faire en sa personne le caractère d'un homme avide de biens et d'un mauvais courtisan, puisque cette lettre n'étoit remplie que de choses qui ne pouvoient être imputées à crime, mais bien à une conduite peu prudente et inégale. J'ai parlé ci-dessus de la plupart des faits qu'on lui imputoit, en racontant l'entretien que j'eus à Compiègne avec le cardinal, mais qui, dans cette lettre, étoient tournés en un sens malicieux, pour donner aux intérêts et à l'ingratitude du cardinal Mazarin l'air et la couleur du service du Roi et du bien de l'État. Quant au prince de Conti et au duc de Longueville, on connoissoit qu'ils n'avoient point d'autre crime que d'être frère et beau-frère du prince.

J'ai fait souvent réflexion sur la facilité avec laquelle le parlement de Paris, et toutes les autres compagnies souveraines qui, peu de mois auparavant, avoient ou pris les armes, ou fait de vigoureuses remontrances au Roi en faveur de gens peu considérables, ou à la persuasion de ceux qui, par un artifice masqué du bien public, vouloient troubler l'Etat, demeurèrent muets au bruit d'une telle violence commise en la personne du premier prince du sang, chargé de la gloire de tant de grandes actions, innocent de notoriété publique, et duquel tout au moins la fidélité envers le Roi étoit évidente, et justifiée par la lettre qui l'accusoit. Quelques particuliers allumèrent même des bûchers devant le logis, du moment qu'ils apprirent la nouvelle de cette détention. Et, d'autre côté, j'ai considéré que lorsque le prince de Condé, son père, fut arrêté pendant la régence de Marie de Médicis, le peuple alla saccager la maison du maréchal d'Ancre, qui avoit donné ce conseil ; et plusieurs grands seigneurs à la tête auroient assiégé le Louvre, si le maréchal de Bouillon, homme d'une profonde habileté, ne leur avoit remontré que, pensant lui procurer la liberté, ils lui feroient perdre la vie, et qu'infailliblement on le poignarderoit si l'on voyoit une telle entreprise. En effet, on sut depuis qu'on l'avoit résolu de la sorte. Ce prince, quoique rempli de grandes qualités, n'avoit pas mérité de l'État d'une manière si éclatante que celui-ci. Il avoit au contraire fait une guerre civile, et armé la plupart des princes et des seigneurs ; il s'étoit allié avec les huguenots contre le Roi. On dira à ceci qu'il n'avoit pas assiégé Paris, comme venoit de le faire le prince son fils ; mais le prince de Conti et le duc de Longueville en avoient été les défenseurs. Leur sort fut pourtant égal en cette rencontre. Il seroit bien malaisé d'en dire d'autres raisons que celle de l'instabilité de l'esprit des hommes, dont le cardinal se prévalut si à propos, qu'il trouva sur le bord de son précipice le fondement de sa fortune.

Le marquis de Tavannes, lieutenant de roi en Bourgogne, se rendit à Dijon pour rassurer, disoit-il, les peuples; mais il trouva besogne faite: car jamais on n'a vu une plus grande tranquillité que celle qui se conserva dans une ville et dans une province qui, suivant toute apparence, devoient commencer une guerre civile, et qui étoient celles qui donnoient le plus d'appréhension à la cour.

Baas, d'Alègre et Saint-Agoulin, que j'avois mandés, arrivèrent; et je leur fis connoitre l'état des choses, et ce qu'ils pouvoient faire pour le service du prince. Ces deux derniers retournèrent dans les garnisons où étoient les compagnies de leur régiment, qui étoit celui de Persan, pour les confirmer dans l'ancienne amitié que ce corps avoit pour le prince, et pour les disposer à faire pour son service tout ce que ses serviteurs jugeroient à propos. Je racontai à Baas que les gouverneurs du château avoient refusé d'obéir au comte de Tavannes, et lui proposai d'aller leur offrir son service, d'aller leur obéir, et de jeter dans leur place deux cents mousquetaires, comme il fit. L'un et l'autre gouverneurs acceptèrent ses offres. Nous résolûmes ensuite qu'il feroit venir en toute diligence les soldats qu'il avoit offerts à Solon-la-Chapelle, petit village appartenant à un de mes frères, à deux lieues de Dijon, pour les introduire la nuit suivante dans le château. Après que Baas eut envoyé son lieutenant porter ses ordres, je m'ouvris tout-à-fait à lui, et lui conseillai une chose qu'il approuva fort, qui fut d'envoyer un courrier à Le Tellier, secrétaire d'État, pour l'assurer que le régiment de Persan demeureroit ferme dans son devoir, afin d'éviter l'effet de la précaution qu'il apporteroit infailliblement à la cour contre un corps qu'il savoit être affectionné de longue main au prince de Condé; que cela étant fait, il introduiroit les deux cents hommes dans le château; qu'avec eux on mettroit dehors Bussière, Comeau et le peu de garnison qu'ils avoient, parce qu'il n'y avoit rien à espérer de telles gens que de la foiblesse; que Baas enverroit ensuite donner avis à la cour qu'il s'étoit rendu maître du château de Dijon; que cela feroit que le cardinal Mazarin prendroit entière créance en lui et au régiment; que cela rassureroit son esprit de la crainte qu'il avoit que Dijon, et toute la Bourgogne à son exemple, ne prît le parti des princes; qu'infailliblement le duc de Vendôme,

que sa timidité naturelle faisoit balancer pour accepter le gouvernement de Bourgogne qui lui étoit destiné, viendroit en diligence, rassuré qu'il seroit de ce succès; qu'il arriveroit droit au château, et que Baas lui donneroit avec facilité de l'appréhension des cabales et des serviteurs que les princes avoient dans le parlement et dans la ville, qu'il ne pourroit intimider avec deux cents hommes qu'il avoit dans le château; qu'infailliblement le duc proposeroit d'y faire entrer tout le corps composé de seize cents soldats, ou du moins une grande partie, et logeroit le reste aux environs, parce que tout cela tomberoit facilement dans la pensée d'un homme craintif et persuadé; qu'il feroit mettre toutes les munitions de guerre dans la place; que tout étant en état de se soutenir, il arrêteroit le duc prisonnier, et que nous ferions déclarer Dijon de gré ou de force, parce que l'on y feroit entrer toutes les troupes qu'on jugeroit nécessaires pour relever le courage abattu de ceux qui témoignoient que la seule crainte de l'autorité de la cour les empêchoit de se déclarer pour le prince. Ce plan fut approuvé par Baas, qui ne l'auroit pas approuvé, de même que je ne l'aurois pas proposé, dans une affaire d'une autre nature, parce que j'ai naturellement de l'horreur pour de pareils stratagêmes; mais l'artificieuse surprise dont on avoit usé pour emprisonner les princes, rendoit légitimes toutes celles dont on pouvoit user.

Tout mon déplaisir fut que ce dessein demeura inutile par la peur de Gomeau, qui fut augmentée par les raisonnemens timides et étonnés de sa famille, établie dans la ville, à qui il se conseilla d'une affaire pour l'exécution de laquelle le secret étoit si précisément nécessaire; en telle sorte qu'il obligea Bussière à manquer comme lui à la parole donnée à Baas et à moi, en lui refusant la porte et aux deux cents mousquetaires: et quelque temps après ils rendirent leur place pour environ dix mille francs que le Roi leur fit donner, sous prétexte de quelque dépense qu'ils avoient faite.

Cependant le courrier que j'avois envoyé, comme j'ai déjà dit, aux princesses, ne me rapporta aucune de leurs lettres; il me dit seulement de vive voix que la princesse douairière avoit lu et brûlé celle que je lui écrivois, et encore celle qu'il avoit ordre de rendre à la princesse, laquelle elle lui avoit défendu de voir, disant que telles affaires ne devoient pas être communiquées à une personne de son âge; qu'à la moindre démonstration qu'elle feroit, on les mettroit l'une et l'autre en prison; que pour elle,

elle vouloit vivre en repos, et pleurer, dans sa retraite de Chantilly, l'infortune de sa maison; qu'elle espéroit que ses prières, et celle de tant de gens de bien qu'elle employoit, obtiendroient de Dieu la grâce de faire connoître au Roi et au monde l'innocence de ses enfans; qu'elle laisseroit agir ses amis, selon que chacun d'eux le jugeroit à propos; mais qu'elle ne vouloit se mêler d'aucune chose qui lui pût faire perdre la liberté; qu'elle me prioit de ne lui plus écrire, et qu'elle me recommandoit d'aimer toujours sa maison, comme j'avois fait toute ma vie.

Telle fut la réponse de la princesse douairière qui me fit perdre toute l'espérance que j'avois conçue d'exciter en Bourgogne un soulèvement général en faveur des princes. Le même courrier que j'avois chargé de voir quelques-uns de mes amis, me confirma ce que j'avois déjà su par le bruit commun, et me dit que les princes avoient été arrêtés par Guitaut, capitaine des gardes de la Reine, dans le Palais-Royal, où ils avoient été appelés pour assister à un grand conseil qu'on y devoit tenir le 18 janvier, sur les six heures du soir, d'où ils avoient été menés au bois de Vincennes par la porte de Richelieu : et ce qui est de plus surprenant est que l'artifice du cardinal fut tel, que, faisant une fausse confidence au prince qu'un certain des Coutures, qui étoit un témoin qui disoit savoir tout le détail du prétendu complot de l'assassinat du prince, étoit retiré et gardé soigneusement dans une maison vers la porte de Montmartre, il lui dit qu'il falloit l'aller enlever avec des gendarmes du Roi. Il chargea le prince de les commander, et de les faire trouver à l'entrée de la nuit, derrière l'hôtel de Vendôme, dans le marché aux Chevaux, d'où on les feroit sortir sans bruit et sans péril de découvrir la chose, par la porte de Richelieu, pour exécuter ce dessein. Le prince, animé de la passion de se venger, approuva cette proposition, et donna lui-même les ordres, sans y penser, pour se faire conduire sûrement en prison. Les princes étoient en carrosse, escortés par la compagnie des gendarmes du Roi, commandée par Miossens : passant sur le fossé, le carrosse entra si avant dans les fanges, qu'il fallut que les princes missent pied à terre. Le prince de Condé, qui ouït que ce gentilhomme le plaignoit, lui dit ces mots : « Ah ! Miossens, si tu voulois ! — Mon devoir, » monseigneur, lui répliqua-t-il. — Fais-le donc, » et ne t'amuse plus à me plaindre, reprit le » prince. » Ils furent conduits à Vincennes, où Comminges, neveu de Guitaut, les garda quelque temps, jusqu'à ce que Bar y entra en sa place. Comme l'on n'avoit osé y porter des meubles ni y préparer à souper, pour ne donner aucun soupçon, le prince de Condé, après avoir pris un couple d'œufs frais, se jeta tout vêtu sur une botte de paille, où il dormit douze heures sans s'éveiller. Ce fut là le commencement de la grandeur d'âme et de l'intrépidité qu'il a fait voir tout le temps qu'a duré sa prison. Il faudroit un volume pour en rapporter toutes les particularités, aussi plusieurs en ont-ils écrit de telle sorte, que je n'en parlerai qu'à mesure que quelques circonstances serviront à mon sujet.

Comme les princes furent arrêtés dans la petite galerie du Palais-Royal, et conduits par le faux degré et par le jardin, on fut quelque temps sans le savoir, même dans le Palais-Royal. L'abbé de La Rivière étoit, pendant l'exécution de cet ordre, avec le cardinal Mazarin, qui lui dit quelques momens après : « Que diriez-vous, mon» sieur l'abbé, si on vous disoit que les princes » de Condé, de Conti et le duc de Longueville » sont prisonniers ? — Je serois bien surpris, répliqua l'abbé. — Bien, reprit le cardinal, soyez» le donc ; car, à l'heure que je vous parle, on » les mène au bois de Vincennes. — Et Monsieur, » dit l'abbé, le sait-il ? — Tout est concerté avec » lui, répartit le cardinal. — Je suis donc perdu, » dit l'abbé de La Rivière. » Et après quelques paroles il se retira au palais d'Orléans, où quelques jours après, voyant l'esprit du duc d'Orléans changé du blanc au noir, il lui demanda congé, qui lui fut accordé de bon cœur; et il se retira à Petitbourg et en ses abbayes. J'ai dit au commencement que les paroles qu'il avoit données au prince avoient été sa ruine : aussi fut-ce par là que la duchesse de Chevreuse le perdit dans l'esprit de son maître, auquel elle fit de temps en temps quelque confidence de peu, puis d'assez d'importance pour connoître s'il étoit capable de céler quelque chose à La Rivière : et ayant expérimenté l'affirmative, elle lui confia le dessein, et le fit enfin, quoique avec beaucoup de répugnance, consentir à la prison.

Aussitôt que cette nouvelle fut sue, tous les domestiques des princes, qui les attendoient dans les antichambres et dans la cour du Palais-Royal, retournèrent en diligence en leurs hôtels. Le marquis de La Moussaye partit en poste pour se jeter dans Stenay, dont il étoit gouverneur, le duc de Bouillon et le vicomte de Turenne, mécontens de la cour, et irrités contre le cardinal Mazarin, qui différoit la récompense de Sedan, et de leur donner le rang de princes étrangers en France, qu'ils sollicitoient ardemment, s'étoient liés d'une amitié intime avec le prince de Condé, parce que, par son crédit, ils croyoient forcer la lenteur ou la mauvaise volonté du cardinal envers eux. L'un et l'autre crurent avec raison qu'ils auroient hasardé leur liberté s'ils restoient davantage à la cour; aussi avoit-on résolu de les arrêter. Le duc de Bouillon se retira en diligence à Turenne, et le vicomte à Stenay. On arrêta la duchesse de Bouillon en sa maison, où on la gardoit, et d'où elle se sauva; mais depuis, ayant été reprise dans une maison particulière où elle étoit cachée, elle fut faite prisonnière à la Bastille.

La duchesse de Longueville, qui avoit l'esprit capable de tout entreprendre, avoit fait résoudre la cour à l'arrêter avec le prince de Marsillac, par qui elle étoit gouvernée, et qui fut bientôt après duc de La Rochefoucauld par la mort de son père. Cette résolution de les arrêter étoit fondée sur le souvenir de ce qui s'étoit passé pendant le siége de Paris, et depuis sur le sujet du Pont-de-l'Arche. La duchesse s'alla d'abord cacher chez la princesse Palatine, son intime amie, d'où, la nuit même, le duc de La Rochefoucauld la mena à cheval en Normandie, et résolut d'abandonner toutes choses, et de risquer la ruine de sa maison pour suivre sa fortune. Tous les amis des princes se flattoient d'un soulèvement général en leur faveur. Le duc de La Rochefoucauld, habile, éclairé, et d'un esprit ferme et résolu, crut que la Normandie se soulèveroit à la vue de la duchesse, parce que peu auparavant cette province avoit suivi les mouvemens du duc de Longueville, son gouverneur; mais il fut bien étonné de voir qu'elle n'y put seulement trouver de sûreté dans aucune place, qui toutes demeurèrent aussi tranquilles que Paris et la Bourgogne. Elle s'alla jeter à Dieppe, où, avec beaucoup de risque de sa liberté et de sa vie, elle s'embarqua pour passer, comme elle fit, par la Hollande et les Pays-Bas à Stenay, où elle demeura tout le temps de la prison des princes. Hybany, Saint-Romain, Sarrasin et La Roque, capitaine des gardes du prince de Condé; Frassy, ses filles, et quelques autres, s'embarquèrent avec elle; et le duc la voyant hors de péril, se sépara d'elle pour aller, comme il fit, dans son gouvernement de Poitou, où il fit voir son crédit sur la noblesse de cette province et sur celle d'Angoumois et de Saintonge, et où il mit tout en usage pour faire juger à la duchesse ce dont il étoit capable pour elle.

La princesse douairière et la princesse sa belle-fille, avec le jeune duc d'Enghien et les enfans du duc de Longueville, se retirèrent à Chantilly par ordre de la cour; car la Reine ne put se résoudre de mettre la douairière en prison, se ressouvenant des services qu'elle en avoit reçus, et de la constante amitié qu'elle lui avoit témoignée pendant la vie du feu Roi, son mari, et dans toutes les persécutions que le cardinal de Richelieu lui avoit faites. Le cardinal Mazarin crut que la mémoire du cardinal de Richelieu lui reprocheroit, dans l'esprit de tous les gens de bien, une honteuse ingratitude, s'il conseilloit d'emprisonner la jeune princesse sa nièce; et que ce seroit une action inhumaine d'arrêter un prince du sang de sept ans, avec sa mère et son aïeule. Il considéroit d'ailleurs que la douairière étoit une princesse d'un esprit timide et nonchalant; que la jeune étoit sans amis, sans argent, sans expérience, et médiocrement satisfaite du prince, son mari; que le maréchal de Brézé, son père, quoique brusque, hardi, et maltraité de la cour depuis la mort du duc son fils, étoit moribond, et gouverné par une femme, [nommée Dernas, veuve, par une mort précipitée, de son mary, valet de chambre du maréchal. Cette femme] avoit fait une grande fortune auprès de lui, et au moyen de laquelle le cardinal croyoit le tenir dans ses intérêts par l'ascendant incroyable que cette femme avoit maintenu sur l'esprit du maréchal, malgré sa laideur et ses années. Mais l'événement fit voir que le cardinal Mazarin avoit fait une faute d'Etat bien grande, d'avoir eu des égards où il n'en falloit plus avoir, après qu'il eut mis sa fortune et celle de l'Etat en compromis par la prison des princes. La Reine contrefit la malade quand il fallut exécuter ce grand dessein; et jamais en sa vie elle n'avoit fait tant de caresses à la princesse douairière qu'elle lui en fit ce jour-là, dans deux heures de conversation qu'elle eut avec elle.

Le prince, avant sa prison, avoit eu avis que le coadjuteur visitoit le cardinal les nuits et travesti, dont il tiroit de très-mauvais augures. Il voulut en parler au cardinal gaiement et en riant, lequel lui répondit de même, et tournant la chose en raillerie, il lui dit : « Je vous avertirai quand il y viendra; car je veux vous donner le plaisir de voir ce prélat en grègues rouges, avec des plumes et l'épée au côté. » Le prince, qui ne lui parla ainsi que pour observer sa contenance, le trouva si peu embarrassé qu'il se confirma dans la créance que cette nouvelle étoit fausse. Il ne croyoit pas qu'il fût possible de rien entreprendre contre lui, d'autant plus que la Reine lui avoit fait, deux jours auparavant, toutes les amitiés possibles et des promesses très-grandes, s'il vouloit s'unir de cœur avec le cardinal. Il en avoit donné parole de bonne foi à Sa Majesté, et fait donner toute assurance par le président Perrault au cardinal, qui en avoit témoigné des joies non pareilles. Voilà à peu près ce que j'appris de l'état des choses par le retour de mon courrier, et par les autres qui arrivèrent quelques jours après à Dijon, où je me jugeai fort inutile, et même en péril de ma liberté pour les démarches que j'y avois faites, et pour mon attachement dès ma jeunesse à la maison de Condé. Les serviteurs du prince et ses troupes s'étoient jetés les uns à Stenay et les autres à Bellegarde. Le sieur Du Passage, maréchal-de-camp, attaché au vicomte de Turenne, se jeta dans Bellegarde, où Saint-Micault, qui en étoit lieutenant de roi, commandoit en l'absence du comte de Marsin, à qui le prince en avoit donné le gouvernement. Le cardinal, qui jusque-là avoit toujours favorisé Marsin pour l'attacher à son service, tant pour son mérite que parce qu'il est étranger, eut une si grande défiance de lui pour avoir accepté le gouvernement de cette place, qu'il envoya à Bezons, intendant de la justice, et à l'évêque de Conzerans, à présent archevêque de Toulouse, le sieur Du Marcade, pour le faire arrêter prisonnier dans Barcelonne, où il commandoit l'armée du Roi en qualité de lieutenant-général : ce qui fut exécuté, et il fut conduit dans la citadelle de Perpignan.

Coligny, mestre-de-camp du régiment de cavalerie d'Enghien, qui étoit en quartier d'hiver en Limosin, amena à Bellegarde ce corps, et quelques autres compagnies qui s'y étoient jointes jusqu'au nombre de cinq cents chevaux, avec une diligence incroyable, passant les rivières avec conduite et résolution. Le comte de Guitaut y amena aussi la compagnie de chevau-légers du prince qu'il commandoit. Le comte de Meilly fit la même chose avec ce qu'il put ramasser de son régiment. Les officiers des troupes des princes de Condé, de Conti et du duc de Longueville en usèrent avec la fidélité qu'ils devoient à leurs maîtres, et peu d'entre eux y manquèrent. Il y auroit matière néanmoins de parler en cet endroit contre quelques-uns de ceux qui leur étoient plus obligés ; mais comme je n'écris que pour dire la vérité, sans aucun dessein de faire des satires, je passe sous silence les choses qui en pourroient fournir le sujet.

De Bar, mon cousin-germain, qui étoit lieutenant-colonel du régiment d'infanterie de Bourgogne, avoit acquis de la réputation dans le service, où il avoit perdu une jambe et reçu plusieurs blessures. Il fut des premiers qui se rangèrent au parti contraire, avec Verdun-sur-Saône où il commandoit, dont je fus extrêmement surpris. Saint-Point, mestre-de-camp de ce même régiment, étoit gouverneur de Saint-Jean-de-Losne, et n'en usa pas mieux que de Bar, quoiqu'il n'eût pas moins de réputation et de crédit dans l'esprit du prince de Condé que lui. Je faisois peu de fondement sur le château de Dijon ; et toute mon espérance consistoit en la résolution de tant d'honnêtes gens qui étoient dans Bellegarde, et au régiment de Persan. Les mesures que je pris avec Baas, d'Alègre et Saint-Agoulin, qui y étoient capitaines, furent qu'ils dissimuleroient leur attachement au service du prince, et qu'ils demeureroient unis entre eux pour se saisir en temps et lieu, soit d'un pont, soit d'un passage, soit d'un poste, soit d'un général d'armée ; et qu'ils se jetteroient dans Bellegarde, Stenay ou autres places qui pourroient être assiégées dans la suite du temps ; et enfin qu'ils feroient tout ce que ceux qui auroient autorité dans le parti des princes leur commanderoient. Ils ne répondirent pas seulement pour eux, mais pour tout le régiment, sachant l'intention de Persan, leur mestre-de-camp, de du Bout-du-Bois, lieutenant-général, et généralement de tous les officiers. Je communiquai ce projet à Tavannes, qui vint faire un petit voyage à Dijon, et lui fis confirmer ce que je lui en dis par les susnommés. Il approuva le tout, et retourna à Bellegarde.

Nous sûmes que le duc de Vendôme, qui venoit en Bourgogne pour la gouverner par ordre du Roi, étoit proche d'Auxerre, et qu'il continuoit son voyage vers Dijon à grandes journées : ce qui me fit résoudre d'en sortir, et d'aller à Chantilly voir les princesses, prendre ma part de leur affliction, tâcher de les porter à quelque chose d'utile pour le service des princes, et en tout cas de me retirer à Stenay vers la duchesse de Longueville. Je séjournai quelques jours dans ma maison de Villotte, où j'appris une nouvelle qui me fâcha fort, qui fut que le marquis de Tavannes avoit assemblé quelques troupes, et entre autres le régiment de Persan, pour opposer aux courses et autres entreprises que pourroient faire ceux qui étoient à Bellegarde. Le sieur Du Passage, qui y étoit et prétendoit s'y conserver, persuada au comte de Tavannes, et ensuite à Coligny et à plusieurs autres, d'en sortir avec toutes les troupes superflues à la défense de la place ; pour les conduire au vicomte de Turenne à Stenay. En cela il faisoit deux choses qui étoient d'une grande utilité à lui et au vicomte : l'une qu'il demeuroit le maître de Bellegarde, et l'autre qu'il fortifioit Turenne. Le comte de Tavannes, flatté de l'espérance de commander un corps considérable en Champagne, se laissa vaincre aux persuasions de Du Passage, et se mit en campagne pour exécuter son conseil. Le marquis de Tavannes voulut faire semblant de s'opposer à sa route ; et ayant assemblé ses troupes à Issurtil, il s'avança vers la plaine de Luz. Le comte de Tavannes, qui savoit ce dont nous étions convenus avec les officiers de Persan, crut que l'heure de ce coup important que nous prétendions faire avec ce corps étoit venue, et qu'il ne pouvoit rien faire de plus beau que de mettre en fuite la milice assemblée par le marquis, et faire joindre Persan à ses troupes pour le mener à Stenay ; mais il crut aussi que de défaire le marquis, son proche parent, ou de le prendre prisonnier, ce seroit une action de grand éclat dans les terres de l'un et de l'autre, joint que ç'auroit été sans avoir pris conseil de Coligny ni des autres, et sans leur avoir communiqué ce que nous avions arrêté. Ces considérations obligèrent le comte de Tavannes à changer d'avis. Le marquis, sans aucune nécessité, ayant le chemin de son passage libre, envoya un trompette au commandant du régiment de Persan, pour le sommer de déclarer s'il vouloit prendre parti avec lui ou non. Baas et tous ceux qui savoient la résolution prise entre eux et nous à Dijon, et qui se réservoient une action d'importance qui portât coup à la liberté du prince de Condé, répondirent hautement et en présence du marquis, qu'ils étoient serviteurs du Roi, et qu'ils sauroient se défendre si on les attaquoit. Baas m'a dit depuis qu'il avoit fait savoir au comte de Tavannes, par un homme de créance qu'il lui envoya sous main, qu'il se gardât bien de les attaquer, parce qu'il étoit inutile ; qu'il falloit se réserver pour un plus grand dessein, et qu'il n'en pouvoit prendre un meilleur que d'aller joindre le vicomte de Turenne, comme il témoignoit vouloir faire ; que le chemin lui en étoit ouvert, en telle sorte que personne ne le lui pouvoit disputer. Il lui fit encore remontrer l'importance de conserver un corps de cavalerie tel qu'il l'avoit dans une affaire de la nature de celle qu'il alloit entreprendre ; et que pour nul argent on ne pourroit en faire un pareil à celui qu'il commandoit, s'il venoit à se dissiper, comme il y avoit de l'apparence, que le séjour qu'il feroit en Bourgogne, où il ne pourroit tenir la campagne contre les troupes que le Roi y alloit envoyer, et encore moins subsister s'il se jetoit dans Bellegarde, qui demeuroit munie de troupes suffisantes pour la défendre ; et qu'il n'étoit pas capable d'en faire subsister davantage. Toutes ces raisons, ni les avis de ceux qui pouvoient raisonnablement conseiller Tavannes, ne purent l'empêcher de charger les gens du marquis, et de commencer par le régiment de Persan.

Quelques capitaines de ce corps qui ne savoient pas la résolution prise à Dijon, portés par la passion qu'ils avoient pour le service du prince de Condé, prirent parti avec Tavannes, et passèrent de son côté avec quelques soldats. Les autres se tinrent fermes, se défendirent, et perdirent quelque monde dans ce choc qui dura peu. Cette faute fut suivie d'une autre qui ne fut pas moindre ; car au lieu de poursuivre leur marche à Stenay pour se joindre au vicomte de Turenne, ils retournèrent à Bellegarde, croyant que le petit avantage qu'ils avoient remporté sur le marquis de Tavannes alloit faire soulever la province en faveur du prince de Condé.

Baas et d'Alègre m'envoyèrent à l'instant même un capitaine pour me dire ce qui s'étoit passé, et pour se plaindre du peu de conduite de Tavannes ; et Tavannes m'écrivit pour se plaindre de leur trahison. Je mandai à celui-ci mon sentiment, et le blâmai d'avoir suivi le sien contre ce que nous avions résolu ensemble ; et encore plus de ce qu'il ne passoit pas à Stenay avec toutes les troupes qui seroient inutiles à Bellegarde, comme j'avois mandé la veille au vicomte de Turenne et au marquis de La Moussaye par un gentilhomme nommé Du Bief, qu'il m'avoit envoyé de Stenay pour me demander l'état des affaires de Bourgogne, et des troupes que le prince y avoit, afin qu'ils pussent savoir à quoi s'en tenir, et prendre des mesures certaines sur ce que je leur ferois savoir. Je leur fis un plan de toutes choses par ce Du Bief, que j'entretins plus de quatre heures dans l'abbaye de Châtillon, et que je renvoyai avec un billet de créance, un bon guide, un cheval, et quelque argent pour faire son voyage, parce qu'il avoit été volé par les chemins. Je fis savoir à Baas que je partois pour Paris et Chantilly, d'où j'irois partout où le service du prince le requerroit ; que je verrois le marquis de Persan, et Baas son frère aîné ; que je leur ferois savoir toutes choses faites et à faire : cependant qu'il laissât fulminer Tavannes et tous ceux dont il se plaignoit contre la prétendue défection de son régiment ; qu'il le conservât soigneusement, et le fortifiât s'il étoit possible par le moyen des quartiers que le marquis de Tavannes lui pourroit donner ; qu'il se tînt clos et couvert ; qu'il continuât d'assurer la cour de son attachement à son service, comme il avoit déjà fait à Dijon, et qu'il faisoit encore par une lettre qu'il écrivoit à Le Tellier, et qu'il m'envoya tout ouverte par le capitaine dont je viens de parler, pour la faire passer à Paris, comme je fis, ou la retenir si je le jugeois à propos.

Il est bien malaisé en pareilles affaires de former des desseins, et encore plus de les exécuter; car, comme il n'y a point d'autorité établie, il faut ménager les volontés de tous, et par conséquent il est impossible de conserver le secret, qui est si précisément nécessaire. La passion de se conserver et de s'accroître porte l'esprit à tout entreprendre. La crainte d'être accablé, et le défaut d'argent, de retraite et d'appui, abattent le courage des plus hardis, et font tourner la tête à ceux qui n'ont de la résolution que pour une conduite ordinaire. C'est une vérité que j'ai expérimentée dès le moment que j'ai su l'emprisonnement des princes, jusqu'à leur liberté, mais particulièrement dans les commencemens, où personne n'a d'expérience en telles affaires, où tout le raisonnement cède à la crainte; et bien loin de trouver des gens à qui on puisse se conseiller, à peine en trouve-t-on avec lesquels on puisse se plaindre avec sûreté.

Je crus qu'à Paris, où j'avois laissé tant d'amis et de serviteurs du prince de Condé, je pourrois agir et parler plus librement et plus sûrement qu'en Bourgogne; mais je trouvai au contraire que tous les esprits avoient été tellement abattus par le coup de cet emprisonnement inopiné, qu'à peine osoit-on prononcer le nom de ceux que l'on vouloit servir.

Les frondeurs, nouvellement unis avec le cardinal, avoient, par un intérêt commun, joint leurs amis aux dépendans de la cour. Les principaux amis des princes étoient en prison ou en fuite; ceux qui conservoient quelques sentimens favorables pour eux, ou de la haine contre le cardinal, n'osoient le faire paroître, de crainte de tomber dans le même précipice. La timidité de l'une des princesses, et la jeunesse de l'autre, laissoient toutes choses dans une si grande léthargie, que rien ne se mouvoit.

Je jugeai à propos, avant que d'aller à Chantilly, de passer à Châtillon-sur-Loing, pour y voir la duchesse de Châtillon, de qui la complaisance intéressée par les bienfaits et par la parenté lui avoit acquis un absolu pouvoir sur la princesse douairière. Je n'avois pour but de ma visite que de juger, par l'entretien que j'aurois avec l'une, de la véritable intention de l'autre; mais elle en étoit partie, et ayant pris la poste pour l'atteindre, je la trouvai entre Nemours et Fontainebleau. Elle me fit entrer dans son carrosse; je continuai le voyage avec elle. Nous entrâmes d'abord en matière sur le sujet des princes; et comme j'avois beaucoup d'habitude avec elle depuis son mariage avec le feu duc de Châtillon son mari, j'avois conservé et cultivé son amitié depuis sa mort, arrivée pendant le siége de Paris, à l'attaque de Charenton, dont il avoit eu la principale direction, où il se montra digne héritier de ses pères, et où il fut tué d'une mousquetade après avoir forcé la place, en attaquant quelques barricades qui y étoient. Il fut également regretté des deux partis, comme un homme en qui la nature avoit joint la beauté du corps et de l'esprit à l'agrément et à la valeur. Le prince l'avoit tendrement aimé dès sa jeunesse; de telle sorte qu'étant devenus l'un et l'autre amoureux de mademoiselle de Bouteville, de la maison de Montmorency, l'une des plus délicates et agréables beautés de son siècle, ils s'en firent confidence l'un à l'autre; et comme Châtillon, qui pour lors s'appeloit Coligny, parce que le maréchal son père vivoit encore, déclara au prince de Condé la passion qu'il avoit de l'épouser, et qu'elle n'étoit retenue que par l'affection que Son Altesse avoit pour elle, le prince reçut tendrement cette déclaration, lui promit de se départir de son amour, et de n'avoir plus que de l'amitié pour elle, telle qu'il l'avoit pour lui. Ce sont des paroles que les amis s'entredonnent souvent avec une intention peu sincère, et même quand elle est sincère, qu'on a bien de la peine à conserver long-temps. Le prince néanmoins la tint au duc, ou par l'effort que sa vertu lui fit faire sur lui-même, ou par la diversion de l'amour de mademoiselle Du Vigean, dont nous avons parlé; par la passion qu'il eut, après qu'elle fut religieuse, pour mademoiselle de Toucy, qui a été depuis la maréchale de La Mothe, une des plus belles de la cour, dont la beauté a été de peu de durée, aussi bien que l'amour du prince, qui m'a confessé depuis qu'il en avoit été peu favorisé, quoiqu'il ne se fût embarqué à l'aimer que par la confidence que Laval lui avoit faite des faveurs qu'il avoit reçues d'elle. Je ne sais si l'un et l'autre ont dit vrai; mais je sais bien que la vertu de cette dame a été si bien connue de tout le monde, qu'elle a mérité d'être la gouvernante de M. le Dauphin.

Pour revenir à la duchesse de Châtillon, le prince de Condé avoit cru, après la mort du duc, être quitte de la parole qu'il avoit gardée pendant sa vie. Il laissa agir librement le feu qu'il avoit conservé pour elle dans son cœur. Elle, de son côté, soit par réciproque, soit par la gloire d'être aimée d'un prince estimé et redouté de tous, soit par la considération de l'intérêt qui pouvoit lui revenir de l'autorité qu'elle pourroit acquérir sur son esprit, prenoit plaisir à fournir toute la matière nécessaire pour entretenir cette flamme, sans néanmoins y en jeter trop, de peur de l'étouffer dans sa naissance, ou de la voir consumer trop promptement. Elle savoit adroitement l'attirer par de petites faveurs, et ne le rebuter pas par de violentes jalousies.

Le duc de Nemours, agréable, jeune et galant, avoit une extrême passion pour elle. On disoit dans le monde qu'il étoit favorablement écouté; et c'est ce qui faisoit balancer la duchesse entre son inclination et son intérêt. Elle avoit su ménager l'un et l'autre avant la prison; elle les ménagea encore mieux tout le temps qu'elle dura, et depuis jusqu'à la mort du duc de Nemours. Elle me fit un plan exact de l'état des affaires, et me conta, entre autres choses, que ce duc étoit résolu de servir les princes, quoiqu'il fût brouillé avec le prince de Condé; mais que par le principe d'une générosité tout entière, il avoit oublié l'offense qu'il avoit reçue de lui, qu'il avoit donné toute parole à la princesse douairière de le servir par lui et par ses amis, et qu'elle sauroit le maintenir en cette volonté.

Je ne puis m'empêcher de dire en passant le sujet de cette mésintelligence; et pour le faire, il faut reprendre la chose de plus loin. Ceux qui tiennent dans le royaume le rang des princes étrangers ont quelques prérogatives, particulièrement depuis la régence de Catherine de Médicis, qui, par la grande faveur de messieurs de Guise, les établit. Ils en ont prétendu sur les ducs et pairs, à mesure qu'on en a fait, non toutefois sans grande peine des uns et sans résistance des autres; mais ils ont toujours rendu respect aux princes du sang, et n'ont jamais prétendu qu'ils leur donnassent la place ni la bonne porte en leurs propres maisons. Néanmoins, dans les temps que le prince de Condé, père de celui-ci, eut querelle au Louvre, et en présence du Roi, pour donner la serviette à Sa Majesté, avec le comte de Soissons, grand-maître de France, chacun prit parti, et s'offrit, suivant son inclination, à l'un ou à l'autre. Le comte, qui se trouva le plus foible, offrit de donner la droite chez lui aux princes étrangers, et le fit. Ils prirent cette conjoncture pour acquérir un honneur qu'ils n'avoient point eu jusqu'alors chez les princes du sang; de sorte que le prince de Condé, qui avoit beaucoup de facilité à céder au temps, voulut, à l'imitation du comte de Soissons, et pour ne pas perdre l'amitié des princes étrangers, dont son ennemi auroit profité, leur donner la porte en son logis, et la leur donna jusqu'à la mort. Le prince de Condé, son fils, ne pouvoit en user d'autre sorte pendant la vie du prince son père; mais il déclara, le jour même de son décès, qu'il ne leur feroit plus cette civilité à l'avenir. Le duc de Nemours, qui avoit toujours été son ami particulier, lui fit dire que ce qu'il vouloit établir étoit fort juste; qu'il seroit le premier qui le visiteroit, et qu'il donneroit avec joie exemple aux autres princes; mais à condition que le prince de Condé ne mettroit aucune différence entre lui et le duc de Longueville, qui, par une créance qui n'est approuvée de personne, prétend être prince du sang. Le prince se sentit obligé du procédé du duc, et lui donna la parole qu'il lui demandoit à l'égard du duc de Longueville; mais comme le prince n'eut pas la force de la tenir, et d'ôter à son beau-frère, qui étoit plus jaloux de son rang, et qui le savoit très-bien maintenir, un avantage que lui et le prince son père lui avoient toujours donné, il lui donna la droite à son ordinaire. Le duc de Nemours se plaignit du prince de Condé, cessa de le visiter, et rompit avec lui; mais la prison et le savoir-faire de la duchesse de Châtillon lui avoient fait tout oublier.

Elle m'assura que le président Viole, son proche parent, et qui avoit toujours pris plaisir à entrer dans toutes les négociations douces, avoit fait une grande amitié avec le duc de Nemours. Elle me les fit voir tous deux à Paris dès le soir même que nous y arrivâmes. Le lendemain nous nous rendîmes à Chantilly, où les princesses me reçurent avec beaucoup d'amitié. L'une et l'autre, fondant en larmes, me racontèrent la disgrâce des princes prisonniers. Elles m'exagérèrent leur innocence, l'ingratitude de la Reine et celle du cardinal Mazarin, et m'instruisirent de beaucoup de particularités que je ne savois pas encore, de l'état de la cour, et de l'infidélité de plusieurs personnes qui, ayant été jusque là dans les intérêts du prince, s'étoient jetées dans ceux du cardinal; elles se plaignirent même du peu de sûreté qu'elles prenoient en quelques-uns de leurs domestiques. On ne parloit que d'affaires générales à la jeune princesse, dont elle m'expliqua son déplaisir en particulier, et me dit qu'on la menaçoit de lui ôter le jeune duc d'Enghien, son fils, qui étoit le reste de son espoir, et en qui consistoit toute la consolation qu'elle pouvoit avoir en ce monde. Elle me pria ensuite de ne pas consentir qu'on lui fît cette injustice. Elle ajouta encore que s'il étoit avantageux au prince, son mari, de retirer, pour quelques desseins considérables, le duc son fils de ce lieu-là, elle vouloit le suivre partout, et même à la tête d'une armée; et qu'elle n'oublieroit rien de tout ce qu'elle devoit à l'honneur d'avoir épousé un premier prince du sang, d'une aussi grande vertu et d'un mérite aussi extraordinaire que monsieur son mari. J'eus de la joie de la voir dans des sentiments si généreux et si raisonnables. Je lui applaudis autant qu'il me fut possible, et lui promis de lui donner avis en temps et lieu de ce qui se résoudroit sur le sujet du duc son fils, et de m'opposer, dans tous les conseils où je serois appelé, à la séparation qu'elle me témoignoit appréhender, parce que je prévoyois la nécessité que l'on auroit de cette princesse et de ce jeune prince. Et quoiqu'une longue habitude m'eût fait connoître la portée de son génie, beaucoup plus limité qu'il n'eût été nécessaire pour la conduite des affaires, autant grandes et difficiles que celles qui pouvoient arriver, la connoissance que j'avois de la comtesse de Tourville, de la maison de La Rochefoucauld, femme de conduite et de résolution, me fit hasarder de tout entreprendre avec la princesse, à qui le prince l'avoit donnée pour dame d'honneur après la mort du cardinal de Richelieu, parce que je savois que cette dame ne manqueroit pas de lui inspirer les grands desseins qu'on lui pourroit proposer, et dont on lui donneroit dans la suite les moyens et toutes les dextérités nécessaires pour les soutenir. J'appris beaucoup de choses d'elle fort nécessaires pour ma conduite envers l'une et l'autre princesse. Elle avoit toute l'autorité sur l'une, parce que le prince la lui avoit donnée avec sa charge, et beaucoup de crédit vers l'autre, par l'estime que sa manière d'agir lui avoit acquise auprès d'elle. Elle avoit une passion démesurée de la porter aux entreprises vigoureuses en faveur de ses enfans; elle avoit toute créance en moi, par l'amitié intime qui avoit été entre le feu comte de Tourville et moi. C'étoit un gentilhomme autant accompli en toutes choses, et d'autant d'esprit, de conduite et de cœur que j'en aie jamais connu. Elle connoissoit le désir passionné que j'avois de servir le prince de Condé; et, par toutes ces raisons, elle me communiqua tout ce qui étoit venu à sa connoissance, afin que je m'en servisse à mon dessein, comme je fis en plusieurs occasions.

Je demeurai deux jours à Chantilly, pendant lesquels j'eus diverses conférences avec la princesse douairière, quelques-unes en présence de la duchesse de Châtillon, d'autres en présence de la comtesse de Tourville, qui étoient les seules à qui elle parloit librement devant moi. Il y avoit auprès d'elle un nommé l'abbé Roquette, assez jeune, qui ne manquoit pas d'esprit. Il s'étoit introduit dans les bonnes grâces de la princesse par une dévotion affectée, de laquelle il masquoit les desseins que son ambition lui faisoit naître. Il couvroit du même masque les intentions que la tendresse qu'il avoit pour quelques-unes de sa cour lui faisoit concevoir, et qu'on a vue depuis éclater avec scandale. Ce personnage avoit assez de crédit auprès de la princesse pour ne pas craindre de le perdre. Il avoit l'adresse de ne lui persuader que les choses auxquelles elle étoit portée par son inclination naturelle. Il me disoit en toute rencontre qu'il tâchoit de lui inspirer la vigueur et la libéralité nécessaires au service de messieurs ses enfans. Dulmas, capitaine de Chantilly, et qui avoit été autrefois écuyer de la princesse douairière, avoit aussi crédit auprès d'elle; mais comme ce capitaine étoit d'un naturel timide, et qu'il ne songeoit qu'à conserver son poste agréable et utile, il fomentoit l'humeur craintive de la princesse, et ne lui mettoit dans l'esprit qu'une dépendance de la cour, telle qu'on pût la laisser vivre en repos dans ce lieu-là.

L'abbé Roquette, qu'une petite mine douce et dévote, et la qualité de neveu d'une religieuse nommée la mère Marguerite, avoient mis dans les bonnes grâces de la comtesse de Brienne, qui l'avoit attaché au prince de Conti, alloit et venoit à Chantilly porter et rapporter des nouvelles et des conseils prudens et soumis.

La Roussière, autrefois écuyer du prince de Condé père, et depuis premier gentilhomme de la chambre du prince de Conti, étoit fort assidu à Chantilly, soit qu'il jugeât qu'il seroit plus utile à son maître dans la politique que dans la guerre, soit que l'obligation qu'il avoit à la princesse, qui lui avoit fait donner sa charge, le retînt à Chantilly; mais il ne s'ingéroit d'autre chose que de lui applaudir en tout. Girard, secrétaire du prince, qu'on ne jugea pas digne d'emprisonner avec son maître, y étoit aussi; mais la princesse, bien loin de lui communiquer aucunes affaires, ne pouvoit le souffrir ni le voir, parce qu'il étoit beau-frère de Perrault, qu'elle croyoit auteur de tous les désordres qui avoient été entre le prince son mari et elle.

La dame de Bourgneuf avoit soin des enfans du duc de Longueville. Le sieur et la dame de Buade, son gendre et sa fille, étoient aussi à Chantilly. Cette dame de Bourgneuf est une femme d'esprit, qui avoit toute la correspondance de la duchesse de Longueville, qui suivoit assez ses mouvemens auprès de la princesse douairière, et de qui j'appris beaucoup de choses qu'il importoit de savoir. Tout le reste de la cour des princesses étoit composé de leurs filles d'honneur et de leurs femmes, toutes belles et agréables, mais d'un âge qui ne leur permettoit pas de s'entremettre dans les affaires, non plus qu'à la marquise de Gouville, belle, jeune et pleine d'esprit, qui s'y étoit retirée avec la comtesse de Tourville, sa mère.

Bourdelot, médecin du prince de Condé et de toute sa maison, homme de beaucoup d'esprit et de grande considération, étoit celui de tout ce qu'il y avoit d'hommes à Chantilly qui avoit les sentimens plus fermes et les desseins plus relevés. Il avoit écrit au cardinal Antoine Barberin, qu'il avoit connu particulièrement à Rome, et depuis en France, vers qui il s'étoit acquis beaucoup d'estime et de liberté, pour essayer, par ses lettres, de le porter à faire son possible auprès du Pape, ennemi du cardinal, pour faire entreprendre à Sa Sainteté de demander la liberté des princes à Leurs Majestés. Il maintenoit des correspondances avec les amis que sa profession et ses belles-lettres lui avoient acquis à Paris et en divers endroits dedans et dehors le royaume, pour savoir et faire savoir les nouvelles qu'il importoit de débiter. Il me parla avec plus de liberté qu'aucun autre, et me communiquoit avec franchise tout ce qui lui venoit dans l'esprit.

La présidente de Nesmond y étoit souvent envoyée par le président son mari, homme de bon sens et d'une prudence fort régulière, pour représenter à la princesse qu'il étoit important de n'écouter aucun conseil tendant à la guerre, qui pourroit lui coûter la liberté et la ruine entière de sa maison. Il étoit persuadé pour lors que le salut des princes dépendoit du parlement, et que tant qu'il ne voudroit pas ou ne pourroit agir en leur faveur, il n'y avoit point d'autre ressource, et qu'il falloit attendre le temps qu'on pût agir utilement dans cette compagnie.

Tous les différens conseils de ceux dont je viens de parler, qu'on donnoit à la princesse douairière, et d'autres plus vigoureux qui lui venoient d'ailleurs, partageoient son esprit de divers mouvemens. Elle ne savoit à qui se fier, ni à quoi se résoudre. Ses inégalités naturelles se joignoient à celles que mille avis opposés lui causoient. Elle m'expliqua assez nettement ses pensées, et je connus que la timidité et l'avarice ruinoient en un moment tout ce que le courage, la vengeance et le désir de tirer ses enfans de prison par la force lui suggéroient. Tantôt elle craignoit d'être arrêtée comme eux, tantôt qu'on ne les empoisonnât si l'on faisoit la guerre, tantôt que leur prison ne durât plus que sa vie si on demeuroit en repos ; et jamais elle ne demeuroit une heure dans une même résolution.

Enfin nous la fîmes convenir que pendant qu'on feroit la guerre sur la frontière ou dans quelques provinces du royaume, dont elle ne pourroit être accusée, demeurant en repos dans sa maison de Chantilly, il falloit tâcher à diviser la cour, afin d'intéresser un parti ou un autre, suivant qu'on le jugeroit à propos, quand elle seroit divisée, comme on avoit sujet de croire qu'elle le feroit bientôt par l'aversion invétérée et intéressée que les gens nouvellement réconciliés avec le cardinal Mazarin avoient contre lui. On jugea donc à propos que la princesse douairière tâchât de se réconcilier sourdement avec Châteauneuf, auquel on avoit donné les sceaux en les ôtant au chancelier Séguier (elle avoit été son ennemie irréconciliable dès la mort du duc de Montmorency, son frère), et de faire proposer par lui le mariage de mademoiselle de Chevreuse avec le prince de Conti ; au coadjuteur de Paris, de lui céder le chapeau de cardinal, qui étoit promis à ce prince, avec la plupart de ses bénéfices, et accorder sa nièce, héritière de la maison de Retz, avec le jeune comte de Dunois, héritier de celle de Longueville ; au duc de Beaufort, de le marier avec mademoiselle de Longueville ; au premier président Molé, les sceaux, en faisant Châteauneuf premier ministre, comme il seroit aisé de le faire, supposé qu'on pût renverser par la liberté des princes la fortune du cardinal Mazarin. On devoit promettre de l'argent et des abbayes à la duchesse de Montbazon, de qui le duc de Beaufort étoit éperdument amoureux ; à Noirmoutier, à Laigues et à quantité de subalternes, de faire réussir leurs diverses prétentions. De l'autre côté on résolut, sans que les négociateurs qu'on emploieroit sussent rien l'un de l'autre, de faire proposer par le duc de Rohan, au cardinal Mazarin, le mariage d'une de ses nièces avec le prince de Conti, qui lui remettroit tous ses bénéfices, afin que si les uns ou les autres écoutoient des propositions autant avantageuses que celles-là, on pût leur donner des jalousies capables de les faire rompre de nouveau ensemble, ou du moins de leur faire prendre de la défiance les uns des autres, dont nous pussions profiter. Tout consistoit à détacher les frondeurs du cardinal par un intérêt qui nous fût commun avec eux, parce que, leurs amis se joignant avec ceux des princes dans le parlement, le cardinal ne pouvoit éviter sa perte, ni s'empêcher de tomber promptement dans la nécessité de les mettre en liberté ; et c'étoit là le seul moyen de faire tomber les uns et les autres dans le piège, et d'assurer la liberté des princes.

La princesse douairière jeta d'abord les yeux

sur moi, pour me faire le directeur de toutes ces intrigues; mais outre qu'elles étoient d'une périlleuse conduite, elles me paroissoient de très-difficile exécution, quoique je les eusse conseillées plus fortement qu'aucun autre, comme le seul parti qu'il y avoit à prendre dans cette conjoncture; aussi fis-je tout ce que je pus pour m'en exempter, ne me sentant pas d'un talent bien propre pour acheminer une affaire aussi délicate que celle-là. Toute mon inclination étoit d'aller à Stenay auprès de la duchesse de Longueville, comme je lui avois écrit. Je jugeois d'ailleurs que, pour conduire un tel dessein, il falloit être à Paris, où je ne pouvois demeurer en assurance sans donner des paroles que je voulois éviter de donner, parce que je n'aurois pu les tenir, et que je n'aime point à les violer. Quoique la surprise dont on avoit usé envers les princes pouvoit rendre tout faisable, je ne faisois pas difficulté de conseiller aux autres ce que je ne pouvois me résoudre à pratiquer moi-même. Je proposai beaucoup de personnes infiniment au-dessus de ma capacité pour l'exécution de ce projet; mais comme on avoit plus de besoin d'une fidélité éprouvée en beaucoup de rencontres que d'habileté, les larmes de la princesse me firent condescendre à la volonté obstinée qu'elle eut de m'en charger. J'allai donc à Paris, où je vis les ducs de Nemours et de Rohan, les comtes de Maure et de Saint-Aoust, l'archevêque de Sens, le maréchal de La Mothe, et quelques autres amis et serviteurs des princes, qui me donnèrent beaucoup de lumières pour ce que j'y allois conduire, dont néanmoins je ne fis confidence à aucun, me réservant de me servir des uns et des autres dans les temps qu'il seroit à propos, et qu'ils y pourroient être utiles. Je me résolus ensuite d'aller voir Navailles. Je le priai, sans lui donner aucune parole, de dire à la Reine et au cardinal Mazarin que j'étois arrivé de Bourgogne; qu'ils ne dévoient pas douter que je n'eusse un déplaisir sensible de la disgrâce du prince de Condé, qui m'avoit honoré de son amitié dès son enfance, et que je donnerois volontiers ma vie pour faire connoître son innocence au Roi, et pour le voir ami du cardinal Mazarin aussi sincèrement que je savois qu'il l'avoit été: mais que comme pour cela je n'avois que des vœux à faire au Ciel, je les ferois très-ardemment, et attendrois l'effet de sa providence et de la justice de la Reine; cependant que j'étois venu pour continuer de faire ma charge dans le conseil de Sa Majesté; et que si ma présence à la cour étoit suspecte, j'étois prêt à me retirer où il plairoit à la Reine me l'ordonner; et même d'aller à la Bastille si elle le jugeoit à propos pour le service du Roi.

Deux jours après, Navailles vint me trouver en mon logis, et me dit qu'il avoit fait ce dont je l'avois chargé; qu'il avoit parlé à la Reine en présence du cardinal, qui avoit appelé Le Tellier en tiers; que d'abord la Reine m'avoit fait l'honneur de dire qu'il falloit tirer parole de moi de ne rien faire contre le service du Roi, et qu'elle savoit que je ne manquerois pas à la tenir; qu'on fit divers raisonnemens en sa présence qu'il ne vouloit pas me dire, et qu'il suffisoit que je susse qu'il m'avoit fait office d'ami. J'ai su depuis que c'étoit que Le Tellier avoit conseillé de m'arrêter prisonnier, disant plus de bien de moi que je ne mérite, mais de ces biens qui sont pires que des maux dans une conjoncture semblable, parce qu'ils font plus appréhender la résolution et la conduite d'un homme. Navailles se formalisa de ce qu'il parla d'arrêter son ami qui se fioit en lui, qui n'avoit jamais rien fait contre son devoir, et qui ne l'avoit chargé que de choses honnêtes; tellement que le cardinal trouva le milieu entre la sévérité de Le Tellier et la bonté de la Reine, et chargea Navailles de m'apporter l'ordre qu'il me donna, qui fut que, n'y ayant point d'apparence dans une telle rencontre d'affaires de voir un homme autant confident du prince de Condé que je l'étois dans le conseil du Roi, Sa Majesté m'ordonnoit de me retirer de Paris, où dans quelques mois on pourroit me rappeler; et cependant si j'y avois des affaires pressées, je pouvois y demeurer encore trois ou quatre jours, mais que j'y visse le moins de monde qu'il me seroit possible.

Je demandai à Navailles quel étoit le lieu où il plaisoit à la Reine que je me retirasse, et s'il n'avoit point d'ordre à me donner par écrit, comme je le souhaitois, de crainte qu'on ne m'imputât un jour à crime de m'être retiré de la cour, et d'avoir cessé d'entrer dans le conseil du Roi depuis la prison des princes, si je n'avois une lettre de cachet pour me servir en temps et lieu de justification. Navailles me répartit qu'il ne falloit plus rebattre cette matière, parce que peut-être, en demandant l'ordre dont je lui parlois, on en donneroit quelque autre plus sévère; et que puisqu'on ne me prescrivoit aucun lieu, je pouvois adoucir mon exil par le choix de celui qui me seroit le plus agréable. Je le crus, le remerciai, et lui dis une chose très-véritable, que rien au monde n'étoit plus selon mon cœur que l'ordre qu'il venoit de m'apporter, par des raisons que je lui dirois un jour, et qui sont celles que j'ai touchées ci-dessus. Je demeurai encore quatre jours à Paris, voyant nos amis, et introduisant par eux de certaines négociations obscures vers tous ceux dont nous avons parlé pour parvenir à notre dessein, et me retirai à Chantilly, d'où je venois; et ensuite j'allois continuellement à Paris par un chemin que je m'étois fait entre Louvre et Luzarches, sans passer ni par l'un ni par l'autre. J'entrois et sortois par diverses portes, et logeois en des logis différens, mais toujours chez nos amis qui étoient dans les mêmes intérêts, et qui travailloient à même fin. Je rapportois tout à la princesse douairière et à la duchesse de Châtillon, à qui il étoit nécessaire de tout dire, parce que la princesse lui cachoit peu de choses, et à la comtesse de Tourville, par la confiance que j'avois en son amitié et à sa capacité. Il venoit à Chantilly des gens de divers endroits, comme de Stenay, de Bourgogne, de Berri; on y recevoit des avis des choses courantes, sur quoi on prenoit résolution qu'on faisoit savoir aux affidés. Je voyois à Paris, outre ceux que j'ai nommés ci-dessus, le marquis, la marquise et la duchesse de Saint-Simon, dont le mari étoit à Blaye, et que la princesse douairière m'avoit assuré être dans les intérêts du prince son fils. Je voyois encore le marquis de Persan, et Baas, frère aîné de celui dont j'ai parlé ci-dessus. Je jugeai à propos de dépêcher au duc de Bouillon l'aîné Baas, homme d'esprit et fort porté aux intrigues, comme le sont ordinairement ceux qui ont besoin de bien, et qui veulent faire leur fortune. Il avoit crédit auprès de ce duc, qui étoit, comme j'ai dit, à Turenne, piqué des mauvais traitemens qu'il avoit reçus depuis le mauvais office que le cardinal lui avoit rendu, et encore plus de la détention de la duchesse sa femme et de mademoiselle sa fille. Je chargeai Baas de lui rendre compte de ma conduite, et des desseins dont je viens de parler; que j'irois toujours plus avant, jusqu'à ce que je pusse prendre assez de crédit sur la princesse douairière par moi ou par ceux qui en avoient, pour la porter aux résolutions de vigueur si on l'y pouvoit porter, sinon de fournir sous main de l'argent pour nos entreprises; que cependant on verroit le cours des affaires; et que s'il arrivoit du désordre en quelque province, on le fomenteroit, et particulièrement à Bordeaux, où les plaies des années précédentes n'étoient pas consolidées, et où je ne jugeois pas bien difficile de les faire saigner comme auparavant, pour peu d'occasion que l'on leur en fourniroit à la cour; que nous verrions encore en quel état se mettroit le vicomte de Turenne, qui étoit à Stenay avec madame de Longueville; quel traité il feroit avec les Espagnols, quel avantage on pourroit tirer d'eux; que, quelque chose qui pût arriver, j'entrerois dans toutes les affaires où le duc entreroit; et qu'en cas qu'on ne pût forcer le naturel avare et craintif de la princesse douairière, je lui promettois que la jeune princesse feroit tout ce qu'il lui conseilleroit, et que je la mènerois avec le jeune duc son fils à la tête de tous les partis que lui ou quelque autre que ce fût pourroit former en faveur de la liberté des princes. Je priai Baas de bien peser tout ce que lui répondroit le duc de Bouillon sur ce qu'il lui diroit de ma part; qu'il observât ses actions et ses paroles, pour m'en faire un rapport exact à son retour, afin de prendre des mesures certaines. Le duc étoit estimé dans le monde fort brave et fort habile, mais on l'accusoit de n'avoir point de fidélité; j'ai pourtant connu depuis qu'il avoit en cela plus de malheur que de crime. Ainsi j'eus peine à hasarder l'envoi de Baas; mais quand je considérois la nécessité qu'on avoit d'un tel homme, l'utilité qui nous en pouvoit revenir par la réputation qu'il donneroit à une affaire de la portée de celle qu'il falloit entreprendre, je croyois faire faute que de balancer là-dessus. Il est certain qu'en pareilles affaires celui qui se fie hasarde; mais aussi qui ne se fie pas perd tout : de sorte que je ne fis aucune difficulté, après avoir pesé ses raisons de tout risquer en consultant le duc de Bouillon, parce que je lui ouvrois par cette confidence le pas à tout ce qu'il a fait depuis.

J'aurois fort souhaité d'avoir une personne de pareille confiance pour envoyer au duc de La Rochefoucauld; mais lui-même, qui étoit tout plein d'un désir passionné de sacrifier ses intérêts et sa vie au service de la duchesse de Longueville, me donna bientôt après l'occasion que je cherchois. Cependant tout ce que nous négocions à Paris alloit lentement; et comme le cardinal Mazarin et les frondeurs s'entrecraignoient, et que les uns et les autres avoient un même but, qui étoit d'acquérir assez de crédit et d'autorité pour se défaire les uns des autres, pas un d'eux n'osoit entrer en aucune négociation pendant leur foiblesse, de crainte que, si le parti contraire le découvroit, il n'échappât à l'autre; c'est-à-dire que le désir qu'ils avoient de se conserver nous donnoit peu d'espérance de parvenir à nos fins, par la division que nous voulions jeter parmi eux.

Baas, qui fit le voyage de Turenne en poste, ne tarda guère à retourner. Il m'en dit plus que je n'en espérois; et après m'avoir témoigné de la part du duc de Bouillon de l'amitié et de la reconnoissance de ma franchise envers lui, il me dit qu'il lui avoit témoigné qu'il étoit prêt à tout faire et tout entreprendre ; qu'il cultivoit l'amitié de la noblesse voisine, et entroit tant qu'il pouvoit en commerce avec messieurs de La Force, de Sauvebœuf et autres de cette portée ; qu'il en avoit aussi avec le duc de La Rochefoucauld ; qu'il me feroit savoir par Baas ce qui se passeroit par delà, que j'en usasse de même ; qu'il approuvoit ma conduite, et que je ne manquasse point de la continuer, et d'avoir une communication autant régulière que je pourrois avec la duchesse de Longueville, parce qu'on ne pouvoit que très-difficilement entreprendre quelque chose dans les provinces de delà la Loire, que suivant l'embarras que l'on donneroit à la cour sur la frontière, et suivant l'assistance qu'on auroit d'hommes et d'argent des Espagnols, par le traité que cette princesse et le vicomte de Turenne, son frère, feroient avec eux ; qu'il avoit eu de ses nouvelles pendant que Baas étoit chez lui, et que tout alloit autant bien qu'il pouvoit aller dans les commencemens d'une telle entreprise, où les moindres difficultés sont difficiles à surmonter.

Le cardinal Mazarin, qui incontinent après la détention des princes avoit mené le Roi, la Reine et toute la cour en Normandie, pour empêcher qu'elle ne se soulevât en faveur du duc de Longueville, mena encore Leurs Majestés en Bourgogne, où le château de Dijon, gouverné par Comeau et par Bussière, s'étoit déjà rendu, moyennant les dix mille livres que le duc de Vendôme leur fit donner de la part du Roi. Saint-Jean-de-Losne commandé par Saint-Point, et Verdun-sur-Saône dont Bar étoit gouverneur, en firent de même pour rien. Il ne restoit de toutes les places du prince de Condé que Bellegarde ; où tous les gens dont j'ai parlé s'étoient enfermés, à dessein, disoient-ils, de s'ensevelir dans les ruines de cette place. Le cardinal prit résolution de l'assiéger malgré la saison ; et comme le duc de Vendôme commandoit l'armée, et qu'il ne pouvoit lui en ôter le commandement sans le déshonorer, et que d'ailleurs c'étoit hasarder l'honneur des armes du Roi que de laisser la direction absolue du siége à un homme de son peu d'expérience dans cette occasion, qui étoit de la dernière importance, le cardinal résolut d'en prendre un soin particulier ; et pour en être plus proche, il détermina de s'aller poster à Saint-Jean-de-Losne, petite ville assise sur la Saône, à trois lieues de Bellegarde. J'en fus averti en toute diligence par un de mes amis, et je pris résolution, sans en rien communiquer à la princesse (par la crainte que j'avois que la part qu'elle pourroit en donner à des personnes à qui elle disoit tout ne découvrît un secret aussi important que celui-ci), de prier, comme je fis, Baas l'aîné de s'en aller en Bourgogne, sous prétexte de négocier quelque chose pour l'accommodement du duc de Bouillon, et par là ôter la défiance qu'on avoit de lui à la cour, et ne donner aucun soupçon du sujet pour lequel il faisoit ce voyage. Je lui communiquai donc mon dessein, qui étoit de ceux qui réussissent rarement, mais aussi de ceux qu'il faut toujours hasarder par la grandeur de leur importance. Je dis donc à Baas, qui savoit tout ce que j'avois résolu avec le major de Persan, son frère, que le plus considérable corps qui étoit en Bourgogne étoit ce régiment-là, et que son frère avoit su persuader, comme nous en étions convenus ensemble, la sincérité de ses intentions pour la cour : aussi le cardinal ne manqua-t-il pas de l'employer au siége ; et comme il y avoit un pont à Saint-Jean-de-Losne sur lequel on devoit faire passer le régiment de Persan pour se rendre au camp avec les troupes, que c'étoit une conjoncture où il falloit tâcher de faire le coup le plus important que l'on pouvoit jamais entreprendre, qui étoit que, lorsque ce régiment, composé de dix-huit cents hommes, défileroit par cette petite ville, et qu'il y en auroit cinq ou six cents passés du côté de la Franche-Comté, le reste étant hors de la ville du côté de la France, les uns et les autres se saisiroient des deux portes, et les compagnies qui se trouveroient au dedans de la ville investiroient la maison du cardinal Mazarin ; et que pour lors celui qui commanderoit le corps iroit trouver le cardinal, et lui diroit qu'il étoit prisonnier, mais que sa prison ne dureroit qu'autant que celle du prince de Condé ; qu'il le supplieroit, au nom de tous ses serviteurs et amis, d'envoyer les ordres nécessaires pour le mettre en liberté avec les princes ses frère et beau-frère ; que d'abord qu'on sauroit, par le retour d'un capitaine du même régiment, et par des lettres signées des princes, l'exécution de cet ordre, le cardinal seroit en liberté tout entière ; mais que si on ne l'apprenoit dans six jours, on le conduiroit prisonnier à Dôle ; et si l'on trouvoit par les chemins quelque obstacle, on le feroit mourir, et dans Saint-Jean-de-Losne même, s'il y avoit apparence de difficulté de le mettre vivant dans Dôle, ou si le parlement de Dôle ou le gouverneur de la comté faisoient difficulté de leur donner un château au dedans du pays pour l'y garder en toute sûreté.

L'aîné Baas se chargea d'aller faire cette proposition à son frère, qui l'agréa et la proposa à ses amis, non pas de droit fil, mais peu à peu. Il pressentit Le Bout-du-Bois, lieutenant-colonel, en lui disant que l'on pourroit faire un grand coup en faveur du prince pendant le siége proposé. Il lui donna parole de tout mettre en usage et de tout faire pour tâcher de lui rendre la liberté : et après avoir discouru long-temps sur ce que l'on pourroit entreprendre, ils en vinrent jusqu'à proposer d'arrêter le cardinal Mazarin, s'il se pouvoit, en passant par Saint-Jean-de-Losne, c'est-à-dire si les officiers avoient assez de résolution et de volonté pour cela ; ou de l'enlever s'il alloit visiter la tranchée de Bellegarde, et se jeter avec lui dans la place, parce que l'une de ces entreprises pourroit se faire plus facilement que l'autre, en se défaisant, sous prétexte de quelques commissions, des officiers de qui ils n'auroient pas une assurance tout entière ; mais qu'en tous cas rien ne pouvoit les empêcher, quand ils manqueroient l'un et l'autre de ces coups-là, de raser une nuit tous les travaux que l'on auroit avancés devant la place, et ensuite se jeter dedans, ce qui seroit un coup de parti. Le major rapporta tout cela à son frère, qui lui dit en même temps de demander son congé au cardinal pour retourner, disoit-il, à Turenne, mais en effet pour venir me donner réponse de sa négociation, et se trouver absent de la cour quand on exécuteroit ce qui avoit été concerté entre son cadet et Le Bout-du-Bois. Le cardinal, qui ne se pressoit jamais en aucune affaire, différa trois ou quatre jours à le dépêcher, et enfin lui dit un matin qu'il savoit que le régiment étoit partagé, et que Baas, son frère, faisoit des cabales avec ses amis en faveur du prince de Condé ; qu'il en avoit assez de certitude pour le faire arrêter ; mais que, quoi qu'on lui eût dit, il ne l'avoit pas voulu faire, parce qu'il savoit qu'il étoit homme d'honneur ; que s'il donnoit sa parole au Roi, il le serviroit bien ; et qu'ainsi il le chargeoit de faire venir son frère à Saint-Jean-de-Losne pour la lui demander. Baas crut d'abord que Le Bout-du-Bois, qui, deux jours après qu'il fut convenu avec son frère de ce que je viens dire, avoit parlé deux heures entières au cardinal, lui avoit tout révélé, et ne douta point qu'on n'arrêtât son frère s'il venoit là. Il alla le trouver en son quartier, où ils résolurent de parler à Bout-du-Bois, et de lui dire hardiment qu'ils savoient tout ce qu'il avoit dit au cardinal contre la foi donnée. Le Bout-du-Bois, qui le crut, leur confessa ingénument, et leur dit qu'il étoit vrai qu'un remords l'avoit pris, ou plutôt une crainte que quelqu'un de tant de gens qui devoient être de la conjuration ne le déclarât, et qu'il ne lui en coûtât la liberté, et peut-être la vie ; mais qu'il pouvoit leur jurer qu'il n'avoit dit aucune chose de ce dont ils étoient convenus ensemble, s'étant contenté d'avertir le cardinal qu'il ne se trouvoit pas en état de répondre du régiment, par la grande quantité de créatures que le prince y avoit faites, et qu'il l'en avertissoit, afin qu'on ne lui imputât rien des événemens.

Cette confession ingénue rassura les Baas, et ils allèrent à Saint-Jean-de-Losne, où le cardinal, avant que de les avoir vus, avoit séparé toutes les compagnies suspectes, et avoit fait expédier une route pour les envoyer en Italie, se réservant les autres pour servir au siége. Les Baas désespérèrent pour lors de tout ce qu'ils avoient projeté, et se résolurent à donner toutes les paroles que le cardinal leur demanderoit, pour le rassurer contre l'avis que Le Bout-du-Bois lui avoit donné. En effet, le cardinal les ayant un matin fait entrer tous deux dans sa chambre, et adressant la parole au major, il lui dit qu'encore que le prince n'eût rien fait pour sa fortune, il savoit l'attachement qu'il avoit toujours eu et conservoit encore à son service ; qu'il pouvoit se précautionner contre lui en le cassant du régiment avec tous ses amis, et même en l'arrêtant prisonnier ; mais qu'il n'avoit pas voulu user d'autre précaution que de l'envoyer servir en Italie avec quatorze compagnies, suivant la route qu'il lui mettoit en main. Baas le major lui répondit qu'il ne pouvoit lui nier qu'il n'eût eu depuis long-temps une grande vénération pour le prince de Condé, et de la reconnoissance pour l'estime qu'il avoit fait paroître pour lui ; mais quelque douleur que sa prison eût excitée dans son cœur, elle n'y avoit produit que des désirs pour sa liberté, qui ne lui avoient pu rien faire entreprendre contre son devoir ; qu'il ne savoit pas ce qu'on pouvoit avoir dit à Son Eminence, ni quel soupçon ses ennemis pouvoient lui avoir donné de sa fidélité ; mais qu'il savoit bien qu'il n'avoit jamais rien fait qui leur eût pu faire concevoir la moindre chose du monde contre son honneur ; que Son Eminence étoit le maître de faire du régiment ce qu'il lui plairoit ; qu'il lui étoit indifférent en quel lieu on le fît servir, mais qu'il lui fâchoit de le voir séparer (ce qui seroit autant que de le perdre), et qu'il valoit mieux l'envoyer tout entier en Italie. Il sut si bien persuader le cardinal de sa bonne intention, que le lendemain il envoya quérir Baas, et lui demanda s'il lui conseilloit de se fier à son frère pour le siége de Bellegarde ; et lui ayant répondu que oui, il fit deux jours après revenir les compagnies qui étoient déjà en marche, demanda sa parole, le retint, et congédia l'aîné, avec de grandes promesses de faire beaucoup pour l'un et pour l'autre. Il vint me trouver, et me demanda rendez-vous dans la forêt de Chantilly, me raconta tout ce qui est dit cidessus, et m'assura que son frère ne manqueroit pas de se jeter dans Bellegarde, avec tout ce qu'il pourroit de son régiment, dans le temps qu'il seroit le plus nécessaire, en la forme qui est dite; et qu'il ne se consoleroit jamais de ce que Le Bout-du-Bois avoit fait avorter un dessein tel que celui qu'ils avoient concerté ensemble. Il me donna encore avis du peu de préparatifs qu'il y avoit pour le siége, et qu'il croyoit que difficilement le commenceroit-on si ceux de dedans avoient de la fermeté; que le cardinal ne faisoit semblant d'attaquer la place que dans l'espérance de l'emporter par négociation, parce que ceux qui étoient dedans faisoient les fiers en général, et tous écoutoient en particulier; qu'il falloit remédier à cela, et les fortifier par avis et par promesses de les secourir de toutes manières.

Je rapportai tout cela à la princesse douairière, et, de son consentement, je le fis savoir à la duchesse de Longueville et au vicomte de Turenne, avec qui ceux de Bellegarde avoient déjà leur communication, et ceux-là avec eux. Ils ne manquoient pas de leur côté à les encourager: jamais je ne pus tirer de lettres de la princesse douairière pour Saint-Micault, pour Tavannes ni pour autres. Tout ce que nous pûmes faire fut de dépêcher Desloges, commissaire des guerres par son aveu, chargé de deux mille pistoles, et avec ordre d'entrer dans la place, parce qu'il étoit connu de tous pour être tout-à-fait dépendant de la maison de Condé. On disoit même qu'il étoit bâtard du prince de Condé le père. Je le menai à la jeune princesse, qui le chargea en partant de dire à tous les serviteurs du prince, qui étoient à Bellegarde, qu'elle n'oublieroit jamais les obligations qu'elle leur avoit de s'être jetés dans Bellegarde; qu'elle espéroit tout de la valeur de tant de braves gens; qu'elle croyoit même qu'en témoignant de la vigueur on ne les attaqueroit pas; et que quand on viendroit à le faire, ils auroient la gloire d'avoir conservé contre un tyran une place si importante à leur maître, qui en auroit une reconnoissance éternelle. Elle faisoit très-bien de le dire; mais je ne sais si elle auroit voulu garantir cette parole.

Après avoir rendu un compte exact de tout ceci à la duchesse de Longueville et au vicomte de Turenne, par un exprès que je dépêchai à Stenay, je vins à Paris pour prendre conseil avec les amis du prince. J'y eus une longue conversation avec l'archevêque de Sens et le maréchal de La Mothe; et faisant un jour collation avec le marquis et la marquise de Saint-Simon, avec qui je m'entretenois du duc leur frère, et des avantages que nous pourrions tirer de lui et de son gouvernement de Blaye, où il étoit, en cas qu'il fût nécessaire de nous en servir (sur quoi le mari et la femme me parloient autant bien et aussi favorablement que je le pouvois désirer), on vint avertir que Servien, qui étoit leur voisin, entroit, et venoit passer la soirée avec eux; de sorte que je n'eus d'autre parti à prendre que celui de me jeter sur le lit qui étoit dans la chambre où nous mangions. Je demeurai bien une heure à les ouïr parler de toutes choses qui ne me plaisoient point, et qui étoient fort opposées au dessein qui m'avoit amené là. Servien étoit un homme de bel esprit, hardi et éclairé, mais violent et de maximes fort absolues. Il étoit outre cela attaché aux volontés et à la fortune du cardinal, et n'entretenoit le marquis et la marquise que des supplices qu'on préparoit à ceux qui témoignoient quelque attachement aux intérêts des princes, de l'impossibilité de les voir jamais en liberté, et des récompenses qu'on devoit donner à ceux qui demeuroient dans le service du cardinal, qu'il disoit être celui du Roi. Ils commençoient d'entrer dans un détail des intérêts du duc de Saint-Simon, quand un page, entr'ouvrant de l'autre côté le rideau du lit sur lequel j'étois et qui étoit fort près de la porte, me vint dire tout bas qu'un gentilhomme qui venoit de Chantilly m'attendoit chez Dalliez, ancien serviteur du prince, chez qui je devois coucher, et qu'il me prioit de l'aller trouver pour chose de la dernière conséquence. Je me coulai sans bruit, et sortis de la chambre et ensuite du logis, sans que Servien en eût rien aperçu.

Je me rendis dans le lieu désigné, où je trouvai celui qui m'avoit fait appeler, qui étoit Gourville, secrétaire du duc de La Rochefoucauld, auquel emploi il étoit parvenu de degré en degré: il avoit porté les livrées. C'est un homme d'un beau talent, fécond en expédiens, allant à ses fins par toutes voies. Il est d'une activité fort brusque et infatigable; il a changé de maîtres et d'emplois autant de fois que son intérêt l'a voulu. Je le connoissois plus par réputation que par pratique. Il me parla avec une grande liberté; il me dit qu'il venoit de Chantilly de la part du duc son maître, avec ordre de m'entretenir sur les moyens de servir les princes; qu'à peine avoit-il eu la liberté de faire un compliment à la princesse douairière, mais qu'il avoit parlé assez amplement à la duchesse de Châtillon, qui l'avoit envoyé à moi. Je fus bien aise de trouver en cet envoyé du duc de La Rochefoucauld ce que je cherchois pour me communiquer avec lui : aussi ne fis-je aucune difficulté de m'ouvrir à Gourville, et de lui dire mes sentimens à peu près comme je les avois mandés auparavant au duc de Bouillon par Baas, dont je lui fis confidence, et lui dis qu'il falloit tâcher de faire prendre créance à ces deux ducs de l'un à l'autre, et d'assembler leurs amis ; d'y joindre, s'il se pouvoit, toute la maison de La Force, celle de La Trémouille, le duc de Saint-Simon, Arpajon, Lusignan et Sauvebœuf, et tous les gens de considération de Poitou, d'Angoumois, de Saintonge et de Guienne, et de faire une assemblée à Loudun semblable à celle qui y fut tenue pendant la régence de Marie de Médicis, et là ne parler que du bien public, de la réformation de l'État, et des choses graves et sérieuses concernant le bien, l'avantage et les priviléges des trois États ; et pour parvenir aux fins dont il étoit question, de faire résoudre que chacun se tiendroit sous les armes, et prendroit chacun de son côté l'argent dans les recettes voisines, et, sans parler de la liberté des princes qu'accessoirement, tâcher à mettre Bordeaux de la partie, et pour cela essayer par leurs amis de porter le parlement à donner arrêt, par lequel il seroit ordonné au peuple de courir sus aux gens de guerre qui étoient logés à dix lieues aux environs de cette ville, au préjudice de la dernière déclaration de paix que le Roi leur avoit accordée, dont un article disoit en termes exprès qu'aucunes troupes ne logeroient ni passeroient à dix lieues près de Bordeaux ; et que si on observoit cet arrêt, on tâcheroit d'obliger le colonel Bains, serviteur particulier du prince de Conti, qui avoit un régiment de six cents chevaux aux environs de Bordeaux, de se déclarer ; et que tous les seigneurs y joignant les troupes qu'ils pourroient faire dans leurs terres et gouvernemens, commenceroient à se mettre en campagne, et à tailler en pièces, s'ils en pouvoient trouver l'occasion, les autres troupes, ou du moins les réduire à leur faire quitter la campagne, où il seroit aisé de grossir leurs corps ; que cependant je disposerois les princesses à quitter leur séjour de Chantilly pour aller établir à Montrond, château très-fort, situé au cœur du royaume, et propre à donner la main à tout ce que lesdits seigneurs pourroient entreprendre ; et que, quand il seroit temps, nous mettrions le jeune duc d'Enghien à leur tête, pour avoir un nom et un prétexte spécieux de faire ouvertement la guerre au cardinal Mazarin pour la liberté du prince son père et de ses oncles ; que cependant on manderoit de la part de la princesse, à Dumont, ancien serviteur du maréchal de Brézé son père, de tenir bon dans le château de Saumur, où il commandoit.

Je dis encore à Gourville que j'avois parole du maréchal de La Mothe de me rendre à Montrond quand les princesses s'y rendroient. Il me répliqua que le duc son maître entreroit assurément dans tout ce dessein, puisqu'il lui avoit ouï dire et avoit discouru avec lui à peu près de la même chose ; qu'il s'en retournoit toute la nuit pour lui apprendre mon avis, et qu'il reviendroit ensuite pour me dire ceux du duc et de ses amis ; mais que cependant je prisse bien garde qu'il n'arrivât aucun accident aux princesses et au jeune prince, en la personne et au nom duquel résidoit la sûreté du parti que l'on pourroit former ; et que je fisse en sorte que la cour n'entrât point en connoissance de notre projet, parce qu'elle ne manqueroit pas de se saisir de la personne du jeune duc, et de l'arrêter avec les princesses, après quoi la vie des princes ne seroit pas en sûreté. Je lui répartis que j'étois si fort dans son sentiment, qu'il y avoit long-temps que j'avois pourvu à toutes choses, et que j'avois fait faire un carrosse tout simple et une livrée grise et peu nombreuse, pour détourner la mère et l'enfant d'abord qu'il seroit nécessaire (dont bien me prit après), et, au premier avis qu'il m'apporteroit que les choses projetées seroient en état, je mènerois l'une et l'autre, et peut-être encore la princesse douairière, à Montrond avec le maréchal de La Mothe. Et sur cela nous nous séparâmes, lui pour aller trouver le duc son maître, et moi pour retourner à Chantilly, où je rendis un compte fort exact à la duchesse de Châtillon et à la comtesse de Tourville de toute la conférence que j'avois eue avec Gourville, et aux princesses de tout ce qu'il étoit nécessaire qu'elles en sussent.

Cependant, comme l'on étoit bien avant dans le carême, nous consultions nos amis de Paris sur ce que nous pourrions faire au parlement après les fêtes prochaines. Le temps commençoit à rendre les noms des princes moins odieux ; quantité d'écrits couroient parmi le peuple en leur faveur, et contre le gouvernement du cardinal Mazarin ; on débitoit tout ce que l'on pouvoit pour rendre les frondeurs suspects d'intelligence avec lui. Je ne cessois point de faire proposer à eux ou à lui les projets de mariage dont nous avons parlé ci-dessus, pour faire en sorte

15.

de les diviser par l'intérêt. Les apprêts du siége de Bellegarde continuoient, et ceux qui étoient dedans témoignoient une vigueur non pareille. Le cardinal n'oublioit rien pour emporter la place par négociation pendant qu'il faisoit occuper tous les postes pour l'assiéger, comme il fit bientôt après. Desloges n'y put entrer; il revint, et nous dit beaucoup de particularités de cette affaire, que nous fîmes savoir au maréchal de Turenne, qui voyoit à regret cette place en état de se perdre, et qu'on ne pouvoit secourir en cette saison-là par diversion ni autrement. Six jours après le départ de Gourville, il revint à Chantilly, où il entra sans bruit, et me fit dire qu'il étoit dans ma chambre, où il passa la nuit. Il me dit que le duc de La Rochefoucauld avoit reçu agréablement toutes les propositions qu'il lui avoit portées de ma part; qu'il avoit mis les fers au feu pour les faire réussir autant qu'il se pourroit; que pour commencer il avoit envoyé son capitaine des gardes au duc de Bouillon; qu'il avoit eu de grands commerces avec le duc de Saint-Simon par l'évêque d'Angoulême et par le chevalier de Todias, gentilhomme de cœur et de mérite, domestique du prince de Condé, et avoit envoyé chez plusieurs de ceux que je lui avois indiqués; qu'il avoit quantité d'amis (comme l'expérience le fit voir) qu'il employeroit avec joie à ce dessein; mais que pendant que tout se disposeroit à cela, il croyoit pouvoir venir à bout d'un autre dessein fort important et fort nécessaire à la suite des affaires, qui étoit le secours du château de Saumur, que Comminges tenoit comme bloqué par les troupes qu'il commandoit en ce pays-là, et dont il étoit près de former le siége par l'intérêt des affaires du Roi et par le sien particulier, parce qu'après la mort du maréchal de Brézé on lui avoit donné et à Guitaut son oncle ce gouvernement, pour la récompense d'avoir arrêté les princes J'approuvai fort ce dessein, parce que j'en connoissois la conséquence, et que le prince de Tarente, dans une visite qu'il avoit rendue aux princesses à Chantilly, avoit donné parole de secourir cette place, si on faisoit mine de l'attaquer; et que depuis son départ nous n'avions plus ouï parler de lui, sinon par les nouvelles qu'on nous écrivoit de ce pays-là, qui nous apprenoient qu'il étoit chez lui à Thouars, où il ne disposoit rien pour cela. Gourville continua, et me dit que le duc de La Rochefoucauld faisoit état d'assembler tous ses amis de Poitou, dont il étoit gouverneur, et ceux des provinces circonvoisines, sous prétexte de faire solennellement les funérailles du duc de La Rochefoucauld son père, décédé quelque temps auparavant, et qui n'étoit pas encore inhumé; et qu'ensuite il se mettroit à leur tête avec ce qu'il pourroit amasser d'infanterie dans son gouvernement et dans ses terres, et marcheroit droit à Saumur; mais ce qui l'embarrassoit le plus étoit qu'il se trouvoit sans argent; qu'il avoit de quoi chez lui pour bien recevoir l'assemblée; mais que d'abord qu'il faudroit en sortir, tout succomberoit en deux jours, faute des sommes nécessaires aux dépenses qui se font en pareilles rencontres. C'étoit là notre maladie générale, et je me trouvai assez embarrassé d'où je pourrois en tirer pour lui en donner. L'affaire demandoit un grand secret et une grande diligence. L'avarice et les incertitudes de la princesse douairière, et l'impuissance de la princesse sa belle-fille, ne permettoient pas que j'en demandasse à l'une ou à l'autre. Il me souvint que Desloges avoit rapporté et mis entre les mains de Dalliez les deux mille pistoles qu'il n'avoit pu jeter dans Bellegarde : je donnai un billet à Gourville pour les aller prendre; ce qu'il fit, et retourna avec cette petite somme jeter les fondemens de tout ce qui éclata depuis.

Je commençois à espérer beaucoup de la vigueur de Bellegarde, du dessein de Saumur, de l'assemblée de tous les seigneurs dont je viens de parler. Je fondois une grande espérance sur le soulèvement qui se pourroit faire à Bordeaux, sur Stenay, et sur les choses que la duchesse de Longueville et le vicomte de Turenne pourroient y faire et entreprendre avec les Espagnols. Je ne songeois plus qu'à exciter quelque mouvement dans le parlement de Paris, et à mettre en sûreté la personne du jeune duc et celles des princesses, dont il me sembloit que dépendoit la vie et la liberté des prisonniers, et qui étoit le fondement sur lequel se devoit élever le parti que nous projetions de faire pour leur procurer l'un et l'autre. Je proposai à la duchesse de Châtillon, puis par elle à la princesse douairière, deux choses : l'une, de faire aller après les fêtes de Pâques la jeune princesse et le duc son fils avec les fils du duc de Longueville à Montrond, où le maréchal de La Mothe devoit se trouver; et l'autre, d'obliger la princesse douairière d'aller à Paris pour présenter une requête au parlement, telle que je l'avois dressée, par laquelle elle se rendroit dénonciatrice au procureur-général contre le cardinal Mazarin, pour divers crimes et fautes commis dans son ministère, dont l'un étoit l'emprisonnement de messieurs ses enfans. Par ce biais-là on embarrassoit les frondeurs dans le choix du parti qu'ils auroient à prendre, parce que, protégeant le cardinal ouvertement, comme ils lui avoient promis en secret, c'étoit ruiner leur crédit dans le public, et en l'abandonnant ils se divisoient; en quoi consistoit le salut de nos affaires.

Plusieurs personnes étoient de cet avis, d'autres de différer. Quelques-uns approuvoient la manière dont la requête étoit dressée; d'autres la vouloient d'une autre façon. Mais enfin la princesse, qui devoit la présenter pendant que le reste de sa famille se retireroit secrètement à Montrond, où elle-même devoit aller après avoir vu le fruit que produiroit sa requête, avoit consenti à tout ceci par la seule crainte que nous lui avions donnée qu'infailliblement on la mettroit en prison, ou que du moins on lui donneroit des gardes lorsque la cour reviendroit de Bourgogne; mais que si elle se mettoit en une place comme celle de Montrond, hors de la main de la cour, on ne pourroit l'arrêter ni la prendre qu'avec une armée : ce qu'on ne pourroit entreprendre pendant la campagne qui approchoit, et qui obligeoit le Roi d'envoyer toutes les troupes qui étoient en Anjou et en Bourgogne sur les frontières.

Pendant ce temps-là on avoit disposé toutes les choses nécessaires à l'évasion concertée, pour n'être pas surpris quand il seroit à propos de l'exécuter : cependant j'allois et venois à Paris en secret, et quand j'étois à Chantilly j'avois souvent l'honneur de me promener avec les princesses, la duchesse de Châtillon et la comtesse de Tourville. Les promenades étoient les plus agréables du monde; car après que chacun avoit parlé de ce qu'il avoit appris de ses amis de Paris, de Stenay et de divers endroits du royaume, touchant les affaires dont il étoit question, on discouroit sur le moyen de les acheminer, d'unir et de désunir ceux qui pourroient servir ou nuire. Nous formions les uns et les autres mille desseins chimériques pour la liberté des princes, ou pour avoir correspondance de lettres avec eux; et comme la princesse douairière avoit l'esprit agréable et la conversation galante, elle parloit souvent avec douleur de l'ingratitude de la Reine envers elle, se souvenant des services qu'elle lui avoit rendus pendant la vie du feu Roi, dont elle nous disoit mille particularités curieuses, et de ce qui s'étoit passé du temps du duc de Buckingham (1), du comte de Holland, et les ducs de Bellegarde et de Montmorency. Elle nous peignoit quelquefois avec horreur le caractère du cardinal de Richelieu, et avec un souvenir fort obligeant celui du cardinal de La Valette; quelquefois elle nous parloit de la princesse de Conti et du maréchal de Bassompierre; et enfin elle nous racontoit toutes les histoires de ce temps-là fort agréablement; puis elle nous contoit des singularités fort particulières et divertissantes de l'amour que Henri IV avoit eu pour elle (2); de ce qui s'étoit passé en son voyage en Flandre par l'entremise du marquis de Cœuvres, à présent le maréchal d'Estrées, par celle du garde des sceaux de Châteauneuf, qui s'appeloit pour lors M. de Préaux. J'en écrirois une partie si j'avois le loisir, et si cela n'étoit pas si fort hors de mon sujet. Le cardinal Bentivoglio en a écrit des relations que la princesse disoit être la plupart très-véritables, et ajoutoit que nous ne devions pas nous étonner s'il l'avoit flattée dans le portrait qu'il avoit fait de sa beauté dans ses ouvrages, parce qu'il étoit fort amoureux d'elle : elle disoit de fort bonne grâce qu'elle avoit eu une étoile favorable pour se faire aimer des vieillards.

Je ne puis m'empêcher de rapporter ici une aventure qu'elle nous conta, et qui m'a semblé fort agréable. Le prince de Condé, son mari, père de celui d'à présent, s'absentoit le plus qu'il pouvoit de la cour, pour éloigner la princesse des yeux du roi Henri IV, et éviter la violence dont il étoit menacé. Il s'étoit retiré à Verteuil, abbaye située à l'entrée de la Picardie, qu'il faisoit posséder par un de ses aumôniers; et comme il avoit convié quelques-uns de ses affidés, amis et serviteurs pour y faire la Saint-Hubert, le sieur et la dame de Trigny prièrent les princesses, mère et femme du prince, d'aller dîner ce jour-là en leur maison, qui n'est éloignée de cette abbaye que de deux ou trois lieues. Il y a bien de l'apparence que cette partie étoit concertée avec le Roi, mais tout au moins il en fut averti par le sieur de Trigny, qui étoit fort dans ses plaisirs; tellement que les princesses, faisant cette promenade, virent de leur carrosse passer des livrées du Roi, et grande quantité de chiens. La princesse mère, qui aimoit passionnément son fils, et qui veilloit exactement aux actions de la jeune princesse, craignit que, sous prétexte d'un rendez-vous de chasse, le Roi ne leur eût dressé quelque embuscade. Elle appela les veneurs qu'elle voyoit de loin : ils s'approchèrent; mais l'un s'avançant plus que les autres, vint à la portière rendre

---

(1) Notre nouvelle édition des Mémoires de Retz, qui fait partie de cette collection, contient un fragment inédit relatif à l'intimité de la Reine et de Buckingham. Retz rapporte une aventure qui se passa entre ces deux personnages, dans le petit jardin du vieux Louvre (page 303 de notre édition).

(2) Lestoile, dans son *Journal de Henri IV*, donne à ce sujet de curieux renseignements. Notre édition (t. 1er, 2e série de la Collection de MM. Michaud et Poujoulat), contient quelques détails nouveaux qui ne sont pas à l'honneur du caractère du héros. (Voyez les années 1609 et 1610 du Journal, pages 537 — 575).

compte de ce que la princesse lui demandoit, et la désabusa de sa créance, en lui disant qu'un capitaine de la vénerie, qui étoit dans le voisinage pour faire la Saint-Hubert, avoit fait mettre le relais qu'elle voyoit en ce lieu-là, parce qu'il couroit le cerf avec quelques-uns de ses amis. Pendant que la princesse mère parloit à ce veneur, la jeune princesse, qui étoit à la portière, observoit les autres qui étoient demeurés à l'écart, et s'aperçut que l'un étoit le Roi, qui, pour se mieux déguiser sous la livrée qu'il portoit, s'étoit mis un emplâtre sur l'œil gauche, et menoit deux lévriers d'attache en lesse. La princesse nous dit qu'elle n'avoit jamais été si surprise en sa vie, et qu'elle n'osa dire à sa belle-mère ce qu'elle avoit vu, de peur qu'elle ne le dît au prince son mari. Elle nous avoua en même temps que cette galanterie ne lui avoit pas déplu ; et poursuivant l'histoire, elle nous raconta qu'étant arrivée à Trigny, elle s'écria, en entrant dans la salle, sur la beauté de la vue : à quoi la dame de Trigny lui dit que s'il lui plaisoit mettre la tête à une fenêtre qu'elle lui montra, elle en verroit encore une plus agréable ; et s'y étant avancée, elle vit que le Roi étoit à celle d'un pavillon, parce qu'il avoit gagné le devant après avoir eu le plaisir de la voir à la campagne, et qui porta tout d'un temps une main à la bouche pour lui jeter une manière de baiser, et l'autre sur son cœur, pour montrer qu'il l'avoit blessé. La surprise de cette rencontre ne donnant pas lieu à la princesse de raisonner, elle se retira brusquement, et cria : « Ah ! Dieu, qu'est-ce ici, Madame ? » le Roi est céans ! » Sur quoi la princesse mère, enflammée de colère, partagea sa voix aux ordres qu'elle donna de remettre promptement les chevaux au carrosse, aux injures qu'elle dit, et aux menaces qu'elle fit à Trigny qui l'entretenoit, et à sa femme qui parloit à la jeune princesse. Le Roi, accourant au bruit, ne fut pas exempt de ses injures et de ses reproches. Ce prince amoureux employa toutes les prières que sa passion lui put dicter, et toutes les promesses qu'il put lui faire, pour l'arrêter, mais inutilement ; car les princesses remontèrent sur-le-champ en carrosse, retournèrent à Verteuil sur la parole que le Roi leur donna, où le soir même la princesse mère, manquant à celle que le Roi avoit tirée d'elle, raconta tout ceci au prince son fils, qui peu de jours après enleva la princesse sa femme, et l'amena à Bruxelles entre les mains de l'infante Isabelle, qui a été une princesse excellente en toutes sortes de vertus. J'ai été assez long-temps en Flandre, où j'en ai appris des choses si dignes de mémoire, qu'elles mériteroient de tomber entre les mains de quelqu'un qui fût capable d'en faire un volume.

Les soirées de Chantilly n'étoient pas moins divertissantes que les promenades ; car après que l'on avoit fait les prières ordinaires en la chapelle, où tout le monde assistoit, toutes les dames se retiroient en l'appartement de la princesse douairière, où l'on jouoit à divers jeux. Il y avoit souvent de belles voix, toujours des conversations fort agréables, et des récits d'intrigues de cour ou de galanterie qui faisoient passer la vie, avec autant de douceur qu'il étoit possible, à des gens qui partageoient fort sensiblement la douleur des princesses. Quelquefois nous lisions en particulier et en secret, avec la douairière, les lettres de la duchesse de Longueville, et les écrits sérieux ou ridicules que l'on faisoit courre en faveur des princes contre le cardinal ; et quelquefois nous examinions ceux qu'on avoit composés, et qu'on n'avoit pas encore donnés au public.

Ces divertissemens étoient souvent troublés par les mauvaises nouvelles qu'on apportoit ou qu'on écrivoit de quelques serviteurs de la maison qu'on avoit exilés ou arrêtés ; de plusieurs desseins avortés, dont on avoit auparavant conçu de bonnes espérances. C'étoit un plaisir très-grand de voir toutes les jeunes dames qui composoient cette cour-là tristes ou gaies, suivant les visites rares ou fréquentes qui leur venoient, et suivant la nature des lettres qu'elles recevoient ; et comme on savoit à peu près les affaires des unes et des autres, il étoit aisé d'y entrer assez avant pour s'en divertir. Il y en avoit qui étoient servies d'un même galant ; d'autres qui croyoient l'être de plusieurs et qui ne l'étoient de personne, et d'autres qui l'auroient voulu être d'un autre que de celui qui les galantisoit ; d'autres encore qui eussent souhaité d'être les seules qui eussent été servies de tous ; et, en vérité, elles méritoient toutes de l'être. De là naissoient les liaisons d'amitié entre quelques-unes, et des froideurs entre d'autres, suivant que leurs galans étoient amis ou ennemis ; et comme la plupart étoient absens pour servir ou pour se mettre en état de servir les princes, on voyoit à tout moment arriver des visites ou des messagers qui donnoient de grandes jalousies à celles qui n'en recevoient point ; et tout cela nous attiroit des couplets de chansons, des sonnets et des élégies qui nous divertissoient pas moins les indifférens que les intéressés. On faisoit là des bouts-rimés et des énigmes qui occupoient le temps aux heures perdues. On voyoit les unes et les autres se promener sur le bord des étangs, dans les allées des jardins ou du parc, sur la terrasse ou sur la pelouse, seules ou en troupes, suivant l'humeur où elles étoient; pendant que d'autres chantoient un air et récitoient des vers, ou lisoient des romans sur un balcon en se promenant, ou couchées sur l'herbe. Jamais on n'a vu un si beau lieu, dans une si belle saison, rempli de meilleure ni de plus agréable compagnie, quand le 10 avril, à huit heures du matin, la princesse reçut une nouvelle qu'elle me fit l'honneur de m'envoyer dire par Dalmas, laquelle ne me surprit pas beaucoup, parce que je m'étois souvent étonné de ce que cela n'étoit pas arrivé longtemps auparavant; mais elle me fâcha fort, parce que ce contre-temps rompoit ou du moins déconcertoit toutes les mesures que nous avions prises. Mais comme dès ce jour-là je commençai un journal autant exact que les grandes affaires dont je me trouvois chargé me le purent permettre, je m'en servirai pour la continuation de ces Mémoires.

LIVRE SECOND.

AVRIL ET MAI 1650.

Le lundi 11 avril de l'année 1650, la princesse douairière eut avis de divers endroits que six compagnies de gardes suisses étoient parties de Saint-Denis avec deux autres de chevau-légers du régiment de Mespas, qui sortoient de Soissons, pour venir occuper les passages de la rivière d'Oise, Le Presy, Creil, Pont-Sainte-Maxence, et encore les postes de Senlis et de Luzarches. Chacun raisonna à sa mode sur cette marche : les uns disoient que l'affection que Mespas avoit témoignée au prince de Condé avoit donné de la méfiance de lui, et obligeoit le cardinal Mazarin à l'envoyer en Anjou; et qu'on envoyoit les Suisses vers la frontière, sur le mouvement d'un corps de l'armée espagnole qui paroissoit dans l'Artois, et qui menaçoit Arras de quelque surprise. Les autres crurent, et avec raison, que ces troupes, qui se croisoient et venoient en même pays de deux côtés différens, ne pouvoient être à autre fin que pour investir Chantilly, ou pour empêcher les communications que les princesses pouvoient avoir avec la duchesse de Longueville et le vicomte de Turenne; ou pour leur ôter le moyen de donner ou de recevoir des nouvelles de Paris, où elles puisoient les conseils de leurs serviteurs et amis pour leur conduite. Enfin, après avoir ouï parler les uns et les autres, la princesse douairière envoya reconnoître sur les lieux la vérité de cet avis; lequel lui ayant été confirmé sur le midi, elle assembla après le dîné, dans la chambre de la duchesse de Châtillon, tous ceux auxquels elle avoit quelque créance, pour prendre, par leurs conseils, des mesures qu'elle exécuteroit quand et comment elle le jugeroit à propos. Les sentimens furent partagés sur la raison de la prompte arrivée de ces troupes; mais tous s'accordèrent à dire qu'il n'y avoit plus de sûreté dans ce lieu-là pour les princesses, et moins encore pour le duc d'Enghien, qui étoit le seul qui pouvoit un jour venger l'injuste détention du prince son père sur ceux qui l'avoient conseillée à la Reine; qu'on pouvoit même dès-lors en faire un chef de parti, pour rendre l'armement du vicomte de Turenne plus plausible, et le mettre à la tête de ceux qui pourroient se former dans le royaume, pour donner un nom spécieux, et ôter même la jalousie du commandement entre les grands seigneurs qui y entreroient; et que le plus tôt qu'on le pourroit faire passer en Berri seroit le meilleur. J'appuyai fort cet avis, par la connoissance que j'avois de ce qui étoit projeté avec les ducs de Bouillon et de La Rochefoucauld; et je crus que le jeune duc et les princesses ne pouvoient être mieux qu'à Montrond, qui est une place forte, et qui ne pouvoit être prise que par un long siége : ce que l'on ne devoit pas appréhender dans une saison si proche de l'ouverture de la campagne.

Montrond, qui est situé dans le cœur du royaume, m'avoit toujours paru la plus propre pour donner chaleur aux mouvemens de Poitou et de Guienne; et comme je raisonnois sur cela, la jeune princesse m'interrompit, et dit qu'elle n'étoit ni d'un âge, ni d'une expérience à dire son avis; qu'elle ne songeoit qu'à tout déférer à celui de madame sa belle-mère; qu'elle la supplioit très-humblement que, quoi qui pût arriver, on ne séparât point de monsieur son fils; qu'elle le suivroit partout avec joie, quelque péril qu'il y eût à essuyer; et qu'elle s'exposeroit à tout pour le service du prince son mari. La princesse douairière loua fort son zèle, l'en remercia, et lui dit, les larmes aux yeux, que l'on exécuteroit en temps et lieu ce qui venoit d'être proposé pour le voyage de Montrond, et que, comme elles n'avoient toutes deux qu'un même dessein, de sauver, en la personne du jeune prince, le reste de la ruine de leur maison et le débris de leur naufrage, aussi toutes deux n'auroient qu'un même sort, que toutes deux tâcheroient de se mettre à couvert de l'oppression de leur persécuteur, et d'élever leur fils en la crainte de Dieu et au service du Roi : sur quoi l'évêque de Senlis, qui vint conférer le sacrement de confirmation à ceux qui en avoient besoin, interrompit la conférence.

Bientôt après, et sur les cinq heures du soir, Blanchefort, gentilhomme de vertu et de fidélité connue, vint assurer la princesse douairière que le marquis de Montespan, qui depuis s'est fait appeler le duc de Bellegarde, l'avoit assuré qu'il étoit tout disposé de passer en Guienne pour y servir les princes, et lui confirma tout ce que l'archevêque de Sens, frère de ce marquis, m'avoit dit plusieurs fois à Paris. Il est bon de dire en cet endroit le chagrin qu'avoit Montespan contre la cour, qui l'obligeoit de se jeter dans tous les partis qu'on formeroit contre le cardinal : car j'ai observé, pendant près de dix ans que nos mouvemens ont duré, que l'intérêt est presque toujours la raison principale qui fait entrer les gens de qualité dans les partis, ou les gens d'ambition ; et c'est ce qui fait que plusieurs grands seigneurs y entrent, et que peu y demeurent : car comme la cour a plus de quoi les intéresser que les princes qui les forment, on trouve moyen de les en retirer par le même principe qui les oblige à s'y jeter ; et l'on attribue souvent à mauvaise humeur ou à méconnoissance du chef ce qui est inconstance et souvent infidélité du subalterne. Montespan crut donc qu'après la mort du duc de Bellegarde son oncle, de qui le titre étoit fini avec lui, on devoit lui ériger de nouveau un duché ; et comme on lui refusa, il se résolut à servir les princes : ce qu'il ne fit pourtant pas tant que leur prison dura.

Blanchefort ajouta que depuis dix jours il avoit vu passer un gentilhomme ordinaire du Roi par Sens pour aller à Dijon ; qu'il en ignoroit le nom, et qu'il venoit de le rencontrer dans la grande route de la forêt, et lui avoit dit qu'il venoit voir les princesses, sans vouloir lui expliquer le sujet de son voyage ; que cela lui donnoit quelque soupçon, d'autant plus qu'il avoit trouvé des troupes à Luzarches. Ce nouvel avis réveilla les soupçons qu'on avoit eus tout ce jour, et comme la princesse douairière fit part à la duchesse de Châtillon et à moi de ce que Blanchefort lui avoit dit, nous ne doutâmes ni l'un ni l'autre que ce gentilhomme ne fût porteur de quelque ordre du Roi d'éloigner, garder ou arrêter les princesses et le duc. Et comme à l'instant même Dalmas lui vint dire que ce gentilhomme inconnu, qui étoit ordinaire chez le Roi, s'appeloit Du Vouldy, et avoit des lettres de Sa Majesté pour l'une et l'autre princesse, nous conseillâmes à la douairière de se jeter sur son lit, de contrefaire la malade, et de dire à cet envoyé ce qu'elle jugeroit à propos pour retarder l'exécution de l'ordre qu'il lui portoit. Je passai en diligence à l'appartement de la jeune princesse, qui étoit au lit pour un grand rhume accompagné de fièvre. Je la fis lever promptement, et fis mettre en sa place mademoiselle Gerbier, jeune fille angloise, et l'une de ses filles d'honneur, comme je dirai plus au long, et l'amenai dans la chambre de la princesse sa belle-mère, où nous étant cachés avec la duchesse de Châtillon dans la ruelle du lit, Du Vouldy ayant été introduit, nous ouïmes qu'après avoir lu la lettre dont il étoit porteur, elle lui dit qu'elle n'étoit ni d'âge ni de santé à partir si brusquement pour un tel voyage que celui que le Roi, ou celui qui la persécutoit sous le nom de Sa Majesté, lui ordonnoit de faire ; qu'elle écriroit à M. le duc d'Orléans, qui étoit à Paris, pour obtenir quelque temps pour faire son équipage ; et quant à lui, qu'il pouvoit aller rendre à la princesse sa belle-fille la lettre dont il étoit chargé pour elle, se promener, se reposer, et en un mot faire tout ce qui lui plairoit le plus.

Il passa donc dans la chambre de la jeune princesse : on l'introduisit, et on le présenta à la demoiselle Gerbier, qui s'étoit mise, comme je viens de dire, dans le lit de sa maîtresse, où elle la contrefit si parfaitement, que son ton, son air de parler, les reproches et les plaintes qu'elle faisoit contre la Reine et contre le cardinal, et ses larmes feintes, trompèrent si bien, non-seulement ce jour-là, mais tout le reste de la semaine, Du Vouldy, que, sur quelque bruit qui courut à Paris de l'évasion de la princesse, il écrivoit tous les jours à Paris, et au cardinal en Bourgogne, qu'il leur répondoit du contraire, et qu'il la voyoit à toutes les heures du jour. On le mena ensuite saluer le duc d'Enghien qu'il demanda à voir, ou, pour mieux dire, le fils du jardinier, âgé de sept ans comme lui, à qui j'avois fait prendre l'habit du duc dès le moment que Blanchefort étoit arrivé, et comme Du Vouldy trouva ce petit garçon au milieu de la gouvernante, des femmes et de tous ceux qui étoient ordonnés pour servir le duc, il ne douta nullement que ce ne fût lui. On le conduisit ensuite aux beaux promenoirs de Chantilly, et de là en sa chambre ; on lui tint bonne compagnie, pendant que les princesses tinrent un conseil avec les dames de Châtillon, de Tourville, de Bourgnen, avec les sieurs Dalliez, abbé Roquette, Girard, La Roussière, de Tury, Dalmas, Vialard et moi. Elles commencèrent à me mettre les lettres du Roi en main. Je les lus deux fois ; elles portoient en substance l'une et l'autre que Sa Majesté jugeant leur séjour à Chantilly comme préjudiciable au bien de ses affaires, elle avoit résolu de les faire passer en la province de Berri, avec le duc d'Enghien et les enfans du duc de Longueville, desquelles Sadite Majesté laissoit le soin et la conduite à la princesse douairière ; que le sieur Du Vouldy les conduiroit par la route qui lui avoit été donnée, avec ordre de ne les point quitter. Comme je vis que toute l'assistance se préparoit à de longs discours, et qu'il n'y avoit aucun temps à perdre pour l'exécution de ce que j'avois ruminé, et que je croyois être le seul parti qu'il y avoit à prendre, j'interrompis celui qui parla le second, et dis que les circonstances qui avoient précédé et accompagné cette dépêche me faisoient croire que le dessein du cardinal Mazarin n'étoit pas seulement de se saisir des personnes du duc et des princesses, mais encore de la place forte de Montrond, qui donnoit jalousie, à cause de sa situation sur les confins de Berri, du Bourbonnois, du Nivernois, de La Marche, du Limosin, de Poitou, comme étant un lieu propre à tenir toutes les provinces en échec, en tirer de grandes contributions, par le moyen desquelles on pouvoit faire perdre la taille et la gabelle au Roi, et tirer de l'argent suffisamment pour faire subsister le parti qui se pourroit former, favoriser les passages pour la Bourgogne et pour la Guienne, province en laquelle la disposition des esprits et divers intérêts faisoient prévoir de grands orages; et que, faisant escorter le prince et les princesses avec les troupes qui environnoient Chantilly, ils s'empareroient avec grande facilité de cette importante place, bien formée par art et par nature, et munie de la plupart des choses nécessaires pour sa conservation; que là ils garderoient les restes de cette maison opprimée, et qu'ainsi je ne voyois rien à faire dans une telle conjoncture, que de sauver en diligence les personnes du duc d'Enghien et de la princesse sa mère, qui s'y étoit offerte peu d'heures auparavant. La princesse douairière m'interrompit, et me demanda d'un ton aigre où je prétendois les mener. « A Montrond, Madame, lui répondis-je; et je me fais fort de les y rendre en toute sûreté, s'il plaît à messieurs de Thury et de La Roussière, qui savent le pays, d'être de la partie. » A quoi ils s'offrirent de très-bonne grâce. La princesse répliqua avec colère que je voulois les faire tous prendre prisonniers. « Nous le sommes dès à présent, répartis-je, Madame; et quand on nous arrêtera sur la route, il ne sauroit nous arriver pis que nous avons. »

Chacun applaudit à ce que je disois; et la princesse m'ayant ordonné de poursuivre mon discours, j'ajoutai que si nous n'exécutions ce dessein à la faveur de la nuit, l'occasion en seroit perdue, et ne pourroit plus se recouvrer; que madame la princesse sa mère n'étant pas, comme elle avoit fort bien dit à Du Vouldy peu auparavant, d'une constitution pour le voyage que le Roi lui ordonnoit de faire, bien moins le seroit-elle pour un qui seroit autant précipité et imprévu que celui que je proposois; qu'elle pourroit entretenir Du Vouldy tout le jour suivant pour donner temps à l'entreprise; qu'il seroit grandement à souhaiter que toute la maison n'eût qu'un sort commun, comme elle avoit dit le jour même, et qu'il fût possible de ne pas séparer madame sa belle-fille et monsieur son petit-fils d'elle; mais qu'il n'y avoit homme de bon sens qui pût leur conseiller d'exposer une princesse de son âge et d'une telle utilité à sa maison, aux accidens d'une marche si peu préméditée, parce que, voulant tout sauver, on perdroit tout; et qu'à moins qu'elle ne restât pour agir de son côté pendant que madame sa belle-fille et ses serviteurs agiroient du leur, elle couroit fortune de voir faire naufrage à toute sa maison dans le vaisseau qu'elle voudroit conduire. Je la fis souvenir encore que, dans le dessein auquel je l'avois fait consentir d'aller à Montrond en temps et lieu, elle savoit bien qu'on avoit résolu qu'elle iroit, avant que d'entreprendre ce voyage, se jeter à Paris pour présenter au parlement la requête que j'avois dressée; qu'après notre évasion elle pourroit exécuter ce même dessein; et qu'avec l'assistance des amis de sa maison, et la compassion que pourroit exciter ce redoublement de persécution, elle pourroit émouvoir le peuple et le parlement même à ne pas souffrir plus long-temps que la déclaration de 1648, que l'on avoit obtenue avec autant de peine, fût plus long-temps violée. En effet, il n'y a que les conjonctures à prendre pour faire mouvoir les peuples et les parlemens même, qui font et défont en peu de temps des choses fort opposées l'une à l'autre, suivant que l'intérêt du soulagement des uns et de l'autorité des autres les fait agir, ou que la persuasion de ceux qui savent se servir d'eux les excite. J'ajoutai qu'il y avoit quantité de négociations attachées à la cour, au parlement et dans les provinces, parmi le peuple et avec les frondeurs, desquelles on ne pouvoit espérer aucun effet si cette princesse ne demeuroit pas pour les conduire. Enfin elle se laissa persuader tout-à-coup, se résolut à faire ce qu'on proposoit, et nous dit qu'elle s'exposeroit volontiers non-seulement à être gardée dans sa maison ou à en être enlevée violemment par les gens de guerre qui l'environnoient, mais encore aux rigueurs de la plus étroite prison, pour contribuer quelque chose à la liberté de messieurs ses enfans; qu'elle résoudroit avec Dieu et avec ses amis ce qu'elle auroit à faire pour le salut de sa maison. Je doutai pourtant fort, de l'humeur dont je la connoissois, qu'elle l'eût exécuté. Cependant chacun suivit son sentiment; et après avoir dit son avis sur la manière de l'exécution, les uns conseilloient de mener la mère et le fils par différens chemins; les autres étoient d'avis que ce fût à cheval, d'autres que ce fût en carrosse; les uns que ce fût par un pays, et les autres par un autre. Il fut enfin résolu de partir tous ensemble, et pour Montrond.

La princesse avoit fait préparer un coffre rempli d'un service d'or pour le charger derrière le carrosse; mais ceux qui ordonnèrent de l'équipage jugèrent qu'on avoit un trésor plus précieux à sauver, et qu'il ne falloit pas risquer de le perdre par la pesanteur de celui-ci. Elle nous donna quelques pierreries de peu de valeur, et à moi une montre d'or qu'elle arracha de son côté où elle la portoit, me disant fort obligeamment qu'elle me prioit de me souvenir d'elle, et qu'elle me confioit, en la personne du jeune duc, ce qu'elle avoit de plus cher au monde; mais qu'elle me prioit de ne le mettre ni entre les mains des Espagnols, ni en celles des huguenots, et moins encore en celles du duc de Bouillon, mais de prendre toute confiance à son cousin le duc de Saint-Simon, qui lui avoit offert retraite en son gouvernement de Blaye. A quoi je lui répondis que je ferois avec toute fidélité tout ce que la fortune et le temps nous offriroient, et que je lui donnerois avis de toutes choses autant qu'il me seroit possible.

La jeune princesse chargea la dame de Tourville de toutes ses pierreries et de celles du maréchal de Brézé son père, qui étoit mort depuis peu dans le château de Saumur; et après que les princesses se furent embrassées, qu'elles eurent versé bien des larmes en se séparant, que le jeune duc eut reçu toutes les douceurs, les bénédictions et les caresses que la tendresse de son âge, le fâcheux voyage qu'il alloit faire, la gentillesse de son humeur et l'agréable manière dont on l'avoit travesti de garçon en fille, lui attirèrent, et que tous ceux qui étoient présens à cette cruelle séparation eurent embrassé ceux qui partoient avec des pleurs et des gémissemens incroyables, le voyage se commença et se poursuivit en cette manière.

On envoya un carrosse à deux chevaux, dans lequel on mit quatre autres harnois, à l'entrée de la forêt, et on fit sortir quatre chevaux comme si on les eût menés à l'abreuvoir, qui passèrent vers le carrosse. La princesse et le duc, avec les dames de Tourville, de Gourville et de Changrand, sortirent par les jardins, se rendirent à pied au lieu assigné. Bourdelot, à présent abbé du Massé, célèbre médecin, auquel pour son savoir et bonnes qualités le prince avoit confié le soin des premières études de son fils, le suivit partout en ce voyage. La Roussière se rendit aussi avec Fleury et Vialard à l'endroit où étoit le carrosse. Celui-ci porta le jeune duc entre ses bras pour le sauver en cas d'attaque dans la forêt. Les dames montèrent en carrosse; Girard, Chapizeaux et moi, pour ne point donner de soupçon par une trop grande escorte, passâmes par le chemin duquel j'ai parlé sur la droite, avec tous les valets. Nous partîmes tous à onze heures du soir, et arrivâmes à Paris par la porte Saint-Denis en même temps que la princesse par celle de Saint-Martin, et nous nous retrouvâmes tous à quatre heures du matin à la porte Saint-Victor. Nous envoyâmes prendre un attelage de la princesse à l'hôtel de Condé, qui nous joignit à Juvisy, et qui nous servit de relais. Nous marchions toujours deux à deux, à la vue des uns des autres, à autant de distance qu'il falloit pour observer le carrosse. Nous logions dans diverses hôtelleries, comme si nous ne nous fussions pas connus. Madame de Tourville se faisoit appeler madame de La Vallée, et tout ce qui étoit dans le carrosse paroissoit sa famille. Nous arrivâmes sur les quatre heures du soir à Angerville-la-Rivière, maison du président Perrault, qui étoit prisonnier avec les princes. Je croyois y trouver son attelage, et passer encore à dix lieues de là; mais je trouvai qu'il avoit été vendu, contre les ordres que j'avois donnés dès le temps que j'avois conçu le dessein de faire passer les princesses de Chantilly à Montrond. Nous fûmes donc contraints de coucher en ce lieu-là, d'où nous partîmes le lendemain 13 du mois.

Nous passâmes à Choisy-aux-Loges, maison appartenant à Bellegarde, de qui nous avons parlé, et où il n'étoit pas. J'allai voir madame sa femme, que j'empêchai de recevoir madame la princesse chez elle, pour ne pas nuire à son mari; mais nous convînmes qu'elle iroit lui rendre ses devoirs sur son chemin à un ermitage, où elle lui offrit toutes choses, même de la suivre. Elle lui donna un relais qui nous servit beaucoup. Nous passâmes la rivière de Loire à Sully; et comme la princesse passa dans un petit bateau, il fallut attendre quelque temps, jusqu'à ce que le carrosse et les chevaux fussent passés. Le peuple s'assembla sur le rivage, à la vue d'un assez grand équipage. Nous nous assîmes tous sur des pierres qui y étoient, comme si nous eussions été tous d'une condition égale; et même pour ôter tout soupçon de celle de la princesse, elle s'assit sur mes genoux, quand tout-à-coup un valet de chambre du duc de Sully m'appelant par mon nom, je ne pus m'empêcher de tourner la tête; et lui ayant dit qu'il me prenoit pour un autre, il me dit qu'il me connoissoit fort bien, et qu'il désiroit me dire un mot; et m'ayant tiré en particulier, il me dit qu'il connoissoit bien la princesse, quoique masquée, et vêtue d'un habit fort commun. Il me nomma toute la suite, et ajouta qu'il voyoit bien que nous nous sauvions ; qu'il m'offroit de la part de son maître, qui étoit très-humble serviteur du prince et de toute sa maison, retraite dans son château, et dix-huit mille francs qu'il avoit reçus de ses terres. Je le dis à l'heure même à la princesse, qui le remercia fort, et tira de son doigt une bague qu'elle lui donna, sans rien accepter de ses offres. J'eus pourtant quelque envie de prendre de l'argent, dont nous avions fort besoin, car toutes nos finances étoient réduites à environ cinq cents pistoles qu'avoit la princesse, et à vingt mille francs que j'avois en partie empruntés et en partie tirés de quelque vaisselle d'argent que j'avois vendue. Nous passâmes ce jour-là jusqu'à Argent en Berri, appartenant au sieur de Clermont, ancien serviteur du prince, et beau-père de Mautour, gouverneur de Montrond. Ce gentilhomme, qui reçut très-bien la princesse et toute sa suite, envoya toute la nuit ses chevaux de carrosse en relais à quatre lieues, en un château à la vue de Bourges, appartenant au sieur de Rhodes, où elle dîna, relaya, et renvoya l'équipage à madame de Bellegarde avec une lettre de remercîmens, passa et arriva ce jour-là 14 du mois à Montrond, environ, sur la minuit.

La diligence fut des plus grandes que l'on puisse faire en carrosse avec une femme et un enfant d'une telle qualité, ayant été autant surpris qu'on le fut, et sans avoir envoyé des relais sur la route. Tout le monde arriva en parfaite santé, malgré les veilles et la fatigue. On essaya pendant tout le voyage à soulager le chagrin de la princesse, et de la divertir autant qu'on le put. Le lendemain de son arrivée, elle m'envoya appeler de bon matin, et me fit l'honneur de me dire, en présence de la comtesse de Tourville, que son âge et le peu d'expérience qu'elle avoit aux affaires, l'estime qu'elle avoit pour moi, et la connoissance qu'elle avoit de mon affection et de ma fidélité au service du prince son mari, l'obligeoit à me confier la principale conduite de toutes choses, et me demanda ensuite ce que je jugeois à propos qu'elle fît dans l'état auquel elle se trouvoit. Je lui répondis, après l'avoir très-humblement remerciée de l'honneur qu'elle me faisoit, que j'avois songé à cela une partie de la nuit, et qu'il me sembloit qu'elle devoit dépêcher un courrier à madame sa belle-mère pour l'avertir de son arrivée, et soulager l'inquiétude où elle seroit sans doute jusqu'à ce qu'elle eût reçu cette nouvelle ; en second lieu, de reconnoître avec Mautour, et ces messieurs qui l'avoient accompagnée, et qui avoient plus de lumières et de connoissances que moi, l'état de la place, de l'artillerie et des munitions, afin d'y mettre peu à peu, et sans donner jalousie, celles qui y manquoient ; en troisième lieu, faire savoir à tous les serviteurs de la maison que sa personne et celle du duc étoient en sûreté, afin qu'ils pussent prendre des mesures certaines ; en quatrième lieu, de dépêcher au duc de La Rochefoucauld, et continuer avec lui et par lui, avec tous les seigneurs de par delà, les négociations commencées par Gourville, et que j'ai rapportées ci-dessus ; en cinquième lieu, d'envoyer quelqu'un d'intelligence en Bourgogne pour apprendre l'état du siége de Bellegarde, la disposition de la cour, faire savoir aux amis qu'on y avoit, et dans l'armée, ce qui s'étoit passé ; établir une correspondance de là à Dijon, de ville en ville, pour avoir souvent, sans dépense et sans bruit, des nouvelles et en donner ; et enfin écrire son arrivée à Bourges, à Moulins, à la noblesse circonvoisine attachée depuis long-temps à la maison de Condé, et surtout au marquis de Valancey, qui est fort accrédité dans la province. Tout cela ayant été approuvé par la princesse et par la dame de Tourville, je le fis exécuter le plus diligemment qu'il me fut possible. Je fis dresser toutes les lettres, et fis les instructions pour tous ceux qu'on dépêcha de toutes parts, et qui partirent le lendemain 16 du mois ; et je puis dire qu'on n'oublia aucun de ceux de qui on pouvoit tirer quelque utilité, ou en qui on pût prendre confiance, en quelque endroit du royaume qu'ils pussent être. Je ne dirai pas le détail de ce qu'on manda aux ducs de Bouillon et de La Rochefoucauld, parce que j'en ai parlé ci-devant, ni de ce qu'on manda à Paris et en tous les endroits où l'on dépêcha, parce que l'on écrivoit partout presque la même chose.

Le 17, quelques gentilshommes du voisinage commencèrent à venir rendre leurs devoirs à la princesse, qui dans tout le temps qu'elle séjourna à Montrond reçut merveilleusement bien ceux qui la visitoient. Elle avoit une grande application à embarquer à son service tous ceux qu'elle pouvoit. Son dessein étoit de mettre sa place en état de ne rien craindre, d'y séjourner autant qu'elle pourroit. Aussi est-il difficile en pareils accidens de trouver des retraites assurées ailleurs que chez soi ; et souvent quand on est nécessité de se retirer chez un ami, on l'est de suivre ses volontés, et on est parfois au hasard d'être la victime qu'il sacrifie à ses intérêts : aussi avoit-elle résolu d'observer de là les démarches de tous les siens, et de ne mettre monsieur son fils à la tête d'un parti que quand elle le verroit assez puissant pour se maintenir. Elle croyoit même que quand cette place seroit munie de toutes choses, et qu'elle y auroit établi une grande et forte garnison, elle donneroit dans la vue à ceux qui n'osent rien entreprendre, quelque envie ou quelque intérêt qu'ils aient de le faire, qu'ils ne se voient soutenus d'une place ou d'une protection considérable d'un prince du sang qui sert toujours, en quelque bas âge qu'il puisse être, à faire une bonne et utile composition. D'ailleurs de ce lieu, qui est au milieu du royaume, on étoit proche de tout. Une des principales choses que nous avions à souhaiter étoit une assemblée d'Etats généraux : aussi étoit-ce ce que nous tâchions d'insinuer à tout le monde. Nous ne voyons point de parlement dont l'on pût espérer des délibérations vigoureuses, que de ceux de Bordeaux et de Provence : aussi n'oublia-t-on rien pour les y exciter. On donna charge en divers endroits d'observer la contenance des huguenots ; on chargea celui qui partoit pour le Poitou de sonder Du Dognon pour ses places, le prince de Tarente pour Taillebourg, le duc de Rohan pour Angers, et de porter le duc de La Rochefoucauld à mettre tout en usage pour secourir Saumur. Le chevalier de Todias nous assura par ses lettres que le duc de Saint-Simon se mettroit avec Blaye dans les intérêts des princes ; enfin on n'oublioit rien pour réveiller, dans l'esprit de tous ceux qui avoient des places, et surtout dans celui de Du Dognon, les défiances qu'il devoit avoir du cardinal Mazarin, pour s'être jeté dans Brouage incontinent après la mort du duc de Brézé, de qui il étoit créature, où il s'étoit toujours maintenu en dépit du cardinal, et malgré toutes ses négociations pour l'en tirer. La princesse espéroit que les obligations qu'il avoit au feu duc son frère le mettroient dans ses intérêts ; mais il est peu de cœurs assez bons pour sacrifier une grande fortune à ceux de qui ils la tiennent, et peu d'hommes qui soient assez reconnoissants pour s'exposer à de grands périls quand ils se voient dans une élévation au-delà de leur portée naturelle.

On chargea encore celui qu'on dépêcha en Anjou d'envoyer quatre cents pistoles à Dumont, qui tenoit Saumur pour la princesse, et deux cents à La Martinière qui étoit à Brézé, ou plus s'ils en avoient besoin ; d'envoyer quelque vaisselle d'argent au duc de La Rochefoucauld, avec quelques-uns des chevaux du feu maréchal de Brézé, et d'envoyer tout le reste à Montrond.

D'Aubigny, qu'on dépêcha à la princesse douairière, eut charge de lui dire tout ce que dessus, de lui faire connoître la nécessité d'argent en laquelle nous nous trouvions, et du moins de faire convertir en monnoie le service d'or qu'elle nous avoit donné à Chantilly, et de l'envoyer à Montrond. J'écrivis à Dalliez à Paris, pour le prier d'avertir les deux Baas de ce qui s'étoit passé, et de nous envoyer quelques officiers d'artillerie. La princesse écrivit à la duchesse de Châtillon pour la prier de faire savoir à Chavigny, au duc de Nemours et au président Viole, tout ce dont d'Aubigny avoit charge de lui donner parole. Je priai, par une autre lettre, l'abbé Roquette de savoir si le maréchal de La Mothe se résoudroit à effectuer la promesse qu'il avoit faite de venir à Montrond, sinon d'y envoyer Arnauld, qui avoit témoigné grande envie d'occuper ce poste, dont on lui avoit donné quelque espérance. Je lui mandois encore de nous envoyer tous les imprimés que l'on débiteroit contre le cardinal, pour les semer dans les provinces. Rien n'est moins nécessaire pour faire agir les honnêtes gens qui servent, parce que l'amitié ou l'intérêt les conseille ; mais rien n'est plus utile à faire mouvoir les peuples, qui ne conçoivent les choses qu'autant qu'elles frappent leurs sens, parce qu'ils n'imaginent rien d'eux-mêmes ; il faut leur éveiller l'esprit par les écrits qu'on publie. J'écrivis à la dame Du Bourgneuf, à qui j'adressai une dépêche pour la duchesse de Longueville et pour le vicomte de Turenne, pour leur demander l'état auquel ils étoient à Stenay, ce qu'ils espéroient des Espagnols, et leur dire amplement de nos nouvelles. J'écrivis au comte de Maure afin d'apprendre quelque chose de celles dont il étoit chargé ; et à la comtesse de Chalais, qui par son naturel craintif, et l'amitié qu'elle avoit pour moi, me faisoit toujours savoir toutes les nouvelles que Palluau, à présent le maréchal de Clérembault, qui étoit passionnément amoureux d'elle, lui écrivoit du siége de Bellegarde ; et enfin à l'archevêque de Sens, pour savoir de lui ce qu'il avoit avancé en ses négociations.

On dépêcha ensuite partout où il fut nécessaire par le Berri. Quelques fermiers apportèrent de légères sommes de leurs fermes. On apprit que la plupart des serviteurs que le prince avoit à Bourges avoient été proscrits, sur les plaintes que le comte de Saint-Aignan en avoit faites à la cour ; que lui et cinquante chevaux avoient été à Meveton le jour précédent, et avoient traversé tous les chemins qu'avoit tenus la princesse ; qu'il disoit pourtant que ce n'étoit qu'à dessein de prendre prisonnier le chevalier de Rhodes ; qu'il n'avoit aucun ordre de la cour contre Leurs Altesses; mais que s'il les avoit rencontrées, il auroit taillé en pièces ceux qui les escortoient, et qu'il les auroit arrêtées avec tout le respect qui leur étoit dû et qui lui auroit été possible; qu'il sauroit mettre tout en usage pour le service du Roi; qu'il avoit dépêché à la cour pour demander des troupes, et qu'il étoit bien averti qu'il y avoit cinq cents hommes de pied et deux cents chevaux dans Montrond.

Le lendemain 17, on eut avis de divers endroits que Bellegarde avoit capitulé de se rendre, s'il n'étoit secouru dans le 22 du même mois. La princesse passa tout ce jour-là en dévotion, et sur le soir on dépêcha un courrier qui porta à Le Tellier, secrétaire d'Etat, cette lettre-ci :

« Monsieur,

» Comme je reçus le 11 du courant un ordre
» du Roi de partir de Chantilly, et d'amener
» avec moi madame ma belle-mère et mon fils
» en ce lieu, elle ne se trouva pas avec la santé
» nécessaire pour entreprendre un si pénible
» voyage, et je crus qu'il étoit de mon devoir
» de témoigner en cette occasion, comme je
» ferai en toutes autres, l'obéissance que je dois
» à Sa Majesté : de sorte que je partis à l'instant
» même, et me rendis ici avec fort peu de suite.
» Je n'y changerai rien de l'ordre établi de
» tout temps pour la conservation de la maison ;
» j'y élèverai mon fils dans la crainte de Dieu,
» et le porterai, par mon exemple, au même
» zèle que monsieur son père a toujours eu pour
» le service du Roi. Je prierai incessamment
» Dieu qu'il comble Leurs Majestés de béné-
» dictions, et qu'il leur plaise de finir mes souf-
» frances, que j'ai offertes aujourd'hui à Dieu.
» C'est ce que j'ai cru vous devoir écrire par ce
» porteur, que j'envoie pour faire venir mon
» train. S'il avoit besoin de quelque sauf-con-
» duit, vous m'obligerez de lui faire donner, et
» de me croire

» Votre, etc. »

Le lendemain 18, je dépêchai un nommé Percheron pour le camp devant Bellegarde, afin de nous en mander des nouvelles, et je fis écrire par le bonhomme Blanchefort, à un fils qu'il avoit à la cour, que le bruit couroit qu'après le siège achevé l'on enverroit investir Montrond; qu'il le prioit de s'en retirer. Et je crus qu'il étoit bon en cette rencontre d'observer la vieille maxime de tromper l'ambassadeur; car c'étoit le moyen d'avoir, par son propre fils, des nouvelles les plus assurées de ce qu'il importoit si fort de savoir.

Je chargeai le même Percheron d'une lettre de créance pour les deux Baas, et de leur dire que s'ils ne pouvoient rien faire des choses proposées pour la délivrance de la place assiégée, ils fissent passer en diligence à Montrond tout ce qu'il leur seroit possible d'officiers et de soldats du régiment de Persan, et de dépêcher en chemin faisant messager sur messager, qu'ils adresseroient au lieutenant-criminel de Moulins, qui nous en dépêcheroit d'autres pour m'apprendre par cette voie tout ce qu'il apprendroit sur la route de la marche de quelques troupes que ce fussent. Nous reçûmes ce jour-là cinq ou six nouvelles différentes sur le siège : les uns mandoient qu'il continuoit, les autres qu'il étoit levé, d'autres que la capitulation étoit véritable, et d'autres que le cardinal Mazarin en faisoit artificieusement courir le bruit pour retarder les bonnes volontés de ceux qui étoient prêts à se jeter au service de la princesse en divers endroits du royaume ; et j'ai connu, dans tout le cours des affaires que j'ai conduites, que toutes les nouvelles se débitent, et par lettres et de vive voix, suivant l'affection, l'intérêt, l'humeur, le courage ou la foiblesse de ceux qui servent, qui veulent être fermes dans les partis, ou qui ne cherchent que des prétextes pour s'en retirer.

Le marquis de Valencey, qui arriva, fit de grands complimens à la princesse, sans pourtant s'expliquer de ce qu'il vouloit ou pouvoit faire. Elle me commmanda de lui exposer l'état de toutes choses : ce que je fis pourtant avec la réserve à laquelle m'obligeoit le peu d'avance qu'il faisoit pour s'embarquer tout-à-fait avec nous. Et, en vérité, on n'en sauroit trop avoir en pareilles rencontres, tant le secret y est nécessaire, et tant on trouve peu de gens qui ne tâtent leur pouls avant de franchir le pas. Celui-ci nous proposa mille choses générales pour essayer d'exciter le désordre partout, sans nous dire ce en quoi il pourroit y contribuer. En un mot, je connus bien de l'esprit et peu de résolution en ce gentilhomme.

Sur ce qu'on avoit envoyé des lettres de cachet du Roi, à la sollicitation du comte de Saint-Aignan, pour exiler plusieurs des principaux de Bourges, affectionnés ou dépendans du prince, nous n'oubliâmes rien de ce qu'on pouvoit faire pour y exciter quelques troubles, afin de tâcher, par l'exemple de cette grande ville, d'entraîner la province et peut-être les voisines, et par là soutenir le cœur à la Guienne et au Poitou, pour le succès des choses qu'on y tramoit depuis quelque temps. Mais la prison inopinée des princes avoit été un coup de foudre qui avoit abattu le courage à tout le monde, et il falloit plus de temps pour le relever.

Le doyen de Bourges, l'abbé de La Loue et plusieurs serviteurs de la maison vinrent visiter et se condouloir avec la princesse. Le premier, destiné à la conduite du clergé dont il avoit été exclu par une lettre du Roi, avoit des ressentimens plus vifs que les autres, et ne conseilloit que feu et flammes, tant l'intérêt particulier prévaut sur le général. On l'échauffa tant qu'on put, et tous les autres maltraités, qu'on renvoyoit toujours avec un esprit de trouble; mais tout cela sans effet.

Saint-Aignan, qui avoit envie de se rendre considérable dans la province, et se mettre en pouvoir d'attirer des amis par les emplois qu'il pourroit donner, d'abattre ses ennemis par la force, et se venger des discours qu'on faisoit contre lui, écrivoit continuellement à la cour qu'il y avoit quantité de troupes dans Montrond, et la nécessité d'assiéger cette place pour éviter les suites dont elle menaçoit, croyant que tout au moins on enverroit des gens de guerre à son ordre. Les peuples ne pouvoient s'accoutumer à le respecter, après avoir eu deux princes du sang pour gouverneurs consécutifs. La domination est toujours odieuse; mais elle l'est moins quand on est soumis à la grande qualité et au grand mérite; et tel avoit obéi aux prince de Condé père et fils, qui trouvoit les ordres du comte de Saint-Aignan tyranniques, encore qu'ils fussent doux, civils et pleins d'égards et de circonspections.

Cela obligea la princesse d'écrire aux présidiaux de Bourges et de Moulins en ces termes, et même à la Reine, comme il sera dit cy-après :

« Messieurs,

» J'attendois l'arrivée de madame ma belle-
» mère en ce lieu, suivant l'ordre du Roi que
» nous en reçûmes ensemble à Chantilly le 11
» de ce mois ; mais comme je n'ai encore reçu
» aucunes nouvelles depuis que j'y suis, j'ai
» cru ne devoir pas différer davantage à vous
» dire que je m'y suis rendue dans la seule in-
» tention d'obéir aux volontés du Roi mon sou-
» verain seigneur, d'y élever M. le duc d'En-
» ghien, mon fils, en la crainte de Dieu et au
» service de Sa Majesté. Ma conduite confondra
» les bruits que le comte de Saint-Aignan fait
» courir, et les avis qu'il donne continuelle-
» ment à la cour que j'ai mis dans cette place
» cinq cents hommes de pied et deux cents che-
» vaux : ce qui est si contraire à la vérité, que
» j'ai sujet de croire qu'il ne l'a fait qu'à des-
» sein d'attirer des troupes dans cette province
» pour son utilité particulière ; ce qui me donne
» sujet de vous prier (afin que vous puissiez
» assurer le Roi de la vérité du fait) d'envoyer
» des députés de votre corps en ce lieu. Je leur
» ferai voir l'état des choses, et connoître que
» je n'ai rien innové des anciens ordres qui y
» sont établis de tout temps ; et vous assurerai
» en leurs personnes, comme je fais ici, de n'a-
» voir jamais des pensées contraires à mon
» devoir, qui me portera toujours au service du
» Roi et au bien de l'Etat, vous demandant
» pour mon fils et pour moi la même amitié que
» vous avez témoignée à monsieur mon mari.

» Je suis, etc. »

Les 20 et 21, la princesse eut avis de divers endroits que des compagnies du régiment de Villette et de celui de M. le duc d'Orléans y passoient, séjournoient, et y prenoient étape. Une des principales attentions qu'on doit avoir dans les affaires de la nature de celle-ci est d'éviter les surprises et les coups inopinés : aussi avions-nous mis un tel ordre à vingt lieues à la ronde, et dans tous les passages et ponts plus éloignés, qu'il n'y pouvoit rien arriver dont la princesse ne fût fort ponctuellement et fort promptement avertie.

Le moindre événement en telles occurrences fait former des raisonnemens à chacun suivant sa crainte et suivant son désir. Les uns disoient qu'on envoyoit ces troupes pour assiéger Saumur ; d'autres, qu'elles étoient destinées pour Bellegarde, et qu'on les contremandoit en suite du traité de cette place ; d'autres, qu'elles marchoient pour investir Montrond. Tout cela pouvoit être vrai ; et je tiens que l'une des plus grandes fautes qu'ait jamais faites le cardinal Mazarin a été celle de n'avoir pas mené devant Montrond le Roi et les troupes qui avoient fait rendre Saumur et Bellegarde; car, comme la saison n'étoit pas avancée, on auroit pu réduire cette place avant que les affaires de la frontière eussent pressé : aussi appréhendois-je fort que l'on prît ce parti, qui auroit déconcerté tous mes projets, et m'auroit fait prendre celui de tirer la princesse et le duc son fils de cette place, sans savoir presque où les mener. Cela me fit résoudre à lui conseiller de dépêcher à la cour le sieur Blanchefort, comme je dirai ci-après.

Le marquis de Valencey, qui avoit la même crainte, et qui avoit reçu une lettre de la marquise de Sillery, par laquelle elle lui mandoit que le duc de La Rochefoucauld, son frère, s'étant mis en marche pour secourir Saumur, l'avoit trouvé rendu, tâchoit par toute voie de me persuader de tirer en diligence la princesse et le duc d'Enghien de Montrond, où il disoit que leurs personnes n'étoient en aucune assurance. Encore que je fusse au fond dans le même sentiment, avec cette différence seule que lui vouloit qu'on le fît sur-le-champ, et que je ne pensois à le faire que dans la dernière extrémité, je ne m'en expliquois pas; au contraire, je disois qu'il ne le falloit jamais faire, parce que je voulois par des discours hardis, tels que la princesse même faisoit, rassurer tout le monde, tâcher de mettre cette place en état de faire croire au cardinal qu'elle n'étoit pas facile à prendre, exciter sous main dans le parlement de Paris assez de troubles pour l'obliger d'y retourner, et de l'autre côté faire de fausses négociations à la cour, pour lui persuader que nous ne songions à rien qu'à vivre en repos en ce lieu-là. Il n'étoit pas malaisé de faire concevoir du mépris du pouvoir d'une femme jeune, sans expérience, et d'un enfant de sept ans; on croit aisément ce qu'on souhaite, et un ministre tout puissant a peine à se persuader qu'une petite vapeur puisse exciter un grand orage contre lui.

Cependant je disois à Valencey et à tous ceux de son avis, que difficilement le cardinal entreprendroit ce voyage, par plusieurs raisons. Premièrement, que croyant ou soupçonnant que les ducs de Bouillon, de La Rochefoucauld, de Saint-Simon, Bordeaux, tous les seigneurs de Guienne et de Poitou, et les huguenots même, étoient en état de former un parti, il ne voudroit pas pousser la princesse à bout, et la contraindre de chercher son refuge dans des provinces éloignées de Paris, qui pour lors étoit le centre de toutes choses, et le lieu propre à former les foudres que le cardinal craignoit; la forcer de se mettre avec le duc son fils à la tête de quelque grande faction, avec une place aussi considérable que Montrond, qui apporteroit la guerre des provinces les plus reculées jusque sur la rivière de Loire; que d'ailleurs il ne voudroit pas faire croire à toute la France qu'il avoit dessein d'arrêter à Chantilly les princesses, le duc, et les enfans du duc de Longueville, en leur envoyant l'ordre de se retirer en Berri, dont j'ai parlé; qu'il ne voudroit pas risquer, après le triomphe de Normandie, de Bourgogne et de Saumur, de venir échouer devant Montrond; qu'il y auroit péril qu'enfin les peuples, par la jalousie des frondeurs, ses nouveaux amis, et des parlemens qui craignoient qu'une trop grande autorité ne mît le cardinal en état de se venger d'eux, ne se soulevassent contre lui, le voyant acharné à exterminer la maison royale (car il n'y avoit plus de prince du sang en liberté que le jeune duc); que rien ne seroit plus extraordinaire ni plus mal reçu de tout le monde que de lui voir employer les armes du Roi à prendre une maison particulière, où une jeune princesse et son fils s'étoient retirés par ordre de Sa Majesté, et qui n'y faisoient aucun acte d'hostilité; et enfin que la saison ne permettoit pas d'employer les troupes, fatiguées de tous les exploits de l'hiver, dans le cœur du royaume, au lieu de leur donner un peu de repos, et les envoyer ensuite sur la frontière de Flandre pour s'opposer aux troupes espagnoles, et à celles de la duchesse de Longueville et du vicomte de Turenne, qui menaçoient de la plus puissante irruption qu'on eût encore vue, et qui venoient de s'allier ensemble par un traité solennel, qui n'avoit autre prétexte ni autre but apparent que celui de parvenir à la paix générale, et par conséquent plus capable de frapper l'esprit des peuples.

A tout cela il y avoit bien des choses à répliquer, comme je le connoissois moi-même, mais il importe de ne se laisser jamais persuader en pareilles rencontres, et de persuader si l'on peut pour parvenir à ses fins, dont la principale doit être de ne témoigner jamais de peur; et tout consiste à faire paroître tout facile et tout avantageux.

Ce jour-là Du Buisson, contrôleur de la maison, apporta nouvelle à la princesse que madame sa belle-mère étoit sortie de Chantilly, la nuit du 16 au 17, sans qu'il sût le lieu de sa retraite, qui avoit été précipitée par les ordres que le duc d'Orléans lui avoit envoyés d'exécuter ceux qu'elle avoit reçus d'en sortir le 11, ainsi que je l'ai dit. Il ajoutoit que cette princesse n'étoit suivie que de la duchesse de Châtillon et d'une femme de chambre; qu'elle s'étoit dérobée de la garde de Du Vouldy, comme avoit fait la princesse sa belle-fille, quoique les troupes dont nous avons parlé gardassent tous les passages. Elle avoit donné ordre en partant de Chantilly, la veille de Pâques, d'empêcher que personne n'en sortît les deux jours suivans; et qu'après ledit Du Buisson diroit son évasion à Du Vouldy, et viendroit apporter la nouvelle à la princesse à Montrond, et me diroit de sa part qu'aux premières approches des troupes de cette place j'en fisse sortir et elle et monsieur son fils, pour les remettre entre les mains de messieurs les ducs de Saint-Simon, de Bouillon et de La Rochefoucauld, avec ordre précis de ne les faire sortir du royaume qu'à toute extrémité. Du Buisson demanda encore à la princesse un blanc signé, pour le remplir d'une requête tendante à la liberté de monsieur son mari, que la princesse sa belle-mère présenteroit au parlement le lendemain de Quasimodo.

Après ces ordres reçus, nous nous assemblâmes dans la chambre de la comtesse de Tourville, pour délibérer de la manière de tirer la princesse et le duc son fils de Montrond, et ceux à qui on pourroit les confier. Je savois bien ce que j'avois résolu, et le parti qu'il y avoit à prendre ; mais c'est un des plus grands embarras en pareilles affaires, qu'il faut, et avec quelque justice, donner part des événemens à tous ceux qui s'y engagent, et tâcher à les faire tomber dans votre sens; autrement toutes les actions de ceux qui gouvernent sont censurées et condamnées, et souvent on prend prétexte de s'en retirer quand ils n'en usent pas de la sorte. Je fis donc discourir tous ceux qui étoient là des personnes, des esprits, des intérêts, des établissemens, de l'habileté et du pouvoir desdits sieurs de Bouillon, de La Rochefoucauld et de Saint-Simon. Je n'avois en effet dessein de les mettre absolument au pouvoir des uns ni des autres, mais bien de faire, s'il étoit possible, que madame la princesse demeurât partout sa maîtresse et celle de son fils, évitant de donner de la jalousie auxdits ducs les uns des autres ; et enfin je fis convenir toute l'assemblée qu'il valoit mieux les mener à Blaye, gouvernement du duc de Saint-Simon, qu'ailleurs, parce que la place est assez bonne, qu'elle ne se peut attaquer sans armée navale ; qu'on pouvoit, en cas de nécessité, et quand même tous nos desseins viendroient à échouer dans le royaume, les faire passer en Angleterre, en Hollande, en Flandre, en Espagne, selon que la suite des affaires le feroit juger plus à propos. D'ailleurs le duc de Saint-Simon avoit moins de capacité pour concevoir de grands desseins, moins d'intrigues à la cour, et plus de crédit dans Bordeaux, à cause du voisinage de sa place ; et celle-là nous étoit de la dernière conséquence. Il avoit par-dessus tout cela l'honneur d'avoir épousé mademoiselle de Portes, proche parente de la princesse douairière, à qui il avoit donné de grandes espérances de se jeter avec Blaye dans les intérêts des princes; au lieu que les ducs de Bouillon et de La Rochefoucauld n'avoient que des maisons particulières, et autant, ou peu s'en faut, engagées dans le cœur du royaume que Montrond, et où par conséquent leur affection et leur crédit seroient inutiles contre l'oppression de la cour toutes les fois qu'elle voudroit les pousser ; que si on vouloit ménager les choses, la mère et l'enfant seroient mieux audit Montrond qu'ailleurs; elles y donneroient moins de jalousie ; et qu'ainsi il ne falloit pas légèrement prendre l'épouvante d'un siége qu'il ne seroit peut-être pas malaisé d'éviter (quand même on auroit pris résolution de le faire) en négociant à Paris et à la cour, où tout étoit divisé, et où tout faisoit ombrage au cardinal ; qu'il falloit mettre dans la place, sans éclat et peu à peu, toutes les choses nécessaires pour sa défense; non pas à dessein d'y enfermer la princesse et le duc, mais pour y établir un gouverneur de considération, quand on seroit obligé à les en tirer, comme seroient le maréchal de La Mothe, le marquis de Persan ou Arnauld. On résolut encore, en les menant à Blaye, si l'on prenoit la route de Limosin ou d'Auvergne, de se servir, pour le passage, du duc de Bouillon ; si par le Périgord, de messieurs de La Force; si par La Marche, de La Clavière et de Saint-Germain-Beaupré ; si par le Poitou, des ducs de La Rochefoucauld et de La Trémouille ; vers tous lesquels la princesse avoit des envoyés, aussi bien que vers Du Dognon à Brouage. Valencey proposa une autre retraite, qui étoit de les mener inconnus par la rivière de Loire, les embarquer à Nantes pour la Hollande, où il offroit de demeurer avec eux, après avoir envoyé négocier, disoit-il, vers le maréchal de La Meilleraye pour dissimuler ce passage. Je fis semblant d'approuver cette proposition pleine de pièges, pour lui témoigner de la confiance qui l'obligeroit à m'en faire quelque autre, pour lui ôter toute lumière des desseins dont j'ai parlé ci-dessus ; mais en effet cela ne me fit connoître autre chose, sinon qu'il avoit fort envie de se rendre le patron de leurs personnes dans un pays étranger, puisque, n'ayant ni place ni gouvernement, il ne pouvoit l'être en France.

On dépêcha, le même jour 21, Du Buisson avec le blanc signé qu'il avoit demandé. On eut confirmation de toutes parts des traités de Saumur et de Bellegarde. On n'avoit aucune réponse des seigneurs de Poitou et de Guienne. L'on nous mandoit de mille endroits que les ducs de Bouillon et de La Rochefoucauld négocioient à la cour : peut-être étoit-il vrai, sans qu'ils eussent intention de manquer à leur engagement, car en pareilles rencontres c'est prudent aux plus foibles de négocier avec les plus forts, pour donner le temps de se servir des machines qu'on veut faire jouer, et éviter d'être accablés, comme on le seroit immanquablement, si l'on faisoit connoître ses desseins à contre-temps. Et ce fut par cette maxime, et par le peu de chaleur que l'on reconnut dans la province, que la princesse, craignant l'orage dont nous avons parlé, se résolut d'avancer le temps qu'elle s'étoit prescrit d'écrire à la Reine en ces termes :

« Madame,

» J'aurois différé de donner avis à Votre Ma-
» jesté de mon arrivée en ce lieu, et de lui faire
» connoître que la fièvre et un grand rhume qui
» me travailloient depuis long-temps à Chantilly,
» n'ont pas eu assez de force pour m'empêcher
» d'obéir au Roi avec toute la diligence qui m'a
» été possible. J'avois résolu d'attendre des nou-
» velles de madame ma belle-mère, qui n'a pas
» eu la santé, la force, ni l'équipage nécessaire
» pour se rendre ici en même temps que moi, et
» d'y amener mes neveux de Longueville; mais
» comme je suis encore incertaine du temps
» qu'elle y pourra arriver, j'ai cru, Madame,
» devoir avancer le terme que je m'étois proposé
» pour rendre compte à Votre Majesté de mon
» voyage, et lui porter en même temps, et au
» Roi, mes justes plaintes contre le comte de
» Saint-Aignan, qui, sur l'avis de mon voyage,
» a fait une assemblée de gens inconnus. Il a
» traversé la route que j'ai tenue avec deux cents
» chevaux, et dit publiquement à Bourges que
» s'il m'avoit rencontrée il m'auroit arrêtée avec
» mon fils, et taillé en pièces quatre ou cinq de
» mes domestiques qui accompagnoient mon
» carrosse. Je veux croire, Madame, qu'il a dit
» cela sans ordre; mais quoi qu'il en soit, ç'au-
» roit été un traitement bien étrange à une per-
» sonne de ma qualité, qui conduit son fils
» unique, âgé de sept ans, et qui a l'honneur
» d'être de la maison royale, dans un château
» particulier, et sur la foi d'une lettre de cachet
» du Roi. Il n'a, Dieu grâce, rencontré qu'un
» palefrenier, et l'un de mes chevaux de car-
» rosse qu'il a emmené à Bourges, où il publie
» que Votre Majesté doit lui envoyer des troupes
» pour m'assiéger, ensuite de l'avis qu'il lui
» avoit donné par courrier exprès que j'avois mis
» céans des gens de guerre; sur quoi je pro-
» teste à Votre Majesté, comme j'ai déjà fait au
» Roi dans une lettre que j'ai écrite à M. Le Tel-
» lier, que rien n'est plus contraire à la vérité,
» et que je n'y ai rien changé des anciens ordres,
» et qu'il n'y a qu'environ quarante hommes de
» la garnison ordinaire ; que je n'y aurai d'autre
» pensée que celle d'y prier Dieu pour la pros-
» périté de Vos Majestés, d'y élever mon fils en
» sa crainte, et le porter par mon exemple à la
» même passion que monsieur son père a tou-
» jours eue pour le service du Roi, celui de
» Votre Majesté, et pour le bien de l'Etat : vous
» assurant, Madame, que je fermerai l'oreille à
» toutes les propositions qu'on pourroit me faire
» contraires à ce dessein, et je ne chercherai
» jamais le remède aux maux que j'endure que
» dans les bonnes grâces et la justice de Votre
» Majesté. C'est dans cette pensée, Madame, que
» j'ai écrit aux présidiaux de Bourges et de
» Moulins, pour les prier d'envoyer dresser des
» procès-verbaux de l'état auquel est ce lieu,
» afin d'en rendre compte à Votre Majesté, et
» lui faire voir en même temps la fausseté des
» dépêches du comte de Saint-Aignan, et la vé-
» rité de la protestation que je fais d'être toute
» ma vie, Madame, votre, etc. »

La princesse, pour envoyer cette lettre à la cour, fit choix de Blanchefort, duquel j'ai parlé ci-dessus. Il y étoit connu pour un bon homme et de probité. Elle le chargea de lui mander tout ce qu'il pourroit découvrir à la cour, d'assurer la Reine de la ferme résolution d'exécuter le contenu en sa lettre ; de la supplier de ne lui donner aucune inquiétude par l'approche des troupes dont on la menaçoit, et que les discours de Saint-Aignan lui faisoient craindre aussi bien que les voyages qu'il faisoit souvent dans son voisinage avec de la cavalerie ramassée ; qu'il en avoit fait encore d'autres du côté de Châteauroux, et donné des ordres du long de la rivière de Creuse pour l'arrêter, si elle alloit en Guienne ou en Poitou, à quoi elle ne songeoit pas. En un mot, elle me chargea de dire à Blanchefort toutes les choses nécessaires à sa mission, et de lui en donner une instruction par écrit. Je le fis, et je n'omis rien de tout ce qu'il falloit pour bien persuader, comme on dit, l'ambassadeur : à quoi je n'eus pas grand'peine, car ce bonhomme n'avoit aucune connoissance de tout ce que nous négocions de toutes parts. Il partit, et Valencey après lui, pour le moins autant persuadés l'un que l'autre. Celui-ci hâta son voyage aussitôt qu'il sut Saumur et Bellegarde rendus, disant qu'il alloit chez lui, d'où il manderoit à la princesse ce qui pourroit venir à sa connoissance.

Le 22, le présidial de Bourges fit réponse à la princesse qu'il viendroit lui rendre ses devoirs : ce qu'il différa jusqu'à ce qu'il eût eu avis du comte de Saint-Aignan, auquel il avoit envoyé la lettre qu'il avoit reçue d'elle. D'Aubigny, qu'on avoit dépêché à Paris pour y porter les nouvelles de l'arrivée de la princesse à Montrond, retourna de son voyage. Il ne vit ni la princesse douairière ni la duchesse de Châtillon, qui s'étoient retirées de Chantilly, comme je viens de dire. Il ne rapporta aucunes lettres de tous ceux et celles à qui l'on avoit écrit, mais dit seulement de bouche et de leur part que le bruit étoit grand que l'on devoit assiéger Montrond; qu'on espéroit bien des requêtes qu'on devoit présenter; que les amis n'omettroient rien pour le salut de la maison; et quoique le parti semblât abattu par la perte de Bellegarde et de Saumur, que leurs courages ne l'étoient pourtant pas; et enfin que les Espagnols commençoient à se réunir en Flandre.

Le 23, le trésorier de la princesse lui apporta huit mille livres. La duchesse de Montmorency, retirée à Moulins depuis la mort de monsieur son mari, et où depuis elle a pris l'habit de religieuse parmi les Filles de Sainte-Marie, laissant à la postérité un exemple éternel du plus illustre veuvage qui fut jamais, envoya visiter la princesse.

On sut que le présidial de Moulins avoit envoyé sa dépêche au Roi.

Un courrier du duc de La Rochefoucauld m'apporta une lettre de créance de son maître, et me dit ensuite que, sous prétexte d'honorer la pompe funèbre du feu duc son père, il avoit amassé douze ou quinze cents gentilshommes pour aller secourir Saumur, comme il en étoit demeuré d'accord avec Dumont qui y commandoit, La Martinière, capitaine de Brézé, et Jarzé, qui étoit retiré chez lui par ordre du Roi, pour l'imprudente passion qu'il avoit fait connoître pour la Reine; mais qu'encore que le duc son père eût avancé ce secours de huit jours, et qu'il l'eût amené jusque dans la plaine de Moncontour, il n'avoit pu avoir le succès qu'il s'en promettoit, parce que les troupes destinées au siége avoient pris de certains postes qui empêchoient d'aborder ce château que par des défilés où il auroit perdu toute cette noblesse sans aucun fruit, s'il avoit tenté le passage. Il ajoutoit que La Martinière ayant changé de style avec lui, lui faisoit croire le bruit qui couroit qu'il avoit reçu deux mille écus de la cour; que Jarzé, qui avoit promis de se jeter dans Saumur avec des troupes à la moindre apparence de siége, n'avoit fait ni l'un ni l'autre; et que tout cela avoit obligé le duc son maître à se retirer chez lui, et de laisser retourner tous ces gentilshommes en leurs maisons, tous prêts à tout hasarder pour le parti quand il seroit temps, et n'avoit gardé près de lui qu'environ cinq cents hommes de pied et cinquante chevaux, dont on se serviroit à ce que l'on jugeroit à propos. Il disoit encore quelque chose d'un certain traité qu'avoit fait le père de Dumont pour son fils, qui ne s'est pas trouvé véritable par la suite; et assurément le duc fit son possible de son côté pour secourir la place, et Dumont du sien pour la défendre.

Ce que ce courrier dit et qui nous donna plus d'espérance, fut que les ducs de Bouillon, de La Rochefoucauld, de Saint-Simon, de La Force, les marquis de Sauvebœuf, de Lusignan et quelques autres, devoient s'assembler, suivant ce que j'avois résolu à Paris avec Gourville, environ le 23 du mois, pour résoudre ce qui se pourroit faire pour former un parti pour la liberté des princes; et qu'incontinent après l'assemblée finie, ils donneroient avis de ce qu'ils auroient résolu; que cependant il avoit retenu de Chapizeaux, que la princesse lui avoit dépêché pour cela, et qu'il l'enverroit encore faire une tentative à Du Dognon, à Brouage, et visiter Sauvebœuf, Lusignan et quelques autres gentilshommes accrédités en ces quartiers-là.

Après que ce courrier m'eut dit tout ce dont il étoit chargé, je le menai à la princesse, a qui il le confirma, et à madame de Tourville. Nous lui fîmes mille questions sur l'état des affaires des provinces d'où elle venoit, et où chacun étoit aux écoutes, attendant ce que produiroit l'ouverture de la campagne.

Le 24, Le Picard, à présent nommé Rochefort, valet de chambre du prince, arriva de Bellegarde où je l'avois envoyé de Chantilly un mois auparavant, et dit à la princesse beaucoup de particularités de ce qui s'étoit passé dans la place, où il manquoit des armes et des soldats; mais qu'il y avoit trop d'officiers de qualité, à la plupart desquels la tête tourna à un point, qu'encore qu'ils fussent tous d'une valeur éprouvée, ils rendirent ce poste important avant que la tranchée fût ouverte: ce qui fit avorter la résolution que nous avions prise avec la plus grande partie du régiment de Persan, qui avoit promis de se jeter dans la place quand il seroit de garde dans la tranchée, après avoir comblé les travaux, et d'y mener prisonniers ceux des officiers-généraux qui s'y seroient trouvés. C'est toujours un grand malheur quand on perd une place; il est plus grand quand on en a peu; mais il est extrême quand ceux qui la défendent ne la font pas durer autant que le courage et l'art le peuvent permettre, particulièrement dans une conjoncture comme celle en laquelle nous nous trouvions, où il nous étoit d'une importance extrême d'amuser les troupes du cardinal devant Bellegarde, pour lui ôter le moyen de retourner à Paris, où sa présence étoit nécessaire au maintien de sa fortune; ou de venir attaquer Montrond, qui lui eût été un coup d'Etat; mais surtout il lui importoit de fatiguer cette armée, et de la mettre hors d'état de paroître sitôt sur la frontière pour s'opposer aux desseins des Espagnols, desquels nous espérions tout notre salut, parce que nous ne doutions pas que leur approche ne produisît à Paris quelque chose de favorable à la liberté des princes.

Dans cette conjoncture, notre conduite étoit délicate : il importoit de solliciter continuellement les amis des princes pour ne pas laisser ralentir leur affection ; et il importoit de ne le pas faire, de peur de donner à connoître à la cour que les desseins de la princesse étoient bien opposés aux assurances qu'elle avoit données à la Reine par la lettre que Blanchefort lui avoit portée de sa part. Le duc de La Rochefoucauld demandoit par son courrier à la princesse des lettres pour le duc de La Trémouille, le prince de Tarente, Du Dognon, Sauvebœuf, Lusignan, et quantité de blancs signés pour les remplir de lettres pour ceux qu'on jugeroit à propos dans l'assemblée, et particulièrement pour des présidens, conseillers et notables bourgeois de la ville de Bordeaux. La princesse ne désiroit rien tant au monde que de faire en cette rencontre ce que ce duc désiroit d'elle, et rien n'étoit plus à propos ni plus utile ; mais la crainte que dans une si grande quantité de gens à qui il convenoit d'écrire il n'y eût quelqu'un qui, pour se faire de fête à la cour et en tirer quelque utilité, comme il arrive fort souvent en pareille occurrence, ne fît part de ces lettres, et que cela ne fît perdre tout l'effet de la fausse négociation de Blanchefort, dont on ne prétendoit autre fruit que de gagner temps jusqu'à celui de la campagne, en quoi consistoit le salut de toutes choses, cela obligea la princesse et moi de lui conseiller de refuser au duc de La Rochefoucauld lesdites lettres et blancs signés : mais aussi pour ne le pas mécontenter, et pour produire quasi le même effet sans péril, elle écrivit une lettre à Chapizeaux de voir ses amis et tous ceux que le duc de La Rochefoucauld lui ordonneroit, et de leur dire de sa part ce que lui et tous ceux qui assisteroient à l'assemblée qui se devoit faire, jugeroient à propos.

La princesse chargea encore ce courrier, qui avoit de l'esprit, de dire au duc, son maître, la même chose que je lui avois conseillée dès Paris par Gourville, et au duc de Bouillon par Baas que je lui avois dépêché, qui étoit de tâcher par toute voie de promouvoir des Etats généraux, de faire signer à tous ceux de l'assemblée une procuration pour en demander la convocation, de la faire signer encore par ceux de tous les ordres qu'ils pourroient dans les provinces voisines, et ensuite de province en province par leurs amis et par leurs correspondans. Le clergé devoit s'assembler au mois de mai suivant ; et il n'étoit pas malaisé, après que quantité de grands seigneurs, qui ne demandoient autre chose en ce temps-là, auroient signé avec beaucoup de gentilshommes, de demander la jonction à la chambre ecclésiastique et de l'obtenir, d'autant plus qu'au mois d'octobre précédent elle avoit été accordée quand la noblesse s'assembla à Paris sur le fait des tabourets ; après quoi le Tiers-Etat n'auroit guère fait de difficulté de faire de même. Ce sont des choses qui réussissent rarement, mais qu'il faut toujours tenter. La princesse chargea encore ce courrier de dire à son maître, et pour lui et pour tous les seigneurs de par delà, de ménager leur conduite jusqu'à ce que la saison attirât l'armée du Roi sur la frontière, parce que le peu de troupes qu'ils lèveroient ne seroient pas assez fortes pour résister à celles qu'on pourroit envoyer de la cour, et le seroient trop pour ne pas lui donner de la jalousie. Après quoi elle écrivit une fort honnête lettre audit sieur duc, et lui renvoya son courrier.

Ce jour-là même, quatre députés du présidial de Bourges arrivèrent.

La princesse envoya quelque argent à Saint-Micault, qui en sortant de Bellegarde s'étoit retiré chez lui avec quantité d'officiers d'infanterie qu'il importoit de faire subsister.

Les députés du clergé arrivèrent aussi, et ensuite le corps des trésoriers de France. La princesse leur parla à tous de même manière qu'elle avoit écrit à la Reine, et leur fit toutes les amitiés possibles.

De Roches, lieutenant des gardes du prince, avec quelques officiers et soldats, retournèrent de Bellegarde, dont il dit quelques particularités, et entre autres que le vicomte de Turenne leur avoit écrit de Stenay, que ne pouvant les secourir, ils tâchassent de faire une capitulation avantageuse, et surtout de conserver les troupes et tous ces braves officiers qui étoient dans la place. Il donna copie des articles qui avoient été dressés et signés. Je les ai insérés ici, parce que ç'a été la première capitulation faite dans ce parti, et, pour mieux dire, avant qu'il y eût de parti formé dans le royaume ; et par conséquent elle est digne d'observation.

Capitulation de Seurre, autrement Bellegarde.

« Les sieurs de Tavannes et de Saint-Mi-
» cault, commandans dans la ville de Seurre,
» ayant fait donner les assurances à M. le duc

» de Vendôme, général de l'armée du Roi en
» Bourgogne, par le sieur de Navailles, maré-
» chal-de-camp dans ladite armée, de leur fidé-
» lité au service de Sa Majesté, et en témoi-
» gnage du déplaisir qu'ils recevoient de n'a-
» voir pas plus tôt déféré à ses ordres, sup-
» plioient Sa Majesté de leur faire ressentir les
» effets de sa clémence en ce rencontre, après
» les offres qu'ils font de lui remettre, dans
» lundi 20 avril 1650, à l'heure de midi, ladite
» place de Seurre.

» M. de Vendôme, en suite du pouvoir à lui
» donné par Sa Majesté, a reçu et reçoit les-
» dites offres; et en conséquence leur a accordé
» que les troupes qui sont dans Seurre sortiront
» en corps de la place le jour du 20 du présent
» mois d'avril, avec armes, chevaux et baga-
» ges, à la réserve des malades et blessés, qui
» pourront demeurer dans ladite ville jusqu'à
» leur entière guérison en toute sûreté : et se-
» ront lesdites troupes licenciées hors le pont
» d'icelle ville, sans toutefois que les officiers,
» volontaires, cavaliers, soldats et autres qui
» sortiront puissent être démontés, ni con-
» traints à servir dans aucun corps contre leur
» gré; même leur sera permis de prendre des
» bateaux pour conduire ceux qui voudront
» aller à Mâcon, Châlons et autres lieux; se-
» ront accordés passe-ports à ceux qui en au-
» ront besoin pour se retirer en leurs maisons,
» et la liberté au nommé de Vergue, cavalier
» de M. de Meille, prisonnier à Dijon; qu'il
» sera aussi permis à tous les officiers, cava-
» liers, soldats et autres de se retirer dans leurs
» maisons ou ailleurs où ils voudront, sans
» qu'il leur soit apporté aucun empêchement,
» à condition qu'ils vivront comme bons Fran-
» çois et fidèles serviteurs de Sa Majesté. Ledit
» sieur de Tavannes sera conservé en sa charge
» de bailli de Dijon, comme il étoit par le passé;
» qu'il sera donné abolition générale, tant aux
» officiers que volontaires, de quelque qualité
» et condition qu'ils soient, cavaliers, soldats
» et bourgeois, pour tous les actes d'hostilité
» qu'ils pourroient avoir commis depuis la dé-
» tention de M. le prince, même pour in-
» cendies, meurtres, enlèvement de deniers
» royaux, vente du sel des greniers de Sa Ma-
» jesté, jusqu'au jour de leur sortie de ladite
» place, emprisonnement des bourgeois, exac-
» tions, tant en argent qu'en blé, bestiaux et
» autres choses; ensemble pour les intelligen-
» ces, pratiques et conférences de bouche ou
» par écrit avec les ennemis de Sa Majesté, et
» généralement toutes les actions dont ils pour-
» roient être recherchés à l'avenir. Et en cas

» qu'il y ait des arrêts rendus contre les per-
» sonnes et biens de ceux qui ont servi dans
» Seurre depuis la détention de M. le prince,
» et qui y sont présentement, Sa Majesté leur
» accordera toutes les déclarations nécessaires
» à présent et par ci-après pour rendre nul
» l'effet desdits arrêts, et les fera jouir de la
» main-levée des biens sur eux saisis, et qui
» pourront l'être à l'avenir pour raison desdits
» cas.

» Les mêmes, en vertu des promesses et obli-
» gations par eux données aux habitans depuis
» ladite détention jusqu'a leur sortie, lesquelles
» demeureront pareillement de nul effet et va-
» leur, demeureront quittes sans que les habi-
» tans puissent répéter contre eux les blés, che-
» vaux, armes ou argent qu'ils pourroient leur
» avoir délivré pendant ledit temps, à la charge
» toutefois que toutes les munitions de guerre
» ou de bouche qui sont à présent en nature dans
» ladite ville y demeureront sans qu'elles puis-
» sent être altérées ni distraites en aucune ma-
» nière. Et sera le présent acte autorisé de la
» ratification de Sa Majesté pour être enregistré
» dans le parlement de Dijon, et partout ailleurs
» où besoin sera, sans aucune restriction ni mo-
» dification, ensuite exécuté selon sa forme et
» teneur. Tout ce que dessus promis et accordé
» de bonne foi au camp devant Seure, le lundi
» 18 avril 1650.

» *Signé* César DE VENDÔME.

» Et plus bas : *Par Monseigneur*, DE JARBE.

» A été accordé par M. de Vendôme, général
» de l'armée du Roi en Bourgogne, aux sieurs
» de Tavannes et de Saint-Micault, commandant
» en la ville de Seure, qu'au cas que les troupes
» du Roi qui sont devant ladite place soient
» combattues et forcées par une armée plus puis-
» sante qui donne secours à ladite place entre-
» ci et jeudi 21 du présent mois; en ce cas les
» articles accordés ce jour-là demeureront nuls,
» les otages rendus de part et d'autre, et lesdits
» sieurs de Tavannes et de Saint-Micault en
» leur liberté de faire ce que bon leur semblera,
» à la charge néanmoins qu'ils demeureront
» neutres dans tout le temps et pendant le com-
» bat, si aucun arrivoit. Du camp devant Seurre
» le lundi 18 avril 1650.

» *Signé* comme dessus. »

Le 25, on logea, sans bruit et en payant,
dans Saint-Amand les gardes du prince, que de
Roches avoit amenées de Bellegarde avec lui; et
on les dispersa ensuite dans divers châteaux,

comme l'on fit après tous les officiers et soldats, à mesure qu'ils arrivoient.

Le 26, Boucault, qui étoit venu voir la princesse de la part du comte de Saint-Aignan pour lui demander permission de lui venir rendre ses devoirs, selon les ordres qu'il en avoit reçus de la cour, la pressa de lui rendre réponse. Elle s'emporta fort contre lui, en reprochant les manques de respect qu'il avoit eus pour elle, les faussetés qu'il avoit écrites à la cour sur sa conduite, des officiers de ses terres qu'il avoit arrêtés prisonniers, de ses serviteurs qu'il avoit fait exiler de Bourges, des gens de guerre qu'il avoit logés dans ses maisons; et enfin qu'elle espéroit que la Reine lui en feroit justice, ainsi qu'elle lui avoit demandé par la dépêche dont Blanchefort étoit porteur; et finit pourtant en lui disant qu'elle savoit bien qu'elle ne pouvoit pas se dispenser d'écouter quiconque viendroit la visiter de la part du Roi. Boucault partit, et je lui conseillai de dire au comte de Saint-Aignan qu'il feroit bien d'écrire à la princesse par un gentilhomme à lui, pour lui demander permission de lui rendre ses respects, avec une si petite suite que sa visite ne pourroit lui être suspecte; ce qu'il fit, et elle chargea Boucault d'une déclaration qu'elle signa et que j'avois dressée, à messieurs du présidial de Bourges, afin qu'ils la fissent registrer, suivant la parole que leurs députés lui avoient donnée quand ils la vinrent complimenter. Elle étoit en ces termes :

« Nous, Claire-Clémence de Maillé, princesse
» de Condé, déclarons par cette qu'ayant invité
» par une de nos lettres messieurs du présidial
» de Bourges, comme étant les officiers du Roi
» plus proches de ce lieu, et qui ont par conséquent plus de connoissance de ce qui s'y est
» observé de tout temps, de s'y transporter pour
» dresser procès-verbal de l'état auquel est cette
» maison; ce qu'ayant fait, nous leur avons redoublé ladite prière. A quoi ils nous ont répondu qu'ils ne pouvoient faire aucun acte de
» justice, tant parce que ce lieu est hors de leur
» ressort, que pour avoir reçu ordre du comte
» de Saint-Aignan de n'en prendre aucune connoissance; mais qu'ils feroient rapport à leur
» compagnie de la déclaration que nous leur
» avons faite, et registrer celle que nous leur
» pourrions faire dans leurdit ressort. C'est
» pourquoi, afin qu'il ne soit rien omis de ce
» qui est en cela de notre intention, nous leur
» déclarons de rechef que nous ne nous sommes
» retirés avec M. le duc d'Enghien, notre fils, en
» ce lieu de Montrond, que pour obéir aux ordres du Roi portés par la lettre de cachet de
» Sa Majesté, du 7 du présent mois, signée Louis,
» et plus bas, de par le Roi, Guénégaud, et datée de Dijon; que nous ne changerons aucune
» chose dans cette maison, soit pour la garnison
» ou autrement, et que nous laisserons le tout
» en l'état que nous l'avons trouvé, et qu'il a
» été de tout temps, n'ayant aucun autre dessein
» que d'y conserver la personne de notredit fils,
» et de l'y élever en la crainte de Dieu et au
» service du Roi, ainsi que nous en avons assuré
» la Reine par la lettre que nous avons eu l'honneur d'envoyer à Sa Majesté par le sieur de
» Blanchefort, comme nous avions fait au Roi
» peu de jours auparavant dans celle que nous
» avions écrite au sieur Le Tellier, l'un des secrétaires de ses commandemens. Et comme
» nous avons été avertie que quelques personnes malintentionnées avoient écrit à la cour,
» et semé divers bruits dans la province, qu'il
» y avoit des factions contre le service du Roi,
» pratiquées par quelques amis et serviteurs de
» M. le prince notre mari, nous invitons, comme
» nous avons fait de vive voix, lesdits sieurs
» officiers de nous déclarer s'ils savent quelles
» elles sont et par qui elles peuvent être fomentées, afin que nous puissions employer tous
» nos soins pour les faire cesser, s'il y en a (ce
» que nous ne croyons pas, pour n'en avoir
» jamais ouï parler), comme aussi de se souvenir qu'ils nous ont dit qu'ils n'en avoient aucune connoissance; priant encore lesdits sieurs
» officiers de certifier le Roi que cette maison
» et sa garnison sont au même état qu'ils l'ont
» vue de tout temps; et que nous leur ayant
» demandé, comme nous faisons encore, si les
» sieurs Mercier, Stampes et d'Amour n'ont fait
» ci-devant quelque chose à Bourges ou ailleurs
» contre le service du Roi, qui seroit venu à
» leur connoissance, et qui ait pu donner sujet
» à Sa Majesté de les faire sortir de ladite ville,
» auquel cas nous les avons invités d'en faire
» une sévère et exemplaire justice, ils nous ont
» répondu qu'ils étoient tous trois gens de bien
» et d'honneur, et qui avoient vieilli dans cette
» réputation : ce qui nous fait inviter lesdits
» sieurs officiaux d'en certifier le Roi, afin qu'il
» plaise à Sa Majesté leur permettre de retourner en leurs maisons, et d'y continuer le soin
» qu'ils ont pris jusqu'ici de la conduite et administration des biens appartenant à madame
» la princesse notre belle-mère, et à monsieur
» notre mari, qui autrement dépériroient. Requérant lesdits sieurs officiers de faire registrer ladite déclaration, et nous donner acte du
» contenu en icelle pour nous valoir et servir
» ce que de raison. Fait à Montrond, le 25 avril
» 1650. *Signé* Claire-Clémence DE MAILLÉ. »

J'écris beaucoup de choses inutiles à l'histoire ; mais, comme je l'ai dit au commencement de cet ouvrage, je n'écris que pour ma satisfaction particulière. J'y mets au jour ma conduite ; j'y fais voir mes fautes, mes soupçons, mes défiances, aussi bien que mes soins et mon affection. On met toute matière en usage dans des affaires autant épineuses que celle-ci l'a été ; on y est presque toujours novice, parce que peu de personnes s'y embarquent deux fois en leur vie. Une grande amitié telle que j'avois pour le prince, un grand désir de vengeance, ou un grand intérêt que je n'avois que pour lui, peut faire entreprendre la conduite d'une telle affaire ; et il se trouve rarement une de ces passions assez fortes pour s'engager plus d'une fois contre le premier devoir ; et cela fait qu'on y porte peu d'expérience quand on y entre, qu'on est sujet à y faire de grandes fautes, et à y courir de grands hasards.

Ce même jour, arrivèrent en ce lieu quatre jeunes gentilshommes de qualité, braves et galans, qui étoient les comtes de Meille (de Foix), de Clermont (Sessac), de Guitaut, fort honoré des bonnes grâces de M. le prince, lieutenant de ses chevau-légers, et de Lorges (Duras). Ils revenoient tous de Bellegarde, où ils s'étoient jetés. Ils assurèrent la princesse que la cour avoit dû partir de Dijon le 25 pour Paris ; qu'on envoyoit quelques troupes en Guienne, et entre autres les régimens de Navarre et de Mazarin, cavalerie. Pas un d'eux n'étoit satisfait de la capitulation dont je viens de parler ; ils auroient souhaité d'y faire voir leur bravoure, comme ils y montrèrent leur passsion pour le service auquel ils étoient attachés. Ils en attribuèrent la précipitation au sieur Du Passage, qui en avoit été le premier mobile, et qui s'y étoit jeté, quoiqu'il n'eût aucune dépendance du prince, mais seulement du vicomte de Turenne, de qui il avoit montré plusieurs lettres qui ôtoient toute espérance de secours. Pour en parler sainement, il y avoit pour et contre. Tenir plus long-temps mettoit Montrond et les personnes de la princesse et du jeune duc en sûreté, et rendre la place un peu plus tôt conservoit des officiers et des troupes qui ont rendu depuis de grands services ; et je me suis étonné comme la cour, sachant la division qui étoit entre eux, et le défaut de toutes choses nécessaires à la défense d'une place, et surtout d'armes, ne s'opiniâtrât à les prendre prisonniers de guerre ; aussi crois-je que le cardinal s'en est souvent repenti, voyant ce qui est arrivé ensuite ; mais Paris le pressoit, et M. de Vendôme mouroit d'envie de voir ce siége, où il commandoit, achevé. Cinq capitaines du régiment de Persan, qui étoient dans la place, refusèrent le rétablissement de leur compagnié. On voulut dire que Saint-Micault avoit reçu deux mille pistoles de la cour ; mais les emplois que lui a donnés depuis le prince de Condé, et le cas qu'il en fait, ont bien justifié sa conduite.

Ces messieurs dirent encore qu'on laisseroit le gouvernement de Saint-Jean-de-Losne à Saint-Point, et celui de Verdun-sur-Saône à de Bar : c'étoient deux gentilshommes qui avoient vieilli, et qui étoient estropiés dans les troupes de M. le prince, et qui cessèrent de le servir, à ce qu'ils disoient, par la raison de leurs blessures, quoiqu'il leur eût donné ces deux gouvernemens.

Comme il importoit de tenir nos desseins fort secrets, et pourtant de ne perdre personne de ceux qui pouvoient contribuer à les faire réussir, madame la princesse ne souffroit que personne séjournât plus d'un jour à Montrond. Elle leur disoit que, comme elle ne vouloit ni pouvoit rien entreprendre par la force, elle ne vouloit pas seulement en donner le moindre soupçon. Elle prenoit de chacun d'eux adresses pour leur écrire dans l'occasion, et les renvoyoit autant satisfaits qu'elle pouvoit. On y souffroit ceux qui étoient de Dauphiné, de Provence, de Picardie, de Normandie ou de Bourgogne, parce qu'il étoit malaisé de les rassembler, et on les envoyoit dans des châteaux ou villes voisines : mais ceux qui étoient du Languedoc, de Guienne, de Poitou ou de ces quartiers-là, où l'on pouvoit avoir besoin d'eux, on les renvoyoit en leurs maisons.

Les quatre que je viens de nommer sortirent de Montrond avec bien de la répugnance. Tous quatre trouvèrent la marquise de Gourville pleine d'appas et de charmes : aussi étoit-elle belle, spirituelle et jeune. Je ne pourrois m'empêcher de décrire ici sa beauté, si je n'eusse eu l'ame éprise d'une autre et qui faisoit pour lors toute ma joie et toute ma peine. C'étoit mademoiselle Gerbier, que nous avions laissée à Chantilly pour y contrefaire madame la princesse, et tromper, comme nous avons dit, Le Vouldy. Celle-ci étoit Angloise, pleine d'esprit et de gentillesse ; elle étoit brune, d'une taille agréable et aisée, les yeux vifs, la bouche belle, l'esprit accort et adroit. Je lui avois expliqué ce que j'avois dans le cœur pour elle dès le temps que nous étions à Saint-Germain-en-Laye, après les barricades. J'avois commencé mon commerce avec elle en lui apprenant l'italien ; et je dis tout ceci parce que nous parlerons souvent de l'une et de l'autre de ces dames dans la suite de ces Mémoires.

La marquise de Gourville étoit assurément une grande beauté; elle n'avoit que dix-huit ans. La grande amitié que j'avois eue pour Tourville, son père, un des plus braves soldats et des plus adroits courtisans que j'aie connu de ma vie, et celle que j'avois pour madame sa mère, m'avoit donné une grande familiarité avec elle, et lui avoit fait prendre tant de créance en moi, qu'elle ne me céloit rien des offres de service qu'on lui faisoit; et comme elle avoit dit à Chantilly la passion que Boutteville, à présent duc de Luxembourg, et le chevalier de Gramont, avoient l'hiver précédent pour elle, elle m'apprit à Montrond que nos quatre cavaliers lui avoient dit des douceurs pendant les deux jours qu'ils y séjournèrent. Elle trouvoit Sessac habile, Lorges doux, et Guitaut aimable et galant; Meille, qui plaisoit à peu de monde, ne lui tomba pas en grâce. Ils étoient tous quatre amis et de même âge; ils devinrent rivaux sans en rien savoir, et partirent tous quatre ensemble le 27, croyant que leur passion avoit été favorablement écoutée.

Le même jour, Boucault m'écrivit que le comte de Saint-Aignan avoit résolu d'envoyer la lettre qu'il avoit reçue du Roi à madame la princesse, et son instruction, afin de lui rassurer l'esprit; et qu'il avoit mis par avance en liberté le sieur de Bernaise, officier de la duché de Châteauroux, qui en effet arriva à une heure de là à Montrond.

Le lendemain 28, un gentilhomme de ce comte arriva, qui me rendit une de ses lettres, ensuite de laquelle je le présentai à la princesse. Il lui donna une dépêche du Roi en créance sur Saint-Aignan, qui lui fut exposée par le porteur, et étoit que Sa Majesté se réjouissoit qu'elle fût arrivée à Montrond, pourvu qu'elle n'y entreprît rien contre son service; et sous prétexte des visites qu'on lui rendroit de toutes parts, qu'elle n'y fit aucune assemblée, et qu'elle n'écoutât aucune proposition contre le bien de ses affaires. Ce gentilhomme lui fit ensuite de grands complimens de la part de son maître, et des désaveux de toutes les choses dont elle se plaignoit de lui. La princesse lui répartit qu'elle avoit eu tant de sujets de plaintes contre lui, qu'elle les avoit portées à la Reine, de qui elle attendoit les ordres; qu'il n'y avoit rien d'incompatible entre le service du Roi et le respect qui est dû à sa qualité; qu'au surplus, elle souhaitoit que les actions du comte justifiassent à l'avenir les passées, afin qu'elle pût être son amie.

Ce soir-là même, la princesse, qui avoit de la joie, et l'esprit plus rassuré qu'elle ne l'avoit point encore eu, voulut venir souper au parc avec le jeune duc, ayant appris que j'avois fait préparer à manger sous une allée couverte pour les officiers et autres personnes de qualité qui étoient là. Elle y amena toute sa suite; et ce fut la première fois qu'elle prit un peu de divertissement depuis la prison des princes.

Après le souper, le sieur Du Chambon, que je connoissois fort peu, mais que j'avois ouï dire être un bon officier d'infanterie, arriva de la part, disoit-il, du duc de La Rochefoucauld. Il étoit huguenot, et sans aucune dépendance du prince, de qui pourtant il étoit connu. Il commença à fulminer contre Dumont, La Martinière et Jarzé, touchant la perte de Saumur; et dit ensuite à la princesse que les seigneurs devoient s'être assemblés le 23, ainsi que l'envoyé dudit duc l'avoit dit quelques jours auparavant; que le duc de Saint-Simon n'avoit pas voulu donner parole de s'y trouver, disant qu'il ne pouvoit quitter sa place ni se déclarer; qu'il étoit serviteur de M. le prince assez pour y retirer monsieur son fils avec la princesse, et même le duc de La Rochefoucauld, s'il étoit poussé; qu'il s'emploieroit à ménager les esprits de Bordeaux, mais qu'il falloit voir quand et comment on se déclareroit; que l'on disoit que M. de Turenne étoit foible, que Saumur étoit rendu, que le cardinal s'autorisoit à Paris que les frondeurs étoient sincèrement unis avec lui, qu'il savoit que Bellegarde traitoit; mais que tout cela n'empêcheroit pas de souscrire, quand il le pourroit, ce qui auroit été résolu dans l'assemblée.

La grande connoissance que j'avois de l'esprit naturellement irrésolu du duc de Saint-Simon me fit bien juger ce qui arriva depuis, et bien regretter de ce que la duchesse de Saint-Simon, toute puissante sur son mari, et trèspassionnée pour la maison du prince, n'étoit pas à Blaye avec lui. C'est une dame de mérite et de conduite, belle, et d'un esprit doux et agréable, et qui auroit détourné les négociations du comte de La Vauguyon, que nous sûmes depuis avoir diverti le duc son mari des bonnes intentions qu'il avoit pour nous, aussi bien que l'étonnement que lui causa la perte de Bellegarde. Il falloit peu pour changer un esprit de la qualité du sien.

Pour revenir à Chambon, il dit encore à la princesse que Bordeaux offroit d'autoriser tout ce qui seroit résolu à l'assemblée; de donner tous les arrêts nécessaires, l'argent du Roi qui se trouveroit dans leur ville; demander le duc d'Enghien pour leur gouverneur, en la place du duc d'Epernon, qu'on leur avoit ôté par la paix qu'ils avoient faite avec le Roi; et que l'on n'avoit point eu de nouvelles du régiment de Bains depuis la prise de Saumur.

Je fus fort surpris que Le Chambon, disant qu'il venoit de la part du duc de La Rochefoucauld, avec qui j'avois toute relation pour tout ce qu'il disoit, ne m'eût point rendu de lettre de sa part, ni même à la princesse. Il savoit la part que j'avois dans ses affaires, et ne me disoit rien; il sembloit même qu'il se défioit de moi; et cela m'obligea de lui détacher quelques-uns de mes amis particuliers pour l'entretenir, et, faisant semblant d'entrer dans ses sentimens, tâcher à le découvrir. Et par là l'on connut que son dessein étoit de proposer à la princesse (comme il fit en effet) de passer avec le duc son fils en ces quartiers-là, lui disant que Montrond n'étoit pas en état de les tenir en sûreté; que si cette place étoit prise avec leurs personnes, le parti seroit abattu, et que ces provinces éloignées ne demandoient à les voir que pour se déclarer.

La princesse, qui me dit en présence de la comtesse de Tourville tout ce que lui disoit Le Chambon, et qui étoit en effet tout ce que nous avions résolu de faire en temps et lieu, me demanda mon avis sur ce qu'elle avoit à lui répondre. La défiance que j'avois du Chambon, par les raisons que je viens de dire, m'obligea à la témoigner à la princesse: ce qui l'ayant fait entrer ensuite dans la même défiance, elle lui dit devant nous que ce ne seroit pas prudent, dans une saison si peu avancée, d'exposer monsieur son fils à une si longue marche; qu'elle voyoit par son propre discours l'esprit du duc de Saint-Simon vacillant; que Blaye étoit pourtant la seule retraite de sûreté qu'il pût avoir, et qu'elle doutoit fort que le duc de Saint-Simon l'y laissât entrer la plus forte; qu'il parloit de Bordeaux en termes si généraux, qu'elle ne croyoit pas qu'elle en dût faire état, ne voyant ni le parlement ni le peuple déclaré, ni assurance d'y être reçue; qu'elle avoit la parole du Roi pour demeurer à Montrond en toute sûreté; qu'elle mettroit insensiblement cette place en état de ne rien craindre, d'autant plus que l'on s'alloit attacher à la campagne, et que si elle abandonnoit cette place en l'état auquel elle étoit, ce seroit la perdre; qu'il jugeoit bien lui-même de quelle conséquence et en quelle situation elle étoit; en un mot, qu'elle n'en sortiroit qu'à toute extrémité, et en cas que le Roi lui manquât de parole. Le Chambon lui remontra que les paroles du Roi étoient celles du cardinal, qui en avoit tant manqué au prince son mari, qu'elle devoit croire qu'il en feroit de même quand il lui conviendroit. « Je le » crois, répondit-elle, mais je ne suis pas en » état de l'en empêcher: je m'y veux mettre si » je puis. Je ne puis le faire que par la conduite » que je me suis proposée; et quand je verrai » les choses que vous me dites en état de s'exé- » cuter, je vous parlerai bien d'une autre ma- » nière. » La princesse ne voulut pas s'expliquer davantage: elle s'étoit même un peu trop expliquée, et plus qu'elle ne l'avoit résolu. Elle le chargea enfin de mander au duc de La Rochefoucauld qu'elle le prioit, et tous ses amis, de lui faire savoir le résultat de l'assemblée, pour lequel elle auroit toute déférence; et cependant donneroit avis à la princesse sa belle-mère, avec qui elle agissoit de concert, de tout ce qui se passeroit, et en donneroit part à la duchesse de Longueville.

Tout le but des travaux de ce duc étoit pour lors de plaire à cette belle princesse; et il prenoit assez de plaisir et de soin de l'avertir de tout ce qu'il faisoit pour elle, pour délivrer la princesse sa belle-sœur de celui de lui dépêcher des courriers sur ce sujet.

Je reçus ce soir-là une lettre de Milly, qui m'avertissoit que de Chapizeaux avoit envoyé dix coureurs à l'écurie du feu maréchal de Brézé, et pour dix mille francs de sa vaisselle d'argent au duc de La Rochefoucauld: ce qui me donna quelque commencement d'espérance, parce que l'ordre que je lui avois donné étoit de ne lui envoyer cela que quand on auroit pris quelque résolution, et que l'on seroit prêt de se mettre en état d'exécuter quelque chose.

Le 29, le frère de Dumont vint rendre compte à la princesse du traité qu'il avoit fait pour Saumur, se plaignant hautement de Jarzé, et tacitement du duc de La Rochefoucauld, qui l'avoit tenu six jours plus qu'il ne leur avoit promis; qu'il n'avoit de vivres dans sa place que pour cinq; que si l'on lui payoit les sommes qu'on lui avoit promises pour sa charge, il les emploieroit à faire des troupes pour son service, et que cependant il la supplioit qu'il vînt servir auprès de sa personne. La princesse, qui étoit pour lors persuadée qu'il n'avoit pas fait son devoir, lui répondit brusquement et en colère qu'elle ne vouloit point voir son frère, moins se servir de sa personne ni de son argent; que quand monsieur son mari seroit en liberté, il lui rendroit compte de sa conduite et des paroles qu'il avoit données au maréchal de Brézé, son maître, en mourant. Aussi l'a-t-il si bien fait depuis, que le prince a eu autant d'estime pour lui, et autant de créance en sa fidélité et en son courage, qu'en aucun autre des siens, et avec raison.

Le sieur de Blanchefort fils arriva, chargé d'une dépêche que son père, envoyé de la princesse à la cour, m'adressoit. Elle contenoit les lettres suivantes, que j'ai fait transcrire ici pour faire voir quel fut le fruit de sa négociation, et quel étoit pour lors l'esprit de la cour, c'est-à-dire celui du cardinal, facile à entrer en tout commerce :

« Monsieur,

» Vous m'avez si bien instruit que je n'ai eu
» nulle peine à réussir à la commission que Son
» Altesse m'avoit donnée. Sa lettre a été bien
» reçue, et moi comme un ambassadeur. La
» Reine m'a fait conter une partie de notre
» voyage, et en a bien ri. L'on enverra demain
» une dépêche à M. le comte de Saint-Aignan,
» où le Roi lui ordonne de laisser tout le monde
» en paix, et M. le chevalier de Rhodes et tous
» les serviteurs de M. le prince. La première
» chose que l'on me demanda fut si je n'étois pas
» chargé de voir M. le cardinal. Je dis à M. de
» Guénégaud que non, mais que s'il me com-
» mandoit de l'aller trouver j'irois, parce que je
» n'avois pas ordre de n'y pas aller. Le soir
» donc on me dit qu'il ne me verroit point. A
» ce matin il m'a envoyé quérir, et m'a dit force
» civilités pour dire à Son Altesse ; qu'elle étoit
» en toute sûreté à Montrond, que les troupes
» n'en approcheroient point, et que je n'avois
» qu'à m'adresser à lui pour tout ce qu'elle dési-
» reroit de la Reine. Après notre discours, qui
» a été assez long, j'ai pris congé de lui. Après
» être sorti il me renvoya quérir, et m'a entre-
» tenu fort long-temps : mon fils vous en dira
» une partie. Les serviteurs et les amis de mes-
» dames les princesses m'ont conseillé, et pour
» des raisons considérables, d'aller chercher
» madame la princesse douairière pour lui dire
» les discours que M. le cardinal m'a tenus. Il
» est au choix de madite dame d'aller en tel
» lieu qu'il lui plaira. Je m'en vais à Paris ; si
» vous savez des nouvelles, il me faudroit en-
» voyer un courrier à l'hôtel de Sens ou à l'hôtel
» de Condé, où j'attendrai de vos nouvelles. Je
» vous souhaiterois à Paris ; le temps ne me
» permet pas de vous en dire davantage ; il me
» tarde fort de vous voir. La cour sera dans
» huit jours à Paris ; on séjournera un jour à
» Troyes. On sait que vous êtes avec Madame,
» on n'y trouve point à dire, ni à notre voyage.
» M. le cardinal m'a fort parlé de vous, et
» comme d'un homme de service et de mérite.

» Je suis pour jamais votre très-humble servi-
» teur,

» Blanchefort.

» Je vous écris tout cela à la hâte et à Son Al-
» tesse. On n'a jamais pensé à arrêter Mesdames,
» à ce qu'on dit. »

« Madame,

» Votre Altesse saura que j'arrivai hier en ce
» lieu, où j'ai trouvé la cour qui s'en va droit
» à Paris, et passe à Troyes. Je fus descendre
» chez M. Du Plessis-Guénégaud, auquel je pré-
» sentai vos lettres. Il me pria d'attendre que
» M. le cardinal fût arrivé, et me demanda si
» je n'avois point ordre de vous de le voir. Je
» lui dis que non, mais que Votre Altesse ne
» m'avoit pas défendu de le voir s'il le désiroit.
» M. le cardinal étant arrivé un peu après,
» M. de Guénégaud me vint quérir, et me mena
» à la Reine. Je luis dis que Votre Altesse m'a-
» voit commandé de lui porter cette lettre, et de
» l'assurer de votre obéissance. Elle me dit
» qu'elle étoit bien aise que vous fussiez à Mon-
» trond ; que vous y seriez en toute sûreté ;
» qu'elle croyoit que vous ne feriez pas comme
» madame de Longueville, qui avoit donné des
» paroles, et qu'elle ne les avoit pas tenues.
» Après avoir vu votre lettre, elle me dit que
» Votre Altesse faisoit de grandes plaintes con-
» tre M. de Saint-Aignan. Je lui dis que vous
» en aviez sujet. Elle me dit qu'elle n'avoit
» point donné d'ordre pour faire traverser votre
» chemin : ce qui étoit aisé à croire, puisqu'elle
» ne pensoit pas que vous dussiez partir de
» Chantilly avec cette précipitation. Elle me de-
» manda des particularités de votre voyage. Je
» lui dis que Votre Altesse avoit fait tout le che-
» min avec résolution. Là-dessus elle fut au con-
» seil, et le lendemain du matin M. de Guéné-
» gaud me dit d'aller parler à M. le cardinal,
» ce que je fis. Je le trouvai seul avec M. de
» Lyonne. Il me parla autant de civilité
» de Votre Altesse, qui ne se peut davantage ;
» que l'on feroit une dépêche à M. de Saint-
» Aignan, où l'on lui manderoit qu'il ne fît rien
» qui vous pût déplaire ; qu'il étoit votre servi-
» teur. Je pris congé de lui : demi-heure après
» il me renvoya quérir, et me dit plusieurs dis-
» cours qui seroient longs à dire à Votre Altesse,
» et qu'il faudroit faire savoir à madame la
» princesse votre belle-mère, qu'il lui étoit per-
» mis d'aller demeurer, sans être conduite de
» personne que des siens, à telle maison qu'il
» lui plaira, et qu'il me protestoit qu'on lui
» tiendroit parole, qu'il me la donnoit pour la

» lui donner; qu'on n'a point eu intention de
» la faire suivre par des gens de guerre, et en-
» core moins d'arrêter Vos Altesses; qu'il y
» avoit eu du malentendu à Chantilly. Et, après
» lui avoir dit adieu, il m'a fait dire encore
» tout ceci par M. de Nogent; et là-dessus
» M. de Brienne et madame sa femme m'ont dit
» qu'il falloit que j'allasse à Paris essayer de
» faire parler à madame la princesse, et lui dire
» les discours que j'avois eus avec M. le cardi-
» nal, et que je vous devois mander de m'en-
» voyer un courrier à Paris pour savoir où je la
» pourrois trouver. Votre Altesse me fera savoir
» à Paris ce qu'elle voudra que je devienne, en
» cas que je n'apprenne point de nouvelles de
» madame votre belle-mère. Je ne me suis fait
» fort de quoi que ce soit. Il me semble que les
» choses ne sont pas dans l'aigreur où elles
» étoient il y a huit jours. Si j'étois auprès de
» Votre Altesse, je vous en dirois quelque par-
» ticularité. Madame de Brienne et le comte de
» Nogent ont fait voir à la Reine que l'on avoit
» dit des choses de madame votre belle-mère qui
» sont toutes fausses, de sorte qu'elle commence
» à connoître qu'on ne lui a pas dit la vérité. Je
» supplie très-humblement Votre Altesse de me
» pardonner si je vous écris en de si mauvais
» papier, et si mal. Votre très-obéissant et très-
» obligé serviteur,
 » BLANCHEFORT.

» L'on me trouvera à Paris à l'hôtel de Sens
» ou de Condé. »

« MADAME.

» Vous apprendrez par le retour de M. de
» Blanchefort ce qu'il a fait en son voyage, et
» comme j'ai exécuté ce qu'il a plu à Votre Al-
» tesse de me commander. Je me remets à lui à
» vous rendre compte des particularités, vous
» assurant, Madame, que je ferai toute ma vie,
» avec tout le respect et l'obéissance que je
» dois, ce qu'il lui plaira de m'ordonner, étant
» comme je suis votre très-humble et obéissant
» serviteur,
 » GUÉNÉGAUD. »

« MADAME,

» J'ai reçu une joie extrême d'apprendre par
» M. de Blanchefort le succès du voyage de
» Votre Altesse; j'en vais remercier Dieu de
» tout mon cœur. Je vous supplie très-humble-
» ment de trouver bon qu'il ne retourne pas à
» Montrond. Il est nécessaire, pour votre service
» et pour le bien de votre maison, qu'il fasse un
» autre voyage. Votre Altesse verra, par les
» lettres qu'il vous envoie par son fils, comme
» il a heureusement négocié ce que vous lui
» aviez commandé. C'est un serviteur très-fi-
» dèle. Je proteste, Madame, à Votre Altesse
» que rien ne l'est plus que moi pour tous les
» intérêts de votre maison, et que je serai
» toute ma vie votre très-humble et obéissante
» servante,
 » Louise DE BÉON (1). »

« Ma cousine, le sieur de Blanchefort m'a
» rendu votre lettre du 20 du courant, écrite
» de Montrond; et comme c'est un des lieux
» dont le Roi, monsieur mon fils, vous avoit
» donné le choix pour y établir votre demeure,
» je n'ai pas voulu m'arrêter à ce qu'il y avoit
» à dire à la manière dont vous vous y êtes ren-
» due. Je m'assure que quand vous y ferez ré-
» flexion, vous ne trouverez plus si étrange
» que vous faites la conduite qu'a tenue le
» comte de Saint-Aignan, lequel, commandant
» pour le Roi dans la province, a eu assez de
» sujet d'être surpris de voir une personne de
» votre condition aller, comme à la dérobée,
» dans une place forte avec mon cousin le duc
» d'Enghien, sans être accompagnée de celui
» que le Roi avoit commis pour cela, et sépare-
» ment de ma cousine, votre belle-mère, qui
» avoit eu le même ordre que vous. Mais cela
» sera maintenant réparé par la connoissance
» qui a été donnée audit comte des intentions
» du Roi, et par les ordres qu'il a reçus de vous
» respecter et honorer; de sorte qu'il ne me
» reste plus qu'à vous assurer en mon particulier
» que, demeurant avec mon cousin le duc d'En-
» ghien à Montrond, sans qu'il s'y passe rien
» contre le service du Roi, vous y serez non-
» seulement en toute sûreté, mais je vous
» donnerai en toute rencontre des effets de
» ma protection et de ma bonne volonté. Ce-
» pendant je demeurerai votre bonne cousine,
 » ANNE. »

Percheron, que j'ai dit ci-dessus avoir été dépêché en Bourgogne, conféra à Dijon avec Baas, et lui avec son frère, et arrivèrent ce jour-là tous ensemble avec plusieurs officiers du régiment de Persan, qui en peu de jours s'augmentèrent jusqu'au nombre de vingt capitaines, vingt-deux lieutenans, dix-neuf enseignes, cinquante-cinq sergens et cinq cents soldats, qui tous dirent à la princesse que puisqu'on ne leur avoit pas donné lieu de se jeter en

(1) Comtesse de Brienne. (A. E.)

corps dans Bellegarde comme ils avoient projeté, ni pu prendre le cardinal prisonnier comme ils l'avoient concerté, et comme il est dit ci-dessus, par le manquement de parole Du Bout-du-Bois, ils venoient se jeter dans Montrond, où, et partout ailleurs, ils s'estimeroient glorieux de mourir pour le service du prince. Cela nous fit le plus grand plaisir du monde. Nous avions à éviter de donner jalousie à la cour, particulièrement depuis les lettres ci-dessus rapportées : aussi pourvûmes-nous à écarter les officiers dans des maisons particulières du prince, à faire subsister la compagnie des gardes çà et là à l'écart ; et l'on fit entrer les soldats dans la place à mesure qu'ils arrivoient.

Le marquis de Sauveboeuf envoya un gentilhomme à la princesse, qui vint de sa part lui offrir ses services ; et quantité de gentilshommes de la province lui rendirent leurs devoirs.

Le premier mai, il arriva un courrier dépêché par les sieurs de Thès, conseiller au parlement de Dijon, et Ferrant, président à la chambre des comptes, chargé de leurs dépêches, qui portoient que la princesse douairière, depuis son évasion à Chantilly, avoit été cachée dix jours entiers dans des maisons particulières à Paris, où elle avoit fort souffert (et depuis nous avons su qu'elle avoit quasi toujours été chez le sieur de Machault, seigneur de Fleury, conseiller aux requêtes du Palais, homme d'une singulière fidélité et probité pour les intérêts du prince), et depuis en étoit sortie le 27 d'avril, à cinq heures du matin, et s'étoit rendue à l'ouverture du parlement, suivie de la duchesse de Châtillon, des marquis et marquise de Saint-Simon, Du Vigean, de La Force, et de plusieurs autres personnes de qualité, pour présenter sa requête, de laquelle le sieur Des-Landes-Payen, conseiller à la grand'chambre, homme brusque et franc, s'étoit chargé, aussi bien que celle du président Perrault, prisonnier. Elle demandoit justice contre la détention des princes. Elle accompagna ses sollicitations de tant de soupirs, de larmes et de plaintes, que toute l'assistance en fut merveilleusement touchée. Les trois chambres assemblées ordonnèrent qu'on surseoiroit d'y faire droit pendant huit jours, et que cependant elle demeureroit sous la protection de la cour dans les maisons des présidens de Nesmond, Viole, ou de La Grange. Comme cette dernière étoit située dans la cour du Palais, la princesse l'accepta. Elle alla dans toutes les chambres des enquêtes demander justice, qui témoignèrent lui vouloir rendre. Elle fut visitée par messieurs de Nemours, de Joyeuse, et chevalier de Guise. Ils ajoutoient que le duc d'Orléans, les ducs de Beaufort, d'Elbœuf, de Retz et le coadjuteur avoient tout mis en usage pour empêcher la tenue de la mercuriale, mais inutilement ; que le duc d'Orléans avoit assemblé le conseil du Roi pour aviser ce qu'il y avoit à faire en l'absence de Sa Majesté (il fit publier un ban pour faire sortir de Paris, dans vingt-quatre heures, tous les officiers des troupes des princes prisonniers, sous peine de la vie) ; que le parlement lui avoit envoyé deux députés pour convenir avec Son Altesse Royale d'un lieu de sûreté dans Paris pour la princesse douairière ; qu'il avoit répondu que puisqu'elle avoit eu ordre du Roi d'en sortir, il falloit qu'elle se mît en état d'obéir ; qu'étant hors de la ville, elle demeureroit en sûreté où bon lui sembleroit ; et que trois jours après le retour du Roi, il donnoit sa parole de faire convenir la Reine d'un lieu près de Paris, où elle pourroit agir librement ; et que cela avoit été enregistré sur les registres de la cour. Les parens de Perrault avoient aussi présenté une autre requête à la chambre des comptes, tendante à demander l'observation de la déclaration du mois d'octobre 1648 sur son sujet ; que la chambre avoit ordonné l'assemblée des semestres ; et enfin madite dame la princesse avoit, par le conseil de ses amis, choisi le Bourg-la-Reine pour son séjour.

Ce jour même, la princesse envoya ce courrier, et écrivit à la princesse sa belle-mère pour la féliciter de ce bon et heureux commencement, et l'inviter à poursuivre, sans croire à toutes les paroles que la cour pourroit lui donner, ni même à celles du duc d'Orléans, qui pour lors étoit absolument gouverné par le coadjuteur, à présent le cardinal de Retz, que plusieurs intérêts, dont je parlerai en temps et lieu, avoient rendu ennemi de sa maison. Elle envoya aussi à Bourges et dans les lieux circonvoisins donner avis de cet événement.

Elle dépêcha Longchamps, exempt de ses gardes, au duc de La Rochefoucauld, tant pour lui que pour le duc de Bouillon et pour les seigneurs qui devoient s'assembler. Elle leur envoya copie des lettres du Roi et de la Reine, leur donna part de ce que je viens de dire du régiment de Persan, de ce qui s'étoit passé au parlement, et leur témoigna impatience de savoir la résolution de l'assemblée qu'ils devoient faire.

Le 2, le maire de Bourges, qui étoit pour lors le lieutenant-général, et les échevins, vinrent rendre les devoirs de cette ville à la princesse, qu'ils régalèrent de force confitures. Le premier me donna avis en grand secret qu'il avoit reçu ordre du Roi d'aller en Poitou faire le procès à tous ceux qui avoient suivi le duc de La Rochefoucauld, dont je l'avertis le plus tôt qu'il me fut possible. Je fis à Baas, mon ami particulier, et auquel j'avois toute créance, et Du Chambon, un mémoire de tout ce qui pouvoit être nécessaire à Montrond; et vimes toute l'artillerie pour la mettre en état peu à peu et sans jalousie.

Dans le premier entretien que j'eus avec Baas, après m'avoir raconté la défection que lui avoit faite Le Bout-du-Bois, il me dit plusieurs choses que le cardinal lui avoit dites, et entre autres que l'affaire de Jarzé avoit perdu M. le prince, qui, sur ce sujet, avoit dit à Le Tellier, secrétaire d'Etat, ces mots: « Si la Reine refuse » de le voir, je l'y mènerai par le poing; et si » elle lui fait mauvaise mine, je m'en prendrai » au cardinal. » Puis il lui dit que rien n'étoit plus grand que le génie qu'avoit M. le prince à la guerre; mais qu'il avoit un tel mépris pour la cour et pour les ministres, et un tel orgueil et une inégalité si grande, qu'il étoit devenu insupportable. « Je le connois pourtant assez, » répondis-je à Baas, pour savoir que cette » première partie est vraie; mais que la se- » conde est bien éloignée de l'être, jamais » homme du monde n'ayant été plus porté na- » turellement à servir la cour que l'est M. le » prince: on attribue même à bassesse ce qu'il » fait en sa faveur. Quant aux ministres, il les » connoît et il fait comme nous; il en estime » quelques-uns, et en méprise d'autres, suivant » que les uns et les autres le méritent. » Il me dit encore que quand le cardinal vouloit menacer quelqu'un, il s'étoit habitué à dire qu'il le mettroit bien à la raison, puisqu'il avoit su y mettre les princes du sang; qu'il disoit que Perrault et madame de Longueville l'avoient perdu, et qu'elle et madame de Chevreuse étoient capables de renverser dix Etats; et c'est un discours que le cardinal m'a fait dire d'une fois, y ajoutant encore madame la princesse palatine. Sur ce propos, je ne puis m'empêcher de dire ici ce qu'il dit un jour à M. don Louis de Haro en ma présence, étant sur la frontière (c'étoit ce grand ministre de Philippe IV, roi d'Espagne, dont j'ai fort à parler dans la suite de ces Mémoires). « Vous êtes bien heureux, » lui dit le cardinal; vous avez, comme on a » partout ailleurs, deux sortes de femmes, des » coquettes en abondance et fort peu de femmes » de bien: celles-là ne songent qu'à plaire à » leurs galans, et celles-ci à leurs maris; les » unes ni les autres n'ont d'ambition que pour » le luxe et la vanité, elles ne savent écrire, les » unes que pour des poulets, les autres que » pour leur confession: les unes ni les autres » ne savent comme vient le blé, et la tête leur » tourne quand elles entendent parler d'af- » faires. Les nôtres, au contraire, soit prudes, » soit galantes, soit vieilles, jeunes, sottes ou » habiles, veulent se mêler de toutes choses. » Une femme de bien ne coucheroit pas avec » son mari, ni une coquette avec son galant, » s'ils ne leur avoient parlé ce jour-là d'affaires » d'Etat; elles veulent tout voir, tout connoître, » tout savoir, et, qui pis est, tout faire et tout » brouiller. Nous en avons trois entre autres » (en montrant celles dont je viens de parler) » qui nous mettent tous les jours en plus de » confusions qu'il n'y en eut jamais à Babylone. » — C'est dommage, lui répartit don Louis, de » ce que vous n'êtes pas de l'humeur de la plu- » part des Italiens, car vous n'auriez pas peine » à les châtier sans regret; mais comme vous » êtes civil, honnête et galant, vous les traitez » doucement. Dieu grâce, les nôtres sont de » l'humeur dont vous les connoissez: pourvu » qu'elles manient de l'argent, soit de leurs » maris, soit de leurs galans, elles sont sa- » tisfaites; et je suis bien heureux de ce » qu'elles ne se mêlent pas d'affaires d'Etat, » elles gâteroient assurément tout en Espagne » comme elles font en France. De l'humeur » dont je suis, j'aurois peine à me résoudre à » leur faire du mal; et quand je le voudrois, le » Roi mon maître, qui a été galant toute sa vie, » me disgracieroit. J'ai connu madame de Che- » vreuse en notre cour, où elle a un peu fait de » séjour. Nous avons fait un traité avec ma- » dame de Longueville; et madame la palatine » a fait quelque séjour dans notre Bourgogne. » Il finit en disant. . . . .

Ce soir-là arriva à Moutrond un vieil infidèle, écuyer de la princesse, qui avoit été chassé d'auprès d'elle à Chantilly, parce qu'on sut qu'il donnoit avis à un de ses frères nommé Blinvilliers, domestique du cardinal, de tout ce qui s'y passoit. Il nous apprit la mort de mademoiselle de Dunois, que nous y avions laissée malade.

Le 3, de Chapizeaux arriva de bon matin, retournant de Poitou. Il vint me trouver en mon lit, et me dit, comme il fit après à la princesse à son réveil, que les ducs de Bouillon et de La Rochefoucauld s'étoient abouchés, à Marquessac en Périgord, avec un capitaine des gardes chargé de la créance et du pouvoir des maréchal et marquis de La Force; qu'ils avoient résolu de prendre les armes pour le service des princes; qu'ils s'étoient assurés de leurs amis, de la ville de Bordeaux et du parlement, par les intrigues qu'ils y avoient; que messieurs de La Force devoient s'emparer des postes de la Dordogne; ceux de Bordeaux, de Libourne ; que M. de Tarente avoit donné bonne espérance pour lui et pour le duc de La Trémouille, son père; qu'il falloit les ménager, et à cause du crédit qu'ils avoient en leur pays, et de leur place de Taillebourg, dans laquelle, outre qu'elle étoit bonne, il y avoit pour armer quinze mille hommes; que M. de Bouillon se divertissoit tous les jours de fête à faire faire l'exercice à ses sujets de la vicomté de Turenne, où il feroit facilement quatre mille hommes de troupes réglées. Si tous les seigneurs faisoient ainsi, on éviteroit bien des ivrogneries et des querelles parmi les paysans; et quand on y lèveroit des soldats, ils ne seroient pas tout-à-fait novices; que le duc de Saint-Simon n'avoit pas voulu se trouver à la conférence, mais avoit donné toute parole de les recevoir dans Blaye si on les repoussoit; que Du Dognon avoit dit au chevalier de Todias qu'il avoit été prévenu par la Reine, à laquelle il avoit donné sa parole; mais que la princesse étoit sûre qu'il se souvenoit de son maître et de son bienfaiteur; que quand il verroit les autres en campagne, il ne savoit ce qu'il feroit; qu'il s'étoit fort emporté contre les infidélités qu'il prétendoit que lui avoit faites le cardinal, qui avoit voulu lui ôter ses gouvernemens dans le temps qu'il lui faisoit le plus de caresses, et qu'il lui corrompoit tous les jours ses domestiques; que Des Ouches, qui étoit dans l'île de Ré, avoit donné de grandes espérances au chevalier de Todias, se souvenant qu'il étoit créature du feu duc de Brézé. De Chapizeaux ajoutoit que le duc de Saint-Simon avoit reçu une dépêche du Roi, par laquelle Sa Majesté lui donnoit avis que la princesse et le duc d'Enghien s'étoient sauvés de Chantilly en habits déguisés et jetés dans Montrond ; lui ordonnoit de leur refuser retraite à Blaye, et d'empêcher par son crédit qu'on ne les reçût à Bordeaux, étant le plus important service qu'il pût jamais rendre à l'Etat, dont ce duc avoit donné part au duc de La Rochefoucauld. Il me dit encore que le cardinal avoit écrit, par le marquis de Cugnac, à messieurs de La Force pour les inviter à demeurer fermes le service du Roi, et à ne pas achever l'alliance projetée de mademoiselle de La Force avec le vicomte de Turenne, qui travailloit à ruiner le royaume, dont lesdits sieurs père et fils avoient averti par un exprès le duc de Bouillon, qui étoit dans une colère extrême contre la cour, du traitement que recevoit la duchesse, sa femme,

dans sa prison. Puis il me conta que tous ces seigneurs-là s'étoient fait confiance des lettres que le cardinal leur écrivoit, qui toutes n'étoient à autre fin que de les mettre en défiance les uns des autres, disant à chacun en particulier que son compagnon s'accommodoit avec lui; qu'ils croyoient tous que le marquis de Bourdeilles entreroit dans le parti; et qu'enfin tous ensemble l'avoient chargé de dire à la princesse, comme le duc de La Rochefoucauld l'avoit mandé par Le Chambon, et celui de Bouillon par La Mothe-Brigantin qu'il lui avoit dépêché, qu'il étoit nécessaire qu'elle partît en diligence pour mener le duc son fils à Bordeaux, où ils l'assuroient tous, et particulièrement le duc de Saint-Simon, qu'ils seroient reçus comme des restaurateurs de la fortune publique; que le duc de Bouillon lui viendroit au-devant avec mille gentilshommes sur le chemin de Turenne, où elle se délasseroit, et recevroit les visites et les assurances de services de tous les gens de qualité et de considération de ces quartiers-là ; que les sieurs de La Force, de La Rochefoucauld, Sauveboeuf et Lusignan se joindroient à eux avec tous leurs amis dans la marche, et que tous ensemble l'escorteroient avec quatre mille gentilshommes jusque dans Bordeaux, où le duc de Saint-Simon se trouveroit à point nommé; et que là la princesse et eux seroient tous en pleine liberté d'agir et de négocier en toute sûreté avec qui ils jugeroient plus à propos (voulant entendre les Anglois, les Espagnols ou les huguenots). Il ajouta à ce discours, et de leur part, tout le raisonnement qu'avoit fait Le Chambon quelques jours auparavant, comme j'ai dit ci-dessus, sur le peu de sûreté qu'elle avoit à Montrond, et sur l'importance de ne laisser pas tomber sa personne et celle du duc d'Enghien entre les mains du cardinal, après quoi n'y ayant plus d'espérance à former un parti, il n'y en auroit jamais plus à la liberté des princes.

Incontinent que j'eus ouï tout ce discours, je commençai à avoir bonne opinion de tous nos projets. Je menai de Chapizeaux à la princesse, à laquelle il le répéta tout au long, et même avec quelques circonstances qu'il avoit oublié à me dire. Après quoi je fis appeler Le Chambon, qui m'avoit trouvé fort contraire tous les jours précédens à son opinion ; car comme il étoit venu sans dépêche du duc de La Rochefoucauld qui l'envoyoit, je me défiois fort de lui. Je commençai par lui dire en souriant que je n'étois plus Mazarin, comme il avoit dit aux uns et aux autres, mais bon frondeur et de son avis. Je lui expliquai mes défiances avec franchise, et la résolution qu'avoit prise la princesse de le dépêcher avec Chapizeaux à madame sa belle-mère, sous prétexte de lui faire un compliment sur l'événement de la requête qu'elle avoit présentée au parlement, ainsi que le contenoit la lettre qu'elle venoit de lui écrire, et le surplus en créance sur eux.

Cette créance étoit de lui faire le plan au vrai de tout ce que je viens de dire, et la belle apparence que leur montroit le parti que l'on pouvoit former en Guienne et en Poitou, l'avantage d'un poste aussi grand et aussi considérable que Bordeaux soutenu de Blaye; que si le feu prenoit de bonne sorte dans toutes ces contrées-là, on pouvoit, par le moyen de Montrond, le porter jusque sur la Loire; et que, pendant que les Espagnols paroîtroient sur la frontière (comme ils feroient dans peu de temps), il y avoit grande apparence de relever, dans le parlement et dans les peuples, les esprits abattus et les bonnes volontés languissantes, et par là faire quelque chose de grand, non-seulement pour la liberté des princes, mais encore pour le soulagement des peuples et pour la paix générale; qu'on la mettroit elle, madame la douairière, à la tête de tout, et qu'elle en auroit toute la gloire.

D'un autre côté, les envoyés furent chargés de lui faire voir le revers de la médaille, c'est-à-dire l'inconstance des peuples, le peu d'assurance qu'il y a aux compagnies souveraines, lesquelles étant composées de plusieurs têtes, le sont par conséquent de divers sentiments et de différentes pensées; mais de lui remontrer fortement les intérêts particuliers de tous ceux qui projetoient de former ce parti, qui de grandeur, qui de religion, qui d'utilité et d'argent; et que le plus souvent, au lieu de se rendre leur maître en se mettant à leur tête, l'on devient dépendant d'eux, et on ne leur sert qu'à avancer leur fortune; et en un mot, qu'on s'expose à être soumis à leur volonté, à leur intérêt et à leur caprice, quand on n'est pas en état de leur faire du bien autant qu'ils s'en proposent en prenant les armes.

Qu'il est vrai que l'on pouvoit tirer quelque avantage de la pitié qu'exciteroit une princesse fugitive, et un jeune prince du sang qui est contraint, dans sa septième année, de traverser tout un royaume pour se mettre à couvert de la violence d'un ministre étranger, haï et décrié; et qui va de parlement en parlement pour crier vengeance et demander justice contre l'oppression que souffre son père, et qui paroît en un âge si tendre à la tête d'un parti, pour appuyer par la force les délibérations des compagnies souveraines et la bonne volonté des peuples.

Qu'une telle compassion pouvoit bien sans doute, dans la situation des esprits, armer des provinces entières, faire monter la noblesse à cheval, et produire de grandes choses; mais que tel feu qui paroît beau et clair dans les commencemens ne peut durer long-temps sans aliment et sans matière.

On chargea ces deux gentilshommes de remontrer tout cela à la princesse douairière. Je leur en fis même un petit raccourci pour faciliter leur mémoire, qu'ils mirent en lieu à ne pouvoir être trouvé. On communiqua toutes ces choses à la princesse douairière pour deux raisons : la première, qu'il n'y avoit point d'apparence de rendre la comtesse de Tourville et moi responsables d'une telle levée de boucliers sans la participation et l'aveu de cette princesse; il étoit de la prudence de lui remontrer les avantages qu'on en pouvoit tirer, pour échauffer son courage par la grandeur de l'entreprise; mais il falloit lui dire les inconvéniens auxquels s'exposeroient madame sa belle-fille et monsieur son petit-fils, si nous n'avions de l'argent; et c'étoit elle seule qui pouvoit nous en fournir. La princesse écrivit aussi à la duchesse de Châtillon, qui étoit absolue sur les volontés de la princesse douairière; et par la relation secrète que j'avois avec elle, et la connoissance de son humeur intéressée, je chargeai de Chapizeaux de lui faire entrevoir des monts d'or dans la suite, pourvu qu'elle obligeât madame la douairière à soutenir les commencemens par quelques sommes considérables, en attendant qu'on eût pu tirer à soi une partie des deniers publics pour faire subsister le parti qui étoit prêt à se mettre en campagne. Et enfin la princesse les chargea de dire à madame sa belle-mère qu'elle seroit au désespoir si elle voyoit négliger une occasion grande et favorable de rendre la liberté à son mari, et peut-être de lui sauver la vie, aussi bien qu'à messieurs ses beaux-frères; qu'il étoit vrai qu'il y avoit quelques hasards à courir et quelques périls à essuyer; mais qu'en pareilles rencontres il faut s'exposer à tout ce qui n'est pas un précipice visible par la grandeur de ce qu'on entreprend; qu'il faut tout mettre en usage dans l'espérance d'un tel succès, pour soutenir et échauffer les bonnes volontés naissantes et les intentions des amis et des serviteurs fidèles, tâcher à satisfaire à l'intérêt de ceux qui en ont; et que c'étoit par toutes ces raisons qu'elle la conjuroit de l'assister de ce qu'elle pourroit d'argent comptant, de pierreries et de vaisselle, qui ne sont en usage et n'ont trouvé prix dans la créance des hommes que pour s'en servir au besoin; que jamais elle ne verroit sa maison dans une nécessité plus pressante que celle en laquelle elle se trouvoit réduite; qu'elle espéroit cette grâce et des conseils pour sa conduite dans une telle conjoncture; qu'elle lui demandoit l'un et l'autre, et comme à une personne habile et clairvoyante, et comme à une bonne mère passionnée pour le salut de tous les enfans que Dieu lui avoit donnés; qu'elle attendoit, par le retour de ses envoyés, des conseils hardis et prudens tout ensemble, qu'elle exécuteroit par les avis et avec la participation de ceux qu'elle lui avoit donnés pour sa conduite, avec tout le secret, toute l'adresse et toute la diligence dont elle seroit capable; et qu'elle espéroit tout de la bonté de Dieu, qui est toujours protecteur de l'innocence.

Après avoir expédié ceux-ci, la princesse dépêcha La Roussière vers le prince de Tarente, son ami, pour donner avis à lui et au duc de La Trémouille, son père, de tout ce qu'elle avoit su et fait les trois jours précédens, avec ordre de leur dire qu'elle n'avoit rien voulu écouter de toutes ces propositions, sans en prendre avis de l'un et de l'autre; que difficilement s'engageroit-elle à quelque chose sans les y avoir engagés. C'est une chose étrange combien peu de gens l'on voit d'un génie assez fort pour conseiller de grandes choses; et néanmoins chacun a si bonne opinion de ses talens, qu'il n'y a personne qui ne se croie plus habile que son compagnon pour conduire, quoique avec un esprit peu élevé, les affaires qui le sont davantage. Je suis fâché d'avoir fait cette remarque à propos de ceux dont je parle; mais elle est venue au bout de ma plume, et je l'ai laissée couler. La Roussière fut encore chargé de leur dire qu'il étoit facile de reprendre Saumur par les défauts que Dumont y connoissoit, et qu'elle offroit de commencer la guerre par cet exploit, et de leur mettre cette place entre les mains, qui étoit à leur bienséance, tant pour le voisinage de Thouars, que parce que la plupart des habitans de la ville étoient de la religion de la duché de La Trémouille et du prince de Tarente, et que c'étoit un passage important, et qui pourroit augmenter leur considération dans le pays.

D'Alègre, Du Fay, Gallet et Moucault, capitaines dans le régiment de Persan, arrivèrent ce soir-là. Le dernier nous dit que le régiment de cavalerie de Ravigny ayant voulu entrer dans la ville de Troyes sans l'attache du prince de Conti, avoit été taillé en pièces, et trois capitaines tués; et qu'il avait ouï Campy, gouverneur de Mirecourt, disant à Talon, domestique du cardinal, lorsqu'ils étoient à Châtillon, qu'il lui apportoit la nouvelle du traité que faisoit le vicomte de Turenne avec de certaines troupes allemandes. A quoi Talon lui avoit répondu qu'il ne disoit rien que l'on ne sût déjà; que le cardinal avoit copie du traité; mais que les choses en étoient au point qu'il ne devoit faire état que des régimens de Rose et de Chuts.

On envoya Belissant faire faire des grenades dans les forges du Nivernois, Belachi acheter du plomb en divers endroits; et l'on traita avec un des principaux marchands de Bourges pour faire venir d'Orléans, de Tours, de Moulins, de Limoges et de Lyon toutes les choses nécessaires dans la place, suivant le mémoire qu'on lui donna: ce qu'ils firent fort ponctuellement et fort adroitement.

Le 4 de mai, le comte de Coligny, mon ami très-particulier, qui commandoit le régiment de cavalerie d'Enghien, et qui avoit passé du fond du Limosin, où il étoit en quartier d'hiver, à Bellegarde, en retourna. Je fus fort aise d'avoir un tel secours. Je fis que la princesse lui communiqua tout ce que je viens de rapporter, et le pria de ne la point quitter, afin qu'il eût part à tout ce qui s'exécuteroit. Il nous apprit que le comte de Palluau, à présent maréchal de Clérembault, dignité qu'il s'acquit par la prise de Montrond, comme nous dirons ci-après, avoit le gouvernement de Poitou, et qu'il le savoit de lui-même.

La Martinière écrivit de Brézé, du 29 du mois d'avril, que les troupes qui étoient pardelà seroient commandées par le maréchal de La Meilleraye; qu'une partie étoit destinée pour le Poitou, et l'autre pour le Berri. Quelqu'un qui venoit du côté du Dorat, dit qu'il avoit rencontré des troupes qui disoient venir assiéger Montrond; de sorte que nous envoyâmes des gardes, des cavaliers et des officiers de tous les côtés et sur tous les passages, à plus de vingt lieues à la ronde, pour savoir des nouvelles, et se mettre en état de n'être point surpris.

Il arrivoit à tout moment des officiers et des soldats du débris de Bellegarde: ce qui obligea la princesse à écrire à Le Tellier, secrétaire-d'État, en ces termes. L'un des écuyers de M. le prince, nommé La Vallée, porta la lettre.

« MONSIEUR,

» Je ne veux pas que vous appreniez par
» d'autres que par moi, que plusieurs officiers
» de ceux qui étoient dans Bellegarde, et même

» quelques-uns des troupes du Roi, affection-
» nés de longue main à monsieur mon mari,
» comme ayant été les fidèles témoins de la pas-
» sion avec laquelle il a toujours servi Sa Ma-
» jesté, me sont venus rendre visite et offrir
» leur service en ce lieu; mais après les avoir
» assurés que je ne songeois qu'à mon repos et
» à l'éducation de mon fils, et les avoir remer-
» ciés des témoignages de leurs bonnes volon-
» tés, je les ai priés de ne pas faire ici long sé-
» jour; de sorte que la plupart n'ont fait que
» passer pour se retirer en leurs maisons, ou
» aux endroits où leurs affaires les appellent;
» et les autres, après s'être un peu reposés, en
» useront de même. C'est de quoi j'ai voulu
» vous donner avis, afin que vous ne preniez
» aucune créance à ceux qui, prenant pour
» l'ordinaire les occasions de se faire de fête au
» moindre prétexte qu'ils en ont, vous pour-
» roient donner quelques soupçons de ma con-
» duite sur les devoirs que me rendent ceux qui
» ont pitié du malheureux état où je suis ré-
» duite. Vous m'obligerez d'en avertir la Reine.
» Je ne puis oublier mon devoir, quelque trai-
» tement que j'aie reçu de Sa Majesté. Je vous
» prie de lui témoigner la sincérité de mes in-
» tentions, et de me croire votre, etc. »

On envoya à la princesse la copie de la lettre que M. de Brienne écrivit de Châtillon, le 26 du mois précédent, aux officiers du présidial de Moulins, qui étoit telle :

« Messieurs,

» En l'absence de M. de La Vrillière, qui
» s'est avancé de Dijon à Paris, j'ai ouvert en
» cette ville votre lettre, qui lui étoit adressée,
» sur le sujet de celle que vous avez reçue de
» madame la princesse, portant avis de son ar-
» rivée à Montrond, et de sa demande pour
» avoir des commissaires de votre compagnie,
» afin de connoître l'état de la place et en in-
» former Sa Majesté. Sur quoi elle m'a com-
» mandé de vous dire qu'elle a loué votre zèle
» et votre soin d'avoir envoyé un exprès pour
» la faire avertir de ce qui se passoit, et que
» vous eussiez à répondre à madame la prin-
» cesse que comme vous n'avez point reçu d'or-
» dre du Roi, vous ne pouvez satisfaire à ce
» qu'elle vous a témoigné désirer, et que vous
» n'avez qu'à attendre les commandemens de
» Sa Majesté, n'ayant pas jugé devoir les re-
» chercher en cette occasion. »

Le surplus de la dépêche concernoit quelques autres affaires.

Le 5, la princesse eut avis que le Roi avoit envoyé ordre à La Charité d'arrêter tous ceux qui voudroient passer en Berri, et qu'on avoit commencé par deux de ses gardes, qui depuis s'étoient sauvés : ce qui m'obligea à dépêcher en toute diligence à ceux que la princesse avoit envoyés à madame sa belle-mère, qui devoient revenir promptement, et passer la rivière sur quelque petit bac. Je leur mandai même une folle invention qui me vint dans la tête en cas qu'ils fussent arrêtés à la campagne, qui réussit heureusement.

La princesse courut un chevreuil dans le parc pour essayer les trousses que j'avois fait faire pour le voyage projeté, disant que c'étoit pour la mener en croupe à la chasse avec les dames de sa suite, et même une petite machine que l'on avoit faite pour le jeune duc, et qui se plantoit sur l'arçon de la selle de son écuyer, qui le portoit ainsi fort commodément entre ses bras; et cela pour ôter tout le soupçon que pourroient donner ces nouvelles inventions. Après la chasse, je leur donnai la collation sur le bord du canal.

Longchamps retourna d'auprès du duc de La Rochefoucauld. Il rapporta nouvelle certaine que le maréchal de La Meilleraye avoit accepté le commandement des troupes en Guienne et en Poitou, qui ne consistoient pour lors qu'en quatre régimens de cavalerie et trois d'infanterie, qui avoient leur rendez-vous, au 3 du mois, à ***; que le duc de La Rochefoucauld croyoit qu'il alloit pour le pousser et raser ses maisons; qu'il se résolvoit de passer par Bordeaux pour connoître la disposition des esprits, et de là joindre avec tous ses amis le duc de Bouillon. Il assuroit que le Roi avoit écrit à la ville et au parlement de Bordeaux une semblable lettre à celle que Sa Majesté avoit adressée au duc de Saint-Simon pour les obliger à ne recevoir pas la princesse ni le duc son fils, s'ils vouloient s'y retirer.

Le 6, arrivèrent plusieurs officiers de Persan et de Condé : Le Chambon et Chapizeaux retournèrent aussi. Ils avoient trouvé le courrier que je leur avois envoyé la veille, et s'étoient fort heureusement servis de ma folle imagination; en telle sorte qu'ayant trouvé le prévôt de Bourges avec ses archers, ils les découvrirent de loin; et au lieu de se sauver (ce qu'ils auroient eu de la peine à faire), ils allèrent droit à cette troupe en criant : *Bonne nouvelle!* Le Chambon, prenant la parole, leur dit qu'il alloit porter à la princesse à Montrond celle de l'évasion du prince de Condé du bois de Vincennes; qu'il s'étoit allé tout droit jeter dans le Palais à Paris; qu'il avoit pris sa place au parlement, et demandé justice; et qu'il avoit été ordonné sur-le-champ que la Reine seroit suppliée de mettre en liberté le duc de Longueville et le prince de Conti, et avoit octroyé commission au procureur-général pour informer contre ceux qui avoient donné au Roi un conseil si pernicieux à l'Etat; que le prévôt l'ayant cru, en avoit témoigné telle joie, qu'il lui avoit donné son cheval et deux de ses archers pour faire plus de diligence; car ils avoient encore ceux de la poste de Bony. L'on tire quelquefois plus d'utilité des conseils ridicules et imprévus, que de ceux qu'on a pris par les règles de la prudence et avec une mûre délibération; et je me suis bien trouvé de laisser battre du pays à mon esprit tant qu'il veut dans les affaires épineuses, et de tenter tout ce qu'il me présente, quand je vois qu'il n'y a point d'autre risque à courre que de demeurer comme l'on étoit.

Ils dirent à la princesse que la cour étoit arrivée à Paris le 2 du mois; que le maréchal de L'Hopital avoit porté ordre à madame la douairière de sortir du Bourg-la-Reine, et s'avancer davantage vers le Berri; que le comte de Brienne lui conseilloit d'obéir seulement pour la forme, et qu'il lui répondoit qu'on la feroit revenir bientôt, avec toute liberté de poursuivre ses affaires; que le premier président Molé lui avoit envoyé le comte d'Anteuil pour lui dire qu'il étoit dans ce même sentiment; et qu'il n'y avoit point d'apparence de s'opiniâtrer à présenter ses requêtes, desquelles elle ne pouvoit espérer aucun fruit en présence de la Reine, et dans la disposition présente des esprits; que madame la princesse n'avoit voulu croire les uns ni les autres, et étoit résolue de ne se retirer point, et de faire rapporter sa requête le jeudi suivant, qui étoit le jour même qu'ils parloient. Ils ajoutèrent que l'archiduc Léopold et le vicomte de Turenne entroient en France du côté de Reims et de Guise, en deux corps séparés.

Quant au sujet pour lequel ils avoient été dépêchés, ils rapportèrent que la princesse avoit dit que madame sa belle-fille pouvoit entreprendre le voyage qu'ils lui avoient proposé de sa part sans lui en demander avis, puisqu'en se séparant d'elle elle lui avoit donné tout pouvoir de se conduire par les conseils de la comtesse de Tourville et les miens, auxquels elle se remettoit, se louant fort de la déférence qu'elle avoit pour elle; qu'elle ne pouvoit mieux faire que de sortir de Montrond, d'autant plus que le maréchal de La Meilleraye devoit l'as-

siéger; que le Roi et la Reine ne lui avoient écrit que pour l'amuser. Je le crus facilement, parce que madame la princesse n'avoit dépêché à Leurs Majestés qu'à cette même fin; et l'on ne tâche, en toutes les affaires pareilles à celle-ci, qu'à se surprendre l'un l'autre. Malheureuse nature de l'homme, qui se sert moins de son esprit aux choses de sincérité qu'en celles de surprise! Les plus forts comme les plus foibles usent de finesse et de ruses; ceux-ci y sont forcés par leur état, et ceux-là ne peuvent pas toujours mettre leur autorité en usage.

Surtout madame la douairière mandoit qu'on ne mît madame sa belle-fille et monsieur son petit-fils, pour quelque occasion qui pût arriver, entre les mains des huguenots, en celles des Espagnols, ni au pouvoir de M. de Bouillon; et qu'on évitât de les faire sortir de France que dans la dernière extrémité: comme si on étoit les maîtres de se former des retraites à sa mode, et si, battus de l'orage de la fortune comme on l'étoit, on pouvoit donner la loi à ceux que l'affection ou l'intérêt devoient faire agir pour le service de cette maison accablée. [Enfin, ils me remirent la lettre suivante de sa part:

« Du Bourg-la-Reyne, ce 2 may 1650.

» Monsieur, vous ne sauriez croire combien je me sens obligée de tous les soings que vous avez pris et de la bonne conduite dont vous avez usé à servir ma belle-fille et mon petit-fils. Je vous en remercie de tout mon cœur et vous prie toujours de croire que je serois bien aise de vous en témoigner ma recognoissance, s'il s'en présente quelqu'occasion et que je sois en meilleure fortune que je suis. Vous apprendrez toutes les fatigues que j'ay eues depuis votre absence. Je prie Dieu qu'il bénisse toutes mes actions afin qu'elles puissent réussir à sa gloire et aux soulagemens de toute ma famille affligée. Je me recommande à vous.

» C. M. DE MONTMORENCY. »

La princesse fit appeler Coligny, La Mothe-Brigantin, envoyé par le duc de Bouillon, et qui avoit dit que le comte de Lorges et Chavagnac devoient arriver pour apporter quelques sentimens particuliers de ce duc. La princesse résolut qu'on attendroit ces deux-ci pour prendre une dernière résolution pour la marche, et cependant qu'on disposeroit toutes choses pour le départ, et avec tout le secret possible. Le secret est important; mais aux affaires telles que celles qui étoient sur le point d'éclater, il est d'une nécessité absolue que rien ne se doit commencer qu'on ne soit comme certain qu'il y sera tout entier ; et qu'il est impossible de rien finir heureusement sans cette bonne qualité, qui fait la sûreté du commerce des hommes. On convint d'employer le temps qui restoit à mettre la place en état de se maintenir, et tous les châteaux hors d'insulte, afin que les affaires de Berri pussent se soutenir quand on entreprendroit celles de Guienne.

Il falloit pourvoir d'un gouverneur à Montrond : c'étoit un poste principal qui pouvoit être rempli de quelqu'un d'importance. Mautour qui l'étoit, bien loin d'être tel qu'il le falloit, étoit fort incapable en toute manière. Le maréchal de La Mothe avoit fait espérer de s'y rendre : on n'avoit plus de ses nouvelles. Arnauld, qui avoit témoigné le désirer, s'étoit marié la nuit de la détention des princes, et s'étoit retiré avec sa femme, sans qu'on sût quasi où. D'ailleurs, je ne savois si on pouvoit lui confier une place qui devoit être notre ressource. Philisbourg, qu'il avoit perdu autrefois, l'avoit tellement décrié dans le monde, que sa réputation ne pouvoit se rétablir ; et quoique le prince en fît cas et le menât en toutes ses campagnes, on croyoit que c'étoit plutôt par le jeu et pour le divertissement, que pour sa bravoure. Toute mon inclination penchoit à y établir le marquis de Persan, savant dans l'infanterie, et homme de ferme résolution. Il n'y avoit pas d'apparence d'y faire venir le comte de Tavannes, qui, commandant les gendarmes du prince, étoit plus propre à la campagne et à suivre le jeune duc qu'à être enfermé dans une place. Coligny, qui se trouvoit là, étoit destiné pour escorter la princesse et le duc dans leur voyage par l'Auvergne, où il avoit du crédit. Le comte de Saligny, son père, étoit lieutenant des gendarmes du Roi, et voisin de Montrond. Ce n'étoit pas prudence de laisser le fils à la portée des persuasions du père : je crains en telles concurrences les gens de grande ambition et nourris à la cour. On proposa à la princesse d'y laisser Le Chambon ; mais outre qu'il n'étoit pas assez attaché à la maison, il étoit huguenot ; et je m'opposai à lui mettre cette place en main, pour éviter le bruit et les conséquences : car je craignois qu'on ne s'imaginât que nous voulions nous attacher à ceux de la religion, M. de Turenne étant dans le parti aussi bien que messieurs de Duras, et y ayant apparence que messieurs de La Force, de Tarente et de La Trémouille, tous de même secte, y entreroient.

Il y a de certaines choses bonnes à faire quand elles sont assurées, et qui sont dangereuses à tenter quand l'événement en est incertain. Sur toutes ces incertitudes, je pris résolution en moi-même de proposer à la princesse de n'y laisser que Mautour, avec ordre de ne rien faire dans sa place que par l'avis des sieurs d'Alègre et de Baas, anciens capitaines de Persan, braves soldats, très-bons fantassins, et qui n'étoient ni de qualité ni de poste à faire difficulté de déférer toutes choses au marquis de Persan quand il viendroit.

Lorges, neveu du duc de Bouillon, arriva de sa part pour presser le départ de la princesse, et Chavagnac, aîné d'une maison accoutumée aux factions, pour l'escorter par l'Auvergne, d'où il est, par une route qu'il avoit à portée, avec ordre de renvoyer Lorges à toute bride pour avertir le duc, son oncle, du jour de son départ et de tous ceux de sa marche, afin qu'à point nommé il pût aller à sa rencontre jusqu'au lieu qu'il leur avoit indiqué au 7 mai.

La princesse, qui avoit de grands soupçons contre Blinviliers, son écuyer, comme j'ai dit, voulant le congédier d'auprès d'elle avant que d'exécuter sa résolution, de crainte que, comme il avoit de l'esprit, il ne la découvrît, résolut de lui donner quelque emploi au dehors. Et comme elle jugea à propos de fortifier la princesse, sa belle-mère, dans la bonne résolution dans laquelle elle étoit de pousser vigoureusement ses affaires au parlement de Paris, elle s'avisa de supplier le cardinal de Lyon, son oncle, de se joindre à elle pour la sollicitation de ses requêtes. Elle résolut de lui écrire et de lui envoyer sa dépêche par ce Blinviliers, parce que par là elle l'éloignoit d'elle sous un prétexte honnête, et qui feroit connoître si les soupçons qu'on avoit contre lui étoient raisonnables ou non, par la manière dont il agiroit auprès de ce cardinal, de qui il étoit fort connu. La lettre dont il fut chargé étoit celle-ci :

« MONSIEUR,

» Je vous confesse que j'avois toujours attendu
» des marques de votre souvenir, et les témoi-
» gnages de votre amitié sur le sujet de la perte
» que j'ai faite de mon père ; mais, me voyant
» privée du soulagement que j'espérois de vos
» consolations dans une douleur si pressante,
» et ne pouvant m'imaginer quelle peut être la
» cause de votre silence, je vous envoie ce gen-
» tilhomme pour m'en éclaircir. Je suis assez
» malheureuse pour qu'on m'ait peut-être rendu
» quelque mauvais office vers Votre Eminence ;
» mais je ne le suis pas assez pour avoir jamais
» manqué d'amitié ni de respect pour une per-

« sonne qui m'est aussi chère que la vôtre. Si
» pourtant je vous avois déplu innocemment,
» Monsieur, souvenez-vous de ce que vous êtes
» à mon fils et à moi, de l'état auquel nous
» sommes; et que cela vous excite à servir de
» père à l'un et l'autre, puisque Dieu m'a ôté le
» mien, et que monsieur mon mari n'est pas en
» lieu d'où il puisse prendre soin de nous, et ré-
» gler notre conduite; mais bien de nous faire
» oublier les mécontentemens que vous pouvez
» avoir de lui, et qui, je m'assure, sont main-
» tenant les siens, se voyant de toutes parts payé
» de tant d'ingratitude. Souffrez, mon cher
» oncle, que je me soulage en pleurant avec
» vous, car je vous confesse que je ne puis con-
» tenir ma douleur; et trouvez bon, pour la sou-
» lager, que je vous prie de ne nous pas refuser
» vos conseils et votre assistance dans le mal-
» heur où nous sommes, duquel personne ne peut
» plus raisonnablement contribuer à nous tirer
» que vous: et j'ose vous dire, Monsieur, que
» vous y acquerrez d'autant plus de gloire, que
» je l'ai peu mérité. Je laisse à ce porteur, auquel
» vous savez que j'ai toute confiance, à vous dire
» toutes nos tristes aventures, ce qui s'est passé
» au parlement de la part de madame ma belle-
» mère, l'état auquel je suis ici, et les appré-
» hensions continuelles qu'on me donne de
» m'y voir assiégée avec votre petit-neveu.
» Comme l'on me persuade que le dessein de
» ceux qui ont fait arrêter monsieur son père et
» messieurs ses oncles, est de se rendre maîtres
» de mon fils pour perdre toute la maison, Votre
» Éminence y a trop d'intérêt, Monsieur, pour
» ne contribuer pas de tous les soins pour préve-
» nir l'effet de ces mauvaises intentions, comme
» je vous en conjure, en vous assurant que je
» serai toute ma vie votre, etc. »

Blinviliers fut chargé de lui dire l'état des choses, la raison de la retraite de la princesse à Montrond, sa conduite envers la cour, ses amis, ses voisins; sa crainte d'être assiégée, sa résolution de ne rien remuer, de faire ses plaintes contre le maréchal de La Meilleraye, qui sans nécessité s'étoit chargé des troupes destinées contre sa maison; l'obliger à se trouver dans l'assemblée du clergé; et enfin de lui faire oublier tous les mécontentemens qu'il avoit reçus de M. le prince, et le disposer ensuite à se rendre à Paris pour solliciter l'effet de sa requête.

Un courrier du duc de La Rochefoucauld arriva et dit qu'il avoit nouvelles que le maréchal de La Meilleraye devoit tourner sur Montrond; et que ce duc avoit armé quatre cents hommes de pied, qu'il alloit faire partir pour s'y jeter en cas de besoin. Il continuoit de presser la princesse de partir, et assuroit qu'on avoit donné au comte de Palluau son gouvernement de Poitou.

Cet envoi fit partir en diligence La Mothe-Brigantin et Lorges, pour retourner joindre le duc de Bouillon par deux chemins différens, afin que si l'un étoit arrêté, l'autre pût arriver heureusement. L'un et l'autre étoient chargés de dire à ce duc que la princesse et le duc son fils partiroient de Montrond la nuit du 8 au 9, traverseroient l'Auvergne, et arriveroient le jeudi suivant près Sallers, en un lieu qu'on appelle Le Vomier, où elle le supplioit de se trouver avec une escorte suffisante pour passer avec sûreté en sa vicomté de Turenne.

On envoya à Bourges chercher quelque argent que le trésorier de la maison avoit promis; et Le Picard, valet de chambre, au marquis de Persan, avec une lettre de la princesse, qui le prioit d'accepter le gouvernement de Montrond, où la plus grande partie de son régiment se trouvoit établie. Elle lui donna deux autres lettres: l'une pour la duchesse de Longueville, l'autre pour le vicomte de Turenne, par lesquelles elle leur donnoit part de tout ce qui se disposoit en Guienne et du voyage qu'elle y alloit faire, et des raisons qui l'obligeoient à l'entreprendre. Je leur en avois déjà mandé quelque chose par avance par une voie fort sûre, qui étoit un des courriers que nous avoit dépêchés le duc de La Rochefoucauld, qu'il avoit chargé de passer jusques à Stenay, où ils étoient l'un et l'autre, et où il envoyoit à toutes rencontres des exprès pour rendre compte à cette duchesse de tout ce que le respect qu'il avoit pour elle lui faisoit entreprendre. Le Picard eut aussi ordre de rapporter à la princesse leurs avis et de leurs nouvelles, comme aussi de retirer à son retour, de Caillet, secrétaire du prince, et d'apporter à Bordeaux deux mille pistoles qu'il avoit eu ordre de mettre dans Bellegarde; à quoi il n'avoit pu réussir.

Sur le soir, la princesse, après avoir tenu conseil avec Coligny, Baas, la comtesse de Tourville et moi, me demanda si j'avois fait dresser tous les ordres qu'elle avoit résolus avec moi; et lui ayant dit qu'oui, et que ladite dame de Tourville les avoit mis au net afin qu'ils parussent écrits de sa main, elle me les demanda et les lut. Ils furent approuvés par les assistants, distribués et envoyés le lendemain 8 du mois, et étoient tels que je les ai fait ici transcrire.

Comme il y a plusieurs châteaux en Berri appartenant à M. le prince, qui peuvent être fort utiles pour la communication de Montrond, la princesse jugea à propos de pourvoir à leur conservation, et pour cet effet expédia une lettre à chaque concierge en ces termes :

« J'envoie à *** le sieur ***, auquel j'ai par-
» ticulière confiance, afin qu'il empêche par ses
» soins que la maison ne soit surprise par tant
» de gens qui vont et viennent. Je lui ai dit mes
» intentions, que vous suivrez ; et j'entends que
» l'on défraie lui et ses gens aux dépens du fer-
» mier de la terre. Je ferai allouer dans ses
» comptes la dépense qu'il aura faite, le tout
» jusqu'à nouvel ordre. »

La princesse donna autant de commissions pour autant d'officiers qu'il y a de châteaux, lesquelles toutes étoient en ces termes :

« La princesse de Condé, etc... Il est ordonné
» aux capitaines, concierges et habitans de ***,
» et autres dépendans de la terre, d'obéir aux
» ordres du sieur ***, qui a charge d'en prendre
» soin, et faire les choses nécessaires pour la
» conservation de ladite maison, jusqu'à nouvel
» ordre. »

Et comme il étoit nécessaire de songer à la conservation de Montrond avant que d'en partir, la princesse jugeant que le sieur de Mautour, qui en étoit gouverneur de père en fils, n'avoit pas toute l'expérience nécessaire pour la défense d'une telle place, et même pour éviter la jalousie qui pourroit naître après son départ entre les officiers des divers corps qui s'y étoient jetés, elle fit cette ordonnance :

« La princesse de Condé, etc..... Il est or-
» donné que le sieur de Mautour continuera,
» comme il a fait jusques à présent, à comman-
» der dans le château de Montrond et dépen-
» dances d'iceluy ; mettra les choses nécessaires
» dans la place, suivant les derniers mémoires,
» sauf à augmenter ou diminuer, suivant l'exi-
» gence des cas ; fera faire ce qui sera de besoin
» aux fortifications de ladite place pour la sû-
» reté d'icelle ; le tout par l'avis et conseils des
» sieurs d'Alègre et de Baas, de gré à gré, et en
» bonne intelligence, jusques à ce que l'une des
» personnes destinées pour commander le-
» dit Montrond y soit entrée : auquel temps le-
» dit sieur de Mautour en usera avec ledit com-
» mandant comme a fait le sieur de Saint-Mi-
» cault à Bellegarde avec le comte de Tavannes,
» dont ceux qui étoient dans ladite place le
» pourront informer. Et quant aux officiers de
» Persan, de Condé, Enghien, Bourgogne,
» Conti et autres, leurs rangs, grades et autres
» fonctions demeureront réglées en la même
» forme et manière qu'elles l'ont été, servant
» aux armées sous monsieur mon mari ; le tout
» sans difficulté et jusqu'à nouvel ordre. »

La princesse fit encore deux ordres adressant au sieur de Mautour, l'un d'obéir au sieur de Persan en la même forme que le sieur de Saint-Micault a obéi au comte de Tavannes à Bellegarde, en cas que ledit sieur marquis se jette dans la place ; et l'autre en même forme en faveur du sieur Arnauld, si Persan manquoit. Elle en fit encore un autre en faveur du sieur de Baas, pour commander en cas de mort, maladie ou autres empêchemens dudit sieur de Mautour ; un autre adressant au sieur d'Amour, pour faire amener tous les grains des terres circonvoisines appartenant à M. le prince audit Montrond ; un autre adressant au sieur de Mautour, pour faire amener les vivres de la ville de Saint-Amand audit château, avec ordre de les distribuer aux habitans selon leur nécessité et de fermer trois portes, et barricader les avenues des faubourgs pour la conservation de ladite ville.

Le 8, la princesse porta lesdits ordres qu'elle avoit signés au sieur Girard, pour les lui faire contresigner. Il étoit vieux et riche : cela fut cause qu'on lui céla tout jusqu'au moment qu'il fallut partir. Il étoit d'ailleurs fidèle ; mais les gens qui de peu ont amassé beaucoup grondent tout au moins quand ils se voient en péril de voir renverser leur fortune. Ils ne peuvent s'empêcher de murmurer, et d'en faire confidence à ceux de leur cabale, même donner des ordres pour mettre leur bien à couvert ; et cela découvre pour l'ordinaire les affaires.

La princesse avoit dit tout haut la veille qu'elle vouloit ce jour-là, qui étoit un dimanche, donner le plaisir à tous les officiers qui étoient à Saint-Amand et à Montrond de lui voir courre un chevreuil dans le parc, et au duc sur la petite machine qu'on lui avoit faite. Elle dit qu'elle et les dames de sa suite seroient galamment habillées, et que monsieur son fils auroit ce jour-là si son premier haut-de-chausse, afin d'attirer tout le monde dans le château, et ôter tout le soupçon qu'on pourroit prendre, quand on verroit, comme il le falloit faire, atteler les chevaux de carrosse et tous les chevaux de selle. Le rendez-vous fut incontinent après le dîner : pas un ne manqua de s'y trouver ; et comme on vit tout disposé dans la vénerie et dans l'écurie pour cette fausse partie de chasse, personne ne douta qu'elle ne fût véritable. De bonne fortune il plut tout le jour ; et comme il y avoit espérance de beau temps, on crut qu'on courroit sur le soir : de sorte que chacun voulut attendre. Tout d'un coup le gouverneur eut commandement de fermer promptement le guichet, avec ordre de ne laisser partir qui que ce fût sans un billet signé de la princesse ou de moi, et cela fut exécuté. Pendant qu'elle soupa, elle donna ordre qu'on fît apporter dans la grande salle de quoi faire faire collation à tous les officiers qui étoient au nombre de six vingts, auxquels elle vouloit communiquer après son repas quelque chose qui concernoit le service des princes.

Elle n'eut pas plus tôt achevé de souper, que passant avec le jeune duc qu'elle menoit par la main dans son cabinet, elle fit appeler Mautour, à qui elle expliqua ses intentions, auxquelles il se soumit; puis appela d'Alègre et de Baas, à qui elle dit la confiance qu'elle avoit en eux, les invita à observer ses ordres et à vivre tous trois en amitié. Elle les embrassa, et en fit faire autant à monsieur son fils; puis repassa dans la salle, où chacun attendoit avec impatience la chose dont la princesse avoit dit les vouloit entretenir. Elle la trouva toute remplie d'officiers, auxquels elle parla en cette sorte :

« Messieurs, je suis trop persuadée de vos
» affections et de votre fidélité au service de
» mon fils et au mien, pour laisser cette place,
» l'unique ressource de cette maison affligée, en
» d'autres mains que les vôtres, et pour en sor-
» tir sans vous communiquer un voyage que je
» vais faire, et que je crois très-utile au bien
» de l'Etat, et à la liberté de monsieur mon mari
» et de mes beaux-frères. Je ne pars pas sans un
» déplaisir très-grand de me séparer et de sépa-
» rer mon fils de tant de braves gens, auxquels
» je confierois et ma vie et la sienne; mais j'em-
» porte du moins cette consolation, que je laisse
» cette importante place entre les mains de gen-
» tilshommes de votre mérite, et qui saurez ré-
» pandre généreusement votre sang pour la dé-
» fendre, afin que vous ayez un jour l'avantage
» de la remettre entre les mains de ce prince
» qui vous a tant chéris, et à qui vous avez aidé
» à gagner tant de batailles glorieuses à l'Etat,
» et payées d'une cruelle prison. Il ne me reste
» que de vous recommander de garder parmi
» vous l'union, l'intelligence et l'amitié; à
» vous demander la vôtre, à vous assurer de la
» mienne et que je porterai mon fils à en avoir
» autant pour vous qu'en a monsieur son père,
» et que vous le méritez. »

Elle fit lire ensuite les ordres ci-dessus; elle les distribua à chacun : ils jurèrent de les observer fidèlement. La princesse ordonna encore que tous les commandans des corps entreroient au conseil de guerre; elle les embrassa l'un après l'autre. Le jeune prince en fit autant, et n'omit pas de dire de bonne grâce ce qu'on lui avoit appris; qu'il leur recommandoit la liberté de monsieur son père et une vengeance éternelle contre le Mazarin, et qu'il leur promettoit de les aimer toute sa vie. Tout cela tira des larmes de tous les assistans; et l'on ne peut jamais se séparer avec plus de tristesse que l'on fit.

Tels discours ne sont plus à la mode; mais rien, à mon sens, n'est plus nécessaire en pareilles occasions. Les caresses des grands sont une monnoie qui passe partout : les sots s'en paient, les honnêtes gens les souhaitent; elles leur tiennent souvent lieu de choses solides; elles sont de grand prix quand elles sont bien dispensées; elles tombent en mépris quand on veut les mettre à tout usage; et quand on en est avare, on est sujet à être haï.

Mademoiselle Gerbier arriva ce jour-là de Chantilly, et nous conta mille particularités de la comédie qu'elle y avoit jouée; et son arrivée me donna une joie fort sensible. Il étoit près de minuit quand la princesse monta en carrosse : elle y fit entrer avec elle mesdames de Tourville, de Gouville, Changrand et Bourdelot, son médecin, et précepteur du duc. Comme elle étoit prête à marcher, il arriva un courrier du duc de La Rochefoucauld, qui lui portoit nouvelles qu'il sembloit que le maréchal de La Meilleraye prenoit sa route vers le Berri, ayant établi ses étapes à Montmorillon et à Confolens; et que comme il craignoit pour Montrond, il avoit fait partir les quatre cents hommes dont j'ai parlé ci-devant, et cinquante chevaux sous la conduite du sieur Du Couret. La princesse donna ordre pour les recevoir, et j'écrivis au duc son départ pour Turenne, où je lui donnai rendez-vous certain, vers le 16 du mois. Elle commanda au gouverneur de n'ouvrir la porte du château, après sa sortie, à qui que ce fût, que le 10 au soir, afin que sa sortie ne pût être sue par le comte de Saint-Aignan, qui, l'apprenant, eût pu l'arrêter sur la route, et avertir de son voyage les commandans dans les provinces par où elle devoit vraisemblablement passer.

Je m'avisai avant que de partir de lui proposer de faire une fausse confidence à cinq ou six officiers en particulier, et à l'insu l'un de l'autre. Elle le fit, et leur dit qu'elle marchoit droit en Poitou pour joindre le maréchal de La Meilleraye, qui devoit se déclarer pour elle avec l'armée qu'il commandoit. Elle leur demanda leur parole de n'en parler à qui que ce soit; mais quand on exige le secret d'un homme sujet à parler, c'est justement l'obliger à le publier plus tôt, surtout quand on n'est intéressé dans une affaire qu'avec le public; et la plupart des gens qui ne sont pas de poste à être dépositaires du secret des grands, quand ils en peuvent découvrir quelques-uns, ils ont une grande joie à le dire pour persuader qu'ils sont de la faveur.

Cela réussit tout comme je l'avois imaginé; car ce bruit courut d'une telle manière qu'étant allé aux oreilles du cardinal, il fut tout le reste de la campagne en une défiance de ce maréchal; et Saint-Aignan, qui le sut, suivit l'équipage de la princesse, qui en effet prit ce chemin-là, et le lui renvoya depuis.

Le 9 donc, entre minuit et une heure, la princesse et le duc d'Enghien partirent de Montrond, suivis du comte de Coligny, de Chavagnac, du Chambon, de Saint-Agoulin, de des Roches, lieutenant, de Longchamps, exempt des gardes, de Vialas, écuyer, de Brandon, de quelques officiers et de moi. Il y avoit encore des gardes qui, avec nos valets, faisoient environ cinquante chevaux. Elle marcha en cet équipage le reste de la nuit. A la pointe du jour, elle monta à cheval en croupe derrière Coligny, renvoya son carrosse avec la dame de Changrand joindre le reste de son équipage qui alloit par le Poitou, alla dîner à Vierzac, passa la rivière du Cher à Chambon et coucha à Marsillac, petit village dans la Combrailles, chez un vieux gentilhomme qui, ayant reconnu M. de Coligny, lui demanda quel étoit tout cet équipage. Il lui dit qu'il enlevoit une demoiselle de qualité qu'il menoit en Auvergne, où il la devoit épouser: ce qui en fit courre le bruit partout.

Le 10, nous dînâmes dans une petite métairie dépendante de Saint-Agoulin. Le frère du seigneur de ce lieu que je viens de nommer, et qui s'étoit avancé, y avoit fait préparer un fort bon et propre dîner. Nous passâmes la rivière d'Allier avec un bac près le Pont du château, après avoir traversé la Limagne avec un relais de carrosse du sénéchal de Canillac, que Chavagnac avoit fait préparer à la princesse; elle alla coucher à Montaigu chez la marquise de Boullier, qui la reçut magnifiquement, quoique sans préparation, y étant arrivée à minuit. Elle lui donna un autre relais de carrosse, le lendemain matin 11, qui la mena jusques à Landes chez un des Canillac.

Le 12, le chemin devenant plus rude et inaccessible au carrosse, la princesse monta à cheval, et toutes ses dames en trousse derrière les cavaliers, que chacune choisissoit; et le duc sur sa petite selle, entre les bras de Vialas, son écuyer. Elle alla dîner à Brus, et coucher à Dienne chez le comte de Canillac, qui la reçut et madame sa femme avec la plus grande joie et le plus grand respect qu'il est possible de dire. Elle avoit dépêché la veille depuis Montaigu un gentilhomme au duc de Bouillon, pour l'avertir de sa marche, et lui dire qu'elle ne pourroit arriver au Vomier que le vendredi à midi, et non le jeudi, comme elle lui avoit mandé par La Mothe-Brigantin et par Lorges, les lieues de ce pays-là s'étant trouvées beaucoup plus longues qu'elle ne l'avoit cru, avec ordre de renvoyer un garde à Dienne à sa rencontre. Et comme elle ne l'y trouva pas, et qu'il y avoit des troupes dans le voisinage, elle crut ne devoir pas partir de ce lieu-là, où elle étoit en toute sûreté, sans savoir si le duc étoit au rendez-vous. En effet, elle y envoya deux hommes toute la nuit par divers chemins.

Le lendemain 13, un garde nommé Beauvals arriva sur le midi, et donna avis que les ducs de Bouillon et de La Rochefoucauld étoient au rendez-vous dès la veille à l'heure assignée, et qu'ils étoient accompagnés des comtes de Meille, de Clermont, marquis de Saint-Alvère, de Hautefort, La Bastide, Courault, Savignac, de quantité de noblesse, et huit cents maîtres, et que n'ayant point eu de nouvelles, ils avoient été coucher à Mauriac, d'où ils viendroient au-devant d'elle par une route qu'il apporta. Elle partit donc de Dienne sur le midi en litière, et trouva au bourg de Chen trente gentilshommes conduits par La Mothe-Brigantin. Peu après, elle trouva un gentilhomme du duc de Bouillon avec une compagnie de cavalerie, et à une lieue de là deux cents fusiliers. Un gentilhomme qui les commandoit l'assura que les ducs l'attendoient à Mauriac. Elle ne put y arriver, et fut contrainte de coucher à Mossaye chez un beau-frère de Brandon, où une heure après arrivèrent les comtes de Duras, de Meille et de Clermont, qui vinrent complimenter la princesse et le duc de leur heureuse arrivée.

Le lendemain 14, elle monta en litière; et étant arrivée dans une plaine près Danglas, où elle monta à cheval, elle rencontra les ducs de Bouillon et de La Rochefoucauld à la tête de plusieurs gens de qualité. Elle les salua avec toute la civilité possible: elle fit à chacun des caresses proportionnées à leur naissance et à leur mérite, et leur donna des témoignages de sa reconnoissance tels que méritoient ceux de leur amitié et de leur engagement pour le prince son mari. Elle leur présenta le jeune duc son fils, qui dit fort agréablement aux ducs: «Je n'ai » en vérité plus peur du Mazarin, puisque je » vous trouve ici avec tant de braves gens; et » je n'espère la liberté de mon bon papa que de » leur valeur et de la vôtre.» Ce petit compliment d'un enfant de sept ans donna bien de la joie et de la tendresse à toute cette noblesse; et ils dirent tous qu'il y auroit plaisir à cultiver une plante d'autant d'espérance qu'ils jugèrent celle-là.

A cent pas de là étoient huit escadrons de cavalerie, belle, quoique ramassée. La princesse et monsieur son fils, le chapeau au poing, passèrent par les rangs. Ils firent les salves ordinaires; et tous, l'épée à la main, firent des protestations confuses et passionnées de mourir pour leur service, et firent un cri de guerre qu'on ouït depuis souvent retentir par les rues de Bordeaux, par celles de Paris, et presque par toutes celles du royaume, qui furent: *Vivent le Roi et les princes! et f.... du Mazarin!* Ils furent tous ensuite dîner chez le sieur des Courailles. Là, un gentilhomme envoyé du marquis de Lusignan vint complimenter la princesse, et lui dire que les Espagnols avoient voulu faire passer sept cent mille livres à Bordeaux par Blaye; que le duc de Saint-Simon l'avoit empêché, ce qui avoit obligé le commandant du vaisseau qui les portoit de les ramener à Saint-Sébastien; qu'ils offroient de revenir en quinze jours, de secourir la princesse de quatre mille hommes de pied, de quinze vaisseaux de guerre, et de deux millions, pourvu qu'elle traitât avec eux. Il ne faut que désirer pour être facilement persuadé; et l'on avoit tant ouï parler du Pérou, et des sommes immenses que cette nation avoit autrefois semées pour soutenir des factions en divers endroits de l'Europe, que la plupart de nous crut aisément cela, venant du marquis de Lusignan, qui avoit déjà eu de grandes conférences avec le baron de Vatteville. Ce fut la première fourbe que ce baron nous fit: la suite de ces Mémoires en découvrira bien d'autres. Celle-ci nous fut avantageuse; car elle échauffa fort la bonne volonté de ceux qui s'engageoient au service des princes, et y en attira d'autres par l'espérance de raccommoder leurs affaires avec la portion que chacun espéroit dans une telle somme. L'espoir de profiter est le meilleur négociateur qu'on puisse employer en pareille conjoncture, et quasi dans toutes les affaires du monde: aussi ne fîmes-nous de raisonnement qu'en particulier sur la possibilité ou impossibilité d'effectuer cette promesse, et nous jugeâmes tous à propos de la laisser croire prompte et facile à exécuter. A la vérité, nous ne la croyions pas aussi ample qu'on la faisoit; mais nous croyions trouver de grands secours en Espagne, où nous n'en trouvâmes que de très-médiocres; et à peine eût-on pu s'imaginer la nécessité en laquelle elle étoit pour lors réduite. On résolut de renvoyer ce gentilhomme, quand la princesse seroit arrivée à Turenne, avec un billet d'elle au baron de Vatteville et de créance en ce que le marquis de Lusignan lui diroit ou écriroit de sa part. Elle alla coucher à Argentac, petite ville appartenant au duc de Bouillon, sur la rivière de Dordogne, où il lui donna un magnifique souper, et à toute sa suite. Le lendemain 15, elle en partit en carrosse après y avoir dîné, et arriva de bonne heure à Turenne, où ayant conféré avec les ducs et moi, elle résolut, fit et envoya les expéditions suivantes:

« M. le baron de Vatteville prendra, s'il lui
» plaît, toute créance en ce que le marquis de
» Lusignan lui dira ou écrira de ma part, pour
» entrer dans le même traité que madame la du-
» chesse de Longueville et M. le vicomte de Tu-
» renne ont fait avec Sa Majesté Catholique à
» Stenay; aux conditions duquel traité, moi,
» mes parens, amis et confédérés de Guienne,
» nous nous soumettons, moyennant ce qui sera
» accordé de notre part avec Sadite Majesté ou
» messieurs ses ministres, les suppliant à cet
» effet de nous envoyer quelques personnes
» suffisamment autorisées pour traiter avec
» nous.

» *Signé* Claire-Clémence DE MAILLÉ. »

A monsieur le maréchal duc de la Force.

« MONSIEUR,

» Je ne puis être plus long-temps dans votre
» voisinage sans vous avertir de mon arrivée, et
» commencer à vous remercier de tous les té-
» moignages d'amitié que je reçois de vous et
» de monsieur le marquis votre fils, sur lesquels
» je me suis embarquée à ce voyage plutôt que
» sur toute autre considération: et je vous avoue
» que la seule consolation qui me reste dans
» tous les malheurs qui m'accablent est celle d'a-
» voir des amis de votre qualité et de votre
» vertu. Je vous supplie d'ajouter à toutes vos
» bontés celle de me donner vos conseils et votre
» assistance pour la conduite de l'affaire que
» j'entreprends. Elle est importante au service
» du Roi, au bien de l'Etat, et à la conservation
» de la maison royale (ce qui a été toujours l'ob-
» jet de tant de grandes actions qui vous ont
» rendu le plus illustre de votre siècle), vous
» suppliant d'être persuadé de ma reconnois-
» sance, et que je serai toute ma vie, etc. »

A M. mon cousin le duc de Saint-Simon.

« MONSIEUR MON COUSIN,

» Quelque impatience que j'aie de vous voir,
» je vous confesse que ma lassitude est si grande,

» que je me suis résolue de me reposer quelques
» jours en ce lieu, où nous parlons souvent de
» vous. Les troupes qui sont en Poitou m'ont
» empêchée d'aller tout droit à Blaye, outre
» que, pour vous parler franchement, je n'ai
» pas été fâchée d'embarquer tous ces messieurs
» ici, de qui je n'étois pas autant assurée que
» de vous. M. Filsgean que je vous envoie,
» parce qu'il est de vos anciens amis, vous dira
» l'état de nos affaires et de nos desseins, sur
» lesquels je ne résoudrai rien qu'après en avoir
» conféré avec vous. Vos conseils et la créance
» que j'ai en vous me les ont fait entreprendre;
» et sans l'assurance de votre amitié, et la sû-
» reté de ma retraite dans votre place, je crois
» que j'aurois risqué de me voir assiéger à Mon-
» trond, après avoir évité la prison à Chantilly.
» Vous pouvez croire, mon cher cousin, que
» je ressens comme je dois les obligations que
» mon fils et moi vous avons, aussi bien qu'à mon-
» sieur votre frère; et j'espère que les pauvres
» prisonniers que vous aiderez à sortir d'où
» ils sont, vous en remercieront un jour bien
» tendrement, et que vous connoîtrez, par
» toute la suite de ma vie, que je suis de tout
» mon cœur, etc. »

A M. le comte du Dognon.

« MONSIEUR,

» Comme je n'ai pris la résolution de me re-
» tirer en cette province, à dessein d'y agir pour
» la liberté de monsieur mon mari et de mes
» beaux-frères, que dans la créance que la mé-
» moire de mon pauvre frère, et l'amitié que
» vous m'avez toujours témoignée, vous porte-
» roit à y contribuer, je vous ai dépêché ce
» gentilhomme (auquel je vous prie d'avoir
» créance) dès le moment de mon arrivée en
» ce lieu. Je sais que vous êtes assez généreux
» et assez puissant pour témoigner à la sœur
» et au neveu de M. le duc de Brézé, dans une
» occasion telle que celle-ci, que vous avez
» toujours dans le cœur le souvenir d'une per-
» sonne qui vous a si tendrement aimé, et qui
» avoit tant de sujet d'être persuadée de votre
» affection. Je nourrirai mon fils dans la même
» amitié que son oncle avoit pour vous. Aidez-
» le et aidez-moi à tirer monsieur son père de
» la cruelle prison en laquelle le cardinal Ma-
» zarin (de qui vous avez tant de sujets de vous
» plaindre) le retient. J'espère tout de vous,
» puisque je suis, etc. »

Le 16, comme le gentilhomme de la princesse partoit pour La Force, un envoyé du ma-
réchal arriva, qui apporta de sa part un mémoire non signé, par lequel, après l'avoir assurée de ses services, il lui remontra qu'il n'étoit pas raisonnable, ni même utile au parti, qu'il se mît en devoir de l'accompagner à Bordeaux sans avoir ses sûretés et celles de ses amis, qui étoient en grand nombre; car n'ayant ni troupes réglées, ni argent pour en faire, s'il quittoit sa maison, il ne tarderoit guère à la voir rasée par les troupes du duc d'Epernon; et qu'au contraire, quand il auroit de quoi se déclarer avec effet, qu'il verroit le parlement de Bordeaux agir, il feroit déclarer plusieurs villes et quantité de personnes de considération et de mérite. On renvoya ce gentilhomme avec celui de la princesse, et on les chargea tous deux de proposer au maréchal une conférence avec les ducs de Bouillon et de La Rochefoucauld, en laquelle elle me feroit l'honneur de m'envoyer de sa part.

Filsgean, en partant pour Blaye, fut chargé de dire au duc de Saint-Simon que, comme il partoit, la princesse avoit reçu avis qu'il avoit envoyé un courrier au cardinal pour l'assurer de ses services; qu'il répondroit de Bordeaux en sa faveur, qu'il y décrieroit le parti des princes, et que tout cela n'empêcheroit pas la princesse et le duc de se rendre trois jours après lui dans sa place, puisqu'elle avoit parole de lui qu'il les y recevroit, et même le duc de La Rochefoucauld. Et, en un mot, elle chargea Filsgean de ne rien omettre pour couvrir ses intentions, et en tous cas pour l'obliger de se rendre à Bordeaux, s'il voyoit qu'il fît difficulté de la recevoir dans Blaye, afin qu'on pût négocier avec lui pour l'obliger à se déclarer.

On m'envoya de Toulouse un arrêt du 5 mai, par lequel ce parlement ordonnoit à Morand, maître des requêtes, qui étoit intendant à Montauban, d'en partir dans vingt-quatre heures, et du ressort dans huit jours, à peine d'être puni comme infracteur des ordonnances, avec défense à lui d'y faire directement ou indirectement les fonctions de sa charge.

Le marquis de *** se trouva ce jour à Turenne, comme une manière d'émissaire du maréchal de La Force, jugeant qu'il seroit moins périlleux de rendre une visite à la princesse à Turenne, que de se trouver à la conférence proposée, parce que n'ayant point de défense de la cour, c'étoit même une incivilité à lui que de ne le pas faire. Il proposa à Madame de l'inviter à se rendre près d'elle pour lui donner ses conseils : ce qu'elle fit à l'heure même, par une seconde lettre de ce même jour.

Le marquis de *** étoit de ces gentilshommes

retirés en leurs maisons, qui s'érigent en arbitres de provinces, qui veulent être de tout, qui s'ingèrent à tout, et qui vont de lieu en lieu chercher des affaires quand les affaires ne les cherchent pas chez eux. Ils condamnent tout ce qui n'a pas passé par leurs suffrages, et ne trouvent rien de bien que ce qu'ils ont ordonné. Tels gens sont fâcheux en toutes saisons et en toutes affaires : ils sont pourtant utiles en beaucoup d'occasions, parce qu'on a affaire à des gens retirés comme eux, sur lesquels ils ont pris une si grande autorité, qu'ils n'osent rien faire que par leur ministère. Un léger profit les fait mouvoir, mais une légère crainte les arrête ; ils sont sujets à négocier des deux côtés, et je n'ai point trouvé de plus dangereux espions. Il faut les laisser agir à leur mode, ne les contrarier jamais ; car l'instruction du plus expérimenté ministre d'Etat leur paroîtroit impertinente. Nous avons trouvé en notre chemin une infinité de ces gens-là, qui nous ont fait plus de peine que le gros de l'affaire. Il faut pourtant les ménager, et n'en rebuter aucun, parce que personne n'est plus propre pour ces gens-là à décrier les affaires et les manières qui ne tombent pas sous leur sens. Tout ce qui réussit bien, ils disent qu'ils l'avoient conseillé, et que l'on vouloit faire tout le contraire ; et tout ce qui n'a pas un bon succès, ils ne manquent pas de publier que c'est parce qu'on ne les a pas crus.

Le duc de Bouillon reçut quelques avis de Montauban que cette ville, désireuse de se revoir en son ancien état, croyoit que le moyen d'y parvenir étoit de se déclarer pour les princes, et que plusieurs des principaux tâchoient à persuader les autres de le faire. Le duc écrivit ce qu'il falloit pour fomenter cela.

Langlade, secrétaire du duc de Bouillon, retourna ce jour-là de Bordeaux, où il étoit allé par son ordre. Il confirma les défiances que nous avions du duc de Saint-Simon, dit qu'il tâchoit par toute voie d'en donner à cette ville-là du parti des princes ; que pourtant il ne voyoit rien de changé dans l'esprit de ceux avec qui il avoit coutume de négocier, et les avoit tous laissés dans le sentiment de recevoir la princesse et le duc son fils dans leur ville, et de donner tous les arrêts nécessaires pour leur sûreté, pourvu qu'ils vissent des troupes sur pied capables de leur ôter la crainte d'être opprimés. Langlade étoit pour lors un jeune garçon d'une grande vivacité d'esprit, fort affectionné à son maître, et par conséquent à cette affaire-ci, dont le succès étoit d'une importance extrême à la grandeur du duc et à sa réputation. Aussi y a-t-il fort bien agi, et en toutes celles où M. de Bouillon s'est intéressé. Il plut à la fin au cardinal, et devint, quelques années après, secrétaire du cabinet.

Les avis se confirmèrent de toutes parts que la haine que ceux d'Agen avoient contre le duc d'Epernon augmentoit fort ; que s'il sortoit de cette ville, il n'y rentreroit jamais, et que si l'on se présentoit à la porte avec quelques troupes considérables, il couroit fortune d'y être tué ou pris prisonnier. Ce duc étoit affolé d'une bourgeoise de ce lieu-là, nommée Nanon de Lartigue, qui avoit trouvé l'art de lui plaire avec peu de beauté et un esprit fort médiocre, en l'admirant tout le jour et en le traitant de prince. Elle a été depuis et jusques à sa mort la maîtresse absolue de son cœur et de ses volontés. Elle avoit fait avec lui une fortune de plus de deux millions de livres ; car ce duc s'étoit attaché à la cour, parce que la cour l'avoit gagnée. Il la menoit partout avec lui : il la faisoit précéder les dames de qualité dans les lieux où il avoit du pouvoir ; la Reine même la recevoit chez elle, et parce qu'elle lui étoit nécessaire, et parce que la comtesse de Fleix, sa dame d'honneur, l'en supplioit par l'espérance de la succession du duc, qu'elle a depuis ménagée à son fils, à présent duc de Foix. Le cardinal rendoit des visites à cette fille, et à son exemple la plupart des gens de qualité. Il ne se distribuoit point de grâce dans l'infanterie, dont M. d'Epernon étoit colonel, ni dans ses gouvernemens, que par sa volonté ; enfin jamais un gentilhomme particulier n'a fait ou procuré de si grands bienfaits à une telle créature. Sa fortune ne dura qu'autant que la vie du duc ; car après sa mort elle en a été presque entièrement dépouillée par la dame de Fleix, qui a cru qu'en la ruinant elle rendoit à son fils du bien qu'il avoit dû trouver dans la succession du duc d'Epernon.

J'ai fait cette digression à propos d'Agen, où cette fille étoit mortellement haïe, et presque dans toute la Guienne, où elle avoit beaucoup contribué à l'aversion qu'on y avoit contre ce duc, leur gouverneur : car, outre qu'il y avoit du scandale de voir un tel commerce et une si honteuse dépendance, pendant qu'il étoit séparé de la duchesse sa femme, elle avoit élevé sa fortune dans son propre pays ; et cela suffisoit pour avoir excité une envie et une aversion aussi grande que celle qu'on avoit contre elle.

Plusieurs particuliers de Bergerac écrivoient qu'ils ne songeoient à rien tant qu'à se délivrer de la tyrannie du duc d'Epernon, et qu'ils n'en savoient point des moyens plus sûrs et plus prompts que de se jeter dans le parti des princes. Cette ville nous eût été fort nécessaire et par la situation et par son pont, qui est seul sur tout le cours de la Dordogne.

Limeuil est un poste avantageux sur le confluent de la Vezère et de la Dordogne. Cette ville appartient au duc de Bouillon; il y jeta quelques gens de guerre pour l'empêcher de surprise : c'étoit un passage assuré pour conduire la princesse à Bordeaux. Le général de La Valette s'en approcha, mais il n'osa rien entreprendre en l'état qu'étoient les affaires.

Libourne offrit, par le premier consul, de se rendre au premier ordre de la princesse ou du duc de Bouillon.

On eut avis que la compagnie de gendarmes du prince Thomas devoit loger le 17 à Brives-la-Gaillarde. Le duc de Bouillon résolut de la charger quand elle seroit sur le point d'entrer dans cette ville, qui est de la vicomté, et à deux lieues de Turenne. Il fit sonner le tocsin, et en un moment tous les habitans qui composent cette belle terre furent sous les armes; et à deux heures de là ils furent tous au rendez-vous. C'est une chose assez singulière, et établie de tout temps, que quand la cloche de Turenne sonne, la paroisse voisine en fait autant, et la même chose de paroisse en paroisse; de sorte qu'en moins d'un demi quart-d'heure cette vicomté, qui est, avec ses dépendances, composée de quatre à cinq cents villages, entend le tocsin partout, et s'arme. Chacun sait son rendez-vous particulier, qui est composé de plusieurs paroisses ; et la manière de sonner du clocher de Turenne apprend où doit être le rendez-vous général. Ainsi on ne s'étonnera pas, sachant cela, si l'ordre du duc de Bouillon fut si promptement exécuté; et ce n'est pas assurément dans ce pays-là que le proverbe a pris naissance : *C'est l'ordre de M. de Bouillon; quand il parle, personne ne marche;* car jamais je n'ai ouï parler d'une plus prompte obéissance, ni d'une exécution plus brusque que celle-là le fut. Toute la noblesse dont j'ai parlé, se joignant aux communes de Turenne, fit un corps assez considérable pour la faire réussir. Tout marcha ; et comme on sut que cette compagnie étoit déjà dans Brives depuis environ une heure, le duc envoya quarante maîtres à chacune des portes, fit préparer force fagots pour y mettre le feu, et envoya dire aux magistrats qu'ils avoient reçu une compagnie d'étrangers que le cardinal envoyoit pour enlever un prince du sang et madame sa mère; qu'il avoit résolu de la tailler en pièces, et qu'à cet effet ils eussent à la mettre dehors ou à lui ouvrir les portes, ou qu'il les alloit brûler, et mettre ensuite le feu dans leur ville ; et tout cela dans une heure. Les magistrats furent assez embarrassés à quoi se résoudre ; mais la populace, qui voyoit des troupes à leurs portes, leur seigneur à la tête, et les communes qui grossissoient de gens qui descendoient de toutes parts des montagnes, commença à dire aux commandans de cette compagnie qu'ils les chargeroient, et même plus promptement que ne feroit le duc de Bouillon, s'ils n'eussent à aviser à ce qu'ils avoient à faire ; et que s'ils attendoient plus que le temps qu'il leur avoit donné, il n'y auroit point de quartier pour eux. De sorte qu'après quelques allées et venues, Sauvebœuf, qui étoit de la troupe, entra dans la ville, capitula qu'ils sortiroient en armes et bagage. C'étoit un homme brusque, emporté, sujet à faire bien des fautes quand il commandoit, et à être brouillé avec ses commandans quand il obéissoit. Le duc de Bouillon le désavoua ; et il fut enfin accordé, au nom du duc d'Enghien, que les officiers sortiroient chacun avec le cheval qu'on leur voudroit donner, sans valets ni bagage, et que tout le reste se rendroit à discrétion : ce qui fut exécuté. On mena bien cent cinquante chevaux à Turenne, et la plupart des cavaliers prirent parti dans nos troupes ; et tel fut le commencement de cette guerre.

Sauvebœuf se plaignit fort de ce désaveu, et plus encore de ce que le billet de créance que la princesse avoit écrit au baron de Vatteville étoit adressé à Lusignan et non à lui, et qu'il ne l'avoit pas signé, disant qu'il avoit commencé cette négociation; que les Espagnols n'auroient créance en qui que ce fût : de sorte que pour le contenter, et empêcher que cette mèche ne fût éventée, il fallut en faire un, qu'il signa avec la princesse, et qu'il envoya par un gentilhomme à lui. Ceux qui sont à la tête des partis, surtout quand ils sont dans leurs commencemens, font un exercice perpétuel de patience pour contenter l'avarice, l'ambition ou la vanité de ceux qui y sont, de peur qu'ils n'en sortent ; et de ceux qui n'y sont pas, afin qu'ils y entrent.

On sut le soir que le marquis de Sillery venoit avec trois à quatre cents maîtres, parmi lesquels il y avoit cent cinquante gentilshommes ; qu'il s'étoit saisi du pont de Térasson sur la Vezère, et que le chevalier de Todias avoit fait plus de mille fantassins dans la duché de Fronsac, dont il étoit gouverneur.

Chaufour, entré dans Limeuil, écrivit qu'il s'y étoit jeté près de quinze cents hommes ;

qu'il étoit en état de durer plus de quinze jours, et qu'il ne croyoit pas le général de La Valette si mal avisé que d'en entreprendre le siége.

Le gentilhomme que la princesse avoit envoyé au maréchal de La Force retourna avec une de ses lettres fort respectueuse pour elle, et nous dit qu'il lui avoit confirmé tout ce qu'il lui avoit envoyé dire par le gentilhomme nommé Chassin, qu'il lui avoit dépêché deux jours auparavant; disant de plus qu'il avoit neuf ou dix villes qui se déclareroient aussitôt que la princesse seroit en campagne, avec une armée capable de s'opposer aux troupes du duc d'Epernon; que lui et toute sa famille se sacrifieroient avec joie pour la tirer d'oppression; que c'étoit une chose honteuse de souffrir qu'une reine espagnole et un ministre calabrois, sujet du Roi son frère, eussent emprisonné sans sujet le plus grand prince du monde, et qui avoit si bien mérité de l'Etat; qu'il ne savoit à quoi se résoudre sur la conférence proposée, craignant que s'il sortoit de sa maison, le duc d'Epernon ne s'en saisît; que c'étoit un homme vain, ignorant et sans naissance, qui lui avoit proposé le mariage de mademoiselle de La Force, sa petite-fille, avec le duc de Candale, dont il n'avoit pas voulu ouïr parler, ne voulant point d'alliance avec telles gens, et finit disant qu'il alloit envoyer copie de la lettre de la princesse au marquis de La Force son fils, qui étoit à ***, pour prendre et suivre son avis sur la conférence proposée.

En tous les conseils que tenoit la princesse, elle n'y appeloit que les deux ducs et moi, non pas qu'il n'eût été nécessaire d'y faire entrer quantité de personnes de qualité et de mérite qui étoient là, et que je n'y fusse bien inutile; mais le secret est si nécessaire dans tels commencemens, où les créances réciproques ne sont pas encore bien établies, et où l'on ne connoît pas les intérêts, les humeurs ni le génie des uns et des autres, qu'on étoit obligé d'en user de la sorte. Chacun pourtant vouloit y être; mais le remède est de s'entretenir souvent d'affaire sans appeler cela conseil, ne faire jamais sortir personne du lieu où l'on est pour cela, et que ceux qui délibèrent fassent de concert les uns avec les autres des confidences à leurs amis des choses les moins importantes, et auxquelles le secret est moins nécessaire, et leur en demander toujours beaucoup.

Le 18, la princesse en tint un avec nous, auquel il fut délibéré sur la manière de concevoir les ordres qu'il falloit donner à l'avenir pour faire avancer les troupes avec lesquelles on prétendoit attaquer le général de La Valette, pour ensuite conduire la princesse à Bordeaux. Les uns furent d'avis de les dresser de cette sorte :

« Henri de Bourbon, duc d'Enghien, prince
» du sang, pair de France, lieutenant-général
» de l'armée du Roi contre le cardinal Mazarin,
» ses fauteurs et adhérens, perturbateurs du
» repos public, empêchant la paix générale et
» la décharge des peuples. »

Mais sur ce qu'il fut remontré que ce seroit déclarer la guerre si on le déclaroit chef de parti, et qu'il n'étoit pas expédient d'en user de la sorte que de concert avec le parlement de Bordeaux, lorsqu'on y seroit arrivé, on résolut qu'on les expédieroit en cette forme :

« La princesse de Condé, etc. Il est ordonné
» aux maires, consuls et habitans de *** de re-
» cevoir ***, qui leur seront envoyés ou menés
» par le sieur ***, que nous avons prié de se
» rendre près de nous avec ladite troupe, pour
» empêcher que celles du cardinal Mazarin,
» qui nous poursuivent, ne se saisissent de notre
» personne et de celle de M. le duc d'Enghien,
» notre fils. Et d'autant qu'il ne seroit pas rai-
» sonnable que lesdits habitans fussent surchargés
» de la dépense de ladite troupe, qui vient pour
» nous défendre de l'oppression et de la vio-
» lence d'un étranger; et que rien n'est plus
» important à l'État, au service du Roi et au
» repos du peuple, que la conservation de
» mondit sieur le duc d'Enghien, notre fils,
» comme étant le seul prince de la maison
» royale qui soit hors du pouvoir dudit cardinal
» Mazarin, il est ordonné au commandant de
» ladite troupe de la faire vivre doucement,
» de gré à gré, sans aucune exaction ni vio-
» lence, à peine d'y être pourvu; et de laisser
» en sortant dudit lieu aux maire et consuls,
» un état arrêté et signé de lui de la dépense
» qui y aura été faite; afin qu'elle leur soit
» déduite sur la taille de la présente année
» 1650.

» Fait, etc. »

Ce jour même, la princesse, jugeant à propos d'écrire à quantité de gentilshommes des provinces voisines, fit expédier cette lettre circulaire pour eux :

« Monsieur,

» Je n'ai pas voulu différer davantage à vous
» donner avis que je me suis rendue en cette pro-
» vince près de messieurs les ducs de Bouillon

» et de La Rochefoucauld, pour mettre M. le
» duc d'Enghien, mon fils, à couvert de la vio-
» lence du cardinal Mazarin, lequel n'étant pas
» satisfait de l'injuste détention de monsieur
» mon mari et de messieurs mes beaux-frères,
» nous fait poursuivre partout par ses troupes.
» Je crois que vous êtes assez généreux pour con-
» tribuer en votre pouvoir et celui de vos amis
» pour la conservation du seul prince du sang
» qui soit hors de la puissance de cet étranger.
» Monsieur son père, lui et le Roi même recon-
» noîtront un jour le service que nous recevrons
» de vous en cette rencontre; en mon particu-
» lier, croyez que j'aurai toute ma vie le ressen-
» timent que j'en dois avoir, et que je suis, etc.
» A Turenne, ce 18 mai. »

Madame la princesse envoya ordre au chevalier de Todias de se tenir d'une heure à l'autre en état de marcher, et de se saisir, le samedi 21 du mois, de la ville de Libourne.

Elle envoya aussi ordre au commandant et aux officiers de la duché d'Albret d'obéir à tout ce que Lusignan leur ordonneroit de sa part.

Comme le marquis de Sillery n'avoit amené que de la cavalerie, il ne s'étoit saisi du pont de Térasson que pour assurer son passage, et n'y avoit laissé personne. Les troupes du duc d'Epernon vinrent l'occuper, et s'y barricadèrent au nombre de douze cents hommes de pied et quatre cents chevaux, pour de là observer la contenance de la princesse, et être à portée de traverser la marche qu'elle pourroit faire.

On résolut de faire imprimer et jeter, dans les villes circonvoisines et dans l'armée, le billet que j'ai fait ici transcrire :

« Soldats, qui avez vaincu autant de fois que
» vous avez combattu sous le grand prince de
» Condé, auriez-vous bien assez de cruauté
» pour tremper vos mains dans le sang de sa
» femme et de son fils, que le Mazarin fait pour-
» suivre? Non, on espère de vos courages que
» vous quitterez les troupes de cet infâme étran-
» ger pour vous ranger, comme ont fait beau-
» coup de braves soldats, auprès de la prin-
» cesse et du duc d'Enghien. Vous y aurez bon
» parti dans le corps que chacun choisira; les
» cavaliers et fantassins toucheront leur pre-
» mière montre le jour de leur arrivée, et se-
» ront ensuite payés tous les mois, dont tous
» les généraux donnent leur paroles et enga-
» gent leur honneur. Quant aux officiers, on
» les croit trop généreux pour ne pas se joindre
» à ce juste parti, où tous les seigneurs du
» royaume qui ne sont pas unis par intérêt au
» Mazarin sont engagés pour contribuer avec
» eux au bien de l'Etat, à la paix générale, au
» soulagement du peuple, et à la liberté du plus
» vaillant et du plus grand capitaine du monde.
» Adieu, etc.— La première montre sera de
» deux pistoles pour chaque fantassin, et de
» cinquante écus pour chaque cavalier monté. »

La princesse écrivit au maréchal de La Force pour l'avertir que les ennemis s'étant postés à Térasson, il avoit toute liberté d'entreprendre ce qu'il lui plairoit vers la haute Guienne et tout le long de la Garonne.

Le duc de Bouillon reçut nouvelle que le vicomte de Turenne, son frère, avoit fait pendre trois soldats de ses troupes qui avoient voulu l'assassiner, et avoient confessé avoir été attirés par le cardinal. J'aidois en ce temps-là à le laisser croire aux autres, parce que cela servoit à ce qui nous convenoit le plus; mais je ne l'ai jamais cru, et particulièrement quand j'ai connu, par beaucoup d'expérience, que son naturel étoit fort éloigné de la cruauté (1).

Le 19, on tint un conseil, auquel furent appelés les principaux de ceux qui étoient là, comme Sauvebœuf, Coligny, Sillery, etc. Il y eut deux avis: le premier d'assembler toute la vicomté de Turenne, d'où l'on pourroit tirer trois mille hommes de pied en état de combattre; et avec ce qu'il y avoit là de monde environ de sept à huit cents chevaux, pour aller attaquer le général de La Valette à Térasson, tâcher à le défaire ou mettre en désordre, qui seroit le moyen de se rendre maître de toute la Guienne, et de mener ensuite la princesse et le duc comme en triomphe dans Bordeaux.

Le second avis fut de se contenter de régler ce que l'on pourroit tirer de troupes de Turenne et lieux circonvoisins, quinze cents hommes qui étoient dans Limeuil, les mille ou douze cents hommes du chevalier de Todias et de Roissac, avec environ mille chevaux qu'on ramasseroit

---

(1) On ne doit pas oublier cependant que le même Mazarin, dont le *naturel étoit fort éloigné de la cruauté*, ne fut pas étranger à l'ordre donné par le Roi d'arrêter le cardinal de Retz *mort ou vif, en cas de résistance de sa part*. Ce document, qui existe encore aujourd'hui en original, et que nous avons donné textuellement dans notre édition des **Mémoires de Retz** (page 415, note 1), pourrait être opposé au certificat de bonté donné à Mazarin par Pierre Lenet. Le coadjuteur accuse aussi Mazarin d'avoir *fait faire une entreprise contre le duc de Beaufort* par un sieur *Duhamel* (page 99 de notre édition).

de toutes parts; passer la princesse, le duc et les enfans du duc de Bouillon le long de la Dordogne, par Montfort, à Limeuil, et de là à Libourne, où l'on attendroit des nouvelles d'Espagne, et d'où l'on négocieroit avec Bordeaux, ou l'on s'y jetteroit sans aucun traité, suivant que l'occasion le voudroit; que si le général de La Valette vouloit suivre, on tâcheroit de prendre quelque poste avantageux pour l'incommoder ou le combattre; et que du moins, en hasardant un combat, la princesse seroit en sûreté et le duc son fils. Ce dernier avis prévalut avec raison; et il n'y avoit pas à balancer entre la conservation de leurs personnes, et quelques succès qu'on eût pu avoir d'ailleurs. Elles étoient la sûreté d'un parti naissant, et celle de la vie des princes prisonniers. L'on résolut d'exécuter cette proposition le 21 ou le 22 du mois.

Le 20, un cordelier vint à Turenne; on sut tôt après sa sortie, d'une personne à qui il s'étoit adressé, qu'il étoit envoyé du duc d'Epernon pour lui rapporter ce qui s'y passoit. On fit courre après lui de tous côtés, mais en vain.

Un père carme, nommé Fabri, vint s'offrir à faire surprendre Figeac et Cadenac, deux forts châteaux appartenant au comte de Crussol; et tant que cette affaire a duré, nous avons reçu mille propositions de cette nature par des moines preque de tous ordres. Il est dangereux de s'y fier, car les bons religieux demeurent dans les cloîtres, il n'y a que les vagabonds, ou peu affectionnés à leur profession, qui s'offrent à entrer dans les affaires de cette nature. Ils sont pour l'ordinaire espions, doubles et se prévalent du respect que l'on doit à leur habit, pour profiter et trahir des deux côtés, et, en chemin faisant, pratiquer toutes sortes de vices: effets ordinaires de la fainéantise et de l'impunité.

Le duc de Bouillon fut au rendez-vous de ses troupes pour les régler tout-à-fait, et les mettre en état de marcher.

Le duc de La Rochefoucauld apprit, par une lettre qu'il reçut, que cinquante gentilshommes de Poitou marchoient pour le joindre.

La princesse écrivit aux marquis de Bourdeilles, de Montsalès, frère du comte de *** et de Saint-Bonnet, et leur donnoit part de sa marche pour Bordeaux, pour tâcher à hâter leur résolution d'entrer dans le parti.

La Roussière, qui avoit été envoyé de Montrond en Poitou, en retourna, et dit qu'ayant voulu voir le duc de la Trémouille, il avoit contrefait le malade pour l'éviter; que la duchesse sa femme lui avoit dit que non-seulement son mari ne vouloit rien écouter touchant le parti des princes, mais qu'il en détournoit le prince de Tarente son fils, aussi bien que la landgrave de Hesse sa belle-mère, le comte de Laval son frère, et la princesse sa femme, afin que s'il avoit à lui proposer quelque chose, il le fît à l'insu de tous ces gens-là. Après quoi elle lui dit qu'elle étoit servante de la princesse douairière, et qu'elle avoit sujet de se plaindre du prince de Condé, qui avoit, en beaucoup de rencontres, abandonné les intérêts de sa maison. C'est une dame qui est assez habile à sa mode, et qui vouloit imputer quelque chose au prince pour se dispenser de le servir; ce qui arrive souvent aux gens foibles, ou à ceux qui croient profiter davantage de l'autre côté. La Roussière prit un rendez-vous avec le prince de Tarente, qui lui dit qu'il faisoit son possible pour persuader son père, sa mère et son frère d'aller en Bretagne, et pour envoyer sa femme en Allemagne, à Cassel; et que pour lors étant libre, il verroit ce qu'il pourroit faire; et ensuite le questionna fort sur ceux qu'on prétendoit devoir être du parti, l'argent, les troupes, les places, les emplois, les commandemens, etc. En un mot, cet homme qui s'étoit venu offrir à Chantilly, croyant qu'on lui mettroit Saumur entre les mains quand il étoit à la disposition de la princesse, fit comme ces gens qui, après avoir sondé le gué, quoique bon, vont passer la rivière à dix lieues de là sur un pont, bien qu'ils aient une affaire pressée. La Roussière dit encore qu'il avoit de grandes conférences, aussi bien que Du Dognon, avec le maréchal de La Meilleraye.

Le 21, l'on sut que les ennemis se retranchoient fortement à Térasson, sur le bruit que nous faisions courre exprès que nous voulions les attaquer; qu'ils attendoient quelques compagnies de cavalerie et le régiment de Cugnac, et faisoient faire leur pain de munition à Sarlat.

Quelques soldats vinrent se rendre, et la princesse leur fit donner l'argent porté par les billets jetés dans leur camp.

On donna tous les ordres aux troupes de se trouver, avant le jour, avec toute la noblesse à Cressensac.

Il est bien juste, avant que de sortir de Turenne, que je rapporte la magnificence et la cordialité avec laquelle la princesse y fut reçue et traitée tout le temps qu'elle y séjourna. Elle y entra avec toute la cavalerie et la noblesse dont j'ai parlé, et y fut reçue au bruit du canon. Il y avoit soir et matin une table pour elle seule, une pour le duc son fils, une pour madame de Tourville, à laquelle mangeoient les autres dames, servies chacune dans des lieux séparés, et dans la grande salle il y avoit quatre tables de vingt-cinq couverts chacune, toutes magnifiquement servies et sans bruit, que celui qui commençoit à s'élever après que l'on avoit desservi les potages, et qui alloit augmentant petit à petit, jusques à ce que la plupart fussent dans une gaieté approchant de l'ivrognerie. On commençoit les santés, et on les finissoit par celle du prince de Condé : on la buvoit debout, à genoux, et de toute manière; mais toujours le chapeau bas et l'épée nue à la main. Le duc de Bouillon la commençoit toujours avec des protestations de mourir pour son service, de ne remettre jamais l'épée au fourreau qu'il ne le vît avec le prince de Conti et le duc de Longueville en liberté. Il portoit telles santés, tantôt d'une, tantôt de deux et de trois rasades, parfois dans des verres, parfois dans des gobelets à l'allemande; et elles étoient suivies par toute l'assistance de protestations et de sermens de le seconder; tous les valets en faisoient de même. Cette façon de boire passa jusque dans les troupes; tout l'équipage de la princesse et toute sa suite furent défrayées : et je ne sais comment le duc put fournir à cette dépense en l'état auquel étoient ses affaires, après tous les malheurs qu'il avoit essuyés depuis sa prison, et la perte de Sedan. Il donnoit à la princesse tous les divertissemens qu'il pouvoit ; le voisinage la visitoit, les paysans venoient danser devant elle; elle jouoit, et chacun essayoit de la divertir par quelque plaisanterie.

Les feux qui avoient commencé à Montrond pour la marquise de Gouville alloient croissant dans les cœurs de Sessac et de Meille. Celui de Lorges ne fit pas grand progrès ; mais celui de Guitaut, quoique absent, n'en étoit pas de même : il se défendit, tout éloigné qu'il étoit, contre les attaques de ses rivaux. Saint-Agoulin commençoit à galantiser Gerbier pendant le voyage; Coligny la trouvoit aimable à Turenne; et le duc de Bouillon, qui avoit des civilités pour elle au-delà de sa condition, fit paroître dès-lors quelque chose de l'amour passionné qu'il eut pour elle. Je lui dictois en particulier toutes les lettres qui devoient paroître écrites de la main de la princesse ; j'avois tout loisir de l'entretenir; elle, de bonne foi, me faisoit confidence de ce que les autres lui disoient de leurs passions : et comme je craignois fort qu'on ne découvrît celle que j'avois pour elle, je vivois avec le plus grand respect du monde avec elle; personne ne m'en croyoit amoureux ; et comme on ne la croyoit que mon amie, ils me disoient tous trois mille choses d'elle qui me faisoient juger ce qu'ils avoient dans le cœur, et me faisoient, sans qu'ils y pensassent, tenir sur mes gardes, et gagner toutes les avenues pour faire échouer leurs desseins.

LIVRE TROISIÈME.

MAI, JUIN ET JUILLET 1650.

Le 22, à une heure après minuit, le duc de Bouillon, qui avoit tout disposé pour la marche, envoya deux heures devant le jour avertir madame de Tourville de faire éveiller la princesse et le duc d'Enghien. On le fit : elle ouït la messe, et descendit long-temps avant le jour au bas du château, où elle trouva les compagnies des gardes du prince son mari, du duc de Bouillon et du duc de La Rochefoucauld, qui tous deux étoient à la tête de toute la noblesse dont nous avons parlé, près des deux carrosses, dans l'un desquels elle, le duc d'Enghien et les dames entrèrent; et l'autre servit à mener les fils de M. de Bouillon, fort jeunes, et qu'on appeloit pour lors Sedan et Raucourt.

Jusque-là la princesse n'avoit agi qu'en secret; elle n'avoit fait que fuir de Chantilly et de Montrond; elle avoit dissimulé ses desseins à la cour et à ses amis mêmes : maintenant son ressentiment éclate, tout est au jour; elle marche à la tête d'une armée; elle cherche un asyle les armes à la main, et voit enfin éclore ce parti qu'on avoit ménagé avec tant de secret, je dirois même d'adresse, si je n'avois eu trop de part à toute cette conduite. Il a été glorieux à tous ceux qui l'ont soutenu et qui l'ont formé dans un temps d'une très violente oppression; après un coup de foudre tel qu'avoit été la prison des princes pendant l'union étroite des frondeurs avec le cardinal, qui avoit été relevé de son autorité partout, et après les heureux succès qu'il avoit eus en Normandie, en Anjou et en Bourgogne. Il faut que je dise ce qu'on dit souvent en pareilles rencontres, qu'il est aisé de gouverner un vaisseau quand le vent est favorable, mais très-difficile de prendre port contre vent et marée.

[Le rendez-vous fut à Cressensac, où la princesse arriva à cinq heures du matin. Elle y trouva dans une plaine les troupes, dont la revue en fut faite; et l'on tira de toute l'infanterie, qui se montoit à plus de six mille hommes bien faits et bien armés, environ deux mille quatre cents hommes, qui furent mis en bataille, et le surplus fut renvoyé jusqu'à nouvel ordre, et la cavalerie fut aussy mise en vingt escadrons, formant plus de mille chevaux, parmi lesquels il y a plus de cinq cens gentilshommes, tous marchant avec ordre jusques à la portée du mousquet de Montfort, château situé sur la Dordogne, appartenant au duc de Bouillon, comme j'ai dit, où M. le marquis de Saint-Alvère, avec quantité de noblesse et de cavalerie, joignit l'armée, qui alla camper entre Montfort et Sarlat, pour observer la marche des Espernonistes, qui étoient postés et retranchés au pont de Térasson, se vantant d'attaquer la princesse et le duc son fils, forte ou foible, et de les prendre l'un et l'autre, fusse mort ou vif, suivant l'ordre qu'ils en avoient du cardinal Mazarin et du duc d'Espernon.]

La princesse y reçut un gentilhomme du marquis de La Force, qui proposa de faire prendre Libourne avec un grand mystère, dont la princesse étoit assurée. S'il eût proposé de s'en servir en personne, il eût fallu lui donner curée de cette exécution, tout comme s'il n'y eût eu que lui au monde qui eût été capable de la faire, et qu'elle eût été le salut du parti. Il importe souvent de donner l'honneur à autrui des choses que l'on feroit mieux soi-même et avec moins de dépense, comme ici, où l'on auroit fait faire un pas au marquis de La Force, après lequel il n'auroit pu reculer : mais il ne paroît que de nous mettre en main quelques gentilshommes de ce voisinage-là, qui n'étoient pas assez considérables pour désobliger ceux qui nous avoient ménagé l'entrée de cette place.

Le 23, on partit suivant le conseil tenu la veille. Incontinent après que l'on fut arrivé à Montfort, il fut résolu de couvrir la marche de la princesse le plus qu'il seroit possible, et de la conduire à Bordeaux avec toute sûreté : de sorte qu'à quatre heures du matin elle se rendit, avec le duc son fils, les fils du duc de Bouillon, et le reste de sa suite, sur le bord de la rivière, où elle trouva six bateaux, dans quatre desquels étoient cent ou six-vingts mousquetaires, ses carrosses dans le cinquième, et l'autre destiné pour sa personne. Avant que de s'embarquer, elle entretint sur le bord de la rivière le sieur de Merry, envoyé du marquis de La Force, auquel elle promit de faire toutes les choses qu'il souhaiteroit en faveur des gentilshommes qui devoient se saisir de Libourne, et le pria de lui proposer de se rendre à Bordeaux, ou d'y envoyer un gentilhomme de sa part avec lettre de créance, afin qu'elle pût traiter avec lui, connoître ses intérêts et ses desseins. Elle dépêcha aussi un gentilhomme vers le maréchal de La Force, pour lui faire ses complimens et ses excuses si elle passoit à la porte de Castelnau sans le voir ; mais qu'étant en bateau, et le château en un lieu extraordinairement élevé, elle ne pourroit, sans une très-grande incommodité, satisfaire au dessein qu'elle avoit d'aller elle-même prendre ses conseils. Elle le chargea de lui dire qu'elle marchoit avec mille ou douze cents chevaux, et trois mille hommes de pied ; que le Pariage étoit sous les armes ; qu'elle étoit assurée de M. de Bourdeilles et de tous ses amis ; que dans le duché de Fronsac elle avoit mille hommes de pied et deux cents chevaux, et qu'elle alloit se jeter dans Bordeaux.

Elle avoit été conseillée, et fort à propos, de voir ce maréchal en passant, pour deux raisons. La première, pour le faire précisément déclarer ; et la seconde, en cas qu'elle n'en pût venir à bout, faire croire par cette entrevue à toute la Guienne qu'elle venoit de nouer la partie : mais ce dessein fut combattu par d'autres raisons qui l'emportèrent. La princesse s'embarqua donc, passa au pied de Castelnau, fut visitée sur la rivière, près de Bénac, par le seigneur du lieu, qui s'excusa sur son âge s'il ne la suivoit, et l'assura qu'il alloit faire monter ses fils à cheval pour aller joindre son armée. Chacun la voyant passer plaignoit l'affliction de cette princesse, et la manière avec laquelle elle se sauvoit avec un prince du sang âgé de sept ans : on lui souhaitoit, les larmes aux yeux, toutes bénédictions et toutes prospérités. Enfin elle arriva à Limeuil, petite ville où il y a un château sur une hauteur qui la commande, et dans la situation que j'ai dite. Elle trouva en arrivant le pont de bateaux, qu'on avoit commandé deux jours auparavant, achevé, et tout le pain de munition cuit. Deux heures après son arrivée toute la cavalerie arriva, à laquelle se joignirent deux cents chevaux que le marquis de Saint-Alvaire, et les sieurs de Ribère, de Jorre et autres, lui avoient amenés.

Les ducs reçurent la nouvelle que [le chevalier de La Valette] avoit quitté Térasson, sur l'avis de leur sortie de Turenne [qu'il s'avançoit en diligence, prétendant couper le devant entre Limeuil et Bergerac, pour le dessein qu'il avoit eu ordre d'exécuter sur madame la princesse et sur le jeune prince son fils]. Cela les fit résoudre d'aller à eux pour essayer de les pousser, et peut-être de les tailler en pièces.

A cinq heures du soir, toute l'infanterie arriva. Les ducs, qui étoient partis en diligence, et qui avoient emmené cinq cents fantassins qu'ils avoient pris à Limeuil des troupes qui y étoient pour la conservation de la place, apprirent, à demi-lieue de là, que les ennemis avoient passé à Liorat, et pourroient s'arrêter à La Moussie de Montastruc. Ils résolurent de les pousser jusque dans Bergerac, et de les combattre s'il étoit possible. Le duc de Bouillon envoya quérir toute l'infanterie, quoique fatiguée d'une longue marche, et qui partit à l'heure même.

Le sieur d'Erchinac et ***, neveux du sieur Le Blanc de Mauvoisin, conseiller au parlement de Bordeaux, avertirent la princesse et les ducs que le duc de Saint-Simon continuoit d'écrire à Bordeaux que l'arrivée de la princesse et du jeune duc seroit leur ruine ; qu'il falloit l'éviter à quelque prix que ce fût, et leur refuser l'entrée ; et que Pomiers-Françon, quoiqu'intendant de madame la princesse en Guienne, et le procureur-général du parlement dépendant dudit duc, tenoient le même langage, et alloient de porte en porte pour essayer de le persuader. Et cela avoit été déjà dit et mandé de divers endroits à la princesse.

Le sieur de La Chapelle-Biron arriva avec quarante maîtres. Longchamps retourna à Figeac, où il rendit la lettre de la princesse au sieur de Montsalès. Le comte de Crussol, la comtesse sa femme, et l'abbé d'Uzès, crurent ou feignirent de croire qu'il venoit appeler en duel le sieur de Montsalès, et par là empêchèrent de l'entretenir, et l'arrêtèrent un jour entier. La comtesse le désabusa de la pensée qu'avoit la princesse que le duc de Saint-Simon fût dans ses intérêts, et lui témoigna tous les déplaisirs du monde qu'il ne fût pas dans les sentimens qu'il étoit obligé d'avoir par les paroles qu'il avoit données, et par la parenté qu'il avoit l'honneur d'avoir avec M. le prince.

Le sieur de Palière, capitaine au régiment d'infanterie de Condé, arriva de Montrond, et apporta la copie d'une lettre de la princesse la mère à Mautour, gouverneur de cette place, dont voici la copie :

« M. de Mautour, j'ai appris avec grand dé-
» plaisir le départ de ma belle-fille et de mon
» petit-fils de Montrond, et suis bien en peine
» où elle pourra être allée. J'ai appris qu'il s'é-
» toit jeté dans ledit Montrond quelques gens
» de guerre, ce qui m'oblige à envoyer savoir
» de vous ce qui en est : et comme je ne suis
» en volonté ni en puissance de tenir une gar-
» nison extraordinaire, je vous prie de le faire
» connoître à ces messieurs, afin de les obliger
» à se retirer avec le plus de civilité et de cour-
» toisie qu'il vous sera possible, ainsi que je
» l'ai dit à votre frère, me remettant à vous du
» surplus. Je suis, etc. »

Mautour lui fit réponse que ce qui étoit à Montrond y étoit par l'ordre de madame sa belle-fille, qu'ils n'en sortiroient que par son ordre ; et que n'y étant que pour la sûreté de la place, et n'y faisant aucun acte d'hostilité, il ne croyoit pas que la cour y pût trouver à dire. Il y a des occasions où l'on fait plaisir aux maîtres de leur désobéir.

Filsgean retourna de Blaye où la princesse l'avoit envoyé, qui lui rendit une lettre du duc de Saint-Simon, et lui dit qu'il disoit n'avoir jamais donné parole à Todias, au Chambon, à Chapizeaux ni à l'évêque d'Angoulême de recevoir elle, ni son fils, ni madame sa belle-mère, et ne lui en avoir donné jamais espérance par le marquis de Saint-Simon son frère; qu'elle avoit pris un mauvais conseil de sortir de Montrond ; que les ducs de Bouillon et de La Rochefoucauld l'en avoient tirée pour leur intérêt particulier; qu'ils s'étoient voulu rendre maîtres de leurs personnes, l'un pour avoir Sedan, et l'autre son gouvernement de Poitou ; que s'ils se présentoient à ses portes il les chargeroit ; que s'il étoit contraint de recevoir la princesse et son fils, ce ne seroit qu'elle dixième ; et que si pendant qu'elle y seroit, il recevoit un ordre du Roi pour l'arrêter, il se trouveroit embarrassé; qu'il feroit pour M. le prince plus que tous les autres, en ménageant sa liberté par douceur ; mais que pour y parvenir il falloit que la princesse accusât ceux qui lui avoient conseillé une telle conduite, et en demandât pardon au Roi; et que moyennant cela il feroit en sorte qu'on lui laisseroit la liberté de demeurer à Coutras ou à Montrond ; enfin que c'étoit là tout ce qu'il pouvoit pour son service. Filsgean, qui est un vieux courtisan, et duquel le feu prince de Condé père se servoit en toutes ses négociations de la cour, lui répondit fort pertinemment sur tout cela; mais j'ai toujours connu que rien ne persuade que la passion ou l'intérêt. Le duc n'avoit pas à espérer l'un de la princesse ; il n'avoit pas l'autre pour elle ni pour sa maison : il compta pour rien tout ce qu'il sembloit avoir promis et fait espérer. Je ne le blâme qu'en cela, car au fond il avoit trop d'obligations au feu Roi pour pouvoir manquer à la Reine en cette rencontre: aussi le comte de La Vauguion, qui le gagna pour la cour, n'eut point de peine à en venir à bout.

Ce duc envoya un gentilhomme visiter la princesse. Elle fut deux jours sans vouloir le voir : elle le vit à la fin, mais elle le traita avec beaucoup de froideur.

Sur le soir, la princesse sut par le sieur de Chapizeaux, et ensuite par le retour des ducs de Bouillon et de La Rochefoucauld, et de toute l'armée, qu'après avoir marché toute la nuit, qui étoit fort obscure, ils rencontrèrent les ennemis logés à Clermont et à Monclar, villages situés dans des lieux fort montueux, couverts de bois, et de difficile abord, séparés d'eux par un ruisseau fort bourbeux et profond, dans un marais qui empêcha les troupes de passer à eux pour les enlever la nuit, comme il avoit été projeté; outre que l'infanterie, qui avoit fait une longue marche, n'ayant pu suivre, s'étoit postée une lieue en arrière. Les ducs crurent qu'ils ne pouvoient pas sans péril attaquer les ennemis dans leur quartier ; leur infanterie étoit avantageusement postée : de sorte qu'ils attendirent le point du jour, à cause des grands défilés qu'il falloit passer pour aller à eux. Mais les Epernonistes (c'est ainsi qu'on les appela toujours depuis) ayant aperçu, à la faveur du jour, la moitié de la cavalerie du duc d'Enghien (l'autre moitié, qui avoit eu ordre de se rendre là, avoit été fourvoyée la nuit par les guides, et s'étoit postée à deux grandes lieues sur la droite), commencèrent à prendre leur marche du côté de Bergerac par une forêt qui aboutit assez proche de la ville, quittant pour leur propre salut le dessein duquel ils s'étoient si fort vantés. Messieurs les généraux résolurent de les combattre ; et pour cela ils passèrent à La Moussie le ruisseau qui les séparoit, pour les attaquer dans leur marche : mais ayant rencontré leur bagage escorté de trois cens mousquetaires et de cent chevaux, M. le duc de Bouillon commanda au sieur des Roches, qui étoit à la tête d'un escadron composé des gardes de M. le prince de Condé et de ceux du duc de La Rochefoucauld, de les aller attaquer, étant soutenu de Marquessac et de La Bastide-Conros; et ceux-ci par les escadrons des volontaires, qui étoient commandés par le comte de Coligny, qu'ils avoient choisi pour leur chef. Des Roches et Marquessac les attaquèrent avec tant de vigueur, qu'ils les défirent entièrement ; et cette avant-garde, qui étoit commandée par le marquis de Sauvebœuf, ayant tué plus de cent soixante soldats sur la place, deux capitaines et quelques autres officiers, le reste fut fait prisonnier, tout le bagage, mulets, chariots et équipage de toute l'armée pris ; tout leur argent monnoyé avec la vaisselle du chevalier de La Valette : le butin fut estimé trois cent mille livres, y ayant tel cavalier qui eut douze cens louis d'or pour sa part; et rien de tout l'attirail de l'armée n'échappa qu'un carrosse, qui prit la fuite pendant le combat avec la cavalerie qui l'escortoit.

18.

Cependant les Epernonistes craignant après cette déroute que les troupes du prince, qu'ils voyoient donner avec tant de chaleur et de courage, ne leur tombassent sur les bras, prirent la fuite en grand désordre, et se sauvèrent à toute bride jusque dans Bergerac, et au-delà. Tout le pays sonna le tocsin sur eux, et faisant des prières pour la prospérité des nôtres qui les poussèrent jusques aux portes de cette ville-là, d'où ils retournèrent à Limeuil, où madame la princesse, qui avoit su le bon succès, les attendoit avec impatience; et là les sieurs de La Chapelle-Biron, La Chapelle de *** et quelques autres les joignirent avec chacun cinquante maîtres, la plupart gentilshommes. On trouva dans la cassette du chevalier de La Valette toutes les lettres qu'il avoit recues du duc d'Epernon et de ses confidens, les minutes des réponses qui leur avoient été faites, quelques copies des lettres du Roi et du cardinal Mazarin, par lesquelles on découvroit les fourbes et les intrigues des uns et des autres contre le parlement, contre la ville de Bordeaux, madame la princesse, monsieur son fils, et la plupart des seigneurs et gentilshommes de Guienne.

Je fis écrire sous M. de Bouillon cette relation ainsi qu'il la dicta, et je l'ai fait écrire mot pour mot, parce qu'elle est fort véritable; et je la fis imprimer avec des additions et publier à Bordeaux, pour solenniser le commencement de notre guerre, que nous prenions grand soin d'amplifier en le publiant : nous les augmentions même dans notre imagination ; car les malheureux font parade de peu de choses, et se flattent que le moindre avantage est un augure pour le retour de la bonne fortune.

Le 25, on envoya des copies partout; et il n'est pas croyable combien ce petit avantage parut grand dans la créance des peuples de toute la Guienne, et combien de joie ils en eurent. Je ne sais si c'étoit l'affection pour nous, ou l'aversion qu'on avoit contre le duc d'Epernon : car ces deux passions si contraires et si opposées produisent d'ordinaire le même effet ; et souvent on nous aime sans nous connoître, parce qu'on hait nos ennemis, ou l'on nous hait parce qu'on aime ceux qui nous sont opposés. Et parce que dans la cassette du chevalier de La Valette on trouva plusieurs lettres contre les intérêts du parlement et de la ville de Bordeaux en général; et en particulier contre l'honneur du marquis de La Force, et de plusieurs personnes de qualité de la province, avec les ordres pour arrêter la princesse et le jeune duc, on les envoya en original à Bordeaux, et des copies à tous les intéressés.

On séjourna à Limeuil le 26, pour donner un peu de repos aux troupes.

La princesse renvoya le gentilhomme du marquis de La Force avec les lettres que l'on avoit trouvées contre lui. Elle l'invita de se trouver à Bordeaux pour conférer avec elle, et ajouta que, par un courrier qu'elle avoit reçu ce jour-là, on lui mandoit que le cardinal écrivoit à ce marquis avec promesse de le faire maréchal de France : sur quoi elle me commanda de faire un billet au porteur, qui disoit qu'elle croyoit le marquis trop habile pour se contenter d'une chose aussi peu solide que cette promesse, qu'on ne lui faisoit que pour l'amuser, et lui faire perdre le temps de se rendre considérable en relevant son parti, en se saisissant des places que sa maison avoit possédées autrefois, et dans lesquelles il avoit intelligence, et tout le crédit; qu'il seroit bien plus tôt et plus sûrement maréchal de France en se rangeant de son côté qu'en se fiant au cardinal, parce qu'elle s'engageoit, par le traité qu'elle feroit avec lui, de ne faire jamais d'accommodement qu'il ne le fût; qu'elle lui donneroit de l'argent pour lever des troupes; qu'il devoit se souvenir de quelle manière le cardinal l'avoit méprisé et le maréchal son père, ne leur ayant jamais donné d'emploi pour faire éclater leur vertu, ni procuré aucuns bienfaits à la cour depuis qu'il étoit au ministère; qu'au contraire il les avoit reculés, pour avancer des gens de néant à leur préjudice; et quand il seroit devenu bien intentionné pour lui, il seroit impossible qu'il lui donnât le bâton de maréchal de France, l'ayant promis préférablement à tous autres aux marquis d'Hocquincourt, de ***, La Ferté-Senneterre, La Ferté-Imbault, Palluau, Manicamp, Du Dognon, Grancey, et à d'autres qu'il n'osoit mécontenter, les uns par la considération de leurs places, d'autres par celle de leur cabale, et les autres parce qu'ils étoient ses créatures; et qu'il rebuteroit tout le monde s'il en faisoit si grande quantité à la fois.

Dorénavant, quand je dirai que la princesse fit ou ordonna quelque chose, il faut supposer que les ducs de Bouillon et de La Rochefoucauld le proposoient ou le jugeoient à propos; parce que depuis qu'elle les eut joints, elle ne voulut jamais décider d'aucune chose sans leur avis. J'employois toute la créance dont elle m'honoroit à faire tourner les choses comme les ducs le souhaitoient; et je les priai d'abord tous les deux en particulier, et tous deux ensemble, de me commander avec un pouvoir absolu. Je savois bien que la bonne intelligence est l'âme des partis. La princesse n'avoit rien à craindre que de voir former de petits partis dans le grand par la désunion des chefs : aussi appliquai-je tous mes soins à les éviter comme un écueil ; et à la vérité je n'eus aucune peine à les tenir unis, car je n'ai jamais vu deux hommes d'une telle qualité et d'une aussi grande ambition qu'étoit la leur, avoir des intentions plus nettes et plus sincères. Ils me traitèrent l'un et l'autre avec tant d'honnêteté et prirent une telle créance en moi, qu'ils ne firent jamais la plus petite affaire sans me la communiquer et me la faire approuver.

La princesse vint et renvoya le gentilhomme que le duc de Saint-Simon lui avoit dépêché. Elle répéta à peu près tout ce que Filsgean avoit dit à son maître, et y ajouta que rien n'étoit plus chrétien que ce qu'il faisoit en faveur du cardinal Mazarin, qui l'avoit toujours persécuté ; et qu'elle espéroit qu'elle feroit réflexion sur ce qu'il lui avoit promis, et sur ce qu'elle n'étoit sortie de Montrond qu'à sa persuasion et sur sa parole, et que quand il auroit connu la force du parti, il jugeroit qu'il pouvoit y entrer sûrement ; qu'elle lui laisseroit la liberté de faire la guerre à l'œil pendant quelque temps ; et que, quoiqu'il eût écrit et fait dire, elle ne pouvoit s'imaginer qu'il lui manquât en une occasion d'une telle importance. Elle chargea cet envoyé de lui dire de sa part et de l'assurer qu'il ne tiendroit qu'à lui qu'elle l'aimât de tout son cœur.

La princesse se surmonta elle-même en dissimulant la plus grande partie de ce quelle avoit sur le cœur ; mais il n'étoit pas à propos de rompre brusquement avec lui : et dans les négociations d'une aussi grande conséquence que celle-là, c'est une maxime certaine qu'il faut toujours laisser lieu aux intéressés de penser à ce qu'on souhaite d'eux, parce que le temps produit mille choses qui leur font changer de résolution, et les porte souvent à désirer ardemment le lendemain ce qu'ils refusoient la veille avec obstination, surtout quand on n'est pas en pouvoir de donner la loi.

En renvoyant ce gentilhomme, la princesse lui fit donner une copie d'une certaine lettre du cachet du Roi, qu'on supposoit avoir été écrite au chevalier de La Valette, et avoir été prise dans son équipage, par laquelle on lui donnoit ordre de mettre tout en usage pour surprendre Blaye, n'y ayant point d'apparence de laisser une place de cette importance entre les mains du duc de Saint-Simon, auquel on ne pouvoit prendre confiance, sachant bien qu'il étoit engagé dans le parti des princes.

Depuis on en montra le prétendu original à plusieurs de ses amis à Bordeaux ; mais la vérité est que quelqu'un que je ne veux pas nommer avoit, avec une certaine drogue, levé tout l'écrit d'une vraie lettre de cachet, et avoit ensuite fait remplir le blanc de ce que je viens de dire : tant la nécessité et la foiblesse inspirent de choses contre la bonne foi.

Le 26, le duc de Bouillon renvoya Langlade à Bordeaux pour avertir ceux de sa confidence que la princesse marchoit pour s'y rendre, afin de disposer les choses pour sa réception. La princesse le chargea de voir en passant le marquis de Bourdeilles, et de lui rendre une lettre de sa part ; de porter ordre au chevalier de Todias de faire faire du pain de munition à Coutras ; de voir quand et comment l'affaire de Libourne s'exécuteroit, et en tout cas de faire préparer des bateaux au Bec-d'Ambez et à Lormont.

Le 27, on sortit de Limeuil, et l'armée marcha en bataille droit à Verg, où le marquis de La Douze, qui en est le seigneur, avoit défendu d'ouvrir la porte du château à la princesse ; et comme la petite-vérole étoit en la plupart des maisons du bourg, et que la princesse avoit sujet de la craindre pour elle et pour le duc son fils, elle campa la nuit avec l'armée.

Le 28, on continua la marche par le Pariage, petite partie du Périgord, dont les habitants, naturellement séditieux, et qui sont accoutumés à ne payer ni dettes à leurs créanciers ni tailles au Roi, vinrent au nombre de six cents hommes armés, sous la conduite du baron d'Abroche, offrir leurs services à la princesse. On fit halte près Le Grigault ; et, en passant à Saint-Pont, la dame du lieu lui donna une fort honnête et fort galante collation sous des arbres auprès d'une fontaine. On passa la rivière de l'Ile à Mauriac, où trois cents hommes des terres de Lauguais-de-Clérau, qui appartiennent au vicomte de Turenne, vinrent nous joindre. On campa à Saint-Louis, où la princesse coucha, et où elle reçut une lettre du marquis de Lusignan, qui étoit à Bordeaux, par laquelle il lui donnoit avis que tout le peuple l'y attendoit avec impatience : ce qui lui fut et à nous d'une très-grande consolation.

Le 29, l'on marcha à Saint-Antoine, où l'on fit repaître la cavalerie. La princesse y dîna, et tout campa et coucha à Coutras, où le chevalier de Todias joignit à l'armée deux cents chevaux et cinq cents fantassins. Ce lieu, fameux par la bataille que Henri IV, étant encore roi de Navarre, y donna au duc de Joyeuse, et qu'il gagna avec tant d'avantage pour son parti, l'est encore par la beauté de sa situation entre les rivières de l'Ile et de la Dronne, et par la beauté de la maison et des grands jardins qui l'accompagnent : c'est ce qui le fit juger propre à y faire quelque séjour, en attendant que les choses fussent en l'état que nous les souhaitions à Bordeaux. Et déjà les dames et quelques-uns de ceux que j'ai nommés sur leur sujet, commençoient à faire des chiffres sur les écorces des lauriers, les plus hauts et les plus beaux que j'aie vus de ma vie, et qui forment une belle allée sur le bord d'un très-grand canal, quand un avis que l'on reçut de Mazerolles, gentilhomme de bon sens, et de long-temps attaché au prince de Condé, qui s'étoit rendu à Bordeaux sur le bruit du voyage de la princesse, et le retour de Langlade, firent changer d'avis, et résoudre d'y marcher avec toute la diligence possible pour s'y rendre le 31, sur ce que le premier avoit écrit qu'elle y seroit bien reçue, pourvu qu'elle y arrivât inconnue, et sans être accompagnée des ducs de Bouillon et de La Rochefoucauld ; et qu'y étant, elle négocieroit pour les y faire recevoir : mais qu'il falloit user de diligence, parce que Lavie, avocat général, étoit arrivé de la cour en poste, avec des ordres pour empêcher sa réception, et qu'il ne falloit pas lui donner le temps de faire sa cabale pour les faire exécuter (1). Elle lui dépêcha à l'instant même, pour lui dire qu'elle marcheroit le lendemain dès la pointe du jour ; mais qu'elle ne vouloit, pour quelque considération que ce fût, se séparer des ducs, et qu'elle aimoit mieux qu'on lui fermât les portes que de lui imposer cette nécessité.

Langlade dit beaucoup de raisons pour obliger la princesse à gagner promptement Bordeaux ; en telle sorte que le 30, l'armée passa la rivière de l'Ile, et la princesse ensuite, qui coucha dans un petit lieu nommé Quesvac. Elle y reçut diverses dépêches qui la pressoient de marcher.

(1) « Le 30 mai, il fut porté chez le sieur d'Affis, président au parlement de Bordeaux, sur les six heures de relevée, par un homme inconnu, aposté par le sieur de Lavie, avocat-général audit parlement, et un des députés dudit parlement en cour, envoyé à Bordeaux par le cardinal Mazarin pour y porter ses ordres, deux lettres de cachet datées du 18 mai : l'une adressante au parlement, et l'autre aux jurats de Bordeaux, toutes deux de pareille teneur ; par lesquelles le cardinal, sous le nom du Roi, leur donnoit avis que madame la princesse et le duc d'Enghien, son fils, devoient se rendre à Bordeaux ; qu'il leur commandoit, en cas qu'ils ne fussent pas encore arrivés, de leur fermer les portes ; et en cas qu'ils le fussent, de se saisir et assurer de leurs personnes.

» Le sieur d'Affis ayant reçu ces lettres, fit avertir quelques-uns des conseillers du parlement de se rendre chez lui, qui jugèrent qu'il étoit trop tard pour assembler les chambres ; de sorte qu'ils remirent au lendemain, et tous les officiers du parlement furent avertis de se rendre à six heures du matin au Palais. Cependant les jurats ayant été mandés à l'hôtel du président d'Affis, et ayant ouvert la lettre qui leur étoit adressée, eurent ordre de faire fermer les portes de la ville : ce qui mit cette nuit toute la ville en alarme.

Le 31, elle en partit, et passa la Dordogne à Gensac. Elle y reçut une très-agréable nouvelle par le sieur de Vigé, qui y arriva en poste, et lui dit que toute la ville mouroit d'impatience de la voir ; que Lavie avoit si bien cabalé les jurats qu'il les avoit obligés à fermer les portes le 29, trois heures plustôt qu'à l'ordinaire, et avoit empêché ce jour-là qu'on ne les ouvrît, de peur que la princesse n'entrât ; mais que sur les neuf heures de ce matin-là le peuple s'en étoit tellement offensé, qu'il s'étoit assemblé et avoit à coups de hache brisé les portes, jurant qu'ils égorgeroient tous ceux qui s'opposeroient à son entrée, et avoient contraint les jurats et tous les assistans de crier *vivent le Roi et les princes ! et point de Mazarin !*

La princesse, qui avoit résolu de coucher à Lormont pour, le lendemain, se rendre à Bordeaux à huit heures du matin et aller droit au parlement, changea d'avis ; et s'étant embarquée en ce lieu-là, passa et arriva sur les trois heures après midi à Bordeaux. Les ducs voulurent demeurer à Lormont, sur une troisième dépêche de Mazerolles, et sur plus de trente lettres qu'ils reçurent là, qui toutes leur conseilloient de ne pas entrer à Bordeaux, et qui toutes leur faisoient espérer, et en donnoient presque une assurance certaine, que le lendemain la princesse obtiendroit facilement pour eux tout ce qu'elle voudroit demander aux Bordelois.

Toutes les bénédictions qu'on avoit données à la princesse, et les fleurs qu'on lui avoit jetées partout où elle avoit passé, et au duc son fils, étoient autant de favorables augures de la réception glorieuse et pleine d'affection qu'on lui

» Le lendemain, les jurats retirent les clefs des portes de la ville sans les faire ouvrir, et se rendirent au Palais pour savoir ce que le parlement leur vouloit ordonner : ce qui causa une grande émotion, et tout à l'instant la place et la grand'salle du Palais se trouvèrent remplies du peuple, qui crioit qu'il ne vouloit point être renfermé dans la ville ; que si on n'ouvroit promptement les portes qu'il les iroit rompre. Ce grand bruit et cette sédition qui se formoit obligèrent le parlement d'ordonner aux jurats d'aller en diligence apaiser ce désordre et faire ouvrir les portes. Dès aussitôt que les jurats parurent dans les rues, le peuple les obligea par diverses fois de crier *vivent le Roi et messieurs les princes !* et quelques-uns des plus échauffés furent rompre les serrures des portes appelées du Caillau et du Chapeau-Rouge, au mépris de l'autorité des magistrats.

Le parlement, pour calmer ce tumulte et témoigner aux habitans qu'il n'y avoit rien d'extraordinaire, estima très-prudemment qu'au lieu d'assembler les chambres, il falloit ouvrir l'audience ; ce qui fut fait, et en outre informé contre ceux qui avoient rompu les serrures des portes de la ville. » (*Histoire véritable de tout ce qui s'est fait et passé en Guienne pendant la guerre de Bordeaux.*) (A. E.)

devoit faire à Bordeaux. Quatre cents vaisseaux qui étoient dans le port lui firent trois décharges de tous leurs canons; plus de trente mille personnes de tout âge et de tout sexe la reçurent avec des acclamations redoublées de *vivent le Roi et M. le prince!* On se choquoit avec empressement pour la voir. Sauvebœuf et Lusignan lui servoient d'écuyers, et eurent des peines incroyables de la mener jusques au carrosse qu'on lui avoit préparé. Le jeune duc, qu'un gentilhomme portoit sur ses bras, étoit vêtu d'une robe de tabis blanc, chamarré d'argent et de passement noir, avec un chapeau couvert de plumes blanches et noires, pour le deuil qu'il portoit du maréchal de Brézé, son grand-père. Il alloit avec une contenance douce et agréable, tendant ses mains à gauche et à droite à tous ceux qui pouvoient l'aborder pour les lui baiser, et leur disoit qu'il connoissoit bien que messieurs ses père et grand-père avoient eu raison d'aimer des gens autant affectionnés pour leurs maisons qu'ils l'étoient. Tout le monde fondoit en larmes, en voyant un enfant de sa qualité et de son âge venir chercher refuge contre les violences d'un ministre étranger. Il gagna un carrosse où l'on le mit à la portière, et d'où il saluoit incessamment tout le monde qui le suivoit en foule. Toute la noblesse qui étoit arrivée en dix ou douze bateaux remplit vingt-deux carrosses qui se trouvèrent sur le port, et qui escortèrent la princesse et le duc jusqu'au logis du président de La Lasne, qu'on leur avoit préparé. Le peuple s'y jeta avec tant d'empressement et de confusion, que les chambres en furent toutes remplies. La princesse fut contrainte de passer avec le jeune duc sur une terrasse qui est sur la porte de cette maison pour se faire voir à cette populace, qui jusques à minuit leur donnoit des bénédictions, et vomissoit des exécrations continuelles contre le cardinal Mazarin et contre le duc d'Epernon.

Pendant ce temps-là d'Alvimar arriva, chargé de lettres de créance du Roi pour le parlement et pour les jurats de Bordeaux; et comme il étoit attaché au maréchal Du Plessis-Praslin, et qu'il avoit suivi lorsqu'il traita l'accommodement de cette ville-là avec Sa Majesté, il y étoit fort connu. D'ailleurs, comme on étoit scandalisé des ordres qu'avoit apportés quelques jours auparavant Lavie, il s'éleva tout-à-coup un murmure contre d'Alvimar, tel que le peuple l'eût déchiré si quelques gentilshommes qui l'avoient connu dans les armées, pour empêcher l'effet de ce premier emportement, n'eussent proposé de le mener à la princesse (1).

D'abord qu'il y fut arrivé, elle le fit passer dans un cabinet, afin de prendre conseil de ce qu'elle avoit à faire avant que de lui parler. Sauvebœuf et Lusignan furent d'avis de le sacrifier à la fureur du peuple, et par cet exemple empêcher que d'autres ne se chargeassent à l'avenir de semblables ordres de la cour. Il est toujours fâcheux de faire des violences; mais quand on est nécessité à le faire pour le salut de tous, une que l'on fait à propos empêche souvent qu'on ne soit obligé d'en faire plusieurs dans la suite; et il n'est pas toujours aisé de les exécuter comme il l'étoit dans cette conjoncture. Les ducs de Bouillon et de La Rochefoucauld étoient de ce sentiment; ils écrivirent un billet à la princesse pour la prier de l'exécuter. Je crus au contraire qu'il étoit dangereux, entrant dans une ville où l'on cherchoit un asyle, de faire une action violente, qui sied toujours mal à une femme, dont les principales armes doivent être la douceur. La princesse devoit exci-

(1) « Le premier juin, sur les huit heures du soir, le sieur d'Alvimar, officier de la maison du maréchal Du Plessis, envoyé à Bordeaux par le cardinal Mazarin, arriva venant de Blaye. Comme il sortoit du bateau, un habitant de la ville, qui le reconnut, le fut saisir au collet, et lui dit : « Espion, que venez-vous faire ici ? Je » vous fais prisonnier de la part de madame la prin» cesse; » et à l'instant fut mené à Son Altesse. Cette princesse, la larme à l'œil, voyant d'Alvimar en sa présence, lui reprocha qu'ayant reçu beaucoup de bien du prince de Condé son mari, il étoit étrange de voir qu'il fût à ce point ingrat, que, pour plaire au Mazarin, ennemi et persécuteur de sa maison, il fût venu à Bordeaux pour l'empêcher d'y trouver retraite. D'Alvimar lui ayant répondu qu'il avoit été obligé d'obéir au commandement du Roi, par l'ordre duquel il avoit fait ce voyage, supplia Son Altesse de le vouloir excuser, et de le garantir de l'indignation et de la colère des habitans, qui l'avoient menacé par les rues de l'assommer. Cette princesse eut la bonté de lui dire que, comme elle révéroit tout ce qui venoit de la part du Roi, elle prendroit soin de sa conservation; qu'il étoit dans une ville de laquelle les habitans avoient toujours témoigné une extrême passion et fidélité au service du Roi; mais qu'ils avoient grand sujet de se plaindre du Mazarin, lequel, par le support extraordinaire qu'il avoit donné au duc d'Epernon pour assouvir ses vengeances, s'étoit acquis avec raison la haine de toute la province. Et ensuite elle pria le marquis de Lusignan d'avoir soin de la personne d'Alvimar : de quoi ce marquis s'est acquitté avec tant de générosité pendant que d'Alvimar a été à Bordeaux, que quoiqu'il eût porté des ordres de la cour pour lui faire son procès, sous prétexte de quelque prétendue intelligence avec le roi d'Espagne, il l'a logé dans sa maison et garanti par plusieurs fois de la fureur du peuple, qui avoit résolu de le mettre en pièces, pour se venger de diverses fourberies dont ledit d'Alvimar les avoit abusés ci-devant, pendant les conférences faites au lieu de Lormont entre les députés de Bordeaux et le maréchal Du Plessis. »
(*Histoire véritable de tout ce qui s'est fait et passé en Guienne pendant la guerre de Bordeaux.*) (A. E.)

ter de la pitié, et éviter de s'attirer de la haine ; elle avoit affaire du parlement, et sa prudence consistoit à lui faire connoître de la modération et de la déférence; et il ne pouvoit approuver le massacre d'un gentilhomme qui lui portoit les ordres du Roi, dans un temps auquel il n'avoit fait aucun pas contre ses intentions. Je crus qu'il suffisoit de lui faire peur pour l'obliger à se retirer de Bordeaux sans y rien négocier, de porter les nouvelles à la cour du péril qu'il avoit couru, et qu'il y feroit connoître l'affection qu'on y avoit pour la princesse. Je jugeai, en un mot, que nous aurions le même effet de la modération que nous aurions eue de la violence. Nous discourûmes amplement sur la diversité de nos avis, et enfin la princesse se porta à suivre le mien, non pas qu'il fût meilleur que l'autre, mais parce qu'il étoit plus conforme à son humeur.

Elle ordonna donc à Lusignan et à Sauveboeuf de se charger de la personne de d'Alvimar, de le conduire au logis de l'avocat-général Dussaut, âgé de quatre-vingts ans, homme qui s'étoit érigé en tribun du peuple, et qui avoit acquis du crédit en soutenant et proposant tout ce qui alloit contre les intentions de la cour; mais, au reste, fidèle, d'une vertu stoïque, et qui croyoit faire en cela le service du Roi et le bien public. Ce fut à lui que la princesse vouloit qu'Alvimar portât les lettres du Roi, afin que, les présentant en parlement, il haranguât pour en empêcher l'effet. Elle ordonna ensuite de le conduire chez le président d'Affis, qui, par l'absence des plus anciens, se trouvoit à la tête du parlement, afin de lui rendre la dépêche qui s'adressoit au premier président. Il étoit homme de bel esprit, et beau parleur. Nous ne pouvions rien souhaiter de plus en lui, car nous avions en main de quoi disposer de lui par la récompense ou par la peur : aussi ne tarda-t-il guère d'offrir ses services à la princesse, qui ne manqua pas de lui faire présent de quelques diamans, de lui promettre une pension qui lui triploit le revenu de sa charge, et de faire semblant de se gouverner par ses avis. C'est un grand coup que de connoître la passion dominante d'un homme nécessaire, et d'avoir le moyen de l'assouvir. La princesse laissa agir le peuple en tout ce qui n'alloit qu'à faire peur à d'Alvimar; de sorte qu'on le suivoit en foule par les rues; on faisoit mille menaces et mille imprécations contre le cardinal Mazarin et contre lui ; on juroit qu'on mourroit pour le service des princes, et que le premier qui viendroit à proposer quelque chose contre leur intérêt seroit jeté dans la rivière.

D'Affis et Dussaut refusèrent de se charger des lettres dont Alvimar étoit porteur, et même ils ne voulurent pas l'ouïr. On le mena à la princesse, qui chargea Lusignan de le mener en son logis, et de voir ses lettres et son instruction, et dit à d'Alvimar, devant que de le faire sortir de sa maison, qu'encore qu'elle sût qu'il fût envoyé par le cardinal Mazarin contre elle et contre monsieur son fils, et que tout le monde lui conseillât de le laisser déchirer par le peuple, elle respectoit si fort le nom du Roi, qu'elle ne souffriroit pas pour ce coup qu'on lui fît aucune violence; mais qu'elle ne lui conseilleroit pas de prendre une autre fois une semblable commission.

Deux heures après, la princesse sut que son instruction portoit, en termes exprès, d'empêcher par toutes voies sa réception dans Bordeaux, avec ordre au parlement de faire le procès à Lusignan pour un prétendu traité fait avec les Espagnols, duquel il disoit beaucoup de particularités. On loua fort ce marquis, et avec raison, d'avoir employé tout le crédit qu'il s'étoit acquis sur le peuple pour sauver la vie au porteur de ces ordres, qui alloient à lui faire perdre la sienne, et de l'avoir gardé soigneusement dans sa maison.

Le premier jour de juin, la princesse sortit de son logis sur les dix heures du matin, suivie de la même foule de peuple et de noblesse, et mena le jeune duc son fils au parlement, dont la grand'salle retentissoit des mêmes acclamations qu'on y avoit faites la veille. J'avois l'honneur d'être près de leurs personnes; la princesse sollicitoit les juges à mesure qu'ils sortoient dans la grande chambre; elle fondoit en larmes en leur représentant le malheureux état de toute sa maison opprimée, et leur demandoit un refuge contre la violence du cardinal Mazarin. Le jeune duc, que Vialas portoit sur ses bras, se jetoit au cou des conseillers quand ils passoient, et, les embrassant, leur demandoit, les larmes aux yeux, la liberté de monsieur son père ; mais d'une manière si tendre, que la plupart de ces messieurs pleuroient aussi amèrement que lui et que madame sa mère, et leur donnoient tous bonne espérance du succès de leur requête. Ce spectacle augmentoit dans le cœur de tout le monde l'affection qu'il témoignoit pour la maison de Condé, et l'aversion pour tous ceux qui la vouloient détruire.

Le parlement tarda beaucoup à s'assembler, mais enfin il le fit ; et ceux qui étoient malintentionnés contre nous firent courir le bruit que la princesse avoit fait arrêter d'Alvimar, et lui avoit ôté les lettres du Roi, dont il étoit chargé

pour la compagnie. Aussitôt qu'elle en fut avertie, elle leur fit savoir ce qui c'étoit passé la veille, et les fit prier de mander d'Alvimar pour en apprendre la vérité de sa bouche; ils le firent sur-le-champ, et la chose avérée les satisfit, et jeta la confusion sur les auteurs de cette imposture. Cependant, comme il se formoit d'autres difficultés, les enquêtes pressèrent l'assemblée des chambres, et l'obtinrent incontinent. La princesse, outrée de douleur et d'impatience, prit monsieur son fils par la main, et entra de son mouvement avec lui dans la grand'-chambre. Elle étoit tout en pleurs; et voulant se jeter à genoux, elle en fut empêchée par ceux qui coururent à elle, et leur dit : « Je viens,
» Messieurs, demander justice au Roy, en vos
» personnes, contre la violence du cardinal Mazarin, et remettre ma personne et celle de mon
» fils entre vos mains : j'espère que vous lui
» servirez de père; ce qu'il a l'honneur d'être à
» Sa Majesté, et les caractères que vous portez,
» vous y obligent. Il est le seul de la maison
» royale qui soit en liberté; il n'est âgé que de
» sept ans; monsieur son père est dans les fers.
» Vous savez tous, Messieurs, les grands servi-
» ces qu'il a rendus à l'État, l'amitié qu'il vous
» a témoignée aux occasions, celle qu'avoit
» pour vous feu monsieur mon beau-père : lais-
» sez-vous toucher à la compassion pour la
» plus malheureuse maison qui soit au monde,
» et la plus injustement persécutée. »

Ses soupirs et ses larmes interrompirent son discours; le jeune duc mit un genou à terre, et leur dit : « Servez-moi de père, Messieurs, le
» cardinal Mazarin m'a ôté le mien. » Ils se jetèrent tous à lui pour le relever, et la plupart furent attendris à cette vue jusqu'à en pleurer. Le président d'Affis les pria de se retirer, et leur dit que la cour reconnoissoit leur juste douleur, et qu'elle alloit délibérer sur leur requête.

Quelque temps après, la compagnie sachant que la princesse s'obstinoit à ne point sortir du Palais qu'elle n'eût obtenu l'arrêt qu'elle demandoit, lui envoyèrent les gens du Roi pour la supplier de ne se pas donner la peine d'attendre. Elle répondit que ce ne lui étoit point peine, et qu'elle n'avoit traversé le royaume avec tant de périls que pour leur demander justice. Le concierge eut ordre de lui présenter du fruit de sa maison : ce qu'il fit. Cependant le peuple, qui s'impatientoit, faisoit dans la salle un grand bruit et de grandes menaces, si le parlement ne donnoit l'arrêt que la princesse espéroit.

L'on envoya demander les conclusions des gens du Roi. Lavie, qui étoit engagé de parole au cardinal, qui lui avoit promis la charge de premier président, vacante par la mort du président Bernay, fit son possible pour tirer l'affaire en longueur; mais Dussaut, qui entra dans la chambre, porta la parole avec tant de vigueur, qu'après beaucoup de contestations, l'arrêt fut donné aux termes que je mettrai ci-après. Mais, avant que de le prononcer, la cour envoya à la princesse Pomiers-Françon, doyen du parlement, et Tarangue, qui avoit été le rapporteur de sa requête, pour lui demander, afin de garder quelque bienséance, si, en cas que la compagnie lui donnât la protection du Roi et sûreté dans Bordeaux, elle n'entendoit pas y vivre en bonne sujette de Sa Majesté; et si elle n'emploieroit pas son autorité pour empêcher qu'il ne s'y passât rien contre son service : à quoi elle répliqua qu'elle l'avoit ainsi déclaré par sa requête. Ils se retirèrent, et l'arrêt fut résolu et donné. Voici les termes auxquels il est conçu, et ceux de la requête telle que je l'avois dressée par ordre de la princesse, et que les ducs de Bouillon et de La Rochefoucauld approuvèrent.

Requête de madame la princesse.

« Supplie humblement Claire-Clémence de
» Maillé Brézé, épouse de messire Louis de
» Bourbon, prince de Condé, premier prince du
» sang, premier pair et grand-maître de France,
» duc d'Enghien, Châteauroux, Montmorency,
» Albret et Fronsac, gouverneur et lieutenant-
» général pour le Roi en ses provinces de Bour-
» gogne, Bresse et Berri, disant qu'elle a vu
» opprimer l'honneur, la liberté et l'innocence
» de monseigneur son mari par la plus extraor-
» dinaire violence dont l'histoire ait jamais
» parlé; que son respect a été tel, qu'elle a vu
» pendant plus de trois mois dans les fers de la
» plus étroite captivité dont jamais criminel ait
» ressenti la rigueur, par l'ordre du cardinal
» Mazarin, un prince qui a si courageusement,
» tant de fois, et dans des conjonctures si im-
» portantes, exposé sa vie pour le service du
» Roi, le bien de l'État et le soulagement des
» peuples, sans oser s'en plaindre qu'à Dieu
» seul. Elle a néanmoins vu redoubler la persé-
» cution jusqu'à lui refuser la permission d'aller
» rendre les derniers devoirs à son père mou-
» rant, à qui leur malheur commun faisoit per-
» dre la vie; jusques à faire investir la maison
» de Chantilly, que la Reine lui avoit donnée
» pour retraite, par plusieurs compagnies des
» Suisses et de cavalerie étrangère, où il en-
» voya le sieur Du Vouldy, avec ordre de me-
» ner madame la princesse douairière sa belle-
» mère, M. le duc d'Enghien, son fils, et mes-

» sieurs les comtes de Dunois et de Saint-Paul,
» fils de M. de Longueville, en Berri, pour se
» saisir en même temps de leurs personnes et du
» reste de leurs biens : ce qu'elle n'auroit évité
» que par une fuite précipitée, qui l'empêcha de
» tomber entre les mains du comte de Saint-
» Aignan, qui avoit ordre de l'enlever avec toute
» sa suite, et avoit fait pour ce sujet une as-
» semblée de gens inconnus, qui, par une visi-
» ble protection de Dieu, n'arrivèrent au vil-
» lage de *** que quelques heures après qu'elle
» en fut partie pour se rendre à Montrond, où
» elle sauva, en la personne de M. le duc d'En-
» ghien, le reste de cette maison opprimée.
» Tous ces traitemens ne firent pas perdre à la
» suppliante le souvenir qu'elle étoit née sujette
» de celui sous le nom duquel le cardinal Maza-
» rin la persécutoit, et crut qu'elle devoit écrire
» à la Reine pour la supplier, comme elle fit
» avec toute la soumission possible, de la lais-
» ser vivre en repos, afin d'élever monsieur son
» fils en la crainte de Dieu, au service du Roi
» et au sien dans cette maison particulière : ce
» que Sa Majesté eut la bonté de lui accorder
» par sa lettre du 21 avril dernier. Mais elle ne
» fut pas long-temps dans la tranquillité qu'on
» lui faisoit espérer : elle vit bientôt renaître en
» elle les premières inquiétudes d'une femme et
» d'une mère, à qui l'appréhension de perdre
» un mari et un fils qui ont l'honneur d'être du
» sang royal, ne donne que des pensées funestes.
» Elle eut avis de toutes parts que les troupes du
» cardinal Mazarin prenoient leur route vers
» Montrond, et leur rendez-vous dans toutes
» les villes voisines de ce château, qui est au
» cœur du royaume, dans un temps qu'elles
» doivent être sur les frontières. Elle vit de ses
» fenêtres le comte de Saint-Aignan, qui, avec
» cent chevaux, fut reconnoître la place : elle
» eut une copie de la lettre que M. le comte de
» Brienne, secrétaire d'État, écrivoit de Dijon
» aux officiers du présidial de Moulins, pour
» leur défendre d'aller dresser procès-verbal de
» l'état dudit Montrond et de ses forces, comme
» la suppliante les avoit invités de faire pour
» justifier à la Reine la sincérité de l'intention
» qu'elle avoit de vivre dans la paix qu'elle s'é-
» toit proposée, n'usant d'aucune précaution
» pour sa défense. Elle apprit que, dans le des-
» sein de l'assiéger, les prévôts des maréchaux
» de trois ou quatre provinces voisines avoient
» ordre du cardinal Mazarin de courre sur tous
» ceux qui venoient la visiter dans sa retraite.
» Elle eut nouvelle qu'on avoit imputé à déso-
» béissance, à madame la princesse douairière,
» la requête que cette mère affligée avoit pré-
» sentée au parlement de Paris, par laquelle
» elle demandoit sûreté pour sa personne, pen-
» dant qu'elle feroit une poursuite, fondée en la
» plus ancienne et en la plus juste de toutes les
» lois, qui est celle de la nature, en demandant
» la liberté de messieurs ses enfans, autorisée
» par les lois du royaume; en requérant que,
» suivant les ordres qu'elles prescrivent, leur
» procès leur fût fait par leurs juges natu-
» rels; et qu'enfin ce juste procédé d'une prin-
» cesse du sang contre la violence d'un mi-
» nistre étranger avoit été puni comme un crime,
» et qu'elle avoit été reléguée à Villers, avec
» défense d'en sortir pour quelque prétexte que
» ce pût être : sur quoi ayant jugé que cette vio-
» lence ne procédoit que du dessein, de long-
» temps prémédité par le cardinal Mazarin, de
» perdre toute la maison de Condé, parce que
» celui qui en est le chef s'étoit, pour le bien de
» l'État, opposé à des alliances qu'il projetoit
» de faire ; qu'il avoit été la cause que les trai-
» tés de paix avoient été conclus contre les inté-
» rêts de ceux avec lesquels il avoit prétendu
» s'allier, et qu'il avoit supplié la Reine, avec
» toute sorte de respect, d'accepter les offres
» que les Espagnols faisoient pour la conclusion
» de la paix générale; la suppliante crut que
» puisque le cardinal Mazarin avoit jeté dans les
» esprits des gens de bien ce qui empêchoit ma-
» dame sa belle-mère d'avoir justice au parle-
» ment de Paris, elle devoit la chercher dans
» cette compagnie, outre qu'elle voulut éviter
» le siége duquel elle étoit menacée et hasarder
» sa vie dans les fatigues d'un long et pénible
» voyage, pour conserver celle de monsieur son
» fils, qui est le seul prince du sang qui soit
» hors du pouvoir de cet ennemi commun de
» tous ceux qui ont bien mérité de l'État. Elle
» monta donc à cheval avec peu de suite, fit
» porter monsieur son fils, âgé de sept ans, de-
» vant un de ses domestiques; elle traversa plu-
» sieurs provinces par des chemins difficiles et
» fâcheux, contrainte de camper toutes les nuits
» au vent et à la pluie pour éviter, en s'abste-
» nant d'entrer dans les villes, d'être arrêtée,
» suivant les ordres que le cardinal avoit don-
» nés par tout le royaume, à l'insu de la Reine,
» dans le temps que Sa Majesté assuroit la sup-
» pliante de sa protection et de son amitié par
» les lettres qu'elle lui faisoit l'honneur de lui
» écrire. Et toute la précaution dont elle avoit
» usé pour cacher sa marche ne l'auroit pas ga-
» rantie de la prison, sans la faveur qu'elle re-
» çut de quatre ou cinq cents gentilshommes,
» qui, touchés des outrages qu'elle recevoit de
» celui que monsieur son mari avoit sauvé de la

» fureur d'un peuple justement irrité, par l'o-
» béissance aveugle qu'il vouloit rendre à la
» Reine contre ses sentimens et ses intérêts par-
» ticuliers, qui tous lui vinrent au-devant avec
» messieurs de Bouillon et de La Rochefoucauld,
» ses parens et amis particuliers, qu'elle avoit
» priés de s'avancer avec eux jusque dans les
» montagnes d'Auvergne, parce qu'elle savoit
» que l'archevêque de Bourges et le comte de
» Noailles, gens dévoués au cardinal, assem-
» bloient du monde dans leur gouvernement, à
» dessein de l'arrêter. Elle se rendit dans le Li-
» mosin, d'où elle croyoit sortir le lendemain
» pour implorer plus diligemment votre justice,
» et chercher auprès de vous le remède aux maux
» qu'elle souffre depuis un si long-temps, et que
» les violentes factions dudit cardinal l'ont em-
» pêchée de trouver à Paris, quelque disposition
» que messieurs de ce parlement-là aient à lui
» faire justice, comme ils feront sans doute
» quand son éloignement du royaume laissera
» agir leur probité avec une liberté tout entière.
» Elle fut investie à Turenne, aussitôt qu'elle y
» fut arrêtée, par la compagnie de M. le prince
» Thomas, qui se rendit à Brives, le régiment
» de Cugnac à Tulle, et toutes les troupes de
» M. d'Epernon au pont de Térasson, sur la ri-
» vière de Vezère, où vraisemblablement elle
» devoit passer pour se rendre par sa maison de
» Coutras à Bordeaux. Le bruit courut partout
» qu'on vouloit l'arrêter avec monsieur son fils :
» les communes s'assemblèrent de leur mouve-
» ment, et la compassion leur fit naître le des-
» sein et prendre la résolution de les suivre,
» jusques à ce que l'un et l'autre fussent en lieu
» de sûreté ; mais la suppliante ne jugeant pas
» à propos de faire une assemblée si nombreuse,
» ne retint, de ceux qui s'offrirent à elle, qu'au-
» tant qu'il en falloit pour avoir des forces suffi-
» santes pour s'opposer à celles que commandoit
» le chevalier bâtard de La Valette, et renvoya
» le reste pour ôter tout soupçon qu'elle voulût
» faire la guerre au Roi dans une province où
» elle venoit chercher la paix vers les déposi-
» taires de sa justice souveraine. Elle continua
» son voyage : les troupes qui étoient à Téras-
» son en furent averties ; elles quittèrent ce poste,
» la suivirent, traversèrent son passage, et tâ-
» chèrent de lui couper chemin pour exécuter
» l'ordre que M. le duc d'Epernon avoit reçu du
» cardinal Mazarin de les arrêter séparément ou
» conjointement, et de les mettre sous bonne et
» sûre garde, comme la suppliante le justifiera
» par écrit : mais, à la faveur de cette escorte,
» elle aborda à ce port après tant d'orages qu'il
» avoit excités pour précipiter cette maison dans

» un entier naufrage. Ce considéré, Nossei-
» gneurs, et qu'en la détention de M. le prince
» et en celle de messieurs les princes de Conti
» et de Longueville, ses frère et beau-frère,
» qu'on ne colore que de crimes imaginaires,
» vous connoissez la violence et l'oppression de
» ce ministre, qui, soumettant l'avantage et la
» gloire de l'Etat qu'il gouverne à ses intérêts
» et à sa vengeance, veut établir sa tyrannie sur
» la ruine d'une maison qui a tant de fois em-
» pêché celle du royaume, et par la perte du
» premier prince du sang, qui a par tant de
» grands exploits soutenu et augmenté la gloire
» de la couronne, dont vous avez si souvent
» rendu grâces à Dieu par des prières publiques
» et solennelles ; et attendu que le même arrêt
» qui a rendu le testament de Louis XIII, de
» glorieuse mémoire, inutile, pour donner la
» régence à la Reine, a fait M. le prince, pour
» son mérite et pour sa naissance, conseiller né-
» cessaire de la régence, comme vos registres
» en font foi ; qu'il n'est pas raisonnable que le
» conseil du Roi demeure plus long-temps sans
» ce chef, lequel a si dignement présidé en l'ab-
» sence de M. le duc d'Orléans ; et qu'il est trop
» préjudiciable au service de Sa Majesté, et à la
» grandeur de l'Etat, que les armées demeu-
» rent privées de celui qui les a fait triompher
» autant de fois qu'il les a fait combattre ; et
» tout cela par le seul intérêt du cardinal Maza-
» rin, né sujet du roi d'Espagne, ennemi de
» l'Etat, perturbateur du repos public, déclaré
» tel par arrêt du parlement de Paris, du 9 jan-
» vier 1649, autorisé par le consentement uni-
» versel des peuples ; et que la déclaration du
» mois d'octobre 1648, qui a tant coûté de pei-
» nes et de soins à toutes les compagnies souve-
» raines, est violée en la personne de M. le prince
» et de messieurs les princes de Conti et duc de
» Longueville, il vous plaise autoriser la sup-
» pliante, attendu qu'elle ne peut l'être par M. le
» prince son mari, pour se pourvoir et prendre
» sur le contenu en sa présente requête, et au-
» tres affaires de justice, telle conclusion qu'il
» appartiendra ; et cependant que sa personne et
» celle du duc d'Enghien, son fils, et tous ses
» biens seront mis en la sauvegarde du Roi et
» protection de la cour, avec défenses d'atten-
» ter à leurs personnes directement ou indirec-
» tement ; et ferez bien. »

Arrêt en faveur de la princesse.

« La cour, suivant les registres de ce jour,
» ouï sur ce le procureur général du Roi, a or-
» donné et ordonne que la requête de la dame

» princesse de Condé, et le registre, seront
» envoyés à Sa Majesté, et qu'elle sera très-
» humblement suppliée, attendu les protesta-
» tions et les déclarations faites par ladite
» dame princesse de son inviolable fidélité à son
» service, d'agréer qu'elle et le seigneur duc d'En-
» ghien, son fils, demeurent avec ceux de leur
» maison dans la présente ville en toute sûreté,
» sous sa sauvegarde et de sa justice; comme
» aussi Sadite Majesté sera très-humblement
» suppliée d'agréer les remontrances conte-
» nues aux registres. Fait à Bordeaux en par-
» lement, les chambres assemblées, le premier
» juin 1650.
    » *Signé* DE PONTAC. »

Il étoit six heures du soir quand cet arrêt fut rendu. La princesse, en ayant su le contenu, se retira en sa maison avec le même accompagnement qu'elle en étoit sortie. Toutes les gens de qualité de l'un et de l'autre sexe vinrent se conjouir de ce bon succès, à la réserve de l'archevêque. Le parlement ne la visita point en corps, ni le duc d'Enghien, comme ils étoient obligés de le faire, et comme ils auroient fait dans un autre temps; mais ils me prièrent de faire leurs excuses, fondés sur ce qu'ils devoient ce respect au Roi, après les défenses qu'il leur avoit faites de les recevoir, et qu'ils croyoient que l'arrêt qu'ils venoient de donner leur étoit plus utile et leur témoignoit mieux leurs bonnes volontés que ne feroit un compliment. Je leur applaudissois toujours en pareilles rencontres, et encore en ce qui touchoit leur rang et leurs formes, dont pour l'ordinaire les parlemens sont plus jaloux que des choses effectives et solides, afin qu'en leur accordant des choses de vanité je pusse acquérir créance parmi eux, et obtenir les choses qui pourroient être utiles à nos affaires.

Les jurats, qui étoient la plupart créatures du duc d'Epernon, n'eurent pas grande peine à s'abstenir de rendre leurs devoirs à la princesse, ensuite de la défense que Lavie leur en avoit faite de la part du Roi.

Le 2, les ducs de Bouillon et de La Rochefoucauld, qui de Lormont étoient passés au faubourg des Chartreux, reçurent quantité de visites. Le peuple y accourut, et crioit à haute voix qu'ils n'avoient qu'à venir dans la ville. Ils crurent, et avec raison, qu'ils devoient profiter de cette première chaleur. La princesse alla remercier tous les juges du favorable arrêt qu'ils lui avoient donné, et en même temps sollicitoit de ne point enregistrer une déclaration que le Roi avoit envoyée au parlement contre les ducs. La plupart lui en donnèrent parole. Elle leur insinua ensuite qu'il étoit honteux que des gens de cette qualité, et dont tout le crime étoit de l'avoir accompagnée, n'osassent entrer où elle étoit; qu'elle croyoit qu'ils ne trouveroient pas mauvais qu'ils quittassent le faubourg pour se loger dans la ville. Quelques-uns contredisoient, quelques autres l'approuvoient. Elle fut ensuite visiter les ducs pour leur dire l'air du bureau. Le peuple, qui suivoit son carrosse en grand nombre, disoit tout haut qu'il égorgeroit tous ceux qui s'opposeroient à leur entrée dans Bordeaux: ce qui les invita de s'y rendre un moment après que la princesse fut sortie de leur logis. Nous prîmes d'autant plus tôt cette résolution, que dix ou douze conseillers, qui y étoient, l'approuvèrent.

La princesse, retournant des Chartreux, continua ses sollicitations en faveur des ducs. J'avois toujours l'honneur de la suivre partout. Elle disoit à ces messieurs que la fin de la requête qu'ils avoient à leur présenter étoit tout-à-fait de justice, puisqu'ils ne demandoient que la sûreté de leurs personnes, et à se justifier contre les calomnies que le cardinal avoit fait insérer dans la déclaration envoyée contre eux.

Le parlement, qui appréhendoit la chaleur du peuple et de toute la noblesse qui avoit suivi les ducs dans la ville, vouloit tirer la chose en longueur, croyant que les uns se refroidiroient avec le temps, et que les autres retourneroient la plupart en leurs maisons: de sorte qu'ils disoient presque tous à la princesse qu'ils n'étoient pas leurs juges, mais bien le parlement des pairs, qui étoit celui de Paris. On leur répliquoit que le parlement de Dijon avoit jugé le duc de Bellegarde et d'Elbœuf, et celui de Toulouse le duc de Montmorency; que le duc de Bouillon n'étoit pas pair, qu'il étoit habitué dans leur ressort, et par conséquent leur justiciable; et, que quand il seroit pair comme l'étoit le duc de La Rochefoucauld, il ne tiendroit qu'à eux de renoncer, comme ils faisoient, à leurs privilèges; que d'ailleurs il n'y avoit point d'apparence qu'ils pussent aller se justifier à Paris, où le cardinal Mazarin, leur ennemi capital, étoit le maître, et où il tenoit madame et mademoiselle de Bouillon prisonnières dans la Bastille; et enfin qu'elle leur demandoit justice pour eux.

Les ducs avoient résolu de porter leur requête au Palais; mais comme messieurs du parlement appréhendèrent de les y avoir avec la même suite de peuple qu'ils y avoient vue la veille, ils me firent prier de concerter la requête avec eux, et de la faire porter par madame la princesse; et sur la parole que la plus grande partie donna qu'ils rendroient l'arrêt qu'elle souhaitoit, il fut ainsi résolu. La princesse monta en carrosse à sept heures du matin, et pria le peuple et la noblesse de ne la suivre pas, pour ôter tout sujet de plainte à messieurs du parlement; mais comme elle étoit en chemin, ils envoyèrent deux conseillers de leur corps pour la prier de s'épargner cette peine, et l'assurer qu'en son absence l'affaire passeroit sans difficulté. Elle s'arrêta au milieu de la rue: j'allai voir les ducs pour leur donner part de cette proposition, qu'ils agréèrent; et la princesse, par leurs avis, retourna en sa maison.

Ceux qui étoient dans l'intention de servir la princesse firent ce qu'ils purent pour faire passer la parole qu'ils avoient donnée; mais l'avocat-général Lavie et sa faction firent jouer tous les ressorts imaginables pour faire différer la résolution de la compagnie jusqu'après les fêtes de la Pentecôte, croyant que quelque changement modéreroit la grande chaleur qu'avoit tout Bordeaux pour ce parti. Ils prirent prétexte sur d'Alvimar, et dirent que c'étoit une chose honteuse qu'un gentilhomme, envoyé du Roi, n'eût pu trouver de sûreté dans Bordeaux; qu'il falloit le mander pour savoir de lui derechef comment la chose s'étoit passée deux jours auparavant, et lui demander les plaintes qu'il pouvoit former. On le manda, il fut ouï, et dit qu'il avoit trouvé assez de générosité au marquis de Lusignan pour lui donner retraite et assurance chez lui, encore que le principal de son voyage fût de lui faire faire son procès sur le prétendu traité d'Espagne; qu'il se tenoit fort assuré chez lui contre la violence du peuple; que néanmoins il croyoit qu'il y alloit de l'autorité de toute la compagnie de n'avoir d'autre protection que d'elle dans une ville où elle devoit avoir tout pouvoir. Ce discours eut l'effet dans l'esprit du parlement qu'Alvimar s'étoit proposé; et ils se piquèrent de lui montrer qu'ils étoient les maîtres dans la ville. Ils mandèrent les jurats pour leur enjoindre de tenir la main à cet envoyé du Roi et à sa sûreté, de lui donner un logis, et d'empêcher qu'on ne lui fît aucun outrage. J'étois allé visiter le marquis de Lusignan, à dessein d'entretenir d'Almivar, qui m'avoit fait dire qu'il avoit quelques propositions à me faire fort avantageuses à M. le prince. Ne le trouvant pas au logis, et sachant qu'il étoit mandé au Palais, je m'imaginai à peu près le sujet de son voyage, et qu'il étoit absolument nécessaire de l'éloigner promptement de Bordeaux, pour ôter les communications entre lui et Lavie, et les sujets de factions qui restoient par son moyen dans cette ville-là: de sorte qu'ayant proposé à quelques-uns de ceux qui étoient en crédit parmi le peuple les moyens qu'il avoit à tenir pour cela, je disposai les choses pour le temps qu'Alvimar retourneroit du Palais. Et en effet, au moment qu'il fut de retour, et qu'il fut entré dans la chambre où il s'entretenoit avec le sieur de Lusignan et moi, un valet de chambre vint dire à Lusignan qu'il passât dans la salle; que le peuple étoit grandement ému, et se jetoit en foule en son logis pour égorger d'Alvimar. Lusignan, qui savoit la chose, courut au peuple: Alvimar eut peur et me pria d'y accourir aussi pour arrêter ce torrent. J'y courus, et trouvai trois ou quatre cents hommes mutinés, jurant contre le cardinal Mazarin et ses émissaires, et disant qu'il falloit immoler celui-là à la vengeance publique. Ils accompagnoient ce discours de tant de fureur et de bruit, qu'Alvimar, qui n'étoit séparé de cette salle que par une simple clôture d'ais, et n'ayant point d'issue pour se sauver, ne sachant même où il pourroit trouver asyle quand il pourroit prendre la fuite, et se remettant dans l'esprit ce qui s'étoit passé les jours précédens, mouroit de peur et de désir de sortir de la ville. Le bruit, qui étoit aisé à finir par le même ordre qu'il avoit été commencé, fut apaisé par les paroles qu'on donna qu'Alvimar s'étoit retiré, et qu'on ne le souffriroit plus; et par la prière que le sieur de Lusignan faisoit hautement au peuple de ne pas lui faire cette injure, que de massacrer un homme à qui il avoit donné retraite en sa maison. Puis il repassa avec moi en la chambre où étoit Alvimar. Nous le trouvâmes plus mort que vif de l'appréhension qu'il avoit eue; mais ayant repris ses esprits, il me dit à peu près tout ce que le duc de Saint-Simon avoit dit à Filsgean: d'où je jugeai qu'ils s'étoient concertés par ordre de la cour, et je commençai à perdre toute espérance de Blaye. Il me représenta que la force n'étoit pas la voie par laquelle la princesse pouvoit obtenir la liberté de monsieur son mari; qu'elle feroit beaucoup mieux de se retirer à Coutras ou à Montrond, où le Roi la laisseroit en toute sûreté, et d'où elle pourroit négocier ses intérêts et ceux des princes, que de se retirer parmi des peuples mutinés, inconstans, et un parlement glorieux qui voudroit être son maître; qu'enfin la princesse, par les conseils des ducs de Bouillon et de La Rochefoucauld, s'embarqueroit dans une guerre; et que, n'ayant ni les uns ni les autres les moyens de la soutenir, elle demanderoit du secours aux Espagnols, et s'engageroit avec eux par un traité, comme avoit fait madame de Longueville, après quoi il n'y auroit plus de retour; et que le cardinal remettroit M. le prince entre les mains de M. le duc d'Orléans et des frondeurs, ses ennemis capitaux, irréconciliables et violens; au lieu que lui, étant doux, débonnaire, et obligé au prince pour les secours qu'il avoit reçus, il oublieroit aisément les derniers sujets de plainte qu'il avoit contre lui, et feroit oublier à la Reine les déplaisirs qu'elle croyoit en avoir reçus; qu'ainsi la princesse ne seroit pas bien conseillée si elle ne prenoit les voies de douceur et de négociation avec le cardinal, de qui dépendoit absolument la liberté de monsieur son mari; qu'il m'en parloit comme à un homme bien intentionné au service du Roi et de l'Etat, ainsi qu'il l'avoit connu le jour précédent, et à un homme à qui il confessoit qu'il devoit la vie.

Il ne m'étoit pas difficile de lui répondre, et parce que je savois par cœur ce qu'il y avoit à dire là-dessus, tant je le disois souvent aux uns et aux autres, à qui la crainte ou l'intérêt faisoit faire tous les jours de semblables propositions, et parce que je n'avois pas entrepris de mon chef de conférer avec Alvimar. Je savois trop combien il est dangereux de donner de la jalousie et de la défiance dans un parti : aussi avois-je dit à la princesse, aux ducs, et à tous les plus considérables de nos amis, qu'il m'avoit fait dire qu'il avoit des propositions à me faire; et je pris leur ordre et leurs avis sur ce que j'avois à lui dire et à lui proposer : non pas que nous ne jugeassions tous qu'il n'étoit ni de poste ni de créance à rien persuader au cardinal, mais nous crûmes qu'une négociation qu'on commenceroit par lui pourroit se continuer par d'autres; qu'elle empêcheroit peut-être la cour de nous pousser si brusquement qu'elle auroit fait; qu'elle nous donneroit le temps de méliorer nos affaires, et d'agrandir notre parti par le traité que nous pourrions faire avec quelques villes et quelques seigneurs de Guienne, et même avec les Espagnols; et en tous cas que cela ne nous pourroit faire aucun mal; et que d'ailleurs nous ferions connoître par là que nul n'auroit d'autre intérêt que la liberté des princes; et que le parlement de Bordeaux, à qui il fâchoit de s'embarquer dans une nouvelle guerre (car ils ne faisoient que de terminer celle qu'ils avoient faite au duc d'Epernon), connoîtroit par là notre modération. Il y a peu de gens qui entreprennent d'abord de grandes choses, il faut les y engager petit à petit, et après les premiers pas ils en font pour l'ordinaire autant et plus que l'on ne peut souhaiter : c'est une vérité que nous connûmes bientôt en messieurs de ce parlement.

Je dis à Alvimar que la princesse avoit tenu quatre mois entiers la conduite qu'il me conseilloit; qu'il n'étoit proposition qu'elle et madame la douairière n'eussent fait faire à la Reine et au cardinal; qu'elles n'avoient abouti qu'à les vouloir arrêter à Chantilly et assiéger à Montrond; qu'elle n'étoit sortie de l'un et de l'autre que par une nécessité précise, que je demeurois d'accord avec lui que le cardinal n'étoit ni cruel ni violent de son naturel; que nous savions tous que la prison des princes lui avoit été conseillée par les duchesses d'Aiguillon et de Chevreuse, et par le sieur Servien; que nous voyons bien encore que c'étoit malgré lui, contre ses intérêts et contre son intention, qu'il s'étoit mis entre les mains des frondeurs, qui ne songeoient à autre chose, comme ils avoient fait dès le commencement des troubles, que de donner atteinte à sa fortune; que les heureux succès que ce ministre avoit eus depuis cette prison, comme les places de Normandie, de Bourgogne et d'Anjou, leur donnoient de la jalousie, et nous faisoient déjà faire quelques propositions, et du moins des complimens, pour nous persuader qu'il ne seroit pas difficile de les désunir d'avec le cardinal; qu'il ne devoit pas douter que nous ne prissions tous les partis qui pourroient tirer les princes de prison; que je souhaiterois en mon particulier en venir à bout par la douceur, et en procurant du bien et de l'avantage au cardinal, duquel j'avois beaucoup de sujet de me louer, aussi bien que de la Reine; que, de l'humeur et de la profession dont j'étois, je ne pouvois jamais désirer de voir la princesse engagée dans une guerre contre Sa Majesté, et encore moins avec les huguenots et avec les Espagnols; que tous mes vœux n'alloient qu'à réconcilier le prince avec le cardinal; que je savois bien qu'il étoit malaisé de se fier les uns aux autres après de telles entreprises, mais qu'on pouvoit faire des alliances de l'un avec les parens de l'autre; que l'on pouvoit encore allier mesdemoiselles de Longueville, de Bouillon et de La Trémouille avec des neveux, parens ou amis de M. le cardinal; que le prince étoit trop glorieux pour manquer aux paroles qu'il donneroit solennellement; que de plus M. le cardinal pouvoit faire la paix générale, qui le mettroit en état de ne rien craindre dans le royaume, et de mettre les frondeurs à la raison; que je m'offrois d'aller en Espagne sous prétexte de faire un traité pour la princesse, pour sonder les Espagnols et nouer la partie pour une conférence en la forme que M. le cardinal le pourroit souhaiter; que j'osois lui répondre que les ducs de Bouillon et de La Rochefoucauld s'uniroient avec lui en les satisfaisant sur les justes prétentions qu'ils avoient; que rien ne seroit plus glorieux au cardinal ni plus utile que de perdre les frondeurs en les abandonnant à la vengeance de M. le prince, comme il pourroit faire en rejetant toute la haine de sa prison sur eux; qu'on pourroit faire consentir le duc d'Orléans à tout, en faisant une alliance du duc d'Enghien avec l'une de mesdemoiselles ses filles; que tout cela remettroit le calme dans l'Etat, étoufferoit un parti qui pouvoit avoir de grandes suites, et établiroit l'autorité du cardinal pour toujours; que je demeurois d'accord qu'il y avoit eu quelque chose à dire à la conduite du prince, mais que les services qu'il avoit rendus au Roi, à la Reine et au cardinal même, en exposant tant de fois sa vie, devoient faire oublier de petits manquemens. Je conclus ce discours en lui disant que si le cardinal entroit de bonne foi dans toutes ces propositions, je mettrois tout en usage pour les faire réussir, et que, connoissant la princesse et les ducs comme je faisois, je pouvois l'assurer que je n'y aurois pas grande peine; mais que je lui disois franchement, et que je le priois de le dire au cardinal, que nous avions trop d'expérience de sa manière de négocier pour nous arrêter à d'autres choses qu'à des effets; et qu'il ne devoit pas se persuader qu'il ruineroit nos affaires par les longueurs de ses négociations, car nous irions toujours à nos fins, et ne perdrions pas un moment de temps à avancer nos affaires; que la princesse ne se désuniroit en rien ni pour rien des ducs ni de Bordeaux; qu'elle n'en sortiroit point, et ne prendroit point le change en cherchant sa sûreté ailleurs; qu'elle avoit un exemple devant les yeux de ce qui étoit arrivé peu auparavant à la princesse douairière, qu'on avoit tirée de Paris par de belles paroles qui n'avoient abouti qu'à y ruiner ses affaires, et à la reléguer à Valery. J'ajoutai qu'il n'y avoit point de temps à perdre; et qu'ainsi il devoit s'en retourner en toute diligence à la cour, et non pas séjourner à Blaye, comme il m'avoit dit qu'il vouloit faire, parce que la princesse, qui étoit encore sa maîtresse, ne le seroit plus après les traités et les alliances qu'elle projetoit de faire; que je le priois de rendre un compte exact de tout ceci à la Reine et au cardinal, en les assurant de la sincérité de mes intentions et de mon très-humble service; et de leur remontrer que la paix générale et la fin d'une guerre civile étoient le moyen de terminer glorieusement une régence, et de rendre d'un même coup le Roi absolu dès le commencement de sa majorité.

D'Alvimar me promit de ne rien oublier de notre conférence, et de me faire savoir de ses nouvelles trois jours après qu'il seroit arrivé à la cour. Je le conduisis au bateau, je le vis embarquer, et vins faire un récit exact de tout ce qui s'étoit passé entre lui et moi à la princesse et aux ducs, qui l'approuvèrent, et trouvèrent que j'avois suivi très-ponctuellement leurs intentions.

Pour revenir au parlement, les cabales qu'y avoit faites l'avocat du Roi Lavie empêchèrent qu'on ne donnât arrêt ce jour-là sur les requêtes des ducs de Bouillon et de La Rochefoucauld. La princesse ne put souffrir qu'on eût manqué à la parole qu'on lui avoit donnée, et ne put s'empêcher de faire éclater sa colère, et de dire publiquement qu'elle sortiroit de Bordeaux si on ne leur donnoit satisfaction. Tout le monde accourut lui offrir des services sans réserve, avec des menaces qui étonnèrent la plupart de la compagnie. Plusieurs conseillers s'assemblèrent en deux troupes : l'une, chez la princesse, de douze ou treize, tous amis et fort zélés frondeurs; l'autre, de seize, au logis de Pomiers-Françon, leur doyen. Je fus appelé en l'une et en l'autre, et m'y rendis à leur prière pour voir et résoudre avec eux ce qu'il y avoit à faire pour conserver leur autorité, et donner à la princesse ce qu'elle souhaitoit. Ceux-ci craignoient l'emportement du peuple, parce qu'ils étoient opposés à la fronde. Je leur remontrai la nécessité de s'unir et d'agir de concert avec la princesse, qui offroit de ne rien faire sans leur participation, pourvu qu'ils en usassent de même; et que s'ils vouloient accorder aux ducs ce qu'ils demandoient par leur requête, et donner ensuite arrêt d'union, toutes choses se passeroient à l'avenir avec une très-bonne intelligence; que par là le cardinal perdroit toute espérance de les désunir, et seroit contraint de venir à quelque traité honorable pour eux et favorable pour nous.

Ils me répondirent fort pertinemment, et me remontrèrent qu'il ne seroit pas prudent à eux de se déclarer quant à présent, disant qu'ils ne voyoient pas à la princesse des forces et de l'argent suffisamment pour soutenir les arrêts qu'ils pourroient donner; mais ils convinrent qu'ils dissimuleroient tout ce que la princesse pourroit faire et entreprendre, pourvu qu'elle le concertât avec eux; qu'ils donneroient des arrêts aux occasions pour lui faciliter l'exécution de ses desseins; qu'ils la prioient de ne pas recevoir publiquement ni dans Bordeaux l'argent qui lui pourroit venir d'Espagne; qu'ils jugeoient à propos que tous les ordres de guerre fussent conçus sous le nom du duc d'Enghien, afin que ceux des ducs ne parussent pas, et que ceux d'un prince du sang imprimassent plus de respect; que si on pouvoit avoir du canon ailleurs qu'à Bordeaux, on leur feroit plaisir de le prendre, en attendant qu'on eût su ce qui se passoit à la cour, au parlement de Paris, et sur la frontière. J'entrai assez dans leurs sentimens, parce que je les trouvois autant avantageux que nous pouvions l'espérer en l'état des choses, et qu'ils offroient assez pour juger qu'ils s'embarqueroient à la fin à tout vouloir et à tout souffrir. Je les fis convenir ensuite de l'arrêt qu'on donneroit le lendemain en faveur des ducs. En sortant de cette assemblée, je fus à l'autre, laquelle étant toute composée de nos amis, la princesse et les ducs voulurent que je leur fisse rapport devant eux de ce qui s'étoit passé chez le doyen du parlement: ce que je fis. Ils l'approuvèrent tous, et résolurent la même chose qui avoit été arrêtée au lieu d'où je venois. Lavie mit tout en usage pour l'empêcher; le peuple s'attroupa, et alla le menacer de le jeter dans la Garonne si l'arrêt résolu ne passoit.

Le 4, l'arrêt fut donné tout d'une voix, par lequel les requêtes furent renvoyées au Roi, et la délibération remise à six semaines.

Le 5, Lavie voyant que rien ne réussissoit, voulut exciter une sédition contre la princesse; et, pour en venir à bout, il fit distribuer par le trompette de la ville, à tous les bayles des confréries (qui sont les syndics des métiers), des copies des lettres du Roi que lui et d'Alvimar avoient apportées. Il manda les banquiers pour leur défendre, de la part de Sa Majesté, de prêter de l'argent sur les pierreries de la princesse; et ensuite assembla Uglas, Franc et Pontac-Beautiran, jurats de la ville, sur qui il avoit du pouvoir, et qui étoient établis dans ces charges par le duc d'Épernon, pour concerter les moyens de faire réussir la sédition qu'il projetoit.

Le peuple, qui le sut, l'eût égorgé si la princesse ne l'eût retenu. Chacun se vint offrir à elle pour faire la garde en son logis, et des conseillers même. Elle les remercia civilement, et leur dit qu'elle ne vouloit point de sauve-garde que celle de son arrêt: ce qui contenta fort le parlement.

Le 6, on eut avis que quelque cavalerie ennemie paroissoit du côté de Fronsac. Les ducs partirent avec la noblesse pour joindre l'armée qu'ils avoient laissée vers Savignne, sur la rivière de l'Ile, à dessein d'aller attaquer, disoient-ils, celle du général de La Valette, mais en effet par la seule raison de montrer à Bordeaux qu'on étoit en état de le faire, quoiqu'il ne fût pas véritable; car ils avoient pris la poste de Castillon-sur-Dordogne, où ils étoient très-bien retranchés.

Les ducs savoient bien de quelle importance il est de paroître forts et hardis, quand on veut embarquer dans un parti des gens irrésolus et qui se croient foibles: aussi ne furent-ils, à proprement parler, qu'une cavalcade, au retour de laquelle ils mirent du monde dans Vaire avec des vivres et des munitions. Le lieutenant des gardes du duc de Bouillon y fut tué en duel.

Le 7, on trouva bon que j'eusse une conférence avec Lavie, qui m'en avoit fait prier plusieurs fois après que la princesse eut absolument refusé de le voir. Cette conférence n'aboutit à rien qu'à ouïr un discours étudié, qui sentoit plus le docteur que le négociateur, et qui contenoit en substance les mêmes doctrines que le duc de Saint-Simon et Alvimar nous avoient prêchées: en quoi leur concert me parut davantage. Il me devint odieux quand il me fit la proposition d'obliger madame la princesse à se séparer des ducs: il m'en disoit des raisons qui me firent beaucoup rabattre de l'opinion que l'on m'avoit voulu donner de sa suffisance; il me fit un grand prône tendant à nous remettre à la bonne foi du cardinal. Je lui repartis en deux mots que rien de tout cela n'étoit faisable, et me retirai pour en rendre compte à ceux qui m'y avoient envoyé. C'étoit un homme qui mouroit de peur d'être assommé, qui se voyoit hors d'état de rien faire à Bordeaux, et qui vouloit effacer la honte de n'avoir pu venir à bout de ce qu'il avoit promis à la cour, en commençant une négociation pour s'y faire de fête. Rien ne déconcerte tant un négociateur qui est habile que de lui laisser établir tout le raisonnement qu'il auroit ruminé dans son cabinet, et de lui répondre par oui ou par non, suivant l'exigence des cas. Comme je voyois que tout cela ne valoit rien pour nous, je coupai court pour lui en ôter toute espérance.

La princesse envoya à Paris, ordre aux comtes de Bussy, de Tavannes et de Châtellux, et à plusieurs autres ses serviteurs, de se rendre à Montrond, où elle avoit envoyé tous les ordres et toutes les commissions que les uns et les autres lui avoient demandés. Elle écrivit en particulier à Bussy de faire son possible pour se rendre maître de La Charité-sur-Loire. Il étoit pour lors lieutenant de roi de Nivernois ; et encore qu'il eût traité malgré lui de la compagnie de chevau-légers du prince, qu'il commandoit avant sa prison, et quoique le traité ne se trouvât pas exécuté, il ne laissa pas de le servir, tant que la prison dura, avec autant d'affection qu'aucun autre, encore qu'il eût intention de quitter son service d'abord qu'il seroit en liberté.

La princesse dépêcha encore ce même jour Bernard, mon secrétaire, à qui pour sa fidélité elle avoit confié la garde du peu de finance qu'elle avoit à Paris, avec la lettre de créance pour l'archevêque de Sens, l'évêque de Rennes, pour le duc de Nemours, et pour les sieurs de Mirommenil, conseiller-d'Etat, le président Viole, le comte de Maure, l'abbé Roquette, Dalliez, et autres amis et serviteurs du prince, afin de leur faire savoir le succès de son voyage, de son entrée à Bordeaux, et de ce que le parlement et le peuple avoient fait jusque-là, et sembloient vouloir faire à l'avenir ; et pour prendre leurs avis non-seulement sur la conduite que nous avions à tenir, mais encore pour connoître par eux quelles seroient les négociations qu'on pourroit faire à Paris, par tous les avantages que nous avions eus depuis que nous en étions sortis, et ceux que l'on pourroit prendre dans le parlement et par l'entremise de celui de Bordeaux. Bernard eut entre autres ordres celui de dire à l'archevêque de Sens tout ce qui pourroit donner de la peur au cardinal, afin que cela allant par le moyen de l'un à la connoissance de l'autre, l'archevêque de Sens pût remettre sur pied et continuer les négociations commencées entre eux pour la liberté des princes.

La princesse chargea encore cet envoyé de passer de Paris à Angerville, où la princesse douairière étoit retirée par ordre de la cour, et de lui rendre, et à la duchesse de Châtillon, de ses lettres et des miennes, contenant une ample relation de tout ce qui s'étoit passé, pour faire connoître à l'une et à l'autre le bon état du parti, et les avantages qu'on pouvoit en espérer à Paris, surtout s'il plaisoit à madame la douairière d'y retourner pour présenter de nouveau sa requête au parlement, pendant que la nécessité des affaires occuperoit le Roi sur la frontière.

De là, il eut ordre de revenir à Bordeaux par Montrond, pour y faire connoître, et à tout ce pays-là, l'état auquel nous étions en Guienne, la facilité de les secourir en cas de besoin, et rapporter à la princesse l'état de cette importante place et des environs.

Le 8, elle dépêcha le sieur de Béralde, huguenot, avec des lettres au maréchal et au marquis de La Force, desquels il étoit envoyé. Elle lui donna une commission signée du duc d'Enghien, qu'il lui avoit demandée de leur part, pour tailler en pièces les troupes du duc d'Epernon, qui étoient pour lors aux environs de leurs terres, voulant, disoient-ils, entrer dans le parti, et commencer par cet exploit. Béralde part ; il trouve en chemin le marquis de Castelmoron, fils du maréchal, qui venoit à Bordeaux par l'ordre de son père, pour ménager ses intérêts et ceux de sa maison avec la princesse. Il étoit chargé de lettres que le maréchal et le marquis me faisoient l'honneur de m'écrire, parce que la compétence les empêchoit de vouloir traiter par l'entremise des ducs de Bouillon et de La Rochefoucauld. Ce marquis étoit accompagné de Saint-Martin, intendant, et qui avoit crédit sur les esprits du marquis et de la marquise de La Force. Béralde, qui étoit avec eux, gagna le devant pour me venir avertir qu'on ne pouvoit assez se défier de Saint-Martin, qui depuis peu avoit reçu quatre mille écus du cardinal par la médiation du président de Mesmes. Je reçus cet avis sans y faire grand fondement ; car je n'ai jamais vu de négociateurs à la cour pour leurs maîtres, qui soient soupçonnés d'en être corrompus, surtout par les domestiques qui, ne pouvant pour l'ordinaire prétendre de grâces que par leurs entremises, quand ils ne les obtiennent pas, attaquent par ressentiment ou par envie leur réputation. Quoi qu'il en soit, ils arrivèrent à Bordeaux ; et après avoir rendu leurs devoirs à la princesse et aux ducs, ils voulurent avoir une conférence avec moi, qui n'aboutit qu'à voir le président Charon, de la même religion, qui présidoit pour lors à la chambre de l'édit, en qui toute la maison de La Force avoit beaucoup de confiance. J'eus un long entretien avec ce président, qui étoit homme d'un médiocre génie, mais attaché à sa religion et à ses amis, desquels il soutenoit vigoureusement les intérêts. Ceux de qui nous avions à discourir étoient du nombre : aussi me porta-t-il leurs prétentions si haut, que je jugeai d'abord qu'il me vouloit réduire dans l'impossibilité de les pouvoir contenter, afin qu'ils eussent un honnête prétexte de rompre avec la princesse. Je crus qu'il falloit de mon côté lui faire voir que nous connoissions bien qu'encore que M. le prince fût très-obligé à messieurs de La Force de vouloir entrer dans ses intérêts, ils prenoient l'occasion du parti qui se formoit en sa faveur pour faire valoir les leurs, et remettre en considération leur maison, qui depuis long-temps étoit hors d'action ; qui avoit peu de biens, et point du tout de faveur, et par conséquent point de moyens d'en acquérir. Je lui rebattis tout ce que la princesse avoit fait savoir au marquis, comme je l'ai rapporté ; j'ajoutai que nous savions ce que Villefrenois lui étoit venu proposer pour lui faire espérer le bâton de maréchal de France, qui étoit le moyen de le perdre dans l'esprit de tous ceux de sa religion, dans un temps qu'il pouvoit faire beaucoup en leur faveur, eux qui avoient autrefois cru et publié que le maréchal son père avoit eu cette dignité, celle de duc et pair, et de grandes sommes d'argent, à leurs dépens ; et que s'il étoit vrai, comme je n'en doutois pas (ce qu'ils nous avoient dit et fait dire plusieurs fois), qu'ils s'étoient assurés d'eux, ils auroient bien plus de sujet dans l'occasion présente de se plaindre ; qu'ils ne leur avoient proposé d'entrer dans les intérêts des princes que pour faire leurs affaires particulières, au lieu de se prévaloir d'une conjoncture aussi favorable que celle-là pour travailler à celles qui les concernoient en général.

Qu'au surplus je convenois de la grande réputation que donneroit au parti le nom de la maison de La Force ; mais qu'au fond elle nous feroit plus de mal que de bien, parce que si elle étoit à souhaiter, leur religion étoit fort à craindre ; que moi-même qui lui parlois, j'avois combattu et combattrois toujours l'opinion de ceux qui vouloient persuader à la princesse et aux ducs qu'il falloit tâcher à faire aboutir notre parti à une guerre de religion, en remettant sur pied celui des huguenots, qui donneroit occasion à beaucoup de catholiques de se séparer de nous ; que nous avions quantité de gens de bien et de prélats dans nos intérêts, qui avec raison les abandonneroient quand ils nous verroient en état de nous joindre à eux ; que les parlemens, les Etats-généraux, si l'on venoit à les assembler, appréhendant de revoir les confusions de l'autre siècle ; que les Espagnols même, qui avoient un roi et des ministres d'une humeur et d'une politique bien différentes de celle de Philippe II, de ses conseils et de ses généraux d'armée, comme ceux-ci l'avoient montré par le dernier siége de La Rochelle, difficilement pourroient consentir à une liaison telle que celle-là.

Que si messieurs de La Force n'avoient pas assez de crédit sur ceux de la religion pour leur faire prendre les armes en notre faveur, ils ne nous seroient pas d'une grande utilité, parce qu'ils n'avoient ni gouvernemens, ni places, ni argent, ni troupes, et que nous serions obligés de nous épuiser pour leur donner et procurer l'un et l'autre au préjudice de tous ceux qui étoient déjà dans nos intérêts, et qui auroient grande peine à voir passer les grâces à d'autres à leur préjudice ; qu'au contraire nous aurions la plupart des leurs avec notre argent : pour lors ils dépendroient directement de la princesse, parce qu'ils étoient tous opposés aux intérêts de la cour et à ceux du duc d'Epernon. Mais quand bien ces messieurs auroient assez de crédit pour soulever le parti des huguenots, ce parti seroit fort ou foible : si fort, ils nous opprimeroient, s'il leur plaisoit, en nous faisant leurs victimes, pour faire leurs affaires à la cour, et nous attireroient la malédiction des peuples ; si foible, il nous seroit inutile, que les personnes mêmes du maréchal et du marquis, toutes utiles et tout considérables qu'elles étoient, nous embarrasseroient par la raison du commandement ; et je finis en lui disant qu'il falloit que lui, président Charon, convînt avec moi qu'il seroit d'une plus grande utilité au maréchal et à sa maison d'entrer dans le parti des princes, qu'à la princesse ; que cependant elle feroit tous ses efforts pour les y engager ; mais qu'il falloit aussi qu'ils ne nous tinssent pas le pied sur la gorge en nous faisant des propositions au-dessus de nos forces, par la connoissance qu'ils avoient de leur mérite et de leur crédit, dont nous savions faire tout le cas que nous devions.

Le président entra fort bien dans une partie de ce que je lui dis, et me promit de s'en servir pour disposer Castelmoron à conclure avec nous ; et nous nous séparâmes.

Comme nous fûmes long-temps ensemble, et que nous dîmes quantité de choses, je connus qu'il y avoit autant de chimère à tout ce qu'on nous offroit par tous les huguenots, que je me l'étois toujours imaginé. Et en vérité j'en eus une secrète joie, quoiqu'aux occasions pressantes, autant que l'étoit notre entreprise, qui entraînoit avec elle le salut ou la perte de la maison de Condé, on se serve pour l'ordinaire des derniers remèdes, des plus extrêmes et des plus violens, parce que ce qui touche l'ame aussi sensiblement que la religion, fait une telle opposition aux lois de la politique, que je ne sentois pas mon ame de la trempe de celles qui sont capables de se mettre au-dessus de tout.

Après que Charon eut entretenu Castelmoron, il me donna rendez-vous au lendemain pour conférer ensemble, ce que nous fîmes ; mais notre entretien n'aboutit qu'à me charger de ses propositions pour en rendre compte à la princesse, et les faire voir aux ducs de Bouillon et de La Rochefoucauld. Il demandoit pour la maison de La Force des sommes d'argent infiniment au-dessus de notre pouvoir, pour faire des régimens de cavalerie et d'infanterie pour le père et les enfans, pour se saisir et pour fortifier Bergerac, Sainte-Foy, Clérac, Tonneins et Aiguillon ; et que le marquis de La Force partageroit le commandement avec le duc de Bouillon.

Quand nous eussions eu de quoi satisfaire aux premières demandes, nous n'eussions jamais pu ajuster celle-ci : aussi fus-je le premier à contredire quand je rendis compte de cette affaire aux ducs, de crainte que, comme on est ordinairement jaloux de faire réussir ce qu'on négocie, ils crussent que je serois bien aise d'acquérir la maison de La Force pour balancer leur autorité, et pour donner de la réputation au parti, pour contenter Bordeaux, qui souhaitoit passionnément le succès de cette affaire, et pour avoir en mon particulier l'honneur de l'avoir conclue. Mais ils m'entendirent parler et agir en ceci de telle sorte, qu'ils ne conçurent jamais aucun soupçon contre moi, quoiqu'on essayât souvent de leur en donner. J'allai représenter à Castelmoron les intentions de la princesse, qui étoient de donner à la maison de La Force autant de l'argent qui nous viendroit d'Espagne, qu'aux ducs de Bouillon et de La Rochefoucauld ; que comme ni l'un ni l'autre de ces ducs n'avoient reçu jusque là aucune somme d'elle, que même ils ne lui en avoient jamais demandé, connoissant l'impuissance en laquelle elle avoit été jusques alors, elle croyoit que messieurs de La Force attendroient qu'elle fût en pouvoir de leur en donner ; et que cependant elle offroit de leur mettre en main des pierreries de la valeur de cent mille écus, qu'elle retireroit des lieux où eux les pourroient mettre en gage incontinent qu'elle auroit touché de l'argent.

Je crois, à la vérité, que j'étois le plus riche en argent de tous ceux du parti : toutes mes finances ne consistoient néanmoins qu'à vingt mille livres que j'avois faites de la vente de ma vaisselle d'argent avant que de partir de Paris. Je prêtai cette somme à la princesse en arrivant à Bordeaux, pour faire deux régimens d'infanterie de dix compagnies chacun, qu'elle donna à Sauvebœuf et à Lusignan. A l'égard du commandement que le marquis de La Force souhaitoit partager avec le duc de Bouillon, la princesse me chargea de dire à Castelmoron qu'elle croyoit juste que les ducs commandassent de pair avec le maréchal, auquel néanmoins ils déféreroient le premier jour ; et que pour le marquis on lui laisseroit les troupes qu'il mettroit sur pied à commander dans un corps séparé ; et que quand on viendroit à se joindre, demeurant avec son père et lui obéissant, il n'auroit rien à démêler avec les ducs, se contentant de servir de volontaire le jour que l'un ou l'autre commanderoit ; qui étoit tout ce qu'on pouvoit faire en faveur de ce marquis, qui n'avoit nul caractère, et qui n'en avoit jamais eu dans les armées égal à ceux qu'avoit eus le duc de Bouillon, qui en avoit commandé en chef. Le duc de La Rochefoucauld offrit même en son particulier de servir de volontaire, pour ôter tout l'obstacle qu'il pourroit faire en ce rencontre. Castelmoron se chargea de rapporter cette réponse au maréchal et au marquis, desquels il nous dit qu'il n'avoit eu aucune charge de conclure, mais seulement d'écouter ce que la princesse pourroit lui offrir sur les propositions qu'il venoit lui faire de leur part.

Le 9, fut un jour de grande confusion, qui nous tourna pourtant à grande utilité ; car, comme Lavie s'opiniâtra à faire distribuer par la ville les copies des lettres du Roi, desquelles j'ai parlé, le peuple s'en émut et vint en grande rumeur au logis de la princesse, criant qu'ils alloient égorger Lavie et sa famille dans sa maison. Elle leur remontra que cela ne devoit point se faire ni proposer, et mit tout en usage pour les empêcher d'exécuter ce dessein ; mais enfin les généraux, qui depuis peu étoient de retour de l'armée, venant visiter la princesse, le peuple les suivit ; et comme ils n'avoient pas des sentimens aussi modérés qu'elle, et qu'ils jugèrent la présence de Lavie fort préjudiciable dans Bordeaux, ils applaudirent à la bonne volonté qu'ils témoignoient, et crurent que c'étoit un coup d'Etat de laisser agir leur colère. Sauvebœuf se mit à leur tête ; ils coururent au logis de Lavie, qui étoit ennemi capital de ce marquis ; ils enfoncèrent les portes, ils y entrèrent. Lavie se sauva au couvent des Pères Feuillans, voisin de sa maison : ils le suivirent, l'appelèrent traître à sa patrie, émissaire du Mazarin pour faire exterminer la maison royale ; ils lui vomissoient mille imprécations. Sauvebœuf, qui avoit été touché des larmes de madame sa femme, empêcha qu'on ne l'égorgeât. Il tâchoit de le persuader de se retirer et sortir de Bordeaux : il y résista, et parut intrépide dans un tel péril, sur le bord et à la vue d'un tel précipice. Le peuple, qui avoit créance en Sauvebœuf, suspendit sa fureur contre Lavie, et retourna en sa maison pour égorger sa femme. Ce marquis y courut, la prit par la main, et l'amena avec ses enfans au même lieu où étoit son mari. Les conjurés pillèrent la maison, et après en avoir enlevé l'argent et les meubles, enlevèrent les portes et les fenêtres, et voulurent y mettre le feu, mais Sauvebœuf, qui y étoit retourné, les en empêcha. Lavie, à la vue d'un tel spectacle, jugeant à l'avenir sa constance inutile, prit résolution de se retirer avec sa famille à Blaye. Sauvebœuf les accompagna jusqu'au bateau qui les y porta, pour les garantir par le chemin de la mort dont ils étoient menacés. Mirat, conseil-

19.

ler au parlement, homme de mérite et de probité, fort en crédit dans sa compagnie et parmi le peuple, qui avoit toujours été ennemi de Lavie, se mit dans le bateau avec lui, et l'accompagna généreusement jusqu'à Blaye, d'où il retourna le lendemain.

Il n'est pas toujours aisé d'exciter des séditions; mais quand elles le sont, il est difficile d'en arrêter le cours. Cette populace, émue et en curée du butin qu'elle venoit de faire chez Lavie, vouloit en faire un pareil aux maisons de Duglas, du Franc et de Pontac-Beautiran, jurats de la ville, et desquels j'ai parlé. La princesse s'y opposa de toute sa force, car si la violence qui venoit d'être faite pouvoit servir, comme en effet elle servit beaucoup, la continuation auroit été nuisible. Il est nécessaire d'imprimer de la crainte; elle contient dans la dépendance et dans le respect quand elle est modérée: mais l'excès en est dangereux; il ne refroidit pas seulement les affections, il irrite les volontés, et fait pour l'ordinaire secouer le joug qu'on s'étoit volontairement imposé. La princesse étoit obligée de sauver Duglas parce qu'il étoit oncle du conseiller Tarangue, qui avoit été le rapporteur de sa requête; Franc, parce qu'il étoit ami intime de Lusignan; et Pontac, par la grande parenté qu'il avoit dans le parlement; car cette famille est des plus anciennes, des plus riches et des plus considérables de la ville: le premier président, le procureur-général et le greffier en chef sont encore à présent de ce nom. L'avantage que nous tirâmes de la menace qu'on avoit faite à ceux-ci fut qu'ils vinrent avec la livrée haranguer la princesse et le duc d'Enghien (ce qu'ils n'avoient point encore fait), et que Duglas nous découvrit toutes les pratiques, toutes les cabales et tous les desseins que Lavie avoit contre nous.

Le 10, le marquis de Montespan offrit à la princesse quatre cents gentilshommes qu'il pouvoit assembler dans son voisinage, et d'aller à Toulouse pour essayer de disposer ce parlement, par les amis qu'il y avoit, à imiter celui de Bordeaux, et à s'unir avec lui; dont nous ne vîmes nul effet dans la suite, quoique la princesse lui dépêchât assez souvent. Il n'eut jamais la hardiesse de répondre à pas une de ses lettres, et l'envoya prier de ne lui écrire plus, mais bien de lui envoyer dire ce qu'elle jugeroit à propos pour son service. Et pour établir la créance de ceux qu'elle lui enverroit sans lettres, il la fit prier par son envoyé de couper un écu d'or en deux parties, dont elle garderoit l'une, et lui enverroit l'autre; et que la princesse lui envoyant quelqu'un, ou lui à elle, chacun chargeroit le porteur de la moitié qui seroit en son pouvoir, pour faire voir qu'il seroit homme de confiance. Les seigneurs retournés en province sont sujets à vouloir persuader qu'ils ont du crédit dans leurs contrées, pour tirer leurs avantages de la cour; mais j'en ai peu vu qui aux occasions en aient donné d'autres marques que d'envoyer faire des complimens et parade de leur pouvoir, qui ne s'étend pour l'ordinaire qu'à accommoder une querelle et à garantir leurs terres d'un passage de gens de guerre, et à se saisir des tailles dues au Roi, tant qu'il y a des troubles dans leur voisinage.

La princesse le remercia de sa bonne volonté, et le pria d'exécuter l'offre qu'il lui faisoit. Et comme l'envoyé refusa de se charger de sa lettre, de crainte, disoit-il, qu'elle ne fût interceptée, elle lui dépêcha un gentilhomme qui eut ordre en même temps de passer à Toulouse, et d'y voir le sieur Du May, conseiller au parlement, à qui elle envoya, avec la lettre responsive aux offres qu'il lui avoit faites d'agir dans sa compagnie pour son service, douze lettres sans souscription, pour les remplir du nom de tels de ses confrères qu'il jugeroit à propos.

La princesse dépêcha en même temps à l'archevêque de Narbonne, de la maison de Rebé, ancien ami et serviteur de la maison de Condé; au baron de Leiran, gentilhomme du pays de Foix, de la maison de Levis et huguenot, naturellement séditieux, et dont l'humeur, portée aux séditions, lui a enfin fait couper la tête par arrêt du parlement de Toulouse, comme nous dirons en son lieu; au vicomte d'Arpajon, qui, de toutes les espérances qu'il nous donna pendant et depuis la prison du prince, tira enfin de la cour un brevet de duc et pair. Elle dépêcha encore à Saint-Aulnais, qui avoit été autrefois long-temps retiré en Espagne, parce qu'on lui avoit ôté le gouvernement de Leucate, qu'il avoit de père en fils. C'étoit un fort brave homme, mais d'un esprit inégal et difficile à contenter, pour la trop bonne opinion qu'il avoit de lui-même, qui lui avoit fait passer une partie de sa vie en exil ou en prison. Il avoit été désobligé par Henri, prince de Condé, père de celui-ci; mais il étoit devenu ennemi mortel du cardinal Mazarin: ce qui nous faisoit espérer d'en tirer quelques services, parce que les inimitiés présentes effacent pour l'ordinaire le souvenir des passées; et l'intérêt comme la vengeance ont cela de commun, qu'ils oublient les bienfaits et les injures qu'ils ont reçus dans un temps, par l'espérance d'en recevoir ou d'en faire dans un autre.

Incontinent que Lavie fut arrivé à Blaye, il écrivit une longue et pressante lettre au parlement, pour lui demander justice de l'outrage qu'il avoit reçu. Sa parenté dans la compagnie, la crainte de ceux de son parti, celle des conséquences, la pitié que font souvent les malheureux, l'estime que lui avoit acquise son intrépidité, et l'aversion naturelle qu'on a contre les violences, donnèrent lieu à une assemblée de chambres, où il fut résolu qu'il seroit informé de ce qui s'étoit passé le jour précédent. On ordonna aux bons bourgeois de se tenir armés; l'on manda les jurats pour leur dire la délibération qui venoit d'être prise; on envoya des commissaires par les jurats (qui sont les quartiers de la ville), pour faire prendre les armes partout, mais inutilement: chacun cria qu'on avoit eu raison de châtier un traître. C'est ainsi que les peuples, qui conçoivent les choses suivant leur passion, qualifioient Lavie; mais à la vérité, tous les gens sages blâmoient la violence de cette action, qui de bonne fortune fut tout attribuée à Sauvebœuf. On en informa; on fit rendre ce qu'on put du pillage; on fit emprisonner trois misérables sans nom et sans aveu. Le parlement avoit dessein de les faire pendre pour intimider le peuple dont l'emportement lui faisoit peur; mais, par le même principe de crainte, il n'osa l'exécuter; et tout cela n'aboutit qu'à faire sortir quelques-uns des plus affectionnés au duc d'Epernon; et c'étoit ce que nous souhaitions davantage.

Le 11, le baron de Vatteville, gentilhomme de la comté de Bourgogne, homme d'esprit, d'expédiens, plein d'invention et d'adresse, étoit, à Saint-Sébastien, aux écoutes des choses qui se passoient à Bordeaux, où il avoit été incognito l'année précédente pour fomenter le désordre que la haine contre le duc d'Epernon y avoit excité, et où il semoit de l'argent à tous ceux qu'il croyoit pouvoir l'entretenir. Il avoit reçu des lettres de créance que la princesse avoit données, en arrivant dans la vicomté de Turenne, à Sauvebœuf et à Lusignan, comme nous avons dit; il en avoit donné part au roi d'Espagne, dans la crainte que l'argent ne manquât à la princesse; et, pour lui donner lieu de mettre sur pied quelques troupes, il lui avoit envoyé les jours précédens une lettre de change de cent mille livres payable à moi ou à mon ordre sur Courtade, marchand banquier, homme pour lors d'un grand crédit, et qui depuis a fait banqueroute, lequel ne l'avoit pas voulu accepter. Il envoya un nommé Carros, chargé d'une dépêche du 31 mai, par laquelle, après les complimens de respect, il lui témoignoit une grande impatience d'avoir des nouvelles de sa réception à Bordeaux, afin, disoit-il, de lui envoyer le même argent qu'il avoit rapporté à Saint-Sébastien, par le manquement de parole du duc de Saint-Simon, et pour lui offrir, comme il faisoit par avance, tout le pouvoir et toute la protection du Roi son maître.

On renvoya en diligence cet envoyé pour dire le bon état des choses, et représenter que, comme le parti s'étoit formé avec promptitude, par la grande affection que toute la confédération avoit pour le prince, il se déferoit de même, s'il n'étoit promptement secouru par tout l'argent nécessaire pour sa conservation. On lui représenta que Courtade n'avoit pas voulu accepter la lettre de change, n'ayant point d'effets appartenant à ceux qui l'avoient tirée sur lui: aussi n'avoit-ce été qu'une invention du baron de Vatteville pour nous témoigner sans effet son affection à nous secourir; et quand il avoit paru dans la rivière pour mugueter Bordeaux et Blaye, sur ce qu'on lui avoit dit que le duc de Saint-Simon étoit dans nos intérêts, il s'en retira d'abord, et sema le bruit qu'il avoit des sommes immenses, qu'il auroit déposées à Blaye si ce duc l'y avoit voulu recevoir. Nous avons pourtant su depuis, et reconnu par la suite, qu'il n'y portoit autre chose que des paroles pour l'embarquer dans le parti par les espérances d'une grande fortune.

L'on manda encore à Vatteville que la princesse avoit donné ordre de se saisir du port d'Arcachon pour désembarquer ce qu'il voudroit renvoyer à Bordeaux, et que nos gens y arboreroient un drapeau vert pour donner signal aux siens de leur arrivée. La princesse envoya avec Carros le baron de Baas, chargé d'un pouvoir qu'elle lui avoit donné en ces termes:

« M. le baron de Vatteville prendra toute
» créance au baron de Baas, maréchal de ba-
» taille et lieutenant du Roi à Rocroy, auquel
» j'ai donné tout pouvoir d'entrer en mon nom
» dans le même traité que madame la duchesse
» de Longueville et M. de Turenne ont fait
» avec les ministres de Sa Majesté Catholique
» en Flandre, aux conditions que ledit sieur
» de Baas conviendra avec ledit sieur baron de
» Vatteville et tous autres ministres de Sadite
» Majesté qu'il appartiendra; faire tous autres
» traités qu'il jugera à propos, recevoir argent,
» donner quittance; et je promets ratifier tout
» ce qui sera par lui géré et négocié en mon
» nom, et le faire approuver et ratifier par tous
» mes amis et confédérés de Guienne, etc.
» Fait à Bordeaux, le 11 juin 1650. »

Baas étoit homme de courage et d'esprit, mais un peu trop emporté et trop brusque. Il étoit au duc de Bouillon, auquel il s'étoit attaché pendant le siége de Paris, pour quelque mécontentement qu'il avoit reçu du cardinal. Ce duc proposa à la princesse de l'envoyer en Espagne, afin de se rendre maître de cette négociation et connoître par Baas l'état des affaires de par-delà, et les secours qu'on pourroit en recevoir, soit pour prendre des mesures plus certaines, soit pour le parti, soit pour son avantage particulier.

Nous avions disposé toutes choses pour nous rendre maîtres de Bourg, petite ville sur une colline en laquelle il y a une manière de bastion retranché qu'on appelle citadelle, dans laquelle est la maison seigneuriale, qui appartient au duc de Luxembourg, et qui regarde le confluent des rivières de Dordogne et de Garonne, qu'on appelle le Bec-d'Ambez. Ce poste, qui est entre Blaye et Libourne, nous eût été de grande utilité, supposé que nous eussions eu de l'argent, et le temps de le fortifier ; mais comme on eut avis de la marche du maréchal de La Meilleraye avec des troupes, les ducs jugèrent à propos de suspendre l'exécution de ce dessein, de se contenter du Cap-de-Buch, qui est proprement le port d'Arcachon, et d'attaquer Castenau-de-Médoc, qui est un assez bon château appartenant au duc d'Epernon, qui nous étoit nécessaire pour favoriser les convois qui iroient et viendroient de ce port-là à Bordeaux ; outre que les Bordelois, impatiens de voir faire quelque exploit de guerre qui portât préjudice en particulier à ce duc qu'ils haïssoient mortellement, proposoient continuellement d'attaquer Cadillac : ce qui n'étoit ni facile ni judicieux à entreprendre avec le peu de troupes que nous avions, qui étoient toutes nouvelles, à la vue des ennemis qui étoient en plus grand nombre, et que le général de La Vallette commandoit pour le Roi. Et pour exécuter ce qui avoit été résolu pour Castenau, le duc de Bouillon fit passer la rivière de Garonne aux nôtres.

Le comte de Marsin, gentilhomme liégeois, étoit homme d'esprit, de jugement, de conduite, de valeur et de mérite tel, qu'ayant commencé à l'âge de quatorze ans de porter le mousquet en Allemagne, dans le régiment du comte de Tilly, avoit passé par tous les degrés, et commandoit en chef les armées du Roi en Catalogne quand le prince fut arrêté. Il avoit servi plusieurs campagnes de maréchal-de-camp et de lieutenant-général sous lui ; il avoit acquis l'amitié du prince dès son enfance pendant qu'il étoit en Bourgogne, y exerçant le gouvernement du feu prince de Condé son père, où Marsin, avec son régiment de cavalerie, avoit pour l'ordinaire ses quartiers d'hiver. Le prince avoit une grande estime pour lui, et lui avoit donné le gouvernement de Bellegarde, comme il fit depuis celui de Stenay. Cet engagement fit croire au cardinal qu'il seroit homme à tout entreprendre pour venger la prison du prince, s'il le laissoit en liberté pendant qu'elle dureroit ; aussi le fit-il arrêter dans Barcelone, et mettre ensuite dans le château de Perpignan autant de temps après que les princes furent arrêtés qu'il en fallut pour en envoyer les ordres. Je lui ai souvent ouï dire que, quand il entra cadet dans le régimens d'infanterie du comte de Tilly, il fut le vingt-huitième gentilhomme liégeois, lorrains ou allemands, dont quatorze sont devenus généraux d'armée en chef, qui est une chose fort extraordinaire.

Le duc de Bouillon et moi reçûmes ce jour-là chacun un billet de lui, qu'un père récollet nous rendit de sa part, par lequel il nous mandoit qu'il lui étoit facile de se sauver pour se rendre à Bordeaux, et qu'il prioit le duc de lui envoyer une route par laquelle il pût avec sûreté, et de maisons en maisons d'amis, s'y rendre. Le duc lui en envoya une très-sûre ; le récollet lui porta. Marsin voulut exécuter le dessein de son évasion ; mais par malheur la corde avec laquelle il se glissa d'une fenêtre fort haute dans le fossé, sur le bord duquel on lui tenoit des chevaux prêts pour son voyage, s'étant trouvée trop courte, et ayant voulu sauter à terre de plus haut qu'il ne croyoit, il se rompit une jambe, et fut contraint d'appeler la sentinelle, et la prier de le venir reprendre et le remettre dans la prison.

Le 12, la princesse et les ducs reçurent offre de services de plusieurs personnes de qualité, qui avoient plus de peur qu'on ne leur fît du mal que d'envie de nous faire du bien.

La princesse dépêcha Saint-Agoulin, lieutenant des gardes du duc d'Enghien, par terre à Saint-Sébastien, pour donner avis de l'embarquement de Baas, et rapporter des nouvelles de ce qu'on pourroit espérer de sa négociation. Et afin qu'il eût plus de facilité à son passage à Bayonne, elle écrivit au comte de Toulongeon, qui en étoit gouverneur, et qui lui avoit fait quelques civilités, pour lui dire qu'elle n'avoit pas attendu un compliment aussi froid que celui qu'elle avoit reçu de lui ; qu'elle n'en pouvoit juger autre chose, sinon qu'il n'avoit pas voulu confier sa pensée et l'état de son cœur pour le prince, son mari, à celui qu'il en avoit chargé ; qu'elle croyoit qu'il étoit tel que la parenté et la familière amitié qui étoit et avoit toujours été entre eux lui devoit faire juger ; et qu'elle ne pouvoit croire que ses malheurs eussent rien altéré à l'affection qu'il lui avoit témoignée,

Saint-Agoulin, qui ne le trouva pas à Bayonne, alla le chercher à Bidache; et lui ayant rendu sa dépêche, il lui répondit, haussant les épaules, que la princesse vouloit lui mettre la corde au cou, et qu'il n'y avoit salut ni pour le prince ni pour elle que dans la soumission au Roi et à ses ministres; et renvoya le porteur sans vouloir lui permettre son passage en Espagne. Les princes s'imaginent souvent que ceux qui s'attachent à eux dans leur prospérité doivent tout risquer pour eux dans leur mauvaise fortune; et sur ce fondement nous traitions de traîtres tous ceux qui avoient été amis de l'un ou de l'autre des prisonniers, quand ils ne sacrifioient pas toute chose pour leur service, tant la passion nous aveugloit.

La princesse écrivit en même temps au maréchal de Gramont, son frère, qui pour lors étoit dans son gouvernement de Béarn, par le conseiller de La Chaise, son ami particulier, pour savoir s'il trouvoit bon qu'elle lui envoyât un gentilhomme de confiance pour savoir ses sentimens, et prendre ses conseils sur la conduite qu'elle devoit tenir dans la conjoncture où elle se trouvoit. Peu de jours après, il lui fit réponse, et lui manda qu'il plaignoit son malheur; qu'il voudroit la servir et le prince son mari, qu'il aimoit, s'il l'osoit dire, avec toute la tendresse de son cœur; mais qu'il avoit les mains liées, étant domestique du Roi, et ayant la principale garde de sa personne.

L'on sut que le maréchal de La Meilleraye avoit refusé à celui que la princesse lui avoit dépêché d'accorder un passe-port pour faire venir son train de Brézé à Bordeaux, et qu'il avoit écrit à la cour pour savoir si on le trouveroit bon. Ce qui nous pressoit davantage de le voir arriver étoit l'espérance de faire passer en même temps deux mille marcs de la vaisselle d'argent du feu maréchal de Brézé, que l'on auroit promptement convertis en monnoie.

Le 13, l'on sut que l'entrée de l'archiduc Léopold et du vicomte de Turenne en France, par la Picardie et par la Champagne, avoit alarmé la cour, que le cardinal avoit inconsidérément fait aller à Compiègne; qu'on y avoit mandé le duc d'Orléans, et que la consternation y étoit grande depuis qu'on y eut appris la réception de la princesse à Bordeaux, les arrêts qu'elle y avoit obtenus pour elle et pour les ducs de Bouillon et de La Rochefoucauld, et la passion démesurée que le peuple lui faisoit paroître.

Comme le duc de Bouillon avoit envoyé Baas en Espagne, par les raisons que je viens de dire, le duc de La Rochefoucauld, qui n'étoit pas moins clairvoyant ni moins habile que lui, prit occasion de porter aussi la princesse à y envoyer le marquis de Sillery, son beau-frère, plein d'esprit et d'habileté, et de qui le nom étoit non-seulement connu en Espagne, mais il y étoit encore en bonne odeur par les négociations du chancelier son grand-père, et par les emplois qu'avoit eus le sieur de Puisieux, son père.

L'on avoit reçu un billet du baron de Vatteville par une patache qu'il avoit fait passer à Bordeaux, par lequel il invitoit la princesse et tous ceux de son parti, qu'il appeloit confédération, comme je fais souvent, d'envoyer quelqu'un de qualité pour conclure et signer un traité avec lui, ensuite du plein pouvoir qu'il avoit du roi d'Espagne, et pour recevoir les sommes dont il conviendroit. Il n'avoit point d'argent pour lors, comme nous l'avons su depuis; mais il vouloit nous embarquer, et il jugeoit bien, par l'état auquel nous étions, que rien ne pouvoit nous faire avancer davantage que l'envie et la nécessité d'en recevoir.

Sauvebœuf étoit un homme fâcheux à vivre, impatient de se voir soumis à l'obéissance, lui qui avoit commandé en chef l'année précédente les troupes de Bordeaux sous l'autorité du parlement, auquel il étoit devenu odieux à cause de ce qui s'étoit passé chez Lavie. D'autre part, il portoit un nom connu aux Espagnols, qui jugeoient de lui comme l'on fait ordinairement des gens de quelque hardiesse et qui ont fait quelque bruit dans le monde, quand on ne les a pas pratiqués, et qu'on ne les connoît que par les gazettes. Le duc de La Rochefoucauld proposa premièrement au duc de Bouillon, qui portoit impatiemment les actions brusques de Sauvebœuf, puis à la princesse, de l'envoyer vers le baron de Vatteville; et comme l'un et l'autre objectèrent son peu de capacité, il proposa en même temps d'envoyer Sillery, qui traiteroit conjointement avec Baas, et lui avec Vatteville, et passeroit de là à Madrid pour complimenter le roi d'Espagne. On le résolut ainsi : on donna un pouvoir de la princesse pour traiter, comprenant lesdits sieurs de Sauvebœuf, de Sillery et de Baas, en la même forme que celui que j'ai transcrit ci-dessus étoit conçu ; un billet de créance à Sillery en particulier, afin de pouvoir faire entendre aux Espagnols qu'on ne leur envoyoit Sauvebœuf que pour s'en défaire, et leur ôter la mauvaise opinion que des gens aussi sages qu'eux eussent pu avoir de nous, leur envoyant un tel personnage que lui. Et assurément rien ne donne tant de réputation à une affaire, et n'établit plus la bonne foi et la sincérité, que de la faire négocier par un homme de probité, de prudence et de sagesse connues. La princesse chargea Sillery de rendre au roi d'Espagne une lettre en ces termes :

« Sire,

» Les témoignages de bonté que je reçois de
» Votre Majesté ne me permettent pas de diffé-
» rer plus long-temps les très-humbles remer-
» cîmens que je lui en dois. J'ai cru, Sire, que
» je ne pouvois mieux m'acquitter de ce devoir
» que par la bouche du marquis de Sillery, que
» je dépêche à Votre Majesté, pour la supplier
» de croire que je conserverai toute ma vie le
» souvenir des grâces qu'il lui plaît me vouloir
» faire, par lesquelles j'espère arrêter le cours
» de la violente oppression que monsieur mon
» mari et mes beaux-frères souffrent par les or-
» dres du cardinal Mazarin, qui, abusant du
» nom et de l'autorité du Roi, mon souverain
» seigneur, a mis les princes de son sang dans
» une très-rigoureuse prison, contre toutes les
» lois du royaume. J'espère, Sire, que Sa Ma-
» jesté vengera un jour sur la tête de ce mauvais
» ministre, qui, par cette insolente entreprise,
» trouble le repos et la tranquillité de cet Etat,
» pour lequel et pour la gloire du Roi, mondit
» seigneur et mari a tant de fois hasardé sa vie,
» croyant que c'étoit le vrai chemin qu'il de-
» voit tenir pour remettre enfin le calme par
» toute la chrétienté. Et comme je ne souhaite
» rien que de suivre en toute chose la sincérité
» de ses intentions, j'ose très-humblement sup-
» plier Votre Majesté, comme je fais les larmes
» aux yeux, de vouloir contribuer ce qui dé-
» pend de son autorité royale et du pouvoir que
» Dieu a mis entre ses mains, pour parvenir à
» une juste et durable paix que ce cardinal a
» tant de fois empêchée, contre les intentions
» de la Reine et les vœux de tous les bons Fran-
» çois. La liberté de monsieur mon mari et celle
» de M. le prince de Conti et de M. le duc de
» Longueville est la première démarche néces-
» saire pour un si grand ouvrage. C'est, Sire,
» ce que je demanderois au Roi mon souverain
» seigneur, le genou à terre, si son âge lui
» permettoit d'user de son autorité tout entière,
» usurpée pendant sa minorité par ce pertur-
» bateur du repos public qui en abuse ; c'est,
» Sire, ce qui me fait recourir à Votre Majesté,
» que je supplie avoir toute créance audit mar-
» quis de Sillery, auquel j'ai expliqué mes in-
» tentions et celles de mes amis sur ce sujet.
» Cependant, Sire, j'espère de la générosité de
» Votre Majesté qu'elle accordera sa protection

» à une princesse affligée, et qui a été con-
» trainte de traverser toute la France pour venir
» chercher un asyle en cette ville, et garantir
» M. le duc d'Enghien, mon fils, âgé de sept
» ans, du même traitement que souffre mon-
» sieur son père. J'ose dire à Votre Majesté,
» Sire, qu'elle est obligée par beaucoup de rai-
» sons à m'accorder la grâce que je vous de-
» mande en qualité de votre, etc. A Bordeaux,
» le 13 juin 1650. »

Le lendemain 14, Sauvebœuf et Sillery partirent dans la frégate de Vatteville. Le duc de Saint-Simon la fit attaquer par celle de Blaye et par quelques chaloupes, d'une telle manière qu'ils furent contraints de se mettre à terre dans un esquif, d'abandonner leur bord, et de reprendre une autre voie plus sûre, comme ils firent : et ce fut la première fois que ce duc, qui nous laissoit toujours quelque espérance, se déclara ouvertement contre la princesse.

Le 15, Lavie, qui ne vouloit pas perdre une si belle occasion, écrivit une seconde lettre au parlement. Il leur représenta qu'ils devoient une justice exemplaire contre ceux qui avoient fait venir une frégate espagnole jusque dans le port de Bordeaux ; il supposa qu'on y avoit trouvé des traités faits par le duc de Bouillon avec le roi Catholique ; et après les avoir invités à rétablir leur autorité, il les conjuroit de faire connoître à la princesse qu'elle récompensoit mal ce qu'ils avoient fait en sa faveur, leur ayant amené des hôtes qui ne songeoient qu'à allumer la guerre dans le lieu qui leur devoit servir d'asyle ; et de la supplier de se séparer des ducs de Bouillon et de La Rochefoucauld, desquels il entendoit parler, et de les faire sortir de la ville. Il ajoutoit qu'il ne s'étonnoit plus de ce qu'on en avoit chassé avec tant de violence un citoyen tel que lui, qui n'auroit jamais souffert des choses autant désavantageuses à son Roi que celles qui s'y traitoient. Cette lettre, jointe à une du duc de Saint-Simon au président d'Affis, pleine de grands mots sur sa fidélité et contre celle de Bordeaux, réveilla l'aversion que la plupart de la compagnie avoient contre Lavie. Ils le traitèrent d'insolent et de présomptueux ; ils connurent l'artifice de son esprit, parce qu'ils savoient qu'il n'y avoit jusque là aucun traité fait par le duc de Bouillon avec le roi d'Espagne ; ils se tinrent offensés de ses mensonges ; ils connurent que son intention étoit de les noircir à la cour, pour s'y faire considérer comme un héros : de sorte qu'au lieu de continuer dans leur résolution de faire justice du pillage de sa maison, ils ne songèrent plus à châtier les prisonniers dont j'ai parlé, et chargèrent leur doyen de me faire voir ces deux lettres, et de me dire, comme il fit, leur résolution, qui fut de n'y faire aucune réponse. Tant il est dangereux de vouloir se singulariser ouvertement dans une compagnie où chacun croit avoir autant et plus de zèle que son compagnon.

On avoit eu nouvelle le matin d'Auterive, capitaine de cavalerie dans le régiment de Persan, et de Caillet, l'un des secrétaires du prince, qu'on avoit envoyé à Nérac, afin qu'à la faveur du château, qui est assez bon, on pût y employer les sommes que les fermiers devoient à faire cinq régimens d'infanterie, sous les noms d'Enghien, d'Albret, Brézé, Montmorency et Châteauroux; et mandèrent que, bien loin de favoriser ces levées, les habitans n'avoient voulu donner ni hommes, ni argent, ni vivres pour garder le château, disant qu'ils avoient parole du duc d'Epernon qu'il n'y mettroit personne de son côté, et qu'ils ne vouloient pas attirer la guerre dans leur pays. Et l'on apprit le soir qu'ils avoient non-seulement reçu garnison du duc d'Epernon, mais qu'ils l'avoient demandée, contre ce qu'ils avoient promis; tellement qu'il y a peu de certitude aux paroles d'une communauté.

[Les consuls écrivirent néantmoins à la princesse la lettre dont voici les termes :

« Madame, nous supplions très-humblement Vostre Altesse de nous pardonner si un de nous ne va en personne vous faire savoir les changemens survenus icy depuis le départ de nos deputés, car de quatre consuls que nous estions, l'un est mort, l'autre malade, et les deux qui restent sont si nécessaires sur le lieu, que tout s'en iroit en désordre s'ils n'estoient présens au moindre affaire qui arrive. Vostre Altesse agréera donq, s'il lui plaist, qu'au défaut de nos personnes, il soit suppléé par ceste lettre, et par l'acte du treiziesme de ce mois, faict en la maison commune de ceste ville, dans lequel Vostre Altesse verra la vérité de nostre procédé, et de tout ce qui s'est passé au subject du chasteau, vous suppliant très-humblement, Madame, de n'imputer point à crime nostre foiblesse, mais bien de croire que nous conserverons tousjours une vraye dévotion pour vostre service, avecq laquelle nous sommes, Madame, vos très-humbles, très-obéissans et très-fidelles serviteurs,

» BRUNET, LA BARRIÈRE, *consuls.*

» À Nérac, le 14 juin 1650. »]

Le président de la chambre des comptes de Navarre me rendit compte par la lettre suivante de l'état des affaires de M. le prince dans sa duché d'Albret :

« Monsieur, l'honneur que j'ay de servir monseigneur le prince dans ses affaires du duché d'Albret m'a persuadé que j'estois obligé de vous écrire par les députez que cette ville envoye à madame la princesse, pour lui faire entendre la vérité de tout ce qui s'est passé à l'armée et au départ de M. Caillet, son secrétaire. Je ne vous ennuyerai point du récit d'aucune particularité, parce que vous l'apprendrez mieux de la bouche desdits députez; mais bien vous diray-je, Monsieur, que le service de S. A. se faira très-utilement tant que les habitans y jouiront de repos et de tranquillité; car par ce moyen se payeront avec facilité les deniers des fermes du domaine et du don gratuit, duquel ceux de cette ville ont offert cejourd'huy, en présence dudit sieur Caillet, le payement par avance de trois années, au lieu que si ce quartier estoit un théâtre de la guerre, Son Altesse perdroit ces deux natures de revenus par la ruine des habitans.

» J'ay fait entendre audit sieur Caillet que ce duché d'Albret, que monseigneur le prince tient par engagement, devoit estre manié d'une autre façon que la duché de Fronsac et les terres appartenant en propriété à Son Altesse.

» La justice se rend dans l'Albret au nom du Roy, Son Altesse n'ayant que la nomination des offices; les hommages des vassaux dudit duché se rendent à Sa Majesté.

» Le chasteau de ceste ville de Nérac fut excepté par exprès de l'édit de la vente ou engagement du domaine, du mois de mars 1639. Et fallut que feu monseigneur le prince obtînt une déclaration du Roy, par laquelle Sa Majesté luy permit de jouir dudit chasteau tant que dureroit en sa main l'engagement du domaine d'Albret; de manière qu'il seroit peut-estre à craindre que si on sçavoit de la cour que madame la princesse exerçât grande authorité dans l'Albret, on ne vînt à racheter le domaine, et l'oster de ses mains comme un instrument duquel on appréhendera recevoir du dommage.

» Cependant, Monsieur, je vous supplie très-humblement de vouloir que ceste lettre me serve pour m'introduire en l'honneur de vostre connoissance, et par mesme moyen, de me tenir pour, Monsieur, votre très-humble et très-obéissant serviteur,

» L^s VENYER,
» *Président en la chambre des comptes de Navarre.*

» De Nérac, le 11 juin 1650. »]

Le sieur Pomiers-Françon, ami particulier du duc de Saint-Simon, de qui il recevoit tous les jours des lettres qu'il me montroit, m'en fit voir une qui faisoit bien connoître que la prise de la frégate étoit un effet de la persuasion de Lavie; car toutes les précédentes faisoient espérer que le duc feroit l'aveugle, et dissimuleroit toutes choses. Et ce bonhomme m'avoua qu'il ne pouvoit assez s'étonner de son inconstance, parce que c'étoit lui qui avoit jeté les premières semences dans Bordeaux de l'affection qu'on y avoit pour les princes, et qu'elle ne provenoit que de la peur que lui avoit donnée la prise de Bellegarde.

Sauvebœuf, qui venoit d'échapper le péril de la frégate, repassa par Bordeaux: il alla publiquement prendre congé de tous ses amis du parlement pour Espagne, et se battit en duel contre Guionnet, qu'il désarma. La Clotte, son second, fut tué en ce combat.

Le Bouttet, gentilhomme de Berri, fit offrir ses services à la princesse et ceux de ses amis, et l'assura que d'abord que Montrond enverroit demander les contributions aux provinces circonvoisines, toute la noblesse monteroit à cheval sous prétexte d'empêcher la levée, et la feroit payer exactement, pourvu qu'on leur donnât de quoi faire les troupes que chacun pourroit mettre sur pied, et laisseroit le reste pour l'entretien de Montrond. Baas le cadet, major de Persan, m'écrivit par Bouttet que la princesse douairière lui envoyoit lettre sur lettre, avec ordre de congédier tout ce qui étoit dans cette place, à la réserve de deux cents hommes, sur la parole que la cour lui donnoit qu'on ne l'attaqueroit pas; et que, pour la contenter, il avoit donné congé à quelques fantassins incapables de servir, et qu'il n'en feroit pas davantage, quelque ordre qu'on pût lui envoyer. Le Bouttet retourna sur ses pas avec Tully, Boisvilliers, Du Bourg, L'Epinalle, Beaujeu et le chevalier d'Ainet, et portèrent des commissions de lieutenant-général à Persan, à Tavannes et Saint-Géran; de maréchal de camp à Bussy, Levis et Broussac (une en blanc), deux de maréchaux de bataille, avec pouvoir de commander les troupes, l'une à Baas, l'autre à d'Alègre; un régiment de cavalerie de quatre compagnies et deux de fusiliers pour Le Bouttet, semblables; quatre compagnies pour lesdits lieutenans-généraux et maréchaux de camp; quatre autres en blanc, et six d'infanterie, le régiment de Bourgogne pour Levis; des ordres à lui, à Bussy et à Saint-Géran de se saisir des villes, ponts et passages qu'ils jugeroient à propos, greniers à sel, tailles, etc. On en envoya de semblables à Montrond, avec ordre aux uns et aux autres de décharger le peuple du tiers des tailles et du sel, et d'établir des contributions pour recevoir le reste sans violence, et sans inquiéter le paysan. On envoya encore des commissions en blanc, pour six compagnies détachées. Il y avoit des lettres de la princesse pour tous les susnommés, et une grande quantité dont la suscription étoit en blanc, pour être remplie des noms qu'on aviseroit suivant les occurrences. En un mot, l'on envoya ce jour-là tout ce qui étoit nécessaire pour former un petit corps d'armée en ces quartiers-là; et l'on chargea Meschalvi des pierreries de la princesse, de valeur de cent mille francs, afin de les mettre en gage pour faire, préférablement à toutes choses, la levée des troupes de Saint-Géran et de Levis, parce que l'un étant gouverneur et l'autre lieutenant de roi en Bourbonnois, il importoit de les faire déclarer et mettre promptement dans le parti. La princesse me commanda de mander à Baas de leur faire part des contributions qu'on tireroit de cette province-là, rien n'inspirant plus de fermeté et de constance dans les partis que l'utilité qu'on en tire.

Comme il n'étoit pas raisonnable de graduer les serviteurs que la princesse avoit en ces pays-là au préjudice de ceux qui servoient auprès d'elle, elle fit ce jour-là maréchaux de camp Coligny, Saint-Alvaire et Chavagnac.

Le gentilhomme que la princesse avoit envoyé à Brouage à Du Dognon, rapporta que, pour ne pas faire la même chose qu'avoit faite le duc de Saint-Simon, qui avoit envoyé les lettres de la princesse à la cour, il n'avoit pas voulu recevoir celles qu'il lui avoit portées de sa part, et lui avoit dit qu'il ne vouloit point s'expliquer; mais qu'il sauroit faire en temps et lieu ce à quoi l'honneur l'obligeoit. Il rapporta encore que de Bouche, qui commandoit dans Ré, lui avoit dit qu'il étoit hors d'état de témoigner à la princesse le souvenir des obligations qu'il avoit au feu duc de Brézé, son frère; mais que quand elle seroit en état de lui envoyer des gens pour pouvoir défendre l'île, il l'en rendroit la maîtresse; et lui donna la correspondance d'un gentilhomme du voisinage, nommé Chamboissier, pour la communication des lettres de la princesse à lui, et de lui à elle, avec promesse d'envoyer à la rade de Bordeaux *la Lune de Jules* et quelques autres vaisseaux, commandés par les créatures de ce duc, incontinent après qu'il seroit de retour de navigation.

Le 17, le comte de Meille, à qui on avoit donné ordre d'attaquer Castelnau, s'acquitta fort bien de cet emploi, et se rendit maître de la place. Les Bordelois célébrèrent cet exploit comme ils auroient pu faire de la prise de la plus importante place du monde, tant il faut peu de chose pour réjouir ou pour affliger une populace.

Le 18, le parlement députa le sieur Voisin, conseiller, et écrivit par lui une grande lettre à celui de Paris, lui donnant part de ce qu'il avoit fait en faveur de la princesse, et lui demandant union entre eux. Cette lettre fut concertée avec moi. Je rendis compte de sa teneur à la princesse et aux ducs; et, à la prière de cette compagnie, nous écrivîmes tous à nos amis et aux serviteurs des princes d'agir de concert avec ce député pour rendre sa mission utile.

En l'absence des généraux qui étoient dans Médoc, je reçus avis que le maréchal de La Meilleraye, de qui toute l'armée consistoit en quinze cents fantassins et cinq cents chevaux, passoit de Coutras à Gensac; et comme il y avoit à craindre qu'il ne voulût attaquer le château de Vaire, j'y envoyai cinquante hommes de renfort, quelque argent et quelques farines qui y manquoient.

Le 19, nos gens, qui au retour de Castelnau avoient pillé tout le Médoc, dont la plupart appartient au duc d'Epernon, amenèrent à Bordeaux une très-grande quantité de bétail; mais comme la princesse ne s'étoit rien tant proposé que l'établissement du bon ordre, elle le fit tout restituer à ceux auxquels il appartenoit : ce qui fit un très-bon effet dans la ville. Elle ordonna des contributions sur la taille du Roi dans ces contrées-là, et déchargea le peuple d'un tiers.

Je reçus encore avis, en l'absence des ducs, que le duc d'Epernon, s'approchant de Pouilhac, pourroit bien prendre le poste de l'île Saint-Georges. Tout Bordeaux, alarmé de cette nouvelle, me pressa d'y envoyer du secours, ou du moins Lamothe-Sauvage, qui connoissoit le pays, ou bien de faire assembler les paysans pour la défendre : ce que la princesse trouva bon que je fisse. Et je connus, à la chaleur qu'avoient les Bordelois pour conserver ce poste, qu'ils croyoient être de la dernière importance, que rien ne nous seroit plus utile que sa prise, et qu'elle obligeroit absolument le parlement à se déclarer, et passer par dessus les raisons qui l'avoient jusque là obligé à garder quelque bienséance envers la cour.

Sur le soir, nous sûmes que le duc d'Epernon faisoit passer ses troupes dans le Médoc. Les uns disoient que c'étoit à dessein de secourir son château de Castelnau, dont il ignoroit la prise; d'autres, que c'étoit pour empêcher qu'on occupât Arcachon pour recevoir les secours d'Espagne; et d'autres, que ce n'étoit que pour contenter sa vanité en paroissant aux portes de Bordeaux, et sa colère en brûlant quelques moisons de ses ennemis particuliers.

Le 20, il continua de faire passer ses troupes. J'en donnai avis aux ducs, qui étoient allés visiter les postes de Castillon, de Mucaut et de Margos, pour reconnoître s'ils ne nous seroient point de plus grande utilité, plus aisés à fortifier et de moindre garde que Buch et Arcachon. Sauvebœuf et Sillery s'embarquèrent, dans un vaisseau hollandois que nous avions frété à mille livres par mois, pour l'Espagne ; mais six jours après le vent contraire les ayant obligés de reprendre terre, le dernier se résolut de passer par les Basques, et s'en alla avec un gentilhomme de la frontière, qui le mit au-delà des monts, ayant passé à sa suite comme son valet-de-chambre.

Le duc de Bouillon ayant jugé que le marais de Blanquefort étoit un poste fort sûr, y fit entrer toute l'armée, et se saisit du château, qui appartenoit au marquis de Duras, son beaufrère, où il mit un commandant et cinquante soldats.

On intercepta des lettres du conseiller de Burg, adressées à Le Tellier, secrétaire d'Etat, et à madame Du Vigean, par lesquelles il offroit de servir le cardinal Mazarin dans Bordeaux, où il faisoit espérer dans la suite de grandes révolutions contre nous. Peu s'en fallut que cela ne lui attirât le même malheur qu'avoit reçu Lavie quelques jours auparavant; et il ne l'évita qu'en gagnant les devans, et me venant offrir de continuer cette correspondance pour le service de la princesse. Il nous tint parole, et tout le temps que nous fûmes à Bordeaux il leur écrivit toujours à notre mode : ce qui ne nous fut pas d'une petite utilité, tant ces sortes d'esprits intrigans, et qui s'insinuent dans les affaires sans y être appelés, sont dangereux et incertains.

Le 21, le peuple courut en foule au Palais, sur le passage du duc d'Epernon en Médoc, et crioit tout haut qu'il y avoit des traîtres dans la ville, et qu'il ne s'en approchoit d'un côté, et le maréchal de La Meilleraye de l'autre, que pour exciter quelque conspiration au-dedans, ou pour se saisir de quelques postes, à quoi il falloit pourvoir. Sur quoi le parlement ordonna aux bourgeois de se tenir armés et de faire une garde exacte.

L'affaire de l'île de Saint-Georges réussit comme on l'avoit prévu. Les Epernonistes s'en saisirent avec peu de résistance; et il ne leur fut pas difficile, n'y ayant trouvé que quelques paysans qui n'étoient ni en nombre ni en état de se défendre. Rien ne nous fut d'une telle utilité que cette prise. Elle causa une extrême frayeur dans l'esprit des Bordelois ; elle alluma une haine plus grande que jamais contre le duc d'Epernon, et, par contre-coup, contre le cardinal Mazarin. Le parlement s'assembla, et ordonna que tous les bourgeois sans distinction prendroient les armes ; que l'Hôtel-de-Ville s'assembleroit au son de la cloche pour aviser à la cause publique ; que les ducs seroient priés d'occuper les postes de Saint-Surin et de la Bastide, et que l'on prendroit dans le coffre commun dix mille écus pour les prêter à la princesse, afin d'en faire deux régimens d'infanterie pour la défense de Bordeaux. Elle les reçut, et donna de ses pierreries de plus grande valeur pour sûreté de cette somme, afin de faire voir qu'elle ne vouloit pas leur être à charge que le moins qu'elle pourroit ; mais l'année suivante ces gages lui furent rendus libéralement.

Espagnet fut le promoteur de cet arrêt. Ce conseiller étoit d'une fermeté stoïque et d'une vertu incorruptible ; il se piquoit de bravoure, et en avoit à la vérité autant que s'il eût passé toute sa vie dans les emplois de guerre. Il avoit aidé à assiéger et prendre, l'année précédente, le château Trompette. Il étoit toujours des vigoureux avis dans sa compagnie, et des premiers à les exécuter. Il étoit savant et bon juge ; et quoiqu'il fût des plus zélés pour le service des princes, il ne vouloit jamais concerter aucune chose avec nous, ni même avec ses confrères du même parti, et faisoit toujours plus qu'il ne nous faisoit espérer. La déférence qu'il vouloit qu'on eût à ses opinions, la gloire qu'il croyoit acquérir par sa manière de se conduire, étoit tout son salaire ; et jamais nous n'avons pu l'intéresser par argent ni par aucuns bienfaits, quelque soin que nous en ayons pu prendre.

Le 23, l'Hôtel-de-Ville s'assembla suivant l'arrêt dont je viens de parler, et résolut tout d'une voix que la sûreté publique ne consistant pas à la seule garde que la cour avoit ordonnée, les bourgeois demeureroient unis avec messieurs les ducs et le parlement, duquel on observeroit inviolablement les ordres et les arrêts ; que l'on s'opposeroit aux désordres et violences qui pourroient être faits contre les ordres de la justice ; qu'on se saisiroit des contrevenans pour les remettre entre les mains de la cour, afin d'être châtiés suivant l'exigence des cas ; qu'elle seroit au surplus suppliée de pourvoir par sa prudence au repos et à la sûreté publique, et d'agir ainsi qu'elle verroit être à faire contre ceux qui passoient dans la ville pour être dans les intérêts du duc d'Epernon ou du cardinal Mazarin. Rien ne nous pouvoit être plus avantageux que cette délibération : aussi en tirâmes-nous une grande utilité par la suite.

Ce jour-là même et le lendemain, nous vîmes un effet de la chaleur qu'elle avoit inspirée. Le maréchal de La Meilleraye envoya un trompette au parlement, qui fut arrêté à la Bastide, pour y attendre la réponse qu'on feroit à la lettre dont il étoit chargé. Elle portoit que le Roi leur vouloit accorder d'ôter le duc d'Epernon du gouvernement de Guienne, pourvu qu'ils ne souffrissent pas plus long-temps dans leur ville ceux qu'ils y avoient retirés, voulant parler de la princesse et des ducs de Bouillon et de La Rochefoucauld, qu'il ne nommoit pourtant pas.

Le 24, le parlement s'assembla, et fut long-temps à délibérer sur ce sujet. Les avis furent partagés : les uns représentoient d'un côté l'avantage du changement qu'on leur offroit, l'obéissance due au Roi, le péril de s'embarquer à une guerre dont l'événement seroit incertain ; d'autre part on représentoit que la condition sous laquelle on offroit de changer leur gouverneur étoit honteuse à la compagnie, après avoir donné retraite à ceux que l'on vouloit être mis hors de leur ville ; que cette offre étoit captieuse, pour les brouiller avec ceux de qui ils espéroient toute leur défense ; que quand elle seroit sincère et qu'ils voudroient l'accepter, il ne seroit pas en leur pouvoir, n'ayant pas les forces suffisantes pour opposer à celles de la princesse, et à l'affection que le peuple avoit pour elle ; que le cardinal Mazarin, qui avoit une passion tout entière pour le mariage d'une de ses nièces avec le duc de Candale, ne faisoit cette proposition que pour les éblouir dans la conjoncture présente, et pour les tromper dans la suite. Enfin, après avoir débattu toutes les raisons, il fut résolu que le procureur-général écriroit au maréchal que le parlement, scandalisé de sa manière d'agir vers lui, n'avoit pas voulu recevoir sa lettre ; qu'il trouvoit fort étrange qu'il l'eût traité comme ennemi en lui envoyant un trompette, et que s'il eût su son métier il n'en auroit pas usé de la sorte (1).

Cependant le peuple pressoit ardemment

---

(1) « Le parlement ayant considéré qu'on n'envoyoit des lettres par des trompettes qu'aux ennemis, et que ce n'étoit pas de la sorte que l'on faisoit savoir au parlement et aux sujets du Roi les volontés de Sa Majesté ; et d'ailleurs que le maréchal de La Meilleraye, depuis qu'il étoit entré dans le ressort, n'avoit pas envoyé son pouvoir et sa commission au parlement, ordonna que ce trompette seroit renvoyé sans prendre de lui les lettres

l'union qui avoit été résolue dans l'Hôtel-de-Ville ; et de telle sorte que s'étant attroupé et entré dans le Palais, ils crioient confusément qu'ils égorgeroient tous ceux qui voudroient s'y opposer. Et comme ils s'adressèrent particulièrement au président d'Affis et à Pomiers-Françon, ces messieurs vinrent en diligence et fort effrayés en mon logis, pour me proposer d'employer l'autorité des ducs, afin de faire retirer cette populace insolente. Comme cela ne nous étoit pas propre, je leur répondis que leur autorité n'étoit pas suffisante pour cela ; qu'il n'y avoit point d'apparence qu'ils prissent les armes contre ceux qui leur avoient tant témoigné d'affection ; et que le parlement seul étoit capable de réprimer leur ardeur démesurée. Ces messieurs, qui reconnurent la raison qui me faisoit parler de la sorte, me prirent à partie, et me dirent en colère qu'on vouloit les exposer à tout moment à la fureur du peuple ; qu'ils abandonneroient toutes choses, et prendroient leur sûreté à la cour comme ils verroient être à faire ; qu'en un mot ils ne donneroient jamais l'arrêt d'union. Et sur ce que je leur remontrai qu'ayant fait tous les pas qu'ils avoient faits jusque là, il n'y avoit plus rien à ménager, et que la plus grande prudence étoit de faire voir à la cour qu'ils sauroient maintenir l'autorité de leurs arrêts par les armes, afin qu'elle perdît la pensée de les gagner par des négociations, qui les exposeroient ensuite à la vengeance du cardinal, ils me répartirent qu'ils le connoissoient aussi bien que moi, mais que je savois bien qu'il y avoit de certaines mesures dans lesquelles les compagnies souveraines devoient se contenir. Je connus par là qu'ils ne cherchoient qu'à sauver les apparences ; et comme je ne jugeai pas à propos de les violenter, j'écrivis un billet aux ducs, duquel ayant reçu la réponse, par laquelle je vis qu'ils entroient dans mon sens, je leur proposai de donner un arrêt contre le duc d'Epernon, ses troupes, fauteurs et adhérens, qui auroit le même effet que l'arrêt d'union qu'on leur demandoit, sans que le mot d'union y fût inséré. Ils en demeurèrent d'accord, et nous nous séparâmes satisfaits les uns des autres. Ils allèrent rendre compte de notre conférence au parlement, et moi à la princesse et aux ducs, qui tous approuvèrent la résolution que nous avions prise.

Le 25, l'arrêt que nous avions concerté fut résolu ; et comme on achevoit d'y opiner, un bruit confus qui s'étoit répandu dans la ville alla jusqu'au parlement ; et l'on sut que le duc d'Epernon, à la tête de ses troupes, avoit marché à Blanquefort pour attaquer les nôtres dans le marais, où il savoit qu'elles étoient postées. Mais comme Le Chambon, qui les commandoit, avoit jugé qu'on ne le pouvoit défendre, il avoit abandonné ce poste, et avoit tiré sous Bordeaux la cavalerie, l'infanterie et le bagage sans aucune perte. Le duc d'Epernon se crut victorieux d'avoir occupé ce poste, et le publia comme le gain d'une bataille. L'alarme en fut telle dans la ville, qu'en un moment tout le monde fut sous les armes ; et le duc de Bouillon ne put jamais empêcher, par tout ce qu'il put dire, que quatre ou cinq mille bourgeois ne sortissent, à dessein d'aller forcer le duc d'Epernon dans le marais. On eut beau leur remontrer que le poste étoit d'un très-difficile accès ; qu'il étoit occupé d'un canal plein d'eau, traversé par un pont rompu, et défendu par deux pièces de canon ; qu'ils avoient affaire à de vieilles troupes bien disciplinées ; rien ne put les contenir : et quelques-uns, comme c'est la coutume des peuples qui condamnent toutes les raisons qui s'opposent à leur emportement, accusoient en murmurant le duc de Bouillon d'intelligence avec leurs ennemis, parce qu'il leur disoit toutes celles qu'il pouvoit et qu'il devoit pour les empêcher d'aller les attaquer. Il les y mena donc, voyant leur obstination. Après qu'ils eurent fait deux ou trois décharges, et tué quatre-vingts ou cent hommes, du nombre desquels furent deux capitaines de Navailles, la nuit les sépara, et ils se retirèrent avec assez de désordre. Ils y perdirent deux soldats et un bourgeois. Le comte de Guitaut, qui s'y étoit signalé, y fut blessé d'un coup de feu dans le visage, duquel il faillit à mourir, et la dame de Gouville de la blessure que celle-là lui fit au cœur. La Roussière, qui y fit fort bien, y reçut un coup de mousquet dans la cuisse ; et le président Pichon, qui se piquoit de chevalerie, eut bien de la joie d'y avoir un cheval tué sous lui.

En conséquence de l'arrêt de ce jour-là, le parlement nomma Blanc-Mauvoisin, Rémond, d'Espagnet et Mirat pour assister en qualité de leurs commissaires à tous les conseils de guerre.

---

de ce maréchal, auquel le procureur-général, par ordre du parlement, écrivit une lettre en termes fort civils, contenant les raisons du parlement, que ce maréchal témoigna du depuis approuver, par la réponse pleine de civilité qu'il fit au procureur-général. » (*Histoire véritable de tout ce qui s'est fait et passé en Guienne pendant la guerre de Bordeaux.*)

(A. E.)

Le premier étoit un vieillard emporté, ennemi juré du duc d'Epernon, naturellement enclin à toute violence; le second étoit presque de même trempe, mais plus aisé à gouverner, et qui, par l'intérêt, étoit de tous les avis que l'on vouloit; et Mirat, un homme plus attaché au parti qu'aucun autre, mais sage, qui vouloit toujours marcher par les formes des compagnies, allant très-bien à ses fins, et qui s'étoit rendu l'arbitre et le maître, par ses amis et par sa bonne conduite, de ce qu'on appeloit la petite fronde; les trois autres étoient les principaux de la grande. Sur l'avis ou sur la crainte que nous avions que le maréchal de La Meilleraye n'arrêtât le courrier ordinaire pour voir ce qu'on nous écrivoit de Paris, et connoître les intelligences que nous y avions, nous l'envoyâmes enlever, à dessein de savoir celles que le cardinal pouvoit avoir à Bordeaux; mais le parlement ne l'approuvant pas, nous fîmes rendre le paquet au commis, pour distribuer les lettres en la forme ordinaire.

Le 26, on tint conseil de guerre, où assistèrent pour la première fois les quatre députés du parlement. La première proposition qu'ils y firent fut de faire fabriquer des sous pour payer les soldats; ils assurèrent que leur compagnie le toléreroit au commencement, et l'ordonneroit même dans la suite.

On résolut d'envoyer attaquer les gens que le duc d'Epernon avoit laissés dans l'île Saint-Georges, dont les Bordelois croyoient que toute la fortune publique dépendoit, et on en donna l'exécution à La Mothe-Delas.

On me nomma chef du conseil, et surintendant des finances; mais je refusai ce titre comme j'avois déjà fait à Turenne, quand les ducs de Bouillon et de La Rochefoucauld, croyant m'obliger, m'invitèrent de l'accepter: et je résolus dès-lors de ne prendre aucune qualité dans le parti, pour éviter les jalousies qu'elles excitent pour l'ordinaire, et n'en ai eu aucune tant qu'il a duré, me contentant de m'employer volontairement à tout ce dont on me jugeoit capable, sans y être obligé par le titre d'aucune charge, et m'en suis fort bien trouvé.

Le parlement députa en même temps des commissaires particuliers pour divers emplois: Bordes et Monier pour le poste de Saint-Surin, et Fayade pour celui de La Bastide; Muscadet et Pichon pour l'artillerie; Boucault, Le Boux et Dussaut pour la distribution des deniers du convoi; d'Alème pour un petit armement qu'on résolut de faire sur la rivière. Tous, selon la nécessité de leur emploi, avoient relation au conseil de guerre, et convenoient avec moi de ce que nous souhaitions d'eux, ou de ce qu'ils désiroient de nous. On résolut encore que quand il ne plairoit pas à la princesse d'assister au conseil, il se tiendroit en mon logis, qui étoit joignant le sien; car, outre que c'étoit la commodité des ducs, les députés du parlement faisoient difficulté de s'assembler chez eux, parce que cela auroit témoigné qu'ils étoient sous leurs ordres; ce que l'on ne pouvoit croire de moi, qui étois un homme sans conséquence.

Comme notre cavalerie faisoit un peu de désordre aux environs de Bordeaux, quelque soin qu'on prît de la contenir, on résolut que dorénavant on distribueroit le foin par jour; et l'on ne peut voir plus d'affection que le parlement en témoigna ce jour-là pour le parti: il ne se contenta pas de lui donner des secours présens, il pourvut encore à tout ce qui étoit nécessaire pour le faire durer.

Nous apprîmes que le duc de Saint-Simon alla visiter le maréchal de La Meilleraye, et que l'un et l'autre y attendoient le duc d'Epernon, pour aviser tous ensemble à ce qu'ils devoient faire contre nous. Mais celui-ci, se persuadant qu'il n'avoit besoin de personne pour venir à bout de Bordeaux, et portant impatiemment qu'autre que lui commandât des troupes dans son gouvernement, ne voulut pas se trouver au rendez-vous, et ménagea si peu la bienséance, que, sans leur écrire, il leur envoya dire par un laquais qu'il n'avoit point de conseil à donner ni à prendre avec eux: dont le maréchal, qui étoit aussi glorieux des belles actions qu'il avoit faites à la guerre que l'autre l'étoit par les chimères qu'il s'étoit mises dans la tête sur sa naissance, de laquelle Busbec a parlé plus véritablement qu'aucun autre, eut beaucoup de ressentiment.

Le maréchal de Gramont apportoit tant de soin à empêcher notre négociation en Espagne, que, sans le secours d'un Portugais nommé Othon Sabaria, qui avoit une correspondance secrète avec les ministres de Portugal, et qui faisoit passer tous nos paquets, nous n'eussions pu donner des nouvelles en ce pays-là, ni en recevoir que par mer, qui est presque toujours une voie incertaine, et qui nous étoit devenue impossible, n'y ayant aucun vaisseau pour lors dans le port de Bordeaux. Ce jour-là, cet homme m'en rendit une lettre de change de cent mille francs, que Courtade me paya fort ponctuellement, et me dit que la première, dont j'ai parlé, n'avoit été qu'une invention de Vatteville pour nous témoigner de la bonne volonté sans effet, attendant qu'il eût reçu ordre et argent de Madrid. Cette lettre étoit accompagnée d'autres que Vatteville écrivoit à la princesse, au duc de Bouillon et à moi, par lesquelles il promettoit de grands secours, et nous invitoit à tout promettre à messieurs de La Force pour les engager dans le parti, sur la parole qu'il nous donnoit de fournir à point nommé les sommes dont nous conviendrions avec eux, et l'avoit persuadé ainsi à Baas : de telle sorte qu'il nous écrivoit les mêmes choses, comme s'il les avoit eues en son pouvoir. Tant les négociateurs nouveaux, pauvres et avides, croient aisément ce qu'on leur dit, sans considérer qu'ils ne doivent pas répondre de ce qu'ils ne connoissent que sur le rapport d'autrui.

Le 27, La Mothe-Delas, avec trois cents hommes tirés de nos régimens, attaqua l'île Saint-Georges, défendue par même nombre tirés de ceux que commandoit le duc d'Epernon, lesquels il prit tous à discrétion dans une église où ils s'étoient retirés, et qu'ils ne purent défendre (1). Il les mena en triomphe à Bordeaux, où la joie fut excessive. On les mit tous dans les prisons, après que les ducs eurent employé toute leur autorité pour les garantir de la fureur du peuple, qui vouloit ardemment les faire mourir tous. L'emportement étoit tel, qu'un cavalier de La Rochefoucauld, qui cria en retournant *vive le Roi et M. d'Epernon!* fut sur-le-champ égorgé et traîné par toutes les rues, après qu'on lui eut coupé le nez, les oreilles et les parties honteuses : tant il est dangereux de parler ou d'agir à contre-temps contre les inclinations d'une populace mutinée.

Le président Charon me vint rendre visite : je ne sais si elle fut sincère, ou si l'arrêt du parlement ou le bruit que nous fîmes courir par la ville des sommes que nous avions reçues d'Espagne, que nous amplifiâmes, et de celles qu'on nous faisoit espérer dans peu de jours, l'avoit obligé à me venir voir; mais il me promit d'envoyer un courrier exprès pour hâter messieurs de La Force, et qu'en cas qu'ils ne vinssent pas en diligence, il feroit tomber toute la faction de ceux de la religion entre les mains du vicomte de Turenne et de messieurs de Duras, ses neveux. Il me rendit la chose si facile, et j'étois si peu persuadé qu'il eût un crédit aussi grand que celui qu'il m'insinuoit, que je ne fis pas beaucoup de fondement sur ses promesses. Notre entretien fut fort long; et à la fin je l'obligeai à voir les ducs de Bouillon et de La Rochefoucauld, et à leur dire la même chose, étant bien aise de me laver les mains d'une telle négociation, tant parce qu'elle étoit moins de mon humeur que de la leur, que par l'incertitude de son événement.

La princesse donna commission au baron de Bélade pour lever sur la taille de Tartas une compagnie de fusiliers pour garder et défendre sa maison, qui est assez bonne. Elle en donna une autre à celui de Roquetaillade pour lever une compagnie de gendarmes sous le nom d'Albret, et un régiment d'infanterie. Nous lui donnâmes quelque argent comptant, et des assignations sur le pays; sa maison, qui est des plus fortes de la province, nous fit faire cet effort. Nous donnâmes encore quelques patentes, quelque assignation et quelque argent au baron de Marsan, pour la levée d'un régiment de quatre compagnies de cavalerie. On se sert en semblables affaires de toutes sortes de personnes, moins avec intention d'en fortifier un parti que pour empêcher qu'ils ne passent dans celui qui est opposé, particulièrement quand ils ont des châteaux, à la faveur desquels on peut faire quelques levées de troupes ou d'argent sur le plat pays.

Le 28, les ducs allèrent visiter l'île Saint-Georges. A leur retour on tint conseil, et l'on résolut qu'on y enverroit six cents hommes commandés par Le Chambon, et que pour la mieux garder on construiroit un petit fort dans une certaine pointe sur le bord de la rivière, à la

---

(1) « L'attaque fut faite le 27 juin à la pointe du jour. Les paysans ayant conduit les troupes par des chemins et des sentiers par lesquels les ennemis ne les attendoient pas, on les surprit dans leurs retranchemens et dans leurs corps-de-garde; on les poussa dans l'église et dans un moulin, où ils se rendirent à discrétion. Il y en demeura cent sur la place, et deux cents prisonniers, parmi lesquels il y a dix officiers, entre autres le sieur Canole, lieutenant-colonel du régiment de Navailles, dans la poche duquel on trouva un ordre du chevalier de La Valette, portant qu'il fît bâtir un fort par le moyen de l'église, du moulin, et de quelques maisons voisines, permettant de démolir celles qui l'empêcheroient; qu'il laissât le passage de la rivière libre pour les trafiquans seulement, jusques à nouvel ordre; et pour l'entretien de la garnison, il lui assignoit le revenu de l'île. Le reste de la garnison ayant tâché de se sauver, demeura exposé à la vengeance des paysans, qui les assommoient dans les vignes, les blés et les saussaies. Tout le bagage et les armes sont demeurés aux vainqueurs, qui n'ont perdu pas un seul homme, à la réserve de deux ou trois blessés, et deux pièces de canon, qui sont les mêmes qui furent prises au siége de Libourne, où la trahison, et non pas la valeur des ennemis, fit retirer les Bordelois. » (*Histoire véritable de tout ce qui s'est fait et passé en Guienne pendant la guerre de Bordeaux.*)

(A. E.)

faveur duquel on pourroit retirer cette infanterie, ou y en envoyer un plus grand nombre si l'on le jugeoit à propos, ou pour mieux dire si le parlement de Bordeaux le désiroit : car en effet ce poste ne nous étoit d'aucune utilité, et son importance ne consistoit qu'en l'imagination des bourgeois.

Un trompette de l'armée de La Meilleraye, qui vint de la part de quelques amis de Guitaut le visiter, fut d'abord conduit en mon logis, où il y avoit cent sacs remplis de l'argent que j'avois reçu la veille, et qui n'étoit pas encore distribué. Il en fut tellement ébloui, qu'il ne fut pas difficile de le corrompre après lui avoir donné quelques pistoles. Il me promit de revenir autant de fois que l'occasion s'en présenteroit, et de me dire tout ce qu'il pourroit découvrir, et de débaucher tous les cavaliers qu'il pourroit, et me tint fort ponctuellement parole.

Un certain ecclésiastique nommé le père Bonnet, grand dévot de profession et encore plus grand frondeur, fit imprimer la relation de ce qui s'étoit passé en l'île de Saint-Georges, avec des termes si pleins de chaleur, que depuis ce jour-là je résolus, comme je fis en effet, d'empêcher autant que je le pus les impressions de toutes choses qui pourroient fâcher la cour.

Le 29, nos troupes commençoient à se dissiper, et nos officiers avoient la plupart consumé le peu de finances qu'ils avoient apportées : ce qui obligea la princesse à faire distribuer quelque argent aux capitaines pour les secourir, et à ceux qui avoient le plus de besoin dans leurs compagnies ; et l'on ordonna quelque somme aux plus considérables officiers, à l'insu l'un de l'autre, pour éviter les jalousies et les conséquences.

On envoya l'arrêt partout où il fut possible dans le ressort, avec l'attache et une lettre circulaire du duc d'Enghien sur chaque copie, et des gens en divers endroits pour faire soulever les communes.

Le 30, mon Portugais fit passer un exprès à Saint-Sébastien, qui porta le même arrêt au baron de Vatteville, auquel il manda qu'il pouvoit faire venir droit à Bordeaux les vaisseaux et l'argent qu'il nous voudroit envoyer : car nous avions pris nos mesures avec amis pour faire non-seulement tout approuver, mais même souhaiter qu'on nous envoyât d'Espagne tout ce dont nous avions besoin.

Le chevalier de Rivière, qui s'étoit intrigué dans l'amour du prince pour la demoiselle de Toussy, à présent la maréchale de La Mothe, et qui s'étoit rendu de quelque considération auprès de lui, étoit allé à Stenay auprès de la duchesse de Longueville, croyant qu'il auroit part aux affaires ; mais comme elle savoit que monsieur son frère l'avoit voulu mettre dans les siennes et qu'il s'en étoit mal trouvé, elle se cachoit de lui comme d'un espion, et portoit fort impatiemment sa présence. Lui, qui ne manquoit pas d'esprit, connoissant qu'il n'y avoit rien à faire pour lui en ce pays-là, voulut se tailler de la besogne. Il proposa à la duchesse de lui donner congé pour aller en Guienne, où il disoit avoir du crédit et des amis ; elle le prit au mot, et l'y envoya plus pour se défaire de lui que par la créance de tirer de l'utilité de son voyage. Elle le chargea de lettres de créance pour Pomiers-Françon et pour Lavie, qu'elle croyoit devoir être dans les intérêts des princes. Il partit donc de Stenay, le 4 de mai, pendant que nous étions encore à Montrond, et arriva le 30 juin à Bordeaux.

Il débuta par vouloir donner à la princesse et à moi toutes les défiances possibles contre les ducs de Bouillon et de La Rochefoucauld ; mais comme on connoissoit son esprit intrigant, intéressé et de peu de sûreté, elle lui défendit d'abord de ne lui parler jamais contre l'un ni contre l'autre, et à moi de ne lui donner aucune part dans ses affaires.

Le premier juillet, le commandant de Castelnau se rendit à la première sommation que lui fit faire le duc d'Epernon.

Nous sûmes de Paris que depuis la prise du Catelet, l'archiduc Léopold avoit assiégé Guise. On nous mandoit que le cardinal n'osoit y entrer, tant le murmure contre lui étoit grand, et qu'il faisoit courre le bruit que le Roi venoit en Guienne : ce que nous crûmes assez facilement par la crainte que le cardinal avoit des orages que les frondeurs, entre les mains desquels il étoit, pouvoient à tout moment exciter contre lui dans Paris ; au lieu qu'en s'approchant de Bordeaux, il lui arriveroit de deux choses l'une, ou qu'il en viendroit à bout, auquel cas il n'avoit plus rien à craindre ; ou que s'il arrivoit quelque chose à Paris contre lui, et que Bordeaux lui résistât, qui étoit le pis qui lui pouvoit arriver, il se raccommoderoit avec les princes, qui avoient un intérêt commun avec lui contre les frondeurs ; il les mettroit en liberté, pour ensuite agir ensemble contre eux. Nous étions fort sujets à faire des raisonnemens à notre avantage, et parce que nos affaires étoient en bon état, et parce que nous croyions impossible que l'union des frondeurs et du cardinal durât long-temps. Elle ne pouvoit cesser sans nous ouvrir la porte à un accommodement avec les uns ou les autres, en quoi consistoit notre salut ;

mais nous souhaitions que ce fût préférablement avec le cardinal, comme le plus prompt et le plus sûr, et celui duquel nous pouvions tirer d'avantages présens pour récompenser ceux qui avoient servi les princes; et c'est ce qui nous faisoit toujours écouter ceux qui nous faisoient quelques propositions. Pour cela la princesse ne vouloit que la liberté de monsieur son mari; les ducs haïssoient mortellement les frondeurs; et si j'ose me compter pour quelque chose, j'avois encore plus d'aversion pour le désordre que je voyois dans l'État. Je craignois l'inconstance des peuples, et l'événement d'une affaire en la conduite de laquelle j'avois très-grande part; j'avois beaucoup contribué à sa naissance, et elle ne pouvoit échouer sans me porter un notable préjudice; elle ne pouvoit d'un autre côté prendre assez de force pour renverser la fortune du cardinal, sans lui donner de terribles pensées contre la vie des princes qu'il tenoit en prison; et cette imagination me tenoit dans des peines continuelles.

Le 2, le parlement résolut d'envoyer un exprès à Paris pour ordonner à ses députés d'y demeurer, non plus en qualité de députés vers le Roi et ses ministres, mais vers le parlement seulement, pour solliciter l'effet de la lettre qu'il lui avoit écrite par le sieur Voisin, et pour leur demander secours et union, ensuite de l'arrêt qu'ils avoient donné, le 25 du mois de juin, contre le duc d'Epernon, duquel ils leur envoyèrent copie en forme.

Le 3, ce parlement, qui ne songeoit plus qu'à soutenir ce qu'il avoit fait, et à se mettre à couvert de la vengeance de la cour, par une guerre forte et vigoureuse, vouloit y intéresser les autres compagnies souveraines du royaume, à mesure que l'occasion s'en présenteroit. Il avoit la veille dépêché au parlement de Paris; ce jour-là ils s'assemblèrent, nonobstant qu'il fût dimanche, pour écrire à celui de Toulouse, sur la nouvelle qu'il avoit reçue que celui-ci avoit, par un arrêt solennel, cassé diverses ordonnances du duc d'Epernon, et qu'il faisoit le procès à Morand, maître des requêtes et intendant de justice en ces quartiers-là, contre lequel il avoit décrété prise de corps, et l'avoit contraint de chercher son refuge dans Lectoure, où ce parlement avoit envoyé des commissaires pour le saisir au corps, et où on leur avoit fermé la porte. Enfin les choses étoient fort aigries; et si elles avoient été bien soutenues, elles auroient pu aller plus avant, d'autant plus que, nonobstant les soins du premier président, homme dévoué à la cour, on crioit toute la nuit dans les rues: *Vivent le Roi et les princes!*

et qu'à la dernière assemblée des chambres il y avoit eu vingt-quatre voix à demander union à Paris et à Bordeaux pour demander conjointement la liberté des princes. Cette conjoncture obligea le parlement de Bordeaux à écrire à celui-là aux mêmes termes qu'il avoit écrit à celui de Paris.

La Tivolière, lieutenant des gardes de la Reine, étoit allé de la part de Sa Majesté vers le vicomte d'Arpajon, avec des lettres du cardinal qui lui faisoient espérer le bâton de maréchal de France, et des commissions pour lever cinq ou six mille hommes de milice dans le dessein qu'il avoit formé d'assiéger Bordeaux, comme il fit. Il lui promettoit quelque argent comptant, et ordre de prendre le reste sur la taille de son voisinage; il lui donnoit encore permission de traiter avec Saint-Luc de la lieutenance de roi de Guienne. Dans ce même temps ce gentilhomme, que la princesse lui avoit dépêché, comme j'ai dit, arriva chez lui, et lui exposa tous les avantages qu'il avoit ordre de lui proposer. Ce vicomte jugeoit bien que le cardinal pouvoit mieux et plus promptement que elle faire ses affaires, mais le ressentiment qu'il avoit d'avoir été méprisé de lui en diverses rencontres, et la créance qu'il y avoit moins de sincérité de son côté que de celui de la princesse, partagèrent son esprit; et après avoir bien songé à ce qu'il avoit à faire, il résolut d'envoyer un courrier à la cour pour demander l'érection de sa terre de *** en duché, un bâton et non un brevet de maréchal, et l'argent nécessaire pour payer la charge de Saint-Luc. Il le fit partir, et en attendant son retour il retint chez lui La Tivolière, envoyé de la cour, et Saint-Séroux, envoyé de la princesse, afin qu'ayant reçu la réponse du cardinal, il en pût faire une positive à l'un ou à l'autre. Ces vastes prétentions font assez juger de son caractère: elles l'ont empêché d'avancer sa fortune autant qu'il eût pu faire, ayant beaucoup de naissance et beaucoup de service.

La princesse reçut encore ce jour-là de nouveaux complimens de toute la maison de La Force, qui, sous divers prétextes, tiroit en longueur la conclusion du traité projeté entre le maréchal, le marquis et elle, pendant qu'ils avoient (ainsi que le cardinal me l'a dit depuis) des négociations à la cour pour y ménager leurs intérêts: tant l'esprit de l'homme est incertain et la sincérité rare. La princesse leur répondit qu'elle étoit toute prête à leur faire compter l'argent qu'ils lui avoient demandé, et de leur donner contentement sur le reste. Elle faisoit ces offres hardiment, sur la bonne foi de Vatteville, et nous fûmes bien heureux de ce qu'ils ne nous prirent pas au mot.

Le duc d'Epernon ne pouvant plus subsister dans le Médoc, par le défaut de vivres et par la guerre que les paysans lui faisoient, qui tuoient à coups de fusil, à la faveur de ce pays-là qui est fort couvert, tous les soldats qui s'écartoient tant soit peu, il fit passer son armée vers Castres; et comme ce poste est dans le voisinage de l'île Saint-Georges, dont la conservation étoit le plus ardent désir des Bordelois, il fallut pour leur complaire que les ducs y envoyassent de nouvelles troupes : aussi retira-t-on celles de Saint-Surin.

Le 4, Pomiers-Françon, doyen du parlement, ami, comme nous avons dit, du duc de Saint-Simon, avoit demandé et obtenu passeport pour l'aller voir à Blaye. Il en revint, et nous dit que ce duc ne se consoleroit jamais de s'être engagé à la cour contre les intérêts des princes; qu'il étoit toujours dans l'opinion qu'on ne pouvoit leur être utile qu'en négociant avec le cardinal : à quoi il s'offroit. En pareilles rencontres l'on trouve plus de négociateurs que de soldats : chacun se veut ingérer dans les affaires pour se ménager avec les deux partis, et l'on en trouve peu qui se déterminent nettement, si un grand intérêt ne les y oblige. Françon nous parla de certaines propositions inutiles que Lavie avoit faites à Mirat, à dessein de mettre du désordre et de la désunion parmi nous.

La princesse reçut nouvelle de Montrond que tous ceux à qui elle avoit écrit s'y étoient rendus; que Châteauneuf y étoit arrivé de l'armée du Roi avec soixante maîtres; qu'on avoit quelque créance que le duc de Nemours y devoit aller; que toutes les commissions qu'elle y avoit envoyées, et Meschalvi avec ses pierreries, y étoient arrivés à bon port; que Saint-Aignan avoit surpris le château de Bangy en Berri; et que ceux de Châteauroux s'étoient révoltés contre le prince. Ceux du Mas-d'Agénois vinrent payer dix mille livres qu'ils devoient au prince, à cause de sa duché d'Albert; [Bussy Rabutin, Tavannes et Bourgogne rendirent compte de l'exécution des ordres qu'ils avoient reçus par les lettres suivantes :

« Madame, je suis arrivé icy le 22 de ce mois, suivant l'ordre que j'en avois reçu de Vostre Altesse. J'y ai trouvé deux commissions pour moy, l'une pour un régiment de cavalerie, et l'autre pour un régiment d'infanterie. J'ay pris la dernière, et pour l'autre, je l'ay laissée entre les mains de M. de Persan, jusques à ce que je sceusse de Votre Altesse si elle trouveroit bon que je misse sur pied la compagnie de chevaux-légers de monseigneur le prince, que je voy que le sieur Guitaut a négligée jusques à présent. En ce cas, je remettrois ladite compagnie pour la moitié de ce que coûteroit le régiment de cavalerie; mais comme le brevet de mareschal-de-camp, que Votre Altesse m'a faict l'honneur de m'envoyer, et dont je lui rends très-humbles grâces, m'empeschera de prendre tout le soin qu'il seroit nécessaire d'avoir de la compagnie de chevaux-légers, je supplie très-humblement Votre Altesse de commander au sieur de Guitaut de venir servir à sa charge, ou d'y commettre quelqu'un, le mareschal-des-logis que j'ay icy avec moy ne pouvant luy seul fournir aux soins qu'il faut avoir d'une troupe comme celle-là; j'attendray sur cela les ordres de Votre Altesse, et cependant je n'oubliray rien de ce que je croiray estre utile au service de monseigneur le prince, et de ce qui pourra persuader à Votre Altesse que je suis,

» Madame,

» Son très-humble, très-obéissant et très-fidelle serviteur,

» BUSSY RABUTIN.

» De Monron, ce 27 juin 1650. »

« Mon très-cher (Lenet), il y a six jours que je suis arrivé icy; je ne vous remercie pas des bons offices que je sçay que vous me rendez à votre cour, parce que vous n'aimez pas la cérémonie avec vos amis, ny moy aussy; mais je ne laisse pas d'avoir toute la reconnoissance que je vous dois. J'écris à madame la princesse que puisque M. de Guitaut ne veut pas faire la compagnie de S. A., je la supplie de trouver bon que je la remette sur pied au lieu du régiment de cavalerie qu'elle m'a fait l'honneur de m'envoyer; elle ne coûtera que la moitié dudit régiment à lever; je ferai le régiment d'infanterie, je m'assure de mes amis. Au reste, l'on a envoyé à M. de Tavannes un brevet de lieutenant-général qui ne lui sert de rien, puisqu'il ne commande pas alternativement dans Monron avec M. de Persan; cela peut mettre icy de la jalousie qui nuiroit aux affaires; mettez-y ordre, mon cher, et me croyez tout à vous. J'oubliois à vous dire que nous sommes icy quatre à cinq qui avons quelques amis; mais que sans argent nous ne pouvons faire de troupes réglées, pourvoiés-y promptement, je vous prie, car cela est tout à fait d'importance de ne pas laisser refroidir nos amis, outre l'avantage de faire un corps considérable le plus tost que nous pourrons. Adieu.

» Bussy Rabutin.

» De Monron, ce 27 juin 1650. »

« Madame, depuis ma lettre écrite, M. le vicomte de Conillac m'est venu trouver, qui m'a promis de faire en Auvergne un fort bon régiment de cavalerie et un d'infanterie; il vient de repartir tout présentement pour ce subject; il supplie Votre Altesse de lui envoyer des commissions pour ces deux régimens. M. d'Antrague fera aussy un régiment de cavalerie, si Votre Altesse leur envoie des commissions; ce sont deux personnes de mes amis, et qui s'attacheront fort au service. Il m'ennuye fort de n'être pas proche de Votre Altesse; je la supplie de croire que je suivray ses ordres avec autant de passion que personne du monde, estant pour jamais,

» Madame,

» De Votre Altesse le très-humble, très-obéissant et très-fidèle serviteur.

» Tavannes.

» A Monron, ce 27 juin 1650. »

« Madame, Votre Altesse me pardonnera si je prans la liberté de luy escrire au nom de tous les officiers du régiment de monseigneur le prince de Conty, qui la supplient très-humblement de leur faire la grâce de le remettre sur pied; leur zèle est assez cogneu à Votre Altesse, par la disgrâce qui leur est arrivée en voulant aller joindre monsieur le maréchal de Turenne; mais comme leur plus forte passion est de luy en donner des preuves essentielles, aussi espèrent-ils de sa bonté qu'elle ne leur refusera pas leur très-humble prière, puisque ce n'est que pour luy faire cognoistre, par leur service, la chaleur qu'ils ont pour vos intérêts. J'attendray les ordres de Votre Altesse à Monron, et si elle souhaite que le régiment s'y lève, et qu'il y demeure pour la défense de la place, je lui engage ma parole et celle de ces messieurs d'y souffrir tout ce que des gens d'honneur peuvent dans la dernière extrémité; que si elle veut qu'il se lève à Bordeaux, je ne manqueray de l'aller trouver, et obéiray ponctuellement à ses ordres, puisque ma plus forte passion est de faire cognoistre que je suis plus que homme du monde,

» Madame,

» De Votre Altesse le très-humble, très-obéissant et très-obligé serviteur,

» Bourgongne. »]

L'abbé Pichon amena en mon logis un gentilhomme de la terre de Caumont, travesti en paysan, qui me vint demander un homme ou deux de commandement, pour lesquels il donneroit otage, pour se mettre avec lui à la tête de quatre cens hommes conspirés, pour se saisir d'Aiguillon, poste fort avantageux et fort aisé à fortifier, étant dans la pointe du confluent du Lot et de la Garonne. Il m'offrit encore de nous faire surprendre Marmande, et obtenir une porte ouverte six heures entières pendant la nuit. Les ducs, à qui je menai ce gentilhomme, lui firent comprendre qu'il falloit différer cette entreprise jusqu'à ce qu'on fût en état de tenir la campagne et de les soutenir; et me chargèrent de lui donner un chiffre pour entretenir correspondance avec lui. Le désir de profiter fait former continuellement des desseins, lesquels on juge pour la plupart chimériques; mais on n'ose les rebuter. Il faut entretenir commerce avec tout le monde dans un parti, et se résoudre à perdre souvent du temps et de l'argent mal à propos.

Le lieutenant-général de *** m'écrivit que l'argent de don gratuit d'Albret étoit prêt, et me demandoit une voie sûre pour le faire apporter.

Le parlement donna arrêt pour expulser de la ville tous ceux qui seroient suspects au parti, et députa des commissaires pour en faire une liste exacte.

Il ordonna en outre que l'on donneroit tout l'argent qui proviendroit du convoi à la princesse, et nomma des commissaires pour aviser avec moi de quelle manière et par quelle forme on le distribueroit; mais le malheur étoit qu'il n'y avoit rien ou très-peu en ce temps-là; car les grandes recettes se font au printemps et en l'automne, qui sont les temps des foires.

Il ordonna aussi que les commissaires des jurandes verroient avec les capitaines des quartiers par quel moyen on pourroit si bien régler et discipliner la milice de Bordeaux, qu'en cas de besoin on pût la faire marcher en bon ordre et s'en servir utilement. Quand je dis que tous ces commissaires avoient ordre d'aviser avec moi, ce n'est pas pour faire croire que toutes ces affaires passoient par où je voulois, car ils savoient bien que je ne faisois rien de moi-même, et que je prenois ordre de toutes choses de la princesse et des ducs; mais le parlement en usoit ainsi pour faire les choses avec plus de secret, et croyant que je les tournerois à leur mode dans l'esprit de ceux qui avoient droit de me commander.

Un nommé Garros vint me proposer encore de

surprendre Dax par le moyen d'un conseiller de ce lieu-là, qui étoit ennemi mortel de Poyanne, qui en étoit le gouverneur. Les ducs lui dirent la même chose qu'ils avoient dite sur le sujet d'Aiguillon. Tous ces faiseurs de propositions commencent en faisant parade de leur zèle au service de ceux auxquels ils s'adressent, et finissent en leur demandant quelque chose qui leur est propre.

Vatteville régaloit si bien nos envoyés, qu'ils revenoient tous persuadués de sa sincérité, et du grand pouvoir du roi Catholique : tant les caresses et les présens ont d'ascendant sur les volontés des hommes. Lartet, qui avoit fait passer Sillery en Espagne, en revint. Il nous dit son arrivée à Saint-Sébastien, où l'on l'avoit reçu magnifiquement. Il nous dit tant de choses, et nous débita de si bonne foi la grandeur et la bonne intention de ce pays-là, qu'encore que nous connussions à peu près, par l'expérience que nous en avions déjà faite, l'erreur en laquelle il étoit, nous jugeâmes fort à propos de ne le pas désabuser, afin que, tenant les mêmes discours à tout le monde, le public en demeurât persuadé, parce que cela étoit fort utile pour soutenir la bonne volonté des Bordelois, dont la plupart partageoient souvent dans leurs imaginations les trésors du Pérou. Il nous persuada pourtant la chose du monde dont l'événement nous fit voir que nous devions l'être le moins. Il nous dit que le roi d'Espagne avoit mandé à Vatteville de tout risquer pour envoyer l'argent nécessaire à soutenir le parti ; et qu'en même temps l'avoit fait charger quatre cent cinquante mille livres sur trois frégates qu'il avoit vu mettre à la voile, et l'avoit dépêché à l'instant même pour en venir donner avis, et de l'ordre qu'il avoit donné aux officiers qui les commandoient de voltiger à l'embouchure de la rivière, jusques à ce que nous leur envoyassions du secours de Bordeaux, afin de les faire entrer et passer en toute sûreté. Il apporta à la princesse, aux ducs et à moi, des lettres de Sillery et de Baas qui confirmoient tout ce qu'il nous disoit ; de sorte que, ne doutant point d'avoir un prompt secours, l'on prit la nuit même tout ce qu'on put ramasser de chaloupes, de vaisseaux et de frégates dans le port de Bordeaux ; on les munit, on les arma, et partirent pour aller à la rencontre des trois prétendues frégates espagnoles, et prirent en passant celle de Blaye qui avoit attaqué Sauvebœuf et Sillery.

Le 5, on reçut nouvelle de Paris que Guise étoit fort pressé ; que le cardinal étoit toujours à La Fère, et parloit toujours du voyage de Guienne ; et que le duc d'Orléans et les frondeurs n'attendoient que la prise de cette place, et la marche de l'archiduc le long de la rivière d'Aisne, pour lever le masque contre le cardinal : ce qui nous donnoit de grandes espérances.

On écrivit de Montrond que la colère de la princesse douairière augmentoit à mesure qu'elle voyoit croître le nombre des officiers et des soldats qui arrivoient de toutes parts dans cette place.

Le duc d'Epernon décampa, marcha vers La Meilleraye, quitta Cusac pour aller passer la rivière à Branne sur un pont de bateaux qu'il y avoit fait faire ; et l'on envoya Sauvebœuf dans l'île Saint-Georges pour la défendre en cas d'attaque : car le peuple de Bordeaux le proposoit toujours pour toutes les choses qu'il croyoit d'importance.

Le 6, le parlement donna un semblable arrêt à celui que le parlement de Paris rendit pendant le siège, par lequel il ordonna qu'on ne feroit jamais de paix sans y comprendre tous ceux qui se seroient joints à eux ; et écrivit de même sorte aux maréchal et marquis de La Force pour les inviter d'entrer dans le parti, comme ils avoient témoigné le désirer, pour être ensuite, disoient-ils, les généraux du parlement, comme les ducs l'étoient de la princesse. Mais la vérité étoit que messieurs de La Force ne nous donnoient de leurs nouvelles que pour faire de temps en temps quelques démarches qui nous donnassent de l'espérance, et à eux lieu de faire leurs affaires à la cour.

[La dépêche suivante nous informa encore de l'état de cette négociation :

« Ce 4 juillet 1650.

» Monsieur, j'envoye cet homme exprès à Son Altesse pour lui apprendre par celle-cy l'effet de ma négociation envers la personne que vous sçavez. Elle sora qu'après quelques allées et venues, pour ne vous pas dire le narré de toutes les conférences ni les discours que nous avons eus ensemble, que hier, troisiesme de juillet, je le fus revoir, et trouvé à l'entrée de son chasteau un de ces aliés du caulté gauche, qui a tout le pouvoir sur son esprit qu'on soroit avoir, et à qui je me suis toujours adressé pour faire réussir mon entreprise. D'abord je luy ai demandé si ma visite ne seroit point plus fructueuse qu'à l'ordinaire ; quoiqu'il ne m'aie jamais rebutté, il me demanda s'il y auroit de l'argent ; je luy dis que ouy, pour que cela le tentast ; il me dit que cela estoit bien ; je luy demanday si je pouvois parler ouvertement à son maistre ; il me dit que ouy, de sorte que l'ayant trouvé avec beaucoup de noblesse du pays, il les quitta et vint au-devant de moy, et me destourna dans une allée où je l'entretins fortement deux heures. Je ne vous redirai point tous nos dialogues, mais seulement qu'après lui avoir représenté avec combien de zèle et d'affection messieurs ses prédécesseurs ont rendu leur assistance à la maison de Condé, dans des temps où les princes de cette maison ont eu besoin des services de leurs amis et de leurs parens, et qu'il ne pouvoit croire qu'estant très-généreux il n'eust les mesmes sentimens pour monseigneur le prince que ses ayeulx ont eu pour ceux de mondit seigneur; qu'il s'acquerroit la mesme gloire qu'ils se sont acquise, puisque c'est pour mesme fin; il me dit qu'il n'avoit jamais manqué d'inclination ny de volonté pour honorer M. le prince et pour le servir, et qu'il estoit toujours dans ces sentimens; mais que dans la rencontre il avoit beaucoup de choses à combattre, principalement l'intérêt du Roy, secondement son père, sa mère et sa belle-mère. A cela je luy dis que, plus il y avoit de difficultés à une chose, plus il y avoit de gloire à l'entreprendre, et qu'on lui en auroit plus d'obligation. Il me dit que, pour les parens, il passeroit par-dessus les considérations, mais qu'il estoit fort attaché aux intérêts du Roy. Je lui dis que tous ses prédécesseurs avoient eu, je m'assure, les mesmes considérations, mais qu'ils avoient considéré l'innocence opprimée, et dans un temps qui n'estoit point en minorité. Il me dit qu'il ne pouvoit encore résoudre aucune chose, et qu'il croyoit que la venue du Roy feroit changer beaucoup de gens; mais que dans quelque temps il pourroit voir ce qu'il feroit. Je luy demandai si Son Altesse luy envoyoit quelqu'un, s'il le recepvroit. Il me dit qu'il ne sauroit pour le présent luy dire aultre chose. De sorte que je ne peus tirer aultre réponse de lui; mais après que j'eus pris congé de luy, son parent m'entretint: Nous pouvons parler, me dit-il, de vous à moi, des choses plus ouvertement, de quelle façon voudroit-on me faire servir. Monsieur, je luy dis, de lieutenant-général? — Oui, ce dit-il, pourveu que ce fût de M. le duc d'Anguien; car bien que M. de Bouillon soit son oncle, ce néanmoins il ne voudroit pas tout à fait lui obéir; mais il faudroit qu'on le fît général d'une armée. Je luy dis que je croyois qu'on luy donneroit toute la satisfaction qu'il pouvoit espérer; que j'avois cru qu'il ne trouveroit point de difficulté à s'accommoder pour le service avecque M. de Bouillon, qui estoit son oncle et souverain, et avec cela un des premiers hommes du siècle et qui a le plus d'aquis. Il me dit qu'il estoit vray, mais que, pour ce qui estoit des maisons et de la qualité, il ne le devoit rien à la maison de Bouillon, et que pour l'acquit et le commandement, il avoit servy de lieutenant-général dans les troupes de sa belle-mère et qu'il s'en estoit acquitté avec beaucoup d'honneur et d'avantage. Je lui dis qu'on cognoissoit son mérite et sa valeur, et qu'ainsy je ne doubtois pas qu'on ne luy donnât toute la satisfaction qu'il pouvoit espérer. Il me dit que Monsieur son maistre avoit quinze cents cavaliers dans ses terres de retenus et prêts à monter à cheval; qu'il avoit dans son chasteau de cette province de quoy armer quatre mille hommes et qu'il le feroit quand il voudroit, pourveu qu'il eust de l'argent. Il me dit qu'il feroit un régiment de cavalerie et un d'infanterie. Je luy dis qu'il pouvoit faire ce qu'il vouldroit, si son prince vouloit faire quelque chose, m'imaginant qu'on lui enverroit les commissions en blanc pour le nombre des régimens qu'il voudroit avoir; je luy dis de plus, que s'il faisoit desclarer son maistre, que je m'assurois qu'on luy feroit quelque gratification. Le prince me demanda ce qu'on donnoit par compagnie de cavallerie. Je luy dis cinq mille livres; mais il me dit qu'il sçavoit bien qu'on en donnoit six, et qu'encore c'estoit bien peu. Je lui dis que c'estoit toujours bien plus que le Roy, qui ne donnoit rien. Ouy, mais il y a bien plus de plaisir de servir le Roy qu'un autre, car on ne craint rien. Je luy dis qu'on trouveroit plus de capitaines qu'on ne vouldroit à ce pris-là, pourveu qu'on donnast ce qu'on promettoit content. Le gentilhomme me dit que, dans quelques jours, j'envoyasse vers luy et qu'il me manderoit ce qu'ils pourroient faire. Je crois qu'on ne doibt point perdre l'occasion d'engager cette personne à quelque prix que ce soit, parce que par ce moyen vous aurez toute la noblesse de cette province et de Poittou, qui s'est donnée à luy, et par ce moyen vous aurez une place de retraite fort bonne, qui vous donnera le passage de la rivière de Charente libre; et avec cette place et une armée de trois à quatre mil hommes, on peut se rendre maistre de toutes ces provinces, par la diversion que M. de La Force peut faire, s'il se joint comme vous m'avez asseuré. Voyez donc ce que vous voulez que je face et que je die pour cette affaire, rassurez, s'il vous plaît, Son Altesse madame la princesse qu'on ne peut avoir pour son service et de monseigneur le prince plus de passion que j'en ay, ni de volonté de luy rendre mes obéissances. Au reste, le bruit de la venue du Roy en ce pays a fort refroidi beaucoup de gens, et j'ai bien peur que, s'il vient, on ne tienne pas tout le monde qu'on auroit peu espérer. Mes capitaines me pressent extrêmement et m'ont mandé qu'ils ne pouvoient plus retenir leurs cavaliers et soldats, et qu'il leur en coûtoit déjà beaucoup; je fais ce que je puis pour leur faire prendre patience. Je vous dirai que M. Du Doignon a fait venir quatre ou cinq cents chevaux de son pays et quelqu'infanterie; il fait fortifier les avenues de Riovage tout autant qu'il le peut; il envoye, ce dit-on, les uns sur la côte devers Royan, pour empêcher le passage. L'on dit que M. de La Meilleraye a vu qu'on passoit des cavaliers trois à trois et quatre à quatre, et qu'il a envoyé aussy garder les passages; si cela est, nous aurons bien de la peine à passer, si le prince de ce pays n'est pour nous, et que nous ne facions un corps d'armée en ces quartiers; sinon il faudra nécessairement vous faire mestre de la rivière pour nous faciliter les passages. J'ay bien plus de peine à faire de l'infanterie que de la cavalerie; pour des officiers on n'en manque point, mais bien de soldats. Je vous supplie d'assurer Messieurs de Bouillon et de La Rochefoucault de la passion que j'ay de leur rendre mes très-humbles services, et vous, de croire que je suis,

» Monsieur,

» Votre très-humble et très-affectionné serviteur.... »]

Le 7, on sut qu'il y avoit eu une grande sédition à Dax au sujet d'un gentilhomme nommé Hanix, fort aimé dans la ville, que Saint-Pé avoit mis en prison parce qu'il lui avoit fait un appel, et que le peuple, par l'affection qu'il lui portoit, autant par la haine qu'il avoit contre Poyanne et contre tout ce qui étoit dans sa dépendance, l'avoit tiré de prison à main armée, et ensuite forcé ceux qui étoient dans la citadelle de remettre dans la ville tout le canon et toutes les munitions. La princesse crut qu'elle devoit tâcher de profiter de cette conjoncture, en écrivant comme elle fit à Hanix, aux consuls et à plusieurs gentilshommes du voisinage; offrant secours aux premiers, et priant ceux-ci de s'aller jeter dans la ville.

Le 8, elle écrivit encore au baron ***, qui lui avoit offert ses services, qu'il ne pouvoit lui en rendre un plus grand que de fomenter cette affaire; et sur ce qu'un conseiller, député du présidial, vint me trouver pour me dire que sa compagnie s'emploieroit volontiers pour faire déclarer cette ville-là pour les princes, si l'on vouloit lui promettre que lorsqu'on feroit la paix on leur feroit rendre la juridiction de Tartas, qui en avoit été distraite pour la donner à celui de Nérac quand on le créa, la princesse, à qui je le présentai, après lui avoir fait beaucoup d'amitié, le renvoya avec une lettre au présidial, par laquelle elle les assura de s'employer en temps et lieu pour cela; ce qu'elle feroit d'autant plus volontiers, qu'en leur faisant plaisir elle désobligeroit les habitans de Nérac, qui avoient reçu les troupes du duc d'Epernon et refusé les siennes.

LIVRE QUATRIÈME.

JUILLET ET AOUT 1650.

La princesse reçut avis que don Joseph Osorio étoit arrivé avec trois frégates espagnoles près Bacalan. Nous crûmes qu'elles apportoient les quatre cent cinquante mille livres que Lartet nous avoit dit avoir vu charger; ce qui donna une grande joie à tout le parti et à toute la ville, chacun espérant d'y avoir part. Les ducs vinrent incontinent s'en réjouir avec la princesse, qui tint conseil pour aviser avec les commissaires du parlement, les jurats et quelques-uns des principaux bourgeois, si on recevroit ce gentilhomme espagnol publiquement ou incognito. Et comme c'étoit un pas délicat que nous ne voulions pas faire sans y intéresser tout le corps, en prenant les sentimens de leurs députés, il étoit plus sûr de le recevoir la nuit et sans bruit, pour ne pas réveiller tous les gens affectionnés à la cour, qui n'attendoient qu'une bonne occasion de nous nuire. Il étoit plus avantageux de le faire entrer publiquement avec l'approbation d'un chacun, afin qu'il n'y eût plus rien à ménager, pour faire voir aux Espagnols que la princesse étoit absolument maîtresse de Bordeaux, afin qu'ils ne marchandassent plus à nous secourir, et pour leur faire voir que l'argent qu'ils nous enverroient seroit utilement employé. Chacun opina à sa mode. Enfin il fut résolu qu'on le recevroit en public; que la princesse lui enverroit un carrosse à six chevaux et quelques gentilshommes pour l'escorter, et qu'il viendroit descendre en mon logis. Cela fut exécuté: elle lui envoya Mazerolles pour le complimenter de sa part, comme un envoyé du roi d'Espagne (1). Je le régalai du mieux qu'il me fut possible; les ducs mangèrent toujours avec lui, et tous nos principaux officiers. Nous lui donnâmes la musique, des concerts de luths, de violons et de trompettes; et tout le peuple le suivoit en foule avec des acclamations de joie qui me surprirent. Je confesse ingénument ma foiblesse: je souhaitois fort sa venue, par la nécessité en laquelle nous étions d'être secourus d'argent. Je savois bien que les affaires de la nature de la nôtre ne devoient se commencer qu'à toute extrémité; mais quand elles le sont, il faut les soutenir par toutes voies; que quand on y succombe on est châtié comme des rebelles, et que quand on y réussit on fait le service du Roi et le bien de l'Etat. Mais j'étois François d'inclination autant que de naissance; j'avois, comme mes pères, été toute ma vie attaché au service du Roi; je ne pouvois m'accoutumer au nom espagnol, et j'eus toutes les peines du monde à dissimuler je ne sais quelle douleur intérieure qui me faisoit condamner en moi-même la joie que je voyois en tout le monde, et assurément je n'étois pas seul de ce sentiment. La nourriture, et tout ce que l'on entend dire dès l'enfance, fait une telle impression dans nos cœurs, qu'elle efface les sentimens de la nature et ceux de l'intérêt propre.

Après le souper, il fut rendre ses devoirs à la princesse et au duc d'Enghien, qu'il trouva accompagnés de quantité de noblesse, des princi-

---

(1) « Le soir du même jour, qui fut le vendredi 8 juillet, le marquis de Sauvebœuf emmena dans Bordeaux un gentilhomme espagnol nommé don Joseph Osorio, dans un carrosse à six chevaux, et passa par le Cours en un temps auquel les carrosses de la ville alloient à la promenade.

» L'arrivée de cet envoyé d'Espagne, et la vue de ces trois vaisseaux qui parurent le lendemain, étant venus, de la marée de la nuit, mouiller l'ancre au-devant de la ville, excitèrent quelque petit murmure parmi la plupart des habitans, qui ne pouvoient souffrir qu'on parlât à Bordeaux de recevoir aucun secours d'Espagne. Le parlement s'assembla pour le même sujet, et il fut résolu qu'il seroit fait perquisition exacte de ce cavalier espagnol, et que tant lui que tous autres de la même nation, s'il s'en rencontroit dans la ville, seroient pris et conduits dans la Conciergerie, et qu'il seroit couru sus à ces vaisseaux s'ils arrêtoient au port. L'arrêt en ayant été à l'instant publié, cet Espagnol se retira à pe- tit bruit, et les vaisseaux levèrent l'ancre et s'avallèrent plus de deux lieues en bas. Mais que devint l'argent? On a cru tout un temps qu'on l'avoit débarqué et mis ès-mains de madame la princesse, suivant le traité fait à Madrid avec le roi d'Espagne par le marquis de Sillery, envoyé par le duc de Bouillon et les autres seigneurs de son parti; néanmoins, il est très-véritable de quatre cent mille livres (les uns en ont dit plus, les autres moins) que ce bon Espagnol avoit conduites, il n'en laissa à madame la princesse que soixante mille livres, pour l'assurance desquelles cette princesse lui donna des pierreries en gage, et qu'il rapporta le reste en Espagne: ce qui n'a pas accommodé les affaires du duc de Bouillon; car, faute de finances, il n'a pu mettre sur pied les troupes qu'il avoit dessein de lever pour tenir la campagne. »

(*Histoire véritable de tout ce qui s'est fait et passé en Guienne pendant la guerre de Bordeaux.*)

(A. E.)

paux officiers de la ville, et d'un très-grand nombre de dames bien parées. Il leur fit en sa langue un fort honnête compliment de la part du Roi son maître; il expliqua la douleur que Sa Majesté avoit du traitement que le prince son mari, elle-même et les princes ses beaux-frères avoient reçu du cardinal Mazarin. Il exagéra les grandes actions et la vertu extraordinaire du prince de Condé, et dit que son bras avoit relevé la France et frappé de grands coups contre l'Espagne; et que, comme le seul crime qui avoit donné lieu à sa prison étoit sa grande et juste réputation, son roi l'envoyoit pour offrir à la mère et au fils sa protection tout entière, et leur donner parole de roi, de parent et d'ami, de ne jamais faire de paix avec la France qu'il ne vît les princes en pleine liberté, et que tous leurs intérêts ne fussent ménagés comme les siens propres; et que cependant il les assisteroit d'hommes, d'argent et de tout ce qui seroit en son pouvoir, comme Sa Majesté s'y étoit obligée par un traité qu'il avoit fait avec le baron de Baas au nom de Son Altesse.

La princesse lui répondit, les larmes aux yeux, qu'elle étoit très-obligée au roi Catholique de vouloir secourir une princesse accablée d'afflictions et de malheurs; qu'elle se mettoit sous sa protection, et avec elle le jeune prince son fils, qui n'étoit âgé que de sept ans, et qui avoit été contraint de venir à l'extrémité du royaume chercher un lieu de sûreté contre la violence d'un ministre étranger; que la générosité du Roi son maître étoit d'autant plus grande qu'elle étoit désintéressée, ne pouvant espérer d'elle que des prières pour sa santé et pour la prospérité de ses armes, de laquelle dépendoit la paix générale et la liberté de monsieur son mari; que c'étoit une chose étrange de le voir mis dans les fers par la Reine, à qui il avoit rendu de si grands et signalés services, ou pour mieux dire par le cardinal Mazarin, qu'il avoit sauvé de la corde; et que le roi d'Espagne, à qui il avoit causé de si notables préjudices, s'employât pour sa liberté; que c'étoit un effet de sa justice, et que cela devoit faire connoître à tout le monde que rien n'étoit tel que de faire son devoir comme il avoit déjà fait, puisque par là il avoit acquis l'estime de Sa Majesté Catholique, contre qui il avoit servi toute sa vie, et qu'il en recevoit aujourd'hui toute la protection. Après les complimens de part et d'autre, les ducs, qui étoient présens, enchérirent sur tout ce que la princesse avoit dit. Le jeune duc fit diverses questions à Osorio sur la santé du Roi, de l'Infante, et sur les manières d'Espagne, qui firent admirer son esprit. Chacun entra dans la conversation, qui dura jusqu'à minuit, après quoi chacun se retira.

Le 9, dès le matin, les ducs se rendirent en mon logis, et lurent avec cet envoyé et avec moi le traité que Baas avoit fait avec le baron de Vatteville. Il étoit entièrement conforme à celui qu'avoit fait la duchesse de Longueville et le vicomte de Turenne à Stenay avec le comte Fuensaldagne: ce qui ne nous surprit pas peu, ayant espéré beaucoup davantage. Le pouvoir dont Baas avoit été chargé lui donnoit celui d'entrer dans le même traité, mais cela s'entendoit quant aux fins, aussi portoit-il que ce seroit aux conditions dont on conviendroit; et ces conditions devoient avoir été ménagées conformément à ses instructions, c'est-à-dire proportionnées à la grande affaire que nous avions à soutenir, à la qualité des gens qui devoient entrer dans notre parti, aux troupes que nous pouvions et devions faire, aux Etats-généraux que nous avions intention de promouvoir; à ceux de la religion, qui faisoient espérer d'être de la partie; aux parlemens, que nous croyions faire agir; à mille particuliers de qui nous attendions un grand secours, et surtout dans Bordeaux, dont la plupart n'agissoient que par l'espérance d'une récompense proportionnée aux grands services qu'ils nous rendoient. Et par le peu que contenoit ce traité nous nous voyions tout d'un coup hors de pouvoir d'exécuter les grands projets que nous avions faits, et frustrés des grandes espérances que nous avions conçues, et que nous avions données à tout le monde.

Le duc de La Rochefoucauld n'étoit pas nommé dans ce traité: Baas, qui avoit voulu relever le duc de Bouillon son maître, avoit cru qu'il lui rendoit un signalé service en supprimant le nom de son collègue; peut-être l'avoit-il fait par l'ordre du duc de Bouillon, et je le crois ainsi, parce qu'il m'avoit témoigné souvent du chagrin de ce qu'on nommoit toujours le duc de La Rochefoucauld avec lui en tous les actes qu'on expédioit. Le duc de La Rochefoucauld m'avoit aussi fait connoître en diverses rencontres son déplaisir de ce que le duc de Bouillon vouloit se distinguer de lui; qu'il souffroit qu'on s'adressât à lui en beaucoup de rencontres sans qu'il lui en donnât part. Ils ajoutoient toujours à leurs plaintes une grande estime l'un pour l'autre, et une grande amitié. Je crois que j'étois le seul dépositaire de leur chagrin, nul ne s'en aperçut jamais; et j'avois une application tout entière à les guérir tous deux, en leur disant toujours du bien l'un de l'autre, et leur rapportant obligeamment les plaintes qu'ils faisoient réciproquement, qui, au lieu de les brouiller, réchauffoient toujours leur amitié. Le duc de Bouillon croyoit que son âge, son expérience, les emplois qu'il avoit eus, et la souveraineté de Sedan qu'il avoit possédée, le devoient distinguer. Le duc de La Rochefoucauld pensoit de son côté que sa dignité, sa naissance, égale à celle du duc de Bouillon, son esprit, ses amis, ses intrigues et son courage ne devoient souffrir aucune distinction, d'autant plus qu'il n'y en avoit nulle dans leur caractère. Quoi qu'il en soit, sa colère fut grande de ce que son nom ne paroissoit point dans le traité dont je parle; mais, pour dire la vérité, elle s'aigrit bien davantage, aussi bien que celle de nous tous, quand nous sûmes d'Osorio que la somme que nous attendions étoit réduite à celle de quarante mille écus. Nous ne lui dissimulâmes pas nos sentimens : nous nous plaignîmes hautement du procédé de Vatteville, nous protestâmes de faire la paix et de chercher nos avantages avec la cour, puisque nous voyions bien que nous ne pouvions en espérer des Espagnols, auxquels nous connoissions de la mauvaise volonté, ou du moins de l'impuissance, et qu'en un mot ils devoient croire que nous ne serions pas long-temps leurs dupes. Enfin la princesse résolut de s'en plaindre à Vatteville par une lettre que je rédigeai en ces termes :

« Monsieur, j'ay receu deux de vos lettres, l'une par la voie de Bayonne et l'autre par les mains de M. dom Joseph d'Ozorio, et ne puis assez vous remercier des tesmoignages d'amitié que vous me donnez dans l'une et dans l'autre. J'espère que Dieu fera la grâce à M. mon mary et à moy de vous en tesmoigner un jour nos ressentimens. Cependant je vous diray que nous avions entendu entrer dans le traicté de madame de Longueville quant aux fins, mais point les moyens d'y parvenir; ils sont si différens que ce seroit perdre l'argent du Roy Très-Chrétien, tous nos amis, et, en un mot, ruiner l'affaire la plus grande de l'Europe, et qui est la plus assurée que de la conduire suivant le project du traicté que j'ay veu entre les mains du sieur dom Joseph, de sorte que pour faire cognoistre à S. M. C. et à messieurs ses ministres et à vous la différence des affaires de la Guyenne et de toutes les prochaines provinces, et de celles de Stenay et de la frontière de Flandres, nous avons jugé à propos de vous renvoyer pour quelques jours ledit dom Joseph et avec luy M. de Mazerolles, gentilhomme de grand mérite, auquel M. mon mary et moy avons toute croiance. Il est chargé d'un pouvoir de faire tous traictez. Je ne doubte pas que M. de Baas n'ait fait son possible pour faire celuy duquel il nous a envoyé le project d'autre sorte qu'il n'est, ny que M. de Sillery n'ait fait connoistre à S. M. C. de quelle importance il est de fournir beaucoup plus d'argent et dans des termes plus prompts qu'il n'est porté dans le traicté de madame de Longueville et de M. de Turenne, car l'un et l'autre en sçavent les raisons, mais comme vous avez creu en avoir peu estre de plus fortes, qui vous ont porté à vouloir faire notre traité tout conforme à l'autre, sans considérer les différences des choses, je vous prie d'y vouloir remédier en diligence, car de là deppend tout. MM. de Sillery, de Mazerolles et de Baas estant amis et affectionnés à la cause commune, y agiront avec affection; vous en ferez, s'il vous plaist, de mesme, affin que, secondant les bonnes intentions de Sa Majesté Catholique, je puisse contribuer à la paix générale et à la liberté de mondit seigneur et mary, et à celle de nos beaux-frères. Au surplus, je remets à M. dom Joseph de vous dire l'estat de toutes choses et toutes les raisons que nous avons eues de le prier de retourner vers vous. J'espère que nous le reverrons bientost avec les choses nécessaires pour pousser à bout notre dessein, qu'un plus long retard mettroit au hazard d'être ruiné; après quoi il ne me reste qu'à vous prier de considérer mondit sieur de Mazerolles comme une personne que M. mon mary et moy aimons et estimons, et auquel nous avons une confiance tout entière, ainsi que je vous prie de l'avoir en tout ce qu'il vous dira de ma part, et de croire que je suis de très-bon cœur, etc. »

Nous lui remontrâmes ensuite que le Roi son maître étoit mal conseillé de perdre une aussi favorable conjoncture que celle qui s'offroit à lui; qu'il devoit abandonner toute autre entreprise pour en profiter; et lui fîmes tous les raisonnemens que l'importance de l'affaire méritoit. Osorio étoit un homme fort froid et de bon sens. Il nous laissa exhaler, sans nous répondre aucune chose. Il savoit bien que, dans la nécessité où nous étions, nous serions trop heureux de recevoir la somme qu'il nous apportoit, qui, toute modique qu'elle étoit, valoit mieux que rien. Il nous répartit que nous ne devions pas nous étonner si le Roi son maître ne prodiguoit pas ses trésors sans savoir au vrai l'état de nos affaires; que nous savions bien que les souverains regardoient avant toutes choses à leurs intérêts; que c'auroit été imprudence à eux d'abandonner leurs affaires pour appuyer la nôtre, avant que de connoître s'ils en pouvoient tirer de l'utilité ; qu'il nous avoit voulu envoyer quelque chose pour nous empêcher de tomber, et pour nous reconnoître ; mais qu'à cette heure-là qu'il l'avoit vu, et que le Roi son maître connoîtroit par son rapport l'importance de Bordeaux, la bonne volonté des peuples, et la facilité de maintenir l'un et l'autre ; qu'incontinent après son retour en son pays nous en tirerions des secours si prompts et si grands, que nous aurions tout sujet de nous en louer.

On croit facilement ce que l'on souhaite : nous entrâmes dans ses raisons, et nous ne doutâmes plus de voir bientôt l'effet de ses promesses. Cependant il importoit de tenir bonne mine, et de ne point découvrir ce foible secours, afin de conserver l'affection des Bordelois, qui auroit sans doute diminué s'ils l'avoient connu ; et tous ceux qui avoient suivi la princesse et les ducs, qui depuis long-temps mangeoient leur argent dans l'espérance de celui-ci, n'auroient pas été contens.

Plusieurs personnes accoururent tout-à-coup au logis de la princesse et chez moi, où étoient les ducs, comme je viens de dire, pour nous faire savoir que sur la proposition du président d'Affis, homme inconstant et léger, qui donnoit à tout moment sa parole et y manquoit de même, le parlement avoit donné arrêt par lequel il se-roit informé de l'arrivée des frégates et de la personne de don Joseph, avec ordre aux peuples de lui courre sus. Nous en fûmes tous surpris, ayant, comme j'ai dit, pris toutes les mesures pour sa réception avec les commissaires du parlement ; et Osorio, qui avoit été reçu avec des applaudissemens non pareils, ne pouvoit assez s'étonner de ce changement. Nous allâmes tous en diligence trouver la princesse, pour savoir ce qu'il y avoit à faire dans un rencontre autant inopiné que celui-là. Mauvoisin et Espagnet y arrivèrent aussitôt que nous de la part du parlement, qui les avoit députés pour lui faire entendre qu'ils n'avoient donné cet arrêt que pour se mettre à couvert envers le Roi, qui, quelque jour, pourroit leur faire un crime de leur connivence, et envers les autres compagnies du royaume, qui ne voudroient pas sans doute s'unir avec eux si elles savoient qu'ils le fussent avec les ennemis de l'Etat : et ajoutèrent qu'ils en avoient usé ainsi pour le mieux ; mais qu'elle ne devoit en être en aucune peine, parce qu'il y avoit une délibération secrète de ne point exécuter cet arrêt.

Plusieurs conseillers, contre l'avis desquels cette résolution avoit été prise, étoient venus chercher les ducs en mon logis, et leur insinuèrent la réponse que la princesse avoit à faire aux députés du parlement ; de sorte que, comme je lui avois été dire par avance l'avis de tous ces messieurs qui étoient ses serviteurs, elle n'eût point à délibérer pour leur répartir, comme elle fit ; qu'elle seroit bien marrie d'avoir dit ou fait quelque chose qui pût déplaire à la cour ; mais qu'elle s'étonnoit beaucoup qu'une compagnie aussi prudente que celle-là se fût portée avec tant de précipitation à donner l'arrêt duquel ils lui venoient de parler, qui ne pouvoit rien faire de bon, et ne pouvoit manquer de produire de très-méchans effets, en montrant à toute la France de la désunion entre eux et elle, et donnant de la défiance aux Espagnols, sans le secours desquels eux ni elle ne pouvoient soutenir la guerre qu'ils avoient commencée de concert les uns avec les autres contre le cardinal Mazarin ; et qu'il n'y avoit nulle apparence que le roi d'Espagne voulût lui envoyer à l'avenir les sommes nécessaires pour sa défense, puisque l'on avoit ordonné aux peuples de courre sus à son envoyé, qui venoit de lui apporter quantité d'argent, nonobstant la résolution prise en plein conseil et avec leurs députés pour le recevoir publiquement, comme l'on avoit fait ; que cela marqueroit une grande inconstance du parlement, ou qu'elle n'avoit nul crédit dans Bordeaux ; et qu'elle leur laissoit à juger si leur conduite pouvoit être approuvée par tous ceux qui étoient intéressés dans le parti, tant dedans que dehors le royaume, dans un temps que le bruit couroit que le cardinal amenoit le Roi en Guienne ; et qu'elle les prioit de dire sur toutes choses à leur compagnie qu'elle vouloit savoir une fois pour toutes si on le recevroit dans Bordeaux ou non, afin qu'elle prît de bonne heure ses mesures pour se retirer avec monsieur son fils où elle le jugeroit à propos. Les conseillers répartirent qu'ils rapporteroient fidèlement au parlement ce que Son Altesse leur avoit fait l'honneur de leur dire, et prirent congé d'elle.

Après qu'ils furent sortis, nous discourûmes long-temps sur cet arrêt ; et après y avoir bien pensé, nous convînmes tous que nous pouvions en tirer un grand avantage ; car, d'un côté, nous dîmes à don Joseph que, quelque soin que nous eussions pris à céler la petite somme qu'il nous avoit apportée, elle avoit été sue par le président d'Affis, qui, ayant perdu l'espérance de la fortune qu'il prétendoit faire avec nous, avoit dit en entrant au parlement que les Espagnols étoient des trompeurs ; qu'ils n'avoient voulu que les embarquer par de belles promesses, et les laissoient à présent dans la nasse, sans donner à la princesse de quoi défendre par les armes les arrêts qu'ils avoient donnés ; et que, puisqu'il étoit ainsi, il falloit recourir à la clémence du Roi, et commencer par l'arrêt qu'il leur proposa de donner ; que tout ce discours, porté vigoureusement par d'Affis, avoit réveillé la même pensée dans l'esprit de plusieurs à qui nous avions donné de grandes espérances, et qui, connoissant que nous étions hors d'état de leur tenir parole, avoient pris cette fâcheuse délibération ; qu'il n'y avoit point de remède que de s'en retourner promptement remontrer le tort qu'avoient les ministres de Sa Majesté Catholique, et les inviter de nous secourir en diligence de sommes assez considérables pour faire trouver à chacun son compte, pendant que nous travaillerions à redresser l'affaire, de quoi nous viendrions infailliblement à bout.

Que, d'un autre côté, cet arrêt nous donnoit un moyen infaillible de cacher au parlement et aux bourgeois le peu que nous avions reçu d'Espagne, la princesse disant, comme il falloit qu'elle fît, que, tant que les choses seroient dans cette incertitude, elle ne distribueroit pas un sou des sommes qu'elle avoit pour faire des levées, pour fortifier, ni pour acheter des munitions ; et que, par le principe de son mécontentement contre le parlement, elle laisseroit tout le monde dans l'erreur en laquelle il étoit qu'Osorio lui avoit apporté de grandes sommes ; et que, par l'espérance que chacun auroit d'y avoir part, l'affection pour elle se réchaufferoit et parmi le peuple et dans le parlement même. Il arriva ainsi, comme nous allons voir.

Le 10, nous reçûmes la nouvelle de la levée du siège de Guise, qui nous fit bien autant de mal que cet arrêt du parlement, d'autant plus que nous ne pouvions apporter aucun remède en cette affaire, et que nous espérions avec un peu de temps et d'adresse redresser l'autre.

Les lettres que nous reçûmes de Toulouse nous firent concevoir de grandes espérances et de la ville et du parlement ; car, comme le duc d'Epernon soutenoit de tout son pouvoir l'intendant Morand, les choses étoient tellement aigries, que plusieurs conseillers écrivirent à leurs amis de Bordeaux d'envoyer un député de leur compagnie à celle-là, et qu'assurément ils accorderoient l'union avec eux pour la liberté des princes. Enfin, tous les jours il nous venoit de tous les endroits de bonnes et de mauvaises nouvelles. La plupart se trouvoient fausses ; et quand elles se trouvoient véritables, celles dont nous espérions notre salut devenoient en un moment inutiles, et celles qui avec raison nous faisoient appréhender notre perte, tournoient souvent à notre avantage ; et nous étions toujours dans une telle incertitude, que nous ne pouvions nous réjouir des bons succès ni nous affliger des mauvais.

Le 11 fut un jour de grand désordre ; et l'on peut proprement dire que ce fut une crise dans le mauvais état auquel cet arrêt avoit mis nos affaires (1). Le peuple, qui l'avoit su, aussi bien que la réponse que la princesse avoit faite aux députés du parlement, qui donna lieu au

---

(1) « Le 11 juillet, comme la grand'chambre étoit à l'audience, environ sur les dix à onze heures, une centaine de ces mutins s'avancèrent vers la porte de la salle où se tient l'audience, et, la poussant avec violence, se mirent à crier : *Nous voulons l'arrêt d'union avec messieurs les princes ; autrement on s'en repentira.* A ce tumulte un chacun se leva ; et les conseillers des enquêtes, avertis de cette haute insolence, sortirent de leurs chambres, et, s'étant avancés, repoussèrent ces gens dans la salle du Palais.

» Soudain le parlement s'assemble : on ordonne qu'il sera informé ; on commet des conseillers pour faire le procès aux coupables ; et pour le fond des affaires, on remet à y délibérer au jour ensuivant, la justice ne pouvant pas souffrir de voir des gens armés jusque dedans son trône. Ces messieurs se mirent en devoir de sortir ; mais, après avoir traversé la salle, ils trouvèrent la grande porte et les degrés du Palais occupés par plus de cinq cents hommes, qui, tenant l'épée nue en main, refusèrent de les laisser sortir qu'ils n'eussent auparavant donné l'arrêt d'union qu'ils leur demandoient, menaçant de tout mettre en pièces si l'on ne le leur accordoit. Les premiers de ceux qui s'étoient avancés voulurent faire effort pour passer ; mais ils furent assez rudement repoussés, et un d'entre eux fut blessé à la main et renversé par terre ; on en foula même quelques-uns sous les pieds.

» Il fallut donc rentrer et songer aux moyens de re-

pousser cette canaille ou de gré ou de force. Cependant le bruit de ce tumulte s'étant en un instant répandu par la ville, les ducs de Bouillon et de La Rochefoucauld envoyèrent en diligence un gentilhomme exprès, pour assurer le parlement de la douleur extrême qu'ils ressentoient de l'audace de ce peuple obstiné ; qu'ils offroient à la cour de bon cœur leur secours pour aller écarter toute cette canaille : ce qu'ils eussent fait sur l'heure ; mais le parlement ne voulut pas les employer, estimant qu'il ne devoit se servir que de sa seule autorité et du secours des bourgeois de la ville, qu'on assembloit par l'ordre des jurats, auxquels le parlement avoit mandé de se rendre au Palais en toute diligence.

» Madame la princesse accourut au Palais, laquelle ayant fait dire qu'elle désiroit parler au parlement, on ordonna au procureur-général d'aller savoir ce qu'elle désiroit (l'entrée dans le sénat, par une loi bizarre et que je ne puis goûter, étant défendue aux dames). Cette princesse lui exprima la douleur qu'elle avoit de l'injure faite à cette auguste compagnie, avec tant de tendresse et des paroles si touchantes, que le procureur-général voyant pleurer cette aimable princesse, eut peine à retenir ses larmes, nonobstant la gravité de sa magistrature. Elle protesta qu'elle étoit si fortement attachée à l'honneur de cet illustre corps, qu'elle vouloit vivre et mourir avec ces braves sénateurs ; qu'elle ne désiroit sortir du Palais qu'avec eux et courir le même risque : de quoi la compagnie la fit remercier par le procureur-

bruit qui courut qu'elle avoit résolu de sortir de Bordeaux pour aller chercher sa sûreté ailleurs, alla dès le matin au Palais pour demander les arrêts nécessaires pour la lui donner tout entière et à tous ses serviteurs; et comme ils trouvèrent que l'audience publique se tenoit, les principaux d'entre eux entrèrent dans la grand'-chambre, et prièrent le parlement de faire cesser l'audience et d'assembler les chambres. Ce fut une de ces prières qui ont plus d'autorité qu'un commandement absolu. Le bruit que tous ceux qui étoient dans la grand'salle faisoient, obligea la compagnie à s'assembler. Incontinent qu'elle le fut, Mauvoisin et Espagnet firent leur rapport, et tirèrent même un papier de leur poche, contenant la réponse que leur avoit faite la princesse, qu'ils avoient couchée par écrit pour ne rien omettre. Sur quoi, la cour ordonna qu'ils retourneroient sur-le-champ l'assurer de son entière protection, et la prier de ne point perdre de temps à mettre des troupes sur pied, afin d'être en état de soutenir les arrêts qu'ils avoient donnés, et ceux qu'ils pourroient dans la suite donner en sa faveur. Mais comme après avoir pris cette résolution ils voulurent se retirer dans leurs maisons, le peuple leur demanda s'ils avoient donné l'arrêt d'union; et quelques-uns ayant répondu que non, et que ce n'étoit pas ce que madame la princesse avoit désiré d'eux, la plupart mirent l'épée à la main, les repoussèrent dans la grand'-chambre avec un emportement extrême; il y eut même de ces messieurs qui reçurent quelques coups dans la presse.

La princesse, qui fut avertie de ce désordre, manda en diligence les ducs pour aviser ce qu'on avoit à faire. On ne jugea pas à propos qu'eux ni elle allassent au Palais pour tâcher de l'apaiser, parce qu'il arriveroit de deux choses l'une, ou que le peuple se retireroit à leur prière, ou qu'il désobéiroit : s'il faisoit le premier, le parlement jugeroit de leur pouvoir sur le peuple; si au contraire il s'obstinoit au second, le parlement croiroit qu'ils n'auroient pas agi de bonne foi, et qu'on ne continueroit la violence que parce qu'ils le voudroient bien. Le duc de Bouillon, qui ouvrit cet avis, l'appuya de telle sorte, que nous y donnâmes tous les mains; et la princesse me commanda d'y aller, et de faire tout ce qui me seroit possible pour pacifier toutes choses.

Plusieurs qui ont écrit des troubles de ce temps-là, disent que le duc de Bouillon avoit excité celui-ci. Chacun le croyoit à Bordeaux quand il arriva, et encore aujourd'hui la plupart de cette ville-là le tient pour une chose bien assurée. Je n'en sais rien, et peux bien assurer que, si la chose est ainsi, la princesse ni moi n'en eûmes aucune connoissance; et encore que l'on voie peu de séditions de peuples qui ne soient excitées par des gens qui sont intéressés à l'affaire, j'ai toujours cru que ce duc n'avoit aucune part à celle-là. Quoi qu'il en soit, j'allai au parlement. La populace, qui me vit arriver d'assez loin, se mit à crier fortement : *Vivent le Roi et les princes!* et se mit en haie, l'épée à la main, depuis la rue jusque dans la grand'chambre, pour me faire passage, et juroient tous qu'ils périroient pour le service de la princesse, et ne sortiroient point de là que le parlement ne lui eût donné une satisfaction tout entière. Je leur disois en passant que j'allois là de sa part pour tout ajuster, et que je ne doutois pas d'en venir à bout; mais que la princesse les prioit, par toute l'amitié qu'ils lui avoient promise, de ne faire aucun désordre, et qu'ils se retirassent chacun en leur logis : ce que je ne pus jamais obtenir.

J'entrai donc dans la grand'chambre, où

général, qui la pria, de la part de la cour, de vouloir se retirer; ce qu'enfin elle fit.

» Cependant le Palais demeuroit investi : la foule du peuple grossissoit toujours de plus en plus, et les provisions du buvetier commençoient à faillir. Ces messieurs firent ce jour-là une rude abstinence; mais voici fort à propos, sur les cinq heures du soir, le secours arrivé. Le sieur de Beautiran, jurat, armé jusques aux dents, conduisant une troupe des plus braves bourgeois, fit donner avis à la cour par un Basque, qui, grimpant sur les toits, passa par les fenêtres de la grand'chambre, qu'il venoit faire lever le siége. En même temps, ce brave colonel, sans crainte du péril, s'avança jusque dans le Palais, et levant une canne qu'il tenoit à la main, leur dit : « De par le Roi, je vous commande à » tous tant que vous êtes de sortir promptement de ce » lieu. Insolens, vous tenez la justice assiégée! » Ces gens ne branloient guère pour tant de beaux discours; mais une décharge de quelques mousquetades qui en tuèrent trois et en blessèrent tout autant, les fit résoudre à déloger de là. Ils demandèrent donc d'être reçus à capituler : ce qui leur fut à l'instant accordé. Ils sortirent en ordre; car il fut arrêté que les bourgeois se rangeroient en haie des deux côtés, et que ces obstinés passeroient à travers sans qu'on leur fît injure. Ce qui fut exécuté de bonne foi, sans leur donner d'otages, ce peuple s'étant fié à la parole de ce vaillant jurat. Ensuite, les portes du temple de Thémis furent toutes ouvertes, et ces braves sénateurs, qui avoient souffert la rigueur de ce siége, en sortirent deux à deux, et pas comptés, pour marquer leur constance; mais quelques-uns d'entre eux qui n'avoient pas dîné, laissant à part toute cérémonie, se hâtèrent de se rendre chez eux. Telle fut la fin de cette admirable aventure. » (*Histoire véritable de tout ce qui s'est fait et passé en Guienne pendant la guerre de Bordeaux.*) (A. E.)

je trouvai tous les conseillers levés hors de leur place, en grand désordre et outrés de colère. D'Affis, à qui la peur avoit fait perdre la tramontane, couroit comme un furieux. D'abord qu'il m'aperçut, il vint à moi, et, avec des blasphêmes horribles, me dit qu'ils étoient en état de se voir égorgés par l'ordre de ceux pour qui ils avoient fait des pas que jamais compagnie souveraine n'avoit faits ; mais qu'ils sauroient bien maintenir leur autorité malgré tous ceux qui voudroient la renverser. La plupart des autres s'amassèrent autour de moi, et me disoient la même chose avec une telle confusion, qu'à peine pouvois-je distinguer ce qu'ils me disoient.

Je les laissai quelque temps sans leur répondre ; mais enfin, les voyant un peu plus rassis, je leur dis que j'espérois des remercîmens d'eux plutôt que des injures, puisque, par ordre de la princesse, j'avois risqué ma vie pour venir les secourir ; qu'elle ni les ducs n'avoient pas jugé à propos de se rendre au parlement, ne sachant si eux l'auroient agréable ; qu'ils m'envoyoient savoir leur volonté dans la conjoncture présente, et qu'ils l'exécuteroient à l'heure même de si bonne façon, qu'ils perdroient l'injuste créance qu'ils me témoignoient avoir, et que je m'étois volontiers chargé de cette commission, quelque périlleuse qu'elle fût ; que je l'avois prise autant par inclination que par devoir, ayant l'honneur de porter la même robe qu'eux, et celui d'avoir place dans le conseil-d'Etat ; que je les supplios comme tel, et comme envoyé de la princesse, de me dire avec franchise ce que je pouvois faire pour leur satisfaction et pour leur service. Ces messieurs m'ayant remercié, et insinué qu'ils n'avoient autre chose à souhaiter sinon de voir retirer le peuple, pour pouvoir ensuite opiner avec liberté, je pris congé d'eux ; et, en sortant de la chambre, je dis tout haut que tout étoit accommodé au contentement de la princesse. Je les obligeai tous à remettre l'épée au fourreau, et fis tout mon possible pour les obliger à me suivre ; mais voyant leur obstination à ne point sortir de là, je m'arrêtai sur le perron du Palais, où je les haranguai assez long-temps. Je leur dis tout ce dont je me pus aviser pour leur faire quitter prise. La plupart et les plus raisonnables me suivirent jusqu'à la maison de la princesse ; mais il demeura encore plus de trois mille hommes dedans et aux environs du Palais, que ceux qui m'avoient suivi vinrent rejoindre en diligence, quelque soin que je pusse prendre pour les en empêcher. De sorte que le désordre ayant recommencé plus fort qu'auparavant, la princesse, qui sut par moi tout ce que je viens de dire, résolut, par l'avis des ducs, d'aller elle-même au Palais, sans autre suite que d'un écuyer, de ses filles et de moi. Elle trouva les choses au même état que je les avois trouvées, et messieurs du parlement dans la même confusion et dans la même colère. Les acclamations du peuple redoublèrent à sa présence, aussi bien que les plaintes du parlement.

Elle leur parla efficacement : et il faut avouer qu'elle avoit un talent si particulier pour parler en public, quand elle étoit échauffée de quelque intérêt pressant, comme en ce rencontre, que rien ne pouvoit être mieux, plus à propos ni plus conforme à sa qualité que ce qu'elle disoit. Après leur avoir parlé long-temps, sans pouvoir les obliger à prendre résolution sur une affaire d'une telle conséquence, enfin elle dit de fort bonne grâce : « Je vois bien, Messieurs, ce » dont vous avez envie ; vous voulez que je fasse » retirer la populace, et que je vous tire du pé- » ril auquel vous êtes ; et la petite vanité gas- » conne vous empêche de m'en prier. » Et comme quelques-uns se prirent à rire : « Bien, » bien, Messieurs, je vous entends ; je m'en » vais y faire mon possible. Si j'y réussis, » vous direz que votre autorité en seroit » bien venue à bout sans moi ; et si je n'en » peux pas venir à bout, vous ne manque- » rez pas de croire que je n'ai ici de crédit que » ce que vous m'en donnez. » Achevant ces mots, elle voulut sortir, mais en vain ; car le peuple l'en empêcha, criant que le parlement étoit composé de traîtres pour la plupart, et qu'il ne falloit point qu'elle sortît qu'elle n'eût satisfaction. Elle eut beau leur dire qu'elle l'avoit tout entière, il n'en fut autre chose ; elle fut contrainte de rentrer. Dans cette entrefaite l'on vint dire que le jurat de Pontac Beautiran avoit armé tout ce qu'il avoit pu de monde, et, par un ordre que le parlement, dont il étoit greffier en chef, lui avoit envoyé, il marchoit pour le secourir. La princesse prit son temps : elle contraignit le peuple de la laisser sortir à force de prières ; et ayant passé à travers deux mille épées nues jusque sur le perron, d'où elle vit venir et faire une décharge à la milice de Pontac, mais tout criant : *vivent le Roi et les princes !* elle cria pour lors : *Qui m'aimera me suive !* Et, défendant de tirer de part et d'autre, elle se mit en marche. Chacun la suivit, lui donnant mille bénédictions par les rues jusqu'en son logis. Elle fit ainsi cesser le désordre sans qu'il y eut que deux hommes tués, l'un sans nom, l'autre un nommé ***, capitaine d'infanterie dans Enghien. Si la princesse n'eût pris ce parti, on ne pouvoit manquer de voir périr beaucoup de monde; car plusieurs soldats s'étant mêlés parmi le peuple, les gens qu'avoit amenés le jurat de Pontac ne pouvoient pas faire une résistance capable de délivrer le parlement. Après que la princesse eut un peu pris de repos chez elle, elle fut visiter quelques-uns de ses principaux serviteurs, les priant de croire qu'elle n'avoit en rien contribué à ce désordre, directement ni indirectement, et qu'elle en avoit eu un déplaisir sensible. Nos amis reprirent courage par la crainte que la division ne ruinât le parti; et travaillèrent très-efficacement à réparer le mal que ce vacarme avoit causé dans les esprits du reste de la compagnie.

Le 12, nous reçûmes une nouvelle de Paris qui releva nos espérances. Le sieur Voisin, comme j'ai déjà dit, conseiller député du parlement de Bordeaux, écrivit qu'il avoit été ouï très-favorablement dans celui de Paris; que partie des avis qui avoient été ouverts alloient à la liberté des princes, et partie à faire des remontrances au Roi de ce dont il étoit chargé de la part de sa compagnie; que le duc d'Orléans, qui avoit été présent lors de son audience, avoit fait son possible pour arrêter le torrent des délibérations; mais qu'il n'avoit pu empêcher que le cardinal n'eût été nommé perturbateur du repos public, que plusieurs n'eussent dit qu'il falloit l'attaquer personnellement, et que l'on n'eût parlé avec mépris de son ministère. Ce duc, au sortir du Palais, avoit dépêché à Fontainebleau, où étoit le Roi, et mandé au cardinal qu'il devoit le ramener à Paris, pour arrêter le désordre qui commençoit à y naître.

Ce n'étoit pas là le compte du cardinal. Il avoit quitté la frontière par la crainte de l'armée de l'archiduc, qui étoit fort puissante, et surtout très-forte en cavalerie. Il n'osoit s'enfermer à Paris, parce que la haine universelle qu'on lui avoit témoignée par le passé se renouveloit dans tous les esprits, et pour n'être pas au pouvoir des frondeurs, auxquels il attribuoit dans son cœur, et sans oser s'en plaindre, tout ce qui se proposoit contre lui. C'est ce qui lui mit dans l'esprit la première pensée d'amener le Roi devant Bordeaux, où son autorité souffrit de fâcheuses atteintes.

Rien ne nous vint jamais plus à propos que cette nouvelle, qui redonna de la vigueur au parlement, rassura l'esprit de don Joseph Osorio, et nous fit concevoir de plus belles espérances qu'auparavant.

Nous fîmes partir ce jour-là cet envoyé du roi d'Espagne pour retourner en son pays, très-persuadé de ce que nous lui avions dit la veille; et avec lui Sauvebœuf et Mazerolles: le premier par les raisons que j'ai rapportées en son lieu, et le second parce que la princesse ne jugeoit pas à propos de laisser ses affaires entre les mains de Baas, qui étoit au duc de Bouillon, ni de Sillery, qui étoit beau-frère du duc de La Rochefoucauld. Elle crut qu'elle devoit avoir en Espagne un homme qui n'eût dépendance que d'elle. Je lui proposai Mazerolles parce qu'il étoit habile, et que je le croyois pour lors, comme je le crus encore long-temps depuis, plus homme de bien et moins intéressé que je ne le connus dans la suite.

On donna à Sauvebœuf une créance et un pouvoir commun avec les trois autres; à Mazerolles, un commun avec Sillery et Baas; et un autre à Mazerolles seul, et signé de la princesse seule, qui écrivit une lettre de créance sur lui à don Louis Mendez de Haro, grand d'Espagne, et premier ministre de Sa Majesté Catholique; se remettant de toutes choses à ce que lui en diroit ce nouvel envoyé, et lui demandant son amitié particulière.

Je lui écrivis aussi par ordre de la princesse une lettre fort ample sur le voyage de Mazerolles, duquel je lui disois toutes les raisons, et celle de la créance qu'il devoit avoir en lui sur toutes choses. J'écrivis à Vatteville en mêmes termes. La princesse lui fit encore cet honneur-là, aussi bien qu'au marquis de Sillery: et après avoir fait beaucoup d'amitié et de remercîmens à don Joseph Osorio, elle lui fit présent d'un riche baudrier et de deux épées les plus belles qu'elle put rencontrer. Ils partirent tous ce jour-là par mer.

Le parlement n'entra point ce jour-là, pour témoigner quelque chagrin de ce qui s'étoit passé la veille.

Le 13, il s'assembla, et députa à la princesse le président Pichon et quelques conseillers, qui vinrent lui dire de la part de la compagnie qu'elle croyoit bien qu'elle n'avoit point contribué à l'action du jour précédent; la prièrent de mettre ordre que les soldats se tinssent à l'avenir dans leurs postes; que pour les seigneurs et gentilshommes, ils étoient les très-bien venus dans Bordeaux; et finirent en lui disant qu'ils lui seroient fort obligés si elle se mettoit en état d'appuyer par les armes les arrêts qu'ils pourroient donner, et ceux qu'ils avoient donnés par le passé.

La princesse, après les avoir remerciés, leur dit qu'elle avoit déjà mis ordre à tout ce dont ils la prioient de la part du parlement, ayant défendu à ses soldats, sous peine de la vie, de quitter leurs drapeaux, et ayant ordonné ce jour-là même la distribution des sommes nécessaires pour la levée de quatre mille hommes de pied. Elle leur en fit même voir le détail, pour les renvoyer plus satisfaits, et leur montra les commissions qu'elle avoit données à Nort pour lever un régiment de quinze compagnies, sous le nom de Conti; au chevalier de Roquelaure, pour augmenter de dix compagnies celui d'Enghien, dont il étoit mestre-de-camp; au Chauffour, pour augmenter de pareil nombre celui d'Auvergne, qu'il commandoit pour le duc de Bouillon; à Lusignan, pour en faire un second sous le nom de son fils, aussi de dix compagnies; au Chambon, pour en faire un semblable sous le sien; et au chevalier de Paliers, pour mettre sur pied dix compagnies de Condé, toutes de soixante et dix hommes chacune. La princesse leur dit encore que le lendemain elle feroit donner quelque argent aux troupes; et ils se séparèrent avec un contentement réciproque des bonnes paroles qu'ils s'étoient dites de part et d'autre.

Le 14, on donna un prêt à l'infanterie pour dix jours.

Turi, Saint-Aubin et Moucaut arrivèrent de Montrond chargés de diverses plaintes; le premier, de Mautour, qui croyoit qu'on lui eût fait tort de ne lui avoir pas donné, comme au cadet de Baas, un brevet de maréchal de bataille; le second, pour représenter les intérêts de Tavannes, qui vouloit partager le commandement de la place avec Persan, et demandoit diverses charges et commissions pour plusieurs officiers qui s'y étoient rendus depuis les derniers ordres que la princesse y avoit envoyés, et pour d'autres officiers qui y étoient attendus; le troisième, pour remontrer beaucoup de petites choses de la part de Baas. Et tous trois nous assurèrent que le duc de Nemours avoit donné parole positive à Tavannes de se rendre dans peu à Montrond: ce qu'il ne fit pourtant pas; aussi lui étoit-il malaisé de quitter Paris, où il étoit arrêté par les charmes de la duchesse de Châtillon, qu'il alloit souvent visiter, tantôt inconnu et tantôt publiquement, dans tous les lieux où elle suivoit la princesse douairière. Et pour dire la vérité, il nous étoit du moins autant nécessaire à Paris qu'il l'eût été à la guerre, parce qu'il entretenoit mille intrigues pour le service des princes dans le parlement, dans la cour, et parmi les peuples.

Nous parlerons de quelques-unes dans leur lieu, et à mesure qu'il sera à propos; mais je ne puis m'empêcher de dire ici que je n'ai jamais pu pardonner, ni aux uns ni aux autres de tous ceux qui agissoient pour lors à Paris, de nous avoir célé la correspondance par lettres qu'ils avoient avec le prince de Condé dans sa prison (1), nous qui avions si souvent besoin de savoir ses volontés, et qui faisions assez de choses pour persuader eux et tout le monde que nous étions fidèles et capables de secret. Mais comme la plupart de ceux qui avoient cette communication avec lui étoient des dames, des gens de robe, et le duc de Nemours, à qui cela servoit pour entretenir celle qu'il avoit avec la duchesse, et Arnauld qui n'aimoit pas la guerre, et à qui cela fournissoit un prétexte de ne quitter point Paris, ils voulurent se réserver cette intrigue et nous en exclure, donnant plus à leur inclination et à leur intérêt qu'au service du maître. Ils étoient par là les arbitres de toutes ses volontés, parce qu'ils ne lui faisoient savoir que ce qu'il leur plaisoit, et tiroient de lui tous les ordres qu'ils jugeoient à propos, qu'ils nous envoyoient après, non pas comme tels, mais comme des avis qui venoient d'eux, auxquels nous n'avions pas autant de déférence que nous eussions eu à ce qui nous seroit venu tout droit du prince, mais auxquels pourtant nous nous conformions autant qu'il nous étoit possible.

La princesse délibéra avec les ducs sur tout ce qu'on lui avoit mandé de Montrond; elle pourvut à tout, et dépêcha ce jour-là même les trois

---

(1) On trouve cependant le feuillet suivant dans les papiers de Lenet:

« Son Altesse a sceu et sçait au vrai tout ce qui se passe; elle vous prie de n'espargner rien pour son service; elle vous escrira et cautionnera du remboursement de toutes les sommes que vous fournirez par ordre de sa femme. Il faut que vous escriviez à M. Beaumont et Feurans, afin que, pour fournir à la dépense ordinaire de Madame, ils vous fassent fournir une quarantaine de mille livres qui serviront pour la dépense, de deux ou trois mois. Pour le reste, votre crédit est nécessaire. Les seuretés qui vous ont été ci-devant offertes vous seront offertes. Madame la douairière va à Angerville; elle a sceu ce qu'on en a tiré en dernier lieu, et est pleinement instruite de toutes choses; elle me l'a dit. L'on négotie pour la sortie de nos princes; j'en espère bonne et prompte issue, parce que sans cela le royaume court fortune de périr, et les confusions étranges où l'on va tomber estonnent les ministres. Les troupes vont entrer en Champagne; chacun refuse le commandement de l'armée de Flandres. M. de Schombert l'a déjà accepté et refusé deux fois, n'y trouvant pas ses mesures. Si vous estes en mauvais estat, la facilité que l'on trouvera à vous perdre fera que l'on l'entreprendra. L'on vient de me dire que les frondeurs s'accommodent avec Son Eminence. Ainsy tout est fort incertain, car il y a négoce de tous costés.

» Du 10 may 1650, à 4 heures après midy. »

gentilshommes qui en étoient venus, et les renvoya.

Le 15, la princesse sollicita fort pour empêcher que l'on ne reçût le cardinal à Bordeaux, en cas que le Roi vînt en Guienne, comme tous les avis qu'on recevoit le disoient.

Les ducs, sous prétexte d'aller aux ennemis, firent monter la cavalerie à cheval; ils en firent une très-exacte revue, et on leur donna une demi-montre.

Le 16, le parlement s'assembla, et résolut de ne pas recevoir le cardinal Mazarin, et de le déclarer auteur de tous les désordres de Guienne.

Le 17, nouvelles arrivèrent de Paris que le parlement avoit à la fin donné arrêt portant que très-humbles remontrances seroient faites au Roi, sur l'inobservation de la déclaration d'octobre 1648, en la détention des princes, pour le rappel du duc d'Epernon, et sur le parachèvement du procès fait à Foullé, intendant, par le parlement de Bordeaux; et qu'il y avoit eu cent voix de cet avis, et soixante et dix pour pourvoir sur la liberté des princes.

Les frondeurs du parlement s'assemblèrent dans mon logis, pour aviser aux moyens d'ôter toute espérance au cardinal d'être reçu dans Bordeaux : et après avoir long-temps débattu la matière, nous demeurâmes d'accord que la princesse présenteroit une requête, par laquelle elle exposeroit la venue du cardinal à main armée pour se venger de Bordeaux, et y faire le mariage d'une de ses nièces avec le duc de Candale; maintenir le duc d'Epernon dans le gouvernement, et l'arrêter prisonnière avec monsieur son fils, nonobstant leur arrêt de protection; et demanderoit qu'il lui fût permis de s'armer contre lui, et de repousser la force par la force; et de lui faire défense de la troubler ni inquiéter dans Bordeaux, à peine d'être exécuté contre lui l'arrêt de 1617.

Je dressai la requête ; je la montrai à la princesse et aux ducs, qui la trouvèrent selon leur sens ; et la portai ensuite chez le conseiller Massiot, homme de peu de génie et d'un très-grand emportement. Il s'y trouva jusqu'à vingt-cinq conseillers qui promirent d'être de la compagnie, et de l'avis d'admettre cette requête en tous ses points ; et en cas qu'elle ne passât point à la pluralité des voix, ils sortiroient tous, et exposeroient les malintentionnés à la fureur du peuple.

Le maréchal de La Meilleraye, qui avoit appris le désordre arrivé au Palais le 11, écrivit au parlement pour leur offrir ses armes et son service, et la réponse qu'il reçut fut que la compagnie n'avoit affaire d'autre chose, pour contenir chacun dans son devoir, que de l'autorité de la justice du Roi qu'ils avoient en main; que s'il vouloit leur témoigner autant d'amitié qu'il disoit en avoir pour eux, il n'avoit qu'à leur aider à chasser le duc d'Epernon et ses troupes.

Le 18, le parlement s'assembla. La requête y fut apportée par Tarangue. Il fut ordonné qu'avant de faire droit et afin de savoir la résolution du peuple, l'Hôtel-de-Ville s'assembleroit ; que la cour y enverroit ses commissaires pour y proposer les fins de la requête, et pour ensuite être par elle délibéré sur le tout. Cet arrêt fut judicieux et nécessaire pour faire concourir tout le monde à ce qu'on préméditoit de faire contre le cardinal.

La garnison de Vaire arrêta un courrier dépêché par le duc d'Epernon au cardinal. Le commandant envoya à la princesse les lettres qu'il lui écrivoit, et celles de l'abbé de Verteuil au duc de Candale, au chanoine et à Doujat; par toutes lesquelles nous vîmes que ce duc avoit ordre d'aller recevoir le Roi sur les confins de son gouvernement, et qu'il luí faisoit de grands remercîmens des obligations qu'il disoit avoir à Sa Majesté et à Son Éminence. Cette dépêche nous servit à faire connoître à Bordeaux que l'on le confirmoit dans son gouvernement, contre la promesse qu'on avoit faite de le révoquer : ce qui ne servit pas peu à la délibération qui fut prise dans la Maison-de-Ville. Ces mêmes lettres, qui parloient fort mal du parlement de Toulouse, lui furent envoyées par celui de Bordeaux par copies collationnées.

L'on sut que le duc de Saint-Simon avoit envoyé deux canons de Blaye à Branne pour défendre le pont que La Meilleraye avoit fait construire.

Le 19, l'assemblée de l'Hôtel-de-Ville ayant été remise, la princesse manda en son logis les plus accrédités bourgeois et les capitaines des quartiers; et après leur avoir demandé en termes fort obligeans la continuation de leur amitié, elle me commanda en présence des ducs de leur expliquer ses intentions sur le sujet pour lequel on devoit s'assembler : ce que je fis fort amplement, et leur fis même lecture de la requête. Ils promirent d'agir en cette occasion avec toute l'affection et toute la chaleur possibles ; et la princesse promit de ne se séparer jamais de leurs intérêts.

Les nouvelles que nous reçûmes par le courrier de Paris furent que l'on murmuroit plus que jamais contre le cardinal en faveur des princes, et que tout se déclaroit pour eux si Bordeaux prenoit résolution de ne le point recevoir; et qu'assurément on en useroit de même à Paris quand il voudroit y retourner.

Ce parlement écrivit à celui de Paris que la marche de cet auteur de tous les désordres vers la Guienne étonnoit tous les bons sujets du Roi, et qu'il y avoit grande apparence qu'il donneroit tous les arrêts nécessaires pour empêcher qu'il ne fût reçu dans leur ville, et pour s'opposer à toutes les violences qu'il vouloit leur faire. Il écrivit semblables lettres et dans le même sens au duc d'Orléans.

Le père Herbodes, recteur du noviciat des jésuites, homme d'esprit et bien intentionné, alloit par ordre de ses supérieurs à Poitiers. La princesse le chargea d'une lettre de créance pour le père Paulin, confesseur du Roi, et qui étoit serviteur particulier du prince son mari, et lui ordonna de lui dire l'état de ses affaires, la disposition du peuple et du parlement de Bordeaux, et ses intentions, pour tourner tout cela selon la volonté du Roi, s'il lui plaisoit de mettre les princes en liberté; sinon qu'elle étoit résolue de s'ensevelir dans les ruines de cette ville-là, que l'on disoit qu'il venoit assiéger. Les ducs et moi entretînmes aussi ce bon religieux, et lui dîmes à peu près ce que j'avois dit à d'Alvimar pour obliger le père Paulin à en entretenir le cardinal, si quelque occasion favorable s'en présentoit; car nous crûmes que peut-être les criéries qui recommençoient à Paris contre le cardinal, et qu'il attribuoit à l'envie de rétablir l'autorité du Roi, lui donneroient le désir de traiter avec nous dans cette conjoncture.

Deux jours auparavant, le duc de Saint-Simon m'avoit envoyé le père Le Comte, minime, avec un billet de créance, qui n'alloit qu'à me faire peur du cardinal Mazarin et de sa venue en Guienne, afin de disposer, par la crainte qu'il pourroit me donner, la princesse et les ducs à traiter avec lui, offrant pour cela son entremise. J'en rendis compte à l'une et aux autres, après avoir dit par avance au porteur que par la grâce de Dieu ils étoient plus en état de donner la loi que la recevoir. Je le présentai ce jour-là à la princesse, qui lui dit sèchement qu'elle s'étonnoit que celui qui l'envoyoit voulût être son négociateur, lui qui s'étoit si hautement déclaré son ennemi, et qui lui avoit si honteusement manqué de parole. Elle le renvoya comme il étoit venu.

Dirac, que le vicomte de Turenne avoit dépêché au duc de Bouillon, arriva ce jour-là, et nous dit de sa part qu'il avoit levé le siége de Guise, faute de vivres; qu'il s'étoit mis en état de marcher vers Paris, et d'aller au bois de Vin-

cennes avec trente-cinq mille hommes, dès le moment qu'il auroit su la marche du Roi vers Bordeaux, et que nous pouvions faire notre compte là-dessus. Si la joie que cette nouvelle nous donna fut grande, la douleur qu'en eurent tous ceux qui nous étoient opposés ne le fut pas moins. Ils firent courre le bruit que Dirac ne venoit point de là, et que c'étoit un des domestiques du duc de Bouillon, qu'il avoit fait botter et arriver en forme de courrier pour les tromper, afin d'engager le parlement et la ville à accorder à la princesse ce qu'elle demandoit par sa requête.

Rien n'étoit plus vrai ni plus sincère que l'envoi de Dirac: cependant le bruit que l'on fit courre faillit à nous faire beaucoup de mal, tant il est à propos en de pareilles occasions de céler les choses qui peuvent diviser les esprits des hommes, qui sont pour la plupart très-susceptibles de la crainte et de la défiance.

Le 20, les envoyés de la princesse et du parlement à messieurs de La Force retournèrent et apportèrent des lettres d'excuses s'ils ne venoient pas, attribuant leur retard à cinq cents chevaux de l'armée de La Meilleraye qu'ils disoient être aux environs de leur maison pour les observer. Nous n'attendions pas une réponse plus favorable, après toute la lenteur que nous avions connue en eux.

L'on reçut encore nouvelle du marquis de Bourdeilles, qui nous faisoit espérer de se joindre à nous et de faire déclarer Périgueux avec lui. La princesse dépêcha en même temps son courrier, et lui manda qu'il viendroit quand il lui plairoit; que ce ne seroit jamais sitôt qu'elle le souhaitoit; et que s'il ne jugeoit pas à propos de quitter sa place, il n'avoit qu'à envoyer un homme de créance, avec pouvoir, pour signer le traité qu'il vouloit faire avec elle et recevoir son argent, qui étoit tout prêt.

L'assemblée de l'Hôtel-de-Ville fut nombreuse et affectionnée. Les principaux haranguèrent en faveur de la princesse; et il n'y eut pas un seul de tous ceux qui la composoient, qui ne fist mille imprécations contre le cardinal. Ils le déclarèrent ennemi de l'État, de Dieu et des hommes; résolurent de massacrer le premier qui parleroit de l'admettre dans leur ville, et de se cotiser pour soutenir la guerre contre lui; que le parlement seroit supplié par les jurats d'entériner la requête de la princesse.

Le gentilhomme, que la princesse avoit dépêché en Languedoc, arriva, rendit une lettre du vicomte d'Arpajon à la princesse, qui n'étoit à proprement parler qu'un honnête compliment. Il ne disoit ni oui ni non sur la proposition qu'elle lui avoit faite; et l'on jugea qu'il attendoit encore quelque réponse de la cour, où il avoit renvoyé La Tivollière.

Saint-Aunais manda qu'il ne respiroit que de servir la princesse, mais qu'il n'osoit pour lors se déclarer en sa faveur, à cause de l'armée de Catalogne. L'archevêque de Narbonne offrit son service, et promit d'employer tout son crédit en sa faveur aussitôt qu'elle seroit en état de le soutenir. Le baron de Leiran promit de faire deux régimens d'infanterie et deux de cavalerie. M*** fit toujours de ses promesses vaines et vagues, qui n'aboutirent à rien; et le lendemain un gentilhomme de sa part arriva avec son demi-écu d'or, duquel j'ai parlé, pour établir sa créance, qui ne fut autre chose que des idées, desquelles nous ne vîmes aucun fruit.

La crainte que nous donna l'arrêt du parlement contre don Joseph Osorio nous fit appréhender que quelque trait d'inconstance, si nos affaires venoient à mal réussir, ne nous contraignît à quitter Bordeaux; et cela nous obligea de songer à une autre retraite en cas de besoin. Il étoit malaisé d'en trouver une sûre dans le royaume, et des peuples disposés à nous défendre par les armes. Il y avoit de grands inconvéniens d'en sortir, et de nous réfugier en Espagne; les affaires d'Angleterre n'étoient pas en état, ni Cromwell d'humeur et de volonté de nous assister; d'ailleurs les affaires de Paris, desquelles nous espérions d'aussi grands avantages que de la guerre, ne pouvoient souffrir que nous nous éloignassions : de sorte qu'après y avoir bien songé, nous ne trouvâmes rien de meilleur, ni où l'on pût mener la princesse, monsieur son fils, et nos troupes même, avec plus de facilité qu'en l'île de Ré.

La princesse dépêcha un gentilhomme au sieur de Louche pour savoir s'il la recevroit avec toute sa suite; et ce jour-là il retourna et assura Son Altesse qu'elle y seroit la très-bien venue; et que de plus il voyoit Du Dognon si mal satisfait de la cour et avec de si grandes défiances du cardinal, qu'il croyoit qu'il la recevroit dans Brouage; et que lui de Louche fomenteroit son chagrin autant qu'il le pourroit, et disposeroit son esprit à tout faire et à tout entreprendre; et que son pis-aller seroit d'être la maîtresse dans son île.

J'ai oublié de dire, dans les articles des 10 et 11 juillet, qu'un gentilhomme me rendit une lettre de créance de la part du marquis de Varannes. Il offrit sa personne et Aigues-Mortes à la princesse; mais après avoir discouru de cette affaire avec lui et les ducs, il ne fut pas jugé à propos qu'il se déclarât, n'étant ni à la portée ni en état de le secourir; et l'on chargea cet envoyé de dire au marquis qu'il devoit écrire à la cour le mauvais état auquel étoit la place; qu'il avoit avis que les Espagnols avoient dessein de la surprendre; qu'il n'y avoit ni hommes ni argent; et demander qu'on lui donnât l'un et l'autre, ou du moins qu'on lui permît de prendre dans le voisinage, par forme de contribution, du blé et du fourrage pour se mettre en état de défense. Nous fîmes après aboucher ce gentilhomme avec don Joseph Osorio, et ils convinrent ensemble que le marquis s'adresseroit à Palavicini, gouverneur de Taragonne, et à Oropeza, qui l'étoit de Valence, qui, au mot de Saint-Jacques, que ceux qu'il leur enverroit leur donneroient, l'un et l'autre y prendroient créance et lui enverroient des hommes, de l'argent et des munitions; et que lui Osorio, qui retournoit en Espagne, leur en feroit envoyer l'ordre par le Roi en toute diligence.

La princesse renvoya ce gentilhomme, et lui donna une lettre pour Varannes; et, remettant au porteur à lui rendre compte de ce qui avoit été résolu, le remercioit de sa bonne volonté, lui promettoit de le rembourser de tout ce qu'il avanceroit pour le maintien de la place, de lui donner tel emploi qu'il souhaiteroit dans cette guerre, de ne faire jamais de paix sans y comprendre ses intérêts, et de lui faire obtenir ce que sa naissance et ses longs services lui devoient faire espérer, ajoutant qu'il n'étoit pas le premier gouverneur d'Aigues-Mortes à qui cette place avoit valu un bâton de maréchal de France. Il étoit homme d'ambition, de courage, de service, et de très-illustre et ancienne famille. Il n'y a guère de gens qui possèdent de telles qualités qui ne croient qu'on leur fait injustice quand on ne les élève pas promptement dans les grandes dignités; et rien ne les engage davantage à faire les pas qu'on désire qu'ils fassent, que de les flatter de l'espérance de les leur faire obtenir.

Mirat me vint voir, et me dit que Lavie étoit de retour de la cour à Blaye, et que par un billet il le prioit de l'aller trouver. Ce billet contenoit que c'étoit pour conférer avec lui sur de grandes et importantes affaires desquelles il n'osoit lui écrire, outre qu'elles n'étoient pas de nature à pouvoir être négociées par lettres. Mais je ne fus pas d'avis, non plus que les ducs, que Mirat fît ce voyage, rien n'étant plus préjudiciable que d'entrer en négociation dans un temps que l'on doit inspirer de la chaleur pour la guerre; et ceux qui s'y embarquent contre le premier devoir auroient peine à s'y résoudre s'ils ne la jugeoient d'une longue durée, parce qu'ils croient que de là dépend leur fortune et leur impunité. Nous conseillâmes à Mirat d'écrire à son correspondant d'envoyer un homme de créance, ou ses propositions par écrit.

Le 21, on rapporta au parlement le résultat de l'Hôtel-de-Ville dont j'ai parlé, sur lequel et sur la requête de la princesse il donna arrêt par lequel ils renouvelèrent la protection qu'ils lui avoient donnée, et à tous ceux qui la serviroient; ordonna qu'on armeroit en diligence; qu'il écriroit au Roi en forme de remontrance contre le cardinal Mazarin, et sur les désordres de l'Etat; accordèrent l'union avec tous les corps de la ville; et, *tacito senatus-consulto*, qu'on donneroit contre lui un arrêt semblable à celui de 1617, incontinent qu'il seroit entré dans leur ressort. Ils ne différèrent à le donner que pour ne pas déplaire au parlement de Paris, dans le ressort duquel il étoit encore.

Le 22, le président d'Affis s'adressa au duc de Bouillon pour lui offrir de servir la princesse et le parti, pourvu qu'on lui payât par avance deux années de la pension qu'on lui avoit proposée. Il m'en parla, et moi à la princesse. L'affaire fut conclue et exécutée, et dès ce jour-là il fit au parlement tout ce qu'on voulut: mais je crois qu'il n'auroit pas trouvé son compte à la cour, et que le vacarme arrivé le 11 au Palais, et la nouvelle chaleur qu'il connoissoit dans l'esprit de tout le monde, l'avoit obligé à faire cette proposition. La peur et l'argent sont de puissans orateurs aux gens de la trempe de ce bon président.

La princesse dépêcha La Fontaine, écuyer du duc d'Enghien, à madame sa belle-mère, pour l'avertir de toutes les délibérations dont je viens de parler, et desquelles elle lui envoya copie, avec supplication de se rendre en diligence à Paris pour présenter sa requête, pendant que tous les esprits étoient disposés à servir les princes, que le cardinal s'éloignoit, et que le vicomte de Turenne devoit entrer en France.

Nous envoyâmes encore Rochefort, valet de chambre du prince, à madame de Longueville et au vicomte de Turenne, pour les avertir du bon état de nos affaires et de la bonne résolution prise contre le cardinal, afin de fortifier leurs troupes à entrer en France aussi avant que Dirac nous l'avoit fait espérer de leur part. On les prioit aussi de faire en sorte que le comte de Fuensaldagne envoyât en diligence deux vaisseaux flamands ou hollandais dans la rivière de Bordeaux, chargés d'armes et de munitions, dont nous manquions; et que quand ils seroient à la portée de Paris, ils fissent passer deux mille chevaux en Berri, d'où nous les ferions venir facilement en Guienne, et qui rendroient nos troupes plus fortes que n'étoient celles du Roi.

Nous chargeâmes encore ce courrier de lettres pour tous nos amis de Paris, et de copies des délibérations du parlement et de l'Hôtel-de-Ville de Bordeaux, pour les y faire imprimer.

Le 23, le gouverneur de Vaire donna avis qu'il étoit menacé du siége. On lui envoya des hommes, de l'argent et des munitions, comme l'on avoit déjà fait peu de jours auparavant.

La princesse fit mettre en liberté Guaire, conseiller à la cour des aides, qu'elle tenoit prisonnier. Elle envoya au maréchal de La Meilleraye un courrier que l'on avoit arrêté, et des lettres de madame sa femme. On envoya le capitaine Morpin en mer, pour enlever quantité de bateaux que le marquis de Montausier et le duc de Saint-Simon avoient arrêtés.

Le prieur de Saint-Paul arriva à Bordeaux, et vint proposer à Mirat l'entrevue entre lui et Lavie, et lui fit entendre qu'on pouvoit fort bien ménager la liberté des princes, pourvu que les ducs de Bouillon et de La Rochefoucauld n'entrassent point dans la négociation. Mirat et Pomiers-Françon vinrent m'en avertir, et me demandèrent mon sentiment; je leur remontrai les inconvéniens d'entrer en aucuns traités tels que je les ai dits ci-dessus, et leur dis que je ne pouvois leur rien dire de positif que je n'eusse entretenu les ducs : ce que je fis. Et comme ils jugèrent à propos d'écouter ce que Lavie pourroit dire pour voir si nous en pourrions tirer avantage, et en cas que le cardinal entrât dans la résolution de négocier la liberté des princes, pour ensuite lui faire envers les frondeurs de Paris le même tour qu'il croyoit nous faire envers nos amis, c'est-à-dire leur donner avis qu'il nous recherchoit d'accommodement pour les diviser, les ducs furent voir Mirat, où se trouva Pomiers.

Ils dirent à l'un et à l'autre qu'ils n'avoient armé que pour forcer le cardinal à mettre les princes en liberté, et que toutes et quantes fois qu'il voudroit le faire ils désarmeroient avec joie; qu'ils déclaroient que n'ayant point d'autres intérêts, ils n'avoient qu'à demander un passe-port pour se retirer en pays étranger, et sûreté pour nos amis, et surtout pour ceux de Bordeaux; qu'ils conseilloient à Mirat de s'aboucher avec Lavie le plus tôt qu'il pourroit à Roguedautaux; et fut ainsi résolu.

Cette manière des ducs plut beaucoup à ces bons conseillers, qui l'admirèrent et le publièrent partout; et cela fit un bon effet dans l'esprit de tous les Bordelois. Aussi n'y a-t-il rien de plus avantageux que de paroître désintéressé en son particulier, et ne vouloir que le bien et

21.

l'avantage de ceux avec qui on est allié lorsque l'on commence une négociation : c'est l'unique moyen de s'en rendre le maître et de les obliger, par le même principe de générosité, à ne rien vouloir pour eux que ceux qui en usent ainsi ne soient satisfaits.

Le 24, nous reçûmes lettres de nos correspondans de Paris, pleines de prières qu'ils nous faisoient de n'entrer en aucune négociation avec le cardinal; que l'armée de l'archiduc Léopold étoit puissante, qu'elle n'attendoit que la maturité des blés pour entrer bien avant dans la France; que tout le monde remettoit à sa venue à lever le masque contre le cardinal, et que le salut public dépendoit de la fermeté de Bordeaux.

J'allai trouver Mirat pour lui communiquer cette dépêche, afin de l'affermir contre tout ce que Lavie lui diroit. Je l'instruisis tout le mieux qu'il me fut possible, et le vis partir pour se rendre à Roguedautaux, d'où il retourna le soir même avec le conseiller d'Andraut, qui se trouva présent à leur conférence. Mirat nous dit qu'il avoit parlé à Lavie du long entretien que j'avois eu avec lui avant que de partir; qu'il m'avoit trouvé dans de très-bons sentimens, et que je lui avois fait un grand raisonnement sur la matière, disant que le cardinal voudroit traiter des intérêts conjointement, ou négocier séparément la liberté des princes; qu'au premier cas il vouloit faire la paix générale de bonne foi, ou se contenter de vouloir faire paroître à tout le monde qu'il la souhaitoit, et ne la pas conclure, croyant qu'il suffisoit pour lors de faire celle de Guienne; que, pour parvenir à l'une ou à l'autre, il m'étoit aisé de négocier avec les Espagnols, en sorte qu'ils entreroient sincèrement dans un traité, leur représentant notre foiblesse, et l'intérêt qu'ils auroient de prendre aux cheveux l'occasion du soulèvement de Bordeaux pour les porter à conclure à des conditions honnêtes.

Que si le cardinal ne vouloit que la paix de Guienne, nous persuaderions au contraire à don Louis de Haro que nos affaires étoient en état de ne rien craindre, et qu'il verroit bientôt notre soulèvement suivi de celui de Paris et de la plus grande partie du royaume, afin que, conservant de si grandes espérances, il se tînt ferme à vouloir de si grandes choses que le cardinal ne les lui pût accorder; auquel cas nous prendrions occasion de nous séparer d'eux, et traiter pour nous et pour toute la Guienne. Cela étant, j'offrois de m'en aller incognito en faire la proposition à M. le prince dans le bois de Vincennes, à la duchesse de Longueville et au vicomte de Turenne à Stenay, sans pourtant voir le cardinal ni la Reine; et que j'espérois que l'on trouveroit tant et de si honnêtes sûretés pour le cardinal, qu'il pourroit sans rien craindre mettre les princes en liberté, pour ensuite pousser hardiment les frondeurs à Paris, et rétablir entièrement l'autorité royale.

Que si le cardinal ne vouloit traiter que le seul point de la liberté de M. le prince, qu'il pouvoit et devoit la négocier à Vincennes tout droit avec lui; que c'étoit une chose inutile de s'en éloigner de deux cents lieues pour la traiter avec madame sa femme. Ensuite de ce discours qu'il disoit m'avoir ouï faire, il ajoutoit qu'en l'un et en l'autre cas les ducs lui avoient dit n'y avoir aucuns intérêts particuliers, et qu'ils désarmeroient au premier ordre qu'ils en recevroient du prince lorsqu'il seroit en liberté.

Lavie, comme nous l'avions prévu, et comme il me l'avoit proposé lorsque je m'entretins avec lui à Bordeaux, ne répondit autre chose, sinon qu'il falloit commencer par le désarmement, recourir aux prières et aux soumissions de la princesse, du parlement et des ducs; ensuite de quoi il ne doutoit nullement qu'ils n'obtinssent la liberté des princes. Mirat, qui étoit bien instruit et bien intentionné, lui répartit qu'il connoissoit bien évidemment qu'il n'y avoit rien de sincère en son procédé; qu'il n'étoit que l'instrument du cardinal pour essayer de diviser les ducs, le parlement et la princesse : à quoi il ne devoit nullement s'attendre, leur union étant telle qu'il pouvoit assurer, lui Lavie, que jamais on ne recevroit le cardinal dans Bordeaux, ni même le Roi armé; et que d'abord qu'on le verroit venir avec des troupes, on pousseroit toutes choses aux extrémités; que le parlement feroit le procès au cardinal d'abord qu'il seroit dans leur ressort, pour plusieurs crimes capitaux et infâmes; qu'ils enverroient la requête que le procureur-général présenteroit contre lui à tous les parlemens du royaume, pour justifier leur conduite et leur demander union; et que s'il y avoit quelqu'un dans leur compagnie qui fût assez hardi pour s'y opposer, on l'en chasseroit pour jamais, et peut-être l'abandonneroit-on au peuple pour le faire jeter dans la rivière.

Lavie lui répartit que ce qu'il disoit étoit le moyen de faire répandre beaucoup de sang; que le cardinal lui avoit dit en termes exprès que la Reine perdroit plutôt, non pas la Guienne, mais tout le royaume, que de mettre M. le prince en liberté, tant que madame sa femme et ses serviteurs et amis auroient les armes à la main, et qu'elle exposeroit sa personne et celle du Roi même à tous les périls du monde, plutôt que de ne pas entrer la maîtresse à Bordeaux. Mirat lui répondit qu'afin que le cardinal ne prît point de fausses mesures, il l'assuroit que Bordeaux appelleroit les Espagnols, l'Anglois et le Turc même, s'il le pouvoit, plutôt que de voir ce tyran triompher de leur liberté et de leur vie. A quoi Lavie répliqua qu'il alloit à la cour pour y porter la résolution des ducs, l'état des choses, et voir ce qui se pourroit faire ensuite, et qu'il lui en donneroit avis.

A l'heure même que la princesse sut tout ce que dessus par Mirat, qui vint en arrivant lui en rendre compte en présence des ducs, elle résolut de faire partir le père Herbodes dont j'ai parlé, avec ordre de dire au père Paulin, confesseur du Roi, outre ce dont on l'avoit chargé, qu'on n'admettroit point de négociation par Lavie, parce que le peuple et le parlement l'avoient en horreur, et qu'il avoit été si osé que de dire à Mirat que si le cardinal étoit pressé, il extermineroit les princes qui étoient en sa puissance.

Les compagnies souveraines se renferment dans les règles de leurs formalités, quand l'espérance d'accroître leur autorité, ou la crainte de la voir entièrement abattue, ne leur fait pas franchir les bornes qu'elles leur prescrivent; mais quand par l'un ou par l'autre de ces principes elles ont commencé à quitter leur chemin ordinaire, elles se portent facilement à de grandes extrémités, parce que ceux qui ont le plus de prudence ne prévalent pas pour l'ordinaire en nombre, et qu'ils sont considérés comme suspects quand ils veulent s'opposer aux délibération trop hardies, qui, dégénérant pour la plupart en une espèce d'attentat contre l'autorité du souverain, portent ceux qui en ont été les auteurs à tout entreprendre, croyant que c'est l'unique moyen d'éviter les châtimens dont ils sont menacés. Nous avons vu la preuve de cette vérité en tant de rencontres, particulièrement dans tous les troubles qui ont agité la France en divers temps, qu'il seroit inutile d'en rapporter ici les exemples: aussi ne parlerai-je que du parlement de Bordeaux. La première guerre qu'il entreprit ès années 1648 et 1649 n'eut point de fondement que de maintenir son autorité, et d'éviter la peine qu'il appréhendoit de l'indignation du Roi pour avoir poussé trop avant le duc d'Epernon: ce qui le fit aller jusques à mettre une armée sur pied, donner des combats, et assiéger et prendre comme il fit le château Trompette. La gloire de donner sûreté et protection à une princesse et à un prince du sang l'engagea dans celle-ci, la crainte de la violence du peuple le fit aller plus avant qu'il ne pensoit, et l'appréhension de se voir exposé à la vengeance du Roi le porta à soutenir un siége contre ses armes et en sa présence, comme je dirai en son lieu.

Le 25 du même mois de juillet, le parlement reçut une lettre du Roi, par laquelle Sa Majesté lui donnoit avis de sa marche vers Bordeaux, où il alloit à dessein d'y rétablir son autorité abattue par la faction des ducs de Bouillon et de La Rochefoucauld avec les Espagnols, lui ordonnant de députer vers elle, suivant qu'il étoit accoutumé en pareilles rencontres. Il y avoit dans le paquet une semblable dépêche pour les jurats.

Le président d'Affis porta l'une et l'autre au Palais; et, l'affaire mise en délibération, il fut ordonné que la compagnie feroit une réponse au Roi, et qu'elle coutiendroit de très-humbles remontrances contre le cardinal Mazarin comme auteur de tous les désordres de l'Etat; et qu'il seroit sursis à la députation jusques à ce qu'on sût que Sa Majesté seroit dans leur ressort, auquel temps on aviseroit de prononcer l'arrêt dont j'ai parlé contre le cardinal; et enfin que l'on enverroit des députés dans l'assemblée de l'Hôtel-de-Ville pour exécuter l'arrêt contre les suspects.

Le 26, cette assemblée se tint: Boucaut, Le Rousseau et Tarangues, gens fort emportés, y assistèrent de la part du parlement. On y désigna quantité de bourgeois, la plupart desquels furent jugés suspects, et comme tels on leur ordonna de vider incessamment la ville. On voulut nommer ceux qui l'étoient dans le parlement; mais les députés l'empêchèrent, et dirent que c'étoit à la compagnie à les juger, et non au peuple: ce qui fut exécuté.

Le courrier qui avoit apporté la dépêche du Roi se retira dans l'archevêché, où il se tint clos et couvert, dans la crainte qu'il eut d'être déchiré par la populace. Elle fut en foule menacer l'archevêque de le jeter dans la Garonne; les magistrats envoyèrent poser un corps-de-garde devant sa maison, et firent murer la porte qui communiquoit aux jardins qu'il avoit hors de la ville; et donnèrent une escorte à ce courrier pour empêcher qu'on ne lui fît aucune violence quand il partit pour porter à Sa Majesté les réponses du parlement, qui, ce jour-là, délivra l'argent et les commissions pour les trois régimens qu'ils avoient résolu de mettre sur pied pour la défense de leur ville.

Comme l'on sut que les jurats avoient député Pontac-Beautiran vers le Roi, le peuple accourut en son logis, le garda toute la nuit, et lui dit le lendemain, en levant la garde, que s'il partoit contre la parole qu'il avoit donnée de n'accepter pas cette députation, il seroit poignardé à son retour, et sa maison brûlée pendant son absence.

Le 27, les frondeurs, qui avoient résolu avec nous de se rendre les maîtres de toutes les délibérations qui se prendroient dans le parlement, attirèrent des bourgeois affectionnés à nos intérêts, et demeurèrent d'accord avec eux qu'ils porteroient six billets cachetés contenant le nom de ceux qu'ils jugeoient suspects, et qu'on leur nomma, à six conseillers; que les raisons de suspicion, qu'on leur donna dans un ample mémoire, seroient insérées dans ces billets : ce qui fut exécuté. Ceux entre les mains desquels on les avoit mis les rapportèrent ès-chambres assemblées. Onze conseillers qui y étoient dénommés se retirèrent; le reste de la compagnie continua la séance, et leur ordonna de retourner le lendemain prendre leurs places, sans rien prononcer contre eux; réservant de les juger, et de les chasser de la ville à l'extrémité, croyant que cela suffisoit pour les intimider et les porter à tous les sentiments des frondeurs; que si quelqu'un s'en éloignoit, on le menaceroit de l'exposer à la fureur du peuple.

Si l'avis des ducs eût été suivi, on les auroit congédiés sur la désignation faite de leurs personnes par les bourgeois; car il étoit dangereux de conserver dans le parlement onze voix qu'on savoit se devoir tourner en toutes occasions contre nous. Ils n'étoient suspects que parce qu'ils étoient affectionnés au Roi, et qu'ils étoient tous d'un esprit plus modéré que les autres. Ils n'avoient nulle liaison avec nous, nous ne pouvions rien faire contre leur fortune ; nous n'avions pas de quoi leur donner, et ils n'étoient ni d'humeur ni de résolution à rien prendre de nous; et par conséquent il étoit à croire que c'étoient autant d'ennemis qui chercheroient tous les moyens possibles de nous nuire, comme ils firent, et qu'il n'y avoit rien à ménager avec eux. Mais comme en pareilles rencontres nous prenions la loi de nos amis du parlement, il fallut en celle-ci suivre leurs sentiments et les laisser faire. Ils prirent cette résolution, de voir ces bonnes gens abattus et dépendans d'eux par la crainte, de rendre leurs délibérations plus authentiques, et d'empêcher que, se retirant de Bordeaux, le Roi ne s'en servît pour établir un parlement ailleurs, qui pourroit donner des arrêts opposés à ceux de Bordeaux : mais le mal qu'ils eussent pu faire au dehors étoit moins à craindre que celui qu'ils eussent pu faire au dedans.

Le parlement manda les jurats, et leur défendit de députer aucun de leur corps pour aller au devant du Roi. Il ordonna que l'arrêt d'union et celui de l'armement seroient affichés à tous les carrefours des rues, et que l'on mèneroit le plus promptement que faire se pourroit des canons à La Bastide.

On reçut des lettres de Mazerolles (1), par lesquelles il nous assuroit qu'il avoit vu partir

---

(1) Nous donnons ici le texte de ces dépêches, qui existent en originaux parmi les papiers de Lenet, ainsi que la réponse que celui-ci fit à ces lettres, d'après la minute autographe de Lenet :

« Monsieur, je ne puis rien vous dire, sinon que nous arrivasmes hier heureusement, et qu'on nous promet de faire promptement partir cent cinquante mille patagons; si on me tient parole, ce sera mardi prochain. Le peu qu'il y a que je suis icy, fait que je ne puis vous en dire davantage. Je fais estat peu de voir le but de toutes choses, dont je ne manquerai pas de vous donner advis, par messager exprès, comme aussy de ce partement de l'argent et de la voye qu'il faudra tenir. Sillery se porte bien et a esté fort bien, et dict que tout ira bien. Il arriva hier deux cents allemands de ceux que M. le chevalier de Rivière m'a embarqués; on attend les aultres; il n'y a pas dans tout le pays d'autres troupes; icy, j'attends un escadre de vingt-cinq voiles. Vous debvez estre asseuré que nous ne perdrons pas un moment de temps pour les choses que vous souettez et qui sont nécessaires; donnez-nous des nouvelles le plus souvent que vous pourrez, cela est très-important. Croyez-moi, s'il vous plaist, tout à vous, etc. Vostre très-humble serviteur. C'est l'associé de M. de Baas qui vous escrit de Saint-Sébastien.

» Ce 17 juillet 1650. »

« On n'attend que le vent pour faire partir deux cent vingt-cinq mille patagons dans les mesmes frégates; je crois qu'il n'y a icy que cela, quoiqu'on dise le contraire. Nous dépescherons aujourd'hui ou demain un homme en poste qui vous portera advis de tout. Je ne partirai pour Madry que l'argent ne soit parti. Nous n'avons aucunes nouvelles de Bourdeaux depuis mon despart.

» Ce 20 juillet, à Saint-Sébastien. »

« Nous vous dépeschons le donneur de la présente, M. de La Vie, qui a asseuré qu'il passera et prendra la poste à Bayonne pour vous advertir que, dès que les frégates pourront sortir du port où elles sont retenues par le vent contraire, elles vous porteront cent vingt-cinq mille patagons; en voilà depuis hier vingt-cinq mille en moins. Je crois qu'il manque icy matière et qu'ils ont des raisons qui les empêchent de se hâter. Ce convoy, qui sera de deux frégates, ira droit à Arcachon. Je repartirai samedi pour aller voir si les effets suivront les promesses qu'on me fait icy, et les espérances qu'on me donne sur les propositions que j'ay faites. Je scay que la chose requiert diligence ; mais vous savez qu'en ce pays on ne va que sur des mules. Je vous escriray encores avant de partir par une voye asseurée. On travaille à establir une correspondance pour vous donner et recepvoir seurement de vos nouvelles. Lorsque la chose sera bien establie, vous en serez adverti.

» Ce vendredi, 22 juillet 1650. »

Lettre de Lenet à M. de Mazerolles.

« Nous avons receu la vostre du 17 de ce mois, qui

de Saint-Sébastien deux frégates chargées de cent mille patagons, et qu'on y attendoit une escadre de vingt-cinq voiles qui venoit de Cadix. Ni l'une ni l'autre de ces nouvelles ne se trouvèrent véritables, comme nous dirons ci-après en son lieu. Ce n'étoit qu'une invention du baron de Vatteville, qui couvroit tant qu'il pouvoit l'impuissance où se trouvoit pour lors le Roi, son maître, par de vaines promesses, qui ne servirent pas peu pendant quelque temps à maintenir le courage des Bordelois : tant l'espérance du profit a de pouvoir sur les hommes.

Le 28, l'on fit faire revue à l'infanterie, à laquelle on donna un prêt pour dix jours.

Lavie, qui avoit devancé la cour, envoya de Blaye un ecclésiastique à Mirat, pour l'inviter de se trouver à Roguedauteaux pour conférer avec lui des propositions de paix, desquelles j'ai parlé ci-devant; mais il lui fit réponse, après avoir pris les ordres de la princesse et des ducs, que le peuple avoit été tellement irrité du premier voyage qu'il avoit fait vers lui, qu'il l'auroit jeté dans la rivière, si Son Altesse ne l'avoit avoué; et qu'en l'état où étoient les choses, il n'y avoit rien à négocier avec Bordeaux, qu'après avoir mis les princes en liberté.

L'arrêt de ne point recevoir le cardinal dans Bordeaux, ni aucunes troupes à la suite du Roi, fut publié : ce que Sa Majesté seroit très-humblement suppliée d'agréer pour le repos de ses sujets et le bien de ses affaires (1).

On députa le président Pichon, les conseillers

nous a fort réjoui, apprenant vostre heureuse arrivée, la santé de tous nos amis et la bonne disposition des affaires. Faictes-leur nos baisemains et dictes-leur qu'ils jouent à tout perdre ne nous envoyant point d'argent. Le Roi s'achemine diligemment icy, et si l'on cognoissoit nostre disette, tout seroit perdu. Envoyez donc, toutes choses cessantes, l'argent, et faictes advancer l'escadre de vingt-cinq voiles dont vous nous parlez, jusques à Royan. Estant maistres de la rivière, nous le serons du tout. On va attaquer Mazarin personnellement et lui faire son procès pour plusieurs crimes capitaux, dont le moindre est la sodomie. On est résolu icy de périr plustost que de le recevoir. Jamais on n'a vu une telle union que celle de ceste ville qui ira aux extrémités et contre tout; mais tout périra en un moment, sauf argent; car nous ne sçavons plus que faire ni que dire, et avec argent et vaisseaux nous sommes opulens. M. de Turenne marche depuis le 22 droit à Paris. Les députés du parlement de Paris deurent partir hier pour faire leurs remonstrances au Roy : jugez si, avec un peu d'ayde, nous ne sommes pas les maistres; mais, sans une prompte assistance de vaisseaux et d'argent, tout est perdu, le... à donc sa bonne ou mauvaise fortune entre les mains. Nous sommes en peine de ce que vous nous mandez, que l'argent debvoit partir le 19 et de n'en avoir encore aucun advis. Adieu. »

« Du 26 juillet.

» Le même à M. de Vateville.

» Nous avons escript deux lettres à M. de Mazerolles aujourd'huy, et trois par les derniers ordinaires. Par les premiers, nous luy avons donné advis de la parfaite union du parlement, de tous les corps de la ville, et de leur déclaration formelle contre le cardinal Mazarin; aujourd'huy, nous luy mandons que le Roi s'advance à longues journées, qu'on ne s'en estonne pas icy, et qu'on est résolu de périr plustost que de recevoir qui que ce soit accompagné de Mazarin; et ne doubtez pas que tout cecy ne se porte aux extrémités, sur la parolle que nous avons donnée icy que l'argent est dans nos coffres pour soustenir ceste guerre; car s'ils sçavoient nostre pauvreté tout seroit perdu. Nous promettons aussi aux Bourdelois que vous envoierez une escadre de 25 voiles pour estre maistres de la rivière, et sur ce fondement nous bâtissons tout. Envoyez donc promptement icy les vaisseaux, l'argent et les hommes que vous pourrez; car si vous ne le faictes tout est perdu, et nous ne sçavons plus que dire ni que faire, et avec cela nous sommes maistres de tout.

Le Roi marche de Poitiers à Angoulesme où la ferme résolution l'arrestera, et cette résolution dépend de vostre diligence. Comme celuy qui vient d'arriver de la part de M. Sauvebœuf nous a assuré que M. de Mazerolles peut estre parti pour Madrid, et qu'il aura peut-être oublié de vous laisser son chiffre, nous redoublons, par cestui-cy, à vous demander avec empressement des hommes tant et si peu que vous en aurez. Envoyez-nous des vaisseaux autant que vous pourrez et de l'argent; car avec cela tout est à nous, je dis Paris et toute la France, qui n'attendent que la honte que le cardinal remportera d'icy. La voye de la rivière est la plus seure. Envoyez aussi surtout des poudres, des grenades et des boulets. On chasse aujourd'huy tous les suspects de la ville.

» A Bourdeaux, ce 26 juillet. »

(1) « Le 28 juillet, le parlement, averti que le Roi étoit parti d'Angoulême et qu'il s'approchoit des confins du ressort, s'assembla derechef pour délibérer sur l'envoi des députés au devant de Sa Majesté : ce qui fut résolu. Et furent nommés : le président Pichon, les sieurs Sudiraut et Geneste, conseillers de la grand'chambre; les sieurs Pomiers et Grimard, présidens aux enquêtes, et le procureur-général. Les trésoriers de France députèrent aussi deux de leur corps, savoir : les sieurs Tortaty et Chapelas, et les jurats députèrent les sieurs de Bautiran et Le Blanc, procureur syndic.

» Le même jour furent faits divers registres sur le sujet de l'approche du cardinal Mazarin, desquels j'ai cru vous devoir donner une entière connoissance par leur teneur que voici :

» La cour, les chambres assemblées, sur ce qui a été
» représenté de la ville n'étant pas en assurance si le
» cardinal Mazarin y venoit, à cause de la protection
» qu'il a toujours donnée au sieur duc d'Epernon,
» A été arrêté qu'il ne sera point reçu, ni aucunes
» troupes qui pourroient donner ombrage à la ville; le
» Roi sera très-humblement supplié avoir agréable la
» présente délibération, pour le bien de son service et
» tranquillité de ses sujets. Fait à Bordeaux, les chambres assemblées, le 28 juillet 1650.
» A été aussi délibéré qu'on députeroit devers le Roi
» un président et quatre conseillers pour saluer Leurs
» Majestés, avec défense de voir directement ni indirectement le cardinal Mazarin, le duc d'Epernon, le
» premier président de Bordeaux, Lavie, avocat-général, Constant et autres qui auroient vendu et trahi

Pomiers-Françon, Sudiraut et Grimard, président aux requêtes, pour aller saluer le Roi, avec de très-expresses défenses de voir le cardinal directement ou indirectement; de faire ni recevoir aucunes propositions de paix, de n'avoir aucune communication avec leur premier président qui étoit à la suite de la cour, Lavie, Constant, ni autres, parce que, disoit leur ordre, ils avoient été traîtres à la patrie. Et l'on résolut que d'abord que l'on verroit avancer des troupes, l'on donneroit arrêt contre le cardinal.

Le 29, on envoya quérir des passe-ports pour l'allée et venue des députés. Le corps de ville députa Pontac-Beautiran, et Blanc, procureur syndic de la ville. Le conseiller Guionnet, à qui le parlement avoit adressé les lettres pour celui de Paris et pour le duc d'Orléans contre le cardinal, écrivit; et l'on reçut ce jour-là sa dépêche, par laquelle il mandoit à la compagnie qu'il n'avoit rendu que celle-ci, parce que Monsieur, après s'être mis en grande colère, avoit exigé de lui qu'il ne présenteroit l'autre au parlement qu'après le retour d'un courrier qu'il avoit dépêché à la cour, pour empêcher que le duc d'Epernon n'y fût reçu et que le Roi n'entrât dans le ressort de Bordeaux; qu'il n'avoit pu refuser six jours de surséance pour la présentation de cette lettre; et ajoutoit qu'il faisoit espérer le changement de gouverneur, amnistie et sûreté à madame la princesse et à monsieur le duc à Coutras ou à Nérac.

Le 30, le parlement s'assembla pour délibérer sur cette lettre, qu'il reçut si aigrement, que peu s'en fallut que Guionnet ne fût interdit de sa charge. On lui dépêcha un courrier, avec ordre de ne pas différer un moment l'exécution des volontés de la compagnie; et l'on commit le conseiller d'Espagnet pour visiter avec le duc de Bouillon les murailles, places d'armes, etc.

On reçut nouvelles (1) que l'archiduc et le vicomte de Turenne avoient assiégé la Capelle. Tout Bordeaux en eut un mortel déplaisir, se voyant frustré de l'espérance que celui-ci leur avoit donnée de faire marcher son armée vers Paris, pour divertir la marche du Roi vers leur ville. Il fut nécessaire d'employer tous nos amis pour empêcher que cette nouvelle ne fît changer les délibérations vigoureuses que l'on avoit prises les jours précédens; et je doute fort que nous en fussions venus à bout, si la crainte des châtimens que le Roi eût pu faire à son arrivée ne les eût retenus.

Le 31, le président d'Affis m'apporta de grand matin une lettre que le maréchal de La Meilleraye lui écrivoit, en lui adressant deux lettres de cachet, l'une pour le parlement, et l'autre pour les jurats et habitans de la ville. Ces lettres, datées du 28, écrites à Angoulême, contenoient en substance que, comme la coutume étoit de faire les jurats le premier d'août, et que Sa Majesté savoit que les ducs de Bouillon et de La Rochefoucauld faisoient des brigues et des monopoles pour en faire élire à leur poste, afin de livrer la ville aux ennemis de l'État, elle défendoit, sous peine de la vie, aux habitans de s'assembler, et aux jurats qu'ils pourroient nommer, de s'entremettre à l'exercice de ces charges jusqu'à son arrivée à Bordeaux, auquel temps elle laisseroit la liberté des suffrages au peuple, et lui donneroit repos.

J'avertis à l'heure même les ducs et nos amis de cette dépêche. Le parlement s'assembla, nonobstant que ce fût un jour de dimanche, et ordonna que très-humbles remontrances seroient faites au Roi, tant sur la forme que sur la matière desdites lettres : sur la forme, parce que c'étoit une chose inouïe d'user, dans des lettres de cachet, *Sur peine de la vie*; et sur la matière, parce qu'il étoit injuste de défendre à des bourgeois d'élire des magistrats qui étoient si nécessaires dans une saison et dans une ville comme celles-là; et que cependant l'on procéderoit à la nomination des jurats en la forme accoutumée.

L'on sut, par diverses lettres de Toulouse, qu'ensuite de celle que leur parlement avoit re-

» la ville; faire ni recevoir aucun traité ni proposition.
» Et, *tacito senatus-consulto*, a été aussi arrêté
» qu'au premier acte d'hostilité on publiera l'arrêt du
» marquis d'Ancre, de l'an 1617, contre le cardinal Ma-
» zarin (ce faisant, on le déclarera auteur des désor-
» dres de l'État); qu'on enverra lettres circulaires à
» tous les parlemens de ce royaume contre lui. »

(*Histoire véritable de tout ce qui s'est fait et passé en Guienne pendant la guerre de Bordeaux.*) (A. E.)

(1) Madame de Longueville écrivit à Lenet :
« J'ai reçu un billet que vous m'avez envoié, daté du 18 du passé; je vous conjure de continuer à me donner de vos nouvelles : car vous jugez bien de quelle considération elles nous doivent estre. Gourville m'a tant dit de choses de tout ce que vous faites pour nos intérêts, que je ne puis m'empêcher de vous dire que j'en suis touchée au dernier point, quoyque je n'en soie pas surprise, vous cognoissant comme je fais. Le gouverneur du lieu où je suis n'est point à l'armée, mais avec moy; vous lui pouvez écrire quand vous voudrez. On dit fort que le Roy va où vous estes; je souhaite que nos diversions l'en empêchent et que le malheur des commencemens de cette affaire soit enfin expiré. Quoi qu'il en arrive, il faut la soutenir jusques au bout. Je ne doute point que vous ne soyez de ce sentiment et que vous ne croyez que j'en ai pour vous de tels que je vous ay promis. »

(*D'après l'original autographe qui fait partie des papiers de Pierre Lenet.*)

çue de celui de Bordeaux, il y avoit eu plusieurs propositions dans cette compagnie-là : les unes pour s'unir avec Bordeaux pour la liberté des princes, les autres avec Paris contre le cardinal, et quelques-unes contre le duc d'Epernon ; mais que la délibération avoit été remise au lendemain.

Le premier jour d'août, le Roi arriva de Coutras à Libourne ; les députés partirent pour aller saluer Sa Majesté.

L'on procéda à l'élection des jurats : les conseillers Blanc de Mauvoisin et Farnoux furent députés du parlement pour y assister. Les anciens, qui étoient dans la ville, ne voulurent pas nommer les prud'hommes pour nommer les nouveaux, comme il étoit accoutumé ; mais le peuple nomma six d'entre eux pour les nommer, et ceux-ci élurent pour jurats Nortpour, gentilhomme, Fontenelle, avocat, et Guiraut, bourgeois. La princesse et les ducs avoient résolu d'en faire nommer d'autres ; mais comme plusieurs de nos amis souhaitoient ceux-ci, ils firent de nécessité vertu, et leur témoignèrent grande joie de leur élection. Ils empêchèrent ainsi qu'il n'arrivât aucune division dans la ville, et firent croire à la cour qu'ils avoient eu le crédit de faire des jurats à leur dévotion, qui étoient deux choses fort importantes dans cette conjoncture.

Le 2, Brie arriva à Bordeaux, qui apprit au duc de Bouillon qu'on lui avoit amassé vingt mille écus dans sa vicomté de Turenne, outre dix mille livres qu'on avoit données par ses ordres à Chavagnac, pour commencer, comme il faisoit, le régiment de la Reine.

On apprit que Vaire étoit assiégé, et que Richon s'y défendoit avec courage. On eut avis qu'on équipoit quelques frégates à Bayonne, à Saint-Jean-de-Luz, à La Rochelle, et sur la côte de Poitou. On écrivit à Vatteville d'envoyer en diligence l'argent, les vaisseaux et les munitions qu'il avoit fait espérer. Nous étions dans une telle disette d'argent, que depuis six jours notre dépense rouloit sur environ mille pistoles que j'avois encore en mon particulier. On reçut lettres de Vatteville, qui nous demandoit des nouvelles des deux frégates dont Mazerolles nous avoit donné avis, et qu'il disoit nous apporter cent mille écus.

Le 3, Lartet poussa la compagnie du chevalier de La Valette ; il amena douze prisonniers, et quinze ou vingt chevaux. On intercepta une dépêche des anciens jurats, qui rendoient compte à d'Aurillière, secrétaire d'Etat, de ce qui s'étoit passé à l'élection.

Ce jour-là, la princesse écrivit au Roi en ces termes :

« SIRE,

» La violence avec laquelle le cardinal Maza-
» rin, abusant de l'autorité et du nom de Votre
» Majesté, a fait arrêter monsieur mon mari,
» sans considérer les services qu'il a rendus, sa
» qualité, ni son innocence ; monsieur le prince
» de Conti, parce qu'il est son frère ; et monsieur
» le duc de Longueville, parce qu'il a voulu,
» contre ses ordres, conclure une paix glorieuse
» à Votre Majesté ; l'ingratitude et l'avarice qui
» l'ont fait s'emparer de tous leurs gouvernemens
» pour en revêtir ses créatures, la plupart desquelles
» étoient armées contre l'Etat, pendant
» que monsieur mon mari faisoit triompher vos
» armes et exposoit sa vie pour le défendre ; la
» manière avec laquelle il a fait chasser ma
» belle-mère hors de sa maison, pour avoir présenté
» une requête au parlement de Paris, et
» madame de Longueville pour avoir demandé
» justice à votre parlement de Normandie ; emprisonner
» madame et mesdemoiselles de Bouillon ;
» poursuivre mon fils et moi d'une extrémité
» du royaume à l'autre ; retenir tout le bien de
» monsieur le duc de Bouillon ; dépouiller M. le
» duc de La Rochefoucauld de son gouvernement,
» et déclarer l'un et l'autre criminels de
» lèse-majesté, parce que leur secours m'a garantie
» de sa violence, et qu'ils m'ont fait la
» faveur de m'accompagner jusques ici pour y
» implorer votre justice :

» Toute cette oppression du cardinal Mazarin
» me donne, Sire, une juste crainte d'en ressentir
» quelques effets rigoureux, et m'empêche
» de m'aller jeter aux pieds de Votre Majesté
» pour lui présenter, avec mes très-humbles
» services, un prince de votre sang, âgé de
» sept ans, qui est le reste du naufrage d'une
» maison qui n'a jamais eu de pensées que pour
» la gloire de votre nom et l'avantage de votre
» couronne ; et demander à Votre Majesté la
» liberté de monsieur mon mari, que je souhaiterois
» presque moins innocent qu'il n'est, afin
» qu'une captivité qu'il auroit en quelque façon
» méritée fît voir à la postérité des marques de
» la justice de la Reine, et non pas celles de la
» violence d'un ministre étranger ; et que sa
» détention, faite contre toutes les lois du
» royaume, ne fît pas une tache à l'histoire de
» Votre Majesté, que j'ose dire que monsieur
» mon mari avoit rendue fort éclatante.

» Plût à Dieu, Sire, que ma mort pût apaiser
» le désordre que cette infraction de vos décla-

» rations a fait naître dans l'Etat! Je sacrifierai
» volontiers ma vie pour contribuer quelque
» chose à la tranquillité publique, et je n'aurois
» pas la douleur de voir la ville capitale de votre
» royaume exposée à mille désordres, parce que
» le cardinal a détourné les armes destinées à la
» conservation de vos frontières, pour les occu-
» per injustement à la perte de Bordeaux, par
» la seule raison que cette ville, toujours affec-
» tionnée au sang royal, m'a reçue, et que tant
» de grands hommes qui composent son parle-
» ment m'ont mis sous la protection de votre
» justice. Je sais, Sire, que monsieur mon mari
» a moins de douleur de sa prison que des désor-
» dres qu'elle cause dans l'Etat; et Dieu me
» sera témoin que toutes les indignités qui sont
» faites à ma qualité et à ma personne, tous les
» malheurs qui poursuivent cette maison affli-
» gée, la mort même dont mon fils unique est
» menacé s'il tombe entre les mains du cardi-
» nal, me sont moins sensibles que de lui voir
» exposer votre sacrée personne aux fatigues
» des voyages continuels qu'il lui fait entre-
» prendre pendant les rigueurs de l'hiver, et
» dans les plus violentes chaleurs de l'été, pour
» venger ses passions, et opprimer en votre pré-
» sence les plus fidèles sujets de Votre Majesté.
» J'espère, Sire, de la bonté de la Reine qu'elle
» jettera les yeux sur les fers de monsieur mon
» mari; qu'elle considérera l'utilité de ses servi-
» ces; que Sa Majesté se souviendra de la satis-
» faction qu'elle lui a fait l'honneur de lui en
» témoigner autrefois; que sa prudence détour-
» nera tous les désordres que nous avons sujet
» d'appréhender, usant de clémence envers ceux
» qui tant de fois ont répandu leur sang pour
» la gloire de sa régence; et que, par le châti-
» ment exemplaire que Sa Majesté fera un jour
» de celui dont la mauvaise conduite a laissé
» affoiblir son autorité et la vôtre, elle la ren-
» dra plus grande et plus relevée qu'aupara-
» vant, et donnera la paix aux peuples et la
» tranquillité à vos Etats.
» Ce sont, Sire, les très-humbles supplica-
» tions que j'ose faire à Votre Majesté, puisque
» l'accès vers elle m'est interdit, et que je me
» vois privée de l'honneur de lui rendre en per-
» sonne ce à quoi mon devoir et mon inclina-
» tion m'obligent, et lui demander avec l'humi-
» lité, la soumission et le respect dont une très-
» fidèle sujette et servante est capable, la liberté
» de madame et de mesdemoiselles de Bouil-
» lon, du prince de Conti, du duc de Longue-
» ville, avec celle de monsieur mon mari; et
» que pour otage de leur fidélité, si tant de
» grands services ne sont suffisans, il plaise à
» Votre Majesté que j'aille passer ma vie dans
» le bois de Vincennes. J'y emploierai tous les
» momens à prier Dieu qu'il comble vos jours
» de bénédictions, qu'il fasse prospérer vos ar-
» mes, qu'il vous rende redoutable à vos enne-
» mis, chéri de vos sujets, respecté de vos alliés;
» et que par la clémence, de laquelle je demande
» à Votre Majesté, les larmes aux yeux, un
» exemple qui sans doute sera très-bien reçu de
» tous les bons François, il fasse connoître en
» vous les vertus de Henri-le-Grand et celles
» de Louis-le-Juste, qui vous rendront le digne
» successeur de ces deux grands monarques;
» suppliant très-humblement Votre Majesté,
» Sire, de croire qu'en prospérité et en disgrâce
» je serai également toute ma vie, Sire, de Vo-
» tre Majesté, la très-humble, très-obéissante et
» très-fidèle sujette et servante,

» Claire-Clémence DE MAILLÉ.

» A Bordeaux, ce 2 août 1650. »

On envoya le comte de Meilly avec six cents hommes et les galères et galiotes, pour tâcher de secourir Richon, qui défendoit Vaire, ou pour le retirer de sa garnison, s'il étoit pressé. On lui donna aussi des brûlots pour essayer de brûler le pont de Branne, et les bateaux qui étoient au port de Libourne.

Le duc de Bouillon alla visiter le fort de l'île Saint-Georges; il y laissa les chevaliers de Todias et de Palière, avec quelques fantassins; et comme les ennemis étoient déjà dans l'île, il revint en diligence à Bordeaux, d'où il renvoya le régiment de Conti.

De Monde, capitaine dans Persan, arriva de Montrond pour représenter quelques nécessités de la place, et nous apprit que le comte de Châtelux avoit enlevé le régiment d'infanterie de Saint-Aignan, et que Saint-Géran avoit fait son accommodement avec la cour.

Le 4, nous sûmes que nos gens avoient escarmouché toute la nuit dans l'île de Saint-Georges, qu'il y avoit eu plusieurs des ennemis blessés, et environ soixante de morts, et entre autres le chevalier de La Valette, Du Breuil et Vaillac.

Villars-Villehonneur retourna de Saintonge, où il avoit enlevé une compagnie du duc de Saint-Simon, et nous apprit que Du Dognon s'étoit accommodé avec la cour à condition qu'il n'y iroit point, qu'on n'enverroit personne dans sa place, qu'on lui paieroit tous les arrérages qui lui étoient dus, et qu'on lui enverroit l'argent nécessaire pour équiper six vaisseaux.

L'on sut la prise de Vaire, et que Richon

n'ayant eu aucune nouvelle du secours qu'on lui avoit fait espérer, et une fort grande brèche dans sa place, avoit envoyé un capitaine du régiment de Fronsac pour capituler; que celui-ci l'avoit trahi; qu'il avoit été ou gagné ou intimidé par le maréchal de La Meilleraye, qui lui avoit promis la vie, et à deux parens qu'il avoit dans ce château, et qu'il leur conserveroit leurs compagnies dans quelques régimens de son armée, pourvu qu'il voulût livrer Richon : ce qu'il promit. Et en effet il rentra dans la place, lui dit qu'il avoit fait une composition honorable, qu'il sortiroit avec armes et bagages, et qu'il lui amenoit des otages. A l'heure même, ce traître, qui avoit introduit le nombre d'ennemis qu'il avoit jugé nécessaire pour exécuter son dessein, auxquels il joignit sa compagnie, se saisit de Richon, et le mena prisonnier à Libourne.

Le 5, sur le bruit de la prise de Vaire et de Richon, la princesse, jugeant qu'il y avoit péril qu'on ne le fît mourir pour avoir tenu dans un château contre une armée royale, envoya un trompette au maréchal de La Meilleraye pour lui dire que, si l'on ne le traitoit en prisonnier de guerre, ceux qu'elle tenoit à Montrond, à Turenne et à Bordeaux recevroient le même traitement qu'on lui feroit.

Les députés retournèrent de la cour, où ils avoient salué et complimenté le Roi et la Reine, sans parler ni communiquer avec le cardinal, quoiqu'il fût présent à leur harangue, dans laquelle même ses conseils furent blâmés avec une hardiesse incroyable. La Reine ne leur dit autre chose, sinon qu'elle avoit fait mettre par écrit sa réponse, sur laquelle elle leur ordonnoit de faire délibérer le parlement, et de lui envoyer par écrit la délibération qu'il formeroit. Cet écrit, signé Louis, et plus bas Phelypeaux, contenoit en substance deux points : le premier, s'ils vouloient donner plus longue protection au duc de Bouillon, qui traitoit avec l'Espagne, et qui disoit que Bordeaux valoit bien Sedan; et le second, si l'on ne vouloit pas y recevoir le Roi avec toute la suite et la majesté requise à un roi de France.

L'on reçut nouvelle du père Herbodes, qui, ayant manqué la cour en chemin, avoit écrit au père Paulin, confesseur du Roi, les choses dont nous l'avions chargé, et avoit reçu de lui cette réponse en peu de mots : « Ces messieurs ont » déjà exécuté ce dont ils menacent; Son Emi-» nence en a reçu avis de Paris, et partant il » n'est plus temps d'y songer. »

Les députés du parlement firent leur rapport de ce qu'ils avoient fait dans leur voyage, et comme ils avoient entretenu Servien, qui leur avoit, contre son naturel violent, parlé fort doucement, et fait espérer bon traitement pour eux, pour leur compagnie et pour leur ville; toute sûreté pour la princesse et pour le duc son fils, et même donné quelque espérance pour la liberté des princes, rejetant tout le désordre sur le duc de Bouillon, contre lequel il avoit tâché de donner de la défiance. Ils dirent tout ce qui leur fut possible pour porter leur compagnie à entrer en pourparler d'accommodement. Il y avoit beaucoup à dire sur la matière qui fut long-temps agitée; mais comme le repos et la cessation des maux que cause la guerre l'emportent ordinairement dans une compagnie aussi nombreuse que celle-là, parce qu'il n'y avoit que la moindre partie qui s'étoit emportée à tout ce qui s'étoit fait de hardi et d'entreprenant, et que la plupart n'y avoit souscrit que par crainte, chacun se portoit à la paix; et l'on opinoit sur la réponse que la Reine avoit donnée aux députés, et qu'ils avoient mise sur le bureau, quand un nouvel accident fit changer tout d'un coup cet avis.

Le marquis de Lusignan amena en mon logis le courrier de Limoges, qui m'assura avoir vu pendre Richon sous la halle de Libourne. Je l'obligeai à le mener au parlement, que je savois être assemblé pour le sujet que je viens de dire. Cette nouvelle fit l'effet que j'avois prévu : l'on fit entrer le courrier, l'on prit son serment, il fit le récit de ce qu'il avoit vu. La crainte que ce châtiment imprima dans le cœur de cette compagnie fut telle, qu'ils changèrent de sentimens, toute la douceur à laquelle ils penchoient se changea en une violente colère; ils rompirent l'assemblée, et dirent tous unanimement qu'il ne falloit plus opiner, ni entrer en pourparler de paix avec une cour dépendante du cardinal Mazarin, qui avoit fait connoître ce qu'il avoit dans le cœur pour eux par une mort aussi cruelle, aussi violente et aussi peu méritée que celle de Richon, leur concitoyen; qu'ils n'avoient plus rien à faire qu'à quitter leur robe, prendre l'épée, et se disposer à une mort honorable par une défense légitime contre un étranger, ennemi de l'Etat; et se séparèrent tous. Tant une action de rigueur faite à contre-temps peut sur l'esprit de ceux qui en craignent une semblable.

Cependant les ducs, que j'avertis à l'heure même de cet événement, envoyèrent en diligence leurs émissaires par toute la ville; le bruit en fut incontinent répandu, les bourgeois coururent en foule chez la princesse, en leur logis et au mien, crier vengeance avec des termes si pleins de fureur, qu'il ne fut pas mal aisé de profiter d'une telle occasion.

La princesse, après le dîner, assembla son conseil, où étoient les ducs, les lieutenans-généraux et maréchaux de camp de l'armée; les conseillers Blanc-Mauvoisin, de Remond, d'Espagnet et Mirat, députés du parlement, et les jurats. On y agita amplement la matière, les raisons de part et d'autre y furent balancées; enfin il fut conclu tout d'une voix que pour faire voir la fermeté du parti, pour ôter toute espérance au cardinal de le fléchir par la rigueur, pour tenir la parole portée par le trompette dont j'ai parlé ci-dessus, pour appaiser la clameur publique, pour témoigner aux Bordelois le désir de venger le sang de leur compatriote, et en un mot pour les engager à soutenir la guerre par un coup hardi et vigoureux, on résolut de faire pendre Canot, capitaine dans le vieux régiment de Navailles, qui avoit été pris long-temps auparavant dans l'île Saint-Georges, quand elle fut forcée par nos gens. Le sort tomba sur ce malheureux gentilhomme plutôt que sur les autres, qui étoient dans le château du Hâ, de même qualité, parce que le parlement avoit déjà fait quelque proposition de le faire mourir, comme ayant été, disoit-il, l'un des premiers infracteurs de la paix que le Roi leur avoit accordée l'année précédente.

Ce jugement, vraiment militaire, tiroit à de grandes conséquences. Je les représentai en disant mon avis; et, pour le rendre plus solennel et plus universellement approuvé, je proposai d'appeler au conseil, avant que de l'exécuter, tous les commandans des corps, les trente-six capitaines de la ville, les lieutenans et les enseignes. On les manda sur le champ; et étant entrés, la princesse me commanda de leur dire, comme je fis, les raisons qu'elle avoit eues de les appeler et celles qui avoient mu le conseil à condamner Canot, et d'en surseoir l'exécution jusqu'à ce qu'ils eussent dit leurs avis pour le faire ou ne le faire pas, puisque le péril des représailles que pourroient faire les généraux de l'armée du Roi les regardoit, à cause de celui auquel ils s'exposoient tous les jours. Ils opinèrent l'un après l'autre, avec des paroles si emportées contre le cardinal Mazarin, auquel seul ils attribuoient la mort de Richon, quoique nous ayons su depuis que la seule obstination du maréchal de La Meilleraye l'avoit causée, que je n'ai de ma vie rien vu ni ouï de semblable; et en demandant tous unanimement la mort de cette victime publique, ils inventoient des supplices nouveaux pour les lui faire souffrir. Il fut donc ordonné que ce jugement, qui fut fait sans écriture, sans ouïr de prisonnier, ni sans figure de procès, seroit exécuté sur le champ. La princesse voulut le différer au lendemain pour en donner part au parlement; mais l'emportement du peuple fut si grand, qu'il ne lui fut pas possible d'en venir à bout. Un des principaux d'entre eux, qui portoit la parole, dit une des plus folles choses qui se puisse imaginer pour appuyer la raison de ne pas différer. « Le cardinal, » dit-il, a tout pouvoir sur l'esprit du Roi; il » l'obligera à nous envoyer demander la grace » de ce prisonnier; nous ne pourrons lui accor- » der, et cela portera Sa Majesté à en refuser » d'autres quand quelqu'un de nos concitoyens » lui en demandera. Il faut considérer que nous » sommes fort sujets à nous battre en duel, et » que nous nous exposons à toute heure a voir » besoin de la grâce du Roi. » Ce beau raisonnement eut un tel applaudissement de tout le peuple, qu'il n'y en eut plus à faire avec lui. Quoiqu'il fût tard, cette exécution fut faite sur le port de Bordeaux, vers le faubourg des Chartreux; et tout ce que la princesse put faire fut d'empêcher que tous les prisonniers de guerre ne souffrissent le même sort, tant la fureur des peuples est à redouter, pour peu qu'elle soit excitée par des personnes d'autorité comme ici. Elle fut extrême en ce rencontre: ce capitaine étoit huguenot, et jamais il ne fut possible de leur faire souffrir qu'on donnât un prêtre à ce pauvre homme pour tâcher de le convertir en mourant. Ils disoient qu'étant Mazarin, il falloit qu'il fût damné; et si on n'eût fait armer la bourgeoisie, il auroit été déchiré par la multitude qui le suivoit en le menant au supplice.

Le 7, on tira les troupes que nous avions dans l'île Saint-Georges, ne jugeant pas à propos de les exposer dans un temps auquel nous étions menacés d'un siége. L'on sut que l'on travailloit par ordre de la cour à démolir Verteuil, maison du duc de La Rochefoucauld.

L'on donna un quart de montre aux troupes et quelque argent aux officiers, pour empêcher qu'ils ne fussent mécontens dans le temps que le Roi approchoit. Nous étions dans une disette d'argent la plus grande du monde; et si un banquier ne m'eût prêté dix-huit mille francs, nos troupes étoient prêtes de se révolter. Elles étoient persuadées que toutes les espérances que nous leur donnions du secours d'Espagne n'étoient qu'un artifice pour les amuser: et rien n'est plus dangereux que de promettre en pareilles rencontres sans être en état de tenir parole. On subsiste pour un temps; mais tout-à-coup la créance se perd, et tout tombe, sans qu'il soit possible de rétablir le crédit tant nécessaire au maintien des affaires de longue haleine, surtout quand elles sont contre l'autorité légitime. Nous fûmes contraints par cette raison de découvrir cette disette aux jurats nos amis, que nous avions peu auparavant établis dans ces charges, et qui par conséquent étoient intéressés à notre fortune, afin qu'ils employassent, comme ils firent, leur crédit à nous faire trouver de l'argent sur les pierreries de la princesse; et l'on avoit tenu jusque là notre nécessité cachée, pour soutenir le courage de tous ceux que l'espérance de profiter avoit embarqués dans le parti.

L'on reçut des lettres datées du premier août, écrites à Saint-Sébastien, de Vatteville et de Baas, qui témoignoient être en grand'peine de ce que les frégates, disoient-ils, chargées de cent mille écus, desquelles nous avons parlé ci-dessus, n'étoient pas arrivées. Ce premier disoit qu'il avoit eu nouvelle, par un vaisseau nouvellement arrivé, que le vent contraire les avoit obligées à relâcher vers l'Angleterre, et qu'il attendoit des hommes et d'autre argent pour nous secourir de l'un et de l'autre en toute diligence. Tant plus nous débitions ces nouvelles, moins on les croyoit, parce que toutes les autres qu'on avoit reçues de même nature s'étaient trouvées fausses, et l'on disoit hautement que les courriers qui les apportoient étoient des gens du duc de Bouillon travestis pour tromper et le peuple et les troupes: ce qui nous faisoit beaucoup de mal. Par bonheur ce jour-là on ne reçut point de lettres de Paris, parce que le cardinal fit arrêter le courrier de Libourne. Cela échauffa les esprits des Bordelois, et parce que cela alloit contre la sûreté publique, et parce qu'ils s'imaginèrent que l'on n'avoit retenu les paquets que pour leur céler quelques nouvelles avantageuses, dont il importoit à la cour qu'ils n'eussent pas sitôt la connoissance: tant il faut peu pour altérer des esprits aigris et défians.

L'on sut que, malgré toute la faction du premier président de Montrane, le parlement de Toulouse avoit donné arrêt par lequel le duc d'Epernon étoit déclaré perturbateur du repos public; que très-humbles remontrances seroient faites au Roi pour donner la paix à Bordeaux; et qu'on avoit remis au jour suivant pour délibérer sur l'union avec les parlemens, et pour demander l'observation de la déclaration, et la liberté des princes.

Il y eut une alarme à La Bastide; les ducs y accoururent avec les volontaires; la princesse les suivit, avec autant de monde qu'il en put tenir sur tous les bateaux qui se trouvèrent sur le port. Au retour, elle fut visiter la mère de Richon pour se condouloir de la mort de son fils; elle prit son cadet à son service, et chacun fut satisfait des amitiés qu'elle fit à cette bonne femme affligée. On publioit partout sa bonté, et cette action lui acquit plus d'estime que toutes celles qu'elle avoit faites jusque-là: tant il importe aux grands de témoigner de la reconnoissance à ceux qui sont dans leurs intérêts, et surtout aux parens de ceux qui meurent à leur service; et c'est ce que quelques-uns de ceux que je connois ne font que très-rarement.

Le 8, le parlement fut assemblé jusqu'à quatre heures après midi, pour délibérer sur la réponse que l'on feroit aux deux articles contenus en celle que fit le Roi aux députés lorsqu'ils saluèrent Sa Majesté à Libourne; et sur la requête par laquelle le duc de Bouillon demandoit acte de la déclaration qu'il faisoit de n'avoir jamais eu dans ces mouvemens d'autres intérêts que la liberté des princes, et celui de témoigner sa fidélité inviolable à toute la maison royale et au bien de l'État.

Il y eut trois avis sur cette matière. Le premier fut celui de Pomiers-Françon, d'écrire au Roi, et aux députés de Paris qui étoient à la cour, des raisons pour lesquelles l'on ne députoit pas à Sa Majesté ni à eux, dont les principales étoient les violences faites depuis le retour de Libourne de leurs confrères, entr'autres la mort de Richon. Cet avis n'étoit qu'une adresse pour engager à une négociation avec le cardinal, et rabattre ainsi la chaleur que les parlemens de Paris et de Toulouse témoignoient, par toutes leurs délibérations à donner arrêt contre lui. C'est une grande habileté en pareilles occasions de faire des traités avec la cour, qui, ayant toujours de quoi punir, abat pour l'ordinaire les partis par la négociation.

Le second avis fut celui d'Espagnet, d'envoyer au Roi et à tous les parlemens de France les remontrances contre le cardinal, avec l'arrêt du 28 juillet dernier, par lequel il étoit ordonné qu'il ne seroit point reçu dans Bordeaux, ni aucunes troupes qui pussent donner du soupçon. Cet avis n'avoit d'autre objet qu'à intéresser toutes les compagnies du royaume contre le cardinal, et de faire une affaire générale d'une qui jusque là n'étoit que celle de Bordeaux; et par là donner lieu à forcer le cardinal à s'accommoder avec les princes, et à leur donner la liberté, dans la crainte d'un soulèvement général, qui l'eût mis entièrement dans la dépendance des frondeurs, desquels il redoutoit le crédit et la mauvaise intention; ou à obliger ceux qui prendroient le timon des affaires, si le cardinal venoit à être poussé, de s'appuyer du parti pour dépouiller toutes ses créatures. C'est la plus sûre maxime, à ceux qui sont à la tête d'un parti contre un favori puissant et autorisé, de n'entrer en aucun commerce avec lui qu'à toute extrémité, et d'intéresser toujours le général à sa perte; parce que, si l'on y réussit, l'on a ce que l'on demande, et si l'on connoît que l'on ne puisse en venir à bout, l'on est toujours à temps de tirer de lui des avantages, par l'intérêt qu'il a de venir à bout de tout.

Maraut, homme habile et de la cabale de Lavie, prit un sentiment plus délicat, mais qui alloit toujours à la négociation; et son avis fut d'entrer en conférence avec la princesse, pour aviser aux moyens que l'on tiendroit pour tirer Messieurs les princes de prison. La compagnie étant partagée dans ces trois avis, les frondeurs ne se trouvant pas assez forts pour faire passer celui d'Espagnet, duquel ils étoient tous, et craignant que celui de Maraut et de Pomiers-Françon ne vinssent à s'unir, se retirèrent, et firent remettre la délibération jusqu'au lendemain.

La princesse, les ducs et nous tous connûmes qu'il y alloit du salut du parti à intéresser tous les parlemens contre le cardinal, parce que de là dépendoit sa ruine entière ou la liberté des princes. Ils me chargèrent de parler hautement, comme je fis dans la chambre de la princesse, en leur présence et de quantité de pesonnes qui s'y étoient introduites, quand Maraut y vint proposer son avis, et prêcher la même doctrine que Lavie et le duc de Saint-Simon, dont j'ai parlé ci-dessus. Je lui dis entr'autres choses que rien ne seroit si préjudiciable à la princesse que d'entrer en négociation avec le cardinal sur la liberté des princes, parce qu'il n'y consentiroit jamais que quand il se verroit réduit par les embarras qu'on lui préparoit de toutes parts, à une dernière extrémité; que rien n'y pouvoit tant contribuer que de suivre l'avis d'Espagnet. Et comme les choses s'échauffèrent en présence de plusieurs bourgeois qui souffroient impatiemment l'obstination de Maraut à soutenir son opinion, le duc de Bouillon crut qu'il falloit lui faire peur : il lui dit que dès le moment que l'on auroit donné un arrêt au parlement tendant à négocier avec le cardinal et à le recevoir dans Bordeaux, la princesse feroit assembler le peuple dans l'Hôtel-de-Ville, remercieroit le général et le particulier de l'assistance qu'elle avoit reçue d'eux, et prendroit congé de toute la ville assemblée pour se retirer dans quelque pays étranger, où du moins la vie du duc son fils seroit en sûreté; et que si elle y étoit forcée, elle mettroit plutôt ce seul prince du sang royal, qui restoit en liberté, entre les mains des ennemis de l'Etat, que de le laisser en lieu où il pourroit tomber en celles du Mazarin pour l'emprisonner avec monsieur son père et messieurs ses oncles, desquels la vie ne subsistoit que par la sienne. Le duc de La Rochefoucauld prit ensuite la parole; et quoique, suivant sa manière ordinaire, il parlât en des termes plus doux, il en dit assez pour intimider Maraut, et pour exciter tous ceux qui nous écoutoient, pendant que la princesse fondoit en larmes, à s'écrier qu'il falloit égorger ceux qui suivroient dans le parlement un avis aussi préjudiciable que l'étoit celui de Maraut. Plusieurs conseillers qui se trouvèrent là dirent hautement que si l'avis d'Espagnet ne passoit, ils se retireroient tous, et feroient assembler la ville au son de la cloche pour savoir la volonté des bourgeois.

L'on intercepta dans les landes les lettres de d'Artagnan, lieutenant au gouvernement de Bayonne, qui donnoit avis à La Vrillière, secrétaire d'Etat, du canon qu'il avoit fait mouler sur les pinasses qu'il envoyoit à la cour par ses ordres, et s'excusoit de ce qu'il n'envoyoit ni poudres ni hommes. Comme il est malaisé que ces sortes de choses demeurent secrètes, cette nouvelle fut répandue en un moment par la ville; et en même temps la crainte d'un siége rendit d'abord la plupart des esprits interdits. Les malintentionnés contre nous s'en réjouissoient, et tâchoient de tirer les délibérations vigoureuses en longueur, pour laisser prendre au cardinal tous les avantages qu'il lui seroit possible, et méditoient déjà la vengeance de tous les outrages que leur avoient faits ceux qui leur étoient opposés. Ceux, d'autre part, à qui la crainte du châtiment donnoit une nouvelle vigueur s'assembloient pour aviser aux moyens d'inspirer de la résolution aux uns et donner de la crainte aux autres. Ils envoyoient leurs émissaires partout menacer d'étendre sur le carreau tous ceux qui feroient des propositions de paix; ils excitoient les bourgeois à exposer courageusement leur vie pour la gloire de leur patrie et pour la conservation de la maison royale, qu'ils croyoient consister toute en celle du duc d'Enghien. Ils firent afficher la nuit suivante, aux portes de vingt-cinq officiers du parlement et de quelques notables bourgeois, des placards contenant tout ce qu'il falloit pour intimider les uns et encourager les autres.

Cela réussit de telle sorte, que, le lendemain 9 août, on résolut, quoiqu'avec beaucoup de désordre et de confusion, que l'on enverroit les remontrances dressées contre le cardinal Mazarin, avec l'arrêt du 28 juillet, duquel j'ai parlé ci-dessus, à tous les parlemens de France, pour les inviter à s'unir à celui de Bordeaux contre le cardinal, et pour la liberté des princes; que l'on enverroit semblable dépêche au Roi, avec une lettre que la compagnie écriroit à Sa Majesté, responsive aux deux points dont j'ai fait mention, par laquelle, entre autres choses, on lui manderoit que l'un et l'autre étoient injurieux au parlement; et que l'on ajouteroit à cette dépêche la requête du duc de Bouillon, sans envoyer aucun député; mais qu'on enverroit le tout à ceux du parlement de Paris, qui étoient pour lors près du Roi à Libourne.

On fut assuré encore ce jour-là que l'on continuoit la démolition du château de Verteuil, appartenant au duc de La Rochefoucauld, qui reçut cette nouvelle avec une constance digne de lui; il sembloit en avoir de la joie pour inspirer de la fermeté aux Bordelois. On disoit encore que ce qui lui en donnoit une véritable étoit de faire voir à la duchesse de Longueville, qui étoit toujours à Stenay, qu'il exposoit tout pour son service.

Le 9, le parlement s'assembla pour voir l'expédition rapportée en la diète précédente, que le président d'Affis, les conseillers d'Espagnet, Boucaut, Le Roussaut et Mirat avoient eu ordre de dresser.

L'on sut que le chevalier de La Valette étoit mort de ses blessures, et que les ennemis, qui s'étoient postés à Cambès, vis-à-vis de l'île Saint-Georges, la battoient de cinq pièces de canon.

Le 10, on dépêcha de Chapizeaux à Paris pour dire aux amis l'état des choses, et la ferme résolution dans laquelle étoit Bordeaux. La princesse leur envoya par lui un blanc signé d'elle pour le remplir, s'ils le jugeoient à propos, d'une requête à ce parlement-là pour la liberté des princes. Il eut ordre de passer vers le vicomte de Turenne et vers la duchesse de Longueville, pour leur remontrer la nécessité de faire avancer leurs troupes et celles mêmes des Espagnols vers Paris, pour lui donner chaleur pendant l'éloignement du Roi, et de détacher ce qu'ils pourroient de cavalerie pour envoyer vers la Guienne; donner ordre à celui qui en auroit le commandement de ramasser à Montrond, Auvergne, Turenne et dans le Pariage, ce que les amis à qui on en avoit envoyé ordre pourroient assembler, pour en former un corps avec lequel il seroit aisé d'embarrasser le cardinal dans le dessein qu'il avoit d'assiéger Bordeaux. Ce courrier étoit encore chargé de presser l'envoi dans la Garonne des vaisseaux flamands, hollandois ou anglois dont nous avons parlé; et le duc de Bouillon dépêcha partout en conformité de cette dépêche.

La maison de La Force, qui n'avoit pas vu la cour si empressée à songer à ses intérêts qu'elle se l'étoit imaginé, recommença à négocier avec nous (1), soit pour se venger du peu de cas qu'en faisoit le cardinal, soit pour le solliciter à lui faire du bien en lui montrant qu'elle pouvoit lui nuire, soit par le désir de profiter d'une manière ou d'une autre d'une affaire qui apparemment ne devoit plus guère durer, soit que Bordeaux succombât ou qu'il résistât. Enfin, le maréchal envoya à la princesse le marquis de Cugnac son petit-fils, qui pendant le siège de Paris avoit été engagé dans les intérêts du prince de Conti, et le chargea de lettres de créance pour elle, et même pour moi. Cette créance étoit que lui ni ses fils n'avoient vu ni ne verroient le Roi ni le cardinal; qu'ils étoient plus en dessein de servir les princes que jamais; qu'ils demandoient seulement de l'argent, l'alternatif du commandement pour le marquis son fils aîné avec les ducs de Bouillon et de La Rochefoucauld; et deux arrêts du parlement, l'un pour diminuer la moitié des tailles du Périgord en faveur du peuple, et pour employer l'autre moitié à leur subsistance, et l'autre, par lequel le parlement s'obligeroit de ne jamais faire de paix sans y comprendre ses intérêts et ceux de sa maison: ce qui étoit la même chose qu'il avoit proposée diverses fois sans effet.

Ledit sieur de Cugnac étoit encore chargé de lettres pour le parlement, auquel les ayant rendues, il députa des commissaires pour conférer avec lui, et qui promirent ensuite les arrêts qu'ils demandoient pour la sûreté de ses prétentions.

Quant à l'argent, nous nous trouvions bien empêchés à lui répondre. Nous étions dans une nécessité extrême, et les troupes ne subsistoient que par les emprunts que je faisois en mon propre et privé nom: et encore que je me fusse engagé au-delà de mes forces, les prêts que l'on me faisoit étoient bien au-dessous de ce qui étoit nécessaire pour les contenter.

Si la nécessité étoit grande, celle de la cacher l'étoit encore davantage: aussi pris-je facilement la résolution de dire à Cugnac que j'avois en mon pouvoir de quoi le contenter sur le point de l'argent, parce que je savois par expérience que c'étoit tout ce que sa maison désiroit davantage, et que rien n'étoit plus capable de l'engager dans nos intérêts. Je parlois ainsi d'autant plus hardiment, que les passages

---

(1) Les lettres de protestation de service, de la part des membres de la famille de La Force, existent encore dans les papiers de Pierre Lenet.

étoient fort difficiles, et qu'il n'y avoit nulle apparence d'en hasarder le transport; et quand j'aurois eu de quoi lui donner ce qu'il prétendoit tirer de la princesse, cela ne se pouvoit faire sans en demander avis au maréchal; et que pendant les allées et venues, l'argent d'Espagne, que nous attendions de jour en jour, pourroit arriver, et me donner moyen de satisfaire à ma parole. Je considérois encore que je ne risquois pas beaucoup de promettre en l'état auquel étoient les affaires de Bordeaux, qui, selon toute apparence ne pouvoient pas durer long-temps; et les ducs aussi bien que moi jugeoient qu'elles seroient plustôt terminées que l'on n'auroit conclu un traité avec ces messieurs-là, dont les esprits douteux et incertains nous avoient fait connoître que leur lenteur n'auroit point de fin assez prompte. Outre cela, il ne pouvoit que nous être fort bon de donner cette jalousie au cardinal, auquel tout faisoit peur pour lors, qui mettoit tout en usage, non pas pour traiter avec messieurs de La Force, qu'il n'estimoit pas assez pour cela, mais pour les empêcher d'entrer dans notre parti, par les espérances qu'il leur faisoit entrevoir. Et il nous étoit fort utile dans une telle conjoncture de tout promettre à Cugnac, pour leur ôter tout prétexte de rompre avec nous, et de faire accommodement avec la cour, qui ne lui eût pas été à la vérité fort avantageux, mais qui n'auroit pas laissé de nous être nuisible, parce que le parlement avoit une fort grande envie de voir cette maison dans ses intérêts. Et nos soldats, aussi bien que la noblesse du pays qui étoit liée avec nous, et le peuple même de Bordeaux, sembloient reprendre courage de voir des gens de cette qualité, et qui avoient été souvent dans des partis opposés à la cour, se joindre au nôtre. Ce fut une des principales raisons dont je me servis pour faire consentir le duc de Bouillon à l'alternative du commandement que le marquis de La Force prétendoit avec lui, à laquelle il avoit une peine incroyable de se résoudre, étant né comme il disoit prince souverain, outre qu'il est difficile à ceux qui se trouvent à la tête des grandes factions d'en partager l'autorité avec d'autres. Il s'y porta néanmoins, comme il fit en toutes autres choses, avec franchise et netteté; mais il désira que ce consentement fût un effet du pouvoir que la princesse avoit sur lui, et non de la déférence pour messieurs de La Force. On contenta donc Cugnac sur cet article, comme on avoit fait sur celui de l'argent; et avec autant d'apparence que cela seroit inutile, parce qu'il n'y avoit presque point de vraisemblance que ces généraux se joignissent et se vissent en même lieu.

Ce même jour, je reçus une lettre par un exprès que le baron d'Orte me dépêcha, pour me donner avis qu'un garde du duc d'Enghien avoit écrit tout le dessein de l'entreprise sur Dax au sieur de Castéja, qui par ce moyen étoit manquée. J'envoyai en même temps ce garde, nommé Desgrands, qui se trouva pour lors en mon logis, prisonnier au château de Habi.

La princesse reçut, ce jour-là, une dépêche de Saint-Sébastien, dans laquelle il y avoit des lettres du marquis de Sillery, du 17 juillet, écrites à Madrid, pour la princesse, pour les ducs de Bouillon et de La Rochefoucauld, et pour moi; qui nous donnèrent de grandes espérances sur toutes les choses de sa mission. Il y en avoit encore une que le baron de Vatteville m'écrivoit du 4 d'août, par laquelle il promettoit un prompt secours d'hommes, d'argent et de vaisseaux, qui sont encore à arriver.

Le 11, à la pointe du jour, nous eûmes nouvelles que les régimens du marquis de Lusignan, père et fils, et Du Chambon, avoient rendu le fort de l'île Saint-Georges. Le peuple, à son ordinaire, crut que ç'avoit été par trahison; mais tôt après nous apprîmes que ç'avoit été l'effet d'une pure terreur panique.

On envoya les galères au bas de la rivière, pour escorter une frégate que la princesse avoit dépêchée à Saint-Sébastien pour presser le baron de Vatteville d'envoyer un prompt secours pour remédier à la nécessité en laquelle nous étions; mais le vent contraire l'empêcha de pouvoir sortir de la rivière. J'écrivois à tout moment par toute voie à ce baron, sans avoir de lui que des paroles, qui toutes se trouvoient vaines : ce qui nous donnoit de grands soupçons de la sincérité des Espagnols.

Lusignan reçut un billet du maréchal de La Meilleraye, qui l'exhortoit à quitter le parti des princes, et lui faisoit espérer de grands avantages s'il se remettoit dans celui du Roi. Il le garda trois jours entiers sans nous en faire part : ce qui me fit faire de grandes réflexions sur sa conduite. Je l'ai pourtant toujours trouvé assez fidèle; mais son esprit vacillant lui faisoit écouter toutes les propositions qu'on lui faisoit; je crois même qu'il avoit souvent envie d'en accepter quelques-unes, et que le même génie qui lui faisoit tout écouter l'empêchoit de se déterminer à une défection : ce qui obligeoit le duc de Bouillon à le tenir bas, et moi à le fort ménager, afin que ma conduite douce envers lui le fît venir à moi, comme il faisoit souvent; et toujours je le consolois et lui fortifiois l'esprit.

La plupart des hommes ont peine à se déterminer aux grandes choses; et il y en a peu que la crainte d'un châtiment, plus prompt que l'espérance qu'on leur donne d'ailleurs, ne retienne dans leurs premiers engagemens.

Le conseiller Mirat reçut souvent de semblables billets, qu'il apporta toujours à la princesse avant que de les décacheter.

Le 12, le parlement, le corps de ville et tous les bons bourgeois firent faire un service solennel pour prier Dieu pour Richon, qui avoit défendu Vaire, et avoit été pendu à Libourne, comme j'ai dit. Ils y assistèrent tous en corps, et firent afficher par les rues que c'étoit pour reconnoître en quelque façon le mérite d'un concitoyen qui s'étoit généreusement immolé pour la patrie.

L'Hôtel-de-Ville s'assembla ensuite avec les Trente pour délibérer sur les deux points proposés par moi; mais comme La Vrillière, secrétaire d'État, leur avoit fait défense de la part de Sa Majesté d'assembler les cent et les trente, qui est, à leur manière de parler, toute la bourgeoisie, les magistrats prirent prétexte de différer la délibération, disant qu'il n'y avoit pas moyen de prendre résolution sur une affaire de telle conséquence dans une assemblée restreinte à si peu de monde, et qu'ils ne délibéreroient pas qu'on ne leur eût rendu la liberté de s'assembler en la manière ordinaire.

Les ducs de Bouillon et de La Rochefoucauld, que l'on publioit empêcher la paix par leurs intérêts particuliers, allèrent à cette assemblée, où, après avoir fait de grandes protestations de servir les princes sans autre raison que celle de conserver la maison royale, ils justifièrent leur conduite passée; puis dirent qu'ils seroient très-fâchés d'attirer la colère du Roi sur une ville pour le service de laquelle ils voudroient se sacrifier; que s'ils les jugeoient capables de servir eux et tout le parti, ils y emploieroient avec joie et leurs biens et leur vie: mais que s'ils étoient du moindre obstacle à la fortune publique, ils étoient prêts à quitter Bordeaux et le royaume même, quoique avec un déplaisir très-sensible. Ce discours, qui fut prononcé par le duc de Bouillon, et soutenu par le duc de La Rochefoucauld avec un air sincère et plein de franchise, toucha tellement l'assemblée, que non-seulement elle les pria de continuer leurs services à leur ville, mais encore il rendit aux particuliers la bonne opinion de leur fidélité, que les malintentionnés tâchoient par leurs discours à leur faire perdre parmi le peuple et dans les troupes.

Le parlement fit faire revue de quelques gens de guerre qu'ils avoient mis sur pied. Ils eurent dessein d'en donner le commandement particulier, sous l'autorité des ducs, au marquis de Cugnac. Quelques-uns de cette compagnie crurent qu'en donnant à leurs soldats une paie plus forte que celle que la princesse donnoit aux siens, ils s'augmenteroient du débris des nôtres, et prendroient des forces de notre foiblesse: ce qu'ils désiroient ardemment. J'allai leur faire entendre raison là-dessus, et réglai enfin fut réglé sur un même pied. Aussi n'y a-t-il rien de si préjudiciable dans une armée que la différence des soldes et des traitemens entre ceux qui la composent et qui servent en mêmes postes.

Les gardes de M. le prince, qui servoient pendant sa prison près de la princesse et le duc d'Enghien, étoient commandés par de Roches, gentilhomme de valeur, brusque et déterminé. Ils furent en partie vers Saint-Andras, où ils enlevèrent une partie de la compagnie de la Reine qu'ils amenèrent à Bordeaux, dont le peuple eut autant de joie que du gain d'une bataille. La princesse renvoya le trompette avec un beau cheval et petit pistolets, qu'elle me commanda de lui faire donner. Ce petit événement donna une telle alarme à Libourne, où étoient Leurs Majestés, que le cardinal ordonna qu'on attelât tous les chevaux pour les tirer de ce lieu-là.

On eut avis que les troupes du Roi devoient en même temps attaquer le faubourg de Saint-Surin et la Bastide.

Virelade, à présent président au parlement de Bordeaux, homme qui s'entremet volontiers dans les intrigues, étoit à la cour; et la dame sa femme, avec qui j'avois un grand commerce, étoit à Bordeaux. Elle vint un matin en mon logis, et me dit de la part de son mari que Servien, avec qui il avoit eu de grandes conversations, l'avoit chargé de me faire savoir que si je voulois m'entremettre de pacifier les troubles, le cardinal prendroit sans doute créance en moi; mais qu'il falloit que, pour lui faire voir mes bonnes intentions pour la paix, je fisse quelque démarche qui pût lui confirmer la bonne opinion qu'il avoit de moi. Je répondis à cette dame que je ferois savoir à la princesse et aux ducs ce qu'elle venoit de me proposer, et que, par leur ordre, je lui ferois une réponse positive; mais que par avance je croyois n'être pas désavoué en disant que je prévoyois qu'ils ne prendroient aucune confiance au cardinal, et que la princesse n'entreroit en aucun commerce avec lui, qu'avec la participation de tous ceux qui étoient dans ses intérêts; que telle affaire étoit d'une longue discussion; et que cependant, si monsieur son mari vouloit demeurer à la cour et nous avertir par elle de tout ce qu'il y apprendroit, que cela feroit juger à la princesse de la sincérité de ses services, dont il lui faisoit souvent donner des assurances. En effet, le génie foible de Virelade étoit plus propre à donner des avis de ce qui se passoit, qu'à négocier une affaire de cette importance : aussi les ducs, à qui je fis un fidèle rapport de ceci, approuvèrent aussi bien que la princesse la réponse que j'avois faite, et que je confirmai depuis de leur part.

L'on apprit ce jour-là que le baron de Bélade avoit été assassiné par le mari d'une femme qui le soupçonnoit d'avoir des habitudes un peu trop particulières avec elle; on donna le commandement de son château et d'un régiment de fusiliers qu'il avoit au chevalier de Rivière.

Le parlement de Bordeaux écrivit aux députés de celui de Paris qui étoient à la cour, et leur mandoit le déplaisir qu'il avoit de ce que les violences du cardinal Mazarin l'empêchoient de les envoyer complimenter par quelqu'un de leur corps. Il se plaignoit par cette même lettre de la continuation des actes d'hostilités de ce ministre, de la mort de Richon, et de ce qu'on avoit donné à un officier de la Reine la confiscation des biens du président Grimard. L'on résolut qu'après qu'on auroit reçu réponse, on enverroit au parlement de Paris et à tous ceux de France les remontrances qu'ils avoient dressées contre le cardinal, et l'arrêt par lequel ce parlement ordonnoit qu'il ne seroit pas reçu dans Bordeaux. Il écrivit en même temps au Roi une lettre de même substance que celle dont je viens de parler. Suau, commis du greffe, fut chargé de ces deux dépêches, avec ordre de suivre les députés de Paris en quelque lieu qu'ils pussent aller : car on avoit su qu'ils avoient fait leurs remontrances sur trois points dont leur compagnie les avoit chargés, et, après la réponse que la cour leur avoit faite, ils n'avoient point fait d'instances plus pressantes, et avoient eu congé de se retirer.

La réponse que la cour leur fit fut que l'on étoit prêt de donner la paix au parlement, mais qu'ils n'en vouloient point; et que pour ce qui regardoit la liberté des princes et le procès criminel de Foullé, surintendant des finances, on y aviseroit quand le Roi seroit de retour à Paris.

Messieurs du parlement m'envoyèrent les conseillers d'Espagnet et de Mirat, pour conférer avec moi de l'envoi de Suau; savoir si la princesse et les ducs n'avoient rien à lui ordonner, et auquel des députés de Paris il s'adresseroit particulièrement, après avoir pris mes ordres. Je leurs dis que la princesse et les ducs n'avoient rien à dire en particulier, et que dès à présent ils adhéroient à tout ce que la ville de Bordeaux et le parlement faisoient et pourroient faire à l'avenir; qu'il falloit éviter de parler au président de Bailleul, non pas qu'il ne fût naturellement officieux et bienfaisant, mais parce qu'il étoit chancelier de la Reine; qu'il falloit en user de même avec le conseiller Le Meusnier, entièrement attaché, et de longue main, au duc d'Orléans, qui nous étoit pour lors directement opposé, et encore avec Maugis et Saintot, qui étoient fortement dans les intérêts du cardinal; mais qu'il pouvoit parler en toute confiance aux conseillers Bitaut, de Montangland, Camus, Pontcarré, Canaye et Martinot, qui avoient toujours opiné dans le parlement en faveur des princes; et qu'il ne lui seroit pas malaisé de leur persuader tout ce qu'on jugeroit nécessaire contre le cardinal, qu'ils avoient souvent qualifié dans leur avis le seul auteur des désordres du royaume.

Suau partit avec cette instruction, et deux jours après l'on sut, par une de ses lettres, que La Vrillière l'avoit fort maltraité de paroles; qu'il lui avoit rendu la lettre qu'il lui avoit présentée pour le Roi, qu'il l'avoit fait mener par force chez le maréchal de Villeroy, et que là on lui avoit ôté violemment sa dépêche pour les députés de Paris; qu'elle avoit été ouverte, et lui retenu, sans qu'il lui fût permis de rien faire de tout ce dont il étoit chargé. Cela nous servit plus que n'auroit pu faire une réponse favorable, car le parlement et toute la ville en furent fort aigris : aussi résolut-on à l'instant même de redoubler le travail de Saint-Surin et de La Bastide, et on se détermina à ne rien omettre pour s'opposer avec vigueur à tout ce que la cour pourroit entreprendre. Il est fâcheux aux rois d'employer l'adresse, puisqu'ils ont force en main, pour ranger leurs sujets dans leur devoir; mais dans des conjonctures comme celle dont je parle, quand on voit les esprits irrités, rien n'est plus hors de propos que de se servir de termes d'autorité, parce qu'ils ne servent qu'à la faire perdre, et c'est prudence d'user plutôt de la douceur d'un père de famille que du pouvoir absolu de maître, et la négociation est le plus sûr moyen de réussir quand la force manque aux souverains, comme elle manque presque toujours dans les guerres civiles : aussi est-il certain que rien n'a tant maintenu Bordeaux dans nos intérêts, que de n'avoir point suivi cette maxime, et rien n'a tant nui à l'État, dans le commencement des troubles, que de l'avoir pratiquée quand l'autorité étoit tout entière.

Le 13, on fit un second service pour Richon, auquel la princesse, les ducs et tous les officiers d'armée assistèrent; et l'on n'oublioit rien de tout ce qui pouvoit plaire à Bordeaux pour échauffer leur affection, parce que, par un effet contraire, la colère de la cour augmentoit; et tous les termes de colère qui y échappoient, revenant aux oreilles des Bordelois et augmentant leur crainte de tomber entre les mains du cardinal, les attachoient plus fortement au service des princes.

Cependant le retardement du secours d'Espagne et de l'entrée en France de l'archiduc Léopold, gouverneur des Pays-Bas, rendoient les esprits du parlement consternés. L'on n'oublioit rien de notre part pour rassurer leur courage, et chaque jour l'espérance ou la peur leur faisoit changer de visage et de résolution. Nous faisions des réglemens fort vigoureux pour empêcher les désordres des gens de guerre, et les ducs retenoient les soldats dans une discipline fort exacte. On en fit encore de fort sévères contre ceux qui, sous prétexte de persuader la paix, semoient des bruits fâcheux contre nos généraux, et contre tous ceux qui étoient attachés à notre parti.

Les Bordelois firent faire une revue générale de tous ceux qui étoient capables de paroître sous les armes; mais comme les esprits semblèrent ce jour-là abattus, et qu'il y avoit apparence qu'elle ne seroit pas si nombreuse que nous le devions souhaiter pour donner de la crainte à la cour, la princesse fut conseillée de tenir le lit deux ou trois jours, sous prétexte d'une maladie que, Dieu grâce, elle n'avoit pas, pour faire différer cette revue à un autre temps.

Ce jour-là arrivèrent de Libourne deux pères récollets, l'un desquels s'appeloit le père Bruno. Ils avoient été mandés à la cour sous prétexte de se justifier sur quelques affaires de leur ordre, dont la principale étoit qu'on l'accusoit d'être trop affectionné au service des princes, et le couvent de Bordeaux d'avoir logé le baron de Vatteville lorsqu'il fut envoyé d'Espagne, quelque temps auparavant que la princesse arrivât, et d'avoir favorisé son évasion contre les ordres de ceux qui avoient droit de l'arrêter, et qui vouloient le faire. Mais en effet la suite nous fit juger qu'on ne nous les envoya à Bordeaux que dans l'espérance que ce bon père, qui avoit acquis assez de crédit et d'autorité sur des particuliers qu'il confessoit, pourroit y être de quelque utilité à la cour, soit pour envoyer des avis de ce qui viendroit à sa connoissance, soit pour négocier les choses dont on le chargeroit.

Ce père Bruno, homme fort âgé et en opinion de sainte vie, étoit si persuadé de tout ce qu'il avoit ouï dire à la cour, qu'on n'y doutoit pas (par la règle que jamais un ambassadeur ne réussit en ses négociations que quand il est trompé lui-même) qu'il ne nous persuadât, par la sincérité de ses discours et de sa créance, de tout ce dont on l'avoit chargé.

Il fut adressé à Virelade, à sa femme, et par elle à la comtesse de Tourville, dame d'honneur de la princesse, pour lui faire des propositions, dont la première fut que je n'aurois nulle connoissance de sa négociation, parce que, disoit-il, je n'avois jamais voulu ouïr parler d'aucun accommodement, que la liberté des princes n'en fût le premier article. Puis il ajouta qu'il avoit vu les comtes de Servien et de Brienne, et même le cardinal, qui tous témoignoient autant d'envie que nous de voir les princes en liberté; mais qu'il n'y avoit aucune apparence, quelque mal que leur détention pût faire à l'État, de la faire cesser tant que la princesse, Bordeaux et tout le parti auroient les armes à la main; qu'il falloit qu'elle prît une entière confiance à la bonté de la Reine, et que rien ne seroit plus capable de lui fléchir le cœur que d'aller avec le duc son fils se jeter à ses pieds; que l'on feroit nourrir ce jeune prince avec le Roi; qu'elle pourroit laisser les ducs de Bouillon, de La Rochefoucauld et les autres chefs démêler une fusée qu'ils n'avoient embrouillée que pour leurs intérêts particuliers; et que l'occasion de faire l'accommodement des princes étoit la meilleure qu'elle pût jamais l'être, parce que le cardinal étoit dans de continuelles alarmes que le duc d'Orléans et les frondeurs n'abandonnassent ses intérêts.

La comtesse de Tourville répliqua à ce bon père qu'il n'étoit pas possible de cacher une telle proposition à moi, en qui la princesse avoit une confiance tout entière pour la conduite de toutes ses affaires; qu'elle en parleroit à Son Altesse et à moi, et qu'après elle feroit réponse en présence de l'une et de l'autre; mais qu'elle pouvoit cependant lui dire qu'il n'y avoit aucune apparence que la princesse entrât dans une négociation si peu honnête et si peu sûre. Le religieux lui répartit qu'il ne pouvoit conférer en présence de qui que ce fût au monde sur une matière autant délicate, et qui devoit être autant secrète que celle-là.

Le 14, madame de Virelade me fit une seconde visite, et me proposa de recevoir celle que le père Bruno avoit résolu de me faire. Comme j'avois su les intentions de la princesse et des ducs, que la comtesse de Tourville avoit entretenus tout au long en ma présence, sur tout ce qui s'étoit passé la veille entre ce bon religieux et elle, il ne me fut pas difficile de dire à la

22.

dame de Virelade que je le verrois, et écouterois volontiers ce qu'il avoit à me proposer. Il vint peu de temps après, et me répéta, avec une très-grande simplicité, tout ce que je savois qu'il avoit dit à la comtesse de Tourville; de sorte que je n'eus qu'à lui répondre ce que j'avois eu le temps de penser sur ce sujet, et qui avoit été approuvé par les ducs, à qui je l'avois communiqué.

Le père Bruno, qui se défioit de sa mémoire, et qui avoit peur de manquer en quelque chose, me pria de lui dicter ce qu'il avoit précisément à dire. Je le fis, et il écrivit sous moi ce qui suit:

« Je sais que plusieurs personnes de qualité
» et d'honneur ont dit et écrit plusieurs fois à
» M. le cardinal toutes les raisons d'Etat, et
» même celles qui le regardent en son particu-
» lier, pour lui faire connoître que sa satisfaction
» et sa sûreté dépendent de s'accommoder avec
» M. le prince, et que c'est le seul moyen de ré-
» tablir l'autorité du Roi.

» On lui a montré que les divers partis aux-
» quels cette injuste détention sert de prétexte se-
» ront détruits par sa liberté, et tous les intérêts
» d'amitié ou autres, vrais ou feints, cesseront,
» et mettront le calme dans toutes les provinces
» où le crédit et les amis de M. le prince ont mis
» le trouble; et les ennemis de l'Etat, voyant ces-
» ser les espérances de profiter de nos divisions,
» se porteront plus facilement à conclure une
» paix raisonnable, qui seroit la chose du monde
» la plus glorieuse à M. le cardinal, dans un
» temps auquel les désordres règnent dans tous
» les endroits de l'Etat, et que l'autorité royale
» paroît entièrement abattue. Je puis même as-
» surer Son Eminence que j'ai fait sous main des
» tentatives qui me persuadent qu'il ne seroit
» pas malaisé d'en venir à bout.

» Au contraire, la continuation de cette vio-
» lence donnera toujours aux peuples, à la
» noblesse, aux parlemens et au clergé, qui se
» trouve présentement assemblé, un prétexte
» spécieux d'aller à leurs fins, d'y faire des re-
» montrances et des propositions dont la suite
» pourra non-seulement ruiner la fortune de M. le
» cardinal, mais encore l'autorité du Roi, qui
» reçoit tous les jours de grandes atteintes; et
» la prudence veut qu'on aille au grand remède
» quand l'Etat se voit menacé, sinon de sa perte,
» du moins d'une diminution notable, par une
» longue guerre étrangère contre des ennemis
» puissans, et par le mécontentement général de
» toutes les parties qui la composent.

» M. le cardinal ne considère-t-il point ce
» que pourront faire les huguenots, s'ils se
» voient, par l'augmentation des désordres que
» produisent ordinairement les guerres civiles,
» en état d'élever leurs desseins sur les ruines
» de l'Etat? Ne considère-t-il point encore qu'il
» est entré dans le ministère dans un temps que
» l'autorité du Roi étoit tout entière, que les peu-
» ples étoient soumis, les grands seigneurs sou-
» ples et obéissans, les parlemens dans une juste
» modération, l'épargne remplie de sommes
» considérables, et le Roi sans dettes; que
» M. le prince a pris des places de la dernière
» importance pour Sa Majesté, qu'il a gagné
» quatre grandes et signalées batailles pendant
» la minorité, passé les quartiers d'hiver dans
» le cœur des pays ennemis, et fait enfin des
» choses si extraordinaires pour rétablir, comme
» il avoit fait, l'autorité de la régence, qu'il a
» assez justifié à toute l'Europe la pureté de ses
» intentions pour le bien de l'Etat, et par con-
» séquent l'injustice de sa prison?

» Que Son Eminence, après avoir jeté les
» yeux sur l'heureux état de la France et la
» gloire de son ministère pendant cinq années,
» fasse une réflexion désintéressée sur l'état au-
» quel il se trouve; et que les peuples, qui
» ne pénètrent pas les raisons des choses, et
» qui ne les conçoivent qu'autant qu'elles flat-
» tent leurs imaginations, leurs passions et leurs
» pensées, le croiront toujours, comme ils ont
» fait jusques à présent, le seul auteur de tous
» les désordres, quelque bonne intention qu'il
» puisse avoir eue pour les prévenir.

» Lui-même, se trouvant sans argent pour
» faire subsister et payer les gens de guerre, la
» marine, l'artillerie, la maison du Roi, les
» gages, les pensions, les charges et les grati-
» fications dedans et dehors le royaume, se
» verra peut-être abandonné de ceux que l'in-
» térêt a fait attacher à sa fortune, qui ne son-
» geront pour lors qu'à nouer quelque partie
» de cour, où ils croiront trouver plus d'utilité
» et de satisfaction.

» Ne craint-il point que la Reine ne puisse
» enfin se lasser de tant d'embarras et de peine,
» et reprendre les chagrins que nous avons quel-
» quefois vu avoir à Sa Majesté contre lui; se
» laisser vaincre aux persuasions de ceux qui
» ne songent qu'à donner atteinte à sa fortune
» et même à celles de la nécessité (qui sont tou-
» jours les plus fortes), pour donner tout-à-coup
» sa confiance à quelqu'un qu'on lui montrera
» être plus propre au gouvernement des Fran-
» çois, moins haï et plus autorisé que lui?

» Il faut ajouter à cela que Bordeaux, que
» Montrond, que Stenay, que grand nombre de
» places, villes et postes considérables, et que

» la prudence a jusques à présent empêchés de
» se déclarer; que plusieurs personnes d'émi-
» nente qualité, qui, pour bonne raison, ont
» été priées de demeurer dans le silence; que
» des parlemens et des provinces entières, qui
» peut-être éclateront en temps et lieu, ne seront
» pas des conquêtes faciles, étant favorisés d'une
» guerre étrangère, animés par de grands intérêts
» et soutenus par de l'argent d'Espagne contre
» un ministre que tout son mérite n'empêche pas
» d'être décrié et mal voulu du peuple, et qui
» se trouve avec peu d'argent et sans établisse-
» ment. Et quand l'habileté et le bonheur de
» M. le cardinal le feroient venir à bout de tout
» ce qui est armé contre lui, tout ce que je
» viens de dire et l'éloignement forcé de Paris
» (qui est le centre de toutes les affaires et de
» toutes les négociations) lui feront renaître des
» obstacles et des embarras en beaucoup de
» lieux, et par des intérêts que peut-être il au-
» roit peine à imaginer et à prévenir.

» Je ne sais si la perte de Porto-Longone et
» de Piombino lui conservera autant de crédit
» qu'il croit en avoir en Italie; et si la haine
» que le Pape témoigne contre lui, et la jalou-
» sie naturelle entre gens de même pays, n'aug-
» menteroient point par ce mauvais événement.

» Une chose sur laquelle, à mon sens, il doit
» faire une sérieuse réflexion, c'est que dans la
» cour et parmi les frondeurs il y a bien des
» gens avec qui nous avons commerce, et qui
» croient qu'ils trouveront de quoi se satisfaire
» avec la maison de Condé, soit par les ma-
» riages qui peuvent se faire avec des parens
» et des amis, soit par les bénéfices de M. le
» prince de Conti, soit enfin par des gouver-
» nemens et par des charges qu'on sacrifiera
» avec joie à ceux qui pourront contribuer
» à la liberté des princes. La plupart de ceux
» qui se sont nouvellement attachés à M. le car-
» dinal, ne le considèrent que comme un an-
» cien ennemi réconcilié par nécessité et of-
» fensé, avec qui ils n'ont pris des liaisons que
» dans l'espérance de se prévaloir de sa faveur,
» afin de tirer de lui des charges, des emplois,
» des gouvernemens, et des dignités à la cour
» et dans l'Eglise, pour tourner ensuite contre
» lui les armes qu'il leur aura mises en main,
» s'il ne satisfait à leurs vastes prétentions.

» Et si M. le cardinal leur refuse ce qu'ils de-
» mandent par raison d'Etat ou par impuissance,
» leur haine couverte éclatera; et en se décla-
» rant contre Son Eminence ils croiront rega-
» gner l'affection des peuples, que cette nou-
» velle amitié a fait altérer. L'envie qu'ils ont
» témoignée depuis peu de jours de se rendre
» maîtres de la liberté des princes montre assez
» qu'ils croient profiter en se raccommodant
» avec eux, soit en poussant à bout M. le car-
» dinal quand ils ouvriront la prison à M. le
» prince, soit en le montrant à M. le cardinal
» comme un épouvantail qui le rende toujours
» dépendant d'eux.

» Je le supplie encore de considérer qu'il y
» a présentement dans le parlement de Paris
» soixante et dix ou douze voix constamment
» attachées à sa perte et à cette liberté. Si M. de
» Beaufort se détache des intérêts de Son Emi-
» nence par la pensée du mariage de mademoi-
» selle de Longueville, ou par quelque intérêt
» que je ne puis dire quant à présent; si ma-
» dame de Chevreuse, par l'espérance de marier
» mademoiselle sa fille avec M. le prince; si
» M. le garde-des-sceaux, qui croit que la place
» de premier ministre est due à son mérite; si
» M. le prince de Conti lui cède le chapeau de
» cardinal qui lui est destiné; si lui, qui croit
» que la seule présence de M. le cardinal sus-
» pend les effets de l'amitié et de l'estime que
» la Reine lui a toujours témoignées, se joint à
» nous par toutes ces raisons; si ce même cha-
» peau, et quelques-uns des grands bénéfices
» de M. le prince de Conti, nous gagnent
» M. le coadjuteur de Paris; si l'intérêt qu'il
» prend à l'établissement de la fortune de ma-
» demoiselle de Chevreuse l'attache aux nôtres,
» n'est-il pas vrai enfin que le premier de ceux-
» là qui se détachera de M. le cardinal pour se
» joindre à messieurs les princes, les rendra les
» plus forts en suffrages dans le parlement de
» Paris? Mais si tous se séparent en même temps
» de ses intérêts pour s'attacher à nous, n'est-il
» pas plus clair que le jour que, dans la première
» assemblée des chambres qui se fera après cette
» union, il s'y proposera des choses extrêmes
» contre M. le cardinal, et que toutes y passe-
» ront presque tout d'une voix? Je crois même
» pouvoir dire qu'il est moralement impossible
» que, quand les choses demeureroient en l'état
» auquel elles sont, les amis de M. le prince ne
» se trouvent dans peu de temps les plus forts
» dans le parlement, par mille raisons que M. le
» cardinal voit mieux que moi : 1° la longueur
» de la souffrance augmentera la douleur que les
» bons François en ont; 2° l'approche de l'ar-
» chiduc Léopold et de M. de Turenne donnera
» de la peur aux uns et de la hardiesse aux au-
» tres; et comme il y a des gens habiles, ils
» profiteront assurément de tout ce qui se pré-
» sentera à eux.

» Et s'il arrive qu'on puisse attaquer person-
» nellement M. le cardinal, je veux dire si nous

» nous trouvons en état de le faire, n'est-il pas
» vrai que la haine publique, excitée par la par-
» ticulière, conspirera à sa perte? Et pour lors
» se trouvera-t-il quelqu'un des frondeurs, ses
» nouveaux amis, qui n'ont encore osé prendre
» cette qualité en public, ni osé défendre la pro-
» bité et l'innocence de celui duquel ils ont été
» les diffamateurs déclarés dans le parlement,
» dans les chaires, dans les rues et par leurs
» écrits? Par la même raison que, dans les
» commencemens de la prison de M. le prince,
» il se trouvoit peu de personnes qui osassent
» parler en sa faveur, qu'à présent le nombre de
» ceux qui proposent en tous rencontres sa li-
» berté comme le seul remède aux désordres de
» l'Etat, n'est-il pas aisé de juger que son parti
» augmentera à mesure que les affaires publi-
» ques empireront; que M. le cardinal dimi-
» nuera de crédit, d'autorité et d'amis, et qu'il
» peut se voir bientôt dans une perte inévitable,
» qui ne pourra être (quoi qu'il puisse dire au
» contraire) que très-avantageuse à M. le prince,
» parce que ceux qui entreront en ce cas dans le
» ministère, quels qu'ils puissent être, ne croi-
» ront rien plus capable de soutenir leur faveur
» naissante que l'appui de M. le prince, de sa
» maison et de ses amis; qu'ils continueront
» leur ancien style d'attribuer à M. le cardinal
» tous les désordres de l'Etat; qu'ils rejetteront
» sur lui le violent conseil de cette malheureuse
» détention dont les ennemis ont autant profité
» que tout le monde sait, et mettront tout en
» usage en le perdant pour ruiner ses créatures,
» afin de profiter de leurs dépouilles et de son
» naufrage? Il peut ne pas arriver ainsi, et son
» bonheur et son adresse l'en peuvent garantir;
» mais s'il arrive, ne sera-ce point une grande
» prudence, à ceux qui viendront au gouver-
» nement des affaires, de s'appuyer d'un homme
» de la réputation et du mérite de M. le prince,
» soit qu'ils veuillent terminer de bonne foi la
» guerre civile pour continuer la guerre étran-
» gère, soit qu'ils veuillent plaire à la Reine et
» aux peuples en assoupissant l'un et l'autre,
» avoir la gloire de faire la paix générale pour
» avoir en même temps lieu de blâmer M. le car-
» dinal, qui, ayant eu tant d'occasions de la
» faire avantageuse, ne l'a pas faite?

» Ainsi Son Eminence me pardonnera si je
» lui dis qu'elle ne pense pas juste, ou qu'elle
» ne dit pas ce qu'elle pense, quand elle dit
» que rien ne seroit plus préjudiciable à M. le
» prince que sa perte. Il ne doit pas en-
» core s'imaginer qu'elle soit difficile en l'état
» que sont les choses, et encore moins que la
» liberté des princes soit impossible tant qu'il
» ne voudra pas l'accorder; et je veux bien dire
» avec franchise que je crois voir ce qui peut
» causer l'une et l'autre, si M. le cardinal nous
» contraint de prendre des mesures avec tous
» ceux que je viens de nommer, et même avec
» une partie d'entre eux. Je n'ai pas voulu par
» respect parler de M. le duc d'Orléans.

» Quand même rien de tout cela n'arriveroit,
» M. le cardinal peut-il disconvenir que la dis-
» position de l'Etat, que le défaut d'argent, que
» des ennemis puissans, que les maux qu'une
» longue guerre a causés, que l'esprit universel
» de désobéissance et de révolte ne soient tels
» qu'il est impossible, tant que M. le prince
» sera en prison, de faire subsister les affaires
» dans une minorité, qui que ce soit qui en ait
» la conduite, sans en excepter M. le cardinal?

» Si ce que j'écris pour faciliter la mémoire
» de ce bon religieux pouvoit être vu d'autres
» que de M. le cardinal, j'appréhenderois qu'on
» ne me blâmât de parler avec trop de franchise,
» en disant une partie du mal que nous lui pou-
» vons faire; mais comme il est très-éclairé, je
» suis assuré que je ne dis rien qu'il ne con-
» noisse, et à quoi il ne pense nuit et jour. Je
» suis encore assuré qu'il ne lui est pas possible
» d'y apporter un remède qui puisse durer long-
» temps; et j'ai voulu lui parler sincèrement,
» après en avoir eu l'approbation ou plutôt l'or-
» dre de madame la princesse et de messieurs
» les ducs de Bouillon et de La Rochefoucauld,
» afin que Son Eminence connoisse leurs bon-
» nes intentions, et qu'ils aiment mieux tenir la
» liberté de messieurs les princes en s'unissant
» d'amitié et d'intérêt avec elle, comme une
» chose qui ne peut être que très-agréable à la
» Reine, pour laquelle ils ont tout le respect
» qu'ils doivent, que d'acheter cette liberté de
» gens qu'ils n'ont point de sujet d'aimer, et
» avec lesquels ils ne peuvent avoir de liaison
» qui ne soit fort préjudiciable à l'État.

» Je veux encore passer outre, et dire que je
» suis certain que M. le cardinal ne considère
» pas seulement tout ceci, mais encore ce que je
» vais dire. Il voit assurément l'autorité que veu-
» lent s'acquérir ceux qui vouloient le perdre
» quand M. le prince exposoit sa vie pour le
» maintenir; il ne peut trouver bon qu'ils entre-
» prennent de conclure une paix (*al suo des-*
» *petto*) en son absence, à son insu, sans sa par-
» ticipation, et contre la volonté de la Reine;
» et qu'on impose à Sa Majesté et à Son Emi-
» nence une nécessité de suivre celle que ces
» messieurs-là font prendre dans le parlement
» de Paris. Il a encore sans doute médité sur la
» naissance de M. le duc de Valois.

» Je sais qu'en examinant toutes ces raisons,
» il a prévu avant cette prison tous les inconvé-
» niens qu'elle pourroit causer; je crois même
» ce qu'un de mes amis, à qui les intérêts de
» M. le cardinal et ceux de M. le prince sont
» très-chers, m'a dit plusieurs fois, qu'il n'y a
» consenti qu'à regret; que les obligations qu'il
» avoit à M. le prince, que les services qu'il a
» rendus à la Reine et à l'Etat, ont combattu
» puissamment dans son esprit les raisons de
» ceux qui ont proposé et opiniâtré cette injuste
» détention; qu'en l'état des choses il n'a pu
» l'empêcher; et je crois en même temps qu'il
» la fera cesser quand il le pourra, pour s'ac-
» quérir M. le prince et tout son parti, par le
» plus grand de tous les bienfaits, qui est la li-
» berté; pour s'acquitter de toute l'assistance
» qu'il a reçue de lui, pour le bien de l'Etat, et
» pour se venger conjointement des auteurs de
» cette prison, qu'on peut appeler leurs ennemis
» communs.

» Le bon père Bruno m'a dit, aussi bien que
» plusieurs autres, deux raisons qui combattent
» dans l'esprit de M. le cardinal l'envie qu'il a
» de donner la liberté à messieurs les princes : la
» première le concerne, la seconde regarde l'E-
» tat. Quant à la première, qui est la crainte
» qu'il a de ne pouvoir s'assurer de l'amitié de
» M. le prince, ce bon religieux lui peut répon-
» dre : 1° qu'il connoît assez que M. le prince
» n'a pas un esprit aimant le désordre; 2° que la
» facilité qu'il a eue à se raccommoder avec lui,
» lui fait bien voir qu'il aime le bien de l'Etat
» et le service de la Reine; 3° on sait que c'est
» l'homme du monde (quelque pensée que ses
» ennemis puissent avoir) le moins porté à la
» vengeance; 4° M. le cardinal peut savoir si
» dans les chagrins de sa prison il a eu de grands
» emportemens contre lui (et ce n'est pas sans
» doute dans les atteintes d'une douleur aussi
» sensible que celle-là, que l'on apprend à se
» dissimuler et à se contraindre); 5° il ne vou-
» dra jamais perdre les obligations qu'il s'est
» acquises sur l'Etat, sur la Reine et sur M. le
» cardinal; 6° que recevant la liberté de lui, il
» ne peut sans se déshonorer ne pas payer ce
» bienfait d'une amitié ferme et sincère; 7° ils
» seront tous deux dans le même intérêt de jeter
» la haine de cette injustice sur ceux qui l'ont
» conseillée; 8° quelle plus grande sûreté peut
» désirer M. le cardinal que la parole de M. le
» prince, de laquelle tous ses amis et des parle-
» mens entiers seront garans, de laquelle toute
» l'Europe sera témoin, et que sa gloire lui fera
» maintenir au péril de sa vie?

» Quand même il auroit l'intérieur tel que ses
» ennemis le veulent persuader (mais supposons
» une chose qui ne doit jamais être soupçonnée
» d'un homme de la qualité et de la haute répu-
» tation de M. le prince), je consens que M. le
» cardinal le soupçonne de vouloir manquer à
» sa parole et à la reconnoissance qu'il lui de-
» vra; en un mot, qu'il veuille démentir toutes
» ses actions passées, et obscurcir par une in-
» gratitude manifeste une aussi belle vie que la
» sienne, n'est-il pas vrai que l'honneur et l'in-
» térêt sont les plus forts liens de la vie civile,
» et que si M. le prince étoit capable de manquer
» au premier, l'autre le retiendroit, fût-il le
» plus méchant homme du monde?

» M. le cardinal ne l'a pas tant offensé que
» ceux avec lesquels il pourroit craindre qu'il ne
» se raccommodât. M. le cardinal lui peut pro-
» curer du bien et de grands avantages, et il fau-
» droit que M. le prince en fît aux autres. Je ne
» vois pas quelle sûreté il peut prendre avec
» tant de personnes différentes d'humeur, de con-
» dition et d'intérêt; et je vois clairement que
» M. le cardinal et lui se feront une sûreté
» mutuelle par le soutien réciproque qu'ils se
» peuvent donner l'un à l'autre.

» Il seroit impossible que parmi les autres il
» n'y eût de la jalousie des alliances qui pour-
» roient se faire, et qui ne se peuvent pas faire
» avec tous; au lieu que celles qui peuvent se
» faire avec M. le cardinal feront une égale sû-
» reté pour M. le prince et pour lui. Par exem-
» ple, si l'on marioit M. de Mancini avec made-
» moiselle de Bouillon, et trois nièces de Son
» Eminence avec messieurs de Candale, de La
» Meilleraye et de Marsillac, c'est l'unique
» moyen de remettre d'un commun consente-
» ment M. d'Epernon dans le gouvernement de
» Guienne, n'y ayant point d'obstacle que celui
» que forment nos amis, qui y consentiroient
» avec joie pour la liberté de M. le prince. Que
» pouvoit-il arriver de plus avantageux pour le
» rétablissement de l'autorité du Roi dans la
» conjoncture présente? Si M. le cardinal a
» tant témoigné désirer ce mariage sans cette
» condition, combien le doit-il désirer quand
» on la lui moyennera? M. de La Meilleraye
» m'a fait dire par M. le comte de Saint-
» Aoust qu'il changera d'avis, et qu'il consentira
» de tout son cœur à l'alliance de M. le cardinal,
» si elle peut contribuer en quelque chose à la
» liberté de M. le prince. M. le cardinal voit
» assez ce que lui donnera celle de M. de La Ro-
» chefoucauld, et quel avantage ce lui sera d'a-
» voir trois de mesdemoiselles ses nièces duches-
» ses, de qui les maris auront les gouvernemens
» de Bretagne, de Poitou et de Guienne, et qui

» sont de qualité et de mérite à soutenir tous les
» bienfaits qu'il lui plaira leur procurer.

» Disons maintenant que quand la parole,
» l'honneur et l'intérêt ne seroient pas des liens
» assez forts pour maintenir ce que M. le prince
» auroit promis à M. le cardinal, la nécessité
» l'y obligeroit, puisque tous ceux que je viens
» de nommer, ayant l'honneur d'être ses parens
» et ses principaux amis, et étant de son con-
» sentement et par la seule considération de sa
» liberté, alliés à M. le cardinal, ne l'abandon-
» neroient-ils pas s'il venoit jamais, non pas à
» manquer, mais seulement à biaiser dans l'a-
» mitié et l'assistance qu'il lui auroit promise par
» une parole aussi solennelle que celle qu'il lui
» auroit donnée?

» Je viens maintenant à la raison qui regarde
» l'Etat, dont m'a parlé ce bon père, qui est de
» ne pas mettre messieurs les princes en liberté
» tant que mesdames leurs femmes et leurs amis
» auront les armes à la main. La grande habi-
» leté de M. le cardinal, et sa politique des
» dernières années, me persuadent qu'il ne m'a
» fait parler sur ce sujet aussi sincèrement que
» je vais lui répondre, en lui disant que les cau-
» ses de l'armement cessant, l'armement cessera
» aussi; que madame la princesse n'a jamais
» songé à attaquer les armes de la Reine; qu'au
» contraire on l'a attaquée par les ordres de Sa
» Majesté à Chantilly, à Montrond, et sur sa
» route de Bordeaux, où elle est venue chercher
» un asyle contre M. le cardinal sous la protec-
» tion du Roi. On vient maintenant l'y assiéger ;
» elle est donc sur la défensive, et par consé-
» quent elle ne demande point la liberté de
» M. le prince les armes à la main. M. le car-
» dinal a dépouillé messieurs les princes de tous
» leurs gouvernemens à main armée, pendant
» que mesdames les princesses prioient Dieu
» dans le lieu que la Reine leur avoit assigné
» pour leur retraite ; elles faisoient en ce même
» temps demander à M. le cardinal son amitié
» par des personnes de qualité relevée, et lui
» offroient toutes les sûretés possibles. Elles ne
» demandoient point cette liberté par d'autres
» voies que par la douceur et par de très-hum-
» bles prières. Madame la princesse est encore
» prête de la demander à genoux ; elle peut ré-
» pondre que tous ses amis, que le parlement et
» tous les ordres de la ville de Bordeaux feront
» avec respect les mêmes soumissions, et seront
» garans des paroles que Son Altesse donnera
» au Roi, à la Reine et à M. le cardinal.

» Mais quand Son Eminence useroit en ce
» rencontre de la même politique que nous lui
» avons vu suivre en plusieurs autres moins im-
» portans, et qu'il céderoit à la nécessité, bien
» loin d'apporter quelque préjudice à l'Etat et
» à l'autorité du Roi, ce seroit la seule voie de
» rétablir l'un et l'autre, et de châtier en même
» temps ceux qui, par une ambition démesurée,
» ont cru ne pouvoir renverser la fortune de
» M. le cardinal que par l'abattement de l'auto-
» rité légitime.

» On l'a bien forcé, les armes à la main, d'ôter
» le gouvernement de Guienne à M. d'Epernon ;
» et ceux desquels il a acheté l'amitié par la pri-
» son de M. le prince lui font recevoir l'injure de
» ne pouvoir l'y rétablir par les traités qu'ils
» font entreprendre par le parlement de Paris
» sans sa participation.

» Il faut que M. le cardinal avoue que c'est
» une brèche à l'autorité royale, du moins aussi
» grande que pourroit être l'élargissement de
» M. le prince, quand même sa prison seroit
» juste ; et qu'il y a cette différence qu'ôter ce
» gouvernement à M. d'Epernon ne sert de rien
» pour rétablir les affaires du royaume. Je peux
» encore dire que c'est une chose inutile pour
» le repos de la Guienne, où les esprits, irrités
» des maux qu'ils souffrent, ne considèrent plus
» ce seigneur que comme la pierre que M. le car-
» dinal leur jette, et sont venus à ce point qu'ils
» le croient indigne de leur colère, dont Son Émi-
» nence est maintenant le seul objet : et la liberté
» de M. le prince pacifie non-seulement la
» Guienne, mais elle remet le calme dans l'Etat,
» et je puis dire que c'est le seul moyen d'affer-
» mir la fortune chancelante de M. le cardinal.

» Les gens malintentionnés ont blâmé, mais
» les clairvoyans et les sages ont loué M. le
» cardinal d'avoir accordé à la violence du peu-
» ple de Paris armé la liberté de M. de Broussel
» et de Blancménil, qu'il avoit refusée aux sup-
» plications du parlement. On a permis l'assem-
» blée de la chambre Saint-Louis, qu'on avoit
» défendue avec des paroles fulminantes. Les
» larmes de la Reine et sa longue résistance
» n'ont pu empêcher la déclaration du mois d'oc-
» tobre 1648, touchant la sûreté publique. Sa
» Majesté fut contrainte, en 1649, de donner la
» paix à Paris et à Bordeaux, que les armes du
» Roi avoient assiégés, nonobstant la résolution
» déterminée de réduire ces deux villes par la
» force ; on ne put empêcher les chambres de
» s'assembler, et la Reine se vit obligée de leur
» accorder tout ce qu'elle leur avoit refusé avec
» raison.

» Tout cela s'est fait les armes à la main, et
» il faut avouer que ce n'a pas été sans quelque
» diminution de l'autorité royale ; et si la pru-
» dence n'avoit obligé M. le cardinal de prendre

» et de donner des conseils doux, il n'auroit pu
» empêcher qu'elle n'eût été entièrement abattue.
» Toute cette conduite, qu'un ministre vio-
» lent n'auroit jamais pu se résoudre à tenir, a
» été la meilleure qu'on pouvoit suivre dans des
» occurrences pareilles : aussi avoit-elle si bien
» réussi, que l'Etat rentroit dans sa première
» tranquillité, et l'autorité reprenoit insensible-
» ment sa vigueur, si la malheureuse résolution
» d'arrêter M. le prince n'eût remis les choses
» dans un plus grand désordre qu'auparavant,
» et sans qu'apparemment elle pût produire au-
» cun effet que de préparer une voie pour satis-
» faire l'ambition de ceux qui étoient les enne-
» mis de M. le cardinal plus que les siens. Son
» Eminence connoît mieux tout ce que je dis ici
» pour lui être dit par le révérend père Bruno,
» et prévoit mieux les suites de cette affaire que
» moi. Il voit d'un même œil le mal dont la lon-
» gueur de cette détention le menace, et le bien
» qui peut lui venir de cette liberté suivie de
» tout ce que je propose. Il y fera telles réfle-
» xions qu'il lui plaira : je puis l'assurer que
» madame la princesse, et tous ceux qui ont
» l'honneur d'avoir quelque part à la confiance
» de Son Altesse, n'ont jusques à présent au-
» cune liaison qui les empêche d'avoir toute l'o-
» bligation de cette liberté à M. le cardinal ;
» mais comme la nécessité les forcera peut-être
» d'en prendre malgré qu'ils en aient, ils ne
» pourront pour lors avec bienséance recourir à
» Son Eminence, et ils seront contraints de sui-
» vre des voies qui peuvent lui faire plus de mal
» qu'il ne s'imagine, et que le respect que je
» lui dois m'empêche de lui dire. »

J'ai rapporté tout au long ce dont je chargeai le père Bruno, afin que ceux qui sauront que j'ai eu quelque commerce avec M. le cardinal sachent que je n'ai ni dit ni fait chose quelconque dans tout le cours de cette affaire que par l'ordre de madame la princesse, la participation et la volonté des ducs de Bouillon et de La Rochefoucauld, et sans l'avoir concerté avec les principaux amis de Bordeaux ; et je ne fais ce journal autant exact qu'il l'est que dans l'intention de faire voir quelque jour à M. le prince non-seulement ma conduite, mais celle de ses amis et serviteurs pendant sa prison. Si j'écrivois ces Mémoires pour le public, j'en retrancherois beaucoup de particularités inutiles, et qui ne pourront manquer d'être ennuyeuses ; je les aurois écrits d'un style moins familier ; je les aurois embellis de mille choses agréables et grandes qui sont arrivées dans ce temps-là ; mais comme c'est plutôt une peinture naïve que je fais à M. le prince de ce qui m'a passé par les mains en lui rendant les services que je dois aux bontés que j'ai reçues de monsieur son père et de lui, qu'une histoire du temps, je n'y ai voulu rien mettre que ce qui le concerne, et dont j'ai été le témoin oculaire. Passons outre.

Après que j'eus fait cet écrit pour faciliter la mémoire du père Bruno, je le portai aux ducs de Bouillon et de La Rochefoucauld, qui voulurent que j'allasse le lire devant la princesse : ce que je fis. Et comme ils l'approuvèrent, je l'aurois donné dès ce jour-là même, si ce bon religieux ne se fût trouvé mal ; et je le gardai jusques à ce qu'il fût en état de retourner à la cour.

Nous fûmes long-temps à songer si nous dirions si librement au cardinal tout le mal que nous lui pouvions faire ; mais les ducs, qui étoient l'un et l'autre d'un très-profond jugement, crurent qu'il étoit à propos de témoigner de la sincérité à celui qui pouvoit nous rendre messieurs les princes ; qu'il falloit lui donner de la crainte des frondeurs, et faire dire en même temps à ceux-ci que le cardinal mettoit tout en usage pour s'accommoder avec nous contre eux, afin de les porter par là à s'unir avec nous contre lui ; que nous lui témoignerions toute la bonne foi que nous pourrions ; et que s'il vouloit nous rendre les princes (comme il laissoit entendre qu'il le souhaitoit), nous traiterions immanquablement avec lui ; mais qu'il ne tiendroit qu'à eux de le gagner de la main, et le perdre s'unissant avec nous.

Nos amis de Paris, de concert avec nous et avec la duchesse de Longueville et le vicomte de Turenne, tenoient cette conduite, et ne manquoient pas de leur proposer toutes les liaisons dont j'ai parlé dans cet écrit. On commençoit non pas de proposer au duc d'Orléans, mais de lui faire entendre, qu'il ne pourroit jamais mieux faire que de songer à s'assurer de M. le prince en mariant le duc d'Enghien à une de mesdemoiselles ses filles, la plus proportionnée à son âge, et l'aînée du second lit au Roi, pour réunir toute la maison royale.

Nous jugions impossible que quelques-uns de ceux à qui on faisoit des propositions n'en donnassent avis au cardinal ; et en lui faisant dire nous-mêmes, comme nous fîmes, il devoit juger que nous lui parlions de bonne foi, et que nous avions plus de pente à traiter avec lui qu'avec les autres. Ceux-ci, de leur côté, ne pouvoient pas se plaindre que nous leur fissions un coup double, puisque nous leur disions nettement notre intention ; et les uns et les autres voyant clairement que, comme ils nous avoient tous offensés, nous pouvions avec bienséance prendre notre bien de ceux qui pourroient nous le donner plus promptement; et cela ne pouvoit manquer de mettre une grande jalousie entre eux, qui étoit tout ce que nous désirions.

Le duc de La Rochefoucauld, qui étoit autant attaché à tout le détail des choses de la paix et de la guerre que le pouvoit être le duc de Bouillon, ne laissoit pas de penser à ce qui l'y avoit embarqué, et envoyoit tout le plus souvent qu'il pouvoit des marques de sa servitude à la duchesse de Longueville par ses plus secrets confidens. Gourville, né dans un de ses villages, et qui avoit servi tout jeune dans sa maison, étoit de degré en degré devenu son secrétaire. Il étoit hardi et fort intrigant dans cette correspondance; ce duc s'en servoit pour aller, pour venir et pour négocier. Il retourna, ce même jour 14 août, de Stenay et de Paris.

Je ne sais pas ce qu'il dit en particulier au duc son maître; mais ce qu'il lui dit en présence du duc de Bouillon et de moi, dont nous rendîmes après compte à la princesse, fut que Barrière et Saint-Ibal avoient fait beaucoup de choses qui avoient aigri le vicomte de Turenne contre eux, et que la duchesse de Longueville ne l'étoit pas moins depuis qu'elle avoit connu que toutes leurs menées alloient à les brouiller ensemble pour se rendre maîtres des affaires; qu'ils faisoient tout leur possible pour donner aux Espagnols de la défiance contre ce général; qu'ils publioient que lui seul avoit opiniâtré le siège de Guise et avoit par là retardé l'entrée de l'archiduc en France. A la vérité, rien n'est plus dangereux dans les partis, et rien n'embarrasse plus ceux qui en sont les chefs, que les esprits de la trempe de ces deux gentilshommes. Saint-Ibal, qui avoit bien du cœur et de l'expérience, cachoit, sous les apparences d'une vertu stoïque et d'une humeur libre et indépendante, beaucoup de choses fâcheuses; il jugeoit mal de tout le monde, contrôloit tout ce qu'il n'avoit pas conseillé, ne pouvoit souffrir tous ceux qui gouvernoient les affaires, et n'avoit ni le talent ni la volonté de les conduire. Il méditoit toujours de bons mots pour tourner en ridicule la conduite des autres. Il étoit mélancolique, chagrin et inégal, mais très-brave et très-bon officier, dont pourtant il ne vouloit point faire de fonction et se contentoit de celle de censeur de ceux qui étoient au-dessus de lui par leurs emplois et par leur crédit. Barrière n'étoit pas dans le chagrin ni dans la censure; mais comme par malheur on ne prenoit pas grand soin de le contenter, il croyoit toujours qu'un changement de ministère lui seroit plus utile, et se joignoit sans cesse à ceux qu'il croyoit capables de le faire changer. Gourville nous dit encore que M. de Beaufort lui avoit proposé de marier M. le prince de Conti à mademoiselle de Montbazon; et je crois que la passion qu'il avoit pour la duchesse de Montbazon, sa mère, étoit capable de lui faire tout entreprendre. C'étoit une des plus belles et des plus galantes dames qui jamais ait paru dans la cour de France, et de qui la beauté s'est conservée entière jusqu'à l'âge de quarante-huit ans, qu'elle périt avec sa vie; et cet amour l'empêchoit d'écouter les propositions par lesquelles on lui avoit fait entrevoir le mariage de mademoiselle de Longueville, de qui le bien valoit deux cent mille livres de rente. Il demandoit encore des bénéfices de ce même prince pour les frères de celle qu'il vouloit lui donner pour femme. Il étoit tellement soumis aux volontés de cette duchesse, que le reste de la Fronde n'ayant plus de pouvoir sur son esprit, il étoit tout-à-fait séparé d'intérêt de tous ceux qui la composoient. Son raccommodement avec le cardinal lui avoit ôté beaucoup du crédit qu'il avoit sur le peuple, par où il s'étoit acquis une grande considération; et il ne souhaitoit rien tant qu'en satisfaisant l'ambition de celle qui avoit un empire absolu sur ses volontés, de se remettre dans les bonnes grâces des bourgeois de Paris en contribuant à la perte du cardinal.

La duchesse de Chevreuse avoit écouté les propositions que Vineuil lui avoit faites pour le mariage de mademoiselle sa fille avec le prince de Conti. Le garde-des-sceaux Charles de L'Aubepine, marquis de Châteauneuf, à cause de la mère qu'il avoit aimée, et dont l'amour lui avoit causé la perte de sa fortune et une longue et sévère prison dans le château d'Amboise, sous le cardinal de Richelieu, moins avant que lui dans les bonnes grâces de cette dame, des plus belles et des plus spirituelles de son temps, et le coadjuteur, aujourd'hui cardinal de Retz, à cause de la fille qu'il aimoit démesurément, souhaitoient également ce mariage. L'un et l'autre vouloient chacun un chapeau de cardinal, et tous deux aspiroient à la place de premier ministre. Ils méditoient par conséquent la perte du cardinal, et sur ce point-là ils étoient bien d'accord; mais sur l'espérance de remplir son poste et sur celle du chapeau destiné au prince de Conti, ils ne pouvoient qu'être fort désunis.

Ils avoient tous beaucoup de pouvoir sur l'esprit du duc d'Orléans, mais le coadjuteur plus que tous les autres; et nous ne doutions pas que ce prince ne suivît tous les mouvemens qu'il voudroit lui donner.

Le cardinal, à ce que nous dit Gourville, qui craignoit tout le monde, avoit donné deux mille écus de pension à la marquise de Sablé ; et cette dame, persuadée de son mérite par ces bienfaits, craignoit de les perdre si sa fortune cessoit. Elle avoit prié Gourville, allant à Stenay, de sonder la duchesse de Longueville, et lui demander si elle croyoit que le mariage du prince de Conti avec une des nièces du cardinal, fût une chose faisable ; que la duchesse lui avoit répondu qu'elle ne le croyoit pas, et qu'assurément M. le prince n'y consentiroit jamais : ce qu'ayant dit à son retour à la marquise, elle lui dit que depuis son passage elle avoit trouvé moyen de le faire proposer tout droit à M. le prince par Dalencé, son chirurgien, qui avoit permission de temps en temps de le voir dans sa prison quand il feignoit avoir quelque incommodité, et se servoit de lui en beaucoup d'affaires de considération. Il répondit à Dalencé qu'il seroit plutôt prisonnier toute sa vie que d'acheter sa liberté au prix de cette alliance, tant les grands courages ont de peine à fléchir. La marquise ajouta que le cardinal savoit cette réponse, et que cela lui avoit fait croire que la proposition que lui en avoit faite le duc de Rohan, ou avoit été de son mouvement et sans charge, ou n'avoit pas été sincère : en quoi le cardinal se trompoit ; car il l'avoit faite suivant l'ordre que la princesse douairière lui en avoit donné en ma présence à Chantilly, et il la faisoit de tout son cœur. Je crois même que le prince l'eût bien voulu dans un temps qu'il n'eût pas paru y être forcé, parce qu'il haïssoit son frère, et qu'il n'eût pas été fâché de voir faire à son frère une alliance moindre que celle que lui-même avoit faite, d'autant plus qu'il en auroit tiré de l'utilité.

La marquise chargea encore Gourville de faire proposer le mariage du duc de Candale, celui d'un fils du duc de Bouillon, et celui du prince de Marsillac, avec les trois nièces, croyant comme nous que l'alliance des parens et principaux amis de M. le prince avec le cardinal étoit le seul moyen de lui faire prendre assez de confiance en lui pour lui donner la liberté. Enfin Gourville finit sa relation en nous disant que l'opinion de tous ceux qu'il avoit vus en son voyage étoit que du succès de Bordeaux dépendoient les affaires de Paris ; et que des unes et des autres dépendoient les résolutions des frondeurs, la sûreté ou la perte du cardinal, la continuation de la prison, ou la liberté des princes.

Ce même jour on envoya Villars, commandant des chevau-légers de Sillery, vers la Saintonge, à dessein d'enlever les courriers ordinaires de Paris, que la cour empêchoit d'arriver jusques à Bordeaux : ce qui nous nuisoit beaucoup, parce que le cardinal prenoit et faisoit déchiffrer les lettres de nos correspondans, et nous empêchoit d'agir de concert avec eux.

On envoya encore des gens de cette compagnie se mettre en embuscade près de Loches, où l'on savoit que le duc de Candale avoit fait un voyage, à dessein de l'enlever et de le mener prisonnier à Montrond ; ce qui ne réussit pas : aussi sûmes-nous après qu'il avoit pris ce prétexte pour aller voir la dame de Saint-Loup, de la maison de La Roche-Posay, belle, jeune, d'un esprit vif et enjoué, et pour qui il mouroit d'amour.

Le 15 août, le courrier Cazevane, que le parlement de Bordeaux avoit dépêché aux députés qu'il avoit à Paris, arriva et apporta de leurs lettres, qui faisoient une ample relation de ce qui s'étoit passé aux chambres assemblées en présence du duc d'Orléans, où soixante et dix voix avoient accusé hautement la mauvaise administration du cardinal, et proposé d'ordonner que les princes seroient mis en liberté, et de donner l'arrêt tant de fois proposé contre ce ministre ; que de l'autre avis par où il avoit passé il y avoit eu environ cent voix, suivant lesquelles il fut ordonné qu'on revêtiroit le registre de la parole solennelle qu'avoit donnée le duc d'Orléans que les ducs d'Epernon et de Candale seroient privés pour toujours du gouvernement de Guienne ; qu'on donneroit amnistie à Bordeaux, abolition aux ducs de Bouillon et de La Rochefoucauld, et sûreté à la princesse et au duc son fils partout où il leur plairoit, hors à Bordeaux ; et que Le Coudray-Montpensier viendroit incessamment proposer cet accommodement, qui seroit accepté ou refusé dans dix jours ; et que cependant tous actes d'hostilité cesseroient.

Cette nouvelle causa une grande consternation à ceux de nos amis à qui le grand zèle qu'ils avoient pour le service des princes persuadoit que le parlement de Paris iroit plus avant pour leur liberté qu'il n'avoit fait. Ceux au contraire qui nous étoient mal ou peu affectionnés ne manquèrent pas de faire publier par leurs émissaires que cet accommodement étoit trop avantageux à Bordeaux pour ne l'accepter pas, d'autant plus qu'avec la satisfaction que le changement de gouverneur leur donnoit, ils avoient celle d'être la cause de la sûreté qu'on donnoit à la princesse, au duc son fils, aux ducs de Bouillon et de La Rochefoucauld, et à tous ceux du parti ; et que rien n'étoit plus glorieux à une ville particulière que d'avoir obtenu des choses autant avantageuses que celles-là, et par une voie d'autant plus noble que le Mazarin n'en avoit eu et n'y auroit aucune participation.

Nos amis, d'autre part, ne manquèrent pas de publier partout que cet accommodement étoit captieux; qu'aussi avoit-il été fait par tous les amis du Mazarin, qui leur avoit insinué l'avis duquel ils avoient été dans le parlement de Paris; parce qu'encore qu'il semblât que l'autorité royale y fût choquée, il faisoit de nécessité vertu, et qu'en essuyant ce léger déplaisir il auroit l'avantage d'en éviter un plus grand; que l'union de Bordeaux lui étoit une chose formidable; qu'il n'avoit amené le Roi et la Reine en Guienne que dans l'espérance que leur présence donneroit de la terreur à cette ville; qu'elle leur ouvriroit les portes, qu'elle mettroit les armes bas, et que tout au plus elle obtiendroit retraite pour la princesse dans quelques-unes de ses maisons; et que, s'étant mécompté, il n'avoit que la voie d'éviter la honte d'avoir fait un voyage inutile, et de se voir réduit entre deux extrémités, ou de tenter le siége de Bordeaux, dont l'événement lui paroissoit fort incertain, ou de retourner à Paris sans avoir soumis cette ville; qu'il n'avoit pas affaire à des Normands ni à des Bourguignons, qui avoient rendu toutes les places que les prisonniers leur avoient confiées, mais à des Gascons qui, par pure reconnoissance de l'amitié que le prince de Condé leur avoit témoignée pendant les derniers troubles, avoient reçu ce qu'il avoit de plus cher au monde, et tout autant de ses amis et serviteurs qui y avoient voulu prendre retraite, et qui le défendroient au péril de leurs biens et de leur vie; et enfin que cette entreprise contre le cardinal avoit mis les choses en état que les princes et tout leur parti n'avoient plus de sûreté que Bordeaux, et que Bordeaux n'en avoit plus d'autre que la liberté des princes. Ils ajoutoient à tout cela en public l'histoire de ce qui étoit arrivé à leur ville cent ans auparavant, par le ministère du connétable de Montmorency.

Mais en particulier, ils nous parloient bien d'autre sorte : huit ou dix des principaux me firent l'honneur de me visiter, et pour pressentir les avis de nos ducs, et pour aviser, disoient-ils, avec moi ce qu'il y avoit à faire dans une conjoncture aussi délicate que celle-ci. La nouvelle les inquiétoit; le retardement des secours d'Espagne et de la marche du vicomte de Turenne, et la crainte des châtimens qu'ils croyoient avoir mérités en leur particulier, les étonnoit grandement. Ils croyoient que le cardinal mettroit en usage pour se rendre maître de leur ville par un siége, si l'on n'acceptoit point cet accommodement; qu'il étoit avantageux à Bordeaux, en leur ôtant messieurs d'Epernon et de Candale pour toujours; qu'il l'étoit encore à la princesse, aux ducs et à tout le parti, par la sûreté qu'on leur accordoit partout où il leur plairoit; qu'il étoit à craindre que quand on le proposeroit dans une assemblée de l'Hôtel-de-Ville, il ne fût accepté par la pluralité des voix, d'autant plus que le temps des vendanges avançoit, et que tout le bien des Bordelois consistoit en cette récolte.

Je les laissai parler fort long-temps sans les interrompre, et je leur dis ensuite qu'il falloit examiner de bonne foi et en bons amis ce qu'il y avoit à faire pour les sûretés publiques et particulières; et qu'après nous être écoutés les uns et les autres, nous nous rendrions au logis de la princesse, où nous nous prierions les ducs de se trouver, et que tous ensemble on prendroit une résolution qu'on essaieroit de faire passer dans le parlement et parmi le peuple; que cependant je leur dirois avec liberté qu'il me sembloit qu'ils s'alarmoient un peu trop. Et après leur avoir lu quelques lettres particulières que j'avois reçues de Paris, j'essayai de leur persuader que toute la Fronde étoit divisée, que les divers partis vouloient perdre le cardinal et s'unir avec les princes pour en venir plus facilement à bout; que le premier d'entre eux qui joindroit ses amis aux soixante et dix voix que nous avions dans le parlement de Paris, rendroit les Mazarins les plus foibles en suffrages; après quoi il étoit aisé à voir que le cardinal n'auroit plus de ressource qu'à mettre les princes en liberté. Je les priai de me pardonner si je leur disois que les plus malintentionnés de Paris nous donnoient autant d'avantage que nos amis de Bordeaux, puisque cet arrêt, dont le courrier Cazevane avoit apporté la nouvelle, n'avoit passé par leurs avis; que je voyois nos amis de Bordeaux avoir quelque pente à l'accepter, et que je ne doutois nullement qu'ils ne se fortifiassent et ne reprissent leur première chaleur, quand ils considéreroient jusques où les bien intentionnés du parlement de Paris alloient, puisque les soixante-douze voix étoient toutes d'avis de chasser le cardinal et d'élargir les princes; qu'il me sembloit que, pour leur donner lieu de pousser leurs bonnes intentions à bout, nous étions dans la vraie conjoncture en laquelle le parlement de Bordeaux devoit donner l'arrêt contre le cardinal, ou du moins envoyer à Paris et à tous les autres parlemens du royaume (comme il l'avoit résolu) les remontrances dressées contre lui par son ordre, avec l'arrêt du 28 juillet; les inviter d'en donner un semblable à leur égard, et de s'unir tous pour faire conjointement les remontrances qui avoient été résolues et dressées.

Qu'il me sembloit encore qu'il seroit bon d'ajouter à la lettre de Paris le traitement qu'on avoit fait au greffier Suau, chargé de lettres pour leurs députés ; et qu'ils auroient sans doute donné arrêt pour déclarer le cardinal perturbateur du repos public et auteur de tous les désordres de l'Etat, s'ils n'avoient jugé qu'étant une affaire qui intéressoit également tout le royaume, il étoit raisonnable d'avoir cette déférence les uns pour les autres, et pour eux particulièrement, de ne le donner que de concert.

Je leur dis encore que, tenant cette conduite, ils donneroient matière là-bas à assembler les chambres, où il arriveroit de deux choses l'une : à savoir, que Paris approuveroit la résolution de Bordeaux, et en formeroit une semblable (auquel cas la perte du cardinal et la liberté des princes étoient indubitables), ou qu'ils demeureroient aux termes de la dernière délibération, qui donneroit temps à ceux-ci, par les allées et les venues qu'on feroit de l'une des compagnies à l'autre, d'aviser ce qu'ils auroient à faire ; qu'ils verroient dans moins d'un mois quel secours nous pourrions espérer d'Espagne, quelle utilité nous tirerions de la marche de l'archiduc et du vicomte de Turenne, et de quel profit nous pourroit être la jonction de messieurs de La Force. Mais quand il n'arriveroit aucun avantage de toutes ces espérances, nous serions toujours en état de prendre ce que le parlement de Paris nous avoit offert, et même d'y ajouter quelque chose de plus utile et de plus sûr pour eux et pour le parti ; que d'ailleurs il ne pouvoit nous ariver que du bien en tirant les choses en longueur, et du mal à la cour, dont le crédit et l'autorité recevoient tous les jours de nouvelles atteintes. Je leur répétai ce que je crois avoir dit ci-devant touchant l'intérêt que nous avions d'attaquer le cardinal personnellement, que messieurs de Beaufort et le coadjuteur n'oseroient défendre dans le parlement, parce qu'ils vouloient toujours paroître ses ennemis en public.

Tous ceux qui m'écoutoient, après diverses répliques, convinrent qu'ils proposeroient tout ce qu'eux et moi avions dit, à la première assemblée des chambres, et qu'ils n'oublieroient rien de tout ce qui dépendroit d'eux et de leurs amis pour faire prendre quelques résolutions vigoureuses.

Ce jour-là, je fis ma promesse de trente-quatre mille livres au banquier Courtade, pour sûreté de laquelle, et d'une autre de dix-huit mille livres que j'avois faite quelques jours auparavant, j'engageai quelques pierreries de la princesse : ce qui nous servit grandement pour faire un petit paiement en forme de prêt à l'armée, qui étoit à la veille de se débander, par le retardement insupportable des Espagnols, auxquels j'écrivois par toutes voies pour exciter leur diligence, d'où dépendoit absolument notre salut.

Le lendemain 16, Barbantane partit avec notre petit armement naval, pour escorter un brigantin que la princesse dépêchoit en Espagne, chargé de ses lettres, de celles des ducs, et des miennes pour ses envoyés et pour le baron de Vatteville, qui toutes représentoient l'extrémité en laquelle nous étions : et j'envoyai un duplicata de cette dépêche par terre, par le moyen du baron d'Orte, qui me promit de faire passer un de ses gens sûrement par les Pyrénées.

Ce jour même, il arriva un trompette à La Bastide, chargé de lettres pour le parlement, de la part de du Coudray-Montpensier ; et comme il étoit venu sans passeport, le duc de Bouillon empêcha qu'il ne passât, et même que l'on n'en vînt donner avis à Bordeaux, parce qu'il avoit peur que cela ne troublât la délibération du parlement, assemblé sur la dépêche de leurs députés de Paris, apportée par Cazevane ; d'ailleurs il vouloit voir quel effet feroit la revue générale qu'on fit ce jour-là de toute la bourgeoisie (1). Elle fut belle, nombreuse et gaillarde ; tous crioient, à la vue de la princesse ou de ses généraux,

---

(1) Nouvelles de Bordeaux :

« *Bourdeaux*, ce 18 d'aoust 1650.

» L'on fist icy, mardy dernier, une revue générale de la bourgeoisie, où il se trouva plus de vingt-cinq mil hommes soubs les armes, qui tous jurèrent de mourir plustost que de consentir jamais aucune paix, qu'en chassant le cardinal et mettant les princes en liberté, et toutes les rues retentissoient de *vivent le Roy! messieurs les princes! et point de Mazarin!* avec des exécrations contre ce ministre le plus estrange du monde. Le trompette, envoyé par Le Couldray-Montpensier, eust ce divertissement à son arrivée, et sans les gardes qu'on luy donna pour l'accompagner, le peuple l'auroit noyé ou mis en pièces. Après avoir attendu deux jours sa réponse, sur la demande qu'il fit au président d'Affis, si ledit Couldray seroit bien venu de la part de S. A. R., le parlement a respondu que quand à eux il pouvoit venir ; mais il n'a encore osé sortir, le peuple l'ayant at-tendu sur le port, disant haultement qu'il déchireroit tous les négociateurs qui ne proposeroient pas de chasser le Mazarin et d'eslargir les princes. Le parlement icy est fort en colère de ce qu'à Libourne on a arresté le greffier et ouvert les lettres que il y escrivoit aux députés de Paris, par lesquelles il leur faisoit excuse de ce que les violences du cardinal les empeschoient de les envoyer visiter et complimenter par un ou deux de leur corps. Il a donc envoyé à Paris une nouvelle lettre et l'arrest par lequel il a ordonné que Mazarin ne seroit pas reçu dans leur ville, ny aucunes troupes donnant soubçon ; avec les remonstrances dressées contre luy, pour inviter le parlement de Paris et tous les autres parlemens d'en faire autant, adjoustant qu'ils n'ont pas donné l'arrêt contre luy, comme ils l'avoient résolu, parce qu'ils jugent qu'estant une affaire qui regarde tout l'Estat, il est plus à propos de la rendre commune avec tous les parlemens. On attend les vaisseaux voisins à toute heure. Il y a quelques pinasses de Bayonne dans cette rivière, et

qu'ils mourroient plutôt que de recevoir le Mazarin dans leur ville; et de faire jamais aucun traité avec lui, sans qu'il fût précédé de la liberté des princes. Les ducs prirent occasion de cette chaleur du peuple pour introduire dans la ville le trompette duquel je viens de parler; et jamais je n'ai vu un tel emportement contre le cardinal, que celui qui parut quand on le vit passer par les rues. Les magistrats firent préparer une superbe collation dans une maison particulière, dans la rue qu'on appelle sur les Fossés; et les receveurs du convoi en préparèrent une autre dans l'hôtel de la Connétablie. La princesse et le duc virent passer la revue dans l'une et dans l'autre de ces maisons; ils furent salués par la bourgeoisie sous les armes avec tout le respect dû à leur qualité, et avec une joie qu'il est malaisé d'exprimer (1).

Les jurats donnèrent un grand souper dans l'Hôtel-de-Ville à plusieurs serviteurs de la princesse. J'étois de la partie, et il s'y fit, avec beaucoup de brindes, beaucoup de protestations de mourir pour le service des princes prisonniers.

Le 17, tous les mêmes qui avoient soupé la veille avec les jurats me firent, aussi bien que les ducs, l'honneur de venir dîner chez moi, où les mêmes protestations redoublées passèrent jusques à un grand nombre de peuple assemblé devant mon logis, à qui je fis porter tous les rafraîchissemens que je pus; car il importoit fort, dans cette conjoncture, d'échauffer l'amitié de tout le monde. Aussi le duc de Bouillon, qui le jugeoit ainsi, parut à une fenêtre qui regardoit sur la rue, le verre à la main, et leur porta la santé des princes de la maison royale, que le Mazarin tenoit dans les fers. Il n'eut pas plus tôt achevé ces paroles, qu'il s'éleva une exclamation générale de bénédictions pour ceux-là et de malédictions contre celui-ci, qui furent suivies du plus grand emportement et de la plus singulière bacchanale que j'aie vue en toute ma vie.

Cependant Le Coudray-Montpensier, impatient comme le sont la plupart des envoyés pour des négociations de la nature de celle-ci, n'ayant point de nouvelles de son trompette, en renvoya un second chargé d'une dépêche de lui, qui, de bonne fortune pour nous, étoit suscrite *A messieurs, messieurs du parlement*; et cela fit le meilleur effet du monde, car ce corps, qui prétend qu'un particulier ne les doit traiter que de messeigneurs, pria les ducs, sous prétexte qu'ils n'avoient point de passeports, de les arrêter tous deux à la Bastide; et le parlement ne voulut pas recevoir cette lettre.

---

deux ou trois vaisseaux; mais nostre armement est du moins aussy fort, et les autres amys arrivans, il ne s'en sauvera pas un. Le Roy a voulu aller dans le voisinage de Blaye, dont M. de Saint-Simon a eu de belle peur. On sçay icy les diverses cabales de la Fronde de Paris, et toutes celles de la cour. On connoist l'importance de ne traitter point; aussy vous puis-je assurer qu'on ne fera jamais qu'avec la liberté des princes, et les Bourdelois aymeroient mieux voir bastir quatre citadelles que d'en escouter à autre condition. Le cardinal n'a osé aller à Cadillac de crainte de se mettre entre deux rivières. On meurt d'impatience du retardement de M. de Turenne. Depuis ma lettre escrite, Le Couldray, impatient de ne point avoir de response de son trompette, en vient d'envoyer un autre avec une lettre suscrite à MM. du parlement, dont ils sont fort offensés, et ne l'ouvriront pas. Le pauvre gentilhomme court grand hasard; tant le peuple est enragé contre tous ceux qui ne veulent pas la liberté des princes. En un mot, je vous engage ma parole que l'accommodement proposé ne sera pas seulement escouté, ny mesme de ceux du parlement les plus Epernonistes, car il n'y a pas un Mazarin sans la liberté des princes, et madame la princesse se laissera plustost deschirer en mille pièces que de sortir de Bourdeaux, que M. son mary ne le soit du bois de Vincennes. Tous les officiers de l'armée, et particulièrement les généraux, sont fermes au dernier poinct. Et si Paris veut tant soit peu agir, vous verrez beau jeu; car, en ma foy, je ne crois pas qu'il y ayt cent hommes dans toute cette ville qui n'aymassent mieux mourir que d'avoir abandonné madame la princesse. On souhaiteroit fort que madame la douairière allast à Paris donner sa requeste. On dit que madame sa belle-fille a donné un blanc signé pour cet effect par un exprès. Adieu. Tous nos soldats de l'Ilie-Saint-Georges sont revenus, et d'aultres aussy. Quand nostre flotte sera arrivée, vous verrez un homme bien étonné qu'on s'arme seulement de vigueur à Paris. Le cardinal a failly à enrager de la représaille de penderies et de la lettre que madame la princesse a escrite au Roy. Il accuse M. Lenet de tout. Il est pourtant homme qui paroist doux et paisible, mais qu'on dict estre fort ferme pour les intérests des princes. »

(1) « Le 16 août, il se fit à Bordeaux, par l'ordre des jurats, une fort belle revue des bourgeois capables de porter les armes; ils étoient bien dix mille, sans comprendre ni les officiers du parlement et des autres compagnies, ni plusieurs bourgeois que la chaleur du jour fit demeurer à l'ombre. Madame la princesse eut le plaisir de voir passer ces braves fantassins sous les fenêtres du logis du convoi. M. le duc d'Enghien, oyant le son des tambours et la salve de la mousqueterie, se tournant devers son écuyer, lui dit, avec une action innocente et guerrière tout ensemble : « Çà, çà, donnez-moi mon épée, que je » tue Mazarin! » Ah! jeune prince, digne rejeton de la tige de Saint-Louis, unique espérance de la maison de Condé, pourquoi faut-il que la foiblesse de ton âge t'empêche de nous donner, en cette belle occasion, des preuves de la valeur héréditaire des Bourbons?

» La revue ne fut pas sitôt faite dans la ville, qu'on en fit une autre dans le faubourg de Saint-Surin, dans laquelle on compta plus de quatre mille hommes, tant des habitans que des paysans qui s'y sont retirés des villages circonvoisins, que l'expérience des occasions dernières et la vaillance naturelle aux Gascons ont tellement aguerris, que le moindre d'entre eux ne céderoit pas au plus brave des troupes mazarines. » (*Histoire véritable de tout ce qui s'est fait et passé en Guienne pendant la guerre de Bordeaux*.)

Le bruit courut que le Roi quittoit Libourne pour venir à Bourg, et que ce voyage ne se faisoit que pour s'emparer de Blaye et en ôter le duc de Saint-Simon, qu'on ne laissoit pas de soupçonner d'avoir quelque commerce avec nous, parce qu'on savoit qu'il nous avoit donné, comme j'ai dit ailleurs, de grandes assurances de se tourner de notre côté, quoiqu'en effet il fît tout du pis qu'il pouvoit contre nous. Le duc de Bouillon voulut qu'on se servît de cette conjoncture pour faire écrire le conseiller Mirat à ce duc, son ami particulier, et lui demander une conférence entre Blaye et Bordeaux. La dame Du Pin, mère de la dame de Pontac, belle et spirituelle dame, de qui il avoit été passionnément amoureux dès le temps de sa faveur sous Louis XIII, et qui avoit conservé une grande autorité sur son esprit, lui écrivit qu'il devoit se donner de garde de l'approche du Roi; que le cardinal avoit un grand dessein sur sa place, et qu'un de ses amis de la cour lui avoit envoyé un homme travesti, pour lui donner cet avis; qu'elle le lui donnoit afin que s'il voyoit quelque apparence à être mis hors de Blaye, elle pût proposer comme d'elle-même à la princesse de lui envoyer des hommes et de l'argent pour s'y maintenir malgré le cardinal; et que par là il se raccommoderoit sincèrement avec la maison de Condé, qui se plaignoit tout haut qu'il lui avoit manqué de parole. Cette négociation ne produisit autre chose qu'une invitation que fit le duc, par ses réponses à cette dame Du Pin et à Mirat, de porter messieurs de Bordeaux à accepter l'accommodement avantageux que l'on lui offroit. Les plus habiles gens ne feignent point d'entreprendre à la guerre les choses qu'ils croient avantageuses, quoiqu'elles aient peu d'apparence de réussir, particulièrement quand l'on ne hasarde rien comme ici; et quand de cent une seule a un heureux succès, on est abondamment payé de la peine qu'ont donnée toutes les autres.

Barbantane retourna sans avoir pu faire passer en Espagne la chaloupe dont j'ai parlé ci-dessus, parce que le garde-côte Monstrie étoit en rivière avec quatre vaisseaux et dix-huit pinasses de Bayonne et de Saint-Jean-de-Luz. Comme peu de chose étonne les bourgeois, cette nouvelle abattit un peu les courages de nos amis, et donna lieu à ceux qui ne l'étoient pas, de publier partout que tous malheurs nous menaçoient si Bordeaux n'acceptoit la paix proposée. Mais quatre heures après, ceux-là ayant dit partout que le moindre secours qui nous pourroit venir d'Espagne amèneroit au port de Bordeaux ce petit et foible armement, et mettroit la cour en état de ne savoir que devenir ni que faire, ils reprirent leur premier zèle, comme si la chose eût été déjà arrivée.

Le maréchal de La Meilleraye avoit fait prendre quantité de paysans de Créon et des environs, qui lui tuoient beaucoup de soldats; et comme la princesse sut qu'il menaçoit de les faire pendre, elle lui manda par un trompette que ces paysans n'avoient pris les armes qu'en vertu des arrêts du parlement, et ensuite des ordres du duc d'Enghien son fils, et qu'elle feroit à tous les prisonniers qu'elle tenoit pareil traitement qu'il feroit à ceux-là : ce qui modéra un peu la colère de ce maréchal.

Le 18, un trompette du comte de Palluau, qui a depuis été le maréchal de Clérembault, arriva de la part de du Coudray-Montpensier, avec une seconde dépêche qui, étant suscrite comme la première, fut renvoyée de même sorte et par la même raison.

Je chargeai le courrier ordinaire de Flandres en Espagne des mêmes dépêches que Barbantane n'avoit pu faire passer par mer à Saint-Sébastien. Je lui donnai six pistoles, et lui en promis vingt s'il m'en rapportoit réponse.

La princesse fut avertie par le duc de La Rochefoucauld, qui étant très-aimé à Bordeaux recevoit fort souvent de bons et sûrs avis, que le président de La Traisne, homme de bien, mais foible et timide, qui étoit ou faisoit le malade depuis six mois pour n'entrer point au parlement, afin de se laver les mains de tout ce qui s'y passoit, avoit résolu d'y entrer le lendemain 19, afin de rendre le président d'Affis, qui étoit moins ancien que lui, inutile. Celui-ci étoit un homme de bel esprit, emporté au dernier point quand il ne trouvoit point d'opposition, mais le plus craintif que je vis jamais quand il étoit menacé de quelque fâcheux succès. Il étoit d'autre part fort intéressé, de sorte qu'il étoit entièrement dévoué à la princesse, par l'argent qu'elle lui faisoit donner quand elle le pouvoit, ou par les menaces qu'elle lui faisoit faire par le peuple quand elle le voyoit biaiser. Quoi qu'il en soit, il nous étoit infiniment meilleur que le président de La Traisne, vers qui notre argent n'avoit point du tout d'accès, et qui craignoit plus la cour que le mal que nous pouvions lui faire, outre qu'il étoit fort porté à suivre les anciennes maximes du Palais, qui n'étoient pas à notre avantage; et cela fit que le duc de La Rochefoucauld conseilla à la princesse d'aller le voir, comme elle fit, et lui dit qu'elle auroit souhaité qu'un homme de sa probité fût entré au parlement dès le temps qu'elle y étoit arrivée, pour demander la protection qu'elle avoit obtenue pour le duc son fils et pour elle contre les violences du cardinal Mazarin, et qu'elle auroit espéré de lui tout ce qu'un bon François doit à des princes du sang contre les injustes entreprises d'un ministre étranger; mais qu'elle lui disoit ingénument qu'elle étoit avertie de toutes parts, et de ses amis de la cour même, qu'il n'avoit pris résolution d'y entrer que pour appuyer par ordre du cardinal, qui se vantoit de l'avoir gagné, la négociation que Le Coudray-Montpensier devoit venir faire à Bordeaux, et pour tâcher à rompre toutes les mesures qu'elle avoit prises jusque-là pour la liberté de monsieur son mari.

Ce bon président lui répondit avec respect et avec modestie qu'il voyoit bien qu'il n'avoit pas l'honneur d'être connu de Son Altesse, qu'il ne connoissoit pas le cardinal Mazarin, qu'il n'espéroit rien de lui ni de la cour, qu'il savoit quelle étoit sa conduite, qu'il l'avoit toujours détestée, qu'il révéroit la maison royale et Son Altesse en particulier, qu'il aimoit sa patrie, et en un mot qu'il étoit incapable de rien faire contre ces principes-là en faveur d'un étranger, et que s'il entroit au parlement, ce ne seroit que pour servir Son Altesse. Et en effet dans toute la suite de cette affaire il se conduisit fort sagement, je veux dire qu'il n'eut d'emportement ni pour ni contre nous. Il n'affectoit point de se rendre maître des délibérations de la compagnie, mais il exécutoit fort bien et avec assez de prudence ce qu'elle ordonnoit.

Si nous eussions encore été dans les premières chaleurs que les Bordelois avoient à l'arrivée de la princesse, il auroit été à propos qu'elle eût suivi les conseils de ceux qui vouloient qu'on envoyât la populace le menacer s'il entroit au parlement; mais, en l'état que les choses étoient réduites, nous sans argent, sans apparence d'un prompt secours d'Espagne, et le Roi aux portes, il falloit prendre des sentimens plus doux et plus souples. Il étoit dangereux de risquer une action violente contre un homme de bonnes mœurs, qui étoit bien allié et aimé dans la ville, et qui vraisemblablement ne nous feroit pas de mal s'il ne nous faisoit point de bien. Le moindre prétexte fait souvent tourner une ville partialisée, et les habiles gens du parti contraire n'en demandoient qu'un plausible, pour gagner nos amis par la crainte, ou par l'espérance que la cour présente faisoit entrevoir. Et je confesse que je craignois plus le président d'Affis, tout dévoué qu'il étoit, que celui-ci tel qu'on me l'avoit dépeint; car les gens de la trempe du premier sont capables de tout faire et de tout entreprendre à la vue d'une grande récompense; et le cardinal étoit plus en état de la lui faire espérer que nous.

Le père Brunot, récollet, duquel j'ai parlé amplement ci-dessus, retourna de la cour. Il vint tout droit en mon logis, et me dit que le cardinal l'avoit reçu de très-bonne grâce, qu'il avoit lu l'écrit que je lui avois dicté pour soulager sa mémoire: sur quoi il lui dit qu'il connoissoit bien par mon style que j'étois fort instruit des affaires courantes, qu'il voyoit beaucoup de bonne intention en ce que je disois, qu'il m'en seroit fort obligé toute sa vie. Et comme le cardinal étoit fort libéral des choses qui ne lui coûtoient rien, ce bon religieux me rapporta qu'il lui avoit dit tant de choses à ma louange, que je serois honteux de les rapporter ici, et qu'enfin il lui avoit dit que s'il prenoit mon avis en conscience, il savoit bien que je ne lui conseillerois jamais, ni à la Reine, de donner la liberté à messieurs les princes tant que madame la princesse et tous ses amis et serviteurs seroient armés; que Dieu lui étoit témoin qu'il souhaitoit autant que moi de les voir sortir de prison, mais qu'il y avoit de certaines choses dans lesquelles il falloit soumettre ses inclinations particulières au bien de l'Etat; qu'il s'entretiendroit ce soir-là même avec la Reine, après quoi il lui feroit réponse sur ce qu'il auroit à me dire; qu'il aimeroit bien mieux de traiter avec moi plutôt qu'avec aucun autre du parti, et qu'encore qu'il sût que j'avois donné tout le mouvement à cette affaire, bien loin de m'en vouloir du mal, il m'en estimoit, et connoissoit par là combien il étoit avantageux d'être de mes amis. Enfin il n'oublia rien de tout ce qu'il put dire à ce père pour me toucher le cœur de toutes ces vaines espérances que les habiles négociateurs, et qui ont le pouvoir en main, ont coutume de donner à ceux avec qui ils traitent. Je l'interrompis, et lui dis tout ce à quoi mon devoir m'obligeoit; et dans toute la suite de l'affaire jusques à la paix générale, je n'ai rien oublié dans toute ma conduite de ce qui a pu persuader M. le cardinal que je n'ai pas été indigne de la confiance dont monseigneur le prince et les principaux de son parti m'ont honoré.

Le cardinal dit ensuite à ce religieux qu'attendant qu'il lui fît une plus ample réponse, il pouvoit voir le comte Servien, et conférer de toutes choses avec lui. Le lendemain il reçut une visite de celui-ci dans son couvent de Libourne, où il lui répéta, et presque en mêmes termes, tout ce que le cardinal lui avoit dit la veille; et lui fit de plus, sur le sujet dont il s'agissoit, la comparaison de la conversion de Henri IV, laquelle il n'avoit jamais voulu se porter qu'après qu'il eût triomphé des armes de ses ennemis, afin qu'on ne pût attribuer à la force ce qu'il vouloit faire de bonne volonté.

Le jour suivant, il pressa le cardinal de lui donner congé et réponse : ce qu'il fit en lui disant qu'il pouvoit me dire que si je voulois persuader à la princesse d'aller à la cour avec le duc son fils, on le feroit nourrir avec le Roi, avec tout le soin et tous les égards dus à sa qualité, et que madame sa mère y seroit reçue de la Reine avec tant de bonté et de douceur, qu'elle jugeroit bien qu'elle avoit autant d'envie qu'elle-même de donner la liberté à monsieur son mari; et que lui, M. le cardinal, en traiteroit toutes les conditions avec moi; mais que cela ne pouvoit jamais arriver tant qu'elle seroit armée. Il ajouta qu'il me prioit en mon particulier de considérer qu'il étoit en brassières, et qu'il falloit commencer cet ouvrage par l'approbation du duc d'Orléans. Et enfin il congédia ce père en lui disant que la Reine et lui lui étoient grandement obligés de ses soins; qu'il seroit le très-bien venu toutes les fois qu'il retourneroit à la cour de la part de qui que ce fût; qu'il prendroit créance en ses paroles et aux miennes. Quant au duc de La Rochefoucauld, il savoit bien qu'il ne faisoit que suivre les volontés de la duchesse de Longueville, qui, étant ravie de faire l'amazone à Stenay, feroit durer la guerre autant qu'elle pourroit; et que c'étoit pour cela qu'il l'avoit obligé à être plutôt à Bordeaux que près d'elle, afin qu'il mît ordre qu'il ne s'y fît rien que pour ceux qu'elle lui enverroit; et que d'un autre côté elle faisoit inspirer au duc de Bouillon, par le vicomte de Turenne, son frère, tout ce qui pouvoit faire réussir tout cela, et qu'il me croyoit trop habile homme pour ne pas empêcher que madame la princesse ne fût la dupe des uns et des autres.

Ce dernier discours me fit connoître clairement que toute cette négociation n'avoit point d'autre but dans l'esprit du cardinal que de nous donner de la défiance les uns des autres. Il croyoit qu'un particulier comme moi, de qui d'un mot il pouvoit faire la fortune, se laisseroit éblouir à ses louanges, aux espérances qu'elles me faisoient entrevoir, et à la vanité de faire plus tout seul que tout le parti ensemble, par la proposition qu'il me faisoit de traiter la liberté des princes avec moi; et que tout cela ensemble m'obligeroit de porter madame la princesse, qui n'avoit point d'arrière-pensées pour moi, et qui n'avoit de passion que de tirer M. le prince des fers, de suivre le conseil qu'il lui donnoit d'aller à la cour.

Je dis sur cela au père qu'il me sembloit lui avoir assez expliqué le fond de mon cœur pour qu'il répondît pour moi à M. le cardinal ; que la netteté de la conduite des ducs de Bouillon et de La Rochefoucauld, que je connoissois mieux que personne, m'avoit tellement soumis à leurs volontés, que j'étois incapable non-seulement de rien faire à leur insu, mais encore de faire chose quelconque que par leur ordre; que madame la princesse me l'avoit commandé ainsi, et que Son Altesse même ne faisoit ni ne disoit que ce que l'un et l'autre lui conseilloient; que j'allois leur rendre un compte exact de ce que dessus, et que j'étois assuré que les uns et les autres seroient de même sentiment que moi, et lui diroient à lui-même qu'ils étoient prêts d'entrer en tout traité avec M. le cardinal pour la liberté des princes, d'y sacrifier tous leurs intérêts et tous ceux de leurs maisons; mais que rien n'étoit capable de faire désarmer madame la princesse avant que de l'avoir obtenue, et encore moins de lui faire prendre de la défiance des ducs, desquels elle ne se désuniroit jamais. Il alla se reposer; et moi j'allai rendre compte de tout ceci à madame la princesse en présence des ducs, qui approuvèrent tout ce que j'avois dit, qui me firent l'honneur de me remercier de la bonne opinion que j'avois d'eux, qui firent mille protestations à la princesse de ne l'abandonner jamais, et qui confirmèrent le jour suivant au père Bruno ce que je lui avois dit de leur part, et l'obligèrent à faire un autre voyage à la cour, dont je parlerai après.

Cependant ils jugèrent tous deux que le cardinal n'avoit retenu ce bonhomme aussi longtemps qu'il avoit fait, et n'avoit parlé comme je viens de dire que parce qu'il vouloit voir l'effet de la négociation du Coudray-Montpensier. Nous voyions tous qu'elle ne pouvoit lui plaire, et que, quelque succès qu'elle eût, il seroit tout contre lui : car si Bordeaux l'acceptoit, toute l'utilité en retomboit au duc d'Orléans et aux frondeurs; et s'il la refusoit, c'étoit une marque infaillible que nous étions en état de résister au siège dont le cardinal nous menaçoit.

Le 19, nous dépêchâmes le nommé Carros en Espagne, avec des lettres pressantes au baron de Vetteville et aux envoyés de la princesse.

Nous sûmes que le premier président de Toulouse, Montrane, homme habile, mais dévoué à la cour, avoit, comme l'on avoit dit, donné un arrêt sous la cheminée, afin de courre sus à ceux qui levoient des troupes dans leur ressort pour secourir le duc de Bouillon dans Bordeaux; et un ordre de l'Hôtel de cette ville-là pour envoyer six pièces de canon à la cour.

Nous apprîmes encore qu'on avoit adressé de Saint-Sébastien un paquet important du 15 du mois à un Anglois nommé Oiscon, pour le faire tenir à son correspondant de Bordeaux, nommé Lavie, avec ordre de me le rendre en main propre; et que cet Anglois l'avoit fait intercepter par le commandant de Bayonne, comme il avoit fait plusieurs autres, qui tous furent envoyés à la cour.

On résolut de recevoir Le Coudray quand il voudroit venir, et de le loger chez le conseiller Massiot, homme opiniâtre, en un mot, de ces sortes de gens qui suivent aveuglément les premiers mouvemens que leur passion leur donne. Il eut ordre de ne le laisser parler à qui que ce fût, qu'à trois ou quatre bourgeois de son même génie et de sa même inclination, qui étoit extrême pour nous et contre le cardinal, sans en pouvoir dire la raison.

Divers bruits coururent que les vaisseaux d'Espagne étoient en mer; et quoiqu'ils fussent faux, ils nous furent fort utiles par la vigueur qu'ils donnèrent aux Bordelois et la consternation qu'en reçut la cour.

Tous les frondeurs s'assemblèrent chez Massiot, pour l'instruire de la conduite qu'il devoit tenir avec Le Coudray; et là ils résolurent de suivre les conseils que les ducs de Bouillon et de La Rochefoucauld, dont j'ai parlé ci-dessus, leur avoient donnés, de tirer l'affaire autant en longueur qu'on pourroit, et jugèrent tous qu'une vigoureuse obstination leur feroit faire un traité très-avantageux, quand même les secours qu'on attendoit viendroient à manquer; qu'il falloit profiter à quelque prix que ce fût de la foiblesse du cardinal; et résolurent de faire un emprunt d'argent le plus considérable que l'on pourroit.

Le 20, on arrêta au parlement que l'on enverroit les remontrances et l'arrêt résolus contre le cardinal Mazarin.

On renvoya de la cour le greffier Suau, après que Servien lui eut fait signer un écrit par lequel il s'obligeoit de porter une lettre au président d'Affis, et qu'il retourneroit le jour même. Tout cet empressement de la cour fit bien juger de l'envie qu'avoit le cardinal de voir finir cette négociation, quelque honteuse qu'elle lui fût, pour aller remédier aux affaires que les frondeurs lui préparoient à Paris par le duc d'Orléans et par eux-mêmes, qui n'aspiroient qu'à bâtir leur fortune sur la ruine de la sienne; et cela augmentoit la fermeté de ceux de Bordeaux. Suau alla au parlement, et rendit sa lettre. Il ajouta à ceci que la cour lui paroissoit fort embarrassée, et retourna coucher à Libourne comme il l'avoit promis.

Nous apprîmes par lui, comme nous faisions tous les jours par plusieurs autres, diverses intrigues que des particuliers du parlement et de la bourgeoisie de Bordeaux, et quelques-uns même des nôtres, avoient, les uns directement à la cour ou avec les ministres, les autres avec de leurs amis qui y étoient ou qui y avoient quelque correspondance; mais comme tout cela alloit plutôt à se faire de fête qu'à autre chose, je n'en dirai rien ici. Il étoit malaisé de nous faire un grand mal, car toute l'autorité étoit fort unie : on ne pouvoit que donner quelques avis de ce qui s'exécutoit, et quelques conseils de ce qui sembloit à quelques-uns qu'on devoit faire. Je m'assure que ces conseils étoient fort différens, car chacun en pareilles rencontres en donne suivant son intérêt et selon son caprice; et comme bien souvent ils ont peu de rapport avec les intérêts de ceux qui gouvernent et par où tout se décide ordinairement, telles menées sont peu à craindre.

Le 21, Le Coudray-Montpensier arriva; il trouva à l'entrée de la ville trois ou quatre mille personnes de toutes conditions, qui lui crioient confusément que la considération qu'ils avoient pour le duc d'Orléans qui l'envoyoit, et l'expresse défense que leur avoit faite la princesse, les empêchoient de le jeter dans la rivière; et, après plusieurs cris de *vivent le Roi et les princes! et f..... du Mazarin!* le forcèrent diverses fois à crier de même sorte, et l'accompagnèrent avec cette musique jusques en son logis, où personne ne le vit que comme j'ai dit auparavant qu'on l'avoit résolu; et ceux qui le visitoient ne cessoient de vomir des imprécations contre le cardinal, et contre tous ceux qui avoient consenti à la prison et s'opposoient à la liberté des princes.

Ce même jour, le président de La Traisne prit la peine de me venir visiter, pour me donner part du dessein qu'il prenoit d'entrer le jour suivant au Palais. Je lui fis le même discours à peu près que la princesse lui avoit tenu; et comme il me parla fort honnêtement, j'essayai de lui persuader ce qui nous convenoit. Il me dit ensuite qu'il falloit que la cour fût bien abattue et le cardinal bien foible, s'ils donnoient les mains à la négociation du Coudray-Montpensier, et s'ils retournoient à Paris sans vouloir entrer dans Bordeaux.

Je crus qu'il ne me parloit de la sorte que pour me sonder, et que je devois lui répartir brusquement, connoissant sa timidité naturelle : aussi lui dis-je, avec toute la chaleur qui me fut possible, qu'il y auroit bien du sang répandu s'il se trouvoit des gens assez dévoués au Mazarin pour faire une telle proposition. « Je ne vous dis

» pas, me dit-il, que ce soit là mon avis; Dieu
» m'en préserve! — Je suis bien assuré, Monsieur,
» lui répartis-je, de votre probité et de votre
» habileté; et ainsi je ne puis jamais penser que
» vous voulussiez contribuer la moindre chose
» du monde à mettre M. le duc, qui est le seul
» prince de la maison royale qui soit en liberté,
» entre les mains d'un ministre étranger plein
» de haine et de vengeance: vous en connoissez
» trop bien les conséquences, et je suis certain
» que vous agirez en ce rencontre comme un
» bon François doit faire. » J'entrai après cela
sur le mauvais état auquel se trouvoit la cour;
nous nous séparâmes, et il fut ensuite voir le
duc de Bouillon, à qui j'avois rendu compte de
ceci, qui lui parla si fortement, que le lendemain nous le vîmes changé du blanc au noir.

J'eus ce jour-là un long entretien avec Mirat, homme fort dans le Palais et très-accrédité dans la ville. Je lui fis confidence de ce qu'il étoit nécessaire de lui dire des allées et venues du père Bruno, afin qu'il se tînt obligé de ce secret, et que, quand le cas échéroit, il fît approuver cette négociation. Je lui dis ensuite que j'avois vu quantité de bons bourgeois qui étoient portés d'un tel zèle pour les princes, qu'ils m'avoient dit que si le cardinal vouloit les mettre en liberté, ils recevroient le duc d'Epernon pour gouverneur, et lui feroient une entrée magnifique. Je voulois sonder Mirat en lui tenant ce discours: « Oui dà! me répondit-il, il s'en trou-
» vera de ce avis, et j'en serai avec tous mes
» amis. — Il ne faut, lui répartis-je, parler de
» cela qu'à toute extrémité; et pour lors nous ferons envisager cette affaire au cardinal comme
» le seul moyen de rétablir l'autorité royale, et
» le plus grand bien qui lui puisse arriver, lui
» qui voit ce que M. le duc d'Orléans et les
» frondeurs entreprennent contre lui. » Il entra tout-à-fait dans mon sens, et c'est ce que je voulois, car rien n'étoit meilleur pour nous que cela, ni rien de plus délicat à toucher.

Le 22, Le Coudray-Montpensier alla au parlement, suivi de la même populace et des mêmes clameurs qu'il l'avoit été la veille à son arrivée; et lui-même crioit plus fort que pas un autre, croyant que c'étoit le seul moyen de conserver sa vie, qu'il croyoit en grand péril, les portes de son logis ayant été gardées toute la nuit, et n'ayant eu liberté de parler à qui que ce fût. On le fit attendre quelque temps dans la salle de l'audience, où après que, suivant la coutume, on lui eut fait ôter son épée, il fut introduit dans la chambre du conseil. Il rendit les lettres du duc d'Orléans, desquelles il étoit chargé; il exposa sa créance et le sujet de son voyage, tel que je l'ai rapporté ci-dessus. La cour lui dit par la bouche du président qu'elle étoit fort obligée aux soins que M. le duc d'Orléans vouloit prendre de donner la paix à la Guienne; qu'elle recevoit ses lettres avec respect; mais qu'avant que d'écouter aucune proposition ni faire aucune réponse, il étoit préalable de faire ouvrir tous les passages, retirer les troupes, et les faire jouir de la trêve de dix jours que ledit seigneur duc leur proposoit par lui.

Le Coudray répondit qu'il jugeoit cela fort raisonnable, mais qu'il falloit qu'il avouât à la compagnie que le Roi croyoit que les dix jours étoient expirés; que Sa Majesté étoit résolue de faire attaquer Bordeaux dès le lendemain; qu'il savoit que les ordres en étoient donnés, et qu'il alloit partir en diligence pour essayer d'en différer l'effet. Il s'éleva un grand murmure, disant que l'on ne traitoit donc avec eux que pour les surprendre; quelques-uns dirent qu'ils seroient les premiers à mourir sur la brèche pour la liberté de la patrie; et après que ce bruit fut calmé, Le Coudray prit congé de la compagnie, et partit après le dîner pour retourner à la cour.

Les ducs, ni aucun de nous n'eurent commerce avec lui, et tous les serviteurs de la princesse, à son imitation, affectèrent toutes les apparences de laisser toute la conduite entière de cette affaire au parlement. Le duc de Bouillon, qui fut auteur de cet avis, crut que c'étoit prudence de leur témoigner une confiance entière: car s'ils se conduisoient à notre mode, nous avions ce que nous pouvions souhaiter; et s'ils en usoient autrement, nous avions une ressource pour les mettre à la raison, qui étoit de leur opposer le peuple, parmi lequel on semoit autant de jalousie qu'on pouvoit contre le parlement, afin que, s'il étoit nécessaire, on lui ôtât la négociation par force, et qu'on la mît entre les mains de l'Hôtel-de-Ville et de la bourgeoisie. Pour en venir à bout, nous fîmes approuver ce dessein à tous les frondeurs du parlement, qui le faisoient appréhender à tous ceux de leurs confrères qu'ils soupçonnoient être dans les intérêts de la cour.

Le 23, le maréchal de La Meilleraye marcha avec cavalerie et infanterie vers le Cipressac, et se mit en bataille entre ce lieu-là et La Bastide. L'alarme en fut bientôt portée dans la ville; chacun reprit sa première vigueur, on crioit à haute voix contre le cardinal, et l'on juroit de ne se fier jamais en lui après une telle fourbe. C'est ainsi qu'ils appeloient le procédé de ce ministre, qui les faisoit attaquer pendant qu'il les amusoit d'une négociation; et tous se repentoient de n'avoir point égorgé Le Coudray-Montpensier avant qu'il fût sorti de la ville. On redoubla la garde de La Bastide. Les ducs de Bouillon et de La Rochefoucauld, qui y allèrent en diligence, y furent suivis de quantité d'officiers du parlement et de bourgeois armés. On y tint conseil de guerre, dans lequel tous les Bordelois proposèrent d'aller aux ennemis: mais comme le duc de Bouillon leur représenta qu'il y avoit entre eux et nous un grand fossé (qu'en langage du pays on appelle un *estey*), qui se remplit d'eau en haute marée, en telle sorte qu'on ne peut y asseoir des planches ni le combler de fascines, parce qu'elles s'avancent suivant le cours de l'eau à mesure qu'on les jette, le duc les fit consentir à se conserver le même avantage qu'on donneroit aux ennemis si on alloit à eux par des chemins difficiles, et de les attendre de pied ferme, pendant qu'on travailleroit nuit et jour à mettre La Bastide au meilleur état qu'elle pût être.

On avoit dépêché la veille La Lande en Espagne. On envoya ce jour-là un double de la dépêche par Antoine Sabaria, portugais, pour donner avis de tout ce qui se passoit; et l'on ne savoit que penser ni que dire, y ayant un mois entier que l'on n'avoit reçu aucune nouvelle de Sillery, de Mazerolles ni de Baas, qui étoit à Madrid; et vingt jours du baron de Vatteville, qui étoit à Saint-Sébastien.

Les ducs jugèrent à propos que j'envoyasse dans cette conjoncture le père Bruno à la cour; et la princesse me le commanda par leur avis. J'écrivis en leur présence ce qu'ils crurent qu'il devoit dire au cardinal, qui vraisemblablement devoit être étonné de la fermeté de ceux de Bordeaux, et de tout l'emportement dont Le Coudray devoit lui avoir rendu compte. L'écrit que je donnai à ce religieux fut court, ne contenant que quelques circonstances, qui sont exprimées ci-dessus, tendantes à redoubler sa jalousie contre le duc d'Orléans et contre les frondeurs: c'est pourquoi je ne les transcris pas ici.

Le 24, ce bon père partit après que les ducs lui eurent dit qu'ils approuvoient tout ce dont je l'avois chargé. Il alloit son chemin droit à Libourne, où il fut rencontré par quelques soldats qui le menèrent prisonnier au maréchal de La Meilleraye, qui le mit en liberté d'abord qu'il lui eut dit qu'il alloit rendre compte au cardinal de quelque chose dont il l'avoit chargé. Il lui dit qu'il l'attendoit ce soir-là dans son quartier; il lui conseilla de ne pas passer outre et de l'attendre: ce qu'il fit. Le cardinal arriva, le reçut favorablement, lui donna une fort paisible audience sur le sujet du contenu au mémoire dont je l'avois chargé. Il le lut ensuite avec beaucoup d'attention, et suivant son style ordinaire, il se mit à me louer, disant que ce papier étoit écrit de bon sens; que pourtant il pourroit fort bien le contredire; et enfin le remit au lendemain pour l'entretenir plus au long.

Il parut à ce religieux que le soir de son arrivée le cardinal avoit quelque dessein, sinon de traiter avec la princesse, du moins de l'entretenir de belles espérances; et il y a quelque apparence que dans ce temps-là il en devoit user ainsi, pour, par la même raison que nous, donner de la jalousie aux frondeurs de Paris; et le principal objet de nos négociations n'étoit que d'en venir là, pour ensuite pouvoir tirer nos convenances des uns ou des autres. Mais le lendemain matin, soit que le cardinal eût pénétré notre dessein, soit qu'il eût reçu quelques nouvelles de Paris qui lui fissent changer d'avis, tout ce long entretien qu'il avoit fait espérer au père aboutit à lui dire que le traité que la princesse avoit fait avec le roi d'Espagne, dont il disoit savoir tout le détail, mettoit l'affaire hors d'état de faire aucune négociation avec elle; qu'il ne pouvoit avec honneur conseiller à la Reine d'entrer en aucun accommodement, qu'au préalable madite dame et tout son parti ne fussent soumis au pouvoir de Sa Majesté; que Dieu, qui voyoit le fond de son cœur, savoit le violent désir qu'il avoit de mettre M. le prince en liberté. Il appuya son discours de très-grands sermens, et le finit en disant qu'il avoit encore relu l'écrit, qu'il lui avoit apporté, avec plaisir; qu'il le feroit voir à la Reine; et que cependant il pouvoit s'en retourner à Bordeaux, et qu'après avoir conféré avec Sa Majesté il le manderoit; que cependant il pouvoit dire au duc de Bouillon et à moi qu'il avoit reçu la nuit un courrier d'elle, qu'elle avoit eu la bonté de surseoir l'attaque de La Bastide de quelques jours; que lui n'étoit venu là que pour la faire attaquer en sa présence; qu'il s'en retournoit à Libourne, et qu'on n'entreprendroit rien de quelque temps.

Il rappela encore le père après qu'il l'eut congédié, et lui dit qu'il pouvoit nous dire tout, mais que nous n'avions que faire de parler de ce sursis aux gens de guerre ni à messieurs de Bordeaux; qu'il le prioit de me faire des baise-mains de sa part, et de me dire que je me fiois en des gens qui n'en usoient pas de même envers moi; qu'il me plaignoit en cela, et que quelque jour il m'en diroit des particularités qui me surprendroient. Je fus pourtant fort peu surpris de ce discours. Quiconque a connu M. le cardinal Mazarin jugera que je devois plutôt croire que mes amis étaient sincères, que ce qu'il me mandoit; car s'il eût été autrement, il se seroit bien gardé de m'en donner un avis charitable, et, comme de raison, il en auroit profité.

Le 25, le père Bruno arriva, me rapporta tout ceci, et moi aux ducs de Bouillon et de La Rochefoucauld, qui se donnèrent carrière de toute cette conduite du cardinal, qui en effet étoit fort plaisante et fort extraordinaire à un homme de son poste. Nous jugeâmes tous de son peu de sincérité (qui nous étoit fort connue d'ailleurs) par ce qu'il disoit de ce prétendu traité d'Espagne, qui ne fut fait, et duquel nous n'eûmes connoissance que long-temps après. Les ducs jugèrent à propos (et c'étoit un effet du jugement de l'un et de l'autre) de donner connoissance à plusieurs de nos amis du parlement, et même à quelques-uns des plus sensés bourgeois, de ce qu'il convenoit qu'ils sussent du voyage du père Bruno, afin que s'ils venoient à le découvrir, ils n'eussent pas sujet de se plaindre qu'on négocioit à leur insu. Aussi rien n'est plus dangereux dans les partis que de négocier en secret et sans la participation de ceux qui y ont quelque autorité ; car c'est fournir un prétexte, à ceux de qui l'on se cache, de faire une défection sans qu'on puisse presque la leur reprocher.

Nouvelles vinrent par le courrier de Paris que l'archiduc et le vicomte de Turenne avoient pris Rethel et Château-Portien, et qu'ils avoient mis Reims et Soissons à contribution. Le duc de Bouillon dépêcha à l'instant même Montigny à monsieur son frère pour le prier de presser sa diversion, de s'avancer autant qu'il pourroit vers Paris, sans s'arrêter à aucun siége ; et, s'il pouvoit, de faire passer quelque cavalerie en Guienne, qui en chemin faisant ramasseroit ce qu'il rencontreroit de nos troupes à Montrond, en Auvergne, en Turenne, vers le Pariage, et de former quelque petit corps derrière la cour, qui fût capable de lui donner quelque inquiétude.

Cependant il se formoit quantité de cabales dans Bordeaux pour porter les esprits à la paix, et les plus passionnés frondeurs soupçonnoient la foi du duc de Bouillon ; et quoiqu'il agît très-sincèrement, le retardement des secours d'Espagne, celui de la marche du vicomte de Turenne, dont il leur disoit souvent qu'il avoit des nouvelles certaines, leur faisoient croire qu'il ne vouloit que les embarquer par ses discours, et profiter de leur malheur pour faire ses affaires. Rien n'est plus ordinaire dans les partis que la défiance les uns des autres, mais elle est infaillible des inférieurs aux supérieurs : les peuples croient que les desseins doivent être aussitôt exécutés que conçus, et ne considèrent pas que l'exécution dépend plus des moyens que de la volonté.

On tâchoit à remédier à tout cela, et à remettre les esprits autant qu'on le pouvoit. Le duc de La Rochefoucauld, qui, se mêlant moins du détail des choses que le duc de Bouillon, n'étoit pas si chargé de l'événement, avoit plus d'application à entretenir des amis dans la bourgeoisie ; et au lieu de faire comme beaucoup d'autres, qui pour profiter du désaccréditement de leur collègue le fomentent, il n'oublioit rien de tout ce qui étoit en son pouvoir pour faire connoître la sincérité du duc de Bouillon ; et celui-ci avoit un jugement si profond et une conduite si nette, qu'en peu de temps tous ces orages se dissipoient, et sa capacité et la grande union qui étoit parmi nous rappeloient aisément la confiance.

Le plus grand de nos maux étoit la disette d'argent : il y avoit plus d'un mois que nous ne faisions que vivoter des sommes que j'avois empruntées. Le duc de Bouillon faisoit lever par avance dans sa vicomté de Turenne trois années de son revenu ; le duc de La Rochefoucauld tiroit de chez lui ce qu'il pouvoit ; et ni l'un ni l'autre n'étoient à aucune charge à la princesse. Les amis firent merveille pour remettre tout dans la première chaleur ; la moindre nouvelle favorable animoit tout le monde d'une vigueur nouvelle.

L'Hôtel-de-Ville résolut d'obliger les bons bourgeois de faire un prêt à la princesse sur ses pierreries, et le parlement résolut d'y contribuer la septième partie. On dépêcha un courrier à Paris pour y porter l'arrêt et les remontrances contre le cardinal ; et le capitaine L'Espion par mer à Saint-Sébastien, pour presser le secours, dans la crainte que nous avions que ceux que l'on avoit dépêchés par terre n'eussent pu passer. Mais il retourna la nuit suivante, disant que les vaisseaux de Montrie traversoient la rivière de telle sorte qu'il étoit impossible de passer. Je crois que la crainte traversoit encore plus sa cervelle. Mille gens en pareilles rencontres s'offrent sans dessein d'effectuer ce qu'ils promettent, et croient qu'on leur aura obligation de la bonne volonté qu'ils témoignent ; et qu'encore qu'ils ne réussissent pas, ils profiteront toujours des sommes qu'on leur avance ; ce seroit pourtant un défaut de prudence de ne pas risquer quelque chose en semblable occasion.

Le même jour, on eut avis que les ennemis avoient fait provision de bateaux à Cadillac et aux environs, et qu'ils avoient fait avancer partie de leurs troupes du côté de Bordeaux, n'ayant laissé que cinq cents hommes dans l'île Saint-Georges. On crut d'abord qu'ils avoient dessein d'attaquer Saint-Surin, et de faire une tentative pour emporter quelque poste considérable, qui, jetant la terreur dans la ville, fomenteroit les divisions, et donneroit moyen aux malintentionnés d'agir plus librement contre nous. En effet, les conseillers Pomiers-François, Martin, et quelques autres de leurs cabales, dirent tout haut dans le parlement que le temps de faire la paix étoit venu; mais comme on les fit menacer par le peuple comme ils retournoient en leurs maisons, ils n'osèrent pousser cette proposition.

On fit équiper quatre brûlots, à dessein de mettre le feu dans les vaisseaux de Montrie.

Le 26, le cardinal vint à Senon, près le Cipressac, à dessein d'attaquer La Bastide. On nous dit que mille mousquetaires, qui avoient souffert la pluie deux jours et deux nuits, et qui avoient quantité de malades parmi eux, refusèrent de venir attaquer nos gardes avancées, soit par cette considération, soit par quelque autre que ce soit qui nous fut inconnue. Le cardinal changea d'avis, et résolut de faire passer les troupes dans le pays de Grave du côté de Médoc. Peut-être considéra-t-il que La Bastide étoit en défense, qu'il étoit difficile d'y mettre Saint-Surin, et que quand même il auroit emporté ce poste, étant séparé de Bordeaux par la rivière de Garonne, il ne leur seroit pas de grande utilité. Enfin il se retira, et laissa neuf cents malades à Créon; et son infanterie, qui avoit été cinq jours sans pain, diminuoit notablement.

On fit mettre à la voile notre petit armement naval; et Barbantane, qui le commandoit, eut ordre d'aller traverser autant qu'il pourroit le passage du maréchal de La Meilleraye en Médoc.

Je pris l'occasion du courrier Cazevane, qui portoit au parlement de Paris les remontrances que le parlement de Bordeaux avoit faites contre le cardinal, pour écrire, comme je fis, au duc de Nemours, au président Viole et à quelques autres de nos correspondans, pour leur faire savoir l'état des choses. J'écrivis encore à la duchesse de Longueville pour lui montrer de quelle importance il étoit de faire avancer les troupes devers Paris; et à la princesse douairière, de ne pas perdre l'occasion de s'y rendre, et de présenter les requêtes que ses serviteurs jugeroient à propos pour la liberté des princes. Le duc de Bouillon écrivit aussi au vicomte de Turenne, et le duc de La Rochefoucauld à la duchesse de Longueville.

Le 27, à peine nos dépêches furent-elles parties, que nous sûmes que les coureurs de l'armée de l'archiduc avoient été jusques à La Ferté-sous-Jouarre, et ceux du vicomte de Turenne jusques à Dammartin; que le peuple de Paris étoit dans de grandes alarmes; que le parlement se devoit assembler le 22, et que nous devions attendre qu'il feroit de vigoureuses propositions contre le cardinal.

Jusques ici nos amours avoient été assez pacifiques. Guitaut n'avoit nul obstacle à celui qu'il avoit pour la marquise de Gouville; et encore que le comte de Meille soupirât pour elle, cela ne l'embarrassoit point, car la dame lui donnoit toutes les lettres qu'elle en recevoit tous les jours; et c'étoit un appareil agréable aux blessures de Roches, qui en étoit amoureux.

De Meille est un homme de telle manière, que difficilement peut-il donner de la jalousie. Il se vantoit pourtant que ses présens avoient fait plus que les larmes et les soupirs de ses rivaux.

Mademoiselle Gerbier me paroissoit fidèle; et je m'y flois un peu plus que de raison, comme je le vérifiai quelque temps après en Flandre: mais comme pour lors elle me faisoit confidence de la passion que le duc de Bouillon avoit pour elle, qu'elle me donnoit ses poulets, et qu'elle me disoit que Saint-Agoulin, qui avoit été nourri page de ce duc, lui parloit de mariage; qu'elle tournoit en ridicule le chevalier de Todias, et que sur le tout je l'observois de près, je vivois en grand repos sur son sujet.

Mais ce jour-là le marquis de Cessac, à qui le comte de Coligny avoit fait quelque confidence, en laquelle l'une et l'autre de ces dames avoient part, n'avoit pu s'empêcher d'en parler, et Coligny de se plaindre de son peu de secret. Les amis de Cessac le blâmèrent de sa conduite; il crut qu'il devoit satisfaire Coligny en tirant l'épée contre lui. Il le fit appeler, et furent se battre seul à seul derrière le faubourg qu'on appelle des Chartreux. Comme ils furent sur le pré, Cessac dit à Coligny qu'il l'avoit fait passer pour un homme sans honneur; celui-ci lui dit que non, mais qu'il s'étoit plaint qu'il n'avoit pu tenir un secret qu'il lui avoit confié, et qu'il avoit toujours été son ami. Cessac lui répliqua qu'il savoit qu'il avoit parlé de lui d'une manière que chacun lui avoit dit qu'il étoit déshonoré s'il ne se coupoit la gorge avec lui; et ayant tous deux mis l'épée à la main, celui-ci reçut deux coups, l'un au bras, et l'autre à la poitrine, duquel il mourut trois jours après. Cette mort causa un grand deuil à toute notre cour, et à tous ceux qui connoissoient son esprit et son courage. Il fit une déclaration à l'avantage de Coligny avant que de mourir; et les choses étoient pour lors en tel état, que la plupart des officiers du parlement visitèrent Coligny, qui témoigna grande douleur d'avoir tué son ami intime; et chacun le blâmoit plus de la confidence qu'il avoit faite à Cessac, que celui-ci de l'avoir divulguée.

Le 28, ensuite d'une ordonnance publiée les jours précédens, on envoya un homme de chaque maison travailler aux fortifications vers Saint-Surin, Sainte-Croix et Saint-Julien; et chacun y travailloit avec tant de joie, qu'il leur tardoit, en quittant leur besogne à l'entrée de la nuit, qu'il fût jour pour la recommencer. Les dames mêmes y alloient en foule avec de petits paniers pour porter la terre; la princesse voulut aussi y travailler pour animer les autres. Les ducs de Bouillon et de La Rochefoucauld, qui traçoient et conduisoient les travaux, régaloient les dames de fruits et de confitures, et les ouvriers de vin. Le jeune duc alloit de l'un à l'autre sur un petit cheval, et faisoit crier partout où il passoit : *Vivent le Roi et les princes! et f..... du Mazarin!*

Sur le soir, la princesse tira les dames du travail et les mena promener sur une galère, où elle les régala d'une collation fort galante. Elle fut saluée de tous les canons des vaisseaux marchands et de ceux de La Bastide. Le peuple y accourut de toutes parts, et redoubla avec les cris d'allégresse les protestations de la servir jusques à la mort.

Le baron de Migennes envoya un exprès de Libourne avec des lettres de créance du jour précédent pour la princesse, pour le duc de Bouillon et pour moi. Sa créance étoit qu'il avoit parole de quantité de personnes de qualité de Bourgogne, Champagne et Touraine d'entrer dans les intérêts des princes; et qu'il avoit moyen de se saisir d'une place considérable sur la Loire et d'une autre sur la frontière, demandant au surplus lieu et heure pour conférer avec moi. Je lui mandai, par ordre de Son Altesse et de M. de Bouillon, qu'il pouvoit venir à La Bastide, où il ne seroit ni vu ni connu; et que je m'y rendrois au moment qu'il me manderoit.

Le 29, nous apprîmes que le comte de Toulongeon avoit fait arrêter à Andaye, La Lande que nous avions dépêché à Saint-Sébastien. Il manda pourtant qu'il avoit fait passer par un paysan les lettres dont il étoit chargé pour Vatteville et pour Mazerolles, et que celui-là lui avoit fait savoir que deux vaisseaux, quatre frégates espagnoles et douze voiles angloises étoient prêts à se mettre en mer avec dix-sept charges d'argent pour Bordeaux. On renvoya celui même qu'il nous avoit dépêché, et qui étoit à Vatteville, pour le presser au dernier point d'envoyer ce secours; mais comme il étoit autant imaginaire que les autres qu'il avoit fait espérer, nous n'en eûmes aucun en effet; et ce pauvre garçon ayant été blessé à mort dans les Landes, fut rapporté le lendemain dans une charrette. Cependant, comme l'on croit aisément ce qu'on souhaite avec passion, et que même il étoit nécessaire de soutenir par de grandes espérances les volontés chancelantes des Bordelois, nous ne manquions pas de publier ces bonnes nouvelles : mais comme l'on n'en voyoit point d'effet, ce que nous croyions nous devoir servir nous nuisoit par la suite; et l'on commençoit à établir ce proverbe à Bordeaux : « Les nouvelles de M. de » Bouillon sont comme ses commandemens; » car on dit par un autre ancien : « Ce sont les com- » mandemens de M. de Bouillon; quand il parle, » personne ne bouge. » L'on continuoit de dire qu'il faisoit déguiser ses gens en courriers, pour venir débiter des nouvelles inventées : cela n'étoit pourtant pas véritable; et si nous mentions, ce n'étoit qu'en publiant les menteries du baron de Vatteville.

[Les dépêches suivantes furent néantmoins apportées vers ce temps :

A Madame la Princesse.

« Madame, ma bonne cousine, la briefveté avec laquelle nous aurions pris résolution d'assister aux partis qui ont esté formés dans Bordeaux et Flandres pour la libération du prince vostre mary, de celluy de Conti et du duc de Longueville, et afin de parvenir au surplus qui regarde ceci, fait paroistre clairement la sincère volonté avec laquelle nous y avons esté portés. A quoy nous y avons pareillement induict les commodités et travaux qui vous en ont survenus, dont nous demeurons avec ung extrême regret. Le marquis de Sillery, estant arrivé en ceste cour, nous a donné vostre lettre du vingtiesme de juing, par laquelle et par ce que ledict marquis nous a rapporté, avons entendu vos desplaisirs; vous pouvons asseurer que nos désirs ont tousjours esté d'y apporter tout soulagement, et nous doutons point que, pour cet effect et parvenir à l'establissement d'une bonne paix entre les deux couronnes, le vray et unicque remède est ce qui s'est entrepris. Nous ayans, avec cette considération, pris voluntiers sur ce qui nouvellement a esté demandé de vostre part la résolution que vous attendiez, à laquelle nous en remettans adjousterons seulement que pour l'estime particulière que faissons de vostre personne, de celle du prince vostre mary et de sa maison et de icelle du prince de Conti et duc de Longueville, vos frères, pouvez estre asseurée que ce party sera assisté avec toute la ponctualité et effect qui corresponde à sy justes dessins, aussy que de vostre part il sera contribué à ce mesme but, consistant en cela unicquement, et vostre propre sécurité et le repos de ce couronne-là.

» Pourquoi je prie Dieu qu'il vous ayt, Madame ma bonne cousine, en sa saincte garde. Faict à Madris, ce 9ᵉ de agoste du an de 1650. Vostre bon cousin,

» Philippe.

» Et plus bas :

» Ger. de la Torre. »

A Madame la princesse de Condé.

« Madame, je vois par la lettre qu'il vous a plu m'escrire avec M. de Maserolles, autant comblé des faveurs comme est parfaict mon désir de les mériter m'employant en vostre service, que vous vous donnez pour satisfaicte de ce que j'avois procuré la bonne direction des pratiques qui, de vostre part et de celle de MM. les ducs de Bouillon et de La Rochefoucaut et les autres confédérez, ont estez proposées au Roy, et cette honneur que je reçois de vostre grâce je la tiens pour une part bien essentielle du bonheur que j'ay eu en cest emplois, m'y estant appliqué avec tout mon esprit à une affaire si pleine de justice et de convenances générales et particulières, non-seulement pour toute la chrestienté et des deux couronnes, mais aussy pour les intérests de messieurs les princes vostre mari et vostre frère, qu'il n'y a personne au monde bien intentionné qui laisse de connoistre cette vérité, supposé la fin à laquelle s'achemine.

» Le Roy, qui ne désire avec plus de passions autre chose que de voir restably le repos public perdu depuis tant d'années sans causes légitimes, et messieurs les princes avec la liberté et seurté qui leur est nécessaire, escouta avec tant de bénignité vos demandes, comme vous le pouvez conoistre par les effects, ayant non seulement commandé d'accomplir ponctuellement tout ce qui a esté offert de sa part dans le traité conclu à Saint-Sébastien par M. le baron de Baas, mais aussy qu'en considération de ce qui a esté représenté à S. M. en vostre nom par MM. de Sillery et de Maserolles sur l'accroissement de l'assistance, afin de pouvoir, avec plus de moyens, enclore dans le parti M. le mareschal de La Force, considérant les convenances qui en peuvent résulter, et demeuré servi à vostre instance d'avoir, pour bien qu'on vous pourvoye, trois cens mille livres d'avantage payables trente jours après estre sortie de Saint-Sébastien les autres sommes, ayant aussi donné ordre pour l'exécution et avancement de toutes les autres dispositions de mer nécessaires et désignées pour establir avec plus en plus de seurté et avantage le présent affaire. Sur quoy, Madame, pour ne vous estre pas plus prolixe, je me remets à ce que plus particulièrement vous informeront lesdits messieurs de Sillery et Maserolles, auxquels je ay suplié de me faire la faveur de vous représenter de ma part l'extrême passion avec laquelle je désire vostre soulagement et l'honneur de vos commandemens, à qui j'obéyrai toujours si parfaictement, comme le méritent les hautes qualités de vostre personne et maison, et le recherchent mes singuliers obligations, estant, Madame, vostre, etc.

» D. Luis Mendes de Haro. »

A Monsieur de Lenet.

« Monsieur, vostre lettre que m'apporta M. de Maserolles et la relation qu'il me fit, en conformité de ce que vous l'en chargeastes à son départ, et de ce que vous l'escrivistes en 21ᵉ de juillet, m'apprend l'estat des affaires présentes et les motifs que madame la princesse eut pour l'envoyer à cette cour. Le Roy l'escoutist bénignement et nonobstant que Sa Majesté, par le traicté conclus n'est pas obligé, si ce n'est à l'accomplissement de l'assistance déclarée dans ledict traicté; néantmoins désirant que les choses marchent avec le plus ferme pas qu'il soit possible; et que concourre aux mesmes desseins du parti, un suject de si éminentes calités comme monsieur le mareschal de La Force, il a pleu à Sa Majesté d'accroistre la somme de 3000 livres, comme vous l'entenderez plus particulièrement dudict sieur de Maserolles, et donner l'ordre nécessaire pour gaster et anticiper toutes les exécutions qui peuvent asseurer d'autant plus ceste affaire; en suitte de quoy on a dépesché incontinant toutes les personnes venues de ce costé-là pour soliciter cest effect, afin que puissent partir dans les vaisseaux qu'on a presté à Saint-Sébastien avec monsieur le baron de Bateville, qui à ordre d'y aller afin que Madame tient auprès de sa personne un ministre, moyennant l'assistance duquel elle puisse participer et advertir ici tout ce qu'il sera de son plus gran service. Et ce que je vous puis prommettre avec cette occasion est qu'estant l'intention du Roy de marcher tousjours, avec toute la plus grande sincérité et par tous les moyens possibles et plus propres, à l'establissement de la paix générale et la liberté et seurté de messieurs les princes, Madame et tous les autres messieurs les confédérez peuvent estre très-asseurez que non-seulement sera accompli avec toute puntualité tout ce qu'est porté par le traicté; mais aussy que Sa Majesté fera les efforts nécessaires pour les assister selon l'estat de leurs affaires, et que, de mon costé, je ne manqueray pas de fomenter le tout avec une application si particulière, comme vous le conoisterez par les effects. J'ai esté bien aise de conoistre à monsieur de Masseroles, lequel, pour sa singulière capacité et prudence, est bien digne de la confiance que vous me dictes avoir merité auprès de madame et monsieur le prince. Je luy ay asseuré ma particulière affection à son service, le priant de vous en asseurer aussy de ma part, et du grant désir que j'ay que les effects vous tesmoignent la vérité avec laquelle je suis, Monsieur, votre très-affectionné serviteur,

» D. Lois Mendes de Haro.

» Madrid, ce 9 d'Août 1650. »

A Monsieur de Lenet.

« Monsieur, nous avons receu vostre despesche du 23 et n'avons rien à adjouster à ce que MM. don Ozorio et de Baas vous auront dict, qui seront sans doubte arrivés à vous plus tost que cette lettre, estant partis il y a huict jours avec quatre grands vesseaux et trois frégattes, argent poudre et boullets. Nous ne perdons pas un moment de temps à préparer le reste, et nous faisons équiper par icy des vesseaux qui seront bientôt prests, oultre que nous avons advis certain qu'il en est arrivé à Cadix depuis le premier de ce mois, de l'armée dépassa Languon, et qu'ils ont ordre de n'arrester pas là, mais de s'en venir droit icy; si bien que nous pouvons vous asseurer avecque certitude que vous nous verrez bientost arriver avec une armée navalle très-considérable et qui vous portera tout ce qui vous est nécessère et qui vous a esté promis; nous voyons clèrement qu'on y travaille ici tout de bon. Dès que nous aurons des nouvelles de l'arrivée de ce premier secours, nous vous donnerons positivement advis du temps que nous partirons d'icy avecque l'aultre. Vous debvez croire que nous n'avons pas icy moins d'impatience que vous en avez là.

» A Saint-Sébastien, ce 10 aoust 1650.

» Batteville. »]

Un gentilhomme dépêché par les marquis de Levis et le comte de Saint-Géran arriva avec des lettres de créance signées de l'un et de l'autre. La créance étoit que celui-ci n'avoit pu résister aux pressantes sollicitations de la cour, qui l'avoit obligé à se détacher des princes, à prendre abolition, et à lever dans son gouvernement de Bourbonnois quelques régimens; et que Levis ne se trouvant pas en état de se maintenir dans ce pays-là, avoit pris résolution de se retirer à Lyon, en attendant que le temps lui fournît les moyens d'être de quelque utilité.

Le 30, on fit un service solennel pour Cessac, qui mourut la veille avec constance et piété. Leurs Altesses, toute leur cour, et tous les gens qualifiés de la ville y assistèrent.

Ceux du parlement, qui étoient dans les intérêts de la cour firent diverses propositions pour continuer la négociation du Coudray. Les frondeurs, qui y avoient formé obstacle les jours précédens, sortirent de la compagnie pour empêcher qu'on ne prît aucune résolution, et obligèrent les jurats d'aller plus, comme ils firent sur-le-champ dans la grand'chambre, que les peuples qui savoient les propositions qui se faisoient, murmuroient grandement; qu'il étoit à craindre qu'il n'arrivât quelque grand désordre, d'autant qu'ils étoient bien avertis que toute l'espérance du cardinal Mazarin étoit de mettre de la partialité dans la ville et dans le parlement. Ils parlèrent avec tant de vigueur, et firent si fort appréhender l'emportement du peuple, que l'assemblée des chambres se rompit et donna fort à penser à ceux qui avoient fait la proposition dont je viens de parler.

Cela obligea les ducs à trouver bon que j'allasse visiter les conseillers de Françon, Du Zeste, Boucaut-le-Noir, et quelques autres de ceux qui étoient toujours portés à la pacification. J'y fus donc; et leur ayant fait connoître, dans l'entretien que j'eus avec eux, qu'il seroit malséant à une grande compagnie comme la leur d'envoyer quelqu'un de leur part à un gentilhomme particulier tel qu'étoit Le Coudray, qui même avoit manqué à la parole qu'il leur avoit donnée de retourner à Bordeaux après avoir tiré les ordres nécessaires pour les dix jours de trève, je leur dis qu'il me sembloit qu'il étoit bien plus de la dignité du parlement d'écrire à celui de Paris et au duc d'Orléans, pour se plaindre de sa conduite et de celle de la cour sur la proposition de paix qu'il étoit venu leur faire de leur part; et qu'assurément telle plainte ne pourroit produire qu'un très-bon effet.

J'ajoutai qu'il me sembloit que rien n'étoit d'un plus pernicieux exemple que de voir à tout bout de champ naître des divisions dans leur compagnie, jusques a en venir aux injures sur les moindres propositions que les uns ou les autres faisoient; qu'il me sembloit que, pour y obvier à l'avenir, ce seroit une grande prudence de dépêcher deux d'entre eux, et d'obliger les frondeurs à en faire autant de leur côté; de faire choix des plus retenus et des plus portés au bien public, afin de s'écouter les uns les autres, et de ne plus faire de propositions dans le parlement que de concert; que chaque député rapporteroit à ses amis ce qui auroit été proposé entre eux en présence de la princesse et des ducs; que je m'y trouverois toujours; et qu'ainsi les choses passeroient dorénavant tout d'une voix, et avec la dignité qu'une cour souveraine doit conserver pour maintenir les peuples dans sa dépendance; qu'en le pratiquant ainsi, on parviendroit à une union telle, que le cardinal Mazarin perdroit l'espérance de profiter des partialités de Bordeaux, et que par là nous parviendrions à une paix sûre et honorable. La proposition fut acceptée, et depuis exécutée quasi en tous rencontres.

Migennes arriva à La Bastide.

Cependant on ne manquoit pas de publier tous les bruits qui pouvoient contribuer à nous désunir: tantôt l'on disoit que de nos plus ardens frondeurs étoient gagnés par la cour, tantôt que les ducs traitoient en leur particulier avec le cardinal. Mais comme leur conduite nous paroissoit la plus nette du monde, et que d'ailleurs les hommes de ce poids-là se déshonorent rarement par des traités aussi publics que l'on publioit ceux-là, quelque avantage qui leur en puisse venir, tous ces bruits ne nous mettoient en aucune peine, et le seul défaut d'argent nous mettoit en des appréhensions mortelles que les affaires ne tombassent tout-à-coup: car il y avoit beaucoup à craindre, comme j'étois, étranger en cette ville-là, le peu de crédit que j'avois trouvé, et qui les faisoit subsister depuis six semaines, ne vînt à cesser, et avec lui les bonnes volontés de la plupart de nos gens.

Le 31, les ducs et moi fûmes, par ordre de la princesse, entretenir Migennes à La Bastide; et ils trouvèrent bon et fort à propos d'y mener Lusignan et Mirat, afin de témoigner de la confiance aux frondeurs et au peuple, et leur ôter les soupçons qu'on leur donnoit à tout moment que les uns ou les autres faisoient quelques négociations secrètes à la cour; et même pour leur faire paroître que nous n'étions pas sans ressources, car nous étions contraints de faire parade des moindres choses. La personne de Migennes nous étoit assez connue pour n'espérer pas grand'chose des propositions qu'il nous feroit: nous crûmes pourtant que nous devions nous en prévaloir envers nos Bordelois.

Il nous dit d'abord ce que j'ai rapporté ci-dessus, et que son envoyé nous avoit proposé de sa part: la place sur la Loire dont il vouloit s'emparer étoit Amboise; celle sur la frontière étoit Sedan. Il nous dit encore qu'il lui seroit facile de se rendre maître de Montereau-Fault-Yonne, et de faire des troupes en Bourgogne, Champagne et Touraine. Toutes ces propositions étoient grandes, et d'une impossible exécution à un homme comme lui. Le duc de Bouillon parlant de Sedan peut-être comme le renard des mûres, peut-être aussi échauffé du zèle qu'il nous avoit toujours fait connoître, mais quoi que c'en soit, en habile homme comme il étoit, au seul mot de Sedan s'écria: « Cela est difficile à croire; mais quand cela seroit d'une facile exécution, et qu'elle retardât la liberté des princes d'un jour, j'aimerois mieux être mort que d'avoir donné mes ordres pour reprendre cette place qui m'appartient, à ce prix-là; qu'il ne falloit songer qu'à ce qui pouvoit avancer cette liberté, et secourir Bordeaux par diversion ou autrement. » Il crut encore que le dessein de Montereau étoit chimérique et inutile en l'état qu'étoient nos affaires, et qu'il falloit se fixer au dessein d'Amboise, comme étant un poste important qui étoit peu ou point gardé, et qui avoit le marquis de Sourdis pour gouverneur. On donna donc à Migennes ce qu'il demanda, qui étoit une commission du duc d'Enghien pour s'emparer de cette place, pour y établir garnison, faire contribuer le pays pour sa subsistance, prendre l'argent du Roi dans les recettes des tailles; greniers à sel, etc.

Migennes nous dit ensuite que le maréchal de La Meilleraye avoit fort opiniâtré l'attaque de La Bastide, mais que le cardinal s'étoit obstiné à celle de Bordeaux par Saint-Surin et par le côté du château Trompette; que quand toute l'armée seroit jointe, elle ne seroit pas de sept mille hommes; qu'aussi ne prétendoit-on pas de nous attaquer dans les formes; qu'ils vouloient seulement intimider les bourgeois à coups de canon et en jetant des bombes; que l'argent manquoit à l'armée, qu'on y vomissoit publiquement des injures contre le Mazarin; que les affaires de Paris l'inquiétoient fort; que l'on écrivoit de là que le coadjuteur de Paris portoit l'esprit du duc d'Orléans à se faire régent; que l'accommodement de Bordeaux, qu'il avoit fait à l'insu et contre le gré de la Reine, joint à la naissance du duc de Valois, son fils, mettoit la cour dans une extrême jalousie; et que le vicomte d'Arpajon, qui avoit tant négocié avec nous, aussi bien que le marquis de Bourdeille, étoient tous deux à la cour.

Ce même jour, le père Bruno allant dire la messe, un homme à lui inconnu lui donna un paquet adressé au président Pichon, et qui le pria de le lui rendre en diligence : ce qu'il fit. C'étoit une dépêche de La Vrillière, secrétaire d'Etat, du 27 du mois, par laquelle il lui mandoit qu'il ne pouvoit assez s'étonner de l'obstination de ceux de Bordeaux à refuser la paix que Sa Majesté leur avoit voulu accorder, au lieu de punir, comme elle devoit, leur rébellion; qu'il avoit toujours cru que tous les ordres de la ville iroient la demander à genoux; et que ne l'ayant pas fait, il jugeoit que la faction des ducs de Bouillon et de La Rochefoucauld prévaloit sur le crédit des gens de bien, qui ne pouvoient manquer de souhaiter ardemment la paix; que Le Coudray-Montpensier n'avoit point dit à la cour qu'il eût donné parole en sortant de Bordeaux d'y retourner; que malicieusement on l'avoit fait attendre plusieurs jours sans l'admettre, à dessein de laisser expirer les dix jours de treve, et donner loisir au secours que l'on attendoit d'Espagne d'arriver, comme on en avoit la preuve par diverses lettres interceptées.

Cette lettre fut lue au parlement, les chambres assemblées, où celui auquel elle s'adressoit la porta. Elle y fut trouvée fort mauvaise; et, au lieu d'y faire l'effet que la cour s'étoit proposé, tous les esprits furent rebutés par les termes auxquels elle étoit conçue.

Pomiers-Françon, doyen du parlement, reçut une autre lettre de son frère, qui pour lors étoit à Bourg, où la cour avoit passé depuis quelques jours, par laquelle il lui mandoit qu'elle étoit triste, et paroissoit embarrassée; qu'il étoit arrivé cinq ou six courriers de Paris qu'on avoit renvoyés en diligence, et que l'on avoit empêchés de parler à qui que ce fût; que La Vrillière lui avoit témoigné une grande passion pour la paix, beaucoup d'étonnement de ce qu'on ne s'y portoit pas à Bordeaux, et qu'il souhaiteroit fort qu'il pût faire un voyage à Bourg; mais qu'il voyoit bien qu'on ne feroit jamais rien tant que l'on n'ôteroit pas la cause du mal.

LIVRE CINQUIÈME.

SEPTEMBRE 1650.

Le premier septembre, ces deux dépêches obligèrent messieurs du parlement de charger Pomiers-Françon et Boucaut-le-Noir de conférer avec moi pour savoir si la princesse et les ducs ne jugeroient pas à propos qu'on se servît de cette occasion pour attacher quelque négociation à la cour. Après de longs entretiens dont je rendis compte à qui je le devois, il fut résolu d'envoyer derechef le père Bruno, qui verroit La Vrillière, et le feroit expliquer sur ce qu'il entendoit en disant *qu'il falloit retrancher la cause du mal;* et qu'ensuite il lui diroit, et au cardinal, que s'il vouloit traiter de la liberté des princes, on entreroit avec joie en négociation avec la Reine, à laquelle on donneroit tout contentement, et avec tout le respect qui est dû à Sa Majesté.

Comme ce religieux étoit vieux et assez simple, comme j'ai déjà dit, il fut jugé à propos que je lui donnerois un mémoire (que je lus, et qui fut approuvé avant que de l'envoyer) par lequel il pourroit répliquer sur ce que le cardinal lui avoit dit en son dernier voyage, que la Reine ne pouvoit traiter avec la princesse ni avec les ducs de Bouillon et de La Rochefoucauld, parce qu'ils avoient fait un traité avec les Espagnols. Voici ce que contenoit ce mémoire.

« M. le cardinal, après avoir lu le dernier mémoire dont le père Bruno étoit chargé, et encore depuis ce temps-là, lui a dit que le traité qu'il présuppose que madame la princesse a fait avec le roi d'Espagne pour parvenir à la liberté des princes, met la Reine hors de pouvoir d'entrer en aucune négociation sur ce sujet avec Son Altesse. Les raisons que Son Eminence en dit sont à peu près celles-ci :

» Qu'en bonne politique on peut pardonner les mouvemens des sujets, quand ils ont leur principe et leur fin dans le royaume; mais que quand ils vont jusques à l'excès de faire des traités et des alliances avec les étrangers, ils sont irrémissibles; qu'au premier cas, les rois, qui sont les pères de leurs sujets, peuvent sans blesser les lois de l'Etat, les recevoir dans leur sein comme leurs enfans, après les premiers emportemens de leur colère; et que telles fautes peuvent se pardonner après quelques légères punitions : mais qu'au second cas il faut mettre le fer à la plaie, traiter les sujets en rebelles, et comme des ennemis de l'Etat; ne les traiter jamais que comme un conquérant traite des prisonniers qu'il a pris à discrétion, ou du moins qu'il n'aient abandonné leurs nouveaux alliés, et qu'ils ne se soient soumis à la miséricorde de leur souverain, qui pour lors peut consulter l'état de ses affaires et la pente de son inclination naturelle pour user, selon qu'il lui convient ou qu'il lui plaît, de châtiment ou de clémence.

» Faisant l'application de cette maxime, que le père Bruno nous a rapportée de la part de M. le cardinal, Son Eminence dit que si le Roi a cédé quelque chose à la nécessité, s'il a usé ci-devant de douceur envers ses sujets de Paris et de Bordeaux, ils n'avoient point fait de traités avec l'Espagne, comme ont fait depuis quelques jours avec madame la princesse messieurs les ducs de Bouillon et de La Rochefoucaud, et quelques autres qu'il n'a pas voulu nommer; et que cet engagement avec les ennemis de l'Etat est un tel crime, que nul ministre ne peut conseiller autre chose à la Reine que de le punir sévèrement, ou du moins ne leur pardonner jamais qu'après avoir mis les armes bas, renoncé à leur alliance, et s'être soumis à la miséricorde du Roi. Voilà, ce me semble, le sens de M. le cardinal, tel que ce religieux nous l'a fait entendre.

» Sur quoi on répond qu'il n'est pas malaisé d'agiter en bonne politique la question de savoir qui est le plus coupable, de celui qui excite une révolte dans un Etat par intérêt, par ambition, par vengeance, ou par les mouvemens déréglés de certains esprits factieux qui ne peuvent vivre que dans le désordre, semblables à ces poissons qui sont malades dans le calme, et qui reprennent leur santé dans l'agitation d'une mer orageuse; ou de ceux qui, par la nécessité d'une juste défense, demandent secours à un prince voisin pour sauver leurs libertés, leurs fortunes et leurs vies.

» La seule proposition porte sa résolution quant à soi; et personne ne peut douter que celui qui arme les sujets contre le souverain ne soit criminel beaucoup plus que celui qui reçoit du secours de l'étranger par une nécessité pressante, parce que le premier renverse l'ordre établi de Dieu et du consentement des hommes; fait, de ceux qui sont nés sujets, des ennemis à l'Etat et des rebelles; lui ôte ceux qui sont obligés à le soutenir; et enfin le fait attaquer par ceux qui doivent employer leurs vies à sa défense.

» L'autre, qui joint ses forces à celles du dehors, ne fait pas une guerre nouvelle: il se sert de celle qui étoit déjà allumée pour se garantir d'oppression; et quand le souverain, qui est, comme dit fort bien M. le cardinal, le père de ses sujets, fait cesser la violence qui lui avoit fait entreprendre quelque chose contre son devoir, le sujet retournant à lui, il est de la prudence et de la clémence d'un bon roi de le recevoir comme un enfant qui est sorti de sa maison, pour se mettre à couvert de la colère paternelle dans celle d'un voisin; et l'autre doit être considéré et traité comme un enfant furieux qui, pour ensevelir sous les cendres celui qui lui a donné l'être, porte le flambeau pour le brûler dans sa propre maison.

» Henri IV, de qui la mémoire est un exemple merveilleux à ses successeurs, a fait voir à ses sujets qu'en l'un et l'autre de ces cas, à quelque heure et à quelque moment que l'enfant se prosterne aux genoux de son père, il doit le corriger et le recevoir bénignement; que la douceur d'un roi chrétien doit être, comme celle d'un père de famille, sans bornes et sans limites; que s'il châtie, ce doit être après avoir pardonné plusieurs fois sans effet; que l'exacte sévérité ne doit pas être le premier appareil aux maladies d'Etat, et qu'elle n'est salutaire qu'aux rechutes.

» Or, venant à l'hypothèse particulière de ce qui nous concerne, l'on dit, avec la permission de M. le cardinal, sans parler de messieurs de Bouillon et de La Rochefoucauld, qui n'ont de crimes que d'être serviteurs, amis et parens de M. le prince, d'avoir accompagné madame la princesse et M. le duc à Bordeaux, et qui veulent bien être ici compris sous son nom, que Son Altesse n'a fait ni l'un ni l'autre de ces crimes envers le Roi. Elle n'a point fait de guerre dans le royaume; elle étoit retirée en sa maison de Chantilly; on y a envoyé des troupes pour s'en saisir avec toute sa famille; on lui en a envoyé d'autres aux environs de sa maison de Montrond, où elle se retira pour se garantir de la violence dont elle étoit menacée, contre les paroles que la Reine lui avoit données par la lettre dont il plut à Sa Majesté l'honorer, en date du 22 avril dernier. On a envoyé des ordres par toute la France pour l'arrêter, et monsieur son fils, âgé de sept ans; et quand elle a mis de troupes sur pied sous son nom, c'a été par une juste défense, et par la nécessité précise de conserver sa liberté, celle de ses amis, et prêter main forte à la justice souveraine d'un roi mineur, sous la protection de laquelle le parlement de Bordeaux les a mis par son arrêt du 3 juin dernier.

» Madame la princesse n'a point fait de traité avec le roi d'Espagne pour lui mettre des gouvernemens et des places entre les mains, comme on avoit fait sous Henri-le-Grand, et qui l'a pardonné; elle ne lui a point envoyé d'otage, et ne s'est liée d'aucun serment. Elle a toujours protesté, comme elle fait encore, de vivre, de nourrir et d'élever monsieur son fils dans le service du Roi, et elle a trop d'intérêt à la conservation de la couronne et de la grandeur de l'Etat, et les grandes actions de monsieur son mari lui sont des exemples trop beaux pour ne les pas imiter en tout ce qui peut dépendre d'elle.

» Elle a reçu de l'argent du roi d'Espagne, il est vrai, pour payer des troupes qu'elle peut dire n'être que des gardes pour sa défense; elle lui a écrit pour le remercier de cette assistance. La lettre qui porte les marques de sa reconnoissance porte aussi les caractères de sa fidélité inviolable envers le Roi son souverain seigneur puisqu'elle n'attribue qu'à une absolue nécessité l'acceptation qu'elle a faite de ce secours. Elle le conjure de contribuer à tout ce qui dépend de lui pour la paix générale, croyant, outre l'inclination qu'elle doit avoir pour le bien public et pour le repos de tous les sujets du Roi, qu'elle y trouvera le sien particulier et la sûreté de monsieur son fils, par la liberté de monsieur son mari et de messieurs ses beaux-frères.

» Si M. le cardinal a entendu parler du traité fait par madame de Longueville et par M. de Turenne, qui n'a point d'autres fins que la paix générale et la liberté des princes, madame la princesse croit qu'il ne peut être blâmé, et ne fera point de difficulté d'y entrer quand elle en sera requise, ne pouvant refuser ce qui peut contribuer à ce grand ouvrage, à sa maison persécutée, ni à l'Etat, qui gémit avec toute la chrétienté sous la pesanteur d'une guerre qui la tient abattue depuis tant d'années.

« Mais, remontant jusques à la source des choses, ne peut-on pas dire à un homme autant éclairé que l'est M. le cardinal, et ne conviendra-t-il point de bonne foi, que la loi de nature est la plus forte, comme celle qui sert de base et de fondement à toutes les autres; et que les civiles n'ont été instituées par les hommes que pour la manutention du droit naturel, c'est-à-dire pour se mettre à couvert des entreprises de la malice et de la violence?

» Il est certain que l'établissement d'un Etat

n'est autre chose qu'une assemblée d'hommes qui, unis sous l'autorité de certaines lois qu'ils se forment, se conservent contre les outrages qu'ils pourroient recevoir de leurs voisins. Mais quand il arrive que ceux qui sont institués pour maintenir ces lois les violent, et qu'ils viennent à opprimer ceux qu'ils sont obligés de défendre, n'est-ce point une permission tacite, à ceux qui se sont volontairement soumis à eux, de chercher leurs asiles où ils les peuvent trouver; et est-ce un crime en pareilles rencontres de se mettre à couvert sous l'autorité de la loi de nature? N'impose-t-elle point une nécessité de chercher ailleurs ce qu'on ne peut trouver chez soi? La religion même, qui doit prévaloir sur toutes les maximes d'Etat, le permet ainsi : et c'est ce qui a fait, dès l'établissement du christianisme, donner l'absolution à ceux qui ont fait des guerres, des ligues et des traités légitimes; et l'on a toujours distingué ceux qui les font par un esprit séditieux et sans nécessité, comme de certaines gens que nous connoissons et que M. le cardinal connoît, d'avec ceux qui sont comme nous violentés par une force majeure de se jeter dans d'autres protections que dans celle du Roi, qui nous manque.

» Ne parlons point de tout ce qui s'est passé en pareilles rencontres dans les siècles éloignés et dans l'autre minorité, ni même sous le règne du feu Roi; retranchons-nous à ce qui est arrivé sous le ministère de M. le cardinal. N'est-il pas d'une vérité notoire à tout le monde que l'année passée le parlement de Paris reçut publiquement don Joseph Arnolphini, envoyé de l'archiduc; qu'il lui donna audience et place dans son bureau; qu'ils demandèrent secours en Flandre; qu'ils envoyèrent au devant de celui qu'on leur promit partie de leurs troupes jusque dans le fond de la Picardie? Et tant s'en faut que cette conduite empêchât M. le cardinal de conseiller au Roi et à la Reine de traiter avec le parlement : la raison d'éviter l'effet du dessein qu'avoient les ennemis de l'Etat de profiter de nos désordres obligea Leurs Majestés à leur accorder et même à avancer la paix.

» Messieurs de Noirmoutier et de Laigues, qui firent ce voyage par l'ordre de tous ceux qui ont depuis ce temps-là reçu tant de bienfaits de la Reine, et qui étoient les guides des Espagnols lorsqu'ils entrèrent en France, en ont eu pour récompense, l'un le gouvernement de Charleville et du Mont-Olympe, et l'autre la charge de capitaine des gardes de Monsieur, frère du Roi. On ne se contenta pas seulement de leur pardonner, l'on jugea à propos de leur faire moins de mal et plus de bien qu'à M. le prince qui, pour la récompense de tant d'exploits mémorables qui ont rendu la régence de la Reine et le ministère de M. le cardinal illustres, n'a eu qu'une rigoureuse prison.

» L'avis qu'on eut du voyage que le baron de Vatteville se préparoit de faire, et qu'il fit en effet à Bordeaux, fut la plus forte raison qu'eut M. le cardinal pour faire accorder la paix à cette ville assiégée par ses ordres, pour venger les inimitiés particulières de M. le duc d'Epernon.

» Enfin Son Eminence, consommée comme elle est aux affaires d'Etat, et qui sait parfaitement les histoires de tous les royaumes de l'Europe, sait bien qu'on n'a jamais fait de difficulté d'assurer sa liberté, sa vie et sa fortune par des secours étrangers; que cela n'est pas incompatible avec la fidélité qu'on doit au souverain; qu'aussi cela n'arrive-t-il guère quand le souverain est hors d'âge et d'état d'être gouverné; et qu'il y a des temps auxquels un bon sujet peut avec conscience et honneur distinguer le Roi de son ministre; et que les traités que l'on a faits de tous temps en France avec des étrangers ont avancé les traités de pacification, et n'en ont jamais empêché aucun.

» L'on n'a pas écrit tout ceci pour persuader M. le cardinal, mais seulement pour lui faire voir que l'on connoît qu'il ne se sert de la raison qu'il a dite au porteur de cet écrit que de prétexte pour complaire aux frondeurs de Paris ses nouveaux amis, en différant la liberté de messieurs les princes, qu'il devoit pourtant avancer par toutes les raisons qu'on lui a mandées par ce bon père, c'est-à-dire pour son intérêt particulier, autant que par raison et par reconnoissance. Et nous espérons de lui la même justice que nous lui faisons, c'est-à-dire qu'il ne nous persuadera pas que nous posions les armes, jusqu'à ce que M. le prince, en liberté, l'ordonne à madame la princesse. »

Il y a quelques maximes dans cet écrit, que je n'y aurois pas insérées dans un autre temps : elles sont même contre mon sens; mais la licence qui régnoit pour lors étoit telle, qu'on ne faisoit point de difficulté de dire ce qui pouvoit servir. Il n'étoit rien de si hardi que l'emportement de ceux qui étoient dans nos intérêts ne trouvassent trop foible pour attaquer un ministre qui avoit eu la hardiesse de mettre un homme de l'élévation et de la réputation de M. le prince en prison. J'aurois même fait difficulté d'écrire de telles maximes dans un ouvrage qui eût dû paroître en public; mais j'ai cru que ne devant être vu que de M. le cardinal, qui n'avoit garde de le divulguer, je faisois ce que je devois en lui faisant connoître par un discours ferme qu'il n'y avoit rien à quoi nous ne nous portassions pour parvenir à la liberté que nous demandions, outre que ceux à qui j'étois soumis jugèrent à propos de lui parler de la sorte.

Je fus ce jour-là à l'Hôtel-de-Ville pour presser le prêt de cinquante mille écus que tous les corps de la ville avoient promis de faire à la princesse sur une partie de ses pierreries. Je visitai avec les magistrats les moulins, pour les mettre en l'état qu'ils devoient être; nous nous informâmes des marchands de blé et des boulangers s'il y en avoit dans la ville suffisamment pour se passer d'en tirer de dehors pendant trois ou quatre mois; et je fus fort consolé quand j'appris qu'il y avoit des vivres dans la ville pour plus d'un an. Je fis aussi boucher un certain passage pour faire retenir l'eau et inonder tout le marais, qui met à couvert une bonne partie de la ville.

Cependant les paysans des Grave et des Palus nous amenoient tous les matins quantité de prisonniers qu'ils faisoient dans leurs digues et dans leurs landes; et comme les soldats de l'armée du Roi se débandoient pour aller à la picorée, ils se mettoient en ambuscade et en tuoient beaucoup. Je ne puis m'empêcher de rapporter ici un ordre que donna le capitaine de Caudeyrand (c'étoit ainsi que s'appeloit celui qui commandoit à tous les villageois, parce qu'il étoit d'un lieu qui s'appeloit ainsi) : cet ordre portoit défense de tirer désormais sur d'autres que sur des cavaliers du Mazarin, attendu, disoit-il, qu'un fantassin ne valoit pas la charge d'un fusil.

Le duc de Bouillon alla cette nuit-là coucher à Saint-Surin, pour obliger la cavalerie, qui ne vouloit pas monter la garde, à la faire, à cause que nous n'avions pas de quoi la payer régulièrement. Il reçut une lettre de Ruvigny, et la princesse une autre, par lesquelles il les supplioit de songer à la liberté du marquis de Jarzé, et de dire que quand on l'arrêta prisonnier, il alloit trouver la duchesse de Longueville par les ordres du duc d'Enghien.

Le 2, la bourgeoisie fit une cabale pour ne payer leur portion de prêt que toute la ville devoit faire qu'après le parlement, sur ce que cette compagnie avoit dit, par un arrêt, qu'elle ne paieroit la sienne qu'après que les bourgeois auroient satisfait : de sorte que, sur cette contestation, les uns ni les autres ne payoient. Ce qui obligea la princesse à m'envoyer au Palais de sa part, où je remontrai à messieurs que nos troupes périssoient, que nous n'avions pas seulement de quoi leur donner du pain de munition ; et que si une fois ils étoient réduits à la dernière nécessité, il étoit dangereux qu'on ne vit arriver quelque grand désordre, dans une conjoncture en laquelle il importoit de paroître unis et puissans pour parvenir à une paix avantageuse. Ils me promirent que, toutes choses cessantes, ils y pourvoiroient.

Le 3, le père Bruno arriva de la cour, où il parla d'abord à La Vrillière, secrétaire d'Etat, auquel il rendit la lettre du président Pichon, conçue en termes foibles, et fort éloignés de ceux dont le parlement lui avoit ordonné de se servir, pour repousser les choses injurieuses que ce président avoit reçues de lui, et dont il avoit, comme j'ai dit, fait la lecture dans les chambres assemblées. Il demandoit même, sans ordre, par cette dépêche les passe-ports nécessaires pour envoyer des députés à la cour.

Ce religieux demanda à La Vrillière qui il avoit entendu désigner en disant, par la lettre de laquelle il venoit de lui rendre la réponse, *qu'il falloit retrancher la cause du mal.* Il lui répartit qu'il avoit entendu parler du duc de Bouillon, contre lequel il invectiva fort ; et finit en lui disant que jamais Bordeaux ne feroit sa paix avec le Roi tant que ce duc seroit dans l'enclos de ses murailles.

Il vit ensuite le cardinal, qui le reçut fort bien, à son ordinaire. Il lui fit d'abord un compliment dont la princesse l'avoit chargé en son particulier, qui étoit qu'elle lui offroit sincèrement son amitié, celle de tous ses amis, tout respect et toute obéissance à la Reine, en mettant monsieur son mari en liberté ; qu'elle étoit nièce de M. le cardinal de Richelieu, et par conséquent incapable de manquer à sa parole ; qu'elle seroit comme lui ferme jusques à la mort pour ses amis et contre ses ennemis ; que son malheur étoit que, manquant du pouvoir que monsieur son oncle avoit, elle ne pouvoit pas comme lui faire voir l'un et l'autre, mais qu'elle tâcheroit à nourrir monsieur son fils dans cette bonne maxime ; et que s'il songeoit bien qu'elle est nièce de ce grand homme, à qui il devoit toute sa fortune et toute sa considération, il songeroit en même temps que ce lui étoit une chose bien honteuse de la pousser à bout comme il faisoit, jusques à la menacer de l'assiéger ; enfin qu'elle le prioit encore de considérer que monsieur son oncle l'avoit élevé, et que monsieur son mari l'avoit maintenu.

« Dites la vérité, mon père, lui dit le cardinal : ce compliment est-il avoué de madame la princesse? Mais en bonne foi, n'est-ce pas M. de Bouillon qui vous a chargé de me le faire? — Non, en conscience, Monseigneur, lui dit-il ; elle m'a dit tout cela en son particulier, et me l'a dit avec un mouvement le plus sincère du monde ; elle y ajouta ces mots : « Hélas ! je ne cherche que son amitié, et il me persécute. » Il est vrai qu'il a bien mis dans les fers monsieur mon mari, qui avoit fait pour lui plus que n'avoit fait M. le cardinal de Richelieu, car il lui a conservé sa fortune, et peut-être la vie. — Vous me donnez une très-grande joie, lui répliqua le cardinal : son oncle prendroit bien du plaisir à l'ouïr parler ainsi. Je lui en sais bon gré : plût à Dieu pouvoir faire ce qu'elle me demande ! » Il lui demanda ensuite s'il n'avoit rien autre chose à lui dire. Ce bon religieux lui répartit qu'il étoit venu pour porter à M. de La Vrillière la réponse de la lettre qu'il lui avoit envoyée à Bordeaux pour le président Pichon ; et qu'ayant vu et entretenu les ducs et moi sur ce qui s'étoit passé en son dernier voyage vers Son Éminence, nous avions tous trois discouru fort amplement en sa présence, et que nous étions persuadés qu'il n'avoit guère envie de nous rendre messieurs les princes, puisqu'il nous les refusoit sous un si foible prétexte ; que, deux heures après qu'il nous eut quittés, je lui portai en son couvent le papier dont j'ai parlé ci-dessus. Il le lut deux fois fort attentivement ; et levant ensuite les yeux au ciel, il lui dit : « Je suis assuré que si ces messieurs-là étoient en ma place ils ne seroient pas moins empêchés que moi : cette affaire-ci est un chardon qui de tous côtés a des piquans. Ils ont de bonnes raisons ; s'ils savoient au vrai l'état des affaires, ils jugeroient que les miennes sont aussi très-bonnes. L'écrit de M. Lenet est bon, je ne puis le nier ; mais les comparaisons qu'il fait de petits particuliers sont bien éloignées d'un aussi grand homme que M. le prince, et d'autant de conséquence qu'il est. Laigues ni Noirmoutier, ni même les parlemens de Paris et de Bordeaux, ne pouvoient jamais faire peur au duc d'Orléans, et le seul nom de M. le prince le fait trembler. Si vous permets de dire cela à M. Lenet, à l'oreille et à lui seul, je m'assure qu'il connoîtra bien tout ce que j'entends en parlant ainsi : il me doit cela, car je suis dans son sens en bien des choses. » Puis il revint à dire que ce traité d'Espagne gâtoit tout ; et que, sur son Dieu, s'il étoit en ma place, il conseilleroit à madame la princesse d'y renoncer, de se séparer des ducs de Bouillon et de La Rochefoucauld, de venir à la cour comme il l'avoit déjà proposé ; et que c'étoit le seul moyen de donner lieu à ses bonnes intentions d'agir. Il le pria ensuite d'assurer madame la princesse de son obéissance : et, descendant jusques à moi, il le chargea de m'assurer de son estime et de son amitié, et se sépara ainsi de lui, ajoutant qu'il vouloit faire voir cet écrit à la Reine.

Il retourna donc sans autre fruit de son voyage, et rapporta un arrêt du conseil donné à Bourg, en forme de déclaration, contre la rébellion de Bordeaux. Je ne le rapporte pas ici, à cause de sa longueur ; je me suis contenté de le garder, comme j'ai fait beaucoup d'autres pièces servant à nos affaires, pour faire voir quelque jour à M. le prince, qu'on a tâché à ne rien omettre des choses de son service pendant sa prison.

Cet arrêt du conseil étoit conçu en termes ordinaires en pareilles rencontres, mais un peu trop violens dans une saison comme celle-là ; qu'il falloit plutôt témoigner de l'envie d'user de clémence que de rigueur ; et que, n'ayant pas de quoi réduire par la force des esprits fermes et résolus, c'eût été prudence de faire de nécessité vertu. Le père Bruno, incontinent après son arrivée, fut mandé au parlement pour y dire ce qu'il avoit appris à la cour pendant son voyage ; et comme j'avois en mon pouvoir cette espèce de déclaration, je la mis en diligence sous une enveloppe que j'adressai au conseiller Tarangue, homme naturellement emporté, et fort dans les intérêts du parti. Il ne l'eut pas plus tôt reçue et lue, qu'il la mit sur le bureau des chambres qui étoient assemblées ; et, après qu'on en eut fait lecture publique, il opina fortement, et fut d'avis qu'on donnât tout sur-le-champ, contre le cardinal, un arrêt semblable à celui qui fut donné en 1617 au sujet du maréchal d'Ancre. Les esprits y étoient assez disposés ; mais comme l'heure étoit fort avancée, ceux qui étoient les plus modérés, et les plus portés à la paix qu'à nos intérêts, rompirent la séance ; et ayant eu ensemble une petite conférence particulière, ils résolurent d'envoyer quelqu'un d'entreux vers la princesse, pour savoir si elle ne jugeroit point à propos d'envoyer des députés à la cour. Le président de La Traisne, et le conseiller Maraut, homme habile et d'un esprit doux et souple, mais assez ferme et résolu, arrivèrent peu de temps après vers Son Altesse, qui me fit l'honneur de me mander. J'y trouvai les ducs, qui y arrivèrent quasi en même temps que moi. La question fut fort agitée s'il falloit envoyer ou non des députés au Roi : ceux qui étoient là appuyèrent fort la résolution qu'ils avoient prise avec leurs confrères : la princesse, au contraire, qui savoit certainement que l'armée du Roi n'étoit nullement en état de pouvoir prendre Bordeaux, bien loin de vouloir entendre à aucune députation, me commanda, par l'avis des ducs, de leur parler fortement, pour tâcher de leur persuader de donner, contre le cardinal, l'arrêt proposé par Tarangue ; croyant par là mettre le feu à la poudre, et donnant cet exemple aux autres parlemens qui l'en avoient si souvent menacé, et dont la plus grande partie n'avoit jamais osé l'exécuter, leur donner lieu de ne pas perdre cette conjoncture, afin que s'ils venoient à en user ainsi, les frondeurs pussent se prévaloir de l'occasion contre le cardinal, et le missent en état de n'avoir plus de ressource qu'avec la maison de Condé. Toute cette conférence se passa en contestation, dans laquelle les ducs, à l'imitation de la princesse, s'échauffèrent beaucoup.

Après dîner, Pomiers-Françon, doyen du parlement, et Boucaut, qu'on appeloit le Noir pour le distinguer d'un de même nom, plus ancien que lui, qu'on appeloit le Rousseau, et qui étoit grand frondeur, me firent l'honneur de me visiter, et de me dire beaucoup de raisons pour me persuader qu'il étoit temps de négocier. Je savois mieux qu'eux que les choses n'étoient pas en état d'obtenir la liberté de M. le prince ; qu'on ne pouvoit la prétendre qu'en portant des choses aux extrémités, et enfin que rien ne me convenoit que cela. Je me servis de toutes les autres raisons que les ducs avoient apportées le matin, en présence de la princesse, au président de La Traisne, pour le dissuader de ce dessein ; et nous ne nous persuadâmes ni les uns ni les autres.

Ce jour-là, Cugnac reçut des lettres des maréchal et marquis de La Force, par lesquelles ils lui mandèrent qu'ils n'attendoient que de l'argent pour favoriser nos desseins par les armes ; que la Reine leur avoit envoyé un gentilhomme pour leur proposer de grands avantages et les inviter d'aller à la cour, et même de se rendre entremetteurs de la paix de Bordeaux; et qu'ils avoient fait réponse qu'ils étoient hors d'état d'écouter aucunes propositions. Nous apprimes encore que le comte de Tavannes, Du Bosquet et Chavagnac, qui amenoient quelques troupes des environs de Montrond, les avoient laissées à Turenne, et étoient venus à Montfort pour conférer avec messieurs de La Force, qui promettoient de se mettre en campagne moyennant cent mille livres pour lever des troupes. J'ai sujet de croire, par la longue tergiversation de ces messieurs-là, qu'ils n'avoient fait que tâter le pouls dès le commencement de cette affaire, et qu'ils ne s'étoient jamais voulu expliquer que quand ils la virent sur ses fins. Ils crurent qu'il étoit bon de toucher une somme considérable qu'ils n'auroient pas le temps (comme je crois qu'ils n'avoient pas la volonté) de dépenser, et, après un petit mouvement inutile, entrer dans un traité duquel ils pourroient tirer quelque avantage, comme ce maréchal-là a fait toute sa vie des partis ès quels il est entré. Et nonobstant cette créance, qui m'étoit commune avec les ducs, qui les connoissoient bien mieux que moi, nous aurions tous été d'avis de donner cette somme, même une plus grande, si elle avoit été en notre pouvoir : tant il est important d'acheter les hommes de noms considérables pour contenter les peuples et étonner les ennemis, quoiqu'on en espère peu d'effet.

Quelques-uns mandèrent encore ce jour-là que l'archiduc avançoit vers Paris, et que le crédit du duc de Beaufort y diminuoit beaucoup, par l'attachement que le peuple croyoit qu'il avoit avec le cardinal.

Le 4, le duc de Bouillon, qui avoit, comme j'ai dit ci-dessus, levé deux ou trois années de sa taille de Turenne par avance, tant ses sujets avoient d'amitié pour lui, destinoit cette somme pour subsister avec messieurs ses enfans, tous encore fort jeunes, en Hollande, où il projetoit de se retirer en cas que l'affaire de Bordeaux finît sans pouvoir être utile à la liberté des princes, et que le cardinal vînt à reprendre le dessus à tel point qu'il ne pût avoir de sûreté dans sa maison de Turenne, croyant bien que madame la princesse et M. le duc l'auroient partout où il lui plairoit (puisqu'on la lui avoit offerte par avance), quelque succès que pût avoir la paix de Bordeaux. Il avoit considéré, comme j'ai dit, que le nom de messieurs de La Force pourroit faire l'effet dont j'ai parlé, quoiqu'il vît que le succès en seroit fort médiocre. Il connut encore que le parlement et le peuple de Bordeaux témoignoient grande passion de les voir dans le parti : il crut que, la nouveauté ayant beaucoup de pouvoir dans la bourgeoisie, il falloit tout mettre en usage pour faire entrer ces messieurs-là dans le parti, ou les mettre dans leur tort s'ils n'y entroient point ; et en tout cas qu'il feroit un acte de générosité. Tant y a qu'en plein conseil, où étoient avec la princesse quelques officiers d'armée et des députés du parlement et de l'Hôtel-de-Ville, comme c'étoit la coutume, le duc de Bouillon offrit de faire compter la même somme de cent mille francs qu'il avoit à Turenne, et que messieurs de La Force demandoient pour faire des troupes, si messieurs du parlement vouloient donner arrêt pour qu'il les reprît sur la recette du convoi de Bordeaux. La chose fut agitée ce même jour-là dans la compagnie ; et, par les grandes contestations qu'il y eut en opinant, elle demeura indécise, et remise à une autre séance.

Il courut un bruit parmi le peuple que le

conseiller Du Zeste avoit dit que lui et ses amis étoient assez forts pour faire égorger tous ceux qui auroient la hardiesse de vouloir empêcher la signature de la paix. Ce bruit, véritable ou non, causa un tel emportement, qu'il fallut toute l'autorité de la princesse et toute l'adresse de ses serviteurs pour empêcher le pillage de sa maison, et peut-être qu'il ne souffrît ce dont on publioit qu'il menaçoit les autres.

Un courrier de Toulouse dépêché à Bourg, et qui étoit marié à Bordeaux, y arriva, et soulagea grandement tout le monde par une lettre qu'il m'apporta du comte de Maure, qui l'avoit adressée à un de ses amis à la cour pour me la faire tenir. Elle étoit du 28 du mois d'août, et portoit confirmation des nouvelles dont j'ai parlé. Il nous exhortoit, de la part des principaux serviteurs que M. le prince avoit à Paris, de ne nous pas étonner des bruits qu'on faisoit courir à Bordeaux, et nous assuroit que, s'il tenoit bon, et n'écoutoit aucune proposition d'accommodement, le cardinal étoit perdu sans ressource, par la confusion que les desseins de la Fronde et l'approche de l'archiduc alloient mettre à Paris. Cette lettre, qui venoit d'un gentilhomme de mérite et de vertu connue, trouva plus de créance dans Bordeaux, et y fit plus d'effet qu'aucune de toutes celles qui portoient la même chose.

Le 5, le cardinal, qui depuis trois jours avoit quitté la cour pour passer en Médoc, savoit l'état des affaires de Paris, qui menaçoient sa ruine, et qu'on avoit été contraint à son insu de tirer les princes du bois de Vincennes, à cause de l'approche de l'archiduc. Mais en effet le duc d'Orléans et le coadjuteur de Paris se servirent de ce prétexte pour les ôter du pouvoir du cardinal, et pour les avoir en quelque façon sous leur autorité en les faisant mettre dans le château de Marcoussi, dont le cardinal avoit une douleur mortelle, et avec raison une très-grande impatience de s'approcher de Paris pour fixer les prétentions des frondeurs, et ses résolutions sur leur sujet et sur celui des princes. Il lui étoit honteux, et d'une perte manifeste, de quitter Bordeaux sans le réduire; il lui étoit dangereux d'y demeurer plus long-temps sans rien entreprendre; en un mot, il falloit ou faire ou faillir. Il résolut donc à une tentative, et de faire attaquer le faubourg de Saint-Surin, pour voir si la division qu'il attendoit depuis si long-temps, et qu'on lui avoit toujours fait espérer, éclateroit enfin dans Bordeaux par la terreur de son approche.

Toutes les troupes du maréchal de La Meilleraye donnèrent donc ce jour-là, par les ordres du cardinal, dans ce faubourg. Nous avions fait quelques barricades aux avenues qu'elles attaquèrent. Le beffroi (c'est comme ils appellent le tocsin en ce pays-là) sonna de toutes parts : les ducs montèrent à cheval un peu avant le jour; tous les officiers s'y rendirent; la bourgeoisie y accourut, mais en désordre, selon la coutume; nos troupes qui y étoient postées soutinrent fortement (animées qu'elles étoient de l'exemple de tous ces braves) cinq ou six attaques vigoureuses; mais enfin, ayant été coupées par les maisons, se retirèrent l'épée à la main, par les ordres du duc de Bouillon, et mirent le feu en celles qui étoient les plus proches de la ville : toute la noblesse et tous les officiers qui étoient là y signalèrent leur valeur. Je n'en spécifie aucun en particulier, parce qu'il faudroit, pour ne faire injustice ni aux uns ni aux autres, rapporter par le menu toutes leurs actions. Plusieurs de messieurs du parlement, et quantité des plus considérables bourgeois, montrèrent en cette occasion que les Gascons de toutes conditions sont nés braves. Les attaquans y eurent plus de mille hommes tués ou blessés : Chouppes et La Piallière y reçurent de dangereuses blessures, aussi bien que plus de cent officiers des régimens suisses d'Harcourt, de Périgord et de La Meilleraye. Ils demandèrent une trêve pour retirer leurs morts, qu'on leur refusa. Quelques officiers du parlement furent empêchés par les officiers de l'armée d'entreprendre des choses de grand cœur, mais de petite conduite. Toute cette bourgeoisie, au lieu de prendre l'épouvante, demeura ferme, et reprit nouvelle vigueur. Nous y eûmes plusieurs blessés, et entre autres les chevaliers de Mailly et de Guitaut, qui moururent après de leurs blessures : d'Angerville et Chauffour, mestre-de-camp du régiment d'H***, infanterie; le chevalier de Todias, Beauvais, Le Vosmier et Carbonniers furent faits prisonniers des ennemis.

L'on vit en même temps monter les vaisseaux de Montrie : ce qui nous fit croire qu'ils avoient dessein d'attaquer le faubourg des Chartreux, parce qu'étant grand, vaste et difficile à garder, nous n'y en avions qu'une de peu de considération. Il leur étoit fort aisé de l'emporter, d'autant plus qu'ils pouvoient favoriser leur attaque par tous leurs vaisseaux, ce poste étant tout le long de la rivière. On croyoit encore qu'ils attaqueroient en même temps le fort de La Bastide, pour partager nos forces et nos soins; mais je crois que le peu de troupes qu'ils avoient, et la perte qu'ils venoient de faire les en empêcha. Dans la crainte qu'on en eut, l'on doubla la garde de la bourgeoisie en l'un, et

24.

celle des gens de guerre en l'autre ; on se barricada sur le gué des Chartreux ; on mit du canon sur une tour qui restoit du château Trompette, et qui voyoit tout le bord de l'eau. Meille, Coligny, Cugnac et Le Chambon eurent chacun leur travail particulier à conduire. Le parlement, qui veut à Bordeaux se mêler de tout, causa quelque confusion, parce que les jurats, à qui les bourgeois sont accoutumés d'obéir, conservent peu d'autorité ; et ce qui nous faisoit le plus de mal, c'est que, l'argent nous manquant, nous ne pouvions avoir à propos des travailleurs, des outils, des gabions, ni des fascines.

L'on tint conseil de guerre, où les commissaires du parlement parurent moins vigoureux que les députés de la bourgeoisie. On y résolut entre autres choses de disputer tout aux ennemis, et d'essayer de ruiner leur infanterie par une opiniâtre défense.

Le 6, je fus chargé d'aller à l'Hôtel-de-Ville, où les jurats crurent m'honorer beaucoup (et je m'en sentis fort leur obligé) en me présentant des lettres de bourgeois de Bordeaux, que je reçus avec de grands remercîmens. Je leur proposai de régler les compagnies de la bourgeoisie, en sorte qu'en ôtant tous les gens de rebut elles fussent toutes de deux cents hommes chacune ; et comme il y en a dans cette ville-là trente-six, cela feroit un corps de sept mille deux cents hommes qui feroient fonction de soldats, pendant que le reste des habitans se reposeroient ou vaqueroient à leurs affaires domestiques ; que des trente-six compagnies douze seulement entreroient en garde chaque jour, et ainsi en auroient deux de repos pour un de fatigue, et subsécutivement se relèveroient. Et ainsi on auroit toujours deux mille quatre cents hommes en faction, qui, mêlés avec les gens de guerre, feroient de fréquentes sorties capables de ruiner en peu de temps l'infanterie des ennemis.

Je proposai encore qu'en cas d'alarmes, et au son du beffroi, tout le monde se rendroit aux places d'armes, d'où ils seroient conduits par ordre où il conviendroit aller ; au lieu que courant tous les uns après les autres aux endroits où on croyoit qu'étoit l'alarme, ils n'y apporteroient que de la confusion. Je les priai de régler le prix des denrées, que les hôtes vouloient enchérir ; de presser la levée de l'argent qu'on avoit résolu de prêter à la princesse ; de nommer des bourgeois commissaires pour l'exécution de toutes choses, comme pour faire faire des farines, des poudres, des outils, des gabions, des feux d'artifice, des mèches, amasser des barriques, etc. ; et enfin de donner ordre à quantité de paysans retirés dans la ville de se trouver tous les matins dans les places publiques, où les généraux les enverroient quérir pour les faire travailler où il seroit nécessaire.

Les magistrats goûtèrent toutes ces propositions. On commit de notables bourgeois pour les faire exécuter, et si nous eussions eu beaucoup d'argent, elles l'eussent été avec grande ponctualité.

Les commissaires du parlement proposèrent en plein conseil d'envoyer Pomiers-Françon à la cour pour connoître la disposition des esprits, et quel biais il faudroit prendre pour renouer une négociation, pendant que le duc de Bouillon et tous les officiers crioient confusément que ce seroit une grande foiblesse de faire cette démarche le lendemain de l'attaque d'un faubourg. Le duc de La Rochefoucauld, auprès duquel j'étois assis, me fit remarquer que les quatre commissaires, qui n'étoient presque jamais de même sentiment, s'étoient unis sur ce sujet ; d'où il jugeoit que la chose étoit résolue entre eux, et me dit qu'il lui sembloit dangereux de mettre cela en délibération, parce que s'il passoit à cet avis-là, la cour connoîtroit notre foiblesse ; et que s'il n'y passoit pas, et que le parlement le résolût ainsi, cela feroit voir de la division entre nous, qui seroit une chose fâcheuse en l'état auquel nous étions.

J'entrai tout-à-fait dans son sens ; et quand la contestation qui étoit entre tous les assistans fut un peu calmée, je proposai aux commissaires qu'en cas que le parlement le voulût ainsi, qu'à la première proposition qui s'en seroit faite ils se levassent confusément, et disent : « Que Pomiers » aille, s'il veut, à la cour : il y a quinze jours » qu'il devroit y être, et avoir contenté son en- » vie ; » que nous mettrions ordre que tous nos amis quitteroient leurs places, les suivroient ; et qu'ainsi, ou Pomiers n'iroit point à Bourg, ou, s'il y alloit, il iroit comme particulier, et non pas comme député. Il fut ainsi rapporté et résolu.

Je reçus, ce jour-là, un paquet de Saint-Sébastien par un valet du baron d'Orte. Il contenoit deux lettres, l'une signée de Baas, de Sillery et de Vatteville ; et l'autre étoit de Mazerolles. L'une et l'autre étoient datées du 28 d'août, et toutes deux portoient qu'ils partiroient le lendemain avec quatre grands vaisseaux et quatre frégates chargées d'hommes, de munitions et de vivres. C'étoit la plus grande et plus agréable nouvelle qu'on pût recevoir dans une pareille conjoncture. Nos amis, dont la plupart connoissoient la signature de ceux qui nous envoyoient cette dépêche, en eurent une extrême joie; et ceux qui ne l'étoient pas la tournèrent en poison, disant qu'elle étoit supposée. Nous autres, qui n'étions que trop accoutumés aux mensonges de Vatteville, n'osions nous en réjouir; et, quoique nous vissions l'écriture des envoyés de la princesse, mêlée parmi la sienne, nous craignions toujours que ce baron ne les eût trompés les premiers; et le temps nous fit voir que notre défiance étoit bien fondée. Quoi qu'il en soit, on jugea à propos de ne point faire voir publiquement cette dépêche dans l'Hôtel-de-Ville, comme on avoit fait de quelques autres; mais que je la porterois et la montrerois en original, et comme en confidence, à Pomiers-Françon, et que je lui insinuerois que si ce secours arrivoit, comme il y en avoit bien de l'apparence, jamais la paix ne se feroit, et jamais le cardinal ne viendroit à bout de Bordeaux; et que c'étoit là la vraie occasion de faire le voyage qu'il préméditoit de longue main à la cour, pour, en lui disant cette nouvelle, lui proposer d'entrer en négociation avec nous pour la liberté des princes. Je lui fis encore confidence des voyages du père Bruno; je lui fis lecture des mémoires dont je l'avois chargé, pour lui faire voir que j'avois toujours eu l'esprit de paix, et pour l'instruire bien de l'état des choses. Pomiers, qui naturellement avoit de l'inclination pour M. le prince, qui étoit intendant de ses affaires en Guienne, et qui, par la foiblesse ordinaire à ceux de son âge, et par l'aversion d'un bon François contre l'Espagne, n'osoit la lui témoigner, entra fort bien en cette occasion en tout ce que je lui dis, et me donna sa parole de conduire la chose en la même forme comme je lui avois insinué.

Nous envoyâmes à Royan deux gentilshommes de Saintonge, qui étoient dans les intérêts de la princesse, avec ordre d'y prendre quelque embarcation pour rôder autour de Cordouan, et faire savoir au prétendu secours d'Espagne, au cas qu'il parût, qu'il pouvoit entrer hardiment en rivière, et que les vaisseaux de Montrie n'étoient pas en état de leur disputer le passage à Bordeaux. Nous fîmes encore partir en même temps deux matelots dans deux couraux, par voies différentes, à l'insu l'un de l'autre, et à mêmes fins.

Cette même dépêche portoit que Baas s'embarqueroit sur lesdits vaisseaux avec don Joseph Osorio, et que les autres attendroient le grand secours que Vatteville devoit amener lui-même dans peu de jours.

Nos gens firent le soir une sortie sur les ennemis, pour ruiner un travail qu'ils conduisoient à une demi-lune dont je parlerai après: mais comme la nuit est peu favorable à de pareilles entreprises, et que nos gens alloient par deux côtés différens, ils se prirent les uns et les autres pour ennemis, et s'entretirèrent; mais comme ils reconnurent bientôt leur faute, le mal ne fut grand qu'en ce qu'il empêcha l'effet qu'on s'étoit promis de la sortie.

L'on envoya le courrier de Chavagnac portant ordre au comte de Tavannes d'avancer sa marche, et de voir en passant messieurs de La Force, et de leur obéir s'ils étoient en état de battre aux champs; sinon de marcher droit et sans aucun retard à La Bastide.

On fit, en même temps, partir un bourgeois nommé Larrat, affectionné de longue main à la maison de La Force, pour presser l'exécution de leurs promesses, et leur porter ordre de recevoir à Turenne les cent milles livres du duc de Bouillon, incontinent que le parlement de Bordeaux lui auroit donné les assurances qu'il lui demandoit d'en être remboursé sur le convoi.

Le 7, plusieurs cavaliers et fantassins de l'armée que nous appelions *mazarine* se rendirent à nous, et confirmèrent la perte qu'ils avoient faite aux attaques de Saint-Surin, telle que je viens de le dire, et que quasi tous les sergens avoient été tués. Ils nous apprirent que le cardinal y avoit été en personne; que leur armée manquoit de tout; qu'on y murmuroit fort; que toutes leurs attaques iroient à la demi-lune de la porte Digeaux; qu'ils auroient attaqué La Bastide et les Chartreux, s'ils avoient eu des troupes; mais que leur armée étoit si foible, qu'ils n'avoient autre dessein que d'épouvanter Bordeaux par leurs canons; et que pour cet effet on travailloit fortement aux batteries. Je n'ai jamais vu, dans aucune armée où j'ai été, que les soldats qui viennent se rendre disent autre chose que des nouvelles agréables: aussi ne viennent-ils à autre intention que de profiter.

La princesse elle-même alloit faire travailler aux moulins, qui étoit la chose la plus nécessaire de toutes, parce qu'on ne pouvoit plus aller moudre au dehors qu'avec grande difficulté. Elle alla aussi voir ce jour-là partir ses galères, que l'on mit en mer à dessein de favoriser le passage des Espagnols.

On confirmoit par les lettres du 29 août tout ce que j'ai dit ci-devant, et surtout que le duc d'Orléans se vouloit faire déclarer régent.

Le 8, nos généraux allèrent à l'Hôtel-de-Ville presser l'effet des résolutions qui y avoient été prises en ma présence. Ils louèrent fort leur bonne volonté et leur courage, mais blâmèrent leur lenteur, leur paresse et leur avarice. Ils menèrent ensuite deux jurats avec eux visiter les batteries qu'ils avoient fait faire, et firent une petite sortie d'un sergent et de dix soldats soutenus de trente hommes, commandés par un lieutenant, pour reconnoître un certain travail assez avancé que faisoient les ennemis.

On fit encore trois dépêches à Saint-Sébastien, par mer, pour presser le secours.

La demi-lune dont j'ai promis de parler, et qui est devenue si fameuse par une attaque de douze jours sans avoir été prise, étoit appelée ainsi, et n'étoit en effet qu'un amas de béton et d'immondices, qui par succession de temps avoit presque couvert et, par manière de dire, enterré la porte Digeaux : on avoit taillé le devant de cette hauteur en forme de demi-lune. Ce travail n'avoit pas plus de six pieds d'élévation ; on n'avoit pas eu le temps de le fossoyer, et on y avoit fait un parapet de barriques remplies de terre. Les ennemis n'avoient d'autre dessein que d'occuper ce poste, qui étoit assez élevé, à dessein d'y mettre une batterie pour abattre quelques toits de maisons et étonner Bordeaux. Ils l'attaquèrent vigoureusement cette nuit-là, et furent repoussés de même avec perte de deux cents des leurs.

Le 9, un valet de chambre du comte de Duras, et Desprès, capitaine d'infanterie dans Condé, arrivèrent de la frontière de Flandre, envoyés du vicomte de Turenne. Ils furent arrêtés quatre jours à Châtellerault : ce qui nous retarda d'autant les nouvelles qu'ils nous apportoient, qui étoient qu'on avoit eu toutes les peines du monde de faire entrer les Espagnols en France, et encore plus de les faire avancer jusques à Rethel, Château-Porcien, La Ferté-sous-Jouarre, etc., et qu'on ne croyoit pas qu'il fût possible de les faire approcher plus près de Paris ; qu'au contraire on jugeoit que l'archiduc suivroit le penchant qu'il avoit à se retirer ; que le vicomte de Turenne tâcheroit à profiter de cette marche, et à obliger le comte de Fuensaldagne de porter l'archiduc à envoyer faire des propositions de paix générale, pourvu que le cardinal voulût qu'on le traitât avec les princes libres, parce qu'il croyoit que cela donneroit un grand prétexte au parlement de Paris et aux Parisiens de fronder plus vigoureusement que jamais contre ce ministre, et même aux frondeurs de prendre quelque avantage sur lui, duquel nous pourrions profiter en lui faisant faire des propositions pendant qu'il étoit dans le voisinage de Bordeaux. Ceux qui souhaitent ardemment les choses, et qui sont intéressés à les souhaiter, croient pour l'ordinaire tout ce qui y peut contribuer faisable, et ne songent pas bien souvent que ceux que l'on fait agir ont leurs intentions particulières, à quoi ils s'appliquent plus qu'à faire réussir celles de ceux qui les emploient. Les Espagnols avoient perdu beaucoup de places en Flandre : ils songeoient à les reprendre. Ils voyoient la cour occupée au dessein de Bordeaux, et ils croyoient avec raison que cette conjoncture étoit favorable pour aller à leurs fins. Dès le commencement de la prison de M. le prince, ils pensèrent sérieusement à profiter des désordres qu'elle pourroit causer. Ils ne pouvoient manquer d'en avoir de la joie, et parce que ce coup inopiné leur paroit des nouveautés avantageuses en France, et parce qu'il leur ôtoit en même temps un grand capitaine qui faisoit triompher ses armes, et qui gagnoit, toutes les campagnes, des batailles et des places sur eux de telle considération, qu'à peine pouvoient-ils respirer. Il étoit de leur prudence de nous témoigner de l'amitié dans cette conjoncture, de nous plaindre et de nous protéger. La raison d'Etat les obligeoit de traiter, comme ils firent, avec la duchesse de Longueville en Flandre, et de lui donner et au vicomte de Turenne, des secours capables de les empêcher d'être accablés, mais non pas de tels qu'ils devinssent les maîtres. Il leur étoit bon de nous embarquer et de nous flatter de grandes espérances, pour nous faire entreprendre de former un parti qui pût brouiller les cartes en France, mais non pas faire tomber le cardinal, parce que sa chute rendroit la liberté et l'autorité à M. le prince ; et faisant dépendre toutes choses de lui, son humeur martiale le porteroit à maintenir la guerre pour maintenir sa considération.

Ils suivirent cette même maxime avec nous du coté d'Espagne, plus par nécessité que par prudence.

Nous arrivâmes à Bordeaux dans le temps que tous les préparatifs de la campagne étoient faits. Ils avoient fait leur remise d'argent ordinaire en Flandre et à Milan ; ils songeoient à reprendre, comme ils firent, Porto-Longone et Piombino ; ils avoient la vue sur Casal ; ils avoient donné les fonds nécessaires pour soutenir ces entreprises, et pour la petite guerre défensive qu'ils faisoient pour lors contre le Portugal. Nous les trouvâmes sans vaisseaux et épuisés d'argent. Ils firent quelques efforts pour aider à nous soutenir à Bordeaux ; et je ne doute point que la considération d'une si grande ville et d'un poste aussi avantageux que l'est celui-là, ne les eût obligés à en faire davantage, s'ils en avoient eu le pouvoir et le loisir, comme nous l'avons connu depuis ; mais je crois qu'ils auroient essayé d'en profiter, et qu'ils n'auroient pas risqué de grandes sommes ni de grandes forces sur la foi d'une jeune princesse, du duc d'Enghien, qui n'étoit qu'un enfant, et d'un peuple mutiné.

Ils se seroient prévalus de notre foiblesse, du besoin que nous avions d'eux, et de la peur que les Bordelois avoient de retomber entre les mains du duc d'Epernon, et d'essuyer les vengeances du cardinal Mazarin, pour nous obliger à recevoir garnison espagnole dans Bordeaux, comme ils avoient fait dans la ville de Stenay; et je crois qu'ils n'auroient eu guère plus de peine à obtenir l'une que l'autre. Ils auroient pour lors, sous prétexte de la liberté des princes, fait une vigoureuse guerre en Guienne; et Bordeaux leur eût tenu lieu en ce temps-là, et dans celui auquel on auroit pu traiter la paix, des grandes places qu'ils avoient perdues. Mais l'etat auquel étoient leurs affaires quand nous y arrivâmes, leur fit perdre une occasion grande et aussi favorable que l'étoit celle-là.

Pour reprendre donc les nouvelles que Després nous apporta de la part du vicomte de Turenne, il voyoit le dessein des Espagnols, et ne pouvoit mieux faire que de se prévaloir à Paris de la démarche qu'il leur avait fait faire, prévoyant bien qu'elle seroit de peu de durée, et qu'ils voudroient profiter de nos désordres en s'appliquant au dedans de leur pays. Cet envoyé nous confirma encore que la translation des princes du bois de Vincennes à Marcoussis étoit résolue, et nous dit que le duc de Nemours, qui en avoit été averti à temps, étoit en campagne avec tous ses gens pour essayer de les délivrer dans la marche.

On fit, ce jour-là, une sortie sur les ennemis, et on brûla tout le travail qu'ils avoient fait, avec perte assez considérable des leurs (1).

Comme nous sûmes que le parlement étoit résolu d'envoyer le président de La Traisne, Pomiers-Françon et Maraut à la cour, la princesse fit son possible pour leur faire ajouter à cette députation Blanc de Mauvoisin et d'Espagnet, tous deux frondeurs et dans ses intérêts, mais celui-ci incorruptible. On lui accorda ce qu'elle souhaitoit : la ville députa en même temps Fougues, bourgeois, et Dalon, avocat, avec leur procureur syndic, fils dudit Blanc de Mauvoisin. Tous tant qu'ils étoient furent députés sans aucun pouvoir, mais seulement avec ordre d'écouter les propositions qu'on leur feroit.

L'on envoya un second courrier pour faire avancer Tavannes, et un autre à Montrond, avec ordre d'envoyer toutes les troupes qu'ils pourroient, et en cas que le duc de Nemours n'en eût pas besoin pour entreprendre quelque chose pour la liberté des princes; et le duc de Bouillon, de concert avec la princesse et tous tant que nous étions, envoya à Turenne ordre de ne point délivrer à messieurs de La Force les cent mille livres dont j'ai parlé, parce qu'il n'avoit pu tirer celui que le parlement lui avoit fait espérer pour les recouvrer sur les recettes de Bordeaux. Il auroit mieux fait, par la suite, de ne pas contremander le premier ordre, qui lui avoit acquis beaucoup d'honneur et de créance parmi nous, et une très-grande obligation sur la princesse : mais la crainte qu'il avoit de voir échouer l'affaire de Bordeaux, et d'être obligé de se retirer avec messieurs ses enfans en pays étranger, sans argent et sans crédit, l'obligea à en user de la sorte; outre qu'il croyoit voir clairement que cette somme ne serviroit qu'à accommoder les affaires de la maison de La Force, qui difficilement se porteroit à faire quelque chose contre la cour sur la fin d'une affaire en laquelle ils n'avoient pas voulu s'embarquer au commencement.

On eut un faux avis que le secours d'Espagne étoit à l'embouchure de la rivière. Les paysans,

---

(1) « Le 9 septembre, le régiment du parlement, commandé par le marquis de Cugnac, fit une sortie par la porte Digeaux, sur les barricades du retranchement fait par les assiégans à la Croix-de-l'Epine; et en même temps la bourgeoisie sortit par la porte Saint-Germain pour donner sur les barricades du côté du palais Gallienne. Dans l'une et dans l'autre de ces sorties, les assiégeans reçurent une notable perte, sans qu'il y eût, du côté des assiégés, que deux habitans de tués et deux officiers de la maison de madame la princesse, et cinq ou six soldats du régiment du parlement.

» Le lendemain, un trompette ayant été envoyé par madame la princesse au maréchal de La Meilleraye, pour lui demander la permission d'enlever les corps de ces deux officiers, il lui répondit brusquement en ces termes : « Il » te sert bien de les demander de cette part, car autre- » ment je t'aurois fait fouetter. Adieu. »

» Je ne puis vous taire une action des plus remarquables qui se passa durant le temps du siége. Plusieurs petits garçons, de l'âge de treize à quatorze ans, firent un jour instance aux jurats de Bordeaux de souffrir qu'ils allassent de dessus les remparts décharger leurs frondes sur les assiégeans. C'étoit, en apparence, exposer ces jeunes innocents, mais leur importunité l'emporta par-dessus cette considération; on ne put leur refuser ce qu'ils demandoient avec tant d'obstination et de si bonne grâce. Ils montèrent sur le bastion de la porte Digeaux, et, s'étant mis de rang, firent tous à la fois claquer en même temps leurs frondes, et pleuvoir en un instant sur les ennemis une grêle de coups. Chose étrange ! à la vue de ces petits frondeurs, l'épouvante saisit les assiégeans, une terreur panique leur fit quitter leurs postes, et fuir en désordre dans leurs retranchemens pour se mettre à couvert. Tant il est vrai que les Mazarins appréhendent la Fronde. »

(*Histoire véritable de tout ce qui s'est fait et passé en Guienne pendant la guerre de Bordeaux*) (A. E.)

qui tuoient toujours quantité des ennemis, nous en amenèrent environ cent prisonniers.

Le 10, les ennemis attaquèrent un peu après minuit la demi-lune ; mais le comte de Meille, qui la défendoit cette nuit-là, et qui avoit avec lui la compagnie des gardes de la princesse, qui y fit des merveilles, les repoussa vigoureusement.

Nos gens firent, ce jour-là, une grande sortie, que la princesse vit du haut d'une tour voisine : elle ne s'y plaça qu'après avoir animé par sa présence ceux qui la devoient faire. Ils brûlèrent tout ce que les ennemis avoient fait pour réparer leur travail. Vigier, jeune Bordelois, fils d'un conseiller huguenot, ancien serviteur de la maison de Condé, y fut tué. Il étoit plein d'esprit et de courage ; et outre les regrets de toute la ville, une belle dame de qui il étoit passionnément amoureux, et de qui il portoit ce jour-là les couleurs en ses plumes et en sa petite oie, qui voyoit la sortie assez près de la princesse, au premier bruit confus qui vint qu'il étoit blessé, tomba évanouie. Il fallut la porter en son lit, où la considération de son mari et de sa famille ne l'empêcha pas de pleurer amèrement sa mort pendant plusieurs jours ; en telle sorte qu'elle en devint dangereusement malade. Saint-Agoulin y fut fort blessé à la tête d'un coup de pierre.

Notre petit armement naval se présenta aux vaisseaux de Montrie, et ils se canonnèrent tout le jour. On envoya une chaloupe au devant du secours prétendu d'Espagne, et à Saint-Sébastien par terre, pour représenter l'état auquel nous étions.

On cessa, ce jour-là, de donner du pain et du foin à la cavalerie, faute d'argent.

Les députés du parlement et de la ville vinrent voir la princesse avant que de partir pour la cour. Ils lui firent une longue harangue, qui n'aboutit qu'à lui recommander ses intérêts pour la paix, et qu'ils se porteroient avec courage et affection à les ménager. Elle leur répondit, les larmes aux yeux, qu'elle n'avoit à demander que la liberté de monsieur son mari et celle de messieurs ses beaux-frères ; que si elle avoit cette obligation à messieurs de Bordeaux avec toutes celles dont elle leur étoit déjà redevable, elle en seroit reconnoissante toute sa vie, et qu'elle ne doutoit pas qu'ils ne fissent leur possible pour l'obtenir ; que s'ils ne le pouvoient par douceur, et qu'ils ne voulussent pas continuer davantage à tâcher d'y parvenir par les armes, elle ne leur diroit pas un mot pour leur persuader de ne point faire de paix sans cette condition ; qu'elle aimoit trop leur satisfaction et leur repos : mais qu'en ce cas-là elle les prioit d'obtenir un passe-port pour sortir du royaume avec monsieur son fils, la vie duquel ne pouvoit autrement être assurée ; pour messieurs de Bouillon, de La Rochefoucauld, et tous ses amis et serviteurs qui voudroient la suivre, desquels elle leur enverroit une liste ; qu'elle ne vouloit en rien et pour rien entrer en négociation avec le cardinal sur aucune chose, ni exposer monsieur son fils aux mêmes violences que souffroit monsieur son père ; qu'au surplus ce lui seroit consolation si sa présence, celle de ses amis, la grande dépense qu'elle avoit faite dans leur ville, ses pierreries qu'elle y laissoit engagées, leur faisoient obtenir le changement de leur gouverneur, et les autres avantages qu'on leur offroit, qui étoient tels que sans elle et son parti ils ne les auroient jamais obtenus, puisqu'ils savoient bien eux-mêmes que depuis un an les députés qu'ils avoient envoyés en cour à cet effet avoient toujours été gourmandés et rebutés : et enfin que comme elle leur promettoit de se souvenir toute sa vie des assistances qu'elle et ses amis avoient reçues d'eux, elle les prioit de se souvenir des grands services que M. le prince leur avoit rendus avant sa prison, et que le cardinal publioit avoir été une des principales raisons qui l'avoient obligé de l'y mettre.

Les ducs prirent la parole après la princesse, et M. de Bouillon dit pour l'un et pour l'autre qu'encore que la Reine lui retînt tout son bien, madame sa femme et mademoiselle sa fille prisonnières ; qu'on ait dépouillé M. de La Rochefoucauld de son gouvernement de Poitou et rasé ses maisons, ils n'avoient tous deux autre intérêt dans la négociation qu'on alloit commencer, que la liberté des princes ; qu'ils ne prétendoient autre chose, ou qu'un passe-port pour se retirer avec leurs familles hors de France. Tous les officiers qui étoient là présens dirent la même chose ; et après que les députés eurent répondu civilement aux uns et aux autres, ils se retirèrent, et envoyèrent à Bourg demander les passe-ports nécessaires pour y pouvoir aller.

Le 11, on eut avis, par des soldats qui s'étoient venus rendre, que l'on devoit la nuit attaquer la demi-lune de tous côtés, et qu'à cet effet on avoit doublé la garde dans la tranchée. Les généraux et tous les officiers couchèrent sur la demi-lune, où la princesse, suivie de quantité de dames, les alla voir.

On sut que les vaisseaux de Montrie baissoient, et que Barbantane les suivoit. Nous crûmes d'abord que c'étoit pour aller au devant des vaisseaux d'Espagne ; mais nous sûmes après que ce n'étoit que pour aller chercher en Saintonge des munitions de guerre et de bouche qui manquoient dans l'armée du Roi ; que le défaut de poudre avoit été cause que l'on n'avoit pas attaqué la demi-lune comme on l'avoit résolu, et que le pain de munition avoit valu vingt sous, et le pot de vin trente.

La princesse, qui avoit demandé aux jurats d'assembler les cent et les trente en la forme ordinaire, ayant été avertie qu'ils étoient tous à l'Hôtel-de-Ville, y alla, et me commanda de suivre Son Altesse, comme firent les ducs, tous les officiers et toute la noblesse, qui étoit pour lors à Bordeaux. Et après que chacun eut pris sa place, elle leur dit avec une grâce merveilleuse, et d'un air tendre et caressant, qu'elle avoit souhaité dès long-temps de les voir tous ensemble pour leur témoigner en général, comme elle avoit fait dans l'occasion à divers particuliers, les obligations qu'elle avoit à la ville de Bordeaux, et qui étoient imprimées dans son cœur avec des caractères que le temps ne pouvoit jamais effacer; que maintenant, sur les propositions de paix faites un peu à contre-temps, et sur les bruits que plusieurs personnes attachées aux intérêts du cardinal Mazarin (desquels peut-être quelques-uns l'écoutoient), avoient malicieusement semés contre elle, qu'elle voulût empêcher qu'ils ne jouissent d'une tranquillité qu'ils avoient tant sujet de désirer, elle avoit cru devoir se trouver dans leur assemblée pour leur déclarer qu'elle ne souhaitoit que leur satisfaction et leur repos; que s'ils pouvoient prendre confiance au cardinal, et qu'ils crussent qu'avec sûreté ils pouvoient le recevoir dans leur ville, quoique par plusieurs protestations et délibérations publiques ils eussent résolu de ne le pas faire, elle ne prétendoit pas s'y opposer, et empêcher par aucune voie la paix qu'ils pourroient traiter et conclure avec lui; mais qu'elle voulût bien leur dire qu'elle ni tous ses amis, parens et serviteurs, ne pouvant y trouver sûreté, étoient résolus de se retirer en pays étranger, attendant qu'une saison plus favorable leur donnât lieu de retourner en France y demander par toutes voies la liberté de monsieur son mari, de messieurs ses beaux-frères, de madame et de mademoiselle de Bouillon ; que cependant elle crieroit vengeance à Dieu et aux hommes des violences qu'ils souffroient par les ordres d'un ministre étranger et incapable; et qu'en quelque lieu que sa bonne ou mauvaise fortune la conduisît, elle conserveroit toute sa vie la reconnoissance et l'amitié qu'elle leur devoit en général et en particulier.

Les ducs leur dirent en peu de mots que, n'ayant point d'autres intérêts que ceux de la princesse, ils n'avoient point d'autres résolutions à prendre que les siennes, et qu'ils tâcheroient selon leurs forces de l'imiter en la reconnoissance qu'ils devoient à leurs bontés et à l'honneur qu'ils avoient reçu dans leur ville, qu'ils n'oublieroient jamais. Toute la noblesse et les officiers qui étoient là adhérèrent confusément à ce discours; et après qu'ils eurent cessé, suivant l'ordre que madame la princesse m'avoit donné en finissant le sien, je pris la parole, et expliquai assez au long et en détail toutes les raisons qu'avoit Son Altesse de ne s'opposer point au désir que la plupart des habitans de Bordeaux témoignoient avoir pour la paix, et de n'en conclure aucune pour elle et pour ses amis et serviteurs sans la liberté de messieurs les princes. Je ne rapporte pas ici mon discours, et pour m'épargner la honte d'un mauvais orateur, et parce que toutes ces raisons seront facilement devinées par ceux qui pourront voir ces Mémoires.

Cette assemblée finit par mille bénédictions qu'on donna à la princesse, au jeune duc et à toute leur suite, et par mille protestations de ne rien faire que de concert avec elle, et avec tous les avantages qu'on pourroit lui procurer. Elle fut si vive, qu'il fallut laisser parler confusément et fort long-temps tous les bourgeois dont la salle étoit remplie, avant que Nort, personnage de probité et de bonne intention, qui étoit pour lors premier jurat, pût répondre comme il fit, très-judicieusement et en bons termes, à l'honneur que la princesse et les ducs venoient de faire au corps de ville, et à tout le discours qu'elle m'avoit commandé de faire.

Il finit en disant que toutes les voies confuses des bourgeois, qu'un zèle pour la princesse avoit fait élever un peu à contre-temps, lui fournissoient les paroles dont il devoit user pour l'assurer des services que toute la ville désiroit de lui rendre dans une conjoncture aussi importante que celle-ci; que toutes les raisons que je leur avois dites étoient d'une considération telle qu'elles ne pouvoient être trop pesées; qu'il avoit bien de la joie que tant de braves honorables citoyens les eussent écoutées pour en pouvoir profiter, comme il l'estimoit qu'ils feroient ; et qu'il ne doutoit nullement qu'ils ne suivissent la résolution qu'ils venoient de prendre par une inspiration commune; et qu'ils avoient fait connoître par un suffrage unanime, que les jurats concerteroient avec la princesse tout ce qui seroit pour le mieux, et qu'il n'y avoit point de bourgeois qui ne donnât le plus pur de son sang pour contribuer à la liberté d'un prince qui avoit si souvent exposé sa vie pour faire triompher la France dans tant de grandes batailles qu'il avoit remportées sur les ennemis de l'Etat, et dont les prudens conseils avoient épargné tant de sang des Bordelois en leur faisant accorder la paix qu'ils avoient reçue du Roi depuis si peu de temps, que ceux qui l'écoutoient en avoient la mémoire toute récente.

A la sortie de cette assemblée, qui avoit réussi au souhait de la princesse, elle alla, suivie du duc son fils, des ducs de Bouillon et de La Rochefoucauld, et de toute la cour, visiter le conseiller Viger, frère de celui qui avoit été tué, comme j'ai dit, en la sortie du jour précédent.

Guionnet, conseiller au parlement de Bordeaux, qu'un esprit hardi et indiscret avoit fait employer, quoique jeune, pour exécuter des choses de vigueur dans un temps auquel les sages se dispensoient volontiers des voyages de la cour, s'étoit entièrement attaché aux intérêts du duc de Beaufort, à la faveur duquel il croyoit faire sa fortune : ce qui l'avoit tantôt mis en considération dans sa compagnie, et tantôt hors de crédit, suivant que celui de ce duc augmentoit ou diminuoit à la cour. Il arriva ce jour-là en poste ; et l'on sut tôt après par quel mouvement il dit qu'on avoit présenté au parlement de Paris les remontrances contre le cardinal Mazarin ; qu'on les y avoit lues avec approbation en présence du duc d'Orléans, et que, l'affaire mise en délibération, il avoit été résolu que ce parlement enverroit devers Leurs Majestés, Meusnier, de Lartige et Bitaut, conseillers, avec Le Coudray-Montpensier, que Son Altesse Royale y renverroit, avec ordre de travailler à la paix de Bordeaux, et de ne se désemparer pas qu'elle ne fût conclue.

Guionnet dit encore que l'archiduc avoit envoyé un trompette au duc d'Orléans, par lequel il lui avoit mandé qu'il apportoit la paix ou la guerre ; qu'il l'invitoit à songer de traiter de l'une pour ne pas l'engager à l'autre ; que Son Altesse Royale lui avoit répondu que sa proposition étoit trop juste pour ne la pas recevoir favorablement ; et que, pour convenir du temps, du lieu et des personnes, il lui envoyoit le marquis de Verderonne.

Guionnet, après avoir répandu dans la ville ce que le duc de Beaufort et ses amis lui avoient ordonné, alla rendre ses devoirs à la princesse, et commença, après un fort petit compliment, à élever sa voix, et à lui dire publiquement que les serviteurs de monsieur son mari l'avoient abandonné le jour que l'on opina sur les remontrances dont je viens de parler ; et que, de soixante-douze voix qu'il avoit eues pour lui dans toutes les assemblées précédentes, il n'y en avoit eu que deux ou trois en celle-là ; que rien n'étoit plus impossible que de le tirer de prison.

La princesse lui dit : « Je vous aurois eu bien de l'obligation si vous aviez fait une aussi grande diligence que celle que vous venez de faire pour me dire tout le contraire de ce que j'entends de votre bouche, ou si, étant ainsi, vous étiez venu me le dire en secret, et m'inspirer quelques moyens pour prendre d'autres mesures que celles que j'ai prises jusqu'à présent. Ma consolation est que les bruits que vous avez semés par la ville, le discours que vous me faites, et votre voyage précipité et sans ordre de votre compagnie, me sont également suspects. » Et se tournant à toute l'assemblée, elle dit en souriant : « Ne serai-je pas bien fondée à croire plutôt ce que contiendront les premières lettres que je recevrai de mes amis de Paris, que ce que me prône si agréablement Guionnet. »

Le lendemain, nous sûmes par un exprès que ce voyage avoit été résolu dans le conseil du duc de Beaufort, afin que, précédant de sept ou huit jours l'arrivée de Lartige et Bitaut, il pût répandre partout ce qu'il publioit hautement, afin que, changeant les résolutions qui avoient été prises à Bordeaux, on ne s'arrêtât pas à l'article de la liberté des princes ; qu'on acceptât la paix offerte par le duc d'Orléans, et que Bordeaux lui ayant cette obligation et au duc de Beaufort, qui l'avoit inspirée à Son Altesse Royale, à ce que publioit cet envoyé, s'attachât tout à fait à lui, et se détachât du parti des princes.

J'appris cette particularité par une ample dépêche (1) que je reçus de l'abbé Roquette et de Cambiac, ecclésiastique de Toulouse, comme j'ai dit ailleurs, doux, modeste, beau, propre

---

(1) [Ce 5 septembre 1650.

« Le parlement a lu, en présence de Son Altesse Royale, les dernières lettres que celui de Bordeaux lui a escrites, et les remonstrances qu'il luy a envoïées sur le subjet des désordres de Guyenne, et nous pouvons vous asseurer que ça esté avec tous les bons sentiments que l'on pouvoit attendre d'une compagnie qui prend une part entière à ses intérêts. Elles ont été généralement estimées, et ont receu toute l'approbation qu'elles méritent. Il a tant paru de partialité pour vos intérêts, qu'on n'a fait aucune réflection sur plusieurs lettres interceptées de M. de Bouillon et de M. de Sillery, qui parlent toutes des intelligences avec l'Espagne.

» La prière que M. le duc d'Orléans a faicte à la compagnie, de renfermer la présente délibération aux seules

et fort intrigant, qui, par la duchesse de Châtillon, à laquelle il étoit fort attaché, s'étoit insinué auprès de la princesse douairière et de tous les amis de cette maison, et qui y prit assez de créance jusques à la liberté du prince, de qui l'esprit pénétrant diminua fort sa considéra-

affaires de Bordeaux, a empesché qu'on ne parlât du cardinal, joint que beaucoup des serviteurs de MM. les princes, qui veulent le mettre alors dans la nécessité de s'accommoder, ont appréhendé de trop faire, et de rendre les frondeurs trop puissans en desfaisant ce ministre, qui prend déjà grande jalousie d'eux, et qui est capable de rechercher l'appui de M. le prince pour se mettre à couvert de leur entreprise ; ce sont les véritables raisons qui ont empesché qu'on ne prît des advis contre luy.

» Toute la compagnie a donc recherché les moyens d'empescher que Bordeaux non seulement ne succombast aux efforts du cardinal Mazarin, mais qu'il pût obtenir une paix seure et honorable, que le parlement estime devoir estre une avec la liberté de MM. les princes. Et affin qu'il la pût facilement obtenir de cette sorte, la compagnie a nommé MM. Meusnier et Bitaut députés, avec pouvoir de la négotier et de se servir de tous les moyens les plus convenables pour éteindre le feu qui est en Guyenne ; l'on n'en exclut pas un, le parlement les trouve tous bons, et tout le monde est demeuré d'accord qu'il faut accepter toutes sortes de propositions, mesme celles de mettre MM. les princes en liberté, affin d'étouffer la guerre civille qui commence de tous cottés. L'on a aussy résolu de commencer par une cessation de tous actes d'hostilités, et le motif a esté de vous donner moyen de gaingner temps, que l'on croit tousjours estre favorable pour plusieurs raisons que vous jugez bien à ceux que l'on menace d'un siège. Vous devez juger, par le résultat de cette délibération, de la bonne disposition où se trouve présentement le parlement de Paris, qui ne prescrit aucune condition à celuy de Bordeaux, qui approuve par advance toutes les demandes qu'il fera, et, par conséquent, la proposition de la liberté de MM. les princes, que la fermeté de MM. de Bordeaux a faict jusqu'à présent croire estre absolument nécessaire au traitté ; en effect, il est présentement dans ces sentimens, qu'il faut la paix, et que l'aversion que quelques uns ont eue autrefois pour MM. les princes, cède enfin à la nécessité qu'on a de pacifier le royaume. Vous prendrez, s'il vous plait, sur cela vos mesures : s'il vous importe pour le bien de vos affaires de tirer le traitté en longueur, vous le pouvez par le moyen des députez du parlement, à quoy vous laisserez toujours une ouverture pour la négociation ; mais, à notre sens, le mieux est que vous faciez d'abord déclarer le parlement et la ville, qui ne peuvent y recevoir le cardinal Mazarin, ny conclurre la paix sans la liberté de MM. les princes, et que vous n'entryez en aucune négotiation, ny aucune conférence, et laissiez le soin à MM. les députés du parlement de vous obtenir ces deux conditions. L'on est persuadé que vous en userez ainsi, et je vous prie d'asseurer avec vérité qu'on ne le trouvera pas mauvais, et qu'au contraire ce sera un moyen infaillible d'engager MM. les députés du parlement à demander la liberté de MM. les princes.

» Ces deux MM. les députés nous ont paru jusques à présent assez affectionnés pour eux. M. Le Meusnier voulut, à Libourne, en présence de la Reyne, interrompre la harangue de M. de Bailleul, et le faire souvenir qu'il a ordre de la compagnie de parler d'eux ; le

tion. Cette dépêche étoit signée de l'un et de l'autre, et me disoit, avec ce que dessus, que la raison de ce que les amis de M. le prince n'avoient parlé ni de sa liberté, ni contre le cardinal, dans la dernière assemblée, c'étoit parce qu'on ne pouvoit parler de l'un sans l'autre, et

second est entièrement déclaré, il estoit lié d'amitié avec M. le maréchal de Brézé, qui luy fist l'honneur, à l'article de la mort, de le nommer l'exécuteur de son testament ; il a toujours considéré la maison ; nous ne doubtons pas qu'il départe d'icy avec inclination de la servir, qui sera sans doute augmentée par la recongnoissance que lui en tesmoignera madame la princesse. Elle doit, en cette occasion, leur insinuer adroittement les sentimens d'obligation, et leur faire comprendre qu'elle prendra soin de leur advancement, du moins de quelqu'un de leurs enfans ; le premier en a qu'il destine aux bénéfices, le second en a un assez grand nombre pour les mettre en toutes sortes de professions ; et en effet, le service qu'ils peuvent rendre ne sçauroit jamais estre assez recongnu, car ils dépend en partie le succès des affaires, et ils sont capables d'inspirer toutes sortes de bons mouvemens au parlement, et pour la liberté de MM. les princes, et contre le cardinal Mazarin.

» Le parlement continue. M. le duc d'Orléans offre d'en envoyer la déclaration, et demain, sans faute, elle sera enregistrée.

» L'archiduc et le mareschal de Turenne ont pris aujourd'hui leur quartier à La Ferté-Milon, à douze lieues de Paris. Ils n'ont pas voulu quitter le poste de Fisme, que Sfondrate, qu'ils ont faict venir de sur la rivière d'Oise, ne s'en fust emparé. L'on croit que dans deux ou trois jours ils s'approcheront encore de Paris, ce qui va faire tout l'effect que vous pouvez désirer, et il est sans difficulté que tout le monde reviendra pour les princes, plustost que de souffrir l'ennemy au cœur du royaume et la ville de Bordeaux assiégée ; mais ce n'est pas encore la plus forte diversion que vous ayez : elle vous viendra de l'extrême mésintelligence qui est entre les frondeurs et la cour. Ils font tous leurs efforts auprès de M. le duc d'Orléans affin de l'obliger à se rendre maistre des princes, et beaucoup de gens croient que la résolution en est prise. Ce que je vous puis dire, avec vérité, c'est que M. Le Tellier en est fort alarmé, et qu'il n'y a point de doute qu'il n'aye escrit au cardinal Mazarin la peine où il se trouve, qu'il n'a plus apparemment d'autre moyen de subsister qu'en se raccommodant avec M. le prince ; et beaucoup de gens croient qu'il ne sera pas fâché de s'y voir forcé par le mauvais succès des affaires de Bordeaux. M. le duc d'Orléans escoute tout ce que l'on dit dans le parlement contre le cardinal Mazarin, avec une quiétude d'esprit qui épouvante toutes les créatures, et ce qui est plus considérable, c'est que le coadjuteur semble ne plus garder de mesure ny dans le particulier ny dans le public avec la cour. Ainsi les choses en sont en estat que nous pourrons espérer nostre salut de toutes celles du cardinal Mazarin.

» L'archiduc a envoyé un trompette à M. le duc d'Orléans pour le sommer de faire la paix générale. S. A. R. luy a envoyé le sieur de Verdecouve, pour l'asseurer qu'il y estoit disposé. C'est encore un moyen de réconcilier toutes choses, puisque la liberté de MM. les princes doibt faire une des conditions du traicté. Ainsi vous voyez que tout conspire à leur liberté, et qu'il dépend de Bourdeaux d'en avoir la gloire. »]

(*Lettre adressée à Lenet.*)

que de parler en cette occasion du cardinal étoit le perdre sans ressource ; qu'au contraire il falloit empêcher sa ruine, sur laquelle la puissance du duc d'Orléans et des frondeurs, ennemis jurés des princes, s'élèveroit trop haut ; que la translation à Marcoussis les ôtoit du pouvoir du cardinal, auquel ils avoient jugé à propos de donner ce moment de relâche pour penser à lui, afin que nous en profitassions.

Ce raisonnement nous sembla à tous fort extraordinaire, et cette conjoncture perdue, d'attaquer le cardinal par la partie la plus sensible, ruinoit absolument nos desseins et toutes les négociations que nous avions commencées. Elle ralentissoit l'esprit des Bordelois, elle renversoit l'espérance de nos soldats et de nos officiers même, et, en un mot, perdoit nos affaires sans ressources. C'est le malheur des partis qui n'ont pas un chef autorisé et puissant, qu'il est malaisé d'établir une obéissance complète. Chacun veut agir à sa mode, et se faire un mérite particulier de son imagination. Bordeaux, où étoit madame la princesse, étoit le centre de notre force ; le cardinal, qui étoit maître des personnes des princes, étoit aux portes : c'étoit là d'où devoient partir toutes les résolutions. M. de Turenne, qui avoit amené l'archiduc à une journée de Paris, agissoit de concert avec nous : il y jettoit la terreur, et donnoit prétexte à tout proposer dans le parlement contre le cardinal. Celui de Bordeaux, que nous avions déterminé avec bien de la peine à mettre le feu aux poudres, avec ses remontrances dont j'ai parlé, l'avoit fait ; tout consistoit à faire la dernière peur au cardinal, afin de lui faire prendre avec nous une résolution brusque ; et cinq ou six visionnaires qui étoient à Paris, et que nous avertissions de tout, rêvoient la nuit que Bordeaux qui soutenoit un siége, que l'archiduc qu'on avoit fait mouvoir, que la duchesse de Longueville qui étoit à Stenay, et que le vicomte de Turenne qui étoit à la tête d'une armée, étoient tous des ressorts qui ne se devoient mouvoir que par leur caprice, et qu'enfin ils devoient être les arbitres du sort des princes qui gémissoient dans une rigoureuse prison. Arnauld étoit le premier auteur de toutes ces idées : il croyoit qu'il lui seroit honteux si les princes étoient mis en liberté par les armes pendant qu'il jouissoit d'un plein repos à Paris ; il vouloit pourtant être ou paroître l'auteur de leur liberté, et cette envie lui faisoit inventer une infinité de projets qu'il communiquoit aux personnes les mieux intentionnées. Le duc de Nemours, que la considération de la duchesse de Châtillon avoit mis pour lors dans les intérêts de M. le prince,

comme il y fut depuis par le respect et par l'amitié qu'il prit pour lui, croyoit facilement tout ce qu'Arnauld, qui avoit de l'empire sur son esprit, lui conseilloit pour ne point abandonner Paris, où il voyoit avec facilité la duchesse, pour qui il mouroit d'amour. Les serviteurs que M. le prince avoit dans le parlement ne se mouvoient que par leurs ordres, et leurs ordres ruinèrent ainsi nos affaires dans le temps que nous devions tout espérer. J'avoue que la digression que je fais est plus longue que de raison, mais je ne l'ai pu refuser à l'indignation que me causa un si faux raisonnement, dont les ducs ne pouvoient se consoler aussi bien que tous tant que nous étions à Bordeaux. Suivons le fil de ces Mémoires.

Le 12, nos coureurs interceptèrent quantité de lettres que portoient deux courriers à la cour. Les plus importantes étoient de Le Tellier, secrétaire d'Etat, au cardinal : elles sont curieuses, et justifient clairement que le duc d'Orléans, c'est-à-dire le coadjuteur, à présent le cardinal de Retz, qui avoit pour lors un crédit tout entier auprès de lui, vouloit, à quelque prix que ce fût, devenir maître de la liberté des princes et perdre le cardinal. J'avoue que l'entière exécution de ce dessein nous pouvoit nuire, mais l'intenter faisoit la sûreté du nôtre ; car les amis du cardinal, joints à ceux du prince, eussent toujours et en tout temps été les maîtres au parlement et partout, et nous n'aspirions tous qu'à trouver une occasion qui contraignît le cardinal à la souhaiter : nous l'avions en main, et on nous la fit perdre. Il y a mille choses dans ces lettres qui font voir que le cardinal trompoit en même temps et nous et les frondeurs. Ceux-ci en faisoient autant du cardinal et de nous, et nous n'oubliions rien de notre côté pour prendre nos avantages sur les uns et sur les autres : tant il est vrai que les grands intérêts font tout imaginer aux hommes pour parvenir à leurs fins. Mais nous pouvions, sans être blâmés, nous servir des frondeurs contre le cardinal, et de celui-ci contre ceux-là, parce qu'ils étoient tous les sources communes de nos maux. Ils avoient conjointement comploté la perte de M. le prince ; et si jamais il a été permis d'user de surprise, je crois qu'il nous l'étoit en ce rencontre, parce qu'ils étoient également nos ennemis. Eux, au contraire, ne pouvoient agir l'un contre l'autre par des coups continuels comme ils faisoient, sans se donner de justes sujets de plaintes ; et cela causa enfin les défiances qui nous firent tirer les princes de prison. J'aurois volontiers inséré ici une bonne partie de cette dépêche (dans laquelle il y avoit des lettres des comtes d'Alais et d'Harcourt, du maréchal de l'Hôpital et de quelques autres de qualité éminente) honteuse à des gens de telle condition; et c'est ce qui m'a empêché, évitant autant que je puis de fâcher les personnes de qualité et de mérite; et le peu que je dis ici n'est que pour me faire souvenir d'en instruire M. le prince suivant mon devoir. Il y avoit encore deux figures d'horoscopes du Roi, que l'abbé Gueffier renvoyoit au cardinal, et qu'il avoit tirées par son ordre. Pour ces deux pièces, je les ai supprimées pour de bonnes raisons, parce qu'elles contenoient des choses qu'un bon François ne pouvoit faire voir au public sans crime. Il y avoit aussi des lettres de Guionnet à La Parée, son frère, au président Grimard et au conseiller Du Zeste, tous deux gens de bien et de mérite, par lesquelles il leur mandoit qu'il venoit à Bordeaux par ordre du duc de Beaufort et de quantité de gens attachés à son service, pour empêcher qu'on ne négociât avec la Reine et avec le cardinal. Ces lettres nous servirent beaucoup; car nous fîmes en sorte de les faire tomber entre les mains de ce ministre, pour lui confirmer les soupçons qu'il avoit contre ceux qui étoient devenus ses amis par la détention des princes.

Je reçus, ce jour-là, une lettre de madame de Longueville, qui m'assuroit avoir envoyé partie de ses pierreries en Hollande, afin de fréter des vaisseaux pour nous envoyer en rivière. Nos galiotes prirent quelques affûts de canon et quelques munitions que l'on envoyoit au camp des assiégeans.

Le 13, tout étoit préparé pour faire une grande sortie, comme on l'avoit résolu dès la veille; mais deux hommes qui avoient envie d'être maréchaux de camp, et qui, avec raison, s'en jugeoient indignes, crurent qu'il falloit venir à bout de cette prétention par une cabale qu'ils firent : c'étoit Nort, parent du jurat, et le chevalier de Rivière. Ils firent si bien par leurs menées, qu'ils empêchèrent les commandans des corps de se trouver à leurs postes; et il y eut si peu de monde en garde et dans les régimens qui devoient donner des hommes pour la sortie, qu'elle ne se fit pas. Le comte de Meille, qui avoit promis au chevalier de Rivière de le servir auprès de la princesse, et qui n'osoit proposer un tel sujet au préjudice de plusieurs autres de qualité et de mérite, et qui avoient raison de demander d'être maréchaux de camp, lui avoit été la veille proposer de donner ce poste à Briord, gentilhomme brave, fidèle, et de longs services; à Barbantane, qui commandoit les galiotes et les gendarmes du duc d'Enghien, et de bravoure connue; à Nort, au chevalier de Rivière. La princesse me fit l'honneur de me demander, et de vouloir que je lui dise mon sentiment. Après lui avoir dit, avec le respect que je lui devois, qu'elle étoit la maîtresse pour en user comme il lui plairoit, je lui remontrai la dangereuse conséquence de multiplier les officiers-généraux, et qu'elle ne pouvoit gratifier ceux-ci sans en faire autant en faveur de quelques autres que je lui nommai, qu'il me sembloit que Son Altesse feroit prudemment d'éviter le désordre que cela auroit pu faire. Elle approuva mes raisons : j'allai les dire au duc de Bouillon, qui les approuva pareillement. Enfin ce jour duquel je parle, qui étoit le 13, comme on vouloit faire la sortie, La Capelle-Biron et le chevalier de Roquelaure dirent publiquement qu'ils quitteroient le parti si on ne les faisoit maréchaux de camp. Nort protesta que si on ne les faisoit tous, personne ne monteroit la garde, les autres en dirent autant; et, en un mot, une révolte générale du peu de troupes qui nous restoient, et que Nort et Rivière avoient excitées, obligea le duc de Bouillon, qui étoit au lieu d'où l'on devoit faire la sortie, de prier le duc de La Rochefoucauld d'aller représenter à la princesse, auprès de laquelle j'étois dans l'église de Saint-André, où elle faisoit ses prières, qu'il étoit d'une nécessité absolue de donner ses brevets aux six dont je viens de parler; et qu'encore que Briord ni Barbantane n'eussent aucune part en ce qui se passoit, il n'étoit pas juste que la modestie et le respect de ces deux gentilshommes, qui le méritoient plus qu'aucuns des autres, leur nuisissent. La princesse me fit le même honneur qu'elle m'avoit fait le jour précédent sur le même sujet. Je lui répondis que je serois bien moins d'avis, dans cette conjoncture, d'accorder à la mutinerie de ces messieurs-là ce qu'on avoit refusé la veille à leur importunité; que rien n'étoit d'un plus dangereux exemple; qu'au contraire je croyois qu'il étoit d'une nécessité absolue de montrer de la vigueur, qu'il falloit contenter les autres et châtier les deux qui avoient excité le désordre, en chassant Rivière, domestique de monsieur son mari, ou en le mettant en lieu de sûreté, et donnant le régiment de Conti, que commandoit Nort, à quelqu'un de ceux qui étoient à sa suite, et qui étoient très-capables de le bien commander, que tout ce que je ferois seroit d'écrire bien amplement tout ce qui se passoit, pour en rendre, quelque jour, compte à monsieur son mari (comme je fais); et que cependant je lui conseillois de faire ponctuellement ce que les ducs jugeoient à propos : ce qu'elle fit. Je dis avec franchise, un quart d'heure après, à Rivière et au chevalier de Roquelaure, l'avis dont j'avois été; je leur remontrai le tort qu'ils faisoient au parti et à eux en particulier, et leur conseillai de rendre leurs brevets à la princesse, et de lui en faire de très-humbles remercîmens. Le seul chevalier de Roquelaure me crut, et ne voulut pas être maréchal de camp, dont il se trouva fort bien après : il en reçut des louanges et de la récompense.

Ce même jour, tous les députés partirent pour Bourg, après que je les eus très-exactement instruits, chacun dans leur logis, de l'état de toutes choses, et que je leur eus témoigné une confiance tout entière de la part de la princesse.

Le 14, nos galiotes prirent quelques domestiques du cardinal. La princesse envoya au marquis de Bourdeille une commission de lieutenant-général, ensuite d'une lettre qu'elle avoit reçue de lui, par laquelle il lui promettoit de faire mille fantassins et cinq cents chevaux : ce qu'il ne fit pas.

Morpin, qui étoit brave et hardi soldat, passa à travers les vaisseaux de Montrie dans une chaloupe pour aller avertir les Espagnols, qu'on nous assuroit de toutes parts être à l'embouchure, qu'ils pouvoient librement et sûrement entrer en rivière, et leur représenter le malheureux état auquel nous étions.

Le président de Gourgues arriva de Paris. Il découvrit à tout le monde les raisons qui avoient fait venir Guionnet, et fit connoître que les serviteurs des princes au parlement de Paris étoient les mêmes que par le passé; qu'ils augmentoient tous les jours en nombre, et qu'ils parloient fortement ou foiblement contre le cardinal, suivant que ceux qui avoient la conduite des choses le désiroient. Il confirma quantité de choses que j'ai rapportées ci-dessus, et parut plus zélé pour nous qu'aucun autre de nos amis.

L'on fit ce jour-là une sortie; l'on renversa le travail des ennemis, et on les poussa si avant, que Cazemont alla faire le coup de pistolet au devant du logis du maréchal de la Meilleraye. La Capelle-Biron, un de nos nouveaux maréchaux de camp, y fut tué d'un coup de mousquet dans la tête, commandant son escadron, étant entre le marquis de Lusignan et le jeune comte de Guitaut, qu'on ne pouvoit empêcher de se trouver en toutes les actions d'honneur, quoiqu'il fût encore moribond de la grande blessure qu'il avoit reçue dans le marais de Blanquefort, de laquelle j'ai parlé en son lieu. Il avoit depuis peu perdu le chevalier de Guitant son frère, gentilhomme de cœur et de beaucoup d'espérance.

L'alarme fut grande à la demi-lune toute la nuit, et le bourgeois témoigna plus de vigueur que jamais.

Le 15, Larrat, qu'on avoit dépêché à La Force, arriva, et dit que les cent mille francs du duc de Bouillon n'avoient pas été touchés par le maréchal; et la raison étoit, comme je crois l'avoir dit, que le parlement n'avoit pas donné au duc les assurances de les reprendre. Ce duc, pour témoigner son désintéressement et son zèle, se contenta qu'on lui donnât cinquante mille livres de reprises certaines, et qu'il feroit délivrer la somme entière. On s'assembla en mon logis : on trouva moyen d'assurer cette partie; et à l'heure même il dépêcha pour faire toucher les cent mille livres.

Maraut et d'Espagnet retournèrent de Bourg, et avec eux Meusnier, de Lartige et Bitaut, députés du parlement de Paris pour la négociation de la paix : ils apportèrent la trève. Ils logèrent chez Maraut, où la princesse envoya partie de son souper, afin de leur faire voir que le siège n'empêchoit pas qu'on ne fit bonne chère à Bordeaux. Elle me commanda d'aller les visiter de sa part après le souper, et leur témoigner la confiance qu'elle avoit en leur vertu; qu'elle espéroit qu'ils l'emploieroient tout entière pour faire cesser l'injustice, la misère et les violences que le cardinal Mazarin lui faisoit souffrir.

Les uns reçurent agréablement cette trève, parce qu'ils ne doutoient pas qu'elle ne fût suivie de la paix, qu'ils souhaitoient ardemment; les autres blâmoient l'une, parce qu'ils appréhendoient l'autre. Les bas officiers étoient bien aises que cela donnât lieu aux troupes, qui étoient fort fatiguées, de se reposer : les généraux craignoient que les soldats ne désertassent, que leur chaleur et celle du bourgeois ne diminuassent, et que cela ne donnât lieu, aux seigneurs de La Force et de Bourdeille, de ne pas effectuer leurs promesses. Les gens neutres étoient ravis, dans l'espérance de voir finir un aussi grand désordre que celui qu'on voyoit dans leur ville depuis long-temps. Tous ceux qui ne songeoient qu'à la liberté des princes mouroient de peur de voir conclure un traité sans l'obtenir, et tous les gens affectionnés purement à l'Etat avoient douleur de voir que l'on obligeoit le Roi de conclure malgré lui, et sans la participation de son ministre, une paix avec ses propres sujets.

Le 16, le parlement, chambres assemblées, auxquelles assistèrent les conseillers de Paris, accepta la trève : on y ajouta que tous les secours de part et d'autre demeureroient en l'état et aux lieux auxquels ils étoient. La princesse fit partir Long-champs, exempt des gardes, pour en porter la nouvelle à Paris et à Stenay ; et Larrat, pour faire toucher les sommes dont je viens de parler au maréchal de La Force, avec ordre de mettre ses troupes en état de marcher au temps que la trêve finiroit. Elle fut publiée dans l'une et dans l'autre armée, et par toute la ville.

Il arriva, comme presque toujours en semblables occasions, que tout le monde passa d'un camp dans l'autre : les bourgeois mêmes alloient visiter la tranchée et les batteries des assiégeans ; et les entrevues vinrent à tels excès, qu'il fallut les défendre, et de passer les barrières sous peine de la vie.

Le chevalier de Todias, qui étoit prisonnier, comme j'ai dit, m'écrivit par un billet que Saint-Aoust, gentilhomme d'esprit et de mérite, et d'une conduite autant prudente que j'en aie connu de ma vie, demandoit à conférer avec moi. La princesse et les ducs, qui approuvèrent cette conférence, trouvèrent bon que je lui donnasse un rendez-vous. Je le fis, et il se trouva comme moi à point nommé. Il me dit d'abord qu'un certain billet, qu'on avoit jugé que je lui écrivisse par Pomiers-Françon, lui avoit été rendu par le cardinal, qui lui avoit témoigné qu'il seroit fort aise de cette entrevue ; qu'il n'étoit venu de Paris à la cour que par ses ordres ; que le duc d'Orléans et les frondeurs avoient une très-grande jalousie de ce voyage, croyant que le cardinal ne l'avoit mandé que pour l'employer à son accommodement avec les princes, ou du moins, en le leur faisant craindre, leur tenir le pied sur la gorge ; que d'autres avoient fait courre le bruit que le sujet de ce voyage étoit pour traiter les intérêts du comte Du Dognon, mais que tant s'en faut qu'il s'en fût mêlé, qu'au contraire il étoit fort brouillé avec lui ; que c'étoit l'évêque de Saintes qui avoit traité cette affaire ; qu'on lui avoit donné les provisions du gouvernement de Brouage, Ré, Oleron, La Rochelle et pays d'Aunis en chef, tant le cardinal étoit accoutumé de tout accorder à la peur et de tout refuser à la raison ; que ce comte serviroit dans son armée et enverroit des vaisseaux en rivière ; qu'il n'y avoit rien à espérer de lui, ni de la reconnoissance qu'il devoit à la mémoire du duc de Brezé, de qui il étoit créature ; et que c'étoit un homme que son intérêt seul faisoit mouvoir. De ce propos Saint-Aoust passa à celui des princes, pour lesquels, et particulièrement pour le prince de Condé, il avoit une passion tout entière, ayant été autrefois au prince son père, qui se servoit de lui aux négociations des affaires qu'il avoit à la cour, du temps qu'il étoit retiré à Bourges. Ceux qui pour lors avoient part au gouvernement des affaires, particulièrement le maréchal d'Effiat, le connoissant homme ferme et d'un esprit éclairé, voulant l'attirer à lui, soit par son envie naturelle à faire plaisir aux gens de mérite, soit pour ôter à son maître un serviteur utile et adroit, lui procuroit aux occasions quelque bien et quelque avantage à la cour. Le prince en eut jalousie, et Saint-Aoust s'en apercevant lui demanda son congé. Il demeura attaché au maréchal d'Effiat, depuis au maréchal de La Meilleraye son gendre, qui l'avança fort, l'employant dans l'artillerie, dont il étoit grandmaître, et où il amassa de grands biens sous l'autorité du cardinal de Richelieu, qui l'aimoit ; et enfin, par un esprit de reconnoissance, il s'attacha à Cinq-Mars, cadet de la maison du maréchal d'Effiat, qui vint dans les bonnes grâces de Louis XIII si avant, qu'il parvint à la charge de grand écuyer de France, et fut enfin décapité à Lyon avec le sieur de Thou en 1642. Il eût évité ce précipice s'il eût suivi les conseils de Saint-Aoust, qui fut auprès de lui pendant le temps de toute sa faveur. Le cardinal de Richelieu et Cinq-Mars étoient dans de continuelles jalousies l'un contre l'autre. Il empêcha tant qu'il fut présent, par son adresse, qu'elles n'éclatassent, comme elles firent enfin en son absence pendant le voyage de Perpignan.

Pour revenir à notre sujet, que j'ai quitté insensiblement, Saint-Aoust me dit que le cardinal l'avoit entretenu plusieurs fois à fond de l'affaire des princes ; qu'il témoignoit être au désespoir de s'être laissé emporter aux conseils qu'on lui avoit donnés de les emprisonner ; qu'il voudroit de tout son cœur les mettre en liberté ; mais que deux choses l'en avoient empêché jusques alors : savoir, le traité d'Espagne, et la considération du duc d'Orléans qui, étant gouverné par le coadjuteur, esprit violent et à tout entreprendre, le porteroit aux dernières extrémités, si lui, le cardinal, leur ouvroit la prison, outre que, quand il le voudroit, il doutoit fort qu'il pût en venir à bout tant qu'ils seroient dans le château de Marcoussis, qui étoit comme sous la couleuvrine du duc d'Orléans ; qu'en lui parlant de tout cela, il lui avoit montré les mémoires que je lui avois envoyés par le père Bruno, et lui avoit dit qu'encore que j'eusse gouverné toute cette affaire contre lui, il m'étoit pourtant obligé d'avoir dès son commencement attaché toute sorte de négociations avec lui, et que dans tous les temps j'avois voulu que les princes lui eussent obligation de leur liberté. Saint-Aoust ajouta que comme le cardinal étoit un fourbe parfait et accompli, il ne falloit pas croire un mot de tout ce qu'il disoit ; et que tous ces pourparlers ne devoient pas empêcher ceux qui étoient dans les intérêts de messieurs les princes de chercher et de prendre leurs avantages partout où ils pourroient les trouver.

Je répondis à Saint-Aoust que, puisqu'il avoit vu les mémoires en question, je n'avois rien à lui dire davantage, sinon que nous n'étions pas tant attachés aux Espagnols que nous ne nous en séparassions fort bien, si cette séparation nous valoit la liberté des princes; que nous n'avions pas traité avec eux dans l'intention de ruiner l'Etat, mais seulement pour nous prévaloir de leurs secours pour y parvenir, n'étant ni assez forts ni assez puissans de nous-mêmes pour nous soutenir; qu'au surplus le cardinal étoit maître des personnes des princes, ou non : s'il ne l'étoit pas, il ne tiendroit qu'à lui de le devenir en joignant nos forces et nos amis de Paris aux siens; et s'il l'étoit, en nous les rendant nous n'aurions d'obligation qu'à lui seul, et serions en pouvoir de venger lui et l'Etat contre les frondeurs.

Que si la liberté des princes, et par conséquent la paix particulière, étoit facile à faire, la générale ne l'étoit pas moins, soit par l'archiduc, la duchesse de Longueville et le vicomte de Turenne du côté de Flandre, soit du côté d'Espagne par la princesse et les ducs; que si le cardinal vouloit la traiter dans Bordeaux même, on lui en faciliteroit les moyens, et que je pouvois l'assurer que don Louis de Haro, premier ministre d'Espagne, seroit bien aise de se prévaloir de cette conjoncture, et de la traiter tête à tête sur les confins des deux royaumes avec lui; et qu'il s'étoit assez laissé entendre à Mazerolles et à Baas que le cardinal faisoit une grande faute de ne pas prendre l'occasion de mettre les princes en liberté, faire la paix générale, et de châtier les frondeurs par tout le royaume; que lui, don Louis, n'avoit ardemment souhaité de faire la paix à Munster que pour nettoyer les Etats du Roi, son maître, de tous les esprits factieux qui en troubloient le repos. Peut-être que ce ministre n'avoit pas tant de charité qu'il paroissoit en avoir par ce discours; ou s'il parloit autant sincèrement qu'il vouloit qu'on le crût, ce n'étoit que pour avoir le plaisir de blâmer la conduite du cardinal par la compétence de crédit et d'habileté qui étoit entre eux.

Que si le cardinal prenoit ce parti-là, il ne devoit pas beaucoup se mettre en peine du duc d'Orléans ni des frondeurs, parce qu'ayant par la paix les peuples de son côté et le prince de Condé (qui seul étoit capable de les faire mouvoir) par la liberté qu'il lui donneroit, et par les alliances que nous projetions de faire de ses principaux amis avec les nièces de ce ministre, il trouveroit un chemin aplani à tout ce qu'il voudroit faire pour lui, pour ses amis et contre ses ennemis. Je dis encore à Saint-Aoust que je répondois non-seulement de tout le parti, mais de faire que Bordeaux recevroit avec joie le duc d'Epernon pour son gouverneur; qu'on marieroit dans l'église cathédrale le duc de Candale avec mademoiselle Mancini; que madame la princesse feroit les honneurs de la noce; et que c'étoit là le seul moyen, non-seulement d'assurer et d'augmenter sa fortune, mais encore de remettre l'autorité du Roi dans sa première vigueur; et que pour y parvenir nous lui donnerions la carte blanche.

Qu'au contraire, si le cardinal s'obstinoit à ne nous pas donner satisfaction sur la liberté, ou s'il croyoit nous amuser par les vaines espérances qu'il nous en donnoit de temps en temps, et s'il ne prenoit le parti de se déterminer, il nous contraindroit de nous remettre entièrement entre les mains de M. le duc d'Orléans; que lui Saint-Aoust savoit bien que rien ne nous étoit plus aisé que de mettre la duchesse de Chevreuse dans nos intérêts par le mariage du prince de Conti et de mademoiselle sa fille; le coadjuteur, par le chapeau ou par les grands bénéfices; le garde-des-sceaux, par la place qu'il prétendoit au ministère; et le duc de Beaufort, par la duchesse de Montbazon, ou par le mariage de mademoiselle de Longueville; que j'avois mandé tout cela au cardinal; que nous sacrifierons tout ce qui dépendoit de cette maison pour voir les princes hors des fers, et que je le priois de répéter tout ceci de ma part.

Saint-Aoust me répartit que c'étoit à cela que nous devions nous résoudre; que nous ne devions attendre aucune sincérité du cardinal, et que nous n'en obtiendrions jamais rien que quand il auroit la corde au cou; qu'il savoit qu'au même temps qu'il lui donnoit toutes ces belles espérances, il avoit envoyé La Tivolière à Paris pour disposer le duc d'Orléans à consentir qu'on transférât les princes de Marcoussis au Havre; qu'assurément il ne feroit qu'amuser le tapis jusqu'à ce qu'il eût réponse sur ce sujet; et que si les frondeurs approuvoient ce dessein, qui le rendroit le maître absolu des princes, il reprendroit la fierté qui lui étoit ordinaire dans la prospérité.

Il ajouta, qu'il avoit toujours exclu le maréchal de La Meilleraye de cet accommodement; qu'ils étoient fort mal satisfaits l'un de l'autre; que le maréchal disoit tout haut que le siège de Bordeaux étoit l'ouvrage de Son Eminence, et non le sien ; qu'il n'y avoit que six pièces de canon, dont il n'y en avoit que cinq de montées. Et après m'avoir fait jurer de lui tenir inviolablement un secret qu'il m'alloit confier, il me dit que nous n'avions qu'à tenir bon ; qu'il m'assuroit que le maréchal ne prendroit pas Bordeaux, et qu'il mouroit d'envie de faire recevoir cette injure au cardinal ; qu'il savoit bien qu'on ne lui attribueroit rien de la levée du siége ; que tous les soirs, étant retirés, ils rioient ensemble de la manière dont il s'y prenoit ; qu'il savoit bien qu'en tirant le canon par dessus des maisons on ne prenoit pas des villes ; qu'il avoit eu un très-sensible déplaisir de ce que quelques coups avoient donné dans la maison de madame la princesse, et que d'abord qu'il l'avoit su, il avoit mis bon ordre que cela n'arrivât plus. Il finit ce discours en me disant que si les pourparlers de paix venoient à se rompre, et que les Bordelois témoignassent de la résolution et de la vigueur, il vouloit que je l'estimasse le plus méchant homme du monde, si le cardinal ne levoit le siége avec sa courte honte.

Il me dit ensuite que tout ce qu'il y avoit de gens de considération et bien intentionnés pour l'avantage de l'Etat, sollicitoient incessamment le cardinal à donner la liberté aux princes, et à perdre les Frondeurs ; et que le jour précédent le comte de Palluau, depuis maréchal de Clérembault, lui avoit dit en sa présence qu'il étoit perdu sans ressource s'il s'obstinoit à les tenir plus long-temps en prison, et à garder des mesures avec les Frondeurs, qui n'aspiroient qu'à sa ruine ; que le cardinal en demeura presque d'accord, mais qu'il n'avoit pas la force de se déterminer.

Que les ducs de Saint-Simon, de Damville, le prince de Tarente et le comte de Toulongeon étoient à la cour et s'attachoient tellement au cardinal, que les courtisans étoient étonnés de ce qu'ils abandonnoient les intérêts de M. le prince, de qui ils avoient l'honneur d'être parens, et à qui ils avoient de très-grandes obligations, pour suivre ceux d'un ministre qui n'avoit jamais rien fait pour eux. Il me dit encore que depuis deux jours le duc de Rohan lui avoit fait une grande et belle dépêche datée d'Angers, où il étoit retiré, pour lui persuader de ne pas perdre une conjoncture aussi avantageuse que celle-là, de rendre la liberté aux princes et de ruiner les Frondeurs ; qu'il s'offroit de l'aller trouver pour entrer en négociation avec madame la princesse ; et que le cardinal lui avoit répondu qu'il lui étoit bien obligé de ses offres, mais qu'il n'étoit pas encore temps de s'en servir.

Comme nous nous entretenions, le maréchal de La Meilleraye vint à passer, qui, me voyant, s'avança vers le lieu où nous étions, et, ayant bien voulu mettre pied à terre, me fit l'honneur de m'embrasser et de me dire qu'il le faisoit de tout son cœur, encore que nous fussions cruels ennemis. Il se mit ensuite en belle humeur, et me demanda si j'avois visité les travaux qu'il avoit fait faire. « Eh bien ! me dit-il en riant, le cardinal n'est-il pas un grand général d'armée ? Je confesse qu'il m'a appris bien des choses en ce siége ici que je ne savois pas, et dont je ne me fusse jamais douté. Si ce méchant homme-là, me dit-il en regardant Saint-Aoust, vous a tout dit, avouez que vous êtes bien aise. — Je vous le confesse, Monsieur, lui dis-je ; mais je l'aurois été bien davantage si j'en avois été averti par un petit billet qu'il auroit pris la peine de m'écrire avant la trève. Je me trompe fort si nous eussions envoyé des députés à la cour, ni si nous eussions admis ceux de Paris dans Bordeaux. » Peut-être le maréchal, qui étoit gai et en belle humeur de parler, m'en eût dit davantage si le duc de La Rochefoucauld ne fût survenu, et n'eût interrompu la conversation, qui dura encore un peu. Puis nous séparâmes avec civilité et amitié de part et d'autre, Saint-Aoust me promettant qu'il rendroit au cardinal un compte exact de tout ce que je lui avois dit, et qu'il me feroit savoir ce qu'il lui auroit répondu.

Comme je retournois du côté de la ville, le comte de Palluau m'aperçut ; et ayant poussé son cheval jusques à moi, il mit pied à terre et me parla de la passion qu'il avoit pour le prince, et pour le voir par sa liberté uni au cardinal. « Je le crois, lui dis-je, Monsieur, parce qu'il me semble que vous le devez, ayant reçu de lui plus de bons traitemens que pas un autre : et vous voulez bien que je vous dise avec franchise que je me suis fort étonné que vous n'ayez jamais répondu à aucune des civilités que je vous ai fait faire, m'étant adressé à vous aux occasions, comme à l'un des meilleurs amis de M. le prince. J'avois souhaité sous le prétexte de petites choses en entamer de grandes avec vous, n'ayant jugé personne plus capable ni qui dût être mieux intentionné pour négocier avec M. le cardinal que vous. — Je me suis bien douté, me répondit-il, que vous me gronderiez de ce que je n'ai pas répondu, dans un temps qui n'étoit nullement propre à cette négociation, aux complimens que vous m'avez fait faire. Vous venez d'entretenir Saint-Aoust : je voudrois qu'il vous eût dit ce qui se passa entre le cardinal et moi il n'y a que deux jours ; vous connoîtriez que vous ne vous trompez pas dans la bonne opinion que vous avez de moi. Soyez en repos, et laissez-moi faire; assurez-vous que je ne ferai point de faute, et que je ne laisserai jamais échapper une conjoncture de servir M. le prince et M. le cardinal : car je vous pose en fait, me dit-il, que leurs services sur le sujet de la liberté n'en sont pas deux. Il faut qu'ils se sauvent l'un pour l'autre, et l'un ou l'autre, sinon tous deux ensemble, entre les mains des Frondeurs, sont perdus. » Il me dit ensuite beaucoup de choses sur ce sujet telles que Saint-Aoust me les avoit dites; mais comme je me flois plus en celui-ci qu'en Palluau, je ne jugeai pas à propos de le charger d'aucune chose, et je crus qu'il suffisoit de lui témoigner une grande passion pour la liberté des princes par le cardinal, et de lui paroître fort instruit des intrigues de la cour et des cabales de Paris, pour lui faire juger que nous saurions prendre notre temps pour accabler le cardinal, quand nous nous verrions hors d'espérance de lui avoir obligation de la liberté des princes, de nous allier et de nous unir avec lui comme je le souhaitois très-sincèrement. « Je le crois, me répartit-il, et je vous assure que le cardinal saura vos bonnes intentions avant qu'il se couche; et si je vois qu'il prenne le bon parti, vous aurez bientôt de mes nouvelles. »

Nous nous séparâmes, lui pour retourner à la cour, et moi pour rendre un compte exact de tout ce que dessus à la princesse et aux ducs de Bouillon et de La Rochefoucauld, qui m'en témoignèrent plus de satisfaction que je ne méritois. Les ducs, qui, de leur côté, avoient parlé à plusieurs personnes de considération, entretinrent la princesse de ce qui étoit venu à leur connoissance, comme firent ensuite la plupart de nos officiers-généraux; et tout ce que les uns et les autres rapportèrent nous fit juger que Saint-Aoust nous avoit parlé sincèrement.

Grossambre, capitaine de cavalerie dans Lorges, qui avoit mené cent cinquante maîtres en parti entre deux mers, fut rencontré et poussé par le marquis de Saint-Luc. Il se retira en désordre et perdit quinze ou vingt maîtres, dont on fit un grand triomphe à la cour; et le cardinal envoya un courrier exprès à Paris pour donner part, disoit-il, comme les armes du Roi prospéroient contre les rebelles; et nous nous en plaignîmes comme d'une infraction à la trève.

Le 17, les comtes de Chastelux et de Sassé arrivèrent, et nous dirent qu'ils avoient laissé le comte de Tavannes et Chavagnac à Limeuil, avec quatre cents chevaux.

La Fontaine, écuyer du duc d'Enghien, arriva de Paris en poste, chargé d'une dépêche chiffrée (1) par l'abbé Roquette, par l'avis du président Violé, de Miroménil, conseiller d'État,

---

(1) *Lettre à Lenet, du 14 septembre 1650.*

« Ce matin j'ay reçu vostre lettre du 2, avec le duplicata de celle du 22 aoust qui avoit esté receue, et mille autres depuis. Je ne sais pourquoy vous avez changé l'adresse ordinaire, qui est bien meilleure que cette dernière, dont vous ne vous servirez plus, s'il vous plaît. La lettre pour la dame qui est aux champs sera envoyée par le premier message. Nous avons un peu murmuré contre vous, de ce que vous nous laissez si longtemps sans nous mander des nouvelles certaines, surtout depuis l'occasion du faubourg de Saint-Surin. L'on est piqué de loing, lorsqu'il se passe des choses de cette importance, qui peuvent avoir des suites qui décident les affaires. L'on voit par les lettres de la cour, que le succès dont elle avoit fait un si grand triomphe ne luy a pas esté advantageux, puisqu'après y avoir perdu beaucoup de monde, ils ont quitté ce costé-là, et n'ont point encore commencé le siège. Je croy qu'à présent vostre secours est arrivé, car les lettres du 8 et du 9 de la cour disoient qu'il paroissoit. Il a bien tardé, mais cela sert à vostre gloire, qui est véritablement très-grande d'avoir si long-temps résisté à la présence et à la puissance du Roy et aux artifices du cardinal sans aucun secours. J'ay esté bien aise de veoir, par vostre lettre du 2, que le père Bruno n'avoit porté aucune proposition d'accommodement particulier, que celle de la liberté des princes, et laquelle il n'y avoit rien à faire. Quelqu'un l'avoit mandé de la cour à une personne qui me l'avoit dit, et l'on publioit icy que ce religieux avoit demandé passeport pour des députés, contre le gré de madame la princesse. Si vous demeurez fermes et unis dans cette résolution, je ne doute point que vous n'en ayez contentement; et cela vous sera le plus glorieux du monde, et me semble tout à fait nécessaire à la sûreté générale et particulière du parlement, de la ville et de tous ceux qui ont montré du zèle pour l'intérêt public de Bordeaux et pour celuy de M. le prince. L'autre jour, l'on vous manda nos sentimens sur la nouvelle députation par une des personnes que vous aviez envoyées icy, et de peur qu'il ne luy soit arrivé quelqu'accident qui l'ait empêché d'entrer dans vostre ville, je vous rediray icy, la substance de nostre dépesche : c'est que si vostre affaire est encore en son entier, et que vous soyez en estat d'éviter les dernières extrémités qui vous pourroient arriver par ce manquement de secours, par la division du dedans ou par la trop grande puissance du dehors, ce que je ne me persuaderay pas aisément, veu que vous nous avez tant de fois assuré de la bonne disposition de tout vostre monde, et ce que l'on sçait des incommodités que souffre la cour en l'armée, et ce que le cardinal doibt craindre de l'armée d'Espagne, de la haine publique et de l'intrigue des Frondeurs, vous pouvez obtenir la liberté des princes, en vous tenant ferme à n'escouter aucune proposition d'accord sans cette condition; que le parlement de Paris est uny en ce point avec Monsieur, les Frondeurs et ceux du party des princes, à ne vouloir point que Bordeaux soit pris par force, ni mesme qu'il soit réduit à subir des conditions honteuses ou dangereuses au corps ny aux particuliers de vostre parlement, non seulement par l'intérêt commun des parlemens et des affaires passées, mais par la crainte que tout le monde a très-grande de tous les succès qui pourroient redonner quelque autorité au cardinal; et cette crainte est si

homme de sens et de capacité, affectionné au service de M. de Longueville ; et de Croissy, conseiller au parlement de Paris, homme d'esprit, de probité et bien instruit des affaires, mais défiant, et arrêté à ses opinions autant grande, que je crois que, si Bordeaux succomboit, Paris pourroit se révolter, ou qu'au moins il s'y formeroit un party considérable contre la cour, par l'union des Frondeurs avec les amis des princes. Je vous disois aussi que les députés avoient ordre, comme vous avez veu par leur arrest, de faire la paix de Bordeaux en toutes manières, et de ne point désemparer jusqu'à ce qu'elle fût faite, et de despescher icy sur les difficultés du traicté ; de sorte que si les députés n'estoient point gagnés par la cour (ce que je ne crois pas), ils ne vous feroient point de peine, au contraire, qu'ils vous aideroient comme amis à traiter avec honneur et seureté, selon le vœu commun de leur compagnie. Je dis au porteur confident quelque chose touchant les députés, que je n'osois pas écrire. Je vous mandois aussy qu'il estoit à craindre que M. Guyonnet, qui a toujours esté confident des Frondeurs, en fist quelqu'intrigue dans votre parlement, pour vous faire prendre l'eschange sur les deux conditions de l'esloignement du cardinal et de la liberté des princes, comme si la liberté des princes estoit assurée si le cardinal estoit éloigné. Comme l'esloignement du cardinal est le premier et l'unique but des Frondeurs, la liberté des princes doit estre, sinon l'unique, au moins le principal but des amis des princes et de messieurs de Bordeaux, par conséquent, qui ont pris leur party avec tant de générosité et d'affection. Nous n'avons pas de peur que vous fussiez capable de quitter la pensée de procurer la liberté des princes, mais bien qu'il estoit à propos de vous advertir que l'on voudroit peut-estre vous donner ce change, soubs ce beau prétexte, dont les Frondeurs nous ont voulu leurrer icy dans les délibérations du parlement, qu'il falloit attaquer le cardinal, sans parler des princes, à cause que tous les partys s'accordent contre luy, et que la liberté des princes seroit plus facilement obtenue après que le cardinal seroit condamné par arrest ou esloigné de la cour. Ce n'est pas mon opinion, que ceux qui auroient chassé le cardinal voulussent délivrer les princes, s'ils estoient maistres des affaires ; et vous aurez plus de droit de demander, pour condition de votre paix, la liberté des princes que l'esloignement du cardinal : voilà nostre pensée, et le secret de nostre dernière despesche du 5e au 6e j.

» A présent, nous vous donnons advis par ce porteur confident, que le parlement résolut hier une responce à la lettre de Toulouse, pleine de correspondance et de liaison avec eux ; de sorte que ce sera maintenant à eux à envoyer icy des députés avec un arrêt d'union, et ce rebut que la cour a faict de leurs députés les aura eschauffés de nouveau. Il fut aussi ordonné, sur la plainte que la Bastille est pleine de prisonniers, que le lieutenant criminel mettra entre les mains du procureur-général l'interrogatoire et les informations, afin qu'estant rapportés, la cour ordonne ce que de raison ; ce qui produira la délivrance de plusieurs prisonniers. Don Gabriel de Tolède, venu icy proposer à Monsieur un abouchement avec l'archiduc entre Reims et Rhetel, partira demain avec response que Monsieur ne trouve pas à propos d'aller si loing, et que M. le nonce et M. d'Avaux iront vers l'archiduc pour convenir d'un lieu plus commode, et régler les choses qui doibvent prendre telles conférences. Le peuple et tout le monde témoignent un qu'homme que j'aie vu. Cette depêche étoit pleine de raisons pour nous persuader de n'entendre à aucun accommodement sans la liberté des princes (comme si nous eussions été en état de donner la loi à la cour et à tous les ordres de la ville estrange désir de la paix, et l'espèrent à cause que le cardinal est éloigné, et que Monsieur y est plus porté que luy, et l'on croit que les ministres confidens du cardinal éluderont ce traicté, dont la proposition semble les fascher et leur paroist un artifice des partisans des princes, pour gagner l'esprit des peuples par la connoissance que tout le monde pourra prendre, que la difficulté de la paix ne viendra pas des Espagnols, mais du cardinal ; et l'on tasche icy de retarder le traicté jusques au retour de la cour, à deux fins : l'une, pour donner le temps au cardinal de revenir, afin qu'il mesnage et rompe cette affaire ; l'autre, pour empescher que Monsieur ne s'engage dans cette paix comme il a faict dans celle de Bordeaux, et qu'il ne donne quelque contrainte à la cour sur ce sujet. D'autre costé, les Frondeurs portent Monsieur, autant qu'ils le peuvent, pour l'intérest du bien public et pour celui de la gloire, à nouer ce traicté de paix, afin que le public luy doive un bien si généralement désiré, et ce but des Frondeurs est d'engager Monsieur, par des motifs si spécieux, à quelqu'affaire qui puisse le brouiller avec le cardinal, et lui faire prendre liaison avec eux ; et M. le coadjuteur a soutenu dans le conseil que Son Altesse Royale se debvoit aboucher avec l'archiduc, et les ministres estoient de contraire advis. Ce traicté sera bon pour Bordeaux et pour les princes, parce qu'il donnera jalousie au cardinal, et par là l'obligera à vous accorder la liberté des princes, afin d'estre bientost libre pour venir ici empescher que les Frondeurs ne lui taillent tous les jours de nouvelles besognes. Le traicté sera bon aussy, s'il réussit, parce qu'il produira la liberté des princes. Les Espagnols estant fermes sur cet article, ils ne laissent pas, en proposant la paix, de vouloir continuer la guerre, et par un party de cavalerie ils ont pris tous les bestiaux du pays que les paysans avoient cachés dans les bois et marais d'auprès de Laon. Il leur est arrivé de Flandres un grand renfort d'infanterie. Plusieurs du parlement, qui jusques icy avoient esté contraires aux princes, désirent si fort la paix, comme tout le monde, qu'ils disent qu'on ne doibt pas manquer à la faire sur la condition de la liberté des princes. L'on espère que les Espagnols donneront quelques troupes pour favoriser les levées qui se préparent en Berry et ailleurs. Si cela s'estoit fait plus tost, il auroit esté beaucoup mieux, et l'on auroit esté en estat de vous secourir plus à point nommé, que l'on a pu le faire par mer ; mais vous estes si braves et si fermes, que l'on croit que tout arrivera à temps. J'ai souvent pressé de tous costés pour cela. Vos amis et nos amis vous baisent les mains et sont fort contens de vous et de vos généraux. Dieu vous donne autant de bonheur que de courage, et je ne doute point que, si vous pouvez résister quelque peu, la cour ne soit obligée à lever le siège. Je sçay quelles grandes jalousies et grande alarme des Frondeurs elle a, et même du garde-des-sceaux et de madame de Chevreuse, quoique leur conduite paroisse dépendante du cardinal ; mais la liaison intime de madame de Chevreuse avec le coadjuteur, et de madame de Chevreuse avec le garde-des-sceaux, faict juger qu'ils sont contraires au cardinal, mais qu'ils font agir contre lui M. de Beaufort et le coadjuteur, afin de conserver la créance auprès de la Reyne, et le gouverner à la place du cardinal.

de Bordeaux), et de toutes celles qu'ils disoient avoir eues d'empêcher que les serviteurs des princes au parlement ne poussassent le cardinal Mazarin dans la dernière assemblée des chambres, qui fut une faute très-signalée, comme j'ai dit ailleurs, et qui nous empêcha de tirer aucun fruit de toutes nos négociations avec le cardinal : car en lui donnant moyen de respirer, on lui donna celui de nous payer de belles paroles et de ne rien conclure.

La Fontaine, parmi beaucoup de particularités qu'il nous dit de l'armée du vicomte de Turenne, assura qu'il ne pouvoit disposer l'archiduc à rien de tout ce qu'il vouloit : ce qui nous fit entrer en quelques soupçons que le cardinal étoit de concert avec les Espagnols, et qu'il leur faisoit espérer quelque avantage en leurs affaires, s'ils retardoient les nôtres pour lui donner moyen de faire les siennes particulières et de se venger de ses ennemis. Ce qui nous faisoit croire cela étoit que tant plus l'État se brouilloit, plus les Espagnols avoient espérance d'en profiter ; outre que nous voyions que du côté de Flandre et du nôtre ils nous laissoient languir dans une nécessité cruelle, quelques avis qu'on leur donnât de toutes parts que nous étions aux abois, ils se contentoient de voltiger à l'embouchure de la Garonne, sans oser ou sans vouloir entrer dedans. Mais nous avons su depuis, comme j'ai déjà dit, que c'étoit une adresse du baron de Vatteville pour nous faire concevoir de belles espérances, soutenir par un beau semblant le courage de Bordeaux et cacher l'impuissance du Roi son maître.

J'allai visiter le matin les députés de Paris en particulier, de la part de la princesse ; je leur fis entrevoir de grandes récompenses et une grande réputation, si les princes sortoient de prison par leur entremise. Je me confiai, par l'ordre que j'en avois eu des ducs, à Bitaut, qui de son côté me parla avec beaucoup de franchise. J'allai ensuite entretenir Maraut et Espagnet ; et l'après-dînée la princesse honora d'une de ses visites les premiers. Elle entretint ceux-ci en son logis, et confirma ce qu'elle m'avoit commandé de dire aux uns et aux autres.

Cugnac reçut une dépêche du maréchal de La Force, en suite de laquelle j'eus ordre de l'accompagner au parlement et à l'Hôtel-de-Ville. Il assura l'un et l'autre que le secours que ceux de sa maison avoient tant fait espérer seroit en état de marcher quand la trève finiroit.

Ce jour-là, on donna les otages de part et d'autre : ceux de la cour furent Montbas et un capitaine d'infanterie ; et ceux de la princesse furent Le Chambon et un capitaine d'infanterie.

Palluau envoya visiter la princesse, et lui fit présenter par un gentilhomme une carpe d'une monstrueuse grandeur.

Le duc de La Rochefoucauld, par permission de la princesse, et après l'avoir concerté avec le duc de Bouillon et avec moi, envoya Gourville, son secrétaire, à Bourg, pour conférer avec le duc de Candale, ensuite d'une certaine négociation qu'il avoit nouée avec lui en son dernier voyage de Paris, par l'entremise de madame de Saint-Loup, dont j'ai dit quelque chose ailleurs. La princesse palatine et la marquise de Sablé étoient dans cette affaire. Gourville eut une longue conversation avec ce duc sur tout ce qui pouvoit donner des sûretés au cardinal, en accordant la liberté des princes ; et en ce cas, des manières de rétablir le duc d'Épernon, son père, dans le gouvernement de Guienne et de conclure son mariage, dont l'on avoit tant parlé, avec une des nièces. Ce duc se chargea d'entretenir le cardinal : il le fit, et dit pour toute réponse à Gourville qu'il avoit fort approuvé cette proposition que je lui avois faite plusieurs fois ; qu'il souhaitoit de tout son cœur qu'elle pût s'effectuer, mais que les choses n'étoient pas encore en état de cela. De sorte que Gourville revint sans autre fruit de son voyage que d'avoir donné quelques soupçons à Bordeaux et au duc de Bouillon même, qui, sans me rien dire de positif, m'en dit assez pour me le faire connoître. En quoi les uns et les autres avoient tort ; car tout est délicat en semblables occasions.

Le 18, je reçus un billet du comte de Saint-Aoust, par lequel il me disoit que, peu de temps après m'avoir quitté, il avoit dans Saint-Surin même rendu compte au cardinal de notre conférence ; qu'il lui avoit témoigné grand désir de se conformer à tout ce que nous avions dit et proposé ; qu'il n'oublieroit jamais les obligations qu'il nous avoit (mais sans conclure aucune chose) ; et que ce qu'il avoit dit de plus positif étoit que, s'il pouvoit tenir les princes au Havre, il auroit les coudées franches et pourroit facilement traiter avec eux.

Cependant, la nécessité étoit telle qu'il étoit impossible de donner aucune subsistance aux troupes, ni faire aucune des dépenses courantes. La trève et l'espérance de la paix avoient tellement ralenti les esprits et le courage des Bordelois et de nos troupes même, qu'on ne pouvoit rien persuader aux uns de tout ce qui pouvoit les obliger à fournir à la dépense, ni aux autres de faire aucune action d'obéissance ou de fatigue.

On assembla un conseil fort nombreux au logis du duc de Bouillon, pour aviser aux moyens de trouver de l'argent, soit par emprunt, soit par cotisations, soit en prenant l'argenterie des églises, les deniers du convoi, des recettes, des consignations ou autrement : il y eut beaucoup de paroles perdues, et rien du tout n'y fut conclu. Quelques officiers du parlement offrirent de cautionner la princesse; mais les bourgeois se défendirent de prêter, par la crainte d'être châtiés quand les choses seroient pacifiées.

Les députés retournèrent à la cour chargés des cahiers qu'on avoit dressés, et qui contenoient les intérêts de tous ceux du parti et de Bordeaux, dont le premier article étoit la liberté des prisonniers.

Le 19, le parlement s'assembla pour aviser aux moyens d'avoir de l'argent; mais comme l'espérance de la paix ralentissoit les courages des mieux intentionnés, ceux qui n'étoient pas de ce nombre s'en prévalurent. Ils se trouvèrent les plus forts en nombre; et bien loin d'approuver aucune des propositions qu'on avoit faites la veille, ils les rebutèrent toutes, et furent d'avis que l'on prît vingt mille livres sur les cinquante mille que l'on avoit les jours précédens ordonnés au duc de Bouillon, pour le dédommager en quelque façon des cent mille livres qu'il avoit promis d'avancer au maréchal de La Force.

Le comte de Tavannes arriva avec Saint-Micault et quelques autres, et laissa ce qu'il avoit de troupes aux ordres de Chavagnac : ce qui fit un très-méchant effet dans Bordeaux, qui étoit tellement rebuté de toutes les espérances qu'on leur donnoit, qu'ils crurent que les quatre cents maîtres que nous leur avions assurés être à Limeuil étoient autant imaginaires que le secours d'Espagne, et qu'ils n'en avoient aucun à attendre de quelque endroit que ce fût, si la paix venoit à se rompre; ce qui augmenta fort l'envie qu'ils avoient de la conclure.

Le 20, la princesse me commanda d'aller à l'Hôtel-de-Ville, pour faire connoître aux bourgeois l'extrême nécessité en laquelle, eux et nous, nous nous trouvions. Je dis que ce qu'il y avoit de plus fâcheux étoit que si le cardinal Mazarin la connoissoit, qu'il ne manqueroit pas de s'en prévaloir et d'empêcher qu'on ne conclût la paix qu'à des conditions honteuses pour leur ville et pour tout le parti; que s'il s'apercevoit que Bordeaux fût capable, après tant de démonstrations de bravoure et de fermeté, de baisser la lance pour un léger intérêt d'argent, il en auroit autant de mépris à l'avenir qu'il en avoit eu de crainte jusques alors; que leur sûreté dépendoit de l'opinion que la cour auroit de leur courage, parce qu'on ne craindroit pas de leur manquer de parole sur tout ce qu'on leur promettoit, si on venoit à connoître qu'ils étoient capables de fléchir pour peu de chose; qu'il falloit se mettre en état de faire voir que nous ne considérions la paix que comme le plus grand mal qui nous pût arriver, si la liberté des princes n'en étoit le premier article, et que nous étions en état de n'en recevoir aucune qui ne fût sûre et honorable; que pour cela il falloit montrer à la cour qu'on se mettoit plutôt en état de la rompre que de la conclure, en tenant un secours tout prêt pour l'expiration de la trève; tenir nos gens contens et satisfaits, et nous prévenir de toutes les choses nécessaires pour une vigoureuse défense.

J'eus beau prôner et m'inquiéter, tout étoit dans une léthargie telle que rien ne touchoit plus les cœurs : ceux qui avoient paru les plus affectionnés demeuroient dans le silence, et ne respiroient que la paix et la liberté de faire leurs vendanges, saison en laquelle Bordeaux cesse d'être la capitale des Gascons.

J'allai de là chez le président de Gourgues, comme la princesse me l'avoit commandé, lui rendre compte de ce que je venois de faire, et le solliciter de nous aider dans une si pressante occasion.

Etant de retour, je dis à la princesse, en présence des ducs de Bouillon et de La Rochefoucauld, ce qui s'étoit passé. On résolut d'y mander tout sur-le-champ ceux du parlement qui nous étoient les plus contraires, auxquels la princesse représenteroit sa misère, et les prieroit d'y remédier en lui faisant fournir dix mille écus qui étoient pour lors au convoi, croyant que peut-être n'oseroient-ils lui refuser tête à tête ce qu'ils avoient empêché en opinant comme ils avoient fait dans le parlement; et qu'ils ne seroient pas fâchés de faire oublier les sujets de plaintes qu'elle avoit contre eux, en lui procurant ce petit secours.

On assembla donc le président de Gourgues et les conseillers Denis, Tabourin, Tarnault, Lescare et Martin, qui promirent de faire assembler les chambres le jour suivant pour délibérer sur cette demande, sans qu'il fût possible de tirer d'eux que des paroles de civilité et de respect.

Le marquis de Faure arriva ce jour-là à Bordeaux, sans que nous eussions eu aucune de ses nouvelles depuis que la princesse avoit quitté Chantilly, quoiqu'il fût autant et plus attaché et obligé au prince qu'aucun de tous tant que nous étions dans le parti. Ce gentilhomme étoit fils du baron Du Vigean, frère de deux sœurs de mérite : l'une est la duchesse de Richelieu, et l'autre étoit mademoiselle Du Vigean, de laquelle j'ai parlé dans le commencement de ces

Mémoires, qui avoit mérité, par son esprit, par sa douceur et par sa bonne grâce, l'estime du prince de Condé, qui avoit allumé dans son cœur une passion violente, et qui enfin est morte dans le grand couvent des Carmélites de Paris. Leur frère, duquel je parle, avoit épousé mademoiselle de Vaubecourt, avec laquelle il a vécu environ dix ans. Il fut enfin assassiné dans son pays, allant dans son carrosse visiter quelqu'un de ses amis.

Voilà une digression fort inutile à l'histoire, et fort hors de mon sujet : je l'ai faite parce que je n'ai pu m'empêcher d'en faire une autre qui n'est pas plus à propos, mais qui me divertira de l'ennui que j'ai d'écrire si long-temps d'une même chose.

La marquise de Faure voulut passer agréablement son veuvage à Paris, où enfin elle fut obligée, pour quelque considération, de se mettre dans un couvent. Elle y recevoit bonne compagnie ; elle sortoit quelquefois sous prétexte de ses affaires; enfin, sur la fin de l'année 1663, elle crut être obligée à se marier, et, par la négociation de quelques dames, épousa le comte de Laubespin, gentilhomme de la Franche-Comté. Le comte de Vaubecourt, qui devoit à cette dame, sa fille, une partie de la dot qu'il lui avoit constituée, croyant que cet étranger, homme de qualité et assez mal dans ses affaires, pourroit le presser d'en faire le paiement pour se retirer ensuite dans son pays, se pourvut en justice, et se plaignit au Roi comme si Laubespin l'avoit enlevée du couvent où il disoit qu'elle étoit renfermée par son ordre. L'ambassadeur d'Espagne s'employa et apaisa cette affaire. Le mari et la femme partirent pour aller visiter leurs terres, qui sont dans la comté de Bourgogne. Ils n'y eurent pas séjourné six semaines, que la nouvelle comtesse de Laubespin, qui avoit des raisons particulières pour retourner à Paris, employa tout ce qu'elle avoit de pouvoir sur son mari pour l'obliger à en faire le voyage, comme ils firent environ le mois de mars 1664.

Quelque temps après, sur les sept heures du matin, étant encore au lit, un de mes domestiques me dit qu'une dame, belle et bien faite, étoit dans une chaise à ma porte et demandoit à me parler. Je la fis entrer à l'heure même, et s'étant placée après quelques complimens : « Vous êtes, Monsieur, me dit-elle, dans telle réputation de servir tous ceux qui ont besoin de vous, que, sans que j'en sois connue, je ne fais pas difficulté de m'adresser à vous pour vous conjurer de vouloir sauver la vie à une dame de qualité. »

Ce discours ne me surprit pas peu, et m'auroit peut-être surpris davantage si je n'avois été pour lors nouvellement revenu d'Espagne, où les aventures de cette espèce sont assez fréquentes. Je la priai de m'éclaircir de ce qu'elle ne me disoit qu'ambigument, et lui promis de la servir en tout ce qui pourroit dépendre de moi. « Je sais, me dit-elle, que vous êtes des amis du comte de Laubespin ; et je lui ai ouï parler de vous avec tant d'estime, que je ne crois pas qu'il puisse vous refuser aucune chose de ce que vous lui demanderez. Il est question, ajouta-t-elle, de le tirer de Paris : vous savez qu'il épousa, il y a environ quatre mois, la marquise de Faure. Vous pouvez croire qu'une femme de qualité et riche n'auroit pas borné sa fortune à un Comtois plus vieux qu'elle, et d'un mérite fort médiocre, si elle n'y avoit été obligée par de puissantes raisons. La pauvre femme n'a pas toujours été cruelle : elle étoit enceinte de quatre mois et demi, et abandonnée de celui qu'elle avoit assez favorisé pour se voir réduite en ce malheureux état quand elle s'est mariée. Elle est sur la fin de son neuvième mois, sans que cet homme, qui couche toutes les nuits avec elle et qui l'aime, s'en soit aperçu, et si vous ne l'obligez à faire un voyage pour donner temps à cette dame d'accoucher, et à nous de lui dire à son retour qu'elle s'est délivrée hors de terme, c'est fait de sa vie. Mesdames de Richelieu et Du Vigean qui m'ont adressée à vous, et qui ne veulent point paroître dans une affaire qui déshonore une dame veuve du fils de l'une et du frère de l'autre, vous en auront une obligation éternelle. »

Tout cela me parut si romanesque et si extraordinaire, que je ne savois que lui répondre ; et je confesse qu'un homme plus prudent que moi ou moins facile à faire plaisir se fût lavé les mains de cette affaire. Je passai une demi-heure à questionner cette dame qui me parloit. Elle étoit belle et pleine d'esprit, amie de la comtesse et de toute sa famille ; elle avoit fait le voyage de Bourgogne avec elle ; elle me conta le détail de ses amours, que je ne rapporte pas ici, pour épargner à un de mes bons amis et fort qualifié la honte de n'avoir pas servi une dame qui, pour l'avoir trop aimé, se voyoit à la veille de perdre la vie. Elle me dit les temps et les dates, et je connus par tout ce qu'elle me racontoit qu'elle disoit vrai. Je fus touché de son récit, de la mémoire du marquis de Faure, que j'avois connu particulièrement, de l'intérêt de la duchesse de Richelieu, que j'honore singulièrement, du malheur qui menaçoit cette pauvre dame, et encore du déplaisir qu'auroit Laubespin s'il venoit à découvrir une affaire d'autant de douleur et d'angoisse que celle-ci ; je crus qu'en servant sa femme je lui rendois un signalé service d'empêcher que son déshonneur ne vînt à sa connoissance. Par toutes ces raisons, je promis à la dame qui me parloit de servir son amie, et de m'y employer tout de mon mieux. Le duc de N*** vint me visiter : il interrompit la conversation ; et pour la renouer, je pris rendez-vous à quatre heures du soir dans le logis de celle qui m'avoit raconté l'histoire.

Je m'y rendis à point nommé, et lui dis tous les expédiens qui me vinrent dans l'esprit pour tirer Laubespin de Paris. Il y avoit plus de deux ans que je ne l'avois vu ; et ç'auroit été une chose trop grossière de l'aller chercher et lui proposer un voyage, soit avec moi, soit pour mes intérêts, étant dans mon pays et lui hors du sien, et n'ayant avec lui qu'une amitié de Flandre, mal cultivée en France. Je proposai donc à cette dame de le faire mander par le comte de V***, son père, sous prétexte de se raccommoder avec lui. Elle m'interrompit, et me dit que ce moyen étoit inutile à proposer, parce qu'on l'avoit tenté inutilement ; et me raconta que la comtesse avoit envoyé une personne de confiance à V***, qu'elle lui avoit fait une confession de sa vie passée, et que son père, touché de pitié, lui avoit pardonné, avoit mandé son mari comme elle le souhaitoit, et qu'il étoit prêt à partir quand un autre malheur l'en avoit empêché.

Voici l'affaire : la comtesse de Laubespin avoit une suivante qui savoit l'état auquel elle étoit ; elle la chassa mal à propos et à contre-temps, sans avoir de quoi la payer. Cette fille étoit galantisée par le bâtard de Manicamp, ami intime du mari. Elle lui conta tout ce que je viens d'écrire ; il crut qu'il en devoit profiter, et alla trouver la dame que j'entretenois, et lui dit qu'il savoit tout, et que si on ne lui donnoit deux mille pistoles il découvriroit le pot aux roses. Celle-ci, qui étoit dans l'impuissance de satisfaire à une telle demande, crut qu'en le gourmandant, et témoignant mépriser sa menace, elle lui silleroit les yeux, et mettroit à couvert l'honneur de son amie ; mais il arriva tout le contraire, car le bâtard écrivit d'une main contrefaite un billet à Laubespin, qu'il lui fit porter par un homme inconnu, qui contenoit ces mots :

« Donnez-vous garde d'aller à V*** ; car on veut vous assassiner, comme on a fait du marquis de Faure. »

Ce moyen étant échoué, je lui en proposai un autre, qui étoit de faire enlever la comtesse pendant que son mari iroit à la messe, de la mettre en quelque lieu secret, et de faire écrire par V***, à son gendre, que la manière dont il vivoit avec lui et avec sa femme, qu'il tenoit dans son logis comme prisonnière, et les soupçons qu'il avoit témoignés en ne déférant pas à la prière qu'il lui avoit faite, l'avoient obligé à la faire enlever, et qu'il la lui rendroit quand il auroit changé sa conduite envers lui et envers elle. Cette dame chez qui j'étois me dit qu'on avoit pensé à ce moyen ; mais qu'il n'avoit pu réussir, parce que le bâtard avoit mandé par un autre billet au mari qu'il observât sa femme de près, parce qu'on la lui vouloit ravir.

Il ne me vint plus en pensée qu'un moyen pour réussir dans cette belle et honorable négociation, qui étoit de se confier au marquis de Las Fuentès, ambassadeur d'Espagne, qui est galant et honnête homme, qui avoit autorité sur Laubespin, étant sujet du Roi son maître, et qui, en cavalier espagnol, n'échapperoit pas une occasion telle que celle-là, *de mirar por la honra de las damas*. Cet expédient ayant été jugé le meilleur, je me chargeai de lui proposer de l'envoyer en Flandre sous quelque prétexte ; et, après être sorti de cette maison, je songeai comme je pourrois réussir en cette affaire, et crus qu'il me falloit fortifier de quelqu'un d'autorité pour proposer conjointement avec elle la chose à l'ambassadeur.

J'allai donc rendre une visite à la duchesse de Montausier, la mieux faisante, la plus civile, et l'une des plus habiles femmes de son siècle, qui étoit pour lors gouvernante de M. le Dauphin. Je n'avois point à me défier de sa discrétion, dont j'avois mille preuves. Je lui racontai tout au long cette histoire ; et, après plusieurs exclamations sur la conduite de cette comtesse et sur la rareté du fait, nous résolûmes d'en parler à la première occasion à l'ambassadeur d'Espagne, la duchesse me disant qu'il falloit épargner la honte à la famille, un déplaisir sensible au mari, et la vie à la mère et à l'enfant. La chose pressoit : la cour étoit à Saint-Germain, et la Reine devoit le lendemain venir dîner à Paris, et voir M. le Dauphin. Nous crûmes bien que l'ambassadeur ne manqueroit pas de s'y rendre : je m'y trouvai ; et m'ayant dit d'abord qu'elle ne savoit comment entamer ce propos, je m'en chargeai ; et ayant fait signe à l'ambassadeur que nous voulions lui parler quand il auroit achevé avec la Reine, qui l'entretenoit, Sa Majesté s'en aperçut, et lui dit : « Marquis, on a là quelque chose à vous dire ; » et nous demanda avec sa bonté ordinaire si elle pouvoit être de la conversation. « Il n'y a rien au monde dont vous ne puissiez être, Madame, lui répartit la duchesse de Montausier. » Sur quoi prenant la parole : « C'est, Madame, lui dis-je, que nous sommes, madame la duchesse et moi, sur une question pour la décision de laquelle nous voulons nous rapporter à M. l'ambassadeur.

» Madame de Montausier soutient que les lois de l'amitié sont telles, qu'un ami ne peut et ne doit rien céler à son ami de tout ce qui lui importe, de quelque nature que ce soit ; et moi je dis qu'il y a des choses qu'on doit céler à ses amis, pour leur épargner de certains déplaisirs dont on ne peut jamais se consoler. Par exemple, ajoutai-je, si mon ami avoit été long-temps absent, et qu'une femme coquette qu'il auroit, étoit devenue enceinte dans ce temps-là, serois-je obligé....? » La Reine ne me laissa pas achever, et me coupant le discours : « Seigneur Dieu ! dit-elle, bien loin d'être obligé à lui dire, vous le seriez de mettre tout en usage pour empêcher qu'un tel sujet de déplaisir ne vînt jamais à sa connoissance, parce que vous lui sauveriez une très-grande douleur, et la vie à sa femme et à un enfant innocent. » L'ambassadeur fut de l'avis de la Reine. Sa Majesté alla à M. le Dauphin, qui se jouoit dans sa chambre. Étant demeuré avec le marquis de Las Fuentès, madame de Montausier voulut que je lui fisse l'application de la question, qui ne le surprit pas peu ; et après avoir ajusté les dates du mariage et de la grossesse, il ne douta point que la chose ne fût véritable. La duchesse lui proposa d'envoyer ce pauvre malheureux mari en quelque commission éloignée. Il répartit qu'il n'iroit pas, parce que depuis trois jours il avoit voulu lui donner une commission honorable et utile, et qu'il lui avoit dit qu'il avoit des affaires à Paris d'une telle nature, que rien au monde ne pourroit l'obliger d'en sortir : ce qui nous confirma dans tout ce que cette femme m'avoit conté du bâtard de Manicamp.

Nous étions à bout de nos inventions ; et enfin, après avoir bien songé, l'ambassadeur proposa de le faire mettre en prison, et pour cela il iroit le lendemain à Saint-Germain conter l'affaire au Roi, qui, étant un prince galant, ne refuseroit jamais ce secours à une femme galante. Il le fit comme il l'avoit proposé. Le Roi, après avoir bien ri de ce qu'un ambassadeur d'Espagne lui avoit envoyé demander audience pour une chose aussi folle que celle-là, dit qu'il feroit fort volontiers ce que le marquis lui demandoit ; mais qu'il vouloit en parler à la Reine sa mère, afin qu'elle lui en dît son sentiment, et lui apprendre cette nouvelle de la comtesse de Laubespin, qu'elle connoissoit, et de qui il lui avoit vu souvent prendre la défense quand on disoit qu'elle étoit galante un peu plus que de raison.

Le Roi lui raconta cette histoire. Cette bonne princesse, qui jugeoit toujours bien tout le monde, ne pouvoit se résoudre à la croire véritable ; il fallut que l'ambassadeur l'en assurât. Elle dit après au Roi qu'il étoit obligé en conscience de sauver la vie et l'honneur à cette dame. « Nous voilà bien forts, dit le Roi au marquis de Las Fuentès, puisque la Reine ma mère est pour nous. » Et ayant fait appeler un secrétaire-d'État sans qu'il s'en rencontrât aucun, Sa Majesté écrivit lui-même l'ordre au prévôt de l'Île de mener Laubespin à la Bastille. Le prévôt l'exécuta. Le pauvre mari, ne sachant quel crime il pouvoit avoir commis, crut que c'étoit pour quelque affaire d'État, et se consoloit par l'espérance du bien que lui feroit un jour le Roi son maître, pour le mal qu'il alloit souffrir pour lui. Il chargea sa femme de se retirer chez l'ambassadeur pour l'avertir de l'outrage qu'on lui faisoit, afin d'en demander justice au Roi ; outre qu'il croyoit qu'elle seroit à couvert de l'enlèvement, que le bâtard de Manicamp lui avoit fait appréhender, dans une maison d'un tel respect et d'une telle sûreté. Elle y va, elle y accouche le soir même ; et quelques jours après l'ambassadeur va rendre compte au Roi de ce qui s'étoit passé. L'enfant mourut : elle manda à son mari prisonnier que la surprise et l'affliction que lui avoit causée son malheur l'avoit fait accoucher d'un fils mort. Le mari s'afflige, prie le marquis de Las Fuentès de savoir du Roi quel étoit son crime ; et s'il n'étoit pas des plus noirs et des plus atroces, de vouloir être sa caution envers Sa Majesté, et lui faire commuer sa prison de la Bastille en son hôtel, d'où il lui promettoit de ne point sortir, et qu'il auroit du moins la liberté et la consolation de secourir sa chère femme. L'ambassadeur, qui eût voulu déjà être délivré de l'un et de l'autre, va à Saint-Germain ; et après avoir en particulier bien ri avec le Roi de toute cette histoire, et avoir concerté comme on la finiroit, Sa Majesté éleva sa voix, et lui dit : « Marquis, j'ai bien des excuses à vous faire : le prévôt de l'Île a fait un quiproquo ; et au lieu de mener à la Bastille le comte de Laubespine, qui est un gentilhomme limosin qui a battu des officiers de mes gabelles, il y a conduit le comte de Laubespin, duquel vous me parlez. Je vais envoyer ordre pour le mettre en liberté ; je lui enverrai faire des excuses, et je vous charge de mander au Roi Catholique la chose tout au long, afin que si elle va à ses oreilles il ne m'en impute rien. » L'ambassadeur promit au Roi de le faire, et mena, deux jours après, Laubespin remercier Sa Majesté, qui lui fit beaucoup d'excuses. J'ai cru devoir rapporter cette histoire, parce qu'elle a été sue de quelques-uns, et altérée en ses principales circonstances; et que c'est une chose extraordinaire qu'une affaire de cette nature ait été conduite et sue par deux rois, deux reines et un ambassadeur, et qu'un homme ait été cocu, prisonnier et content.

Il est temps de reprendre notre discours après une relation aussi longue que celle que je viens de faire ici, et de dire que, ce même jour 20, je reçus une lettre, datée du 19, de Saint-Aoust, qui me disoit que le cardinal lui donnoit plus d'espérances que jamais de la liberté des princes; mais qu'il ne se fioit en façon du monde en ses paroles; que je ferois bien de l'imiter en cela, et de ne pas perdre un moment de temps à toutes les choses que je jugerois d'ailleurs capables de contribuer à ce dessein.

Le 21, je fis distribuer vingt pistoles par compagnie d'infanterie, comme on l'avoit résolu, afin de remettre en quelque façon les corps, qui étoient en très-mauvais état.

Je reçus une lettre de Pomiers-Françon, qui m'assuroit que le comte Servien lui avoit avoué que jamais le cardinal n'avoit fait une faute d'Etat plus grande que celle d'emprisonner les princes; et qu'encore que M. le prince lui en eût donné quelque sujet, il valoit mieux souffrir quelque chose de lui que de se mettre, comme il avoit fait, entre les mains des Frondeurs, et particulièrement du coadjuteur, qui étoit méchant et d'une ambition démesurée; qu'il prenoit Dieu à témoin qu'encore qu'il eût été un de ceux qui avoient su la résolution de cette prison, il souhaitoit passionnément de la voir cesser; mais qu'on ne pouvoit travailler utilement à cet ouvrage qu'après le retour du Roi à Paris, parce qu'on ne pouvoit accorder cette liberté que de concert avec le duc d'Orléans.

Longchamps, qui avoit porté ordre au maréchal de La Force de toucher les cent mille francs du duc de Bouillon, retourna avec une de ses lettres à la princesse, qui l'assuroit de la continuation de ses services; et le reste en créance sur le porteur. Cette créance étoit qu'il étoit bien empêché de se résoudre, voyant la paix sur le point d'être conclue; et demandoit les bons avis de la princesse et ses commandemens avant que de se déterminer. Il nous dit encore que le comte d'Ornal, gendre du maréchal, étoit passé pour savoir de lui, par ordre de la cour, ses intentions dans la conjoncture présente : à savoir, s'il vouloit être compris dans la paix avec tous messieurs ses enfans ou non, parce qu'encore qu'ils ne se fussent point déclarés, les députés de Bordeaux faisoient instance pour les y comprendre.

Cugnac, Saint-Alvère et le chevalier de Rivière se firent envoyer par la princesse pour aller solliciter la marche de ce maréchal, disant qu'ils avoient tout pouvoir sur son esprit, et qu'ils le feroient avancer, ou que s'il avoit pris les cent mille livres, ils les lui feroient rendre, et en retiendroient par leurs mains quarante mille pour faire deux mille hommes de pied en trois régimens, dont chacun d'eux en commanderoit un qu'ils joindroient à Chavagnac, ensuite au secours de Bordeaux. C'étoient, en bon françois, trois affamés qui se faisoient de fête, croyant recevoir cette somme, et dire, quand la paix (qu'ils prévoyoient comme tout le monde) seroit faite, qu'ils l'avoient distribuée aux soldats qu'ils vouloient lever, et la tourner toute à leur profit particulier. Chacun connoissoit ce dessein, et personne n'y contredit. Les gens qui connoissent la malice des hommes savent qu'il s'en trouve peu qui ne veuillent profiter dans les désordres publics; mais ils savent en même temps qu'il y a des occasions auxquelles les plus clairvoyans ne doivent point avoir d'yeux. Le duc de Bouillon en usa ainsi en ce rencontre : il voyoit une grande somme qui lui appartenoit sur le point d'être perdue; et bien loin de s'y opposer, il fut le premier à conseiller à la princesse de laisser partir ces messieurs-là, premièrement pour paroître plus désintéressé qu'on ne le croyoit (quoiqu'il me l'ait toujours paru), et en second lieu pour montrer à Bordeaux et à la cour que nous ne croyions pas la paix si proche que tout le monde le disoit, et qu'elle l'étoit en effet.

Le 22, les députés retournèrent par la marée de la nuit : ils me firent l'honneur de me voir avant que d'entrer, comme ils firent, ce jour-là, au Palais, afin que j'avertisse la princesse, et les ducs de Bouillon et de La Rochefoucauld, de l'état de la négociation : ce que je fis. Les députés rapportèrent au parlement qu'après avoir examiné à Bourg, avec les commissaires du Roi, article par article, les propositions contenues en leurs cahiers, et avoir fortement insisté sur toutes, on avoit retenu leursdits cahiers pour y répondre; que la cour mouroit de peur d'entamer quelque proposition qui pût être appuyée par les députés de Paris, parce que, s'ils en obtenoient l'effet, cela rendroit le traité moins avantageux au Roi; et s'ils n'obtenoient rien de ce qu'ils pourroient demander de nouveau, ils en porteroient leurs plaintes à leur compagnie, et pourroient ainsi à leur retour exciter quelque nouvel orage contre le cardinal, et particulièrement sur l'article de la liberté des princes, sur laquelle Bitaut avoit parlé un peu hardiment.

Cette crainte obligea les commissaires du Roi à mander les députés de Bordeaux en l'absence de ceux de Paris. Ils eurent une grande conversation avec eux, dans laquelle le seul Espagnet se tint merveilleusement ferme, et dit qu'il ne souffriroit pas qu'on traitât aucune chose en l'absence des députés de Paris. Il sortit, et les avertit de ce qui se passoit ; ceux-ci s'en plaignirent ; de sorte qu'ayant été mandés avec ceux de Bordeaux, auxquels on rendit d'abord les cahiers, la réponse qu'on y fit fut que la Reine étoit absolument résolue de ne point souffrir qu'on changeât aucune chose à ce qui avoit été arrêté par le duc d'Orléans dans le parlement de Paris, et qu'ainsi l'on n'avoit point d'autre parti à prendre que d'accepter ou de refuser ; mais qu'on pourroit étendre de bonne foi l'article de l'amnistie et celui de la sûreté de madame la princesse et de M. le duc ; et ce faisant, que chacun rentreroit dans ses biens, honneurs, charges, dignités, et même le duc de La Rochefoucauld dans son gouvernement de Poitou ; que madame la princesse choisiroit telle de ses maisons qu'il lui plairoit, où elle auroit sûreté tout entière pour elle, pour monsieur son fils et pour leurs domestiques, et qu'on donneroit liberté à tous prisonniers du parti des princes, même à madame et à mademoiselle de Bouillon. On en revêtit les registres du parlement.

La princesse me commanda d'y aller de sa part (1), où je dis à la compagnie que Son Altesse étoit avertie du retour de messieurs les députés, et qu'on l'avoit en même temps assurée qu'ils avoient rapporté des projets pour la paix, dont elle n'avoit aucune connoissance ; et qu'elle avoit tant de confiance en leur probité, qu'elle croyoit qu'ayant mis, comme elle avoit fait, avec franchise ses intérêts et ceux de ses amis entre leurs mains, ils ne concluroient aucune chose sans sa participation. Je me retirai ensuite, après que tous d'une voix confuse m'eurent dit que la princesse pouvoit bien s'assurer qu'ils ne feroient rien qui lui pût nuire et qu'on lui donneroit avis de tout ce que la compagnie délibéreroit.

Après une longue délibération, en laquelle les vendanges eurent plus de part que la volonté du plus grand nombre de messieurs du parlement, il fut résolu que l'on accepteroit la paix aux conditions qu'on l'offroit, et qui étoient contenues aux registres, et qu'on renverroit leurs députés pour étendre et pour expliquer les articles dont je viens de parler, qu'on en conféreroit avec l'Hôtel-de-Ville, et qu'à cet effet les cent et les trente seroient convoqués ; et qu'on enverroit les mêmes députés à la princesse pour entrer en conférence avec elle en présence des ducs de Bouillon, de La Rochefoucauld et de moi.

Je rendis compte de tout ceci à madame la princesse et aux ducs ; et après que nous eûmes long-temps discouru sur la matière, le duc de Bouillon, qui me faisoit l'honneur de m'aimer, dit qu'il falloit m'envoyer à la cour avec les députés ; et qu'il y avoit certaines choses dans les traités qui devoient être touchées délicatement, dont il n'étoit pas raisonnable de se fier à des officiers du parlement, peu stylés en semblables affaires. Je me défendis de cet honneur, et parce que je ne m'en croyois point capable, et parce que je voyois que cette paix ne nous rendant pas messieurs les princes, nous n'étions pas prêts de demeurer en repos : ainsi il ne me convenoit nullement, pour le bien du service de la princesse, de fréquenter la cour. Car si j'avois vu le cardinal, j'aurois donné une très-grande méfiance de moi à tous nos gens, et il importoit qu'ils me crussent toujours irréconciliable avec lui ; et si je ne le voyois pas, et que je me tinsse dans une grande fermeté contre lui, je lui aurois fait perdre l'opinion qu'il témoignoit avoir que mon intention étoit tout-à-fait portée à sa réunion avec M. le prince. Il importoit encore que je ne fisse aucune figure en cette paix, afin que, n'étant pas mon ouvrage, j'eusse toujours lieu d'en parler comme il me plairoit, et de prendre tous les partis qui nous seroient utiles avec le cardinal ou avec ses ennemis. Le duc de La Rochefoucauld appuya mes raisons, et fit que la princesse me dispensa de ce voyage.

Ils me chargèrent d'aller voir les députés de Paris au logis de Maraut où ils étoient, et de leur dire, comme je fis, leurs intentions sur toutes choses. Je fis en sorte qu'ils me proposèrent eux-mêmes d'envoyer quelqu'un avec eux à la cour de la part de la princesse et des ducs ; et c'étoit ce que nous souhaitions, parce

---

(1) La princesse de Condé fit remettre la lettre suivante à MM. du parlement de Bordeaux :

« Madame la princesse supplie Messieurs du parlement de considérer, que luy ayant faict la grâce de la mettre soubs la protection de la justice du Roy et de la cour, dans la ville de Bourdeaux, avec monsieur son fils, ils sont obligés, par la nécessité de leur arrest et du consentement de plusieurs assemblées de ville, d'insister à luy maintenir cette seureté dans Bourdeaux, et, en cas qu'ils ne puissent l'obtenir, de luy mesnager ailleurs ; de laquelle seureté elle ne veut point d'autres juges qu'eux-mesmes, sachant bien qu'ils l'establiront telle qu'elle ne pourra estre violée ; aussi s'en contentera-t-elle, après que les propositions, qui en seront faites, auront été rapportées et délibérées au parlement et jugées raisonnables. »

que d'y envoyer sans qu'ils le trouvassent bon, et même qu'ils ne le désirassent, c'étoit leur donner du chagrin et leur témoigner de la défiance : ce qui ne nous convenoit pas en l'état auquel étoient les choses.

J'entretins par rencontre Le Coudray-Montpensier, qui se trouva là; et après une longue conversation, je lui proposai divers moyens de réunir la maison de Condé avec le duc d'Orléans, et entre autres par le mariage de l'une des petites princesses avec le duc d'Enghien. Je n'avois jamais voulu toucher cette corde dans tout ce que j'avois mandé au cardinal; car il ne voyoit que trop combien une telle union lui eût été fatale. Je remontrai au Coudray le tort que le duc d'Orléans, son maître, se faisoit en souffrant qu'un ministre eût la hardiesse d'emprisonner des princes du sang, et que peut-être auroit-il quelque jour le déplaisir de voir le fils que Dieu lui avoit donné depuis peu souffrir le même sort; et que ceux qui pourroient l'en empêcher l'abandonneroient peut-être, comme ils se voyoient abandonnés de ceux qui les devoient protéger. Le Coudray me répondit qu'il étoit assuré que le duc d'Orléans ne vouloit aucun mal à M. le prince; qu'au contraire il l'aimoit naturellement, et que s'il ne le servoit pas comme peut-être il le souhaitoit-il dans son cœur, c'est qu'il étoit prévenu de l'opinion qu'il feroit en cela une infidélité à la Reine, s'il le mettoit en liberté contre sa volonté, après lui avoir donné parole du contraire; mais qu'il m'assuroit qu'il ne seroit pas plus tôt vers Son Altesse Royale, qu'il lui diroit tout au long ce que je venois de lui proposer touchant le mariage. Sur quoi le conseiller Bitaut étant survenu, et ayant connu le sujet de notre conversation, me dit avoir remontré au duc d'Orléans, en prenant congé de lui pour la cour, qu'il souffroit en la personne de M. le prince qu'on fit une planche pour M. le duc de Valois son fils; à quoi il lui avoit répondu en ces termes : « M. D***, voulez-vous que j'arrache le poignard du sein des princes pour le plonger dans le mien? » Paroles qui marquoient que l'ame de ce prince, tout puissant pour lors et maître de l'Etat, étoit susceptible d'une grande crainte.

Après avoir rendu compte de ceci, et dit que les députés m'avoient proposé eux-mêmes ce que la princesse m'avoit commandé de leur faire trouver bon, qui étoit d'envoyer quelqu'un de sa part avec eux, je fus chargé de dresser les mémoires et instructions pour celui qu'on y enverroit : ce que je fis. Tous nos gens affectionnoient cette commission autant que je l'avois appréhendée, tant on s'empresse en ce monde-ci de se distinguer des autres par des emplois singuliers. Mais enfin, pour ne donner point de jalousie à quantité de gens de qualité qui étoient dans le parti, la princesse jugea à propos, et avec raison, d'y envoyer Filsgean qui étoit domestique du prince, et l'avoit été plus de trente ans de monsieur son père, qui l'avoit souvent employé aux négociations, dont il s'étoit toujours acquitté ponctuellement et avec fidélité. Ses instructions étoient ainsi conçues :

[« Monsieur Filsgean, ira à Bourges pour négotier de ma part les articles qui regardent ma seureté, celle de mon fils et celle de mes amis, et les sollicitera en ces termes :

» Pareille amnistie sera aussi accordée à tous ceux qui, pour l'intérêt de messieurs les princes, et depuis leur détention, ont pris les armes, commis actes d'hostilités soubs les commissions de M. le duc d'Enghien, soubs les ordres de MM. de Bouillon et de La Rochefoucault, soit pour la défense de Bordeaux ou aultrement, et mesmes pour ceux qui ont faict des traictés, ligues, négociations, tant dedans que dehors le royaulme, quels qu'ils puissent estre ; qu'à cest effect seront expédiées lettres de déclaration, aux termes de celles qui furent expédiées sur les mouvemens de Paris, en l'année 1549, *et passeports donnés à ceux d'entr'eux qui sont encores à présent hors du royaulme, pour revenir en France dans le temps qui leur sera accordé*, etc. Ce faisant, qu'ils seront restablis dans tous leurs biens, droits, dignités, honneurs, gouvernemens, charges, pensions, prérogatives, appointemens et autres advantages y attribués, et seront généralement remis en tels estats qu'ils estoient avant la détention des princes, mesme pour les procès qui pourroient avoir esté jugés contr'eux pendant lesdits troubles, qu'ils pourront faire revoir par les voyes de droit, etc. ; et que passeports seront donnés à ceux d'entr'eux qui sont encores à présent hors de France, pour y revenir et y jouir de l'amnistie dans le temps qui leur sera accordé.

» Que madame la princesse, monsieur le duc d'Enghien, leur suite, serviteurs et domestiques, feront leur séjour en toute seureté et liberté à Paris ou à Bordeaux, soubs la parole de Leurs Majestés, de celle de monsieur le duc d'Orléans et de MM. du parlement de Paris, *sauf que l'on puisse donner*. Ne sera donné aucun département de gens de guerre dans les terres de messieurs les princes, mesdames les princesses, de M. le duc de Bouillon et de M. de La Rochefoucault.

» Que madame la princesse jouira de tous ses biens, de tous ceux de monsieur le prince son mary, ensemble tous ses appointemens, gages, pensions ; fera le recouvrement des sommes qui lui estoient deues, et pour lesquelles il estoit assigné par Sa Majesté avant sa détention; qu'à c'est effect toutes ordonnances, quittances de l'espargne, etc., sur ce nécessaires, seront remises entre les mains de madame la princesse ; à cest effect, mains levées seront accordées à madame la princesse de toutes ses terres, maisons, meubles, saisis au nom du Roy ; que toutes garnisons en seront levées, etc.

» Fera instance pour le remboursement des frais que la violence de M. le cardinal Mazarin m'a contraint de faire.

» Que madame, mademoiselle de Bouillon, M. le chevalier de La Rochefoucault, marquis de Crevant, le sieur d'Alliez, et tous ceux qui ont esté faits prisonniers d'Estat ou de guerre depuis la détention de MM. les princes, sans aucun excepter, seront en liberté, en quelque prison qu'ils puissent estre.

» Fera instance sur le surplus des articles proposés par messieurs de Bordeaux, et au cas qu'il ne plaise à Sa Majesté en accorder aucuns que ceux contenus ès propositions de M. le duc d'Orléans, remettra les autres entre les mains de MM. Meusnier et Bitault, conseillers au parlement de Paris, pour en faire rapport à MM. de leur compagnie à leur retour, et mesme à monsieur le duc d'Orléans, lesquels ils supplieront de ma part d'y vouloir pourveoir, et particulièrement sur l'article qui regarde la liberté de messieurs les princes.

» Que madame la princesse douairière ira en toute liberté à Paris, avec sa suite et domestiques.

» Demandera de ma part un brevet qui permette à M. Lenet, conseiller d'état ordinaire, d'assister mon fils et moy de ses conseils, tant auprès de nos personnes, qu'à la poursuite de nos intérêts à la cour et ailleurs, administration de nos biens et conduite de nostre maison.

» Que, quelque paix que l'on fasse, il me sera permis de solliciter et faire solliciter vers Leurs Majestés la liberté de monsieur mon mary.

» Outre l'instruction générale que j'ai donnée à M. Filsgean, il fera encore les choses qui s'en suivent:

» Fera en sorte que j'aie ma seureté à Nérac, et pour y parvenir s'arrestera à demander Paris et Bordeaux, dira que je ne puis ni ne veux aller aux terres où fut M. le maréchal de Brézé, mort de regrets de la violence soufferte par monsieur mon mary. Dira que je n'ay nul pouvoir à Montrond ; toutes les autres terres ne sont point à monsieur mon mary.

» Je verrai la Reine, le Roi et Mademoiselle, si Leurs Majestés me laissent à Bordeaux.

» M. de Bouillon et M. de La Rochefoucault, et tous mes amis feront le mesme si on le désire.

» Conférera avec M. de Saint-Août de tous les intérêts de MM. les princes, suivant ce que M. Lenet luy en a dit ; de là chargera de promettre, en mon nom et au nom de MM. de Bouillon et de La Rochefoucault et de tous nos amis, une union entière avec M. le cardinal, quand il voudra la faire sincère, et répondra de tous les partis, verra mesmes mondit sieur le cardinal si M. de Saint-Août le juge à propos.

» S'il voit lieu de faire quelque traicté pour Montrond, le fera, pourveu qu'il puisse le réduire à y laisser ceux qui y sont jusques à la liberté de M. mon mary, retranchant toutefois la garnison à trois cents hommes de pied et à cent chevaux, qui ne prendront de contributions qu'autant qu'il en sera réglé pour la suffisance desdites troupes, et le surplus sera licentié sans qu'ils puissent faire aucun acte d'hostilité ; feront mesmes payer les tailles du Roy s'il est nécessaire, et fera en sorte que M. de Sametot le propose comme de luy.

» Ménagera, s'il est possible, que je conserve la compagnie des gardes de mon fils ou celle de monsieur mon mary près de ma personne, offrant de l'entretenir à mes dépens.

» Verra mesdames de Brienne et de Sénescé de ma part, et fera à la Reyne et au Roy les civilités qu'elles jugeront nécessaires.

» Fera mes complimens à Mademoiselle. »

Le 23, se fit l'assemblée de l'Hôtel-de-Ville, suivant que le parlement l'avoit ordonné la veille. Elle fut grande et nombreuse. La princesse s'y rendit, accompagnée de M. le duc, et des ducs de Bouillon et de La Rochefoucauld. Elle défendit à toute la noblesse et aux officiers de l'y suivre, de crainte que, dans une conjoncture autant délicate qu'étoit celle-là, et en laquelle toutes les paroles devoient être comptées et pesées, on n'en laissât échapper quelqu'une à contre-temps. Elle dit à l'assemblée qu'elle ne venoit pas là pour former aucun obstacle à la paix que messieurs du parlement avoient résolu d'accepter ; qu'elle leur laissoit une liberté tout entière de la conclure quand et comment ils le jugeroient à propos ; qu'elle vouloit seulement les faire souvenir qu'ils lui avoient donné et monsieur son fils sûreté et protection dans leur ville, et leur dire qu'il étoit de leur générosité, et même de leur devoir, de l'y maintenir, ou du moins, s'ils ne le pouvoient, de lui en ménager une ailleurs, où elle pût être à couvert des violences du cardinal Mazarin, auquel elle ne se fieroit jamais, et dont elle ne vouloit de juges ni de garans qu'eux-mêmes; qu'elle les prioit de charger leurs députés de n'en accepter aucune qu'après avoir rapporté dans cette même assemblée celle qu'on lui voudroit donner, afin qu'ils jugeassent si elle seroit telle qu'ils lui conseillassent de l'accepter; qu'elle l'accepteroit sans difficulté sur leur parole, et qu'elle leur donnoit la sienne et celle de son fils, quoiqu'en fort bas âge, qu'ils n'oublieroient jamais les obligations qu'ils leur avoient, et celle qu'elle espéroit de leur avoir en ce rencontre.

Toute l'assemblée se tint fort obligée de ce discours, et en remercia la princesse avec beaucoup de respect; puis Son Altesse et sa suite s'étant retirée, ils résolurent, comme avoit fait le parlement, d'accepter la paix, pourvu que l'on donnât sûreté tout entière à la princesse et à ceux du parti, et chargèrent leurs députés de faire de nouvelles instances pour obtenir liberté à elle, à monsieur son fils et à leurs domestiques, de faire son séjour à Bordeaux. La plupart de ceux qui reconduisirent la princesse en son carrosse lui disoient à l'oreille : « Ne vous » mettez pas en peine, Madame; nous recom- » mencerons après vendanges, car nous aurons » de quoi vous assister mieux que nous n'a- » vons fait. » A quoi elle ne répondit qu'avec des larmes.

Les députés de Paris me firent l'honneur de me visiter, et me donnèrent parole qu'en faisant le rapport de leur négociation à leur compagnie, ils feroient mention de tous les articles qui avoient été proposés et rebutés par la cour, et particulièrement de celui de la liberté des princes, dont Bitaut se chargea de revêtir leur procès-verbal, et depuis confirma cette parole à la princesse et aux ducs.

J'allai ensuite chez le président de La Traisne, où tous les députés étoient assemblés pour régler avec eux les demandes qu'ils feroient à la cour en exécution de ce que dessus. Ils partirent sur le soir tous ensemble pour Bourg, et Filsgean avec eux, avec ordre de ne voir qui que ce fût, et de ne négocier aucune chose qu'en leur présence. Il étoit chargé d'une ample instruction.

Mirat, de Bordes et autres Frondeurs, s'assemblèrent chez moi après le départ des députés, pour me dire que si l'on ne pouvoit obtenir le séjour de la princesse à Bordeaux, il falloit essayer de l'avoir à Nérac ou à Coutras, afin qu'elle fût en lieu propre à retourner à Bordeaux à la moindre alarme qu'on lui donneroit, protestant que les vendanges ne seroient pas plus tôt achevées, qu'on recommenceroit la guerre plus belle que devant, et que l'on ne cesseroit jamais que les princes ne fussent en pleine liberté. Je les remerciai fort de leurs bonnes volontés, comme la princesse fit depuis : mais je leur remontrai avec franchise qu'il n'y avoit point d'apparence qu'on nous accordât Bordeaux, ni par conséquent les lieux qu'ils me proposoient, à cause qu'ils en étoient trop voisins, que je n'étois pas même d'avis qu'on s'y opiniâtrât, pour ne donner aucune jalousie à la cour, afin qu'elle ne se précautionnât pas contre nos desseins à l'avenir; et que je croyois que la plus grande sûreté que nous pourrions avoir étoit Montrond, d'où nous observerions les choses qui se passeroient à Paris quand la cour y seroit de retour; nous communiquerions avec Bordeaux, Verteuil et Turenne, et où nous serions hors de toutes insultes; et qu'au surplus nous savions bien la route pour revenir en temps et lieu de ce pays-là dans leur ville.

Le 24, Virelade, à présent président au parlement de Bordeaux, demanda à me parler dans le jardin de l'archevêché. Je m'y rendis, après en avoir demandé la permission; mais comme je connus qu'on me l'avoit détaché de la cour, ou que lui-même s'étoit offert à me venir faire parler, je ne tardai guère à me séparer de lui.

La princesse reçut avis que l'on faisoit défiler quelques troupes vers Montrond; et comme l'on crut que le cardinal pourroit bien en entreprendre le siége après qu'il auroit terminé l'affaire de Bordeaux, elle dépêcha en toute diligence au marquis de Persan qui y commandoit, et lui ordonna de se préparer à une vigoureuse défense. Nous soupçonnâmes que comme la place étoit des meilleures, des mieux munies de toutes choses et des mieux fortifiées qu'il y eût en France, difficilement pourroit-on entreprendre de l'assiéger, la saison étant autant avancée qu'elle étoit, sans quelque intelligence, ou sans quelque ordre secret de la princesse douairière, qui avoit toujours porté fort impatiemment que madame sa belle-fille y eût mis des gens de guerre : et cela obligea de mander à Persan d'observer de près ceux qui étoient avec lui dans la place, de crainte de surprise; et même de n'avoir égard à aucuns ordres qui lui pourroient venir de la part de la princesse sa mère ni aux siens propres, qu'on pourroit lui faire écrire par force; et qu'elle lui permettoit, et même lui ordonnoit, de lui désobéir, quoi qu'elle lui pût écrire tendant à rendre sa place.

Cependant, comme la vigueur de Bordeaux s'étoit tout-à-coup relâchée, et que de tous les députés il n'y avoit que Bitaut et Espagnet qui témoignoient de la fermeté et du courage, le cardinal, qui l'avoit connu, et que tous ceux qui avoient charge de traiter la paix mouroient d'envie de la conclure, manquoit de parole sur tous les articles qu'il avoit envoyés à Bordeaux, et tâchoit à renverser tout ce qui avoit été résolu à Paris.

Le 25, Le Basque, officier de panneterie de M. le prince, arriva en poste, chargé d'une lettre chiffrée contenant un grand et ample raisonnement des comtes de Maure, de Fiesque, du président Viole, abbé Roquette et d'Arnauld, pour nous persuader de ne point conclure de paix avec la cour sans la liberté des princes, qui seule pouvoit la rendre assurée, comme si trois mois d'une vigoureuse résistance contre l'armée et contre la présence du Roi, un siége que nous avions soutenu, ne leur eût pas dû faire connoître que nous n'avions rien que cela dans le cœur et dans la tête. Ils ne considéroient que la saison des vendanges, la léthargie en laquelle étoient tombés la pluspart de nos amis de Bordeaux, l'abandonnement de tous ceux de dehors et de Paris même, qui ne nous assistoient que de conseils inutiles et à contre-temps, et qui méprisoient les nôtres. Le retardement ou le manquement du secours d'Espagne, la lenteur de la maison de La Force ou son impuissance, le défaut d'argent et l'épuisement de notre crédit nous avoient mis en état de nous rendre à discrétion si l'on en avoit eu une pleine connoissance, et si la fermeté, le courage et le bon sens des ducs de Bouillon et de La Rochefoucauld, la bravoure de nos officiers, la résolution de quantité de gens de qualité et de brave noblesse, et surtout la grande union qui étoit parmi nous, avec la constante détermination de nos Frondeurs du parlement, quoique de beaucoup moins en nombre dans le Palais, ne nous eût soutenus et conservés en état de faire une paix avec le Roi presque comme de couronne à couronne. Mais comme de loin tous les objets gauchissent, on ne connoissoit pas à Paris la cruelle extrémité en laquelle nous étions réduits; qu'il avoit même été de la prudence de la céler aux amis que nous y avions, pour soutenir la bonne volonté qu'ils avoient, et pour combattre leurs craintes et leurs incertitudes. Ainsi il ne falloit pas s'étonner si, encore que nous eussions tous même intention, notre conduite et notre sentiment sur la paix étoient fort différens.

Le courrier nous dit quantité de nouvelles qu'il avoit apprises de la santé dont le prince jouissoit dans sa prison, de son application à lire continuellement, de sa fierté contre Bar et contre ses gardes, de sa gaîté et de l'égalité de son esprit: mais comme je prétends en parler ailleurs, je n'en dirai pas ici davantage; et il nous assura qu'il savoit beaucoup des choses qui se passoient. Jusque là nous n'avions eu aucune lumière qu'on lui pût donner des avis. Il nous dit que Dalencé lui avoit conté que, quelques jours avant son départ de Paris, le prince, arrosant des œillets, lui dit : « Aurois-tu jamais cru que ma femme » feroit la guerre pendant que j'arrose mon jardin? » et qu'enfin le prince se divertissoit de toutes choses : ce qui nous donna bien de la joie.

Il nous dit encore qu'on avoit su de science certaine, ce dont nous nous doutions de longue main, et dont j'ai parlé ailleurs, qu'un écuyer de la princesse donnoit avis de tout ce qu'il savoit de la correspondance qu'il avoit avec son frère, qui étoit écuyer de Son Eminence; et que comme ce premier avoit su que les amis du prince avoient découvert qu'il trahissoit le parti, il s'étoit fait mettre à la Bastille pour justifier un jour son innocence à sa maîtresse; ce qui est une manière de justification assez singulière. Il nous dit de plus que de Chapizeaux et Le Picard, revenant à Bordeaux de la frontière et de Paris, où j'ai dit que la princesse les avoit envoyés, avoient été faits prisonniers à Montlhéry chez un autre écuyer de la princesse, nommé Dorgement, qu'ils étoient allés visiter, et qui vraisemblablement en donna avis : tant les gens de bien sont rares contre les espérances de la cour.

La trève fut renouvelée; on s'assembla au parlement pour l'enregistrer.

Le président d'Affis, dont je crois avoir fait ailleurs le caractère, à qui la princesse avoit donné une croix de diamans d'un prix considérable, et à qui elle donnoit, comme monsieur son mari a fait depuis, une pension de deux mille écus, lui avoit donné parole qu'il lui feroit donner dix mille écus sur le convoi, afin qu'elle pût congédier un grand nombre d'officiers blessés ou malades, et quelques autres qui n'avoient pas moyen de sortir de Bordeaux, leur fidélité et leur zèle au service du prince leur ayant fait engager jusqu'à leurs habits. On proposa, après la vérification de la trève, de faire cette avance à la princesse, sur ce que d'Affis avoit promis; mais, au lieu de l'effectuer, il rompit l'assemblée de son autorité, disant hautement qu'il ne consentiroit jamais qu'on prît les deniers du Roi. On sut depuis qu'il avoit reçu une lettre de Servien qui lui donnoit de grandes espérances d'une fortune avantageuse de la part du cardinal, s'il le servoit en cette occasion : ce qui donna sujet à la princesse de dire en présence de plusieurs de ses confédérés que d'Affis l'avoit mal servie pour son argent. Ainsi, pour l'ordinaire, sont récompensés ceux qui se laissent toucher par un intérêt sordide. Le conseiller Massiot, qui voulut avoir un des meilleurs chevaux de l'écurie de M. le prince, moyennant quoi il promit de trouver moyen de lui faire donner cet argent, tint mieux sa parole, mais elle ne servit en rien.

Filsgean retourna de la cour fort mal satisfait des difficultés qu'on faisoit sur toutes les propositions de la princesse, particulièrement sur la liberté des princes, dont on ne vouloit pas seulement ouïr parler, ni même de comprendre la princesse et ses serviteurs dans la même déclaration de Bordeaux, et encore moins de mettre hors de la Bastille madame et mademoiselle de Bouillon ; et qu'on avoit refusé tout court le séjour à Coutras ou à Nérac, quoique l'écrit envoyé par le duc d'Orléans donnât à la princesse le choix des maisons. On dénioit encore, plus décisivement que tout le reste, la restitution du gouvernement de Poitou au duc de La Rochefoucauld. La princesse, de qui la maison étoit pour lors toujours remplie de monde de toutes conditions, ne manqua pas, et nous tous, de faire remarquer combien la trop grande envie qu'on témoignoit de la paix empêchoit de la faire bonne et sûre, et combien le cardinal tiroit d'avantages de la connoissance qu'il avoit de l'esprit de Bordeaux : elle ajouta qu'il les chicaneroit bien davantage sur l'article du duc d'Epernon. Enfin le peuple, qui aimoit et respectoit la princesse, parut irrité de ces changemens, ou plutôt de ces manquemens de parole, et commença à murmurer contre ce renouvellement de trêve. Mais comme les principaux de la ville n'aspiroient qu'à faire leurs vendanges à quelque prix que ce fût, cette chaleur ne fut pas fomentée par eux, et ne produisit qu'un feu de paille.

Le 26, on renvoya Filsgean avec ordre d'insister tout de nouveau sur les articles dont il étoit chargé, et surtout d'opiniâtrer le séjour de Nérac, et de tâcher adroitement de se faire proposer, par les ministres, Montrond, par les raisons que j'ai dites ci-dessus ; sinon, à toute extrémité, de se fixer aux terres d'Anjou, à cause du voisinage du duc de La Rochefoucauld, en cas qu'on lui rendît son gouvernement ; et de La Rochelle, parce que nous avions toujours quelque espérance de gagner Du Dognon, quoiqu'en bonne intelligence avec le cardinal. Mais nous savions bien que les inquiétudes naturelles de l'un, et les manquemens de parole de l'autre, quand les périls étoient passés, ne tiendroient pas long-temps l'esprit de ce gentilhomme en même assiette.

On fit revue des troupes pour reconnoître si l'argent qu'on leur avoit donné avoit été bien employé ; mais on trouva que, sur le bruit de la paix, les capitaines l'avoient mis à leur profit particulier, comme ils font toujours en toutes occasions tant qu'ils peuvent, surtout quand on n'est pas en état de les pouvoir casser.

Gourville retourna de Bourg, et nous dit plusieurs particularités de la dureté du cardinal contre tout le parti et contre Bordeaux, sur les avis continuels qu'il en recevoit qu'on vouloit la paix et faire vendanges. Il faut confesser que j'ai vu peu d'hommes se mieux prévaloir des occasions que celui-là, et de qui l'esprit se tournât plus aisément d'une extrémité à une autre, suivant les mouvemens de son intérêt.

Tosani, que j'avois chargé d'une de mes dépêches pour l'Espagne, dès le 5 du mois, retourna ce même jour de Saint-Sébastien, et rapporta un billet de Sauvebœuf aux bourgeois de Bordeaux, par lequel il leur promettoit prompts secours ; et un autre de Baas, en créance sur lui. Cette créance étoit que quatorze vaisseaux qui étoient sortis de Saint-Sébastien, avec ordre de secourir Bordeaux de quelque manière que ce fût, et qu'ils seroient très-assurément le 27 ou le 28 dans la Garonne ; ajoutant que les quatre vaisseaux qui étoient quelques jours auparavant vers la tour de Cordouan, à l'embouchure, étoient retournés en leur port, sur la nouvelle qu'ils avoient reçue qu'on avoit fait une estacade dans la passe vis-à-vis de Blaye, qui leur fit croire que leur passage étoit impossible, dont Vatteville, outré de colère, avoit fait mettre les commandans en prison.

Il étoit vrai que ces capitaines étoient prisonniers, mais il étoit vrai aussi (comme nous l'avons su depuis, et comme Vatteville même me l'a confessé) que c'étoit par un coup de son adresse ; et que, connoissant l'impuissance en laquelle le Roi son maître étoit de nous secourir, il faisoit toutes les démonstrations de le vouloir faire pour soutenir le courage des Bordelois, et que cette raison, et l'espérance qu'il avoit qu'enfin on pourroit nous donner secours, lui faisoit inventer toutes ces ruses qui nous étoient, me dit-il, autant avantageuses qu'à lui, parce qu'elles retardoient la paix de Bordeaux ; et qu'au surplus le Roi son maître tiroit cette utilité que nous occupions les forces de France, qui sans cela lui auroient fait du mal ailleurs. A grand'peine un Espagnol naturel auroit-il inventé telle chose; mais celui-ci étoit un Bourguignon, raffiné en Italie, et le plus propre aux tours de passe-passe qu'aucun homme que je connoisse : il prend même plaisir à le dire, et s'en fait honneur.

A l'heure même qu'on eut reçu cette nouvelle, qui se trouva fausse comme les autres qu'on nous avoit dites et écrites de cette nature-là, on fit partir Bar et Morpin, soldats bordelois qui avoient servi sur mer, et dans deux petits embarquemens différens, qui pouvoient facilement la nuit, et à la faveur de la marée, passer à travers les vaisseaux du Roi. On leur ordonna d'aller à la rencontre de ce prétendu secours d'Espagne, et d'instruire de l'état des choses celui qui en auroit le commandement, afin de le presser par toutes voies de venir devant Bordeaux, et de combattre s'il ne pouvoit passer autrement.

Je ne m'étonne plus, depuis que j'ai pratiqué le baron de Vatteville, de toutes les fausses espérances qu'il nous a données; elles lui convenoient bien, et j'ai connu par une longue expérience que la plupart des hommes trompent, quand ils peuvent, en pareilles occasions : ce que pourtant je ne voudrois jamais faire, si je n'étois trompé le premier par les ordres que je recevrois des maîtres, et ce que je ne serois pas fâché qu'un autre du parti dont je serois fît, pour l'utilité qui en reviendroit, et que néanmoins je ne voudrois pas conseiller. Mais je m'étonne que trois hommes comme ceux que nous avions en Espagne, pleins d'esprit et de bon sens, se laissassent tromper à vue comme ils faisoient à tous momens: aussi, à la réserve du marquis de Sillery, de qui je connois la probité, j'ai souvent soupçonné les autres d'avoir eu trop de complaisance pour Vatteville, qui, outre les présens que Mazerolles et Baas avoient eus à Madrid, leur en avoit fait de fort considérables à Saint-Sébastien ; ce qui leur en rendoit le séjour plus agréable que celui de Bordeaux.

On envoya Longchamps en toute diligence à Bourg porter cette nouvelle à Filsgean, avec ordre de tirer toutes choses en la plus grande longueur qu'il pourroit, pour essayer de donner loisir à cette flotte de nous secourir. Les bourgeois en mouroient d'envie, et témoignoient une impatience non pareille de la voir paroître pour rompre la trève, et recommencer la guerre plus fort qu'auparavant. Ils croyoient que le siège étant levé (comme il ne pouvoit manquer de l'être par un secours tel qu'on dépeignoit celui-là), ils auroient moyen de faire la vendange, et que chacun se ressentiroit des sommes immenses qu'on croyoit qui nous venoient sur ces vaisseaux, l'intérêt ayant été de tout temps le plus éloquent et le plus persuasif de tous les orateurs.

Le 27, Filsgean, qui n'avoit pas reçu cet ordre, ni même vu Longchamps, qu'il avoit manqué par le chemin, arriva à Bordeaux plein de colère contre le maréchal de Villeroy, Servien et La Vrillière, qui étoient ceux qui traitoient pour le cardinal, de ce qu'ils ne vouloient aucunement l'admettre dans les conférences avec les députés de Paris et de Bordeaux, et de ce qu'ils commençoient à gourmander ceux-ci, lesquels (à la réserve de d'Espagnet qui étoit toujours ferme et constant) témoignoient une telle passion pour la paix, que la cour s'en prévalant leur tenoit le pied sur la gorge; en telle sorte qu'il y avoit sujet de craindre qu'avant son retour à Bourg les articles ne fussent signés à telle condition qu'il plairoit au cardinal.

Un gentilhomme du maréchal de La Force arriva chargé d'une lettre pour la princesse, et d'une autre pour le parlement. L'une et l'autre les assuroient de la continuation des services de toute cette maison; et que s'ils pouvoient tirer la négociation en longueur, et leur donner dix ou douze jours de temps, ils se promettoient de secourir Bordeaux et de faire lever le siège. Cette dépêche nous parut à tous venir de gens habiles, qui étoient bien instruits de l'envie qu'avoit Bordeaux de faire la paix. Ils savoient l'état du traité; ils avoient peur que, comme on étoit mal satisfait de toutes les paroles inutiles qu'ils avoient données, on ne les abandonnât; et que la cour ne les châtiât après avec facilité, pour la manière dont ils avoient usé avec elle, et vouloient être compris dans la paix pour être à couvert de tout; et qu'en tous cas, si l'Espagne nous secouroit, ils profiteroient autant et plus de la guerre qui recommenceroit, que s'ils y étoient entrés aussitôt que les autres.

Aussi fit-on des réponses au maréchal civiles et honnêtes, mais qui ne concluoient rien, parce que si on refusoit le service de cette maison, et que la paix vînt à se rompre, elle se seroit tournée contre nous; et si l'on acceptoit, et que les lettres fussent venues à être interceptées par la cour, elle auroit eu un juste sujet de nous manquer de parole sur toutes choses : et les esprits de Bordeaux n'étoient pas en état qu'on pût rien hasarder.

La princesse et les ducs allèrent au parlement pour leur faire récit de ce que Filsgean, qui étoit à leur suite, leur avoit rapporté. La princesse leur dit qu'étant responsable au Roi majeur, à l'État, et au prince son mari, de la vie du duc son fils, et la compagnie lui ayant donné protection tout entière dans leur ville, elle venoit leur déclarer qu'elle s'en déchargeoit entre leurs mains; qu'elle s'étoit embarquée sur la foi de leurs arrêts à soutenir la guerre avec de grandes dépenses; qu'elle n'avoit rien fait que par leurs avis, et dont elle ne leur eût donné part; qu'elle protestoit dans cette assemblée qu'elle la prenoit, en général et en particulier, à garant de tout ce que le cardinal Mazarin entreprendroit contre la personne de monsieur son fils; qu'elle les prioit d'en revêtir leurs registres, et de ne conclure aucun accommodement sans sa sûreté pleine et entière. On répondit à la princesse avec respect et civilité, et on lui dit qu'on délibéreroit sur sa demande, et qu'on feroit tout ce qui seroit dans la possibilité pour la servir utilement, et tous ses amis et serviteurs.

Le 28, les chambres étant assemblées, le parlement résolut et écrivit en effet à ses députés, en conséquence des instances de la princesse, de ne rien du tout signer qui ne fût conforme au registre, surtout en ce qui concernoit la sûreté de la princesse, du duc son fils, et sur les intérêts des ducs de Bouillon et de La Rochefoucauld. Remond et Mirat, commissaires du parlement au conseil de guerre, leur écrivirent dans le même sens, et que s'ils outrepassoient leurs ordres, ils seroient désavoués.

Cependant quantité de bons bourgeois, et les jurats mêmes, allèrent par les rues, et crioient hautement contre l'infidélité du Mazarin, qui, foulant aux pieds les résolutions prises dans le parlement de Paris et les volontés du duc d'Orléans, manquoit à toutes les paroles qu'il avoit données, et vouloit entrer dans Bordeaux pour y rétablir le duc d'Epernon et y exercer ses vengeances. Ils invitoient le peuple à ne pas le souffrir. Les députés arrivèrent sur le soir avant que d'avoir reçu les dépêches dont je viens de parler. Le port étoit tout bordé de peuple, qui, sachant que la paix étoit conclue, témoigna une grande douleur et une grande crainte de l'avenir, surtout quand ils surent que c'étoit avec des conditions bien moindres que celles qu'on leur avoit fait espérer.

Filsgean, qui étoit retourné dès la veille à Bourg, et qui en retourna avant les députés, dit à la princesse et partout les articles de la paix, qui remplirent la ville de consternation et de tristesse. On s'assembla chez la princesse, et tous les Frondeurs chez Mirat. Ces deux conseils se joignirent après, et résolurent ensemble, comme chacun d'eux avoit fait en particulier, qu'on feroit le lendemain tous les efforts imaginables pour faire passer dans le parlement qu'on députeroit des commissaires pour examiner la déclaration, et que cependant on prieroit Bitaut d'aller en poste à Paris avec un conseiller de Bordeaux; ou si celui-là ne le pouvoit, de charger celui-ci d'une de ses lettres pour sa compagnie et une pour le duc d'Orléans, afin qu'on se plaignît conjointement des manquemens de paroles du cardinal, et du procédé des commissaires qu'il avoit fait nommer par le Roi, afin qu'il plût à Son Altesse Royale et au parlement de Paris de donner les ordres prompts et nécessaires pour l'observation de ce qu'ils avoient déterminé pour l'accommodement de Bordeaux, et pour assoupir toute cette guerre.

La princesse alla visiter tous les députés, pour les prier de ne pas faire rapport de ce qu'ils avoient traité à Bourg qu'elle n'en eût eu connoissance, afin d'examiner les articles qui concernoient elle et ses amis, pour donner au parlement les observations qu'elle y feroit en même temps; qu'ils rapporteroient à la compagnie leur négociation, et qu'elle soumettroit tous ses intérêts à leurs jugemens; mais elle ne put obtenir cela de ces députés.

On faisoit cependant toutes choses possibles pour avoir de l'argent, dont la disette étoit au-delà de tout ce que je puis dire; à quoi l'on ne put jamais parvenir, quelque soin que l'on en prît.

On reçut une autre lettre des amis de Paris, autant inutile que celle dont j'ai parlé ci-dessus: ils nous exhortoient de ne conclure aucune paix sans la liberté des princes; mais ils agissoient sur un plan bien différent de celui de Bordeaux.

Le 29, le parlement s'assembla. Un trésorier, nommé Richon, parent de ce pauvre malheureux qui fut pendu à Libourne, au lieu de songer à venger cette mort, se laissa gagner par quelque émissaire du cardinal, et distribua de l'argent à deux cents coquins de la lie du peuple qui se trouvèrent, et lui à leur tête, à l'entrée du Palais, criant qu'ils vouloient la paix. Dans cette assemblée du parlement il y eut vingt voix de l'avis qui avoit été concerté la veille chez la princesse et chez Mirat, et le surplus de la compagnie, qui prévaloit en nombre, fut d'avis d'accepter la paix en la forme qu'elle étoit, dont la meilleure raison qu'ils dirent fut celle de faire leurs vendanges, et toutefois de conférer avec la princesse, pour voir si l'on pouvoit encore ajuster quelque chose pour ses intérêts.

Les ducs de Bouillon et de La Rochefoucauld prirent la peine de venir en mon logis, où nous examinâmes fort exactement la déclaration qu'on projetoit d'envoyer au parlement. Nous observâmes, et j'écrivis en marge, les défauts qui se rencontroient en chaque article pour la sûreté de tous les intéressés, afin que, les faisant voir, chacun pût dire sa pensée. Le duc de Bouillon proposa qu'on assemblât tous les officiers généraux et les principaux de la noblesse qui étoit à Bordeaux, pour leur demander leur avis : ce qui fut fait. C'est une grande prudence d'en user de la sorte en pareille occurrence, parce que la défiance des hommes est telle, particulièrement dans les partis, qu'on ne veut se rapporter à personne de ses intérêts, et qu'on murmure toujours contre ce qu'on n'a point fait soi-même.

Les députés de Paris et de Bordeaux vinrent conférer avec la princesse, qui me commanda de lire en leur présence, et en celle des ducs, les observations que nous avions faites sur les articles de paix. Ils avouèrent qu'elles contenoient beaucoup de choses qu'ils n'avoient pas prévues ; et on résolut que Filsgean retourneroit avec eux à la cour, où l'on feroit de nouvelles instances pour redresser l'affaire autant qu'on le pourroit en tout ce qui regardoit la princesse, le duc, et messieurs de Bouillon et de La Rochefoucauld. Elle pria ensuite Bitaut de dire au maréchal de Villeroy qu'elle trouvoit fort étrange qu'il eût fait sortir diverses fois son envoyé de la chambre sans le vouloir ouïr ; et qu'elle espéroit qu'un jour monsieur son mari lui en feroit reproche en des termes qui ne lui plairoient pas.

La princesse envoya un courrier à Persan, qui commandoit à Montrond, pour lui mander à Brézé l'état de la place, afin qu'elle prît ses mesures pour y aller ou n'y aller pas, suivant qu'elle seroit propre pour son séjour, ou pour faire la guerre. Elle en envoya un autre à Chavagnac pour mener les troupes que Tavannes lui avoit laissées, vers Limeuil droit à Montrond, pour y servir, si cette place pouvoit soutenir la guerre pendant l'hiver ; sinon de les faire passer dans l'armée du vicomte de Turenne : et cela en cas qu'elle acceptât les conditions qu'on lui offroit pour la paix. Elle chargea le même courrier de passer jusques à Castelman pour rendre une dépêche au maréchal de La Force qui l'instruisoit de l'état des choses.

Les bourgeois paroissoient bien consternés de cette paix, et particulièrement de ce qu'on y avoit ménagé les intérêts du duc d'Epernon. Cette considération seule consoloit nos amis et nos Frondeurs, parce que c'étoit la semence d'une nouvelle guerre ; et dans le dessein que nous avions de la recommencer à toutes occasions tant que les princes seroient prisonniers, nous les fortifiions dans cette créance autant qu'il nous étoit possible.

La princesse dépêcha encore au comte de Saint-Géran et au marquis de Levis, qui nous avoient donné de nouvelles espérances de se jeter tout de nouveau dans le parti, avec les troupes qu'ils avoient levées pour la cour.

Mirat étoit l'arc-boutant de notre Fronde. Il étoit puissant et autorisé dans la ville ; et sans difficulté c'étoit un homme capable de grands desseins, d'un profond secret, et autant propre à conduire une affaire adroitement et délicatement dans un parlement, qu'aucun que j'aie connu : et ce qu'il avoit de fort singulier est qu'on ne peut voir d'homme plus désintéressé que lui. Il étoit mon ami très-particulier, et m'avoit tenu toutes les paroles qu'il m'avoit données. Il fut donc celui à qui seul je m'ouvris d'un dessein que je roulois dans mon esprit, dès que je prévis que la paix se feroit sans la liberté des princes : j'en parlerai ci-après. Il falloit, avant de l'entreprendre, être assuré si Bordeaux recevroit une autre fois madame la princesse, M. le duc, leurs amis et serviteurs ; et en un mot qu'ils recommenceroient la guerre. Je demandai donc à Mirat, si par hasard quelque intrigue de cour nous faisoit entrevoir des moyens de cette liberté, et qu'il fallût l'appuyer par les armes, s'il croyoit que Bordeaux fût capable de les reprendre de nouveau en faveur de M. le prince. Il me répondit qu'il y avoit huit jours que ses amis du parlement, et ceux qu'il avoit parmi les bons bourgeois, et lui, ne s'entretenoient d'autre chose, et que tous étoient dans le sentiment de recommencer la guerre au printemps, et de n'être jamais en repos que quand il seroit hors de prison ; qu'il avoit charge d'eux de me parler, et de me dire que, pourvu que nous puissions avoir trois ou quatre cent mille francs pour recommencer la guerre, il me répondoit qu'ils sauroient bien trouver de quoi la maintenir ; que je m'assurasse de nos amis de dehors, et qu'il me répondoit sur sa vie de ceux du dedans.

« Mais, lui dis-je, comment ferons-nous pour nous rendre les maîtres de la rivière ? — Vous avez, me répondit-il, tout l'hiver devant vous pour négocier en Espagne et y obtenir des vaisseaux ; et s'ils vous en refusent, il faudra en demander en Angleterre ou en Hollande, et je vous réponds que tout secours, de quelque pays qu'il arrive, sera le bien venu. » Ce fût assez me dire, et j'eus bien de la joie quand je vis qu'il me faisoit hardiment des propositions que je voulois lui faire délicatement et peu à peu. Nous discourûmes long-temps sur la matière, et nous résolûmes de nous communiquer par chiffres, et de conduire toutes choses de concert.

J'allai à l'heure même trouver le duc de La Rochefoucauld, auquel j'avois une confiance tout entière; et nous fûmes ensemble chercher le duc de Bouillon en son logis. Je leur contai l'entretien que je venois d'avoir avec Mirat, et dès-lors nous résolûmes que ce secret ne passeroit pas les ducs, Mirat et moi, et de faire ce que nous fîmes deux jours après.

Les députés retournèrent à la cour, et ceux de Paris donnèrent parole à la princesse qu'ils rapporteroient, avec le procès-verbal de la paix dans leur compagnie, un écrit qu'elle feroit et signeroit de sa main, contenant tout ce qu'elle avoit demandé à la cour, ce qu'elle avoit obtenu et ce qu'on lui avoit refusé, particulièrement sur le sujet de monsieur son mari et de messieurs ses beaux-frères; qu'elle croyoit ses propositions si justes, qu'elle les soumettoit à leur jugement, et que si elles leur paroissoient telles, elle les supplioit d'interposer l'autorité de la justice du Roi, dont ils étoient les dépositaires, pour lui en faire obtenir l'effet. A l'instant même la princesse me commanda de dresser cet écrit, comme je fis, elle le copia de sa main, et l'envoya à Bitaut.

J'allai ensuite voir les principaux du parlement et les jurats, pour leur persuader de rendre à la princesse les pierreries qu'elle leur avoit données en gage pour sûreté des sommes qu'ils lui avoient prêtées, de peur que la cour, qui en pourroit être avertie, ne s'en saisît; et qu'elle donneroit à la place desdits joyaux une obligation pour le paiement desdites sommes.

Le premier d'octobre, toute la ville parut sensiblement touchée du prochain départ de la princesse, du jeune duc, et de tant de seigneurs et gentilshommes qui étoient à leur suite; mais fort irritée de ce que quantité de soldats de l'armée du Roi, qui étoient entrés dans la ville, y faisoient beaucoup d'insolences, et parloient comme s'ils eussent été dans un pays de conquête, eux qui étoient accoutumés à ceux de la princesse, qui pendant tout son séjour avoient été contenus, par les soins du duc de Bouillon, dans une discipline merveilleuse. Nouvelle vint tout-à-coup qu'ils avoient brûlé la maison de Barges qui appartenoit au conseiller de Bordes, insigne frondeur, homme de courage, et bien allié dans la ville : ce qui faillit à causer une sédition.

Filsgean écrivit au duc de Bouillon que les choses commençoient à s'adoucir à son égard; qu'il avoit bonne espérance que ce qui concernoit la princesse s'accommoderoit, mais que le cardinal étoit plus aigri que jamais contre le duc de La Rochefoucauld. Nous ne nous mettions guère en peine de ses douceurs ni de ses colères, parce qu'il n'avoit d'emportement ni d'adoucissement que suivant qu'il convenoit à ses desseins : et il faut avouer que peu d'hommes sont autant maîtres de leur esprit qu'il l'étoit du sien. Il fit ce jour-là demander une conférence avec le duc de Bouillon, par le marquis de Duras, son beau-frère. Le duc la refusa, contre mon sentiment; car, en l'état qu'étoient les choses, on ne pouvoit trop témoigner de condescendance au cardinal, après lui avoir fait voir tant de fermeté et de constance qu'avoit fait ce duc, et il étoit tout-à-fait utile à notre dessein de semer autant de jalousie que nous pourrions entre les Frondeurs et lui. Mais le duc de Bouillon, qui étoit assez malheureux dans l'opinion du monde (en quoi on ne lui faisoit pas justice), crut qu'il ne devoit pas hasarder sa réputation envers les Bordelois, pour le peu de temps qu'il avoit à demeurer dans leur ville. Il courut un bruit que la princesse s'étoit sauvée la nuit, poussée du mécontentement qu'elle avoit témoigné les jours précédens, et s'étoit allée jeter avec le jeune duc entre les mains de la maison de La Force. On en fut bientôt désabusé à Bordeaux, mais ce bruit tint tout un jour la cour en inquiétude, appréhendant qu'il n'y eût quelque partie nouée avec les huguenots.

Le duc de La Rochefoucauld, de qui la ponctualité étoit grande à rendre compte de toutes choses à la duchesse de Longueville, proposa à la princesse de lui dépêcher quelqu'un. Le duc de Bouillon, qui trouva la proposition raisonnable, nomma Gourville pour ce voyage; car il savoit qu'il étoit le confident de leur intrigue. Il eut ordre de voir les amis de Paris, les informer de l'état des choses, leur conseiller de mettre la puce à l'oreille aux frondeurs et au duc d'Orléans sur le sujet du cardinal et de la liberté des princes, qu'il nous faisoit entrevoir. On lui confia le secret dont j'ai parlé ci-dessus, pour en donner part à la duchesse de Longueville et au vicomte de Turenne, afin que du côté de Flandre ils commençassent à ébaucher quelque chose avec le comte de Fuensaldagne, et de leur rendre un compte exact de l'état auquel nous nous trouvions. Je leur envoyai par cette voie à chacun un chiffre, pour la correspondance qu'il seroit nécessaire d'avoir avec eux quand nous serions séparés. Les ducs m'en donnèrent aussi chacun un, et aux principaux du parti; en laissâmes plusieurs à Bordeaux, et en envoyâmes par tous les endroits où nous avions commerce.

On eut avis que les Espagnols de Flandre,

26.

avant que d'envoyer les passe-ports pour la paix, avoient demandé à l'envoyé du duc d'Orléans s'il avoit pouvoir de traiter conjointement la liberté des princes; et ayant répondu que non, comme fit depuis Son Altesse Royale, ils lui mandèrent qu'on s'assembleroit donc inutilement, et que Sa Majesté Catholique ne consentiroit jamais à aucune paix, que cette liberté n'en fût le premier article. Ils se retirèrent du côté de Verdun, qu'on crut qu'ils alloient assiéger. On eut aussi avis que le duc de Lorraine, qui étoit dans le Barrois, et qui avoit étendu ses troupes jusque dans le Bassigny, les rassembloit, afin de se joindre à l'archiduc pour ce dessein.

Saint-Aoust prêta mille écus à la princesse, le marquis de Saint-Sauveur pareille somme, et le conseiller Bitaut deux mille livres, qu'elle distribua à l'heure même à des officiers pauvres, blessés ou malades.

Le 2, la princesse, qui avoit commencé de visiter tous ses amis et serviteurs du parlement de Bordeaux, ne put continuer, parce qu'elle eut un peu de fièvre : de sorte que messieurs les ducs de Bouillon et de La Rochefoucauld, et moi, allâmes de sa part chez tous ceux qu'elle n'avoit pas vus en leurs logis, qui tous témoignèrent un très-grand regret de son départ et de ce qu'ils n'avoient pu lui ménager une paix plus avantageuse.

L'Hôtel-de-Ville fit une assemblée générale et solennelle, où on résolut de rendre les pierreries que la princesse avoit données pour la sûreté du prêt de cinquante mille écus qu'on avoit promis de lui faire, et sur lequel elle avoit reçu soixante mille livres. On lui fit présent de cette somme, et on résolut de payer le reste des dettes de la guerre à son acquit. Les jurats, suivis d'un grand nombre des principaux, vinrent voir et complimenter la princesse et le duc son fils, lui rapportèrent les pierreries, qu'elle fit grande difficulté d'accepter ; elle voulut à toute force leur donner son obligation, qu'ils refusèrent pareillement. Enfin, après de longues contestations, la princesse reçut le don qu'on lui faisoit. Elle le paya de beaucoup de larmes qu'elle jeta en abondance, sans qu'il lui fût possible de dire un seul mot à toute cette assemblée, dont elle embrassa les plus considérables, et le jeune duc tous, tant qu'ils étoient, l'un après l'autre. Ils sortirent de son hôtel tout en pleurs ; on arrêta toutes les parties dues, qui furent assignées sur l'Hôtel-de-Ville. Ils allèrent voir et remercier les ducs de Bouillon et de La Rochefoucauld, et les principaux officiers de l'armée. Ils me firent l'honneur de venir en mon logis, et m'apportèrent les lettres de bourgeoisie dont ils m'avoient parlé auparavant, que je reçus comme une marque de leur estime et de leur amitié.

[« Les maire et jurats, gouverneurs de la ville et cité de Bourdeaux, à tous ceux qui ces présentes verront et oiront, salut. Sçavoir faisons que nous, dhuement certains et informés des prud'homie, qualités de honorable personne messire Pierre Lenet, chevalier, baron de Vantous, seigneur de Villot et Dunaux, conseiller ordinaire du Roi en ses conseils d'Estat et privé, et direction de ses finances, pour estre ressu bourgeois en la ville ; à ces causes et autres bonnes et justes considérations à ce nous mouvant, avons receu et ressevons par cesdites présentes, ledit sieur Lenet, bourgeois de ladite ville et citté de Bourdeaux, pour d'icelle bourgeoisie, droicts, priviléges, authoritez, libertez, exemptions, franchises, prééminences et prérogatives y deus et appartenant jouir par ledit sieur Lenet, ses hoirs et successeurs à l'advenir, tout ainsy et en la mesme forme et manière que les autres bourgeois de ladite ville y ont accoustumé et doibvent jouir, conditions expresses qu'il n'advouera, par fraude, aulcunes marchandises luy appartenir pour faire perdre les droits du Roi et de la ville ; qu'il ne fera convenir aulcunes personnes pardevant autres juges que nous et nos successeurs, maire et jurats de ladite ville, ez causes dont la cognoissance y appartiendra, et gardera à son pouvoir les statuts de ladite ville, sans y contrevenir, à peine de privation de ladite bourgeoisie ; lequel sieur Lenet nous a fait et prêté le serment au cas requis et accoustumé. Sy donnons en mandement à tous nos justiciers et officiers, prions *ceux du Roy* qu'iceluy messire Pierre Lenet laissent, souffrent et permettent plainement et paisiblement jouir de ladite bourgeoisie, sesdits hoirs et successeurs à l'advenir, droicts, priviléges, authorités, libertés, exemptions, franchises, prééminances et prérogatives susdits, sans luy faire ne souffrir luy estre donné aulcuns empeschemens au contraire. Donné à Bourdeaux, en jurade, sous le seing de M. de Fonteneil, jurat commis ez absence du clerc ordinaire de la ville et scel des armes de ville, le vingt-huictième septembre mil six cent cinquante.

» *Signé* DE FONTENEIL, jurat-commis. »]

Tous les députés retournèrent, et rapportèrent la déclaration de la paix, beaucoup méliorée en leur dernier voyage ; elle fut publiée à l'heure même, et j'ai cru la devoir insérer ici :

« LOUIS, par la grâce de Dieu, roi de France

et de Navarre, à tous ceux qui ces présentes lettres verront, salut. L'expérience à fait voir depuis quelque temps que rien n'a donné tant d'audace à nos ennemis, pour leur faire refuser une paix raisonnable que nous leur avons fait offrir, et qu'ils eussent bien été contraints d'accepter, que les troubles qui ont été excités en quelques endroits de notre royaume. Il n'y a point de doute qu'ils n'en aient été les secrets et principaux auteurs par le moyen de leurs émissaires et partisans, et par les impostures et fausses impressions dont ils ont tâché sans cesse de remplir les esprits de nos peuples, pour les partager en diverses factions, et les animer les uns contre les autres. De notre part, nous n'avons rien omis de tout ce qui a été en notre pouvoir pour prévenir un si dangereux mal avant sa naissance, et pour le faire cesser promptement aux lieux où il a paru. Chacun a pu connoître aussi que, tandis que nous avons pu conserver nos forces toutes unies pour agir au dehors, et que nous n'avons point été obligé d'en employer une partie pour apaiser les mouvemens du dedans, Dieu nous a fait la grâce, avec l'assistance de notre généreuse noblesse et de nos autres fidèles sujets et serviteurs qui sont dans nos armées, de soutenir glorieusement et avec avantage les droits de notre couronne, et l'honneur de la nation qu'il a soumise à notre obéissance, contre toutes les puissances étrangères. On a vu toutes les années le siége de la guerre établi dans le pays de ceux qui n'ont pas voulu se porter à la raison ; et nos Etats ayant été garantis de toutes sortes d'invasions, ont été presque les seuls de l'Europe, pendant le cours des hostilités dont elle est agitée, qui ont joui d'une espèce de calme au milieu de l'orage public. Mais depuis que l'artifice de nos ennemis est devenu assez heureux pour séduire et attirer dans le parti quelques-uns de nos sujets qui, non contens d'avoir travaillé par diverses pratiques à allumer le feu de la révolte en plusieurs provinces de notre royaume, se sont rendus eux-mêmes les conducteurs de nos plus obstinés ennemis pour leur faciliter les moyens de nous ravager nos frontières et d'y faire des progrès, nous avons vu avec un extrême déplaisir les Espagnols, enflés par l'espérance de profiter des désordres qu'ils croyoient avoir excités dans notre Etat, non seulement rejeter les conditions de paix qu'ils avoient ci-devant eux-mêmes proposées et accordées, mais ne faire pas scrupule de rompre toutes sortes d'assemblées et de négociations pour la traiter et la conclure. Cette considération nous a convié de redoubler nos soins pour calmer promptement tous les troubles de notre royaume, afin de parvenir plus facilement aux moyens de calmer aussi tous ceux de la chrétienté. Ç'a été pour en venir à bout que, pendant les rigueurs de l'hiver, nous avons entrepris les voyages de Normandie et de Bourgogne, afin d'affermir par notre présence le repos de nos peuples dans ces deux provinces, et empêcher l'effet des menées et cabales qu'on y avoit faites pour les jeter dans la désobéissance. Nous n'avons pas eu peine en ces occasions de nous résoudre à préférer les voies de la douceur et du pardon à celles des armes ou de la justice, lorsque nous avons fait réflexion que le sang qui eût été répandu d'une façon ou d'autre étoit celui de nos sujets, que nous avons intérêt et intention de conserver comme le nôtre, n'ayant pas moins d'amour et de tendresse pour eux que s'ils étoient nos propres enfans. Lorsqu'ils se sont éloignés de leur devoir, nous nous sommes contenté de les y ramener par des effets de bonté, en leur faisant seulement connoître que nous étions en état de les y contraindre par ceux de notre puissance, lesquels nous nous sommes réservé de faire sentir à nos ennemis, après avoir considéré qu'on ne peut gagner de victoire sur des sujets sans perdre beaucoup. Autant de fois que les nôtres se sont mis en chemin de se ruiner par quelque entreprise faite contre notre autorité, nous avons mieux aimé nous vaincre nous-même pour les sauver, que de tirer raison par la force des offenses qu'ils nous avoient faites. Dès qu'ils nous ont témoigné un véritable repentir de leurs fautes, nous les avons de bon cœur oubliées, pour peu que nous ayons pu avoir d'assurance qu'ils n'y retomberoient plus, et que la grâce qu'ils recevoient de nous ne seroit point préjudiciable au reste de notre Etat. Les mouvemens survenus en notre ville de Bordeaux pendant les deux dernières années nous ont donné lieu de faire éclater en faveur de ladite ville l'affection paternelle que nous avons pour tous nos sujets, après avoir déjà apaisé ceux de l'année 1649 par notre déclaration et article du 28 décembre dernier, registrée le 11 janvier 1650. Nous avons encore résolu de faire cesser avec la même bonté ceux de l'année présente, en éteignant et assoupissant la mémoire de tout ce qui peut avoir été fait ou entrepris depuis le jour de ladite déclaration jusques à présent. A ces causes, après que notre cour de parlement et les habitans de notre ville de Bordeaux nous ont rendu toutes les soumissions et obéissances que nous avons désirées d'eux, avec les assurances de leur fidélité à notre service ; de l'avis de la Reine régente, notre très-honorée dame et mère, de notre très-cher et amé oncle le duc d'Orléans, de plusieurs princes, ducs et pairs, officiers de notre couronne, et autres grands et notables personnages de notre conseil, de notre certaine science, pleine puissance et autorité royale, nous avons dit et déclaré, disons et déclarons par ces présentes signées de notre main, voulons et nous plaît qu'amnistie générale soit accordée, comme nous l'accordons dès à présent, à tous les habitants de notre ville de Bordeaux, de quelque qualité et condition qu'ils soient, comme aussi à notre cousin le duc et maréchal de La Force, les marquis de La Force, de Castelmoron et de Cugnac, ses enfans, de tout ce qui a été fait, entrepris ou négocié depuis notredite déclaration du 26 décembre dernier, soit qu'ils aient fait ligues, unions, associations, levées ou enrôlemens des gens de guerre sans nos commissions; prises de deniers publics ou particuliers; ordonné des impositions sans notre permission; fait des fortifications nouvelles; occupé des places, châteaux ou passages; et généralement pour tout ce qui a été fait ou commué à l'occasion desdits mouvemens. Ensuite de quoi nous voulons et entendons que tous les dessusdits, de quelque qualité et condition qu'ils soient, sans nul réserver ou excepter, soient conservés en tous leurs biens, priviléges honneurs, dignités, prééminences, prérogatives, charges, offices et bénéfices, en tel et pareil état qu'ils étoient avant ladite prise d'armes, nonobstant toutes déclarations, lettres de cachet, arrêts ou jugemens publiés ou donnés au contraire, lesquels demeureront nuls et de nul effet.

» En conséquence de ladite amnistie, notre cousine la princesse de Condé pourra se retirer avec notre cousin le duc d'Enghien, son fils, avec leurs trains composés de leurs officiers, domestiques, et de ceux de notre cousin le prince de Condé, en l'une de ses maisons d'Anjou, où elle pourra demeurer en toute sûreté et liberté, et jouir de tous ses biens et revenus, ensemble de ceux de notredit cousin le prince de Condé, son mari, par les mains de ceux qui y ont été par lui ci-devant commis et agréés par nous; et mainlevée des meubles et immeubles, si aucuns ont été par nous saisis, à condition de demeurer ci-après dans la fidélité et obéissance qu'ils nous doivent, et de renoncer à toutes unions, ligues, associations et pratiques où ils pourroient être ci-devant entrés, tant dedans que dehors notre royaume : dont notre cousine donnera sa déclaration par écrit. Ensuite de quoi elle fournira les ordres nécessaires pour faire cesser à l'avenir tous les actes d'hostilité qui s'exercent sous son nom et celui de notre cousin son fils dans leurs terres ou ailleurs, en la province de Berri, vicomté de Turenne, et autres provinces de deçà la Loire; et pour faire retirer les garnisons qu'ils ont établies en diverses places ou châteaux qui ont été occupés, lesquels seront remis à notre disposition, pour être ordonné touchant la garde et conservation d'iceux ce que nous jugerons à propos pour notre service, et pour assurer le bien de nos sujets : si mieux elle n'aime d'aller à Montrond, à condition de réduire la garnison à deux cents hommes de pied et cinquante gardes de cheval, qui seront entretenus à nos dépens sur la recette générale de Berri, en donnant les sûretés nécessaires que ladite garnison ni lesdites gardes ne feront aucun acte d'hostilité; moyennant quoi ceux qui sont à présent dans ledit lieu de Montrond, et dans les autres châteaux du Berri et Bourbonnois, appartenant à notredit cousin le prince de Condé, et autres occupés par ses ordres, en les remettant dans le même état qu'ils étoient avant les mouvemens, jouiront de l'amnistie générale, et seront remis en leurs biens, dignités et charges, en faisant par eux les mêmes déclarations que dessus : et en conséquence tous prisonniers de guerre seront rendus de part et d'autre; et les châteaux occupés par nos armes, appartenant à notredit cousin le prince de Condé et cousine sa femme, seront pareillement remis au même état qu'ils étoient.

» Les ducs de Bouillon et de La Rochefoucauld, les marquis de Sauvebœuf, de Sillery et de Lusignan, Mazerolles, Baas, Fanget, La Mothe, de La Borde, et tous autres seigneurs et gentilshommes, officiers, soldats ou habitans de notredite ville de Bordeaux, de quelque qualité et condition qu'ils soient, sans aucun excepter, qui ont pris ou porté les armes pour ladite ville, pris part auxdits mouvemens, même ceux qui ont été ci-devant à Bellegarde, traité ou négocié avec les Espagnols ou autres étrangers, fait ligues, unions ou associations tant dedans que dehors notre royaume, eu connoissance ou participation de ces traités, négociations ou ligues pendant les mouvemens de la présente année et de la précédente, jouiront de ladite amnistie, à la charge de demeurer ci-après dans la fidélité et obéissance qu'ils nous doivent, et de renoncer auxdits traités, ligues, unions et associations; et moyennant ce, ils seront remis en la possession et jouissance de leurs charges, biens et dignités dont ils jouissoient au jour que notredite cousine la princesse de Condé est partie de Montrond, sans même qu'ils puissent être ni recherchés ni inquiétés en leurs personnes ni en leurs biens, dont mainlevée leur est faite à notre égard pour ce qu'ils pourroient avoir commis ou entrepris auparavant et depuis le 18 janvier dernier, à condition.néanmoins que les nouvelles fortifications qui ont été faites à Turenne, Saint-Clerc, Limeuil, et autres lieux qui leur appartiennent, seront rasées, et que les garnisons qui y ont été établies en seront ôtées : ce qui sera exécuté incessamment, en présence de ceux qui seront par nous commis pour le faire faire.

» Aussitôt que la présente déclaration aura été publiée, nous voulons et entendons que tous nos sujets de ladite ville, et tous autres qui sont présentement en icelle, posent les armes, avec défenses de les reprendre ci-après, pour quelque cause et prétexte que ce puisse être, sans notre commandement exprès, ou de ceux qui auront pouvoir de nous de leur ordonner.

» Tous les gens de guerre, étrangers ou de ladite ville, qui ont été levés par les ordres de notredite cousine la princesse de Condé, de notre cousin le duc d'Enghien, son fils, du parlement ou ville de Bordeaux, ou par ceux des ducs de Bouillon et de La Rochefoucauld, seront licenciés incontinent après la publication de la présente déclaration ; et les officiers et soldats qui sont maintenant dans ladite ville en sortiront incessamment pour se retirer en leurs maisons, après avoir fait les déclarations et sermens que dessus, à l'égard des officiers seulement ; et leur seront donnés par les passe-ports et sauf-conduits nécessaires pour la sûreté de leur retraite, même auxdits marquis de Sauvebœuf, de Sillery, Mazerolles, Baas, Fanget, La Lande, La Borde, et autres qui sont en Espagne et ailleurs, pour revenir en France avec leurs domestiques, train et équipages, et jouir de leurs biens, charges et dignités, sans que toutefois lesdits gens de guerre puissent se retirer en troupes qui excèdent le nombre de vingt maîtres, ni rien prendre sur nos sujets sans payer aux lieux où ils passeront.

» Tous prisonniers de guerre et autres, faits depuis ledit temps à l'occasion desdits mouvemens, seront mis en liberté au jour de la publication de la présente déclaration.

» Tous arrêts et jugemens donnés, et résolutions prises depuis le jour de la déclaration du 26 décembre dernier, et arrêt d'enregistrement jusqu'à présent, pour raison desdits mouvemens ou des différends qu'ils ont causés contre notre très-cher et bien amé oncle le duc d'Epernon, ses officiers et domestiques, par contumace ou autrement ; contre le feu général de La Valette ou autres qui ont commandé nos troupes, servi en icelles, ou, en quelque autre manière que ce soit, exécuté nos ordres et commandemens dans ladite province de Guienne, tant nos officiers qu'autres qui peuvent y avoir été employés de quelque façon que ce puisse être, au préjudice d'icelles personnes, biens, honneurs, droits, dignités, charges, prérogatives ou priviléges, comme pareillement toutes ordonnances dudit duc d'Epernon, demeureront nulles et de nul effet, sans que de tout le contenu en iceux il puisse être fait à présent ou à l'avenir aucune poursuite ni recherche.

» Tout ce qui aura été pris et enlevé par les gens de guerre, de mer ou de terre, à la réserve des armes et des chevaux, sera rendu aux propriétaires.

» Si donnons en mandement à nos amés et féaux conseillers les gens tenant notre cour de parlement de Bordeaux que ces présentes ils aient à faire lire, publier et enregistrer ; le contenu en icelles, garder et observer, sans y contrevenir ni souffrir qu'il y soit contrevenu en quelque sorte et manière que ce soit ; car tel est notre plaisir. En témoin de quoi nous avons fait mettre notre scel à cesdites présentes. Donné à Bourg, le premier jour d'octobre l'an de grâce mil six cent cinquante, et de notre règne le huitième.

» *Signé* LOUIS.

» Et sur le repli : *Par le Roi*, la Reine régente sa mère présente,

» PHELYPEAUX. »

Ceux qui avoient vu les malheurs et les craintes que nous avions eus depuis l'emprisonnement des princes, et qui avoient été les témoins de nos inquiétudes et de notre pauvreté, admiroient et louoient Dieu de nous voir obtenir une paix assez honorable entre des sujets et leur souverain, et assez sûre, puisque la princesse avoit la meilleure place de France pour son séjour, et des troupes dépendantes d'elle pour la garder, et soldées par le Roi. Elle y retira tout ce qu'elle voulut choisir dans le parti pour sa sûreté, et envoya le reste ou au vicomte de Turenne, ou en lieux d'où nous les pouvions tirer dans tous les temps que nous en aurions besoin. Elle gagna l'affection d'une des plus considérables villes du royaume ; elle y soutint la guerre sans endetter sa maison ; elle donna le mouvement, par sa fermeté et celle de ses amis, à tout ce qu'on vit après éclore dans le royaume en faveur de monsieur son mari ; elle fit rétablir ses amis et serviteurs dans leurs biens et dans leurs charges ; elle évita de tomber avec monsieur son fils entre les mains des ennemis de sa maison, et donna l'exemple à tout le royaume pour défendre l'innocence opprimée ; et surtout elle acquit avec l'amitié et l'estime de monsieur son mari, qui ne la croyoit pas capable de contribuer autant qu'elle fit à sa liberté, celle de toute la France, et l'on peut dire de l'Europe, qui vit faire avec étonnement à une jeune princesse sans expérience tout ce que la prudence la plus consommée et la hardiesse la plus déterminée auroient pu entreprendre. Mais que ne peuvent point la bonne volonté et l'honneur quand ils sont animés par deux hommes de la qualité, du mérite, de la conduite, du bon sens, de l'expérience et du courage des ducs de Bouillon et de La Rochefoucauld ; de la bravoure d'un grand nombre de seigneurs, de gentilshommes et d'officiers, qui risquèrent avec joie leur vie et leur fortune pour son service, et qu'elle auroit menés au bout du monde, au travers de tous les périls, pour contribuer quelque chose à la liberté du prince de Condé, auquel ils s'étoient pour la plupart attachés dès leur jeunesse, et duquel ils avoient appris à mépriser les dangers ? Ils furent tous imités des amis des ducs de Bouillon et de La Rochefoucauld, qui se comportèrent dans toute cette affaire comme s'ils avoient été domestiques et enrichis des bienfaits du prince, duquel ils espéroient avec raison plus qu'ils n'en ont eu. Et je confesse que j'avois quelque complaisance pour moi-même, en songeant que je m'étois déterminé à enlever la princesse avec monsieur son fils de Chantilly, environné de gardes ; que je l'avois menée de là à Montrond, qui le mit en assez bon état pour soutenir la guerre ; puis à Turenne, et qu'ensuite je sus obéir aux ordres de ces deux ducs assez heureusement pour les obliger à se louer de mes soins et de mon exactitude, et pour m'honorer de leur amitié et de leur confiance.

Ceux pourtant qui n'aspiroient qu'à la perte du cardinal Mazarin ; les Bordelois qui vouloient celle du duc d'Epernon ; ceux qui avoient conçu l'espérance de s'enrichir de l'argent que nous attendions d'Espagne, ou qui croyoient s'avancer en charges et en dignités dans la guerre ; ceux qui croyoient pêcher en eau trouble ; ceux qui craignoient les châtimens, et surtout ceux qui étoient demeurés à Paris à former des idées inutiles pour le service des prisonniers, n'étoient pas contens de notre paix, et tâchoient à diminuer le mérite de ceux dont les soins et la fatigue l'avoient fait obtenir : nous-mêmes, qui n'aspirions qu'à la liberté des princes, et qui ne pouvions jamais avoir plaisir ni repos sans cela, étions encore moins satisfaits que les autres ; et nous ne nous consolions de l'avoir obtenue qu'en considérant la disposition que nous avions donnée aux choses qui la pouvoient causer, et ce que nous avions fait avec rien.

Revenons au dessein que nous avions fait pour recommencer la guerre, duquel j'ai promis de parler. C'étoit de faire que le marquis de Lusignan, feignant de craindre les châtimens pour ce qu'il avoit fait en cette guerre de Bordeaux et en celle de l'année précédente, et d'éviter la présence du Roi, se retireroit en Espagne pour conférer avec Sillery, Baas et Mazerolles, qui y étoient encore, pour s'instruire des affaires de ce pays-là, et reconnoître si le défaut du secours que nous en espérions étoit un effet de leur impuissance ou de leur politique, afin qu'au premier cas il vît si, la campagne suivante, ils pouvoient nous en donner un tel que nous le souhaitions, et s'ils avoient manqué de secourir Bordeaux par un faux raisonnement, pour éviter la perte du cardinal Mazarin, dont ils pouvoient croire que la mauvaise conduite leur étoit avantageuse, et croire encore que sa chute venant à calmer l'Etat, comme nous avons dit ailleurs, les affaires reprendroient leur premier train ; et remettant le prince de Condé dans le conseil et à la tête des armées, il deviendroit aussi redoutable à la monarchie d'Espagne qu'il l'étoit avant sa prison.

En ce cas, Lusignan leur persuaderoit, par toutes les raisons que les ducs de Bouillon et de La Rochefoucauld et moi lui dîmes, que les choses, en l'état qu'elles étoient en France, ne se pouvoient calmer, parce que, quand le prince viendroit à être en liberté par la perte du cardinal, la Reine ne pourroit jamais prendre de confiance en lui ; parce qu'il étoit plus offensé contre les Frondeurs que contre le cardinal ; parce que ceux-ci aspiroient au gouvernement des affaires ; parce que le prince et eux ne pouvoient jamais avoir de confiance ni de liaison les uns avec les autres ; parce que les parlemens, l'Eglise, la noblesse, et tous les ordres du royaume, avoient pris un air de liberté que tous les partis maintiendroient pour ne pas retomber dans la toute-puissance de la cour, qui ne pouvoit jamais convenir ni aux uns ni aux autres ; et qu'après avoir rendu les ministres d'Espagne capables de ce raisonnement, il leur proposeroit de faire un traité avec la princesse et ses principaux amis, qui comprenoient tout ce qui étoit à Bordeaux, même la duchesse de Longueville, le vicomte de Turenne, tout ce qui étoit à Stenay, et quantité de personnes qui ne s'étoient pas encore déclarées, comme le maréchal de La Mothe, le comte [d'Alais] en Provence, plusieurs personnes qualifiées et considérables à la cour, la maison de La Force, dont le nom leur étoit fort connu par toutes les anciennes affaires de la religion, et qui leur faisoit sous-entendre les huguenots ; que par ce traité tous les confédérés s'obligeroient, et eux réciproquement, à ne poser jamais les armes qu'à la paix générale, faite avec toute la satisfaction d'Espagne ; et que l'on agiroit (tous autres intérêts cessant), et du côté de Flandre, et du côté de Guienne, à la liberté des princes.

Que l'on ajusteroit les desseins de Flandre entre le vicomte de Turenne et le comte de Fuensaldagne ; et que du côté de Guienne ils nous secourroient de vingt-cinq ou trente vaisseaux de guerre, de six mille hommes de pied et de deux mille chevaux ; qu'ils entreroient les uns par terre et les autres dans la rivière de Bordeaux, dans le temps dont on conviendroit avec eux ; que nous les mettrions dans Bourg et dans Libourne, qu'ils fortifieroient à leur volonté, et où ils mettroient telle garnison qu'il leur plairoit ; qu'ils nous donneroient une quantité d'argent et de munitions de guerre, etc. ; que de notre côté les ducs de Bouillon et de La Rochefoucauld feroient autant de cavalerie et d'infanterie qu'ils pourroient en Poitou, Saintonge, Angoumois, Turenne et Guienne ; qu'ils se rendroient à Libourne en même temps qu'eux, et que la princesse et le jeune duc se jetteroient à Bordeaux, qui les recevroit à bras ouverts ; que le maréchal et les marquis de La Force, de Castelnau et de Castelmoron se saisiroient de Bergerac, de Sainte-Foy, de Dhomme et de Montauban ; le marquis de Lauzun, de Marmande ; et Lusignan, d'Agen.

Lusignan ne devoit rien dire de tout ceci aux envoyés que nous avions en Espagne, et fut chargé de ne se découvrir qu'à don Louis de Haro seulement, parce que jamais secret ne fut plus délicat que celui-là, puisque nous prenions ce dessein dans le temps même de la paix. Il étoit su de peu de gens, qui tous étoient intéressés à le faire réussir ; et difficilement pouvoit-il être découvert par les préparatifs, puisqu'ils devoient se faire tous en Espagne, et que nos amis en France ne devoient se mouvoir que quand les Espagnols seroient dans Bourg et dans Libourne. Nous résolûmes même que la princesse n'en sauroit rien ; et quoiqu'elle fût pleine de bonne volonté et de courage, elle étoit jeune, et environnée de jeunes filles et femmes qui eussent pu en découvrir quelque chose et parler.

Il fut donc résolu par les ducs que j'irois cette nuit, la veille du départ de la princesse, l'éveiller quand elle seroit endormie, et que je lui ferois signer (comme je fis) un billet conçu en ces termes : « Je supplie Sa Majesté Catholique, M. don Louis de Haro et tous messieurs les ministres, d'avoir toute créance au marquis de Lusignan, que je dépêche à Sadite Majesté, sur tout ce qu'il proposera de ma part. Daté de Bordeaux, le 3 octobre 1650, et signé Claire-Clémence de Maillé-Brézé, princesse de Condé. »

Je remis en présence des ducs ce billet entre les mains de Lusignan, à une heure après minuit, et il partit à l'instant même avec nos chiffres, et le moyen de nous faire savoir de ses nouvelles et de lui faire tenir des nôtres sous des noms supposés.

LIVRE SIXIÈME.

OCTOBRE 1650.

Le 3, la princesse partit de Bordeaux dans une galère, accompagnée des ducs de Bouillon, de La Rochefoucauld, des comtes de Coligny, de Guitaut, de Meille, de Lorges, et de quantité de noblesse et d'officiers. Elle fut accompagnée sur le port de quantité de personnes de condition de tous les ordres de Bordeaux, et de plus de vingt mille personnes du peuple, de tout âge et de tout sexe, qui, pleurant et soupirant, faisoient des imprécations contre le cardinal, et combloient de bénédictions la princesse et le jeune prince. Elle croyoit prendre terre à Lormont, et passer à Coutras, où chacun avoit liberté de l'accompagner, et où elle avoit permission de demeurer trois jours, quand elle rencontra sur la rivière le maréchal de La Meilleraye, qui alloit la visiter à Bordeaux, et qui, après les devoirs rendus, lui conseilla de passer à Bourg pour y voir Leurs Majestés. Elle y résista fort; mais enfin ayant pris l'avis des ducs, qui lui dirent que Son Altesse ne pouvoit mieux faire, par plusieurs raisons que j'ai touchées en quelque endroit ci-dessus, elle se résolut à suivre les sentiments de ce maréchal, qui, ayant pris le devant pour savoir, disoit-il, si la Reine agréeroit sa visite, il retourna, dit à la princesse qu'elle seroit la bien venue, et le voyage se continua : dont il arriva ce que je dirai après.

Le bruit vint à Bordeaux (d'où je ne partis que le jour suivant, quelques affaires qui restoient à ajuster m'y ayant retenu) que l'on menoit la princesse prisonnière à Bourg. En même temps les artisans du quartier du Chapeau-Rouge fermèrent leurs boutiques, criant aux armes contre le Mazarin. Les rues voisines en firent autant; et dans le premier emportement quatre ou cinq soldats de l'armée du Roi qui voulurent dire quelque chose furent assommés, quand un gentilhomme, que la princesse me dépêcha pour me dire la raison qui l'obligeoit d'aller à Bourg, cria à haute voix que cela étoit faux, et que la princesse alloit à la cour de son bon gré, pour se jeter aux pieds de la Reine, et lui demander la liberté de monsieur son mari. Cette assurance calma le commencement de sédition, qui prenoit le train d'avoir des suites fâcheuses contre ceux qui avoient témoigné désirer la paix.

Le parlement s'assembla : et quelqu'un ayant proposé d'imiter les jurats, et de rendre à la princesse les pierreries qu'elle avoit mises dans le coffre qu'ils appellent de *finances communes*, pour la sûreté du prêt qu'ils lui avoient fait de trente-deux mille francs, la proposition fut renvoyée à ceux du bureau, qui depuis la remirent au jugement du parlement qui, quelque temps après, remit les pierreries entre les mains de Mirat, pour les rendre, comme il fit, à la princesse.

Le corps de ville reçut ordre, par Sainctot, maître des cérémonies, d'aller visiter le cardinal Mazarin. Les jurats, qui avoient eu défense du parlement quelque temps auparavant, et qui même avoient résolu de ne le pas faire, ne se crurent pas assez forts pour résister à cet ordre après la paix conclue, et n'osèrent pourtant pas y déférer de leur mouvement. Ils allèrent donc au Palais pour demander avis au parlement, qui pour lors étoit assemblé comme je viens de dire. Il y eut vingt-deux voix à leur défendre de faire cette visite, sur peine de privation de leurs charges, et cela par toutes les raisons les plus injurieuses que l'on puisse imaginer ; et vingt-six qui formèrent l'arrêt de ne rien répondre sur cette proposition, et la laisser décider par ceux qui la faisoient.

La princesse, en sortant de Bordeaux, donna au corps de ville six galères, dix galiotes et un vaisseau ; les poudres, mèches, grenades, plombs et autres munitions qui étoient dans son magasin; les chevaux de frise, fraises, palissades, et autres choses qui étoient à La Bastide, aux Chartreux, Saint-Surin, et autres postes, qui tous avoient été fortifiés aux frais de Son Altesse, et qui revenoient à des sommes considérables.

Le 4, les jurats, après s'être déterminés à obéir à l'ordre de visiter le cardinal, partirent dans la galère appelée *la Princesse*, qu'ils avoient fait équiper autant bien qu'ils avoient pu pour la présenter au Roi, comme ils firent, après en avoir ôté la devise que la princesse y avoit fait mettre, et qui étoit dans les étendards dès le commencement de la guerre. C'étoit une grenade en feu qui éclatoit de toutes parts, avec cette parole : *Coacta,* pour donner à entendre que comme la grenade ne fait jamais de bruit d'elle-même, la princesse n'en faisoit que parce qu'elle y étoit contrainte.

Je partis avec les jurats, et me rendis à Bourg, parce que je savois que la princesse y étoit. J'allai d'abord au logis de Son Altesse, qui étoit celui du maréchal de La Meilleraye : je la trouvai prête à partir pour Coutras. Elle me fit l'honneur de me raconter ce qui s'étoit passé depuis son départ de Bordeaux, et me dit, qu'étant allée rendre ses devoirs à la Reine, elle ne trouva dans la chambre de Sa Majesté que le Roi, Monsieur, Mademoiselle et le cardinal ; et qu'on lui avoit dit que celui-ci en avoit fait retirer tout le monde, dans la crainte qu'il avoit qu'elle ne s'emportât contre lui (ce qu'elle auroit fait infailliblement, me dit-elle, si messieurs de Bouillon et de La Rochefoucauld ne l'en avoient empêchée) ; qu'elle entra dans sa chambre, n'ayant à sa suite que la comtesse de Tourville, sa dame d'honneur ; qu'elle menoit monsieur son fils par la main, et qu'elle parla en ces termes à la Reine, après avoir mis un genou à terre, et avoir été relevée :

« Madame, je viens me jeter aux pieds de Votre Majesté pour lui demander pardon si j'ai fait quelque chose qui lui ait déplu : elle doit excuser la juste douleur d'une demoiselle qui a eu l'honneur d'épouser le premier prince du sang, qu'elle voit dans les fers, et qui a cru avoir juste raison d'appréhender un même sort pour son fils unique, que je vous présente. Lui et moi, Madame, vous demandons, les larmes aux yeux, la liberté de monsieur son père : accordez-la, Madame, aux grandes actions qu'il a faites pour la gloire de Votre Majesté, à sa vie qu'il a tant de fois prodiguée pour le service du Roi et pour celui de l'État, et à ma très-humble prière. »

« Je suis bien aise, ma cousine, que vous connoissiez votre faute, lui repartit la Reine ; vous voyez bien que vous avez pris une mauvaise voie pour obtenir ce que vous demandez. Maintenant que vous en allez tenir une toute contraire, je verrai quand et comment je pourrai vous donner la satisfaction que vous demandez. »

La princesse me raconta ensuite qu'elle n'avoit voulu ni voir ni parler au cardinal Mazarin chez la Reine ; mais que, peu après qu'elle eut pris congé de Sa Majesté et qu'elle fut en son logis, il lui étoit allé faire une visite ; que la parole qu'elle avoit donnée aux ducs de Bouillon et de La Rochefoucauld, et le besoin qu'elle avoit de la Reine, à qui elle venoit de demander la liberté des princes, dont elle n'avoit pas été éconduite, l'avoient empêchée de lui dire des injures, et de le maltraiter autant qu'elle auroit pu ; qu'elle s'étoit contentée (ne pouvant mieux faire) de le recevoir avec toute la froideur qui lui fut possible ; que le cardinal ayant été d'un air enjoué à M. le duc pour lui baiser la main, il n'avoit jamais voulu approcher de lui, ni lui dire une seule parole. Elle ajouta que les ducs avoient vu Leurs Majestés, Mademoiselle et le cardinal, qui tous les avoient favorablement reçus ; qu'elle avoit fait grande difficulté de voir le maréchal de Villeroy et le duc de Damville ; et qu'enfin, n'ayant pu résister aux conseils que ses amis lui avoient donnés de les recevoir, elle avoit du moins eu la satisfaction de leur laver la tête, et particulièrement aux derniers, de l'impertinente conduite qu'ils avoient tenue envers monsieur son mari. Et après m'avoir dit tout ceci, la princesse monta en carrosse pour aller coucher dans sa duché de Fronsac, et m'ordonna de voir, avant que de partir, le comte de Saint-Aoust.

Après qu'elle fut partie, les ducs me racontèrent toute la conversation qu'ils avoient eue avec le cardinal Mazarin, tout ce qui s'étoit passé, et ce qu'ils avoient appris depuis leur arrivée à la cour. Ils me menèrent ensuite dans le cloître des Pères Récollets, où Saint-Aoust leur avoit dit (sachant que j'étois vers la princesse) qu'il m'alloit attendre. Je le trouvai : les ducs allèrent pour prendre congé du cardinal ; et j'appris, par la conversation de mon ami, qu'il avoit plus d'espérance que jamais de la liberté des princes, tant par les désordres du royaume, qui augmentoient par la résistance qu'avoit faite Bordeaux, que par la mauvaise intelligence qui étoit parmi les frondeurs ; que le cardinal avoit dit à plusieurs personnes, et à lui-même, qu'il travailleroit, à son retour à Paris, à cette liberté ; que pourtant il étoit toujours à son ancienne opinion ; que si le cardinal pouvoit se rendre maître du duc d'Orléans et de la Fronde, il les tiendroit en prison tant qu'il pourroit, ne se souciant de rien, pourvu que le cabinet ne lui fît point de peine.

Les ducs m'avoient conseillé de voir le cardinal ; je leur avois refusé, parce que je craignois que cette visite (qui pouvoit d'ailleurs profiter en donnant de la jalousie aux frondeurs) ne me mît en défiance dans tout le parti. Je connus fort bien qu'ils avoient envie que je le visse, parce qu'ils l'avoient vu. Ils lui dirent que j'étois arrivé à Bourg, et que j'entretenois Saint-Aoust aux Récollets. Le cardinal, qui avoit ses raisons particulières de me voir, envoya le maréchal de Villeroy pour me prier de sa part de me rendre en son logis, où il vouloit m'entretenir. Je lui repartis que j'aurois bien souhaité que la princesse n'eût point été partie, pour lui en demander la permission ; mais que je n'osois me déterminer à suivre mon inclination, qui étoit d'avoir l'honneur de voir Son Eminence, en son absence. Mais enfin, m'ayant tous deux dit de très-bonnes raisons pour y aller, et qui me paroissoient utiles au service du prince, je me résolus à suivre le maréchal.

Le cardinal me reçut d'un air qui me parut étudié, parce qu'il étoit plus doux, plus ouvert et plus agréable que ne méritoit un homme comme moi, et qui sortoit de Bordeaux. J'essayai de mon côté de ne paroître pas embarrassé, parce que j'avois résolu de lui parler avec une franchise libre et hardie, pour avoir lieu de lui dire tout ce qui convenoit à mon dessein.

Il me dit qu'il faisoit toujours justice aux gens qui faisoient leur devoir envers leurs amis, quelque mal qui lui en revînt ; et que tout ce qu'il m'avoit vu faire pour le service de M. le prince augmentoit de beaucoup l'estime qu'il avoit toujours eue pour moi. Et lui ayant répondu que j'étois bien heureux d'entendre des louanges que je ne méritois que par ma bonne volonté, dans une temps que j'appréhendois des reproches ; qu'il étoit d'un aussi grand homme que lui de prendre les choses comme il faisoit, et que c'étoit le moyen d'instruire ses serviteurs à faire leur devoir, il me prit par la main, et, me menant vers une fenêtre de sa chambre qui regardoit le Bec-d'Ambez et Bordeaux, il me dit : « C'est une chose étrange que ce que les peuples se mettent dans la tête. En bonne foi, dites-moi qu'est-ce que M. le prince a fait pour cette ville-là qui ait pu l'obliger à risquer tout ce qu'elle a risqué pour son service ? — Je crois, lui dis-je, Monsieur, que l'opinion générale de l'innocence de Son Altesse a fait déterminer Bordeaux à faire voir que les Gascons ont plus de générosité que les autres ; outre cela, ils sont tous persuadés que Votre Eminence veut les opprimer, pour venger les passions de M. d'Epernon. Ils croient que M. le prince n'étoit pas l'année passée d'avis qu'on les poussât à bout, et que vous vouliez les perdre ; ils vous haïssent, et ils l'aiment ; M. le prince souffre, et vous régnez. L'exemple que Paris a donné à toutes les villes du royaume a fait une grande impression en ces quartiers-ci ; et la meilleure raison de toutes, c'est que les peuples n'en ont point, et qu'ils ne conçoivent les choses qu'autant qu'elles leur plaisent et qu'elles les flattent. Croyez, Monsieur, que vous en verrez souvent arriver de pareilles tant que l'autorité ne sera point rétablie, et que vous ne la rétablirez jamais que par la liberté de M. le prince, et par une sincère union avec Son Altesse, que j'acheterois de ma vie.

» Je veux, répliqua-t-il, vous entretenir à fond de la conduite de M. le prince, et des raisons que j'ai eues de me porter à conseiller à la Reine de le mettre où il est ; et je m'assure que vous ne me condamnerez pas après m'avoir ouï.

— Je suis si bien instruit, Monsieur, lui répliquai-je, des actions de Son Altesse dès son enfance, de la passion qu'il a eue toute sa vie pour le bien de l'Etat, pour le service particulier de la Reine et pour le vôtre, que je ne puis imaginer ce que Votre Eminence pourroit me dire pour me persuader. »

Il étoit tard ; c'étoit le jour de Saint-François et il n'avoit pas ouï messe : il tira sa montre, et ayant connu que midi approchoit : « Allons, me dit-il, aux Récollets ; vous viendrez à la messe, et ensuite dîner avec moi. » Et lui ayant répliqué que je m'étois acquitté de ce devoir avant que de partir de Bordeaux : « Bien, me dit-il, pendant que nous l'entendrons, vous irez voir la Reine. » Il ordonna à l'abbé de Palluau, à présent évêque de Poitiers, pour lors son maître de chambre, d'aller savoir si Sa Majesté étoit en état d'être vue. Il lui parla ensuite à l'oreille, et nous crûmes tous qu'il lui ordonnoit de dire à la Reine de ne me témoigner aucune aigreur ; et en effet elle m'honora d'un accueil plus favorable que je ne pouvois espérer, et que je ne méritois. Le cardinal monta en carrosse avec les ducs de Bouillon et de La Rochefoucauld, et me commanda de m'y mettre : ce que je fis. Il se prit d'abord à sourire, et dit : « Qui auroit cru il y a quinze jours, voire huit, que nous eussions été tous quatre aujourd'hui dans un même carrosse ? — Tout arrive en France, lui repartit le duc de La Rochefoucauld. — Comme je n'ai jamais désespéré, dit le duc de Bouillon, de recouvrer quelque jour l'amitié de Votre Eminence, tout ceci, et tout ce dont j'espère qu'il sera suivi, ni me surprend ni me surprendra. — Ce m'est un grand honneur, Monsieur, lui dis-je, d'être dans ce carrosse dans une telle compagnie ; mais je ne serai jamais content que je n'y voie M. le prince.

— Tout cela viendra dans son temps, me répondit-il. — Je vois ce que c'est, repartis-je ; vous voulez que M. le duc d'Orléans et lui y soient ensemble. » Il se mit à rire ; et comme nous arrivâmes à l'église où l'abbé de Palluau se rendit fort peu de temps après, il me conduisit par ordre du cardinal chez la Reine.

Je dis à Sa Majesté que je venois l'assurer de ma fidélité et de mon obéissance ; et que si j'avois fait quelque chose contre ce que je lui devois, que je la suppliois avec un profond respect de considérer que depuis vingt-cinq années j'avois reçu tant de marques de l'amitié, de la confiance et de l'estime de M. le prince et de feu monsieur son père, que j'aurois été le plus décrié de tous les hommes si je n'avois suivi le torrent de tous les amis et serviteurs de sa maison, qui avoient cru qu'il n'y avoit que la voie qu'ils avoient tenue pour garantir la liberté de M. le duc et celle de madame sa mère ; et que j'avois une très-sensible douleur de ce qu'eux et moi nous étions abusés dans notre créance.

« Je suis bien aise, me repartit Sa Majesté, de vous voir ici ; je souhaiterois que ce fût sans avoir été à Bordeaux. Je sais bien que vous avez beaucoup d'honneur, que vous avez bien servi le Roi par le passé, et que vous êtes très-capable de continuer : je veux croire que vous vous en acquitterez avec autant d'affection que vous en avez témoigné en servant M. le prince, puisque vous en recevrez plus de gloire et plus d'avantages ; et que vous ne donnerez plus de conseils violens à madame la princesse. Vous êtes trop habile pour ignorer qu'on ne fait rien faire aux rois par force.

». Personne, lui dis-je, Madame, ne le sait mieux que moi : c'est une maxime que j'ai apprise de feu M. le prince et de monsieur son fils, qui tous deux ont porté l'autorité royale autant haut que jamais personne ait fait. Les grands services qu'ils ont rendus, chacun dans leur temps, à l'Etat et à Votre Majesté en sont une preuve indubitable ; et personne de nous n'a eu une pensée autant criminelle que l'auroit été celle de prétendre forcer Vos Majestés à donner la liberté à messieurs les princes. Nous avons cru mettre celle de M. le duc en sûreté, comme j'ai déjà eu l'honneur de dire à Votre Majesté ; et dans tous les temps nous avons eu recours aux très-humbles prières. » La Reine eut la bonté de me laisser parler, plus à la vérité et plus librement que je ne devois ; et ayant cessé : « Ne parlons plus, dit-elle, du passé ; songez seulement à conduire les choses à l'avenir en telle sorte que le Roi puisse user de clémence et de douceur. »

Sa Majesté se mit ensuite en conversation sur diverses choses qui s'étoient passées à Bordeaux, dont elle me commanda de lui dire le détail : ce que je fis en particulier ; et comme elle éleva sa voix, plusieurs des assistans s'avancèrent. La comtesse de Brienne, qui étoit bien intentionnée pour les princes, et qui avoit beaucoup de respect pour la princesse douairière, voulant me rendre un bon office, dit : « On ne sauroit, Madame, excuser ce méchant homme-là (en me regardant) ; mais il faut avouer qu'il est pourtant le plus excusable de tout le parti. — C'est pour cela, dit la Reine, que je lui parle comme je fais ; et il m'a déjà fait rire par un conte qu'il me vient de faire, qui est fort plaisant. » Tout-à-coup Sa Majesté, changeant de propos et rougissant, dit à haute voix, et en telle sorte que tout le monde l'ouït : « Ah! si l'on n'étoit pas chrétien, que ne devroit-on point faire contre ceux qui sortent d'une ville rebelle, qui ont été à Bellegarde, et qui s'en vont tout droit à Stenay vers madame de Longueville et vers M. de Turenne ? — Madame, lui dis-je, trouvez bon qu'avec tout le respect que je dois à Votre Majesté, je prenne la liberté de la supplier de ne s'emporter jamais contre des gens fidèles à leurs maîtres. Il y a de certains brouillons d'Etat qu'on ne peut assez châtier ; mais il y a des gens de bien qui, accablés d'obligations, ne sauroient prendre un autre parti que de servir ceux auxquels ils sont redevables. Je sais bien, Madame, que Votre Majesté ne parle pas de moi, parce que je n'ai point été à Bellegarde, et que je n'irai pas à Stenay ; mais, Madame, Dieu préserve Votre Majesté d'un sort autant rigoureux et cruel que l'a été celui de la feue reine mère, Marie de Médicis, qu'un ministre, sa créature, poussa à bout ! Et par le discours qu'il vous a plu de faire, Madame, vous permettrez à toutes celles de Votre Majesté de l'abandonner, si jamais elle venoit à être persécutée sous le nom du Roi son fils par quelqu'un qui useroit mal de son autorité ; mais j'espère que sa Majesté aura assez de vertu et de bon naturel pour détester de semblables violences. — N'avez-vous pas vu le Roi, me dit la Reine ? » Et lui ayant répondu que je n'avois pas eu cet honneur-là, elle commanda qu'on appelât Sa Majesté et Monsieur. J'eus l'honneur de baiser la main à l'un et à l'autre, et de remercier la Reine de la bonté qu'elle avoit eue de me faire expédier un brevet du Roi qui me permettoit de demeurer auprès de la princesse et de M. le duc, et de les assister de mes conseils. C'étoit la seule chose que j'avois demandée par la paix, dans la crainte que la princesse et les ducs eurent que, d'abord que nous serions désarmés, la cour, croyant que j'étois de quelque utilité à Son Altesse, ne m'envoyât quelque ordre pour le quitter, auquel il auroit été difficile de ne pas obéir. Après m'être acquitté de mes devoirs, je me retirai d'auprès de Sa Majesté.

J'allai ensuite faire la révérence à Mademoiselle, de qui j'avois jusques alors reçu en toutes rencontres des traitemens très-favorables; elle m'avoit même souvent fait donner des marques de son souvenir pendant que j'étois à Bordeaux, par tous ceux qui y arrivoient. Elle me redoubla ses grâces ce jour-là; et d'abord qu'elle m'aperçut, elle vint à moi d'un air brusque et délibéré à son ordinaire, et commença à me dire qu'elle avoit presque envie de m'embrasser, tant elle étoit satisfaite de tout ce qu'elle savoit que j'avois fait pour les princes; et, sans me donner le loisir de lui parler, elle poursuivit en me disant qu'elle n'aimoit point du tout M. le prince, et que pourtant elle aimoit ceux qui l'avoient servi. « Ce n'est pas, lui dis-je, Mademoiselle, une marque de haine : aussi osé-je dire à Votre Altesse qu'elle auroit tort d'en avoir pour un homme qui n'est nullement haïssable de soi-même, qui a l'honneur de vous appartenir, et qui a toujours eu beaucoup de respect pour vous. — Non, non, repartit-elle, je ne suis pas satisfaite de vous pour l'amour de lui, mais pour l'amour de vous-même; et j'aime de tout mon cœur les gens qui ne ménagent ni biens, ni vie, ni fortune, pour servir ceux à qui ils se sont donnés. J'aime qu'on aille toujours aux extrémités : aussi vous ai-je défendu publiquement ici quand tout le monde vous blâmoit; mais pour M. le prince, c'est un ingrat qui n'aime les gens qu'autant qu'ils lui sont utiles. » Je la remerciai de l'honneur qu'elle me faisoit, et lui dis ensuite qu'avec toute la haine qu'elle avoit contre M. le prince, j'espérois qu'elle seroit assez généreuse pour agir de tout son pouvoir pour sa liberté, parce qu'il ne la prétendoit que par la voie de monsieur son père. « Il fera bien, me dit-elle, de prendre cette voie; et quiconque en prendroit une autre s'équivoqueroit en son calcul, parce que Monsieur en est le maître, qu'il est raisonnable qu'il le soit, et qu'il est fort d'humeur à l'être. — Ah! Mademoiselle, lui dis-je, que Votre Altesse me réjouit en m'apprenant cela; et que nous aurions été heureux s'il avoit toujours été dans la résolution que vous me dites! — Ce coquin de La Rivière, ajouta-t-elle, lui avoit donné des maximes bien contraires à ce qu'il devoit; mais maintenant qu'il l'a chassé, vous verrez qu'il fera à l'avenir. » Sur cela un page du cardinal vint m'avertir qu'il m'attendoit pour dîner. Il interrompit le discours de Mademoiselle, laquelle étoit fort en humeur de me dire beaucoup de choses; et moi bien résolu de la faire parler autant que je pourrois, pour tirer quelque lumière de ce que le cardinal promettoit et désiroit des Frondeurs. J'avois su du maréchal de Villeroy et de Saint-Aoust qu'elle avoit fait grand bruit de la venue de madame la princesse à la cour; et je crois que je dus une bonne partie du bon accueil qu'elle me fit à la curiosité qu'elle avoit d'en savoir la cause. Elle me dit en riant, et en me quittant, qu'il n'étoit bruit que de ma faveur; qu'elle avoit déjà appris que le cardinal m'avoit très-bien reçu, qu'il m'avoit mené à la messe dans son carrosse, et que j'avois eu l'honneur d'entretenir la Reine une heure tout entière. Pour lors je crus lui devoir dire, pour l'obliger, de prendre quelque créance en moi, que j'irois le soir l'entretenir de tout ce qui s'étoit passé, et de la conversation que je devois avoir avec le cardinal; car j'avois été averti qu'il importoit de lui ôter de l'esprit que l'entrevue de la princesse et des ducs eût été concertée avec le cardinal à l'insu du duc d'Orléans.

Le dîner se passa avec grande gaîté : le cardinal ne fut jamais de si belle humeur. Après qu'on eut desservi, il fit passer les ducs et moi dans sa chambre, où il nous entretint fort long-temps de toute l'affaire de Bordeaux, qu'il admiroit; et disoit qu'il ne pouvoit concevoir comme on avoit pu la soutenir si long-temps avec si peu d'argent et si peu de troupes réglées, n'ayant pour tout terrain qu'une ville composée d'un grand peuple et d'un parlement divisé, et duquel la pluralité des voix étoit contre nous; la plupart de nos amis, et l'Espagne même, nous ayant manqué; et tout cela contre un roi de France présent. Il admiroit plus que tout la grande union que nous avions conservée parmi nous, étant, comme il disoit, si rare parmi les hommes, et particulièrement dans les partis, où chacun veut être le maître. Il nous montra ensuite quantité de lettres d'Espagne, de Paris, de Stenay et de divers autres endroits, qu'il nous avoit fait intercepter et déchiffrer.

Après qu'il nous eut dit beaucoup de choses sur la matière qui étoit sur le tapis, il dit aux ducs qu'il les avoit amplement entretenus ce jour-là et la veille; et que s'ils étoient résolus de partir pour rejoindre madame la princesse, comme ils témoignoient le désirer, il me retiendroit jusques au lendemain, parce qu'il avoit beaucoup de choses à me dire. Les ducs prirent congé de lui : il les accompagna jusques au bout de son appartement, et leur fit autant de civilités qu'ils en pouvoient désirer.

Il me fit donner un logis, où il envoya meubler une chambre de ses meubles, et me donna de ses gens pour avoir soin de moi; enfin il n'oublia rien de tout ce qui pouvoit donner martel en tête aux Frondeurs : et comme il me demanda rendez-vous au soir, je passai le reste de la journée à visiter les ministres, et tous ceux de qui je pouvois apprendre ou à qui je pouvois insinuer quelque chose d'utile à notre dessein.

Le soir, comme le cardinal retourna de chez la Reine, je me présentai à lui. Il me mena dans sa chambre ; qu'il ferma et visita soigneusement partout, pour connoître si personne ne pourroit ouïr ce qu'il vouloit me dire. La conversation dura depuis sept heures du soir jusques à une heure après minuit. Il seroit trop long et trop ennuyeux d'en rapporter ici tout le détail : je me contenterai de dire qu'il commença par les grandes qualités du prince, et par les grands services qu'il avoit rendus à l'Etat, et la tendre amitié qu'il avoit toujours eue pour lui ; puis il se rabattit sur sa prétendue mauvaise conduite envers la Reine et envers lui, et me dit cent mauvaises raisons de sa prison. Il me conta en se glorifiant comment il avoit ourdi cette trame, et la manière dont il l'avoit fait donner dans le panneau ; quand et comment le duc d'Orléans, les duchesses de Chevreuse et d'Aiguillon, le duc de Beaufort, Servien, le coadjuteur, Le Tellier et Lyonne, qui tous avoient part en ce secret, l'avoient su. Il vint ensuite sur l'état des choses qui pour lors étoient présentes dedans et dehors le royaume, à la cour, et parmi les Frondeurs. En me faisant le détail de celles-ci, il me dit et jura qu'il n'étoit auteur de la prison des princes ; qu'elle lui avoit été proposée ; mais que quand il l'avoit jugée nécessaire, et qu'on lui avoit aplani le chemin pour l'entreprendre, toute l'exécution avoit été une machine de son esprit ; et que ce qui l'avoit entièrement déterminé à cette action, avoit été la certitude que les Frondeurs et M. le prince traitoient ensemble par Chavigny et par le président de Bellièvre, et que le prix du marché étoit de le sacrifier.

Je lui repartis sur tout cela avec une très-grande liberté, et je ne lui laissai pas passer un mot sans réplique et sans une forte contestation. J'étois si bien instruit de toutes choses, qu'il ne m'étoit pas malaisé de soutenir mes raisons. Il me parla ensuite de tout ce que je lui avois mandé à diverses fois par ce bon père récollet : nous examinâmes tout ce qui se pouvoit faire pour sa sûreté, par les alliances que je lui avois proposées avec les principaux amis du prince, en le mettant en liberté. Nous parlâmes du rétablissement du duc d'Epernon dans le gouvernement de Guienne, qu'il tenoit impossible par la connoissance qu'il disoit avoir des esprits de Bordeaux ; et je le lui rendis le plus plausible du monde en lui disant qu'il ne doutoit pas que tous les amis du duc ne le souhaitassent ; et je l'assurai que tous ses ennemis, qui étoient nos amis, y consentiroient de tout leur cœur, pourvu que la liberté des princes fût le prix de leur consentement ; qu'ils m'en avoient tous donné leur parole, et que je la croyois si sincère, que je m'offris à être le porteur au parlement et à l'Hôtel-de-Ville des ordres du Roi qui le rétabliroient.

Il me demanda après quel homme étoit le duc de Bouillon : je lui répliquai que c'étoit à lui à me le faire connoître, parce qu'il m'avoit paru habile, ferme, net, et plein de courage et d'honneur ; mais que je ne savois pas s'il avoit eu quelque négociation secrète avec lui, qui démentît toutes ces belles et grandes qualités que j'avois remarquées en ce duc. Et le cardinal m'ayant répondu que non, qu'au contraire il avoit fait son possible pour le gagner, et qu'il ne l'avoit pu : « Faites donc compte, lui dis-je, » Monsieur, qu'il est un des plus galans hommes » que j'aie jamais connu. » Je lui dis à ce propos que s'il venoit à s'allier avec lui, comme je le souhaitois, qu'il lui seroit d'un merveilleux secours pour exécuter le détail des choses qu'il ordonneroit ; qu'il lui seroit propre à la cour et à la guerre, et que cela lui feroit prendre une confiance entière au vicomte de Turenne, duquel il connoissoit trop le mérite pour le lui exagérer.

Il en demeura d'accord avec moi, et passa à me parler de la duchesse de Longueville et du duc de La Rochefoucauld comme de gens dont il lui seroit malaisé d'avoir l'amitié, parce qu'ils n'en avoient, disoient-ils, que l'un pour l'autre. « S'il est ainsi, lui dis-je, Monsieur, vous n'avez qu'à contenter l'un pour avoir l'amitié de l'autre ; et je crois que vous les contenteriez aisément tous deux, la duchesse en lui donnant la liberté de messieurs ses frères et de monsieur son mari. — Je crois, me dit-il, que je lui ferois encore plus de plaisir de retenir le dernier. — Et le duc de La Rochefoucauld peut-il dépendre que de Votre Eminence, quand le prince de Marsillac, son fils, aura épousé une de mesdemoiselles vos nièces ? Si messieurs de Candale et de La Meilleraye en épousent deux autres, avec les établissemens qu'ils ont, qui pourra jamais vous nuire dans le royaume ? Que pourroit même faire M. le prince contre vous, quand il le voudroit, quand ses principaux amis et parens se seront alliés avec Votre Eminence pour lui donner la liberté ? »

Il entra admirablement bien avec moi dans tout cela, et me dit qu'il se souviendroit toute sa vie de ce que je lui avois dit l'année précédente à Compiègne, dans une conversation qui n'avoit guère moins duré que celle-là (et c'est celle dont j'ai parlé dans le premier livre de ces Mémoires, page 199 ci-dessus). Et enfin tout ce discours fut conclu en me donnant la main, et me protestant que de bonne foi il travailleroit à cette liberté incontinent qu'il seroit à Fontainebleau, où il vouloit faire aller la cour tout droit, dans le dessein d'y faire venir le duc d'Orléans, afin de le tirer de Paris, de la compagnie des Frondeurs, et particulièrement du coadjuteur, qui lui empoisonnoit l'esprit de mauvaises maximes; qu'il me confessoit qu'il ne pouvoit plus souffrir leur tyrannie; mais qu'il falloit ménager le duc d'Orléans, afin que, finissant une affaire, il n'en recommençât point une autre; outre que la Reine lui avoit obligation de ce qu'il l'avertissoit sincèrement de toutes choses.

Il me parla encore de la liaison qu'avoient la duchesse de Longueville et le vicomte de Turenne avec les Espagnols. Je me pris à sourire, et lui dis que j'étois assuré que cela ne lui faisoit non plus de peur que ne lui en avoit fait celle qu'avoit la princesse; et qu'il savoit bien que, comme en sortant de Bordeaux, elle s'en étoit départie de bonne foi, la duchesse n'en feroit pas moins quand elle sortiroit de Stenay par la liberté des princes : et je m'offris d'aller négocier cela avec eux, et à lui rapporter leur parole dans ses intérêts envers et contre tous, dès le moment que M. le prince seroit satisfait de lui. Il me répliqua qu'il n'osoit encore traiter avec eux, et moins par moi, de qui les démarches étoient fort observées; et que la jalousie que celle-là donneroit au duc d'Orléans étoit capable de tout gâter. Il me témoigna par tous ces discours l'appréhender au dernier point.

Sur cela, je pris occasion de lui dire quelque chose de ce qui s'étoit passé entre Mademoiselle et moi, et de la parole que je lui avois donnée de lui rendre compte de ce que Son Eminence m'auroit dit, de peur que, venant à le savoir d'ailleurs, elle ne perdît la confiance qu'elle sembloit prendre en moi; et le priai en même temps de me prescrire ce que j'avois à lui dire, de crainte que je ne péchasse sans y songer. Il me dit là-dessus que j'avois une belle matière à l'entretenir, lui disant que nous avions parlé de l'affaire de Montrond, dont en effet il alloit me parler. Je lui repartis que cela seroit peu vraisemblable; et que quand Mademoiselle seroit capable de prendre le change, elle ne manqueroit pas de mander à monsieur son père tout ce que je lui aurois dit; et que ni lui ni le coadjuteur, à qui il le communiqueroit sans doute, ne pourroient jamais s'imaginer que j'eusse été deux jours à la cour, et que j'eusse eu l'honneur d'avoir une si longue conversation avec Son Eminence, sans lui avoir parlé, et même à la Reine, de la liberté des princes, puisque même tout le monde savoit que madame la princesse n'avoit parlé d'autre chose à Sa Majesté; que les ducs de Bouillon et de La Rochefoucauld se seroient peut-être contrariés à quelques-uns de leurs amis des instances qu'ils en avoient faites à Son Eminence; et que cette contrariété et ce peu de vraisemblance, au lieu de servir, gâteroient tout.

Je m'imaginai (et je crois que je n'eus pas tort) que le cardinal, qui alloit à ses fins comme nous allions aux nôtres, vouloit que je ne parlasse à Mademoiselle que de l'affaire de Montrond, afin qu'il pût se réserver à lui dire que je l'avois fort pressé, aussi bien que les ducs, de la liberté des princes, et que nous lui avions proposé de très-grands avantages pour cela; pour que la chose venant au duc d'Orléans et aux Frondeurs, et par Mademoiselle et par Le Tellier, qu'il avoit laissé à Paris, et par qui il faisoit dire tout ce qui lui convenoit, ils perdissent toute l'espérance que nous leur donnions de traiter avec nous et de perdre le cardinal. Je crus encore qu'en mon particulier je perdrois par là toute l'amitié et l'estime dont Mademoiselle m'honoroit.

Cette pensée me fit venir celle de parler au cardinal; en sorte que, quand il le feroit savoir à Mademoiselle, au lieu de nuire ni à l'affaire ni à moi, il serviroit à l'une et à l'autre. Je lui dis donc qu'il me sembloit fort à propos qu'en sortant d'auprès de Son Eminence j'allasse l'entretenir; que je lui disse avec toute sincérité, pour dissiper tous les ombrages qu'elle pourroit avoir, que m'étant long-temps entretenu des moyens pour parvenir à la liberté des princes, nous étions convenus que cela ne se pouvoit qu'avec Monsieur et par Monsieur, puisque c'étoit non-seulement la raison, mais encore son intention et la mienne. Le cardinal approuva que j'en usasse ainsi, et je l'exécutai incontinent après.

De là il vint à me parler de l'affaire de Montrond, qu'il vouloit terminer. Il ne lui convenoit pas de laisser ce levain de guerre dans le cœur du royaume, et en une place d'une telle considération, armée et munie comme elle étoit. D'autre part, il convenoit à tout le parti que la princesse et le duc eussent pendant tout l'hiver une retraite aussi sûre que l'étoit celle-là, particulièrement dans le dessein que nous avions, et que j'ai amplement expliqué ci-dessus.

Il me dit donc qu'il falloit terminer cette affaire de Montrond, et la faire exécuter aux termes portés par la déclaration de la paix de Bordeaux; que pour cela le Roi nommeroit une personne, et qu'il falloit que la princesse en nommât une autre. J'avois envie d'y aller, afin d'y reconnoître moi-même si la place et les troupes étoient en état de se soutenir ; auquel cas j'aurois dit à Persan de proposer des conditions déraisonnables pour rompre le traité, et de mettre l'envoyé du Roi hors de sa place, et moi aussi ; et la princesse, qui l'auroit désavoué, auroit en même temps envoyé à la cour dire à la Reine qu'elle consentoit que sa Majesté fît attaquer la place ; ou si elle n'avoit pas été (comme elle n'étoit pas) en état de défense, j'aurois fait rendre la place, et par là témoigné au cardinal que nous n'avions point d'arrières-pensées, et lui aurois ainsi levé tous les soupçons qu'il auroit pu avoir contre nous, en apprenant (comme il n'auroit pu manquer de faire) nos négociations avec les Frondeurs.

Il n'étoit pas de la prudence de lui témoigner que j'eusse dessein d'aller faire ce traité : aussi le laissai-je long-temps discourir sur la matière, et lui nommai tous ceux qui lui étoient le plus en aversion auprès de la princesse pour aller faire cette négociation. Il leur donna à tous des exclusions, aux uns par une raison, aux autres par une autre. J'attendois toujours qu'il me priât d'y aller ; et comme je vis qu'il ne le faisoit pas, je m'y offris à deux conditions : l'une, qu'il ne m'imputeroit rien si l'affaire n'avoit pas le succès qu'il désiroit, et que Persan (peut-être par son intérêt particulier) voulût désobéir aux ordres que je lui porterois de la princesse ; et l'autre, que j'irois à Châtillon-sur-Loing avant que d'aller à Montrond, pour rendre mes devoirs à la duchesse douairière, à qui étoit cette place, pour me raccommoder, disois-je, avec elle, et tâcher d'apaiser la colère qu'elle avoit témoignée contre moi de ce que la princesse sa belle-fille y avoit mis des gens de guerre ; outre qu'il eût été malséant de faire une négociation de cette importance, pour une place qui étoit à elle, sans sa participation, et sans qu'elle en eût tout l'honneur.

Cette condition m'étoit tout-à-fait avantageuse et même nécessaire pour conférer audit Châtillon avec les amis de Paris, auxquels je prétendois donner rendez-vous au même lieu pour prendre leurs avis et faire les choses de concert avec eux, et d'avoir des nouvelles de l'état auquel étoit Persan, avant que de me rendre dans sa place. Je dis encore au cardinal qu'il me sembloit qu'il falloit en donner avis au duc d'Orléans, afin de lui ôter les ombrages que ma longue conversation avec lui et avec la Reine lui pourroit donner ; et qu'il ne trouvât pas étrange de me voir faire ce voyage et retourner ensuite à la cour, comme je ferois après le traité de Montrond, soit qu'il se fît ou qu'il ne se fît pas, pour le faire ratifier, ou pour désavouer Persan et faire les excuses de la princesse ; et qu'il ne fût pas plus surpris à l'avenir quand il me verroit aller à Paris, à la cour, à Stenay ou ailleurs ; que je tâcherois même de parler à Mademoiselle de façon que je ne lui serois plus suspect, ni à monsieur son père.

Le cardinal ne détermina pas la chose sur-le-champ ; il me remit au lendemain : et comme il étoit fort tard, il se retira, et me dit d'aller voir Mademoiselle, qui assurément m'attendroit pour savoir ce qu'il m'auroit dit, me disant que c'étoit la fille de France la plus défiante et la plus inquiète, et que je jouasse bien mon personnage avec elle. Il m'embrassa à deux reprises, et me fit trop de démonstrations d'estime et d'amitié pour les croire sincères : aussi les reçus-je pour leur prix, et comme provenant du désir qu'il avoit de me persuader de la sincérité des intentions qu'il me disoit avoir pour la liberté des princes, et de donner de la défiance aux Frondeurs pour en profiter après, s'il pouvoit, en nous sacrifiant, c'est-à-dire les princes et tout le parti avec eux, s'il y trouvoit son compte.

Je me retirai en l'assurant de mes services, et lui protestant toute sincérité s'il se résolvoit à donner la liberté aux princes. Et en effet c'étoit ma résolution et mon désir, comme c'eût été son bien, le leur, celui de l'État et le mien particulier ; et lui dis : « Croyez, Monsieur, que vous n'aurez jamais de repos que cela ne soit ; que le royaume ne sera jamais tranquille, que vous ne pourrez jamais trouver de sûreté avec les Frondeurs ; que l'État ne sera jamais calme que vous ne les ayez abattus ; que vous ne sauriez jamais les abattre qu'avec M. le prince, qui sera persuadé, par la liberté que vous lui donnerez, qu'ils sont auteurs de sa prison ; et que si vous ne vous y résolvez de bonne foi et de bonne grâce, vous nous contraindrez de nous allier avec eux (dont je serois au désespoir), et je doute fort que vous puissiez vous soutenir contre M. le prince et eux, quand ils seront unis. Nous ne voulons que sa liberté, et vous rendre maître de toutes choses ; et si vous vous obstinez à nous la refuser, et à maintenir votre union avec M. le duc d'Orléans et eux, vous les verrez bientôt vos maîtres et les maîtres de l'État ; et si Votre Eminence savoit ce qui se brasse de toutes parts contre elle, elle feroit de sérieuses réflexions sur tout ce que je lui dis. — Aussi fais-je, me repartit-il : je sais bien que j'ai beaucoup d'ennemis, mais j'espère d'en venir à bout, comme j'ai fait jusqu'à présent; j'ai de la résolution, des amis et la protection de la Reine. Demain nous nous reverrons. »

J'allai en sortant de là voir Mademoiselle, qui m'attendoit avec impatience. Elle me dit d'abord que rien ne se pouvoit ajouter à ma faveur, et qu'elle s'assuroit que le cardinal m'avoit bien dit des fariboles. « Il est si sincère, Mademoiselle, que je m'étonne comme Votre Altesse, qui est tant de ses amies, me parle de la sorte, et comme elle n'a pas plus de précaution avec un homme qui est autant de la faveur que moi. » Je demeurai auprès d'elle jusques à trois heures du matin; je lui racontai toute la conversation que j'avois eu l'honneur d'avoir avec la Reine, les visites que j'avois faites le long du jour, et tout ce que j'étois convenu avec le cardinal de lui dire. J'ajoutai (afin que s'il lui en disoit davantage elle n'eût rien à me reprocher) qu'il faudroit quatre heures pour lui dire tout ce qu'il m'avoit dit et tout ce que je lui avois répondu; mais que tout étoit abouti à ce que je venois de lui dire, savoir, qu'on ne pouvoit traiter la liberté des princes qu'avec monsieur son père, et aux moyens de faire la paix de Montrond.

Mademoiselle me répondit que si les princes de la maison de France étoient bien sages, ils imiteroient ceux de la maison d'Autriche, et s'entre-donneroient tout secours. Je lui répliquai qu'il faudroit encore qu'ils les imitassent à faire des alliances continuelles; et, sans m'expliquer, je lui donnai à entendre, pour flatter la passion que je savois qu'elle avoit d'épouser le Roi, que monsieur son père pouvoit seul réconcilier et réunir toute la maison royale; qu'il étoit en état de faire pour elle des choses plus grandes que je ne pouvois ni n'osois le dire; qu'il ne trouveroit jamais une occasion plus favorable que celle de donner la liberté à M. le prince, qui, uni fortement avec lui, le mettroit en état de pouvoir tout ce qu'il voudroit. Sur cela elle me dit qu'elle m'entendoit bien, et que nous nous expliquerions tous deux à Paris; qu'elle avoit des petites sœurs qu'elle aimoit. « Et moi, lui dis-je, j'ai un petit prince que j'aime bien; mais il faut, Mademoiselle, que vous montriez en cette occasion que vous êtes la petite-fille d'Henri IV, qui aimoit bien, et que vous en profitiez. — Laissez-moi faire, me dit-elle, et croyez que je ferai de mon côté tout ce que je pourrai pour la satisfaction de M. le prince, car je compte pour rien les autres; et dès demain je dépêcherai un courrier à Monsieur, par qui je lui rendrai compte de cette conversation.

— Souvenez-vous, Mademoiselle, ajoutai-je, de lui mander tout ce que je vous ai rapporté, que M. le cardinal m'a dit sur son sujet; car il faut toujours dire la vérité. » Elle me promit qu'elle le feroit; et me dit tant de choses obligeantes en prenant congé d'elle, que je serois honteux de les écrire ici.

Le 5, je me trouvai au lever du cardinal, qui me parla d'abord de Montrond, et me dit que le Roi avoit nommé d'Alvimar, que je le pouvois dire à la princesse, afin qu'elle nommât quelqu'un de la portée de celui-ci pour terminer avec lui cette affaire, sans me dire un seul mot de l'offre que je lui avois faite d'y aller, ce qui me fit juger qu'il ne se fioit pas en moi autant qu'il avoit essayé de me le persuader : je ne lui en parlai pas davantage. Pour la liberté du président Perrault, dont je lui avois parlé la veille comme d'une chose qui ne portoit aucune conséquence envers le duc d'Orléans, et qui feroit connoître au prince que son cœur étoit bien disposé pour lui, il me la refusa absolument, et me témoigna grande colère contre lui, disant qu'il étoit seul cause de la mésintelligence qui avoit été entre le prince et lui, et par conséquent de sa prison; mais il me fit espérer celle de Dalliez, ancien et fidèle serviteur du prince, de Blinvillier, de de Chapizeaux, et du Picard, valet de chambre.

Le cardinal s'étant mis à parler aux uns et aux autres des affaires qui les avoient amenés là, le maréchal de Villeroy me joignit, et me demanda quelle étoit la résolution que le cardinal avoit prise pour Montrond. Je lui répondis qu'il ne paroissoit pas qu'il prît de bonnes mesures; que je lui avois offert la veille d'y aller; que je croyois qu'il me prendroit au mot et enverroit Saint-Aoust de la part du Roi, qu'il étoit homme capable et bien intentionné; mais qu'au lieu de répondre à mon offre, il venoit de me dire que le Roi avoit fait choix d'Alvimar, et que je misse ordre que la princesse nommât une personne pour faire ce traité avec lui; qu'elle nommeroit assurément un homme de son poste; que je ne croyois pas que l'affaire fût si facile à terminer avec ceux qui étoient dans la place, que ces messieurs-là en vinssent à bout aussi promptement que le cardinal se l'imaginoit. Le maréchal me repartit qu'il ne faisoit rien qui vaille, et que ce que je venois de lui dire étoit tellement dans le bon sens, qu'il alloit dire à Son Éminence qu'il n'y avoit point d'autre parti à prendre que celui d'y envoyer Saint-Aoust et moi. Et en effet le maréchal m'ayant quitté joignit le cardinal, qui, l'ayant entretenu assez long-temps, m'appela et me dit

27.

qu'il n'avoit pas accepté l'offre que je lui avois faite d'aller négocier la paix de Montrond, parce que la Reine ayant résolu depuis deux jours d'y envoyer d'Alvimar, il n'avoit pas osé le hasarder à traiter avec un homme plus habile que lui, outre qu'il n'étoit pas de condition à pouvoir être nommé avec moi; mais que le maréchal de Villeroy venoit de lui proposer Saint-Aoust, qui étoit fort de mes amis, et de plus grand serviteur de M. le prince, qui s'en retournoit dans ses terres du Berri; et qu'il alloit l'envoyer chercher pour le charger de cet emploi, si j'étois toujours dans le même dessein d'y aller de la part de la princesse, comme la Reine même, à qui il en alloit parler, m'en prieroit; mais qu'il me prioit de trouver bon qu'Alvimar, qui savoit qu'il étoit nommé pour cela, fit le voyage avec nous.

Il avoit dans la tête que cet officier, qui avoit été toute sa vie dans l'infanterie, et avoit suivi le maréchal Du Plessis dans tous les lieux où il avoit fait la guerre, fît ce voyage, afin qu'étant, comme il étoit, entendu aux fortifications, il pût lui faire un fidèle rapport à son retour de celles de Montrond. Je lui répliquai que c'étoit à lui à donner la loi, et à moi de la suivre; qu'il pouvoit y envoyer qui il lui plairoit, et que si madame la princesse le trouvoit bon, comme je croyois, je ferois ce voyage avec joie, sous les deux conditions que je lui avois proposées, qu'il agréa. Il parla à Saint-Aoust et à la Reine, et la chose fut résolue.

Après avoir reçu les commandemens du cardinal, qui me fit encore plus d'amitié devant le monde qu'il n'avoit fait en particulier, tant il avoit envie de faire faire des réflexions aux Frondeurs et au duc d'Orléans, j'allai prendre congé de la Reine, qui me répéta presque ce qu'elle m'avoit fait l'honneur de me dire la veille, me recommanda de bien agir en l'affaire de Montrond, et eut la bonté d'ajouter que l'espérance qu'elle avoit que je réparerois mes fautes passées, faisoit qu'elle les oublioit entièrement. Elle me fit ensuite saluer le Roi et Monsieur; j'eus l'honneur de suivre Leurs Majestés jusques au bord de la Dordogne, où elles s'embarquèrent dans la galère de madame la princesse, dont elles louèrent la propreté et l'ajustement. Les vingt vaisseaux de Montrie et de Duguesne avoient eu ordre de se rendre au Bec-d'Ambez pour escorter le Roi à Bordeaux. Le bon et favorable traitement que j'avois reçu de la Reine, et mes longues conversations avec le cardinal et avec les ministres, firent que tous ceux qui évitoient de me parler quand j'arrivai, venoient en foule me congratuler de ma conduite. Et comme toutes les grâces que l'on m'avoit faites, et aux ducs, avoient donné lieu au bruit qui couroit que l'on verroit bientôt les princes en liberté (ce que j'essayois encore de persuader par la gaîté que je faisois paroître), tous les courtisans, qui fulminoient trois jours auparavant contre le prince, s'empressoient de me venir protester qu'ils avoient partagé très-sensiblement sa disgrâce, et qu'ils s'estimeroient heureux de le servir. Le duc de Joyeuse, le chevalier de Guise, Servien, Lyonne, La Vrillière, le maréchal de Villeroy, me firent de grandes offres d'amitié en mon particulier, et de service pour le prince. Ainsi va le monde; il a toujours été et sera toujours de même; c'est la nature de l'homme, que l'intérêt change à tous les momens qu'il croit qu'il lui convient de changer. Le comte de Brienne me dit à l'oreille que le cardinal avoit montré une dépêche à la Reine, ce même matin-là, qui le mettoit en grande inquiétude sur le sujet des frondeurs; qu'il falloit continuer d'agir vers eux et vers le cardinal, et prendre son bien où l'on le trouveroit; que du moins cela les mettroit en défiance les uns contre les autres, et que cela nous étoit bon. Je le remerciai de l'avis, et lui répondis que j'espérois de la bonté et de la justice de la Reine, et encore de celle du cardinal, qu'ils ne nous forceroient pas à chercher notre salut vers des gens qu'ils avoient autant de sujet de haïr que les frondeurs. Il ajouta qu'il voyoit bien que les choses s'adoucissoient fort pour nous, et que le cardinal venoit de lui donner ordre d'écrire au duc de Rohan, qui étoit tout-à-fait serviteur et dans les intérêts de M. le prince, qu'il pouvoit, quand il lui plairoit, venir à la cour. La comtesse de Brienne me dit qu'elle avoit proposé à la Reine de voir la princesse douairière à Fontainebleau quand elle y seroit, et qu'elle n'avoit pas rebuté la proposition, et me sollicita de la redoubler quand je reviendrois joindre la cour, après que l'affaire de Montrond seroit terminée.

Les jurats ne firent plus de difficulté de haranguer le cardinal avec leur livrée, depuis que la princesse et les ducs l'eurent vu et salué, et Leurs Majestés; mais à la vérité leur discours fut froid et peu courtisan. L'avocat Fonteneil, notre ami particulier, et qui donnoit par son zèle et par son habileté le mouvement à tous ses confrères, étoit là avec eux. Je le tirai à part, et lui dis des conférences que j'avois eues à la cour tout ce qu'il convenoit que nos amis de Bordeaux sussent pour leur donner bonne espérance et pour les fortifier; et je le priai qu'ils fissent courre le bruit que si on avoit accordé la liberté aux princes, il n'y auroit rien au monde qu'ils n'eussent fait pour le service de M. le cardinal, sans en excepter de se faire la violence de recevoir le duc d'Epernon, et de vivre avec lui comme ils avoient fait avant les troubles. Ils le firent ainsi; et cela fit quelque effet dans l'esprit du cardinal, ensuite de ce que je lui avois fait entendre.

La princesse, qui avoit couché à Fronsac, en partit pour se rendre, comme elle fit ce jour-là, à Coutras; et comme elle passa par Libourne, les jurats allèrent lui rendre leurs devoirs, et la haranguèrent. Montbas, qui avoit la charge de l'escorter de la part du Roi, le trouva fort mauvais, et envoya à la cour pour en donner avis : ce qui donna de la crainte à la princesse et de l'indignation contre le cardinal, croyant qu'on lui avoit donné des ordres bien rudes et bien sévères pour observer sa conduite, et toutes les démarches de ses amis et serviteurs; et elle me dit cela avec des sentiments d'une douleur fort vive, en arrivant, comme je fis ce soir-là, auprès de Son Altesse.

Le soir, après le souper, je rendis compte à la princesse et aux ducs de Bouillon et de La Rochefoucauld de ce qui s'étoit passé à Bourg depuis leur départ. Je leur dis tout le détail de ce que la Reine, le cardinal et Mademoiselle m'avoient dit, et ce que je leur avois répondu, qu'ils approuvèrent; et leur rapportai tout ce dont les uns et les autres m'avoient averti.

Le 6, le duc de La Rochefoucauld, après avoir tenu conseil avec la princesse et le duc de Bouillon, où j'avois l'honneur d'être et où l'on résolut la manière dont on se conduiroit, et dont on auroit communication les uns avec les autres pendant tout le temps qu'on seroit séparé, prit congé de la princesse pour se retirer dans sa maison de Verteuil. Il emmena avec lui quantité de noblesse qui l'avoit suivi, et laissa un grand regret à Son Altesse, à M. le duc et à toute leur cour de cette séparation, s'étant acquis l'amitié et l'estime de tout le monde par son courage, son esprit, l'agrément de sa conversation et la netteté de son procédé pendant tout le temps que cette affaire avoit duré, et encore par les protestations qu'il fit à la princesse de recommencer toutes les fois qu'il lui plairoit lui commander. Elle lui donna, comme elle fit encore au duc de Bouillon, une reconnoissance signée de sa main de la somme à quoi se montoient les frais et avances qu'ils avoient faits pour son service, au paiement desquelles sommes M. le prince a pourvu depuis d'une manière fort lente, et après de grandes sollicitations.

Ce jour-là, je dépêchai en Espagne un gentilhomme du marquis de Sillery avec les passe-ports que j'avois rapportés de la cour pour le retour de son maître, de Baas et de Mazerolles; et fis passer avec lui un particulier de Bordeaux, duquel Lusignan avoit coutume de se servir, et qu'il m'avoit prié de lui envoyer quand je le pourrois, afin qu'il pût me le dépêcher si quelque occasion le requéroit.

Montbas communiqua à la comtesse de Tourville, à laquelle on ne céloit rien, et qui par sa prudence savoit porter la princesse à tout ce que les ducs souhaitoient d'elle, les ordres qu'on lui avoit donnés en partant de la cour, qui alloient à ne point quitter Son Altesse qu'elle ne fût à Milly ou à Montrond; en cas que le traité que je devois faire s'exécutât, d'empêcher qu'aucuns ne l'accompagnassent que ceux de sa maison, et même qu'on ne lui rendît en passant par les villes les honneurs qui étoient dus à sa qualité. Sur quoi le duc de Bouillon trouva bon que j'écrivisse au maréchal de Villeroy et à La Vrillière, secrétaire d'État, pour me plaindre, de la part de la princesse, de la rigueur avec laquelle on la traitoit dans un temps qu'elle vouloit tenir avec toute sincérité les paroles qu'elle avoit données à la Reine, et qu'on lui avoit fait espérer toutes sortes de bontés et de douceurs. Je reçus le 8 réponse de l'un et de l'autre : elles portoient qu'ils avoient fait voir mes lettres à Sa Majesté et à Son Éminence, qui avoient ordonné qu'on expédiât de certaines routes que j'avois demandées pour les gardes de Son Altesse; qu'elle trouvoit bon que quelques officiers des troupes l'accompagnassent jusque dans ses maisons; enfin que l'on envoyoit un ordre à Montbas tout contraire à celui qu'on lui avoit expédié avant que madame la princesse eût salué Leurs Majestés; et qu'on lui ordonnoit d'honorer et respecter Son Altesse comme il devoit, et de prendre soin qu'on lui rendît partout où elle passeroit les respects, honneurs et déférences qui étoient dus à sa qualité. Cet ordre donna une très-grande joie à la princesse, et dissipa tous les soupçons que les premiers ordres avoient donnés au duc de Bouillon.

La belle maison, les beaux jardins de Coutras, et la saison qui étoit merveilleuse, renouvelèrent les amours du duc de Bouillon pour mademoiselle Gerbier, et du comte de Guitaut pour la marquise de Gouville, qui avoient été interrompus par l'embarras du départ de Bordeaux, et par le voyage de la cour. Ceux-ci ne sortoient point de la chambre, et s'y entretenoient paisiblement, tandis que ceux-là montoient à cheval, et galopoient tout le jour par le parc l'un après l'autre. Je sais mille particularités des entretiens des uns et des autres, qui mériteroient bien d'être écrites par le menu. Il est assez extraordinaire qu'un homme d'autant de tête et de conduite que l'étoit le duc de Bouillon, confiât toutes choses à une jeune fille de dix-huit ans; mais le respect que j'avois pour lui m'empêche d'en rien insérer dans ces Mémoires : et en vérité je plains la foiblesse des hommes, et la mienne plus que d'aucun autre, quand une passion bien violente s'empare de leur cœur. A l'égard de Guitaut, il ne contestoit les bonnes grâces de sa dame avec personne; il en étoit peut-être trop maître pour un cavalier qui avoit reçu une blessure aussi grande que celle dont j'ai parlé, qui ne l'empêcha pas, tout convalescent qu'il étoit, de se trouver partout où l'honneur l'appeloit. Mademoiselle Gerbier me rendoit un compte si exact de ce que lui disoit le duc et de ce qu'il lui écrivoit, que je n'avois aucune inquiétude de la passion qu'il témoignoit avoir pour elle ; je m'en réjouissois au contraire comme d'un moyen agréable, sûr et facile de le gouverner.

Le 7 et le 8 se passèrent en promenades et en divertissemens. J'attendois le départ de Saint-Aoust et d'Alvimar pour disposer le mien. La princesse écrivit à plusieurs de ses serviteurs à Bordeaux, et aux conseillers Le Meusnier et Bitaut, pour les remercier de tous les soins qu'ils avoient pris de ses intérêts. Elle les fit souvenir de revêtir le procès-verbal de leur négociation de tout ce dont elle les avoit supliés à Bordeaux, et de faire mention, en le rapportant au parlement de Paris, de l'offre qu'elle avoit faite de les rendre arbitre de toutes ses prétentions : ce qu'ils lui promirent par leurs réponses.

Le 9, le duc de Bouillon partit pour Turenne, et prit congé de la princesse et de M. le duc avec des larmes de tendresse, après avoir fait à Son Altesse de grandes protestations d'exécuter fidèlement ce qu'il lui avoit promis pour l'avenir. Elle de son côté étoit sensiblement touchée de se séparer d'un homme dont la conduite, la fermeté et la constance avoient si dignement appuyé son parti, pendant que madame sa femme et mademoiselle sa fille, qui lui étoient très-chères, étoient dans la Bastille, et qu'on lui proposoit leurs libertés et des avantages fort considérables s'il vouloit n'y entrer pas, ou en sortir quand il y fut engagé. J'eus l'honneur de l'accompagner jusques à deux lieues de Coutras, d'où je me séparai de lui et de toute la noblesse qui l'accompagnoit, en lui faisant, comme j'avois fait au duc de La Rochefoucauld, tous les remercîmens que je devois à la confiance dont ils m'avoient honoré, et en les suppliant de m'excuser si je n'avois pas exécuté toutes les choses avec plus de ponctualité et de souffrance. Il me confirma toutes les paroles qu'il m'avoit données avant que de partir de Bordeaux, quand on dépêcha Lusignan. Le duc de La Rochefoucauld en avoit fait autant à son départ; et le premier me dit, en me quittant, qu'il me vouloit donner encore une marque de confiance, qui n'étoit peut-être pas moindre, disoit-il, que toutes les autres : c'étoit de porter une lettre pour mademoiselle Gerbier, qu'il écrivit dans une maison de village où il mit pied à terre. Je la rendis ponctuellement, et payai cette confidence en refusant de la voir comme j'avois coutume de faire toutes les autres.

Le 10, la princesse partit, en continuant son voyage pour Milly par la route qu'elle avoit demandée à la cour. Je ne parlerai plus d'elle jusques à ce que j'aie eu l'honneur de la joindre en ce lieu-là, comme je fis après le traité de Montrond : car je partis le même jour pour mon voyage de Berri, après avoir dépêché un courrier à Paris pour avertir les amis de ce qui s'étoit passé depuis mon départ de Bourg; d'où je leur avois semblablement fait une ample dépêche remplie de bonnes espérances, et de plus grandes même qu'on ne m'avoit données, leur mandant qu'ils profitassent de cette lueur de la liberté des princes pour les négociations qu'ils avoient commencées, et par ce dernier courrier je les suppliois, comme par les précédens, de me faire savoir à Châtillon-sur-Loing leurs avis sur le traité de Montrond.

Etant arrivé à Bourges en poste, tous les serviteurs du prince, qui y sont en fort grand nombre, accoururent en mon logis. M. le prince son père en avoit été long-temps gouverneur; il y a même passé une partie de ses plus belles années pendant celles qu'il s'étoit retiré de la cour. Il y entretenoit deux excellentes troupes de comédiens françois et italiens, de grands équipages de fauconnerie et de vénerie. La bonne chère, le jeu, les bals, les ballets, et la conversation douce et familière avec ses amis, lui faisoient passer une vie agréable, qui lui avoit acquis l'amitié du général et du particulier de cette ville et de toute la province. Il prenoit un soin non pareil à entretenir le repos des familles, en terminant à l'amiable les procès et les querelles. Il employoit son crédit envers les ministres pour faire modérer les tailles et les impôts; il faisoit vivre chacun dans l'ordre; il contenoit les gens de guerre dans l'observation exacte des réglemens. Il avoit su allier sa débonnaireté naturelle avec l'autorité que sa naissance lui donnoit; en telle sorte qu'il étoit également aimé, craint et respecté. Il se servoit de son pouvoir pour faire obéir ceux qui ne se soumettoient point à sa douceur ; et sa prudence lui faisoit obtenir à la cour ce que la politique vouloit qu'on refusât à son autorité. Il a peu entrepris d'affaires qu'il n'ait fait réussir en temporisant, quand il ne pouvoit en venir à bout d'autre sorte. Il étoit réglé dans sa dépense, mais ponctuel à payer ce qu'il promettoit. Ses ennemis l'accusoient d'être avare, et en effet il le paroissoit ; mais c'étoit plutôt économie et bonne conduite qu'avarice : je l'ai vu quelquefois prodigue dans les grandes choses. Il aimoit la justice, et suivoit la raison : il étoit charitable et aumônier. Il parloit autant bien et éloquemment en public qu'agréablement et plaisamment en particulier. Il connoissoit le mérite et la naissance d'un chacun ; il avoit des égards proportionnés pour les uns et pour les autres. Il étoit officieux, et prenoit plaisir à obliger, et ponctuel à donner ses audiences, à répondre aux requêtes qu'on lui présentoit. Il ne recevoit point de lettres sans y faire réponse, et ne signa jamais rien en toute sa vie (quelque confiance qu'il eût en ses secrétaires) sans l'avoir lu auparavant : et je lui ai souvent ouï dire qu'il n'avoit jamais rien écrit ni signé dont il pût se repentir. Il savoit les lois du royaume et l'ordre de la justice ; il les pratiquoit en toute sa conduite et dans ses affaires domestiques ; il appuyoit toujours les unes et les autres du sceau du Roi ou des arrêts des parlemens. On le blâmoit d'avoir à la cour une conduite trop basse pour un homme de son élévation ; et en vérité ceux qui le voyoient aller et venir chez les ministres et chez les gens de faveur n'en pouvoient guère faire d'autre jugement. Il avoit fait la guerre au Roi avec peu de succès ; il avoit été plus de trois ans prisonnier, et souvent trahi de ses amis : cela lui donnoit une application perpétuelle à ne donner aucun soupçon au Roi, et à ne s'attirer point d'ennemis à la cour qui lui pussent nuire. Il avoit l'esprit vif sans être étourdi ; il étoit prudent sans être austère ; il étoit d'un profond jugement sans être rêveur. Il étoit grand catholique sans être superstitieux ; il entendoit la religion, et savoit en tirer avantage ; il étoit également éloigné du libertinage et de la bigoterie ; il étoit grand ennemi de l'hypocrisie, et c'étoit une des plus agréables matières de ses railleries. Il étoit savant sans affecter de le paroître, connoissoit tous les replis du cœur humain autant qu'homme que j'aie connu, et jugeoit en un moment par quel intérêt on agissoit en toutes sortes de rencontres. Il savoit se précautionner contre l'artifice des hommes sans le faire connoître. Il aimoit à profiter ; mais il vouloit qu'on fît d'honnêtes gains sous son autorité, et proportionnés au mérite de ceux avec qui il traitoit. Il étoit prompt et colère, mais il revenoit en un moment ; et je lui ai vu demander pardon à un bourgeois qu'il aimoit et qu'il avoit offensé. Il est vrai qu'il faisoit plus d'amitié à ceux desquels il avoit affaire qu'à ceux qui lui étoient inutiles, quelque avantage de vertu et de naissance qu'eussent ceux-ci sur les autres : la crainte qu'il avoit qu'on ne rapportât ce qu'il disoit dans ses belles humeurs lui faisoit affecter des compagnies particulières pour ses divertissemens. Il n'avoit pas toujours égard à sa qualité ni à son âge dans le choix des lieux où il mangeoit avec ses amis. Le vin, qu'il aimoit assez, ne troubloit jamais sa raison ; mais il lui donnoit souvent des gaîtés qui n'étoient pas dans toutes les règles de la bienséance. Il aimoit naturellement la liberté et la plaisanterie, et ne pouvoit s'empêcher de délasser son esprit de son application continuelle aux affaires dans des repas familiers, qu'on appeloit débauche en un autre. Il étoit agréable même dans sa colère. Ses discours étoient solides et instructifs ; ses railleries étoient quelquefois piquantes, et ses manières peu galantes. Il a été malheureux à la guerre : aussi confessoit-il qu'il n'y avoit jamais pris plaisir, et qu'il ne s'étoit pas appliqué à l'entendre. Il savoit contenir une armée dans la discipline, et la faire subsister ; il se fioit du reste à ses lieutenans-généraux, qu'il savoit bien choisir quand cela dépendoit de lui. Il n'étoit ni brave ni timide, comme ceux qui ne l'aimoient pas le publioient. Il alloit partout où le devoir d'un général l'appeloit, sans affectation et sans crainte ; jamais on ne lui a vu éviter un péril à l'ombre de sa qualité ; et pour peu qu'il eût eu de bons succès à la guerre, il y eût acquis plus de réputation que ceux de sa naissance, qui étoient ses contemporains. Il savoit maintenir son rang par autorité ou par adresse, suivant les temps et suivant les personnes avec lesquelles il avoit quelque chose à démêler. Il savoit éviter les occasions de rien perdre de ce qui lui étoit dû, et profiter de celles qui pouvoient l'augmenter en quelque chose ; et s'il n'eût été petit-fils et père de deux grands princes de Condé, on ne lui auroit rien ôté de ce que ses belles qualités devoient lui faire mériter dans l'estime des hommes : je parle pour les vertus héroïques ; car pour les autres je doute qu'il y ait jamais eu prince dans sa maison qui en ait eu de plus grandes ni en plus grand nombre que lui. Enfin il m'a semblé un grand homme, et fort extraordinaire. Je ne sais comment j'en ai tant dit ici, moi qui ai dessein d'écrire quelque jour sa vie ; mais en parlant de Bourges j'ai fait insensiblement cette digression.

Il y avoit fait étudier le prince son fils, après lui avoir fait passer sa petite enfance à Montrond, où il avoit été élevé avec tout le soin et toute la tendresse qu'un bon père et un grand prince devoit à un fils unique, et qui en avoit perdu trois autres en très-bas âge. Il naquit à Paris le 7 septembre 1621, d'où il fut tôt après mené à Montrond. L'air de ce lieu est doux et bénin, et la place des plus fortes. Celui-ci étoit en sûreté, si monsieur son père, par quelque intrigue de cour, fût venu à retomber dans les malheurs qui lui arrivèrent sur la fin de la faveur du maréchal d'Ancre. Le prince fut dans ses premières années d'une complexion fort tendre et fort délicate ; il donnoit peu d'espérance d'une longue vie : cela faisoit redoubler de la lui conserver ; et ce fut la raison pour laquelle monsieur son père fit choix de femmes soigneuses et expérimentées à élever des enfans, plutôt que de dames de qualité relevée, pour leur en confier l'éducation. Il n'eut pas plus tôt quitté les langes, qu'on reconnut en lui une vivacité au-delà de son âge ; et quand il commença à parler, on découvrit je ne sais quelle fierté, qui combattoit, autant qu'un enfant pouvoit faire, la domination des femmes qui en avoient soin ; et ce ne leur étoit pas une chose facile de le faire coucher, lever ou manger quand elles le jugeoient à propos. Il ne craignoit que monsieur son père ; et quand il étoit absent, il étoit malaisé de le contraindre à quoi que ce fût. Il acquit en peu de temps assez de finesse pour obtenir par flatterie ce qu'il avoit envie d'avoir. Il eut d'abord un esprit d'application pour tout ce qu'on vouloit lui faire apprendre ; et comme quelque argent étoit le divertissement du soin qu'il y prenoit, il s'empressoit de savoir ce qu'on vouloit qu'il apprît pour aller à ses fins, qui étoient ses jouets. Il fut bientôt en état d'être mis hors des mains des femmes ; et la même raison qui en avoit fait faire le choix à monsieur son père, l'obligea à choisir des hommes de semblable manière, pour avoir soin de sa conduite et de ses études. Il considéra que les gouverneurs des personnes de cette naissance ne peuvent être que des gens de haute qualité, qui ont d'ordinaire plutôt le dessein de leur fortune dans la tête, que le soin et l'application nécessaires à un tel exercice : ils font souvent un patrimoine de leur emploi, et considèrent plus l'avantage qui leur en revient, que l'instruction de celui qu'on commet à leurs soins ; ils sont sujets à les négliger en leurs enfances, et vouloir se rendre maîtres de leurs esprits quand ils commencent à leur pouvoir être utiles. Ils veulent quelquefois les instruire à leurs modes, et non pas à celle des pères : outre qu'il est malaisé de trouver un grand seigneur sage et agréable à un enfant, savant et brave, de bonnes mœurs et de bonne compagnie, patient et assidu, doux et sévère, qui sache plaire et se faire obéir, pieux sans être rigide, courtisan désintéressé, propre aux exercices, et qui ait l'ame élevée aux grandes choses ; et, en un mot, qui ait les vertus telles qu'il convient les avoir pour les inspirer aux grands princes.

Henri, prince de Condé, choisit La Bussière, gentilhomme (1) doux et de quelque vertu, bon homme, fidèle et bien intentionné, et qui savoit suivre au pied de la lettre tout ce qu'il lui ordonnoit pour la conduite de son fils ; le père Pelletier et le maître Goutier, jésuites, l'un fort austère, et l'autre fort doux. Sa maison fut composée de ceux-ci : d'un médecin, d'un chirurgien, d'un apothicaire, d'un chef de chaque office, d'un contrôleur, de deux valets-de-chambre, d'un page et de deux valets-de-pied, d'un carrosse et de quelques chevaux de selle. Il logea à Bourges dans la maison de Jacques Cœur, qui est la plus belle de la ville, bâtie par ce fameux financier qui fit sa fortune, et à qui on fit depuis le procès sous Charles VII. Elle est assez proche du collége des pères jésuites, où le prince alloit soir et matin, comme tous les autres écoliers. Il y avoit une chaise environnée d'un balustre, et le régent l'instruisoit de concert avec le père qui étoit son précepteur domestique. Il étoit, sans être favorisé de lui, toujours le premier de sa classe, et apprenoit tout ce qu'on lui montroit avec une facilité merveilleuse. On le faisoit réciter et déclamer. Les heures de la prière, de la messe, des repas et des divertissemens étoient réglées ; et dans les jeux comme dans les exercices il surpassoit tous les gentilshommes qui avoient l'honneur de le fréquenter, d'étudier avec lui, ou d'être dans ses plaisirs. Quand monsieur son père étoit présent, il le voyoit tous les jours, et se faisoit rendre un compte exact de tout ce qu'il faisoit. Il l'interrogeoit, il voyoit ses compositions ; il le faisoit danser devant lui (à quoi il prenoit un plaisir singulier, parce que le prince excelloit dans cet agréable exercice, ainsi qu'il a fait dans tous les autres) ; il le voyoit jouer à la paume et aux cartes, pour juger de son adresse et de son humeur. Il ne vouloit pas que ceux qui jouoient avec lui ou qui disputoient de leurs études lui cédassent aucune chose ; et quand il étoit ab-

(1) Voyez, sur l'éducation du jeune duc d'Enghien (qui fut plus tard le grand Condé), la seconde partie de ces Mémoires, qui est restée inédite jusqu'à ce jour.

sent, on lui disoit par tous les courriers le détail de toute sa conduite, sur laquelle il renvoyoit des ordres bien précis. Je le vis un jour cruellement fouetter devant lui pour avoir crevé et arraché les yeux à un moineau.

Enfin le prince passa d'année à autre de classe en classe, et acheva sa philosophie dans la fin de sa treizième année. Il soutint des thèses publiques avec admiration; les premières dédiées au cardinal de Richelieu, et les dernières au feu Roi; et comme il n'étoit ni d'un âge assez avancé, ni de complexion assez robuste pour les exercices de l'académie, le prince son père le fit retourner à Montrond pour quelques mois. Il envoya avec lui le docteur Mérille, homme le plus fameux dans son siècle, qui lui enseigna les Institutes et les règles de droit, et qui en disputoit tous les jours avec lui. Il lui faisoit encore lire l'histoire de France et la romaine, les mathématiques, et lui fit voir la plus grande partie de l'Ecriture sainte : tant ce bon prince craignoit que monsieur son fils ignorât quelque chose.

Il est temps de revenir à Bourges, après y avoir beaucoup parlé de ce que les princes, père et fils, y ont fait pendant plusieurs années. Je dépêchai de Lale (capitaine Després) à la duchesse de Longueville, pour lui faire part de l'état des choses, et au vicomte de Turenne; et fis partir Durechaut, qui avoit été page du prince, et que je trouvai là fortuitement. Je l'envoyai à Montrond, et écrivis à Persan que si la place étoit en tel état qu'il pût se soutenir jusques à la campagne contre tous les efforts de la cour, et faire subsister l'infanterie et la cavalerie qu'il avoit, il en refusât l'entrée à Saint-Aoust et d'Alvimar (qu'il feroit pourtant loger et régaler dans la ville de Saint-Amand), et à moi-même, quand nous nous y rendrions pour en faire le traité; et que j'allois à Châtillon voir la princesse douairière, et conférer avec les amis de Paris pour aviser ce qu'il y avoit à faire pour le service du prince dans une occasion autant délicate que l'étoit celle-là.

Je partis ensuite de Bourges et me rendis à Châtillon, où je trouvai la princesse douairière dans une santé parfaite. L'espérance de voir bientot messieurs ses fils en liberté et madame sa fille auprès d'elle, avoit ajouté un éclat si vif à la beauté qu'elle avoit conservée malgré les ans et l'affliction, qu'il seroit malaisé de l'exprimer. Elle me fit l'honneur de me recevoir avec joie, et de louer publiquement l'affection que j'avois montrée avoir pour sa maison : elle me fit pourtant en particulier des reproches de ce que j'avois empêché l'établissement de La Roussière près de M. le duc, auquel elle l'avoit destiné pour gouverneur, croyant que j'avois dessein de procurer cet emploi à Filsgean qu'elle haïssoit et mésestimoit, comme elle faisoit presque toujours ceux qui avoient été domestiques de son mari, à la réserve de ceux qui lui rendoient compte pendant sa vie de tout ce qu'il faisoit; et La Roussière étoit de ce nombre. Je la désabusai de cette créance, et lui fis confesser que ni l'un ni l'autre ne méritoient cet honneur; qu'il étoit raisonnable de laisser le choix au prince de la personne qu'il jugeroit être propre pour une fonction autant importante que l'étoit celle-là. Je lui dis que cette raison avoit porté la princesse sa belle-fille à n'y mettre ni l'un ni l'autre; et qu'elle lui avoit fait proposer de lui donner pour écuyer La Fontaine, homme fidèle, de bonnes mœurs et assidu, qui avoit été nourri page du duc de Montmorency. Il faut que je dise en passant, à son avantage, que je ne crois pas qu'il ait quitté M. le duc de vue pendant dix ans entiers, si ce n'a été dans le temps qu'il lui a commandé quelque chose pour son service.

Je lui racontai tout le détail de nos aventures de Turenne, de Montrond, de Bordeaux, de la cour; elle me fit le récit des siennes de Chantilly, de Paris, du Bourg-la-Reine, d'Angerville et de Châtillon. Cette conversation ne se passa pas sans verser bien des larmes de douleur et de tendresse, particulièrement en me parlant de ce que messieurs ses enfans faisoient dans leur prison, la duchesse de Longueville à Stenay, et quand elle parloit de tous les services qu'elle avoit rendus à la Reine et de l'ingratitude qu'elle en recevoit, je la trouvai investie de la duchesse de Châtillon, de la dame de Bourgneuf, de Cambiac, et de son écuyer.

La duchesse, qui étoit la plus habile femme de France, avoit si bien su se servir de son esprit adroit, souple, plaisant et agréable, et s'étoit rendue tellement maîtresse du sien, qu'elle ne voyoit que par ses yeux, et ne parloit que par sa bouche. Madame de Bourgneuf, qui avoit du sens, de l'assiduité et de la complaisance, avoit la correspondance de la duchesse de Longueville et la conduite de messieurs ses enfans, qui lui donnoit beaucoup d'accès auprès de la princesse; et comme elle avoit su en profiter, elle avoit grande part à sa confidence. Cambiac, par les conseils duquel elle se gouvernoit, étoit dans le plus intime secret de la duchesse de Châtillon. Dalmas étoit un gascon insinuant et allant à ses fins, qui étoit dès longtemps accoutumé à ses manières, et s'étoit acquis une certaine autorité de vieux domestique qui lui faisoit parler avec liberté à sa maîtresse, et lui donner des soupçons continuels contre ceux qui avoient plus de pouvoir sur son esprit qu'il n'en avoit : et cela faisoit que la duchesse de Châtillon le faisoit renvoyer à Chantilly le plus souvent qu'elle pouvoit.

Toutes ces personnes-là, comme il arrive toujours, vivoient bien ensemble en apparence ; mais ils jalousoient réciproquement leur faveur. Ils s'empressèrent tous de me faire des confidences, fausses ou véritables, suivant qu'il leur convenoit ; et cela me donna de grandes lumières de tout ce qui s'étoit passé pendant ma longue absence.

J'appris le détail des amours de madame de Châtillon et du duc de Nemours, desquelles le président Viole étoit le principal confident. Je sus toutes les intrigues de Stenay, les cabales de Saint-Ibal et de Barrière, celles de Tracy et de Saint-Romain ; les folies du chevalier de Gramont, de Balberière et de madame sa femme, et la bonne conduite du vicomte de Turenne. J'appris les diverses intrigues des Frondeurs avec nos amis, la jalousie qui étoit parmi ceux-ci, à qui se rendroit maître des négociations ; les correspondances que la princesse douairière et eux avoient avec Chavigny ; les allées et venues de Montreuil, secrétaire du prince de Conti, homme doux, assez fin et assidu, qui, par l'envie de plaire à la duchesse de Longueville, qui avoit un pouvoir absolu sur l'esprit et sur le cœur de son maître, rendoit compte de tout à madame de Bourgneuf. Je dirois ici tout ce que j'appris à Châtillon dans le détail, si je ne voulois me contenir dans les bornes que je me suis proposées de ne parler que des choses qui m'ont passé par les mains.

L'abbé Roquette arriva à Châtillon peu d'heures après moi, envoyé des amis de Paris, instruit de leur intention, chargé des lettres de créance qu'il m'apporta de leur part, et de celles que le duc de Nemours écrivoit à la duchesse, qui passoient souvent par les mains de cet abbé. Il m'en rendit encore une du président Nesmond, qui se conduisit avec beaucoup de prudence dans tout le cours de cette affaire, et qui sut tirer de grands avantages de la cour pour lui et pour toute sa maison, en parlant librement au cardinal, et en servant toujours très-fidèlement et avec adresse les princes à sa mode, et non à celle des autres. Il avoit été surintendant de la maison du feu prince de Condé, et l'étoit encore de la princesse douairière. Il étoit homme d'esprit, prompt et décisif ; il étoit assidu au Palais ; il avoit beaucoup de probité et les manières grossières, et étoit bon courtisan pour lui à force de l'être mauvais pour les autres.

J'entretins Roquette en particulier : il me confirma beaucoup de choses que je savois, et m'en apprit quelques autres ; mais toujours en tâtant le pavé, et avec des réserves, selon sa coutume, qui naissent plutôt de son humeur pateline que de sa timidité et de sa prudence. Quand on le questionne, il est assez réservé ; et quand on ne lui demande rien, l'envie qu'il a de paroître bien instruit des choses lui fait dire tout ce qu'il sait et quelquefois davantage.

La princesse tint un conseil composé de lui, de la duchesse, de Madame de Bourgneuf, de Cambiac et de moi. Je leur dis toutes les raisons des dépêches que la jeune princesse avoit faites à Persan avant que de sortir de Bordeaux, et par conséquent de celle que je lui avois envoyée de Bourges par Desrechaux. Je fis une petite récapitulation de tout ce que j'avois dit à la princesse douairière en particulier, de ce qui me paroissoit des intentions du cardinal, et de l'opinion qu'en avoient les plus éclairés de la cour. Je leur dis les sentiments de la princesse, et des ducs de Bouillon et de La Rochefoucauld, sur la nécessité en laquelle nous nous étions trouvés, et en laquelle nous étions encore, de négocier en même temps, et par divers chemins, avec le duc d'Orléans et les Frondeurs, et avec le cardinal, pour fomenter leurs défiances, et nous unir à la fin avec celui des deux partis avec lequel nous trouverions nos avantages plus sûrs et plus prompts pour tirer nos princes du Hâvre-de-Grâce. Je leur expliquai ce que j'avois dit à la Reine, à Mademoiselle et au cardinal, et leur dis ensuite que l'opinion des ducs étoit que, si Montrond se pouvoit soutenir pendant l'hiver, rien ne seroit plus utile que de le trouver avec de bonnes troupes au printemps, dans le dessein que nous avions de recommencer la guerre quand les Espagnols entreroient en campagne, en cas que nous ne pussions obtenir la liberté par le moyen des Frondeurs et du cardinal ; mais que si la place n'étoit pas en l'état que nous la souhaitions, il falloit faire de nécessité vertu, témoigner de la bonne foi à la cour, en faire rétablir les troupes, y établir le séjour de la princesse et de monsieur son fils, qui difficilement pouvoient être en pareille sûreté ailleurs ; que, d'une façon comme d'une autre, elle en seroit la maîtresse, et que nous aurions tout l'hiver devant nous pour aviser au parti que nous avions à prendre. Je me gardai bien de leur parler du dessein que nous avions de retourner à Bordeaux, et moins encore du voyage du marquis de Lusignan en Espagne : aussi n'étoient-ce pas des secrets de nature à les pouvoir confier à de tels conseillers d'Etat.

La princesse douairière étoit timide au dernier point; elle ne vouloit que vivre en repos ; elle étoit gouvernée par les gens qui craignoient d'être éloignés de Paris, et particulièrement par la duchesse de Châtillon, qui se trouvoit bien d'être la maîtresse d'une telle personne, des grands biens qu'elle avoit, des avantages et des plaisirs que l'amour du duc de Nemours lui donnoit, et ne vouloit point entendre parler de guerre, qui pouvoit en un moment leur faire tout perdre. Aussi la princesse, qui étoit persuadée par tout ce que ceux de sa confiance lui disoient à tout moment, me dit qu'elle ne consentiroit jamais qu'on se servît plus long-temps de sa place pour en faire le théâtre de la guerre ; qu'on la mettroit en prison, et qu'on s'empareroit de tous ses biens si Persan n'obéissoit aux ordres du Roi; que d'ailleurs elle savoit que ce château n'étoit pas en état de soutenir un siége ; que si le cardinal le faisoit attaquer, il seroit pris dans un mois, et rasé ensuite; et que tout cela seroit inutile à messieurs ses enfans.

L'abbé Roquette dit que c'étoit le sentiment de tous les serviteurs de Paris, qui croyoient qu'on ne pouvoit tirer les princes de prison que par le parlement; qu'ils travailloient continuellement à y gagner des voix ; que les Frondeurs commençoient à entrer en commerce, et qu'il y avoit grande espérance qu'on s'allieroit avec eux. Il me dit toutes les propositions qu'on leur faisoit, et celles qui venoient d'eux. Je n'en rapporte pas le détail, parce que j'ai touché cela en divers endroits, et qu'en un mot ils étoient tous d'avis que Montrond suivît en tout et partout la déclaration de la paix de Bordeaux ; que cette place seroit une retraite assurée à madame la princesse et à monsieur son fils, quoi qu'il pût arriver; et que le parti seroit entièrement abattu si le cardinal s'étoit saisi de leur personne. Il se mit après cela à me dire que tous les amis de Paris n'étoient pas sans soupçons contre les ducs de Bouillon et de La Rochefoucauld, et qu'on disoit tout haut que, s'ils avoient voulu, Bordeaux se seroit maintenu ; que les ennemis avoient si peu avancé dans leur siége, que ce prompt accommodement avoit surpris tout le monde. Je lui répondis brusquement que ces impertinens discours étoient de l'invention d'Arnauld, qui avoit honte d'être demeuré en toute sûreté à Paris, et vouloit diminuer le mérite de ceux qui avoient fait la guerre; qu'il pouvoit se souvenir, lui qui parloit, que dans le temps qu'on l'entreprit tout étoit contre nous; et si on avoit repris quelque vigueur à Paris et par tout le royaume, c'étoit un effet de ces deux ducs, qui ne prévoyoient pas assurément qu'il y eût grande fortune à faire quand ils avoient commencé à lever des troupes pour le service des princes, et que ce qu'on leur avoit accordé par la paix n'étoit pas une marque qu'ils eussent trahi le parti; qu'ils n'avoient négocié à la cour ni par eux ni par des gens de leur dépendance ; qu'ils n'avoient pas touché un teston de l'argent de madame la princesse; qu'ils avoient fait toute la dépense de leur armement ; et que je ferois voir que les chimères inutiles de M. Arnauld, et de tous ceux qui étoient assez mal habiles pour s'y attacher, avoient coûté plus d'argent à M. le prince que toute la guerre de Bordeaux et de Montrond. L'abbé se tut tout court, et me pria bien fort de ne pas dire aux ducs l'avis qu'il venoit de nous donner. « Est-ce-vous, Monsieur, lui dis-je, qui croyez cela? — Non, me repartit-il. — Il ne vous importe donc pas, répliquai-je, si je les en avertis ou non? Je vous assure que je leur manderai à la première occasion.» Je le fis comme je l'avois dit ; et nous sûmes depuis que ce soupçon, qui n'avoit ni fondement ni suite, étoit un pur effet de la honte et de la jalousie d'Arnauld.

Cambiac, qui parla après Roquette, fit merveille pour me persuader que les amis avoient raison, et que la guerre de Bordeaux n'avoit servi de rien. Je lui répondis en souriant ; la duchesse de Châtillon applaudit par mille minauderies à ce que la princesse avoit dit, et fut du sentiment que Roquette disoit être (et qui étoit en effet) celui de nos amis. Madame de Bourgneuf dit qu'elle n'étoit ni assez éclairée ni assez hardie pour dire son avis sur une telle matière ; et je dis à la princesse que le sujet de mon voyage n'avoit été que pour savoir sa volonté, et écouter les conseils de ses serviteurs pour m'y conformer absolument ; que c'étoit l'ordre que m'avoit donné la princesse, sa belle-fille ; et que, puisque tout aboutissoit à faire entrer Montrond dans la paix de Bordeaux, je partirois le lendemain pour le commander à Persan de la part de la princesse, qui l'avoit établi dans cette place ; et que je souhaitois de tout mon cœur qu'il fût autant obéissant dans cette conjoncture que tout le monde avoit envie qu'il le fût.

Je passai tout le reste de ce jour-là à faire des dépêches à Paris et à Stenay, et en partis le lendemain pour Montrond, où je me rendis le 21 octobre. Saint-Aoust et d'Alvimar y arrivèrent les 22 et 23. Nous conclûmes le traité comme je dirai ci-après. Il y avoit bien du pour et du contre en cette affaire; et j'étois tellement persuadé qu'il falloit témoigner de la sincérité au cardinal pour ne lui donner aucun prétexte de manquer aux paroles qu'il nous avoit données et aux espérances qu'il nous avoit fait concevoir, que j'aurois été bien fâché que Persan se fût obstiné à continuer la guerre, non pas par les raisons qu'avoit dites l'abbé Roquette dans la conférence de Châtillon, ayant toujours remarqué que rien n'est si foible dans un parlement quand ses délibérations ne sont pas appuyées de la force, ni rien de si hardi quand elle est de son côté. Nous avons fait plusieurs fois l'expérience de cette vérité à Paris et à Bordeaux, et nous n'y avons jamais vu prendre des résolutions que quand les partis qu'ils soutenoient étoient plus forts que le contraire. Je savois bien que si l'on avoit pu soutenir Montrond, le parlement auroit opiné bien plus fortement pour nous qu'il n'eût fait ensuite après que cette place auroit accepté la paix; et la seule raison qui m'a persuadoit qu'elle devoit se soumettre étoit la crainte de donner des soupçons de notre conduite : car si on étoit venu à arrêter la princesse et les ducs de Bouillon et de La Rochefoucauld, les desseins que nous avions pris par Lusignan en Espagne, et pour retourner à Bordeaux, étoient évanouis. Quoi qu'il en soit, je ne fus pas en peine d'examiner s'il étoit à propos de désarmer ou non : Persan ne tarda guère à me lever ce doute, et me dit que, si je lui donnois ordre de la part de la princesse de tenir bon, il se feroit ensevelir sous les ruines de la place qu'elle lui avoit confiée; mais que si elle lui faisoit l'honneur de lui demander son avis, il étoit d'entrer dans la paix de Bordeaux, par de très-bonnes raisons qu'il me dit de la saison, du très-peu d'infanterie qu'il avoit, quoiqu'il eût un très-grand nombre d'officiers; de l'impossibilité de maintenir six cents chevaux qu'il avoit, quand on viendroit bloquer la place, en mettant des troupes pendant l'hiver dans les lieux circonvoisins, et dans la ville de Saint-Amand même, qui est au pied de ce château. J'entrai tout-à-fait dans son sens; et comme ceux qui étoient nommés par le Roi n'arrivèrent que le lendemain, nous eûmes loisir de nous entretenir, Persan, Baas, d'Alègre, Chambon, Le Couret et moi. Ils étoient tous bons officiers, et gens de bon sens et de hardie résolution. Nous résolûmes ensemble ce qu'ils auroient à demander à d'Alvimar et Saint-Aoust.

Tous nos gens étoient tellement persuadés qu'on ne devoit rien tenir de tout ce qu'on promettoit au cardinal, qu'ils ne firent point de difficulté de me dire en général et en particulier que l'amnistie ne les empêcheroit pas d'aller joindre M. de Turenne, et de retourner à Montrond, et partout ailleurs où il pourroit y avoir de la guerre pour le service des princes, si leur prison continuoit. Je n'eusse pas voulu leur conseiller telle chose, et parce que je crois qu'il faut toujours exécuter ce qu'on promet, et parce que, quand je l'aurois cru autrement, il n'eût pas été prudent de me confier d'une telle chose à plus de cent cinquante officiers qui me tenoient ce langage.

Persan, en son particulier, me proposa une chose qui pouvoit être fort utile par la suite, qui étoit que, laissant à Montrond quatre cents fantassins, il pouvoit bien en emmener six cents, et en ramasser autant dans le voisinage; et qu'avec la plupart de ses officiers qu'il avoit là il formeroit promptement son régiment, et le rendroit aussi bon qu'il eût jamais été, en cas que je pusse obtenir son rétablissement par le traité que je devois faire; car il avoit été cassé par celui de Bellegarde. Il ajouta qu'il y avoit dans la place plus de six cents maîtres, et qu'il en feroit encore bien deux ou trois cents dans le voisinage de ceux qui y avoient servi pendant l'été; qu'il y avoit moyen d'en former trois bons régimens pour lui, et pour Le Couret, et pour le comte de Châteauneuf, qui étoient déjà tout formés; et que si le Roi vouloit les entretenir, ils prendroient l'amnistie, et serviroient de bonne foi dans les armées du Roi, tant qu'il n'y auroit point de guerre dans le service des princes; mais que dès le moment que madame la princesse leur enverroit ses ordres, ils se rendroient avec quatre régimens où il plairoit à Son Altesse leur commander; et que s'ils pouvoient se saisir d'une place, d'un pont, d'un passage, d'un général d'armée, charger même les troupes du Roi, s'ils en trouvoient une partie proportionnée à leurs forces, dans le temps qu'on leur manderoit de s'en séparer, ils n'y manqueroient pas. Dès à présent il retenoit le gouvernement de Montrond, me priant d'empêcher que madame la princesse n'y en établit aucun autre, pendant son absence, qui pût faire de la difficulté de la lui céder quand il y retourneroit.

Une des principales raisons qui avoient fait prendre aux ducs la résolution de soutenir Montrond étoit la crainte de perdre les bonnes troupes et les braves officiers qui y étoient, et qui nous seroient d'une merveilleuse utilité pour l'exécution des desseins que nous avions formés. Nous avions bien songé de les faire passer au vicomte de Turenne; mais outre les soupçons que cela eût pu donner, cette pensée étoit presque impossible à exécuter, car il falloit passer les rivières de Loire, d'Yonne, de Seine, de Marne, et quelques autres. Les passages sur les ponts n'étoient pas à notre disposition, et nous étions dans une saison que pas une n'étoit guéable. De les aller prendre à leurs sources, le chemin en étoit trop long; et la Bourgogne étant entre les mains de nos ennemis, puisque le duc de Vendôme en étoit gouverneur, il n'étoit pas possible de la traverser. Toutes ces considérations me firent demander à Persan si ces messieurs dont il me parloit étoient bien assurés d'en user comme il me proposoit. Il me répliqua qu'il étoit assuré d'eux comme de lui-même; et les ayant obligés à venir l'un après l'autre, ils me donnèrent des paroles si positives, que j'eus sujet de croire qu'ils me parloient sincèrement. Sans m'expliquer avec eux, je leur dis que cela ne dépendoit point de moi; que c'étoit à eux à en faire la proposition aux commissaires du Roi quand ils seroient arrivés; et que s'ils leur accordoient la conservation de leurs régimens j'en serois fort aise.

Nous convînmes après, Persan et moi, de la manière qu'il proposeroit la chose à Saint-Aoust et à d'Alvimar, car je ne voulus pas m'en charger; et il le fit avec beaucoup d'adresse.

Ils arrivèrent, le lendemain, de fort bonne heure. Je donnai à d'Alvimar la satisfaction que le cardinal prétendoit de son voyage, et je le fis conduire par toutes les fortifications, qui étoient en si grande quantité, et disposées comme en amphithéâtre et par étage, qu'un homme qui les avoit étudiées et observées beaucoup de temps, à peine les pouvoit-il comprendre: aussi nous confessa-t-il, après les avoir examinées pendant cinq ou six heures, qu'il n'y comprenoit rien. Saint-Aoust, qui y avoit passé plusieurs années pendant qu'il étoit à feu M. le prince, les savoit par cœur, et n'eut pas la même curiosité que son collègue. Il demeura dans le donjon; et Persan, comme nous en étions convenus, lui dit qu'il étoit dans la meilleure place du royaume, et dans laquelle il ne craignoit pas tous les efforts que le cardinal pourroit faire contre lui; que madame la princesse l'y avoit mis, et qu'elle lui ordonnoit par moi, et lui avoit commandé par une de ses lettres, d'en sortir, conformément à la paix de Bordeaux; qu'il n'y étoit entré que pour le service de M. son mari, et que, puisque maintenant elle lui faisoit connoître que ce même service vouloit qu'il mît les armes bas, il y donnoit les mains; mais qu'il prétendoit être quitte de sa parole, quoi qu'il pût arriver; qu'il vouloit rentrer dans le service du Roi; et que si M. le cardinal vouloit lui rendre son régiment, qu'il avoit fait casser par la capitulation de Bellegarde, il le feroit dans huit jours aussi bon et aussi nombreux qu'il eût jamais été; qu'il feroit plus; et que, conservant son régiment de cavalerie qu'il avoit fait à Montrond, de l'argent des contributions qu'il avoit levées, celui du comte de Châteauneuf et celui du Couret, qui étoient dans cette place, il se faisoit fort de mener huit ou neuf cents bons cavaliers en tel lieu qu'il plairoit à Son Eminence.

Saint-Aoust lui répondit que pour lui il le vouloit bien, mais qu'il falloit qu'il s'adressât à d'Alvimar, qui étoit proprement l'homme du cardinal, et qui ne l'avoit envoyé là que parce qu'il croyoit qu'ayant toujours été de la maison et serviteur du prince, il pourroit aider à persuader lui Persan de désarmer et de sortir de Montrond; que pourtant il ne lui persuadoit rien, mais qu'il louoit Dieu de ce qu'il étoit tout persuadé; et que d'Alvimar, qui retourneroit avec moi à la cour, parlant au cardinal dans le même sens que lui Saint-Aoust lui écriroit, il ne faisoit point de doute qu'il n'obtînt ce qu'il demandoit pour lui et pour ses amis, d'autant plus que Son Eminence, qui avoit besoin de troupes, et qui n'en feroit ni tant ni de si bonnes pour soixante mille écus, étoit assez bon ménager pour ne pas accepter le parti.

Persan le quitta, et alla faire la même proposition à d'Alvimar. Il crut qu'on lui auroit obligation de cette proposition-là comme d'un effet de son adresse, et lui donna parole de s'y employer de tout son cœur. Il le disoit d'aussi bonne foi que Saint-Aoust le disoit avec adresse; celui-ci étoit une homme éclairé, qui, ne doutant pas d'abord que Persan étoit autant serviteur du prince qu'il l'étoit, et ayant long-temps discouru avec moi, ne m'eût communiqué ce dessein. Il me chercha avec empressement, et m'ayant trouvé, il me dit en riant que j'étois plus fin que lui, et, qui pis étoit, plus que le cardinal, qui étoit tant infatué de l'opinion qu'il avoit de sa capacité, qu'au péril de sa vie il donneroit dans le panneau que je lui faisois tendre par Persan. J'eus beau l'assurer que je ne comprenois pas ce qu'il vouloit me dire, je ne pus jamais lui ôter de l'esprit que tout étoit concerté avec moi: il m'expliqua pourtant la chose. J'en parus surpris comme d'une nouveauté, et lui dis pourtant que je serois bien aise que Persan et les autres tirassent cet avantage par un traité que je faisois, étant comme ils étoient de mes amis.

D'Alvimar retourna sur ces entrefaites; et faisant le fin sur la proposition de Persan, tant il avoit peur que je ne le dissuadasse d'en user de la sorte, il ne m'en parla qu'après que nous eûmes signé les articles. Je lui dis, comme j'avois fait à Saint-Aoust, que bien loin de m'y opposer, j'en aurois de la joie; et il fut résolu que d'Alvimar se chargeroit de faire agréer cette proposition au cardinal, et que Saint-Aoust écriroit en conformité. Je ne dirai pas ici toutes les difficultés que nous eûmes pour ajuster lesdits articles, cela seroit inutile et ennuyeux; il me suffit de les insérer ici, pour montrer qu'ils furent autant avantageux qu'ils pouvoient l'être en l'état auquel nous étions.

ARTICLES

Pour la pacification des troubles de Berri, Bourbonnois et autres lieux circonvoisins, accordés sous le bon vouloir et plaisir du Roi à madame la princesse et à M. le duc d'Enghien, en conséquence de la paix de Bordeaux, publiée le...... d'octobre 1650. Iceux articles accordés en présence des sieurs Saint-Aoust, comte de Château-Meillant, et d'Alvimar, sous-gouverneur de monseigneur le duc d'Enghien, envoyés de Leurs Majestés; et le sieur Lenet, conseiller ordinaire du Roi en ses conseils d'État et privé, envoyé de madame la princesse pour l'exécution desdits articles.

I. Que tous officiers, gentilshommes et autres, étant résidens à présent au château de Montrond et autres villes et châteaux, ayant pris parti au sujet desdits derniers mouvemens dans lesdites provinces de Berri, de Bourbonnois, et autres lieux adjacens, jouiront de l'amnistie générale, en conséquence de ladite déclaration du premier de ce mois : et ce faisant, seront remis en leurs biens, charges, dignités, pensions, et même le sieur de Persan en la jouissance de son régiment d'infanterie, comme aussi tous les officiers d'icelui dans leurs charges, même ceux qui étoient à Bellegarde, en la forme et manière qu'ils étoient avant le 8 janvier dernier; qu'à cet effet Sa Majesté sera suppliée d'accorder lettres adressantes au général de l'armée et gouverneur de la province, ou des places où le corps dudit régiment sera pour leur rétablissement en leursdites charges.

II. Sa Majesté sera pareillement suppliée d'accorder une route à tous les officiers et soldats qui sont hors dudit régiment, pour aller joindre le corps.

III. Que tous les châteaux occupés par lesdites troupes de part et d'autre, comme ceux de Cangy, de Saint-Florent, Comiers, Culant, le Châtelet, les Barres, et autres dans lesdites provinces, seront remis entre les mains de ceux qui en avoient la garde auparavant, et les garnisons retirées de part et d'autre.

IV. Que tous les prisonniers, sans nul excepter des deux partis, seront mis en liberté.

V. Quant à Montrond, l'article de la déclaration de Bordeaux sera exécuté selon sa forme et teneur, et Sa Majesté suppliée d'agréer que les deux cents hommes de pied soient séparés en quatre compagnies.

VI. Que le fonds pour la subsistance desdits deux cents hommes et officiers, ensemble des cinquante chevaux retenus audit Montrond par madame la princesse, se montant à la somme de..... par mois, sera levé par chacun an sur les recettes générales de Berri et de Bourbonnois, et même sur l'élection de Saint-Amand, par préférence à toutes les autres charges, et mis entre les mains du sieur d'Amour, commissaire et payeur de ladite garnison.

VII. Que passe-ports seront expédiés à tous les officiers, gentilshommes et autres ayant pris parti dans lesdits mouvemens, étant dans lesdits châteaux, villes et provinces; même au sieur de Chambois, comte de Bussy-Rabutin, et Montaterre, d'Aignan, Gouville, et autres ayant assemblé de la cavalerie en Normandie, en Gâtinois, et aux environs de Paris, lesquels tous jouiront de ladite amnistie, ayant fait le serment de fidélité qu'ils doivent à Sa Majesté.

VIII. Ledit sieur marquis de Persan sortira dudit château de Montrond incontinent après l'arrivée de madame la princesse et de M. le duc d'Enghien audit lieu, en cas qu'ils y arrivent dans quinze ou vingt jours; sinon madite dame enverra les ordres nécessaires audit sieur de Persan pour laisser ladite place à la garde de la garnison ci-dessus, de deux cents hommes de pied et cinquante chevaux, auxquels ledit sieur marquis de Persan satisfera sans aucune difficulté.

IX. Toute l'infanterie sera incessamment licenciée, à la réserve de deux cents hommes ci-dessus; et toute la cavalerie, à la réserve du régiment de cavalerie du sieur Persan, qui demeurera à Saint-Amand, y vivant sans exaction jusqu'à nouvel ordre du Roi pour le licenciement d'icelui, sans rien demander au peuple tant qu'il subsistera.

Fait à Montrond, le 23 octobre 1650.

Aussitôt que nous eûmes signé ces articles, ils furent publiés à Montrond au bruit de l'artillerie, des tambours et des trompettes, comme ils furent après par tout le Berri, le Bourbonnois et autres lieux circonvoisins.

Saint-Aoust dépêcha à l'heure même à la cour. Il me montra la lettre qu'il écrivoit au cardinal, qui étoit autant bien que je la pouvois souhaiter, et tout-à-fait avantageuse au dessein qu'avoit Persan. Chambois se retira avec ce qu'il avoit de la compagnie de gendarmes du duc de Longueville, dont il étoit le lieutenant, et dit en sortant avec liberté aux envoyés du Roi : « Messieurs, je vous dis adieu jusques à revoir : je ne sais quand j'aurai cet honneur-là ; mais je sais bien que tant que M. de Longueville sera prisonnier, je servirai plutôt le Turc que le cardinal ; et je vous assure que je ne dépenserai guère d'argent en papier d'amnistie. »

Le lendemain nous nous séparâmes, et Saint-Aoust retourna chez lui à Château-Meillant ; et d'Alvimar et moi nous partîmes pour la cour, qui étoit à Amboise. Nous allâmes coucher à Valencey, qui est une des plus belles maisons de gentilshommes qu'il y ait en France ; elle n'est composée que d'un corps de logis et d'un pavillon, mais grand et bien meublé, et où l'on fait très-bonne chère.

Nous trouvâmes à Blois quelques personnes de qualité, desquels les uns alloient et les autres venoient de la cour. Les uns et les autres nous parlèrent très-hardiment contre le cardinal, et en faveur des princes ; et je commençai à connoître qu'à Paris, comme à la suite du Roi, l'air du bureau étoit bon pour nous, et qu'il falloit que le cardinal et les Frondeurs fussent en grande défiance, et que ceux-ci commençassent à tourner de notre côté.

En arrivant à Amboise, où le Roi étoit pour lors, j'allai voir le maréchal de Villeroy, Servien et de Lyonne. Le discours des uns et des autres, aussi bien que la manière civile et obligeante dont ils me reçurent, étoient un présage certain que nos affaires avoient méliore depuis mon départ de Bourg ; ils me dirent tous que, sur la dépêche de Saint-Aoust, le cardinal avoit fait ratifier la paix de Montrond ; qu'il l'avoit fait publier, et dépêcher des commissions et des ordres pour les régimens de Persan, de Châteauneuf ou du Couret, et des routes pour aller joindre l'armée du Roi en Champagne ; dont je m'étonnai fort.

Pendant que je m'entretenois avec le maréchal, sur les neuf heures du soir, Alvimar, qui venoit de rendre compte de son voyage au cardinal, me vint dire de sa part qu'il m'attendoit avec impatience. En effet, étant arrivé auprès de Son Eminence, il me dit que j'étois le très-bien venu ; que la Reine étoit fort satisfaite de ma conduite, et que lui, en son particulier, avoit pour moi une estime fort grande, dont il espéroit la suite du temps me feroit voir les effets ; qu'il avoit fait ratifier la paix que nous venions de faire, et que, pour montrer que, comme il se fioit aux gens qui servoient bien leurs maîtres, il avoit rendu à Persan le régiment d'infanterie Petit-Vieux, qu'il avoit perdu par le traité de Bellegarde, qu'il lui en avoit donné un de cavalerie, et deux à Châteauneuf et à Couret ; qu'il me vouloit parler à cœur ouvert, et me dire qu'il étoit résolu de tirer les princes de prison ; qu'il espéroit le faire consentir au duc d'Orléans ; qu'il n'avoit jamais tant aimé ni estimé homme que M. le prince ; qu'il étoit assuré qu'il n'avoit point d'arrière-pensée ; qu'il se fioit en lui, comme il avoit fait pendant le siége de Paris, et dans le temps qu'il lui confioit les armées du Roi ; qu'il étoit assuré qu'il ne le blâmeroit pas d'avoir conseillé sa prison à la Reine, quand Son Altesse sauroit tout ce qui s'étoit passé ; et en un mot il me fit, en une heure durant, des discours à perte de vue, sans que je l'interrompisse, et sans qu'il me donnât loisir de lui répondre un seul mot. Enfin je lui dis que je n'avois rien à ajouter à tout ce que j'avois eu l'honneur de lui dire à Bourg ; qu'il avoit raison de croire M. le prince un homme sans fiel ; que quand il auroit tiré sa parole, rien au monde ne pouvoit être plus ferme que ce qu'il lui promettoit ; et que je prendrois un singulier plaisir de les voir tous deux de concert mettre les Frondeurs à la raison pour assoupir les désordres de l'Etat, lui par le conseil, et M. le prince par les armes. « Mais souvenez-vous, lui dis-je, Monsieur, qu'il n'y a point de temps à perdre : je ne doute nullement de la bonne intention de Votre Eminence, puisque le service du Roi et votre intérêt particulier veulent qu'elle soit telle que vous venez de me la dire ; mais je meurs de peur que vous ne vous laissiez gagner de la main, et que les serviteurs que M. le prince a à Paris ne nouent quelques parties avec le coadjuteur ; après quoi il n'y auroit plus moyen d'être unis avec Votre Eminence : ce qui, selon mon avis et selon mon inclination, seroit le plus grand malheur qui nous pourroit arriver. »

En cet endroit il m'interrompit et me pria de lui dire en bonne amitié et confidence ce que je savois de tout cela. Je lui répondis que je ne savois rien de tout cela, parce que les amis de Paris ne nous faisoient savoir l'état des choses que superficiellement, et s'en réservoient le détail ; et que je ne répondois bien d'eux, mais de la princesse, du duc de Bouillon, et par lui de M. de Turenne, comme du duc de La Rochefoucauld, et par lui de la duchesse de Longueville. « La caution en est bonne, me répartit-il en souriant. » Je continuai, et lui dis que, s'il étoit bien résolu à ce qu'il me disoit, je me faisois fort de faire signer aux cinq personnes dont je venois de lui parler tel traité qu'il lui plairoit, moyennant la liberté des princes, et d'y faire entrer Bordeaux ; mais que, pour les amis de Paris, je n'avois ni assez d'habitudes avec eux pour les connoître, ni aucunes charges d'eux pour les engager à quoi que ce fût : je croyois bien que je pourrois porter la duchesse de Châtillon à gouverner l'esprit du duc de Nemours, et peut-être celui de Viole. Il me repartit que celui-ci dépendoit plus de Chavigny que d'elle ; et sur cela me parla de ce dernier en très-mauvais termes sur le chapitre de la bonne foi. Il me dit ensuite que la confiance qu'il avoit en moi, étoit telle qu'il m'avoit ouvert son cœur toutes les fois qu'il m'avoit vu ; qu'il connoissoit pourtant visiblement que je savois quelque chose qui se tramoit à Paris entre nos correspondans et le coadjuteur, dont je lui faisois finesse. Je lui répondis, comme j'avois déjà fait, que je ne savois rien ; mais que quand j'aurois une connoissance tout entière de leurs négociations, je ne lui en dirois rien, puisque tout ce que je pourrois lui en découvrir retourneroit au dommage des princes et de leurs serviteurs ; que je voyois bien qu'il y avoit là de grandes choses à traiter ; que je les lui avois insinuées dès Bordeaux et à Bourg ; qu'il pouvoit croire qu'on mettroit tout en usage pour mettre M. le prince en liberté par qui que ce fût ; que madame la princesse et ses amis et serviteurs particuliers, dont j'étois le moindre, souhaitoient passionnément que ce fût par lui, et que pour cela je lui donnois carte blanche.

Il me remercia fort, et me dit qu'il me donnoit sa parole et celle de la Reine que, toutes choses cessantes, ils travailleroient sans discontinuer à détacher le duc d'Orléans des Frondeurs, et lui faire souhaiter cette liberté ; qu'il feroit agir la Reine, et que lui, M. le cardinal, feindroit ne le vouloir pas, pour persuader à Monsieur que ce seroit lui qui seroit l'auteur de ce dessein, et qu'il en auroit tout l'honneur. « Mais, lui dis-je, Monsieur, si son Altesse Royale n'y consent point, messieurs les princes seront-ils toute leur vie prisonniers ? — Ne vous mettez pas en peine, me dit-il : Monsieur se fait tenir, mais enfin il consent à tout ce que l'on veut ; et s'il s'y oppose, je prendrai d'autres mesures. » Il ajouta que s'il avoit voulu faire un traité à Bordeaux moins avantageux à la princesse, il ne tenoit qu'à lui, et qu'il savoit bien que l'Espagne ne nous secouroit pas, et que les Bordelois vouloient faire vendanges ; mais qu'il avoit été bien aise de la bien traiter et ses amis, pour commencer à adoucir les choses, et lui donner une forte garnison à Montrond, pour faire voir au duc d'Orléans qu'on avoit plus fait pour elle qu'on n'avoit résolu dans le parlement de Paris. Je lui témoignai entrer dans tout ce qu'il disoit, et j'admirai sa grande conduite en cela. Il est certain que les hommes veulent être loués ; soit qu'ils disent vrai ou soit qu'ils mentent, comme peut-être faisoit-il.

Je pris cette occasion de lui proposer la liberté de madame de Bouillon comme un sûr moyen de faire une grande brèche dans le cœur de monsieur son mari ; et il ne s'en éloigna pas. Je lui parlai encore de celle du président Perrault, qu'il me refusa pour la seconde fois. Je le fis consentir que Baas demeureroit à Montrond pour y commander : ce qu'il m'avoit refusé à Bourg. Il me promit qu'il trouveroit bon que madame la princesse gardât auprès d'elle tout autant d'officiers qu'elle avoit à sa suite et à Montrond ; et il me permit d'entretenir commerce avec la duchesse de Longueville, le vicomte de Turenne, les ducs de Bouillon et de La Rochefoucauld, et avec nos amis de Bordeaux. J'obtins permission pour madame la princesse et M. le duc d'écrire à M. le prince, à condition que j'adresserois leurs lettres tout ouvertes à Le Tellier, qui les lui feroit voir et à la Reine, et les feroit passer ensuite au Hâvre-de-Grâce entre les mains de M. le prince. Je lui proposai ce dernier article, sous prétexte que c'étoit une chose qui ne pouvoit nuire, et qui feroit juger au prince que l'esprit du cardinal s'adoucissoit pour lui ; mais en effet dans l'intention de lui écrire dans les interlignes d'une encre qui ne paroît qu'étant frottée d'une certaine drogue, dont je prétendois lui en envoyer par Dalencé, son chirurgien, qui avoit de temps en temps permission de le voir. Je ne savois pas encore pour lors qu'on eût aucun commerce de lettres avec lui, comme je l'appris bientôt après. Toutes ces choses que j'obtins du cardinal étoient peu considérables pour lui, mais elles l'étoient beaucoup pour nous. Il me les accorda, parce qu'une partie lui pouvoit servir s'il venoit à pousser les frondeurs, et l'autre lui étoit utile pour leur faire craindre par ce radoucissement qu'il ne se raccommodât avec M. le prince. Elles nous étoient toutes bonnes et de conséquence ; les Frondeurs pouvoient juger que le cardinal commençoit à entrer en commerce avec nous, d'où nous pouvions tirer nos convenances avec eux. Ainsi, toutes les choses par où le cardinal nous croyoit tromper, le trompoient lui-même, et trompoient encore les Frondeurs : tant il est malaisé de prendre confiance aux hommes dans des conjonctures semblables.

Le cardinal se mit ensuite à me dire beaucoup de choses courantes, et se plaignit de plusieurs personnes de qui il disoit avoir fait la fortune, et qui le trompoient, entre autres de l'évêque de Comminges, de la maison de Choiseul, homme d'une singulière vertu, frère du maréchal du Plessis, lequel pour lors soutenoit fortement les intérêts du clergé contre ceux de la cour. Il me dit, en le blâmant de ce qu'il n'épousoit pas ses passions, qu'il l'avoit trouvé un capelan, et qu'il l'avoit fait évêque; et son frère un argoulet, qu'il avoit fait gouverneur de Monsieur, frère du Roi, et maréchal de France. Ceci, qui a été dit au sujet de deux frères d'une naissance illustre, de service et de mérite, fait voir que les favoris ne font du bien aux hommes, de quelque vertu et de quelque naissance qu'ils puissent être, qu'à dessein de les assujétir, et de leur faire épouser leurs passions. Heureux certes sont ceux de qui les services sont reconnus par les rois ou par leurs maîtres, quand ils agissent par leurs propres mouvemens, et qui ne sont pas obligés de mendier vers un ministre l'effet de la justice qu'on leur doit, parce qu'ils ne se trouvent engagés à personne qu'à ceux pour qui ils sont obligés d'employer leurs biens et leur vie; et malheureux sont ceux que Dieu fait naître pour le gouvernement des hommes, et qui ne sont pas plus tôt élevés sur le trône, qu'ils cherchent des gens pour les gouverner eux-mêmes, et qui sont mineurs à cinquante ans. Aussi est-ce le malheur des États et l'infélicité des sujets.

Comme il étoit fort tard, le cardinal se retira en me disant que j'allasse porter à madame la princesse la ratification de mon traité; que je l'obligeasse à se retirer à Montrond; que je ne sortisse point d'auprès d'elle; qu'il me feroit savoir de ses nouvelles trois jour saprès qu'il auroit vu M. le duc d'Orléans, et qu'il espéroit que dans peu il me dépêcheroit vers le prince au Hâvre-de-Grâce. Je lui demandai encore permission à la princesse douairière pour écrire à la Reine : il me l'accorda; et je crus qu'il falloit faire ce pas pour après demander à Sa Majesté la liberté de lui aller rendre ses devoirs quand elle seroit à Fontainebleau, suivant l'avis que la comtesse de Brienne m'avoit donné sortant de Bourg.

Pour peu qu'une femme soit dans le commerce du monde, elle veut le faire paroître. Madame de Saint-Loup, comme je l'ai dit ailleurs, avoit un pouvoir absolu sur l'esprit du duc de Candale. Elle me fit écrire par Montreuil qu'il seroit bien aise de conférer avec moi pendant que j'étois à la cour, et qu'il étoit résolu d'entrer dans les intérêts des princes, autant par la passion qu'il avoit de les servir que pour se venger du cardinal, de qui il étoit pour lors mal satisfait. Je lui donnai avis de mon arrivée à Amboise, et lui me donna rendez-vous dans une certaine galerie basse à minuit. Je m'y trouvai, et nous nous entretînmes plus de deux heures. Il me témoigna un grand chagrin contre le cardinal, sans m'en dire les raisons : ce qui me fit croire qu'il étoit affecté. Si je n'avois eu sa maîtresse pour garant, difficilement me serois-je expliqué avec lui; et véritablement je ne m'expliquai qu'à mesure qu'il me parloit librement, et en vint jusque là qu'il me dit qu'il étoit maître du régiment des Gardes, et que si l'on pouvoit lui faire avoir l'effet d'une pensée qu'il avoit, qu'il m'expliqueroit à Paris en présence de madame de Saint-Loup, il m'offroit d'enlever une nuit le cardinal, et de le mettre en lieu d'où il seroit forcé d'envoyer des ordres bien précis pour mettre les princes en liberté. Je le pressai fort de me faire connoître sa prétention, afin que je disposasse les choses qui dépendoient de la princesse et de ses amis pour lui en faire avoir satisfaction : il ne le voulut jamais, quelque instance que je lui en fisse, en me disant qu'il ne pouvoit me la confier qu'en présence de cette dame, qui seroit la caution réciproque de notre secret et de notre liaison; et me fit de grands sermens qu'elle dureroit autant que sa vie.

La paix de Bordeaux l'avoit mis au désespoir; car il croyoit que la conjoncture étoit favorable pour rétablir le duc d'Épernon, son père, dans le gouvernement de Guienne. Il savoit que j'en avois fait la proposition au cardinal (car Servien lui en avoit fait la confidence), et qu'il n'y étoit point entré. C'étoit dans ce temps qu'il pressoit ce duc d'épouser une de mesdemoiselles ses nièces, et ce fut une des principales raisons qui l'éloignèrent de cette alliance. Je crus que le dessein qu'il avoit formé étoit d'épouser mademoiselle de Longueville, à présent madame de Nemours, et qu'il vouloit récompenser l'inégalité de l'alliance en donnant la liberté au duc son père et à messieurs les princes, et mériter par eux l'adoucissement des Bordelois, en sorte qu'il pût, sans avoir obligation au cardinal, remettre ce gouvernement dans sa maison. La face des choses changea, et je ne fus pas à Paris qu'après la liberté des prisonniers; de manière que, l'étant allé visiter, il ne me dit autre chose sinon qu'il me croyoit assez homme d'honneur pour n'avoir nul déplaisir de m'avoir dit une chose autant téméraire que celle qu'il m'avoit confiée, de celle qu'il avoit sur le régiment des Gardes : car encore que le cardinal fût hors du royaume, et qu'il n'eût plus lieu de le craindre, il ne voudroit pas pour tout son bien que ce discours pût venir aux oreilles de la Reine en quelque temps que ce fût ; que ce qu'il avoit pour lors dans la tête ne pouvoit plus réussir, parce que les princes étoient en liberté; et qu'ainsi il ne m'en parleroit, ni à une ame vivante, en tous les jours de sa vie.

Le lendemain matin je pris congé de la Reine et du cardinal, en attendant que j'eusse toutes les dépêches nécessaires pour Montrond. J'allai ensuite rendre mes devoirs à Mademoiselle. Elle étoit logée dans une maison de campagne fort proche d'Amboise, et qui s'appelle Le Clos. Elle me commanda de la suivre dans le jardin, qui est assez beau et grand, et me fit l'honneur de m'entretenir plus de deux heures. Elle étoit fort changée de la dernière fois que je la vis à Bourg. Elle se mit d'abord à murmurer contre le cardinal, et à blâmer sa conduite, et qui plus est celle de monsieur son père. Elle me dit qu'elle me confessoit que la longue prison de M. le prince lui faisoit pitié; qu'elle avoit écrit et fait dire à Monsieur tout ce qu'elle avoit pu en sa faveur, et qu'elle me donnoit sa parole qu'elle le serviroit de tout son pouvoir. Elle me dit ensuite qu'elle avoit fait réflexion sur ce que je lui avois insinué et même que je lui avois dit à demi-mot à Bourg. Je lui repartis que j'en avois bien de la joie, et qu'elle étoit dans un temps où elle pouvoit tout penser, et le duc d'Orléans tout entreprendre ; que, si l'un et l'autre ne se prévaloient de l'occasion de procurer aux princes la liberté, jamais ils n'atteindroient à ce qu'elle avoit lieu d'espérer, parce qu'il ne convenoit pas au cardinal de voir le Roi entre les mains de monsieur son père, et qu'elle ne pouvoit aspirer à l'honneur de l'épouser que par sa perte, qui étoit indubitable, si le duc d'Orléans et le prince se réunissoient pour une nouvelle alliance.

Comme Mademoiselle vit que je lui parlois librement, elle me fit l'honneur d'en faire de même envers moi. Elle me dit que le cardinal étoit un fourbe, qu'il lui avoit promis cent fois de lui faire épouser le Roi; qu'elle savoit de science certaine qu'il faisoit proposer à Monsieur de faire ce mariage avec mademoiselle d'Orléans, sa sœur du second lit, et qui est à présent princesse de Toscane; que ce n'étoit que pour la tromper et l'empêcher de se déclarer en faveur des princes, comme elle savoit que le coadjuteur en étoit d'avis, peut-être pour tirer ses convenances du cardinal, peut-être aussi pour les tirer des princes; qu'elle croyoit plutôt ce dernier, par l'espérance qu'il avoit de faire épouser sa maîtresse au prince de Conti (c'est ainsi qu'elle nomma feu mademoiselle de Chevreuse); que monsieur son père, qui avoit autant d'esprit qu'homme du royaume, avoit pourtant la foiblesse de croire tantôt aux paroles du cardinal, tantôt à celles du coadjuteur; et qu'elle étoit assurée que l'un ou l'autre feroit ses affaires par lui, et qu'il perdroit l'occasion de faire quelque chose de grand pour l'établissement de sa maison.

Elle étoit en telle humeur de parler, que je n'avois garde de l'interrompre : aussi, voyant que je ne lui disois rien, elle me demanda tout d'un coup pourquoi j'étois dans un profond silence; si ce n'étoit pas que je croyois que monsieur son père avoit raison d'entrer plutôt dans la proposition du mariage du Roi avec mademoiselle sa sœur qu'avec elle, qui étoit trop âgée pour Sa Majesté. A la vérité, Mademoiselle étoit pour lors dans sa vingt-quatrième année, et le Roi dans sa treizième. Mademoiselle d'Orléans n'en avoit qu'environ six. Je répondis à Mademoiselle que le grand intérêt du cardinal, et même celui de la Reine, étoit de marier le Roi tout le plus tard qu'ils pourroient, mais que celui de l'Etat c'étoit de le marier le plus tôt qu'il seroit possible; et qu'ainsi mademoiselle sa sœur ne pouvant l'être de long-temps, il étoit bien plus raisonnable de le marier avec elle, pour donner bientôt des enfans à la France; que c'étoit d'un si grand intérêt à Monsieur d'être beau-père du Roi, qu'il ne devoit nullement risquer d'attendre que mademoiselle d'Orléans fût en âge d'être mariée, de crainte que par la longueur du temps le Roi ne lui échappât; que c'étoit ce qu'elle lui devoit remontrer ou faire dire par quelqu'un de ceux qui avoient du pouvoir sur son esprit, et n'y pas perdre un moment de temps; que, quant à ce qu'il lui avoit plu me dire de l'inégalité de son âge et de celui du Roi, on ne regardoit jamais à cela entre les personnes de cette élévation, qui ne peuvent choisir entre plusieurs ; et que, quand le Roi seroit en état de l'épouser, il ne trouveroit rien de plus assortissant dans toute l'Europe, puisque l'infante d'Espagne étoit héritière, qu'il ne pouvoit, par cette raison, y prétendre ; et que je ne voyois aucune princesse mariable chez tous les princes voisins, si ce n'est en Savoie. J'ajoutai une raison, la plus mauvaise de toutes pour un roi, et qui pourtant plut à Mademoiselle plus qu'aucune des autres, qui étoit celle de sa beauté; et je lui dis que quand elle seroit une demoiselle particulière, et que le Roi seroit d'âge et d'humeur à être galant, il ne pourroit jamais avoir une meilleure fortune qu'elle pour maîtresse, à plus forte raison pour femme, sa beauté étant accompagnée d'une naissance égale à celle de Sa Majesté, de beaucoup d'esprit, de conduite, et de grands biens capables d'être l'apanage d'un de ses cadets.

Mademoiselle n'eut pas besoin de grandes persuasions pour croire ce que je lui disois, et que je souhaitois de tout mon cœur, et tant je croyois, outre la passion que j'ai toujours eue pour son service, que cette alliance serviroit pour mon dessein. Je lui proposai ensuite celle de M. le duc avec mademoiselle sa sœur, pour réunir toute la maison royale, et rendre monsieur son père maître de toutes choses. Elle me remercia fort de tous les bons conseils que je lui donnois (c'est ainsi qu'il lui plut me parler), et me promit de travailler de son mieux à faire réussir l'une et l'autre de ces propositions, espérant que, si elle pouvoit contribuer par là à la liberté de M. le prince, il n'en seroit pas ingrat, quoique son naturel l'y portât. Plus je faisois réflexion sur ce que Mademoiselle me disoit de la proposition du cardinal pour mademoiselle d'Orléans, plus je me flattois que le cardinal me tenoit parole, et que c'étoit le leurre dont il vouloit se servir pour s'assurer du duc d'Orléans et se détacher des Frondeurs, pour ensuite les pousser et s'attacher à nous. Cela me donnoit quelque scrupule d'avoir parlé si librement à Mademoiselle; mais je me rassurois quand je considérois qu'il pouvoit aussi se servir de ce moyen pour l'empêcher de s'unir à nous par le mariage de M. le duc, qu'il prévoyoit. Il étoit embarrassé de tous les côtés, tout lui faisoit ombrage, et partout il avoit à craindre. D'autre part nous étions assurés de ne tirer jamais M. le prince de prison, que nous ne traitassions avec l'un ou avec l'autre des partis; il n'étoit pas de la prudence de se fier pleinement à l'un ou à l'autre, puisque nous avions à nous plaindre de tous les deux : de sorte que nous étions dans la nécessité de frapper à toutes les portes, et de prendre notre bien où nous le trouverions.

Je pris congé de Mademoiselle après l'avoir vue dîner, et mademoiselle de Neuillant, à présent la duchesse de Navailles, dame de vertu et de très-bon esprit, qui par son mérite fut élevée à la charge de dame d'honneur de la Reine dans le temps de son mariage et de l'absolu pouvoir du cardinal Mazarin, qui avoit une entière créance en elle et au duc son mari. Elle s'acquitta dignement de cet emploi pendant plus de quatre années; enfin le Roi, par quelque antipathie qu'il avoit à son humeur, trop sévèrement vertueuse, et à son gré un peu trop soigneuse de son troupeau, crut devoir lui en ôter la charge, et établir en sa place la marquise (à présent duchesse) de Montausier, de laquelle j'ai parlé ailleurs. Je dirois tout au long cette histoire, toute délicate qu'elle est, si elle n'étoit si fort hors de mon sujet : j'en ai une entière connoissance. Je dirai seulement en passant, et pour rendre justice au duc de Navailles, mon ancien et intime ami, que dans le même temps que la duchesse eut le malheur de ne pas plaire au Roi, il remit, par ordre de Sa Majesté, le gouvernement du Havre entre les mains du duc de Saint-Aignan, et la charge de lieutenant des chevau-légers de la garde, dont il étoit revêtu, au duc de Chaulnes; lesquels, par ordre de Sa Majesté, le remboursèrent de neuf cent cinquante mille livres, à quoi ces deux charges furent estimées. Ce gentilhomme, cadet de l'illustre et ancienne maison de Montaut, avoit été nourri page du cardinal de Richelieu. Il étoit parvenu à ces dignités par ses longs et assidus services, dès le temps qu'il fut en âge de porter les armes, jusques à la paix des Pyrénées. Il y a fait de très-belles actions et en grand nombre, et il a reçu de grandes blessures, et étoit monté de degré en degré jusques à la charge de capitaine général. Il eut des lettres patentes de duc, et fut fait chevalier de l'ordre. Il n'avoit pas moins de sagesse que de bravoure; et toute la cour porta fort impatiemment sa disgrâce. Elle faisoit même quelque douleur au Roi, qui connoissoit son mérite, et qui l'avoit toujours honoré de ses bontés, de son estime et de sa confiance; et enfin, prenant occasion de complaire à la Reine sa mère pendant la grande maladie dont elle est morte, qui le pria de rappeler ce duc à la cour, il voulut faire voir sa justice aux yeux de tout le monde : il lui donna par commission les gouvernemens de Brouage, Oleron, Ré, La Rochelle et pays d'Aunis, marque singulière de la confiance de Sa Majesté, et que la seule aversion qu'il avoit à la sévérité de la duchesse sa femme, l'avoit obligé à le faire retirer de la cour.

Il m'est impossible de ne pas m'écarter de mon chemin quand l'occasion se présente de justifier mes amis. Je le reprends, et dis que, quelques mois après avoir eu l'honneur d'entretenir Mademoiselle à Amboise, la duchesse de Navailles me dit que je ne fus pas plus tôt hors du logis de Son Altesse, qu'après l'avoir fait jurer qu'elle ne parleroit point d'un secret qu'elle vouloit lui confier, elle lui raconta tout l'entretien que j'avois eu avec elle sur le mariage du Roi. La duchesse dit que, puisqu'elle avoit juré qu'elle n'en parleroit pas à qui que ce fût, il falloit qu'elle lui tînt parole; mais que Son Altesse

28.

étoit obligée à en donner part à M. le cardinal, parce que s'il venoit à découvrir qu'elle eût eu une telle pratique avec moi sans l'en avoir averti, il ne lui pardonneroit jamais, et lui fourniroit un prétexte de lui manquer de parole sur ce même mariage. Mademoiselle fit d'abord quelque difficulté de croire son conseil ; mais enfin elle se laissa persuader, et alla faire une confidence tout entière au cardinal, duquel je n'entendis plus parler depuis, ne l'ayant vu qu'au traité de la paix générale ; et je ne m'étonne pas de ce qu'il ne me donna point de ses nouvelles à Montrond, comme il me l'avoit fait espérer, après le tour que me fit Mademoiselle. Je ne sais si ce fut imprudence ou non à moi d'être entré avec cette princesse dans un commerce autant hardi que fut celui-là ; j'ai trop de respect pour elle pour la blâmer, et j'aime mieux m'accuser d'indiscrétion qu'elle d'avoir révélé un tel secret contre sa parole ; mais, en pareille rencontre, je sais bien que je me hasarderai toujours à me confier, que j'agirai et parlerai avec hardiesse ; car je sais bien qu'on ne peut entreprendre de grandes choses avec de la timidité. On risque quand on se confie ; mais on perd tout quand on se défie trop. Je croyois que l'intérêt de Mademoiselle m'étoit un contre-gage de tout ce que je lui disois : je me trompai ; qu'y ferai-je ? Je pris congé des principaux de la cour, et partis ensuite, comme je fis le lendemain pour me rendre près de la princesse, après avoir dépêché à Montrond un courrier qui y porta tous les ordres nécessaires pour l'exécution du traité et des choses promises à Persan et autres. Je la trouvai à Milly-en-Anjou, près Saumur, où l'humeur particulière du maréchal de Brézé, son père, l'avoit fait retirer quand il quitta la cour, après s'être brouillé avec le cardinal de Richelieu, son beau-frère, dans le temps de sa plus haute faveur. Il y passa le reste de ses jours, n'allant que fort rarement à la cour ou ailleurs. Il se divertissoit à la chasse ; et véritablement je n'ai guère vu de lieu où elle soit plus belle et plus commode qu'en ce lieu-là. Il lisoit et faisoit des vers agréables et galans. Il étoit possédé par une femme, veuve d'un de ses valets, laide, mais d'un esprit vif et hardi, qui a disposé de toute sa fortune jusques au dernier soupir de sa vie. Il fut peu aimé, mais fort craint et fort respecté dans son gouvernement, dans le temps même de sa disgrâce. Il étoit brave, de bel esprit et savant ; il parloit trop et trop bien ; il étoit singulier en beaucoup de choses, et affectoit de le paroître. Il étoit galant, honnête, civil à ses amis ; et le contraire de tout cela avec ceux qu'il n'aimoit ou qu'il n'estimoit pas.

Il étoit grand ennemi de la contrainte et de la cérémonie. Cette maison de Milly est un ancien château, qu'il avoit rendu commode. Il avoit fait poser un marbre sur l'entrée de la porte, où il avoit fait graver en lettres d'or ces mots : *Nulli, nisi vocati ;* et afin que ceux qui n'entendoient pas le latin ne prétendissent cause d'ignorance de l'aversion qu'il avoit des visites dont les personnes de sa qualité sont ordinairement accablées à la campagne, il y avoit sur le même marbre, au-dessous de ce que je viens de dire, ces deux vers :

Dans ce lieu de repos on ne veut point de bruit,
Et nul n'y doit entrer qu'invité ou conduit.

Cette inscription me surprit fort : sa singularité m'obligea à en demander la raison, et ses anciens domestiques me dirent que le duc de La Trémouille lui rendit une fois une visite avec tant de cérémonies, et qu'il la reçut avec tant de contrainte, qu'à son départ il fit venir les ouvriers nécessaires à cet ouvrage, afin que personne n'allât plus chez lui sans savoir s'il le trouveroit bon. Et en effet personne n'y alla plus, tant qu'il vécut, sans y être invité, ou sans avoir envoyé savoir de lui s'il l'auroit agréable.

Je trouvai la princesse en colère contre moi du long temps de mon absence, pendant laquelle elle se plaignoit de ce que je ne lui avois donné aucunes nouvelles de l'état des affaires qu'elle m'avoit fait l'honneur de me commettre. Elle s'apaisa par les raisons que je lui en dis, et reprit la même bonté qu'elle avoit auparavant pour moi, après que je lui eus fait voir le traité que j'avois fait, et que je lui eus raconté tout ce qui s'étoit passé à Montrond, à Châtillon et à Amboise. Elle en conçut de bonnes espérances de la liberté de monsieur son mari, et elle eut une joie sensible quand je lui donnai les ordres du Roi pour renvoyer le comte de Montbas ; car, encore qu'il eût usé de toutes sortes de respects envers Son Altesse depuis les nouveaux ordres qu'on lui avoit envoyés de Bordeaux à Coutras, elle ne pouvoit lui pardonner d'avoir exécuté ceux qu'on lui avoit donnés à Bourg, en passant à Libourne, avec trop d'exactitude et de rigueur.

Elle me fit l'honneur de me montrer elle-même sa maison et beaucoup de gentillesses qui y étoient. Elle me fit présent d'une belle tapisserie, d'un beau lit de velours cramoisi, chamarré d'or, et de toute la suite de l'ameublement, que je ne voulois jamais accepter, quelque instance qu'elle m'en fît, ayant résolu, dès le commencement de l'affaire, de n'accepter aucunes grâces d'elle, et d'éviter comme un écueil tous les avantages particuliers que j'y aurois pu trouver. Je trouvai que quelques personnes de sa suite n'avoient pas fait la même chose.

Elle envoya à Montrond les ordres nécessaires pour mettre la maison en état de la recevoir, et nous demeurâmes cinq ou six jours à Milly, pendant lesquels on se divertit assez agréablement. Je ne sais si le grand repos que j'y eus après tant d'inquiétudes et de fatigues, ou si le plaisir d'y retrouver mademoiselle Gerbier, qui m'étoit chère plus que je ne le puis dire, me faisoit trouver ce lieu agréable ; mais je sais bien que le souvenir m'en est encore doux.

J'allai visiter le duc de Rohan, mon bon ami, à Angers, qui me reçut avec toutes les caresses possibles. Il m'entretint de ce qu'il avoit négocié avec le cardinal, qu'il avoit vu. Je lui fis un récit exact de tout ce qui s'étoit passé à Châtillon, à Bourg et à Amboise ; et nous ne trouvâmes rien de mieux à faire que de traiter avec les Frondeurs et avec lui, par toutes les raisons que j'ai dites, et de nous attacher à celui des deux partis duquel nous pourrions tirer plus promptement la liberté des princes ; souhaitant pourtant passionnément que ce fût le cardinal, car il étoit fort attaché à la cour, et aimoit naturellement le bien de l'Etat. Il étoit obligé d'avoir ces sentimens ; car la Reine et lui, à la prière que leur en avoit faite le prince, avoient appuyé de leur autorité son mariage avec l'héritière de la maison de Rohan, belle et spirituelle, et qui avoit cinquante mille écus de rente. Elle étoit l'admiration de la cour, et le but des espérances de tous les grands partis du royaume et de plusieurs princes étrangers. L'amour les lui fit mépriser tous également, et la força de choisir ce cadet de la maison de Chabot, riche en belles qualités du corps et de l'esprit, d'une naissance illustre, mais au surplus un des plus pauvres gentilshommes de sa qualité qu'il y eût en France.

Ce mariage, qui surprit tout le monde, mit dans un tel désespoir la duchesse douairière de Rohan, femme galante, pleine d'esprit, et de tous les talens propres à la cour, qu'elle fit paroître un fils qu'elle disoit être du feu duc son mari, mais qu'elle avoit célé jusqu'alors et fait élever en Hollande, pour de certaines raisons qu'elle disoit. Elle le fit venir à Paris, lui donna le nom et le train du duc de Rohan : il s'appeloit Tancrède. Elle intenta sous son nom un procès au parlement pour être mis en la possession de tous les biens de cette grande, illustre et ancienne maison, où il plaida solennellement l'histoire de sa naissance et de son recèlement d'une part, et d'autre la fausseté de tout ce qu'elle alléguoit. Ce fut la plus extraordinaire cause qui ait paru depuis plusieurs siècles au barreau, qui tenoit plus du roman que d'apparence de vérité. Les esprits étoient pourtant partagés ; mais enfin, pendant le siège de Paris, Tancrède, qui s'y étoit jeté pour bien mériter du parlement, fut tué dans un petit combat, et sa mort décida en faveur de la duchesse un différend qui n'eût pas été vidé sans de grandes difficultés.

A mon retour d'Angers, je trouvai Guitaut, que j'avois laissé en parfaite santé, dangereusement malade ; mais deux jours de repos le remirent en bon état : aussi son mal ne venoit-il que de n'avoir pas considéré que la grande blessure qu'il avoit reçue à Bordeaux n'étoit pas compatible avec un amour pleinement satisfait.

La princesse donna congé à la plupart de ceux qui l'avoient accompagnée à Milly, d'où elle partit pour aller établir sa demeure à Montrond. Elle passa par Tours, où elle fut magnifiquement régalée dans l'archevêché, quoique l'archevêque en fût absent. On lui rendit, comme on avoit fait en Anjou, et comme on fit en tous les endroits de ses passages, tous les honneurs dus à sa qualité. Elle avoit acquis tant de réputation dans tout ce qu'elle avoit entrepris pour la liberté du prince son mari, qu'on la regardoit comme une femme extraordinaire. Elle passa ensuite à la belle abbaye de Bourguenis, qui étoit, comme elle est encore, au bailli de Valencey, où je me souvins que la marquise de Gouville m'avertit que Guitaut étoit fort mal satisfait de moi, et que la raison en étoit que je lui avois fait peu de part des affaires pendant tout le temps que nous étions à Bordeaux : en quoi elle me blâmoit grandement, étant, comme il étoit, honoré de l'amitié et de la confiance du prince. Je me défendis sur sa grande jeunesse ; car pour son cœur et son mérite, personne n'avoit pris plus de soin de le publier que moi. Enfin cette dame, dont la bouche et les yeux étoient éloquens, nous persuada à tous deux de lier une sincère amitié qui dure encore, et qui, selon toute apparence, durera autant que nous.

La princesse fut ensuite reçue avec toute la somptuosité possible par le marquis de Valencey dans la belle maison dont j'ai parlé, et par la marquise sa femme, de la maison de Montmorency, sœur de la duchesse de Châtillon, et qui pour lors ne lui croyoit rien céder en beauté que comme à son aînée. De ce lieu elle suivit sa route sans s'arrêter jusqu'à Montrond ; où elle et le duc son fils arrivèrent en très-bonne santé.

MÉMOIRES INÉDITS
DE PIERRE LENET,

PROCUREUR-GÉNÉRAL AU PARLEMENT DE DIJON, ET CONSEILLER-D'ETAT,

CONCERNANT L'HISTOIRE DU PRINCE DE CONDÉ DEPUIS SA NAISSANCE, EN 1621,
JUSQU'AU TRAITÉ DES PYRÉNÉES, EN 1659;

PUBLIÉS D'APRÈS SES MANUSCRITS AUTOGRAPHES INÉDITS,

PAR MM. CHAMPOLLION-FIGEAC ET AIMÉ CHAMPOLLION FILS.

DEUXIÈME PARTIE.

SÉJOUR DE LA PRINCESSE A MONTROND.
HISTOIRE DE LA JEUNESSE DU PRINCE DE CONDÉ, SON MARI.

1621 — 1643.

MÉMOIRES INÉDITS
DE PIERRE LENET.

LIVRE PREMIER.

Je commenceai le premier volume de ces Mémoires à Paris, au mois de janvier mil six cent soixante et un ; j'y travaillai environ quinze jours après une maladie que j'eus en ce temps-là, mais j'interrompis cest ouvrage, si l'on peut appeler ainsy le soing que j'ay pris, pour ma satisfaction particulière, de mettre au net un journal que je fis, en l'année mil six cent cinquante, des affaires que je conduisis, et de celles esquelles j'eus bonne part pendant la prison du prince de Condé ; je ne l'achevai que l'hiver dernier, que j'avois passé dans ma maison de Larrey, où j'estois, pour lors, dans une grande oisiveté, si je ne m'estois donné cest amusement.

A mon retour de Bourgogne, j'allai voir le prince et sa belle maison de Chantilli. Je ne sçay comment je vins à luy parler de cest ouvrage ; il voulut le voir ; et je confesse que, comme je me sçavois bon gré à moy-mesme de ce que j'avois faict pour luy pendant sa prison, je ne fus pas fâché qu'il en aprist le detail par ceste lecture. Il parut satisfaict et surpris de tout ce que ses serviteurs et amis avoient faict pour son service, dont il ignoroit beaucoup de particularités ; peut-estre aussi avoit-il affecté, jusques alors, de ne les pas cognoistre, pour n'estre pas obligé d'en faire esclatter sa recognoissance. Quoy qu'il en soit, j'observai certains mouvemens en luy qui me donnèrent envie de continuer d'escrire beaucoup de choses qui m'ont passé par les mains, ou desquelles j'ay particulière cognoissance, depuis le temps de sa détention jusqu'à la paix générale, qui fut traictée aux Pyrénées, sur les confins des deux royaulmes, par le cardinal Mazarin, et par don Louis Mandez de Haro, comte, duc d'Olivarès, où j'eus l'honneur de me trouver de la part du prince, après avoir agi pendant un an à la cour d'Espagne en ceste grande négociation, par ses ordres et en vertu du plein pouvoir qu'il luy avoit pleu me donner.

Je reprends donc la plume pour ne pas laisser dans l'oubli des choses dignes de mémoires, et pour faire voir à la postérité la variété de la fortune pendant la vie du prince de Condé. Il avoit beaucoup mérité de l'Estat quand il fut traicté en criminel par celuy qui le gouvernoit pour lors, parce qu'il craignit que l'inégalité de sa conduitte envers le prince ne l'obligeast au changement, et que la grandeur de ses actions et celle de sa réputation ne fust un obstacle à la durée de sa fortune ; mais toute l'adresse de cest ennemy puissant et auctorisé n'a peu, pendant dix années, renverser celle du prince ; il n'a pas mesme paru qu'il aye donné atteinte à son courage.

Les grandes inimitiés donnent du relief à la vertu, et un mérite qui seroit demeuré médiocre à la cour, dans la créance du vulgaire devient esclattant dans l'agitation ; et je ne sçay si le prince n'a pas paru dadvantage dans sa disgrace que dans sa bonne fortune ; si sa réputation n'a pas augmenté par le manquement de parole de plusieurs de ses amis et de quelques-uns de ses domestiques ; par la désertion de ceux que les mouvemens du sang et de la nature obligeoient à sa deffence ; dans les divers intérêts de ceux qui se sont jectés dans les siens ; dans les caballes qui se sont formées dans son party ; dans le mesnagement des esprits opposés et jaloux ; dans la nécessité d'argent ; dans le deffault de créance au commencement de sa retraicte en Flandres ; dans les meffiences que sa haulte naissance, sa grande réputation et l'ambition desmesurée, qu'on croyoit et qu'on appréhendoit en luy, ont données à ses alliés et à ses amis mesme ; dans les mauvais succès de la guerre en divers endroits où il avoit ses establissemens, et dans le pays où il avoit cherché sa seureté contre les oppressions qu'il recevoit du cardinal Mazarin ; dans les mauvaises volontés de quelques ministres du roy d'Espagne, d'autant plus dangereuses qu'ils croyoient et publioient qu'il les avoit méritées ; par le peu d'application de quelques autres, dans la pratique qu'il a eue avec des gens de diverses nations ; dans les négociations qu'il a faites en plusieurs cours ; dans le maintien de son auctorité et des advantages dheus à sa naissance avec des princes plus eslevés en dignité que lui, avec des égaux et avec des inférieurs, la pluspart d'une maison naturellement opposée à celle dont il a l'honneur d'estre, et desquels l'assistance et le secours lui estoient absolument nécessaires; enfin dans une diversité estrange d'accidens, desquels je parlerai dans la suite de ces Mémoires.

Je ne sçay, dis-je, si tant de batailles qu'il a gagnées sur les ennemis de l'Estat, si tant et de si importantes places qu'il a conquises, et si les armes du Roy qu'il a faict triompher partout où il les a commandées, le rendront plus illustre aux siècles advenir que tout ce qui luy est arrivé pendant tout le temps que je me suis proposé d'escrire. C'est pour en laisser le discernement à ceux qui pourront quelque jour lire cecy, que je me suis résolu d'y mestre des relations des principales actions de sa vie, que j'ay tirées pendant le séjour que la princesse sa femme fit à Montrond, à son retour de Bordeaux, de plusieurs officiers dignes de foy qui l'ont suivi en toutes les campagnes qu'il a faictes, et comme général et comme volontaire; je les ay depuis confrontées à celles que l'on avoit imprimées auparavant à ce que j'en avois escript moy-mesme, à mesure que l'on apportoit au Roy les nouvelles de ces victoires, et aux dépêches que je recevois pour lors de quelques-uns de mes amis qui servoient soubs luy et qui avoient quelque part à sa gloire.

Chaqun sçait l'attachement que j'ay eu à son service, la confiance que ce que j'ay faict pour luy m'a attiré en divers temps, et, s'il m'est permis de le dire, la tendre amitié que j'ay eue pour sa personne, et la familiarité que la jeunesse et la longue habitude ont forcé mon respect de prendre avec luy. C'est dans les plaisirs et dans les affaires que l'on cognoît les hommes; nul ne peut escrire la vie des héros que ceux qui les ont observés de près. Pline le jeune n'auroit pas faict cest ouvrage admirable, le panégirique de Trajan; il n'auroit pas acquis une créance universelle parmy toutes les nations du monde, s'il n'avoit pas esté son contemporain et le fidel tesmoing de la conduite de sa vie.

On ne voit point de grands hommes sans deffaux; il y a de l'homme partout: nulle vie icy bas n'est exempte de tache; et tel en a de personne privée qui ne l'empêchent pas d'avoir des vertus de héros. Je ne prestends pas escrire pour flatter le prince de Condé: la matière est si belle, que e puis me dispenser d'y mestre des ornemens; il me suffira de dire la vérité de ses grandes actions, pour faire le caractère d'un homme extraordinaire. J'ayme sa gloire, mais je suis jaloux de ma réputation; sa qualité ne m'esblouira pas, comme elle ne me le fera pas louer en toutes occasions oultre mesure. Je ne publierai pas aussi des vices imaginaires; pour empescher qu'on ne me soupçonne de flatteries, je ne dirai rien qui ne soit justifié par tous ceux qui ont escript devant moy, et je suis asseuré que ce que j'ay cogneu en luy, et ce que je doibs à moy-mesme, me fera tenir dans un juste milieu entre la vérité et la passion que j'ay pour son service, tel, que ceux qui liront ces Mémoires jugeront aisément que je suis punctuel, sincère et véritable.

Je reprens maintenant la suitte de nostre histoire. Nous avons fini l'autre volume en disant que la princesse et le duc d'Enghien estoient arrivés à Montrond en parfaicte santé, après un voyage long et fâcheux, et après avoir passé près de sept mois dans des agitations continuelles. Ils furent visités de la noblesse et des villes circonvoisines, et la princesse recevoit de toutes parts des complimens et des congratulations de la fermeté et du courage qu'elle avoit faict paroistre en toutes ses actions, depuis la détention du prince son mari. Le premier soing qu'elle eust fust d'escrire à ses amis, et particulièrement à ceux de Bordeaux, son arrivée à Montrond; elle dépescha divers courriers, et ses lettres estoient plaines de recognoissances pour les services qu'elle avoit receus.

Cependant nous disposâmes toutes les choses nécessaires pour l'establissement de la garnison, en suitte du traicté de Bordeaux et celuy de Montrond. Le Roy avoit faict un fond assigné sur la recepte de l'élection et sur celle du grenier à sel de St.-Amand, pour entretenir quatre compagnies d'infanterie et une de cinquante gardes à cheval, pour la seureté de la princesse et de la place. Nous réglâmes les payes, de telle sorte qu'avec peu de choses qu'on adjousta à la somme que le Roy avoit ordonnée, nous eusmes de quoy entretenir huict compagnies de gens de pied et cent chevaux. Ceux-cy estoient commandés par de Roches, capitaine des gardes, et celles-là par quatre capitaines, autant d'enseignes et de lieutenans de Condé, et par autant d'officiers de Persan. On donna paye de réforme aux officiers qui estoient là en assez grand nombre, et desquels l'on ne pouvoit, ou plustost l'on n'auzoit remestre sur pied les compagnies, de crainte que donnant jalouzie à la cour, le cardinal ne nous fist une querelle d'Allemand pour nous manquer de parolles. J'avois mesme, dans ceste veue, pris quelques devans avec luy, et je luy fis consentir que les officiers qui se trouveroient à Montrond y demeureroient, et mesme que Baas y auroit quelque commendement, à quoy il eust beaucoup de peine à se résoudre.

Peu de gens se font justice et, entre pareils, il est mal aisé de trouver des gens qui se veuillent soubsmestre les uns aux autres. Les maistres, qui ont le choix, le font par la cognoissance du mérite des subjects qu'ils veullent employer; et comme les subalternes croyent en avoir autant ou plus que leurs camarades, il est rare de trouver des esprits souples et obéissans. Les officiers de Condé croyoient qu'on leur faisoit injustice de leur préférer ceux de Persan, et ceux-cy croyoient qu'estant d'un vieux corps, de qui le maistre-de-camp avoit commendé dans la place, et que, servant plus par bonne volonté que par obligation, ceux des troupes du prince debvoient du moins leur faire l'honneur du logis. Je sçavois les parolles que Persan, lorsqu'il sortit de Montrond, nous avoit données d'y revenir en temps et lieu; je cognoissois le mérite de Baas et la confiance que le prince y avoit; celuy qui estoit à la teste des compagnies de Condé estoit le chevallier de Paliers, brave, mais brutal et déraisonnable. Il fallut que la princesse employât toute son autorité pour le faire obéir; il se rallia avec ceux de son corps à Mautour, ancien domestique du feu prince de Condé, bon gentilhomme, mais fort incapable, qui avoit, comme j'ay dit ailleurs, la capitainerie de ceste place, et qui portoit impatiemment l'establissement de Baas, lequel pourtant luy obéissoit en apparence, mais qui, en effet, avoit toute l'auctorité. C'est ordre, que la princesse ne peut s'empescher d'establir, fut la source de grandes divisions entre eux.

Après que la garnison fust establie, j'allai faire un voyage à Châtillon-sur-Oing, pour en donner avis à la princesse douairière, qui y faisoit son séjour. Je la trouvai en parfaite santé et mesme avec assez de joye, de quelques lueurs d'espérance qui commençoit à paroistre à la cour, par les diverses caballes qui s'y eslevoient contre le cardinal en faveur des princes; et ce ne luy fust pas une petite consolation de sçavoir les personnes de la princesse sa belle-fille et du duc son petit-fils en seureté dans Montrond, pendant que les amis travailleroient à les fomenter. Elle me dict ce qu'elle en sçavoit (car l'on lui en estoit venu parler). La duchesse de Châtillon, qui espéroit de grandes choses d'elle et du prince, s'il sortoit de prison, n'oublioit rien de tout ce qui pourroit contribuer à sa liberté; et ce qu'il y avoit de plus aggréable pour elle, estoit surtout que ce que l'on négotioit sur ce subject, passoit à Paris par les mains du duc de Nemours et du président Viole. Ce duc, comme nous avons dit, estoit passionnément amoureux d'elle, de sorte que les poulets de part et d'autre estoient partagés de douceurs et d'affaires d'estat. Elle avoit une forte caballe auprès de la princesse douairière, qui l'aimoit extrêmement.

Madame de Bourneuf, gouvernante de messieurs de Longueville, femme d'esprit et d'intrigue, avoit la correspondance de la duchesse leur mère, qui estoit toujours à Stenay avec le viconte de Turenne; et comme elle avoit une estroicte liaison avec Montreuil, secrétaire du prince de Conti, qui faisoit une figure de grande confiance entre les princes et leurs serviteurs, elle s'estoit emparée de son esprit et de son secret. L'on disoit que l'amour les avoit parfaictement unis, et par là autant que par la nécessité du commerce de Stenay, dont cette dame avoit la principale direction, elle s'estoit donnée une grande considération dans ceste cour-là. Peu de chose eschappoit à sa cognoissance; et, soit qu'elle voulût se rendre maistresse des affaires et en profiter, soit qu'elle creût faire plaisir à la duchesse de Longueville, à qui une compétance de beauté avoit donné de tout temps quelque adversion contre la duchesse de Châtillon, elle la contrarioit adroictement en tous rencontres et veilloit à ses actions autant qu'elle pouvoit.

Le prestre Cambiac, duquel nous avons faict le caracthère, estoit là, toujours adroit, souple et rampant; il biaisoit entre les uns et les autres, pour descouvrir de toutes parts les diverses intrigues et s'y fourrer autant qu'il pourroit. La duchesse de Châtillon, de qui il estoit amoureux, l'avoit rendu le maistre de la confience de la princesse, en le faisant son confesseur; d'un autre costé, il la radoucissoit vers madame de Bourneuf, non pas pour ses beaux yeux, car elle n'avoit rien approchant de beau, mais pour descouvrir du pays et s'insinuer par là dans les bonnes grâces de la duchesse de Longueville.

Le poste que je tenois dans les affaires du prince porta la duchesse de Châtillon, avec laquelle j'avois eu beaucoup de correspondance devant et pendant l'affaire de Bordeaux, à me faire de grandes advances, et l'amitié inthime que j'avois faicte avec le duc de La Rochefoucault, tout puissant auprès de la duchesse de Longueville, faisoit que madame de Bourneuf vouloit, à quelque prix que ce soit, devenir mon amie.

Je faisois de mon costé toutes choses possibles pour avoir part à la confience de l'une et de l'autre; les grandes conférances que j'avois avec toutes les deux leur donnoient quelque espèce de jalousie qui empeschoit l'une par l'autre de se mestre entièrement entre mes mains, mais elles s'empeschèrent ny l'une ny l'autre de me dire tout ce qu'elles me devoient descouvrir et m'attacher à elles, et tout ce qu'elles sçavoient l'une contre l'autre.

Tout cela ne me servit pas de peu dans la suitte des affaires. Cambiac, qui croyoit aussi que je luy estois bon à quelque chose, me faisoit en apparence beaucoup d'amitié et de confidences. Je les crus pendant deux jours assez sincères; mais un petit événement m'en destrompa bientost. Ce fut qu'ayant oublié mon agenda dans ma cassette à Montrond, et en ayant besoing d'un pour escrire les ordres que la princesse douairière me donnoit pour y retourner, Cambiac m'offrit le sien, je l'acceptai; il effaça tout ce qu'il croioit y avoir escript; mais comme il a la veue basse, il oublia plusieurs lignes en divers endroits. Le lendemain, lisant ce que j'avois escript sur cest agenda, je trouvai dans une feuille ces mots : « Fault advertir les amis de ne pas descouvrir à Lenet le grand commerce; » dans un autre : « Fault essayer de brouiller Lenet avec Nemours; » et finalement : « Fault empescher Lenet de s'unir avec Montreuil. » Et en vérité, je crois que depuis mon arrivée à Châtillon, le bon acceuil que m'avoit faict la princesse, et mes continuelles conférances avec la duchesse de Châtillon et madame de Bourneuf, luy avoient donné assez de jalousie pour luy faire faire un projet pour me brouiller avec tout le monde, dont toutes ces tablètes estoient remplies. Quoy que c'en soit, je fus bientost destrompé de ce personnage, qui, par la suitte du temps, a bien faict voir qu'il estoit un fameux hipocrite.

Enfin, après avoir receu les commandemens de la princesse douairière, et donné advis aux amis de Paris de ce que je jugeai à propos, touchant Montrond et les affaires de Guienne, je retournai près de la princesse.

A mon arrivée à Montrond, je trouvai les semences d'une grande division parmi nous. Le comte de Tavannes, arrière-fils du maréchal de ce nom, qui fit fortune sous Charles IX, fils du sieur Dorain, gentilhomme Bourguignon, qui se disoit de la maison de Saux, estoit lieutenant des gendarmes du prince, comme je crois avoir dict dans l'autre volume; il avoit eu quelques chagrins à Bordeaux. Filsgean qui avoit esté capitaine des gardes d'Henri, prince de Condé, estoit de la ville d'Avallon, et l'un de ses escoliers qu'il avoit pris autrefois à Bourges, bon homme et de fidélité cogneüe; il avoit prétendu deux choses pendant que nous estions à Bordeaux; la princesse, ny ceus de qui elle prenoit conseil, ne crurent pas qu'on luy deust accorder l'une ny l'autre. L'une estoit d'estre faict mareschal-de-camp, quoyque l'on eust esté contraint d'en faire d'autres qui ne le méritoient pas mieux que luy : tels que furent Nort et le chevalier de Vinières. L'autre charge que Filsgean prétendoit, estoit celle de gouverneur du duc d'Enghien. Je crus qu'il falloit la laisser à la disposition du prince, et attendre qu'il fût en liberté de faire un choix digne de luy et digne de monsieur son fils; et pour cela je m'opposai à l'establissement de quelques-uns qui vouloient mestre la princesse douhairière, et entre autres de La Roussière, et tâchai de faire gouster ceste raison à Filsgean, mon ancien amy.

L'intérest de l'amour-propre faict voir à la pluspart des hommes tout de travers; et il y en a peu qui, croyant mériter tout ce que leur ambition leur faict prétendre, ne haïssent ceux qui ne favorisent pas leurs desseins. Filsgean creut qu'il ne tenoit qu'à moi que ceux qu'il avoit formés ne réussissent, et qu'il ne me porteroit jamais à y donner les mains; de là il songea à establir quelqu'ung près de la princesse, qui peut y acquérir assez de crédit pour le mestre où il aspiroit de s'eslever. Il ne trouva personne plus propre, ny qui luy convînt mieux que le comte de Tavannes, de qui la charge luy donnoit un grand accès près la princesse, et debvoit naturellement donner beaucoup d'auctorité; il avoit, par une longue habitude, contracté une grande et fort familière habitude avec luy; il ne luy fut pas malaisé de fomenter son chagrin, en luy représentant le peu de part qu'il avoit eu à Bordeaux et qu'il avoit encore pour lors dans les affaires. Il luy mit dans la teste que sa charge de lieutenant des gens-d'armes du prince devoit luy faire avoir la garde de la princesse et du duc, et par conséquand le commendement dans Montrond, puisqu'elle leur avoit esté donnée, par le traicté de Bordeaux, pour place de seureté.

Tavannes, qui a toujours esté droict en besongue, ayme assez son compte et ses advantages; mais, soit parce qu'il cognoît son talant, soit par sa pente naturelle, nous ne l'avons jamais veu entrer dans aucunes intrigues. Il fut quelque temps à résister aux persuasions de Filsgean; il envoia consulter le comte, à présent le duc de Tresmes, son beau-père, l'un des capitaines des gardes-du-corps, qui estoit en considération à la cour, et luy despescha un gentilhomme, nommé La Bussière, qui fut instruit par Filsgean, et qui luy rapporta que l'advis de Tresmes estoit qu'il debvoit se rendre maistre et des personnes et de la place, afin que, la paix venant à se faire entre le cardinal et le prince (s'il le mestoit en liberté), il fust en estat d'en profiter; et si au contraire la prison duroit et que la guerre vint à recommencer, il en eust la principale conduitte. Je ne doute pas mesme qu'ung aussi viel et habille courtisan que Tresmes n'eust rendu compte de cecy au cardinal, et qu'il ne luy eust faict concevoir des espérances.

Quoy que c'en soit, Tavannes, résolu à suivre et à exécuter ce conseil, fust pressé par ses amis de profitter de mon absence. Il demanda à la princesse le gouvernement de Montrond, qu'elle luy accorda sans faire aucunes des réflections nécessaires dans un rencontre aussy important qu'estoit celuy-ci. A mon retour, après que je luy eus rendu compte de mon voiage de Châtillon, la princesse me fit l'honneur de me dire ce qui estoit arrivé depuis mon départ, et entre autres choses ce que Tavannes lui avoit demandé, et ce qu'elle luy avoit accordé; et adjousta qu'il disoit qu'on ne pouvoit sans injustice luy refuser ce gouvernement; qu'il ne s'en estoit pas voulu fier à son propre sens, et qu'il avoit envoyé demander l'advis de Tresmes, son beau-père, qui luy avoit mandé qu'il seroit déshonoré s'il consentoit que qui que ce soit en France occupât ce poste à son préjudice.

Je remonstrai à la princesse le tort qu'elle s'estoit faict; et comme je n'osois luy en dire la principale raison, qui estoit, comme j'ai dict ailleurs, que, par le traicté de Montrond, Persan avoit conservé son régiment de cavalerie et d'infanterie, et qu'il avoit avec luy ceux de Châteauneuf et de Courret, qui, tous ensemble, m'avoient donné parole, d'abord que nous recommencerions la guerre, de se venir jester dans Montrond, et d'essayer auparavant de faire pour nous quelque coup d'importance dans l'armée du Roy, où ils alloient servir; et moy je lui avois promis de luy conserver son poste de gouverneur de Montrond et de lieutenant-général en ce pays-là, dont j'avois rendu compte aux ducs de Bouillon et de La Rochefoucault, qui l'avoient approuvé comme la plus advantageuse chose qui nous peut arriver, si nous venions (comme nous le croyions) à recommencer la guerre au printemps. Et c'estoit pour cela que nous avions envoyé Lusignan en Espagne en sortant de Bordeaux, comme j'ay dict, avec le plain pouvoir de la princesse, qu'elle avoit signé sans le sçavoir, où il fit le traicté dont je parlerai en son lieu.

Toutes ces choses estoient demeurées dans un grand secret, et les ducs n'avoient pas jugé à propos de le confier à la princesse, pour ne pas exposer Persan et les autres aux accidens que pouvoit causer la confidence qu'elle en eust peu faire à quelques-unes des dames de sa cour. Je dis donc seulement à la princesse deux choses pour la destourner d'exécuter ce qu'elle avoit accordé à Tavannes : l'une, qu'elle ne devoit pas avoir disposé du seul poste qui lui restoit, et qui estoit toute sa seureté, sans la participation des ducs de Bouillon et de La Rochefoucault, et qu'il me sembloit qu'elle leur devoit despêcher un courrier pour sçavoir leur advis; que je leur avois souvent ouy dire que, quoyque Tavannes fût homme de courage et d'honneur, il avoit manqué de conduitte à Bellegarde; que le duc de Nemours et tous les amis de Paris nous l'avoient souvent mandé; que les uns et les autres la blasmeroient, si elle mestoit Montrond entre ses mains, et qu'outre cela il falloit que ce poste fust toujours vacquant pour servir de leurre à de certaines gens qui pourroient le prétendre, en se jestant dans le parti du prince, son mari.

L'autre raison que je luy dis, estoit encore plus plausible que celle-là, quoyque je ne la crusse pas si véritable; et c'estoit le péril qu'il y avoit de se mestre entre les mains d'un homme qui luy avoit dit (sans y faire réflexion) qu'il avoit consulté son dessein au comte de Tresmes, son beau-père, capitaine des gardes-du-corps, avec lequel il ne devoit avoir aucune communiquation pendant un temps comme celuy auquel nous estions, encore moins sur une matière de la nature de celle-là. Je luy dis que je ne doubtois nullement de la fidélité de Tavannes; et en effet, j'en avois trop bonne opinion, et de son cœur; je craignois seulement sa facilité à se laisser persuader; et je représentois à la princesse que ce n'estoit pas prudent de désobliger plusieurs personnes, en l'obligeant, ny de donner cest amploy à un homme qui commendoit desjà les gensdarmes, qui estoit d'une qualité de courage à avoir de grandes prétentions; que les gens faciles à se laisser gouverner prennent souvant des chagrins mal à propos, que la cour ne sçait que trop fomenter par les espérances d'une grande fortune; et qu'il estoit d'une très-dangereuse conséquance de se mestre absolument entre leurs mains.

J'adjoutai ensuitte que ce qu'elle luy pouvoit accorder estoit de demeurer dans Montrond, près de sa personne; de luy donner part à toutes les résolutions qu'elle y prendroit pour le service du prince son mari; de luy donner tous les soirs l'ordre, et que Maitran et Baas le recevroient de luy; mais que celuy-cy feroit le destail du gouvernement, comme il l'avoit faict jusques alors. La princesse le résolut ainsy: Tavannes en parut chagrin. Il m'astribua tout ce changement; et après avoir consulté ses amis le lendemain, il m'aborda, et me dict ce que la princesse luy avoit accordé pendant le voiage que j'avois faict à Châtillon; que depuis mon retour il l'avoit trouvé changée; qu'il vouloit m'avoir l'obligation de faire reprendre à Son Altesse sa première volonté sur son subject, et qu'il m'offroit de vivre avec moy dans une parfaicte correspondance, à quoy il n'auroit pas grande peine, ayant tousjours eu beaucoup d'estime et d'amitié pour moy, estant de mesme pays et estant, par madame sa mère, parent de la mienne.

Je lui repartis que je le remerciois des offres obligeantes qu'il me faisoit; mais qu'à mon ordinaire je voulois luy parler de bonne foy, et luy dire que je le conjurois de se contenter des dernières propositions que lui avoit faictes la princesse; que le tiltre de gouverneur de la place ne luy pouvoit estre d'aucune utilité, ny mesme d'auctorité, la princesse y estant en personne; mais que s'il sçavoit les raisons pour lesquelles on luy refusoit le tiltre, il le jugeroit tellement important au service du prince, qu'il n'y songeroit plus et croiroit mon advis.

Je n'avois garde de luy confier l'affaire de Persan, qui estoit son compétiteur, encor moins luy dire que tous les amis et serviteurs du prince ne pouvoient souffrir qu'on mît ceste importante place entre ses mains, après ce qui s'estoit passé à Bellegarde; je voulois luy espargner ce chagrin. Cependant il prit mon silence et mon obstination pour un dessein formé de m'opposer au sien: aussi me dict-il tout d'un coup qu'il se prendroit à moy s'il ne réussissoit pas. Je luy repartis qu'il en useroit à sa mode, et moy à la mienne, et que nous verrions celuy de nous deux qui pousseroit plus loing son compagnon. Il y eust quelque réplique de part et d'autre, et nous nous séparâmes ainsy.

A l'heure mesme, j'allay rendre compte à la princesse, qui s'emporta d'une colère extraordinaire contre luy; je la suppliai de ne luy en rien tesmoigner, et seulement de trouver bon que j'envoiasse, comme je fis, appeler Baas, auquel je dis de faire tenir tous les officiers de Persan et leurs compagnies en état d'exécuter ce que la princesse leur commanderoit, parce qu'une grande partie des officiers de Condé s'estoient ralliés à Tavannes. Les domestiques mesme de la princesse estoient partialisés; une heure après, Baas vint me dire que tout estoit prest pour tailler en pièce qui que ce fût qui voulût s'opposer aux volontés de la princesse. Ceste disposition à un grand fracas estonna Tavannes et ses amis; ils se virent courts dans leurs mesnées; plusieurs des leurs quittèrent leurs intérêts; deux capitaines et quelques autres officiers de Condé, qui y demeurèrent, furent cassés par la princesse, et quelque temps après restablis par la suppliquation que je luy en fis; enfin Tavannes, Filsgean et La Bussière, cognoissant leur partie foyble, ne songèrent plus qu'à se retirer. La princesse eust peine à leur parler quand ils voulurent recevoir ses commandemens; mais enfin elle leur dict adieu; et comme il importoit de conserver Tavannes dans les intérêts de sa maison, elle luy dit en le quittant qu'il seroit fâché quelque jour de ne l'avoir pas creüe; qu'elle avoit faict tant d'effort sur elle-mesme, qu'elle oubliroit son emportement parce qu'elle croioit qu'il ne venoit pas de luy, mais des mauvais conseils qu'on luy avoit donnés; qu'elle le prioit de considérer que monsieur son mari estoit prisonnier, qu'il estoit l'un de ses principaux officiers, et qu'elle espéroit qu'il trouveroit moyen de le servir ailleurs, puisqu'il ne vouloit pas demeurer à Montrond et y servir aux conditions qu'elle luy avoit offertes, et qu'elle ne laisseroit pas de demeurer son amie. Il prit congé de la princesse et du duc, qui y estoit présent, avec de grandes protestations de service, quoyqu'il creut que Son Altesse luy faisoit injustice de luy refuser ce qu'il luy avoit demandé, et qu'elle luy avoit accordé. « Quand monsieur mon mari sera en liberté, luy répliqua-t-elle, il jugera de tout cela. » Elle ne dict rien aux autres, et ils se retirèrent, Tavannes à Paris, et les autres chaqun chés soy.

Dès-lors tout demeura calme à Montrond: ceux qui s'estoient attachés à Tavannes demandèrent pardon à la princesse; les partialités cessèrent dans sa cour, et l'on ne songea plus qu'à entretenir les correspondances nécessaires avec les amis de tous les endroits du royaulme, et à maintenir autant qu'on le pourroit leur attachement au service du prince. On leur despéchoit en tous rencontres pour leur donner part de tout ce qui venoit à la cognoissance de la princesse; elle leur demandoit leurs advis pour sa conduitte: et les petits soings sont une monoye qui a grand cours dans les partis, et rien ne sert tant à ceux qui en sont les chefs pour tenir leurs amis contans, ou, du moins, pour leur oster les prétextes de mescontentement que la pluspart ne cherchent que trop.

Nous nous appliquions tous à fournir au jeune duc des petits divertissemens propres à son âge, et à la princesse les moyens de se désennuyer après tant d'ambarras et d'affaires de fatigues qu'elle avoit eus. Depuis la détention du prince son mari, le plus grand plaisir qu'elle avoit estoit de parler de luy, de faire raconter ses exploits de guerre qui lui causoient souvent des larmes et attiroient des reproches un peu emportés contre la Reine et contre le cardinal, pour la cruelle ingratitude dont ils avoient usé envers luy. Elle commenda donc à tous les officiers qui l'avoient suivi dans les armées de se rappeler dans leurs mémoires les circonstances de ses marches, de ses siéges et de ses batailles, pour les luy raconter tous les soirs après son souper; et il se passa peu de jours pendant tout le temps que la princesse séjourna à Montrond, que nous n'eussions cest agréable entretien.

Nous recevions souvent des courriers de Paris, de la duchesse de Longueville et du viconte de Turenne, des ducs de Bouillon et de La Rochefoucault, de Chavigni et de plusieurs autres. Cependant nous faisions mestre insensiblement et sans bruict dans la place tout ce qui pouvoit y estre nécessaire, dans la veüe que nous avions de recommencer la guerre en temps et lieu.

La princesse montoit à cheval et se promenoit dans le parc avec toute sa cour; elle menoit le duc son fils avec elle, pour s'accoustumer peu à peu aux voiages qu'elle et luy pourroient faire dans la suite. Elle jouoit à divers jeux de divertissement, et vouloit que tous les officiers jouassent dans sa chambre. Elle lisoit ou faisoit lire, elle travailloit à quelques ouvrages, elle faisoit chanter quelques-unes de ses filles qui avoient la voix belle; elle prenoit plaisir à voir instruire le duc par Bourdelot, qui avoit mil petites manières aggréables pour le faire estudier avec moins d'adversion que n'en ont ordinairement les enfans de son âge. Elle alloit mesme quelquefois à un marché aux chevaux, que nous avions establi au bas de la place, pour y attirer insensiblement les gens qui en font commerce et la noblesse circonvoisine, afin de se servir en temps et lieu des uns et des autres, et accoustumer petit à petit toutes sortes de gens, dont on pourroit avoir besoing, à venir soubs ce prétexte-là à Montrond.

La princesse voulut sçavoir la manière dont on avoit instruict monsieur son mari, pour tirer des lumières pour l'éducation du duc son fils. Madame de Changrand, qui l'avoit eslevé, et Mautour, qui l'avoit veu naistre, luy en firent le récit; mais je n'en parleray pas icy, ayant desjà dict ailleurs que ce prince naquit à Paris, en l'an 1621, le 7 de septembre; qu'il fut tost après porté à Montrond, à cause de la pureté de l'air et de la seureté de la place; il y a passé sa plus tendre enfance, soubs la conduite des femmes. Le prince, son père, eust les raisons que j'ay dictes pour ne luy donner point de gouverneur; il confia son éducation à La Bussière, gentilhomme de Dauphiné, et ses estudes au père Pelletier, jésuite; il les fit à Bourges avec succès; il y soutint des thèses de philosophie, et dès le temps qu'il estudioit aux humanités, j'eus l'honneur d'estre cogneu de luy, et mesme d'entrer dans ses plaisirs et dans sa familiarité. Au sortir du collége, comme il estoit encore trop délicat pour les exercices violans, il retourna à Montrond. Il aprit le droict romain du docteur Merille, et estudioit l'histoire. Il lisoit la Bible et commença à apprendre les mathématiques de l'ingénieur Sarrazin, qui avoit soing de fortifier insensiblement ceste place, comme j'ay dict ailleurs plus au long.

En sortant de Montrond, le prince son père luy fit faire un petit voiage en Bourgongne pour le deslasser de tant d'application qu'il avoit eu à de différentes estudes : là, il continua ses mathématiques; il commença à apprendre l'italien; il alloit à des chasses peu pénibles, et à monter quelques chevaux aizés. Colin, qui avoit commencé à luy monstrer à danser, luy fit continuer cet exercice; il prit pour escuyer le jeune Francine, qui estoit fort bon homme de cheval, qui densoit et jouoit très-bien du lut et à la paulme. Ce fut un choix du prince son père qui le cognoissoit de longue main. Il ne voulut pas qu'on luy fit une entrée solemnelle à Dijon, se contentant de luy faire faire les complimens deus à un prince du sang, par le parlement et par les autres compagnies establies dans cette ville-là; à quoy il respondoit avec une hardiesse et une grâce non pareille. Il le mena ensuitte prendre sa place en ce parlement. Il lui fit donner le bal aux dames de la ville et rendre visite au président et au procureur-général.

Peu de temps après, il le fit aller à Paris, le mena saluer Leurs Majestés, à quoy il ne se trouva nullement embarrassé. Il visita le cardinal de Richelieu avec un peu plus de fierté que ne faisoit monsieur son père; il receut les visites de la cour et en rendit quelques-unes. Madame sa mère, Marguerite de Montmoranci, qui avoit esté la beauté, la bonne grâce et la majesté de son siècle, et qui l'a esté proportionnement à son âge, jusques à sa mort, avoit toujours un cercle des dames les plus qualifiées et les plus spirituelles de la cour. Là, se trouvoit tout ce qu'il y avoit de plus galand, de plus honneste et de plus relevé par la naissance et par le mérite. Le jeune prince commença à s'y plaire : il s'y rendit autant assidu qu'il le peut, et y prit les premières tintures de ceste honneste et galante civilité qu'il a toujours eue et qu'il conserve encore pour les dames.

Monsieur son père luy forma une petite maison composée de la Buffecierre, gentilhomme de sa chambre, de Francine, son équier, de deux pages, d'un controlleur, d'un aumosnier, de quatre valets de pied, de deux valets de chambre, d'un cocher, d'un postillon, de six chevaux de carrosse, et de quelques chevaux de selle, et d'un chef de chaque office, et le mit avec tous ces gens à l'académie, chez Banjamin, ancien esquier du Roy, qui avoit apris à monter à cheval à Louis XIII, et qui estoit un gentilhomme fort sage et le plus accrédité de son temps en cest exercice. Il voulut que ce bonhomme eust autant d'auctorité sur le prince, son fils, que s'il avoit esté son gouverneur, et que toute sa suitte fust absolument soubs ses ordres et dans sa dépendance. Enfin, il voulut que l'émulation parmi la plus haulte noblesse de France, qui accourut en foulle en ceste académie, au bruit que le prince y entroit, fist en sa personne le mesme effect qu'elle avoit faict au collége d'où il estoit sorti le plus capable de tous ceux qui y estoient avec luy. L'on n'avoit point encore veu de prince du sang eslevé et instruit de ceste manière vulgaire; aussi, n'en a-t-on point veu qui ayent, en si peu de temps et dans une si grande jeunesse, acquis tant de sçavoir, tant de lumière et tant d'addresse en toute sorte d'exercices, que celuy duquel je parle. Le prince, son père, habille et éclairé en toute chose, creut qu'il seroit moins diverti de ceste occupation, si précisément nécessaire à un homme de sa naissance, dans l'académie que dans l'hostel, et creut encores que, l'y mestant parmi tant de seigneurs, et tous gentilshommes, qui estoient et qui y entreroient pour avoir l'honneur d'y estre avec luy, seroient autant de serviteurs et d'amis qui s'attacheroient à sa personne et à sa fortune.

Tous les jours destinés au travail, rien n'estoit capable de l'en divertir. Toute la cour alloit admirer son air et sa bonne grâce à bien manier un cheval, à courre la bague, à dancer et à faire des armes. Le Roy mesme se faisoit rendre compte de temps en temps de sa conduitte par Banjamin, et louoit souvent le profond jugement du prince, son père, en toute chose, et particulièrement en l'éducation du duc son fils, et disoit à tout le monde, qu'il vouloit l'imiter en cela, et faire instruire et eslever monsieur le Dauphin de la mesme manière, pour luy faire cognoistre familièrement la principalle noblesse de son royaulme, qui feroit les exercices avec luy, et l'accoustumer dès son enfance à l'aymer et à en faire cas, comme de ceux qui le feroient un jour glorieusement régner. Après que le prince eust demeuré dans ceste escolle de vertu le temps nécessaire pour s'y perfectionner, comme il fit, il en sortit : et après avoir esté quelque mois à la cour et parmi les dames, où il fist d'abord voir cest air noble et galand qui le faisoit aymer de tout le monde, le prince, son père, fit trouver bon au Roy et au cardinal de Richelieu, ce puissant, habille et auctorisé ministre, qui tenoit pour lors le timon de l'Estat, de l'envoyer dans son gouvernement de Bourgongne avec des lettres-patentes pour y commender en son absence. C'estoit au temps qu'il assiégea et prit Salce, qu'il tenta en vain de secourir ceste place, quand les Espagnols l'attaquèrent par famine, qu'il commendoit en Languedoc et en Guienne, qu'il assiégea Fontarabie sans la prendre.

En ce mesme temps, l'on fit diverses entreprises dans la Franche-Conté. Les trouppes traversoient souvent la Bourgongne, et souvent elles y prenoient leurs quartiers d'hiver ; là, le jeune prince commença d'apprendre la manière de les bien establir et de les bien régler, c'est-à-dire, à faire subsister des troupes sans ruiner les lieux où elles séjournent; il apprit à donner des routes et des lieux d'assemblées, à faire vivre les gens de guerre avec ordre et avec discipline ; il recevoit les plaintes de tout le monde et leur faisoit justice ; il trouva une manière de contenter les soldats et les peuples ; il recevoit souvent des ordres du Roy et des lettres des ministres; il estoit ponctuel à y respondre ; la cour, comme la province, voyoit avec estonnement son application dans les affaires ; il entroit au parlement quand quelques subjects importans y rendoient sa présence nécessaire, ou quand la plaidoirie de quelque belle cause y attiroit sa curiosité ; l'intendant de justice n'expédioit rien sans luy en rendre compte; il commença dez lors, quelque confiance qu'il eust en ses secrétaires, de ne signer ny ordres ny lettres qu'il ne les eust commendées auparavant et sans les avoir veus d'un bout à l'autre. Il defféroit beaucoup à la prière de ses amis ; mais nul n'avoit le pouvoir sur luy de luy faire faire aucune chose contre sa volonté ; il la soubmestoit volontiers aux raisons qu'on luy faisoit congnoistre estre meilleures que les siennes.

Ces occupations grandes et sérieuses n'empeschoient pas ses divertissemens, et ses plaisirs n'estoient pas un obstacle à ses estudes. Il trouvoit des jours et des heures pour toutes choses; il alloit à la chasse ; il tiroit des mieux en volant ; il donnoit le bal aux dames ; il alloit manger chez ses serviteurs ; il dançoit des ballez ; il continuoit d'apprendre les langues, de lire l'histoire; il s'appliquoit aux matématiques, et surtout à la géométrie et aux fortifications; il traça et esleva un fort de quatre bastions à une lieuë de Dijon, dans la plaine de Blaye, et l'empressement qu'il eust de le voir achever et en estat de l'attaquer et de le deffendre, comme il fit plusieurs fois avec tous les jeunes seigneurs et gentilshommes qui se rendoient assidus auprès de luy, estoit tel, qu'il s'y faisoit apporter son couvert et y prenoit la pluspart de ses repas. Il montoit ses chevaux et couroit la bague; il alloit souvent à la comédie; et l'on peut dire que le plaisir qu'il avoit à s'instruire de toute chose, et aussy de gouster les premiers mouvemens de liberté qu'il eust jamais, et la joye de commender aux hommes, luy auroient rendu ce temps-là le plus doux et le plus heureux de sa vie, sans le chagrin que luy donnoient les premières propositions qu'on luy fit de son mariage avec mademoiselle de Brézé, niepce du cardinal de Richelieu.

Dans ce mesme temps-là, le feu roy passa par Dijon pour aller à Grenoble, où il avoit mandé à la duchesse de Savoye, sa sœur, de le venir trouver; le cardinal estoit à sa suitte, et Cinq-Mars, fils cadet du feu mareschal d'Effiat. C'estoit un gentilhomme aussi bien faict qu'il y en eust en France, et duquel l'esprit estoit formé et relevé au-delà de son âge. Le cardinal, qui avoit aymé le mareschal son père, avec lequel il s'estoit allié par le mariage de La Meilleraye, son parent proche, avec sa fille, avoit toujours eu une inclination particulière pour Cinq-Mars. Il avoit pris soing de son éducation, et d'abord qu'il fut hors du collège et de l'académie, il le fit aller à la cour; et le grand soing qu'il prenoit de luy fit soupçonner et dire à plusieurs qu'il estoit son fils, comme l'on l'avoit dict auparavant et par la mesme raison, de Chavigni. Il fut d'abord, par les soings du cardinal, capitaine aux gardes, puis maistre de la garde-robe, et enfin grand esquier de France. Le feu roy ne pouvoit estre sans favoris tels qu'avoient esté dans leurs temps Luynes, qui de simple gentilhomme s'estoit eslevé à la dignité de duc et pair, et de conestable de France; Barradas, de qui la faveur fut de peu de durée; et Saint-Simon, qui de page de la chambre devint premier esquier et est à présent duc et pair et gouverneur de Blaye. La faveur de celuy-cy dura plus que celle des autres, parce qu'il estoit d'un talent à donner peu de jalousie au cardinal; mais enfin, par quelque chagrin qu'il luy donna, il sceut le sapper peu à peu et luy faire perdre insensiblement les bonnes grâces du Roy. Et comme il falloit remplir ceste place de quelqu'un qui peut entrer dans les divertissemens de Sa Majesté, de qui le génie ne le portât pas aux grandes choses, le cardinal creut ne pouvoir faire un meilleur choix que de Cinq-Mars, jeune, galand et sa créature, et qu'il jugeoit par ces raisons ne debvoir prendre d'autres pensées que de s'advancer en biens et en dignités, telles que le ministre les luy voudroit procurer. Il en arriva pourtant autrement, comme je diray ailleurs, et je n'ay faict cette disgression, qui est hors du subjet que je me suis proposé, que pour dire que ce jeune seigneur ayant esté déclaré favori par la bouche du Roy, à Langres, dans un repas familier qu'il voulut prendre avec quelques-uns de ceux qui estoient dans ses plaisirs, cinq ou six jours avant que le Roy arrivât à Dijon, ceste faveur fut d'abord si esclatante, que, comme tous les courtisans sçavoient que c'estoit un effect de celle du cardinal, chaqun courut à Cinq-Mars avec un empressement extraordinaire, et pour l'affermir dadvantage, il suivit les mouvemens de sa fierté naturelle et creut qu'il debvoit prendre de haulteur, quelque chose qui se passa entre le duc de Nemours et luy. Je n'en rapporterai pas le subject, car il seroit inutile, et je me contenterai de dire que d'un petit commencement il se forma une grande querelle entre l'un et l'autre. Toute la cour courut à la faveur naissante; le Roy mesme prenoit plaisir que l'on s'offrit à Cinq-Mars; mais le jeune prince, suivant la pente de l'estroitte amitié qu'il avoit pour le duc de Nemours, luy offrit sa personne, son crédit et ses amis contre le favori, ce qui donna de la honte à certaines gens de qualité relevée, qui sans luy avoir obligation avoient quitté les intérêts du duc de Nemours, leur ami, pour prendre celuy de Cinq-Mars. Ceste démarche fit bien auguror à tout le monde du courage du jeune prince; le cardinal mesme, qui donna toute sa protection à Cinq-Mars, l'en estima, et le Roy, quoique passionné, ne trouva pas mauvais et en conceut bonne opinion, tant les lâches complaisans font de tort à ceux qui commencent à entrer dans le monde.

Le duc fit les honneurs du gouvernement du prince son père, comme auroit peu faire un homme consommé aux manières de la cour; il alla au-devant du Roy, à la teste de la noblesse, qu'il luy présenta, comme il fit ensuitte tous les députés des compagnies souveraines, de tous les corps et de toutes les villes de la province, et entra si adroictement dans les humeurs du Roy, que Sa Majesté vouloit qu'il fût toujours près d'elle, et qu'il l'accompagnât jusques à ce qu'il fût hors de ce gouvernement; ce qu'il fit avec éclat, dignité et despence. Il passa le reste de ceste campagne, qui fut en l'année 1639, dans les mesmes occupations et exercisses dont je viens de parler.

Il se rendit à la cour avec le prince son père, au commencement de l'année 1640 : il fut assés assidu près la personne du Roy; le cardinal, qui commençoit à le regarder comme celuy qui debvoit espouser mademoiselle de Brézé, sa niepce, le traictoit avec beaucoup d'égards; les seigneurs de la cour luy rendoient les debvoirs deus à sa naissance, et toute la jeunesse prit un fort grand attachement à sa personne. Il sceut se familiariser avec eux sans rien perdre du respect qui luy estoit deu, et quand quelqu'un s'esmancipoit à contre-temps, je ne sçay quel air sérieux (sans estre austère) qu'il sçavoit si bien prendre, le remestoit promptement dans son debvoir. Ceux qui estoient plus avant dans sa familiarité estoient le duc de Nemours, Colligny, Dandelot, le jeune La Moussaye, Tournon, Izigni, Nangis, Laval, Pizani, Tavannes, les deux Senecey et les deux Chabot.

Mademoiselle de Bourbon, sa seur, et qui fut bientost après duchesse de Longueville, estoit plaine d'esprit et d'une rare beauté; la princesse, leur nièce, telle que je l'ay dépinte ailleurs, avoit, comme j'ay dict, une cour de gens d'élite : le jeune prince s'y rendoit assidu avec ses plus familiers amis. Je ne sçay si Colligny s'attacha à mademoiselle de Bourbon par sa beauté, par son esprit, ou par le respect qu'il luy debvoit; mais je sçay bien que quoyqu'il ne la vît qu'en plain cercle, en présence de la princesse et du duc, on ne laissa pas, dans la suitte du temps, de dire qu'il avoit des sentimens d'amour pour elle : ce qui forma des querelles dont je parleray en son lieu. Le duc commença à prendre de l'amitié et de l'estime pour mademoiselle du Vigean, qui devint après un amour fort passionné et fort tendre.

Il passa l'hiver dans toutes les galenteries et les divertissemens qu'une passion naissante luy inspiroit, jusques au commencement de la campagne, qu'il fit en qualité de volontaire dans l'armée que commendoit le mareschal de La Meilleraye, par deux raisons : l'une, pour faire plaisir à ce général, et par réflection au cardinal de Richelieu, son parent et son protecteur; et la seconde, parce que c'estoit la principale armée du Roy, qui debvoit avoir beaucoup plus d'action que les autres.

Je passeray succinctement sur ceste campagne et sur les deux suivantes, parce qu'il n'y eust que la part qu'un voluntaire de sa naissance et de son cœur y pouvoit avoir; elle commença par une marche à Charlemont, qu'on fit mine d'assiéger; mais le mareschal quitta bientost ceste entreprise, soit par la difficulté du succès que la situation faisoit appréhender, soit pour en faire une plus grande, plus utile et plus considérable; l'armée revint à Chimay, où La Ferté-Seneterre fust blessé à la cuisse et eust son cheval tué d'ung coup de canon. Le duc estoit si proche de luy, qu'une partie du sang et des chairs du cheval luy gasta tout son habit et luy couvrit le visage; ce fut une chose fort extraordinaire et qui fut admirée de tous ceux qui estoient là présens, de voir l'intrépidité du duc dans une surprise autant inopinée que fut ceste-là.

Le comte de Guiche, à présent mareschal de Grandmont, marcha au château d'Agremont : le duc, qui vouloit estre partout où il y avoit quelque chose à voir et à apprendre, le suivit; quelques trouppes des ennemis vinrent assez inopinément, à dessein d'empescher la construction d'un pont qu'il falloit faire sur la rivière de Meuse; il y eust un petit combat assez brusque : et comme la pluspart de nos gens furent surpris, plusieurs prirent l'espouvante; le duc demeura intrépide, et essuya les premières mousquetades qu'il eust ouyes de sa vie, avec un aussi grand sens froid qu'on luy a veu depuis conserver dans tous les périls où il s'est trouvé.

D'abord qu'il fust arrivé à l'armée, La Meilleraye, qui cognoissoit de quel homme et de quelle réputation il luy estoit qu'un aussi grand prince eust choisi son armée pour prendre les premières teintures de la guerre, luy rendoit toutes les défférences qui estoient deues à sa qualité. Il alla d'abord tenir le conseil de guerre en son logis; il luy envoya le grade de général et alla pour prendre l'ordre de luy. Le prince accepta ces honneurs le premier jour, comme il fit aux deux campagnes suivantes, et les refusa opiniastrement pour tout le reste du temps qu'elles durèrent, disant au mareschal qu'il n'estoit là que pour apprendre son mestier, qu'il y vouloit faire toutes les fonctions d'un volontaire sans faire réflection à sa qualité.

De là, l'armée marcha à Marienbourg, qu'elle fit mine d'attaquer, et prit sa route droicte à Arras, qu'elle assiégea. Ce siège fust si grand et si mémorable que, plusieurs historiens en ayant escript le destail, je n'en diray icy autre chose, sinon que le duc y jesta les fondemens de ceste grande réputation qu'il s'est acquise depuis. Il y fit voir son activité, son courage et sa diligence; on le voyoit partout à la teste des voluntaires, glorieux d'estre commandés par un homme de ceste élévation; il se trouva à toutes les sorties que firent les assiégés, parce qu'il ne partoit que peu de la tranchée; il y couchoit souvent et s'y faisoit apporter à manger; il y eust trois combats pendant ce siége : celuy de Sailli, celuy de Papome, et à l'attaque des lignes. On vit le duc se distinguer en tous, autant par sa valleur comme il l'estoit par sa qualité; le grand cœur qu'il monstra en toutes ces occasions d'honneur, la manière obligeante dont il traictoit tout le monde, la libéralité avec laquelle il assistoit ceux de ses amis qui en avoient besoing, les officiers et les soldats blessés, le secret qu'il gardoit en leur faisant du bien, firent augurer aux clairvoyans qu'il seroit un jour un des plus grands capitaines du monde.

Après que la campagne fust finie, il retourna en Bourgongne, où il fust receu avec des applaudissemens sans pareils. Il y continua les mesmes exercices et les mesmes divertissemens qu'il avoit faict et pris à ce précédent voyage, mais d'une manière plus retirée. Le renouvellement, ou plustost la continuation des propositions de son mariage avec mademoiselle de Brézé luy donnoient des inquiétudes mortelles; son grand cœur ne pouvoit ployer en ce rencontre, et il n'y avoit rien qui ne luy passat par l'esprit pour éviter ceste alliance, qu'il considéroit comme l'écueil de sa joye, de sa fortune et mesme de sa réputation.

J'estois pour lors conseiller au parlement de Bourgongne; la familière assiduité que j'avois auprès du prince, et la confiance dont il m'honora dez ce temps, me firent cognoistre les sentimens de son cœur sur ce subject. Il croyoit qu'ayant un frère, il n'y avoit point de nécessité de se marier aussi jeune qu'il estoit; il cognoissoit dès lors l'advantage que donnent les grandes alliances; il avoit jeté les yeux sur Mademoiselle, fille unique pour lors du duc d'Orléans, belle, jeune, riche et spirituelle. Il voyoit que le Roy et le cardinal estoient maladifs, et que, par la mort de l'un ou de l'autre, il auroit une liberté entière de l'espouzer; il ne pouvoit fléchir son cœur à consentir à aucun mariage, tant qu'une grande princesse de sa maison, et comblée de biens, seroit à marier; mais quand il considéroit que celle qu'on luy destinoit pour femme estoit niepce d'un favori, il croyoit qu'il ne pouvoit l'espouser sans faire une espèce de bassesse : et ceste pensée le désespéroit.

D'un autre costé, le prince son père, qui avoit veu pousser le conte de Soissons, pour avoir mesprisé l'alliance du cardinal, en refusant d'espouser la duchesse d'Eguillon, vœufve du sieur de Comballet, craignoit un pareil traictement; l'exemple des princes ses père et grand-père, qui n'avoient espousé que des demoiselles (de maisons illustres à la vérité), le fortifioit dans ceste pensée.

La crainte qu'il avoit de donner de la jalousie au Roy, et de la voir fomenter et mesme exciter par le cardinal, s'il proposoit le mariage de Mademoiselle, l'en destournoit entièrement; il croyoit que celuy qu'il se proposoit faire avec mademoiselle de Brézé, d'une maison très-ancienne, ne pouvoit estre blasmé quand à l'alliance, et que la faveur de son oncle, les grands biens, les charges et les gouvernemens qu'ils avoient, pourroient par la suitte du temps venir au duc son fils, et qu'il en tireroit plus d'advantage que de quelque princesse qu'il peut espouser. Et cestes raisons, qu'il croyoit bonnes et politiques, dans le temps auquel il estoit, luy faisoient persuader le jeune prince, et par luy et par tous ceux qu'il avoit mis près de luy, de faire ce mariage, comme celuy de tous dont il pourroit tirer plus d'advantage. Plus il estoit pressé, plus sa volonté s'esloignoit de ce dessein; et son adversion devint enfin telle, que m'expliquant un jour sa douleur, estant à la chasse à deux lieues de Dijon, dans la plaine de Rouvre, qui est sur le chemin du conté de Bourgongne, après m'avoir sondé addroictement plusieurs fois, il me proposa le désir qu'il avoit (pour ne pas dire le dessein), car il n'en avoit point formé, de s'aller jecter dans Dolle, pour se mettre à couvert de la persécution du prince son père, et de celle que luy pourroit faire le cardinal : à quoy il adjousta qu'il sçavoit de science certaine que le Roy craignoit son ministre plus qu'il ne l'aymoit, et qu'il n'approuvoit nullement la proposition de ce mariage, et que mesme il en appréhandoit la conclusion.

J'aurois peine à dire si mon peu d'expérience, si l'astachement que j'avois pour le prince son père, si la grandeur d'une telle entreprise, ou si la deffiance que j'avois de la jeunesse du duc, me fournissoient des raisons contraires aux siennes; mais je me souviens fort bien que je fis tout de mon mieux pour le destourner de ce dessein, et je sens bien, soit par le peu de cognoissance que j'ay acquis depuis ce temps-là, soit par les justes chagrins que ce mariage luy a donnés dans la suitte de ceste alliance, que, si j'estois à mesme et que les choses fussent encorres en cest estat, bien loing de l'en destourner, je luy aurois conseillé et mesme proposé de le mestre à exécution. Je serois pourtant très-fâché que ce mariage n'eust point esté faict, quand je considère que le duc d'Enghien en est issu, qui est toute sa consolation et toute sa joye. Ce jeune prince a mesme des qualités telles qu'elles surmontent de beaucoup tous les advantages qu'il eust peu

29.

tirer de quelque mariage qu'il eust peu faire; c'est ce même duc dont j'ay parlé dans le premier volume de ces Mémoires, et dont j'ay tant de choses à dire dans la suitte, que je n'en diray pas d'advantage quand à présent. Quoy qu'il en soit, le mariage se conclud à Paris le 11 février 1641. La feste se fit, partie à l'hostel de Condé, et partie au Palais-Cardinal, avec beaucoup de magnificence; le cardinal fit faire une comédie dont il donna l'invention à cinq autheurs, qui y travaillèrent, et luy-mesme en composa quelques sceines. Il fit dancer un balet par tous les jeunes seigneurs qui estoient pour lors à la cour, dans lequel l'on vit paroistre les plus belles machines qu'on eust encor veues en France jusque alors. Le prince y dança deux entrées: dans l'une, il représentoit Jupiter, qui descendit du ciel sur une machine; et dans l'autre, un démon, avec un air, une disposition et une grâce qui luy firent remporter l'advantage sur tous les autres.

Les festes qui se firent à ceste nopce furent grandes et magnifiques; mais la dotte fut des plus médiocres; le cardinal de Richelieu voulut persuader à tout le monde qu'il n'avoit accordé sa niepce au duc que par les instantes prières du prince son père, soit par un excès de vanité, soit pour faire voir au Roy (qui portoit impatiemment ceste alliance) qu'il n'avoit aucun dessein en la faisant, et qu'il ne l'avoit point acheptée: tant y a, qu'il ne donna en faveur de ce mariage, que deux cent mil escus à mademoiselle de Brézé, et la fit au surplus renoncer à sa succession future.

Peu après le duc eust une longue et périlleuse maladie: quelques-uns croyoient qu'il l'avoit contractée en répétant et en dançant le ballet; d'autres, par le chagrin que luy donnoit son mariage; quoy que c'en soit, je sçay fort bien qu'elle ne pouvoit estre attribuée aux fatigues de la consommation, parce que bien que la jeune duchesse fût une brune, belle et autant aggréable qu'il y en eust à la cour, le duc eust assez de pouvoir sur luy-mesme pour ne rien exécutter qui pût préjudicier au dessein qu'il avoit formé de la répudier en temps et lieu, et aux protestations qu'il fit devant et après le mariage, qu'il n'y avoit jamais consenti, et qu'il ne l'avoit faict que par une force majeure, par les justes craintes des violences dont il estoit menassé par le cardinal, et par la défférence qu'il debvoit à la volonté absolue du prince son père. Ses protestations furent signées par les notaires, par les princes père et fils, et par le président de Vernon, surintendant de leurs maisons, et Perrault, qui estoit pour lors son secrétaire.

Le cardinal de Richelieu naturellement deffiant, l'estoit beaucoup de ceux qui estoient plus que luy, particulièrement quand ils estoient d'un courage et d'un génie à entreprendre de grandes choses. Ce qu'il avoit apris du peu d'inclination que le duc avoit pour madame sa niepce, le fit résoudre à observer sa conduitte; et, pour cela, il luy donna des domestiques principaux et de ceux que l'on voit quasi toujours. Maigrin, brave soldat, mais qui avoit faict en sa jeunesse une vie peu sortable à la qualité qu'il eust chez le duc, fut premier gentilhomme de sa chambre, et Beauregard, capitaine de ses gardes. Le premier, d'un humeur fâcheux, jaloux et inégal; et le second, d'un esprit médiocre, mais fort brave. Chavigni, de qui l'un et l'autre dépendoient, et qui avoit une part toute antière dans l'estime, dans le cœur et dans la conflance du cardinal, les luy avoit proposés pour estre employés comme des gens soigneux, vigilens et comme gens à tout entreprendre pour son service.

Le duc, qui a esté clairvoyant dès ses plus tendres années, pénétra bientost le dessein du cardinal en luy donnant ses domestiques, et se résolut de les tromper par la dissimulation continuelle dont il usoit envers eux, et par les faulses confidences qu'il leur faisoit en tous rencontres où il le jugeoit nécessaire. Le peu de génie de l'un et de l'autre luy rendit cela facile, et c'estoit une chose admirable de voir la souplesse qu'il avoit pour Maigrin, de qui l'humeur brutale le contrarioit à toutes occasions. De sorte que ce que le cardinal (tout habille et grand homme qu'il estoit) faisoit pour observer la conduitte du duc et pour pénétrer ses desseins, ne servit qu'à le tromper luy-mesme.

Maigrin fut peu de temps en ceste place, car ayant eu une querelle contre d'Amour, brave soldat, ancien domestique du prince et maistre-d'hostel du duc, sur ce que Maigrin prétendit que c'estoit à luy et non pas à celluy-ci à donner la serviette, ils en vindrent à des parolles fâcheuses, pour lesquelles d'Amour luy fit mestre l'espée à la main et le tua dans un combat singulier, dont le duc sceut tesmoigner en public autant de desplaisir qu'il avoit de joye secrète d'estre desfaict d'un espion fâcheux.

Le cardinal mit en sa place Tourville, capitaine dans son régiment de cavallerie, amy de Chavigni; ce gentilhomme estoit de basse Normandie, il avoit passé sa vie à la guerre et à la cour, avoit espousé une dame de la maison de La Rochefoucauld, qui fut depuis dame d'honneur de la duchesse, et c'est celle dont j'ay parlé souvent dans le premier volume de ces Mémoires. Tourville estoit brave, galand et plein d'esprit et d'honneur; il prit une conduitte auprès du duc bien différente de celle qu'avoit tenu Maigrin, et sceut si bien se comporter qu'il acquit en peu de temps beaucoup de part dans l'estime et dans la confience de ce jeune prince, sans qu'il fît rien contre le service du cardinal, et qui, par une manière souple et addroitte, ne leur disoit à l'un et à l'autre que ce qui pouvoit contribuer à les unir d'amitié et à establir entre eux une sincère correspondance.

En ce temps-là, l'on fit une petite paix avec le duc de Loraine ; je dis petite, car elle dura peu, mais assez pour luy faire faire quelque séjour à la cour; il se mit d'abord dans la teste qu'estant souverain et nouveau venu, le duc luy debvoit la première visite, fondé sur un exemple du duc de Parmes, qui avoit eu pareille prétention, quelques années auparavant, sur le prince son père. Quelques émissaires sondèrent le duc sur ce subject et voulurent pénétrer ses intentions; il leur répondit qu'il ne pouvoit estre que le duc Charles qui peust prétendre qu'un prince du sang deubt faire le premier pas envers un duc de Loraine à qui il estoit libre de le voir ou de ne le voir pas, quand il ne mestroit pas une telle prétention en question ; mais que, quand il voudroit l'y mettre, il sçauroit bien le contraindre ou à sortir de la cour ou à luy rendre ce qui estoit deu à sa naissance. Je ne sçay si le duc de Loraine sceut ou s'il ne sceut pas ceste response, mais je sçay bien que le lendemain il vint voir le duc, qui le receut très-bien, et qu'ils eurent une conversation très-gaye et très-enjouée.

A ce propos, je diray icy que quand le duc de Sçavoye Philibert-Emanuel, qu'on appelloit le Petit-Bossu, vint à Paris soubs le règne d'Henri quatriesme, il fust receu et festoyé magnifiquement. Le prince de Condé, Henri de Bourbon, père de nostre duc, estant pour lors héritier présomptif de la couronne, eust ordre du roy de le recevoir quand il mestroit pied à terre dans la cour du Louvre, mais de passer à toutes les portes devant luy et de prendre partout la droite, après pourtant qu'il auroit faict quelques complimens et la luy avoir présentée. Le duc de Sçavoye qui estoit fin, adroit et très habille, cognent bien que le Roy n'avoit pas donné cest ordre au prince, tant pour luy faire honneur que pour en donner au prince à son préjudice. Quoy que c'en soit, il mit pied à terre ; le prince le receut, il luy présente la porte qui aboutit au digue, le duc la refuse ; le prince qui estoit pour lors fort jeune, le presse ; le Roy qui s'estoit mis sur un balcon pour observer ce qui se passeroit, portoit impatiemment le trop de cérémonie que faisoit le prince au duc, s'escria : « Passez, mon nepveux, passez et ne me retardez pas le plaisir d'ambrasser mon cousin de Sçavoye, » et dict aux courtisans qui estoient autour de Sa Majesté : « Il ne fault pas pousser le loup jusques au bois ; si le duc eust passé le premier, mon nepveux auroit esté le sot avec tous ses beaux complimens. »

Pour revenir au duc de Parme, le cardinal de Richelieu, qui de temps en temps prenoit plaisir à donner quelques petites mortifications aux princes du sang, avoit une secrète joye de voir que les souverains auxquels il ne donnoit ny ne présentoit la porte chez luy (à quoy les princes d'Italie sont acoustumés), prétendissent quelque chose sur eux ; il laissa agir le duc selon sa volonté, et empescha que le Roy ne luy ordonnât d'aller visiter le prince de Condé, qui pour lors estoit à la cour, et quelque déplaisir qu'en eust le Roy, qui cognoissoit que ce manque de respect d'un petit souverain envers le premier prince de son sang rejaillissoit sur luy, n'eust pourtant pas la force d'y mestre l'ordre qu'il pouvoit et qu'il debvoit. Le prince, qui ne pouvoit souffrir ceste manière d'injure et qui, cognoissant l'intention du cardinal, jugea bien que le Roy n'y apporteroit point de remède, se résolut à se faire luy-mesme en ce rencontre toute la justice qu'il pouvoit, et qui fut, à proprement parler, une matoiserie.

Il arriva donc que le duc de Parmes envoya l'introducteur des ambassadeurs demander audience à la princesse de Condé, Marguerite de Montmoranci, pour luy rendre une visite; elle donna l'heure suivant la coustume ; le duc y va et fust bien surpris quand au lieu de la princesse il trouva le prince dans sa chambre, qui receut sa visite comme si son intention avoit esté de luy rendre ce respect : il l'entretint environ une heure, le remercia de l'honneur qu'il luy faisoit. Le duc qui n'eust pas l'esprit ou la force de dire au prince qu'il n'estoit pas venu pour luy, luy dict seulement, après une longue conversation, qu'il le prioit de trouver bon qu'il allât rendre ses debvoirs à la princesse; le prince l'y accompagna, s'assit et se tint présent tant qu'il y fut, et le conduisit après la visite finie, pour faire voir aux assistans que le duc l'avoit visité ; il alla à l'heure mesme en faire le conte au Roy et au cardinal qui en rirent fort, et le duc de Parmes fut tourné en ridicule, et de la prétention qu'il avoit eue et de la visite qu'il avoit rendue contre son intention.

La maladie du duc fut longue et périlleuse, comme j'ay dict ; elle allarma toute la cour et toute la France ; les preuves qu'il avoit données de sa conduitte en Bourgongne, de son adresse à la cour, et de sa valeur à la guerre luy avoient acquis l'amitié de tout le monde. Le Roy commençoit à l'aymer et le cardinal, qui avoit l'ame grande, admiroit son courage et son esprit; il commençoit à le considérer comme celuy qui seroit le protecteur de sa famille et l'appuy de sa maison, si Dieu luy rendoit la santé. Le prince son père estoit dans des angoisses sans pareilles de voir un fils de ceste vertu dans un tel danger et tous ses amis de l'âge du duc, qui s'estoient attachés à sa fortune et qui estoient dans sa familiarité, estoient inconsolables. Il sceut leur témoigner à tous tant de recognoissance des debvoirs que les uns et les autres luy avoient rendus, et de l'amitié qu'il en avoit receue pendant sa maladie, qu'elle s'acreust de beaucoup dans le cœur des courtisans; il prit mesme de la tendresse pour la duchesse sa femme, qu'il avoit veue affligée de son mal, et assidue à le servir, quoyque dans un fort bas âge; car elle n'avoit que douze ans quand il l'espousa. Il avoit enduré son mal avec constance pendant tout l'hiver, mais la foiblesse et les langueurs qu'il luy laissa devinrent insupportables au printemps; il entendoit parler des préparatifs de la guerre, et se voyoit quasi hors d'espoir d'y aller. Le désir de la gloire estoit sa passion dominante; l'amour qu'il avoit pour mademoiselle du Vigeant, son attachement pour ses amis et tous les charmes de la cour ne pouvoient adoucir le chagrin qu'il avoit d'estre hors d'estat de commencer la campagne aussi tost que les autres.

Le comte de Soissons, qui s'estoit brouillé avec le cardinal pour n'avoir pas voulu escoutter les propositions qu'il luy faisoit faire par Seneterre d'espouser la duchesse d'Eguillon, veufve de Comballet, sa niepce, qu'il aymoit avec une tendresse non pareille; et quoyqu'elle fust d'aussi bonne maison que la contesse sa mère, son humeur fière luy fit concevoir de la honte de s'allier au favori qu'il haïssoit naturellement. Il ne pouvoit d'ailleurs souffrir que la veufve d'un simple gentilhomme devînt sa femme. Pour luy ramener l'esprit sur cest article, le cardinal fit courir le bruit que jamais le mariage de ceste duchesse n'avoit esté consommé, par la prétendue impuissance de Comballet; et l'on disoit, dans le monde, qu'il avoit faict faire quelque procédure et des visites par des matrones pour le prouver. Il coureut encore un bruit plus estrange, qui estoit que le cardinal avoit esté amoureux de la Reine; qu'elle l'avoit tourné en ridicule; qu'elle avoit faict ses plaintes de ceste témérité au marquis de Mirabel, pour lors ambassadeur d'Espagne en France; qu'il en avoit donné advis au conte, duc d'Olivarès, ce grand et absolu ministre qui gouvernoit pour lors avec une autorité desmesurée l'esprit et les estats de Philippe quatrième, roy d'Espagne; que ce favori, par une compétence de faveur, de réputation, d'estime et de gloire, haïssoit le cardinal de Richelieu; et l'on a creu que la haine réciproque qui estoit entre eux avoit esté la seule cause de la longue guerre que nous avons eue entre les deux couronnes, qui a duré depuis 1635, qu'elle fust déclarée soubs le prétexte de l'injuste prison du vieil archevesque de Trèves, jusques à la fin de l'année 1659; et que, par des lettres interceptées, le cardinal ayant sceu que le conte duc donnoit ordre au marquis de Mirabel de le faire assassiner soubs couleur de la hardiesse qu'il avoit eue de desclarer son amour à la Reine, seur du Roy son maistre, il fist chasser l'ambassadeur et desclarer la guerre.

J'ay sceu de grandes particularités de cecy par le père Thiers, cordelier de la maison de Bordeaux, à présent évesque de Glandève, que le prince de Conti fist arrester à Bordeaux en 1652, pour des raisons dont je parleray en son temps, et de la part qu'il me dict qu'il eust avec la duchesse de Chevreuse dans toute ceste intrigue.

Le cardinal, qui avoit le cœur oultré de tout cecy, conserva dez-lors une haine très-grande contre la reine Anne d'Autriche, à qui il a rendu, le reste de sa vie, tous les mauvais offices qu'il a peu auprès du Roy. L'on disoit donc que, comme elle n'avoit point eu d'enfant depuis 1615, qu'elle se maria, jusque au mois de septembre de l'année 1638, qu'elle donna à la France le Roy à présent régnant, le cardinal ne cessoit de solliciter le Roy de la répudier par l'exemple d'Henri quatrième et de la reine Marguerite de Valois, soubs le prétexte de stérilité : car pour le surplus, la vertu d'Anne d'Austriche mettoit beaucoup de différence entre elles. Le bruit de ce divorce s'espandit partout; et comme l'on hait pour l'ordinaire les ministres, autant auctorisés que l'estoit le cardinal, l'on disoit que sa vanité l'avoit porté à vouloir faire régner sa race, si la Reine eust écousté favorablement son amour; et que, ayant esté mesprisé d'elle, il vouloit porter le Roy à la répudier pour luy faire espouser sa niepce qu'il aymoit passionnément, et dont on murmuroit dans le monde, afin qu'il peust, à la faveur de ce mariage et de la passion qui estoit entre sa niepce et luy, voir sa postérité sur le trône.

Il n'est pas croiable que les pensées du cardinal fussent si vastes : aussi ceux qui raisonnoient avec moins de passion croyoient que le bruit qui en couroit n'estoit que pour mestre (comme l'on dict) le feu soubs le ventre au conte de Soissons, afin de luy faire concevoir que, si le Roy estoit capable de songer à espouser la duchesse d'Eguillon, il pouvoit à plus forte raison en prendre la pensée, sans faire tort à sa qualité ni à sa gloire.

Je n'aurois pas faict ceste disgression, ne m'estant proposé que d'escrire les choses de ma cognoissance particulière, sans ce que m'a apris le père Thiers, dont je viens de parler; tant y a, que le conte de Soissons, poussé par le cardinal, par le mépris qu'il avoit tesmoigné pour sa niepce, s'estoit retiré à Sedan, chez le duc de Bouillon, à qui ceste terre souveraine appartenoit pour lors. Sa haine croissoit contre le cardinal; le nombre des mescontans s'augmentoit partout le royaulme; le duc d'Orléans estoit mal satisfaict; l'exemple du passé et la cognoissance que le ministre avoit de son esprit, subject à prendre les impressions qu'on luy donnoit, luy faisoit appréhander quelques nouveaux mouvemens. La maison de Vandosme et celle de Loraine, à la réserve du conte d'Harcourt, qu'il avoit marié avec mademoiselle Du Plessi-Chimay, veufve du duc de Puillaurens, sa niepce, estoient hors du royaulme; et l'esprit du Roy, dont il avoit peine de s'affermir, luy faisoit peur.

Le cardinal creut donc qu'il n'estoit pas à propos de laisser grossir la boulle de neige à Sedan, et qu'il ne falloit plus différer à dissiper l'orage qui le menassoit de ce costé-là. Il fit assembler une armée soubs la conduite du mareschal de Châtillon pour attaquer ceste place; et en même temps, afin qu'elle ne peust estre secourue par toutes les forces des Espagnols, il résolut de faire former un grand siége par La Meilleraye, vers l'autre frontière de Flandres. Aire, dont chacun cognoît la force et l'importance, fut attaquée par luy; le duc ne le sceut pas plus tost qu'il ne fut plus possible de le retenir à Paris; il estoit convalescent, mais dans une si grande foiblesse, qu'à peine pouvoit-il quitter le lict. Il part en cest estat sans que les prières de sa famille, les larmes de sa maîtresse, ny le commandement du Roy mesme, le peussent déterminer à rester. Il aprit dans sa marche, estant à Abbeville, que le cardinal Infant aprochoit de la place assiégée pour en attaquer les lignes; il quitte son carrosse, monte à cheval à l'heure mesme avec le duc de Nemours, son amy intime, et qui estoit un prince beau, plain d'esprit et de courage, que la mort lui ravist bientost après; il passe la nuict par Hesdin, si près des ennemis, qu'on peut quasi dire qu'il traversa leur armée, et arriva heureusement dans le camp, qui le receut avec un applaudissement et une joye qu'il seroit difficile d'exprimer.

Ceste fatigue, qui debvoit faire craindre une rechute à un convalescent foible et exténué, luy redonna de nouvelles forces, et on le vit dès-lors s'exposer à tous les périls de la guerre; il couchoit souvent dans la tranchée; il y mangeoit, et il n'y avoit travail, tout advancé qu'il peust estre, où on ne le vît aller comme un simple soldat. Le mareschal de La Meilleraye luy fit les mesmes honneurs, et eust pour luy les mesmes déférences qu'il avoit eues la campagne précédente; et le duc les receut et en uza avec la mesme modération.

Dans ses entrefaictes, le conte de Soissons, qui avoit faict un traicté avec le cardinal Infant, qu'on avoit eu toutes les peines du monde à luy faire signer, le duc de Bouillon, le duc de Guise, et plusieurs autres y entrèrent; Lambois le joignit avec un corps d'armée; il se mit en campagne, et la fameuse bataille de Sedan se donna. Le mareschal de Châtillon la perdit, mais le cardinal en fust bien tost consolé quand il sceut que le conte de Soissons y avoit esté tué, sans qu'on ayt sceu jusques à présent par qui, ny comment : ce qui a laissé de grands soupçons dans la créance publique qu'il avoit esté tué trestreusement par quelqu'un de ses domestiques, qui étoient près de sa personne, pendant le combat; ce prince ne laissa aucune postérité, n'ayant pas esté marié. Il eust un fils de la veufve d'un médecin de Sedan, que la contesse sa mère a recogneu en mourant et qui s'appelle le chevalier de Soissons. Ce prince fut regretté pour son courage et pour sa fermeté; sa mort dissipa une grande tempeste qui se préparoit de toutes parts contre le cardinal, et qui auroit bientost éclasté s'il avoit survescu au gain de ceste bataille.

Je n'ay parlé de ceste mort que pour dire que tout le monde courut en foulle pour la dire au duc, les uns pour observer sa contenance en ce rencontre, les autres pour luy tesmoigner la joye qu'ils en avoient. Je ne sçay quels estoient les mouvemens intérieurs du duc; il est certain que la multiplicité de gens de ceste eslévation en diminue en quelque façon l'esclat, et il estoit assez naturel (encore que le comte fust son cadet et qu'il ne luy peust jamais former obstacle) qu'il eust quelque joye secrète qu'un prince de sa maison, plus âgé que luy, qui avoit une grande suitte de serviteurs et d'amis, de la réputation et du courage, et qui pouvoit en quelque sorte avoir de la compétence avec luy, le laissast seul de sa qualité dans les temps qu'il commençoit à paroistre dans le monde : toutefois le duc en usa avec une prudence consommée; il regréta publiquement sa perte, il en parut touché, il loua son mérite et sa vertu, et ferma ainsy la bouche à tous ceux qui voulurent le faire parler sur cest événement.

Le duc de Bouillon, soit qu'il se contentât de la gloire qu'il avoit acquise en retirant un amy de la qualité du comte de Soissons dans sa ville, et d'avoir risqué sa fortune pour luy, soit qu'il ne se sentît pas assez fort pour soustenir un parti, soit qu'il creut profitter à la cour en faisant une paix advantageuse, soit par les sentimens d'un bon François, il ne tarda guère à faire son accommodement avec le Roy. Le cardinal le crut (comme il estoit en effest) homme à en tirer du sevice; il jugea que Sedan pourroit luy estre dans la suitte d'une grande utilité; il voulut avoir son amitié; il lui fit faire une paix plus advantageuse qu'il ne pouvoit l'espérer, et, pour luy tesmoigner sa conflence et son estime, il lui fit donner le commandement de l'armée d'Italie, sachant bien que rien ne peut toucher plus sensiblement les hommes élevés par la qualité et par le mérite, que de leur donner des employs qui puissent flatter leur ambition et contribuer à leur fortune, et crut par là s'attacher pour jamais le duc de Bouillon et sa place. Il arriva pourtant autrement, comme on le peut voir dans les divers Mémoires qui en ont esté escripts, quoique ce duc m'ayt dict plusieurs fois beaucoup de particularités pour justifier sa conduitte envers le cardinal; mais seroit hors de propos de les rapporter icy.

Lambois, qui jugea qu'après la mort du conte de Soissons il n'y avoit plus d'apparence de profiter en France de son parti, et qui vit que les négociations alloient et venoient de Sedan à la cour, en donna advis au cardinal Infant, qui lui envoya dire de le venir joindre en diligence, pour grossir son armée et essayer à secourir Aire; mais ceste place se trouva prise quand Lambois arriva dans le camp des Espagnols. Ils assiégèrent et prirent brusquement Lillers, et marchèrent à l'heure mesme aux retranchemens du maréchal de La Meilleraye, qu'il avoit conservés en estat, et dans lesquels il estoit demeuré jusques à ce qu'il eust réparé ceste importante place, et qu'il y eust jecté toutes les vivres nécessaires pour faire subsister la garnison qu'il y avoit mise. A l'arrivée des ennemis il y eust un petit combat dans lequel le duc s'engagea si avant, et se mesla de telle sorte, qu'il courut fortune de la liberté et de la vie.

Le mareschal ne peut s'empescher de luy faire une manière de remonstrance, qui fut plustost un éloge qu'une correction.

Le lendemain, on le vit leste et paré à la teste des volontaires, dans l'espérance de voir donner un combat général; il en brûloit d'envie, parce qu'il n'en avoit point encore veu; mais un contre-temps empescha que les nôtres ne profitassent de la plus belle occasion qui fut jamais, et dans laquelle ils debvoient tout au moins deffaire l'arrière-garde des Espagnols; mais ils en furent quittes pour quelques-uns de leurs derniers escadrons qui furent poussés, et en repassant une petite rivière empeschèrent que le marquis de Gesvres ne peut entrer dans nos lignes avec un grand convoy de vivres qu'il y amenoit.

Le mareschal creut qu'il le feroit entrer le jour suivant, à la pointe du jour, du costé que les ennemis avoient quitté la veille; mais le cardinal Infant, qui avoit avec luy don Philippe de Silva, grand et habille capitaine, Lambois, Bec et plusieurs autres officiers braves et vigilans, soit qu'il fût adverti du dessein du mareschal, soit qu'il le pénétrât, fit repasser à son armée la mesme petite rivière, à la veue de la nostre et soubs nostre canon, et empeschèrent une seconde fois l'entrée de ce convoy. Ce fut pour lors que les deux armées se trouvant en présence, sans estre séparées d'aucune rivière, le duc creut que la passion qu'il avoit de se trouver dans une bataille seroit satisfaite; il ne pouvoit contenir la joye qu'il en avoit; mais La Meilleraye, après avoir laissé une forte garnison dans la place qu'il venoit de prendre, se retira la nuict, soit qu'il eust pris résolution de rentrer en France, soit qu'il ne jugeât pas à propos de risquer un combat dans la conjoncture des affaires.

Les ennemis, fiers de ceste retraicte, suivent et attaquent nostre arrière-garde à la pointe du jour, par deux endroits, car nostre armée marchoit sur deux lignes, et La Meilleraye avoit faict passer la sienne à travers de la ville d'Aire, et Grandmont avoit marché par le pont de basteaux de la ligne. Il y eust quelque confusion à l'arrière-garde de La Meilleraye, causée par un canon qui fut renversé; mais tout fut bientost réparé par la proximité de la place qui fut incontinant assiégée par les ennemis, d'abord par force, puis par famine.

Le mareschal de Brézé marcha du costé de la Flandre, à la teste de l'armée qui avoit esté battue à Sedan, pendant que le mareschal de Châtillon la commendoit, et je luy ay souvent ouy dire que le plus heureux jour de sa vie avoit esté celuy de sa jonction avec La Meilleraye, non pas par l'amitié qui fût entre eux, car ils se haïssoient fort, mais pour avoir le plaisir d'estre tesmoing occulaire de tout ce que l'on publioit partout de l'activité, de la vigilance et du courage du duc, de qui il avoit l'honneur d'estre beau-père.

Quand ces deux généraux furent joints, ils tinrent conseil et résolurent de faire une forte diversion pour obliger les ennemis à lever le siége d'Aire, ou pour prendre, pendant qu'ils le continueroient, quelques places de consideration. La Meilleraye attaque La Bassée et Brézé; tous les deux siéges se formèrent en mesme temps; le duc voulut voir l'un et l'autre, et en tous deux, mais en celuy de La Bassée particulièrement, il donna des marques continuelles de sa bravoure et de son intrepidité.

Après la prise de ces deux places, les généraux creurent qu'entrant dans le pays ils obligeroient les Espagnols à abandonner l'entreprise d'Aire; ils exécuttèrent donc ceste résolution. Ils marchèrent, ils pillèrent et bruslèrent; mais voyant que leur dessein n'avoit pas le succès qu'ils s'estoient imaginé, ils se rabatirent sur Armantière qu'ils pensèrent surprendre; mais le conte de Fuensaldagne, qui s'y jecta avec un corps assez considérable, rendit ceste entreprise inutile.

Le mareschal de Brézé marcha une seconde fois dans le pays, à dessein de se rabbattre vers Lisle pour en attaquer les fauxbourgs; il desfit des troupes qu'il trouva dans sa marche; le combat en fut assez considérable et advantageux. Il y en eust une relation imprimée qui m'empesche d'en dire icy le destail. Il attaqua ensuitte ces fauxbourgs qu'il fit brusler après avoir bastu les trouppes qui y estoient logées, et desquelles la résistance fut médiocre.

Cependant La Meilleraye assiégea Bapomme, et le prit en . . (sic) jours de tranchée ouverte. Ce fut là que le duc voulut finir la campagne comme il l'avoit commencée, c'est-à-dire en se trouvant partout, et essuyant tous les hazards et tous les périls de la tranchée et des travaux advancés. Il ne fust pas possible de lui faire quitter l'armée tant qu'il creut qu'il y avoit quelque chose de considérable à entreprendre; mais enfin, après la prise de ceste place, ayant essuyé toutes les fatigues d'une longue et pénible campagne, en suitte d'une grande et périlleuse maladie, il se laissa vaincre aux prières que le prince, son père, luy faisoit continuellement par ses lettres, et aux persuations de ses médecins, allant à Forge en Normandie, boire des eaux minéralles pour essayer de restablir sa santé.

J'eus l'honneur de l'y aller voir, sur la fin du mois d'octobre, où je le trouvai fort affligé de la nouvelle qu'il avoit receue une heure auparavant de la mort du duc de Nemours, arrivée à Paris, de maladie. C'estoit un subject de grandes espérances, beau, spirituel, brave et galant, et qui s'estoit si estroictement attaché au duc, qu'il avoit mérité son estime et une amitié sincère, à la manière de la pluspart des princes.

Peu de temps après, la duchesse d'Enghien eut la petite vérolle; la princesse douhairière, la duchesse de Longueville, et plusieurs de leurs amis et amies allèrent attendre le duc à Liancour, où ils passèrent tous ensemble quelqueque temps à mil divertissemens, tels que se les donnent ordinairement les personnes d'autant d'esprit et de gayeté qu'ils en avoient tous.

Au retour du duc à la cour, qui estoit pour lors à Paris, à Sainct-Germain, à Ruel et à Versailles, toute la France fut le complimenter et le congratuler sur les preuves qu'il avoit données, pendant la campagne, de son courage et de sa conduitte. Il voyoit assez souvent le Roy et le cardinal de Richelieu; il alloit au parlement aux occasions d'importance; il commença à s'attacher plus que de coustume aux debvoirs de la vie civille; il visitoit les vieux seigneurs et les jeunes dames; il faisoit ou envoyoit faire des complimens de joye ou de douleur suivant la qualité et le mérite de ceux qui recevoient l'un ou l'autre. Il donna à mademoiselle Du Vigeant toutes les marques d'une passion tendre et respectueuse; il tenoit une table plus propre que magnifique; il avoit choisi des amis des premières qualités du royaulme, mais tous plains d'esprit et de courage, qui luy faisoient une cour fort assidue; il alloit souvent au bal et à la comédie; il recevoit aggréablement chez luy les gens de lettres; et l'on a observé, depuis la mort de la princesse sa mère, qu'elle avoit beaucoup de part à ceste belle conduitte.

En ce temps-là, le cardinal de Richelieu commença à prendre jalousie de la trop grande passion que le Roy tesmoignoit à Cinq-Mars, et celuy-cy, le cognoissant, portoit impatiemment l'auctorité desmesurée du cardinal; il se lassa d'une trop grande despendance; les confidences continuelles que le Roy luy faisoit contre ce ministre enfloient le cœur de ce jeune favori; il auroit bien voulu voller de ses propres aisles. C'estoit un esprit élevé et hardi au-delà de son âge; il commença à donner de son bien et en procurer auprès du Roy à de certaines gens à qui il croyoit du mérite et qu'il vouloit attacher à luy, indépendemment du cardinal.

Le Roy l'aymoit; il haïssoit le Roy. Le cardinal avoit de grandes tendresses pour luy; il estimoit le cardinal, et cognoissoit qu'il luy debvoit les commencemens de sa fortune; mais il le craignoit, et croyoit qu'il vouloit luy prescrire des bornes dans lesquelles il ne pouvoit se contenir. Cinq-Mars sçavoit d'ailleurs que le Roy haïssoit le cardinal, et que celuy-cy mesprisoit le Roy. Le Roy, qui avoit un attachement pour son favori le plus tendre et le plus grand qu'on vit jamais, portoit impatiemment la trop grande despendance qu'il croyoit qu'il avoit à son ministre; et tout cela formoit de petites intrigues à la cour entre tous trois, où les plus habiles courtisans se trouvoient bien embarrassés. Ce fut dans ceste conjuncture que le duc commença à faire voir une conduitte adroicte. Il avoit espousé la niepce du cardinal, et quoyqu'il portât fort impatiemment ceste alliance, il estoit obligé d'honneur et mesme d'intérêts de s'attacher à ceux du cardinal.

Le Roy, d'un autre costé, traictoit si bien le duc, et avoit eu tant de chagrin de son mariage avec mademoiselle de Brézé, qu'il estoit de la prudence du duc de mesnager l'amitié et les bonnes grâces du Roy, pour tous les desseins qu'il avoit contre ceste alliance. Cinq-Mars ne souhetoit rien tant au monde que d'acquérir l'amitié du duc, et parce qu'il l'estimoit, et parce qu'il le craignoit plus que tous les suppôts de la fortune du cardinal ensemble; et pour cela il auroit voulu le destacher de luy, ou du moins luy rendre l'amitié du Roy assés utile pour que celle de son allié ne luy eust pas esté si nécessaire. Il n'osoit s'expliquer avec luy, mais il luy faisoit tant d'honnestetés et tant d'advances, et luy faisoit faire par le Roy des traictemens si obligeans qu'il estoit aisé au duc, esclairé comme il estoit dez ce temps-là, de juger des intentions de Cinq-Mars. Le duc donc estoit sur ses gardes, et sceut si bien persuader au cardinal qu'il n'y avoit rien qu'il n'entreprit pour son service, et donner à entendre au Roy qu'il n'avoit de dépendances que celle d'un homme de sa naissance debvoit avoir, sans pourtant oser s'en expliquer avec Sa Majesté, dont il cognoissoit la foiblesse, et à Cinq-Mars, qui, par l'estime qu'il avoit pour luy, souhaitoit passionnément la conservation de sa fortune et la continuation de la liaison qu'il supposoit entre le cardinal et luy, qu'il passa tout l'hiver à la cour, toujours parmy eux, sans jamais donner de la jalouzie aux uns ny aux autres, et faisant souhaiter son amitié à tous trois, comme une chose dont ils ne pouvoient quasi se passer. Et j'ay souvant ouy dire à Saint-Aoust, homme de grand sens et d'une prudente conduitte (comme j'ay dict ailleurs), qui estoit entre le Roy et le cardinal et Cinq-Mars, et à qui tous trois confioient tout ce qui les blessoit l'un contre l'autre; qu'il avoit admiré la conduitte qu'avoit tenue le duc à la cour pendant tout le temps de ces délicattes jalouzies, et qu'il avoit jugé dez ce temps-là qu'il debvroit estre un jour plus grand courtisan qu'il ne l'a paru depuis.

Dans ce mesme temps-là, Cinq-Mars se mit à choyer la Reine, que le cardinal faisoit traicter par le Roy avec beaucoup de dureté en tous rencontres. Monsieur le duc d'Orléans, qui l'a tousjours aymée, avoit pour lors plus de liaison secrète avec elle que jamais. Le duc de Bouillon, pour qui le cardinal avoit pris beaucoup d'estime et d'amitié depuis la retraicte qu'il avoit donné dans Sedan, au conte de Soissons, et tout ce qu'il avoit faict pour luy, commandoit pour lors l'armée d'Italie; de Thou, conseiller d'Estat, homme qui, avec un esprit fort médiocre, et quelque sçavoir, et beaucoup d'inégalité, avoit acquis la réputation d'un homme d'honneur et de probité, estoit amy inthime de Cinq-Mars; et Fontraille, homme de cœur et d'esprit, mais tousjours chagrin contre le ministre, et tousjours dans de vastes pensées, s'estoit attaché à luy, et avoit faict un voiage et un traicté en Espagne, ainsi qu'on l'a sceu depuis, et l'on a dict mesme que Cinq-Mars, qui le luy avoit faict faire, en avoit eu la permission du Roy.

Depuis la révolte de Catalongne, Perpignan, ceste place importante du Roussillon, avoit esté presque tousjours comme investie; enfin elle fut bloquée, et, dans la créance quasi certaine qu'on la réduiroit bientôt par famine, le cardinal en voulut avoir l'honneur. Il ne pouvoit ny n'osoit abandonner le Roy de si loing, et cela luy fit prendre le dessein de luy faire faire un long voiage. Je crois mesme que, dans l'incertitude de l'esprit du Roy et les lumières que le cardinal commençoit à avoir de ce que je viens de dire, il fut bien aise d'eslongner la cour de Paris, dont la confusion, propre à former et fomenter des intrigues de ceste nature, luy faisoit prévoir de grands accidens. Elle partit donc de Sainct-Germain-en-Laye, le... 1642, prit la routte de Lyon, et le duc celle de Bourgongne, qui me fit l'honneur de manger chez moi à Dijon et de me permettre de l'accompagner, comme je fis, jusques à Senecey, où le conte de Flaye, de la maison de Foix de Gevilly, qui avoit espousé une fille de ceste maison-là, le receut, et l'évesque de Châlon, messire Jacques de Neuchaize le régala magnifiquement à son passage.

Le Roy, ou pour mieux dire le cardinal, qui ne se floit ny à la Reine ny au duc d'Orléans, laissa le prince de Condé à Paris pour gouverner les affaires en son absence : et ce fut un choix qui fut approuvé de tout le royaulme. Je ne diray rien de tout ce qui se passa dans la routte du Roy, parce que le duc, en ayant pris une autre, ny eust aucune part. Estant à Narbonne, le cardinal Mazarin, qui estoit dans une grande faveur vers le cardinal, et qui avoit faict une amitié inthime avec Chavigni, soit qu'il fût encore en joie de sa nouvelle dignité, soit qu'estant tout frais venu d'Italie, où les cardinaux ont un rang desmesuré sur les souverains mesme, soit que le cardinal de Richelieu, chagrin contre le duc de ce qu'il n'avoit jamais voulu se trouver en lieu où il fût contraint de céder au cardinal de Lion, son frère, que nous avons tous veu chartreux soubs le nom de Dom Alfonce, soit que le Mazarin, qui, voyant le cardinal de Richelieu dans une fort mauvaise santé, aspirast à occuper sa place, comme il l'a faict depuis, et que de son vivant il voulût usurper le mesme rang que luy sur les princes du sang, car le prince de Condé (par une politique plus utille qu'honeste), qui n'avoit jamais cédé à aucun cardinal, s'estoit laissé persuader, par divers intérêts, de céder au cardinal de Richelieu, non seulement en lieux tiers, mais dans sa propre maison mesme ; en quoy le duc avoit esté contraint de l'imiter. Tant y a, que le cardinal Mazarin commença à faire courre le bruict qu'il prétendoit avoir partout la droicte sur le duc d'Enghien, et celuy-cy à protester qu'il sçauroit bien, non seulement l'en empescher, mais la prendre sur luy-mesme en tous les lieux où il le trouveroit. Le cardinal de Richelieu, qui n'avoit rien tant à cœur que d'humilier les princes du sang, dict tout hault que le cardinal Mazarin avoit raison, et citoit avec affectation les exemples d'Italie ; enfin il fit dire au duc, par Chavigni, que s'il ne donnoit de bonne grâce la droicte au signor Julio (c'est ainsi qu'il l'appelloit souvent), il le luy feroit faire par auctorité, et qu'il obligeroit le Roy de faire une déclaration signée des quatre secrétaires d'Estat, scellée du grand sceau, et qu'il la feroit vérifier par tous les parlemens du royaulme, par laquelle Sa Majesté donneroit dans ses Estats la préséance partout aux cardinaux sur les princes de son sang.

Le duc respondit à Chavigni que le Roy estoit le maistre pour en user comme il luy plairoit ; mais qu'outre qu'il doubtoit fort qu'il eust ceste complaisance pour le cardinal, contre les princes de sa maison, il n'auroit jamais le pouvoir sur luy de luy faire exécutter une déclaration autant injuste que seroit celle-là, et qu'il iroit planter des choux dans une de ses maisons plus tost que de vivre à la cour dans la nécessité de désobéir le Roy, ou de faire une chose honteuse à sa naissance. Il accompagna ce discours de tant de marques de colère et de tant d'indignation contre le cardinal Mazarin et contre tous ceux qui appuiroient la prétention, que Chavigni cogneut bien que rien ne pourroit fléchir le courage du duc en ce rencontre, et qu'il faudroit le pousser à bout par l'auctorité, en quoy il prévoyoit de grands inconvéniens, dans la conjuncture des affaires dont il sçavoit mieux le secret que personne, ou trouver quelque expédient pour sortir avec addresse de ce mauvais pas.

Dans ces entrefaictes, les affaires s'esgrissoient fort entre le cardinal et Cinq-Mars, et tous les deux, quoyqu'ils gardassent encore quelques mesures de civilité, ne songeoient que se perdre l'un l'autre. Le duc, qui voyoit venir les choses aux extrémités, n'hésita pas à prendre parti, et résolut en luy-mesme de soustenir à toutes restes la fortune du cardinal, plus par honneur, par intérêt et par la cognoissance qu'il avoit du peu de fermeté du Roy, que par amitié ; la proposition que le cardinal avoit faict faire au duc par Chavigni avoit aigri la playe continuelle qu'avoit faicte dans son cœur son alliance. Il cessa d'aller chez le cardinal, de crainte que, venant à luy parler luy-mesme de la prétention de Mazarin, il ne fût obligé à venir à une rupture teste à teste avec luy ; il n'y alloit donc plus qu'avec le Roy. Un jour, y estant à la suite de Sa Majesté, il s'aperceut que Cinq-Mars avoit envie de luy parler ; il prit pour l'éviter un livre qui estoit sur la table, et se mit à y lire, pour s'empescher d'avoir une conversation avec luy : car il ne jugea pas à propos de rompre entièrement en l'estat qu'estoient les affaires. Il ne vouloit pas ny mesme aussi luy donner espérance d'estre de ses amis. Cinq-Mars vouloit profiter de l'occasion, et sachant par le Roy mesme l'aigreur que la proposition de Chavigni avoit mise dans le cœur du duc, il crut qu'il ne falloit rien obmettre de ce qui pourroit l'entretenir et l'augmenter ; il l'aborda donc et luy dict tout hault : « Quel beau livre lict Vostre Altesse ! » Il le prit et, feignant de lire, luy dict : « Ha ! Monsieur, si l'on croyoit pouvoir mériter une amitié, qu'il y auroit moyen de faire de grandes choses pour vous ! On commenceroit par obliger le Roy à décider la folle prétention du cardinal Mazarin en vostre faveur, à quoy il a assez de disposition, ne pouvant plus souffrir... » Sur ce mot le duc l'interrompit ; il reprit le livre et, faignant de lire, luy dict : « Vous ne m'estimeriez pas si, estant au cardinal ce que je luy suis, je vous laissois acquérir une telle obligation sur moy, en l'estat que sont les choses; je ne laisse pas de vous avoir obligation de vos offres, et souhaite que les choses se tournent de manière que je puisse vous en tesmoigner ma recognoissance ; cependant asseurez-vous qu'elles seront secretes et demeureront entre vous et moy. »

Cependant, Chavigny fit son rapport au cardinal de l'entretien qu'il avoit eu avec le duc, le plus addroictement qu'il luy fut possible ; il luy supprima toute l'aigreur qu'il avoit cogneue en ce jeune prince et ne luy dict que ce qui pouvoit luy faire cognoistre son grand cœur ; et qu'enfin il luy avoit dict qu'il ne pouvoit s'imaginer qu'il luy parlât par d'autres mouvemens que par ceux que l'estroitte union qui estoit entre le cardinal Mazarin et luy Chavigny, luy inspiroit, et qu'il estoit certain de deux choses l'une : que le cardinal de Richelieu avoit trop d'amitié pour luy pour le déshonnorer, et qu'il perdroit l'estime qu'il pouvoit avoir pour luy s'il se relâchoit dans un pareil rencontre ; et l'autre, que le cardinal estoit d'un mérite si extraordinaire, que ce que monsieur son père et luy avoient faict et faisoient en sa faveur ne debvoit estre tiré à aucune conséquence, et qu'il n'estoit pas possible qu'il voulût rendre un tel honneur commun entre luy et un homme qui ne faisoit que de naistre, tel qu'estoit le signor Julio.

Le cardinal de Richelieu se sentit touché d'une réponse aussi prudente que celle-là; il creut qu'en l'estat des affaires, il falloit mesnager le duc; mais comme il cognoissoit l'addresse de Chavigni, il creut qu'il luy avoit supprimé (comme il l'avoit faict) une partie de la response du duc, et fit toutes les réflexions nécessaires sur son courage et sur son adresse, pour, en temps et lieu, luy faire faire ce que la prudence luy fit sursoir pour lors.

Chavigni n'en usa pas ainsy en faisant le mesme rapport au cardinal Mazarin, car, oultre les mesmes choses qu'il dict au cardinal de Richelieu, il adjousta toute la colère que le duc avoit tesmoignée contre son entreprise. Le Mazarin avoit l'esprit souple et adroict ; il voyoit Richelieu embarrassé de l'intrigue de Cinq-Mars, et sa santé foible et incertaine ; il avoit de grandes prétentions pour le devenir ; il creut qu'il ne debvoit pas se faire un ennemy de l'âge, de la qualité et de la vigueur du duc ; il ne voulut pas aussi aller tout à coup du blanc au noir, de sorte qu'il fit négoter, par Chavigny, avec le duc et avec le cardinal de Richelieu, et fit consentir l'un et l'autre que le duc et luy ne s'entre-visiteroient plus en leurs maisons, et que partout ailleurs ils vivroient en jeunes gens et sans cérémonie.

Ceste affaire ajustée, le duc laisse le cardinal malade et part pour le siége de Perpinian, où estoit le Roy ; il fut suivi de quantité de nobles, et comme la faveur de Cinq-Mars alloit croissant, et que le Roy ne pouvoit s'empescher de faire cognoistre la passion desmesurée qu'il avoit pour luy, et la diminution des égards qu'il avoit coustume d'avoir pour le cardinal, le duc commença à s'asseurer de ses amis et à les engager dans les intérêts du cardinal, qui luy en tesmoigna quelque recognoissance par ses lettres.

Peu de temps après, il n'y eust plus de mesures entre le cardinal et Cinq-Mars ; il fallut jouer à quitte ou à double; celuy-ci se retira malade à Tarascon, et laissa agir Des Noyers, secrétaire d'Estat, sa créature, homme de beaucoup d'application aux affaires, de grande modestie, mais ferme et de maximes absolues auprès du Roy, qui avoit beaucoup de confiance en luy, et d'un autre costé Chavigny, et les autres personnes attachées à sa fortune, qui estoient en grand nombre, par le soing merveilleux qu'avoit le cardinal de leur faire du bien, autant que par le peu de fermeté du Roy. Le duc quitta la cour pour suivre Richelieu dans sa retraicte ; il escript et agit de toutes parts pour s'asseurer en sa faveur de ses amis du Languedoc, comme il avoit fait de ceux qui estoient à l'armée.

Dans ce temps-là, par le moyen des lettres que portoit et reportoit le courrier de Flandres à Madrid, qu'on interceptoit et que l'on deschiffroit, comme je diray ailleurs, on descouvrit le traicté que Fontrailles avoit faict en Espagne, et l'on sceut par là, et par les gens que le cardinal avoit prez de Monsieur et prez de la Reine, le destail des intrigues dont je viens de parler. Le Roy fut vivement pressé et enfin donna les mains à faire, comme l'on fit, arrester le duc de Bouillon dans l'armée mesme qu'il commendoit, Cinq-Mars et de Thou à la cour. L'on fit venir le chancelier de France, messire Pierre Séguier, à Lyon, où, avec des commissaires nommés par le Roy, il leur fit leurs procès. La foiblesse et la crainte prévallurent sur la passion que ce bon prince avoit pour Cinq-Mars : luy et de Thou eurent le col couppé, et la place de Sedan, que le duc de Bouillon fit remestre entre les mains du Roy, luy sauva la vie.

Je ne diray pas icy le destail de leur accusation ny de leur procès; il y en a des volumes entiers imprimés, et cela est tout-à-fait hors de mon subject; je diray seulement que, dez le commencement de la campagne, le cardinal despescha Tourville, en qui il avoit beaucoup de confiance, et qui estoit premier gentilhomme de la chambre du duc; il arriva à Dijon chargé de lectres du Roy, contresignées de Des Noyers, pour le premier président et pour moy, en créance sur luy. Et parce qu'il me cognoissoit plus qu'aucun autre de la ville, quoyque je n'eusse pas pour lors beaucoup d'habitude avec luy, et parce qu'il sçavoit mon attachement pour le duc, il vint descendre en poste tout droict en mon logis. Je sçavois les desmeslés qui avoient esté entre le duc et le cardinal Mazarin, et la part que Richelieu y avoit prise, de sorte qu'à la veue de Tourville, qui avoit esté mis par luy, à la prière de Chavigni, près le duc, il me vint dans l'esprit, au moment qu'il me rendit la lectre du Roy, et avant qu'il m'eust expliqué sa créance, qu'il n'estoit despesché en Bourgongne, que pour y tramer quelque chose contre le duc et contre le prince son père, car l'affaire de Cinq-Mars n'avoit pas encore esclatté, et n'esclatta que long-temps après.

Ceste créance me fit dire à Tourville que je le voyois arriver avec si peu d'équipage, que je craignois qu'il ne fût incommodé en l'hostellerie, et que, s'il vouloit demeurer chez moy, je le tiendrois à grâce et à honneur; il me prit galamment au mot, et resta toute la campagne chez moy, dont j'eus bien de la joye: d'abord, parce que je creus que j'observerois sa conduite de près, et en donnerois soubs main part au duc et au prince son père; et par la suite j'en eus encore dadvantage, par la cognoissance particulière que j'eus de l'affaire qui l'avoit faict despescher, et de beaucoup d'autres qui y eurent de la connexité dans la suitte.

Les ordres dont ce gentilhomme estoit chargé estoient fort extraordinaires, et je ne sçay comment un homme autant éclairé que l'estoit le cardinal, s'estoit imaginé qu'il fût possible de les exécuter dans une province, quand on a tant de peine d'en venir à bout dans le Louvre mesme, quelque prétention qu'on y apporte; ces ordres donc estoient d'arrester le duc d'Orléans aux endroits où il pourroit passer en Bourgongne, s'il arrivoit qu'il s'allât jetter dans la Franche-Conté, comme le cardinal croyoit qu'il pourroit faire, et comme il l'avoit desjà faict une fois. Le premier président n'en fut pas moins surpris que moy, et tous deux remonstrasmes à Tourville la difficulté, ou pour mieux dire, l'impossibilité de mettre à fin une telle entreprise. Nous escrivismes de concert au cardinal et à Des Noyers ce qu'il nous en sembloit, et les suittes que pourroit avoir ce dessein, si on l'exécuttoit, et si on ne l'exécuttoit pas et qu'on vînt à le descouvrir; nous représentasmes la nécessité d'avoir des troupes affiliées en cas que le Roy continuast dans ceste résolution; et enfin nous asseurasmes l'un et l'autre qu'on pourroit se fier à nostre secret et à nostre fidelle punctualité à obéir à tout ce qu'il plairoit à Sa Majesté de nous commander.

Le duc d'Orléans estoit tellement investi de gens gagnés par le cardinal, qu'il sçavoit toutes ses actions et toutes ses pensées; il croyoit qu'il seroit punctuellement adverti du dessein qu'il prendroit, lorsque l'on viendroit à arrester le duc de Bouillon et les autres, avec lesquels on croyoit qu'il eust de la relation; qu'il le seroit encore de la roulte qu'il pourroit tenir et du nombre de gens qui l'accompagnoient; et le cardinal ne doubtoit pas qu'il ne peut, à point nommé, envoyer dans les lieux qu'il conviendroit les hommes et les ordres nécessaires pour l'arrester. Pendant le séjour que Tourville fit à Dijon, il se présenta de petites occasions de servir et de plaire au cardinal, surtout quand il se retira de la cour et qu'on publia dans le monde le renversement de sa faveur. Plusieurs estourdis s'émancipèrent à parler indiscrètement; j'en fis emprisonner un qui avoit esté plus téméraire que les autres; le cardinal en fut adverti par les despêches de Tourville, qui en d'autres occasions luy avoit mandé que j'avois, avec une forte passion pour son service, beaucoup d'estime et d'amitié pour sa personne; et quand il estoit persuadé de telles choses, il se confioit fort aisément à ceux de qui on luy avoit donné telles assurances.

On vint à arrester le prisonnier dont j'ay parlé, c'estoit son affaire particulière; il ne chercha que des gens intéressés à sa fortune, ou qui il creut estre aymé personnellement, pour les faire les juges de leur procès. Il s'alla donc mestre dans l'esprit, sur les bons offices que m'avoit rendus Tourville, que je serois propre à faire la charge de procureur-général en ceste commission : de sorte que je receus par un exempt des gardes une lettre de cachet contresignée de Chavigni, qui m'ordonnoit de me rendre à Lyon pour cela, à la suitte du chancelier de France, qui y debvoit présider, comme il fit en effect. Je fus surpris et affligé de cest ordre que beaucoup d'autres auroient recherché avec ardeur; mais je considérois que j'estois jeune, que je debvois éviter de fâcher le cardinal, ou de me mettre bien avec luy au dépend de ma réputation et conscience; je remonstrai à Tourville que les accusés seroient trouvés coupables ou non : que s'ils estoient innocens envers le Roy, ils ne pourroient jamais l'estre envers le cardinal, qu'ils avoient voulu perdre ; et que, si je venois à estre obligé par honneur à deffendre leur innocence, jamais le cardinal ne se feroit assez de justice, ny à moy, pour me le pardonner et n'en conserver point de maltalent contre moy; et que, si au contraire je les trouvois coulpables envers le Roy et envers l'Estat des crimes qu'on leur imputoit, et que je fisse, comme je ferois infailliblement, mon devoir pour les faire punir, la malignité des hommes estoit telle, que je ne me laverois jamais, dans la créance publique, d'avoir eu plus d'esgards à la faveur qu'à la justice. J'adjoustay que, s'ils avoient faict leurs prétendus crimes dans mon ressort, je n'aurois pas attendu les ordres du Roy pour satisfaire à mon debvoir en leur faisant leur procès; mais que de voir choisir un homme en Bourgongne pour agir dans l'estendue du parlement de Paris, pour des crimes prétendus faits en divers endroits, et mesme hors du royaulme, cela sentiroit fort l'homme desvoué, ce que je ne voulois jamais qu'on peut croire de moy; et qu'enfin, mon père, qui avoit esté juge du mareschal de Marillac, et qui s'estoit trouvé d'advis contraire à l'arrest qui le fit mourir, avoit acquis par sa fermeté quelque réputation qui avoit rejailli sur ses enfans; que je ne voulois pas la perdre, ny me brouiller à la cour; et qu'ainsi je le suppliois de me desfaire de cest amploy, que je croiois qu'il m'avoit procuré, écrivant favorablement de moy au cardinal.

Tourville me remonstra, par l'amitié qu'il me portoit, que je me faisois tort de négliger un amploy qui me feroit cognoistre à la cour et pourroit, en satisfaisant à ma conscience, pour ou contre, m'eslever à de grandes choses par les uns ou par les autres; que si je le refusois, je me perdrois immanquablement avec le cardinal, avec lequel il n'y avoit point de retour; et qu'au bout du compte il ne sçavoit comment il pourroit escrire ny à luy ny à Chavigni contre un choix qu'il sçavoit qu'ils avoient faict. Il me vint dans la teste de le prier de mentir en ma faveur, et de mander à l'un et à l'autre, que j'estois fort propre à l'amploy auquel ils m'avoient destiné ; mais que j'estois si fort affectionné au service du Roy et du cardinal, si capable à entreprendre quelque chose de hardi, et si fort accrédité dans ma province, que si l'on m'en tiroit, il estoit impossible qu'il peust y exécuter rien aprochant du subject qui l'y avoit amené. « Vous avez raison, me dit-il, ceste despêche ne pourra que vous faire du bien, quoy qu'il arrive, et peut-estre dans la créance qu'ils trouveront un procureur-général ailleurs à leur mode, et qu'ils ne pourroient vous remplacer icy, ils vous ordonneront d'y demeurer. » C'est expédient réussit si heureusement pour moy, que, par le retour du courrier de Tourville, j'eus ordre de demeurer en Bourgongne et nous sceumes qu'on avoit nommé Colombinière, procureur-général au parlement de Grenoble, pour occuper à Lyon la place qu'on m'y avoit destinée.

Cependant le cardinal, plus accrédité que jamais depuis la prison de ses ennemis, estoit à Tarascon malade; le duc luy tint long-temps compagnie, et se divertissoit à tous les plaisirs de son âge. Il devint amoureux d'une jeune et aymable bourgeoise de ce lieu, la nommée Minette, de qui enfin il eust un fils par la suitte du temps, qui vescut très-peu; mais ses plaisirs, qui ne luy ont jamais faict perdre un moment de son debvoir, furent bientost interrompus par un bruit qui courut que les Espagnols assembloient une armée à dessein de secourir Perpignan. Le cardinal, rasseuré des frayeurs qu'il avoit eues, approuva le dessein qu'il avoit pris de retourner au siège ; il assembla douze cents gentilshommes des provinces voisines; il en forma des escadrons, se mit à leur teste, et les mena à l'armée.

Le prince de Condé, qui avoit sceu les prétentions du cardinal Mazarin et la résolution que le cardinal de Richelieu avoit prise de les appuyer et faire soustenir par l'auctorité du Roy, comme j'avois dict, avoit eu de grandes frayeurs ; je ne sçay s'il fut adverti à Paris, où il estoit pendant l'absence du Roy, que ceste affaire estoit encore sur le tapis, ou s'il creut que le cardinal, ayant accablé Cinq-Mars et sa faction, n'auroit plus rien qui le retint, et qu'il ne manqueroit pas de renouveller le dessein qu'il avoit eu de faire donner la déclaration dont nous avons parlé, contre les princes du sang, en faveur des cardinaux, qui seroit une bresche difficile à réparer ; tant y a qu'il partit de Paris, vint à la cour, vit le cardinal, et, par l'entremise de Chavigni, convint avec luy que le duc son fils, à son retour, verroit à Lyon le cardinal de Lion, son frère, dans son logis, où il souffriroit qu'il prît la droicte sur luy; et sur ceste parolle, il tira du cardinal celle qu'on ne parleroit plus de la déclaration en question.

Le prince eust ses raisons pour donner ceste parole; mais quand il proposa au duc, son fils, de l'exécuter, il y trouva tant d'opposition et tant de résistance, qu'il ne sçavoit à quoy se résoudre, ou de pousser le duc à bout et luy faire prendre quelque résolution extrême par le désespoir auquel il le voyoit réduict, ou de manquer à la promesse qu'il avoit faicte au cardinal, assez légèrement, sur la présuposition du pouvoir absolu qu'il avoit sur le duc, et sur l'assurance que le père Meusnier, jésuitte, qu'il avoit mis auprès de luy de longue main, et qui depuis avoit pris des mesures avec le cardinal, luy avoit donné par plusieurs de ses lettres, et de vive voix, que, quand il seroit engagé, le duc immanquablement dégageroit sa parole. Enfin, après de longues contestations, le duc, qui ne demandoit qu'à voir eslongner le prince son père, qui alloit visiter ses terres de Languedoc, et repasser par la Bretagne pour se rendre à la cour, dans le temps que le cardinal prétendoit y arriver, luy donna quelque espérance de voir le cardinal de Lion en la manière qu'il l'avoit promis au cardinal de Richelieu. Le prince creut qu'ayant parlé comme il fit à tous ceux qui approchoient monsieur son fils, ils le fortifieroient dans ceste résolution, en telle sorte qu'il n'auroit jamais la force de prendre celle de fâcher le prince son père et le cardinal tout à la fois : et dans ceste créance il poursuivit son voiage.

La cour se mit en marche pour retourner du costé de Paris ; le cardinal, de qui la grande maladie s'estoit terminée à un ulcère fâcheux au bras, prit résolution de venir à Bourbon-Lancy, pour se servir des eaux minérales qui y sont et que ses médecins creurent debvoir contribuer au restablissement de sa santé. Il ne pouvoit souffrir litière ny carrosse ; on invanta une machine faicte à-peu-près comme un lict, où il estoit dans la mesme situation. Elle estoit portée par douze hommes qu'on relayoit d'espace en espace ; mais elle estoit si large qu'elle ne pouvoit passer par les portes ; il falloit abbatre les croisées des fenêtres et faire un pont pour le faire monter dans les chambres haultes où il logeoit tousjours.

Perpignan fut pris, Cinq-Mars et de Thou décapités à Lyon, Sedan rendu, et le duc de Bouillon mis en liberté ; on prit et l'on visita les cassettes que la Reine avoit dans l'abbaye du Val-de-Grâce, qu'elle a fait depuis bastir superbement, où elle est inhumée, et où elle se retiroit souvent pendant sa vie. Le chancelier mesme l'interrogea ; le Roy envoya une déclaration au parlement contre le duc d'Orléans. Les histoires en sont remplies. Le duc prit la poste, passa à Lyon ; il soupa et coucha chez l'archevesque, frère du mareschal de Villeroy, qui pour lors n'estoit qu'abbé d'Aisné ; il s'estoit entretenu, en passant à Tournon, avec les principaux de sa suitte, auxquels il tesmoigna une si grande répugnance à voir le cardinal de Lion, que pas un n'osa luy conseiller de le faire, et au contraire, ils se firent tous un point d'honneur de le fortifier dans la résolution qu'il avoit prise de ne le point voir ; aussi l'exécuta-il avec beaucoup de circonstances de mespris.

Ce cardinal l'attendoit pour recevoir le triomphe dont on l'avoit flatté ; il avoit faict meubler superbement son logis pour y recevoir le duc, qu'il n'avoit jamais veu depuis l'honneur qu'avoit reçu leur famille d'espouzer mademoiselle de Brézé, sa niepce ; il luy avoit préparé une très-grande chère et tous les divertissemens qu'on pouvoit luy donner à Lyon : tout cela fut payé d'un compliment qu'il luy envoya faire avant que de partir. Le duc suivit sa routte ; il joignit la cour à Tarrare. Le cardinal de Richelieu, qui attendoit avec une impatience mortelle l'effect des paroles du prince de Condé, sceut la manière dont le duc, son fils, en avoit uzé en passant à Lyon ; il s'en mit dans des transports de colère si grands, que chacun croyoit qu'il en mourroit : il se voyoit mourant ; il sçavoit de longue main, par mademoiselle de Lacroix, seur du baron de Migenne, parente de Chavigni, qu'il avoit establie dame d'honneur de la duchesse, tout ce qui se passoit entre le duc et elle, dans les heures les plus secrètes et les plus particulières ; il cognoissoit la fierté et la grandeur du courage de ce prince, et par là aussi bien que par l'injure qu'il venoit de faire au cardinal de Lion, son frère, il tira les conséquences telles qu'il debvoit, des desseins que le duc pouvoit avoir sur le subject de la duchesse sa femme, et de toute sa maison, quand il viendroit à mourir ; et dans ceste pensée il se laissoit abandonner à sa fureur ; et j'appris pour lors, de quelques-uns qui avoient esté tesmoings de ses emportemens, que ce grand homme n'eut, en ce rencontre, plus de pouvoir sur luy-mesme, et jura si terriblement qu'ils en eurent horreur.

On ne sçavoit comment faire pour luy dire l'arrivée du duc auprès de luy, ny commant luy proposer de le voir ; il en fit d'abord de grandes difficultés ; mais comme tous ceux qui l'approchoient, en qui il avoit créance, le regardoient comme un homme de la santé duquel il n'y avoit pas d'espérance, ils considéroient le duc comme celuy de qui, après la mort de leur maistre, ils debvoient tirer toute protection, de sorte qu'ils n'oublièrent rien de tout ce qu'ils creurent debvoir adoucir son esprit irrité. Ils avoient beau rejecter toute la faulte sur le conseil qu'avoient donné au duc les jeunes seigneurs qui l'accompagnoient dans son voyage, le cardinal sçavoit bien qu'ils n'avoient pas du pouvoir sur luy assez pour luy faire prendre ou changer une résolution de ceste nature. Quand on luy disoit que peut-estre le prince son père avoit biaizé en ceste occasion, qu'il luy avoit parlé d'une façon, et de l'autre au duc son fils, il répliquoit qu'il cognoissoit le cœur de l'un et de l'autre; que le père avoit agi de bonne foy avec luy, mais que le fils, par un guet-à-pand formé, lui avoit voulu faire une injure et acquérir la réputation d'un homme ferme à ses dépends, et qu'il n'avoit compté pour rien la parole de son père, ny celle qu'il pouvoit luy avoir donnée. Quelques-uns luy dirent qu'il falloit considérer la jeunesse du duc. « Quand la jeunesse (disoit-il) est autant esclairée que la sienne, on doibt attribuer tout ce qu'elle faict de mal à malice et à dessein. Que fera-il quand j'auray les yeux fermés, puisque à ma barbe, et dans l'auctorité où je me trouve, il choisit mon frère aisné pour couvrir ma maison d'oprobre? Croit-il que je luy aye donné ma niepce pour estre son pourvoyeur; qu'il n'a pris mon alliance que pour en tirer des establissemens et du bien, et pour se faire estimer dans le monde en donnant de la joie à mes ennemis par les outrages qu'il me faict? » Et, dans ceste pensée, rien ne le pouvoit consoler.

Le duc n'avoit point d'excuses à luy donner; le silence près de luy estoit le seul parti qu'il pouvoit prendre; mais je sçay bien qu'il disoit à ses amis et à ses serviteurs les mesmes choses qu'il me fit l'honneur de me dire à Bourbon, dont je parleray cy-après. Et cependant chacun raisonoit à sa mode : les uns disoient qu'estant jeune et nepveux du cardinal de Lion aussi bien que du cardinal de Richelieu, il n'y avoit nulle raison de mectre de la différence entre eux; que, puisqu'il avoit pris leur alliance, il debvoit les mesnager pour en tirer tout le bien et tous les advantages qu'il pourroit; que dans un autre temps il regagneroit sur les autres cardinaux ce dont il auroit bien voulu flatter la vanité de ceux-cy; qu'il pouvoit apporter quelque tempéramment à la chose; qu'arrivant à deux heures après minuict à Lyon, il auroit trouvé le cardinal dans son lict, qu'il l'auroit embrassé, et que, feignant que la maladie du cardinal de Richelieu luy donnoit de l'inquiectude, il auroit pris congé de luy et passé oultre toute la nuict; et qu'ainsi il auroit évité la cérémonie à quoy monsieur son père s'estoit engagé; qu'au bout du compte il leur avoit tesmoigné de la mauvaise volonté sans profit, puisqu'il n'avoit ny amis, ny auctorité qui peut résister à celle du cardinal; et qu'il auroit à la fin le dégoust d'avoir espouzé sa niepce sans que ce mariage eust en rien contribué à sa fortune.

Les autres, au contraire, disoient que, depuis prez de deux ans qu'il l'avoit espouzée, il n'en avoit tiré ny bien, ny avantage; que le bien n'est pas ce qui faict considérer les princes de sa naissance; et que ses ayeux et bisayeux, qui n'avoient, pour ainsy parler, que l'espée et la cappe, avec des amis et de l'estime, avoient faict tout ce que nous sçavons; que le cardinal, en le mariant avec mademoiselle de Brézé, n'avoit songé qu'à illustrer sa maison, et non pas à l'appauvrir pour enrichir le duc; qu'on pardonnoit à monsieur son père d'avoir pris le parti de combler sa maison de biens, puisque sa pante naturelle luy avoit donné ceste inclination; qu'il estoit d'un âge, et s'estoit mis sur un pied dans le monde à mespriser tout ce qu'on pouvoit dire de luy; mais que le duc estant jeune et né d'un père establi en biens, en gouvernemens, qui ne pouvoient luy eschapper un jour, ne debvoit songer qu'à acquérir de la gloire; que les trois campagnes qu'il avoit faictes, avoient faict cognoistre son grand courage à toute la France; et que ce qu'il venoit de faire aux cardinaux Mazarin et de Lion, soustenus de l'auctorité du cardinal de Richelieu, feroit advouer qu'il estoit inflexible aux choses qui sont indignes de sa naissance; que celuy-cy estoit moribon, et qu'il n'auroit pas le loisir de luy faire sentir les effets de sa colère, et qu'enfin, quand pour l'éviter il seroit obligé à sortir pour un temps du royaulme, il y reviendroit tost après, plain de réputation et de gloire.

Pendant que chaqu'un raisonnoit à sa mode, le voiage continuoit. Le Roy passa jusques à Sainct-Germain, et le cardinal demeura, comme j'ay dict, à Bourbon-Lancy, et le duc avec luy. Le premier portoit impatiemment la présence de celuy-cy, et n'est jamais revenu de sa colère; il la dissimula seulement par vanité, et pour faire juger au monde que rien ne pouvoit altérer la quiétude de son esprit, honteux qu'il estoit des emportemens dans lesquels ses familiers amis l'avoient veu, et se croyant assés fort pour en tirer une prompte vengeance, comme je crois qu'il eust faict si la mort ne l'eût prévenu.

Le duc avoit faict son coup; il n'avoit qu'à essayer de ramener insensiblement par ses amis l'esprit du cardinal; ce qu'il venoit de faire à Lyon avoit esclatté; toutes ses négotiations pour le faire oublier au cardinal estoient secrètes et souterraines; toute la terre avoit veu de quelle manière il estoit entré dans les intérêts du cardinal au voiage de Perpignan; et comme il estoit craint et hay, et que le duc au contraire estoit aymé et estimé, on ne pouvoit souffrir dans le monde qu'après les grands et importans services que le cardinal en avoit receu, il eust voulu luy donner l'amertume de rendre un honneur à son frère qu'il ne luy debvoit point, et que, dans le temps qu'il estoit près de s'exposer à tout pour soustenir sa fortune chancelante et doubteuse, il eust voulu l'obliger à en faire autant au Mazarin, duquel à peine sçavoit-on la naissance.

En ce temps-là, j'arrivai à Bourbon sans rien sçavoir de tout ce que je viens de dire; je croiois au contraire que le cardinal estoit plein de satisfaction et de recognoissance pour le duc, que je congratulai en le saluant de toute la réputation qu'il avoit acquise en son voyage. Il me fit l'honneur de me faire donner une chambre en sa maison; il nous réconcilia le premier président pour luy et moy, car, d'amis que nous étions auparavant, quelques intérêts de la fonction de nos charges nous avoient depuis peu rendus ennemis: il nous présenta le lendemain matin l'un et l'autre au cardinal, puis il alla à la chasse.

Tourville, que je n'avois point encore entretenu, prit le temps de l'absence du duc pour m'expliquer le fâcheux estat auquel il estoit avec le cardinal; il me raconta tout le destail de ce que je viens de dire, et adjousta que, parce que le cardinal avoit pris le parti de la dissimulation, le duc croyoit qu'il avoit oublié l'affaire de Lyon; mais qu'il pouvoit m'asseurer qu'il l'avoit entretenu une heure ce matin-là; qu'il ne l'avoit jamais veu dans une telle colère; qu'il avoit faict en sa présence de grands sermens, qu'il se vangeroit de l'injure que le duc luy avoit faicte; et pour preuve de ce que me disoit Tourville, il m'asseura que le duc recevroit ordre le lendemain de sortir de Bourbon et de se rendre à la suitte du Roy. Il me dict de suitte qu'il se trouvoit bien embarrassé, car, estant domestique du duc, son debvoir l'obligeoit à luy faire sçavoir ce qu'il me disoit; mais que, d'un autre costé, cognoissant la délicatesse de son esprit, il ne manqueroit pas de croire qu'ayant esté mis près de luy par le cardinal, il ne luy diroit que ce que celuy-ci luy auroit ordonné de luy dire. Et après avoir longtemps raisonné sur ce qu'il debvoit faire en ceste occasion, il me pria de dire tout ceci au duc, sans le citer, et comme si je l'avois apris d'ailleurs, pour donner plus de crédit à ce que je luy dirois. Il me pria encore de dire au duc que je sçavois de bonne part que ceux qui luy persuadoient que le cardinal avoit tout oublié, avoient des attachemens, qui avec la duchesse d'Eguillon, qui avec La Meilleraye, auxquels il importoit que jamais il n'y eust d'union sincère entre le cardinal et luy.

Je jugeai bien de quelle importance il estoit d'apaiser la colère du cardinal, et d'essayer de porter le duc à faire les advances nécessaires pour en venir à bout; aussi demandai-je à Tourville ce qu'il croioit qu'il falloit faire pour cela. Il me respondit qu'il en désespéroit, cognoissant comme il faisoit l'ulcère que le cardinal avoit dans le cœur et l'obstination du duc à soustenir sa gageure; mais que s'il estoit capable de luy donner conseil, et que luy fût d'humeur à le suivre, il luy donneroit celuy d'aller voir le cardinal; de le prier de faire retirer tout le monde; qu'il luy diroit la douleur qu'il avoit de luy avoir despleu; qu'il avoit creu qu'il perdroit toute l'estime et la bonne opinion qu'il luy avoit tesmoigné avoir de luy, s'il avoit faict une chose qu'il croyoit indigne de sa naissance; qu'il voyoit bien qu'il s'estoit trompé; qu'il en estoit au désespoir et d'avoir perdu son amitié qui luy tenoit lieu de toutte chose et sans laquelle il ne pouvoit vivre; qu'il la luy demandoit par toute celle qu'il avoit pour luy, et que, pour la mériter, il feroit toute chose et mesme retourneroit à Lyon pour réparer la faulte qu'il avoit faicte. Tourville me dict encore que tout ce qu'il diroit en particulier au cardinal, qui estoit l'homme du monde qui se laissoit le plus toucher à l'amitié, ne seroit sceu de personne, et ainsy ne tireroit à aucune conséquence dans l'esprit du monde; qu'il valloit mieux qu'il fît de nécessité vertu, que d'estre contraint, comme infailliblement il le seroit, de retourner voir le cardinal de Lion, et par l'auctorité de la cour, et par celle du prince son père; qu'après qu'il auroit faict cela, il debvoit retourner à Paris, bien vivre avec la duchesse et *coucher de bonne foy* avec elle; et que, comme le cardinal sçavoit de science certaine qu'il n'avoit point encore consommé le mariage, il ne pouvoit jamais, quoy que le duc peut faire et dire, avoir confiance en luy, ny luy donner sincèrement son amitié.

Je répliquai à Tourville tout ce que la cognoissance que j'avois de l'esprit et du cœur du duc me fit penser, et enfin je luy promis de luy dire mot pour mot ce qu'il venoit de m'apprendre, et mesme de luy insinuer les remèdes dont il m'avoit parlé. Et par effect, le duc retournant de la chasse et me trouvant sur une petite place qui est à Bourbon, où je me promenois avec l'évesque de Rennes, à présent archevesque d'Auch (1), et avec l'abbé de Beaulmont, pour lors maistre de chambre du cardinal, depuis précepteur du Roy, et maintenant archevesque de Paris, il m'appella et me mena sur les fontaines, où il me demanda de quoy nous nous entretenions. « D'une chose, luy dis-je, Monsieur, qui m'a fort surpris et dont je n'avois point encore ouy parler ; » et luy dis tout au long ce que je viens de rapporter. De bonne fortune, il creut que j'avois sceu toute ceste affaire et toutes les suittes par ceux avec lesquels il m'avoit trouvé, de sorte qu'il me fut fort aisé de tenir à Tourville la parolle que je luy avois donnée de ne le point mettre en jeu.

Le duc me parut fort surpris de me voir si bien instruict d'une affaire qu'il ne croioit pas qui deust venir si tost jusques à moy, ny avec autant de particularités : « Il est vray, me dict-il, que j'en ai usé de la sorte que vous le dictes en passant à Lyon, et que le cardinal en a esté en colère ; mais je puis vous asseurer qu'elle est entièrement passée ; que je crois estre bien avec luy, et que ce matin il m'a mieux traicté qu'il n'avoit faict depuis tout cecy. — Je crains fort, Monseigneur, lui dis-je, que vous ne soyez trompé en cela (si j'ose vous le dire) : car je sçay encore telle et telle chose. » Et ne luy obmis rien de tout ce que Tourville m'avoit asseuré avoir ouy dire ce jour-là mesme au cardinal, et luy en rapportai tant de particularités qu'il n'eust point de peine à le croire.

Pour lors toute la colère du duc esclatta, premièrement contre le prince son père qui l'avoit voulu engager à une bassesse qu'il n'auroit pas faicte pour toutes les fortunes du monde ; il nia fortement luy avoir promis de voir le cardinal de Lion, à telles enseignes que, comme il l'en pressoit fortement, il luy avoit dict ces mots : « Si vous voulés, Monsieur, que je le voye, vous n'avez qu'à me frayer le chemin ; et par la mesme raison que je n'ay faict aucune difficulté de laisser prendre la droicte à votre exemple au cardinal de Richelieu, je la donneray à celuy de Lion quand vous la luy aurés donnée ; » que le prince son père luy respondit qu'il mourroit plustost que de le faire ; qu'il avoit toujours maintenu son rang sur tous les cardinaux qui avoient esté de son temps à la cour ; qu'il avoit bien eu de la peine de gagner sur luy de céder au cardinal de Richelieu ; que la crainte d'estre opprimé et l'envie desmesurée qu'il avoit eue d'establir sa maison (comme il avoit faict), luy avoit faict avoir ceste complaisance ; mais que, pour le cardinal de Lion, il ne l'auroit jamais voulu faire et ne le feroit de sa vie. « Vous estonnés-vous, luy répliqua-t-il, Monsieur, si je refuse de le voir après ce que vous venés de me dire, ayant un honneur dont je suis autant jaloux que vous pouvez estre du vostre ; » que sur cela le prince s'estant mis en grande colère, il luy avoit dict, pour le contenter, qu'il feroit toujours pour luy plaire tout ce qui luy seroit possible ; que Monsieur son père avoit pris cela pour une parolle, et qu'avant que de luy avoir faict l'honneur de luy parler, il avoit donné la sienne au cardinal ; qu'il ne tiendroit qu'à luy de l'exécuter en voyant le cardinal de Lion, après quoy il le verroit à son imitation et ne pourroit en estre blasmé.

Je voulus dire au duc que son âge, celuy du cardinal de Lion et la parenté pouvoient auctoriser dans le public toutes les défférances qu'il voudroit bien luy rendre : « Si c'est par l'âge, me repartit-il, et par la proximité, je debvrois à plus forte raison céder au mareschal de Brézé, qui est mon beau-père. — Il est bien esloigné de le prétendre, lui dis-je. — Je le sçay bien, me respondit-il, ce n'est donc pas à la parenté que vous voudriez que je défférasse, c'est à la dignité du cardinal, et c'est pourquoy je ne le veux pas faire ; le cardinal de Richelieu est un tiran : il a poussé la Reine, la Reine-Mère, Monsieur, le comte de Soissons à bout, aussi bien que la maison de Guise, celle de Vendosme et tant d'autres ; monsieur mon père a creu qu'en me faisant espouser sa niepce, il se pareroit et moy aussi de ses violences ; il le sert de la meilleure foy du monde en tout ce qu'il peut ; il n'y a sédition dans les provinces qu'il n'appaize ; termine tout ce qui s'eslève contre luy dans les parlemens ; il s'attire l'inimitié de toute la France en portant et faisant vérifier les édits dans les compagnies souveraines ; il luy a donné la droicte en son propre logis ; il n'est complaisance qu'il n'ayt pour luy et pour tous ses parens ; qu'a-t-il faict pour luy ? Il luy a donné le gouvernement de Bourgogne, parce qu'il vouloit l'oster au duc de Bellegarde, son ennemy mortel, et c'est le feu mareschal d'Effiat qui le luy persuada, parce qu'il vouloit avoir de monsieur mon père le gouvernement du Bourbonnois, comme il l'a eu. Le cardinal luy a donné l'abbaye de Saint-Denis pour le rendre irréconciliable avec la maison de Guise ; et toutes les prières de monsieur mon père l'ont-elles empesché de faire couper la teste à mon oncle de Montmorency ? » Enfin, avec une impétuosité non pareille, il exagéra l'humeur im-

---

(1) Henri de La Motte Houdancourt fut nommé archevêque d'Auch en 1662, et mourut en 1684. Pierre Lenet travaillait donc à cette partie de ses Mémoires après l'année 1662.

périeuse du cardinal, et les defférances peu honnestes que le prince son père avoit eu pour luy; puis il me dict qu'on luy arracheroit le cœur plus tost que de luy faire faire chose indigne de luy; que le sort en estoit jetté; qu'il jugeoit, par ce que je luy venois de dire et par ce que le cardinal luy avoit dict ce jour-là mesme, qu'il couvoit beaucoup de venin contre luy; qu'il tâcheroit à s'en parer s'il pouvoit, sinon, qu'il sçauroit prendre son parti en homme d'honneur.

Tout ce que le duc me dict et ce que je pris la liberté de luy dire pour tâcher à modérer la fierté dans laquelle je le trouvai plus de deux heures, toute la cour du cardinal, qui se promenoit dans la place, observa que nous parlions d'action et quelques-uns le rapportèrent au cardinal, qui chargea Tourville, qu'il sçavoit estre mon amy, de sçavoir addroictement de moy quel estoit le subject d'une si longue conversation. Il vint me dire tout sincèrement l'ordre qu'il avoit receu; je luy repartis qu'il pouvoit bien juger de quoy nous nous entretenions; que j'avois dict au duc tout ce qu'il m'avoit appris; que je l'avois trouvé fort arresté à ne pas avoir de complaisances lâches pour le cardinal, mais aussi fort résolu à luy rendre tous les debvoirs et tous les tesmoignages de respect, d'estime et d'amitié qu'il debvoit à un aussi grand homme que luy, et d'hazarder toutes choses pour soustenir sa fortune et ses intérêts; qu'il avoit espéré, en espouzant sa niepce, qu'il le trouveroit toujours très-sensible à tout ce qui le toucheroit, et qu'il ne demanderoit jamais de récompense de tout ce qu'il feroit pour luy dans toute la suitte de sa vie, que de mesnager sa réputation et son honneur; et que je croiois que le duc diroit tout cela luy-mesme au cardinal, avec amitié et avec tendresse, quand il le verroit; mais que je lui conseillois de gagner les devans et d'advertir le cardinal de Richelieu de ceste bonne résolution, afin qu'il eust le cœur préparé à escouter favorablement ce que le duc luy debvoit dire. J'adjoustai encore, pour luy respondre sur ce qu'il m'avoit dict de l'estat auquel monsieur et madame la duchesse estoient ensemble, que j'avois cogneu par son discours que la grande jeunesse de madame la duchesse et le soing qu'il avoit de sa santé l'avoient bien malgré luy obligé à en user comme il avoit faict.

Je rendis compte de tout au duc, le soir qu'il prit la peine de venir dans ma chambre, afin que dans l'occasion il peut tenir à Tourville le mesme langage, à qui je n'avois pas dit un seul mot de tout ce qu'il m'avoit dict contre le cardinal. Le duc approuva la manière dont j'en avois usé. Tourville la rapporta au cardinal, qui parut en avoir quelque satisfaction, et qui dict à mon amy qu'il vouloit m'entretenir en particulier, le duc le trouva bon. J'y fus le lendemain; il me fit l'honneur de m'entretenir, pendant plus d'une demi-heure, de diverses choses sans me rien dire de celle-là, et me recommanda de l'aller voir tous les jours, comme je fis tout le temps qu'il séjourna à Bourbon. J'appris là que la duchesse d'Eguillon, sa niepce bien aymée, debvoit arriver ce mesme jour; je le dis au duc en luy rapportant la conversation que j'avois eue avec le cardinal, et luy proposay d'aller au-devant d'elle et de luy dire tout ce qui pourroit plaire au cardinal, et de se raccommoder sincèrement avec luy par elle. Il me dict qu'il le feroit très-volontiers; mais le malheur voulut que, comme il montoit à cheval pour aller à la rencontre de cette duchesse, elle arriva; de sorte qu'il n'eut pas le loisir de l'entretenir avant qu'elle eût veu le cardinal. Il la receut avec une tendresse non pareille, devant plus de trente personnes que nous estions dans sa chambre. Après les premiers complimens, il fit sortir tout le monde, aucun excepté, et l'entretint depuis les sept heures du soir jusques à onze.

Le duc attendit tout ce temps-là dans l'antichambre, pour ramener, comme il fit, la duchesse au logis qu'on lui avoit préparé, où il eut une longue conversation avec elle. J'estois allé me coucher, et je dormois quand le duc retourna de chez elle. Il vint m'esveiller et me dire tout l'entretien qu'ils avoient eu ensemble, et entre autre chose que la première dont le cardinal luy avoit parlé estoit ce qui s'estoit passé entre le duc et luy; qu'il l'asseura luy avoir faict plus de peine que sa maladie, que la faction de Cinq-Mars et que le précipice sur le bord duquel il s'estoit veu. Le duc jugea, par l'empressement qu'avoit eu le cardinal à parler de ceste affaire à la personne du monde pour qui il avoit une confiance plus complette, qu'il falloit qu'elle le touchât sensiblement le cœur; aussi n'obmit-il rien de ce qu'il deust dire à la duchesse, pour essayer de la persuader par elle, du desplaisir de lui avoir despleu, de la tendresse qu'il avoit pour sa personne et de l'attachement qu'il auroit toute sa vie pour luy, pour ses intérêts et pour ceux de toute sa maison. La duchesse se chargea de parler au cardinal, et le destourna de le faire luy-mesme, en quoy je pense qu'elle n'agit pas sincèrement avec le duc; et le lendemain, luy rendant compte de sa négociation, elle luy dict qu'elle lui conseilloit deux choses, qu'elle croioit qui satisferoient entièrement le cardinal : l'une, de s'en aller à Pa-

30.

ris et de traicter avec amitié la duchesse sa femme ; et l'autre, d'envoyer un gentilhomme au cardinal de Lion, et de luy escrire une lettre obligeante pour adoucir l'injure qu'il luy avoit faicte, et pour le prier de l'oublier et d'obliger le cardinal de Richelieu à ne s'en plus souvenir.

Ces deux partis pleurent au duc, qui mourroit d'envie d'avoir un prétexte de quiter le cardinal pour retourner à Paris, où la passion qu'il avoit pour mademoiselle du Vigeant l'appeloit, et d'estre quitte pour une lettre des démeslés qu'il avoit avec l'un et l'autre cardinal. Je crois encore que ce dernier conseil de la duchesse d'Eguillon estoit peu sincère, comme la suite le monstra, et qu'elle n'estoit pas fâchée de voir durer la désunion entre le duc et le cardinal; quelques-uns des serviteurs du duc luy conseillèrent de demeurer en Bourgogne, et feignant quelque affaire en Bresse, aller courre le cerf chez l'abbé Daisnay à Rimi, et de là, un beau matin, aller voir le cardinal de Lion, et d'avaller ceste pillule de bonne grâce; à quoy le duc respondit qu'il ne le feroit jamais d'une façon, ny d'une autre ; mais que, quand il auroit à le faire, il aymoit mieux y estre contraint par une force majeure que de le faire de son bon gré. Enfin, il escrivit au cardinal une lettre fort sèche, et qui fît plus de mal que de bien. Il choisit Beauregard, capitaine de ses gardes, brave gentilhomme, mais de qui le talent ne pouvoit donner un tour aisé ny agréable à une affaire ; il ne voulut jamais y envoyer Tourville. Je ne sçay si ce fut par la crainte qu'il eust que l'esprit adroit de ce gentilhomme ne luy en fist dire plus qu'il n'en avoit intention, ou si ce fut parce que, n'ayant que ces deux personnes près de luy, il creut que celuy-cy le divertiroit plus pendant le voïage qu'il alloit faire, que l'autre. Il prit ensuite congé du cardinal, à qui il dict beaucoup de choses obligeantes sur l'amitié et la tendresse qu'il avoit pour luy, et ne fît qu'effleurer l'affaire en question, luy disant qu'il avoit suivi et suivroit les conseils de la duchesse d'Eguillon en tout ce qui le concerneroit, puisqu'elle avoit le bonheur de sçavoir mieux ses intentions que les autres. Il alla dire adieu à ceste duchesse, et prit sa route pour Paris par la rivière de Loire.

Je demeurai à Bourbon tout le temps que le cardinal y demeura ; j'eus tous les jours audience de luy, et en toutes, il me traicta si obligeamment que j'aurois honte d'en dire icy le destail. Je diray seulement que, prenant congé de luy, il me dict, devant toutte sa cour, que le Roy se vouloit servir de moy en des occasions plus importantes que la fonction de ma charge ne m'en pourroit fournir ; que Sa Majesté me permettoit d'en traicter avec quelqu'un capable de l'exercer, et d'en tirer le plus d'argent que je pourrois ; et qu'il me prioit de me rendre à la cour vers Noël ; qu'il y seroit mon tuteur et y prendroit soing de ma fortune ; qu'il me demandoit mon amitié et qu'il m'asseuroit de son affection en toutes rencontres, et que qui disoit en toutes n'en excluoit aucune. Je fis à ce grand ministre les actions de grâce que méritoit un tel discours ; il partit pour la cour et moy pour Dijon.

Cependant le duc, après avoir fait la révérance au Roy, retourna à Paris, où il trouva la duchesse si fort grandie et embellie pendant sa longue absence, qu'il ne luy fut pas mal aisé de complaire au cardinal, en suivant le conseil que luy avoit donné la duchesse d'Eguillon ; et peu de jours après son arrivée vers madame sa femme, elle devint enceinte du duc d'Enghien d'à présent, duquel j'ay souvent parlé, comme fera doresnavant l'histoire, par la bonne et esclattante réputation que ce jeune prince acquit à la cour et à la guerre.

Le prince de Condé, qui avoit apris en Bretagne, par plusieurs de ses serviteurs, et particulièrement par une longue despêche que je luy avois faicte avant que de partir à Bourbon, l'estat auquel estoit le duc, son fils, avec le cardinal, en prévent les conséquences, retourna en toute diligence à la cour, où le cardinal l'avoit devancé de deux jours. Il eust de grands entretiens avec luy et avec Chavigni, sur tout ce qui s'estoit passé à Narbonne, à Tarascon et à Lyon. Le cardinal, qui estoit ulceré jusques au vif, vouloit à quelque prix que ce fût mortifier le duc et rabbatre sa fierté ; il creut ne pouvoir mieux en venir à bout qu'en remettant sur pied la déclaration du Roy, dont nous avons parlé, en faveur des cardinaux, et jura ses grands dieux que le Roy la porteroit luy-mesme au parlement, incontinant après la Saint-Martin. Le prince vouloit l'empescher de quelque manière que ce peut estre et n'obmit aucun moyen pour destourner ce coup : la chose s'accommoda entre luy et le cardinal, soubs la promesse qu'il luy fit de faire réparer l'injure que le duc avoit faicte au cardinal de Lion.

Le lendemain de cest adjustement, le prince partit pour la Bourgongne ; il y mena le duc son fils, et malgré toute sa répugnance, il le conduisit luy-mesme jusques à Châlon, le fit embarquer sur la rivière de Saulne et luy commanda d'aller rechercher ce cardinal en Provence, où il estoit, et de luy laisser prendre la droicte sur luy, dans son logis mesme. Quiconque cognoistra le duc et l'eslévation de son cœur, n'aura pas de peine à croire qu'il fallut toute l'auctorité, toutes les prières et toutes les menasses du prince son père, pour le fleschir; car toutes les raisons de sa politique ne firent rien dans ceste conjoncture; il partit par le plus mauvais temps du monde et par un débordement d'eau très-grand; il fut fort tanté de sortir hors du royaulme pour se garantir de faire une chose si contraire à son humeur; mais enfin la defférance qu'il avoit pour le prince son père et la créance qu'on luy attribueroit tout ce qu'il alloit faire, luy firent continuer son voyage jusques à Orange, où il trouva ce cardinal, à qui il donna la droicte, disna avec luy fort mélancoliquement, et repartist de mesme pour retourner, comme il fit, à Dijon.

Je suis tesmoing que le prince, qui aymoit tendrement le duc son fils, fut pendant tout le temps de ce voyage saisi d'une douleur extrême, et il ne pouvoit songer à la douleur qu'il luy avoit causée sans en avoir une mortelle; quoyqu'il creut que ceste desmarche estoit le seul moyen d'empescher la ruine de l'un et de l'autre; mais le desplaisir de tous les deux augmenta de beaucoup, et le prince condamna luy-mesme la précipitation dont il avoit usé quand, la nuict mesme du retour du duc à Dijon, ils receurent un courrier leur apportant nouvelle de la maladie extrême du cardinal de Richelieu; ils résolurent que le duc partiroit en poste pour essayer d'arriver à Paris avant sa mort, afin de profiter, autant qu'il le pourroit, de ce grand débris.

Le prince partit le lendemain à ses journées, et coucha à Bussi, où il receut nouvelle de la mort de ce ministre, qui luy donna une grande joye, et par le chagrin que luy avoient donné les dernières marques de celuy qu'il avoit contre le duc, et parce qu'il y avoit vingt ans qu'il vivoit dans une contrainte continuelle, c'est-à-dire, tout le temps qu'avoit duré son auctorité; et parce qu'il creut qu'il estoit impossible que la plus grande partie de la fortune du cardinal ne tombât dans sa maison, et enfin parce qu'une nouveauté de ceste importance donne tousjours bien de la joye aux courtisans. Le prince considéroit encore que la santé du Roy estoit fort incertaine et qu'il y avoit apparence qu'il ne dureroit pas beaucoup; de sorte qu'il continua son voyage avec toute la diligence qui luy fut possible, toujours ruminant aux moyens de profitter de cest événement, et despêchoit à tous momens des courriers au duc pour luy en communiquer les moyens, tels que son esprit, qui estoit grand et esclairé, les luy faisoit concevoir. D'ailleurs il songea de profitter pour le prince de Conti, son fils, de ces deux grands générallats d'ordres, Cisteaux et Cluni, qu'il creut lui pouvoir faire tomber par son propre savoir-faire, l'un et l'autre estant situés dans son gouvernement de Bourgogne. Il envoya Giraud, son secrétaire, à Cluni, et à moy ses ordres pour négotier, comme je fis, avec les moines entiers et réformés de Cisteaux, qui tous me donnèrent parolles de postuler le prince de Conti pour leur général; mais comme par l'événement les scrupules du Roy se trouvèrent opposés à ses désirs, voulant absolument qu'on esleut par les formes ordinaires un abbé de l'ordre, le prince creut que, ne pouvant violenter la volonté Roy, il debvoit faire eslire un subject dépendant de luy pour tous événemens. Il jetta les yeux sur frère Nicolas Vaussin, qui pour lors estoit prieur claustral en l'abbaye de Fermont, frère utérin de Bouchu, son ancien serviteur, qu'il avoit par son auctorité et par son adresse faict premier président au parlement de Bourgongne en la place de La Berchère, qu'il haïssoit et qu'il trouva moyen d'oster de ceste place assez injustement. Il fit donc élire ce religieux, homme de bien et entendant les manières du cloistre, qui vit encore à présent, qui a faict de grandes choses pour son ordre, et qui le restablira dans son ancienne splandeur, s'il vit âge d'homme.

Les réformés de Cluni eslurent un religieux nommé Ospiand, les entiers postulèrent le prince de Conti, qui obtint ses bulles à Rome et fut maintenu au commencement de la minorité, par arrest du grand conseil, en la possession de ceste grande et illustre abbaye, dont les grandes collations luy ont donné moyen de faire beaucoup de créatures.

Pour revenir au cardinal, l'un et l'autre le trouvèrent mort à leur arrivée; il mourut assés fortement et dict à son confesseur, qui l'exhortoit en mourant de pardonner à ses ennemis, qu'il n'en avoit point d'autres que ceux de l'Estat; il fut enterré avec grande pompe dans l'église de Sorbonne qu'il avoit faict bastir et qu'il s'estoit destiné pour mausolé; mais l'avarice de la duchesse d'Eguillon, sa niepce favorite et tant aymée que l'on en médisoit dans le monde, a empêché jusques icy la construction de sa sépulture; il fit un testament plein de vanité et d'injustice; il disposa de ses gouvernemens et de ses charges en faveur de ses parens, et le Roy y consentit. Il légua son palais, beaucoup de meubles, sa chappelle et cinq cent mil escus au Roy; il establit des juges pour descider des différens qui naistroient en exécution de ceste dernière volonté; il fit quelques legs, et partagea ses biens entre ses petits nepveux, fils du marquis de Pont Courlay, qui ont, avec la terre et par la disposition du cardinal, pris le nom de Richelieu, et le duc de Brézé, fils de sa sœur et frère de la duchesse d'Enghien. Il substitua eux et leurs descendans les uns aux autres, et voulut que la duchesse se contentât des deux cent mil escus qu'il luy avoit donnés en mariage.

Les grands hommes en auctorité croient qu'elle ne peut mourir avec eux, et qu'ils donneront encore des loix au monde après leur mort; celuy-cy, peut-estre dans ceste pensée, avoit peu consulté son testament; ou avoit mal suivi ce qu'on pouvoit luy avoir conseillé; il se trouva rempli de faultes essentielles. Le duc voulut le faire casser : il fut solemnellement plaidé pendant plusieurs audiences au parlement de Paris, où les advocats qui plaidoient contre luy eurent l'effronterie de dire publiquement au prince son père, qui y estoit présent, beaucoup de choses contre le respect deu à sa personne et à sa qualité; je dis jusques à l'effronterie, et l'on a remarqué en ceste occasion la modération du duc dans le respect qu'il voulut, en ceste occasion, rendre à la justice du Roy, et la defférance qu'il eust pour le parlement, qui, par un usage estabil de tout temps, permet, avec un peu trop d'indulgence, les déclamations emportées des advocats contre les personnes les plus eslevées en dignités et en mérite, ce que l'on voit souvent arriver contre le Roy mesme, par ses propres advocats; enfin la cause fut apointée au conseil et est encore à présent indécise, mais enfin en estat d'estre bientôt jugée.

La famille du cardinal, que le prince creut d'abord debvoir estre poussée par l'advertion que le Roy avoit eu pour le ministre, et debvoir chercher toute sa protection vers luy, en usa tout autrement, soit que le peu de cas qu'en faisoit le duc eust aigri tous ceux qui la composoient, soit que l'intérêt du testament contesté leur fit chercher d'autre appuy, soit par celuy du chancelier de France, de Chavigni et de Boutillier, son père, pour lors surintendant des finances, tous créatures du cardinal, soit par les intrigues des uns et des autres, et particulièrement de la duchesse d'Eguillon, unie avec la Reine, soit que le cardinal Mazarin, qui entroit à toute bride dans la faveur et qui avoit intérêt de maintenir tous ceux de ceste maison, pour la conséquance, et pour les rendre ses dépendans et avec eux leurs gouvernemens et leurs charges, leur eust promis de les maintenir, comme il fit en effect; enfin ils se tinrent tous assés fermes et s'humilièrent peu en effect envers le prince et envers le duc, quoyqu'en parolles et en complimens qu'ils leur firent faire ils sauvassent les apparences.

La maladie du Roy alloit augmentant; chaqu'un formoit ses caballes, les uns pour s'establir, les autres pour se conserver, et d'autres pour avoir raison des injustices qu'ils avoient receu soubs le ministère du cardinal; le Roy rappella quelques exilés et donna la liberté à quelques autres; mais quand il fut sur ses fins, chaqu'un travailloit avec tant de soing à se faire des amis et des créatures, que les prisons furent ouvertes à tout le monde; tous ceux qui estoient hors du royaulme revinrent à la file, et nous vimes aux obsèques de ce pauvre prince tous ceux qui avoient esté bannis, pendus, roués, décapités ou emprisonnés par ses ordres. On revit au parlement de Paris plusieurs procès criminels, faicts contre les formes, et l'on cassa divers arrêts rendus par l'auctorité du cardinal, tant il est important de se conformer aux anciennes loix du royaulme.

Le cardinal Mazarin commença à vouloir se faire des amis en Italie; il fit la négociation que tout le monde sçait avec le prince de Morgues, de la maison de Grimaldi de Gènes; il le fit duc de Valentinois, et le duc assista à sa réception au parlement. Sublet, sieur Des Noyers, secrétaire d'Estat, de qui le crédit estoit fort grand pendant la vie du cardinal, le voyant diminuer, creut que le Roy l'aymoit plus qu'il ne faisoit, et que, dans l'estat des choses, il ne pourroit se passer de luy, demanda son congé pour aller, disoit-il, mourir en repos en sa maison de Daugec. Chavigni, son compétiteur, et le cardinal Mazarin, qui estoit bien aise de pouvoir faire un secrétaire d'Estat à sa mode, poussèrent à la roue pour que le Roy luy permît, comme il fit, de se retirer, et onques depuis on ne l'a veu à la cour; il a laissé un fils de nul mérite, obscur, et qu'on n'a jamais veu dans le monde. Le cardinal Mazarin, ne cognoissant de son chef qu'un seul homme en France, qui estoit Le Tellier, d'une médiocre famille de Paris, qui avoist esté conseiller au grand conseil, puis procureur du Roy au Châtelet, et enfin maistre des requestes et intendant de justice en Piémond, où il l'avoit cogneu, allant et venant, et dans la cour de Savoye, à laquelle le cardinal avoit eu de tout temps beaucoup d'attachement, dez le moment de la retraicte de Des Noyers, il fit trouver bon au Roy de mander Le Tellier, et luy fit donner par Sa Majesté la charge de secrétaire d'Estat, d'abord par commission, puis en tiltre, qu'il a exercé jusques à présent avec beaucoup d'assiduité et de modestie. Je n'en diray pas davantage icy; il se trouvera assez d'occasions d'en parler ailleurs.

A mesure que la santé du Roy diminuoit, il

pourvoioit aux choses qui debvoient arriver après sa mort, dont fort peu furent observées.

Il assembla, le 20 d'avril, les grands de son royaulme, et leur fit lire en sa présence une déclaration par laquelle il faisoit la Reine, son espouse, régente; le duc d'Orléans, son frère (nonobstant les précédentes déclarations que Sa Majesté avoit envoyées au parlement contre luy), lieutenant-général de l'Estat; le prince de Condé, chef du conseil, et le cardinal Mazarin, et le chancelier Séguier, Boutillier, surintendant des finances, et Chavigni, son fils, ministres d'Estat, dont toutes les voix seroient comptées dans les conseils, pour y estre toutes les affaires décidées à la pluralité, et on adjousta ensuitte le duc de Longueville, après que le Roy l'eust nommé son plénipotentiaire pour la paix générale.

Après que le Roy eust déclaré sa volonté aux princes, seigneurs et officiers de la couronne, il l'envoia, par son procureur-général, au parlement, où elle fut vérifiée, le duc d'Orléans et le prince de Condé présens; on luy fit vouloir encore que le cardinal Mazarin auroit l'honneur d'estre parrain de monsieur le dauphin, qui eust pour marraine la princesse de Condé.

Le duc laissoit agir monsieur son père aux choses utiles, pendant qu'il négotioit celles qui pouvoient luy donner du plaisir, le faire aymer des dames, considérer des ministres et de toute la cour, et surtout luy acquérir de la gloire par la guerre; et, de concert avec le prince, il sceut si bien se mettre dans l'esprit du Roy, qu'il le nomma généralissime de sa principalle armée, qui estoit celle destinée contre la Flandres; il noua avec luy un commerce secret pour escrire directement à Sa Majesté; il promit d'en user de mesme avec luy sans en donner part à ses ministres, et pour cela il lui donna un chiffre particulier. Il fit Du Hallier, pour qui il avoit de l'amitié, et qu'il destinoit pour estre lieutenant-général du duc, mareschal de France, qui reprit le nom de sa maison, et s'appella le mareschal de L'Hospital; on expédia les commissions du duc et tous les ordres que le Roy luy donna luy-mesme, et il partit pour la frontière, plusieurs jours avant sa mort, pour se trouver, quand elle arriveroit, à la teste des plus considérables trouppes du royaulme, pendant que le prince son père agiroit dans le conseil et dans le cabinet. Le Roy luy avoit destiné la charge de grand-maistre de France, qui estoit demeurée vaccante, et que Sa Majesté avoit voulu exercer luy-mesme, depuis la mort du comte de Soissons; mais le prince, qui ne perdoit point d'occasions de profiter, négotia si bien et si adroictement, que la veille de la mort du Roy il se fit expédier les provisions de ceste charge pour luy, et en presta le serment une heure avant qu'il mourût. La Reine et le cardinal, qui croyoient que cest establissement satisferoit fort le duc (qui se trouvoit à la teste de l'armée), par la quantité de bienfaits que ceste charge luy donneroit lieu de faire à ses serviteurs, et que c'estoit un moyen seur, aisé et prompt de se le rendre favorable, furent fort surpris quand ils sceurent que le prince son père en estoit pourveu, et jugèrent bien qu'il ne manqueroit pas de prétendre autre chose pour le duc, comme il fit et comme je diray cy-après.

Après une longue et languissante maladie que plusieurs abcès et une corruption généralle avoit causée au Roy, et qui le tinrent plusieurs jours à l'agonie, pendant lesquels il parloit de sa mort, de ses obsèques, de ses dispositions pour le gouvernement de l'Estat, de l'éducation de ses deux fils, et surtout de tout ce qu'il debvoit faire pour son salut, d'un sens froid et avec une résolution admirable; enfin il mourut le 14 de may de l'année 1643, peu regretté des siens, de sa cour, ny de ses subjects. J'estois à la cour en ce temps-là, à la suitte du prince de Condé, à qui je vis jetter des larmes pour ceste mort; mais sa douleur ne fut pas si grande qu'il ne donnast promptement tous les ordres pour la conduitte de la maison du Roy; tous les conseils qu'il jugea nécessaires pour ceste occurance, et ne songeast à toutes les choses dont il pouvoit tirer de l'advantage pour sa maison, ainsy que tous les autres courtisans qui s'unissoient et se divisoient, suivant qu'il convenoit à leurs desseins et à leurs prétentions. Ce pauvre prince demeura, bientôt après sa mort, abandonné de tout le monde, et resta entre les mains de ses ausmôniers et de quelques prélats qui faisoient les prières ordinaires dans sa chambre. La Reine, un peu auparavant, s'estoit retirée dans sa chambre : on ne cogneut en elle aucune marque de douleur. Elle ne se plaignoit que de sa lassitude; tous les courtisans la suivirent en foulle; et comme elle dict qu'elle vouloit se reposer, le duc de Beaufort, nouvellement retourné à la cour, qui s'estoit mis dans la teste de gagner ses bonnes grâces et d'estre, comme on dit, son espèce de chevet, s'empressoit grandement auprès d'elle et parloit assez discrètement sur divers ordres que la Reine donnoit; il dict enfin tout hault : « Messieurs, retirez-vous, la Reine se veut reposer. » Le prince de Condé, qui estoit dans la chambre, et qui parloit en particulier au duc de La Rochefoucauld, père de cestuy-cy, entendant la voye du duc de Beaufort, se tourna brusquement de son costé et dict : « Qui est celuy qui parle et qui donne des ordres pour la Reine où je suis? — C'est moy, respondit Beaufort, qui sçauray toujours fort bien exécuter ce que Sa Majesté me commendera. — Je suis bien aise, repartit le prince, de sçavoir que c'est vous, pour vous apprendre le respect que vous me devez. — Seigneur Dieu! dict la Reine, tout est perdu, monsieur le prince est en colère. » Le duc de Beaufort dict quelque chose entre ses dents que je ne peus entendre, quoyque je fusse fort prez de luy; sur quoy s'estant eslevé un murmure confus de tous les courtisans, les uns en faveur du prince de Condé, les autres contre luy, la Reine imposa silence et commenda que tout le monde se retirât. D'abord que le prince fut retiré en son appartement, quasi toute la cour se fut offrir à luy, et fort peu au duc de Beaufort; enfin le cardinal Mazarin, qui appréhendoit aussi bien que Chavigni son humeur fière et altière, firent promptement remonstrer par quelqu'un au duc de Vendosme, son père, le tort qu'il avoit d'avoir manqué au respect qu'il debvoit à monsieur le prince; le duc d'Orléans, qui les aymoit assez, s'employa à les raccommoder avec luy, et le lendemain matin, le duc de Vendosme luy fît demander pardon pour son fils, et le pria de trouver bon qu'il le luy amenast pour faire luy-mesme la mesme chose. Le prince y consentit, et le père et le fils vinrent un quart d'heure après satisfaire à son debvoir; il dict au duc de Beaufort, après qu'il luy eust demandé pardon avec beaucoup de soubmission et de respect : « Monsieur de Beaufort, apprenez de moy qu'il fault, en vostre âge, aller bride en main, quelque prétention qu'on puisse avoir, et surtout ne perdre jamais le respect à plus seigneur que soy. Je ne me souviens plus de vostre faulte, puisque monsieur vostre père et vous m'en tesmoignez du desplaisir, et surtout parce que Monsieur, à qui je doibs tout respect, m'a commendé de l'oublier; mais je vous prie de n'y plus retomber. — Il tâchera, dict le duc de Vendosme, à profiter des bons advis qu'il vous plaict, Monsieur, luy donner ; cependant je vous supplie de nous tenir tous deux pour vos très-humbles serviteurs; » et se retirèrent. La Reine, le Roy et toute la cour retournèrent ce jour-là à Paris, où ils arrivèrent sur les six heures du soir.

LIVRE SECOND.

Nouvelles de la prinson des princes. Ils sont transportés à Marcoussi. — Suite de l'histoire de la jeunesse du prince de Condé. Bataille de Rocroy (1643). — Mort de la princesse douairière. — Etat du parti des princes à Paris, à la fin de l'année 1650.

Il est temps, après avoir longuement parlé du prince de Condé sous le nom du duc d'Enghien, et de plusieurs choses en passant, auxquelles le prince son père et luy ont eu part, de revenir à la conduite que tint madame la princesse pendant le reste du temps de sa prison, qu'elle fit son séjour à Montrond. J'ay touché assés succinctement, dans la première partie de ces Mémoires, les subjects connus par moy, et la manière dont les princes furent arrêtés, par un artifice si délicat qu'il n'estoit pas seulement difficile mais impossible de le deviner ny de le prévenir. Les rigueurs de ceste prison furent grandes; on donna leurs gouvernemens et leurs charges, on leur refusa de les nourrir, on arresta leurs pensions, on divertit les fonds assignés au prince pour le rembourser de cinquante mil escus qu'il avoit presté à la Reine dans les urgentes nécessités de l'Estat, et pour lesquels il avoit engagé une partie de ses pierreries; on apposa le seellé en leurs maisons, on se saisit de tous leurs papiers, où l'on ne trouva que des preuves de leurs innocences; on exilla leurs domestiques, leurs amis et leurs serviteurs, on ordonna à leurs intendans de fournir à leurs nourritures; un arrest du conseil les y contraignit par corps; on menassa de la prison Ferrand, président à la chambre des comptes de Dijon, nommé par le prince à l'administration de ses biens, parce qu'il résista avec fermeté à tous ces ordres; on vendit à l'encant ses meubles et quelque vaisselle d'argent de la chambre du prince; Bar les traicta avec une arrogance insupportable; le prince, ne diminuant rien dans les fers de sa fermeté naturelle, le gourmanda souvant, le menassa de le bastre, et luy jetta une fois un chandelier à la teste; oultre plusieurs corps-de-garde, leurs antichambres estoient remplies de soldats; il y en avoit dans leur chambre mesme qui les observoient la nuict dans leur lict, et les regardoient en face tant que le jour duroit, et on ne leur disoit que tout ce qui les pouvoit affliger.

Toutes ces sévérités, qui tenoient de la barbarie, firent naistre dans le cœur de tous leurs amis une juste crainte de quelque funeste événement; l'une et l'autre princesses ne s'en teurent pas, et enfin l'on accorda à leurs clameurs et à leurs justes plaintes des officiers de la bouche et de la chambre du Roy, pour leur appester à manger et pour les servir. La pitié qu'excitent des princes du sang injustement opprimés, le mérite de monsieur le prince, la charge de grand-maistre dont il estoit revestu, et son savoir faire, avec l'addresse de ses serviteurs au dehors, ne tardèrent guères à gagner de ces officiers pour leur apporter des lettres de leurs amis et les choses nécessaires pour leur faire response; et comme on changeoit ces officiers de trois mois en trois mois, on sçavoit à chaque quartier ceux qui debvoient aller servir près des princes, et l'on travailloit pour engager quelques-uns, à quoy Montreuil, qui estoit secrétaire du prince de Conti, servit grandement et tant que la prison dura; il eust tousjours le soing de ce commerce, dont il s'acquitta avec beaucoup d'addresse et de fidélité.

On envoya au prince de l'encre de la Chine et de petits tuyaux de plume qu'il attachoit au coing de sa chemise, quantité de livres in-folio, où l'on avoit soing de faire relier cinq ou six feuilles de papier blanc au-dedans et à la fin, et on les acheptoit tous de grand papier, afin qu'il peut escrire dans les marges, qu'il déchiroit après, pour envoyer au-dehors les billets qu'il en formoit. Il lisoit perpétuellement et surtout la nuict, enfoncé dans son lict comme s'il eust voulu éviter le froid, mais en effect pour faire passer un costé de la couverture pardessus le livre qu'il lisoit, et placer, sur le bord du vuide que ceste machine formoit, une bougie qui luy donnoit lieu de lire les billets qu'il recevoit le jour, et d'escrire les responses et ses ordres en peu de mots, sur les blancs qui se trouvoient dans les livres. Il mouilloit de sa salive sa pierre noire de la Chine dans le creux de sa main, et se servoit si addroitement de ces petits tuyaux qui n'avoient guère plus d'un poulce de haulteur, et les cachoit si addroitement entre ses doigts, que, quand les soldats de la garde, dont il gagna aussi quelques-uns, luy tiroient les rideaux pour l'observer, il n'estoit pas possible qu'ils s'apperceussent de ce qu'il faisoit.

On luy envoya souvent de l'argent et des pierreries, pour récompenser ceux qui le servoient au dedans de sa prison, comme il n'espargnoit rien pour satisfaire ceux qui luy estoient favorables au dehors. On luy fit tenir des poignarts et jusques à des pièces de poult de soye toutes entières, que des gens gagnés, et qui avoient soing de faire son lit, cachoient addroictement dans la paillasse, dans le temps qu'ils estoient à Marcoussi, et que le duc de Nemours, Arnault et quelques autres amis du prince, firent une entreprise pour le tirer de ce chasteau, dont je ne diray pas le destail, parce qu'elle n'eust aucun effect, et qu'il estoit fort difficille de l'exécuter.

Dans le commencement de la prison, le prince de Conti fut fort malade d'une blessure qu'il s'estoit fait à la teste ; on disoit que cet accident estoit arrivé en jettant un flambeau d'argent en l'air et le recevant dans ses mains lorsqu'il retomboit, pour se divertir ; mais j'ay sceu depuis leur liberté que ceste blessure avoit été volontaire, et un peu plus galante que de raison. Ce jeune prince avoit pris une folle passion pour la duchesse de Longueville, sa seur, quelques années avant sa prison, et se l'estoit mis si avant dans le cœur, qu'il ne songeoit qu'à faire des choses extrêmes pour luy en donner des marques. Je diray en son lieu l'issue qu'eust cet amour; il avoit faict le duc de La Rochefoucauld son confident, et que l'on disoit dans le monde négotier moins pour le prince de Conti que pour luy-mesme. Mais pour finir ceste histoire, il se fit de guet-à-pens ceste blessure à l'intention de la duchesse sa seur; je ne sçay si c'estoit par un désespoir amoureux de ne la pas voir, ou pour vouloir souffrir pour elle, dans le temps qu'il s'imaginoit qu'elle enduroit pour luy, à Stenay, où elle estoit retirée, ou si c'estoit pour luy tesmoigner de la recognoissance de ce qu'il croyoit qu'elle n'estoit sortie de France que pour se jetter dans ses intérêts, ou bien si ce fut par les mesmes mouvemens qui font entreprendre aux Espagnols des choses extraordinaires pour leurs maîtresses, qu'ils appellent *fineras*, comme quand ils se passent un ruban de leur couleur à travers le bras ou aux flancs, ou qu'ils s'habillent en pénitent pour se mettre tout en sang, en se fouettant oultrageusement en leur présence; quoy que c'en soit, cette galanterie, peu uzitée parmi nous, faillit à luy couster la vie.

Ceste blessure fut de quelque utilité aux princes : car on ne peut leur refuser le secours des médecins et des chirurgiens, dont quelques-uns leur portèrent et reportèrent des lettres. Le prince de Condé fit souvent le semblant d'avoir mal aux yeux, en se les frottant pour les faire paroistre rouges, il faisoit demander à d'Alancey, son chirurgien, de la poudre pour les guérir, et soubs ce prétexte luy envoyoit de ces drogues que je sçay, dont les unes, trempées en l'eau, servoient à escrire une lettre qui demeure blanche et ne paroist sur le papier que quand on le frotte d'une autre trempée de mesme manière. Nous nous en servimes dans la suitte du temps, après que la princesse eust obtenu permission d'escrire au prince son mary, et de luy faire escrire par le jeune duc, des lettres qu'on envoyoit toutes ouvertes à la cour, dans les entre lignes desquelles et sur les revers j'escrivois ce qu'il convenoit qu'il sceut, avec de ces sortes d'inventions, de manière que le cardinal luy envoya deux ou trois fois (car nous uzions sobrement de ceste permission) des dispositions pour le perdre.

Le prince de Conti fit une autre chose fort extraordinaire à un homme autant esclairé et autant incrédulle qu'il l'estoit en ce temps-là : il se mit dans la teste de se faire sorcier, et commença à invoquer le démon ; il communiqua ce dessein au prince de Condé, son frère, et l'invitta d'en faire autant que luy, estant (disoit-il) le moyen le plus sûr et le plus prompt pour se voir tous deux en liberté. Le prince se prit à rire de toute sa force et, après avoir tourné long-temps la chose en ridicule, il remonstra sérieusement au prince, son frère, la vanité de semblables imaginations, et le crime horrible qu'il luy faisoit en s'y laissant emporter ; il demeura sans répliquer à ceste sévère remonstrance : mais quelque temps après, comme pour prendre l'air après sa maladie, on permit à ses gardes de le mener dans les cours du chasteau de Vincennes, avec la précaution nécessaire. Retournant un jour de ceste promenade, il rentra dans sa chambre ses deux mains plaines de vervaine, et s'approchant du prince, luy dit qu'enfin il n'y avoit plus rien qui le peut empescher de continuer ses invocations pour tâcher à devenir sorcier, et que pour cela il s'estoit muni de ceste plante, dont la vertu facilitoit l'effect des conjurations. Le prince se prit à rire plus qu'il n'avoit encor faict, et luy dict : « De bonne foy, mon frère, vous estes fol ! je ne crois pas que vous me disiez cela tout de bon, ayant autant d'esprit que vous en avez ; vous voulés (comme l'on dit) faire le bon compagnon ; c'est pourquoy je n'ay plus rien à vous dire, sinon que, quand je vous auray veu sortir de céans avec votre vervaine, je vous prieray de m'en laisser un brain, et autant à monsieur de Longueville, pour voir si nous pourrons devenir aussi bons sorciers que vous ; » et de temps en temps le railloit sur le beau dessein qu'il avoit, qu'il quitta bientost après.

Cependant le prince estoit dans une gayté continuelle ; il sçavoit tout ce qui se faisoit de tous costés pour son service, et, cognoissant comme il faisoit l'estat du royaulme, l'humeur du cardinal, et celuy du coadjuteur et des autres Frondeurs, l'esprit peu constant du duc d'Orléans, il ne doubta nullement qu'il ne sortit de sa prison avec honneur et advantage, et dans ceste créance il se procuroit tous les divertissemens qu'il pouvoit, à lire, à jouer et causer avec ses gardes; il monstroit à lire à un viel exempt des gardes du Roy, nommé Thomassin, homme brutal et qui avoit gardé long-temps, avec beaucoup d'inhumanité, le garde-des-sceaux de Chateauneuf, dans le chasteau d'Angoulême. Il sceut pourtant le fléchir en luy donnant quelque espérance de le faire servir quelque jour le Roy en qualité de maistre d'hôtel; il luy dict la nouvelle qu'il sçavoit avant luy de l'arrivée de la princesse à Bordeaux.

Quand le cardinal eust apris que la duchesse de Longueville, qui estoit à Stenay, avoit faict le traicté avec l'archiduc Léopold et le comte de Fuensaldagne, dont j'ay parlé ailleurs, et que la princesse en négotioit un autre par ses envoyés en Espagne, il envoia Servien vers le prince pour luy remonstrer le tort que luy faisoient les princesses et ses amis de s'allier avec les ennemis de l'Estat; il luy demanda des ordres signés de luy pour leur deffendre de s'en servir, et mesme pour s'en départir. Servien prit ensuite occasion de le questionner et de tâcher à le faire parler sur diverses choses, non pas en forme d'interrogat de justice, mais par manière d'entretien, dont pourtant après le prince jugea qu'on pourroit faire quelque sorte de procédure. Il prit le parti de feindre une grande colère contre Servien (homme altier et qu'il rendit fort souple): « Comment, lui dit-il, estes-vous si hardi que d'oser me dire en face une imposture aussi grande contre ma femme, contre ma seur et contre mes parens et amis? Ils sont autant injustement opprimés que moy; mais, quelques persécutions qu'on puisse leur faire, je suis asseuré qu'ils ne se porteront jamais à l'extrémité de traicter avec les Espagnols, et j'estranglerois le premier d'eux qui en auroit eu la pensée; aussi suis-je asseuré que pas un d'eux ne l'a, ny ne l'aura; je leur ay donné trop d'exemples de la fidélité que nous debvons tous au Roy, et ils l'ont trop empreinte dans le cœur pour en avoir uzé comme vous leur imposés facilement; vous voudriez avoir un ordre de moy par lequel je leur ordonnerois de se départir d'avec les ennemis de l'Estat, pour tirer de mon escript une conviction ou du moins une forte présumption qu'ils ont traicté avec eux, et leur faire ensuitte leurs procès par cest artifice. Il est trop grossier pour que je m'y laisse surprendre; retirez-vous et me laissez en repos. Quoi! monsieur Servien, vous avés encore la hardiesse de me questionner et de me donner quelques légères espérances pour, à la faveur de cela, me tirer les vers du nez! Il faut que vous, et celuy qui vous envoye icy, me croyés un mal habille homme; dictes-luy que Dieu, qui sçait le fond de mon cœur et mon innocence, me protégera contre luy et contre la Reine mesme, et qu'il me vengera de l'ingratitude d'un homme que j'ay tiré du précipice; je sçauray conserver dans mes fers la fidélité que je doibs à Leurs Majestés, mais j'espère avoir un jour justice des mauvais conseils qu'on leur a donné pour me faire mettre icy; je ne vous en diray pas davantage, retirez-vous et ne soyés pas si hardi de revenir une autre fois. »

J'appris la plus grande partie de ces particularités en un voyage que je fis à Châtillon, duquel je vas parler, et j'ay appris les autres du prince mesme et de monsieur son frère, depuis leur liberté; il faudroit un livre entier pour dire le destail de tout ce que ce grand homme a faict et négotié dans sa prison, où il a toujours eu l'esprit et le cœur libres.

Je receus des lettres des amis de Paris par Dubuisson, contrôleur général de la maison du prince (et qui a esté ceste année malheureusement assassiné par ses vallets, au camp devant Douay, dans la tente du duc d'Enghien, qu'il servoit à l'armée); par ceste depesche, ils me chargeoient de dire à la princesse qu'il estoit nécessaire pour le service du prince son mari d'envoyer de Roches, lieutenant de ses gardes, et Vaillant, son esquier, en diligence à Paris, où ils s'addresseroient au président Viole, et que le premier portasse un seing de la princesse au bas d'une grande feuille de papier, pour estre remplie d'une requeste qu'on jugeoit à propos de présenter au parlement pour la liberté des prisonniers: ce qui fut exécuté sur la fin du mois de novembre.

Dans ce mesme temps, nous fûmes advertis de la maladie de la princesse douairière, qui estoit tousjours à Châtillon; la princesse jugea à propos que j'y allasse pour veiller aux intérêts du prince son mari, et empescher, si elle venoit à mourir, que ses pierreries, son argent et les meubles qu'elle avoit là ne fussent divertis. Je partis donc de Montrond avec de Roches et Viallard; nous allâmes de compagnie jusques au bas de Senserre, où nous primes un batteau qui nous mesna jusqu'à la première poste, où ces deux gentilshommes prirent des chevaux pour Paris, et je me rendis sur les miens à Châtillon.

Avant que de passer oultre, il fault icy reprendre les affaires de plus hault, et dire que je sçavois par moi-mesme la deffience en laquelle le cardinal estoit de l'esprit incertain du duc d'Orléans, de l'ambition des Frondeurs et surtout du coadjuteur, car il m'en avoit fort entretenu à Bourg, comme j'ai dit ailleurs. La translation des princes à Marcoussi et la négotiation de la paix de Bordeaux l'avoient blessé au vif; il ne sçavoit à quoy se résoudre; il eust voulu pouvoir s'asseurer de l'amitié et de l'appuy de M. le prince contre les Frondeurs, pour les perdre, et il eust voulu le tenir tousjours en prison pour leur faire craindre sa sortie, et les tenir par là soubmis. Il appréhendoit d'ailleurs qu'ils ne vinssent à s'unir avec nous; il se souvenoit de ce que je luy avois dict à Bourg et à Amboise, des entretiens qu'il avoit eu avec les ducs de Bouillon et de La Rochefoucauld; il avoit d'ailleurs des advis que nos amis n'obmettoient rien à Paris pour parvenir à la liberté des princes; que le duc d'Orléans, sur un courrier que Mademoiselle lui dépescha après l'entrevue de Bourg, s'estoit fort plaint de ce qu'il l'avoit souhaitée et exécutée sans son approbation, et que depuis, de temps en temps, il s'eschappoit contre luy; il attribuoit toutes ses inégalités au coadjuteur.

J'appris d'ailleurs, par diverses dépesches de Chavigni et du duc de Rohan, que le cardinal avoit faict diverses plaintes contre le coadjuteur, qui s'en estoit plaint à madame de Chevreuse, qui depuis la prison des princes estoit demeurée dans une très-estroicte et sincère union avec le cardinal. Elle essaya de remettre l'esprit du coadjuteur, à qui elle remonstra qu'on imputeroit à légèreté et à intérêt s'il rompoit avec luy pour s'unir avec les princes, de qui les amis faisoient peut-estre addroictement courir les bruicts desquels il se plaignoit, qu'il avoit esté depuis peu nommé pour la négotiation de la paix générale, comme il l'avoit souhaité; qu'au surplus, pour juger sainement des intentions du cardinal pour luy, il falloit luy demander des grâces, afin que, s'il les luy accordoit ou s'il les refusoit, il peut prendre des mesures certaines.

Le coadjuteur n'en vouloit point de médiocres; le cardinal ne vouloit point luy en faire d'autres; celuy-là vouloit estre faict cardinal; il ne convenoit pas à celuy-cy de se donner un confrère du talent et de l'ambition de l'autre; et comme il jugea bien que s'il demandoit le chappeau, on luy refuseroit infailliblement, ou qu'on luy feroit tout au plus espérer dans le dessein de le tenir tousjours soubmis, et qu'après beaucoup de longueur et de remise, il luy arriveroit la mesme chose qu'à l'abbé de La Rivière, il ne voulut donc pas defférer à ce que la duchesse luy conseilloit; mais malgré le désintéressement qu'il affecta de luy faire paroistre, il ne laissa pas que de luy dire qu'il n'empescheroit point que ses amis s'entremissent pour luy faire obtenir ceste dignité, pourveu que ce fût sans sa participation. Il creut par-là obliger la duchesse de Chevreuse d'entreprendre ceste négotiation avec le cardinal, peut-estre autant dans la veue de le brouiller avec elle par le refus qu'il luy feroit, que par l'espérance de l'obtenir par sa médiation. Je ne sçay si elle pénétra son dessein, mais il est certain qu'elle le pressa fort d'en escrire luy-mesme; il s'en deffendit opiniâtrement, car il craignoit qu'on ne luy imputât dans le monde qu'il n'avoit agi pendant tous ces troubles qu'à ceste fin, et, si je ne me trompe, il craignoit encore plus d'estre refuzé.

La duchesse donc, ne pouvant éviter de s'entremettre de ceste affaire, fit sçavoir à Le Tellier les chagrins et les deffiances du coadjuteur, et luy remonstra le mal qui pourroit arriver au cardinal s'il se détachoit de ses intérêts pour s'unir à ceux des princes, comme il feroit asseurément s'il ne le guérissoit des deffiences continuelles que sa conduicte doubteuse et incertaine luy donnoit, par quelques grandes grâces, comme seroit de luy procurer le chappeau, et pressa Le Tellier d'en escrire: il s'en deffendit, et enfin, convinrent qu'elle manderoit au cardinal qu'elle l'avoit contraint de luy faire ceste proposition et qu'ils luy escriroient l'un et l'autre, comme ils le firent; le cardinal, par sa response, remit l'affaire lorsqu'il iroit à Paris.

Le coadjuteur, jugeant de l'intention du cardinal par ce délay, ne peut s'empescher d'en tesmoigner du chagrin. Quelques serviteurs de M. le prince, qui en eurent cognoissance, essayèrent à le fomenter et à en tirer advantage. Arnault traicta souvent avec luy secrettement; mais il fallut beaucoup de temps pour l'engager.

Cependant le cardinal avoit esté tellement surpris de l'empressement que tesmoignoit la duchesse de Chevreuse pour faire donner le chappeau au coadjuteur, qu'il s'emporta en diverses occasions contre l'un et l'autre, et mesme contre Laigues, tout puissant sur ceste duchesse. Elle ne laissa pas, malgré les chagrins que le rapport qu'on luy en fit luy donna, de se rendre à Fontainebleau, quand la cour retourna de Bourdeaux. Elle vit le cardinal et le pressa de contenter le coadjuteur, sans effect. Elle monta en carosse pour retourner à Paris; il la fit rappeller par Laigues, et, estant revenue, il luy dict qu'il ne vouloit pas interrompre son voyage; mais qu'il luy feroit sçavoir par Laigues, qu'il retenoit auprès de luy, beaucoup de choses qui la contenteroient: et ce fut qu'il vouloit absolument la satisfaire sur le subject du coadjuteur, et qu'il en confereroit avec elle à Paris. Le cardinal sçavoit bien qu'il ne vouloit pas tenir ceste parolle; mais comme il vouloit faire transférer les princes de Marcoussi au Hâvre-de-Grâce, il vouloit flatter de ceste espérance le coadjuteur et ses amis pour ne pas les trouver, teste pour teste, opposés à ce dessein, et peut-estre dans celuy de faire que le duc d'Orléans, peu satisfait de luy, ne se rendît maistre absolu des personnes des princes et de leur liberté. La Reine, pour prévenir Monsieur, luy proposa à Fontainebleau de se charger d'eux en les faisant garder jusques à la majorité, dans Montpellier ou dans telle autre de ses places qu'il luy plairoit; et comme il n'entra pas dans cette proposition, elle luy fit celle de leur translation au Hâvre; il s'y opposa fortement, et enfin il y consentit. A l'instant mesme, les ordres furent employés pour les tirer de Marcoussi, et le comte d'Harcour, qui avoit faict de si belles actions en sa vie, en diminua beaucoup l'esclat par la charge qu'il voulut prendre de commender l'escorte qui les conduisit au Hâvre, tant l'espérance d'augmenter sa fortune abbat le courage de ceux qui la préfèrent à leur réputation et à leur honneur. Monsieur n'eust pas plustost donné son consentement qu'il s'en repentit; il envoya deffendre à Le Tellier d'expédier les ordres de ceste translation; il répliqua qu'ils estoient envoyés et les princes en route; et ce fils de France, lieutenant-général de l'Estat, n'eust pas la force d'en envoyer de contraires, et de faire revenir les princes à Marcoussi, d'où on les avoit tirés contre sa volonté et contre ses intérêts. Il en tesmoigna quelque desplaisir au garde-des-sceaux et à la Reine mesme; mais tout cela n'empescha pas que ces illustres prisonniers n'arrivassent au Hâvre le 15 de novembre.

Tous leurs serviteurs furent au désespoir de ceste translation, dont ils appréhandoient la suitte. Les Frondeurs, qui voyoient les princes hors de la portée de leurs intrigues, en furent très-fâchés. Messieurs du parlement le souffroient impatiemment, parce qu'ils jugeoient que, le duc d'Orléans n'ayant nulle auctorité dans ceste place, tous les arrests qu'ils pourroient donner en leur faveur seroient inutiles; et tous les bons François estoient indignés de voir deux princes du sang, et le duc de Longueville, leur beau-frère (qui estoit assés aymé), dans une place maritime, à l'extrémité du royaulme, d'où le cardinal, qui en estoit le maistre, par le consentement de la duchesse d'Éguillon, qui les haïssoit de mort, à cause du mariage du duc de Richelieu, comme j'ay dict autre part, pourroit les tirer quand il luy plairoit hors du royaulme, sans qu'on peust s'y opposer, ou leur faire telles violences que bon luy sembleroit, sans que toute la France ensemble y peut apporter d'óbstacle.

Il fault que je dise encore en cest endroit, pour sûivre l'ordre que je me suis prescript avant que de parler de mon voyage à Châtillon et de celuy de Paris ensuitte, que, la veille que je partis pour le faire, la princesse, après m'avoir donné ses ordres et ses despêches, voulut sçavoir le destail de la bataille de Rocroy; elle manda plusieurs officiers qui avoient veu ceste mémorable journée; chacun vouloit avoir l'advantage d'en raconter le destail; enfin elle voulut l'entendre de la bouche du plus ancien, qui fut interrompu beaucoup de fois par les autres, tant chacun s'empressoit de dire ce qu'il avoit faict; cependant je partis de la chambre de la princesse pour aller dans la mienne chercher de quoy les accorder, et, après avoir trouvé ce que je cherchois, je retournay sur mes pas.

J'avois dans une cassette et parmy des relations des choses les plus mémorables qui estoient arrivées depuis la régence, celle qu'on avoit envoyée au feu prince de Condé, de la bataille de Rocroy, que le duc d'Enghien, son fils, avoit donnée et gagnée le 19 may 1643. Ce fut un coup de foudre qui renversa les espérances que la longue minorité que nous avions à essuyer avoit faict concevoir aux Espagnols, et qui portant toute sa fumée de leur costé, dissipa les nuages qui commençoient à se former sur nous. Ce fut la base sur laquelle s'affermit l'auctorité de la reine et la faveur naissante du cardinal Mazarin : la princesse voulut que je fisse la lecture de ceste relation, en présence de tous ces officiers qui y avoient esté pour la vérifier; ils la trouvèrent fort véritable; quelques-uns pourtant dirent des circonstances considérables qui y avoient esté omises, de sorte que de ce que je leus et de ce qu'ils me dirent, j'escrivis le lendemain ce que s'ensuit :

Le duc d'Enghien, qui mouroit d'impatience d'entrer dans le pays ennemi, n'attendoit que la commodité des fourrages pour exécutter son dessein; il avoit, huict ou dix jours auparavant, résolu d'assembler son infanterie sur la rivière d'Authie, et sa cavalerie sur l'Oise; mais comme quelques-unes des parties qu'il avoit envoyées du costé des ennemis luy rapportèrent qu'ils marchoient avec des forces fort considérables vers Valentiennes, il changea de résolution et prit celle d'assembler toute son armée à Ancres; il envoia ses ordres à Espernay et à quelques mareschaux de camp qui commendoient chacun un petit corps séparé, de se tenir prêts pour marcher où il leur commenderoit. Cependant, il fit entrer les trouppes qu'il jugea nécessaires dans Guise et dans la Capelle, que la marche des ennemis sembloit menasser; et comme il commençoit la sienne, il aprit en sortant d'Ancres que le comte d'Izembourg, à présent gouverneur d'Artois et chef des finances des Pays-Bas, avec un corps de cavallerie et quelque infanterie qu'il avoit jetté dans les bois, avoit investi Rocroy dez le 12, et que le reste de l'armée espagnolle, commandée par don Francisco de Melio, gentilhomme portugais, homme de grand sens mais de peu d'expérience à la guerre, pour lors gouverneur des Pays-Bas, marchoit avec toute la diligence possible par nostre frontière pour aller joindre Izembourg, et former le siége de ceste place, importante par sa situation à la teste des Ardennes. Elle estoit composée de cinq bastions et de quelques demie-lunes en fort, en mauvais estat, et n'avoit ny le nombre de gens, ny la quantité de munition nécessaire pour une longue deffence, et avec toute apparence, elle ne pouvoit durer que deux jours. Le duc envisagea (avec une prudence qu'à peine pouvoit-on attendre d'un général qui ne faisoit que d'achever sa vingt et uniesme année) la conséquence de la perte de ceste place, dans la conjoncture des affaires; l'intérêt de l'Estat et celuy de sa gloire luy firent, sans prendre advis de qui que ce fût, résoudre de la secourir; et comme toutes ses troupes ne l'avoient pas encor joint, et que les Espagnols faisoient des désordres estranges dans leurs marches pour jetter la terreur et l'effroy parmi les paysans de la frontière, et par eux jusques dans Paris, le duc commenda à Gassion, mareschal de camp, général de la cavallerie légère, de suivre la piste des ennemis avec quinze cents chevaux; d'observer leur contenance; couvrir le pays, et surtout la marche de Gesvre, qui venoit pour le joindre, et de mettre tout en usage pour jecter tout ce qu'il pourroit de monde dans Rocroy.

Gassion estoit fils d'un président de Pau, qui s'estoit jetté à la guerre dez ses plus jeunes ans, qui avoit servi en Allemagne, dans les guerres du roi de Suède, et qui, de degré en degré, estoit devenu ce que je viens de dire. Il s'estoit acquis la réputation de brave, de vigilant et d'homme infatigable; et pour dire la vérité en passant, s'il eust eu autant de fermeté pour ses amis, de probité dans ses actions et de nèteté dans sa conduitte, qu'il avoit d'esprit, de cœur, de lumières, de dessein et de sçavoir faire, il auroit esté un homme des plus accomplis de son siècle et de plusieurs autres. Je n'en diray pas dadvantage, car les occasions que j'auray d'en parler ailliurs justifiront ce que je dis.

Pour revenir à nostre subject, la cognoissance que le duc avoit de sa punctualité et de son activité à la guerre, l'obligea à le choisir pour cest important amploy, et je luy ay souvent ouy dire qu'il ne fut en sa vie plus estonné que d'entendre le duc luy donner ses ordres, si nécessaires, si judicieux, en des termes et d'une manière telle que le plus consommé capitaine auroit peu faire: aussi les exécutta-t-il fort heureusement. Il arriva aux environs de Rocroy, le 16 du mois, avec une diligence extraordinaire; il envoia pendant sa marche toutes les nouvelles qu'il eust des ennemis au duc, qui en sceut merveilleusement profiter; il renversa quelques petits corps advancés des ennemis, poussa leurs gardes, obligea la pluspart des forces du camp à venir à luy, et cependant fit entrer dans la place cent fusiliers choisis du régiment du Roy, conduits par Saint-Martin et par Seneterre, si à propos, qu'ayant faict brusquement une sortie, ils reprirent une demie-lune et les dehors, que les Espagnols avoient occupé, avec beaucoup de facilité; car Joffreville, gouverneur de ceste place, n'avoit que quatre cents hommes dans sa place, et l'on peut dire que la prévoyance du duc et la punctualité de Gassion à exécuter ses ordres, luy donna le temps d'entreprendre et de faire la plus grande, la plus brave et la plus importante action dont on eust ouy parler depuis plusieurs siècles.

Cependant, le duc marchoit à grandes journées; il joignit Gesvres et Espenan à Origni et à Brunchancel, d'où il se rendit, le 17, à Bossu, village scitué à une lieue de Mariambourg, à deux de Charlemont, et à quatre de Rocroy. Gassion, qui s'y rendit en mesme temps que le duc, luy ramena les quinze cents chevaux qu'il avoit emmené, luy rendit compte de l'exécution du commendement qu'il avoit receu de luy, de la contenance des ennemis, de la situation de leur camp et du nombre qui composoit leur armée. La nuict mesme, on sceut qu'ils avoient repris les dehors, qu'ils estoient logés dans les fossés, et qu'ils faisoient estat d'attacher trois mineurs en trois endroits différens: de sorte que le duc, jugeant qu'il n'y avoit plus de temps à perdre, résolut de se faire jour à vive force, et de mourir ou de secourir la place assiégée. Pour adviser aux moyens les plus seurs et les plus advantageux, il assembla ses principaux officiers, et après avoir ouy parler les uns et les autres, et escoutté le rapport que luy firent ceux qu'il avoit envoyé recognoistre les bois, leurs advenues et leurs sorties, et sceu d'eux qu'il y avoit deux défillés dans celuy du fort, à une lieue du camp, et qui furent jugés estre les seuls endroits propres pour l'exécution de ce grand dessein, il fit destacher cinquante Cravates avec ordre de pousser par-delà le défillé le plus commode au passage de son armée, et de recognoistre s'il estoit gardé par les ennemis, et s'ils y avoient faict quelques retranchemens. L'officier luy rapporta seulement qu'ils paroissoient au-delà de ce défillé, et en mesme temps le duc, sans délibérer, commanda à Gassion de s'advancer dans une plaine qui est au-delà; il luy donna sa propre compagnie des gardes, tous les Cravates, le régiment de fuziliers et le régiment Collourt, avec ordre de nettoyer ceste plaine jusques au camp des assiégeans, et de recognoistre s'ils estoient retranchés, ou s'ils estoient en estat de marcher pour s'opposer à son passage.

Gassion ne fut pas moins punctuel à exécuter l'ordre du duc, que celuy qu'il luy avoit donné quatre jours auparavant; il poussa jusques dans le camp ce qu'il rencontra dans la routte qu'il tint; et ayant gagné une éminance qui en estoit fort proche, environ à une heure après midi du 18, il recogneut que les ennemis sortoient de leur front de bandière pour se mettre en bataille. Il renvoia en diligence Chevers pour en advertir le duc, qui, à l'instant mesme et avec une gayeté extraordinaire, passa le défillé. Il se fit suivre du régiment du Roy et de ceux de Coaslin, de Suilly, de Gassion et de Lenoncourt, qui composoient l'aisle droicte de son advant-garde; il laissa le mareschal de L'Hospital, Espenan et La Ferté-Seneterre pour faire passer, le plus diligemment qu'ils pourroient, le reste de l'armée, et pour favoriser l'exécution de l'ordre qu'il en donna; et marcha avec tant de diligence qu'entre deux ou trois heures après midi du mesme jour, il se trouva en bataille avec ceste cavallerie et les troupes que Gassion avoit mené avec luy. Il fit commencer l'escarmouche, qui dura jusques sur les cinq heures du soir, et qui donna lieu au reste de l'armée de passer heureusement le défillé. Le duc la faisoit mettre en bataille à mesure qu'elle arrivoit; mais comme il ne jugea pas que le terrain qui nous restoit à occuper fust capable de contenir toutes ses trouppes, il commanda aux Cravates, soustenus de deux pelottons de cuirassiers du régiment de Gassion, de pousser les ennemis qui occupoient une certaine éminence et de s'en rendre maistres, comme ils firent à nostre aisle droicte; s'y estant estendue, fit place à la gauche qui estoit pressée d'un marais voisin. Les ennemis commencèrent à se servir contre nous de leur artillerie qui nous incommoda fort, jusques à ce que la nostre fust en estat de leur respondre, comme elle fut un quart-d'heure après, et dont ils receurent un merveilleux dommage.

La nuict ayant faict cesser les canonnades de part et d'autre, et le duc ayant creu qu'il ne debvoit pas affoiblir son armée par un secours considérable qu'il pourroit jecter dans Rocroy à la faveur de l'obscurité, parce qu'il jugea qu'en l'estat auquel estoient les choses ceste place estoit sauvée, il ne songea plus qu'à donner la bataille; mais il voulut tenir conseil de guerre et entendre les sentimens des officiers-généraux, pour sçavoir s'il la donneroit la nuict, ou s'il attendroit la pointe du jour du lendemain dix-neufviesme. Il y avoit beaucoup de raison pour et contre; mais enfin chacqu'un se rendit à celles dont le duc se servit avec un sens qui estonna tous ceux qui l'escouttèrent : il fut résolu qu'on laisseroit passer la nuict, et que dez le moment que le jour paroistroit on commenceroit d'attaquer les ennemis. Après ceste résolution prise, le duc repassa dans tous les rangs de son armée, avec un air qui communiqua aux trouppes la mesme impatience qu'il avoit de voir finir la nuict pour commencer la bataille. Il la passa toute entière au feu des officiers de Picardie, après avoir posé toutes ses gardes, et donné les ordres nécessaires pour tout ce qu'il avoit projetté.

Un cavallier françois, qui quittoit le service des ennemis, vint se rendre et asseura le duc que le baron du Bec devoit se joindre, le lendemain sur les sept heures du matin, avec trois mil fantassins et mil chevaux : ce qui le confirma dans la résolution qui venoit d'estre prise, et en mesme temps il disposa toute chose pour l'exécutter avant la jonction de ce général. Il laissa Gassion, comme le jour précédent, à l'aisle droicte; il mit La Ferté-Seneterre à l'aisle gauche; il donna le commendement de l'infanterie à Espenan; il voulut particulièrement s'apliquer à l'aisle droitte, et chargea le mareschal de L'Hospital du soing de la gauche.

Le champ de bataille estoit disposé de telle sorte, que l'aisle droicte aboutissoit à un bois, et la gauche à un marais : il y avoit bien demie-lieue de terrain entre l'une et l'autre, et environ à une grande lieue de la place. Là se commença la bataille ; mais après que nos gens eurent poussé les premiers bataillons, désormais le reste de ceste mémorable action se passa dans une plaine un peu plus advancée.

L'armée du duc estoit composée d'environ mil quatorze mil hommes de pied et de six mil chevaux : ce qui formoit l'infanterie estoient les régimens de Piémont, de Picardie, de Persan, de Bourdonne, de Rambure, de la marine, d'Harcour, de Guiche, d'Obterre, de La Ferre, de huict compagnies royalles, de Gestre, du vidame Langeron-Biscarras, de Vervins, du régiment des gardes écossoises, et des trois régimens suisses de Watteville, de Molandin et de Voolle ; et la cavallerie estoit composée des gens-d'armes escossois, de ceux de la Reine, d'une brigade de ceux du prince de Condé, d'une du duc de Longueville, de ceux d'Angoulesme, de Vaubecour et de Guiche ; la cavallerie légère consistoit au régiment royal, en ceux de Gassion, de Guiche, d'Harcour, de La Ferté, de Lenoncour, de Sirot, de Sulli, de La Clanière, de Meneville, de Hudicon, de Roquelaure et de Marolles, de la cavallerie étrangère de Sillart, des régimens de Leschelle de Beaunau, de Vamberg, de Chat et de Raal-Cravate, oultre les fuziliers du Roy qui faisoient la compagnie des gardes du duc.

L'armée des Espagnols, qui estoit plus forte que la nostre, estoit composée de vingt-cinq à vingt-six mil hommes, savoir : dix-sept mil fantassins en vingt-deux régimens, soubs la charge du conte d'Izambourg, et de cent et cinq cornettes de cavallerie, commandées par le duc d'Albuquerque, grand d'Espagne, de la maison de la Cuena, général de la cavallerie ; le comte de Fontaine, gentilhomme lorain, homme de cœur, d'expérience, et qui avoit vieilli dans le service, estoit maistre-de-camp général ; et tous estoient commandés, comme je viens de dire, par don Francisco de Mello, gouverneur et capitaine-général des Pays-Bas.

Avant le jour, le duc fust à cheval, et dez le moment qu'il le vit paroistre, il passa à la teste de tous les bataillons et de tous les escadrons de son armée ; il remonstra en termes cavalliers aux officiers et aux soldats la grandeur de l'action qu'ils alloient commencer pour le service du Roy et pour la gloire de son Estat, de qui toute la plus grande seureté dans la conjuncture présente dépendoit de leur courage ; qu'il espéroit que leur bravoure rasseureroit tant de peuples effrayés de l'entreprise d'un ennemy puissant, la deffaitte duquel les combleroit d'honneur et de fortune.

Sa vivacité, la joye qui estoit peinte sur son visage, et sa bonne mine, animoient merveilleusement son discours. Il avoit pris sa cuirasse, mais il ne voulut pas se servir d'autre habillement de teste que de son chappeau couvert de force plumes blanches, qui servirent souvent de ralliement, aussi bien que le mot d'Enghien qu'il avoit donné pour cela.

Sur les trois heures du matin, nos deux aisles marchèrent en mesme temps aux ennemis, qui, dans les mesmes sentimens que ceux qu'avoit pris le duc, n'avoient point bougé toute la nuict et nous attendoient de pied ferme. Nostre droicte, où estoit le duc, rencontra dans un fond, et proche d'un bois, un petit rideau où ils avoient logé mil mousquetaires, qui furent d'abord taillés en pièces, et ceste aisle poussa et renversa la cavallerie qui luy estoit opposée.

La Ferté-Seneterre, qui estoit à l'aisle gauche, chargea l'aisle droicte des ennemis ; le combat y fut fort opiniastre : il y fut blessé de deux coups de pistolets et de trois coups d'espées ; son cheval y fust tué et luy faict prisonnier, mais peu après repris. Ce qui apporta du désordre est qu'ils se rendirent maistres de nostre canon, après avoir tué La Barre, qui commendoit en cest droit l'artillerie ; le mareschal de L'Hospital rallia une partie des trouppes de son aisle, et à leur teste revint à la charge, regagna le canon : il y receut une mousquetade au bras qui le mit hors de combat. Ceste aisle gauche fut une autre fois mal menée, les ennemis faillirent encore se rendre maistres de ceste mesme artillerie qu'on venoit de reprendre sur eux, quand le baron de Sirot, gentilhomme Bourguignon, ancien maistre de camp de cavallerie, à qui le duc avoit donné le commandement du corps de réserve, rallia de nouveau toutes les trouppes de ceste aisle ; il arresta avec un courage qui ne se peut assés louer l'effort des ennemis, et le soustint vigoureusement assés de temps pour attendre que le duc le vint secourir : aussi le fit-il à point nommé, car après qu'il eust absolument deffaict la cavallerie, qui luy estoit opposée, il gagna le derrière du reste de leur armée, où il tailla en pièce toute l'infanterie italienne, wallonne et allemande ; puis passa comme un éclair à son aisle gauche, où il trouva Sirot combattant, et qu'il seconda de telle sorte, qu'il mit en peu de temps ceste aisle des Espagnols au mesme estat qu'il avoit mis l'autre.

Il alla ensuitte et sans perdre un moment, attaquer ceste brave infanterie espagnolle, qui fit une si belle et si extraordinaire résistance, que les siècles à venir auront peine à le croire ; elle fut telle que le duc l'attaqua et la fit attaquer en divers endroits, et l'on peut dire de tous costés, avec toute sa cavallerie victorieuse, et à plusieurs reprises, sans qu'elle peut estre rompue. Elle faisoit face de tous costés avec les piques, et le duc qui l'admiroit ne l'eust pas si tost deffaicte s'il ne se fût advisé de faire amener deux pièces de canon et de la faire attaquer de nouveau, d'un costé par sa cavallerie, et de l'autre par son infanterie de l'aisle droicte, qui, luy donnant en queue et en flanc, la deffît à platte cousture; le duc estoit à toutes ses attaques : il se trouva ceste journée-là partout, et partout il donna tant de marques de son intrépidité et de son jugement, qu'on n'entendoit de toutes parts que des acclamations que l'une et l'autre forçoient les officiers et les soldats de faire en sa faveur.

On ne vit plus désormais que des morts, que des blessés et que des prisonniers de tous les costés où la veue pouvoit s'estendre ; jamais guain de bataille ne fut plus complet en toutes ces circonstances; tout le monde s'escrioit que ceste grande victoire estoit deue à la prévoyance, à la résolution et à la conduitte du duc; et ce fust une chose admirable, que d'ouïr tous les bons cognoisseurs estimer autant sa conduitte que sa bravoure, tout jeune qu'il estoit, et tout intrépide qu'il parût en ceste grande journée.

Le duc, au contraire, donnoit tout l'avantage et toute la gloire à ses officiers et à ses soldats ; il y en eut peu de qui il ne fît l'éloge en public, peu de blessés qu'il ne visitât et qui ne sentissent les effets de sa libéralité, peu en faveur desquels il n'escrivît à la Reine et pour qui il ne luy demandasse des graces proportionnées à leurs postes et à ce qu'ils avoient mérité ce jour-là. Gassion, qui combattit toujours par ses ordres et quasi toujours en sa présence, y fit des mieux, et le duc en resta si satisfaict, qu'il résolut sur le champ de bataille de demander, comme il fit, le baston de mareschal de France pour luy, et la charge de mareschal de camp pour Sirot. Sa prière pour celuy-cy luy fut d'abord accordée ; mais celle qu'il fict en faveur de celuy-là receut de grandes difficultés, par la conséquence de sa religion, car il estoit de la prétendue réformée; il n'estoit pas possible de le faire mareschal de France sans que le viconte de Turenne, qui est de la mesme religion, le fût, et l'on craignoit de désobliger la maison de La Force, si l'on ne faisoit encore le marquis de ce nom. Il n'estoit pas de bon augure ny de la raison d'Estat de donner au commencement d'une régence une telle dignité à trois huguenots ; la piété de la Reine y résistoit ; mais plus que tout, la jalousie de donner l'advantage de leur promotion au duc. Il ne voulut pourtant se relâcher quoy qu'on luy peust mander de la cour et quoy que le prince de Condé, son père, qui haïssoit mortellement ceux de ceste religion-là, luy peust escrire; et il fallut enfin luy accorder le baston qu'il avoit demandé pour Gassion ; mais on luy fît trouver bon qu'on différât jusques à la fin de la campagne, afin qu'on peust en mesme temps donner la mesme dignité au viconte de Turenne.

Mais, pour demeurer dans notre subject, quand le duc revint de la chasse des ennemis, et qu'il eust visité le champ de bataille, il le trouva jonché de plus de sept mil morts de leur costé, et d'environ quinze cent du nostre ; il trouva qu'il avoit faict plus de six mille prisonniers; il les envoya promtement en diverses villes au dedans du royalme ; il gagna vingt pièces de canon, toute l'artillerie et tout le bagage, et plus de deux cent drappeaux ou estendars, et peu de jours après, sa libéralité luy en fit encorres apporter soixante.

Don Francisco de Mello, qui fut pris mais recous avant la fin du combat, se sauva à course de cheval à Mariambourg. Le conte de Fontaine y fut tué dans sa chaize, où la goutte l'avoit réduit, et où il fut tousjours veu l'espée à la main, se faisant porter partout où il le jugea à propos. Le duc souhaitta de mourir en son âge aussi glorieusement. Le conte d'Izembourg y fut blessé à mort ; don Anthonio de Villandia, les deux contes de Villalna, le chevalier Visconti, et le baron d'Ambizi y furent trouvés parmi les morts.

Parmi les prisonniers, l'on compta plus de cinq cens officiers en pied, et plus de six cens refformés, du nombre desquels fut le conte de Garciez, pour lors maistre-de-camp d'un Vieux Terce espagnol, que j'ay depuis cogneu gouverneur de Cambray, et ensuite mourut pendant que nous estions aux Païs-Bas, maistre-de-camp général. Ce fut de ce gentilhomme, qui avoit de l'honneur et de la bonté, que l'archiduc Léopold se servit pour arrester, à Bruxelles, le duc Charles de Loraine, qui fut mis le lendemain dans la citadelle d'Anvers, et depuis transféré à Tolède, comme je diray ailleurs, et où don George de Castelin, autre maistre-de-camp, aussi prisonnier en ceste bataille, eust la charge de le garder. Les autres furent don Baltazard Mercader, aussi maistre-de-camp, que j'ay cogneu depuis gouverneur d'Anvers, et chastelain du chasteau de Milan ; don Diégo Destrada, comte de Beaumont, frère du prince de Chimay, de la maison de Lignes et d'Aramberg ; le comte de Latour ; le jeune comte d'Heureux, de la maison de Croy ; don Emanuel de Léon ; don Alonso de Torrès; don Fernando de La Cuéva, et le comte de Reitberg, allemand, et le comte de Montecuculy.

Je n'en rapporteray pas icy dadvantage, et ne parleray des morts des blessés, ny mesme de ceux des nôtres, qui se signalèrent dans ceste bataille, parce que le duc eust soing d'envoyer des listes, et de très-grands détails de ce que les uns et les autres avoient faict de plus considérable; tout fut imprimé et publié, en sorte que toutes les histoires du temps en sont remplies. Ainsy, pour finir ceste relation que j'ay fort racourcie, il ne me reste rien à dire, sinon que comme le duc commença un grand et signalé exploit de guerre, par la fervente prière qu'il fit au Dieu des batailles, et par l'absolution qu'il receut de son confesseur à la teste de son armée, qui imita sa piété, aussi là finit-il par l'action de grâce qu'il rendit à genoux, et toutes les trouppes à son exemple, du succès de ceste mémorable journée, comme il fit plus solemnellement par le *Te Deum*, qu'il fit chanter dans l'église de Rocroy, au bruit des canons et des trompettes.

Elle arriva le 19 de may, le mesme jour que se firent les obsèques du Roy à Saint-Denis. J'eus l'honneur d'y assister, à la suite du prince de Condé; la cérémonie fut des plus belles et des plus grandes qui s'y voyent: il s'y passa diverses particularités dont je parlerois en ce lieu, si elles n'avoient esté imprimées; j'en rapporteray seulement une que je vis, et qui a esté supprimée dans les escrits publics. Le prince de Condé, estant avec le duc d'Orléans et le prince de Conti en rang de parent, fit exercer dans l'église sa charge de grand-maistre de France par le duc de La Trémouille, son cousin germain; mais comme le duc d'Orléans alla tenir la table du deuil, le prince voulut tenir celle de grand-maistre; elle estoit placée dans le grand réfectoire à hault bout: celle du parlement est d'un costé, et celle de la chambre des comptes de l'autre; il est du debvoir du grand ausmônier de France, de dire le *benedicite* et les grâces, au bout de la table du grand-maistre, du costé de celle du parlement, et le regardant un peu de biais, pour ne pas luy tourner le dos. Le cardinal de Lion, frère du feu cardinal de Richelieu, estoit revestu de ceste charge, et avoit officié à l'église; il ne vint pas bénir la table du grand-maistre, où j'avois l'honneur d'estre; le prince en gronda sans s'expliquer, croiant qu'il répareroit ceste faulte aux grâces; mais comme il ne le vit pas venir à sa charge, il le laissa faire au premier aumônier, puis, eslevant sa voyx, et s'adressant au parlement, leur dict: « Vous avés veu, Messieurs, officier monsieur le cardinal de Lion, faire l'office de grand ausmônier à l'église; il ne peut avoir d'excuse légitime de n'estre pas venu faire sa charge en ma table et en la vôtre, ainsy qu'il est de son debvoir; je l'ay dissimulé à l'entrée de la table, croyant qu'il estoit encore fatigué de l'office qui a esté fort long, ce qui l'empeschoit de donner la bénédiction; mais voyant qu'il continue sa faulte, je vous en faits ma plainte, laissant à M. le procureur-général de prendre contre luy telles conclusions qu'il verra bon estre. » Le procureur-général se leva, dict quelque chose que je ne pus entendre, parce que j'estois fort eslongné; mais il demanda la saisie de son temporel, attendant qu'il eust fourni d'excuse valable; les présidents et anciens conseillers, qui estoient en hault de la table, dirent confusément qu'il demeuroit résolu que la compagnie le feroit, et qu'on le délibéreroit ainsy sur le registre: je n'ai pas sceu depuis si l'on le fit ou non.

J'ay faict insensiblement ceste disgression et ne puis m'empescher d'en faire encore une autre, qui est que le Roy, estant à l'extrémité, s'esveilla tout-à-coup et demanda ses pistolets; il prit mesme un esvantail que tenoit la Reine, qui estoit assise près de son lict, et comme elle luy demanda ce qu'il vouloit faire: « Ne voyez-vous pas, dict-il, monsieur le duc qui donne une grande bataille aux Espagnols, qui ont assiégé une place? Seigneur Dieu, comme il les mène! ils sont deffaicts, ils sont tous morts ou prisonniers, hors quelques fuyarts. O! que j'ay bien faict de luy confier mon armée; car c'est de mon pur choix, en quoy j'ay esté assés contrarié. » On remonstra à ce bon prince mourant, qui se tourmentoit fort dans une imagination, qu'il debvoit se remettre l'esprit et ne pas s'agitter dadvantage; il opiniastra une heure durant que la chose estoit vraye; on fit des augures, et depuis que la chose fut arrivée, le jour de ses obsèques on les renouvella. J'ouïs plusieurs personnes dire à la Reine que c'avoit esté une prophétie d'un Roy plain de saincteté, et qui assurément, ayant eu ceste révélation de Dieu, jouissoit de sa gloire: tant les lâches courtisans, et surtout les faux dévots, sont subjects à dire des choses ridicules, quand ils croyent qu'elles peuvent se croire. Tout le fruict que je retiray de ceste prophétie prétendue, fut de juger qu'il estoit vray que le Roy avoit voulu d'auctorité que le duc commandât son armée, et que ceux qui le voyoient mourant, et qui estoient dans le ministère, particulièrement le cardinal Mazarin, avoient faict leurs efforts pour empescher que, dans ceste conjuncture, le prince de Condé, qui estoit le plus fort du ministère par son habileté, ne le devint encore dadvantage, ayant le duc son fils à la teste de la principalle armée du royaulme.

Le jeune marquis de La Moussaye, qui estoit aide-de-camp du duc en ceste compagnie-là, apporta à la Reine la première nouvelle du gain de la bataille, et Tourville, premier gentilhomme de sa chambre, en apporta le lendemain les particularités, qui jectèrent la joye dans le cœur de tous les bons François, la jalousie dans l'ame de plusieurs de la cour, mais qui ne peut empescher que le nom et la gloire du duc d'Enghien ne fussent portés aussi hault que méritoit la grandeur et l'importance de ceste action.

La Reine en cognoissoit l'advantage, le cardinal Mazarin, de qui la faveur estoit encore fort incertaine, prenoit de nouvelles forces par l'auctorité de la Reine, que ce grand exploit de guerre affermissoit. Il en tesmoigna au prince et au duc des joyes inconcevables, et je sceus de Tourville que le cardinal luy proposant de nouer une amitié intime avec son maistre, il luy dict ces propres mots : « qu'il ne vouloit estre que son chappelain, et son homme d'affaire auprès de la Reine. » Si la faveur peu affermie et incertaine faict dire des choses basses et flatteuses, quand on croit en profiter, la fortune, bien auctorisée et bien establie, en fait concevoir de bien téméraires et de bien insolentes, et encore plus quand elle se voit en estat de tomber : ce que je viens de dire et ce que nous avons veu arriver entre le duc et le cardinal, dont je parle, sont de beaux exemples de ceste vérité.

Pendant qu'il parloit de la sorte à Tourville, et qu'il escrivoit par luy au duc avec une soubmission souple et insinuante, il ne songeoit pas à diminuer sa gloire, car il n'estoit pas possible, mais il faisoit soubs main ce qu'il pouvoit pour en diminuer l'effect. Il fit jecter addroictement toute la jalouzie qu'il peut dans l'esprit du duc d'Orléans, par l'abbé de La Rivière; le premier prétexte qu'il prit fut qu'un vallet de chambre du duc, par qui il envoya les drappeaux gagnés à la bataille, les porta tout droict à l'hostel de Condé. On les rengea autour de la grande salle, où toute la cour et tout Paris les furent voir, attendant qu'on les portât, comme on fit, en grand triomphe à Nostre-Dame, quand on y chanta le *Te Deum*, suivant la coustume ordinaire.

Le lendemain, le cardinal ne manqua pas de dire au prince de Condé, comme en confidence, que le duc d'Orléans estoit en la plus grande colère du monde, de ce qu'estant fils de France, oncle du Roy et lieutenant général de l'Estat, le duc ne luy avoit pas envoyé tout droict ses estandarts, et de ce que luy, en les retenant, n'avoit pas réparé la faulte de monsieur son fils. « Mais, adjouta-t-il, ne vous en mettés pas en peine; vous cognoissez Monsieur, la Reine a tout pouvoir sur luy, je ferai qu'elle apaisera sa colère. — Je vous prie, luy respondit le prince, réservés les bonnes volontés de la Reine pour un autre subject; mon fils ny moy ne tirons pas au court baston avec Monsieur, nous sçavons luy rendre ce que nous luy debvons; mais en ce rencontre, s'il se fâchoit, il pourroit se desfâcher, si bon luy sembloit; je venois sçavoir de la Reine à quelle heure il luy plaict qu'on porte ses drappeaux à Sa Majesté : car c'est à elle à qui je doibs les envoyer. »

Le prince, qui estoit homme d'une grande expérance et d'un profond jugement en toute chose, se promenant dans la salle où estoient ces drappeaux, qu'il avoit une joye non pareille de voir, me fit l'honneur de me dire ces mots : « Monsieur Lenet, mon amy, voicy une grande feste, et Dieu sçait la joye que me donne la belle action que mon fils vient de faire; mais souvenés-vous que tant plus il acquiert de gloire, tant plus de malheur arrivera à ma maison. » N'ayant pas la veue si estendue que le prince, je combattis tant que je peus, et avec le respect que je debvois, son raisonnement; à quoy il me dict, pour toute response : « Ne parlez jamais à qui que ce soit de ce que je viens de vous dire; mais vous vous en souviendrés plus d'une fois en votre vie dans la suitte du temps. » Aussi ai-je faict; mais il fault advouer qu'encore qu'une emblesme espagnolle, qui est dans celle de Sahanedra, soit bien souvent vérifiée, il y a peu de personnes au monde, tant politiques puissent-elles estre, qui n'hazardassent d'essuyer tous les malheurs du monde, quand ils ont une telle gloire pour principe; et je crois encore que les illustres, ces grands capitaines grecs, s'estimoient heureux dans leurs ostracismes, quand la jalouzie que causoient leurs victoires en estoit le seul subject. Ceste emblême, dont je viens de parler, est un oiseau de proye qu'on reprend à la faveur de ses sonnettes, avec ces mots : *Fama nocet*.

Pour revenir à ce voiage de Châtillon et de Paris, dont j'ay desjà parlé deux fois ci-dessus, sans dire ce qui s'y passa, je partis de Montrond; en arrivant, je trouvay la princesse douairière dangereusement malade et quasi hors d'espoir de salut; elle avoit pourtant l'esprit sain et le jugement très-bon; elle me parla de diverses choses touchant la liberté des princes ses fils; elle s'emporta fort contre la Reine et contre le cardinal, à qui elle attribuoit sa maladie, par le chagrin qu'ils luy avoient causé; elle me demanda force nouvelles de Montrond, de la princesse sa belle fille, et du jeune duc, dont elle me parla les larmes aux yeux, et me dict que, comme il estoit temps de luy donner un gouverneur, elle avoit faict trouver bon à monsieur le prince de luy donner le conte d'Anthenis, par le conseil du duc de Rohan; que la cour l'avoit trouvé bon, et qu'elle me prioit de le faire aggréer par la jeune princesse. Si ses médecins ne luy eussent imposé silence, je crois que cette bonne princesse m'auroit faict l'honneur de m'entretenir une bonne partie de la nuict.

J'allay ensuite voir la duchesse de Châtillon dans son appartement; je la trouvai avec ses gens d'affaires, qu'elle quitta pour venir à moy avec une contenance mélancolique et affligée, qui me parut fort affectée; elle en reprit bientost une autre, en me demandant mon amitié et mon assistance dans les affaires qu'elle prévoloit qu'elle auroit après la mort de madame la princesse, qu'elle croioit infaillible: aussi arriva-t-elle peu de temps après. Elle me fit confidence qu'elle luy avoit faict quelque bien par un testament qu'elle avoit faict depuis peu, sans me dire en quoy il consistoit; elle me proposa de luy estre favorable auprès de la princesse, et de luy aider à la mectre bien avec elle, afin qu'elle s'y peut retirer, si le malheur qu'elle prévoyoit de madame la douairière arrivoit. Je sçavois trop l'estat auquel elle estoit, et avec monsieur le prince, et avec le duc de Nemours, et la part qu'elle avoit dans les intrigues que l'on conduisoit pour la liberté, pour ne luy pas promectre de la servir en tout ce qui me seroit possible. Nous nous fîmes réciproquement de grandes protestations, moy de service, et elle d'amitié, et me retiray pour aller entretenir les uns et les autres, et tâcher à descouvrir par eux et par le principe de la mésintelligence qui estoit entre les uns et les autres, si la princesse malade n'avoit point faict de testament, et quel il estoit.

La première personne que je vis ensuitte de la duchesse, fut madame de Bourneuf, de laquelle j'ay parlé cy-devant, qui commença par mil promesses d'estre autant sincèrement de mes amis qu'elle me l'avoit promis le précédent voyage, et pour m'en donner une marque essentielle, elle vouloit commencer par me descouvrir un grand secret qu'on l'avoit obligée de me céler jusques là, en quoy on luy avoit faict une grande violence, et à moy une injustice nonpareille, après tant de services que j'avois rendus, qu'on luy avoit caché long-temps ce mesme secret, ceux qui s'estoient rendus maistres de l'esprit de madame la princesse se le voulant conserver privativement aux autres serviteurs de sa maison; mais qu'enfin Montreuil, son bon amy, luy avoit confié qu'elle avoit faict un grand vacarme de ce qu'on en avoit faict finesse à la duchesse de Longueville; que depuis ce temps-là elle estoit entrée en confidence avec eux sur ce subject; qu'elle luy avoit faict sçavoir à sa maistresse, et qu'elle avoit souvent remonstré que c'estoit une honte que les ducs de Bouillon, de La Rochefoucauld, le vicomte de Turenne et moy n'en eussions point eu de part.

Ce secret estoit la communiquation de lettres qu'on avoit avec monsieur le prince; je luy dis d'abord que j'estois fort aise de ne l'avoir pas sceu, et encore plus que peu de personnes en eussent cognoissance: « Comment, peu de personnes, me dict-elle, madame la princesse, la duchesse de Châtillon, Cambiac, madame de Vicons, le duc de Nemours, le président Viole, la princesse palatine, Arnault, Montreuil et un valet qu'il a, le sçavoient, sans ceux à qui tous ces gens-là le peuvent avoir dict. Je sçay bien, me dict-elle, qu'un secret de ceste importance ne peut estre trop mesnagé; mais aussi il y peut avoir de grands inconvéniens quand ceux qui tiennent la queue de la poille n'en ont point de part. N'est-il pas vray que quand on vous a porté des ordres de monsieur le prince à Bordeaux, soubs le nom des advis de ses amis et serviteurs, vous y avez eu moins d'égards que si vous eussiez veu son escriture, et que messieurs de La Rochefoucauld et de Bouillon se fussent sentis fort obligés à monsieur le prince, si on eust payé les grands services qu'ils luy rendoient, par des marques de son souvenir et de sa recognoissance? »

Elle se mit ensuitte à me raccontair toutes les particularités de la prison dont j'ay parlé, à la réserve de ce que j'ay dict du prince de Conti; puis elle me dict que Cambiac, qui estoit amoureux de la duchesse de Châtillon, et qui gouvernoit la conscience de la princesse, l'avoit obligée à faire un testament par lequel elle faisoit de grands avantages au prince de Conti; qu'ils s'estoient caché d'elle, et qu'elle ne luy en avoit pas sceu si la princesse mesme ne luy en avoit fait confidence, et, me demandant le secret, me dict qu'elle donnoit à la duchesse, pour qui elle avoit une passion démesurée, pour cent mil écus de pierreries qu'elle me spécifia par le menu, et la jouissance de la terre de Merland, de laquelle le prince luy a depuis donné la propriété, et beaucoup d'autres choses dans le temps de sa grande passion pour elle; et ce fut autant par recognoissance que par libéralité. Madame de Bourneuf m'apprit encorres toutes les caballes et toutes les liaisons de la maison, après quoy il ne me fut pas difficille de tirer des lumières des uns et des autres. Je fus deux ou trois jours à escoutter et à entretenir la princesse, de qui la maladie alloit d'heure à autre de mal en pis : elle me fit l'honneur de me parler du testament qu'elle avoit faict, sans m'en dire autres particularités, sinon qu'elle croioit avoir faict la justice entre messieurs ses fils, puisqu'elle avoit suivi les coustumes et les loix des lieux où ses biens estoient scitués ; qu'elle s'estoit souvenu de la duchesse de Longueville, et faict quelques biens à la duchesse de Châtillon; qu'elle me chargeoit en temps et lieu de prier monsieur le prince, de sa part, de ne le pas trouver mauvais : qu'elle prioit Dieu qu'il maintînt sa famille en union et fist cognoistre l'innocence des pauvres prisonniers (c'est ainsy qu'elle me parla); et qu'elle emportoit un sensible regret, en mourant, de n'avoir pas le plaisir de les voir en liberté. Elle me pria d'estre tousjours attaché à leurs services, et de rendre tous les bons offices que je pourrois à sa cousine, la duchesse de Châtillon. Après avoir respondu à ceste bonne princesse avec la soubmission et le respect que je luy debvois, et la sincérité que méritoit l'honneur de la confiance qu'elle me tesmoignoit, je tâchai à la porter à changer quelque chose à la disposition qu'elle avoit faicte de ses dernières volontés, mais inutillement.

Le lendemain, comme sa maladie estoit de beaucoup augmentée, par un redoublement qu'elle avoit eu ce jour-là, et qui commençoit à la reprendre, les médecins dirent plus affirmativement qu'ils n'avoient encore faict, qu'ils avoient peu d'espérance du retour de sa santé; l'archevesque de Sens, dans le diocèze duquel est situé Châtillon, arriva sur le midy, ayant esté mandé par la duchesse, son amie intime; il vit en arrivant la princesse, et peu d'heures après luy donna l'extrême-onction, qu'elle receut avec courage et des sentimens chrestiens, tels qu'on les pouvoit souhaiter de ceste grande princesse. Elle estoit à son séant, et moy sur le chevet de son lit; elle m'avoit commandé de m'y mectre pour s'appuyer sur moy avec plus de commodité, et afin que je peut la tenir ferme pendant quelques convulsions qu'elle eust; elle mourut peu après en ceste posture, le 2 de décembre de l'année 1650.

Après ce malheur arrivé, on disposa toutes les choses nécessaires pour la mectre en dépost, attendant qu'on eust mis ordre à ses funérailles; la duchesse de Châtillon, après estre un peu revenue de la douleur qu'elle tesmoigna, me parla de ses intérêts ; elle s'estoit desjà saisie des pierreries qui luy avoient esté léguées par la princesse; mais je sceus si bien la persuader par son intérêt propre, qu'elle me les remit entre les mains, cachettées de son cachet, sur la parolle que je luy donnay de ne les pas rendre à madame la princesse, et de les garder jusques à ce que le prince me fît sçavoir ses intentions sur ce subject; et que s'il me mandoit de les luy remectre entre les mains, je le feray sans aucun délay, et quand mesme madame la princesse s'y opposeroit. Je demanday ensuitte aux femmes de feue Madame, les principalles pierreries et l'argent comptant qu'elles gardoient, qu'elles ne firent aucune difficulté de me remettre, en leur monstrant l'ordre de madame sa belle-fille. Tout cest argent comptant de réserve, oultre celuy de sa despense courante, ne montoit qu'à deux mil sept cent louis d'or, prouvenant d'un petit service de ces Mestais, qu'elle nous avoit donné pour assister la princesse lorsque je la tiral de Chantilly, et que nous ne pûmes emporter; et c'est une chose estrange, que ceste bonne princesse, ayant jouy de tout le grand revenu de ceste puissante maison pendant quatre années de vefvuage, et le prince, son mary, ayant laissé en mourant dix-huit cent mil livres d'argent ou d'arrérages escheux, on luy en trouva si peu après son décès.

J'envoiay tout ce que je viens de dire à Montrond, et j'allay à Paris conférer avec les amys, tels qu'estoient ceux dont j'ay parlé dans le précédent feuillet; et comme j'avois eu deffence, par une lettre de cachet, de partir de Montrond sans ordres, pour prévenir le péril d'estre arresté, la princesse palatine me commanda, avec beaucoup de bonté, de me loger chez elle, où je séjournai quelque temps, et où l'on s'entretenoit tous les soirs de ce qu'il convenoit faire pour advancer la liberté des princes. Chacun m'entretint des intrigues qu'il conduisoit ; ils me dirent conjointement et séparément ce à quoy ils croyoient que je pourrois estre bon; enfin l'on convint ensemble que l'on jugea à propos, d'où il arriva ce que je diray ensuitte. J'escrivis pour la première fois au prince de Condé, et ma lettre, qui contenoit en caractères très-menus tout ce que j'avois faict et veu faire, et tout ce qu'on avoit escript et négotié du costé de la princesse sa femme, contenoit cinq grandes feuilles de papier, qu'il m'a dict depuis avoir receu avec beaucoup de joye, quoyqu'elle luy eust faict beaucoup de peine à lire.

Après avoir demeuré assés longtemps à Paris, j'en repartis pour retourner à Châtillon, où nous aprîmes la bataille de Retel, dont la duchesse, l'archevesque de Sens et moy augurâmes fort bien, parce que nous sçavions l'estat des choses qui se tramoient ; je me rendis ensuitte à Montrond, où je rendis compte à la princesse de ce qui s'estoit passé pendant mon voyage et une partie de ce que j'avois découvert ; je luy mis en main l'argent comptant et toutes les pierreries, à la réserve de celles destinées à la duchesse de Châtillon, dont elle trouva bon que je demeurasse chargé pour desgager ma parolle. L'estat donc des choses estoit que, peu de jours après toutes les tergiversations du cardinal à Fontainebleau, dont j'ay parlé sur ce subject, du chapeau solicité par la duchesse de Chevreuse pour le coadjuteur, il retourna à Paris avec le Roy; il fut incontinant après son arrivée vivement pressé de tenir la parolle qu'il en avoit donné à Laigues; mais il trouva tant de deffaites et leur fit tant de propositions vaines et vagues, que tous ceux de ceste faction cogneurent qu'il se moquoit d'eux, et enfin, à force d'estre solicité par ceste duchesse, il luy advoua franchement qu'il ne consentiroit en jour de sa vie à ceste promotion ; et sur les inconvéniens de ce refus qu'elle luy remonstroit, il s'échappa jusques à luy dire qu'on verroit à la fin qui, du coadjuteur ou du Roy, demeureroit le maistre de l'Estat.

Après une déclaration aussi nette que celle-là, le coadjuteur ne tarda guères à nouër commerce avec les amis du prince, au commencement par Arnault, puis par Viole et le duc de Nemours, et enfin par la princesse palatine, plus esclairée et plus habille qu'eux tous ensemble; elle advertit le prince de Condé dans sa prison, par la correspondance de Montreuil, de la disposition qu'elle voyoit à s'unir au coadjuteur et à tous ses amis ; elle assembloit les uns et les autres chez elle quasi toutes les nuicts, et souvent il y avoit en diverses chambres des gens de diverses factions cachés, qui ne sçavoient rien l'un de l'autre ; l'affaire estoit délicate : le cardinal avoit donné sinon des parolles positives, du moins de grandes espérances aux ducs de La Rochefoucauld, de Bouillon et à moy; Bordeaux conservoit toute sa bonne volonté ; Stenay estoit en bon estat, la duchesse de Longueville y estoit retirée, elle avoit des amis et des correspondances en beaucoup d'endroits ; le vicomte de Turenne estoit à la teste d'une armée considérable, fort avant dans le royaulme, et avoit pris Retel ; tous ceux qui avoient suivi la princesse estoient prests de recommencer la guerre ; plusieurs grands seigneurs qui ne s'estoient point encore déclarés promettoient de le faire à la première occasion d'armes, et de faire déclarer des provinces entières. Nos amis se fortifioient dans le parlement; le premier président Molé donnoit quelque espérance de faire résoudre la Reine à ceste liberté, et disoit tousjours que le temps n'estoit pas encore propre.

Il estoit dangereux d'entamer aucune pratique nouvelle qui, par les inimitiés et les intérêts différens, pouvoit donner atteinte aux anciennes. Tous vouloient la liberté, mais chacun avoit en teste ses moyens différens ; la personne du coadjuteur estoit fort considérable, mais la pluspart de ses amis avoient leurs fins et leurs prétentions, et eux tous ensemble sans Monseigneur le duc d'Orléans ne pouvoient nous donner nostre compte, et pouvoient en un moment ruiner les espérances que nous avions du costé du cardinal; nous sçavions bien qu'il n'accorderoit jamais ceste liberté que quand il ne pourroit faire autrement ; mais nous sçavions aussi deux choses qui nous obligeoient à le mesnager : l'une qu'il haïssoit de mort les Frondeurs et qu'il ne pourroit les perdre sans nous ; et l'autre, qu'il avoit les clefs de la prison. Il y avoit encore à craindre que, quand il verroit les choses contre luy à l'extrémité, il ne prît des résolutions extrêmes contre les prisonniers.

Nous avions encore à nous meffier du coadjuteur, qui, estant le principal moyen dont le cardinal s'estoit servi pour entreprendre et exécutter la prison des princes, craindroit peut-estre les vengeances qui pourroient suivre leur liberté; aussi nos amis, voyant qu'il se mesnageoit fort avec eux, appréhendèrent avec raison qu'il ne voulût se servir d'eux comme d'un leurre pour faire venir le cardinal à ses fins, et je crois qu'il en craignoit autant de nous ; enfin ils s'expliquèrent avec luy, et la princesse palatine luy dict nectement que, jusques à ce qu'il eust obligé le duc d'Orléans à entrer dans l'affaire avec luy, nous ne risquerions point les espérances que nous avions de la cour, du pois desquelles il pourroit juger par la situation en laquelle il sçavoit qu'il estoit avec le cardinal.

Dans la vérité, le dépit du refus du chapeau le faisoit agir sincèrement, et il ne songea plus qu'à faire faire au duc d'Orléans le pas qui convenoit au dessein qu'il avoit de s'unir avec les princes par des alliances qu'il projectoit, et de perdre le cardinal pour avoir le chapeau seurement et honnestement dans le changement des affaires qu'il méditoit ; ce qui l'embarassoit le plus, estoit la desférance que Monsieur avoit tousjours eu pour la Reine, qui luy faisoit appréhender qu'il ne découvrît les propositions qu'il luy pourroit faire en faveur des princes. Il fallut donc y agir délicattement ; il commença donc par l'aigrir contre le cardinal, par luy, par Laigues, par la duchesse de Chevreuse, et par tous ceux sur qui il avoit du pouvoir et qui avoient la liberté de luy parler.

Monsieur, faisant un jour l'honneur à Laigues de l'entretenir dans la galerie de son palais, et luy disant que le parti des princes se fortifioit tous les jours, et qu'il falloit s'opposer aux caballes de leurs amis, il luy répliqua : « Si vous me permettiez, Monsieur, de vous parler avec un peu de liberté et beaucoup d'honneur, je vous demanderois volontiers s'il n'est pas vray que le cardinal et la Reine vous font souvent appréhender de mettre monseigneur le prince en liberté ; » et Monsieur luy ayant avoué qu'il estoit vray, Laigues luy dict hardiment : « Quoy, Monseigneur, un fils de France, de votre âge, de votre auctorité et de votre mérite, peut-il souffrir une telle insolence du Mazarin ? Je suis l'homme de France le moins attaché à monseigneur le prince, mais je le suis trop à Votre Altesse pour ne pas luy confier un secret qui vous regarde depuis que vous m'avez permis d'entrer si avant sur ceste matière : il y a un papier hors du royaume, que vous aurez en original quand il vous plaira ; lisez cependant, Monsieur, ceste copie qu'on a fait tirer depuis peu, et vous verrés quelles sont les intentions du cardinal pour vous. »

C'estoit la copie de l'escript que le cardinal avoit donné au prince de Condé au temps de leur seconde réconciliation, dont j'ai parlé (1), par lequel il s'obligeoit à luy de ne donner bénéfices, charges, gouvernemens, dignités, sans sa participation, de suivre ses advis pour les mariages de mesdemoiselles ses niepces, et de prendre en tous rencontres son parti envers et contre tous. Monsieur, après avoir leu ce papier, demeura long-temps sans rien dire, tant il en fut estonné, et enfin reprenant la parolle : « Ha! Laigues, luy dit-il, s'il n'y avoit que ce faquin à mesnager, on luy auroit bientost fait trousser sa male ; mais la Reine et les désordres que causeroit dans l'Estat tout ce qu'il faudroit faire pour le détruire, me retiennent. » Mais

(1) Le texte de cet écrit donné par Mazarin au prince de Condé, et qui était resté inédit, se trouve à présent dans notre édition des Mémoires de Lenet.

enfin après un long raisonnement, Monsieur finit en disant : « Il faut que j'entretienne tous mes gens avant que de prendre une résolution fixe sur ce subject. »

Laigues se retira, advertit le coadjuteur qui l'attendoit chez la duchesse de Chevreuse, de la botte qu'il venoit de donner au cardinal ; ils résolurent d'envoyer tous les jours et à tous rencontres de leurs amis, auxquels Monsieur avoit coustume de parler, pour luy dire sans cesse quelque chose contre ce ministre, les uns par des moyens sérieux et d'autres par le ridicule. Belot et Marigni n'entroient jamais au palais d'Orléans qu'ils n'apprissent à Monsieur quelques poésies ou quelques chançons plaisantes contre le cardinal ; il les chantoit quelquefois en particulier avec eux dans les commencemens, et fort peu de temps après il les chanta en publique. Les seigneurs graves et qui aymoient l'Estat luy en remonstroient les désordres, la mauvaise conduitte de ce ministre et le trop de défférance que la Reine avoit pour ses conseils, l'obligation en laquelle elle estoit de s'opposer à tout cela, et de prendre une auctorité plus absolue dans les affaires, qu'il n'avoit faict jusques alors ; quelques-uns luy parlèrent des grands services de monsieur le prince, de l'advantage qu'avoient tiré les ennemis de sa prison ; le tort qu'il s'estoit faict d'y consentir, et la conséquence qu'on en tireroit peut-estre quelquefois contre le duc de Valois, son fils, qui n'estoit autre chose que premier prince du sang, tels qu'estoient les princes de Condé, père et fils, quand deux ministres estrangers les firent arrester, soubs la régence et soubs l'auctorité de deux reines estrangères. Un jour le conte de Béthune, luy parlant quasi de ceste sorte et luy représentant l'advantage qu'auroit le duc de Valois, s'il luy laissoit un ami du mérite de monsieur le prince, et si luy-mesme se l'acquéroit pour serviteur, en réparant, par la liberté qu'il luy feroit donner, la faulte qu'il avoit faicte en consentant de l'en priver, Monsieur luy répliqua : « Mais, comte de Béthune, qui me peut donner mes seuretés ?—Une de mesdemoiselles vos filles, que vous marierés, quand il sera temps, avec monsieur le duc, et vous en pourrez par advance signer avec monsieur le prince le contrat, dans lequel on insérera toutes les clauses pour la seureté du son effect. »

Monsieur ne rejecta pas ceste proposition ; il parut à celuy qui l'avoit faicte qu'elle avoit faict quelque impression sur son esprit, et l'on a veu par la suitte que rien n'a plus contribué à la liberté des princes. Tout ce que le cardinal faisoit sans sa participation, luy parut depuis ce temps-là insupportable ; il s'en plaignoit tout hault, et le coadjuteur, sans lui parler de la liberté, n'oublioit rien pour envenimer toute sa conduite. Un jour Monsieur, luy parlant de l'insolence qu'avoit eu le cardinal de dire à Varde, lorsqu'en son nom il luy demanda le gouvernement de Dourlans, que monsieur le prince n'avoit esté emprisonné que pour Stenay, et le duc de Longueville pour le Pont-de-l'Arche, le coadjuteur lui repartit : « Jugés, Monsieur, s'il vous a donné de bon cœur les places que vous tenés. » Et au sortir de là, estant chés la duchesse de Chevreuse, Laigues et luy résolurent de pousser vertement Monsieur à la perte de ce ministre ; elle en prit la charge, et de gouverner le garde-des-sceaux de Chasteauneuf, et le coadjuteur de continuer, mais avec une ouverture de cœur toute entière, de traicter avec les amis des princes ; de disposer tous les siens du parlement, et de ne perdre pas une seule occasion de persuader le duc d'Orléans.

Il arriva, de bonne fortune, que dans ces entrefaictes le cardinal, résolu de s'affranchir de la contrainte perpétuelle dans laquelle le tenoient les Frondeurs, fit presser fortement Monsieur, par la Reine, d'abandonner le coadjuteur et de ne le plus voir ; il résista avec fermeté, contre son ordinaire, aux prières de la Reine : après ceste vaine tentative, le cardinal, qui appréhendoit les assemblées que l'on feroit au parlement après la Saint-Martin, où il craignoit que les désordres que faisoit la garnison de Retel ne donnassent lieu de parler de nouveau contre sa conduite, résolut de se mettre en campagne pour tâcher à faire reprendre ceste place, empescher les ennemis d'y hyverner, et enfin de faire quelque coup d'auctorité qui donnât de la crainte à ses ennemis ; et, dans ceste pensée, il partit de Paris au commencement du mois d'octobre.

Le coadjuteur, qui sceut les propositions faictes à Monsieur, contre luy et sa résistance, cogneut en mesme temps et son pouvoir sur l'esprit du duc d'Orléans, et la résolution formée par le cardinal de le perdre ; il voulut se servir de l'un pour prévenir l'autre ; vit ceste mesme nuict la princesse Palatine, chés laquelle il fut en habit gris, seul, à pied, avec une lanterne sourde ; il se déclara nectement et luy promist que, luy donnant ses seuretés pour luy et pour ses amis, il serviroit les princes et pousseroit de concert avec leurs amis et serviteurs le cardinal sans aucun mesnagement.

Le lendemain, la princesse Palatine assembla chés elle les principaux amis de monsieur le prince, qui tous convinrent que l'occasion estoit trop belle pour n'en pas profiter. Arnault, qui avoit toujours eu plus de part avec le coadjuteur que les autres, fut chargé de l'aller voir et de luy offrir tous les partis qu'il pourroit souhecter ; car monsieur le prince avoit prié d'en user de la sorte, par les responses qu'il avoit faict à la princesse Palatine et à quelques-uns d'eux. Le coadjuteur receut Arnault avec joye, luy promit et demanda toute sincérité, et, pour commencer à donner des preuves de la sienne, il luy promit de se trouver avec les ducs de Beaufort et de Brissac au parlement, le 2 décembre, jour auquel l'on avoit remis l'assemblée qu'on appelle la mercurialle.

Le conseiller Deslandes-Payen, homme de peu de talent, mais hardi, fidel et bien intentionné, qui l'été précédent avoit esté chargé de la requeste de la princesse douhairière, quand elle s'alla jecter à Paris, pour demander justice au parlement contre le cardinal, et qu'on l'obligea, par négociation, à se retirer au Bourg-la-Reine, comme j'ay dict, prit la parolle et dit qu'il en avoit une entre les mains, que madame la princesse, sa belle-fille, luy avoit fait donner, en entrant au palais, pour en faire le rapport à la cour. Le premier président, qui jugea de quelle importance pouvoit estre ceste pièce, et de la disposition des esprits contre la cour, remonstra que l'on nuiroit plus aux princes qu'on ne les serviroit, si l'on vouloit précipiter les choses ; mais un murmure qui s'esleva contre luy l'obligea à se taire et à souffrir qu'on fît la lecture de ceste requeste, sur laquelle l'on ordonna qu'elle seroit monstrée au procureur-général, pour en délibérer à la première assemblée.

Le mercredi suivant, les chambres estant assemblées, l'affaire estant d'abord mise sur le tapis par l'emportement des enquestes, les gens du Roy furent mandés pour y prendre leurs conclusions. Elles furent : qu'encore que la requeste de madame la princesse leur semble plaine de justice, néantmoins, estant présentée par une femme en puissance de mari, sans un acte d'auctorisation en forme, ils requéroient qu'elle luy fust rendue par M. le rapporteur, et qu'il pleust à la cour députer deux de messieurs, pour advertir la Reine de l'estat de ceste affaire. Il s'esleva un autre murmure contre les gens du Roy, sur ce qu'estant de notoriété de faict, que le prince estoit prisonnier, leurs réquisitions parurent impertinantes à la pluspart de la compagnie, qui croit confusément que la justice l'auctorisoit. Mais cest inconvéniant fut levé par l'arrivée de de Roche, lieutenant des gardes du prince, qui se présenta à la porte de la grand'chambre, et fit demander la permission d'entrer pour présenter à la cour des lettres dont il estoit porteur de la part des princes. Le premier président refusa de mettre l'affaire en délibération, et enfin, après beaucoup de contestations et de crieries, Deslandes ayant opiné et dict qu'il estoit d'advis qu'on le fît entrer, luy et le président de Mesme s'y opposèrent autant qu'ils purent, disant qu'on n'avoit pas voulu, l'année précédente, faire entrer un gentilhomme porteur de lettres du Roy à la compagnie, dans le temps que Paris estoit assiégé; que l'ordre de la compagnie vouloit que de Roches s'addressât aux gens du Roy, qui le feroient sçavoir à la cour.

Tous les serviteurs des princes, qui sçavoient par expérience que messieurs du parquet ne manqueroient pas de supprimer, s'ils pouvoient, ceste despèche, comme ils avoient faict plusieurs autres, ou qu'ils la porteroient à la Reine, qui seroit quasi la mesme chose, firent tout leur possible pour empescher qu'on ne leur communicasse; mais enfin, ceux qui voulurent suivre l'usage ordinaire se trouvèrent en plus grand nombre : il y eust arrest qui l'ordonna ainsy; mais il n'eust pas l'effect que le premier président s'en estoit proposé, parce que le gentilhomme, porteur de la lettre, ne voulut pas y defférer, disant qu'il avoit ordre du prince, son maistre, de ne la remettre en quelques mains que ce fût, qu'en celles de la cour, au pouvoir de laquelle il n'estoit pas de luy en faire user autrement. On despècha deux de messieurs, pour l'ouïr, et pour sçavoir quand, comment et par qui il avoit peu recevoir la lettre dont il disoit estre chargé. Sa response fut qu'elle luy avoit esté rendue la veille par un des gardes qui conduisoit messieurs les princes au Hâvre; les commissaires en firent leur rapport, sur lequel ayant opiné de nouveau, et ordonné que de Roches la remettroit entre les mains d'un huissier, il ne vouloit non plus obéir à ceste délibération qu'il n'avoit faict à l'autre. Enfin un des amis du prince, duquel il avoit pris sa mission, estant sorti pour luy dire qu'il falloit obéir, et qu'il y alloit du service du prince, il donna sa despèche. Elle fut ouverte et leue en plaine assemblée; elle estoit dattée de Corbeille, escripte entièrement de la main de monsieur le prince, d'encres différantes, ce qui fict juger qu'il l'avoit escripte à plusieurs reprises, et estoit signée : Louis de Bourbon, Armand de Bourbon et Henri d'Orléans.

Ce mesme jour, mademoiselle de Longueville, qui avoit tousjours esté exilée, présenta requeste par laquelle elle demandoit permission de demeurer dans son hostel à Paris, pour pouvoir rendre au duc, son père, les services qu'elle luy debvoit; mais l'heure estant trop advancée, il fut sursis d'y délibérer.

En ce temps-là, le cardinal estoit absent, et la Reine considérablement malade. Sa Majesté, qui recevoit tous les jours, aussi bien que ses ministres, ses conseils, où, pour mieux dire, ses volontés, qu'elle exécutoit aveuglément, prévoyant qu'on délibéroit, à la première séance, sur ceste lectre, dont voicy la teneur (1) :

« Messieurs, si nous eussions peu trouver plutost moyen de vous adresser nos justes plaintes et d'implorer vostre justice, nous n'eussions pas si long-temps attendu. Mais la mesme violence qui a faict que, contre vos formes et justice, on nous a absolument osté tous les moyens, nous n'avons pas sitost veu la moindre apparance de le pouvoir faire, que nous avons donné charges à nos procureurs de vous présenter requeste en nostre nom, et de faire toutes les autres poursuites nécessaires, ne doubtant point qu'on nous oste à l'advenir, comme on a fait par le passé, tous les moyens de nous pouvoir adresser à vous, et de vous faire voir la sincérité de nos actions, qui n'ont jamais eu pour but que de servir le Roy. Nous espérons que vostre compagnie n'abandonnera pas les intérets de personnes qui ont l'honneur d'estre de la maison royale et de vostre corps, et qui font assez paroistre leur innocence, puisqu'on n'ose les accuser, et qu'on les mène hors de vostre ressort et en lieu d'où ils n'auront plus moyen d'avoir recours à vous, et dont vous, ny Leurs Majestés mesme ne les pourront peut-estre pas retirer, quand leurs ennemis seront maistres de la place où on les mène, comme ils le sont desjà de leurs personnes, ou mesme il y a apparance que leurs vies ne sont pas en seureté. Vous ferez une action digne de vous en tirant des innocens d'oppression, et en ne souffrant pas qu'on contrevienne à une déclaration que vous avez obtenue avec tant de justice et de gloire; et vous nous obligerez à employer nos vies et nostre liberté pour vostre service et pour vous faire connoistre que nous sommes véritablement, Messieurs, vos très-humbles et très-affectionnés serviteurs.

» A Corbeille, ce 19 novembre 1650. »

La Reine, dis-je, envoya, le vendredi suivant, par le maistre des cérémonies, une lectre de cachet du Roy, qui commendoit au parlement de se rendre en corps, et au moindre nombre

(1) Cette lettre ne se trouve pas dans les papiers de Pierre Lenet, et il avait oublié d'en insérer la teneur dans ses Mémoires. Le texte que nous donnons est tiré des registres du parlement de Paris.

qu'il le pourroit, ce jour-là, à neuf heures du matin. Il fut obéi à cest ordre, mais ce ne fut pas sans beaucoup de contestations et de chaleur : deux présidens et deux conseillers de chaque chambre ayant esté nommés pour ceste députation, et introduis dans la chambre de la Reine, qui estoit dans son lict à cause de son indisposition, et qui ordonna à Châteauneuf, garde-des-sceaux, de leur faire sçavoir les intentions du Roy et les siennes, il leur dict, en fort peu de mots, que Sa Majesté souhaitoit de sursoir la délibération sur la lettre apportée à leur compagnie de la part de messieurs les princes, jusques à ce que Dieu luy eust renvoyé sa santé, et qu'asseurément son intention estoit de donner toute satisfaction.

Le lendemain, qui estoit un samedi, on opina sur cest ordre de la Reine; on résolut de remettre l'affaire au 19 du mois, qui estoit trois jours après, contre l'advis des enquestes, qui citoient des exemples pour poursuivre la délibération sur la lettre; et sur la requeste de mademoiselle de Longueville, nonobstant la lettre de cachet et le rapport des députés, on ordonna encore, sur l'ouverture qu'en fit le doyen du parlement, de faire des prières publiques pour le recouvrement de la santé de la Reine et pour la réunion de la maison royale.

Le jour auquel on avoit différé l'affaire, il y fut délibéré avec beaucoup de chaleur et d'emportement; le rapporteur, eslevant sa voix comme un déclamateur, après avoir autant aigri la matière qu'il luy fut possible, opina à faire des remonstrances à la Reine de vive voix et par escript, et d'en donner part, par des lettres de la compagnie, à tous les parlemens de France, pour les invitter à en faire autant. Le conseiller Coulon, après une longue invective contre le cardinal Mazarin, qu'il qualifia d'ennemi de l'Estat et de perturbateur du repos public, exagéra les désordres qu'il avoit causés dans le royaulme, et fut d'advis qu'il fût informé de sa mauvaise et pernitieuse conduitte. Plusieurs suivirent l'un et l'autre de ses advis, les uns y adjoustant, les autres en diminuant; enfin quelques plus modérés ayant proposé de supplier monsieur le duc d'Orléans d'aller prendre sa place au parlement, il fut ainsy ordonné, et chacun revint à ceste opinion. La Reine ne l'eust pas plustôt appris, qu'elle s'emporta de colère contre le parlement; elle employa les larmes et toutes les prières pour obliger monsieur le duc d'Orléans à refuser de se trouver à ceste délibération, et de dire que sa raison estoit parce qu'on debvoit y parler de choses contre le service du Roy, et contre le bien de l'Estat; et que si les princes avoient esté transférés au Hâvre, c'avoit esté par son advis.

Les négociations entre les princes et le cardinal alloient en continuant et s'advançant beaucoup, et réussirent enfin, comme je le diray en son lieu. Je les laissai en très-bon estat, et fus contraint, par la nécessité des affaires, et par l'advis des amis de Paris, de retourner à Montrond; soit qu'ils eussent quelque crainte que je me trouvasse à la conclusion des traictés qui furent faicts, soit qu'ils jugeassent que le bien du parti le requît ainsy. J'auray bien voulu attendre l'issue de la délibération du parlement, mais comme elle tiroit en longueur, et que j'avois subject de craindre qu'estant à Paris, contre la deffence qui m'en avoit esté faicte par une lettre du Roy, ainsy que je l'ay dict, quelques-uns de ceux que j'avois veus ne me déclarassent, ou par malice, ou par imprudence, et ne me fissent mectre à la Bastille; ce qui me le fit soupçonner ainsy, et partir un peu plus tost que je ne l'avois résolu, fut qu'estant un jour allé disner avec la comtesse de Chalais, ma parente et ma bonne amie, avec toute la précaution que je peus, pour n'estre pas cogneu par les rues, incontinant après le disner, le duc d'Elbeuf, le père, l'estant venu visiter, je me cachai soubs son lict, ne pouvant me sauver plus loing, parce que je fus surpris causant avec elle dans sa ruelle. Il commença la conversation par luy dire qu'un de ses bons amis estoit à Paris, et me nomma; la comtesse tesmoigna qu'elle estoit estonnée que je ne luy eusse point donné advis; il poursuivit, luy disant que mon valet de chambre, parent d'un de ses officiers, estoit logé dans la rue Bailleul, à l'image de Nostre-Dame, et qu'ils avoient beu ensemble; mais qu'il ne sçavoit pas où je pouvois estre; qu'asseurément c'estoit moy qui avois apporté la requeste de la princesse, et que je debvois prendre garde à moy, parce qu'il sçavoit qu'on avoit de malines intentions à la cour contre moy. La comtesse, qui avoit peur que le lieu où j'estois caché ne m'incommodât trop long-temps, l'obligea à passer dans une autre chambre, et me donna lieu de me retirer.

Vialard estoit parti quelques jours auparavant avec une lettre du prince au duc d'Angoulesme, son cousin-germain, qui estoit pour lors en son gouvernement de Provence, pour le prier, en temps et lieu, et quand ses amis le jugeroient à propos, de se déclarer pour luy, et cependant de luy rendre quelque argent qu'il luy debvoit, luy remonstrant leur parenté, leur amitié et les services qu'il luy avoit rendus en diverses occasions, et particulièrement pendant les derniers mouvemens de ceste province : mais de ce voyage Vialard ne rapporta que beaucoup de tesmoignages de bonne volonté, des espérances fort eslongnées, des protestations d'impuissance et des excuses pour l'argent.

Je ne sçay si le duc d'Orléans fit ou ne fit pas aux députés du parlement la response dont la Reine l'avoit prié, mais ils n'en dirent rien du tout en faisant leur rapport à la compagnie. On commença la délibération qui dura long-temps, et je partis, la voyant en bon chemin, le six décembre pour Montrond. Je passay, comme j'ay dict, à Châtillon, où estoient la duchesse et l'archevesque de Sens. Là, j'appris que Retel avoit esté repris et M. de Turenne et son armée battus par le mareschal Du Plessis, un courrier dépêché par le duc de Nemours à la duchesse luy ayant apporté ceste nouvelle, qu'elle nous communiqua à l'heure mesme, et dont nous leumes la relation pendant qu'elle alla s'enfermer dans son cabinet, pour lire le poullet qui l'accompagnoit. Je parleray en son lieu de ceste bataille et du succès qu'elle eust, autant inespéré qu'extraordinaire.

Je continuai mon voyage à Montrond, où je trouvai la princesse allarmée de la perte de ceste bataille ; car un courrier de Montreuil, secrétaire du prince de Conti, qui luy avoit apporté la nouvelle, estoit arrivé une heure avant moy, et pour sa despêche se remectoit à ce que je luy dirois des affaires de Paris, du parlement et du Hâvre ; et ce mesme courrier m'apporta, avec une de ses lettres en chiffres, sur le fruict qu'on prétendoit tirer d'une bataille qui d'abord nous avoit esté funeste, un billet du prince respondant à la grande lettre que je luy avois escripte de Paris, une pour la princesse, remectant à moy de luy donner ou de ne luy pas donner, suivant que je le jugerois à propos, et deux autres pour les ducs de Bouillon et de La Rochefoucauld, avec ordre de les leur envoyer par gens et voye asseurée, tous quatre estoient escripts avec de l'encre de la Chine, celuy qui estoit pour moy estoit plus ample et disoit ainsy :

« Vous avez tant faict de choses pour moy, que je ne sçay comment vous remercier ; vous en cognoistrés quelque jour ma recognoissance. J'ay leu avec joye, mais avec très-grande peine, votre longue lettre ; j'approuve et loue toute votre conduitte envers ma femme, mon fils, mes amis, et vous invite de la continuer. Vous avés bien faict de ne pas laisser Montrond à la disposition de Tavannes ; Baas y servira bien, attendant que Persan y retourne, comme il fera s'il le fault ; gardés-vous bien de vous précipiter ensuitte du traicté que fera Lusignan à Madrid, et ne faictes venir les Espagnols dans la Garonne, que la campagne ne soit commencée en Flandres, car vous seriez accablés. Vivez toujours en parfaite union avec messieurs de Bouillon et de La Rochefoucauld ; je sçay tout ce qui se faict à Paris, j'en espère bien. Adieu, aymés-moi autant que je vous ayme. »

Je n'eus jamais la force de retenir le billet pour la princesse, quoyque je craignisse fort qu'elle ne peut contenir la joye que les termes auxquels il estoit consceu et qu'en faisant confidence à quelques-unes des dames de sa cour, ce grand et important commerce ne vînt à estre descouvert. Je pris toutes mes précautions par les sermens que je luy fis faire, puis je luy rendis le billet qu'elle baisa mille fois, et après l'avoir assés leu pour le sçavoir par cœur, elle le cousut dans un ruban couleur de feu et le porta toujours en écharpe sur sa chemise. Voici ce qu'il portoit :

« Il me tarde, Madame, que je sois en estat de vous embrasser mil fois pour toute l'amitié que vous m'avez tesmoigné, qui m'est d'autant plus sensible que ma conduitte envers vous l'avoit peu méritée ; mais je sçauray si bien vivre avec vous à l'advenir, que vous ne vous repentirés pas de tout ce que vous avés faict pour moy, qui fera que je seray toute ma vie tout à vous et de tout mon cœur. »

Plus bas il y avoit ces mots :

« Ayés grand soing de mon fils ; faictes mes baise-mains à madame de Tourville, suivés ses conseils et ceux de M. Lenet, et ayés une entière créance en messieurs de Bouillon et de La Rochefoucauld. »

Je leus les deux autres avant que de les envoyer, car ils estoient tous ouvers. Voici ce qu'ils portoient ; pour M. le duc de Bouillon :

« En vérité, Monsieur, on est bien heureux quand on a des amis faicts comme vous, et un malheureux est bien consolé quand un homme de vostre cœur et de vostre expériance veut prendre soing de ses affaires. J'espère que vous achèverés ce que vous avés commencé pour moy, pour ma femme et pour mon fils, et que Dieu me fera la grâce de vous faire cognoistre ma recognoissance. Mes amis ont ordre de déférer toute chose à vos conseils, et j'escris des choses à M. Lenet qu'il vous fera sçavoir et que je soubmets à vos meilleurs avis ; cependant croyez-moy très fidellement à vous. »

Pour M. de La Rochefoucauld :

« Je vous ay si peu rendu de services, que je ne puis assez m'estonner de tout ce que vous avez faict pour moy. C'est un effet de votre générosité que je n'oublirai jamais ; je vous en demande, Monsieur, la continuation, et que vous vouliés bien avoir créance à ce que M. Lenet, que je sçay estre fort de vos amis, vous fera sçavoir de ma part. Il m'a mandé, et j'ay sceu d'ailleurs, toutes les obligations que je vous ay. Je vous asseure et vous proteste que je ne seray jamais ingrat, et que je suis pour toute ma vie à vous du meilleur de mon cœur. »

J'envoyai ces billets à l'un et à l'autre, et ils m'ont protesté depuis que jamais ils n'avoient receu une joie plus sensible. De là en avant, j'en receus fort souvent, avec ordre de faire sçavoir les intentions du prince aux ducs, de bien mesnager leurs amitiés, et de les tenir (comme j'avois faict à Bordeaux) toujours unis ; à quoy je n'oubliai rien et n'y eus pas grande peine. Il y a encore dans ma cassette onze de ces billets, dont la pluspart sont en créance, sur qui Montreuil, avec qui il avoit un chiffre, m'escrivoit de sa part ; c'est pourquoy je ne les rapporte pas icy, et tous sont plains de plus de confience, d'estime et d'amitié que les services que je tâchois à luy rendre ne méritoient, et que je ne vouldray jamais.

Celuy de la princesse luy donna tant de joye, qu'il ne fut pas possible de luy faire parler d'autre chose tout ce soir-là. Le lendemain, je me rendis un compte exact de tout ce que je viens de dire des intrigues de Paris, soit au parlement, soit à la cour; de tout ce qui s'estoit passé pendant la maladie de la princesse douairière, à sa mort et depuis, et encore de ce que contenoit son testament : ce qui regardoit l'intérêt de la duchesse de Châtillon la fâcha ; elle se consola du reste ; je luy célay ce qui touchoit le coadjuteur et la duchesse de Chevreuse ; les conditions qui estoient sur le tapis pour traicter avec eux et avec le duc d'Orléans, et les moyens dont on prétendoit se servir pour y parvenir, parce que, le secret en estant trop important pour risquer de le voir passer par la princesse à quelques dames, auxquelles elle se fioit un peu plus que de raison, il me sembla que je debvois luy différer ceste confidence de quelques jours.

La princesse alla après le dîner se promener au parc, et donna la colation à toute sa cour dans la sellerie ; elle alla au salut aux Capucins, et après le souper, après avoir fait appeler les officiers de guerre, elle me dit qu'il falloit achever la campagne de Rocroy, et qu'elle avoit différé à se faire entretenir des exploits du prince son mary pendant mon absence ; puis elle demanda à quoy il s'estoit attaché après cette grande action, et raconta toutes les particularités du *Te Deum* qui fut chanté à Notre-Dame de Paris, le 28 de may, où les Cent-Suisses de la garde portèrent les drappeaux, et des chevalliers les estendarts, ce qui attira le plus grand concours de peuple qu'on aye jamais veu dans Paris. On luy dit donc qu'après la bataille, le prince entra dans Rocroy ; qu'il donna tous les ordres nécessaires pour mettre la place en bon estat, pour la marche des prisonniers, pour enterrer les morts, secourir les blessés et les malades, en quoy il n'espargna ny ses soins, ny sa bourse ; qu'il donnoit le plaisir, dans les conversations qu'il avoit à ses heures de loisir avec les officiers, de faire raconter aux uns et aux autres ce qu'ils avoient faict ; il les louoit publiquement quand ils le méritoient. Il fit donner des chevaux ou de l'argent pour en achepter à ceux qui en avoient eu de tués ; il prit soing de restablir dans les corps, autant qu'il le peut, la perte d'hommes et de chevaux que la bataille y avoit causée, et parut en tout cela autant homme d'ordre qu'il avoit paru grand capitaine. Il résolut ensuite d'entrer dans le pays ennemy, attendant les responses de la cour sur les choses qu'il envoya proposer à la Reine, et que celles qu'il avoit ordonné fussent exécutées.

Il passa, le 24, la rivière d'Oize, à Guise ; le conte de Grencé, qui en estoit gouverneur, l'y receut et le régalla à sa mode, et de son mieux ; le duc luy laissa un petit corps pour s'opposer aux hostilités que le débris de l'armée ennemie et ce que Bec debvoit amener à Rocroy pourroient entreprendre sur ceste frontière, pendant qu'il entreroit dans le Hénault. Il en partit le 25, alla loger à Hanapps, et le 26, à Landrecies, d'où, ayant séjourné un jour, il prit le chasteau de Barlemont, qui pouvoit incommoder ses convois. Le gouverneur espagnol qui estoit dans la place refusa de se rendre à la veue du canon, et ne le fit qu'après avoir souffert cinquante volées ; aussi n'eust-il autre composition que la vie sauve, et fut conduit, avec trente soldats dont sa garnison estoit composée, à Avennes ; et, en leur place, le duc fit entrer une compagnie de Picardie, et alla recognoistre Aimery, château assez fort et considérable par son pont sur la Sambre. Il en résolut l'attaque : Picardie et Piedmont en firent les approches des deux costés de la rivière. Un altier Espagnol, qui estoit dedans, demanda incontinent à parler, quoyque ceste place, dans laquelle il y avoit cent cinquante mousquetaires, eût, quelque temps auparavant, tenu cinq jours contre toute une armée ; Gassion, à qui il l'addressa, fit la capitulation ; le duc l'aggréa, et ceste garnison, qui se retira aussi à Avennes avec armes et bagages, estant sortie, il entra dans la place, où il mit Saint-Martin avec sa compagnie de fusiliers et cent Suisses, et marcha ensuitte vers Maubeuge qu'il prit d'emblée, et fit advancer son armée à Bink, qu'ayant fait sommer sans effect, il fit approcher de la ville le marquis d'Aumont, mareschal-de-camp, avec mil chevaux et deux mil mousquetaires; le marquis de Nangis, à la teste du régiment de Picardie, et d'Andelot à celle de Piedmont, se logèrent dans le fossé, où ils essuyèrent force coups de canon et de mousquet; Laleu et quelques autres officiers y furent blessés. Après que notre artillerie eust commencé à tirer, les ennemis parlementèrent, et par la capitulation que leur accorda le duc, la vie sauve et les biens des habitans, à la réserve des vivres. Il prit un soing nonpareil de la faire exécutter punctuellement et sans désordre : pas une maison ne fut pillée; il fit pendre quelques soldats qui avoient vollé; deux furent pendus après avoir restitué ce qu'ils avoient pris.

Il séjourna neuf jours dans ceste ville fort jolie, et dont l'assiette est fort agréable; elle est voisine du chasteau de Marimont, maison de plaisance jolie, que la reine Marie de Hongrie fit bastir pour son divertissement, après que François Ier eust fait brusler le château de Bink, où elle se plaisoit, pour se venger d'un pareil traictement faict à son château de Folembray. Ceste maison est accompagnée d'un parc, qui estoit pour lors rempli de bestes fauves, que le duc conserva avec un très-grand soing, aussi bien que les meubles et beaucoup de gelinotes que l'infante Isabelle y avoit faict mettre; car elle alloit souvent se divertir dans ceste aggréable retraicte.

FIN DE LA DEUXIÈME PARTIE.

MÉMOIRES INÉDITS
DE PIERRE LENET,
PROCUREUR-GÉNÉRAL AU PARLEMENT DE DIJON, ET CONSEILLER-D'ÉTAT,

CONCERNANT L'HISTOIRE DU PRINCE DE CONDÉ DEPUIS SA NAISSANCE, EN 1621,
JUSQU'AU TRAITÉ DES PYRÉNÉES, EN 1659;

PUBLIÉS D'APRÈS SES MANUSCRITS AUTOGRAPHES,

PAR MM. CHAMPOLLION-FIGEAC ET AIMÉ CHAMPOLLION FILS.

TROISIÈME PARTIE.

1621—1643. 1651—1659.

MÉMOIRES INÉDITS
DE PIERRE LENET.

LIVRE PREMIER.

MAI 1643. — AOUT 1649.

La bataille de Rocroi fut donnée le 19 mai de l'an 1643. On a déjà dit que, dès que le duc d'Enghien vit sa victoire assurée, il en remercia Dieu à genoux, sur le champ de bataille, ordonna à toute l'armée d'en faire autant, et qu'aussitôt après, s'occupant de récompenser ceux de ses lieutenants dont la valeur et la prudence avaient si heureusement concouru à ses triomphes, il demanda au Roi, pour M. de Gassion, le bâton de maréchal de France, et le grade de maréchal-de-camp pour le baron de Sirot, mestre-de-camp de cavalerie, dont l'habileté, à la tête de la réserve qu'il commandait, contribua puissamment au succès de cette glorieuse journée.

Ce prince ramena l'armée à Guise; il avait à décider sur quel point il se porterait contre les ennemis; il pouvait marcher sur la mer, l'Escaut ou la Moselle; le projet d'attaquer la Franche-Comté fut abandonné, et le siége de Thionville résolu. Les troupes qui étaient dans la Bourgogne furent dirigées sur la Champagne, s'approchèrent de cette place de guerre, et les travaux commencèrent. Aussitôt les Espagnols avisèrent à y jeter quelques secours; la résistance fut vigoureuse; mais enfin la place fut obligée de capituler. Le duc d'Enghien l'occupa, la ravitailla, releva ses fortifications, et ajouta à cette conquête celle de quelques autres lieux situés sur la Moselle.

Le ciel favorisait le prince dans tous ses vœux: pendant qu'il se couvrait de gloire à la tête des armées françaises, un héritier de cette gloire et de son nom était mis au monde par la princesse sa femme. Il reçut le titre de duc d'Albret; et ce fut sous les murs de Thionville assiégée, que M. de Chabot vint montrer au prince l'enfant nouveau-né. Cet événement apporta quelque changement dans les graves projets du prince. On sait avec quelle répugnance il s'était marié avec la nièce du cardinal favori: il avait songé à rompre avec elle; la naissance du jeune prince modifia ces desseins, et la fortune lui conserva cette digne épouse qui, peu d'années après, fut son ardent et habile défenseur contre un nouveau favori; alors que la toute-puissante tyrannie de Mazarin ne respecta pas même les priviléges sacrés des princes du sang royal.

Il fut cependant fait presqu'en même temps, sous les auspices de Mazarin, un accommodement entre les princes du sang et les cardinaux, au sujet d'un point de préséance qui avait mis du trouble à la cour. Les cardinaux prétendaient la droite sur les princes du sang, même dans l'hôtel de ces princes: le duc d'Enghien n'avait pu échapper complètement à cette humiliation; sa soumission envers le prince de Condé, son père, l'avait seule empêché de s'y soustraire absolument.

Le duc d'Enghien remit temporairement le commandement de l'armée au duc d'Angoulême, et se rendit à la cour; il arriva à Paris le 15 septembre. La cour était le théâtre actif des passions et des cabales; il s'en élevait fréquemment de nouvelles contre Mazarin; son habileté, supérieure à toutes les coalitions, réussissait aisément à les détruire: il demeurait toujours le maître du terrain. La Reine n'écoutait presque pas l'évêque de Beauvais (Potier), « plus idiot, disait le coadjuteur, que tous les idiots de sa connoissance. » La faveur du duc de Beaufort s'était extraordinairement accrue, et elle s'éleva jusqu'à le faire s'emporter de la manière la plus imprudente, même contre les princes du sang, quand il vit que toute la confiance de la Reine fut pour le cardinal. M. de Beaufort avait été arrêté et enfermé à Vincennes, le 2 septembre, mais il s'échappa plus tard, par une hardie résolution.

De très-spirituels couplets poursuivirent aussi de leurs traits aigus les principales cabales; l'arrestation de Beaufort avait dissipé celle des *importans*, frondeurs déterminés de la régente, des princes et des ministres; celle des *petits-*

maîtres lui succéda ; celle-ci venait de l'armée du duc d'Enghien ; c'étaient des favoris qui le suivaient à l'armée, et qui avaient beaucoup trop de part à ses conseils et à ses faveurs.

Le vainqueur de Rocroi avait reçu du Roi et de la Reine, de la cour et de la ville, toutes les marques de satisfaction et tous les honneurs qui lui étaient dus. L'état des affaires publiques ne lui permit pas de jouir long-temps de ce glorieux repos : les affaires d'Allemagne l'obligèrent à retourner à l'armée, et, à peine arrivé à Paris depuis quinze jours, il en repartit pour mener un renfort au maréchal de Guébriant, maltraité par les Bavarois, qui l'avaient poussé jusques en deçà du Rhin. Il joignit le maréchal auprès de Strasbourg, lui remit le renfort de cinq mille hommes, visita les places fortes de l'Alsace, et retourna à la cour, l'objet de l'admiration universelle.

Il la trouva toujours agitée par les cabales et les intrigues ; les femmes en étaient d'ordinaire l'objet et l'occasion. Un événement domina un moment tous les autres par son éclat : il se répandit que la duchesse de Montbazon avait montré des lettres, vraies ou supposées, de la duchesse de Longueville à Coligny ; la Reine exigea que la duchesse donnât satisfaction à la princesse de Condé, dans son hôtel même, au sujet des prétendues lettres de la duchesse de Longueville : le duc de Beaufort se déclarait pour madame de Montbazon, le duc de Guise suivit le même parti ; Coligny défendit madame de Longueville : un duel s'ensuivit entre ces deux seigneurs ; Coligny reçut au bras un coup d'épée, et il en mourut.

Presqu'en même temps, la duchesse de Chevreuse se plaignit à la Reine de ce que tous ses amis étaient fort maltraités ; la duchesse fut obligée de quitter la cour.

La disgrâce atteignit aussi l'évêque de Beauvais ; il reçut le chapeau de cardinal (1) et l'ordre de résider dans son diocèse. Ce prélat était incapable de supporter le fardeau des affaires d'un premier ministre ; il en accablait la Reine ; elle en fut désobligée. La maladresse ou l'incapacité de l'évêque de Beauvais favorisa singulièrement les secrètes vues du cardinal ; il s'insinua d'autant plus facilement dans l'esprit de la Reine ; et bientôt il resta le maître de la direction des affaires de l'État, et de la volonté de la Régente (2).

Mais en Allemagne, les intérêts de la France étaient fort compromis. Le maréchal de Guébriant avait été tué ; le général Rautzau, qui avait pris le commandement de l'armée française, s'était laissé prendre dans une petite ville sur le Danube ; la Reine envoya le bâton de maréchal au vicomte de Turenne, et l'ordre d'aller recueillir les débris de l'armée française et d'en prendre le commandement.

L'hiver se passa à rétablir l'armée, et dès l'ouverture de la campagne, les troupes bavaroises allèrent investir la ville de Fribourg ; M. de Turenne reconnut et annonça qu'il ne pouvait pas la secourir.

Le cardinal entrait au ministère : il voulut en signaler le commencement par de mémorables résolutions ; il s'occupa de capter l'adhésion des princes ; il donna au duc d'Orléans le commandement de l'armée de Flandres, et au duc d'Enghien le commandement d'une autre armée, avec le gouvernement de Champagne et de Stenay. Le duc marcha sur la Meuse, traversa cette rivière, et se jeta dans le Luxembourg ; mais il reçut l'ordre de s'arrêter. Mazarin venait d'être informé du siége de Fribourg par les Bavarois, il écrivit au duc d'Enghien de se réunir à Turenne, et d'aller à la défense de Fribourg.

Le prince marcha dès le 20 juillet, du coté de Metz, et, après avoir fait faire à ses troupes 68 lieues en treize journées de marche, arriva à Brissac, où il apprit que le gouverneur de Fribourg avait rendu la place. Il se réunit au maréchal de Turenne, s'associa à toutes ses opérations militaires, passa le Mein le 3 août, et livra à l'armée bavaroise, de concert avec le maréchal, cette suite de combats sanglants qui mirent cette armée à deux doigts de sa perte, malgré l'habileté de Mercy, son général, qui parvint enfin à se soustraire, après vingt défaites, à la persévérance que le duc d'Enghien mettait à le poursuivre. Le duc tira de grands avantages de la retraite des Bavarois ; il enleva ensuite un château voisin de la ville de Fribourg, et c'est de ce lieu qu'est datée la dépêche suivante, qui est entièrement écrite de sa main (3).

---

(1) Suivant P. Lenet. Mais cet évêque ne fut jamais cardinal : le chapeau avait été demandé pour lui ; par l'effet de sa disgrâce, cette demande fut retirée.

(2) Ici Lenet se proposait d'entretenir le lecteur de la *conduite du prince à la cour et de ses amours*. Les mots soulignés dans cette note sont les seuls qui nous restent de la relation projetée par Lenet.

(3) Nous devons à l'obligeance de M. F. Feuillet la communication des dépêches du duc d'Enghien adressées à Mazarin. Elles nous ont été d'une grande utilité pour compléter notre relation et lui donner plus d'intérêt.

A Monsieur le cardinal Mazarin.

« Monsieur, je vous envoye la relation de ce qui s'est passé dans nos combats. Je m'asseure que vous l'approuverez et que vous jugerez facilement que, si l'armée de Bavière n'a pas été absolument deffaite, qu'au moins elle a esté ruinée en un point, qu'elle aura bien de la peine à s'en remettre. Pour nous, certainement nous y avons perdu du monde, mais non pas à comparaison des ennemis. La perte est tombée beaucoup plus sur les officiers que sur les soldats, et il ne se peut dire avec qu'elle affection et quel cœur tout le monde a servy dans ce rencontre.

» Je ne vous diray rien de M. le mareschal de Guiche, il est trop cognu de vous pour qu'il soit bien que je vous en parle : tout ce que je vous en puis dire, c'est qu'en cette occasion il a surpassé, s'il se peut, vostre attente. M. le mareschal de Turenne y a servi avec tout le cœur et la capacité imaginable. MM. d'Espénan, de Paluau, d'Aumont, de Tournon et de Marcin y ont faict des merveilles. Vous le verrez par la relation que je vous en envoye; et je vous puis dire qu'il n'y a rien de plus véritable : vous me cognoissez assez pour croire que je n'aime pas à mantir. Leschelle a esté blessé très-dangereusement, après y avoir servi très-utilement, et on ne peut croire quel honneur le pauvre Mauvelly avoit acquis quand il est mort. Toutes nos troupes ont très-bien fait leur devoir ; et je vous jure que jamais armée n'a esté si proche de sa perte que celle des ennemis ; Dieu ne l'a pas voulu : nous en retrouverons peut-être l'occasion.

» Vostre régiment d'infanterie a fait tout ce qu'on en pouvoit attendre; mais principalement le marquis de Castelnau s'est signalé au dernier point. Je crois qu'à cette heure, que nous n'avons plus de sergent de bataille, vous lui devez envoyer la lettre pour servir ; il s'en acquittera très-bien, et il mérite plus que cela, si j'ose le dire. Mes régimens ont fait à merveille, et j'ay perdu un nombre très-grand d'officiers ; mais entre autres, Chamilly, mon lieutenant-colonel, et Saint-Pont, premier capitaine de Conty, y ont fait des miracles. Le régiment de Persan s'est signalé, mais il a perdu le pauvre Lafrésinette. Je vous conjure de vouloir faire avoir la lieutenance-colonelle à Bout-du-Bois qui en est premier capitaine : il a très-dignement servi ; et de plus, la charge luy appartient de droit.

» Les ennemis pâtissent infiniment, et j'espère, qu'avec l'aide de Dieu, ou que nous les ruinerons, ou que du moins nous les obligerons à nous abandonner Fribourg. Nous marchons demain du costé de Wirtemberg, dans le Val-de-Canteling, qui est un port où nous trouverons du fourage abondamment, d'où nous pourrons tirer facilement nos vivres de Brissac, d'où nous incomoderons infiniment les ennemis, en tenant, avec de fortes parties de cavalerie, toujours leur derrière ; et d'où nous serons en estat de dessandre le Rhin, quand nous le voudrons, et de former tel dessein qu'il nous plaira de ce côté-là. Tourville vous en entretiendra d'un qui est très-considérable.

» Je mande à M. Arnault de m'amener les troupes qu'il a ; je ne sçay en quel estat elles seront ; mais selon cela nous prendrons nos mesures. Je vous prie de nous fortifier d'infanterie, cela est absolument nécessaire en ce pays icy. Je crois que vous estes trop de mes amis pour ne m'assister pas en une rencontre où il se présente une si belle occasion et si utile à l'Estat.

» Je ne vous puis dire avec quel zèle et quelle affection et quel cœur, La Moussaie a servy en cette occasion ; il a eu trois chevaux tués sous luy et une mousquetade au bras ; cela mérite bien que vous le traitiez favorablement. Je crois qu'après ce qui s'est passé icy, personne ne sauroit trouver à redire que vous le fassiez servir. Le chevalier de Chabot a eu aussy un cheval tué et a fait des merveilles ; toute l'armée en rendra tesmoignage. Je vous conjure de lui vouloir faire ressentir des effects de vostre bonne volonté, de la mienne et de son mérite.

» Nous avons perdu deux sergens de bataille, et, par conséquent, si vous nous donnez M. le marquis de Castelnau, nous en aurons encore un de manque. Châtelus est icy, qui a été blessé de deux coups, mais qui sera bientôt guerry ; je vous respond qu'il fera très-bien ceste charge : si vous voulez l'en gratifier, je vous en auray une très-particulière obligation.

» Je me sens obligé de vous dire que la cavalerie de l'armée allemande est au meilleur estat du monde, et que certainement elle est infiniment meilleure que l'année passée ; ils ont très-bien employé l'argent qu'on leur avoit donné. Pour nous, je vous conjure de nous envoyer nos montres le plus souvent qu'il se pourra : ce n'est pas icy un pays où l'on vive pour rien.

» Je vous demande, Monsieur, la continuation de vostre amitié, et que vous me fassiez la faveur de croire que je suis très-véritablement, Monsieur, vostre très-humble serviteur,

» LOUIS DE BOURBON.

» *Au camp de Fribourg, ce 8 août* 1644. »

Quatre jours après, le duc faisait connaître au cardinal la suite de ses opérations par une autre dépêche également de sa main, et dont voici le contenu :

A Monsieur le cardinal Mazarin.

» Monsieur, j'envois le chevalier de Gramond à la Royne pour lui donner advis de ce qui s'est passé dans nostre derniere rencontre avec les ennemis, où nous leur avons pris leurs canons et leurs bagages; l'armée s'est sauvée, mais avec un désordre et une confusion estrange. Je ne crois pas qu'elle se puisse sitost remettre. Nous allons à ceste heure songer à ce que nous pourrons entreprendre, et dans un jour ou deux, je vous en donnerai advis, affin d'avoir là-dessus vos résolutions. Je vous supplie de nous fortifier d'infanterie, parce que, outre ce qu'il faut que nous fassions, il faut aussi qu'il en reste à M. de Turenne, pour s'establir en quartier; et il est à croire que Hatefeld, le duc de Lorraine et le reste de Bavière se réuniront pour nous en empescher, si les Suédois ne rentrent en Allemagne, et si madame la Landgrave n'entreprend point de divertir quelques-unes de leurs forces.

» Je vous suis infiniment obligé de la commission de M. de La Clairière et de ce que vous faites pour mon affaire de Stenay.

» Ce que vous me mandez de M. de La Meilleraye et de Gassion m'afflige extrêmement, et je ne comprends point pourquoi on a voulu faire une chose qui choquât si fort M. de Gassion, et qui est tout à fait injuste, le contraire de ce qu'on a fait si souvent pratiquer dans tous les autres sièges qu'on a faicts. Je vous prie que cecy demeure entre nous.

» Pour ce qui est de ce secret, je ne m'estonne pas qu'on l'ait mandé à Paris, puisque je ne jugeai pas que ce fût une chose fort nécessaire à garder, pour passer en Allemagne, et que moy-mesme je le desclaray à tout le monde pour en faire prendre aux officiers la résolution de bonne grâce, et par l'exemple, y mener leurs soldats avec gualté, et je vous assure que cela a mieux réussi que si je les eusse trompé. Songez à nos montres, je vous en supplie, et voyez un peu à les faire partir plutost à cause de la longueur du chemin qu'il faut qu'elles facent et de la difficulté; la seconde ne pourra encore passer si tost, à cause des troupes du duc de Lorraine.

» Je vous demande, Monsieur, la continuation de vostre amitié; personne au monde ne la souhaite tant que moy, et je suis certainement vostre très-humble serviteur,

» LOUIS DE BOURBON.

» *Au camp de Lans de Linghen, ce 12 août 1644.* »

On proposait de reprendre Fribourg; le duc d'Enghien résolut, au contraire, le siége de Philisbourg. Le vicomte de Turenne investit cette place; le duc arriva au camp dès le 25 août, prit la direction du siége, commanda les attaques, poussa les travaux avec vigueur, et la place se rendit par composition, le 12 septembre. Il fit ravitailler la place, et ne voulut pas s'en éloigner qu'elle ne fût mise en bon état. En attendant, le maréchal de Turenne prenait Worms, s'approchait de Mayence, proposait une honorable capitulation à cette ville. Le chapitre, qui la gouvernait en l'absence de l'Electeur, manifesta l'intention de se soumettre au duc d'Enghien, qui arriva en toute hâte de Philisbourg, reçut la place, et il y fit une entrée triomphale. La campagne se termina par la prise de Landau et de quelques autres villes fortifiées. Dès-lors, le prince songea à retourner à Paris. La dépêche suivante se rapporte à cette époque :

A Monsieur le cardinal Mazarin.

« Monsieur, envoyant ce courrier pour me tenir mes hardes prestes pour mon arrivée, je n'ai pu m'empêcher de vous escrire pour vous renouveler toutes les assurances que je vous ay données de mon service; mais, puisque les complimens sont inutiles entre nous, vous trouverez bon que je les quitte pour vous dire que je suis aujourd'hui arrivé icy, après avoir laissé à M. de Turenne Philisbourg garni, les régimens d'Albret, Cussigny, Saint-Simon, La Meilleraye, vidame Batilly, les recrues pour les vostres, les deux nouveaux de M. de Vaubecourt, et ceux de cavalerie de Bourg et Roelaure. On m'avoit assuré que dans ma marche je trouverois quelque chose pour vivre, mais le pays s'est trouvé tellement ruiné, que nos chevaux sont restés plus de quatre jours sans avoir de fourage, si bien que de douze cents chevaux que j'avois, je ne crois pas en avoir six cents en estat de servir. Cependant, M. de Magalotty m'a mandé qu'il a pris plusieurs châteaux sur la Sœrre, qui sont importans; je luy ai mandé de se rendre jeudi à Boulas, où je seray, et cependant je fais séjourner les troupes entre Saint-Avault et Metz, à trois lieues de Metz. Nous aviserons ce qui se pourra faire, et je vous le manderay aussitost. Je crois que vous approuverez bien qu'après avoir laissé mes ordres à toutes les troupes, j'aille à la cour, puisqu'il n'y a pas grande apparence que je puisse estre ici fort utile, les troupes étant ruinées au point qu'elles le sont.

» Si vous l'avez pour agréable, je ne disposerai point de la personne que je mettray dans Stenay sans vous avoir veu; cependant, si vous voulez m'envoyer mes expéditions, je mettray mon lieutenant-colonel dedans avec cent hommes de mon régiment, et à Paris je résoudray avec vous cette affaire. J'espère vous voir aussitost que j'aurai dîné, et vous tesmoigner etc.

» Louis de Bourbon.

» *Au camp de Longueville, à une heure de Stenay, ce 11 octobre* 1644. »

La campagne de l'année 1645 eut de brillants résultats pour la gloire du duc d'Enghien; cependant les premiers jours de cette année avaient été marqués par un événement qui pouvait jeter la plus profonde désunion entre le duc d'Orléans et le duc d'Enghien. Un exempt du duc d'Orléans poussa involontairement un bâton dans les cheveux du duc d'Enghien; celui-ci arracha le bâton des mains de l'exempt et le lui brisa sur le dos, quoique ce malheureux exempt se fût jeté aux pieds du prince.

Le duc d'Orléans demanda une réparation; Mazarin s'occupa attentivement à prévenir un plus grand éclat. Le duc d'Enghien, accompagné du cardinal et du duc de Longueville, alla saluer le duc d'Orléans, qui l'attendait, seul, dans un cabinet au Luxembourg. Quelques moments après, la Reine vint rendre visite à la duchesse d'Orléans, accompagnée de la princesse de Condé, et il ne resta aucun signe d'aigreur entre ces deux illustres familles.

Les affaires d'Allemagne ne prospéraient pas. Le vicomte de Turenne n'était pas heureux en Franconie; il avait repassé le Mein avec les débris de son armée, surprise par les Bavarois. Mazarin dirigea de nouveau le duc d'Enghien vers l'armée d'Allemagne. C'était à la fin du mois de mai; le duc s'arrêta quelque temps en Lorraine pour concourir aux opérations entreprises dans cette province; mais la nécessité des circonstances l'appela enfin auprès du vicomte de Turenne; il le rejoignit après avoir passé le Mein avec dix mille hommes d'élite. Bientôt après il passa aussi le Necker, occupa Rottsambourg, et s'avança ensuite vers Nortlingue où il rencontra l'armée des Bavarois. Il résolut aussitôt de leur livrer la bataille: elle eut lieu le 3 août. Cette bataille fut une des plus mémorables de l'époque. Le prince eut plusieurs chevaux tués sous lui; le général Cunni y trouva une mort glorieuse, et, après des succès variés et quelquefois douteux, les Français remportèrent enfin une victoire signalée et remarquable par cette circonstance, que cette victoire avait été publiée à Paris avant le commencement de la bataille. Cette journée fut très-glorieuse pour le duc d'Enghien : il parut partout au plus fort de la mêlée, entraîné par cette valeur extraordinaire, envieuse de périls, qui le faisait tout entreprendre et le faisait réussir. Il proclama lui-même les grands services et les grands mérites de Turenne dans cette affaire, et après avoir passé la nuit sur le champ de bataille il entra le matin dans Nortlinguin, qui se rendit sans hésitation.

Au milieu de si brillants succès, le duc fut attaqué d'une grave maladie; il se fit aussitôt transporter en litière à Philisbourg, laissant le commandement de l'armée au vicomte de Turenne et au maréchal de Gramont.

Dès que la maladie du duc fut connue à Paris, le prince de Condé, son père, envoya en toute hâte des médecins auprès de lui. Le mal fut d'abord si violent, qu'on désespérait de sa guérison. Ces funestes présages s'éloignèrent peu à peu; le prince recouvra sa santé, il repassa en France et se rendit à la cour (1).

Avec l'année 1646 commença la septième campagne du prince, encore bien jeune. Depuis qu'il avait quitté l'armée d'Allemagne, le vicomte de Turenne avait perdu presque tous les avantages conquis dans la campagne de 1645. L'armée de ce maréchal étant peu nombreuse, le duc d'Enghien n'espérait que peu de chose de sa faible composition, et, alarmé pour sa propre réputation, il préféra aller servir dans l'armée de Lorraine, en qualité de lieutenant-général du duc d'Orléans. Il partit de Paris au mois de mai et joignit l'armée à Arras. Le siége de Courtray fut d'abord résolu, et cette place se rendit le 28 juin, après treize jours de tranchée

---

(1) Ici Lenet se proposait, d'après ses notes, de faire connaître *la conduite* du prince pendant ce nouveau séjour à Paris, ainsi que *l'état de la cour*. De ces données, il ne nous est parvenu que les mots soulignés : nous ne pouvons nous résoudre, sur ces deux sujets, à suppléer au texte original de Lenet, en répétant ce qui se trouve ailleurs.

ouverte. Le duc d'Enghien conduisit ensuite un corps de six mille hommes au secours des Hollandais; les Espagnols évitèrent le combat, et un de leurs officiers, fait prisonnier, dit, devant le prince, qu'il ne connaissait pas qu'ils avaient d'abord résolu de donner bataille, mais qu'ayant appris que le duc d'Enghien avait l'avant-garde, ils avaient changé de résolution. Le siége de Mardick fut ensuite entrepris, afin de ressaisir Dunkerque. Le duc commandait la tranchée, et repoussa une attaque fort vigoureuse. Ce fut deux jours après qu'il eut le visage brûlé par l'explosion d'une quantité de poudre qui prit feu par la faute d'un soldat, accident dont les effets incommodèrent le prince assez long-temps. Mardick se rendit le 23 août, et aussitôt après le duc d'Orléans se rendit à la cour, jaloux, disait-on, du vif intérêt que toute l'armée avait manifesté pour le prince, à l'occasion du danger qu'il avait couru par l'explosion dont nous venons de parler.

Commandant en chef de l'armée par le départ du duc d'Orléans, le duc d'Enghien voulut entreprendre quelque action remarquable, qui terminât la campagne avec quelque éclat : il décida le siége de Dunkerque, et se prépara à le faire avec succès par la prise de Furnes, au commencement du mois de septembre. Il fortifia cette ville et en fit le dépôt de fourrages pour l'armée. Pour la rendre sûre, comme cela lui importait qu'on le fît, il dirigea lui-même tous les travaux : les fortifications s'élevaient et la ville se remplissait d'approvisionnements comme par enchantement; la cavalerie, l'infanterie, les bourgeois, les paysans, les matelots, rivalisèrent de zèle et d'ardeur, encouragés par la présence du prince; tous ces preparatifs furent terminés dans l'espace de quatorze jours.

Le prince avait demandé l'avis de la cour au sujet de son projet du siége de Dunkerque; les ministres lui répondirent, selon l'usage, avec l'ambiguité nécessaire pour revendiquer une part dans le succès, et ne pas engager leur responsabilité, dans le cas d'un échec. Le prince marcha droit à son but, et l'armée alla prendre position le 19 septembre. Il a été publié plusieurs relations de ce siége mémorable, nous ne les répéterons pas ici : elles ont dit les dangers que le prince y courut, la science et la bravoure qu'il y déploya. Après treize jours de tranchée ouverte, la ville se rendit le 10 octobre, et le prince y entra avec son armée dès le lendemain. Il songea ensuite à approvisionner Courtray, et il y réussit, malgré l'opposition de l'ennemi. La fortune lui était demeurée constamment fidèle.

Le prince victorieux distribua les quartiers d'hiver, et ce fut dans ces conjonctures qu'il apprit la mort de son beau-père, Armand de Brézé, tué d'un coup de canon, le 14 juin, dans un combat naval contre la flotte espagnole, dans les mers de Toscane. Le prince de Condé fit demander la charge d'amiral pour son fils, le duc d'Enghien, à qui tant de victoires donnaient tant de droits aux faveurs de la cour. Mazarin, qui commençait à redouter l'influence de ses succès sur l'esprit des grands, des soldats et du peuple, qui ne parlaient plus du jeune prince qu'avec enthousiasme, fit dire au prince de Condé que la Reine gardait pour elle la charge vacante, et peu de jours après, en effet, on expédia la provision de l'amirauté sous le nom de la Reine. Le prince de Condé, aigri par ce refus, se retira dans son gouvernement de Bourgogne, mit tout en œuvre pour faire partager son ressentiment à son fils, et lui écrivit que, s'il se décidait à se brouiller à la cour, il lui ferait compter immédiatement deux millions. Mazarin tâcha d'apaiser ce prince; le duc s'approchait de Paris à petites journées, il se hâta d'y arriver, dès qu'il connut l'issue de cette affaire. Le prince de Condé résidant à Valery, Mazarin lui envoya Le Tellier pour essayer de le ramener; le prince se rendit à Fontainebleau, de là il retourna dans son gouvernement de Bourgogne, et il ne rentra à la cour qu'après qu'il eut eu avec son fils une conférence sur ce qui venait de se passer. Le duc d'Enghien reçut en don les places de Clermont, Stenay et Jamets. Un serviteur du prince obtint aussi un évêché.

Ces arrangemens étaient à peine pris, que le prince de Condé mourut, le 26 décembre, n'étant âgé que de 58 ans: homme de cabinet, sage et habile, obséquieux avec la cour, désireux des biens qu'il obtiendrait facilement par l'effet d'un amour excessif de la paix; aussi amassa-t-il de grandes richesses.

Le duc d'Enghien prit le titre de prince de Condé, et hérita de toutes les charges de son père : c'est sous ce nom qu'il sera désormais désigné dans ces Mémoires. Armand, prince de Conti, était son frère, et la duchesse de Longueville sa sœur. Ils figureront l'un et l'autre, quelquefois, dans la suite de ces relations historiques. La duchesse avait tous les avantages de l'esprit et de la beauté; le prince de Conti était, au contraire, petit et contrefait, et quoique d'un esprit agréable et cultivé, plein de cœur et de désintéressement, il fut gouverné de la manière la plus absolue par la duchesse sa sœur. La tendre amitié qui les unissait n'a pas toujours trouvé des historiens indulgents.

Le nouveau prince de Condé rendit à son père les honneurs funèbres qu'exigeaient sa naissance et son rang. Il alla ensuite prendre possession de son gouvernement de Bourgogne, que la Reine venait de lui substituer, ainsi que la charge de grand-maître, en faveur de son titre de prince du sang. L'humeur altière et impérieuse du prince ne laissait pas que de préoccuper Mazarin, et, pour pouvoir gouverner avec une entière indépendance, il lui était nécessaire que le vainqueur de Dunkerque ne fût pas le trop habituel témoin de ses actions. Le prince de Condé voulut régler lui-même ses principales affaires : il donna les lettres de la maîtrise à l'abbé de Franchos, le château de Dijon à Arnault, Bellegarde à Marchin, Clermont, Stenay et Jamets à La Moussaye; il obtint pour son frère, le prince de Conti, le gouvernement de Champagne, avec promesse de son frère de remettre ce gouvernement à son fils, le jeune duc d'Enghien, lorsqu'il aurait atteint ses quatorze ans, promettant lui-même de donner le gouvernement de Berry à son frère; et les secrétaires-d'Etat signèrent les brevets.

Le prince de Condé prit à son service la compagnie de gendarmes et de chevaux-légers de son père, et fit passer les siennes au jeune duc, son fils; il fit de même pour ses régiments. Les domestiques du prince défunt restèrent au service de ses deux fils.

Occupé de si sérieuses affaires, le prince de Condé, d'abord tout entier au deuil et à la douleur auxquels il était en proie, se négligea assez long-temps pour que sa réapparition à la cour avec des ajustements plus soignés, recherchés même, y fût assez généralement remarquée. On l'expliqua par la tendre passion que le prince éprouvait alors pour mademoiselle de Toussy. Cette passion lui causa quelque surprise plutôt qu'une véritable affliction. Mazarin, qui en avait une toute contraire contre ce prince, trouva un moyen convenable de l'éloigner, en lui proposant d'aller en Catalogne avec le titre de vice-roi : malgré l'avis de ses amis les plus dévoués, il se laissa aller aux conseils de sa renommée; il ne vit que de la gloire dans son commandement, et l'honneur de venger la France de l'échec essuyé devant Lérida par le comte d'Harcour, qui avait été contraint d'en lever le siége : il se prépara pour cette nouvelle campagne. C'était à la fin du mois de mars 1647.

Tourville faisait ses affaires à la cour; mais son crédit avait diminué dans l'esprit du prince, depuis que, négociant au sujet des charges de l'amiral de Brézé, Tourville avait reçu l'évêché d'Angoulême pour un de ses neveux. Le prince remplaça Tourville par le chevalier de Rivière.

Il reçut à Paris la députation de la province de Catalogne, qui fut si heureuse, à la nouvelle du choix de son nouveau vice-roi, qu'elle fit présent d'une chaîne d'or de la valeur de cinq cens louis à celui qui lui en porta le premier avis.

Le prince partit de Paris au commencement du mois d'avril, prit sa route par son gouvernement de Bourgogne, où il s'arrêta peu de temps, emmenant avec lui le maréchal de Gramont et Lenet qui l'accompagna jusqu'à Valence sur le Rhône.

Arrivé à Barcelone, la joie du peuple de la province ne le trompa point sur le véritable état des affaires. Cet état lui parut peu satisfaisant. Les moyens militaires étaient médiocres ; les peuples irrésolus et agités de mille soupçons fâcheux. Le prince s'empressa d'en rendre compte au Roi, dans deux mémoires écrits de sa main, adressés à Le Tellier : l'un sur l'état des opérations militaires, l'autre sur l'esprit de la population, et terminés par l'exposé de ses projets militaires et politiques. Ces deux précieux documents sont datés du 1er mai 1647 : nous les mettrons textuellement sous les yeux du lecteur, ainsi que la lettre du prince qui annonce leur envoi.

« A Barcelone, ce 1er may 1647.

» Monsieur, vous trouverez bon que je me remette aux deux mémoires que je vous envoie pour rendre compte des affaires de la province et de l'armée; outre cela je prie M. de Marca d'en rendre un compte un peu plus exact, et de dire les raisons d'une partie des choses qui sont dans un des mémoires. Pour ce qui concerne la guerre, je suis au désespoir d'estre si long-temps fénéant, je croy que vous n'en doutez pas ; mais nous allons tout de bon et avec affection. Continuez-moi, je vous supplie, vos assistances et vostre amitié, et me croiez, Monsieur, vostre très-affectionné à vous servir,

» LOUIS DE BOURBON. »

Premier Mémoire.

« Pour respondre au mémoire que Sa Majesté m'a fait l'honneur de m'envoyer par M. Le Tellier, et pour lui tesmoigner avec quelle passion je veux lui rendre les très-humbles services auxquels et ma naissance et les particulières grâces que j'ay receues de ses bontés m'obligent, j'ay creu que je lui devois rendre un compte juste de l'estat auquel j'ai trouvé toutes les affaires, tant politiques que militaires, de Catalogne.

» Tous les advis qu'on a des ennemis portent que leur cavalerie est en assez bon estat, et qu'ils pouront avoir environs quatre mil chevaux d'assez bonnes trouppes; que leur infanterie n'est pas démesurée, et que leurs places fournies du nombre d'hommes qu'elles le sont présentement, ils ne pouront pas avoir plus de sept à huit mille hommes de pied. Dans Lérida, il y a présentement quinze cents hommes de pied et trois cents chevaux, à ce que m'a assuré le major de Ribé, qui en est revenu hier seulement, et qui les a veus et comptés plusieurs fois; dans Tortose, huict cents hommes de pied et deux ou trois cents chevaux; dans Tarragone, deux mille hommes de pied et cinq cents chevaux. Je n'ay pas de nouvelles assurées de Fragues, mais j'en attens au premier jour.

» Pour nostre armée, au raport de messieurs de Marcin, de Gourgues, de Marca, de Conay et de tous les officiers, il n'y a présentement, en comptant tout ce qui est dans les places, que mil chevaux et six mil hommes de pied; il n'y a encore aucune arrivée de cavalerie, ny d'infanterie arrivée, ny nouvelles qu'elles doivent bientost arriver. Il fault que je revoie le régiment d'infanterie d'Harcourt, qui est de sept à huict cents hommes; le régiment de Marcin est arrivé dans le Lempourda, le mien et Bins y seront après demain. Les gendarmes et chevaux-légers francs sont encore loing, et l'infanterie qui estoit embarquée en Agile, il y a plus de huict jours, n'est pas encor arrivée. J'ay desjà mandé qu'il y avoit deux régimens qui n'estoient pas de la force qu'on les avoit espérés; le régiment de la marine n'est encor en Languedoc, les munitions de guerre y sont encor, et j'ay nouvelle que les canons estoient encor à Lyon le sixième du mois; le bataillon de Catalogne est en mauvais estat, et sur les difficultés que la ville de Girone et celle de Barcelone ont eues l'une avec l'autre, sur le sujet de la monnoie, on a différé jusques à ceste heure à leur donner l'argent de leurs recreues; l'embarquement de l'infanterie a différé celuy des avoines, si bien que les magasins n'en sont pas encore faits; les mules de l'artillerie ne sont pas encor arivées.

» Pour remédier en quelque façon à tous ces désordres, et pour me mettre en estat de pouvoir plus tost agir contre les ennemis, j'ay donné ordre au régisseur Fontenelle d'assembler la plus grande quantité de mulets et de charrettes qu'il pourra, pour mener à Servère et Sainte-Colombe tout ce qui reste ici de munitions et de canons, qui consistent : en deux pièces de vingt-quatre, 5,000 grenades, 6,000 boulets, 15,000 miliers de mèches, 25,000 miliers de poudre, et 8,000 miliers de plomb; 3,000 outils, 4,000 paniers et autant de cabats. Cela estant arrivé, on aura plus de commodité de commencer quelque chose, pendant que le reste suivra toujours. Il n'y a que le canon qui empésche tout à fait, parce que les autres pièces qui sont icy sont sur le ventre, et qu'il fault attendre les affûts qui viennent de France pour les pouvoir mener, ce qui despent de la diligence de certains messieurs qui n'ont jamais de haste, et du vent qui jusques icy a tousjours esté contraire. Monsieur Gourgues a travaillé avec un soin extrême pour les vivres et les avoines, et tout ce qu'il y en avoit icy, il l'a fait porter à Servère, qui consiste à un mois d'avoine et cent jours de pain; il attent le reste pour le faire voiturer incessamment. Monsieur de Marcin a fait mettre les places frontières en assez bon estat, les ayant trouvées au plus mauvais du monde.

» Il n'y a rien à dire sur ce que Sa Majesté me fait l'honneur de me mander, touchant ses desseins, et il est constant que l'entreprise de Tarragone est la plus glorieuse et la plus utile de toutes, aussi y songeai-je par dessus toutes les aultres. J'ai envoié une barque à Cartagène, pour avoir nouvelles assurées de l'armée navale des ennemis, dont dépent tout le succès de ce siège. Je croy que messieurs de l'armée navale n'auront pas manqué de leur costé d'y envoyer, et suivant ce que nous aprendrons, quand l'armée navale sera arrivée et nos trouppes, ou nous le tenterons, ou je renvoieray l'armée navale, comme on me l'a donnée. On m'a assuré qu'ils travaillent au môle puissamment, et à la citadelle de Lérida; si ce dessein ne peut s'effectuer, il faudra songer aux aultres, et du lieu où j'ay fait mener mes munitions, elles seront portées partout; il n'y en a point encore à Flix, parce que M. de Marcin n'a receu l'ordre de les prévenir que depuis que je suis arrivé, outre que les mules des vivres et de l'artillerie n'estant pas arrivées, et la peine estant extrême d'en avoir du païs, on n'a pas peu y renvoyer jusques icy; mais dès que les mules seront arrivées, je les occuperay à voiturer ce qui arrivera de France à Servère, et celles du païs, à mener à Flix une partie de ce qui est à Servères. Le retardement qu'on a donné à l'armée navale estoit absolument nécessaire, et mesme je croy qu'il eût été bon de le faire plus grand, parce que j'appréande fort que nos affaires ne soient pas prestes au temps qu'elle arrivera icy, et cela fera d'abord cognoistre nostre dessein : je presseray pourtant tout autant que je le pourray, mais il est aisé à juger que bien des choses ne deppendent pas de moi. J'ai envoyé quérir le chevalier de La Valière, pour sçavoir de lui, comme voisin et comme être capable, l'estat des fortifications du môle, et celuy de Tortose; j'ay envoyé à sa place Jumeaux commander à Flix en son absence.

» Sa Majesté verra, par tout ce que je me suis donné l'honneur de luy faire sçavoir cy-dessus, qu'il n'est pas encore en mon pouvoir de luy dire à quel dessein je m'attacherai, puisque, mes trouppes n'estant pas arrivées, je ne suis pas encore en estat d'agir, et que je ne sçais pas celuy auquel les ennemis se mettront dans ce temps-là; mais je puis assurer Sa Majesté que je feray tousjours ce que je jugeray le plus utile pour son service, et le plus glorieux; et dès que je verray le moindre jour à prendre une résolution fixe, je me donneray l'honneur de lui faire sçavoir, et tâcherai de l'exécuter, et de la faire réussir selon sa volonté.

» Pour l'affaire de Frague, elle est sans contredit fort avantageuse pour entretenir des correspondences dans l'Arragon, et pour le faire révolter, à l'exemple de la Catalogne; il n'y a que la seule difficulté des vivres qui m'y embarrasse, et celle de le maintenir après l'avoir pris, si l'on vouloit après cela, dans le temps que nostre armée navale seroit fortifiée, retourner à Tarragone, à Lérida, ou Tortose, et mesme dans le quartier d'hiver.

» J'ay parlé icy aux officiers de Mirepois, qui m'ont promis, quoique leur maistre-de-camp n'y fût point, de faire de bonnes recreues; ceux de Raillac m'en ont dit de mesme, si bien que je juge bien à propos de les remettre; pour Pons et Roquelaure, les maistre-de-camp estant à Paris, si M. Le Tellier leur en vouloit parler, il pourroit conclure avec eux; j'envoyeray ordre à M. Imbert, pour Vailliac et Mirepois, et lui manderay de surseoir pour Pons et Roquelaure, jusques à ce qu'il ayt receu ordre de la cour.

» J'attens avec impatience M. de Champlatreus, pour apprendre de luy les ordres qu'il a sur les subjects des finances. Je diray par avance que rien ne se fait icy qu'à force d'argent; qu'il n'y a aucuns fonds pour les voitures extraordinaires, et que si, comme me l'a dit M. Goury, la despence de l'année passée a monté huict cent mil francs d'extraordinaire, dont on n'avoit point de fonds, où l'on ne faisoit que des bloqus, cette année, où on agira par force, la despense ira sans doute plus haut; c'est à Sa Majesté à voir si elle n'ordonnera rien pour ces choses-là, et, en ce cas, elle se peut assurer que l'on ménagera l'argent comme on le doit, et si j'ose dire, comme j'ay accoutumé de le faire. Les cent premiers mil francs de travaux ne sont pas encor arrivés; le mois d'avril s'advance, je pense qu'il est à propos d'envoyer promptement may et juin, justement il est impossible de vivre en ce pays. M. d'Emery s'attent sur l'argent du Languedoc, et je ne le vois pas encore bien prest.

» J'iray faire un tour sur la frontière au premier jour, pour faire examiner les dessins d'Argemont, et en mesme temps j'en donneray mon advis à la cour. Voilà, à mon advis, ce que je puis mander sur le subject de la guerre; reste d'informer Sa Majesté du dedans de la province.

» Il me semble que les Catalans, en général, sont fort affectionnés; qu'ils ont une grande haine contre les ennemis, mais qu'ils s'aiment plus que toutes choses : c'est pourquoi il ne les fault choquer en quoi que ce soit qui touche tant soit peu leurs priviléges; et je m'en donneray bien garde. On avoit fomenté une division jusques icy entre don Josep Marguerite et don Josep d'Ardène, qui partageoit presque toute la province, et qui certainement estoit préjudiciable au service du Roy; je leur ay desclaré que je ne voulois prendre party avec personne; que je les voulois tous pour amis, et que je voulois qu'ils le fussent les uns avec les aultres; qu'il ne faloit plus en Catalogne que deux partis, celuy du Roy et celuy d'Espagne; que j'aimerois et servirois ceux-là, mais que je persécuterois ceux-cy jusques au bout. Le premier capitaine de don Josep d'Ardène avoit querelle avec le beau-frère du gouverneur; je les ay accordés : enfin j'espère que nous les mettrons tous bien ensemble.

» J'ay trouvé icy M. de Marca, qui y a servi très-dignement, et qui a acquis l'amitié et l'estime de tous les serviteurs du Roy qui sont dans cette province. Nous avons résolu de nous assembler tous les soirs, le chancellier, le régent, luy et moy, pour adviser de concert et régler toutes les choses qui seront nécessaires, et ne feray rien dans la province que de concert avec luy, parce que je le trouve très-bien intentionné et très-bien informé de touttes choses.

» J'ai envoié, à l'entrée de la Catalogne, de l'argent aux troupes, afin qu'elles payent partout, et un officier avec pouvoir de faire arrester les officiers et soldats contre lesquels il y aura quelque plainte, et aussitost j'en feray faire justice.

» Je donneray les ordres que Sa Majesté souhaite pour le clergé, et, à l'arrivée de M. l'évesque de Barcelone, je l'appuieray en tout ce qu'il aura besoin de moy.

» Pour les séquestres, nous avions desjà résolu, M. de Marca et moy, d'en user ainsi que Sa Majesté me l'ordonne; mesme des biens confisqués, nous en devions faire un estat, et voir les pensions et jouissances qui avoient esté bien ou mal données, affin d'en retrancher les unes et confirmer les aultres.

» Je parleray au conseiller de la ville pour leurs fortifications, et donneray les ordres nécessaires au maistre des courriers pour les postes. Il seroit à propos aussi de donner ordre à celles du Languedoc. Je travaille pour les affaires du bataillon, et j'ay aujourd'huy faict assembler pour cela : j'attens leur résolution.

» Les capitaines qui n'auront pas faict leur devoir seront si sévèrement châtiés, que Sa Majesté en aura, je m'assure, satisfaction ; enfin je n'oublieray rien pour faire que Sa Majesté soit satisfaite de mes services, et je n'espargneray ny mon bien ny ma vie pour luy tesmoigner la passion que j'ay pour le bien de l'Estat et le service particulier de Sa Majesté.

» LOUIS DE BOURBON.

» Depuis le mémoire écrit, j'ay sceu que le bataillon estoit satisfait sur l'affaire de la monoie de Girone. Ils vont travailler présentement à leurs revues sur trente mil escus que la ville de Barcelone leur avance. »

Second Mémoire.

« Je crois qu'il fault que je rende compte, par ce mémoire icy, comme par le précédent, des affaires de la guerre et des politiques. Pour celles de la guerre, je ne rediray point icy les ordres que j'avois, puisqu'on les sait mieux que moy; je diray seulement que jamais dessein n'avoit esté mieux pensé que celui de Tarragone, mais jamais il n'y en a eu si mal exécuté: il falloit prévenir les ennemis, et ils nous ont prévenus, puisqu'ils ont mis dedans trois mil hommes de pied, trois cents chevaux ; qu'ils ont achevé les fortifications du môle, en sorte qu'on ne le peut prendre par surprise, et que leur armée navale est en mer; celle d'Espagne est à Cartagène, composée de 25 vaisseaux et de 12 galères, et est venue là de Cadis il y a plus de douze jours ; celle de Naples est si bien en estat de venir qu'elle a combattu six de nos vaisseaux auprès du port de Naples, et tous ceux qui l'ont vue là disent qu'elle est en estat de faire voile quand elle voudra. Il est aisé à juger de là que le môle de Tarragone estant hors de surprise, quinze vaisseaux et seize galères ne sont pas en estat de résister à une si puissante armée, outre que leur ordre est contraire. Il ne nous reste donc que Tortoze, Lérida et Frague à attaquer, n'estant pas les mestres de la mer, et n'ayant aucun magasin à Flix, à cause du retardement des munitions, et n'ayant pas esté en mon pouvoir d'y en faire faire des munitions qui estoient icy, les mules de l'artillerie n'estant pas arrivées et celles du païs estant employées, au défaut de celles des vivres qui n'y estoient non plus, de voiturer d'icy à Servère les bleds et les avoines: ce dessein semble ne se pouvoir pas exécuter, puisque en un seul convoy nous ne pouvons pas mener de quoy prendre la place, et qu'un second seroit impossible, les ennemis ayant une forte cavallerie et tenant Tarragone, Lérida et Mequinence.

» Fragues me semble aussi impossible pour le présent, les ennemis tenant Lérida et ayant une assez forte cavallerie, qui chasseroit indubitablement, avec l'infanterie qu'ils tireroient de Lérida et de Tarragone, ceux qu'il nous faudroit laisser aux portes de Scappe, ou du moins par Lérida nous romperoient tous nos convois, n'ayant aucun magasin plus près que Servère, n'ayant peu en faire à Bolegiers, par la mesme raison que j'ai mandé n'en avoir peu faire à Flix.

» Il ne nous reste donc à faire que le siége de Lérida, auquel je me suis résolu, comme le seul faisable, auquel il se trouve pourtant assez de difficultés, les ennemis aiant jecté dedans 3,500 hommes de pied et 400 chevaux ; mais comme il leur sera difficile de me couper mes convois, qu'ils n'aient une armée capable de me combattre, nous n'aurons que la résistance des hommes à vivres. L'armée, à prendre les trouppes au meilleur point qu'il se peut, ne sera composée que de dix mil hommes de pied et trois mil chevaux, n'y aiant encore quasy point de recrue de cavallerie de l'armée ancienne de Catalogne d'arrivée, et fort peu de celle d'infanterie. Dès que je seray à Servère, j'en envoyeray un estat au net. Le régiment de la marine n'est pas encore arrivé, et il me fault laisser beaucoup de monde dans les places ; je me sers à cela des avances des régimens dont les recreues ne sont pas arivées, et du bataillon, pour celles qui ne le sont pas, tant il ne sçauroit estre en estat de servir de près d'un mois. Je ne me puis aussy servir de ce temps-icy des régimens de cavalerie catalans. On jugera bien, par ces diminutions, que l'armée ne sera pas du nombre que je le mande au plus; nous essaierons par nostre affection et par nos soins de surmonter les obstacles que nous trouverons, et de venir à bout de nostre entreprise. L'armée sera vendredy toute ensemble, et j'y seray le mesme jour. Dès samedy, nous marcherons, et dimanche, s'il n'y arive point d'accident, j'espère que nous prendrons nos quartiers. Je guarde icy l'armée navale jusques à dimanche pour donner jalousie aux ennemis de Tarragone, et ne la faicts pourtant point avancer, de peur qu'elle ne rencontrât l'armée navale des ennemis, et en mesme temps la renvoye à Toulon recevoir là les ordres du Roy et de monsieur l'archevesque d'Aix. Il est absolument nécessaire d'envoier nos fonds promptement, et de voir si on ne nous poura point envoier sur la fin quelque petit renfort, parce que certainement on perdra du monde et des chevaux, tant par le manque de fourrage, que par les grandes gardes qu'on sera obligé de faire. On se remet au surplus à ce que dira le sieur de Losmet, qu'on a instruit particulièrement de toutes choses.

» Pour ce qui concerne les affaires au-dedans, le mémoire ci-joint, que j'ay concerté avec M. de Marca, et dont M. de Marca s'est chargé d'en mander encore plus particulièrement les raisons, instruira pleinement Sa Majesté des grâces qu'elle peut faire; M. de Marca s'est aussy chargé de mander ce qui s'est passé hier avec la députation, sur quelques forças de galères.

» Louis de Bourbon. »

Le siége de Lérida résolu, le prince en donna, dès le 14 mai, la première nouvelle à la cour par la lettre suivante :

A Monsieur le cardinal Mazarin.

« Je suis arrivé devant cette place (Lérida) le même jour que je vous avois mandé par M. de Losmet, en mesme temps j'ai séparé mes cartiers; j'ay pris celui devant le comte d'Harcourt; M. le mareschal celui de Connouge, et M. de Marcin celuy de Villemonte. Dès aujourd'huy nous avons commencé nostre circonvallation; j'espère qu'elle sera bientost achevée, la terre estant nouvellement remuée, et beaucoup de celle de M. d'Harcour n'estant pas abatus, particulièrement des costés de Villemonte. J'ay force prisonniers qui ne sont point d'accort du nombre d'hommes qui sont dedans, les uns disent deux mille hommes de pied, les aultres trois mille; tous disent quatre cent chevaux, mais il n'est pas encore bien seur. J'espère, dès que ma circonvallation sera achevée, et que les recreues et le régiment de la marine seront arrivés, d'ouvrir la tranchée. Je vous prie de m'escuser si je ne vous en dis pas davantage, mais le pont de la Sègre ne fait que d'estre achevé, et il faut que j'aille mener les troupes au cartier qu'avoit autrefois M. de La Trousse, où il n'y en a point encore. Je vous dépêcherai au premier jour pour vous esclaircir de toutes choses. Cependant je vous supplie de croire, etc.

» Louis de Bourbon.

» *Au camp devant Lérida, ce 14 may 1647.* »

Dès la fin du même mois, ne doutant pas d'un prochain succès, le prince demanda le gouvernement de cette place pour un de ses protégés; on l'apprend par l'extrait de la lettre suivante :

A Monsieur le cardinal Mazarin.

« Monsieur, je vous envoie ce courrier pour vous faire sçavoir l'estat de nostre siége : nous en avons fort bonne espérance; vous en sçaurez le destail par M. Le Tellier, à qui j'en envoie une relation ; il vous dira aussy mes pensées touchant le gouvernement de la place. Je crois que vous me ferez l'honneur de les approuver.

» Louis de Bourbon.

» *Au camp devant Lérida, ce 29 may 1647.* »

Mais, dès la fin du mois suivant, tout était changé; le prince avait levé le siége, et il en donne le fâcheux avis à la cour dans une lettre ainsi conçue :

A Monsieur le cardinal Mazarin.

« Monsieur, vous ne serés pas, je m'asseure, peu estonné, après les bonnes espérances que je vous avois données du siége de Lérida, d'aprendre que j'en ay levé le siége ; vous me cognoissés, je m'asseure, assés pour croire que je ne l'ay pas faict sans douleur et sans peine, et que, en sacrifiant mon honneur au service du Roy, je n'ay pas fait un petit effort sur moy. Je vous envoye La Moussaye pour vous dire les raisons qui m'ont obligé à faire ce que j'ay fait. J'attends de vostre justice que vous les approuverés, et que vous les ferés approuver à la Roine : du moins ai-je fait tout ce que j'ay creu devoir faire. Je me confie si fort à vostre amitié, que je crois que cela ne la diminuera en rien. Si les ennemis entreprennent quelque chose, nous sommes en estat de les en faire repentir.

J'ay chargé La Moussaye de vous répondre sur ce que vous m'avez mandé par vostre dernière lettre, touchant M. le prince Maurice. Je vous demande, Monsieur, la continuation, etc.

» Louis de Bourbon.

» *Au camp, ce 19 juin 1647.* »

La Moussaye en porta la nouvelle à Paris de sa part, et les bons esprits, loin de s'en affliger, s'accordèrent à louer la prudence du prince dans cette grave conjoncture (1).

Le prince se retira à une lieue de la place, et y demeura campé un mois et demi. Durant cet intervalle, il rendit compte au Roi de sa situation, par la dépêche suivante, adressée à M. Le Tellier :

« Monsieur, depuis le despart de M. de La Moussaie, nous nous sommes occupés à renvoier nostre canon, nos munitions et nos vivres dans les places voisines; et quelque diligence que j'aie peu faire, il ne m'a pas esté possible d'avoir achevé qu'aujourd'huy, faulte de voitures; j'ai ordonné des travaux à Boleguiers, Flix et Arbena, conformément aux dessins de M. d'Argençon, et j'ay jetté des trouppes et des munitions suffisamment pour soutenir un siége; j'ay envoié M. de Marcin au camp de Tarragone pour y raffraîchir nos trouppes, et pour empêcher les ennemis d'y faire la récolte, qui y est grande, et pour nous en prévaloir, mesme pour voir si on y poura fortifier quelque poste avec le reste de l'armée. Je m'en vais à Lesborges pour la pouvoir maintenir, et observer de là les desseins des ennemis; ils continuent à s'assembler, et disent que leur armée sera forte, mais je doute qu'ils osent encore si tost rien entreprendre.

» Je suis fâché, Monsieur, sçachant que M. de Sainte-Colombe est de vos amis, de vous escrire sur l'affaire de Flix contre luy, et vous supplier de faire renvoyer le don que la Reyne lui a faict du gouvernement de Flix. Je croy que quand vous considérerez que toutte la Catalogne sçait que j'en ay escrit en faveur de M. de Jumeaux; que je lui ay donné une commission pour y commender; que M. de Sainte-Colombe ne m'en a jamais parlé, et qu'il a envoié, à mon insu, un courier à la cour pour avoir ce gouvernement; et qu'ensuite du mauvais succès de Lérida, on saura qu'il l'a obtenu, tout le monde me croira peu puissant, ou mal à la cour. Il se peut trouver assez d'autres choses pour obliger M. de Sainte-Colombe, sans celle-là, qui ne me choqueront pas, et mesme où je le pourai obliger. Je vous supplie d'en parler à monsieur le cardinal, et de m'obliger en ce rencontre; je ne luy laisseray point prendre possession du gouvernement que je n'aye vostre réponse. Je m'assure que vous trouverez mes raisons justes, et que vous continuerez à m'obliger comme vous avez tousjours fait jusqu'icy, et que vous me croyez, Monsieur, vostre très affectionné à vous servir,

» Louis de Bourbon.

» *Au camp de Lérida, ce dernier juin 1647.*»

Il ne s'abstient pas non plus de se plaindre du peu d'attention que la cour donnait à ses propositions relatives à l'armée et aux gouvernements des places; il dénonçait les intrigues qui traversaient ses déterminations, et réclamait, avec des instances réitérées, les secours en argent dont il ne pouvait se passer. Les deux dépêches suivantes renferment ces diverses données :

A Monsieur Le Tellier.

« Monsieur, j'ay reçu des tesmoignages si fréquens de vostre affection, que je ne doute point que dans l'affaire de Lérida vous ne m'ayez rendu tous les bons offices auprès de la Royne et de monsieur le cardinal, que je pouvois attendre de vous. Ce ne m'est pas une petite satisfaction de voir que tous ceux qui ont esté bien informés de mon procédé en ayent conceu la mesme opinion que moi, pour le bien et l'advantage de cette province, laquelle, par ce moyen, se trouve à couvert des entreprises des ennemis, dont elle seroit menacée. Je faicts à présent tout ce que je juge convenable pour la fortifier et maintenir dans cet advantage.

» Vous verrez, par la lettre que j'escripts à monsieur le cardinal, le compte que je lui rends de l'estat auquel sont toutes choses par deçà, et ce que l'on s'en peut promettre, luy représentant le tout sans déguisement.

---

(1) Un courrier, porteur de la relation de cette levée du siége de Lérida par l'armée française, pour le roi d'Espagne, fut arrêté par les soldats de Condé, comme on le voit par la lette suivante :

« Monsieur, je vous envoye une relation du siége de Lérida, que l'un de nos partis a prise, avec une lettre de don Louis d'Aro, qu'il escrivoit à Brito, laquelle ne contient autre chose sinon qu'il n'avoit peu obtenir son congé pour aller en Espagne. Ladite lettre est escrite de Sarragosse, où est ledit d'Aro. Cette relation est conceue dans les termes qu'elle doit estre imprimée en Espagne. »

» Je vous diray, touchant le gouvernement de Flix, que j'ay esté surpris, sçachant que M. de Sainte-Colombe en a esté pourveu après la demande que j'en avois faicte pour le baron de Jumeaux, et d'autant plus que ledit sieur de Sainte-Colombe veut que je croie qu'il a receu ce bienfaict par vostre moyen, sans l'avoir demandé; passant en son quartier à mon retour du camp de Tarragone, je luy ay faict cognoistre que je sçavois le contraire par vous-mesme, et que vous me l'aviez escrit; ce qui ne l'a pas empêché de me prier de croire qu'il n'avoit envoyé personne pour en faire la demande. Je vous advoue très-franchement que l'advantage que ledict sieur de Sainte-Colombe a receu en ce rencontre, au préjudice de la demande que j'avois faicte de ce gouvernement pour Jumeaux, me touche plustost par la considération du préjudice que le service du Roy en recevra, que par celle de mon propre intérest. Quelle créance voulez-vous que toute cette province en prenne, après avoir vu que j'y avois estably Jumeaux, et que je me suis employé à la cour pour l'y maintenir? Je ne doute pas que cela ne porte tout le monde à entrer en quelque sorte de mespris pour une personne qui ne doit estre qu'avec l'auctorité parmi eux ; on va croire que je ne suis pas à la cour dans la considération qu'ils se sont persuadés. Je vous prie, Monsieur, de fortifier ces raisons par d'autres qui vous sont cogneues, et de mesnager cette affaire en sorte, auprès de la Royne et de monsieur le cardinal, qu'il m'en reste la satisfaction que j'en attends, et d'y agir de vous-mesme pour me la procurer, et je vous en seray grandement obligé.

» M. l'évesque de Barcelone m'a escript qu'il satisferoit ponctuellement aux ordres qu'il a receus de la cour pour les fonctions de sa charge; mais je vous diray que s'il continue dans ses intrigues ainsy qu'il a commencé, que ce sera pour le mieux de le rappeler, et de mettre en sa place M. l'évesque d'Elne, lequel l'on pourra faire pourvoir de quelque titre d'évêché *in partibus infidelium*, en attendant que ses bulles luy ayent esté expédiées pour ledict évesché d'Elne. Il est catalan de naissance, et très-affectionné au service du Roy.

» Pour ce qui est du sieur Morel, j'ay escript au chapitre de l'église cathédrale de Barcelone de le recevoir en la possession de la sacristie et de la chanoinie dont il a esté pourveu. L'on me parle de ce personnage avec fort peu d'avantage, et je cognois que sa conduite le faict plus craindre qu'estimer, et s'il ne change ses façons d'agir, son retour à Barcelone sera plus préjudiciable au service du Roy que l'on ne s'est pas persuadé en le renvoyant si tost.

» Je vous envoye un mémoire que M. le comte de Sainte-Mesme m'a présenté, pour une compagnie vacante en son régiment; il m'a asseuré que celuy pour lequel il la demande est fort brave homme; je vous prie de la demander à la Royne pour luy.

» Pour ce qui est du reste des intérests de cette armée, je vous prie de les appuyer de vos soings et de me croire toujours, autant que je suis véritablement, Monsieur, votre très-affectionné à vous servir,

» Louis de Bourbon.

» *Au camp de Lesborges, le 22 juillet* 1647. »

» Le régiment de Languedoc qui est icy, n'estant ny à M. de Chombert ny à Monsieur, et n'estant pas en mauvais estat, j'ay cru qu'il seroit bon de le donner au sieur Du Bosque, gouverneur de Bologuier ; il le pourra maintenir bon pour servir dans la place, et cela soulageroit toujours l'armée d'autant. »

A Monsieur Le Tellier.

« Monsieur, j'ay receu une lettre de monsieur le cardinal, qui m'a extrêmement surpris, et qui me remet à vous pour m'apprendre qu'on ne me donnoit aucune satisfaction sur le gouvernement de Flix. Je croy que vous jugez assez peu d'utilité et d'avantage que je puis tirer de ce gouvernement ; c'est pourquoy vous croirés aisément que ce n'est pas cela qui me fait persister dans la demande que j'ay faicte ; mais y allant de mon honneur, je croy que vous ne me devriés pas préférer le sieur de Sainte-Colombe, qui, à ne vous en point mentir, est un assez médiocre personnage, au sceu de tous ceux de l'armée, et qui se trouveroit possible aussy embarrassé que M. d'Hendicourt, s'il se voyoit attaqué.

» Ce n'est pas ma coutume de donner à dos aux gens, mais puisqu'on m'y force, je ne sauroit céler ce que je juge important au service du Roy. Je vous supplie me mander la dernière résolution de Sa Majesté et de M. le cardinal, à laquelle je me conformeray toujours ; mais à ne vous point mentir, je différeray autant que je pourray de le faire, croyant que, tant que je sçauray les ennemis en estat d'entreprendre, Sa Majesté, M. le cardinal et vous cognoistrés que c'est pour le service que je parle, et qu'il y va très-fort de ma satisfaction. J'en escris à M. le cardinal, et vous prie encore de lui en parler.

» Les ennemis se préparent fort, et font courir le bruit qu'ils veulent mettre en campagne à la fin de ce mois ; ils ont faict reveue et ont passé à douze mil hommes de pied et quatre mil chevaux ; ils ne cessent de mener des convois à Fragues, Lérida et Méquinence; je faicts tout ce que je puis pour m'opposer à eux ; je faicts travailler aux places avec toute la diligence imaginable. Les chevaux de nostre cavalerie, quoiqu'en repos et en de bons cartiers, se sentent de la fatigue passée, et les chevaux commencent à mourir beaucoup.

» Je renvoie ordre au régiment de M. le comte d'Alais et à celuy de Walon de ne point passer et d'envoier sçavoir de vous ce qu'ils auront à faire ; les quatre autres sont arivés, qui font quelque treize cents hommes. Je suis ravi que monsieur le cardinal prenne la résolution d'envoier icy monsieur son frère ; il ne pouvoit mieux faire pour satisfaire les Catalans. J'escris à M. de Marca, pour commencer à leur faire désirer sa venue : je ne doute pas qu'ils n'en soient ravis. Je ne bougeray d'icy tant qu'il y aura quelque chose à craindre ; après cela je ne seray guère à me rendre auprès de Sa Majesté. Je vous supplie, avant que je parte, d'envoyer icy en poste l'intendant qui y doit servir après M. de Champlatreus, car je seray bien aise d'esclaircir toutes les affaires avant mon despart. Vous retrenchez si fort nos fonds, que je croy que nous demeurerons courts pour les dépenses extraordinaires qui sont immenses, aiant faict un si grand défonce, et aiant à ravitailler, munir et fortifier les places, et même en faire de nouvelles : ce qui ne s'estoit point faict les aultres années. Je vous prie de m'envoyer le premier mois plus fort que vous n'avez faict; vous sçavez bien qu'aux aultres vice-rois vous ne leur avez jamais faict ces retranchemens-là, et que vous vous estes assez fié en eux pour leur laisser la disposition de ce ménage : je crois estre aussi ménager que pas un, et jusques icy je n'ay pas trop mésusé des fonds du Roy. Si vous m'envoiez les fonds plus complets, il faudra que tout demeure, et pour les avoines et pour les voitures, et j'en croy de grand inconvénient. On ne satisfait point nos munitionnaires qui servent admirablement : ils abandonneront tout et vous verrez en suivre la ruine de l'armée. J'ay ordonné à M. de Champlatreus de faire un estat de despences extraordinaires et ordinaires qui se sont faict icy, dont vous n'en verrez pas une inutile. Vous cognoistrez que nous avons eu plus de troupes, plus de voitures et plus de ménage que les aultres années, et beaucoup moins de fonds, hors les deux premiers moys. Je vous prie d'y pourvoir.

» Je suis de tout mon cœur, Monsieur, vostre très-affectionné à vous servir,

» Louis de Bourbon.

» *Au camp de Lesborges, ce 10 août 1647.* »

Le prince, qui sollicitait son rappel, apprit avec satisfaction le choix fait, pour le remplacer, de l'archevêque d'Aix, frère du cardinal ministre ; il s'en explique en ces termes, dans la lettre suivante, adressée à Mazarin :

A Monsieur le cardinal Mazarin.

« Monsieur, après avoir sceu vostre intention touchant monsieur l'archevesque, je despêche en mesme temps le sieur Girard, mon secrétaire, pour en informer M. de Marca et le disposer à exécuter promptement ce que vous désirez. Vous verrez par sa lettre, que vous trouverez cy-jointe, quel a été son sentiment là-dessus. Pour moi, je vous diray que je l'approuve d'autant plus, que mon secrétaire m'a asseuré que celuy de dom Joseph Margarit est de mesme. Ils ont eu advis, de quelque part que je n'ay peu descouvrir, de la résolution qui a esté prise d'envoyer monsieur l'archevesque d'Aix pour viceroy de Catalogne ; de quoy ils tesmoingnent beaucoup de joye, se promettant avec grande raison une puissante protection de vostre part et de la sienne.

» Il est nécessaire, Monsieur, que vous m'envoyez diligemment son pouvoir de vice-roy, pour le faire enregistrer avant son arrivée, ainsi qu'il a esté faict du mien que j'envoyai à M. de Marca avant mon départ de Bourgogne. Je l'attends avec impatience, et l'occasion d'offrir mes services à monsieur l'archevesque d'Aix avant que de partir d'icy. Et vous supplie cependant de croire que je suis, etc.

» Louis de Bourbon.

» *Au camp de Lesborges, ce 10 août 1647.* »

En attendant l'arrivée de son successeur, le prince mit en ordre toutes les affaires de son gouvernement, et il en rend compte au ministre, le 3 septembre 1647, par la lettre écrite aussi de sa main, et où l'administrateur se montre digne du guerrier :

A Monsieur le cardinal Mazarin.

« Monsieur, je n'avois garde de manquer de

demeurer en ce païs tant que ma présence y a esté nécessaire, sachant que Sa Majesté et vous le souhaittiés. Je vous suis pourtant infiniment obligé de ce que vous avés fait valoir, comme vous me le mandés, ceste foible marque de mon affection au service du Roy. Pour ce qui regarde monsieur vostre frère, je vous puis asseurer que je n'oubliray rien pour luy tesmoigner à quel point je l'honore, et comme je suis vostre serviteur.

» J'attendray ou M. de Goury ou tel autre qu'il plaira à Sa Majesté d'envoyer, estant absolument nécessaire qu'avant mon despart j'aie quelqu'un avec qui le puisse régler touttes les despences. Les fortifications de Constentin et Salau, par les soins continuels de M. le comte de Broillio, qui y travaille très-assidument, seront en toutte seureté au quinsiesme du moys où nous sommes; les places seront aussy munies de vivres et autres munitions pour six moys ; si bien que Quenel, et mesme l'armée navale reviendroit, qu'il n'y a rien à craindre pour ces postes de deçà. Les fortifications de Flix, Arbeva et Bologuier s'advencent extrêmement, et les ennemis ne bougent de leurs postes. Cela me persuade tout à faict qu'ils n'asarderont rien, comme vous me le mendés, outre que je me crois en estat de ne le les pas craindre. Les choses de Flandres, du temps mesme que nous avions le dessous, ont si bien réussi par vos bons conseils, qu'il y a lieu d'espérer à ceste heure que vous avez si fort fortifié l'armée, qu'il s'y fera quelque chose de grand; à quoy je ne doute point que MM. les mareschaux ne se résolvent aisément, veu mesme qu'ils ont battu les ennemis à Nieuport, à Lisle et à Lens, ainsy que nous l'aprenons par le sieur Renaudot.

» Pour le dernier article où nous avons vu clairement que ce que nous appelons en ce païs icy lever un siége, ne s'appelle en ce païs-là qu'un beau stratagème pour attirer les ennemis, j'aurois quelque légère tentation, pour suivre ce stile, de faire une relation d'une petite action qui s'est passée icy, mais pour vous la conter naïvement : le jour que nous descampasmes de Lesborges pour venir icy, les ennemis envoièrent un party de Bourguignons de cent chevaus pour suivre nostre marche; j'avois laissé Baltasar derrière en embuscade, qui, les aiant laissé passer entre luy et l'armée, les chargea si brusquement, qu'il n'en est pas sauvé un seul, ny d'officiers, ny de soldats; tous furent tués, à la réserve de sept ou huict officiers et quarante-deus soldats qu'il amena prisonniers. Je me resjouis infiniment de l'honneur que Poluau a acquis dans le dernier rencontre.

» La fonte de Narbonne est infiniment nécessaire ; car il y a peu de canons en estat de servir en ceste province, et grand nombre de gastées.

» Le convoy des poudres sera aussy absolument nécessaire; j'en ay emprunté de messieurs de Barcelone trante milliers, que je vous supplie de faire rendre. Il y a peu d'autres munitions en ce païs ; je croy qu'il sera nécessaire que vous y pourvoiés de bonne heure, et surtout d'un fonds pour achever les fortifications commencées, sans lequel tout ce qu'on a fait se ruineroit et seroit inutile.

» Je ne me serois jamais imaginé que les Espagnols se servissent de sy meschans moiens, que de ceux dont il paroît qu'ils se servent, par le mémoire que vous m'avés envoié ; à quoy je ne puis m'empescher de vous dire combien j'ay trouvé leurs gazettes ridicules, qui n'ont pourtant pas laissé de me fascher, puisqu'elles pouvoient faire croire à ceux qui ne me cognoissent pas, que je me plaignois de vous. Je ne vous diray rien au contraire, sçachant bien que vous me cognoissés assés pour sçavoir à quel point je vous honore.

» La fermeté que M. de Bavière tesmoigne pour nous dans la mauvais rencontre de nostre armée d'Allemagne, et dans l'approche des Suédois et Impériaus, est infiniment utile; je croy qu'il ne fault rien oublier pour le maintenir dans ceste bonne volonté.

» Je vous ay despint, par mon autre lettre, l'estat de la fortification et situation de Tarragone, celuy de cette armée et des garnisons qu'il fault tenir dans les places frontières; vous sçavés le peu de monde qu'on peut mettre en campagne : vraysemblablement entre cy et l'hiver il s'en perdra. C'est à vous à juger combien vous pouvés recevoir icy de troupes, et si vous pouvés en envoier assés pour attaquer une très-bonne place, gardée par 2,000 hommes de pied et 300 chevaux, qui, aiant la mer libre, peut en avoir davantage : entre cy et l'hiver il y aura deus autres grandes difficultés, dont l'une est le fourage, l'autre la mer.

» Le fourage a esté tout mangé par nostre cavalerie, et je n'y voy qu'un remède qui est d'en faire faire provision, sur la coste de Barcelone et de France, et d'en aporter à Salan, dans des barques catalanes et françoises ; car il est absolument nécessaire d'entretenir un grand corps de cavalerie pendant le siége, tant pour faire la garde de la tranchée, celle des cols par où les ennemis pourroient venir de Tortose, que pour s'opposer à leur armée si elle venoit de Lérida. Les fourages de l'Aquitaine, d'Urgel, s'achèvent fort de manger. Pour la mer, je suis meschant marinier; mais j'ay ouy dire que ceste coste est fort dangereuse l'hiver, et puisque dans le beau temps ceux qui commandoient l'armée navale du Roy ne m'ont jamais voulu assurer d'empescher les petits secours, je doute qu'ils le puissent faire dans un temps où ils auront, outre les ennemis, les vents à combattre. Je croy que vous ne vous devés pas tout à faict fier sur le désarmement des ennemis, puisque la place est assés bonne pour leur donner loisir de réarmer leur armée. Je ne concluray donc rien sur cette entreprise, la jugeant très-difficile.

» Pour l'affaire de Flix, j'ai veu ce que vous avés mandé à M. le mareschal de Gramont; et tout de bon, je ne me puis assés estonner de voir que, m'obligeant en toute chose, comme vous faites, vous voulés, pour une chose de rien, me mortifier dans ce rencontre d'une manière qu'il ne peult qu'elle ne me soit sensible extrêmement. J'espère que, quand j'auray l'honneur de vous entretenir, que vous jugerés que j'ay raison, et que vous me donnerés cette satisfaction qui me sera très-chère. Je priray M. vostre frère de ne point rien changer dans cette affaire, jusques à ce qu'il aie de vos nouvelles, après mon retour à Paris. Je vous le rédis encore, c'est une affaire qui sonera très-mal pour moy en ce païs, et qui fera croire ma considération très-médiocre; après cela vous en userés comme il vous plaira.

» J'ay creu vous devoir envoyer ce courier en toute diligence, pour vous avertir de l'extrémité de M. de Marca; c'est une perte pour le service du Roy, très-considérable; je croy qu'il est absolument nécessaire d'y en renvoier promptement un aultre qui aie la capacité, la réputation, et en général de la cognoissance des affaires, qui soit doux et ferme pour s'accomoder à l'humeur des Catalans; faute de quoy M. vostre frère se trouveroit tous les jours obligé à se commettre, avec les consistoires, ce qu'il est bon d'éviter, aiant quelqu'un par qui on fasse faire et recevoir les propositions délicates; cela m'oblige d'aller en toutte diligence à Barcelone pour empescher le désordre que cette mort-là pourroit aporter; et cependant M. le mareschal demeure icy pour veillier à tout ce qui pouroit ariver. Je seray de retour à l'armée dans sept ou huict jours, ou plus tost, si besoin est. J'attendray de vos nouvelles là-dessus, et vous supplie de croire que je n'oubliray rien des choses qui seront nécessaires pour le service du Roy, et pour vostre contentement particulier.

» Je suis, Monsieur, vostre très-humble serviteur,

» Louis de Bourbon.

» *A Verda, ce 3 septembre* 1647.

» Je croy que vous avés assés de bonté pour le chevalier de Rivière, pour trouver bon que je vous recommande l'affaire de M. l'abbé de Chailly; vous m'en avés donné quelque espérance; il s'en présente à cette heure quelque occasion favorable, je vous en seray particulièrement obligé. »

Désireux toutefois de ne pas laisser cette campagne vide de tout succès, il entreprend d'attaquer quelques places, notamment Alger et Constantine; il annonce ses projets sur la première, le 5 octobre, il l'investit le 6, la prend le 9, et en donne la nouvelle le 10; voici ses deux dépêches :

A Monsieur le cardinal Mazarin.

« Monsieur, je vous envoye ce courrier pour vous donner advis de la résolution que j'ay prise d'attaquer Ager; vous verrez, par la relation, l'estat auquel sont les choses. Outre la relation, je vous diray qu'il n'y a que deux cent-cinquante hommes dans la place, mais que nostre canon n'y a pas encore pu arriver. Les difficultés sont horribles pour l'y mener : j'espère que nous les surmonterons; avec cela, j'espère que bientost la place sera prise. Si les ennemis entreprennent de la secourir, quoyqu'on ne puisse faire de circonvallation, je vous responds qu'on les combattra avec avantage, ayant fort bien pris nos positions; et s'ils vont à une diversion avec toute leur armée, ils trouveront les places en bon estat, et je les suivray de près, M. Arnault continuant toujours. Et s'ils se contentent de destacher quelques parts, j'en détacheray aussy après eus de plus fortes que les leurs : enfin, quoique très-foibles, nous ferons l'impossible pour n'en avoir pas le démenty; ils n'ont point encore branlé. Au premier jour, je vous donnerai advis de tout le succès de ceste affaire.

» Je suis de tout mon cœur, Monsieur, etc.

» Louis de Bourbon.

» *Au camp de Castillon de Farfagne, ce* 5 *octobre* 1647. »

A Monsieur le cardinal Mazarin.

« Monsieur, je vous envoye M. de Meillie

Nous entrâmes hier dans Ager par assaut, les ennemis s'estant opiniastrés à ne se point rendre. Vous verrez le détail de ce qui s'est passé par la relation que je vous en envoye. Les ennemis n'ont entrepris ni de le secourir, ni de faire aucune diversion : cela me faict croire asseurément qu'ils ne feront plus rien, et cela m'oblige à m'en aller à Barcelone, d'où, après avoir donné ordre aux affaires, tant de la province que de l'armée, je me serviray du congé que Sa Majesté m'a faict l'honneur de me donner, et me rendre au plustost auprès de vous, où j'espère vous faire voir que je suis votre, etc.

» Louis de Bourbon.

» *Au camp de Castillon de Forfagne, ce* 10 *octobre* 1647. »

Il termine la campagne par une victoire sur les Espagnols devant Constantin, près de Tarragone. La relation de cette action ne nous est point parvenue, mais elle est mentionnée dans la lettre suivante :

A Monsieur le cardinal Mazarin.

« Je vous envoye la relation de ce qui s'est passé au secours de Constantin. Je m'asseure que vous jugerez que nos mesures ont esté assés bien prises. Je ne vous mande rien du destail, la relation vous esclaircissant de tout. Les ennemis marchent, à l'heure que je vous parle, pour venir à nous, ou à une de nos places. S'ils viennent à nous, vous pouvez en estre en repos; si c'est à une de nos places, nous ferons tout ce que nous pourrons pour qu'ils n'y réussissent pas. Je suis, etc.

» Louis de Bourbon.

» *Au camp de Torgues, ce* 19 *octobre* 1647. »

Enfin le prince donne ses derniers avis, et annonce son départ pour la France, par la dépêche suivante, écrite de Barcelone, le 6 novembre :

A Monsieur Le Tellier.

« Monsieur, voyant que les ennemis s'estoient retirés au delà de la Sègre, et qu'à mesure qu'ils repassoient la Sinèque, ils envoyoient leurs troupes dans des quartiers, je me résolus de laisser ordre à M. le mareschal de Gramont d'eslargir aussy les nostres, comme après il a faict, entre Montblanc et Balaguier, en attendant qu'elles entrent en quartier d'hyver, envoyant aussy M. le comte de Broglie dans le camp de Tarragone, avec quelques régimens, pour favoriser la continuation des travaux de Constantin et Salo, pour lesquels j'ay encore, depuis deux jours, faict donner vingt mil livres, oultre la grande quantité de paille et d'autres munitions que j'y ay faict porter ; l'on continue aussy de travailler dans toutes les aultres places, comme M. Imbert vous pourra plus particulièrement informer, et de l'emprunt de deniers que j'ay faict faire à cet effet, en attendant ceux de la cour, qui apparemment doivent arriver bientost, ainsy que je me le suis promis de vos soings ordinaires. Cependant, je suis venu en cette ville depuis quatre jours pour y régler toutes choses, lesquelles je laisse en assez bon estat, sans qu'il y ait à présent aucune apparence de mauvaise intelligence, particulièrement entre M. le gouverneur don Joseph de Margaritte et don Joseph d'Ardenne, si bien que, ne voyant pas que ma présence y soit plus longtemps nécessaire, j'en parts demain, sept du mois, pour m'en retourner en France avec autant de diligence que je pourray. Et, en attendant, je vous envoye l'original du traicté que j'ay faict faire pour le quartier général des prisonniers deçà, dont je vous ay cy-devant escript, lequel, je m'assure, vous trouverez assez advantageux. J'y ay joint la coppie de l'approbation que j'en ay donnée ; mais comme il est nécessaire que le Roy le ratiffie, ainsi que vous verrez, je vous prie d'envoyer à M. le maréchal de Gramont l'expédition en forme, au plustost, afin que je la puisse faire tenir, pour satisfaire aux termes dudit traicté, que vous garderez s'il vous plaît, pour nous en entretenir ensemble : ce dont vous pourrez informer monsieur le cardinal, en l'assurant que je vais exprès passer en Provence, dans l'espérance que j'ay d'y rencontrer M. son frère, pour luy donner tous les esclaircissements possibles des affaires de ce pays. Ce que me promettant de vostre amitié, je demeureray, Monsieur, vostre affectionné à vous servir,

» Louis de Bourbon.

» *Barcelonne, le* 6 *novembre* 1647.

» J'oubliois à vous dire que je me remets à ce que vous mandera M. de Marca, sur toutes les affaires que nous avons régies ensemble en cette ville, dont je vous prie d'informer monsieur le cardinal, en attendant que nous nous en puissions entretenir plus amplement. »

Le prince s'arrêta dans la Bourgogne, ne cachant pas son mécontentement contre le cardinal Mazarin, et il ne retourna à la cour qu'après avoir obtenu du ministre quelque satisfaction.

Mazarin lui promit le commandement de l'armée de Flandre. Dans ce même temps, une opposition formidable, profitant des incertitudes inhérentes à la minorité du Roi, se forma contre Mazarin, et se fit une grande renommée dans l'histoire, sous son nom de Fronde. Le prince de Condé y prit une grande part, et ses actions se trouvent intimement liées à celles de cette faction redoutable. Les luttes des *Frondeurs* contre les *Mazarins*, mirent l'Etat à deux doigts de sa perte. Elles commencèrent avec l'année 1648.

Le prince, néanmoins, alla prendre le commandement de l'armée. Il s'était opéré, dans les affaires de Flandre, de grands changements durant l'année précédente que le prince avait passée en Catalogne. L'archiduc Léopold s'était mis à la tête d'une armée plus nombreuse que celle du maréchal de Gassion. Il avait pris Landrecies. Gassion avait été tué devant Lens; la prise de Dixmude avait terminé la campagne de l'archiduc, et à la fin du printemps de l'année 1648, il se proposait de surprendre Courtray.

Le prince de Condé jugea que le moment était venu de s'opposer activement aux entreprises de l'archiduc; il alla mettre le siège devant Ypres, projet hardi qui fut heureusement réalisé. Le prince arriva devant la place le 17 mai, et treize jours après elle fut rendue, malgré les tentatives que fit l'archiduc pour attaquer et forcer les lignes. Le prince proposa ensuite les moyens de s'assurer la possession de cette ville; il écrivait ce qui suit, le 2 août:

A Monsieur le cardinal Mazarin.

« Monsieur, celle-cy servira pour accompagner la copie des dernières lettres et nouvelles que j'ay receues de monsieur le mareschal de Ranssau et de Paluau, afin que vous connoissiez, par ce que m'en mande celui-cy, qu'il est nécessaire,

(1) Avant la bataille de Lens, Furnes avait été reprise par les troupes de l'archiduc, vers le commencement du mois d'août. Le prince de Condé en avait informé le cardinal par la lettre suivante:

A Monsieur le cardinal Mazarin.

« Monsieur, j'ai reçu tout présentement advis de la prise de Furnes, qui s'est rendue à composition, et que la garnison s'est retirée du costé de Dunkerque. Ce qui me donne sujet d'espérer que M. de Ramsau est en état d'empêcher que les ennemis ne puissent rien entre-

pour la conservation d'Ypres, qu'il soit usé de la mesme façon qu'on a fait pour Courtray, pour y mettre des vivres et des munitions, ce qui vous paroistra assez facile, puisqu'il s'en est trouvé déjà sur les lieux une assez bonne quantité, et à un prix raisonnable, par le moyen des lettres de change que l'on propose payables à Paris ou à l'Isle. Et puisqu'il ne s'agit que d'argent pour mettre cette place en seureté et pour nous délivrer de tous les convois qu'il y faudroit faire, j'estime que vous y donnerez tout l'ordre que la nécessité des temps et la conjoncture des affaires de deçà le requerront, en sorte qu'au plustost M. de Paluau puisse faire achapt desdits bleds et munitions, et payer celles que, dès le commencement, je fis mettre en magazin à Ypres, ainsi qu'il est porté par ledit mémoire auquel je me remets.

» LOUIS DE BOURBON.

» *Au camp d'Einge, près Béthune, le 2 aoust 1648.* »

Le prince de Condé, depuis la prise d'Ypres jusqu'au moment où il s'établit à Béthune, avait vu se succéder une suite d'événements funestes. Son armée avait été affaiblie par les défaites, les maladies et les privations; elle était réduite aux deux tiers des forces avec lesquelles il avait ouvert la campagne. Mais sa fermeté était supérieure à ses malheurs; il maintint ses troupes dans la plus exacte discipline. En attendant, l'ennemi s'approcha de Béthune même, et, après diverses marches plus ou moins déguisées, les deux armées se rencontrèrent enfin devant Lens; elles s'engagèrent le 20 août, et la victoire du prince sur l'archiduc fut des plus complètes; Lens fut occupée par les troupes françaises; de là le prince courut reprendre Furnes (1) pour la sûreté de Dunkerque; il y reçut un coup de mousquet dans les reins, blessure qui ne fut pas dangereuse.

Châtillon, l'un des principaux officiers du prince, fut chargé de porter à la cour la nou-

prendre sur Bergues, comme ils publient hautement dans leur armée que c'est leur dessein. Je me tiendrai en estat d'y marcher en cas que l'archiduc prenne la résolution d'y faire advancer son armée.

» Le sieur de Champfleury vous rendra plus particulièrement compte de tout ce que je l'ai chargé de vous dire sur ce subject, auquel m'en remettant, je vous asseureray que je suis, etc.,

» LOUIS DE BOURBON.

» *Au camp d'Anchini, le 4 août 1648.* »

velle de cette victoire, que le vainqueur ne qualifiait modestement que de combat ; le cardinal lui en adressa de grandes félicitations auxquelles le prince répondit en ces termes :

A Monsieur le cardinal Mazarin.

« Monsieur, je vous suis infiniment obligé des nouvelles preuves qu'il vous plaist me donner de vostre affection par la lettre que vous m'avez escripte sur le sujet de nostre combat (1), et des assurances que j'aye de la joye que Leurs Majestés en ont conceue, à laquelle je ne doubte pas que la vostre ne se soit trouvée conforme, tant à cause de l'advantage qui s'y rencontre pour la gloire des armes du Roy et le bien de l'Estat, que par la considération de ce qui me touche ; à quoy je me promets bien que vous prenez toujours toute la part que je puis désirer de vostre amitié, etc.

» LOUIS DE BOURBON.

» *Au camp de Lens, le 26 aoust 1648.* »

Le prince désirait retourner à Paris ; les événements qui s'y passaient prenaient chaque jour plus de gravité, et le vainqueur de Lens commençait à éprouver le besoin de donner quelques jours à sa santé. Il en écrivit au cardinal le premier du mois de septembre :

A Monsieur le cardinal Mazarin.

» Je vous ai envoyé le sieur de Roches, pour vous dire l'heureux succès que M. de Ransault a eu sur le marquis de Sfondrate, et nos résolutions, vous priant de croire que tout ce qui se pourra faire sans hazarder manifestement l'armée, je le feray, le temps nous faisant plus de mal que les ennemis. Au reste, je vous prie de vouloir faire trouver bon à Sa Majesté que, après le siége de Furnes, j'aille auprès d'elle pour la servir en tout ce qu'elle m'ordonnera, et en cas que les choses soient tout-à-fait appaisées, prendre des eaux, desquelles effectivement j'ai beaucoup de besoin. Je crois qu'on sera en estat ici de ne rien craindre des ennemis, et que, pour vos intérêts particuliers, vous ne devés point estre fasché de me voir plus près de la cour.

» Je suis, etc.

» LOUIS DE BOURBON.

» *Au camp de Terre, ce 1er septembre 1648.* »

(1) Le secrétaire du prince avait écrit nostre *victoire*, le prince a effacé le dernier mot et l'a remplacé par le mot plus modeste de *combat*.

Mais il ne paraît pas que Mazarin, peu confiant peut-être dans le caractère impérieux du prince, fût empressé de le voir à Paris, dans de si difficiles conjonctures ; ce qu'il y a de certain, c'est qu'il chercha à détourner le prince de son projet ; on le voit par la lettre suivante, dans laquelle le prince combat les motifs allégués par le cardinal, pour le détourner de son voyage à la cour :

A Monsieur le cardinal Mazarin.

« M. de Chastillon et de Roches sont arrivez à Furnes, vendredy dernier, par lesquels j'ay sceu les intentions de Sa Majesté.

» Je vous suis extrêmement obligé, Monsieur, de ce que vous avez fait aggréer à la Royne mon retour en France, tant pour la servir dans les occasions où elle pourroit avoir besoing de moy, que pour songer à remettre un peu ma santé. Je vous rends aussy grâces très-humbles de la franchise avec laquelle vous m'avez dit les considérations qui pouvoient retarder mon retour ; je pense que vous agréerez que j'y responde avec la mesme franchise.

» Je ne diray rien sur la générale, puisque je n'ay pas assés bonne opinion de moy, pour croire que ma présence soit si nécessaire ; je ne respondrai donc qu'aux particulières. La première est que vous appréhendez que les ennemis, me voyant de retour, dans un temps auquel, apparemment, on pourroit remporter quelque advantage considérable sur eux, jugeroient que les désordres du dedans seroient grands, et par conséquent, ou ne vouldroient point de paix, ou du moins la retarderoient. Je ne les crois pas si mal advertis, qu'ils n'ayent que de simples conjectures de nos désordres, comme celles que vous me marquez ; et j'estime qu'il vauldroit mieux, pour les faire résoudre à la paix, qu'ils creussent qu'on veult songer tout de bon à remettre l'authorité royale dans le point qu'elle doit estre, et tirer cet advantage-là de nostre victoire, que de leur faire croire qu'on veult pousser les conquestes bien avant de tous costez, puisqu'il est certain que dix places de plus ou de moins ne ruineront pas la monarchie du roy d'Espagne, et que la continuation de nos désordres est à la veille de ruiner la nostre.

» La seconde réflexion est que vous appréhendez que le peuple n'aye quelque soupçon qu'on le veuille chastier, puisqu'il ne verroit rien entreprendre à l'armée, et me verroit revenir, et que cela ne troublast la tranquillité que vous dictes estre présentement dans Paris. Sur cela,

33.

Monsieur, pardonnez-moy si je vous dis qu'on vous flatte ou que vous vous flattez, et qu'il ne me paroît rien moins tranquille qu'un peuple qui faict impunément tout ce qui luy plaist, qui force, les armes à la main, son Roy à luy rendre des prisonniers, qui chasse les gardes de Sa Majesté à coup de mousquet et à coup de pierre ; qui ne pause les armes et ne deffait les barricades qu'ensuitte d'un arrest du parlement, et non par ordre du Roy ; qui tient tous les jours des discours si insolens, qu'ils font bien voir manifestement que le feu n'est pas esteint, quoyqu'il paroisse assoupy. La continuation des assemblées du parlement, contre la promesse qu'ils avoient faicte au Roy, monstre bien qu'ils n'en veulent pas demeurer où ils en sont : et tout cela fait bien voir que la tranquillité de Paris est une chose imaginaire. Il est pourtant de la prudence de leur lever tous soupçons, jusques à ce que l'on aye pris d'autres résolutions que celles qu'on a prises jusques icy. Ceux que je leur pourrois donner sont bien aizés à lever ; je ne mène aucunes trouppes avec moi en France ; j'y retourne dans un estat, et pour mon indisposition et pour ma blessure, qui leur fera bien cognoistre que je ne pouvois pas demeurer à l'armée et y servir utilement ; et si Sa Majesté ne m'ordonne d'aller auprès d'elle, je prétends passer quelque temps à Chantilly pour me remettre tout-à-fait et me mettre plus en estat de la servir. De plus, si vous persistez dans vos mesmes opinions, vous pourrez envoyer les mesmes ordres à MM. de Grammont et de Ranssau, que vous m'eussiez donnez, pour faire agir l'armée.

» La Royne a grande raison de souhaitter la paix, et encore plus grande qu'à rechercher les ennemis, car ce n'est pas le moyen de la faire : mais il me semble que celluy d'y réussir, est comme je vous ay déjà dit, de songer sérieusement au dedans, et laisser le dehors pour quelque temps, puisqu'il me semble que la réputation du dehors est assés bien établie, et par la bataille que nous avons gagnée, et par la prise de Furnes, par nos progrès de Catalogne et d'Allemagne, et par le siége de Crémone ; et que si la réputation du dehors avoit peu étouffer les désordres du dedans, cela seroit déjà faict, et que les Holandois et les états d'Allemagne nous craindront bien davantage, et porteroient par conséquent bien plus tost les Espagnolz à la paix, quand ilz sauront que le Roy sera obéy et que les peuples payeront, que lorsqu'ils sçauront Dixmude ou Nieuport pris.

» Voilà, Monsieur, mes sentimens avec franchise ; si pourtant, par d'autres considérations qui ne me sont pas cognues, vous continuez à vouloir la conqueste plus avant, je m'assure que vous jugerez que ce n'est plus à moy à donner les ordres, puisqu'ilz ne peuvent pas estre exécutés dans le temps que je demeurerai à l'armée. Le temps est plus meschant qu'il n'a jamais esté ; le pays est innondé à un point que l'infanterie n'y peut presque pas marcher ; les recrues des vieux régimens ne sont point arrivez ; les régimens de Clack, de Brézé, de Brouages, Rubeterre et Colas ne sont point aussi venus ; il faut du temps pour venir de Paris aux quatre compagnies des Gardes-Françoises et Suisses ! il y a peu de munitions et d'outils ; les troupes n'ont pas un sol, et les Suisses disent tout hautement qu'ils ne serviront point passé ce mois-cy, si on ne leur donne de l'argent. Il n'est donc pas possible de rien entreprendre que ces troupes qu'on attend ne soyent arrivées, que vous n'ayez pourveu en quelque manière au contentement de l'armée et des Suisses, et que le temps ne se soit racommodé. M. le mareschal de Ranssau juge l'attaque de Dixmude presque impossible, à cause de l'innondation des eaux ; et moy, je trouve beaucoup de difficultez et presque impossibilitez à celle de Nieuport, qu'il propose ; ne voyant pas que les troupes de M. le mareschal de Grammont y puissent marcher sans courir risque des ennemis, qui seroient à Courtray et à Dixmude, et sans estre défaicts par le mauvais temps, les meschans chemins, le manque de vivres, d'argent et d'équipages, quand mesme ils ne verroient pas les ennemis. Pourtant vous estes plus illuminé que personne, vous aurez dans peu de temps les advis de ces messieurs, et vous pourrez leur envoyer les ordres que vous jugerez à propos. Cependant j'iray jusques à Chantilly, à fort petites journées, (ma blessure ne me permettant pas d'aller plus viste), où j'attendrai les ordres de Sa Majesté et de vos nouvelles, souhaitant avec passion pouvoir trouver quelque occasion de vous faire cognoistre qu'oultre les intérêts de l'Estat, les vostres me sont extrêmement chers et considérables, et que je suis, Monsieur, etc.

» LOUIS DE BOURBON. »

Le *Te Deum* chanté par l'ordre du Roi, à l'occasion de la journée de Lens, exprimait plus que des actions de grâces pour un tel succès, ce fut aussi une victoire politique pour le cardinal. Harcelé par la Fronde depuis le commencement de l'année, la gloire du prince de Condé porta le cardinal à de hardies résolutions. La défaite de l'archiduc ne lui sembla que le prélude de celle des Frondeurs ; il fit arrêter Broussel et Blancmesnil, conseillers au parlement, et chefs de la faction dans cette compagnie : mais la Fronde répondit au cardinal par des barricades.

(Le prince de Condé était demeuré à l'armée, et il fut ainsi étranger aux premiers mouvements de la Fronde ; la relation des événements qui signalèrent l'existence de cette opposition mémorable à la politique du cardinal Mazarin, ne pourrait donc être ici qu'un résumé plus ou moins étendu des Mémoires particuliers écrits sur cette époque et sur ces événements. Le lecteur nous approuvera donc de lui en épargner une nouvelle exposition, et de nous écarter en ce point du plan que Lenet avait dressé pour cette partie de ses propres Mémoires.

Mais afin de ne rien omettre du manuscrit de Lenet, nous répétons ici le sommaire des points principaux qu'il devait y rappeler, et qui n'indiquent réellement aucun fait particulier, aucune circonstance qui soit jusqu'ici ignorée. On verra d'ailleurs, par cette citation textuelle, en quelle forme nous est parvenue cette partie du manuscrit de P. Lenet.)

Le coadjuteur va par les rues et au Palais-Royal ; — est tourné en ridicule par les courtisans.

Le chancelier va au palais pour interdire le parlement ; — est repoussé par le peuple ; — se sauve à l'hôtel de Luynes ; — est dégagé par quelques compagnies des gardes et le mareschal de La Meilleraye.

Le parlement va au Palais-Royal demander ses confrères ; — response de la Reine et du chancelier ; — le cardinal présent ne dit mot.

Il me mena chez lui ; — ce qu'il me dit et ce que je lui respondis en présence de Châtillon. — Il nous fait écrire au prince ; — je lui dépêche Duval, l'un de ses pages.

Le parlement retourne au palais porter la response de la Reine ; — le peuple les empêche dans la rue de l'Arbre-Sec ; — il retourne au Palais-Royal, où ils s'assemblent dans la galerie, le chancelier y présidant.

La cour va à Ruel ; — le prince y arrive.

Prison de Chavigni ; — négociations de toutes parts.

Monsieur envoye Goulas au parlement de Paris et lui escrit ; — et M. le prince, par le chevalier de Rivières (1).

Grand emportement du parlement contre le cardinal ; — diverses propositions contre lui.

La cour va à Saint-Germain, ainsi que le conseil du Roy, dont j'avois l'honneur d'estre.

Diverses députations qui s'adressoient au duc d'Orléans et au prince.

Estat des affaires de Bordeaux (2) ; — le prince favorise leur accommodement pour la raison de l'estat auquel estoit le royaume.

Le parlement obtient la fameuse déclaration du mois d'octobre 1648.

La cour retourne à Paris ; — estat des affaires.

Le cardinal résoult d'assiéger Paris par famine, — contre l'advis du prince, qui vouloit le prendre par force et avoit visité les postes ; — le mareschal de La Meilleraye estoit de son avis.

Les affaires estoient dans ce déplorable estat quand s'ouvrit l'année 1649.

La cour se retire la nuict à Saint-Germain (le 6 janvier).

La duchesse de Longueville demeure à Paris.

Siége de Paris ; — le prince de Conti s'y va jetter ; — colère du prince contre lui ; — sa bonne foy pour la cour.

Le cardinal veut se retirer, le prince l'en empêche.

Postes pris autour de Paris.

L'affaire de Charenton ; — mort de Châtillon ; — ses funérailles.

La cour règle l'administration des environs de Paris, afin d'y assurer son autorité ; — Villemonté eut l'intendance depuis Saint-Germain jusqu'à Saint-Denis ; Fouquet, à Lagny, et Lenet, depuis Saint-Germain jusqu'à Brie, Corbeil et Melun. Voici les ordres et les instructions donnés à Lenet pendant la durée de ses fonctions :

A Monsieur Lenet, conseiller, etc.

« Monsieur Lenet, considérant que le régiment d'infanterie du sieur de Croisilles Melun et sa compagnie de chevaux-légers ne sont plus nécessaires à Melun, à présent que tout va estre paisible par deçà, au moyen de l'acceptation et de l'exécution du traicté de Ruel, et de l'enregistrement de la déclaration qui s'en est ensuivie, je mande audit sieur de Croisilles de licentier son régiment d'infanterie et sa compagnie de chevaux-légers, et d'envoyer tous les sergens et soldats dudit régiment à Lagny, pour estre incorporés dans celuy de mon cousin, le cardinal Mazarin, d'infanterie françoise, qui y est ; ce que j'ay bien voullu vous faire sçavoir par ceste lettre, et vous dire, par l'advis de la Royne régente,

(1) Ces lettres ont été publiées.

(2) Contestations avec le duc d'Epernon.

madame ma mère, que mon intention est que vous preniez un soin particulier de l'exécution de ce qui est en cela de ma volonté, et de faire que tous les sergens et soldats dudit régiment d'infanterie soyent envoyés audit Lagny, pour servir à fortifier celuy de mondit cousin le cardinal Mazarin, vous asseurant que vous ferez chose qui me sera très-agréable. Et sur ce, je prie Dieu qu'il vous ayt, Monsieur Lenet, en sa sainte garde.

» Escrit à St-Germain-en-Laye, le 3 avril 1649.

» Louis.

» Et plus bas : Le Tellier. »

Lettre du Roy, du 3, et reçue le 8 mars à Melun.

A *Monsieur Lenet, conseiller ordinaire.*

« Monsieur Lenet, ne vous ayant point prescrit, en vous envoyant à Corbeil et Melun, les limites de l'estendue de vostre intendance, et jugeant à propos de les régler, je vous faict ceste lettre par l'advis de la Royne régente, madame ma mère, pour vous dire que mon intention est que vous exerciez vostre intendance tant dans les lieux de Corbeil et Melun et en tous ceux estans sur la rivière de Seine, inclusivement, qu'ès autres qui sont au-deçà de ladite rivière, en tirant vers Montlhéry, et en tous les quartiers des trouppes de ce costé-là, laissant au sieur Foucquet tout ce qui est dans la Brie, au-delà de ladite rivière de Seine. Et la présante n'estant pour autre fin, je prie Dieu qu'il vous ayt, Monsieur Lenet, en sa sainte garde.

»Escrit à Saint-Germain-en-Laye, le troisiesme mars 1649.

» Louis.

» Et plus bas : Le Tellier. »

Désordre entre ceux de Melun et leur gouverneur, — que j'apaise. Proposition de paix générale ; — voyage de Friquet ; — voyage du duc de Longueville en Normandie (pour l'engager à se déclarer pour la Fronde) ; — et d'Harcourt (envoyé avec les troupes du Roi contre celles du duc de Longueville).

Mécontentement de cette province à cause des servitudes.

(1) Ce renseignement a une grande authenticité par l'affirmation de P. Lenet.

(2) « Copie d'articles pour disposer la conférance à

Voyage de Laigues et de Noirmoustier en Flandres (afin d'exciter l'archiduc à seconder les Frondeurs, en faisant entrer son armée en France).

Marche de l'archiduc ; — la Reine demande conseil au prince, qui luy dit.... ; — résolution de la Reine.

Dizette d'argent ; — le prince engage toutes ses pierreries (1) ; — estat des affaires d'Anjoux, — de Bordeaux, — de Provence.

Mort de Tancrède de Rohan (enfant supposé par la duchesse) ; — le prince envoye un courrier au duc de Rohan, son amy (pour luy porter cette nouvelle).

Le prince envoye Mazerolles en Allemagne ; — l'armée suédoise se révolte contre Turenne.

Commencement des amours du prince avec la duchesse de Châtillon.

Conférence pour la paix ; — je reçois des ordres pour envoyer du bled à Paris ; — ordres d'abord captieux, puis sincères.

Ces ordres en effet étaient modifiés fréquemment par l'état plus ou moins favorable des résultats de la conférence pour la paix. On verra, par les lettres suivantes, les motifs et les circonstances de ces variations :

Du mardy, 2 mars 1649, à Saint-Germain-en-Laye (2).

« La conférence se fera à Ruel, et commencera jeudi prochain, 4 du courant, à onze heures du matin.

» On envoyera ledit jour, jeudi 4, à huict heures du matin, une escorte proche des Minimes de Challiot, pour accompagner jusqu'à Ruel ceux qui sont nommés pour la conférence.

» On fera mettre un bacq à Surenne pour le passage de la rivière ; et s'il ne peut estre prest pour ce temps-là, on en donnera advis afin qu'on prenne le chemin de Saint-Cloud.

» La liberté du passage des vivres sur la Seine sera par Corbeil, pour la quantité de cent muids de bled, chaque jour que durera la conférence. On essayera d'en faire arriver cent muids dès demain à Paris, ou après demain au plus tard.

» Le prix du bled sera le plus bas qu'il se poura, et n'excédera point douze livres dix sols le septier, qui est cent cinquante livres le muid. On escrit en ceste conformité de la part de la Royne au sieur de Navailles, maréchal-de-camp, commandant à Corbeil, et au sieur Lenet, Ruel du 2, et receue avec duplicata de la première lettre de M. Le Tellier. »

(*Note de Lenet qui se lit au verso de cette pièce.*)

conseiller d'estat et intendant en ces quartiers-là.

» Il a esté expédié passeport du Roy pour ceux qui seront envoyés de Paris à Corbeil pour prendre soin de la descente desdits bleds. »

Lettre de M. Le Tellier du 2 et reçue le 3 mars 1649, touchant l'envoy des bleds.

« Monsieur, il vous a esté mandé de la part de la Royne, que vous eussiez à faire charger des bleds sur des basteaux et de les tenir prests soubs le pont de Corbeil, pour en faire ce qui vous seroit ordonné. Sa Majesté, ne doubtant pas que vous n'y ayez donné ordre, m'a commandé de vous faire sçavoir qu'aussitost que ceste lettre vous sera rendue, vous fassiez descendre vers Paris un ou plusieurs basteaux chargés de la quantité de cent muids de bled, mesure de Paris, observant toutesfois qu'il y en ait plus tost peu plus que moins; que vous en arrestiez le prix avec le marchand, à la meilleure condition qu'il se pourra, en sorte que le septier ne revienne au plus qu'à douze livres dix sols, qui est cent cinquante livres le muid, que vous fassiez toutes les diligences possibles pour faire que lesdits cent muids de bled puissent arriver à Paris demain au soir, ou au plus tard le lendemain de bonne heure; que vous donniez advis par lettres à messieurs les prévost des marchands et eschevins de Paris de la quantité de bled qu'il y aura sur chaque basteau, et du prix dont vous serez convenu, afin qu'ils le fassent distribuer au mesme prix au peuple; et que, suivant ce qui vous a esté mandé de la part de la Royne, vous teniez toujours preste une bonne quantité de bled chargée sur des basteaux, soubs le pont de Corbeil, pour les faire descendre à mesure que les ordres vous en seront envoyés de la part de Sa Majesté. Je suis, Monsieur, vostre très-humble et très-affectionné serviteur.

» LE TELLIER.

» A St.-Germain-en-Laye, ce 2 mars 1649.

» Je doibs adjouster un mot pour vous dire, Monsieur, que la Royne est fort satisfaicte de ce que vous avez faict à Melun pour l'accommodement du gouverneur avec les habitans, et du bon ordre que vous avez estably pour empescher qu'il n'arrive plus de différend entre eux. »

Lettre de Messieurs les Prévost des Marchands et Eschevins de Paris, du 4, receue à Melun le 5.

A Monsieur Lenet, Conseiller, etc.

« Monsieur, après vous avoir remercié, au nom de toute cette ville, du bon ordre que vous avez donné à l'envoy des bleds et farines que le Roy nous a accordés, nous vous suplions d'entretenir avec soing la continuation de ces convoys, que vous ferez, s'il vous plaist, commencer du troizième de ce mois. Pour le regard du prix, nous nous accorderons avec les marchans, et tascherons à rendre un chacun content, et nous nous louerons partout des bons offices que nos bourgeois recevront de vostre affection, comme estans, Monsieur, vos très-humbles serviteurs. Le prévost des marchands et eschevins de la ville de Paris,

» LE FERON, HACHETTE.

» De l'Hostel-de-Ville, le 4 mars 1649. »

Lettre de M. Le Tellier, du 7 mars 1649, reçue le 8 à Melun.

« Monsieur, je vous escrivis hier au soir, de la part de la Royne, de prendre soing qu'il ne passât point de bled soubs les ponts de Corbeil, parce que la conférence estoit rompue; à présent messieurs les députés de Paris ayans donné quelque satisfaction sur les articles qui leur avoient esté proposés de la part de Sa Majesté, j'adresse une despêche du Roy à M. de Navailles, affin qu'il laisse passer pour Paris cinquante muids de bled par jour, suivant les ordres précédens, qui ont esté expédiés, et ce jusqu'à nouvel ordre. A quoi je vous prie, de tout mon cœur, de tenir la main en ce qui dépendra de vous, et de croire que je suis, Monsieur, vostre très-humble et très-affectionné serviteur,

» LE TELLIER. »

Lettre de M. Le Tellier, du 8, reçue le 9, à minuit.

« Monsieur, je vous avois escript, afin que vous laissassiez passer pour Paris cinquante muids de bled par jour, venans de Corbeil et des autres lieux au-dessus, depuis le 4 du courant jusques à nouvel ordre; et parce que la conférence qui avoit esté commencée de la part du Roy avec les députés de Paris, vient d'estre rompue, je vous en donne advis ainsy qu'à M. de Navailles, et que l'intention de Sa Majesté est que vous et luy empêchiez qu'il ne passe plus de bled pour Paris, sans vous arrester à ce que je vous ay escript sur ce subject, par mes précédentes. Vous suppliant de me croire, Monsieur, vostre très-humble et très-affectionné serviteur,

» LE TELLIER.

» A Ruel, ce 8 mars 1649.

» Et veillez, s'il vous plaît, à empêcher qu'il ne passe de bled soubs prétexte des ordres cy-devant expédiés, et prenez, s'il vous plaît, la peine de m'envoier un estat de ceux qui auront passé à Corbeil, lorsque celle-cy vous sera rendue. »

Lenet se proposait de continuer sa narration par l'annonce de la conclusion de la paix entre le parlement de Paris et la cour; il devait exposer ensuite les événements indiqués par les notes suivantes :

— Le cardinal parle du mariage de mademoiselle Mancini, sa nièce, avec le duc de Mercœur.

Le prince refuse le commandement de l'armée; — il va en Bourgogne.

D'Harcourt commande l'armée; — assiége Cambray, et lève le siége.

La cour va à Compiègne.

J'ay eu une grande conférence avec le cardinal dont j'ai parlé ailleurs. (Texte impr., *suprà*, page 199.)

Le prince retourne de Bourgogne; — je le vis à Melun, comme je l'ai dit ailleurs. (*Suprà*, page 198.)

Le prince va à Compiègne conseiller le retour de la cour à Paris, où il accompagne la Reine et le Roy, estant avec Monsieur dans son carosse.

Continuation de pasquins.

Bautru, advocat au conseil, fust soupçonné d'en avoir faict un contre le prince. On lui fait son procès; — le prince l'empêche.

Le parlement députe au prince.

Le prince se brouille avec le cardinal, comme j'ay dit ailleurs. (*Suprà*, voyez pages 197—98). Ceci arriva au mois de septembre 1649.—

Sa prison. — Tout ce qui arrive, dont j'ay parlé ailleurs. (1re partie des Mémoires.)

C'est ainsi que Lenet se proposait de lier le second livre de la deuxième partie de ses Mémoires, avec celle qui, entièrement rédigée, et que nous avons appelée la première, a été jusqu'ici plusieurs fois réimprimée avec le nom de son auteur.

Pour compléter l'histoire entière du prince de Condé, telle que Lenet avait entrepris de la rédiger, il ne reste à raconter que les événements qui appartiennent aux années 1651 à 1659, c'est-à-dire à partir de sa sortie de prison : tel sera le sujet des livres suivants de cette troisième partie, qui est aussi entièrement inédite.

LIVRE SECOND.

JANVIER — SEPTEMBRE 1651.

C'est ici que Lenet devait reprendre la narration qu'il avait interrompue vers la fin de l'année 1650, et les derniers faits historiques qu'il rappelait, étaient l'alliance des amis du prince de Condé avec les Frondeurs, par l'intervention de la princesse palatine, et les remontrances du parlement de Paris contre le cardinal. Immédiatement après, au commencement de l'année 1651, cette même compagnie députait vers la Reine pour demander la liberté des princes. Pour gagner du temps, le cardinal conseilla des moyens dilatoires; mais le parlement ne s'y laissa point prendre, et donna des arrêts par lesquels le cardinal était banni, et la liberté des princes plus vivement réclamée. Le peuple, par de violentes démonstrations, secondait l'ardeur du parlement, et c'était en vain que la Reine, en envoyant au Havre MM. de Grammont, de La Rochefoucauld et de LaVrillière, avait espéré apaiser tant de mécontentements : oiseuse démonstration dans laquelle, d'ailleurs, Grammont jouait un double rôle, affectant d'être le serviteur du duc d'Orléans, mais tenant réellement pour les intérêts de la Reine.

Mais durant ces conjonctures, les amis des princes prisonniers et ceux du duc d'Orléans s'étaient occupés à régler les graves intérêts qui pouvaient les diviser; et il intervint entre eux et le premier prince du sang, des traités qui furent signés le 30 janvier de la même année, et dont le texte, inconnu jusqu'ici, révèle des divisions d'une grande portée, qui touchent à la fois aux plus importantes affaires de l'Etat, et aux plus intimes arrangements de famille.

TEXTE DES TRAITÉS (1).

Premier Traité.

« Son Altesse Royale ayant jugé nécessaire, pour le service du Roy et le bien de l'Estat, que messieurs les princes fussent mis en liberté, en donnant assurance qu'ils demeureront inséparablement attachés aux intérests du Roy et du royaume, et mesme Son Altesse Royale ayant tesmoigné à la Reine, que c'estoit son advis et son sentiment, il a estimé encores important pour asseurer la tranquilité publique, et pour la satisfaction particulière, de faire ce présent traicté, par lequel les amis et serviteurs de messieurs les princes cy-soubsignés promettent, audit nom de messieurs les princes, et en vertu du pouvoir qu'ils en ont, une amitié perpétuelle, sincère et véritable à Son Altesse Royale, avec tout le respect qui est deub à sa personne et à sa naissance, et une recognoissance très-parfaite de la liberté qu'ils luy debvront; et affin que par ce moyen ils puissent conspirer d'un vœu, plus puissamment, à tout ce qui se trouvera bon, utile et glorieux pour le bien de l'Estat, ils sont convenus des articles qui suivent :

Articles.

» Que Son Altesse Royale ayant résolu d'esloigner des conseils de Sa Majesté le cardinal Mazarin, comme la véritable cause de tous les désordres de l'Estat et de la division de la maison royalle, messieurs les princes promettent de ne s'y point opposer;

» Que Son Altesse Royale pourra conserver dans le conseil d'en haut telles personnes qu'il luy plaira de celles qui y sont à présent, mesme y faire donner l'entrée à telles autres personnes qu'il en jugera capables, sans que messieurs les princes y puissent apporter d'obstacle, ny rien innover dans ledit conseil, que du consentement de Son Altesse Royale;

» Que messieurs les princes ne s'opposeront point à l'accommodement de monsieur de Lorraine avec la France, au contraire, y apporteront toutes les facilités possibles, Son Altesse Royale promettant d'employer son authorité pour conserver les intérests et establissemens de mondit sieur le prince, sans qu'il puisse estre dépossédé ny y renoncer qu'il soit satisfait et qu'il n'aye receu au préalable la récompense;

» Que monsieur le prince ne poura prétendre à la charge de connestable, que du consentement de Son Altesse Royale;

» Que messieurs les princes honoreront de leur amitié tous ceux qui font profession d'estre serviteurs particuliers de Son Altesse Royale, et nommément MM. de Beaufort, le coadjuteur de Paris, de Retz, de Brissac et Noirmoustier;

---

(1) Nous les publions d'après les originaux revêtus des signatures des parties contractantes.

» Comme aussi Son Altesse Royale promet l'honneur de ses bonnes grâces et de sa protection aux amis et serviteurs de messiéurs les princes, et donne sa foy et sa parolle de leur faire tous les offices possibles vers la Reine et ailleurs, et génerallement toutes les choses nécessaires pour leur liberté, mesme de déclarer dans le parlement qu'elle est nécessaire pour le service du Roy et le repos de l'Estat;

» Le présent traicté a esté signé par Son Altesse Royale et par monsieur le président Violle, ayant nommément le pouvoir, madame la princesse palatine, monsieur de Nemours, monsieur le mareschal de La Mothe et monsieur Arnauld, tant en leur nom qu'en celuy de monsieur le prince en vertu des pouvoirs qu'ils en ont; et s'il arivoit, ce qu'ils jugent pourtant ne pouvoir estre, que messieurs les princes y contrevinssent, ils s'obligent de renoncer entièrement à l'honneur de leurs bonnes grâces et d'estre directement opposés à leurs intérests.

» Le présent traicté a esté signé en double.
» Fait à Paris, le 30 janvier 1651.

« GASTON, VIOLE, ANNE DE GONZAGUE, CH. AM. DE SAVOYE, Le maréchal DE LA MOTHE, ARNAULD. »

Deuxième Traité.

« L'un des plus sensibles déplaisirs qu'aye receus monsieur le prince, depuis sa détention, c'est d'avoir appris qu'on l'aye accusé d'avoir manqué de respect et de defférence pour Son Altesse Royalle, et qu'on aye employé cest artifice afin de les désunir et d'altérer leur bonne intelligence, dont monsieur le prince s'est toujours trouvé honoré et qui est très-nécessaire pour le bien du service du Roy; ce qui luy a faict souhaiter, avec tout le respect qu'il doibt à la personne et à la naissance de Sadite Altesse Royalle, de l'establir par des alliances très-étroittes, affin d'asseurer par ce moyen le repos de la France, et pour cest effect nous a convié, nous, Pierre Viole, conseiller du Roy dans tous ses conseils, et président dans son parlement, de supplier Sadite Altesse Royalle de vouloir honorer monsieur le duc d'Enghien du mariage d'une de ses filles; à quoy Son Altesse Royalle, ayant consenti, et ayant receu ceste proposition avec beaucoup de ressentiment, comme un tesmoignage du dessein que monsieur le prince a de s'unir parfaitement à elle pour le bien du service du Roy, et de vivre dans une entière intelligence, il a esté convenu: que sitost que monsieur le prince seroit en liberté, il feroit toutes les choses nécessaires pour asseurer le mariage du duc d'Enghien, son fiz, avec l'une des filles de Sadite Altesse Royalle; que l'on en dresseroit des articles raisonnables, avec condition de les faire accomplir et exécuter ledit mariage le plus tost que faire se poura. Lesquels articles seront signés par Son Altesse Royalle et monsieur le prince, ce que nous, en vertu du pouvoir que nous en avons, avons promis et promettons, et engageons la foy de monsieur le prince, qu'il se trouve honoré et très-obligé à Son Altesse Royalle du consentement qu'elle apporte à cette proposition, et qu'il exécutera de point en point ledit article (1); et avons ainsi déclaré et déclarons que monsieur le prince de Conty, monsieur et madame de Longueville ont receu avec respect l'honneur de ceste alliance, et nous ont donné pouvoir d'y consentir de leurs parts.

» Le présent escrit a esté signé en double.
» Fait à Paris, le 30 janvier 1651.

» GASTON, VIOLE. »

Troisième Traité.

« Messieurs les princes de Condé et de Conty et monsieur et madame de Longueville, recongnoissant combien leur union avec Son Altesse Royale leur est honorable et advantageuse au publicque, et que les alliances peuvent beaucoup servir à l'affermir, nous ont convié, Anne de Gonzague, princesse palatine, de faire trouver bon à Son Altesse Royalle que monsieur le prince de Conty recherchât en mariage mademoiselle de Chevreuse, qui a l'honneur d'être de la maison de madame la duchesse d'Orléans, et honorée particulièrement de la bienveillance de Son Altesse; ce qui ayant esté agréé par Sadite Altesse et receu avec respect par madame de Chevreuse, nous, princesse palatine, promettons au nom et en vertu du pouvoir que nous avons de messieurs les princes et de madame de Longueville, et engageons la foy et l'honneur de monsieur le prince de Conty (2), que sitost qu'il sera en liberté il passera les articles qui se-

---

(1) Ces articles ne furent point exécutés, puisque le duc d'Enghien (Henri-Jules de Bourbon, troisième du nom) épousa, au mois de décembre 1663, Anne de Bavière, seconde fille d'Edouard de Bavière, prince palatin du Rhin. L'original, d'après lequel nous donnons ce traité, est écrit entièrement de la main du président Viole; la date du 30 janvier 1651, est seule de la main de Gaston d'Orléans. La signature de Gaston et celle du président Viole s'y trouvent également.

(2) Il en fut de cette promesse comme de celle du

ront trouvés raisonnables entre luy et mademoiselle de Chevreuse, et l'espousera en face de Nostre Mère Saincte-Église, et avons déclaré que monsieur le prince, monsieur et madame de Longueville ont aussi trouvé bon que nous engageassions leur foy et leur honneur qu'ils consentiront, agréeront et approuveront ledit mariage; et pour la validité de cest article il a esté signé par Son Altesse Royale, d'une part, et madame la princesse palatine d'autre, et madame de Chevreuse y est intervenue, et a esté signé en double.

» Fait le 30 janvier 1651.

» Gaston, Anne de Gonzague, Marie de Rohan. »

Quatrième Traité.

« Madame la princesse palatine et monsieur le duc de Nemours promettent à madame la duchesse de Montbazon, au nom de monsieur le prince, de monsieur le prince de Conty et de monsieur de Longueville, qu'ils feront exécuter les articles suivans après qu'ils seront en liberté :

» Monsieur le prince de Conty donnera à monsieur le comte de Rochefort la valeur de vingt-cinq mil livres de rentes en bénéfices.

» Messieurs les princes et monsieur de Longueville feront payer par la cour à madame de Montbazon, dans l'espace de deux ans, après leur sortie, quatre-vingt-dix mil escus qui luy sont deus par le Roy, et feront monter ladite somme jusques à cent mil escus, et outre cela en payeront les intérests au denier vingt, jusques à l'entier payement de laditte somme, ou donneront à madame de Montbazon dix mil escus, trois mois après leur sortie.

» Messieurs les princes, en considération des services que M. le marquis de La Boulaye leur a rendus depuis leur prison, promettent de le conserver et maintenir dans son gouvernement et dans sa charge, et de luy en faire donner la survivance ; et monsieur le prince de Conty de donner dix ou douze mil livres de rentes en bénéfices à un de messieurs ses enfans, moyennant quoy madame la duchesse de Montbazon promet pour elle et pour ses amis d'entrer et de demeurer constamment dans les intérests de messieurs les princes et d'aider de tout son pouvoir leur liberté, et messieurs les princes luy promettent aussy de la prendre et ses amis en leur protection.

» Fait à Paris, ce 30 janvier 1651.

» Anne de Gonzague,
Ch. Am. de Savoye. »

Le parti contraire au cardinal se fortifiait de plus en plus par ces arrangements, et les clameurs populaires portèrent enfin quelque terreur dans l'esprit du prélat ; il pensa qu'il n'était plus en sûreté à Paris, et il en sortit à la faveur d'un déguisement, le 6 février au soir. Ces graves circonstances étaient propres à amener le dénoûment inévitable du drame qui se jouait depuis plus d'une année ; le parlement poussa la Reine à bout, le peuple la tenait comme assiégée dans son palais, et menaçait de s'opposer à sa sortie de Paris et à celle du Roi ; et, craignant enfin de plus grands malheurs, la Reine fit dire au duc d'Orléans qu'elle consentait que les princes fussent mis en liberté. Des commissaires y furent députés à cet effet ; mais la Reine, en informant aussitôt le cardinal de tout ce qui se passait, lui faisait comprendre qu'elle avait cédé à la nécessité, et le laissait comme l'arbitre du sort des princes. Le cardinal ne pensa qu'à devancer au Hâvre l'arrivée des commissaires de la cour ; il marcha toute la nuit, y arriva le matin du 13 février, se rendit aussitôt à la citadelle, entra dans l'appartement des princes, et leur dit : « Je viens, Messieurs, de la part de la Reine, vous mettre en liberté sans aucune condition ; Sa Majesté vous prie seulement d'aimer l'Etat, le Roi et sa propre personne ; » à quoi le prince de Condé répondit, au nom de tous, qu'ils étaient obligés à Sa Majesté de la justice qu'elle leur rendait. Il ajouta : « Nous servirons toujours le Roi, la Reine, et vous aussi, Monsieur » ; et le prince embrassa le cardinal (1).

Peu de temps après, les princes sortirent de la citadelle, montèrent dans le carrosse du maréchal de Grammont, qui les attendait ; le prince de Condé y prit place le dernier, et il affecta de ne faire aucune attention aux basses politesses du cardinal, qui alla jusqu'à lui embrasser les genoux : il prenait une juste revanche ; c'était un noble emploi de son premier moment de liberté, après treize mois de détention.

L'arrivée du prince de Condé à Paris, le 16

prince de Condé pour le mariage de son fils aîné avec une fille du duc d'Orléans. Condé oublia bien vite les services que lui avait rendus l'alliance du parti de Retz avec le sien. Le cardinal rapporte ces détails dans ses Mémoires.

(1) Il paraît que ces deux personnages eurent ensemble un entretien dont il n'a rien transpiré.

février 1651, fut pour lui un véritable triomphe; le duc d'Orléans alla à sa rencontre, et le peuple l'accueillit avec des applaudissements merveilleux ; le prince se rendit au Louvre; il fut reçu au Palais-Royal, où se trouvaient le Roi, la Reine et le duc d'Anjou, avec la plus grande distinction. Il alla le lendemain au parlement pour lui exprimer toute sa gratitude, et le parlement ajouta à ses complimens et à ses félicitations, un arrêt de déclaration d'innocence en faveur des princes, et d'absolution pour la duchesse de Longueville, messieurs de Bouillon, de Turenne, de La Rochefoucauld, Tavannes et ceux qui avaient suivi leur parti. Ces démonstrations, si menaçantes pour le cardinal, furent suivies de nouveaux arrêts pour le faire sortir promptement du royaume. Les princes voyaient leur cause se fortifier par de telles mesures ; Condé surtout était l'objet de tous les vœux et de toutes les prévenances.

—Ce qui se passa à la cour et entre les princes de la maison royale, après le triomphe du prince de Condé, les intrigues politiques qui les occupèrent après que le cardinal Mazarin eut quitté la France, les alliances conclues et abandonnées, les mariages projetés et rompus, toutes les agitations qui remplirent les huit premiers mois de l'année 1651 jusqu'au mois de septembre, temps où la majorité du Roi fut déclarée; tous ces événements, presque tous fâcheux pour la chose publique, pour l'ordre et l'autorité royale, se trouvent rapportés dans des livres si nombreux et si connus, que c'est un devoir pour nous de nous abstenir de les répéter. Le conseiller Lenet s'était proposé de donner aussi sa relation ; mais il ne nous en a laissé que le sommaire. Nous le rapporterons textuellement. Le lecteur connaîtra du moins son plan, et si quelque circonstance nouvelle s'y trouve rappelée, cette mention aura quelque utilité pour l'histoire, quelque abrégée qu'elle puisse être :

Recognoissance du prince de Condé envers ceux qui l'ont servi.

Le cardinal se retire à Sedan, où estoient ses nièces, puis à Bone, près Cologne.

Circonspection du prince qui luy faict suivre les conseils de ceux qui l'ont servi pendant sa prison contre les siens propres.

Bouillon et Turenne se plaignent avec peu de raison.

Gouvernement d'Auvergne. — Turenne, Nemours.

Conseil : — la princesse Palatine, Longueville, La Rochefoucauld, Nemours, Viole.

Jalousie des Bouillon. — Je les vois souvent et ménage leur esprit par ordre du prince. — Diverses précautions des uns et des autres, qui embarrassent le prince.

La duchesse de Longueville porte impatiemment le mariage proposé du prince de Conti avec mademoiselle de Chevreuse; et pourquoi...

La Palatine négotie avec la Reine, mais en faveur du prince, qui n'y trouve pas ses sécurités et n'y entre pas, pour conserver son crédict et contenter madame de Longueville. — Diverses autres négotiations.

La princesse part de Montrond pour Paris. — J'avois l'honneur de la suivre ; — elle passe à Bourges ; — fut reçue partout avec applaudissement ; — emblesmes dans la grande église ; — la princesse tombe malade à La Motte ; — plusieurs dames viennent au-devant d'elle à Orléans ; — elle arrive et séjourne un jour à Sainte-Géneviefve-des-Bois ; — Bouillon, La Rochefoucauld et quantité de dames et de seigneurs l'y visitent et l'accompagnent à Paris.

Elle y arrive ; le prince, suivi de plus de vingt carrosses, va à sa rencontre ; — elle est visitée de toute la cour.

Diverses négotiations des créatures du cardinal avec le prince ; c'étoit habileté d'y entrer pour les détacher de luy ; — Longueville l'en empêche.

Navailles, mon ami particulier, avoit espousé mademoiselle de Maillan ; — celle-cy estoit aymée de la Reine, et luy du cardinal ; — il me fait des propositions, que je fis au prince ; — il avoit envie d'y entrer ; — il me charge de les faire à la duchesse de Longueville, qui les rebutte, et le prince par conséquent.

Rupture du mariage du prince de Conti, pour qui et comment.

Madame de Navailles me raconte le tour que me fit Mademoiselle à Amboise, que j'ai dit ailleurs.

Le prince récompense ses serviteurs ; — donne à Meille le gouvernement de Clermont ; — à Marcin, celui de Stenay ; — à Chavagnac celui de Jamets ; — à Arnault, Dijon et Saint-Jean-de-Lausne ; — à Bouteville, Bellegarde — à Persan, la lieutenance de Roy du Berry et le commandement sur Montrond ; — à Baas ce gouvernement sous l'autorité de Persan ; — à Saint-Agoulin, la charge de major de Persan.

J'entre en traicté de la charge de contrôleur général des finances.

Viole prétend à estre secrétaire d'Estat.

Le Tellier, Lionne et Servien sont chassés sur la proposition que Monsieur en fit au parlement.

Navailles alla faire au duc d'Orléans les me

mes propositions qu'il avoit faictes au prince par moy; il le dit et le fit chasser.

Diverses déclarations contre le cardinal — et les cardinaux esclus du ministère.

Retour de Lusignan; — son traité; — le prince me le confie et m'en charge.

Voyage de Sillery en Flandres.

Châteauneuf se retire.

Plaintes de la Reine aux députés du parlement contre le prince, sur ce que dessus, et sur ce que les Espagnols estoient à Stenay.

Le prince va au parlement demander justice de ce qu'on l'accuse, offre d'assiéger Stenay si on luy donne des troupes, et pourquoy; — il va en Bourgongne.

On propose chez Montrésor, entre Lionne et le coadjuteur, d'arrêter le prince une seconde fois.

Le prince en est adverti, et comment.

Des troupes vont un soir dans le faubourg Saint-Germain, sous prétexte d'arrester des marchandises qu'on faisoit entrer nuitamment sans payer des droits. — Le prince le sçait par Verneuil; — monte brusquement à cheval, et se retire à Saint-Maur; — grande table à tout venant; — toute la cour l'y visite.

Mareschal de Grammont; — réception qu'il lui fait, et pourquoy.

L'évesque de Langres, qui me visite en ma maison de Villette, me dit ceste démarche. — Je pars et me rends en diligence à Saint-Maur; — je renonce à la charge que je voulois acheter. — Je raccommode Bouillon et Turenne avec le prince, et soupe et me promène souvent avec Bouillon.

Assemblées des chambres sur le sujet du prince; — il se trouve en quelques-unes.

Bouillon me charge de proposer au prince de luy donner une de ses places, s'il s'engage dans ses intérêts; — le prince y consent; je lui en donne le choix; — mademoiselle de Bouillon, liée avec Turenne, fait naistre des difficultés.

Grand bruit entre le coadjuteur et La Rochefoucauld; le premier faillit à y être tué.

Discours téméraire du coadjuteur au parlement.

Ce jour-là la Reine avoit envoyé d'avance des chevaux-légers au palais, pour fortifier le coadjuteur contre le prince, de qui les amis, serviteurs et domestiques estoient là en grand nombre.

Procession du coadjuteur; — le prince met pied à terre près des Augustins; il luy donne sa bénédiction.

Négotiations par madame de Richelieu.

La duchesse de Longueville se retire à Montrond, et pourquoy.

La princesse y retourne aussi.

Gouvernement de Guienne promis, puis refusé au prince. — On propose de le luy donner une seconde fois; présentement il dit qu'il n'en veut point; — se retire à Chantilly; festes, commédies, chasse, etc.

Je trouve Servien chez le chancelier; — nostre conversation touchant le gouvernement de Guienne; — il me donne rendez-vous; — j'en rends compte au prince, chez qui je mène Servien, la nuit, dans un carrosse; — leur conférence, moy présent; — Servien se charge de lui faire donner le gouvernement de la Guienne, retenant celui de Bourgogne, qui seroit donné au duc d'Epernon; — les choses s'exécutent deux jours après.

Je fus chargé des procurations de l'un et de l'autre pour parvenir à cest eschange. — Je les porte à la Reine, à sa toilette, qui donna à chacun celle dont il avoit besoin. — Ce que me dit le duc d'Epernon devant la Reine; — je fais sceler extraordinairement les provisions de l'un et de l'autre.

Le prince dépêche le courrier Fayard pour porter les siennes à Bordeaux. — Réjouissance extraordinaire du peuple. — Fayard marche par la ville avec tous les Frondeurs, sur un canon, habillé en Bacchus.

Commencement des troubles de l'Ormée, et ce que c'estoit.

Le prince fait faire un carrosse et une livrée magnifiques; se va promener au Cours (à Paris); — rencontre fortuitement le Roy; — on lui en fait un crime.

Voyage du prince à Trie.

Parole à lui donnée par le duc de Longueville, à quoy il manque. — Je traite avec Bouillon.

Le cardinal Mazarin, toujours hors de France, gouvernoit toutes choses. — Allées et venues des courriers.

Chancellier chassé, moi présent. — Barbons restablis. — Colère de Monsieur. — Majorité du Roy.

LIVRE TROISIÈME.

SEPTEMBRE 1651 — AVRIL 1652.

Le sept du mois de septembre 1651, la majorité du roi Louis XIV fut déclarée, et cette circonstance porta le prince de Condé à considérer mûrement sa position et à s'occuper des dangers qu'il pouvoit courir au sein d'une cour qui ne lui étoit pas amie. Les ducs de Nemours et de La Rochefoucauld, MM. Viole, Montespan et moi (1) prîmes la résolution de nous rendre à Chantilly auprès du prince. Un conseil fut tenu, et la guerre y fut résolue. Nous revînmes coucher le même jour à Paris.

Un ensemble de mesures d'exécution fut aussitôt arrêté et ordonné par le prince. Marcin fut dépêché à Dijon, Bellegarde en Champagne, et je portai un blanc-seing du prince au duc de Bouillon; il s'étoit d'ailleurs engagé sur parole envers M. de La Rochefoucauld, et envers moi en particulier. Perrault fut chargé, en même temps que Saint-Aoust, de continuer une négociation que Molé et le prince avoient commencée avec le garde-des-sceaux; et à la suite d'une conversation particulière, dont il m'honora à Paris, le prince alla toute la nuit et arriva le matin à Saint-Maur. De là il poussa jusqu'à Angerville accompagné du prince de Conty, du duc de Nemours et de messires de La Rochefoucauld et Viole. Je m'y rendis aussi dès le lendemain. C'est là que le prince me proposa de me rendre en Espagne.

Il partit pour le Berry, passa à Sully, Oigny, et arriva à Bourges, où il eut une brillante réception. Croissy vint l'y trouver de la part de Châteauneuf, mais cette négociation n'avoit aucune utilité. Le prince partit de Bourges et arriva bientôt à Montrond.

Il délivra aussitôt des commissions et me commanda de les dresser, ainsi que les lettres circulaires qu'il résolut d'envoyer dans toutes les provinces. Il donna en même temps des ordres pour lever des contributions. Il établit aussi le prince de Conty comme généralissime, Nemours, général, et Vinieul, intendant. La duchesse de Longueville est avec eux, et quand le prince proposa d'envoyer quelqu'un en Espagne, chacune de ces personnes proposa des gens qui leur appartenoient; le prince leur donna hautement l'exclusion, et, comme je l'avois concerté avec lui dès Angerville, je fus nommé pour ce voyage. Il me donna mes pleins pouvoirs; j'ai le regret de ne pouvoir les rapporter ici.

Le prince remit mille francs au prince de Conty, autant au duc de Nemours, monta à cheval et partit pour Bordeaux, accompagné par M. de La Rochefoucauld et moi. Je pris la liberté de lui proposer de se rendre droit à Montauban; j'ouvris aussi d'autres avis; le prince daigna les approuver, mais il me dit qu'il vouloit aller à Bordeaux pour satisfaire au désir de Bourdeille, qui ne vouloit se déclarer qu'avec de Surenne, lequel ne vouloit le faire non plus qu'après Bordeaux.

Le prince avoit besoin de l'un et de l'autre; il lui fallut céder à cette nécessité. Il s'arrêta un jour entier à... C'est de là qu'il députa à Brouage, à la maison de La Force, à Bordier et à plusieurs autres de ses partisans; il remit aussi cent mille francs à M. de La Rochefoucauld, et se rendit à Bordeaux, après avoir reçu, sur sa route, force visites et complimens.

Mata se trouvoit à Châteauneuf; il vint à Bordeaux, et à son arrivée il fut reçu avec des emportemens de joie des plus grands; il fut logé chez le président de Gourgues.

Conseil fut tenu avec les Frondeurs, et on y résolut les arrêts d'union, et divers autres qui suivirent les premiers. Le président Viole, du parlement de Paris, siégea dans celui de Bordeaux, et y prit place après le doyen.

Les têtes fermentoient, les projets se succédoient; quelques-uns du parlement proposèrent au prince de se déclarer duc de Guienne; mais il les rebuta avec quelques marques de colère. Divers commissaires furent députés sous les intendans de la contrée.

Il fallut aussi penser à l'argent; le prince prit deux résolutions qui devoient lui assurer à la fois et l'adhésion du pays et des ressources pécuniaires; il fit décharger les peuples d'une partie des tailles, et prit des mesures pour assurer les recettes du reste; des arrêts du parlement étoient rendus conformes aux ordres du prince.

Le succès des affaires du prince le porta à délivrer de nouvelles commissions. De nouveaux

---

(1) Pour ce troisième livre, les notes de Lenet étant très développées, et n'ayant eu à y ajouter que les mots ou les phrases indispensables pour l'intégrité de la narration, nous laissons parler l'historiographe lui-même.

partisans se déclaroient journellement ; Du Dognon arrive à Bordeaux ; le prince traite avec lui et avec Montespan ; ils sont faits général l'un et l'autre, et reçoivent cent mille livres chacun. Bourdeille est traité de même, et reçoit de l'argent pour lever les troupes. Des manifestes et des lettres circulaires sont envoyés de tous côtés : de Monde, capitaine dans Persan, est dépêché au duc de Bouillon pour lui donner avis que Bordeaux est déclaré, comme il l'avoit souhaité, pour lui, pour Turenne et pour ses amis ; et comme le duc de Bouillon avoit fait connoître qu'il se déclareroit pour le prince, s'il lui remettoit une de ses places, le même envoyé apporta au duc de Bouillon l'ordre que le prince donnoit au comte de Chamilly, commandant de Stenay, de sortir de cette place avec sa garnison, au premier ordre du duc de Bouillon, et d'y faire entrer les troupes que le duc y enverroit ; mais Bouillon et Turenne traitoient avec la cour.

Je partis pour ma mission en Espagne, le 2 du mois d'octobre 1651. J'arrivai à Saint-Sébastien, et je me rendis au Passage, où se trouvoit le baron de Vatteville avec son armée navale. J'y fus reçu avec de grandes démonstrations de joie et d'honneur ; des gardes furent placés devant mon logis : j'y demeurai trois jours.

Après mon arrivée, le baron de Vatteville dépêcha un courrier à Madrid pour informer le roi Philippe IV de la présence du prince à Bordeaux et de la mienne au Passage. De mon côté, je renvoyai auprès du prince, Groseller, un de ses gentilshommes qu'il m'avoit donnés pour m'accompagner dans mon voyage, et il partit avec quatre vaisseaux de guerre, emportant cinq cent mille livres. Bientôt après je pris la route de Madrid, conduit par dom Christoval, qui me défraya partout de toute dépense, par ordre du Roi son maître.

Je trouvai à Alcouendas deux carrosses du Roi et dom Fernand Taxada, du conseil de guerre, et six gentilshommes venus avec lui. J'arrivai en leur compagnie à Madrid.

Peu d'instans après, dom Louis de Haro envoya dom Christoval Angelate de Crekempuch, son secrétaire, pour me complimenter, dans le logis qu'on m'avoit préparé, logis très-magnifiquement meublé.

Une heure après, le fils cadet de dom Louis de Haro me vint visiter aussi, avec huit carrosses pleins de gentilshommes ; et après dîner, j'allai rendre ma visite à dom Louis lui-même.

La manière dont il me reçut fut parfaite ; il me traita de son mieux, et nous eûmes ensemble de fréquens entretiens. Je le voyois tous les jours, et c'est avec lui que je parvins à ajuster les principaux points du traité. Il se trouva, sur ses diverses dispositions, des avis divers dans le conseil d'Etat. Ce qui se passoit alors en Catalogne n'étoit pas sans influence à Madrid.

Dom Juan d'Autriche assiégeoit Barcelone ; Marchin (Marsin) y commandoit et avoit l'ordre du prince de Condé d'en sortir ; mais dom Louis, de qui je l'appris peu de temps après, fit faire et réitérer en vain des propositions à Marchin pour qu'il rendît la place.

Je n'avois pas encore eu l'honneur d'être présenté au roi d'Espagne : le jour étant venu, je fus conduit à l'Escurial, en carrosse de relai, vers le Roi, qui habitoit alors ce palais. J'y arrivai la nuit, et je fus mené immédiatement à la comédie. Du reste, je fus reçu, traité et logé merveilleusement. Tous les seigneurs de la cour s'empressèrent de me visiter, et parmi les plus qualifiées étoit le marquis de Leche, fils aîné de dom Louis.

Le marquis de Grana de Carrete m'envoya visiter en s'excusant, étant malade, de ne pas venir en personne ; je lui rendis cette visite, et nous nous entretînmes ensemble des affaires en négociation.

Je fus admis auprès du Roi, de la Reine et de l'infante ; dans une seconde audience, j'eus l'insigne honneur d'entretenir le Roi sans interprète.

Les moines de l'Escurial s'imaginèrent de me donner à dîner, et ensuite la comédie. C'étoient des distractions bien futiles au milieu des plus graves affaires politiques. J'informai dom Louis de mes entretiens avec le Roi ; dom Louis me questionnoit aussi au sujet de la Reine-mère et du cardinal, et ce que je répondois à dom Louis étoit par lui rapporté au Roi. Don Louis ne me le laissoit pas ignorer.

Enfin, le traité fut conclu entre dom Louis et moi, et nous retournâmes ensemble à Madrid, dont je visitai le palais. J'y reçus un courrier du prince, et ses dépêches m'entretenoient de l'état des affaires de Provence.

A cette époque, Henri II de Lorraine, duc de Guise, expioit depuis plusieurs années, dans une prison à Ségovie, les suites funestes de son entreprise contre les Espagnols à Naples, et de l'abus de ses succès envers les Napolitains mêmes. Informé de mon séjour à Madrid, le duc de Guise me dépêcha Taillades avec des lettres, afin de me porter à m'intéresser à lui faire recouvrer la liberté, s'offrant de s'employer au service du prince de Condé. Je m'empressai de faire part des démarches du duc de Guise à dom Louis, qui s'empressa de tirer avantage auprès de moi de ce que le Roi Catholique avoit refusé le duc de Guise aux instances du duc d'Orléans, que le Roi croyoit ennemi du prince de Condé. Je ne partageai pas cette crainte; au contraire, je m'empressai de faire connoître à dom Louis que le duc de Guise pourroit être fort utile au prince, et, sur ces assurances, il voulut bien consentir que je visse le duc dans sa prison de Ségovie, afin de juger par moi-même, et par le résultat des entretiens que j'aurois avec le prisonnier, ce que le prince de Condé pourroit en attendre.

Les usages de la monarchie espagnole exigeoient que le traité conclu entre don Louis et moi fût consulté en conseil d'Etat. Je désapprouvai cet examen; mais je cessai de m'y opposer après que don Louis m'eut expliqué leur manière d'agir en de telles rencontres. Je soutenois, en toute occurrence, l'honneur et la dignité de ma mission. Le prince m'avoit envoyé commandement de ne céder le pas qu'aux ambassadeurs des têtes couronnées, si je venois fortuitement à en rencontrer quelqu'un.

Enfin, je signai le traité définitif avec dom Hieronimo de La Torre, secrétaire d'Etat, et je pris congé du Roi.

Don Hieronimo fut chargé de me remettre la réponse que le roi d'Espagne faisoit au prince; je refusai de m'en charger : je crus devoir ce refus à la dignité de ma mission. Cette conduite de ma part n'empêcha pas que le Roi Catholique daigna se montrer fort généreux envers moi, en me faisant présent de deux beaux chevaux, de deux mille pistoles, et d'un brevet de mille écus de pension. J'acceptai l'un, parce que le prince me l'avoit ordonné, et je refusai l'autre (1).

Je refusai de nouveau les lettres du Roi au prince, que don Louis m'envoyoit de rechef, ainsi que de voir les ministres, comme don Louis m'y invitoit (2).

Je me fis un devoir de visiter le marquis et la marquise de Lèche, et après leur avoir rendu mes devoirs, je partis pour retourner en France. Je visitai en passant don Louis, qui se trouvoit à la campagne; il me traita magnifiquement, m'entretint de nouveau des importantes négociations dont nous deux avions le secret; nous nous séparâmes après avoir convenu d'un expédient pour la sûreté et la promptitude de notre correspondance.

Arrivé à Ségovie, je profitai avec empressement de la permission qui m'avoit été laissée de visiter le duc de Guise. J'eus avec ce prisonnier plusieurs entretiens; je mangeai avec lui, et je lui laissai cinquante pistoles.

Dans sa triste position, le duc de Guise montra le plus passionné dévoûment aux intérêts du prince de Condé : l'histoire dira comment il trahit ses engagemens quand il fut rendu à la liberté sur les pressantes sollicitations du prince, auquel le Roi Catholique n'avoit pas pu refuser un auxiliaire aussi capable, et qui pouvoit être si utile. Le duc de Guise sollicita la protection du prince par une lettre qu'il lui écrivit, et par les instructions qu'il donna le même jour à Taillades, son agent.

Voici le texte de ces deux pièces, qui sont, dans l'histoire du duc de Guise, deux témoignages à la charge de son honneur :

A Monsieur le prince de Condé.

« Monsieur, la passion violente que j'ay de m'attacher inséparablement à vos intérêts, me fait vous despescher le sieur de Taillades, personne en qui j'ay une particulière confiance, pour vous offrir tout ce qui dépend de moy. Je vous supplie très-humblement, Monsieur, d'ajouter une entière créance à tout ce qu'il vous dira de ma part, et de me faire la grâce de crère que je puis et que je veux devoir ma liberté à vostre générosité et protection; que je ne la souhaite que pour l'employer, avec ma vye, pour vous tesmoigner par mes services très-humbles, en toutes sortes d'occasions, que je veux estre sans réserve et contre qui que ce soit, Monsieur, vostre très-humble et très-obéissant serviteur,

» Le duc de Guise.

» *Au chasteau de Ségovie, le 11 de novembre 1651.* »

Instruction pour le sieur de Taillades, allant de ma part trouver monsieur le Prince.

« Il lui dira les justes griefs que j'ay de me plaindre de la cour ; les sentimens où je suis de m'en vanger, qui me font désirer de m'attacher inséparablement à ses intérêts, et qui me firent, l'année passée, faire, quoyqu'inutillement, tous mes efforts pour aller servir à sa liberté, et prendre les armes pour la luy procurer.

---

(1) L'ambiguité de cette phrase subsiste dans le manuscrit des notes de Lenet, de sorte qu'il est difficile de savoir ce qu'il accepta et ce qu'il refusa. Mais comme il dit bientôt après qu'il prêta au prince 1,500 pistoles *qui lui restoient de celles qu'on lui avoit données en Espagne*, il est clair que ce ne fut pas l'argent qu'il refusa.

(2) Lenet devait dire les motifs de tous ces refus, mais il emporta son secret dans la tombe.

» Il luy fera entendre le crédit que j'ay en Provence, et comme je puis entièrement souslever ceste province et l'unir à ses intérests; ce que je luy offre, et généralement tout ce qui dépend de moy; et qu'aynsy j'ay recours à sa générosité, de laquelle seulle je veux tenir ma liberté, que je suis certain que l'Espagne m'accordera toutes et quantesfois qu'il la demandera de la bonne façon; et qu'il peut juger de la passion avec laquelle je le veus servir et m'atacher à luy, puisque les personnes de ma naissance, *estant incapables d'ingratitude*, ne s'atachent jamais à demy, et ne souhaitent d'avoir obligation qu'afin de périr pour les personnes à qui ils sont redevables.

» Que, me procurant la liberté, il fait deux effets de réputation : l'un, de finir les malheurs d'une personne qui ne luy a jamais obligé, pour avoir esté jusqu'ycy dans de contraires intérests; l'autre, de procurer les avantages d'une personne qui s'est perdue pour n'avoir pas voulu manquer à ceux qui l'avoient abandonnée, et qui se rencontrent avoir quelque conformité à sa fortune, puisque ses services, quoyque bien inférieurs à ceux qu'il a rendus, sy cognuz et sy estimez de toute l'Europe, ont esté payez avec la mesme ingratitude.

» Que luy devant ma liberté, que je n'ay pas voulu devoir à d'autres, et qui, pour avoir esté ou fèblement sollicitée, ou n'avoir pas esté recherchée par ceux qui y estoient les plus obligez, m'a mis dans la liberté de pouvoir disposer de mes sentimens, je n'en veux jamais avoir d'autres que ceux d'un éternel atachement à sa fortune, et d'une absolue dépendance de ses volontés.

» Que mon union à ses intérêts oste toute espérance à la cour de trouver qui les serve, puisque ceux de ma maison, à moins de se déshonorer tout-à-fait, ne pourront tirer l'espée contre un party où je seray engagé, et que mon nom retiendra beaucoup de gens dans la neutralité, s'yl ne les oblige à servir.

» Il luy particularisera les services que je puis luy rendre, comme en ayant une conessance particulière, et le suppliera très-humblement de ne pas me laisser long-temps inutile à son service, puisque c'est la plus violente passion que j'aye, ne voulant désormais avoir pour amys ou pour ennemys que ceux qui le seront de sa personne et de sa fortune; et que sy, pour la liberté de ma personne, et pour le service que je lui voue dès à présent, il désire quelque seureté, ne jugeant pas que ma parolle et ma reconessance soient suffisantes, il luy offrira deux, quatre ou six ostages des plus qualifiez de Provence, dont je laisse le nombre à sa disposition, ou la personne de mon frère le chevalier, ou bien de me faire mener prisonnier en telle place qu'il jugera, dont je ne sortiray point sans avoir fait de tels effets qu'il me juge luy-même irréconciliable avec la France. Surtout il luy dira que je ne prétends point ma liberté absolue, mais seulement pour trois mois, dans lesquels, s'yl n'est satisfait de mes services et de ma personne, je reviendray me remettre prisonnier où il me l'ordonnera.

» Que s'il veut que je passe en Provence, je m'y en iray pour me rendre maistre des armées de mer que la France y pourroit armer, ou bien j'iray auprez de sa personne recevoir ses ordres, pour servir en telle part qu'il désira, le fesant dès à présent maistre absolu de ma volonté, de ma personne et de ma vie; et affin que monsieur le prince puisse ajouter entière créance à tout ce que ledit sieur de Taillades luy dira de ma part, je lui ay donné la présente instruction escrite et signée de ma main.

» Henri de Lorraine, duc de Guise.

» *Au chasteau de Ségovie, le 11 de novembre 1651.* »

Continuant ma route vers la France, je fus atteint à Vittoria par un courrier espagnol qui m'apportoit encore d'autres lettres du Roi Catholique au prince de Condé et à madame la duchesse de Longueville. Don Louis écrivit en même temps au prince.

Voici le texte de deux de ces lettres d'après les originaux :

A mon bon cousin le prince de Condé.

« Monsieur mon bon cousin, comme vous aurez apris, par l'expérience de tant d'effects de ma bonne volonté, le particulier estime que je fais de vostre personne et de vostre maison, et combien me sont considérables les justes raisons qui m'obligent, vous croirez bien l'asseurance que vous en devez avoir en toutes les occasions, et le contentement que j'ay receu avec vostre lettre, que M. Lenet me rendit en sa créance. J'ay entendu fort volontiers les propositions qu'il me fist de vostre part et tout ce qu'il m'en représenta ; et vous sçaurez de lui la résolution que j'ay prise, par icelles, par où vous connoistrez aussi l'affection avec laquelle je me suis porté à soustenir et assister vos intérests et la seureté de vostre personne et de vostre maison; vous pouvant asseurer que j'y continueray toujours avec la mesme volonté, comme il est juste et se doibt à vos mérites. Sur quoy je prie Dieu qu'il vous ayt, monsieur mon cousin, en sa sainte garde.

» Fait à Madrid, le 6 de novembre 1651.
» Vostre cousin,
» PHILIPPE.
» *Et plus bas*, G. DE LA TORRE. »

A *Monsieur le prince de Condé.*

« Monsieur de Lenet s'estant détenu quelques jours en ceste cour, à l'affaire qu'il vous a pleu de luy en charger, je ne vous sçaurois manifester mieux par cette lettre, la passion, l'estime et le respect que j'ay pour vostre service, de ce que vous l'entendrez par sa relation, m'asseurant de sa probité, qu'il vous informera sincèrement de mon application à vous rendre mes obéissances, et à solliciter l'honneur d'avoir quelque part à la disposition et à l'acheminement de cette affaire à vostre gré et satisfaction, y employant toute la grâce et la faveur que je puisse avoir auprès du Roi, etc.

» D. LOUIS MENDES DE HARO.

» *Madrid, ce 8 novembre 1651.* »

Arrivé à Saint-Sébastien, j'y vis don Juan de Cordova, qui me traita avec magnificence.

Pendant mon voyage en Espagne, Vatteville avoit fait celui de la rivière de Bordeaux avec l'armée navale, composée de huit vaisseaux de guerre et de quelques barcotes.

Le prince l'avoit postée à Talmont, où il avoit mis quinze cens hommes d'infanterie. Vatteville eut l'attention d'envoyer au prince don Joseph Osorio, et de lui faire présent de quelques chevaux et d'une mule.

(Ici Lenet se proposait de raconter ce qui se passa à cette rencontre de don Osorio avec le prince; le voyage de Vatteville à Bordeaux, la résolution intempestive, selon lui, que prirent la duchesse de Longueville, le prince de Conti, et le duc de Nemours, de quitter le Berry pour se rendre en Guienne; les liaisons d'amitié du duc de Nemours avec la duchesse; comment Persan resta à Montrond, et la commission donnée par le prince à Viole pour les affaires de Bordeaux. Mais de toutes ces circonstances, si utiles à l'histoire, il ne nous est parvenu que ces notes de l'historien).

Le prince de Condé avoit résolu le siége de la ville de Cognac, parce qu'il étoit maître de la rivière jusque-là, et que le prince de Tarente tenoit Saintes et Taillebourg, qui a son port sur la Charente. Le prince avoit des intelligences dans Cognac avec le comte de Jonsac. La Rochefoucauld et Turenne avoient été faits généraux et avoient reçu l'argent nécessaire pour lever des troupes; ils receurent l'ordre de mettre le siége devant Cognac; mais la noblesse du pays s'y jeta, maintint par sa présence la garnison dans la résolution de se défendre, Jonsac dans la nécessité de rester fidèle, et le comte d'Harcourt qui survint, força de lever le siége, après avoir battu le corps de troupes retranché dans un faubourg, et à la vue du prince qui s'étoit rendu de Bordeaux au camp devant Cognac avec le duc de Nemours; ils étoient tous deux sur l'autre rive de la Charente, témoins inutiles de cette action, le pont de bateaux ayant été rompu.

L'approche de la saint Martin (novembre 1651) rappela le prince à Bordeaux, le parlement désirant qu'il fût présent à l'audience de rentrée (1); mais il n'y demeura pas long-temps; il alla se saisir de Saintes, tâcha de mettre la citadelle en quelque deffense, et y laissa Cham-

---

(1) Les vœux des habitants de Bordeaux le rappelaient aussi, et c'est à cette circonstance que nous croyons pouvoir rapporter la lettre suivante, d'un style bien malheureusement remarquable :

Lettre des notables habitans de Bordeaux à Monseigneur le prince de Condé.

« Monseigneur, bien que nos magistrats, qui sont les vrays truchemens de nos cœurs et de la voix publique, ayent faict entendre à Vostre Altesse l'excès de la douleur, de la crainte et de l'impatience dont nos esprits ont esté en mesme temps agités par le retardement de vostre heureuse arrivée en cette ville, ou par les conspirations qu'on fait à tous momens sur vostre personne, toutesfois nostre esmotion est trop forte pour ne pas tesmoigner, chacun en particulier, de mesme qu'on a fait en général, ce que peuvent sur nos ames des passions si raisonnables, puisque Vostre Altesse a acquis chez nous la qualité de père du peuple avec tant de justice. Hastez-vous donc, Monseigneur, de voeir ce digne ouvrage de vos mains assuré de vostre illustre personne. Vostre Altesse, et nos esprits, puisque l'air que nous respirons n'est pas plus nécessaire à nostre conservation que nos bénings respects, et que cette Garonne a la propriété de rendre les grands Achilles invulnérables. Venez, Monseigneur, recevoir l'hommage de nos cœurs et de nos libertés, dont nous serons éternellement tributaires à Vostre Altesse, avec les solemnelles protestations que nous faisons de demeurer inséparablement unis pour les intérests, de n'avoir de vie, ny de biens et ne garder de sang dans nos veines que pour l'employer au bien de vostre service : vivre et mourir, Monseigneur, de Vostre Altesse les très-humbles, etc.

(*D'après l'original qui porte les signatures.*)
» *P. S.* Monseigneur, il vous plaira donner créance

ron pour gouverneur. Le comte d'Harcourt se porta à Tonne-Charente.

Je reviens à la fin de mon voyage d'Espagne. Je m'embarquai à Fontarabie; j'y avois trouvé dom Diégo Butron qui me traita fort bien. J'arrivai en dix-huit heures à Talmont où je trouvai Vatteville, l'abbé Roquette, et je me transportai à Saintes auprès du prince. Je lui rendis compte de mon voyage, lui remis le traité, et il me témoigna d'en être satisfait.

Je m'empressai de proposer au prince de demander la liberté du duc de Guise. Il n'hésita pas à y donner son consentement, après avoir lu la lettre du duc et les instructions qu'il avoit remises à Taillades, dépêché vers nous. Cependant le prince jugea à propos de ne point prendre de décision avant de connoître sur cette affaire l'avis du prince de Conti et de la duchesse de Longueville. Le prince me donna donc l'ordre de me rendre à Bordeaux pour leur faire savoir son consentement à la liberté du duc, obtenir le leur et leur faire part du traité d'Espagne.

Après avoir rempli cette mission, je retournai à Saintes, auprès du prince qui s'étoit retiré à La Bergerie, à demi-lieue de Tonne-Charente. Poussé de près par le comte d'Harcourt, Marchin y arriva bientôt après avec le régiment de la Reine, suivi de Montpouillan avec le sien, et du colonel Balthazard.

Les affaires du prince n'étoient pas alors dans un état très-prospère : l'argent lui manquoit ; je lui prêtai quinze cents pistoles qui me restoient de celles qu'on m'avoit données en Espagne. L'état des troupes n'étoit pas plus favorable ; l'esprit et le zèle du peuple pour le prince sembloient se refroidir ; le bruit couroit que le cardinal Mazarin se mettoit en chemin pour rentrer en France, le parlement de Paris donnoit des arrêts contre lui. Le duc d'Orléans proposoit de se déclarer pour le prince de Condé, et le prince n'osoit trop contracter ouvertement cette alliance ; le coadjuteur devoit y entrer, et le prince avoit promis à la duchesse de Longueville et au duc de La Rochefoucauld de ne jamais se raccommoder avec lui sans leur consentement. Les tours de La Rochelle s'étoient rendues au comte d'Harcourt ; le prince résolut de lever son camp de Tonne-la-Charente (Tonnay) ; il côtoya cette rivière, logea à Ramer, chez Saint-Sauveur ; de là à Saint-Savinien où Vatteville vint le visiter et fut traité par le prince. Dans ces entrefaites, un trompette du Roi fut amené ; il fut admis à voir le souper, et le prince lui montra son armée rangée en bataille ; après quoi, Vatteville retourna à Talmont qu'il essaya vainement de fortifier. Le prince reçut aussi un envoyé du duc de Guise pressé de recouvrer sa liberté.

Le traité avec l'Espagne étoit le fondement de toutes les résolutions du prince et l'objet de toutes ses espérances. Il s'empressa de le ratifier, d'envoyer en Espagne Saint-Agoulin avec ses ratifications, et il lui donna les instructions suivantes :

Mémoire pour le sieur de Saint-Agoulin, allant en Espagne par l'ordre de Son Altesse.

« 1° Portera la ratification du traité fait à Madrid, le 6e novembre, entre Sa Majesté Catholique et Son Altesse, par les soins de don Hieronimo de La Torre, secrétaire d'Estat, et Lenet, conseiller d'Estat ordinaire : icelle ratiffication estant au bas d'une coppie dudit traicté, signée de Son Altesse Royale et de monsieur le prince de Conty, de madame la duchesse de Longueville, de messieurs les ducs de Nemours et de La Rochefoucauld. Il en portera encore une autre toute semblable dans une feuille particulière ; remettra l'une ou l'autre, suivant que monsieur dom Louis de Haro le jugera plus à propos, et, en la remettant, retirera celle du roi d'Espagne en la même forme et manière que celle qu'il aura remise, et l'apportera à Son Altesse, en original, avec celle des deux ratiffications de Son Altesse qu'il aura reçue.

» 2° Par le troisième article du traité, Sa Majesté Catholique doibt fournir à Son Altesse cinq cens mille patagons, à Bourdeaux ou aux environs, en trois termes, dont le premier sera de trois cens mille patagons, le jour mesme de la ratiffication, sur quoi l'on doit réduire ce que le sieur baron de Vatteville a advancé, qui consiste en cent mille patagons d'un côté, et en dix mille pistolles d'autre, faisant en tout cent trente.

» Et de conséquent reste à payer, sur ce premier paiement, la somme de cent soixante-cinq mil patagons.

» Sur quoi, le sieur de Saint-Agoulin observera deux choses : la première, que Sa Majesté Catholique doit payer à Son Altesse, en patagons de cinquante-huit francs, en espèce monnoye de France, et que, de conséquent, elle ne peut donner les pistoles que pour ce qu'elles vallent en France, et non pour quatre patagons pièce, comme elles vallent en Espagne.

» La seconde est que le traicté ayant été ratiffié le 26e novembre, ledit payement est deub depuis ledit jour.

à ce que vous dira le sieur Tillars, présent porteur, qui a l'honneur d'estre cognu de Voste Altesse. »

» Le second payement doibt être de cent mille patagons, trente jours après le premier, et, de conséquent, sera deub le 26ᵉ du présent mois de décembre.

» Le troisième payement doibt estre de cinq mil patagons, trente jours après le second, et, de conséquent, sera deub le 26ᵉ de janvier prochain.

» 3° Et d'autant plus que, par ledit article, Sa Majesté Catholique est obligée de faire fournir, sur ladite somme de cinq cents mil patagons destinés pour les levées, celle que Son Altesse désirera, à Stenay ou Clermont, ledit sieur Saint-Agoulin poursuivra les ordres nécessaires pour faire tenir dans ledit temps, 26 janvier, lesdits deux derniers payemens qui sont de deux cents mil patagons pour les deux, à Stenay.

» 4° Tout le contenu au traicté pour Stenay sera fourni en la manière portée par icelluy et les ordres nécessaires envoyés pour cela.

» 5° Sur les dix mil patagons par mois destinés pour l'entretènement des places, sera fourni, à Stenay, la somme de trois mille neuf cens quarante-cinq patagons par mois, audit lieu de Stenay, qui fait par an, quarante-sept mille trois cens trente-trois patagons et un tiers. Pour Bellegarde, douze cens cinquante patagons par mois, sur le pied de quinze mille patagons par an.

» 6° Et pour le surplus des mesades, qui se montent, tant pour la subsistance des troupes, places, que pour les généraux, principaux officiers, despenses secrettes, courriers, pour la subsistance des princes et grands seigneurs, et pour les frais extraordinaires de Son Altesse, à la somme de soixante neuf mille huit cent cinq patagons par mois, qui seront fournis de mois en mois à Bourdeaux ou aux environs, suivant qu'il est porté par le traicté.

» Sur quoi ledit sieur de Saint-Agoulin observera que la première mesade, qui a commencé au premier du mois de novembre dernier, sera deue le 11 du courrant, d'autant qu'elle doibt être paiée quinze jours après la ratiffication, laquelle est du 26 de novembre.

» Et pour Stenay sera faict tout le mesme, quant aux termes de payer, mais d'autre sorte pour le temps que les mois commenceront à courrir, d'autant qu'il est dict par le traicté que les mesades commenceront du jour de la jonction des trouppes : et c'est ce qu'il faudra ajuster sur les lieux avec monsieur le duc de Nemours.

» 7° Proposera à monsieur don Louis de mettre les trois mil chevaux et les deux mil hommes de pied que Sa Majesté Catholique doibt entretenir dans l'armée de Son Altesse en Champagne, soubs la conduite d'un autre chef que don Estève de Gamarre, pour plusieurs considérations.

» 8°. Tirera une merced du roy d'Espagne, par laquelle Sa Majesté ordonnera qu'il sera usé avec M. de Marchin, en tout et partout, comme avec les maréchaux de France, ayant commandé depuis long-temps les armées de France en chef, ayant esté cappitaine-général et mesme vice-roy en Catalogne, dont il auroit exercé les fonctions s'il n'avoit quitté Barcelonne, à la considération de Son Altesse; et de cela ledit sieur de Saint-Agoulin ne se relaschera.

» 9° Sollicitera l'accomplissement de l'article pour augmenter l'armée navale jusques à trente vaisseaux, et disposera les choses en sorte que les quatre mil hommes portez par icelluy soient prests à y passer incontinent, ou du moins la moitié à cette heure et l'autre après.

» *Idem*, les deux mil hommes qui doibvent estre prests à Nieuport et Ostende, suivant qu'il est convenu en l'article.

» 10° Et d'autant que monsieur don Louis ayt chargé monsieur Lenet de donner parole à Son Altesse de la part de Sa Majesté Catholique, qu'elle s'opposeroit par toute voie en cour de Rome, à la promotion du coadjuteur de Paris au cardinalat, ledit sieur de Saint-Agoulin luy parlera et agira de la part de Son Altesse, en conformité du mémoire de monsieur le prince de Conty, dont la teneur s'ensult :

» On désire que M. l'ambassadeur d'Espagne face son possible, employe l'auctorité du Roy, son maistre, et le crédit des cardinaux de sa faction, pour empescher que le Pape ne face le coadjuteur de Paris cardinal.

» Outre les officiers susdits, on demande qu'il ne presse point la nomination pour Espagne, parce que de cette sorte, Sa Sainteté, selon sa coustume de ne point faire cette grâce à une couronne, sans la donner à l'autre en même temps, ne pourra nommer un cardinal pour France.

» On souhaite enfin que la nomination entre les deux rois demeurant ainsi suspendue, ledit sieur ambassadeur s'emploie fortement avec la faction espagnolle et les amis que la maison de Bourbon a dans Rome, à porter le Pape à nommer M. le prince de Conty de son propre mouvement, sans tirer à aucune conséquence pour les deux royaumes. C'est un avantage dont il sera bien aise d'avoir toute l'obligation à Sa Sainteté et à Sa Majesté Catholique, et qu'il est en tous droicts de prétendre par la grandeur de sa naissance et par l'exemple des cardinaux de sa maison, les papes ayant toujours esté audevant pour approcher les princes du Saint-Siège.

» 11° Et d'autant que monsieur le prince de

Conty a résolu d'envoyer M. l'abbé de La Roquette à Rome pour solliciter ce que dessus, ledit sieur Saint-Agoulin priera monsieur don Louis de deux choses : l'une, de mander à M. le duc de l'Infantado, ambassadeur, d'avoir créance audit sieur abbé de La Roquette, et correspondance toute entière sur ce sujet ; l'autre, qu'il face toucher audit sieur de la Roquette, à Rome, la somme de deux cens patagons par mois pour la despense réglée, et, s'il a besoin pour quelque despêche inopinée, jusques à la somme de trois mille patagons, une fois payés, lesquelles sommes seront déduites sur les mesades du traicté.

» 12° Assurera que tout le contenu au traicté sera exécuté de bonne foi par Son Altesse et tous ceux de son parti, et que, dès l'heure prescrite, on faict toutes choses possibles du costé de France pour remettre Son Altesse dans les intérêts de la Reyne ; mais que Son Altesse n'escoutera jamais aucunes propositions que dans les termes du traicté ; sur quoy il prendra occasion de faire cognoistre à monsieur don Louis combien il importe d'être ponctuel à l'exécution de ce qu'il est promis de la part de Sa Majesté Catholique.

» 13° Fera audit sieur dom Louis toute protestation d'amitié de la part de Son Altesse, et de ressentiment de la façon dont il a sceu par M. Lenet, qu'il avoit agi dans ses intérêts.

» 14° Fera souvenir de tenir prests les cinquante mil patagons promis à M. le prince de Conty, pour son voyage de Provence, au premier mars, toutes les intrigues et factions pour cela se continuant, et ne s'exécutant pas faute d'argent.

» 15° Fera sçavoir par le détail du bon estat auquel est Son Altesse.

» 16° Fera prendre soing de la conduicte et de l'embarquement des chevaux que Sa Majesté Catholique envoye à Son Altesse, si desjà la chose n'est accomplie.

» 17° Se souviendra que Son Altesse a besoin de l'argent en poste, pour remplacer sa vaisselle, celle de Madame et celle de monsieur le duc, vendue pour soustenir le siége de Bordeaux ; et qu'il en prendra la quantité qu'il plaira à Sa Majesté Catholique luy envoyer en déduction de ses mesades, et qui sera mesme une grande commodité.

» 18° Représentera la beauté du poste de Talmont, et ce qui peut s'y faire avec facilité, et mesme que l'armée pourra, suivant les rencontres, prendre d'autres rades dans toute la rivière de Bordeaux, où elle vit avec douceur, tant par l'ordre que Son Altesse y a mis, que par la bonne conduicte de M. le baron de Vatteville, qui est généralement approuvée.

» 19° En cas que les députés de tous les ordres pour Flandres n'ayent été envoyés, les retirera avec diligence, comme aussi le chiffre qui avoit été promis à M. Lenet, pour Son Altesse, par M. dom Louis.

» 20° Quant à monsieur le duc de Guise, ledit sieur de Saint-Agoulin le demandera, et que Sa Majesté Catholique l'envoye avec seureté jusques à M. le baron de Vatteville, pour le remettre entre les mains de Son Altesse, qui l'emploiera fort utilement pour le service de Sa Majesté et pour le sien, en deux choses principalement : la première, qu'ayant nombre d'amys et de postes considérables en Provance, il luy donnera M. le prince de Conty, et mettra les affaires de ce pays-là, par ce moyen-là, hors de toute difficulté ; l'autre, que Son Altesse prétend l'envoyer en Bourgogne pour y commander, n'ayant personne de condition relevée plus propre que luy à souslever cette province à la faveur de ses places et de ses créatures. Ledit sieur de Saint-Agoulin en remonstrera l'importance, et pressera cette affaire vers M. dom Louis, le plus qu'il pourra, et se souviendra surtout qu'il est à propos qu'il le tienne prisonnier jusques à Son Altesse, affin qu'elle puisse faire des traictés avec lui qui soient solides.

» Il pourra encore, estant en liberté, donner sa place de Guise, et mettre dans le parti plusieurs des amis et serviteurs de sa maison.

» Et parce que Son Altesse a donné le commandement de ses trouppes en Champagne et pays adjacens à M. le duc de Nemours, ledit sieur de Saint-Agoulin le fera sçavoir à M. dom Louis, affin qu'il envoye les ordres de Sa Majesté Catholique en Flandres, pour agir avec mondit sieur le duc de Nemours en cette qualité ; et, ce faisant, d'exécuter le traicté sur ses ordres, tant pour les payemens, qu'affin que les trouppes mentionnées audit traicté luy obéissent, et que les autres généraux de Saditte Majesté vivent avec lui comme ils ont accoustumés de faire avec les personnes de la mesme qualité.

» *Faict au camp de La Bergerie, le 12e jour de décembre* 1651.

» Louis de Bourbon.

» *Par Monseigneur*, Caillet. »

A la date de ces mêmes instructions, le prince rendit l'ordonnance suivante pour faire lever l'argent dont il avoit besoin :

« Le prince de Condé, prince du sang, premier pair et grand-maître de France, duc d'Anghien, Châteauroux, Montmorency, Albret et Fronsac, gouverneur et lieutenant-général pour le Roy en ses provinces de Guienne et de Berry, généralissime des armées de Sa Majesté,

» Nous faisons très-expresses inhibitions et défenses aux receveurs particuliers des décimes des diocèses de la généralité de Bordeaux et commis aux receptes desdits décimes, de se dessaisir, ny vuider leurs mains des deniers de leurs receptes, soit des décimes ordinaires, impositions extraordinaires et autres natures de deniers, qu'ils ont et pourront avoir cy-après, à cause de leursdicts offices et commissions, que sur les ordres et mandemens qu'ils recevront de nous; leur enjoignant à cet effet de lever incessamment à qui leur sera deub, à mesure que les termes de payemens escherront, et sans connivence, à peine d'en répondre en leur propre et privé nom et d'y estre contraincts par emprisonnement de leurs personnes, et autres voyes deues et raisonnables, et comme pour les propres affaires de Sa Majesté. Donnant pouvoir et mandement à tous huissiers et sergens de faire tous exploicts requis et nécessaires pour l'exécution de nostre présente ordonnance, aux coppies de laquelle dûment collationnées foy sera ajoutée comme à l'original.

» Faict et signé :

» LOUIS DE BOURBON.

» Et plus bas :

» MEURTET DE LA TOUR.

» Je vous envoye une ordonnance de Son Altesse que vous prendrez, s'il vous plaist, la peine de faire signifier aux receveurs et commis des receptes particulières des décimes qui se lèvent dans les diocèses d'Agen, Condom, Lectour, Auchs, Lombes, Couzerens et Cumenges, aux fins contenues dans l'ordonnance, leur faisant faire les défenses portées sous les peines y contenues, à ce qu'ils n'en prétendent cause d'ignorance; et tiendrez, s'il vous plaist, la main à ce qu'elle soit exécutée sans fraude dans le ressort de votre commission. Je suis, Monsieur, votre très-humble et obéissant serviteur,

» *Signé* VIOLE.

» *Bordeaux, ce 12 décembre* 1651. »

Le 23 du même mois de décembre 1651, le prince m'écrivit ce qui suit, de sa main :

A Monsieur Lenet.

« Je vous envoie une lettre que j'ay receue de mon frère, par laquelle vous verrez comme quoy je n'avois pas de torts quand je vous disois que les Bourdelois ne vouldroient pas souffrir les Espagnolz à Bourg. Vous ne la monstrerez pas néantmoins à M. de Vateville, si vous ne jugez que ce soit une chose nécessaire.

» *Au camp de Saint-Porchères, le* 23 *décembre* 1651.

» LOUIS DE BOURBON.

» Je passe demain la Charente; pressez nostre argent : si il ne vient bien tost tout se perdra, et il y va un peu du vostre de nous en faire avoir. »

Le prince se rendit bientôt après à Brisambourg; il ne recevoit aucune nouvelle de l'armée de Flandres, et il ne croyoit pas devoir compter sur le duc de Bouillon ni sur son frère, le vicomte de Turenne; il s'emporta contre eux, et il résolut aussitôt d'envoyer le duc de Nemours par mer en Flandres, pour remplacer *Tavannes* dans son commandement; le duc de Nemours partit, emmenant Saint-Romain pour intendant.

Presqu'en même temps, le prince de Condé reçut des nouvelles du duc d'Orléans et de Chavigny, qui le sollicitoient fort de se rendre à Paris. Suivant sa coutume, il en donna part à ses amis, et il retint, le soir, le comte de Fiesque et moi, pour nous entretenir de cette proposition. Nous trouvâmes beaucoup de raisons pour aller à Paris et beaucoup d'autres pour demeurer en Guienne. Ce fut dans cet entretien que le comte de Fiesque fit au prince une bien singulière proposition, celle de faire tuer le coadjuteur qui venoit de recevoir le chapeau et de prendre le titre de cardinal de Retz. Le prince se moqua d'abord des propositions de Fiesque, les tourna en ridicule, et puis, lui parlant sérieusement, lui fit une réponse tout-à-fait digne de lui. Un nouveau messager arriva de Paris : c'étoit Vigueil. Aussitôt le prince me donna l'ordre de me rendre à Bordeaux pour faire part des nouvelles de Paris à la duchesse de Longueville, et pour donner rendez-vous à la princesse et à la duchesse dans Libourne.

Le prince trouva bon de s'avancer vers Bordeaux, après avoir placé ses lieutenans dans les places de la Saintonge; il fit avancer l'infanterie et ses bagages vers Talmont pour les diriger par mer vers Bordeaux, et, après deux jours de marche forcée, il arriva avec la cavalerie à Saint-Andras.

Il ignoroit que le comte d'Harcourt le suivoit de près, et à peine avoit-il fait ses logemens à Saint-Andras, que le comte y entra pour faire les siens, et se trouva à la vue des quartiers du prince. Le comte n'attaqua pas cependant, il se contenta d'inquietter Balthasar, qui le repoussa. Nos troupes marchèrent aussitôt vers Libourne et Bourg avec quelque désordre, mais sans essuyer de perte. Le prince se rendit de sa personne à Bourg. Gerzey renvoya la plupart des troupes qui s'étoient retirées vers Libourne, dont le comte de Maure étoit gouverneur. Tous les serviteurs de Bordeaux vinrent ensuite auprès du prince dans la même ville, sur le bruit de l'affaire de Saint-Andras.

Le prince se concerta avec eux sur les moyens de mettre Vatteville à Bourg avec ses vaisseaux et ses troupes; il s'y seroit trouvé plus en sûreté qu'à Talmont. D'un autre côté, nos troupes occupoient le château de Saint-Surin sur la Garonne, afin d'assurer nos communications avec la Saintonge et la Bretagne; et en vertu du traité que j'avois fait à Madrid avec l'Espagne, je réglai et signai aussi la convention suivante pour l'occupation de Bourg par les Espagnols.

Accord faict en exécution du traicté de Madrid, du 6 novembre 1651, entre Sa Majesté Catholique et Son Altesse monseigneur le prince de Condé, pour parvenir à la paix générale.

« Aujourd'huy 13 janvier 1652, nous, dom Charles, baron de Vatteville, maistre-de-camp général des armées du Roy Catholique, général de son armée navalle, et plénipotentiaire de Sa Majesté, en vertu de mon plein pouvoir; et nous, messire Pierre Lenet, conseiller du Roy Très-Chrestien en ses conseils d'Estat et direction de ses finances, plénipotentiaire de Son Altesse monseigneur le prince de Condé, premier prince du sang, aussi en vertu de mon plein pouvoir, avons, en exécution du traicté faict à Madrid le 6 novembre dernier, entre Sa Majesté Catholique et Saditte Altesse, pour parvenir à la paix générale, fait et accordé ce qui s'ensuit, à sçavoir: que, pour l'article douziesme dudict traicté, par lequel Son Altesse est obligée de donner à Sa Majesté Catholique un port capable de tenir en tout temps les trente vaisseaux de guerre; de retirer, en cas de besoing, les quatre mil hommes qu'ils doibvent porter, outre ce qui est nécessaire pour combattre et servir sur iceux, comme aussy pour y tenir artillerie et y establir des magasins nécessaires pour leur subsistance et les trouppes voisines; ladicte Altesse et ledict sieur baron de Vatteville, en ladicte qualité, ayant exactement fait sonder et reconnoistre tous les ports de la rivière de Bordeaux, et ne s'en estant trouvé aucun plus commode que celuy de Bourg, ni qui eust toutes les qualités requises par ledict article douziesme du traité de Madrid, Son Altesse a donné et accordé audit sieur baron de Vatteville, en la qualité susexprimée de plénipotentiaire de Sa Majesté Catholique, et pour l'accomplissement dudict article, le port avec la ville, château et citadelle de Bourg, et luy fournira tous les ordres nécessaires à l'y faire recevoir avec ses trouppes et vaisseaux, pour y commander en la manière et aux conditions portées par ledict traicté, à la charge de les remettre à Son Altesse au temps et en la forme contenus en iceluy; ce qui a esté accepté par nous ledict sieur de Vatteville, en vertu de nostre plaine puissance et de celle à nous donnée par ledict traicté. Et d'autant que Son Altesse n'estoit obligée par iceluy que de fournir à Sa Majesté Catholique un port capable d'estre fortifié, et qu'elle lui donne la ville et citadelle ou chasteau de Bourg, que l'on a jugé capable de tenir en sûreté tous les magasins, artillerie et infanterie que Sadicte Majesté luy a accordés, et deffendre lesdits vaisseaux sans qu'elle soit obligée de faire les fortifications contenues audit article douziesme, nous, plénipotentiaires soussignez, sommes demeurés d'accord qu'il ne sera fait aucunes fortifications nouvelles èsdites ville, château et citadelle de Bourg, comme bastions, demi-lunes, boulevards ni autres dehors du fossé, mais bien pourra faire palissades, estacades, y construire ponts, barrières, restablir les portes, les couvrir, réparer les bresches, si aucunes sont, et mettre la place hors de surprise sans changer la disposition; moiennant quoy l'article douze dudit traicté de Madrid demeure entièrement exécuté de la part de Son Altesse monseigneur le prince, dont nous, ledit sieur de Vatteville, en vertu de nostre plein pouvoir, demeurons entièrement satisfait; en vertu de quoy nous avons signé deux originaux du présent traicté, l'un desquels, pour Sa Majesté Catholique, demeurera aux mains de moy, ledict sieur de Vatteville, et l'autre pour Son Altesse, entre les mains de moy, ledit sieur Lenet. Fait à Tallemont, le treiziesme de janvier mil six cent cinquante-deux.

« *Signé* VATTEVILLE. LENET. »

Le prince, de sa personne, retourna à Libourne, dont il fit tracer les fortifications. C'est de là qu'il entra en négociation et qu'il traita avec le vieux maréchal de La Force, après un entretien digne d'être recueilli (1). Il se dirigea

(1) Il n'en reste aucune trace dans les papiers de Lenet.

ensuite sur Bergerac, en passant par Périgueux, qu'il assura à son service contre les inégalités d'esprit de Bourdeilles. Bergerac fut aussitôt fortifié par les soins et aux dépens du prince par le maréchal de La Force, qui s'y étoit rendu avec son fils, le marquis de Castelnau, qui commandoit dans la place. Le maréchal fit aussi des troupes des deniers du prince.

C'est pendant son séjour à Bergerac que le prince reçut une lettre par laquelle le duc de Longueville demandoit à entrer dans le parti de Condé, et une autre de Du Dognon, pour l'entretien de ses vaisseaux, et Mazarin menaçoit d'une prochaine recouvrance de toute sa faveur. Voici les lettres que le prince me fit l'honneur de m'adresser au sujet du duc de Longueville et de Du Dognon :

Pour Monsieur Lenet.

« Monsieur Lenet sçaura que M. de Longueville m'a envoyé un gentilhomme pour m'offrir de se desclarer si je veus envoyer l'infanterie que j'ay promise, qui se monte à deux mille hommes et quatre cent mille francs ; je sçay bien que les quatre cent mille francs sont impossibles, et que l'infanterie nous est plus nécessaire icy que là. C'est pourquoy je voudrois bien luy en pouvoir envoyer, sans pourtant empescher qu'il n'en vînt icy. Voyez donc, avec M. de Vatteville, si, outre les deux mil Anglois que vous me mandez, et le régiment espagnol qui doivent venir icy de Flandres, et les troupes qu'on donne à M. de Nemours, ils n'ont pas à Ostende les deux mil hommes tout près pour M. de Longueville, et si ils ne les ont prests, si ils ne les luy pourront pas envoyer promptement ; car si cela est tiré en les ordres de Vatteville......(*sic*); mais comme je vous ay dit, sans que cela puisse empescher que les nostres viennent, donez-les à Saint-Mars. Pour l'argent, il en faudroit avoir aussy cinquante mil escus, si on pouvoit, et promettre cinquante autres dans quelque temps. Je croy que les Espagnols, pour une province comme la Normandie, et pour un homme comme M. de Longueville, pouroient bien faire cet effort-là. Donnez les ordres que vous aurez de Vatteville pour cela à Saint-Mars ; mais faites effort pour cela, afin que bonhomme n'ait pas un prétexte de me manquer ; ajoustez bien tout, et despeschez promptement l'affaire.

» J'ay receu une lettre de M. Du Dognon pour ses vaisseaux ; si Vatteville ne les entretient, je suis perdu ; il y va de tout : faites tout pour conduire cette affaire. Ayés sur cela créance à ce que Saint-Mars vous écrira.

» Faict à Bergerac, ce 5 février 1652.

» Louis de Bourbon. »

A Monsieur Lenet.

« Monsieur, j'ay receu votre lettre du 7 de ce mois, par laquelle j'ay veu tout ce que vous avez faict avec M. de Vatteville, touchant M. de Longueville, dont je suis fort satisfait. Mais pour l'affaire de M. Du Dognon, je n'auray point l'esprit en repos jusqu'à ce que vous ayez faict donner ordre par ledit sieur de Vatteville, à la subsistance de ces vaisseaux. Vous sçavez que ledit sieur Du Dognon n'est pas homme à se payer de galimatias, et si vous ne pouvez rien faire avec M. de Vatteville pour cela, vous envoyerez quelqu'un vers luy pour adviser aux moyens de luy donner contentement, aymant mieux le satisfaire de mon propre argent que de luy donner subject de désarmer ses vaisseaux, de quoy il faict bruict, et ce qu'il faut prévenir par quelque moyen que ce soit, pour quantité de raisons, et particulièrement si les ennemis tournent du costé de Xaintes, comme l'on dict. Achevez cette affaire-là le plus tost que vous pourrez, et vous ne sçauriez croyre le plaisir que vous me feriez de m'en sortir.

» Louis de Bourbon.

» *De Bergerac, le 10 febvrier* 1652. »

D'un autre côté, les manœuvres de Mazarin, pour empêcher une pacification prétendue, se produisoient en divers lieux ; le roi d'Espagne écrivit à ce sujet la lettre suivante au prince :

A mon bon cousin Monsieur le prince de Condé.

« Monsieur mon bon cousin, l'archiduc Léopold, mon bon cousin, me mande, par ses dernières lettres que j'ay receues avec cet ordinaire, que le cardinal Mazarin, ensuite de ce qu'il a proposé plusieurs fois sur le subject de la paix, avoit escrit au comte de Fuensaldagne, luy priant qu'il envoyast vers luy à Dom Antoine Pimentel, disant qu'il s'ouvriroit plus particulièrement en se voyant avec luy, et qu'il avoit résolu de le faire ; adjoustant aussy qu'en vous en donnast part d'icy, afin que vous n'eussiez aucun motif de pleinte ; c'est pourquoy j'ay bien jugé de le devoir faire incontinent, comme je le fais par ceste-cy, vous asseurant le grand déplaisir que j'en ay receu ; et, combien qu'on peut croire que mondit cousin l'archiduc se seroit meu à y condescendre, n'ayant encore receu le traicté arresté icy, le..... Je luy envoye dès aussitost ordre de laisser tout-à-faict ces pratiques, puisque mon intention est non seulement de ne conclure point, mais ni mesme de traitter aucune chose sans vostre participation, comme il est de raison, et vous en pouvez avoir toute asseurance, comme aussy de ma bonne volonté de vous assister avec tout mon pouvoir en cette occasion et en tout ce qui pourroit estre de vos intérests, et de plus grande consolation, aucthorité et seureté de vostre personne et de vostre maison.

» A quoy je prie Dieu qu'il vous ayt, monsieur mon bon cousin, en sa sainte garde.

» Faict à Madrid, le 16 de janvier de 1652.

» PHILIPPE.

» *Et plus bas:* G. DE LA TORRE. »

Et le prince de Condé, de son côté, me transmit ses instructions relatives au même sujet, par la lettre suivante :

A Monsieur Lenet, etc.

« J'ay receu vostre lettre du 4 de ce mois, accompagnée d'une coppie de celle que m'a escripte le roy d'Espagne, à laquelle je différeray de respondre jusqu'à ce que vous soyez près de moi. Cependant témoignez à M. de Vatteville que les conférences de Pimantel avec le cardinal Mazarin, de la part de M. le comte de Fuensaldagne, me surprennent fort, et que cela, avec le manquement qu'il y a à l'exécution des choses contenues dans le traicté, pourroit refroidir tous ceux de mon party. Ce n'est pas que, pour mon particulier, je ne doibve estre très-satisfait de la manière dont il plaist à Sa Majesté Catholique de m'en escrire, ou de la promesse qu'elle me fait tout de nouveau de n'entendre à aucun traicté sans ma participation, et d'envoyer en Flandres les ordres nécessaires pour rompre toute sorte de commerce avec le cardinal; si ces ordres ne sont pas encore partis, vous prierez M. de Vatteville de vous les donner pour me les faire tenir, et d'y adjouster une lettre particulière de luy à M. le comte de Fuensaldagne, pour luy tesmoigner que Sa Majesté Catholique a trouvé fort à redire aux dernières conférences, et que son intention est qu'elles ne se renouvellent plus en quelque façon que ce soit. La confiance que j'ay aux paroles d'un si grand Roy me met l'esprit en repos de ce costé-là; mais, pour désabuser tout ce qu'il y a de monde dans mes intérests, et aussy pour ne succomber pas devant toutes les forces du royaume, estant de la dernière nécessité d'estre promptement secouru du costé d'Espagne, vous presserez ledit sieur de Vatteville de faire de nouvelles instances en Espagne pour la prompte exécution, tant icy qu'en Flandres, des articles du traicté que vous avez faict, et d'envoyer aussi en diligence les hommes dont on est convenu. Remerciez de ma part M. de Vatteville de la poudre et du canon qu'il a envoyés à Libourne, et priez-le de faire partir promptement ses vaisseaux pour M. Du Dognon. Vous pouvez avoir appris par son capitaine de gardes comme il me tomberoit sur les bras sans cela; je vous prie d'y tenir la main. J'ay déjà donné quelques billets sur vous à l'infanterie qui est icy; vous me ferez plaisir de les acquitter diligemment, et ceux que j'expédieray pour les autres troupes qui vous iroient bientost trouver pour cela.

» LOUIS DE BOURBON.

» *A Bergerac, le 7 febvrier* 1652. »

Toutefois les esprits se divisoient dans Bordeaux, et les affaires dépérissoient en Saintonge. Le prince regrettoit fort la perte de Saintes. Il mit Castelmoron dans Sainte-Foix et fit fortifier ce lieu avec l'argent levé par la taille.

Bourdeille éleva alors une singulière prétention, elle étoit extravagante : il refusoit de reconnoître l'autorité du maréchal de La Force. Par le commandement du prince, j'entrepris de lui faire entendre raison, et j'accommodai heureusement cette affaire.

Réunis de nouveau à Libourne, où Longueville, Viole et la princesse s'étoient rendus, il y fut délibéré sur les propositions du duc d'Orléans et de Chavigny, et le voyage du prince à Paris y fut resolu, mais pour être exécuté en temps et lieu opportuns. Rochefort, son valet de chambre, fut dépêché à Paris pour l'annoncer. Une nouvelle grossesse de la princesse fut déclarée dans ce temps-là. Enfin je profitai du séjour du prince pour lui dire la rupture de la duchesse de Longueville avec La Rochefoucauld, et toutes les particularités que le duc et la duchesse de Richelieu m'avoient racontées.

Le duc de Nemours n'avoit pas pu supporter la mer; il prit la route de terre par l'Auvergne, accompagné du jeune Chavagnac.

Le prince de Conti étoit dans la haute Guienne, à la tête d'un corps d'armée; Montespan et de Choupes servoient sous ses ordres; il avoit pris Caudecoste. La prise de cette ville décida le marquis de Saint-Luc, lieutenant du Roi en Guienne, à assembler un corps de troupe.

Le prince de Conti, qui étoit à Staffort, près d'Agen, informé de la marche de Saint-Luc, dépêcha Gionnet, son intendant, au prince de Condé, pour lui dire l'état des choses, et lui demander quelque cavalerie. Comme de tous les maux présens, celui-là étoit le seul auquel le prince pût immédiatement remédier, il resolut de conduire lui-même la cavalerie demandée par le prince son frère, prévoyant qu'un engagement étoit inévitable. Il dépêcha donc vers Marchin, qui étoit avec les troupes vers Bergerac, et lui donna l'ordre d'envoyer vers Agen, à jour et heure nommés, six cents maîtres, tirés de ses gardes et compagnies d'ordonnances, et il renvoia Gionnet en porter la nouvelle à Conti.

Le prince partit donc de Libourne pour exécuter son dessein; il coucha à Duran, à Marmende, à Eguillon, et trouva ses troupes qui achevoient de passer la rivière à deux lieues au-dessus d'Agen, au moment où il y arriva.

J'eus l'honneur d'accompagner le prince, et durant la route je l'entretins sur le sujet de La Rochefoucauld, qui s'étoit détaché du prince de Conti et de la duchesse de Longueville.

Sur le soir, le prince arriva à Staffort, où il trouva le prince de Conti, et marcha toute la nuit vers les quartiers de Saint-Luc et lui enleva quatre régimens. Saint-Luc, surpris et défait, se retira sous Miradoux. Le prince passa la journée suivante à observer ses mouvemens; Espagnet et un autre conseil étoient auprès de lui; sur le soir, il fit essuyer une nouvelle défaite à son ennemi qui se retira sur Lectoure et de là le prince le suivit jusqu'aux portes de la ville, où La Bussière fut tué. Les régimens de Lorraine, Champagne, se jetèrent dans Miradoux; sommés de se rendre prisonniers, ils refusèrent, et le prince les assiégea.

Je logeai à Floux; ce fut de là que je donnai avis de nos succès aux parlemens, aux villes de Bordeaux et de Toulouse. Bordeaux chanta publiquement un *Te Deum* dans la grande église, et le parlement adressa au prince une lettre de respectueuses félicitations, ainsi conçue :

A très-illustre et très-honoré seigneur, le seigneur prince de Condé.

« Très-illustre et très-honoré seigneur, nous avons apprins, par la relation du sieur d'Angerville, la victoire que Dieu vous a donnée *sur les ennemis du bien public*. Nous en avons d'autant plus de joye, que c'est un effect manifeste de la protection du Ciel, et que ce triumphe qui asseure tant de vies n'a cousté que bien peu de sang aux trouppes de Vostre Altesse; le bruit seul de son nom a porté l'espouvante dans les cœurs, et eust achevé la desroute si vostre bras n'eust voulu avoir part à la gloire; c'est à la force et à la puissance de ce bras invincible qu'est deue la grandeur de cette action, qui remplira toute la France d'estonnement. Nous espérons que le succez d'une journée si éclatante renversera les pernicieux desseins de vos ennemis et des nostres, esclèrera le courage de ceux qui balançoient de s'unir, et rendra Vostre Altesse plus redoutable partout où elle portera ses armées. Nous n'avons à craindre que vostre verteu mesme qui vous faict précipiter dans le danger, et exposer une vie si importante et si chère à l'Etat.

» Cette compagnie supplie Vostre Altesse de se conserver, non pour acquérir davantage de gloire, vous en estes si environné qu'elle ne peut recevoir d'accroissance, mais pour le bien de ceste province, la félicité du royaume et le service de Sa Majesté, qui a esté et sera tousjours l'objet de voz belles actions.

» Nous sommes, très-illustre et très-honoré seigneur, vos très-humbles, etc.

» Ecrit à Bordeaux, en parlement, toutes les chambres assemblées le XXVIme février 1652.

» Les gens tenant la cour de parlement de Bordeaux.

» SUAU. »

Il arriva, devant le siége de Miradoux, qu'un gentilhomme allant porter un ordre du prince audict siége, lui dit : « je serai tué, mais vous m'y verrez aller d'un sang aussi froid qu'à l'église; je vous recommande mes enfans. » Il y fut tué en effet, à la vue du prince.

En attendant le comte d'Harcourt, pour secourir Saint-Luc, marchoit vers Auvillars, afin d'y passer la Garonne au-dessus d'Agen; mais Marchin, qui avoit observé sa marche, l'avoit habilement précédé, et rejoint le prince à Floux; néanmoins d'Harcourt passa la Garonne, et le prince leva le siége de Miradoux.

De là, il alla camper au Pergan; d'Harcourt tomba inopinément dans son quartier; celui qui avoit le commandement de la grande garde avoit manqué de vigilance. Le prince perdit quelques hommes. Il me dépescha aussitôt vers Bordeaux et vers Vatteville, pour lui demander de l'argent, et quoique le roi d'Espagne lui témoignât toute la satisfaction qu'il éprouvoit à ratifier le traité du 6 novembre 1651, et le lui mandât par la lettre suivante :

A mon bon cousin, Monsieur le prince de Condé.

« Monsieur mon bon cousin, le sieur de Sainct-Agoulin m'a rendu la ratification du traicté qui se fist icy avec vous et avec les autres princes et princesses y contenues, et la lettre du 12 de décembre de l'année passée, avec laquelle vous l'acompagnastes. J'ay receu beaucoup de contentement de l'un et de l'autre, et ay faict expédier incontinent celle qui me touchoit, et vous la recevrez par ledict sieur de Sainct-Agoulein, qui vous pourra aussi témoigner la bonne volonté que j'ay pour le ponctuel accomplissement dudict traicté. Vous en pourrez estre asseuré comme d'une chose que je connois que non seulement est raisonnable, mais aussi deue à vos mérites et à la confiance que vous avez prise et prenez à mon alliance, et espérant que vous en verrez de continuelles preuves par les effects mesmes.

» Je prie Dieu qu'il vous ait, monsieur mon bon cousin, en sa saincte et digne garde.

» Votre bon cousin,
» PHILIPPE.
» *Et plus bas*, G. DE LA TORRE.

» *Madrid, ce 20 de février de* 1652. »

Le prince, cependant, ne pouvoit cacher son chagrin de la perte de Saintes ; la lettre qu'il écrivit sur ce sujet à Viole, dévoila pleinement son affliction.

A M. Viole, ou en son absence à M. Lenet.

« La perte de Saintes me met au désespoir; on dit que la garnison est à Bourg ; il faut l'envoyer du costé de Libourne dans des quartiers d'où on s'en puisse servir, comme on le jugera pour le mieux. J'apréhende fort qu'ils ne viennent à Libourne, après l'affaire de Taillebourg faite ; c'est pourquoy il fault les mettre en lieu qu'on s'en puisse servir à Libourne en cas de besoin.
» LOUIS DE BOURBON.

» *A Marmande, ce 18 mars* 1652.

» J'ay mis garnison au Mas, et j'ay fort rasseuré ces gens-cy ; il fault que quelqu'un demeure auprès de ces troupes qui sortent de Saintes, pour empêcher qu'elles ne se ruinent, et qu'elles ne ruinent le pays. »

Le prince se rendit à Agen, accompagné du prince de Conti, son frère, et du duc de La Rochefoucauld. Sa confiance dans les intentions de cette ville n'étoit pas entière ; il pensa donc à y mettre une garnison. La nouvelle qui s'en répandit dans la ville, y causa une émotion générale, et quand le régiment de Conti s'avança pour prendre possession de la porte de Grave, les habitans commencèrent à faire des barricades. Le prince monta au plus tôt à cheval pour arrêter la sédition par sa présence ; mais le désordre alloit en augmentant, le prince y courut très-grande fortune ; son intrépidité et son jugement lui furent fort en aide en cette circonstance ; et il appaisa la sédition par l'intermédiaire de La Rochefoucauld, qui décida les bourgeois à demander pardon et à fournir un régiment dont le prince nommeroit les officiers.

Il séjourna quelque temps à Agen, pour affermir cette ville dans ses bons sentimens. Là il reçut de nouveaux messages de Paris, avec nouvelles invitations de s'y rendre. Selon sa coutume il fit part de ces avis à ses amis de Bordeaux et me fit l'honneur de m'en écrire. La duchesse de Longueville et Viole approuvoient le voyage, et en déduisirent les raisons. En attendant Vatteville faisoit fortifier Bourg par l'ordre du prince et avec l'agrément de ceux de Bordeaux.

Jerzé s'attachoit à la duchesse de Longueville ; je crus avoir eu l'occasion de l'observer ; j'en donnai avis au prince.

Il m'avoit d'abord destiné à faire le voyage de Paris, mais le duc de La Rochefoucauld lui avoit raconté qu'après qu'ils eurent tous signé l'union avec lui, ils en avoient signé une autre pour être toujours tous d'un même sentiment contre lui, afin d'être maîtres de la paix quand on la feroit. Cette confidence changea les dispositions premières du prince, et l'obligea à me laisser en Guienne ; il rappela Viole, qu'il envoya à Paris, sous prétexte de le charger de traiter de la paix quand on la feroit ; et dès lors je demeurai chargé, non seulement des affaires qui regardoient l'exécution du traité que j'avois fait avec l'Espagne, mais encore de toutes les autres affaires de la Guienne.

Le prince lui-même se mit en marche pour Paris ; il quitta Agen ayant avec lui La Rochefoucauld, Marsillac, Gourville et quelques valets de chambre. Il se dirige par Clermont, traverse toute la Guienne, et est reconnu dans un village par madame de Flamarin, qui le supplie de coucher en son château. Le prince et La Rochefoucauld se jettèrent sur un lit, Guitaut lui donna une excuse et se deffie d'elle. De là gagne l'Auvergne, se dirige sur le Bec-d'Alliers, laisse la Charité à sa gauche, et continue droit devant lui. Il arriva que Guitaut fut reconnu par un garde de la Reine, qui l'avoit été autrefois du prince : celui-ci refusa à Dubosque la permission de tuer ce garde. Ce même homme revint et reconnut Rochefort, qu'il attaqua et qu'il voulut tuer. Rochefort s'échapa, mais le garde prit la poste et se rendit à Gien en toute hâte, informer la cour du passage du prince. Sainte-Maure fut détaché avec trente maîtres pour tâcher de le prendre. Le prince n'étoit pas sans inquiétudes ; il chargea Guitaut et La Bussière d'aller s'informer de ce qui se passoit ; le premier courut où le prince lui avoit indiqué rendez-vous pour lui rapporter ses informations, mais Guitaut ne l'y trouva pas ; il courut à Châtillon ; Rochefort y étoit, mais non pas le prince. Sa peine étoit extrême jusqu'à l'arrivée du prince, qui apprit à Châtillon que Turenne commandoit l'armée ; il fut un moment incertain sur le parti qu'il avoit à prendre, ou d'arriver à Paris, ou de se rendre à l'armée ; il y avoit de bonnes raisons pour chaque parti ; il se décide pour le second, se défiant quelque peu de l'habileté de ses généraux. Après avoir acheté des chevaux, il part de Châtillon à minuit, harassé de fatigue et de sommeil, pour joindre son armée qui étoit à Châteauneuf sur Loire ; il passe à Lori. Là le cabaretier chez lequel il dînoit reconnoît Guitaut et le prince ; un huissier de salle de M. Lebrun courut en donner la nouvelle dans la ville, et aussitôt elle lui députa pour lui offrir ses services.

De là le prince envoya Guitaut à Orléans pour visiter, de sa part, Mademoiselle, qui occupoit cette ville, et au moment de son départ de Lori, il rencontra son armée qui venoit camper en ce lieu. La joie fut grande et générale à la vue du prince ; les ducs de Nemours et de Beaufort étoient en pleine mésintelligence ; néanmoins le prince va prendre Montargis, et de là il revint enlever les quartiers de la cour. A ces nouvelles, Turenne réunit ses quartiers et vient s'opposer au prince, et arrête son armée. Celui-ci gagne les bords de la rivière d'Oing, y trouve le duc de Nemours avec sa troupe, donne et gagne le combat de Blaineau, et défait le maréchal d'Hocquincourt. Sur ces avis, Turenne poste ses troupes de manière à les mettre à l'abri des attaques du prince. La joie fut grande à Paris et à Bordeaux, à Madrid même, à la nouvelle de l'affaire de Blaineau ; le Roi Catholique en écrivit au prince sa grande satisfaction en ces termes :

A mon bon cousin le prince de Condé.

« Monsieur mon bon cousin, j'ay appris par les lettres du baron de Vatteville, et par plusieurs autres qu'on a receues icy, le bon succès qu'eurent vos troupes près de Chastillon contre celles du Roy Très-Chrestien, à charge des maréchaux d'Hoquincourt et de Turenne, les ayant desfaicts entièrement, faict une grande quantité de prisonniers et pris toute son artillerie et bagage ; et estant, comme je suis, si intéressé dans tous vos succès, et désirant si passionnément veoir vos affaires avec tel éstablissement que mérite vostre personne et vostre maison, vous pourrez bien croire de mon affection la joye que j'en ay receu, ayant esté si grande que je n'ay pas voulu attendre autre advis pour vous la tesmoigner, me conjouissant avec vous, avec grande confiance en Dieu, qu'à cest heureux succès suivront beaucoup d'autres de non moindre importance, comme l'on doibt espérer de la justification de la cause de vostre valeur et vostre singulière prudence. J'ay receu aussi un particulier plaisir d'entendre que mes troupes s'y sont trouvées, et vous asseure qu'on ne perdra aucune occasion de vous assister, non seulement avec tout ce qui vous a esté offert, mais aussi avec tout ce qui sera de besoing ; de quoy vous pouvez estre très certain, comme aussi de ce que je ne vous manqueray jamais pour aucune cause, ny pour quelque raison que ce puisse estre ; et cependant je prie Dieu qu'il vous aye, monsieur mon bon cousin, en sa saincte garde.

» Vostre bon cousin,

» PHILIPPE.

» Et plus bas : GERONIMO DE LA TORRE.

» *Madrid, ce 2 de may* 1652. »

Le prince entra enfin à Paris le 11 avril 1652. Le duc d'Orléans alla au-devant de lui à plusieurs lieues de distance ; la joie des Parisiens se manifesta dans tous les quartiers de la capitale.

Depuis que le prince de Condé avoit quitté la Guienne, le prince de Conti s'étoit rendu à Bordeaux pour y prendre le commandement. Il eut de graves motifs de mécontentement contre le duc de La Rochefoucauld ; et Jerzé devint dès lors son entier confident ; Sarrasin et l'abbé de Cenac furent aussi très-avant dans sa confiance.

Le duc de Guise insistoit pour sa liberté ; les dépêches relatives à cette affaire, d'un très-haut intérêt à la vérité, étoient très-fréquentes entre le prince, le Roi Catholique, Saint-Agoulin, dom Louis de Haro et moi. Les quatre dépêches suivantes feront connoître les phases diverses de cette négociation, et les premières mesures, qui en furent la suite, préparèrent la liberté du prisonnier.

A Monsieur le prince de Condé.

« Monsieur, comme je connois que vous estes le plus généreux de tous les hommes, aussi prétends-je faire connoistre à toute la terre que je suis le plus reconnoissant. Mais comme je ne le puis, sans estre en liberté, aussy vous suppliés-je très-humblement de vouloir achever d'authorité, ce que vous avez commencé avec tant de bonté. M. de Saint-Agoulin s'est acquitté avec tant de soins, d'adresse et de fidélité, des ordres que vous m'avez fait l'honneur de luy donner, que je ne compte pas entre les moindres obligations que je vous ay le choix que vous avez fait de sa personne, sur laquelle je me remets pour vous informer de l'estat de toutes choses, et de ce qui vous reste à faire, afin que je puisse bientôt vous tesmoigner, au péril de ma vie, en toute sorte de rencontre, que personne ne sera jamais, ni avec plus de passion, ni plus de vérité que moy, vostre, etc.

» LE DUC DE GUISE.

» *Du chasteau de Ségovie, le 11 de mars de 1652.* »

A Monsieur le prince de Condé.

« Monseigneur, j'ay escrit deux fois assez amplement à M. Lenet, pour faire savoir par luy à Votre Altesse l'estat des affaires dont elle m'a faict l'honneur de me charger; et comme je trouve bien plus de difficulté à la liberté de M. le duc de Guise que Votre Altesse ne s'étoit proposé, je me suis ataché de faire paroitre à monsieur don Louis de Haro que le fondement que Votre Altesse faisoit sur son amitié lui avoit fait espérer qu'il continueroit à lui en donner des marques dans l'occasion présente de cette liberté, qu'ils ont toujours cru que Votre Altesse ne demandoit que pour ne pas refuser une civilité à M. le duc de Guise. Votre Altesse verra par les mémoires que j'envoye à M. Lenet, et par ce que je luy ay escrit, les instances que j'ai faictes pour les désabuser, qui n'ont peu avoir d'autre effet que d'obtenir la liberté d'envoyer à Vostre Altesse, pour qu'elle peut faire connoître elle-même la vérité de ses intentions à M. Vatteville, qui fera très-certainement résoudre ces messieurs du conseil d'Espagne à tout ce qui leur paroistra pouvoir contribuer à la satisfaction de Vostre Altesse, pour laquelle ils veulent faire paroître avoir beaucoup de passion. J'attendrai les ordres de Vostre Altesse par le retour du gentilhomme de M. le duc de Guise, auquel je serai aussi ponctuel que doit estre, Monseigneur, de Vostre Altesse, le très-humble, très-obéissant et fidel serviteur.

» CHAUVIGNY SAINT-AGOULIN.

» *De Ségovie, le 11 de mars 1652.* »

A mon bon cousin Monsieur le prince de Condé.

« Monsieur mon bon cousin, don Louis de Haro m'a rendu compte de ce que vous lui avez escrit de nouveau, le vingt-cinquiesme du mois passé, sur le suject de la liberté du duc de Guise, et de ce que le sieur de Saint-Agoulin luy en a aussi représenté de votre part; et combien que, pour prendre la résolution sur cette affaire, j'attendois la response à ce que je vous en escrivis le vingt-sixiesme de février, et peu après, au baron de Vatteville; néantmoins, désirant avec tant de passion vous complaire et donner la satisfaction qui se doibt à vostre personne et à l'estime si particulière comme je fais de vostre mérite, j'ordonne que ledict duc soit mené à Victoria, afin qu'il soit plus près et plus à main pendant qu'arrive vostre response, et que, pour gagner toutes les heures possibles dans le traicté et la conclusion de cette affaire, en tirant aussy pour vos intérêts et ceux du parti, comme pour mon service, tous les avantages et seuretez qui seront jugés à propos, soit envoyé audict baron de Vatteville un pouvoir spécial, comme vous le pourrez voir par la copie que vous rendra ledict sieur de Saint-Agoulin; on luy a donné part de cette résolution en suitte de vostre créance et la permission qu'il a demandée pour s'en retourner auprès de vous, afin de vous informer de tout ce qu'il a entendu ici; à quoy je me remets, y adjoustant seulement l'assurance que vous devez avoir de l'application et sincérité avec laquelle je procureray toujours par tous les moyens et voyes possibles, l'advancement et les intérêts, et la seureté de vostre personne et de toute vostre maison. Et cependant je prie Dieu, monsieur mon bon cousin, qu'il vous aye en sa saincte garde.

» Vostre bon cousin,

» PHILIPPE.

» *Et plus bas* : GERONIMO DE LA TORRE. »

» *Madrid, ce 10ᵉ de avril 1652.* »

A Monsieur Lenet.

« Monsieur, j'ay différé quelques jours la responce à vostre lettre que m'apporta M. de La Tour, attendant le départ de M. de Saint-Agoulin, et estant à cette heure pour le mettre en exécution, je n'ay pas voulu perdre l'occasion, et, devant que d'entrer à vous répondre, je vous doibs asseurer que toute la confiance que M. le prince tesmoigne avoir de mon amitié et zèle correspond à la véritable passion que j'ay pour son service, et que l'intention du Roy est de non-seulement accomplir à M. le prince tout ce qui lui a esté promis, mais employer en cas de nécessité toutes les forces de sa monarchie pour le suject de sa protection, préférant les intérests de M. le prince aux plus importans de tous ses royaumes; et, sur cest infaillible présupposé, je passeray à respondre aux poincts que contient vostre lettre.

» Touchant le particulier de M. le duc de Guise, je vous doibs dire franchement que le Roy auroit donné la liberté à la moindre insinuation ou interposition de M. le prince, non seulement à un, mais à plusieurs prisonniers, encore qu'ils fussent de la qualité et condition de M. de Guise, estant prisonniers de guerre, et pris avec l'espée à la main en une bataille ; mais le duc estant prisonnier d'Estat, et ayant entrepris un attentat si violent et si pernicieux, comme il est notoire à tout le monde, je ne doute pas que vous connoîtrez aisément que cette affaire est de telle nature, qu'elle mérite bien que, pour toutes les considérations que M. le baron de Vatteville vous aura représentées depuis le départ de M. de La Tour, ensuite de la dépêche qu'il aura receue quelque temps après sur ce suject, qu'on procède en sa résolution avec toute sorte de prudence et précaution ; mais néantmoins, ayant représenté au Roy ce que vous m'en mandastes par vostre dernière, Sa Majesté, désirant donner à tout le monde des preuves évidentes de son désir de faciliter tous les moyens de pouvoir complaire à M. le prince en tout ce qui pourroit estre de sa plus grande satisfaction et convenance, elle a donné ordre que ledict sieur duc soit transporté à la ville de Vittoria, afin qu'il soit plus près de la frontière de France, envoyant au même temps un pouvoir spécial audit sieur baron de Vatteville, afin qu'il puisse en vertu d'iceluy traicter et conclure cette affaire, en tirant tous les avantages possibles pour M. le prince et son party, et pour le regard de Sa Majesté toute la sûreté qu'il est de raison : car cette satisfaction est si nécessaire, qu'attendu l'attentat entrepris par M. de Guise, le Roy ne sçauroit la nier en aucune façon à ses sujects, sans hazarder beaucoup de ses intérests, me remettant au reste de ce qui concerne cette matière à ce que ledit sieur baron vous en représentera de bouche plus amplement.

» Quant aux navires et à l'infanterie, je me mets aussy à un mémoire qui a esté donné à M. de Saint-Agoulin, moyennant quoy vous en sçaurez le vrai estat, y adjoustant seulement que l'infanterie passera sans aucune détention dès aussytost qu'elle sera arrivée ; et, outre le nombre contenu dans ledit mémoire et aucuns Espagnols qui partiront incontinent vers delà, on envoye à ceste heure en Galicie à faire la levée d'un terce de mille cinq cents hommes, soubs de fort bons officiers, lesquels seront aussy acheminés en toute diligence de ce costé-là.

» Pour l'argent, je n'en sçaurois parler sans me plaindre avec vous, un retardement de galions ayant causé et causant présentement le grand manquement qui se faict pour toutes les affaires présentes de la monarchie. Le Roy en a plus de déplaisir pour les regards des intérests de M. le prince, que pour les siens propres. Je fais cependant tous les efforts possibles, si bien avec une peine incroyable, pour suppléer cette faute en tout ce que je puis, espérant que vous l'aurez appris par les mêmes effects ; car je doibs croire que vous aurez veu arriver déjà deux cent mille patagons, et à cette heure M. de Saint-Agoulin en porte autres cent mille en lettres de change, et je ne laisseray d'y travailler continuellement avec la même diligence, jusques à l'arrivée des galions, dont le retardement ne sçauriot déjà estre que fort court, M. le prince soit entièrement satisfaict jusques au dernier escu de tout ce qui lui sera deu, comme je vous l'ay asseuré par mes précédentes et vous l'asseure de rechef; et vous, Monsieur, voyant que ces accidens de la mer et de la fortune ne sont pas en la disposition humaine pour pouvoir estre remédiés, et ne pouvant conjointement douter qu'on vous a assisté avec tout ce que la difficulté des temps a permis, ayant aussy du costé de Flandre exécuté une si prompte diversion, comme on a veu, j'ose croire que vous avouerez qu'on a fait tout ce qu'il estoit possible ; ce qui vous doibt aussy servir d'une grande preuve de ce que vous pourrez promettre à l'arrivée desdits galions qui sont, comme vous sçavez, le fondement de nos finances, et sur cette matière je ne doute pas que M. de Saint-Agoulin vous informera de tout ce qu'il en a veu et entendu par deçà.

Le Roy n'a pas receu moins de déplaisir que M. le prince de la promotion du coadjuteur. Mais que Sa Majesté l'ayt peu embarrasser à

Rome, je vous diray, avec votre permission, que je croy qu'il n'y a aucune personne en France si mal informée qui ne sçache que les affaires de cette cour-là passent de façon que le Roy ne peut ny donner ny ôter les chapeaux, puisqu'à grande peine il en a peu obtenir un en huit ans de pontificat pour un Espagnol; mais quant à la proposition que vous me faictes, qu'on tâche faire de sorte que M. le prince de Conti soit nommé pour un des deux chapeaux réservés *in pecto*, elle est tout-à-fait conforme à l'intention du Roy, puisque ce chapeau ne sauroit estre réputé pour national, mais pour des princes qui doivent estre toujours exceptés de la règle commune; et ensuite de cela le Roy a ordonné que les ordres soient envoyés incontinent à Rome, à M. le cardinal Trivulce, qui tient présentement la charge d'ambassadeur, afin qu'il fasse sur cette affaire toutes les instances possibles, et qu'il assiste et favorise en tout ce qu'il pourra la personne qu'y tient M. le prince, agissant de conformité en tout ce qui seroit nécessaire, et l'exécuter pour cette fin. Il me semble qu'a esté fort à propos la résolution prise par M. le prince de s'en aller à gouverner les armées de messieurs les ducs de Nemours et de Beaufort, et je désire très-passionnément qu'il ayt faict heureusement son passage, et qu'il plaise à Dieu de lui donner tant de victoires comme je luy souhaite, vous suppliant de n'oublier point l'assurance avec laquelle vous me pourrez commander toujours en tout ce qui se pourroit présenter de vostre service, et croire que je suis, Monsieur, vostre très-affectionné serviteur,

« D. Louis Mendes de Haro. »

LIVRE QUATRIÈME.

AVRIL 1652 — DÉCEMBRE 1659.

Les événements dont la narration devait être le sujet de ce quatrième livre des Mémoires de Lenet, s'étant passés à la fois à Paris, où l'écrivain ne se trouvait pas, et en Guienne, où la confiance du prince l'avait établi avec une grande autorité, il avait jugé lui-même que cette double scène exigeait une double exposition. Cette détermination nous est révélée par la note suivante de la main de Lenet :

« Il faut faire un autre cahier de tout ce qui se passa à Paris, à la guerre, en négociations, au parlement, en amours.

» Nemours conte son attachement de Longueville à la duchesse de Châtillon, de qui il continue d'être amoureux.

» Le prince l'est aussi, et favorablement traité d'elle. »

La suite de cette note indique d'autres événements relatifs au prince de Condé, dont l'histoire du temps a recueilli les circonstances; nous les rappellerons aussi, sommairement, à leur date, dans les termes mêmes par lesquels Lenet les mentionne. Ses lettres n'y étaient pas étrangères, mais les affaires de Guienne en sont le sujet principal, avec celles du duc de Guise et les traités avec l'Espagne. Lenet était le centre où toutes les crises aboutissaient. Il dut en faire les sujets principaux de ses Mémoires.

Peu de jours après son entrée dans Paris, le prince songea à l'état dans lequel il avait laissé la Guyenne, où commandait pour lui le prince de Conti. Il donna à Lenet l'ordre suivant :

A Monsieur Lenet.

« Je vous remets à M. le président Viole, pour sçavoir mes sentiments sur la conjoncture présente des affaires de Guienne et de Paris, et vous prie de demeurer toujours à Bordeaux jusqu'à ce que vous ayez de mes nouvelles pour vous rendre près de moi. Cependant ne cessez, je vous prie, de continuer vos soings pour mes interests et pour le bien du service en toutes rencontres, et croyez que je serai toujours très-reconnoissant des marques que vous me donnez de votre affection.

» LOUIS DE BOURBON.

» *A Paris, le 24 avril* 1652. »

Dans l'Anjou, le duc de Rohan qui en était gouverneur, s'étant déclaré pour le prince, avait fait soulever le peuple d'Angers en sa faveur et entraîné toute la province dans son parti ; mais, attaqué peu de jours après par le maréchal d'Hocquincourt, Rohan remit au Roi la ville et la province, après avoir convenu avec le maréchal des articles suivants :

Articles accordés entre le maréchal d'Hocquincourt, général de l'armée du Roy, servant près de la personne de Sa Majesté, et employé présentement au siége d'Angers, et monseigneur le duc de Rohan.

« Que la ville et chasteau d'Angers seront remis présentement de bonne foy, avec toutes les pièces, armes et munitions de guerre qui sont dedans, suivant les inventaires faicts par les officiers de Sa Majesté, pour y estre mis, dans ledict chasteau, telle garnison que ledict sieur mareschal jugera nécessaire, reservé cinq pièces de canon de fonte, qu'il sera permis à M. le marquis de La Barre faire retirer dans sa maison ;

» Que les maire et échevins, officiers du Roy, et généralement tous les habitans de ladite ville d'Angers, et tous ceux qui se sont trouvés engagés avec ledit sieur duc de Rohan jouiront de l'amnistie générale que Sa Majesté accorde, à condition qu'ils renonceront à toutes ligues, associations et intelligences contre le service du Roy ;

» Que M. le duc de Rohan se pourra retirer avec sa famille et ses amys, équipages et meubles en tel lieu du royaume qu'il luy plaira, à la réserve du pont de Cé ;

» Ceux des amys dudit sieur duc qui sont avec luy et qui se voudront retirer chez eux, pourront le faire en toute sûreté et liberté ;

» Au cas que ledit sieur maréchal d'Hocquincourt trouve à propos, pour l'authorité de Sa Majesté, de faire entrer quelques compagnies de gardes du Roy, promet qu'il ne sera fait aucuns désordres ny impositions nouvelles dans la ville, ny emprunts dans ladite ville ;

» Que les choses demeureront dans l'estat où elles sont présentement pour la police de ladite ville, et que pas un des bourgeois ne sera maltraicté ny en sa personne ny en ses biens ;

» Que les prisonniers de part et d'autre seront rendus sans rançon ;

» Que madame de Rohan pourra demeurer huict ou dix jours dans la ville d'Angers pour ses affaires domestiques, sans desloger du logis Barrault, et aura pareille sûreté de se retirer que ledict sieur duc ;

» Que ledict sieur duc de Rohan ne recevra aucun secours du Roy. De quoy a esté signé par ledict sieur maréchal d'Hocquincourt et ledict sieur duc de Rohan, le vingt-huitième jour de febvrier mil six cens cinquante-deux. »

A Bordeaux l'opinion publique se lassait de sa propre persévérance en faveur du prince de Condé, et réservée toutefois à l'égard du présent, elle faisait sur le passé un retour de funeste augure. Guionnet, l'un des partisans les plus déclarés du prince, était poursuivi publiquement pour lui avoir donné aide et secours lors de la première soumission de Bordeaux aux intérêts de Condé. C'était le parlement qui attaquait un de ses membres pour des actes auxquels la compagnie avait généralement adhéré. Guionnet en écrivit au prince, qui en référa à Lenet en ces termes :

A Monsieur Lenet, etc.

« Monsieur de Guyonnet m'a fait cognoistre, par deux de ses lettres, qu'il est fort poursuivi au parlement de Bordeaux, par quelques-uns de sa compagnie, pour des choses arrivées du temps de sa commission. Vous me ferez plaisir de voir de ma part tous ceux qu'il vous dira, pour leur tesmoigner que je leur seray obligé s'ils arrestent le cours des poursuites qu'ils font contre luy. C'est une chose qu'il fault mesnager fort doucement et avec adresse, pour ne donner à personne aucun subject de crier, et néanmoings faire vostre possible pour assoupir cette affaire, en sorte que ledict sieur de Guyonnet ne puisse plus estre inquiété. C'est ce que je remets à vostre prudence et à vostre conduite.

» Louis de Bourbon. »

» A Paris, le 19ᵉ may 1652.

Le prince communiquait exactement à Lenet tous les renseignements qu'il se procurait de son côté. On voit par la lettre suivante, qu'il lui transmettait tous les papiers propres à éclairer ou diriger ses déterminations :

A Monsieur Lenet.

« Je vous envoye deux lettres interceptées, qui vous feront cognoistre les correspondances de la personne qui les escrit, et l'intelligence qu'il y a pour rendre aux ennemis une place que nous tenons. Vous verrez avec mon frère le remède qu'il y fault apporter, et mon advis est qu'il ne fault pas s'en plaindre haultement, de crainte que cela ne nuise. Vous y pourvoyerez néantmoins, ainsy que mon frère et vous le jugerez pour le mieux. MM. de La Force y pourroient donner ordre, car il est de leur maison.

» Pour l'affaire que vous m'avez recommandée, touchant le sieur de Bar, j'en escriray à M. de Bouteville par le premier courrier que je luy despescheray.

» Louis de Bourbon.

» Voyez avec monsieur de Vatteville à peu près les conditions qui satisfairoient les Espagnols pour la paix générale, comme de vous-même, et gardez mes chevaux d'Espagne jusques à ce que je vous mande d'en disposer.

» *A Paris, le 22 may 1652.* »

Il voulut aussi être informé régulièrement des détails du gouvernement civil et militaire de la province où le prince de Conti et Lenet représentoient ses vues et son autorité ; on le voit par la multiplicité des objets traités dans les deux lettres qui suivent, adressées à Lenet, à peu de jours de distance.

« J'ay receu vos lettres des 15 et 16 du courant : la première par Sainct-Marcs, et l'autre par l'ordinaire. J'approuve fort la distribution que vous me mandez avoir esté faicte de l'argent, ne trouvant pas qu'il pust estre plus utilement ny mieux employé. Je croy que mon frère et vous disposerez si bien du premier que vous toucherez, que je luy en laisse à vous une entière disposition. Pour le regard de Bourg, je serois bien aise que M. de Vatteville le mette en meilleur estat qu'il pourra ; mais aussi je ne voudrois pas que le travaille des fortifications allast à une telle dépense qu'il fust capable d'absorber une bonne partie de notre fonds : c'est à vous d'y tenir la main pour que cela n'aille point à des dépenses excessives. Quant à la liberté de M. de Guise, c'est une chose que je souhaitte absolument, et tout le plus tost qu'il se pourra. Travaillez-y promptement avec M. de Vatteville, et, s'il luy fault des sûretés pour cela, convenez-en avec luy, du consentement et de la participation de mon frère, et donnez-les luy telles qu'il faudra pour ne plus trouver d'empêchement à la conclusion de cette affaire, souhaitant d'y voir une fin avec d'autant plus d'ardeur que ce me sera une satisfaction extrême que ledit sieur de Guise me soit obligé toute sa vie de la liberté, sans attendre qu'elle lui soit rendue par le traicté de la paix générale. Si M. le président Viole est encore à Bordeaux, communiquez-lui ma lettre, et au surplus prenez créance à M. de Chavagnac; et si ma femme, ma sœur, mon frère et vous jugez d'augmenter ou diminuer à ce que je luy ay donné charge de dire de ma part au parlement, à la ville et à l'Ormée, il se conduira comme il sera jugé à propos.

» Louis de Bourbon.

» *Paris*, 25 *may* 1652.

» Depuis ma lettre escripte j'ai eu advis qu'on avoit dessein d'aller assiéger Bergerac; je vous prie d'y faire prendre garde et d'y apporter les ordres nécessaires. »

A Monsieur Lenet.

« J'ay veu, par vos deux lettres des 21 et 23 may du passé, l'estat de nos affaires de Guyenne, soit pour les finances, soit pour la guerre et les garnisons, ou touchant la division de l'armée avec le parlement.

» Pour le premier article, j'ay une telle confiance en vous que je vous en laisse avec mon frère une entière disposition, trouvant bon tous les emplois que vous en faites. Pour le second, je crois que les soins que prend M. de Marchin et les autres officiers généraux, le maintiennent autant qu'il se peut; et quant à la division de Bourdeaux, j'en ay un tel déplaisir que je vous prie de vous employer pour la réunion de tous les esprits, et particulièrement pour empescher que ceux de la petite Fronde ne succombent aux poursuites qui se font contre eux, y ayant de mes meilleurs amis qui y sont intéressés, que je ne puis souffrir plus long-temps estre entrepris comme ils sont par ceux de la grande et par l'Ormée. Je ne veux pas pour cela abattre ces derniers, mais je désire de leur affection qu'ils ne se portent pas aux extrémités qu'il semble qu'ils veuillent venir. Enfin, gouvernez cette affaire avec l'adresse qu'il faut pour l'assoupir entièrement, pour remettre les esprits dans une parfaicte union.

» M. de Gondrin se plaint qu'il n'est appelé à aucune délibération, que toutes choses se font sans luy, et qu'on ne le considère en façon quelconque; comme c'est une personne à mesnager et dont il ne faut pas aliéner l'affection, je vous prie de luy communiquer les choses, en sorte qu'il n'ayt aucun subject de plainte.

» M. le prince de Tarente m'a prié de vous escrire de donner de l'argent à son régiment; vous me ferez plaisir de le faire et de lui donner en cela le contentement qu'il désire.

» Si mon frère n'a pas un entier besoing de La Tour auprès de luy, faites le revenir à Paris, pour éviter les divisions qu'il pourroit faire à Bordeaux entre mes amis, M. de Guyonnet se plaignant fort de luy par toutes les lettres qu'il m'écrit; usez-en néantmoins comme mon frère le voudra.

» Louis de Bourbon.

» Je me remets à ce que vous escrit Caillet, des nouvelles de deçà, auquel vous pouvez prendre créance.

» *A Paris, le* 3 *juin* 1652. »

L'inquiétude qui naît de la fatigue d'un dévoûment sans fruit augmentait dans Bordeaux, et des troubles y éclatèrent. La nouvelle en fut fâcheuse pour le prince; il en écrivit à Lenet, et lui fit connaître, avec le vif désir de les voir apaisés, les précautions qu'il lui semblait utile de prendre en quelques points; il songeait aussi au duc de Guise comme à un utile auxiliaire, mais sa liberté dépendait de la volonté du roi d'Espagne.

A Monsieur Lenet, conseiller, etc.

« J'ay appris par vostre lettre du 27 may l'estat de la ville de Bordeaux; j'ay beaucoup d'impatience d'en sçavoir les désordres appaisés, et d'y voir les choses restablies et les esprits dans l'union qu'ils doivent estre. Travaillez-y de tout votre pouvoir, et mandez-moi des nouvelles. Faites sçavoir à tous mes amis qu'ils me feront plaisir de rentrer au parlement, et d'apporter en toutes ces rencontres le tempérament nécessaire pour ne pas pousser les choses à des extrémités qui ne peuvent estre que très-dangereuses.

» Je vous prie de pourvoir à la subsistance de Bergerac le mieux qu'il vous sera possible, estant une place des plus importantes que nous ayons en Guyenne, et qu'il faut mettre en estat de ne point sortir de nos mains. Pourvoyez aux autres nécessaires de la guerre suivant les advis de mon frère et de monsieur de Marchin.

» J'ay veu ce que vous avez faict pour le retour de Saint-Agoulin en Espagne, et j'approuve fort les instructions que vous luy avez données et les ordres dont vous l'avez chargé.

» Pressez toujours la liberté de M. de Guise, et taschez de l'obtenir promptement.

» Je vous envoye des lettres pour le roy d'Espagne, pour dom Louis et pour M. de Vatteville; sçachez adroitement de ce dernier les choses auxquelles je puis m'estre engagé envers luy; car il me prie, par sa dernière lettre, de me souvenir de ce que je luy ay promis, et la mémoire m'en est eschappée.

» Le siége d'Estampes est levé de vendredi dernier, 7 du courant, après onze ou douze jours d'attaque. Les ennemis y ont beaucoup perdu de leur infanterie. Je me remets, au surplus, à la lettre de Caillet pour vous en faire sçavoir les circonstances et les autres nouvelles de deçà.

» Je reviens à vous parler des désordres de Bordeaux sur une lettre que j'ay reçue de notre bien aimé M. De Mirat, pour vous prier de luy tesmoigner que, comme il est celuy de tous les messieurs en qui j'ay le plus de confiance, je suis bien aize qu'il ayt part dans mes plus secrètes pensées; vous luy direz donc de ma part que, n'estimant pas les temps propres pour soustenir ses intérests et ceux de la cadette Fronde avec la vigueur nécessaire pour les restablir dans leur crédit, et le parlement dans son auctorité, je crois qu'il fault prendre patience en attendant que l'occasion en soit propice, laquelle estant autrement, vous luy pouvez donner ma parole que je ne manquerai pas de les appuyer hautement contre tous ceux qui leur seront contraires; faites-luy cognoistre qu'il vault beaucoup mieux souffrir un peu à dissimuler toutes choses pendant quelque temps, que de tout risquer en voulant soustenir les affaires avec trop de haulteur; car s'il est vrai, ce que je vous prie de descouvrir adroitement, que madame de Longueville et M. le prince de Conti soient les protecteurs de l'Ormée, et qu'ils leur inspirent les choses qu'ils font, je ne vois pas qu'il y ait lieu de rien tenter pour le présent en faveur de la petite Fronde : car si l'on avoit une fois manqué de réussir en portant les affaires à quelque extrémité, il seroit bien difficile d'y revenir. Vous jugez bien par là de quelle conséquence il est de bien prendre son temps; faictes gouster ceste vérité audit sieur de Mirat, et donnez-luy toutes les marques que vous pourrez de mon amitié et de ma protection. Je vous diray encore qu'il est à propos que vous ne rebutiez pas tout-à-fait ceux de l'Ormée, de crainte que, par leurs emportemens ordinaires, ils ne viennent à nous accuser d'estre Mazarin, ce qui vous empescheroit dorénavant de pouvoir agir dans les choses publiques où mon nom aura besoin d'estre interposé.

» Il faut, autant que vous pouvez, empescher ces messieurs qui veullent se retirer de la ville d'exécuter leur résolution. Je vous envoie des lettres pour huict ou dix d'entre eux, que vous ferez remplir du nom de ceux que vous jugerez à propos. Elles sont toutes pour le même subject. Quand M. de Chavagnac sortira de delà, il vous expliquera encore plus au long mes sentimens, que je vous prie de les faire sçavoir à tous mes amis.

» Vous me ferez plaisir de sortir Dalançay de son affaire, et de pourvoir à son remboursement tout le plus tost que vous pourrez. Continuez à me mander exactement toutes nouvelles, et me croire le meilleur amy que vous ayez. Faites dire à La Planchette qu'il me vienne trouver le plus tost qu'il pourra, ayant besoin de luy pour l'envoyer à mon régiment, qui se trouve dégarni d'officiers à cause de la prison de quelques-uns dont je ne peux encore avoir la liberté.

» LOUIS DE BOURBON.

» *A Paris, le 9 juin* 1652.

» Ecrivez à M. le comte de Maure et à M. le comte de Chastelus de ma part, sur le subject de leur prison, et faictes aussy mille amitiés de ma part à tous les autres officiers de la gendarmerie, particulièrement à ceux qui sont blessés, et assistez-les tous autant que vous pourrez de choses dont ils auront besoin.

» Je laisse toute ouverte une des huict lettres que je vous envoye, pour vous faire voir ce que contiennent celles qui sont fermées, qui sont toutes dans le même sens que celle que vous donnerez ouverte. »

Le lendemain même de la date de cette lettre du prince, écrite de Paris, Lenet lui adressait de Bordeaux la relation circonstanciée de ce qui s'y était passé; en voici les termes :

A Bordeaux, le 10 juin 1652.

« Par mes précédentes lettres, commençant au 3 et finissant au 6 du courant, j'ay rendu à Vostre Altesse un compte exact de tout l'estat des affaires de par deçà, comme je faicts sans y manquer à tous les ordinaires. Il y a de certaines choses desquelles je me suis contenté de m'en rapporter à ce qui vous en seroit escrit par des personnes qui me les faisoient voir dans leurs lettres à Vostre

Altesse, et d'autres que je n'ay pas voulu légèrement interpréter, comme quelques-uns me les avoient voulu persuader, pour ne pas mettre Vostre Altesse en peyne mal à propos ; et ne vous manderay jamais pour choses positives que celles qui le seront, et, du reste, je vous en feray toujours des peintures si naïves, qu'adjustant ce que je vous escriray avec les lettres que vous recevrez des divers particuliers, vous tirerez des conjectures certaines qui vous feront voir la vérité tout à nud, que je ne la puis voir icy quelque soing que j'en prenne.

» Le bruit continuant toujours icy que M. le prince de Conti et madame de Longueville faisoient mouvoir ceste Ormée avec tant de violence et de chaleur, j'ai continué à le leur dire ; mais ils ont continué de m'en vouloir désabuser par larmes et par parolles ; et comme je leur ay toujours dit que je n'en croye rien, mais qu'il estoit bon que les effects justifiassent là-dessus leur conduite, Leurs Altesses me promirent de s'y appliquer ; et, par effect, tout le 6 au soir, le 7 et le 8 se sont passés en divers voyages que j'ay faicts chez ceux de la grande et de la petite Fronde, diverses visites que les uns et les aultres ont faict chez Leurs Altesses, et en plusieurs conférences que nous avons eues avec eux pour restablir les choses en leur premier estat et réprimer leur grand emportement de l'Ormée qui s'assembloit en séance réglée tous les jours, qui avoit faict de toute sorte de charge parmy ceux qui la composent, qui venoient d'eux tout ce jour par députtés, qui parloient haultement de chasser monsieur Denort, Fontenelle, dix ou douze conseillers du parlement et plusieurs bourgeois ; qui se sentoient fortifiés par les huguenots, sur le suject de l'arest dont je vous ay escrit, qui vouloit régler, disoient-ils, toutes les affaires publiques ; enfin tout s'en alloit en de très-grandes extrémités, et quand on leur parloit de ne rien faire que par ordre de Vostre Altesse, ils disoient qu'elle estoit environnée de Mazarins, et qu'ils savoient bien que vous seriez bien aise quelque jour de tout ce qu'ils faisoient, et tout cela par la conduite de Vilars et de Duretisse, dont le dernier est dans un emportement publique, et l'autre, agissant avec une modération apparente, porte tout aux extrémités ; et ce qu'il y a de pire est qu'il joue les deux, et qu'il faict toujours faire le contraire de tout ce qu'il concerte, puis vient en tesmoigner déplaisir en secret et harengue séditieusement à la teste de ses confrères en publique.

» On a donc faict, depuis trois jours, toutes les choses possibles pour porter les esprits à la réunion dans les Frondes, et ensuitte de pouvoir travailler sérieusement à couper la racine de ce mal. Mais les divers intérêts, les envies et les haines particulières ont empesché les uns et les autres d'y agir sincèrement, de sorte qu'on n'en avoit point encore pris les mesures, estant tous dans une telle méfiance qu'ils n'osent et ne veuillent parler les uns devant les autres de peur d'estre exposés au peuple.

» Leurs Altesses proposoient, comme un grand remède, d'assembler l'Hostel-de-Ville ; mais la crainte que j'avois que toute l'Ormée n'y allast et ne se rendit maitresse, par la pluralité des voix, de la délibération, m'en faisoit appréhender le succès, car après cela il n'y avoit plus de mesures à garder ; c'estoit aujourd'hui qu'elle devoit faire une grande assemblée en armes, semblable à celle qu'ils firent pour chasser les quatorze conseillers, et c'estoit aujourd'huy mesme qu'on devoit assembler au parlement pour adviser aux moyens de s'y opposer. Je faisois différer l'un et l'autre tant que je pouvois, jusqu'à ce que M. de Chavagnac nous eust apporté des ordres précis ; car je sçavois que de là dépendoit *la loi et les prophètes*, et que, frappant un coup de volonté absolue, chacun plieroit et qu'il ne resteroit plus ceste imagination que l'on vouloit bien tout ce qui arrivoit, quoique Leurs Altesses protestassent toujours du contraire. Enfin, hier je receus la despèche de Vostre Altesse, du 2 du courant, dans laquelle il y avoit une lettre pour Vilars. Leurs Altesses crurent que les circonstances présentes en devroient peut-estre faire changer le stile et me la firent ouvrir. Par effect il fut fort à propos et d'y adjouster une défense positive de s'assembler que par ordre de monsieur le prince de Conti, comme l'on fit. Les deux Frondes s'assemblèrent à l'archevêché pour adviser ce que l'on feroit aujourd'huy, pour se garantir de ce dont l'Ormée menaçoit, quand elle vint par députés proposer plusieurs officiers et entre autres se plaindre de ce que le capitaine des gardes de monsieur le prince de Conti venoit de leur défendre, dans leur assemblée, d'en faire dorénavant aucune, que par l'ordre de Son Altesse, qui avoit envoié dans le mesme moment monsieur de Latour qui fut porter ladite lettre au sieur de Vilars qui, tout furieux, cria qu'il falloit tout pousser aux extrémités, s'assembler en armes le matin et chasser tous les suspects, et ceux mesme que Vostre Altesse lui mandoit de faire conserver. On résolut donc de s'assembler à l'Ormée, aujourd'huy, ce 7 du matin, et en armes. Le bruit en fut grand par la ville ; chacun commença à appréhender l'emportement dont ils menaçoient. monsieur le prince de Conti envoya quérir quelques-uns de la grande Fronde et quelques-uns de la petite ; car la jalousie est si grande entre eux qu'il n'y a plus quasi moyen de les joindre sans craindre de les voir battre. Son Altesse manda aussy les jurats et consuls de la Bourse et plusieurs bons bourgeois ; elle les mit tous séparément en présence de madame de Longueville et de monsieur Gondrin, Sarazin et moy, et, après avoir concerté tous les moyens d'empescher tous les maux dont on estoit menacé par ceste Ormée, et avoir agité les inconvéniens de part et d'autre, on résolut de se rendre maistres de l'Hostel-de-Ville, qui, ceste nuit, par malheur, estoit gardé par un capitaine de l'Ormée, et qu'on disoit le debvoir livrer à ses confrères. Le juge de la Bourse disoit toujours que les bons bourgeois feroient tout ce que Leurs Altesses lui recommanderoient ; Fontenelle de la petite Fronde avoient une forte cabale dans le quartier du Chapeau-Rouge des Chartreux, et les huguenots, que nous avions cabalé sous main, auroient promis de ne rien faire (encore que l'on envoye des lettres circulaires dans toutes leurs églises pour excommunier tous ceux qui sont dans notre païs), comme monsieur de Marchin m'a escrit vous l'avoir mandé de Bergerac.

» Son Altesse promit donc audit sieur de Fontenelle de venir prendre au Chapeau-Rouge des bourgeois pour les faire entrer ceste nuit dans l'Hostel-de-Ville. Ceux de l'Ormée, qui estoient aux aguets, parce qu'ils savoient qu'on cabaloit le bon bourgeois contre eux, faisoient une patrouille, sans ordre, dans ce quartier-là, et voyant à une heure après minuict du monde armé devant la maison d'un nommé Du Cornet, y firent une décharge de cinquante mousquetades, sans y blesser personne. Ceux du Chapeau-Rouge, parmi lesquels estoient MM. de Thibault et de Fontenelle, gaignèrent la maison, et tirèrent si fortement sur ceux de l'Ormée qu'il y en eust un de tué et cinq ou six blessés, parmi lesquels sont Montlet, procureur, et Lafitte, marchand.

» Ce matin, la résolution qu'on prit hier au soir, conforme à tout le contenu en vos lettres, de tout pacifier tant qu'on pourra, a esté exécutée en ceste manière : madame la princesse dans sa chaise, M. le duc et sa suite dans son carrosse, le chevalier de Thodias, M. de Romenville et moy d'un costé, M. le prince de Conty, M. de Gondrin, le juge de la Bourse et son plein carosse de gentilshommes, d'un autre costé, et madame de Longueville avec MM. de Barbesières, de Sarazin, un consul, d'un autre, ont esté par toutes les rues séparément, dès les six heures du matin jusque à midy, faisant ouvrir les boutiques, empêchant qu'on ne s'armât pour aller joindre l'Ormée, ordonnant de se tenir en estat de faire ce que Leurs Altesses ordonneroient. On avoit faict courir diverses copies de la lettre de Votre Altesse à Vilars, pour faire sçavoir sa volonté ; M. le prince de Conty et madame de Longueville disant haultement que c'estoient des esprits malicieux et insolens qui avoient fait courir le bruit que Leurs Altesses avoient favorisé toutes ces assemblées, et les désadvouant. Et tout cela a réussi si avantageusement, que tous les bons bourgeois ont juré partout où l'on a esté de n'avoir jamais de pensée que celle de Votre Altesse. Leurs Altesses y ont apporté tous leurs soings et assurément y ont esté de fort bon pied : pour madame et M. le duc, M. du Vicomte vous dira ce qu'ils y ont faict, et avec quelle facilité et quelle douceur ils ont tout porté à la douceur et à la paix, suivant vos ordres ; quelques-uns ont demandé justice du désordre de ceste nuit ; on leur a promis de le cognoistre, et de leur rendre. Et de toute ceste grande assemblée d'Ormée, il n'y a eu que cinquante ou soixante hommes dure-teste, faisant le diable pour animer tout à la révolte. Ils avoient mis des sentinelles pour empêcher qu'en abordant on ne cognoisse leur foible. Pendant ce temps-là Vilars est allé trouver madame de Longueville, luy a dit qu'il y avoit quatre mille hommes armés pour venger la mort de leurs confrères, et brusler toute la ville, à la réserve des maisons de Leurs Altesses. Elle l'a traicté d'insolent et l'a faict sortir. Il est entré quinze hommes au parlement et ils n'ont voulu tenir des assemblées que quand Son Altesse leur a mandé qu'elle leur commandoit, et que l'Ormée en avoit faict de mesme. En mon particulier, j'ay bien faict cognoistre à tous ces gens-là que Votre Altesse les protégeroit toujours contre toute violence qu'on leur voudroit faire, pourveu qu'ils demeurassent dans l'obéissance et la dépendance toute entière. Ils sont un peu consternés. Le gros du parlement est fort joyeux : trois ou quatre seulement sont fort fâchés ; mais tous les gens de bien en général et en particulier louent et bénissent la conduite de Votre Altesse. M. le prince de Conti dit qu'il vous respond entièrement de Bourdeaux, et rit de tous les sots qui ont creu (voilà comment il parle) qu'il eust favorisé tout ce qui s'est faict jusqu'à présent.

» M. de Chavagnac vient du couvent des Carmes, où ayant fort bien et judicieusement parlé, se réduit à deux choses principales : l'une, la réconciliation avec le parlement, et l'autre, la cessation des assemblées qui ne seroient pas autorisées par Son Altesse de Conty.

Quant au premier, ils ont respondu que cela ne se pouvoit; qu'ils estoient leurs ennemis; que s'ils avoient le dessus, ils les perdroient, et vouloient avoir une évocation générale de leur cause. Quant au second, ils ne pouvoient s'imaginer qu'est-ce qu'ils avoient faict depuis huit jours qui eust obligé M. le prince de Conty de leur deffendre de s'assembler, luy qui leur avoit permis. Ils ont demandé justice à M. de Chavagnac de leurs confrères tués et blessés. Ceste nuit ils ont promis d'obéir après l'avoir fait savoir à l'assemblée. L'ambassadeur a répondu fortement sur tous ces poincts, et comme M. de Riconte en a ouy la relation complette, il me dispensera de faire la mienne plus longue.

» M. de Chavagnac m'a rendu un billet de créance de Votre Altesse. Asseurez-vous que je n'obmetteray rien de tout ce qu'il m'a dit. Il m'y a trouvé fort préparé et fort allerte. Et reposez-vous-en sur moy, comme je vous l'ay mandé plusieurs fois; et asseurez-vous que je mourray en la peine ou que vous serez fidèlement servi.

» M. d'Authenis est à l'extrémité; il n'y a plus d'espérance pour luy.

» On a toujours fort bien traité M. de Gondrin; il le sera encore bien mieux à l'avenir, car il est fort satisfaict de Leurs Altesses; pour moy, je ne manqueray à rien envers lui.

» Vos finances seront bien distribuées, bien espargnées et données à de gens dont l'on vous respondra. M. de Marchin verra tout, et l'on ne fera rien que par les ordres de M. le prince de Conty. Nous allons travailler pour M. de Guise fortement, puisque l'ordre de Votre Altesse le porte ainsy.

» On a fort philosophé sur ce que Conty et Chouppes sont à Brouages, et de ce qu'on les avoit mis à Libourne, et sur ce qu'ils estoient destinez à Bourdeaux, et sur tout ce qui s'est passé à Bordeaux. On y ajouste que l'abbé De Roquette traicte quelque chose avec le cardinal de Retz. Tout ce procédé, depuis quatre jours, me désabuse fort; il n'y a que luy, M. de Vineuil, madame de Sablé, qui escrivent de grandes lettres en chiffres : je n'ay pas le loisir de chiffrer.

« LENET. »

Dans ces graves circonstances, les nouvelles d'Espagne étaient vivement désirées par les partisans du prince; elles ne se firent pas trop attendre, et Lenet reçut de don Louis de Haro la lettre suivante :

A Monsieur Lenet.

« Monsieur, monsieur de Saint-Agoulin est arrivé en ceste cour, et m'ayant donné vos lettres du 22 et 23 du passé, j'ay esté bien aise d'en apprendre les nouvelles de vostre santé. Je voudrois bien vous y pouvoir répondre plus amplement, mais mes continuelles occupations ne me le permettent pas ; c'est pourquoy je ne toucherai icy sinon les choses plus précises.

» Les nouvelles de la santé de M. le prince, de mesdames les princesses et de M. le prince de Conty, comme aussi celles que vous me participez des affaires de Paris, m'ont rempli d'une joie fort grande ; mais l'attaque d'Estampes me tient avec une inquiétude incroyable. Le procédé de M. le duc de Lorraine me la cause encore bien plus grande, voyant sa suspension, quoyqu'il ait capitulé avec le Roy, ce que vous aurez seu par le traicté dont la copie a esté envoyée ces jours passés à M. le baron de Vatteville, dont vous aurez aussi pu connoistre combien l'on a eu regard à la protection de M. le prince, puisqu'on a voulu détascher ses troupes de celles de Flandres, où elles pouvoient estre employées avec tant de bénéfice desdites provinces, préférant les intérests de M. le prince aux propres de Sa Majesté. Vous aurez aussi entendu comme monseigneur l'archiduc avoit despêché à M. don Gabriel de Tolède, afin de solliciter la marche dudit duc et la jonction de ses troupes à celles de M. le prince, en conformité de son traicté conclu avec le Roy. Et pour moy je ne me sauroîs imaginer comme il puisse manquer à un devoir si précis et si conjoint avec ses intérests.

» On a continué d'écrire à monseigneur l'archiduc et M. le comte de Fuensaldaigna, que l'intention et la volonté de Sa Majesté estoit, qu'en cas que les intérests de M. le prince le demandassent, ils devroient procurer les avances avec toutes les forces, et l'on renouvelle à ceste heure ces mêmes ordres, quoyqu'on pourroit tenir pour suffisantes celles qui ont déjà esté données sur cela, et nous en voyons les effets d'autant que tous les avis que nous recevons de ce costé-là, nous assurent qu'on a envoyé un corps de cavalerie assez considérable pour renforcer les troupes de M. le prince, moyennant quoy et les forces de M. de Lorraine (la comonition duquel nous tenons pour infaillible), j'ose espérer en Dieu qu'il lui plaira de donner à M. le prince un très-heureux succès auprès d'Estampes.

» Touchant le particulier de M. le duc de Guise, je vous puis dire que M. de La Tour partira incontinent comme vous le désirez, et que j'espère que M. le prince demeurera avec une entière satisfaction de la générosité du Roy, moyennant la résolution de Sa Majesté sur cette affaire, et qu'il connoistra combien je désire mériter la continuation de l'honneur de son amitié, et accroistre les démonstrations d'estime que j'ay pour elle, me remettant sur cela à ce que vous dira plus particulièrement M. de La Tour, qui pourroit bien arriver presque au mesme temps avec celle-cy.

» Vous avez beaucoup de raison de me compâtir dans la difficulté où vous me jugez, par le retardement des galions, estant obligé à maintenir à un mesme temps tant de grandes affaires de tous costés. Ils n'achèvent d'arriver, et les difficultés croissent tous les jours davantage, comme votre prudence le sçaura considérer si bien. Mais, Monsieur, je vous promets de nouveau qu'à son arrivée M. le prince sera satisfait entièrement, en un payement de tout ce qui luy sera deu, ensuite de tout ce que luy a esté offert par le traicté. Et cependant, pour vous faire veoir les efforts que je fais pour son service, tant pour suivre les ordres du Roy que ma propre inclination à son amitié, il sortira d'icy, dans deux ou trois jours, une voiture de cent et trente mille escus : les cent mille pour M. le prince, et les trente mille pour M. le baron de Vatteville, afin qu'il ne divertisse rien de la quantité destinée pour M. le prince, et tout cela ira en espèce. Je vous supplie de croire que je continueray ces efforts avec ce même soing, et cependant je doibs croire que les quarante mille escus du premier terme des lettres de change de Nicolas Haron seront déjà payés ; car il mande à son correspondant icy, qu'il avoit déjà l'argent tout prest et qu'il n'attendoit sinon le temps pour s'embarquer ; et doresnavant tout l'argent ira en espèce et non pas en lettres de change, comme vous me le mandez.

» Je vous supplie, Monsieur, de donner part du contenu de celle-cy à M. le prince, auquel je n'escris point avec cette occasion, me remettant à celle du départ de M. de La Tour, qui sera (comme je vous ay dit) incontinent.

» J'ay receu beaucoup de joie d'entendre que madame la princesse ayt eu la bonté d'agréer les chevaux, et j'en recevray encore beaucoup davantage quand j'apprendray que M. le prince aura faict de mesme, désirant qu'il gaigne avec eux plusieurs victoires ; et je vous supplie de me mander avec toute franchise, s'il y a quelque autre chose de par-deçà qu'il puisse désirer ; car vous sçavez le plaisir que je me prends en luy servir, et la passion avec laquelle je m'employeray toujours en tout ce qui pourroit estre de son service, comme aussy du vostre, estant avec toute vérité, Monsieur, vostre très-affectionné serviteur.

» Don Louis Mendes de Haro.

» *Madrid, ce Juin* 1652. »

La population de Bordeaux ne donnait pas seule des inquiétudes au prince ; la fidélité de l'armée semblait s'ébranler ; l'indiscipline s'y était manifestée un moment, Lenet avait réussi à l'apaiser ; le prince le remerciait par la dépêche suivante de tous ses soins :

A Monsieur Lenet, conseiller ordinaire du Roy.

« Je ne puis assez vous tesmoigner ma joie d'avoir appris, par vostre lettre du 17 du courant, le bon estat auquel est présentement la ville de Bourdeaux ; c'est en partie l'effect de vos soings, que je vous prie de vouloir employer sans relâche, à maintenir les esprits dans la disposition qui est nécessaire pour ne plus retomber en de pareils désordres que ceux d'où l'on sort. Je seray bien aize que toutes les choses se restablissent, à quoy vous me ferez plaisir de tenir la main, et tesmoigner à tous MM. du parlement la joie que j'ay de les voir rentrer dans leur autorité, et que je m'employeray toujours pour la maintenir autant que je pourray.

» Je vous envoie la lettre interceptée de M. de Saint-Simon ; vous verrez ce qu'elle contient et en tirerez l'advantage que vous pourrez.

» Pour les jurats, mandez-moi ceux qui peuvent estre nommés, et de quelle façon j'en puis ou dois escrire pour que tout le monde soit content.

» Louis de Bourbon. »

En même temps, le prince ranimait le zèle de ses pricipaux officiers, et réprimandait ceux qui lui paraissaient coupables de quelque négligence ; c'est pour un tel motif qu'il adressa à Marchin la lettre suivante :

A Monsieur le comte de Marchin.

« Je suis bien fasché d'avoir appris, par vostre lettre du 17 de ce mois, la mutinerie des officiers dont vous m'escrivez. Il faut, à quelque prix que ce soit, empescher qu'elle n'aille plus avant, à quoy vous remédierez de telle manière que vous le jugerez à propos. Cela faict bien cognoistre la nécessité de vostre présence en toute sorte de lieux. Je croye que celle de mon frère et la vostre à l'armée dissiperont tous ces petits orages qui pourroient causer de nouvelles désordres, s'ils n'estoient destournés promptement.

» Il ne faut pas que vous croyez que nous recevrons de grandes assistances par deçà des gens que vous sçavez; au contraire, ils nous y laissent manquer de toutes choses, et sans les emprunts que j'ay faicts de tous mes amis, je ne sçay ce que tout seroit devenu. Il faut faire presser monsieur de Vatteville de satisfaire à ce qu'il vous doibt fournir au-delà, sans luy donner la moindre relâche du monde: estant une chose estrange que je sois réduit à soustenir à mes propres despens tous les frais de plusieurs armées. Faites-moy souvent sçavoir de vos nouvelles, et me croyez plus absolument à vous que personne du monde.

» Louis de Bourbon.

» A Paris, le 23 juin 1652. »

Le prince de Conti ne demeurait pas inactif; il était le 28 juin à Périgueux; il voulait repartir ce jour même pour attaquer Bourdeilles, qui se rendit avant son arrivée, ainsi que le château de Fories. Le prince y mit garnison et se trouva le lendemain à Bergerac. Sur un autre point, Montosier était défait par Balthazard, et le prince de Condé remerciait en ces termes Lenet qui l'avait informé de ce succès:

A Monsieur Lenet, etc.

« Vous avez bien raison de croire que la desfaicte de messieurs de Montosier et Folleville par monsieur Balthazard me doibt donner une joye parfaicte, estant une des meilleures nouvelles que je pourrois jamais apprendre; outre la lettre que je luy ay escris, mandez-luy encore de ma part combien ce succès me touche par sa considération. Tesmoignez à messieurs du parlement, qui estoient exilés, la joye que j'ay de

(1) Voici la lettre de dom Louis de Haro au sujet de cette mémorable échauffourée. Il faut voir dans cette lettre l'effet de l'habileté de Lenet à exalter les moindres succès du prince auprès de ses alliés:

A Monsieur le prince de Condé.

« Monsieur, M. Lenet m'ayant donné part de la victoire que vous gaignastes sur les ennemis le 2e de ce mois, dans les faubourgs de Paris, je ne sçaurois manquer de tesmoigner le grand plaisir que le Roy en receut, et la joye dont j'ai esté comblé avec cette nouvelle. Vous le pouvez croire, Monsieur, puisque vous ne devez douter aucunement de mon zèle pour vos intérêts, et de la passion avec laquelle je souhaite vostre gloire, vos avantages et l'agrandissement de vostre mai-

leur retour, et faictes compliment à tous mes autres amis, particulièrement à ceux qui m'ont escrit, auxquels je n'ay pas le loisir de faire response, ce courier devant partir quatre heures après l'arrivée de celuy qui vient de Bourdeaux.

» Louis de Bourbon.

» A Paris, le 26 juin 1652. »

De son côté, Condé avait à se défendre contre l'armée du Roi; il prit sur elle Saint-Denys, le 2 juillet, et ces minimes succès faisaient au loin assez de bruit pour que le roi d'Espagne en félicitât le prince comme d'une éclatante victoire (1). Il est vrai qu'il avait reçu une blessure assez grave *à la bataille Saint-Antoine.*

Il y eut à la même époque un conseil tenu au palais du duc d'Orléans (2); le prince de Condé y donna un soufflet à Rieux qui fut, de plus, mis à la Bastille (3).

Des négociations furent entamées avec la cour, mal conduites et sans résultats. Chavigny en particulier y servit mal le prince de Condé. Le duc de Nemours fut tué en duel par le duc de Beaufort; Chavigny mourut aussi, et le prince alla de nouveau se mettre à la tête de son armée. Ses marches et ses actions décrites dans les Mémoires de la Fronde furent de nouvelles preuves de son courage et de ses talens.

Lenet n'en fut pas le témoin, mais il se proposait de s'en instruire; on l'apprend par une note de sa main, qui se trouve à la suite de quelques brièves indications relatives au parlement de Pontoise, à l'affaire de l'Hôtel-de-Ville de Paris, faussement attribuée aux princes; à la mauvaise conduite de Chavigny, à l'affaire de la paille, à la sortie du prince de Paris; et cette note est ainsi conçue: « Fault sçavoir tout ce que dessus; — sçavoir tout ce que le prince fit depuis son départ de Paris jusqu'à son entrée en Flandres. »

Lenet ajoute aussitôt ces mots: « Suivre nos

son. Je crois que vous aurez receu presque au même temps de M. Lenet l'advis de l'arrivée des galions, et je vous donne le parabien de l'un et de l'autre; vous asseurant que vous aurez à Bordeaux, avec toute la brièveté possible, toute la quantité d'argent qui vous est deue en suite du traité, et de ce que je vous ay offert tant de fois, comme vous l'entendrez plus particulièrement par ce que j'escris à M. Lenet, auquel je me remets, me confirmant, Monsieur, de Votre Altesse, le très-humble, etc.

» Don Louis Mendès de Haro.

» Madrid, ce 28 juillet 1652. »

(2) Le chancelier sy trouva. (*Note de Lenet.*)
(3) Lenet devait dire pourquoi, mais il ne l'a pas fait.

affaires de Bordeaux, toutes contenues dans les lettres que j'escrivis au prince. » Nous allons nous conformer à son propre plan.

L'affaire principale du moment (mois de juillet) était la liberté du duc de Guise, en raison du concours que le prince de Condé en espérait. Le roi d'Espagne voulait bien y donner son assentiment, mais il désirait en même temps que Condé poussât, par tous les moyens, le duc de Guise à épouser la comtesse de Bossu. D'un autre côté, le roi d'Espagne favorisait aussi les démarches du prince de Conty qui désirait le chapeau de cardinal. Tels sont les sujets de l'active correspondance avec le cabinet de Madrid : on le voit par les lettres suivantes de don Louis de Haro et du Roi lui-même.

A Monsieur le prince de Condé.

« Monsieur, j'ay receu, par les mains du sieur de Saint-Agoulin, retourné en cette cour, celle qu'il vous a pleu m'escrire sur ce qui touche monsieur de Guise, en suite desquelles en ayant donné compte au Roy, et rendu de ma part tous les bons offices qu'il m'a été possible, et selon que vous me l'avez commandé, il a pleu à Sa Majesté de prendre la résolution que vous entendrez par ses propres lettres qui vont sur ce mesme couvert, de quoy je vous laisse penser si je n'ay pas sujet d'estre content. Le Roy vous mande qu'il se remet à ce que je vous escriray plus particulièrement sur cette matière, mais j'aurois peine de rien adjouster à ce que Sa Majesté touche dans la sienne, d'autant mesme que vous y reconnoistrez suffisamment sa générosité en la substance de cette affaire et en la procédure qu'elle y garde, puisqu'elle vous en rend maistre absolu et vous envoye pouvoir afin de l'adjuster avec les avantages qui vous sembleront les plus convenables à son service et surtout à vos intérests, qui luy sont si fort à cœur qu'elle les préfère aux siens propres. Vous reconnoistrez aussi par là l'estime particulière que Sa Majesté fait de vostre personne, Monsieur, et de vostre maison, ayant voulu au mesme temps faire voir au monde et à toute la France, par ce témoignage public, combien avant elle s'est engagée à vostre protection.

» Pour moy, vous ne devez nullement douter qu'en toutes les occasions de vostre service je ne m'y porte d'un cœur tout entier, afin de montrer par les effects mon zèle et passion, et que je veux estre tousjours, Monsieur, vostre, etc.

» D. Louis Mendes de Haro.

» *Madrid, ce 27 juin 1652.* »

A mon bon cousin Monsieur le prince de Condé.

« Monsieur mon bon cousin, don Louis de Haro m'a rendu conte de la lettre que vous luy avez escrite par Saint-Agoulin, alléguant de rechef combien vous avez à cœur la liberté du duc de Guise et les raisons qui vous y portent, le requérant de faire à ce regard de particulières et vives instances auprès de moy; Saint-Agoulin en a fait de mesme de bouche et par escrit en vertu de sa créance, et Lenet encore plus distinctement par une sienne lettre au mesme don Louis de Haro ; de sorte qu'ayant examiné et considéré le tout, et comme quoy vous préférez les raisons qui vous obligent à désirer la liberté du duc à toutes celles que je vous ay faict représenter cy-devant sur cette matière, j'ay trouvé bon de vous faire plaisir en ce point avec la mesme facilité et bonne volonté dont je vous ay donné tant de fois assurance par le passé, réputant estre de mon plus grand intérest tout ce qui sera de vos convenances, et croyant (comme je le tiens) que, quelque charité que ce soit, pourveu qu'il passe par vos mains et direction, non seulement ne sçauroit estre dommageable à mon service, mais qu'au contraire il sera tousjours rempli d'avantages et d'asseurances pour moy ; j'ay résolu donc de vous donner procuration et pouvoir afin qu'en mon nom vous traitiez, arrestiez et concluiez cette affaire, ratifiant comme je fais dès maintenant ce que vous en ferez, et jugeant pour mes propres avantages ceux que vous pourrez tirer de la personne du duc, pour appuyer, affermir et asseurer vostre parti dont je dois préférer tousjours (ainsy que je vous ay offert de faire) la conservation à mes plus grands intérests. En cette conformité on donne advis au baron de Vatteville, afin qu'il sache que le traité sur la liberté du duc vous est renvoyé pour en disposer ainsi que je vous en donne la commission absolue, sans qu'il ait à se mesler d'autre chose que d'obtenir et exécuter ponctuellement ce que vous luy ordonnerez sur cette affaire, comme vous entendrez encore plus particulièrement par celle que don Louis de Haro vous escrit, à laquelle je me remets, priant Dieu, monsieur mon bon cousin, qu'il vous aye en sa saincte garde.

» Vostre bon cousin,

» Philippe.

» Et plus bas : G. de la Torre.

» *Madrid, le 29 juin 1652.* »

A mon bon cousin le prince de Condé.

« Monsieur mon bon cousin, combien que je doibs croire que le duc de Guise ne manquera pas à son devoir ny à sa conscience, en ce qui regarde le mariage avec la comtesse de Bossu, néantmoins estant ma vassalle et de la maison et qualité qu'il est notoire, et si juste que je la protége en toute occasion, j'ay bien voulu vous prier avec celle-cy de la liberté dudit duc où vos offices ont peu tant avec moy, que vous procuriez et aidiez le bon succès de cette affaire en la forme que vous trouverez mieux, la remetant à vostre bonne et sage direction; vous assurant que j'estimeray fort particulièrement la faveur que vous y fairez à ladicte comtesse; priant Dieu, monsieur mon bon cousin, qu'il vous aye en sa saincte garde.

» Vostre bon cousin,

» PHILIPPE.

» Et plus bas : GER^{do} DE LA TORRE.

» *Madrid, ce 29 juin 1652.* »

A Monsieur Lenet, conseiller, etc.

« Monsieur, je vous escrivis le 18 de ce mois fort amplement, sur toutes matières dont le duplicata est là cy-joint, auquel je me remets, y adjoustant seulement qu'ensuite de ce que j'y vous ay mandé sur l'affaire de monsieur le duc de Guise, il plust au Roy de prendre la résolution que vous entendrez par les lettres de Sa Majesté, pour monsieur le prince et monsieur le baron de Vatteville, dont je ne doute pas que vous connoistrez la générosité de Sa Majesté en cette occasion et le tesmoignage public qu'elle donne à la France et à tout le monde, de l'estime si particulier qu'elle fait de monsieur le prince, et de la protection dans laquelle elle veut toujours tenir ses intérests, de quoy je me suis réjouis autant que vous pourrez juger, par la passion avec laquelle je désire les occasions de son service, et qu'en toutes s'achemine toujours sa plus grande satisfaction.

» Je me réjouis bien, Monsieur, avec vous des bons succès d'Estampes et de Périgord, et je crois que vous ferez le même de celuy que monsieur D. Jean d'Autriche a eu au port de Saint-Felien, contre le secours de vivres que les ennemis y tenoient prévenus dès long-temps pour le jeter dans Barcelone. Il fust bien considérable, et on en peut espérer la fin de son entreprise qu'on doibt tant désirer. Les circonstances, vous les apprendrez plus particulièrement par la relation de monsieur le baron, à laquelle je me remets, vous suppliant de faire tenir les cy-joinctes à messieurs les princes, par lesquelles je donne l'honneur de satisfaire à celuy qu'il leur a plu me faire par les siennes, que vous m'avez remises, et croyez que je suis, Monsieur, votre très-affectionné serviteur,

« D. LOUIS MENDES DE HARO.

» *Madrid, ce 30 juin 1652.* »

A Monsieur le prince de Condé.

« Monsieur, je me donnay l'honneur de vous escrire le 27e de ce mois, et à l'instant je viens de recevoir celle qu'il vous a pleu m'escrire le 21 du passé, sur les intérests de monsieur de Guise. Par ma précédente, vous reconnoistrez que cette affaire estoit desjà conclue selon vostre désir, de sorte que je n'ay rien à adjouster de plus, hormis de nouvelles assurances de la joie que je ressens par la résolution qu'il a plu à Sa Majesté de prendre, qui m'a causé une singulière satisfaction, et particulièrement pour celle que je vous souhaite en toutes vos entreprises.

» Je viens d'apprendre la nouvelle du bon succès que vous avez eu au siège d'Estampes, et de celui de monsieur le prince de Conty en Guienne. Je vous donne le *parabien* de l'un et de l'autre, comme encore à raison d'un troisième bonheur arrivé à monsieur D. Jean d'Autriche dans ce port de Saint-Felien, contre le secours entier qu'on y préparoit pour jetter dans Barcelonne, lequel, à dire vray, a esté de grande considération, comme vous l'entendrez de monsieur de Lenet, qui, je ne doute point, vous fera relation de toutes ces circonstances, à laquelle je me remets, comme aussi quand au surplus à mes lettres du 27, et à ce que j'ai escrit ces jours passés audit sieur de Lenet sur ces mesmes matières.

» C'est pourquoy vous asseurant de nouveau, Monsieur, qu'en toutes occasions me reconnoistrez la continuation du désir que j'ay de vous rendre mes très-humbles services et seconder en tout vos intérests, je suis, par la profession que je fais, Monsieur, votre, etc.

» D. LOUIS MENDES DE HARO.

« *Madrid, ce 30 juin 1652.* »

A Monsieur le prince de Conty, à Bordeaux.

« Monsieur, le sieur de Sainct-Agoulin m'a mis en main celles dont vous m'avez honoré en date du 12ᵉ du mois passé. Je tiens bien chère la faveur que vous m'y faites, et que je désire mériter aux occasions qui se présenteront de vostre service.

» Le Roy fait de nouvelles instances pour vostre chapeau, et on vous en envoye le duplicata, afin que vous-mesme en procuriez bonne adresse. Au surplus, vous pouvez, Monsieur, estre certain que Sa Majesté vous continuera ses bons offices avec ses désirs extrêmes d'en avoir une heureuse issue, et que pour moy j'y contribuerai à mesme fin tout ce qui sera de mon pouvoir, désirant d'avoir encor plus d'occasion de vous en donner des preuves, afin de vous montrer par les effets que je suis, Monsieur, vostre, etc.

« D. Louis Mendes de Haro.

« Madrid, ce 30 juin 1652. »

Le calme ne renaissait pas dans Bordeaux; Lenet en avait informé le prince, qui pensait qu'il fallait à tout prix empêcher que ces nouvelles divisions ne continuassent : « Mettez-y le tout pour le tout, disait-il à Lenet; employez-y le crédit de mes amis. » Le prince écrivait en même temps au parlement de Bordeaux, aux jurats, à l'armée, et Lenet, à qui il transmettait ses lettres ouvertes, était le maître de les supprimer. Il ajoutait : « Mandez-moi aussi des nouvelles de la santé de ma femme, et faictes-moi sçavoir quelle peut estre son incommodité; faictes mes excuses à ma sœur et à mon frère si je ne leur escris point, n'en ayant pas le moindre loisir. » Ceci est du dernier jour de juin; le 3 juillet suivant, une nouvelle lettre du prince témoignait encore de ses inquiétudes; il écrivait à Lenet :

« Vous croiez bien que c'est avec un extrême desplaisir que j'ay appris par vostre lettre du 27 du passé, les derniers emportemens des bourgeois de Bordeaux les uns contre les autres, et que c'est une des choses du monde qui me donne le plus d'inquiétude. Il fault promptement y pourvoir de façon ou d'autre, et si par négotiation et par addresse ou autrement on ne peut obliger l'Ormée à se contenir, il vaut mieux se mettre de son costé, que de la voir chasser de Bordeaux. C'est néanmoins le parti qu'il ne faut prendre qu'à l'extrémité. Mais dans l'estat présent des choses, je n'en vois point d'autre à suivre, après que tous les moyens qui se pourront inventer pour appaiser la furie de l'Ormée auront esté employés. Priez tout ce que j'ay d'amis à Bordeaux de tenter toutes voyes possibles avant que vous en veniez là, et continuez d'y agir avec la mesme vigueur que vous avez faict jusques icy.

» Je vous ay escrit touchant les nouveaux jurats; j'attends sur cela de vos nouvelles.

» Je me remets à la lettre que Caillet vous escrit pour vous faire sçavoir les nouvelles de deçà, et de tout ce qui se passa hier aux portes de Paris. Faites-en part à M. de Vatteville et à ceux que vous jugerez à propos. Je croy que vous ne manquerez pas de le presser pour de l'argent et pour toutes les autres choses qui vous sont nécessaires, aussy je ne vous recommande pas d'en avoir soing.

» Louis de Bourbon.

» De Paris, le 3 juillet 1652. »

Le même jour, le prince donnait ses instructions militaires au comte de Marchin.

A Monsieur le comte de Marchin.

« J'ay receu vos deux lettres du 22 et 28 du mois passé à un jour l'une de l'autre; la première m'informe du bon ordre que vous avez donné pour les officiers du costé de Bergerac, dont j'ay autant de subjects de joye que j'en ay de desplaisir de ce que contient vostre dernière, remplie de nouveaux désordres de Bourdeaux, qui vont à un tel excès, que tout ce qui s'y estoit passé jusques à ce temps-là ne m'avoit pas tant donné de desplaisir que cette dernière action. J'espère que la présence de mon frère et la vostre ne serviront pas peu pour y remédier, du moins pour en modérer les emportemens.

» Je vous envoie les ordres que vous ferez tenir à M. Castelnau pour le conseil de Bergerac. Ils sont tous semblables au mémoire qu'il vous en avoit donné, et que vous m'aviez envoyé.

» Pour vostre secours, sans la pièce que nous a fait M. de Lorraine, les trouppes seroient déjà en marche pour aller à vous; et croyez, une fois pour toutes, quesitost que je vous en pourray envoyer je le feray sans en estre sollicité. A peine ay-je icy de quoy faire teste à une partie des ennemis, et si j'avois des troupes plus qu'il ne m'en faut, vous pouvez croire que je ne prendrois pas plaisir à voir périr Montrond, qui est à la veille de sa perte. J'attends dans huit ou dix jours au plus tard toute l'armée de Flandres, composée de 17,000 hommes, que Salers m'a asseuré de la part de M. le comte de Fuensaldagne, devoir partir incessamment pour venir jusques à Paris par le plus droit chemin. Il les a laissés près de Cambray, et je les croy présentement en marche; aussitost qu'ils seront arrivés, je retiendray icy ce qu'il me faudra, et non plus, pour faire teste aux ennemis; je vous enverray du surplus qu'il vous en faudra suffisamment pour réduire le comte d'Harcourt. Faites-en estat dans ce temps-là, non plus tôt, la chose estant présentement hors de mon pouvoir.

» Louis de Bourbon.

» *De Paris, le 3 juillet* 1652. »

L'Espagne n'était pas inactive : elle remplissait ses engagemens. Don Louis de Haro mandait ce qui suit à Lenet :

« Monsieur, il vient d'arriver un courrier de Cadix, avec la nouvelle de l'arrivée de la flotte et des galions en ce port-là, dont je vous ay bien voulu donner part et le parabien, vous suppliant de le donner de ma part à monsieur le prince, et de l'asseurer que dès aussitost l'on a renouvelé les ordres pour Smiglie, afin que l'argent soit incontinent envoyé à ceste cour, et qu'il sera satisfaict entièrement de tout ce qui luy est deu par le traicté, ensuitte de ce que je luy ay promis tant de fois : à quoy je dois ajouster qu'encore que ce succès est si considérable pour le regard de toutes les affaires présentes du Roy, qu'on a aujourd'huy entre les mains, le principal plaisir que j'en ay receu est pour ce qu'il peut contribuer aux avantages des intérests de monsieur le prince, duquel je me professe si vray serviteur et ami.

» Monsieur de Guise partira incontinent pour Saint-Sébastien, afin d'exécuter son passage, et je ne vous en diray davantage ici pour ne retenir pas ce courrier qui porte une si bonne nouvelle. Je suis, Monsieur, votre très-affectionné,

» D. Louis Mendes de Haro.

» *Madrid, ce 9 juillet* 1652. »

Le prince tenait un agent à Londres ; il se nommait Barrière, et les renseignemens qu'il envoyait au prince furent, un instant, capables de l'inquiéter au sujet des intentions des Anglais sur Bordeaux ; on l'apprend par la lettre suivante du prince à Lenet :

A Monsieur Lenet.

« Je vous envoie aussi une lettre que Barrière m'a escrit, par laquelle vous verrez l'intelligence qu'il croit que les Anglois ont à Bordeaux. Taschez à découvrir la personne qui est nommée dans la lettre, et si la chose est véritable, il faut lui faire faire quelque faute ou quelque querelle d'Allemand pour l'obliger de sortir de Bordeaux, sans qu'il paroisse que ce ne soit point le subject de sa négotiation, de crainte que cela n'aigrisse les Anglois, ce qu'il faut éviter.

» Au surplus, vous ne devez prendre aucune mesure sur la paix ; au contraire, travailler en toutes choses sur un principe de guerre. Aussi bien y sommes-nous aussy avant que jamais.

» Louis de Bourbon.

» Je ne vous faicts point de response sur ce qui vous concerne ; il me semble que vous croiez un peu de léger aux choses qu'on vous dit, et vous avez accoutumé de ne croire, sur ce qui vous regarde, que ce que je vous dis. Soiez en repos sur mon amitié, et persuadé qu'elle est comme elle doit estre, et ne vous inquiétez de rien : c'est tout ce que je vous puis dire.

« *A Paris, le 11 juillet* 1652. »

Le prince dépêchait presque chaque jour ses ordres et ses instructions au conseiller Lenet ; le texte même de ses lettres est la meilleure relation qu'on puisse avoir des événements de l'époque.

A Monsieur Lenet, conseiller, etc.

« J'ay receu vostre lettre du 8 du courant, et veu ce qu'elle contient, avec beaucoup de satisfaction, par le bon ordre que vous apportez à toutes choses, et par le rapport qu'il y a de vos sentimens aux miens, touchant l'Ormée et tout le reste des autres affaires dont vous m'escrivez, vous asseurant que je persiste tousjours dans la pensée de nous joindre tous à ceux de l'Ormée, puisque ce parti se trouve de beaucoup plus fort que l'autre, et que l'on n'a peu le réduire ni par addresse ni par auctorité, ce que je crois qu'il vault mieux faire que de hazarder à perdre Bourdeaux, en faisant autrement.

» Quand aux jurats, mon advis est qu'on les face de ceux qui sont dans les intérests de l'Ormée, pour nous acquérir tout-à-faict ces gens-là, pour arrester leur fougue. Après quoy, les mesmes jurats estant obligés de maintenir l'auctorité de la magistrature, ils travailleront eux-mesmes, avec le temps, à la destruction de l'Ormée ; c'est ce qu'il faut que vous expliquiez à M. De Mirat et à mes autres amis, afin de leur oster tout subjet de plainte, leur donnant asseurance que tout le plus tost qu'il se pourra je travailleray au rétablissement de leur auctorité.

» Je vous envoye des lettres que vous m'avez demandées pour quelques-uns de l'Ormée ;

vous les rempliray des noms de ceux que vous jugerez à propos.

» Le baron de Jarzé, que je vous despesche, vous entretiendra au surplus de toutes choses de ma part, je l'ay chargé de lettres et billets de créance, laquelle il estendra selon qu'il sera jugé à propos de delà.

» Je vous envoye une lettre pour M. Balthazard, sur la mort de son fils, par laquelle je le prie de ne point s'esloigner de la province.

» Louis de Bourbon.

» *A Paris, le 15 juillet 1652.*

» Je vous envoye des lettres pour des gentilshommes et bourgeois de l'Ormée, dans le sens que vous m'avez escrit. Si vous jugez à propos de les rendre, faictes remplir le nom des bourgeois dans le corps de la lettre qui est en blanc, j'ay faict mettre toutes les despesches dans l'ordinaire; ne vous en servez pas sans en avoir conféré avec le baron de Jarzé. »

A Monsieur Lenet.

« Ce courrier m'a esté dépesché par M. le comte Du Dognon, tout exprès pour me demander des hommes et de l'argent. Il m'escrit en des termes si pressans le besoing qu'il a présentement des mille hommes qu'il vous a demandés, déduisant ce que peut monter le régiment de Chouppes, qu'il n'y a rien qu'il ne faille mettre en œuvre pour lui donner ce contentement. Si les Irlandois sont arrivés, vous les luy pourrez envoyer, sinon il faudra demander à M. de Vatteville trois ou quatre cens de Allemands, ou mesme des Espagnols qu'il a dans sa place, lesquels M. Du Dognon ne fera difficulté de recevoir, et le surplus il faut que M. de Marchin les tire de tous ses corps, et les luy envoye promptement. Et pour l'argent, je désire absolument qu'il soit payé par préférence à toute autre chose, sur le premier que vous toucherez, en sorte qu'il n'ayt pas le moindre subject de se plaindre.

» Il m'escrit aussy que les Espagnols ont quitté le poste où il les avoit mis; c'est une chose que je vous prie d'adjuster entre luy et M. de Vatteville.

» Louis de Bourbon.

» *De Paris, le 24 juillet 1652.* »

A Monsieur Lenet, conseiller.

« J'ay receu vostre lettre du 18 du présent mois, qui m'a donné advis de l'arrivée de la flotte, dont j'ay beaucoup de joie. Je croy que cela et l'argent que vous devez bientost toucher vous mettront en estat de pouvoir augmenter les trouppes de Guienne, et ce, à tel point que, pour soutenir les affaires de delà, vous ne serez pas réduit à attendre du secours de deçà. Bien que nonobstant cela je ne laisseray pas de faire tous mes efforts pour vous en envoyer tout le plus tost qu'il se pourra.

» Quand à l'affaire de M. Du Dognon, je vous escris par une lettre particulière, dont j'ay chargé le courrier qu'il m'a despesché, mes sentimens pour les choses dont il me mande avoir besoin, à quoy vous pourvoirez le plus diligemment que vous pourrez. Je luy escris aussy une lettre, la plus touchante que j'ay peu.

» Pour les autres choses dont vous m'escrivez, j'approuve entièrement l'ordre que vous y apportez, et vous en remets la conduite entière comme à une personne sur les soings et l'affection de qui je me repose de toutes choses.

» Tesmoignez à M. De Mirat le desplaisir que j'ay de son indisposition et mandez-moi si celle de ma sœur ne la quittera pas bientost.

» Louis de Bourbon.

» *A Paris, le 25 juillet 1652.* »

A Monsieur Lenet, conseiller, etc.

« Ce que vous m'avez escript, par vostre lettre du 29 du passé, du nouveau desmeslé du parlement avec la ville, m'a donné bien du desplaisir, et particulièrement le dessein que vous me mandez que le parlement a de sortir de Bordeaux, qui est une chose qu'il fault empescher à quelque prix que ce soit, et mettre ordre de bonne heure, pour qu'ils n'en escrivent à Son Altesse Royale et à moy, à cause du bruit que cela pourroit faire par deçà, ce qui nous feroit un tort irréparable dans le parlement de Paris, par le mauvais exemple, cela arrivant dans un temps que cette compagnie faict des démarches très-advantageuses pour le bien de nos affaires. Travaillez donc de tout vostre pouvoir à destourner un tel dessein et quelque chose qui puisse arriver, soit que le parlement sorte ou que mon frère perde son crédit, il fault pour votre particulier que vous demeuriez tousjours dans les mesmes termes que je vous ay escrit, qui est de vous joindre avec ma femme et mon fils à ceux à qui l'affaire demeurera, en sorte que l'on puisse toujours demeurer maistre de Bordeaux.

» J'approuve au surplus vostre conduicte en toutes ces circonstances, sur toutes les choses dont vous m'escrivez, et particulièrement la résolution que vous avez prise pour l'élection des jurats.

» Pour le regard de Villeneufve, je serois ravy qu'on pust le secourir; la résolution que ses habitans ont tesmoignée jusques icy est si belle, qu'ils méritent bien que l'on face quelque effort pour les sauver; il ne fault pas pour cela hazarder tout, mais il n'y auroit pas de mal de risquer quelque chose pour tascher d'en venir à bout. Je n'ay point receu le billet de Saint-Agoulin, et vous ne devez pas estre en peine de ceux que vous m'avez addressez, les ayant tous receus par les précédens ordinaires.

» LOUIS DE BOURBON.

» A Paris, le 5 aoust 1652.

» Je vous prie de me mander souvent des nouvelles de la santé de ma femme. Le médecin de mon fils est parti, M. Du Pré fera bientost partir la sage-femme que madame de Tourville demande; pour son mémoire, j'y respondrai au premier jour. »

De son côté, Lenet montrait un zèle sans fin et une grande habileté dans la conduite des affaires du prince; on en trouve une nouvelle preuve dans la dépêche qui suit:

Lettre de Lenet à Son Altesse, de Bordeaux, le 8 aoust 1652.

« Je commencerai en vous tesmoignant la douleur que j'ay de la perte de M. le duc de Nemours. Point de compliment sur l'affaire de M. le comte de Rieux (1). M. le maréchal Marchay est toujours icy avec des impatiences nompareilles de passer en Espagne, mais je n'ay pu consentir à son départ qu'au préalable nous n'ayons concerté entre M. de Vatteville, luy et moy, toutes les choses dont nous avons besoing pour la guerre, en présence de M. le prince de Conty. Nous y travaillâmes hier au soir et y travaillâmes aujourd'huy : il veut partir ce soir à toute force; je luy fais pourtant préparer à souper avec madame Du Bourdet, qu'il trouve belle, et demain au matin l'on luy rendra la lettre du 28 du passé, et peut-estre que l'ordinaire de samedy nous apportera vos intentions, qui seront fort ponctuellement suivies. Cependant, je crains qu'on ne luy face quelque mauvais tour à Bayonne, car il dit l'autre jour publiquement en cette ville, que pendant quatre mois il avoit fait solliciter par toutes voyes, mesme celle du nonce et de l'ambassadeur de Vienne, un passeport sans l'avoir pu obtenir, et qu'enfin, pour quatorze pistosles, un commis luy en avoit donné un. Si par hasard M. de Toulongeon le sçait, je ne voudrois pas respondre qu'il ne le fist arrêter, et j'en serois au désespoir pour l'amour de luy et pour la considération de son maistre. Il y a si grande correspondance d'icy à Bayonne, qu'ayant dit cela tout haut, il pourroit en arriver accident; je luy donnerai, avant que de sortir, d'amples instructions de tous vos intérêts en cour d'Espagne, puisque Vostre Altesse veut prendre confiance en luy, pour les luy faire solliciter, conjointement avec M. de Saint-Agoulin, que j'ay adverti par advance aussi bien que M. de Vatteville du contenu en vos deux lettres sur ce subject; mais assurément si nous ne recevons pas vos ordres par le premier courrier, l'on ne les luy pourra faire attendre plus long-temps.

» Les Irlandois sont arrivés cette nuit devant Poillac, sur quatre vaisseaux. Je vous manderay par le premier courier le lieu où ils seront; il y a quelque maladie parmy eux, qui a obligé ces Messieurs de Saint-Sébastien à retenir encore M. de Guise jusques à ce que le vaisseau qui le devoit aller quérir avec ce peu d'argent, y fust arrivé; il m'en envoya donner avis et du déplaisir que ce retardement luy cause par M. de La Tour, son escuier, qui me rendit une de ses lettres, du 4 courant, avec une autre de dom Pedro, par son garde majeur, qui portoit qu'il n'avoit ozé l'embarquer sur un autre vaisseau que celuy qui seroit envoyé par ledit sieur de Vatteville. Son Altesse de Conty luy escrivit, et moy aussi, de votre part, pour nous plaindre de ce retardement, avec ordre de l'embarquer sur la Gloria, qui est arrivée au port de Saint-Sébastien, sans aucun délai; j'ay aussi addressé à M. de Guise une lettre pour Saint-Agoulin, qui luy donne ordre de se plaindre de toutes les longueurs au Roy Catholique et à M. Don Louis, et s'ils les advouent de porter les plaintes de Votre Altesse fort haut et demander justice contre ceux qui les auront causées, afin qu'il envoye cette despèche, s'il estoit nécessaire, en diligence à Madrid, mais je ne le crois pas: M. de Vatteville aiant juré à M. le prince de Conty qu'il n'y avoit aucune finesse, ny contre-ordre, et que ce n'estoit qu'une délicatesse de ceux qui le gardent, qui n'osent tant soit peu gauchir les ordres qu'ils ont d'attendre l'embarquement dudit sieur de Vatteville. Ce qui me met au désespoir, est le retardement de ce peu d'argent qui est à Saint-Sébastien, qui nous donneroit moyen de soutenir les affaires quelque

(1) A qui le prince avait donné un soufflet.

temps, attendant celuy des Indes. Je suis accablé de debtes, et j'ay tant donné des pesonets sur celles qu'on m'a données d'Espagne, que ne say plus que faire. Le coquin de Comtade, à qui j'ay détaché l'Ormée, a débauché tous les presteurs, leur disant publiquement que les princes ne payoient que quand ils vouloient, qu'on luy devoit de l'argent depuis deux ans, que M. Viole l'auroit pu payer vint fois, et qu'il ne l'avoit pas voulu faire.

» Sur le tout l'arrivée de l'armée navale mazarine vers l'île Dieu, faict que qui que ce soit de tous les marchands qui me prestoient et m'avoient promis tous ensemble de me prester jusqu'à quarante mille escus, avec quoy j'aurois roullé jusques à la fin de septembre, ne veulent plus advancer un cart de sou. Vostre Altesse peut juger de là si je suis fort à mon aise, je feray tout ce qui se pourra, sans m'estonner ny me rebutter, peut-être dans sept ou huit jours arrivera-t-il quelque chose d'Espagne, qui est ma seule ressource, et quinze ou vingt mille francs que je pourrai avoir dans le coffre commun dans la dernière nécessité, car les gens de ce pays veulent bien recevoir, mais jamais m'advancer que par force; l'on a tellement laissé abattre l'auctorité, on a en cela si fort accoustumé à leur demander congé de toute chose et l'on a tant familiarisé avec eux, qu'ils croyent qu'ils sont les maistres de tout. On aura mille peines à remettre les choses dans le point qu'elles estoient il y a deux ans, je n'y oublierai rien, et pleut à Dieu qu'on m'eût cru d'abord. Vostre Altesse verra par la dernière lettre de Chambon et par la copie de la lettre d'un de nos Espagnols, qui a donné l'advis de l'arrivée de cette armée mazarine dans nos costes, l'estat de Broage : sur quoy je vous dirai que tous les vaisseaux qui restoient en rivière et qui portoient cinq cens hommes, parmy lesquels sont quantité d'officiers réformés, sont joints depuis lesdittes lettres escriptes avec des vivres pour jusqu'à la my-septembre, que Marchin y sera aujourd'hui ou demain, que nous allons leur envoyer encorre de l'infanterie d'Enguien pour avoir, pour le moins, leurs mil hommes, que Saint-Martin de l'artillerie la mènera, sur quoy je n'ay pas besoing de vous faire de commentaires, nos Irlandois remplaceront deçà ce que nous en tirerons, et l'empressement que nous avons eu à secourir Brouage nous a faict quitter la pensée de Riom; maintenant que le pont de Marmande est rompu et que cette armée pourroit venir croiser la mer à l'embouchure de la rivière, je proposai hier à monsieur le prince de Conty de se saisir d'Arçhachon afin d'en retenir la communication de Saint-Sébastien, avec des petites frégattes liscaines, car la coste ny le port ne peuvent souffrir de grands bastimens. Je vous confesse qu'il me fascheroit fort que les mazarins se donnassent de notre argent des Indes par les joues. M. de Gualapian va du costé du Mas d'Agenois pour tascher à s'en saisir, estendre un peu nos quartiers pour voir si nous pourrions faire subsister quelques troupes et quelques officiers-généraux qui sont tous en nécessité, et faciliter les bonnes intentions qui commencent à paroistre dans le haut païs; il pourroit bien aussi avoir satisfaction de Sainte-Bazeille.

» J'ay icy un ambassadeur de monsieur de Lauzun père. Le parlement entra hier, il fut plus modéré qu'on ne disoit qu'il seroit en parlant sur l'arrest de la lieutenance, ordonnant que Messieurs, qui sont à la ville, seroient mandés à demain 9 pour délibérer avec eux, si l'on appréteroit les requestes et l'édit, c'est-à-dire que tous y seront; et bien que la grande Fronde aye à cette heure dans l'espoir de ruiner l'Ormée avant que donner l'arrest, je vous assure qu'il sera donné, et que nous éviterons de retomber dans nos premiers inconvéniens par quelque arrest à contre temps contre lesdits bourgeois de l'Ormée, qui se conduisent assez doucement depuis la jurade; je n'entends mesme plus parler d'appeler de l'élection comme quelqu'uns vouloient persuader de faire à monsieur Du Saut, advocat-général; il y avoit aussi quelque difficulté entre le parlement et les jurats sur ce que ceux-cy auroient ordonné la cessation de la garde aux portes sans l'advis de la cour; mais cela est appaisé, on ne faict plus de garde qu'à la Bastide et à l'Hostel-de-Ville. Quelque jour Vostre Altesse terminera toute cette difficulté.

» J'ay mandé à Périgueux qu'on pouvoit s'aider du revenu de l'évesché, qui est vacant et qui tombe en régale : voilà de quoy gratifier quelqu'une de vos créatures; le poste est assez important, et la nomination de la lieutenance y vaudra assssurément plus que celle du mazarinisme; c'est dommage qu'il n'est pas de grand revenu.

» J'oubliai de mander à Vostre Altesse que, sur une lettre que M. de Marigny escrivit à monsieur le prince de Conty contre monsieur Sarrazin, madame de Longueville et ledit seigneur prince ont esclatté publiquement contre le premier, et mandé à monsieur l'abbé Roquette et à tous leurs amis et serviteurs de ne le plus voir ny souffrir; j'appréhende qu'il n'en arrive quelque mal, et supplie très-humblement Vostre Altesse d'y pourvoir de bonne heure; je ne croyois pas que les menaces deussent estre si fortes, car monsieur le prince de Conty m'avoit faict l'honneur de me dire que, comme il sçavoit que ledit sieur de Marigny estoit de mes amis, il vouloit, pour l'amour de moy, dissimuler pour cette fois cette insolence, c'est ainsy qu'il appeloit cette lettre, et me prioit de mettre ordre que telle chose n'arrivast plus. Le lendemain, j'appris que la chose avoit esté un peu plus viste; je crois qu'une lettre que Vostre Altesse escriroit à monsieur le prince de Conty ou à madame de Longueville, ou un article dans la mienne par laquelle elle manderoit qu'elle veut, avec Leurs Altesses, estre arbitre du différend desdits sieurs de Marigny et de Sarrazin, et cependant que toutes menaces, etc., cessassent de part et d'autre, cela pourroit faire cesser toute chose et prévenir les accidens qui en peuvent arriver et les suittes qu'il y pourroit avoir.

» Un mot à monsieur le prince de Conty, qui paroît extrêmement satisfait de Vostre Altesse depuis les soings qu'elle a eu de son affaire, feroit merveille là-dessus, ou à madame de Longueville, à vostre choix; je vous advoue que comme cette affaire s'enfourne, et comme deux ou trois personnes aigrissent Leurs Altesses, j'en appréhende fort les suittes.

» Il y a une autre prébende vacante de Casteljaloux, quoique vostre procureur, qui vous sert bien, la demande et la mérite.

» Depuis ma lettre escritte, Comtade me faict parler pour luy pardonner et commence à offrir: j'en tireray quelque chose. Deux bourgeois m'ont presté deux cens bons escus, et le fils de Lavaux autant; enfin je mettray tout en usage pour attendre nostre argent tout le reste de ce mois, en quoi je donneray exemple aux autres de vous servir avec fermeté: je n'ay rien à adjouster à tout ce que je me donnay l'honneur de vous escrire par le précédent ordinaire.

» Au nom de Dieu, ne pardonnez à monsieur de Rieux qu'après l'avoir fait condamner.

» Depuis le secours entré dans Villeneufve, ils ont faict deux sorties et mené les ennemis battans jusques à une demi-lieue de leurs tranchées. On dit que le comte d'Harcourt commence une circonvallation. Le marquis de Théobon est ravy, et tous les bourgeois sont ravis quand je leur envoye de vos lettres, qui est fort souvent.

» Lenet. »

Toutefois, le pied de guerre du parti de Condé à Bordeaux était pernicieux à la province, et plusieurs villes traitèrent pour être déclarées neutres; il en fut ainsi de Cadillac et de Rioms. Voici le texte d'un de ces traités, appliqué vraisemblablement à un assez grand nombre de lieux voisins de la capitale de la Guienne:

Articles de la neutralité accordée soubs le bon plaisir de monseigneur le prince de Conty et monseigneur le comte de Harcourt, ou, en son absence, de monseigneur le comte de Lislebonne et monsieur le marquis de Saubœuf, ses lieutenans généraulx.

« Premièrement, que les garnisons de Cadillac et de Rioms avec généralement toutes les terres appartenantes à monseigneur le duc d'Espernon, depuis Bourdeaux jusques à Langon inclusivement, ne courront ni feront aucun acte d'hostilité les uns sur les autres.

» Que incoutinent que les présens articles de neutralité seront signés de part et d'autre, et des sieurs de Mallet et de Jant, les troupes qui sont dans la ville de Cadillac sortiront pour aller en tel lieu qu'il plaira à Son Altesse, à la réserve d'une compagnie de gens de pied au nombre de trente hommes avec les officiers, comme pareillement ladite ville de Rioms ne pourra tenir que pareil nombre, et que ladite garnison de Cadillac ne pourra pas prendre les contributions pour leur subsistance que sur ladite ville et les paroisses de sa juridiction. Laquelle garnison demeurera dans le chasteau, laissant la ville au pouvoir des habitans.

» Que le cours de la rivière sera libre tant pour les bourgeois et habitans de Rioms que pour touttes les personnes qui s'y sont retirées, et que pour cest effect les galères et galiottes et brigantins se retireront hors l'estendue de Langon à Bourdeaux, à la réserve du libre passage.

» Que tous les habitans de Rioms avec ceux qui s'y sont retirés, ensemble tous les habitans des terres de monseigneur le duc d'Espernon pourront librement négossier, aller et venir en ladite ville de Bourdeaux pour en tirer les choses nécessaires à la vie et autres denrées qui leur feront de besoing, ensemble aller et venir chez eux, à la campagne, et y demeurer si bon leur semble en toutte seureté.

» Que le commerce sera restably avec la mesme liberté comme auparavant la guerre, et que le labourage et la récolte se feront de part et d'autre en toute assurance, et que toutes assistances seront données pour le maintien de ladite neutralité.

» Que touttes les choses cy-dessus contenues seront ponctuellement observées, en remettant toutefois l'adveu à monseigneur le prince de

Conty et monseigneur le comte d'Harcourt ou à ses lieutenans-généraux, et pour cest effect lesdits sieurs de Mallet et de Jant feront toutes les dilligences possibles pour en obtenir la rattiffication dans cinq jours, à compter de ce jourd'huy, et cependant la suspension d'armes continuera jusques à ce que le présent traité soit rattiffié.

» Faict à Rioms, le vingt-deux aoust 1652.

» *Signé*, DE MALLET, *le chancelier* DE JANT.

» Nous consentons que les articles de la présente neutralité soient exécutés selon leur forme et teneur, comme il est porté cy-dessus.

» Faict au camp de Cahusac, le vingt-six aoust 1652.

» *Signé*, FRANÇOIS DE LORRAINE, *conte de Lislebonne*.

» *Par monseigneur*, VARENGUES. »

D'un autre côté, de nouveaux adhérents au parti de Condé se déclaraient et traitaient aussi à certaines conditions. Voici l'indication de celles qu'accepta ou que dicta le marquis d'Aubeterre, détails minutieux peut-être relativement à l'importance des contentions politiques auxquels ils se rapportent, mais non pas dénués de tout intérêt, puisqu'il y en a un très-grand pour la philosophie et la moralité de l'histoire, de connaître le tarif des dévoûments et de résolutions en apparence fort généreuses :

« Aujourd'hui, dixiesme du mois d'aoust 1652, à Bordeaux, nous, Armand de Bourbon, prince de Conti, prince du sang, pair de France, etc., ayant ouy les propositions qui nous ont été faictes de la part du sieur marquis d'Aubeterre, par..... pour entrer dans touttes les conférences et traictés faitz par monsieur mon frère, monsieur le prince et nous, pour l'expulsion du cardinal Mazarin, ses fauteurs et adhérans, et parvenir à la paix générale, luy avons accordé, tant au nom de mondit sieur le prince qu'au nostre, ce que s'en suit :

» A sçavoir, que commission luy sera expédiée pour servir en qualité de lieutenant-général dans les armées que le sieur comte de Marchin commande de nostre part ou autres estans sous l'autorité de monsieur le prince et la nostre, à son choix.

» Que pareillement luy sera délivré par le trésorier de l'armée la somme de dix mille livres pour mettre sur pied la compagnie de ses gardes.

» Qu'en cas qu'il aye besoin pour la seureté des villes et chasteau d'Aubeterre qui, dorénavant demeureront pour le service du Roy ès-fins des traictés sous l'autorité de monsieur le prince, de plus grande garde que celle qui y est establie, sera donné de l'infanterie suffisamment pour leur conservation et deffense, et que l'officier qui la commandera y estant, recevra les ordres de celui qui sera estably par ledit sieur d'Aubeterre pour y commander.

» Et en cas que laditte place vint à estre prise par les troupes dudict cardinal Mazarin ou autres ennemis, nous avons accordé ès dits noms et promis audit sieur marquis d'Aubeterre de ne point faire de paix sans qu'elle luy soit restituée et luy indemnisé des pertes qu'il y auroit souffertes, et sans qu'il soit remis dans toutes ses charges.

» Et mesme après la paix faite, que monsieur le prince et nous employerons nos soings, et rendrons nos offices auprès du Roy pour faire obtenir audit sieur marquis d'Aubeterre un baston de mareschal de France ou des titres portant érection de la terre d'Aubeterre en duché-pairie, et supplierons Sa Majesté de luy faire payer trois cent mille livres qu'il nous a dit luy estre dheues pour la récompense du gouvernement de Blaye qui appartenoit jadis à monsieur le mareschal d'Aubeterre, son père.

» Comme aussy ledit sieur marquis d'Aubeterre promet d'entrer, comme en effet il entre dès à présent, dans tous les traités faicts et à faire par monsieur le prince et nous pour les fins susdites, sans jamais en faire aucun particulier sans son consentement; et de demeurer dans nos intérêts jusques à la conclusion de la paix.

» Faict à Bourdeaux, le 11 aoust 1652.

» *Signé*, ARMAND DE BOURBON.

» AUBETERRE.

» *Par monseigneur*, MEURCET DE LA TOUR.

» Ce tresiesme aoust, nous, François Delussau, marquis d'Aubeterre, avons receu le traité cy-dessus, ainsi qu'il a plu à S. A. monseigneur le prince de Conty l'avoir pour agréable, tant pour S. A. monseigneur le prince que pour luy, et promettons l'exécuter en ce qui nous touche selon sa forme et teneur.

» Faict à Aubeterre, ce 13 aoust 1652.

» *Signé*, AUBETERRE. »

Les Espagnols avaient obtenu un avantage sur mer; le prince en ressentit une grande joie; il l'écrivit à Lenet; mais cette joie ne ralentissait pas son activité. Ses lettres sont de véritables mémoires politiques et militaires. On apprend par leur contenu ce qui se passait sur tous les points où les intérêts du prince étaient activement défendus. C'est donc une bonne fortune pour l'histoire que de les recueillir textuellement. Les quatre suivantes vont jusqu'à la fin du mois d'août:

A Monsieur Lenet.

« J'ay eu bien de la joie d'apprendre, par vostre despesche du 15, le détail du combat naval, puisqu'il est tout autre que ne le portoient les premières nouvelles qui en estoient venues. Témoignez-en ma joye à M. de Vatteville et la satisfaction que j'ay de ce brave admiral qui s'y est comporté avec tant de cœur et de conduite. Il ne faut pas souffrir plus long-temps nos ennemis maistres de la mer; le moindre effort que feront les Espagnols nous fera venir à bout d'eux. Pressez-en puissamment M. de Vatteville, afin qu'il nous fasse envoyer des vaisseaux de ceux qui sont dans leurs costes; ils ne sçauroient se deffendre de nous en donner présentement, car ils peuvent prendre jusques à cinq ou six galions de ceux qui sont de retour des Indes avec la flotte, devant lesquels l'armée des ennemis ne sçauroit tenir; et avec ces galions et ce que nous avons en mer, il sera facile ou de les combattre ou de les obliger à songer de bonne heure à leur retraicte jusques dans les ports de Bretagne. C'est à ces vaisseaux d'Espagne qu'il faut s'attacher pour en avoir et en diligence, et ne songer pas davantage à ce qui est devant Dunkerque, dont la pluspart ne sont que frégattilles, qui ne nous serviroient pas de grande chose, outre que je les y crois occupées pour plus de temps que nous n'en avons pour mettre Bourdeaux à couvert des vendanges. Si le siége de Barcelone est levé, vous pourriez encore proposer de faire venir de ceux qui estoient devant; et soit d'un costé ou d'un autre en presser l'arrivée en diligence, et ne pas perdre un moment d'en faire de continuelles poursuictes, et soit pour cela ou pour l'argent, despêcher en Espagne plustost dix couriers qu'un, la chose estant d'une extrême importance. Il faudra du surplus faire du mieux que vous pourrez, sans vous attendre au secours de deçà, vous ayant déjà faict cognoistre ne pouvoir vous en envoyer, les Espagnols m'ayant osté par leur retraicte les moyens de le faire. Il est bien vray que M. de Marchin pourra bien prendre des mesures avec M. de Briord, que j'ay envoyé depuis trois jours au secours de Montrond, avec six ou sept cens chevaux pour les faire passer en Guienne, avec ceste cavallerie, aussy tost qu'il aura achevé ceste entreprise. M. de Valançay, Coligny et Lévy se doivent aussy joindre, avec lesquels M. de Marchin pourra aussi prendre des mesures en leur despêchant quelqu'un promptement; c'est tousjours un petit renfort qui ne sera pas inutile.

» Pressez le plus que vous pourrez la députation de messieurs du parlement, et ensuite faictes-les partir en diligence; et s'il se trouvoit quelque difficulté, soit au choix de leurs personnes, soit à la seureté de leur passage, en sorte qu'ils ne voulussent pas s'hazarder de venir, proposez d'envoyer à quelqu'un de ces messieurs qui sont icy, comme M. de Voisin, M. de Gulonnet ou M. de La Roche, qui sont déjà tous portés.

» Empeschez surtout, et à quelque prix que ce puisse estre, l'establissement de ce parlement de Dax, et mettez toutes choses en usage pour cela, car cela nous seroit du plus grand préjudice du monde: l'exemple de celui de Ponthoise me le faisant ainsi juger. Il faut pour cet effet faire parler M. de Bardes à M. le président Pichon. Je vous envoye des lettres en blanc que vous deslivrerez à ceux de ces messieurs qui sont accusés d'avoir ce dessein, auxquels vous les ferez tenir.

» Pour ce qui regarde M. de Meautirx, je serois bien aise que vous lui pussiez donner contentement; faites, je vous prie, tous vos efforts pour cela, car c'est un homme que j'ay dessein d'avoir à moy pour m'en servir, soit en paix, soit en guerre; faictes-luy compliment de ma part; pourvoyez le mieux que vous pourrez à la subsistance de ses vaisseaux; rendez-luy aussy la lettre que je luy escris. Je sçais que vous avez bien de la peine de pourveoir à tout; mais encore n'estes-vous pas tant à plaindre que je le suis icy, où je n'ay pas receu vingt mille escus d'Espagne depuis que j'y suis arrivé : encore avez-vous ce bonheur de trouver de delà quelque argent à emprunter, qui est une chose qui ne se trouve icy que très-rarement et avec bien de la peine.

» Dites à mon frère que je le prie de n'être pas si facile à donner des congés aux officiers; qu'il n'en souffre plus pas un seul à Bourdeaux, et qu'il ne craigne point de se brouiller avec eux, leur absence de l'armée estant cause que le service ne s'y faict pas à demi. Montrés cet article à mon frère; et s'il pouvoit aussy faire cognoistre adroictement à M. de Balthazard combien sa personne est nécessaire à l'armée, et l'obliger par ce moyen d'y aller, j'en serois bien aise. Il ne faut pas aussy souffrir plus long-temps à Bourdeaux les officiers de la gendarmerie : dites aussy à mon frère que je le prie de les en faire sortir, et de les faire aller à leurs corps et cela tout au plus tost.

» Le cardinal est parti depuis trois jours de la cour. En suite de cela, on doibt ce matin faire des propositions de paix au parlement. Monsieur et moy consentirons de mettre les armes bas, pourveu que du costé de la cour l'on ne face aucun acte d'hostilité, et que l'on renvoye toutes les trouppes sur la frontière : ce que je doubte qu'on veuille faire. Ainsy est-il incertain si nous aurons paix ou guerre. Mettez M. de Vatteville hors d'inquiétude, luy faisant cognoistre que nous aurons de cette affaire la paix générale ou que la guerre se continuera.

» Louis de Bourbon.

» A Paris, le 22 aoust 1652. »

A Monsieur Lenet, etc.

« Je respondray par cette lettre à la vostre du 19, et commenceray par l'article le plus important, qui est le moyen de conserver Bourdeaux. Il est constant qu'il n'y a rien qui puisse faire soulever Bourdeaux contre nous, ou l'obliger à faire une paix fâcheuse avec le comte d'Harcourt, que trois choses : l'une, la famine ; l'autre, la crainte du siége par force ; et la troisième, l'appréhension du ravage qu'il pourroit faire des vendanges aux environs de la ville. Pour remédier au premier de ces inconvéniens, je me suis advisé d'un moyen assez plausible et assez facile à mon advis, qui est que, les Espagnols me devant une grande quantité d'argent, vous pourriez leur demander en bled une partie de ce qu'ils me doivent, en quoy nous rencontrerons deux advantages : l'un d'estre payé de ce qu'on nous doibt, et l'autre de renvitailler Bourdeaux. Si vous m'objectez à cela quelque difficulté en ce que l'Espagne est un pays stéril, et qu'il a plus de besoing de grains pour soy qu'il n'a de pouvoir d'en ayder les autres, je vous diray que si l'on leur demandoit pour tout un royaume, la chose leur seroit bien difficile ; mais que de ne leur en demander que pour une ville seule, et encore pour deux ou trois moys au plus, ce n'est pas une affaire d'une grande difficulté pour eux, puisqu'ils en peuvent tirer d'Irlande, d'Angleterre, de Cadix mesme, et de quantité d'autres lieux, et nous en envoyer jusqu'à quarante ou cinquante barques, dont nous ferions de l'argent comptant à Bourdeaux, où le débit s'en feroit promptement. Voilà un remède, ce me semble, assez en main contre la famine. Il y en a encore un autre, qui est de se mettre en estat d'estre les maîtres de la rivière et de la mer, et asseurer la liberté du commerce, à quoy l'on ne peut jamais parvenir si les Espagnols ne nous assistent de vaisseaux suffisans pour cela ; vous les pouvez presser sur ceux de Barcelone en cas que le siége soit levé, et faire en sorte aussy qu'ils nous envoyent de leurs grands galions, qui sont de retour des Indes avec la flotte, ou bien qu'ils frayent des vaisseaux marchands de ceux qui trafiquent en Espagne ; car avec les uns ou les autres nous n'aurons pas de peine à nous rendre maîtres de la mer et aussy rendre le commerce libre, particulièrement avec les Anglois qui, au défaut des marchands bretons, pourront venir achayster et charger des vins de Bourdeaux. Il fault, pour cet effect, travailler incessamment à faire résoudre par les Anglois la liberté du commerce, car, comme ils sont les maîtres de la mer, et qu'ils feront escorter leurs vaisseaux marchands de bons vaisseaux de guerre, ceux de M. de Vendosme ne seront pas en estat de leur disputer le passage. Pour ce qui est du siége par force, M. le comte d'Harcourt n'ayant ny poudre ny boulets et rien de toutes les choses nécessaires à un siége de cette importance, avec le peu de trouppes qui luy restent, et particulièrement d'infanterie, n'est pas en estat de l'entreprendre, et je ne croy pas aussy qu'il en ayt la pensée, après avoir si mal réussy devant Villeneufve, où il a absorbé tout ce qu'il avoit de munition. Et pour le ravage des vendanges, on le peut bien prévenir en se saisissant de tous les postes de Garonne qui sont aux environs de Bourdeaux, en y mettant garnison d'infanterie et de cavalerie considérable, comme à Cadillac, Laréolle, Langon et autres endroicts de la rivière, et les faisant fortifier, et mesme dans les chasteaux qui peuvent estre dans les pays de Grave et de Médoc : car de ceste manière, le comte d'Harcourt n'ayant aucuns postes pour mettre sa cavallerie, et M. de Marchin ayant mis la sienne dans tous les lieux cy-dessus, il ne sera pas au pouvoir des ennemis d'envoyer de gros partys pour ravager les environs de Bourdeaux, et n'y en envoyant que de foibles, comme de trente, quarante ou cinquante chevaux, peu plus ou moings, nostre cavallerie, qui sera dans lesdits postes, les pourra tailler en pièces, et les empescher d'approcher de Bourdeaux, et par ce moyen mettre les Bourdelois en estat de faire leurs vendanges en seureté, et encore plus quand on aura mené dans Bourdeaux et dans les villes que nous tenons tout le fourrage de la campagne ou qu'on l'aura bruslé, en sorte que les ennemis ne puissent trouver, dans tout le voisinage, une seule botte de foing ny de paille, qui est une chose qu'il faut faire absolument, pour les garantir de leur approche, et pour mettre les vendanges en seureté; mais il y faut pourveoir de bonne heure, et mettre, particulièrement dans Cadillac, un fort bon corps de cavallerie, estant un des plus importans postes que nous ayons à garder.

» Quand au renfort de cavallerie que vous me demandez, je crois que si, de l'argent que vous recevrez d'Espagne, vous pouvez avoir de quoy lever cinq ou six cens chevaux, et faisant passer en Guyenne, s'il est besoing, les sept ou huit cens chevaux qui sont au secours de Montrond, il ne vous sera pas difficile de disputer la campagne au comte d'Harcourt, et si vous avez de l'argent, vous pouvez faire vos levées en Guyenne, au lieu de vous attendre aux trouppes que l'on pourroit faire venir d'Allemagne, lesquelles arriveroient beaucoup trop tard; car pourveu que nous coulions le temps des vendanges sans que Bourdeaux reçoive d'incommodité, c'est tout ce que je demande; et il vaut bieng mieux qu'il ne reste aucune de cette nouvelle cavallerie après les vendanges faictes, pourveu qu'elle serve à les faire faire en sûreté et liberté, que d'avoir autant de trouppes après ce temps-là, et que les vendanges ne se fassent pas. C'est pourquoi ne songés du tout point aux levées d'Allemagne pour le présent, et mettez seulement ordre d'en faire promptement en Guyenne, sans que la crainte d'estre trompé vous empesche de délivrer vostre argent pour cela; il se trouvera des personnes d'honneur qui ne voudront pas en mal user, comme MM. de Duras et de Montespan.

» Je suis bien ayse de l'ordre que vous avez mis pour la fourniture des vivres, et ne suis pas fasché de celuy que vous avez donné pour mettre Libourne et les autres places en bon estat, bien que j'aye à vous dire qu'il faict bon n'employer l'argent qu'aux choses utiles et tout-à-faict nécessaires, afin que si la paix pouvoit se faire, je puisse trouver quelques fonds de reste du mesnage que vous aurez faict. Il ne faut néanmoins rien espargner pour conserver Bourdeaux et les vendanges, et c'est à quoy il faut que vous mettiez présentement toute vostre estude, tous vos soings et toute vostre application, et à tenir la rivière et la mer libres; songez aussy à fortifier Cadillac, car c'est un poste qui nous est important, et perdez une fois pour tousjours la pensée de retraicte à Libourne, ny ailleurs : car, quelque chose qui puisse arriver, je ne veux pas que ma femme, mon fils ny vous sortiez de Bourdeaux, soit qu'il soit assiégé ou non, que quelques Bourdelois s'accommodent ou qu'ils ne s'accommodent pas; enfin, mon intention est que vous y demeuriez jusqu'à ce que l'on vous en chasse et que l'on vous en mette dehors, prévoyant bien que si vous en sortiez de vous-mesme, ce leur seroit un prétexte de faire quelque traicté; et ne craignez rien pour ma femme ni pour mon fils, car il n'en est pas de mesme à présent comme du temps que j'estois en prison, que je ne voulois pas qu'on hazardast leurs personnes en l'estat où je me trouvois alors, laquelle considération doit estre nulle, maintenant que je suis en estat de les tirer de quelque bourbier dans lequel ils puissent tomber; bref, conduisez si bien vos affaires que vous soyez tousjours d'accord avec ceux qui seront les plus forts, soit avec la grande Fronde, si elle prévaut, de mesme avec la petite, ou bien avec l'Ormée, si elle estoit la maîtresse, en sorte qu'estant unis avec les uns ou les autres de ceux qui l'emporteront, on ne puisse appréhender aucune insulte; ce n'est pas qu'il ne faille tâcher à radoucir tous les esprits, et les réunir tous ensemble s'il est possible.

» J'ay encore à vous dire qu'il ne faut pas vous arrester à tous ces petits forts du Bec-d'Ambez, qu'il suffit que nous conservions les postes dont je vous ay faict cy-dessus mention; et que quand vous aurez à faire passer quelque chose au parlement ou à la maison de ville, il faut en user comme je faisois l'année passée, c'est-à-dire tenir un petit conseil ou chez ma femme ou chez mon frère, dans lequel on proposera toutes les affaires que l'on voudra faire résoudre, et y appeler les mesmes personnes que je faisois, qui est le seul moyen de tout obtenir d'eux, et d'estre asseuré des choses que l'on désire. Vous avez esté tesmoing l'an passé de la satisfaction qu'on avoit de ces messieurs-là, et d'en user de la sorte, bien que dès ce temps-là il y eust desjà de la pante à la division. Il faut tascher de reprendre le mesme train, et que ma femme et mon frère en parlent à M. le président de d'Affis et M. de Mirat, pour les y porter. Estant certain que si on les peut faire assembler tous de cette façon-là, les choses en iront beaucoup mieux que de proposer en plein parlement ou en pleine maison-de-ville, des choses dont les uns ny les autres n'ayent pas ouy parler, ny qu'on les leur ayt communiquées auparavant.

» Je suis bien aise de la neutralité de Rions, et il faut que mon frère prenne bien garde que le comte d'Harcourt n'y jette point de cavallerie. Il faut prendre les mesmes soings de Clérac, et pourvu qu'ils soient bien résolus de ne recevoir point de trouppes du comte d'Harcourt, ne leur en envoyez point aussy et les mesnagez le mieux que l'on pourra.

» Il faut aussy envoyer quelqu'un asseuré vers Agen, pour voir ce qui s'y pourra faire. Je suis bien aise aussi de la reprise de Sainte-Bazeille, par M. Galapian, et la deffaicte de M. de Poyanne, par M. de Marche, m'a donné beaucoup de joye. Je vous envoye deux lettres de compliment là-dessus pour chacun d'eux, auxquels vous les ferez tenir.

» La reprise de la concorde ne m'a pas donné peu de satisfaction ; tesmoignez à l'admiral Menin l'estime que je fais de sa personne, et tenez la main que les chefs de la révolte de la Lune, dont M. de Salenone s'est saisi, soient promptement expédiés.

» Je vous envoye l'ordre que vous demandez pour faire obéyr la gendarmerie aux maréchaux-de-camp, et je trouve bon que M. le comte de Chastelus et M. Duplessis en servent ; mon frère leur en peut faire expédier les brevets.

» J'ay bien de la joye de sçavoir M. de Marchin et M. de Balthasard bien ensemble ; entretenez-les y toujours tout autant que vous pourrez.

» Quand aux affaires d'Espagne, j'ay veu la copie que vous m'avez envoyée de vostre dernière lettre à dom Louis, laquelle j'approuve entièrement, estant tout-à-faict dans mon sens. Vous n'avez qu'à continuer à lui escrire dans ce mesme sens. Pressez tousjours puissamment la liberté de M. de Guise et l'arrivée de l'argent.

» Depuis ce que dessus escrit, j'ay eu nouvelles que le comte d'Harcourt estoit party de Guyenne : si cela est, il me semble qu'on en peut tirer de grands avantages avant qu'un autre général y soit arrivé.

» Louis de Bourbon,

» Je vous envoie la déclaration que Son Altesse Royale et moy avons faicte au parlement, en suite de laquelle nous avions envoyé demander des passeports à la cour, pour nos depputés, qui nous ont esté refusés ; cela faict bien cognoistre que l'on ne veut point de paix, et l'on veut que nous traictions avec le cardinal. Je vous manderay au premier jour ce qui en sera.

» A Paris, le 26 août 1652.

» Je viens d'avoir advis que M. d'Espernon a chassé Moreau et tous mes gens de Dijon : il faut faire de mesme à tous les siens qui sont en Guienne, il m'y ruine aussi toutes mes terres. »

A Monsieur Lenet, etc.

« J'ay receu vostre lettre du 22 du courant ; je croy que maintenant que le comte d'Harcourt est hors de la Guyenne, il est bon de tascher de profiter de cette conjoncture, tandis qu'il n'y a que M. de Lislebonne et Sauveboeuf pour commandans, et s'en prévaloir le plus qu'on pourra, avant qu'on y ait envoyé quelque général intelligent ; l'on peut mesme faire parler à tous les officiers de ses troupes, et les rendre persuadés que M. le comte d'Harcourt n'a point d'autre party à prendre que de se jetter dans nos intérêts, que sans doubte il y aura des ordres de la cour pour les casser, et que c'est leur pur advantage et leur unique salut que de se donner à nous, ils trouveront toute sorte d'assistance et de protection. Il seroit bon aussy sonder M. de Lislebonne et Filleville, qui est fort de ses amis. Je croy aussi que si M. de Marchin observe bien...; comme c'est un extravagant, et un homme à prendre des postes bizarres, il lui sera facile de le battre.

» Je suis dans toutes les peines du monde de votre indisposition, ne manquez s'il vous plaist à m'en faire sçavoir des nouvelles, et croyez qu'il n'y a personne pour qui j'aye une affection plus sincère, et en qui j'aye une plus grande confiance qu'en vous ; tesmoignez aussy mille amitiés de ma part à mon frère et à ma soeur, et dites-leur que je prendray tousjours volontiers leurs advis sur les affaires du temps, et que tant loing que nous soyons les uns des autres, cela ne doibt pas les empêcher de me dire leurs sentimens sur toutes choses.

» Pour l'article où vous me parlez de la paix, faut tousjours traicter Bordeaux comme si on ne la devoit avoir, et se donner bien garde de leur en faire gouster la douceur qu'elle ne soit faicte.

» Je suis bien aise de l'espérance qu'il y a de la prochaine arrivée de l'argent et de la liberté de M. de Guise, et pour respondre aux mémoires que vous m'avez envoyés, je vous diray qu'il me semble qu'il faut régler la dépense sur la nécessité qu'on a de trouppes en Guyenne, et non sur les régimens qui y sont partout ; il faut voir ce qu'il y faut de trouppes pour se mettre en estat de disputer la campagne à l'armée qui y est. Elle est si affoiblie qu'à moings que Plessis Bélièvre joigne le reste de l'armée, je la vois quasi sans infanterie, et n'avoir, par le calcul que vous m'avez envoyé, que mille chevaux plus que vous. Comme cela, je juge donc qu'il est inutile d'augmenter l'infanterie puisque avec ce qu'a Vatteville, on en a trois fois plus qu'eux. Il faut donc faire mille ou quinze cents chevaux.

Je voudrois donc pour cela remonter ce qu'il y a de gendarmerie et de gardes, et de cavaliers de montés dans les Balthazards ; c'est ce qui se pourra faire le plus tost.

» Donner à Conty de quoy faire ses recrues, quinze mille francs ; à Guitault, trente-six mille francs ; à Duras de quoy mettre son régiment à six bonnes compagnies, trente-six mille francs ; à Tarante, trente-six mille francs ; à Gondrin, trente-six mille francs ; à Lerbourt, pour faire trois nouvelles, dix-huit mille francs; à Théobon, trente-six mille francs ; à Lussan, six mille francs ; Aubeterre, six-mille francs ; et pour les autres ils pourront bien attendre quelque temps, et on envoyeroit icy l'argent pour ceux de M. de La Rochefoucauld, auxquels on travailleroit icy. Tout cela ne monteroit qu'à deux cent vingt-cinq mille francs, et les remontes feroient peu plus peu moings de cent mille escus, et pourront bien faire les mille chevaux, à quoy vous pourriez adjouster ce que vous jugerez à propos, ne prétendant pas vous borner à rien, mais bien vous donner mes advis, et je doubte, cela estant faict, et les Espagnols vous donnant de vieilles trouppes, que les braves généraux qui sont dans l'armée peussent tenir contre M. de Marchin, dans un pays qui est propre pour l'infanterie ; et si Plessis Belièvre marchoit, on pourroit retirer ce qui est à Brouage. Enfin, ce sont là mes sentiments, auxquels vous adjousterez ce que vous jugerez à propos ; mais surtout qu'on sauve les vendanges. Si Montrond est secouru, je feray passer huict cens chevaux qui y sont; mais il faut quelque temps pour la ravitailler. C'est pourquoy il ne s'y faut pas attendre absolument. J'espère aussy dans peu avoir M. Deverdouls, mais ce ne peut estre assez tost pour les vendanges ; pour les autres despenses vous y pourvoirez selon les nécessités et l'argent, mais les vendanges préférablement à tout, et par conséquent, des trouppes de plaignans se consoleront après vendange sur le premier fonds qui viendra.

» Je vous prie ne point attirer les malcontens, et de vouloir prendre tout sur vous en les payant de belles paroles, en attendant l'effectif. Voyez si vous pouvez donner aussy quelque chose à M. de Bibrac.

» Je trouve fort bon que vous acquittiez ce que vous devez, et que vous faictes ce que vous m'escrivez touchant les sommes que vous jugez à propos de distribuer.

» Je vous ay desjà mandé plusieurs fois ce qu'il y avoit à faire touchant l'armée, et particulièrement par ma dernière despesche, à quoy vous n'avez qu'à vous conformer ; et si elle continue si fort à vouloir le rasement de Budos, je croy que pour une chose de cette nature, il ne faut pas se brouiller, et qu'on pourroit donner cette satisfaction à M. Despagnet.

» J'approuve tout à fait, comme estant très-bon, le dessein que vous avez de remettre aux vendanges la distribution de grâces, pour les raisons que vous me marquez.

» Je souhaiterois fort que l'on peust trouver moyen de faire exercer à Villars la charge de clerc de ville. Il faut pourtant le prier de ma part de prendre pour cela une conjoncture si favorable, que cela n'excite aucun bruit dans la ville, parce que ce qu'il n'aura pas en un temps il l'aura en l'autre.

» Je suis bien aise de ce qu'il a esté résolu au bureau de direction.

» Il faut absolument se rendre maître de la rivière, et en parler de bonne sorte à M. de Vatteville. Pour ce qui est du bled, je vous en ay mandé au long mes sentiments par le dernier ordinaire.

» Je suis ravy de la pensée qu'a M. de Galapian de se donner à moy ; c'est une personne dont le mérite m'est cogneu, et auquel j'accorderois avec la plus grande joie du monde la lieutenance des gendarmes de mon fils prétendu, si je n'étois déjà en quelque façon engagé pour un autre ; mais pour les chevaux-légers je luy en donneray la compagnie très-volontiers, et souhaiterois de tout mon cœur luy pouvoir donner des marques plus avantageuses de l'affection que j'ay pour luy.

» Pour le reste des affaires, j'approuve entièrement l'ordre que vous y donnez, pourvoyez-y toujours comme vous le jugerez à propos. Taschez à donner contentement à Meautrix, la manière dont il en use mérite bien qu'on songe à luy.

» Je vous prie d'envoyer copie de ma lettre à M. de Marsin, ou du moins des principaux poincts concernant les levées et le comte d'Harcourt.

» LOUIS DE BOURBON.

» *A Paris, le 29 aoust* 1652. »

Ainsi le prince veillait sur tous les intérêts, et ses affections de famille ne se refroidissaient pas pour cela. Il avait appris par une lettre de Lenet que la princesse de Condé était gravement indisposée : « J'en suis extrêmement en peine, lui écrivait-il ; mandez-moi, je vous prie, des nouvelles par tous les ordinaires et n'épargnez rien de toutes les choses possibles pour le recouvrement de sa santé, et pour sauver son enfant, si faire se peut. »

Le duc de Guise était à la veille d'arriver à Bordeaux, le prince régla lui-même la manière dont son fils, le duc d'Enghien, devait vivre avec le duc de Lorraine ; il s'en expliquait en ces termes dans une lettre du 2 septembre :

« J'ay beaucoup de joie de l'embarquement de M. de Guise et de l'argent, faictes-moy sçavoir s'il sera arrivé à bon port, et pour vous respondre sur la manière dont mon fils aura à vivre avec luy pour les cérémonies ; je vous diray qu'il faut qu'il le traicte ny plus ny moings que je pourrois faire, qui veut dire de luy rendre tous les honneurs possibles, le conduire jusques à son carosse et de faire toutes les autres choses dans la dernière civilité, excepté de luy donner la porte ; vous verrez bien par la fin de quelle sorte il faut que mon fils se comporte avec luy dans les rencontres. »

Le duc de Guise était arrivé à Bordeaux, mais il était retenu à bord des vaisseaux espagnols. Dès le 26 du mois de mai précédent, le prince de Condé avait donné au prince de Conty et à Lenet, plein pouvoir de traiter avec les délégués du roi d'Espagne, de la liberté du prince de Lorraine ; il mandait à Lenet : « C'est une affaire qu'il fault promptement terminer et à laquelle j'ay toutes les envies du monde de voir bientost mettre la dernière main. Pressez la chose le plus que vous pourrez. »

De son côté, le duc de Guise n'épargnait pas les sollicitations ; il écrivait en ces termes à Lenet :

« Monsieur, je vous jure que j'ay moins de joye de passer à Bourg, que de vous aller embrasser comme le plus généreux amy du monde et la personne à qui je dois le plus. J'espère de vos soins et de la générosité de M. le prince, qu'il ne se contentera pas de me voir changer de cage, mais qu'il m'en ouvrira bientôt la porte, afin de pouvoir bientost publier combien je luy suis redevable, et luy en donner des preuves l'espée à la main. Pour vous, que je reconnois pour mon libérateur, sachez que, sans cajolerie, je suis plus passionnément qu'homme du monde, votre, etc.

» LE DUC DE GUISE.

» *De Vittoria, ce 5 de juillet* 1652. »

Le prince de Condé donnait aussi des instructions spéciales à Lenet au sujet du duc de Guise ; on les retrouve dans la lettre suivante :

A Monsieur Lenet, conseiller, etc.

« Il me tarde tant que M. de Guise soit hors de prison, que je ne vous prie de l'en aller tirer vous-même et de ne vous attacher à autre chose qu'il ne soit en pleine liberté. J'escris à M. de Vatteville de vous le remettre. Après quoy vous le conduirez à Bourdeaux, où vous luy ferez rendre tous les honneurs deubs à une personne de sa condition, soit par le parlement, soit par les jurats ou par le peuple. La seule parole que vous aurez à tirer de luy, est qu'il ne se servira nullement des intelligences qu'il peut avoir à Naples, au préjudice de Sa Majesté Catholique, et qu'il entrera dans mes intérests, sans l'obliger davantage pour ce dernier regard. Après quoy, et lorsqu'il sera à Bordeaux, vous me manderez le dessein qu'il peut avoir, soit de venir à Paris ou de faire telle autre chose qu'il désirera, dont vous me donnerez advis pour vous en mander mes sentimens. J'escris pour ce subject des lettres de compliment à Sa Majesté Catholique et à M. Don Louis, que vous leur envoyerez, de quoy je me remets à vous pour en presser M. de Vatteville, envers lequel j'approuve toutes les choses que vous avez faictes et que vous proposez de faire. N'oubliez pas aussy de leur tesmoigner la part que je prends au succès arrivé à don Juan d'Autriche.

» Pour les livres et les armes dont vous m'escrivez, j'y feray travailler et vous les feray tenir pour les envoyer à M. don Louis, afin qu'il les présente à Sa Majesté Catholique.

» Vous avez très-bien faict d'advertir promptement M. Du Dognon de la lettre interceptée dont vous m'escrivez. Quand vous luy pourrez donner de l'argent vous me ferez plaisir de n'y pas manquer.

» Donnez-moi souvent des nouvelles du siége de Villeneufve, il fait bon de tascher à secourir cette place, pour qu'elle se deffende bien et qu'elle amuse d'autant le comte d'Harcourt, qui a toutes ses trouppes employées.

» LOUIS DE BOURBON.

» *A Paris, le* 16 *juillet* 1652.

» Quant à la seureté de Naples, il faut que vous tiriez un mot par écrit de M. de Guise, de n'y rien entreprendre directement ou indirectement, au préjudice du service de Sa Majesté Catholique, et que vous mettiez cet escrit entre les mains de M. de Vatteville. Et pour ce qui me regarde, il ne faut que sa parole.

» Je fairay partir demain le baron de Jarzé, avec tous les ordres et créance nécessaires pour les jurats, l'armée et autres choses.

» J'ay rendu au sieur de La Tour l'original de

la lettre du roy d'Espagne, pour la remettre en main. »

Enfin, la remise du duc de Guise eut lieu le 31 août, ensuite du traité suivant :

« Ayant pleu au Roy catholique accorder aux instantes prières de M. le prince de Condé la liberté de M. le duc de Guise, à telles conditions que M. le prince jugeroit à propos, nous, Armand de Bourbon, prince de Conti, prince du sang, pair de France, tant en nostre nom que comme ayant charge de mondit sieur le prince, par son escript cy-joint, en date du 28 juin dernier, déclarons audit sieur duc de Guise, icy présent, que nous n'avons autres conditions à lui proposer, ny autres choses à luy demander, sinon qu'il promette et nous donne sa parole de conserver tousjours le souvenir du signalé bienfait qu'il reçoit présentement de Sadite Majesté, et de ne se servir jamais des intelligences et habitudes qu'il peut avoir à Naples contre son service, ains de prouver par tous moyens qui dépendront de luy l'effect des traités faicts entre Sa Majesté Catholique et nous, pour parvenir à la paix générale entre les deux couronnes. Ce qui a été accepté par nous, Henri de Lorraine, duc de Guise, pair de France, avec tous les sentiments de reconnoissance et de respect que nous devons à Sa Majesté Catholique, pour une grâce aussi grande que celle de la liberté que nous confessons debvoir à sa bonté royale et aux sollicitations qu'il a pleu à M. le prince faire pour l'obtenir de Sadite Majesté.

» Fait à Bourg, le dernier aoust 1652, en présence de M. Lenet, conseiller ordinaire du Roy en ses conseils, et plénipotentiaire de mesdits sieurs les princes.

» Armand de Bourbon.

» Henri de Lorraine, duc de Guise.

» Lenet. »

Le prince de Condé en témoignait sa satisfaction dans sa lettre à Lenet :

« J'ay receu votre lettre du 2 de ce mois, qui m'a appris l'arrivée de monsieur de Guise à Bordeaux, dont j'ay toute la joie que vous scauriez croire.

» Pour le regard du chasteau du Hâ, tesmoignez à ces messieurs de l'Ormée que je suis bien aise de la résolution qu'ils ont prise de le raser, et que c'est une chose que je désirois il y a fort long-temps pour leur satisfaction. Ce que je crains, c'est que cela ne serve de prétexte pour raser Montron, qui seroit une chose fâcheuse. Le procédé m'oblige encore de vous dire qu'il vous faut bien prendre garde à mesnager les esprits, et de vous ranger tousjours du costé des plus forts, en attendant l'occasion de pouvoir y apporter d'autres remèdes; cependant je crois qu'il n'est pas mal à propos à enseigner à ma femme quelque auctorité.

» J'attendray de vos nouvelles sur le surplus des autres affaires, ou par le sieur de La Tour, ou par le prochain ordinaire, et particulièrement sur la santé de ma femme, dont le meilleur estat me donne des joies incroyables.

» Louis de Bourbon.

» Si vous pouvez m'envoyer de l'argent de celuy que vous avez receu, vous me ferez bien du plaisir, en ayant icy un extrême besoin.

» *Du camp de Grosbois*, le 8 septembre 1652. »

Du côté de l'Espagne, les protestations de loyal concours étaient plus fréquentes que leur accomplissement effectif; don Louis de Haro renouvelait ces protestations, mais elles ne retenaient pas les plaintes du prince. On voit sur quels points des traités ces plaintes portaient, par la réponse de don Louis à Lenet :

« Monsieur, j'ai receu vostre lettre du 21 du passé, et mes occupations estant de la qualité que vous scavez, je me trouvois obligé à vous respondre plus succinctement que je ne voudrois, par combien qu'en la substance je tascheray de satisfaire à tout ce qu'elle contient. Les principaux poincts de cette lettre se réduisent à deux : l'un qui touche aux assistances et accomplissement du traicté, et l'autre aux négociations de la paix, dont les ennemis (comme vous m'asseurez qu'en courroit le bruit) avoyent faict quelque proposition du costé des Païs-Bas.

» Touchant le premier poinct, je vous doibs faire venir à la mémoire que quand je vous disois dans les conférences que vous eustes avec moy icy et à l'Escurial, que la résistance que je fesois à vous concéder ce que vous demandiez, se fundoit sur ce que je scavois qu'il n'estoit pas possible d'accomplir avec ponctualité de si grandes assistances, et que pourquoi demandiez-vous des si grandes quantités, en des conjonctures et temps si difficiles, qu'estoit impossible de les satisfaire? Vous me respondistes plusieurs fois que vous vouliez qu'on vous le concédast, et que quand pour l'accomplissement il failloit quelque temps, que vous le toléreriez, parce que vous connoissiez fort bien la vérité de ce que je vous disois et grandeur de vos demandes.

» Sur ce présupost, je vous dois faire aussi souvenir de l'accident qui a empesché de pouvoir assister à monsieur le prince si ponctuellement, comme j'eusse désiré, qui fust le retardement de la flotte, dont la faute a causé des préjudices si sensibles à tous les intérests du Roy, comme il est notoire à tout le monde. Après son arrivée on vous a remis les quantités que vous aurez receues, avec l'occasion du passage de monsieur de Guise, et ce jourd'huy est party d'icy une autre voiture de douze cent mille patagons, et les autres qui arriveront icy bientost, suivront avec la même diligence, et ne vous estonnez pas de la dilation de quelques jours qu'il y a en cela, car en Espagne toutes ces choses se remuent fort lentement, parce que nous n'avons pas la commodité de rivières navigables comme vous autres en France, et comme tout cela nécessairement doit venir en charge sur les mulets, toutes les choses se retardent par la mesme nature, sans qu'il y ait diligence humaine capable de pouvoir remédier la dilation qui procède de cette naturelle difficulté. Mais, Monsieur, soyez tout asseuré qu'on pressera tout ce qui se pourra pour faire avancer les autres quantités avec toute la diligence que vous désirez et que je désire, et peut-estre avec plus de passion que vous-mesme.

» En ce qui regarde les trente vaisseaux de guerre, encore que je ne sçaurois vous nier que le nombre n'a pas esté accompli, je vous puis pourtant bien dire qu'il a esté suffisant pour tenir ouverte la communication de la rivière de Bordeaux, et qu'il en auroit esté aussi à gaigner une victoire bien considérable sur les ennemis, si les navires de M. Du Dognon eussent combattu; à quoy je adjousteray seulement que j'ay esté bien aise d'entendre que ceux du Roy se sont comportés si bien qu'on envoyera de Saint-Sébastien tous ceux qui seront trouvés à propos pour vous renforcer, et qu'on a renouvellé les ordres donnés en Flandres pour faire avancer les navires que nous attendons de ce costé-là.

» Quant aux quatre mille hommes, je vous dois dire que pendant que la flotte n'estoit pas arrivée et que M. de Vatteville se trouvoit sans moyen de se pouvoir maintenir, ce auroit esté une chose bien inutile de luy envoyer les Irlandois, qui désembarquèrent à Saint-Sébastien. Mais despuis en çà vous en aurez receu un corps de mille et cinq cens, et l'on continuera de vous en envoyer le reste, et ceux qu'ont esté appliqués à Barcelone. Je croyeray, s'il vous plaist, qu'ils ont esté employés au service de monsieur le prince avec plus d'utilité que si l'on les eust envoyés de ce costé-là. Car du bon fin de cette entreprise résulteront plus grands interrests pour monsieur le prince, et pour la conservation et l'accroissement du party que pour le Roy mesme, comme vostre prudence le connoistra beaucoup mieux que je ne sçaurois dire.

» Outre ce que dessus, je vous dois remonstrer que quand il y auroit eu quelque dilation par deçà en la satisfaction de ce qu'on vous doibt, laquelle néantmoins est asseurée tost ou tard moyennant les dispositions faictes, l'on a excédé en beaucoup de costés du Païs-Bas de ce qu'estoit deu; car vous sçavez qu'outre les trouppes de M. de Clinchamp, à quoy on estoit obligé par le traicté, lesquelles si se diminuèrent ce fust dans les mêmes occasions de guerre qui se présentèrent, entrèrent en France celles de M. de Lorraine, et finalement M. le comte de Fuensaldaigne avec toute l'armée de Flandres, ayant abandonné toutes les entreprises qu'on y pouvoit faire pour assister à M. le prince et aux intérests du parti; en quoy le Roy a donné une bien claire démonstration à la France et à tout le monde, que son intention est de préférer les convenances de M. le prince à toutes les autres considérations; et je dois croire aussi que si M. le comte de Fuensaldaigne s'est retiré, comme vous me le mandez, ce aura esté à cause de ne s'avoir peu maintenir plus long-temps dans la France, avec tant de troupes et de bagage, et qu'en ce cas il aura laissé à M. le prince le nécessaire pour son augmentation et subsistance, correspondant en cela non-seulement aux ordres du Roy, mais aussi à la particulière passion qu'il a faict toujours paroistre pour les intérests de M. le prince et du parti; et je ne veux point adjouster à tout cecy la générosité avec laquelle le Roy s'est porté à donner la liberté à M. de Guise, et les circonstances avec lesquelles Sa Majesté a mis cette affaire entre les mains de M. le prince; car je suis trop asseuré que sa grande prudence aussi bien que la vostre y aura recognu mieux que je ne sçaurois exagérer combien il se peut promettre de sa royale protection, en tout ce qui se pourra présenter de ses intérests et de sa satisfaction.

» Quant à l'autre poinct qui regarde les traictés de la paix, je vous respondray encore plus aisément qu'au premier; car il n'y a rien eu du tout (comme vous l'aurez entendu) sur quoy faire le moindre fondement, et vous pouvez asseurer avec toute vérité à M. le prince que le Roy non-seulement ne fera jamais aucun ajoustement sans que premièrement s'ajoustent ses intérests et sa sasisfaction; mais aussi qu'il n'escoutera aucune proposition qu'on luy en face, sans luy en donner part, qu'en cette conformité ont esté envoyés en Flandres les ordres nécessaires, et que, quelque voix qui puisse courir au contraire, aura esté meue par l'artifice et la suggestion des ennemis, afin de voir s'ils peuvent affoiblir la foi que M. le prince doit conserver si constamment de la protection de Sa Majesté, non moins que nous le faisons par deçà, méprisant tous les avis qu'ils tâchent de nous suggérer contre M. le prince : sur quoy je me remets à ce que vous en dira plus amplement M. de Saint-Agoulin, comme tesmoin des bruits qu'ils procurent, semmés dans cette cour, et du peu de cas que nous en faisons en toutes occasions, vous priant de croire que je le souhaiteray toujours afin de faire paroître la passion avec laquelle je suis, Monsieur, votre très-humble serviteur.

» D. Louis Mendez de Haro. »

L'état des négociations avec l'Angleterre, à la même époque, est exposé dans une dépêche de Barrier au prince de Conty :

« Monseigneur, j'eus l'honneur d'escrire à Vostre Altesse le 5 de ce mois et de luy mander le restablissement du commerce entre Bordeaux et l'Angleterre ; celle-ci n'est que pour confirmer la chose et la suplier de mesme que j'ai faict par ma dernière de vouloir faire par son hautorité que les deux mille jacobus qu'il a fallu employer ici pour y faire ceste affaire, soyent remboursés à Daniel Bataille, marchant à Bourdeaux, dont le frère, qui est ici avec quelque autre marchant, a déjà avancé une partie; comme j'ay déjà mandé à Votre Altesse, je me suis enguagé de ne point sortir d'Angleterre que cela ne soit acquitté. Votre Altesse sçait que j'y demeurerois long-temps si l'on ne m'en retiroit, je luy ai déjà mandé le déplaisir que j'avois de n'avoir peu faire cette affaire sans cette despense, mais je puis asseurer Vostre Altesse que j'ay eu plus de peine que l'on ne se sçauroit imaginer et qu'elle a esté autant contestée dans le parlement qu'aucune affaire qui s'y soit faicte depuis la république. Si je n'avois bien des tesmoins pour me justifier, je cres fort estre soupsonné, veu mes facultés, de me vouloir prévaloir de ceste-somme-là ; mais je crois pourtant que j'ay assez l'honneur d'estre cogneu de Vostre Altesse pour n'estre pas creu, quoyque pauvre, le plus intéressé homme du monde : je luy ay bien demandé une chose dont je crus que je retirerois quelque chose si cela ne choque le public, qui est une préférence pour une certaine quantité de vins que l'on pourroit charger les premiers, et, en cas que cela ne choque personne, j'espère que Vostre Altesse me l'accordera comme je l'en suplie très-humblement, et de me faire l'honneur de me croire, Monseigneur, vostre etc.

» Barrier.

» Londres, ce 12 septembre. »

Quant aux affaires générales de Guienne, Lenet en exposa l'état au prince de Condé dans la lettre qu'il lui adressa à la mi-septembre :

De Libourne, le 16 septembre 1652.

« Je reçus hier, à la pointe du jour, un billet de M. de Marchin, qui me mandoit qu'il se rendroit le mesme jour de bonne heure en cette ville, où il importoit tout-à-faict que je me rendisse aussi, pour adviser ensemble aux choses les plus pressées de la guerre ; de sorte que je quittay le lict, où un rumatisme qui me tourmente, me retenoit depuis six ou sept jours, pour venir icy en basteau, d'où je m'en retourne beaucoup plus incommodé que je n'estois. Il me fâchoit fort de quitter, à cause de l'assemblée de l'Ormée qui se deubt faire hier, sur les propositions dont je me suis donné l'honneur de vous escrire par le dernier ordinaire ; mais comme tout estoit déjà posé, et qu'il n'y avoit qu'à suivre, je creus qu'il estoit plus important de ne pas perdre la conjoncture de voir M. de Marchin, pour régler toutes choses avec luy, comme j'ay faict. J'en rendray un compte plus exact à Vostre Altesse par le premier ordinaire ; seulement je luy diray que la plus importante de toutes estoit de convenir avec M. de Vatteville et luy de l'affaire de Blaye, par le controlleur de M. de Guise ; personne que nous trois ne sçait et ne sçaura cette affaire, que ces deux messieurs trouvent faisable. M. le comte de Maure partira d'icy dans deux ou trois jours, bien instruit de toute chose. Il désire fort que vous le questionniez sur de certaines affaires dont il dict qu'il ne se veut pas ingérer de parler, sinon en estant interrogé, en luy promettant le secret et en le luy tenant.

» L'autre petit homme, duquel je vous escrivis par le dernier ordinaire, partira au premier jour. Au nom de Dieu, traictez la chose (quoyque ridicule) du dernier sérieux, car autrement tout est perdu ; du surplus, si l'on suit les mesmes prises, nous soutiendrons nos affaires encore quelque temps. S'il ne nous arrive promptement de l'argent, je ne sçay comme faire : on s'est imaginé que toutes les Indes estoient arrivées, et je crois que le diable a tout d'un coup suscité tout ce qu'il y a de demandeurs au monde pour m'accabler : ce qui me met au désespoir est qu'il m'est impossible de vous envoyer un quart de sou; mais si on me tient parolle je n'y tarderay pas beaucoup, et j'aymerois mieux voir pester tout le monde contre moy icy, que si vous manquiez de la moindre chose du monde par où vous estes.

» Je suis toujours fort en peine de la santé de madame, que je laissay avec une fièvre fort grande; on vous en mandera des nouvelles plus fraîches de Bordeaux. J'ay receu icy la vostre du 8, du camp de Grosbois; le bon estat auquel vous vous trouvez remet un peu le calme dans les esprits, et la conjoncture sera fort bonne pour exécuter l'affaire de Gen, pour laquelle tout est fort bien disposé; le plus fort estoit un peu d'argent que j'ay envoyé. Si elle reste, nous en serions quitte à bon marché. M. Galapian la trouvoit fort bien, et certainement elle nous sera fort utile.

» Nous ne craignons que quelque coup bizarre de M. de Lorraine pour nous empescher d'avoir une paix advantageuse et seure pour vostre personne, qui doibt estre vostre premier objet et celuy de tous vos serviteurs; le reste viendra comme il pourra, et je croy que Votre Altesse ne perdra pas une conjoncture si favorable. Vous voyez bien que j'ay tousjours tenu et tiendray la maxime dont vous m'escrivez d'estre toujours pour les plus forts, et jusques icy j'y ay assez bien réussi depuis que j'ay veu que nous ne voulions pas l'estre nous-mesmes; à quoy j'ay travaillé autant fortement, mais autant en vain qu'on le puisse. Je feray au surplus, touchant Madame, ce que vous me mandez. Je prie Dieu qu'il vous envoye, par le premier ordinaire, un favorable succès de vos armes, et surtout les nouvelles de vostre santé. M. de Marchin retourne en diligence vers les ennemis; Le Plessi-Bellièvre est à Brantosme avec deux mil cinq cents fantassins et six cents cavaliers; les Harcours vont toujours vers Vendomme; ils ont environ mil hommes de pied et deux mille chevaux; Eslissac et Montausier sont à La Rochelle et font neuf cents hommes. Si Vostre Altesse a quelque bon succès et qu'elle nous envoie mil ou douze cents chevaux, on pourroit vous responder de tout le hault pays, par conséquent d'avoir bien de l'argent, des tailles et des villes rebelles; l'un et l'autre nous sont infructueux. M. Colombe Marin a esté tué par des païsans, attaquant une valise de village, vers Pesne. Je voudrois fort vous faire une petite révolte qui vous viendroit fort à propos en paix et en guerre.

» Lenet. »

Durant la seconde moitié de ce même mois, la marche des affaires devenait plus pressée par les événements qui se passaient à Paris, par les entreprises de la cour pour récupérer son autorité; le cardinal Mazarin en était le conseil et l'agent principal; les affaires politiques étaient devenues des affaires personnelles. On verra par les lettres suivantes, véritables mémoires historiques par leur naïveté, par les détails curieux et nouveaux qu'elles renferment, quelles étaient l'activité et la variété des circonstances qui annonçaient ou un dénoûment favorable par une pacification générale, ou un redoublement d'ardeur dans les passions plus favorables à la perpétuité des troubles et à la durée de la guerre. Le prince de Condé, Lenet, le duc de La Rochefoucauld, Gourville et quelques autres agents non moins affidés, placés pour bien voir, y racontent ce qu'ils ont vu.

Lettre de Gourville à Lenet, etc.

A Paris, ce 22 septembre 1652.

« J'ay receu aujourd'hui vostre lettre du 16, et hier celle du précédent courrier; je ne vous ay point escrit les deux derniers ordinaires, parce que j'ay esté fort long-temps sans sçavoir de vos nouvelles, et que l'on m'a porté mes lettres à l'armée de monseigneur le prince, que j'ay receues quasi tout à la fois; je ne sçay par quelle voye vous nous envoyez le secours que vous m'avez mandé, car je n'ay rien receu que vostre lettre, je vous remercie de vos nouvelles et vous envoye des nostres; il n'y a personne qui puisse encore dire assurément le chemin que prendront les affaires. La cour vient de faire une démarche par un nommé Joyeuse, qui est en quelque façon au duc de Lorraine. Ils ont envoyé dire à Son Altesse Royale que sy l'on se vouloit contenter des propositions qu'on avoit dernièrement faictes, ils estoient dans la résolution de les accorder; peut-estre ont-ils creu que monsieur le prince ne les voudroit pas accepter, et que, pouvant estre agréable au parlement et au peuple, cela les feroit tourner pour la cour, et entraîneroit infailliblement Son Altesse Royale, et que par là monsieur le prince seroit contrainct de s'en aller avec les Espagnols; ils l'ont faict dans cette veue, ils sont attrapés, car M. le prince estant venu icy, ils ont renvoyé, Son Altesse Royale et luy de concert, ledit Joyeuse, pour dire qu'ils acceptoient les mêmes conditions qu'ils ont déjà demandées, qui sont aujourd'hui les offres de la cour : ces articles demandés et accordés, ce semble, sont la réunion des deux parlemens, l'amnistie vérifiée au parlement de Paris, un passeport pour les trouppes étrangères, le restablissement et le remboursement au duc de Lorraine ou à monsieur le prince pour Clermont et Stenay; le duc de Lorraine se contente de quatre cens mil escus. Le sixième article est pour travailler incessamment à la paix générale. Et il n'y a personne qui puisse juger ce que nous allons devenir; tout le monde est si à bout que l'on ne sçait plus où donner de la teste. Les deux armées sont fort incommodées, mais les Turennes, les Lorrains s'en veulent bientost aller. Le parlement de Paris donnera peut-estre un arrêt dans huict jours, pour deffendre de plus donner ny laisser sortir de vivres de Paris pour les armées des princes et des Lorrains; le corps des marchands propose d'aller à la cour sy l'on ne s'accommode point, et monsieur le prince est résolu, je pense, d'aller sur la frontière avec les Espagnols. L'accommodement est donc une chose qu'il doibt bien souhaiter, comme vous voyez, car s'il s'en va, Paris, Son Altesse Royale et le parlement le quittent.

» Le cardinal veut revenir, il entre en deffiance de ses agens, il ne le peut prétendre de long-temps, ne traictant point avec monsieur le prince; Dunquerque est pris, Barcelonne le sera bientost, Casal n'en peut plus, l'armée navale angloise a escroqué la nostre, à un vaisseau près, par droit de représailles, le cardinal l'ayant accordé parce qu'ils avoient esté incommodés de certaines pirateries qui se commettoient il y a quelque temps, dont le cardinal recevoit un douzième, qui a monté à cinq cens mil livres, qu'il a touché effectivement ; cette armée navale de là est venue devant Calais, et les Espagnols de Dunquerque se sont venus porter devant cette ville par terre, ils ont encore là plus de quatorze mille hommes; il y en a pour le moins autant icy dans nostre armée, et, depuis la Charente jusques au Pays-Bas, le Roy n'a point d'hommes levés douze à quatorze mille. Le mieux qui puisse arriver à la cour, c'est qu'après que les Espagnols auront encores pris une ou deux places considérables, ils en prendront de petites pour hiverner en France, pour recommencer le printemps. Regardez sy après cela la malédiction n'est pas dans nos affaires, que ces enragés ne s'accommodent point,

et qu'ils en ont souvent envie, mais ce n'est jamais tous deux à la fois. Mademoiselle de Bersenay m'a prié de vous assurer qu'elle estoit vostre très-humble servante, et qu'elle vous remercioit de vos complimens.

» GOURVILLE.

» Le comte de Rieux sort de la Bastille à la sollicitation du duc de Lorraine, à la charge qu'il viendra faire excuse à monsieur le prince. Le duc de Candale va commander en vos quartiers. »

Lettre de Marigni à Lenet.

A Paris, le 22 septembre 1652.

« J'ay donné à M. Saint-Mars la lettre de M. de Marchin pour Son Altesse, et la vôtre aussi, car je suis si furieusement enrumé que je n'ay pas creu qu'il fust à propos de m'en aller coucher au camp sur la paille pour me guérir de mon rhume. Nous sçavons icy toutes les divisions de votre ville, et nous sçavons qu'elles sont plus grandes que vous ne nous le mandez, et je ne sçay si ceux qui ont échoffé l'Ormée en seront à la fin bons marchans. On a fort écrit icy contre vous depuis peu : on mande que pour tirer de l'argent du tiers et du quart, vous menacez d'envoyer une brigade de l'Ormée pour faire piller les maisons de ceux qui ne se disposent pas franchement à vous prester, et que vous voulez qu'ils vous donnent ; et cela faict icy, parmi les gens de qualité et de la robe, un bruit qui ne vous est pas avantageux; ces expédiens violens sont peut être cause que des particuliers mandent que vous pillez les finances du public et du particulier; quelques-unes de ces lettres ayant été leues par une personne de grande qualité, qui a des habitudes et des correspondances à Bourdeaux, je fis mon devoir et je m'en acquittay très-bien, vous pouvez vous en assurer, et qu'en toutes rencontres je témoigneray avec joie que vous n'avez pas au monde un meilleur ami que moy. Si les ennemis sont aussi forts que vous le mandez, vous aurez besoing de toute votre prudence, et M. de Marchin de la sienne, et de son expérience pour soutenir les affaires. Il est vray que vous avez des gens qui vous soulagent beaucoup et qui ont trouvé un moyen infaillible de vous fortifier d'un arrière-ban de chevaliers, et le chancelier de ce grand-ordre de l'Évantail vous aidera fort de ses conseils. J'ay faict ce que vous avez désiré de moy, seulement pour vous complaire : car en fonds, à vous parler franchement, je ne veux avoir de ma vie aucun engagement ni commerce avec toute cette cabale; j'en ay faict ma déclaration; une considération m'empesche de faire connoistre que je ne suis point homme à estre traicté comme l'on faict, et qu'il y a une très-grande différence pour toutes choses entre moi et eux pour que l'on agit avec moy de la sorte, et rien ne sera capable de me faire changer la résolution que j'ay prise, et assurez-vous qu'elle ne me sera point désavantageuse. La femme de Sarazin ayant dit à quelques personnes que M. le prince de Conti, pour témoigner à son mari l'amitié qu'il avoit pour luy et le venger de moy, avoit envoyé un ordre pour consulter M. Couturier, et sçavoir s'il pouvoit révoquer la pension qu'il m'a donnée sur Saint-Denys, j'ay voulu m'éclaircir de l'affaire; en effet, j'ay veu cette après disnée monsieur Couturier, qui m'a dict qu'un nommé Bacon, l'un des commis de Sarazin, l'étoit venu trouver mercredi dernier avec un ordre précis et signé de la main de M. le prince de Conti, pour sçavoir de lui s'il pouvoit révoquer la pension qu'il m'avoit donnée; qu'il luy avoit répondu qu'il se trouvoit bien fort de ce procédé, puisque c'étoit par l'ordre de Son Altesse qu'il avoit fait créer cette pension en cour de Rome; qu'ayant agi pour moy et faict toutes les choses nécessaires, il n'avoit garde de consulter contre moy; au contraire qu'en cas de débat, son honneur l'obligeoit de soutenir ce qu'il avoit faict. Ce procédé est si honneste, que je le vais disant à tout le monde, avec le respect que je dois, et j'attens avec impatience que l'on me fasse signifier quelque chose : car en mesme temps je le feray imprimer, et en donneray des copies à tout ce qu'il y a ici de gens de qualité. Ceux à qui j'en ay déjà parlé font de beaux discours et fort avantageux pour la générosité du prince et pour sa conduite et celle de son ministre, qui l'engage à des choses qui ne peuvent luy réussir; car tant que je voudray je conserveray la pension; j'y ay mis fort bon ordre : j'avois offert à M. le prince de Conti de luy remettre, s'il le désiroit; je prétendois que la chose se fît de mon consentement, mais puisqu'il s'y prend de cette manière, j'attendrai ce qu'il fera, et je sçauray fort bien me maintenir. Cette affaire et celle de ménage, que je vous manday par le dernier ordinaire, vont bien divertir le public; au surplus, pour cette mauvaise volonté, je me tiens tout-à-fait dégagé de l'obligation que je pouvois avoir de la pension, quand mesme on me l'auroit donnée sans que je l'eusse méritée, et quelque chose de plus, et je vous dis encore que la seule considération de M. le prince me retient dans les mesmes inclinations que j'ay fait paroistre. J'ay servi fort bien à mes dépens jusqu'icy; je ne me repens point de ce que j'ay faict; j'auray tousjours le même respect parce que je le dois avoir; du reste, j'en suis quitte, et la conduite que je vais tenir à l'advenir, vous fera bien connoistre que lorsque j'ay faict, je la sçais pousser à bout. On parle de la paix, chacun crie: *La paix!* mais je ne la croiray que lorsque Son Altesse la croira, et elle dit qu'elle ne la croit point. La prise de Dunkerque par les Espagnols et de toute nostre flotte par les Anglois, qui veulent nous déclarer la guerre si nous ne chassons les proscrits de leur nation, qui veulent remplir le conseil du Roi a un peu.... la fierté de la cour, qui propose déjà de donner une amnistie en bonne forme, vérifiée dans le parlement de Paris, à ce que l'on demeure d'accord de réunir celuy de Ponthoise; les difficultés que l'on faict pour les satisfactions de M. de Marchin et M. Du Dognon arrestoient le traicté. Cependant le Mazarin lève force troupes; la cour devoit quitter Compiègne et venir à Ponthoise. Il se faict icy diverses cabales, et si les armées sont encore long-temps près de Paris, il y a danger qu'il ne nous échappe. Si vous pouvez faire vos vendanges, vous pourrez vous sauver; la flotte Vendômoise ne vous incommodera pas, et c'est une espèce d'obligation que vous avez aux Anglois. Vous me dites que vous avez donné à M. de Bréquigny le paquet de M. Cochêt, mais vous ne me mandez pas à qui vous avez donné la procuration; je vous avois prié d'en charger quelque honneste homme de vostre connoissance. Eclaircissez-moy de cette affaire et vous me ferez plaisir. Je vous prie de faire ma cour à M. le duc, mes complimens à madame de Tourville et à tout son troupeau, à tous mes amis et amies, et K. *In culo a gli altri.* Je suis tout à vous et de tout mon cœur. M. Caillet est très-périlleusement malade. Je vous prie de conter l'affaire de la consultation à madame de Tourville et à mes amis. »

Lettre du prince de Condé à Lenet.

« La maladie de Caillet m'oblige à vous escrire de ma main, et le peu de loisir que j'ay, fait que je ne vous escriray que fort succinctement. Je vous diray donc que je suis en peine de vostre santé, et que je souhaite vostre guérison de tout mon cœur; celle de ma femme me fasche, et sa rechute dans son huictième me fait apréander pour elle : aiez-en soin; en tout événement, je me repose de tout sur vous; voiez mon frère et ma sœur, et assurez-les l'un et l'autre de mon affection, et priez-les de travailler à mettre les affaires de delà en bon estat, et de s'y appliquer sérieusement. J'approuve tout ce que vous m'avez écrit en chiffres, et vous n'avez qu'à le faire. Pour la guerre, je m'en repose sur M. de Marchin; je ne doute pas que les vendanges ne se fassent, et j'espère que cela affermira Bordeaux pour tousjours. Je ne vous dis rien sur la distribution de l'argent, vous aiant desjà faict sçavoir là-dessus tous mes sentimens. Le régiment d'Enghien se plaint de quelque mauvais traitement, Chambellan m'en a escrit; voiez ce que c'est : s'ils ont raison, faictes-leur justice; s'ils ne l'ont pas, dites-leur que je trouve mauvais qu'ils donnent l'exemple de se plaindre, et que j'entens qu'ils fassent le contraire. Je suis en peine de n'avoir point de lettres de M. Du Dognon depuis long-temps; envoyez-luy la mienne, et ayez soin d'en tirer la response. Nous sommes toujours campés à demi-portée de canon des ennemis ; nous sommes plus forts qu'eux, mais ils font venir du secours de tous costés : les troupes de Monron et celles de la frontière les ont desjà joins ; ils sont fort incommodés de fourrage, et leur infanterie tombe fort malade. Nous leur avons bien déjà pris plus de quinze cens chevaux, et si cela dure, j'espère que nous en viendrons à bout; mais on ne peut encore responde de rien, parce qu'il y a des négociations de paix sur le tapis, qu'on ne sçait encore à quoy elles aboutiront, et qui seront peut-estre bonnes, peut-estre qu'elles ne le seront pas, à cause des gens qui s'en meslent; car, hors cela, tout est en si bon estat, que nous pourrions tout ce que nous voudrions. M. de Loraine agit admirablement bien ; mais tout despend de sçavoir s'il continuera. L'armée navale a esté battue par les Anglois; il y a eu huict vaisseaux et sept brûleaux pris, c'est-à-dire que vous voilà les maistres absolus de la mer, et que vous n'avez point de temps à perdre pour vous y mettre, faire venir des bleds, escorter les marchans du convoi et tâcher de prendre ou brûler dans. les ports les vaisseaux qui restent, qui sont tous dispersés ; il me semble aussy que M. Du Dognon a lieu d'eslargir sa courroie. Dunkerque est pris, et on dit que l'archiduc revient en France; mais cela n'est pas bien asseuré. On ne sçait rien de vray de Barcelone encore, mais on le croit perdu ; j'ay chargé M. Viole d'escrire à ma sœur et à mon frère d'une affaire qui est sur le tapis présentement. Asseurez mes amis de mon amitié, et asseurez-vous que vous n'en avez pas de meilleur que moy et Marsin. Aussy un compliment à Baltazard et à madame de Tourville.

» Louis de Bourbon.

» Barier me mande qu'il faut quelque argent pour adjuster l'affaire de comerce; elle est si avantageuse qu'il me semble qu'il n'y fault rien espargner, et que nous y gagnerons le centuple.

»*Au camp de Limé*, ce 23 *septembre* 1652. »

Lettre de l'abbé Viole à Lenet.

A Paris, ce 25 septembre 1652.

« Lundi, le parlement s'assembla, comme je vous le mandois par ma dernière ; il ne s'y passa rien de considérable que l'absolution de monsieur de Beaufort et de Burg, sur le duel de messieurs de Nemours; demain se doibt achever l'affaire; l'on a esté obligé de la presser à cause que l'on eust advis qu'au parlement de Pontoise l'on instruisoit le procès, et qu'il se devoit juger en bref ; comme ce parlement n'a pas beaucoup de force à vuider, il faut bien qu'il soufre. Il y a entre ces messieurs quasi faux-frères quelque division sur le subject de la translation ; les uns la consentent, les autres non.

» Ce même jour il y eust assemblée à l'Hostel-de-Ville, où monsieur de Broussel, qui est homme assez mol, se défit de sa charge de prévost des marchands, si bien que le siége est vaquant ; il a creu que par les articles de la paix, s'il s'en faict, qu'il seroit cassé; il a creu aussy devoir prévenir.

» Sur le soir, l'on fit sortir monsieur le comte de Rieux de la Bastille, par la sollicitation de monsieur de Lorraine, fondée sur ce que Son Altesse ne s'y estoit jamais opposé de faire: lorsque monsieur de Lorraine luy en parla, pour sçavoir s'il ne vouloit dudit comte aucune parole, il dict que non ; que s'il en avoit désiré quelqu'une, il n'auroit point pressé sa sortie comme il avoit faict; que s'il vouloit estre de ses amis, que volontiers il le verroit en cette qualité, sinon qu'il en useroit ainsy qu'il le jugeroit à propos : tant y a qu'il est dehors.

» Le mardy, arriva icy l'abbé Fouquet pour les affaires que vous sçavez. L'on y attendoit Son Altesse; mais elle ne veint point, et est seulement arrivé aujourd'huy. Ce mesme jour, les caballes que le cardinal de Retz entretient dans Paris esclattèrent, et l'assemblée s'en fut au Palais-Royal, où M. Prévost, conseiller, tenoit la plume pour enroller tous ceux qui demandoient la paix, et quand on leur faisoit prendre du papier à leur chapeau et crier : *Vive le Roy! point de prince! et la paix!* quelqu'uns de cette canaille, soustenus d'un lieutenant aux gardes, nommé Chasan, sortirent l'espée à la main, croyant que leur dessein auroit quelque succès; mais à peine estoient-ils dehors la grande place pour venir dans la rue Saint-Honoré, que le bourgeois prist les armes, les poussa et les fist rentrer, et la chose finit ainsy. L'après-disnée Son Altesse Royale se fit conduire par tout Paris, et commanda que l'on le passât deux fois devant le logis des auteurs de ce bruict. Je ne sçay si demain, au parlement, l'on n'ordonnera rien contre eux, du moins le méritent-ils.

» La cour arrive aujourd'huy à Mantes; et Son Altesse est venue de l'armée à Paris pour parler de paix : il s'en est retourné sans que l'on aye sceu ce qui s'est passé.

» Tous les prisonniers que l'on prend sur le maréchal de Turenne assurent qu'il est fort pressé, et que si l'accomodement ne se faict dans peu, qu'il sera contraint de se battre ou de se rendre.

» Mon frère n'a peu vous escrire à cause qu'il est un peu indisposé. Et moy, je vous prie de croire que je suis certainement tout à vous. »

Lettre de Monsieur de La Rochefoucauld à Lenet.

A Paris, 25 septembre 1652.

« On a receu à la cour fort indifféremment le retour de M. Joyeuse avec leurs offres acceptés par MM. les princes. Ils ont envoyé deux couriers conséqutifs à M. le cardinal pour luy en donner advis et prendre sa résolution ; et cependant on a ordonné audit Joyeuse de suivre la cour, qui est partie, il y a trois jours, de Compiègne, et arrive aujourd'huy à Mante.

» M. le cardinal travaille tant qu'il peut à faire des levées qui pourront estre prestes dans un mois, auquel temps il propose de revenir. Il partist le 15 du courant de Sedan ; et après avoir demeuré un jour à Bouillon, il revinst le 17 à Sedan, où il est encore. M. de Grandpré lève aussy des trouppes pour luy.

» Il y a plus de deux mois que les Mazarins tramoient ici une menée qu'ils entreprirent hier d'exécuter ; ils avoient faict signer une requeste à plusieurs personnes pour prier le Roy de revenir à Paris, et avec cela on a faict courir force billets pour s'assembler au Palais-Royal, affin de députer vers le Roy pour le prier de revenir à Paris. Il se trouva hier matin, au Palais-Royal, force monde, et le sieur Prévost, conseiller à la grande chambre, chef de cette menée, fist monter son secrétaire dans une chaire où on a coustume de prêcher, au milieu de la cour du Palais-Royal, et il luy fist lire une ordonnance du Roy par laquelle il permet aux bourgeois de Paris de s'assembler, de mettre main-basse sur tous ceux qui s'opposeroient à la paix ; et ensuite ledit Prévost monta luy-mesme en chaire, et, après avoir descrié monseigneur le prince, cria : *Vive le Roi*, et qu'on mist du papier au chapeau pour témoignage de fidélité à son service. Et il est à remarquer que quasy tous ces gens assemblés, voyans qu'on ne parloit point là d'assemblée pour députer vers le Roy, se retirèrent ; et ensuite ceux qu'y estoient attirés pour l'affaire, vinrent courir par la rue Saint-Honoré, crians : *Vive le Roi ! du papier !* Les bourgeois en ont fort bien usé en ce rencontre, car, après avoir pris les armes, ils ont escarté tous ceux séditieux, et mesme en ont fort maltraité quelques-uns. Du depuis, qui que ce soit n'a osé paroistre avec du papier, et il a fallu avoir de la paille.

» Son Altesse Royale envoya M. le maréchal d'Estampes à l'Hostel-de-Ville pour faire plainte de cette affaire. On luy témoigna beaucoup de joye de ce que cette sédition n'avoit pas eu plus de cours, et qu'ils mettroient ordre pour l'advenir. Et on doibt demain s'assembler au parlement pour faire le procès au sieur Prévost et à son secrétaire.

» Les corps des marchands de cette ville ayant esté demander des passeports à Son Altesse Royale pour aller trouver le Roy, elle les a accordés et leur a témoigné estre bien aise qu'ils fissent la paix. M. de Brousselle, prévost des marchands, et deux échevins nouveaux s'estoient démis avant-hier de leurs charges ; mais ils y sont rentrés aujourd'huy.

» L'advis qu'on avoit eu du siége à Calais s'est trouvé faux ; et bien au contraire, on se faict fort à la cour que les Anglois rendront l'armée navale ; mais il n'y a pas grande apparence qu'ils les fassent, puisque lesdits Anglois demandent le remboursement de pertes qu'ils ont faictes, et oultre cela qu'on leur mette entre les mains quelques milors qui sont en France.

» Les Espagnols, après la prise de Dunquerque, laissent rafraîchir leur infanterie, et envoyent trois mil chevaux à Son Altesse, qui est venu aujourd'huy en cette ville conférer avec Son Altesse Royale. Son armée et celle de M. de Lorraine sont toujours campées au mesme poste ; et Son Altesse est assurée de réduire dans peu de jours M. de Turenne de sortir de son éminence, et il ne le peut pas faire à la barbe des troupes de M. le prince sans estre battu. Les hommes de pied qui venoient de Picardie ont joint M. de Turenne, après avoir passé en ces quartiers, et, par un bonheur incroiable pour eux, on n'en eut point advis.

» Toutes les nouvelles qui viennent de la cour assurent qu'on a envoyé ordre aux troupes qui sont en Guyenne d'aller au secours de Barcellone qui est réduicte aux dernières extrémités. Cazal est toujours investy ; et M. de Monpezat s'est démis du gouvernement de la place entre les mains du Roy, qui l'a donné à M. de Vassé ; et M. de Quincé va commander en Italie. M. le comte de Rieux est sorty avant-hier de la Bastille.

» L'union est si parfaicte entre M. le prince et M. de Lorraine qu'il ne se peut pas davantage, et ce dernier témoigne tout-à-faict faire toutes choses avec beaucoup de franchise. »

Lettre de Marigny à Lenet.

A Paris, ce 25 de septembre 1652.

« Si vous ne recevez pas mes lettres à temps, je vous assure que ce n'est pas ma faute, et que c'est une des choses du monde dont j'ay plus de soing. Je voys, par votre lettre et par celle de monsieur le chevalier de Thodias, que vous n'avez pas peu d'affaires, et que les cabales reprennent vigueur ; mais comme vous n'en manquez pas aux occasions, je ne doute point que vous ne sortiez de cet embarras à votre honneur. Je pense qu'il n'est pas nécessaire qu'en cette rencontre je vous fasse des complimens et des offres de service, car je ne vous offriroïs que ce qui est entièrement à vous ; et si j'estois sur les lieux je le ferois avec autant de chaleur que je le fis alors que l'on vouloit vous choquer ; en un mot, vous êtes mon ami et je suis le vôtre, et votre serviteur.

» Je suis bien aise, en passant, de vous donner un advis, que quelque chose que fasse madame de Longueville, elle ne sera point pour vous ; que ses larmes à votre égard sont des larmes de crocodile, et vous devez tenir pour certain qu'elle sera entièrement pour Gondrin ; et si vous sçavez tout ce qui se passe en ce cours vous ne devez pas en douter ; et afin de vous faire connoistre que je vous parle avec certitude, c'est que La Berge, que nous appellerons désormais *Invulnérable*, est confident de messieurs de Longueville, et Mata, que nous nommerons *Indicible* ; et *Invulnérable* et *Indicible* sont si bien ensemble et de concert avec madame de Longueville, que, depuis peu, ayant soupé chez monsieur le prince de Conti, qui languit comme vous sçavez pour madame de Longueville, sans lui en rien dire, ils sortirent de bonne heure et allèrent, sous prétexte de se retirer, faire une promenade sans flambeaux, teste à teste avec madame de Longueville, *Indicible* et *Invulnérable*. Madame de Longueville avoit tiré de *Invulnérable* qu'il ne diroit rien à *Insolent* ni à qui que ce fût, et à cette condition il luy permettoit toute chose avec *Inconcevable* ; de sorte que vous pouvez bien juger que quelque mine que fasse madame de Longueville, elle sera obligée de soutenir *Inconcevable*. C'est une histoire véritable que je vous conte et dont je tire, ce me semble, une conséquence assez juste ; au surplus, vous ne devez point douter que le Sarazin, qui va comme veut madame de Longueville, ne pousse monsieur le prince de Conti contre monsieur Lenet de tout son pouvoir, et je ne doute point qu'il n'ait esté un des principaux auteurs de la cabale. Je vous en parle sans passion et je ne pense pas me tromper, et je ne sçay pas si vous ne feriez pas bien d'en faire advertir monsieur le prince par le chevalier Thodias, ou de luy écrire mesme sur ce sujet, ou d'en écrire à monsieur de La Rochefoucauld, afin qu'il en parlast emplement : enfin, ne croyez pas que ce soit mon intérêt qui me fasse parler de la sorte, mais consultez bien le vôtre.

» Au reste, si vos affaires se brouillent où vous estes, les nostres ne vont guère mieux icy ; et j'appréhende ou que Paris n'échappe au parti, ou qu'il n'y ayt bientost une rupture entre monsieur le duc d'Orléans et monsieur le prince. Monsieur le duc d'Orléans est las de la guerre, le moindre danger luy fait changer de visage ; ceux qui l'environnent, et qui sont ou pour la cour ou pour le coadjuteur, luy font toujours le mal plus grand qu'il n'est, et après luy avoir démontré qu'il n'a point d'intérests particuliers qui l'empêchent de consentir à la paix, et luy avoir fait connoistre que monsieur le prince consentiroit dès aujourd'hui au retour du cardinal, si on l'avoit satisfait sur tout ce qu'il demande, ils concluent qu'il n'est pas juste qu'il soit la duppe de toutes ces affaires, et qu'il faut qu'il porte les choses à un accommodement.

» Hier, après-midi, quelques gens, gagnés par des Mazarins, s'étoient assemblés au Palais-Royal, où monsieur Prévost, conseiller de la grande chambre, chanoine de Nostre-Dame, harengua pour la cour, et obligea cette canaille à crier : *Vive le Roi et point de princes !* et leur fit prendre en mesme temps du papier afin de distinguer leur parti par cette marque. Quelques officiers des gardes se meslèrent dans cette assemblée, et le chariot de monsieur de Visembaz ayant passé par là, ils le firent piller ; mais les bourgeois de la rue Saint-Honoré s'en étant scandalisés, donnèrent sur la canaille, et Charan, enseigne des gardes, frère de madame Brogy, y fut blessé d'un coup de hallebarde dans le corps et de quantité de coups de harpe sur les rheins. Outre cette escarmouche, la pluspart des papetiers, en se retirant du Palais-Royal, furent rossés de telle force, que, pour regagner leurs cartiers, ils furent contraints de jetter leur marque. Les Anglois qui sont au Louvre furent de la papeterie, mais ils furent bientost forcés de renoncer à l'affaire à cause de douze mille livres qu'on avoit distribués par l'ordre de la cour et par l'entremise de Fouquet; mais tout cela n'a produit aucun bon effet : ainsi les Mazarins ont chié au lit et porté deux heures leurs torchons sur leurs chapeaux.

» Son Altesse Royale, étant advertie de ce désordre, envoya monsieur le maréchal d'Estampes au Palais-Royal ; on lui tint d'abord d'assez insolens discours. Mademoiselle passa par ce quartier peu de temps après, le peuple l'arresta et lui dit que c'estoit un reste de Mazarinaille qui s'estoit retiré dans le Palais-Royal, qu'il falloit noyer. Son Altesse agit avec une vigueur sans pareille, et pleut à Dieu que monsieur son père en eût autant qu'elle. Je passay presque dans le mesme temps par le cartier de la papeterie ; heureusement on ne me dit rien et je fus sage aussi, car je ne parlay pas, mais ***** dit à de bons bourgeois que les Mazarins avoient dessein de faire armer Paris contre Paris, et qu'il falloit les charger, et je vous assure que cela ne nuisit pas.

» Aujourd'huy monsieur le prince est venu de l'armée et il a eu une grande conférence avec Son Altesse Royale ; on s'est échauffé dans le discours, et de parole en parole on en est venu aux reproches, jusques-là que Monsieur a dit à monsieur le prince : « Je vous ay donné Paris. » Monsieur le prince a répondu : « Je vous ay donné douze mille hommes pour le maintenir. » Son Altesse Royale a répliqué qu'elle avoit donné des troupes, et que le duc de Lorraine étoit venu à sa conservation; monsieur le prince a reparti que sans la sienne il seroit encore en Flandres. Cecy s'est passé dans la galerie de Luxembourg, fort tard, et peu de personnes le savent à l'heure que je vous écris ; mais le sujet de leur querelle est sceu de beaucoup moins de gens, et certes monsieur le prince avoit quelque raison : c'est que Son Altesse avoit sceu que monsieur le duc d'Orléans avoit voulu traitter, à son insçu, avec les Mazarins, par le moyen de l'abbé Fouquet, qui estoit caché dans le Palais-Royal, où l'on dit que Monsieur l'a veu ; et on accuse messieurs de Rohan, de Chavigny et Goulas d'y avoir contribué. Monsieur a esté fort honteux de ce qu'on a découvert sa négociation, et après avoir dit à quelques-uns que ce n'estoit que rendre ce qu'on luy avoit presté par Gaucour, il y a quelque temps, il a fait parler par plusieurs personnes à monsieur le prince, qui l'a receu depuis leur première entrevue, et Son Altesse Royale luy a fait mille caresses. Jugez par là de l'estat de nos affaires ; si la cour envoie l'amnistie en bonne forme avec la réunion du parlement de Ponthoise, Monsieur acceptera la paix, et monsieur le prince sera peut-estre obligé de prendre ses cartiers vers Stenay. Ce que je vous mande de l'abbé Fouquet n'est sceu que de fort peu de personnes jusqu'icy, et vous me ferez grand plaisir de n'en faire part qu'à nos amis qui sont seurs, à cause des négociateurs qui sont peut-estre accusés sans sujet ; cependant des plus éclairés de France, et qui ont plus de lumières de tout ce qui se fait, en parlent ainsy. Je ne parleray point sitost à Son Altesse de **** et de Lenet ; il faut qu'ils soient bons amis et que tout se raccommode par Son Altesse. J'attens votre réponce sur ce que je vous manday lundi dernier, touchant la consultation qu'on a faicte chez Couturier, qui me dégage entièrement des intérests de ***, et quoy qu'il arrive je seray bourgeois de Paris et votre serviteur. Je vous prie de faire ma cour, comme vous sçavez, et d'assurer monsieur de Guise de mes très-humbles services : il y a long-temps que j'ay l'honneur d'en estre connu ; et je ne pense pas que madame de Longueville, qui n'a pas esté *Odido* comme il espéroit, fasse grande impression pour Sarazin. Adieu. »

Lettre de Monsieur de La Rochefoucauld à Lenet.

Paris, ce 28 septembre.

« Je commenceray ma lettre par vous rendre mille grâces de vos soins et du secours que vous m'avez envoyé dans le temps du monde où j'en avois le plus de besoin. Je vous diray ensuite que j'ay apris vostre desmêlé, dans lequel je vous offre tout ce qui despend de moy ; je croy que toutes les négociations vont finir, et que nous serons plus dans la guerre que jamais. Sy je pouvois vous entretenir, je vous dirois bien des choses que je ne puis mander ; il y avoit de la sédition aujourd'huy et hier pour faire faire la paix, mais cella n'a pas eu de suite. Je croy que cella pouvoit recommencer et embarrasser Monsieur. Adieu, je ne puis escrire d'avantage ; je vous conjure de faire mes complimens à monsieur de Marchin. »

Lettre de G*** à Monsieur Lenet.

Paris, le 29 septembre 1652.

« Monseigneur le prince se porte beaucoup mieux aujourd'hui ; je vous advoue qu'il me fit un peu de peur en me disant deux ou trois fois de suite qu'il estoit bien mal ; j'espère que dans quatre jours il pourra battre la campagne! Les armées sont toujours postées à l'ordinaire; la cour est d'hier à Pontoise, on dit fort qu'elle veut venir à Paris, je ne doute point que tout le conseil ne soit de cet avis, mais ce n'est pas le mien que le cardinal Mazarin y consente. L'abbé Fouquet a négotié pour la paix, et a escrit ces jours passez à la cour une lettre qui, ayant esté prise au porteur, a esté rapportée à Paris ; elle faict grand bruict, et quelques-uns accusent M. de La Rochefoucauld, mais ils sont tous fort innocens. On dit qu'ils traictoient pour M. le prince sans son sceu ; mais s'il s'est faict quelque chose, personne n'a sujet de s'en plaindre que le public, de ce que cela n'a pas réussi. L'on dit aujourd'huy que monsieur de La Rochefoucauld n'en estoit pas, à cause que l'abbé Fouquet le trahist sur Damvilliers il y a deux ans ; ils n'ont pas tout le tort, je crains bien que nous ne voyons pas sytost la paix ; Dieu veuille que je me trompe, mais je suis persuadé que le cardinal n'en veult ny ne croit en pouvoir avoir avec monseigneur le prince ; et je me confirme beaucoup dans ces pensées, quand je vois qu'après qu'on a fait semblant de vouloir la paix, et qu'il sembloit qu'il n'y eust plus que le baston de maréchal de France de M. de Marchin qui en empeschast la conclusion, on laisse sur cela perdre Gravelines ; et quand ensuite on veut faire croire que tout est accordé et qu'on ne chicane plus que sur la restitution de La Rochelle à M. le comte Du Doignon, et que pendant qu'on faict des allées et des venues pour sçavoir sy le Roy mettra garnison dans les tours, on laisse perdre Dunkerque, où on voit engloutir une armée navale par une nation qui est comme engagée par cette grande déclaration à faire la guerre en France; jugez donc sy le cardinal estoit tant soit peu déterminé à faire la paix, s'il s'arresteroit à des choses aussi médiocres que celles qui nous paroissent toujours les obstacles de la conclusion.

» Mais revenons à vous : je suis bien aise que vous faciez vendange et que vous soyez sorty aussy hautement que l'on me mande de tous vos démélés. »

Les démélés qui étaient survenus dans le parlement de Bordeaux, les nuances d'opinions qui divisaient les partisans du prince ne pouvaient que les affaiblir. Condé s'adressa à eux pour les porter à la concorde, à l'union, si nécessaires au soin de ses intérêts et des leurs. Il leur écrivit :

A Messieurs de la cour du Parlement de Bordeaux.

« Messieurs, comme les témoignages que j'ay receus de votre affection dans tous ces temps me donnent des sentimens passionnés pour vostre compagnie et le bien commun de vostre ville, j'avoue que je ne pourrois recevoir un déplaisir plus sensible, que de voir l'union qui y devroit régner altérée par l'artifice de nos ennemis. Vous êtes témoins du soing que j'ay aporté dès la naissance de la grande et de la petite Fronde, pour empêcher le partage des esprits que je prévoyois dès lors. Quelques-uns de vous se peuvent aussy souvenir que je leur ay souvent représenté que la seule union maintiendroit vostre compagnie dans son lustre, et la ville dans un estat heureux et florissant, et que les caballes, ennemies de toute société, pourroient détruire le respect et l'obéissance que les peuples doivent aux magistrats. Vous en voyez à présent les effets, y ayant assez d'apparence que les partialités qui vous ont long-temps agités, ont eslevé ces assemblées qui vous donnent maintenant sujet de plainte, plustost, comme je croy, par le malheur public que par mauvaise intention. Je vous puis assurer, Messieurs, que j'en suis touché autant que le doit être une personne qui a toujours eu de l'estime et de l'affection particulière pour vostre compagnie, et qui ne désire rien tant que de voir les choses dans leur ordre et dans leur naturelle et légitime subordination. J'escris donc aux bourgeois de Bordeaux la peine que me donne cette désunion, et leur mande de la faire cesser absolument en vous rendant la défférence qui est deue aux ministres de la justice souveraine. Je vous prie aussy, Messieurs, d'y apporter de vostre costé ce que l'on doit attendre de vos prudences ; de traicter vos concitoyens avec modération, amitié et bonne correspondance; de quitter toute aigreur et ressentiment, et de reprendre l'esprit de douceur si propre et si nécessaire à ramener les peuples au devoir et à la raison, vous assurant que, de ma part, je contribueray toujours au rétablissement de l'auctorité de vostre compagnie que j'honnore, et ne perdray aucune occasion de vous tesmoigner, par des effets, que je suis, Messieurs, vostre très-affectionné serviteur,

» Louis de Bourbon.

» De Paris, ce 15ᵉ octobre 1652. »

Mais on n'était pas plus inactif à Paris que dans la Guienne, sur le théâtre des grandes intrigues que sur celui des petites guerres. Le duc de Larochefoucauld était fort avant dans les premières, et Lenet dans les affaires qui dépendaient des secondes : les relations étaient très fréquentes entre les deux personnages : on a vu par les lettres de Lenet la suite des événements du Midi ; on va lire dans celles du duc l'état successif des manœuvres politiques à Paris. Voici le texte de ces lettres adressées à Lenet sous diverses dates, et écrites sous la dictée de Larochefoucauld absolument empêché d'écrire par suite de la blessure qu'il avait reçue au combat de la porte Saint-Antoine :

A Paris, le 16 octobre 1652.

« Je suis tout-à-fait inquiété de votre mal ; voilà trois couriers qui se sont passés sans que j'aye eu de vos lettres. Je vous supplie d'ordonner à quelqu'un de me mander comment vous vous portez. Monseigneur le prince est encore auprès de Senlis et monsieur de Turenne proche de Creil, et ayant là le passage de la rivière libre, tout le monde croit que l'accommodement de Son Altesse Royale est fort advancé, et sans me vanter je crois sçavoir qu'il est faict, encores qu'il eust donné, il y a trois jours, les plus belles parolles du monde à monseigneur le prince. Monsieur de Rohan est remis dans son gouvernement ; l'on rend toutes ses places à monsieur le duc d'Orléans ; l'on m'a dit que monsieur de Beaufort devoit avoir cent mille francs ; les deux parlemens se doivent réunir à Saint-Germain, le Roy tenant son bon lict de justice, et là vérifier l'amnistie ou la porter à Paris pour estre vérifiée, estans tous assemblés. Monsieur d'Orléans s'en doibt aller à Blois, mais cela n'est poinct escrit dans le traicté ; c'est monsieur d'Aligre qui a faict cette affaire-là pour la cour avec monsieur Goulas ; le premier pourroit bien avoir part à la surintendance sy on l'oste à monsieur de La Vieuville. Monsieur le duc d'Orléans demande par son traicté que l'on rende à monsieur le président de Maison la cappitainerie de Saint-Germain qu'on luy avoit ostée ces jours passés pour donner à monsieur de Beaumont, ce qu'il obtiendra ; monseigneur de La Rochefoucauld demeurera icy auprès de luy tant qu'il y pourra subsister, et priera monsieur d'Orléans, qu'estant demeuré icy auprès de luy de la part de monseigneur le prince, il luy face la grâce de demander son passeport pour pouvoir estre six mois chez luy ou à Paris, pour se faire traicter de ses yeux, après lequel temps on luy baillera un passeport pour aller trouver monseigneur le prince. La cour ne viendra point à Saint-Germain tant que monseigneur le prince sera aux environs d'icy. Ne faictes aucun fondement sur les faux bruicts qui ont couru que monsieur de La Rochefoucauld estoit mal avec monseigneur le prince à cause de la lettre de l'abbé Fouquet. Je vous en envoyray pour plaisir la copie, et vous verrez qu'il n'est parlé de luy ny près ny loing. Je vous responds que monseigneur le prince n'a point eu plus de confiance en monseigneur de La Rochefoucauld que dans ces derniers temps, et particulièrement lorsqu'il s'en est en allé.

» Tout le monde dit que le Roy va venir dans Paris, mais j'ay peine à le croire. Je ne croy pas que le cardinal consente qu'il se vienne enfourner icy ; le bruict court que monsieur le garde-des-sceaux a la charge de monsieur de Chavigny, de trésorier de l'ordre, et son fils le gouvernement de Vincennes. »

Ce 25 octobre 1652.

« On ne parle à Paris que des festes qui se préparent pour les nopces que Sarazin est allé mesnager entre monsieur le prince de Conty et les niepces ; je m'aperçois que je les nomme en pluriel en un endroit où le singulier seroit plus propre, mais c'est qu'on dit que le marié ne sçauroit en avoir trop de cette race ; je prie Dieu (pour faire le bien contre le mal) qu'il en ait contentement. »

A Paris, le 3 novembre 1652.

« Monsieur le prince n'a pas eu plus tost joint toutes les trouppes de Flandres, qu'il a assiégé Chasteau Portien qui s'est rendu sans beaucoup de résistance et on a trouvé dedans force munitions de guerre et de bouche. Il s'est allé ensuite porter vers Rethel, qu'il tient investy. Ce sont les dernières nouvelles qu'on en a eu, et on ne sçait pas s'il a envie de former entièrement le siége de cette place, dans laquelle on dit que s'est jetté le comte de Grandpré.

» Le cardinal doibt partir demain de Sedan pour venir icy ; on croit à la cour que monsieur le prince n'y peut pas mettre d'obstacles.

» Son Altesse Royale est allée de Lymours à Chartres, suivant son traicté ; elle va de là à Blois, et on nous assure que monsieur de Beaufort proteste fort de ne se point vouloir séparer des intérêts de monsieur le prince ; on a mis des gardes dans leurs maisons. Barcelone s'est rendue par cappitulation, par laquelle le roy d'Espagne donne une amnistie pour toute la province, excepté quatre ou cinq dont est dom Joseph de Marguerit, qui a escrit à la cour, conjointement avec monsieur de La Motte, que le chevalier de La Ferure estoit cause de la perte de la place; la citadelle de Casal est aussy entre les mains des Espagnols. Mademoiselle a esté à Pons; pendant qu'on luy a faict faire tous ces voyages, le Roy et la Reine furent hier visiter Madame, fort proche de son accouchement. Monsieur de Turenne est proche de Chasteau-Thierry, qui monte entre les deux rivières d'Oise et de Marne; son armée est augmentée de quatre mil hommes, y compris environ deux mil que luy a envoyés monsieur de Longueville. Son armée peut estre d'environ onze mil hommes; la cour faict celle de monsieur le prince de dix mil chevaux et dix mil hommes de pied. Son Altesse a demendé cinquante mille escus à monsieur de Reims et une horrible quantité de pain. Les dernières nouvelles disent que les députés y estoient encores, qui lui en offroient une bonne partie.

» M. le cardinal de Retz prescha vendredy à Saint-Germain-de-l'Auxerrois où Leurs Majestés et la cour estoient. Il affecta particulièrement de parler contre les ambitieux. Il presche demain à Saint-Jacques-de-la-Boucherie; il a fort caballé pour que le Roy y allast, et je crois qu'il irra; j'espère qu'il parlera contre les séditions; mais il a beau prescher, ses affaires n'en vont pas mieux jusqu'icy, n'ayant eu aucune part au traicté de monsieur d'Orléans, au contraire l'ayant voulu empescher; la cour ne le considère plus guères, et on parle de luy faire faire un voyage à Rome.

» Il a esté déjà arresté deux fois dans le conseil que l'on proposeroit à monseigneur de La Rochefoucauld de prendre l'amnistie, et il y a quelque temps que la Reine dist qu'il luy faisoit pitié, mais qu'on ne le pouvoit pas empescher de luy faire prendre l'amnistie; M. Le Tellier et tous les autres disent qu'il fault bien qu'il accepte; on a faict dire à M. de Mortmar et à madame de Brienne d'essayer de le luy faire faire; monseigneur respond toujours de mesme, et que le Roy lui ayant permis de demeurer icy sur sa parole qu'il ne fairoit rien contre son service, tant qu'il y seroit, mais que rien au monde ne luy peut faire faire un pas contre ce qu'il doibt; que si on luy veut faire la grace de le laisser icy ou chez luy, pour quatre ou cinq mois, pour se faire traicter, il advertiroit de son départ; que si on veut qu'il aille trouver monseigneur le prince, ou à Damvilliers, il le fera plustost que d'accepter l'amnistie, deust-il perdre les deux yeux et même la vie : selon toutes les apparences du monde, on ne résoudra rien de cela jusqu'à l'arrivée de M. le cardinal; l'on m'a dist aujourd'huy qu'il entreroit à Paris incognito environ vendredy ou samedy, suivant le traicté de Son Altesse Royale avec la cour. Elle a envoyé M. Gedouin pour retirer ses troupes qui sont avec celles de monseigneur le prince. J'ay receu deux de vos lettres depuis quatre jours, mais je n'en ay point receu par ce courrier-cy. Je vous prie de ne point du tout manquer de m'escrire, car je suis tout-à-faict en peine de vostre santé. »

10 Novembre 1652.

« Le Roy devoit aller mercredy au palais pour déclarer M. le prince et ses adhérans criminels, mais cette résolution ayant esté changée et retardée jusqu'à mercredy prochain, on fit courir icy le bruit que M. le président Viole estoit passé à la cour de la part de M. le prince pour y traicter de sa part, mais on commence à se détromper de cela et de recognoistre que ce n'est qu'une imposture; on disoit aussi que ç'avoit esté cela qui avoit retardé que le Roy allast au palais, mais les véritables raisons furent que le parlement n'a point accoutumé de s'assembler depuis que la chambre des vacations cesse, jusqu'à la Saint-Martin, et que M. Bignon n'estoit pas encore préparé. La cour va mettre icy toutes choses dans la vigueur afin qu'on puisse esprouver la douceur de M. le cardinal à son retour.

» Nonobstant la parole que la Reyne avoit donnée à M. de Turenne, pour que M. de La Rochefoucauld demeurast icy pour se faire traicter, il a eu néantmoins advis qu'on le vouloit faire arrester, ce qui l'obligea mercredy de coucher hors de chez luy, et le lendemain on obtint qu'il iroit à une lieue de Paris pour huit ou dix jours. Sur le rapport que M. Valot, médecin du Roy, et les autres oculistes firent qu'il perdroit les yeux s'il se mettoit présentement en campagne, sortant d'une grande fluxion et luy ayant esté depuis fort peu appliqué des ventouses derrière les oreilles, il sortit hier de Paris et alla à Bagneux. Il y eust samedy huict jours, M. le prince prit Rethel et envoya à l'heure mesme le comte de Pas investir Saint-Ménéhoud; l'armée y arriva le lundy, et le soir on tirast quantité de coups de canon, et le mardy la ville se rendist, à ce que l'on croit; car ceux qui mandent la nouvelle disent qu'on ne tiroit plus. L'on a fait courir le bruit que M. de La Ferté avoit esté deffaict, mais il n'y a rien d'assuré, si ce n'est que la compagnie de gendarmes de M. le cardinal a esté absolument défaicte. »

A Baujency, ce 11 novembre.

« Je ne vous puis dire présentement autre chose sur la justice que j'aprens tous les jours qu'on me rend à Bordeaux, sy ce n'est qu'ayant subjet d'en croire M. Sarazin l'autheur, je vous assure qu'une paire d'estrivières m'en feront un jour raison, et je veux que vous m'en fassiez reproche sy je ne luy tiens parole. On me chassa hier de Paris, et je ne sçais poinct combien de temps j'aurai seureté icy; l'estat où je suis en assez ambarassant : je cours fortune d'estre mis à la Bastille sy je demeure à Paris, et d'estre aveugle si j'en pars : avec tout cela je feray mon devoir jusqu'au bout; mais je voudrois bien qu'on exécutast de bonne foy, au lieu où vous estes, les choses dont on est convenu tant de fois; car enfin cela ennuie, et pendant qu'on prend tant de peine à dire des choses fausses de moy, je pourrois bien en dire icy de véritables, et je suis assuré qu'on me croira encore plustost sur le chapitre des autres qu'on ne croira les autres sur le mien. Adieu, je voudrois bien que tout cecy fust finy et qu'on ne se persuadast pas sy aisément que le salut de l'Estat despend que je sois brouillé avec M. le prince, car je ne voy pas qu'il luy fût utile, après ce que j'ay faict et ce que je fais encore, qu'il eût moins de bonté pour moy ou que j'eusse moins d'attachement à son service; mais comme je vous répons que cela ne se réglera pas à Bordeaux, exhortez seulement le monde à attendre les événemens avec plus de patience, s'il se peut ; je ne vous mande point de nouvelles, car je n'en sçais point. Je vous conjure que cette lettre serve pour M. de Marchin et pour vous, et de luy faire mille complimens de ma part, et de me croire tous deux entièrement à vous, etc. »

Ce 20 novembre 1652.

« Je ne vous ay point escrit, ces derniers ordinaires, parce qu'il n'y avoit pas une nouvelle considérable et que toute chose se différoit jusqu'à l'arrivée du cardinal; il n'y a que Son Altesse qui n'attend pas ce temps pour prendre des villes et celle de Sainte-Menould, qui a résisté plus qu'il ne pensoit, se rendit le quatorzième du courant, et St.-Maure, qui commandoit dedans, receut de M. le prince une composition honneste de se retirer avec sa famille à Châlons, encore que Son Altesse eust tous les subjects du monde de le mal traicter, après avoir manqué de respect pour luy en plusieurs rencontres; de là monsieur le prince a pris sa marche vers Bar, et a envoyé cependant faire sommer Thoul : ce qui a obligé ceux de ce parlement à députer en cour pour y demander un lieu de retraicte, aussy bien que ceux de Châlons, qui assurent icy qu'ils ne peuvent refuser d'ouvrir les portes ou de contribuer, si monsieur le prince leur en fait la moindre semonce. Il a donné son rendez-vous général à Douchery, au premier du moys qui vient, pour là, après l'avoir pris, comme c'est une affaire de vingt-quatre heures, y régler le quartier d'hiver. Le cardinal est toujours à Sedan, et hier arriva un courier de sa part à la cour qui repartit aussytost, ce qui marque qu'il n'est point encore party, encore que l'on dist que M. le maréchal d'Aumont soit allé pour le quérir avec deux régimens de cavalerie et quelque infanterie qu'il a ramassée dans le Boulonnois. Cette Eminence a escrit à tous ses amis qu'il avoit receu bien des ordres de la cour pour retourner, mais qu'il croyoit estre plus nécessaire au service du Roy sur la frontière pour s'opposer au progrès des ennemis, qui apparemment se vouloient rendre maistres du pays. L'on s'imagine qu'il ne peut pas venir et qu'il ne trouve pas sa sûreté, encore qu'il escrive à ses amis qui peuvent luy aller au devant, d'y aller le plus promptement qu'ils pourront.

» Il se commence icy quelque chose au parlement ; je ne sçay si cette intrigue aura quelque suitte, mais elle a commencé par une requeste présentée par monsieur Brissar et Luyet, au subject de vingt-cinq sols sur chaque muids de vin, qui auroit esté supprimé par la déclaration des droits de 1648, comme ne voulant point payer ce droit; monsieur de Saveuse, conseiller à la grande chambre, voulant emporter cette requeste, monsieur le premier président se rescria et dict qu'il estoit étrange qu'il se fût chargé d'une affaire contre le service du Roy ; il respondit que les arrests du conseil donnés contre une déclaration choquoient bien contre l'autorité du Roy : la chose en demeura là, et dit-on qu'on assembleroit le parlement; l'autre motif du bruict qui se prépare, est à cause des confrères exilés que l'on veut rappeler, sinon ne point travailler : comme l'on n'y est pas trop eschauffé, monsieur de Chasteauneuf, qui se disposoit d'aller à Leuville, a eu ordre de ne point quitter Montrouge, dict-on, à cause que son affaire s'accommode. Le cardinal de Retz tient toujours bon et dict qu'il ne sortira point.

» Hier l'on arresta et mit-on à la Bastille M. de Lallier, qui s'en alloit trouver M. de Beaufort, avec la sœur de madame de Montbazon. Le prince de Lisle, qui eust l'ordre de l'aller arrester dans le chemin, eust l'ordre de le fouiller, le trouva saisi de quelques lettres de messieurs du parlement du party et de la faction dudict duc. M. Gédouin arriva icy le lundi au soir, satisfaict de sa commission, ayant obtenu de Son Altesse que les troupes de M. le duc d'Orléans sortiroient de son armée : elles sont à Compiègne, et vont-elles en garnison en Languedoc. Le sieur Gedouin s'en retourne aujourd'huy à Orléans, où est Son Altesse Royale, estant raproché pour avoir plus souvent des nouvelles de Madame, qui est toujours fort malade, et doubte-on qu'elle en relève; l'on dit que son inquiétude est grande, tant de n'avoir eu qu'une fille, que de l'accommodement de Monsieur.

» C'est tout ce qu'on peut vous mander de nouvelles présentement, vous priant de croire que je vous honore à doibs. J'ay aujourd'huy envoié vos dernières lettres à mon frère, qui est encore à Châlons, à cause de sa maladie qui, Dieu mercy, est moindre. Il y a deux trompettes qui l'attendent pour le conduire. »

Ce 24 novembre 1652.

« Il y a peu de nouvelles, et ce qu'il y en a ne nous promet pas sitost la fin de nos maux : l'agréable au moins est de notre costé, voyant le progrès de Son Altesse, qui peut-estre attendrira la cour pour se rendre à quelque accommodement, quoiqu'ils disent que ce que faict M. le prince les estonne moins que ce que l'on dit du voiage de Monsieur en Languedoc, où l'on dict qu'il va pour pleurer le traicté qu'il a faict, et veoir les moyens de se restituer contre. Il fault que ce soit un mouvement surnaturel qui forma en luy cette résolution, dont je doubteray tousjours sans scrupule; l'on luy envoye tous les jours du monde pour le faire aprocher, il se recule d'avantage; il fit cette semaine dernière une démarche vers Orléans, et l'on la luy avoit faict faire sur le bruit de l'extrémité de Madame; mais quand il sceut qu'elle n'estoit que médiocrement à l'extrémité, il reprit le chemin de Chambor où il est; l'on parle d'accommoder l'affaire de Saint-Aunays : c'est à quoy ils travaillent.

» Les dernières nouvelles de Son Altesse sont qu'il assiégeoit Bar, que l'on avoit pris; toutes les lettres de Paris marquent qu'il ira droict à Verdun, et puis qu'il mettra les troupes en quartier d'hiver et qu'il s'en ira à Bruxelles. Le maréchal de Turenne est toujours à Vitry, où il amasse ses troupes, qui toutes ensemble ne feront pas dix mille hommes.

» Vendredy partit M. de La Rochefoucauld, avec passeport de la cour, pour aller joindre M. le prince; des gens qui croyent bien sçavoir des nouvelles assurent qu'il y va aussy pour faire quelques propositions à M. le prince de la part de la cour. Il a envoyé M. Gourville en Poitou quérir le prince de Marillac. Je ne sçay si cette négotiation réussira, mais nous en avons bien le soing; en vérité tout se ruyne, et je ne sçay pas qui pourra dire qu'il a du pain.

» Le parlement de Metz, que je vous avois mandé avoir demandé un lieu de retraicte, à cause des aproches de l'armée de monseigneur le prince, a obtenu d'aller faire ses assemblées à la Villeneufve-de-Nancy, et se sont retirés de Thoul.

» La requeste qui avoit esté présentée contre les vingt-cinq sols de nouvelle imposition, après avoir esté quelque temps devant les gens du Roy, ils ont enfin donné leurs conclusions à ce que, sans avoir égard à l'arrest du conseil, l'article de la déclaration de l'année 1648 subsistera, par lequel ces vingt-cinq sols sont anéantis : les ministres ont envoyé dire au procureur-général que ce n'estoit point l'intention de la cour; que cette affaire estoit importante, et que l'on prétendoit, par le restablissement de cet impost, restablir quant et quant l'auctorité royale; mais il a faict response qu'il n'estoit point le plus fort, si bien qu'au premier jour l'on s'assemblera, quoique les enquestes en fassent difficulté que leurs confrères ne soient rappelés. La levée de cet impost a déjà causé la mort de cinq ou six personnes, et tous les jours elle faict rumeur.

» Il y a encore une autre nature d'affaire qui faict du bruit, qui sont les chambrelans, qui ne cessent point tous les jours d'aller au Louvre, crier pour estre déchargés de leurs loyers. L'on les a renvoyés au premier président, qui leur a dict que cette décharge regardoit les chambres garnies, nullement les autres. Ils répondirent qu'ils voyoient bien qu'on vouloit décharger les bons bourgeois, mais que l'on auroit affaire à eux; et continuent leurs menasses.

» Quelque chose que l'on vous mande du retour du cardinal, il n'est pas vray qu'il soit si proche, soit à cause qu'il ne peut passer, et qu'il espère encore faire quelque traicté avec M. le prince, dont il est plus proche qu'il ne seroit à Paris. »

Londres était aussi un lieu de négociations; le prince, par le nombre de ses agens et l'élévation des personnages avec lesquels ils traitaient en son nom, se plaçait au niveau des têtes souveraines. M. de Saint-Thomas, qui le représentait en Angleterre, mandait régulièrement à Du Dognon l'état de ses relations avec la République anglaise, dirigée alors par le général Cromwell. Voici l'extrait de quelques-unes des dépêches de l'agent du prince accrédité auprès du parlement d'Angleterre :

Londres, 11 Novembre 1652.

« Mandez-moi la résolution que vous avez prise sur l'amnistie; mais vous pouvez estre asseuré que le parlement est plus disposé que jamais à vous servir.

» Ce matin l'on m'a offert mille Irlandois à très-bon compte; envoyez-moi vos ordres par un exprès. »

13 Novembre 1652.

« Je ne vois pas qu'il y ait lieu de se séparer de ces gens issy, que vous n'ayez bien des asseurances qu'on n'a pas de mauvais desseings contre vous à la cour : toutes les nouvelles que j'en reçois y marquent bien de la haine pour vous.

» En tout ce que je puis cognoistre, l'on a dessein icy de vous protéger à quelque prix que ce soit; mais ils veulent un traité et un port pour seureté de leurs vaisseaux et despences, et vous donneront un secours capable de prendre La Rochelle; mais en attendant ils fourniront à vos dépens mille Irlandois, si vous en avez besoing, à douze livres pièce, prests d'embarquer. »

2 Décembre 1652.

« Je vous disois donc qu'il n'y avoit nulle apparence que la paix, que vous prétendiez qui se deust faire bientost, se fasse du tout avec monsieur le prince; qu'ainsi il vous falloit mettre en estat de vous pouvoir opposer à la guerre; que quoyque les longueurs soient fort grandes icy à vous accorder le secours et la protection que je leur ay demandés de votre part, que néanmoins les dispositions y sont très-bonnes; pour la despense qu'il faut faire pour lever les Irlandois qu'ils vous offrent, je confesse qu'elle est grande, quoyque ce ne soient que douze livres par homme rendu au vaisseau; outre que, sy la liberté du commerce pour les vins s'accorde, comme je l'espère, et comme celui que je vous envoye vous en portera la résolution, tant s'en faut qu'il vous en couste de l'argent, que, chargeant deux vaisseaux de vin, ils vous rameneront mil hommes, si vous en avez besoing de tant, ou moins, si vous voulez, et aurez encore un profit considérable.

» Pour ce qui est du traité particulier avec le parlement, je demeure d'accord qu'en quelque sorte il doit se faire le plus tard qu'il se pourra; mais il se pourroit pourtant soubs des conditions que, quand mesme nous aurions la paix, il ne nous seroit pas inutile, attendu le peu de sûreté qu'il y a aux paroles de la cour.

» Pour les hommes que l'on vous offre présentement, je crois qu'ils vous sont plus utiles que jamais, à présent que monsieur le prince est tout-à-fait engagé au roi d'Espagne, et à tel point qu'il prend l'écharpe rouge, et que ledit Roy l'investit du royaume de Navarre.

» Quelques-uns du conseil-d'Estat m'ont dit que le traicté particulier que le parlement voudroit faire avec vous est plustost pour faire une diversion par vostre moyen, au cas qu'on leur déclarât la guerre en France, que pour dessein qu'il ayent de la commencer; ils m'ont dit que lorsqu'ils auront traité avec vous, que l'on ne vous envoyera pas moins de douze mil hommes et des vaisseaux suffisamment pour les mener, et pour entreprendre sur La Rochelle, ou tel autre lieu que vous jugerez le plus à propos.

» Je ne vois nulle apparence de demander les vaisseaux dont vous m'escrivez : les affaires de la République despendent de tant de gens que, quand il est question d'en tirer quelque chose, il est impossible de pouvoir gagner personne qui ait pouvoir d'y servir. »

De son côté le prince de Condé donnait tous les soins à ses affaires, en dirigeait tous les mouvements, et entretenait avec Lenet, en qui sa confiance était entière, des relations confidentielles très-fréquentes. Il lui écrivait, le 30 novembre, en ces termes :

« Je croy que vous estes fort en peine de ne recevoir de mes nouvelles; je n'en suis pas moins d'avoir des vôstres; mais le commerce est à cette heure très-difficile; c'est pourquoy je vous prie d'agir à ceste heure comme si vous ne deviez jamais en recevoir, et de faire les choses de vostre teste; priez aussy mon frère, ma sœur et M. de Marchin d'agir sur ce fondement-là, et de préférer la conservation de Bordeaux à tout autre intérêt, soit du parlement soit de l'Ormée, et de s'attacher au party qui le conservera le plus sûrement. Je suis bien estonné de l'affaire de Blois, et ne puis assez l'estre du procédé de Vatteville : je luy écris, peut-estre cela fera bon effect. Je suis résolu d'envoyer en Espagne un exprès pour presser l'exécution des choses qu'on m'a promises, auxquelles on manque de deçà encore plus que de delà; à son retour je prendray toutes mes résolutions, soit pour la campagne qui vient, soit pour autre chose. Cependant agissez comme si nous ne devions jamais avoir de paix: car si elle n'arrive pas, cela sera utile; si elle se fait, elle en sera d'autant mieux receue. Je n'écris ni à mon frère ni à ma sœur, mais assurez-les que je les aime de tout mon cœur, et Marchin aussy; faictes un compliment à M. de More et à Baltazard et à tous nos amis.

» A ma femme et madame de Tourville que je leur baise les mains »

» LOUIS DE BOURBON.

» *Du camp de Rouvercy, ce dernier novembre 1652.* »

Lenet n'était pas moins exact à écrire au prince tous les détails utiles ou intéressants : sa dépêche au prince, en date du 9 décembre à Bordeaux, contenait ce qui suit :

« Voicy la cinquième que cette voye vous a deub porter; elle apprendra à Votre Altesse que dom Georges de Casteluy est arrivé en ceste ville et a présenté à Madame qui, Dieu grâces, se porte beaucoup mieux, les lettres de Leurs Majestés Catholiques et une boîte de portraits où est celui de la reine d'Espagne; le présent est magnifique et vaut du moins cinquante mil escus; il y a cinq diamans admirables, mais entr'autres un au milieu, qui est des plus beaux, grands et espais de l'Europe, et vaut tout seul cent mil livres. Je l'ay logé et régalé le mieux que j'ay peu. M. le prince de Conty luy donne aujourd'hui à dîner; Madame luy doit donner une table de bracelets de diamans avec le portrait de Votre Altesse et une bague d'un diamant, le tout valant environ sept mil escus, mais paroissant valoir beaucoup plus; enfin M. de Vateville a perdu la tramontane : sa petite teste lui a tourné dans un amploy qui estoit hors de sa portée; il ne se soucie ni des ordres de Sa Majesté Catholique, ni de dom Louis; il s'est saisy de nos cent mil escus que les dernières lettres de dom Louis m'assuroient de venir droit à moy, et n'a voulu en donner que la moitié, disant qu'il vouloit payer ses debtes et faire subsister ses gens; il est à noter qu'il a receu vingt-cinq mille escus pour son compte. J'ay rompu avec lui, ne pouvant plus souffrir qu'il continuast à me fourber comme il a fait dès le commencement, et à ruiner les affaires de Votre Altesse, dans le temps qu'il me faisoit plus de protestations pour votre service. On a jugé à propos de ne rien prendre du tout, d'establir le droit porté par le traité, par lequel il est dict qu'on donnera à Votre Altesse, dans Bordeaux, ou bien où il lui plaira, l'argent; et la négociation de M. de Saint-Agoulin est de ne plus faire passer l'argent destiné pour vous, par les mains de ceux qui gouverneront les armées de Sa Majesté Catholique. Aussy bien voulions-nous appliquer une partie de cet argent pour les recrues, et d'icy à deux mois elles seront meilleures à disposer qu'à présent; une autre partie eust esté employée à des officiers-généraux, pour qui le prince de Conty crie miséricorde : ils attendront bien s'il leur plaist; une autre partie eust esté, suivant ma coustume, donnée à mes créanciers, pour entretenir crédit, et quand ils verront que le fonds est à Bourg, ils ne me croiront pas changer la coustume que j'ay de leur estre ponctuel, de sorte que je n'auray qu'à soustenir le pain de munition, et mon crédit fera cela; de sorte que les affaires ne tomberont, et qu'on aura loisir d'attendre le retour d'un courier que j'ay dépesché aujourd'hui à Madame, qui porte tout le détail des affaires de Guyenne et de la conduite de M. de Vatteville. M. le prince de Conty, après disner tiendra un conseil où il appellera M. dom Fernandez, général de l'artillerie, et M. dom Georges de Casteluy, pour leur faire voir tout ce détail, eschanger cestuy-cy d'une copie signée de la main de Son Altesse pour M. dom Louis, afin qu'il la fasse voir à Sa Majesté Catholique, et qu'on y pourvoie en diligence; et rien n'y est oublié, j'en ay fait faire une copie pour Votre Altesse. On en envoye le double à Saint-Agoulin, qui m'assure, par ses lettres, que nous aurons de vostre argent ce moys icy; assurez-vous, Monseigneur, que l'on continuera à le ménager exactement. Je ne puis m'empêcher de mander à Votre Altesse que M. de Marchin contribue plus que moy à cette grande économie, dont nous avons usé jusques icy et sans laquelle il y a long-temps que nous serions en plus mauvais estat que nous ne sommes. Il ne s'est rien passé au parlement ni dans l'Ormée de considérable; j'espère que dans trois jours M. le prince de Conty signera l'union, establira des règles qui modéreront toutes choses, et luy donneront plus d'autorité, et aux magistrats, et que l'un et l'autre des partis de l'Ormée, c'est-à-dire l'ancienne, et les gros bourgeois témoignent la souhaiter pour la tranquilité et repos de la ville; M. Massiot est toujours en prison; messieurs du parlement qui restent ont jugé à propos de dire à Son Altesse d'envoyer des passeports à MM. de Sarangues, La Trois Maron et Du Mirat; ce dernier m'a dit qu'il vous escriroit. Ils sont sortis l'un et l'autre aussi bien que M. Dublan, père et fils; ils n'ont pas voulu que Son Altesse aye laissé rentrer M. de La Roche dans la ville; on a affiché cette nuit des placards si insolens, si infâmes et si cruels contre M. le prince de Conty et madame de Longueville, qu'il n'y a homme, tant mal intentionné puisse-t-il estre, qui n'en aye horreur; aussy les va-t-on brûler par la main du bourreau. M. de Marchin, depuis la prise du mas d'Agenois, a passé la rivière et est aux environs de Marmande, qui n'a pas voulu recevoir six cens hommes de pied et deux cens chevaux de marine. M. de Marchin, étant arrivé là dessus, les a contraints de se jeter dans un lieu qui s'appelle Gontault, qui ne vaut rien, et M. de Lusignan me vient de dire que nos gens les y ont assiégés. Je vais envoyer aujourd'huy à M. de Marchin deux pièces de vingt-quatre; il faict venir des communes, je crois qu'il va assiéger Marmande. Il a composé avec Casteljaloux à vingt mil livres, et qu'il donne à Saint-Martin pour se faire un équipage d'artillerie; il a aussi composé avec le Mas à trente-deux mil livres, que les corps d'infanterie recevront à la fin de ce mois pour se refaire; enfin, il a fait merveille. Je ne puis lui donner rendez-vous à La Réole, que je ne voie tout fini en ceste ville, qu'il a défendu le terrain pied-à-pied. Dieu conserve votre Altesse. »

Lenet donnait au prince la suite de ces détails dans une autre lettre, écrite trois jours après la précédente :

Bordeaux, ce 12 décembre 1652.

« Ceste icy ne vous dira autre chose, sinon que M. de Marchin m'escrivit hier, dont j'envoye copie à Votre Altesse à l'original, et garde l'original, afin de faire voir que je ne suis pas l'auteur de la résolution prise de pousser M. de Vatteville, et que c'est par un vœu commun de Leurs Altesses, de luy et de moy, et de tous ceux qui voient par toutes ses actions qu'il ruine absolument les affaires. J'estime que bientost nous en aurons contentement ; et tous les Espagnols croient qu'il pourroit bien luy couster la teste pour toutes les fourberies qu'il a faites à eux et à nous.

» L'on brûla par main du bourreau le pasquin horrible contre M. le prince de Conty et madame de Longueville, duquel je parlay à Votre Altesse par le dernier ordinaire. Cela n'a pas empêché qu'on n'en ayt faict depuis encore un pire qui parte de mesme boutique, qui a eu un mesme sort.

» M. le prince de Conty fut avant-hier à l'Hostel-de-Ville, signa l'union avec l'Ormée que nous tâchons à réconcilier avec ce qui reste du parlement et les gros bourgeois.

» Si l'on sait profiter de l'état des choses, asseurément l'autorité s'en affermira. Je commence mesme à m'en apercevoir. Croyez, Monseigneur, que je seconderay fort M. le prince de Conty, et que je n'oublieray rien de mon devoir en toutes rencontres : reposez-vous en sur moy. Ceux de Blaye prirent hier un de nos brigantins.

» M. de Vatteville retient toujours notre argent, dont Georges de Castelui, qui s'en retourne fort content de ceste cour, taschera, en passant à Bourg, d'y metttre ordre. Cependant je me ruine d'emprunts, et m'attire tous les brutaux sur les bras pour soutenir fortement contre leurs caballes, pour espargner nostre argent. Cela ne me met guère en peine, et je ne songe qu'à soutenir le gros de l'affaire, et à vous donner le loisir dont vous aurez besoin : au surplus rien ne m'importe. M. de Marchin agist à merveille. M. de Matha est arrivé d'hier au soir, M. Du Fors aussy : on m'a dict qu'il a un billet de quarante mille francs sur moy. Je m'asseure qu'il me trouvera bien brutal là-dessus. M. de Vatteville renvoye son armée navalle à Saint-Sébastien pour la radouber ; c'est-à-dire qu'avant le mois de mars il ne faut pas espérer de la voir : il y a cinq mois qu'elle est icy inutile. Nous n'avons nulle nouvelle de la flotte de Hollande ; il ne vient nul vaisseau icy ; il y a huit mois que je suis céans, sans sçavoir s'il y a un convoy ou non, *idem* des tailles. Jugez de là sy nous sommes icy bien à nostre aise ; adjoutez-y la division de ceste ville, les inimitiez de mille particuliers : au propos de quoi je vous supplie de n'avoir nul égard à tout ce que les uns et les autres pourront escrire à Votre Altesse ; et avec tout cela j'ose vous respondre qu'on ne vous chassera pas sitost d'icy, du moins on n'oubliera rien de tout ce qu'il faut pour cela, et vos ennemis peuvent croire que nul ne remuera icy rien contre votre service impunément. »

Au milieu des plus actives entreprises de la guerre on ne négligeait cependant point les moyens d'accommodement, aucune des cabales ennemies ne les repoussait ; mais les intérêts de chacun étaient des plus graves, et par là plus difficiles à ajuster. Lenet était aussi un centre où les divers avis aboutissaient, d'où partaient aussi d'actives menées. On voit par la lettre qui suit, écrite le lendemain de la précédente, quelles étaient et son aptitude pour les affaires de nature si différentes dont il était chargé, et la vivacité de son dévoûment au prince. Il écrivait à Son Altesse, le 13 décembre, en ces termes :

« Avant que d'avoir receu la lettre que Votre

Altesse a pris la peine de m'escrire du dernier novembre, je luy avois mandé que madame la princesse Palatine, croyant que le cardinal se rendroit bientôt à Paris, s'estoit contentée de luy mander qu'elle espéroit un bon succès de l'affaire dont elle luy avoit escrit, se réservant de l'entretenir de bouche du détail de toutes choses, et ayant pensé que le particulier qu'elle luy pourroit dire sur l'estat de la ville seroit capable de luy faire prendre promptement la résolution de s'accommoder; mais comme nous avons appris qu'il ne quitteroit pas sitost l'armée, et que Votre Altesse n'agiroit pas peut-être de concert avec luy, ny pour luy faire gagner la bataille, ny pour luy faire remporter à point nommé une victoire qui honore son retour à Paris, elle m'a faict dire qu'elle luy avoit rescrit, conformément à nos intentions, et qu'elle luy fesoit cognoistre qu'on ne s'engageroit à rien, pas mesme à rendre compte à Votre Altesse de ce qui se passera, si l'on ne lui donne satisfaction sur les deux points indécis, et s'il ne s'explique favorablement sur la récompense de Montrond et sur le traicté de la paix générale. La despesche est partie; si tost qu'on aura response je la ferai sçavoir à Votre Altesse, la suppliant cependant de croire qu'on ne l'engagera à rien, et qu'il est assez difficile qu'on se laisse surprendre aux apparences pour la défiance qu'on a de celuy avec lequel on a affaire, et qui fait mesme douter des choses qui sembleroient aux autres effectives et qui le seroient en effet.

» La personne qui m'avoit informé des dispositions du cardinal de Retz pour un accommodement avec Votre Altesse, dont je lui rendis compte par ma dernière, m'a depuis mandé qu'il luy avoit faict de nouvelles advances. Je luy ay fait response qu'il n'estoit plus temps de parler en termes des oracles; que l'entrée du cardinal Mazarin dans le royaume le devoit enfin déterminer, et qu'il estoit tout à fait de son intérêt de le faire pour rompre les mesures que le Mazarin tâcheroit sans doubte de prendre avec Votre Altesse.

» Je vois bien qu'il est advantageux de se ménager avec le cardinal de Retz et de tenir toutes choses en suspens, du moins jusques à ce qu'on sache que deviendra l'affaire de la princesse Palatine.

» Je sçay bien aussi qu'un accommodement advantageux est préférable aux espérances que cette nouvelle union apporteroit au party; mais il semble qu'il seroit à propos que vous nous fassiez sçavoir de quelle façon l'on peut recevoir les advances ou propositions du cardinal de Retz, si le Mazarin continue de gouverner à sa mode, toute à l'italienne, et nous donner du galimathias au lieu des choses réelles que nous espérons.

» L'on ne sçauroit encore mander à Votre Altesse ce qu'elle doibt faire pour se prévaloir de son retour : il faut attendre ce que sa présence à Paris apportera; et, en mon particulier, je suis persuadé qu'il faudra que le temps désabuse ceux qui espèrent que sa venue fera payer les rentes, ostera les garnisons des environs de Paris, esloignera la guerre et restablira toutes choses dans l'ancien ordre.

» Comme l'impuissance et la mauvaise volonté de la cour demeurent avec luy, il est à croire que les peuples viendront à leurs anciennes plaintes, et que pour peu qu'ils soient aydés, ils le publieront encore l'objet de leur hayne et la cause de leurs malheurs. Et c'est en cette occasion que les soings du cardinal de Retz seront fort utiles, et que les lettres de Votre Altesse, envoyées au parlement, feront un bon effet; mais il les faut réserver pour les occasions qui sans doubte s'en présenteront et dont vous serez adverty à point nommé. M. de Saint-Mars et moy sommes en peine de la conduite de M. de Beaufort.

» L'on sçait d'ailleurs que le marquis de La Boulaye a esté icy : ce qui donne soubçon qu'en ménageant ou la rescompense ou la charge de son beau-père, il ne se soit chargé de leurs accomodemens, afin d'être plus agréable à la cour et rendre la prétention plus aisée et plus facile.

» L'on est obligé de vous donner advis d'une fable inventée artificieusement par vos ennemis, et débitée depuis peu par Renaudot : que Fuensaldaigne vous avoit donné à genoux et au nom du roy d'Espagne, le bâton de commandement, et qu'après que vous l'avez accepté et que par cette marque extérieure vous estes devenu le général du Roy Catholique, il a rompu sa glace et vous a rendu tous les respects qu'il avoit jusques alors ménagés avec beaucoup de fierté. Ils ajoutent que vous avez promis d'aller à Bruxelles, et que vous ne pourrez tesmoigner par des marques si publiques une si étroite liaison avec l'Espagne, que vous ne faciez aussi connoître trop de détachement pour les intérêts de France. Je suis obligé de dire à Votre Altesse que le bruit de ce voyage, faux ou vray, fait un mauvais effect, et que, s'il estoit vray, il pourroit esloigner beaucoup de gens que le temps et le retour du cardinal Mazarin mettront dans vos intérêts. Il importe que Votre Altesse face cognoistre que le secours que l'Espagne vous donne n'est . . . . . (sic); que, quoyque vous agissiez conjointement avec elle, votre intérest est séparé du sien, et que vous estes chef d'un parti en France, qu'elle assiste seulement de ses forces.

» Le parlement a arresté des remontrances en faveur des exilés : l'on en espère peu, et l'on dit que la cour n'a souffert l'assemblée des chambres sur ce sujet que pour avoir lieu de faire une response fière et pleine de vigueur. Les Pontoisiens sont fort maltraités : ce qui a obligé l'Allemand à se défaire de sa charge entre les mains de son beau-frère ; les autres auroient peine de s'en défaire, la compagnie ayant résolu de marquer les charges et de faire passer son ressentiment mesme à ceux qui en seroient pourveus.

» Les lettres de Rome ne parlent que du mescontentement du Pape contre le cardinal Mazarin, qui a fait arrester son nonce à Marseille. L'on dit que Sa Sainteté lui veut enjoindre de revenir, pour avoir prétexte, en désobéissant, de luy lever le chapeau : cette affaire peut estre de grande conséquence.

» L'on a mis depuis peu trois ou quatre personnes dans la Bastille, accusées d'intelligence ou du moins d'attachement à Votre Altesse. Je ne sçay s'il ne seroit point à propos qu'elle en tesmoignât son ressentiment sur les prisonniers qui tomberont entre ses mains, et qu'elle obligeât par ce moyen la cour à en user avec moins de rigueur. Le baron Dort m'a fait des grands complimens pour Votre Altesse, et prend son party en toutes occasions avec l'opiniâtreté qui luy est naturelle. »

Mais le concours de l'Espagne devenait de jour en jour moins effectif et plus suspect d'indifférence, malgré les lettres et les présents que le Roi et la Reine Catholiques adressaient à madame la princesse de Condé à Bordeaux. Le prince de Conty en manifestait quelque mécontentement, et il prit enfin la résolution d'envoyer un mémoire à Saint-Agoulin, qui était à Madrid, pour exposer au roi d'Espagne ses justes griefs au sujet de l'hésitation de M. de Vatteville, et obtenir des ordres qui le fissent casser. Le prince de Conty donna à son chargé d'affaires les instructions suivantes :

« Aujourd'huy, neufiesme décembre mil six cens cinquante-deux, monseigneur de Conti tenant son conseil, où il a appelé messieurs don Fernand Avias de Sabanedra, général d'artillerie du Roy Catholique, et don Georges de Castelvy, envoyé de Sadite Majesté, leur a remonstré que par le traité de Madrid, du six novembre 1651, entre sa Majesté Catholique et monseigneur le prince, etc., Sadite Majesté s'est obligée d'entretenir dans la rivière de Bordeaux ou aux autres costes voisines, trente vaisseaux de guerre munis et armez, et que pourtant elle n'y en a entretenu que seize ou dix-sept tant vaisseaux que petits bastimens ;

» Que depuis, M. le baron de Vatteville estant convenu d'entretenir ceux de monsieur le comte Du Dognon, à compte desdits trente vaisseaux, il n'a faict payer pour ce regard qu'environ trois mois de solde, et a contraint ledit sieur comte de désarmer son escadre, et mis par ce moyen les places d'Oléron et de Beaugé en péril d'estre perdues par plusieurs manières ;

» Qu'en plusieurs rencontres où il y alloit du salut des places assiégées ou péril de l'estre par les ennemis, ledit sieur de Vatteville luy a refusé jusques à un quintal de poudre pour y jeter, encore que par ledit traicté Sa Majesté Catholique doibve fournir les munitions et l'artillerie dont on conviendra ;

» Que Sadite Majesté doit entretenir pour toutes expéditions de guerre quatre mil hommes de pied en la partie de Guienne; que, pour y satisfaire, elle a envoyé plusieurs Espagnols et Irlandois, et mesme quantité d'officiers réformés de qualité et de mérite, que ledict sieur de Vatteville a tenus enfermés dans Bourg, qui est une place pour la garde de laquelle quatre cents hommes seroient plus que suffisans, particulièrement n'ayant jamais eu d'ennemis capables de l'assiéger dans son voisinage : aussi la pluspart de ladite infanterie est dépérie par les maladies et désertions, sans que jamais ledit sieur de Vatteville en ayt voulu donner un seul pour jeter dans les places qu'on menaçoit de siége, pour en attaquer ou pour grossir l'armée de Son Altesse aux occasions, quelques prières qu'il luy en aye faictes, à la réserve de cent Almandz qu'il a envoyés deux fois à ses ordres, et de quatre cens Irlandois qu'il a envoyés avec M. de Marchin, depuis quinze jours ou trois sepmaines ;

» Qu'à présent il ne veult fournir ny hommes ni munitions, quoyqu'il aye l'un et l'autre ; qu'il n'a jamais voulu faire sortir l'armée navale depuis cinq mois, quelqu'invitation qu'on luy en aye faicte pour empêcher les vaisseaux que les ennemis ont eu, et ceux qu'ils préparent contre nous dans les ports de Bretagne, de s'assembler, et pour entretenir le commerce de Bourdeaux; en telle sorte que, les marchands ayant perdu plusieurs vaisseaux, cela a faict des bruits et des tumultes dangereux en cette ville; joinct que n'ayant faict aucune raison ni justice à ceux de Bordeaux qui ont receu du dommage en leurs biens par ses trouppes, cela leur a donné de tels sujets de plainctes contre luy, qu'il ne peut plus y venir avec seureté, et que mesme l'auctorité de Son Altesse à peine peut suffire pour appaiser le murmure qui s'excite souventefois contre les Espagnols ;

» Que Sadite Majesté, par le mesme traicté, a deu faire fournir, du costé de Guienne, la somme de trois cent mille patagons pour les levées ; cinquante mil patagons pour le voyage que Son Altesse debvoit faire en Provence au mois de mars, et par faute duquel ceste province est échappée au party ; pour les divers employs qui sont contenus audict traicté, Sa Majesté Catholique devoit aussy fournir dudit costé environ quatre-vingt mille patagons par mois ; Touttes lesquelles sommes montoient à présent environ quatorze cens mille patagons, sur lesquels le sieur Levascher, trésorier de Son Altesse, n'a touché qu'environ la somme de ..... (sic) et partant reste deu environ.....(sic);

» Que Monseigneur le prince de Conty ne parle point icy de ce qui peut estre deub du costé de Flandres, mais que, par plusieurs des lettres de monseigneur le prince son frère, s'est plainct qu'il luy estoit deub de grandes sommes ; que mondit seigneur le prince et monseigneur le prince de Conty ont souffert avec toute la constance et la fermeté dont ils ont esté capables, la perte et l'engagement de tous leurs biens ; ils ont veu périr avec regret leurs plus chers amis et serviteurs, sur la foy dudict traicté, sur les parolles qu'il a pleu à Sa Majesté leur donner tant de fois de l'exécuter avec des termes très-obligeans et tous plains de bonté, et que M. don Louis d'Haro, dont la probité et la sincérité leur est cogneue, leur a souvent confirmé par les lettres qu'il a escrites à Leurs Altesses, à M. Lenet, conseiller d'Estat et leur plénipotentiaire, et par ce qu'il a dict fort souvent à M. de Saint-Agoulin ;

» Que mesdits seigneurs ont tousjours creu qu'un si grand Roy et un tel ministre ne manquoient à effectuer leurs promesses que par le retardement des galères des Indes ;

» Que, depuis plus de cinq mois qu'ils sont armés, il n'a esté fourny pour le compte de Son Altesse que environ cent soixante mil patagons ;

» Que, par plusieurs lettres, et à toutes les voitures d'argent qui sont arrivées, mondit sieur don Louis a escrit audit sieur Lenet qu'il envoyoit pour son compte des sommes d'argent que ledit sieur de Vatteville n'a fait dellivrer au trésorier de l'armée qu'à moitié ou moins ; et, pour ne point en mettre icy tout le détail, puis-que Leurs Altesses l'ont fait mander audit sieur de Saint-Agoulin pour en faire des remonstrances verbales, comme ledit sieur Lenet a fait par leurs ordres plusieurs fois par escrit, faisant voir l'impossibilité en laquelle elles estoient de soustenir la guerre en l'estat où on les réduisoit, et en leur desniant leur assistance deue ;

» Que des deux cent cinquante mil patagons que monsieur don Louis mandoit audit sieur Lenet luy envoyer pour son compte en barres, et des quatre-vingt mil dont il mandoit au baron de Vatteville de luy en faire dellivrer soixante mil et d'en garder vingt pour luy, n'a fait fournir qu'environ cent mil patagons pour le compte de monseigneur le prince, de ces deux sommes qui passèrent avec monsieur de Guise ;

» Que depuis Sa Majesté Catholique ayant envoyé, dans une caravelle qui arriva à Bourg sur la fin du mois d'octobre, la somme de six vingts mille patagons, qu'elle commandoit audit sieur de Vatteville de faire dellivrer à Son Altesse toute entière, ce qui fut confirmé par une lettre de monsieur don Louis audit sieur Lenet, lequel ayant envoyé le sieur Vascher pour les recevoir, ledit sieur de Vatteville ne voulut luy en faire dellivrer que soixante mil comptant, et promettre dix mille dans quatre ou cinq jours suivans, qu'il retint après, desniant sa parole quoiqu'elle soit par escrit, et faillit à faire périr l'armée que commandoit à présent mondit sieur le comte de Marchin, qu'on avoit assigné sur ladite somme de dix mil escus.

» Ce fut sur cela que ledit sieur Lenet s'est tousjours plainct non seulement à mesdits seigneurs, mais encore à la cour d'Espagne, par ses lettres à monsieur don Louis, et par les ordres que messeigneurs luy ont ordonné d'envoyer à Saint-Agoulin ; que ledit sieur de Vatteville ne luy a jamais parlé avec sincérité, qu'au contraire il luy a déguisé tousjours la vérité et l'estat des choses, fut contraint, pour ne plus prendre sur sa parolle de mauvaises mesures et éviter la ruine entière du parti, de luy desclarer qu'il ne pourroit plus avoir aucune affaire avec luy, et de luy faire remonstrer par plusieurs personnes de qualité le tort qu'il faisoit au Roy son maistre ;

» Que depuis il a pleu à Sadite Majesté de faire proposer à Saint-Agoulin, par monsieur don Louis, d'envoyer tout l'argent directement à Bordeaux, aux ordres de mondit sieur Lenet, par un officier particulier, et pour éviter tous inconvéniens, ne les plus faire passer par ceux dudit sieur de Vatteville; Sadite Majesté, pour exécutter ceste proposition, qui est conforme au traicté, a envoyé depuis huict jours cent vingt-cinq mil escus, avec ordre à un de ses officiers de faire passer les cent mil escus droit à Bordeaux, aux ordres dudit sieur Lenet, dont Son Excellence luy donna advis par ses lettres des 15 et 16 de novembre, à l'instant mesme de l'arrivée de la caravelle à Bourg; le pagador escrivit audit sieur Lenet qu'il avoit cet ordre; qu'il désiroit l'exécuter, mais que ledit sieur de Vatteville mettoit des soldats sur les vaisseaux, et qu'il ne croyoit pas en estre le maistre;

» Que ledit sieur Lenet envoyast le trésorier pour recevoir ladite somme de cent mil escus, sans en diminuer un seul patagon, pour exécutter punctuellement les ordres précis et sincères de Sa Majesté Catholique; mais ayant sceu dudit baron qu'il ne vouloit point y obéir ainsi, qu'au contraire il luy dit que sur ladite somme, il vouloit payer ses debtes et prendre pour faire subsister son armée navale pendant un mois, ledit trésorier en vint donner advis à Son Altesse, qui escrivit avec toute l'amitié possible et, quoi qu'elle peust luy ordonner, elle le pria de considérer ce qu'il faisoit, et de ne pas mettre toute la Guienne dans une ruine évidente par cette désobéissance; il respondoit qu'il ne pouvoit se dessaisir de cette somme qu'aux conditions qu'il avoit dit au trésorier, et que le service du Roy son maistre et celuy de monseigneur le prince le vouloit ainsy.

» Monseigneur lui escrivit une seconde lettre, et luy fit sçavoir que, nonobstant toutes ses responses, elle vouloit que les commandemens de Sa Majesté Catholique fussent exécutés; qu'il luy envoyast les cent mil escus, et qu'après, si son armée navale en avoit besoing, ce seroit à Son Altesse, par l'intérest qu'elle y prenoit, de faire tout ce qu'elle jugeroit à propos pour y pourveoir; et en mesme temps fist donner parolle auxdits sieurs don Fernand et don Georges, par ledit sieur Lenet, que quand la volonté de Sa Majesté Catholique seroit plainement exécutée par ledit sieur baron, il leur mettroit en main de ladite somme tout ce qui seroit nécessaire pour l'entretènement de laditte armée navalle, jusques à ce que Sa Majesté eust eu le temps d'y pourveoir : ce que Son Altesse a fait confirmer audit sieur baron par le sieur de Baas, qui luy remonstra de sa part que tout périssoit s'il n'obéissoit; que nonobstant toutes ses admonitions ledit sieur baron luy retient, par une désobéissance sans exemple, toute ladite somme de cent mil escus; que le sieur de Laguelte, mareschal de bataille, est venu depuis deux jours déclarer, de la part de monsieur de Marchin, que si ledit sieur de Vatteville, après luy avoir refusé pendant toute la campagne les assistances qu'il pouvoit luy donner, luy refuse encore de luy en donner aucunes pour faciliter l'establissement de ses quartiers d'hiver, et l'oblige à quitter la conduite de l'armée par son procédé inouy, et a prié Son Altesse de luy promettre d'en envoyer faire ses plainctes à Sa Majesté Catholique;

» Que le sieur de Loudat est venu, de la part de monsieur le comte Du Dognon, dire à Son Altesse, qu'ayant donné advis audit sieur de Vatteville qu'il y a dans les ports de Bretagne seize grands vaisseaux de guerre et douze brûlots prêts à partir pour venir vers les places dudit sieur comte, sans avoir peu l'obliger à luy envoyer son armée navalle pour empescher la jonction de celle des ennemis, ni aucuns soldats pour descendre à l'isle d'Oleron, et la garantir de ce dont elle est menassée, et qu'ainsy ledit sieur comte, ne recevant aucun argent, est réduit dans l'impossibilité de se soutenir;

» Que le sieur marquis de Hamlot a envoyé remonstrer que toute la garnison de Périgueux avoit quitté faute de pain, et que la place est en péril évident; monsieur le marquis de Castelnault en a autant faict pour Bergerac, et monsieur le marquis de Castel-Moron pour Sainte-Foy; que Son Altesse a esté contraincte de casser le petit armement naval qu'elle avoit dans la rivière, faute d'argent; que les maisons de Son Altesse, de mesdames ses sœurs et de messeigneurs ses nepveux sont dans une impossibilité de subsister; que les munitionnaires généraux de l'armée ont fait signifier à Son Altesse, depuis quatre jours, qu'ils se désistoient de leurs fonctions, parce qu'ils ne pourroient plus fournir le pain aux trouppes, n'ayant plus d'argent, et leur estant deub plus de soixante mil escus.

» Son Altesse a encore remonstré dans sondit conseil l'estat de Bordeaux, et les grands troubles dont cette ville est agitée; l'auctorité que le Roy reprend quasi partout, enfin la perte de la Guienne et l'impossibilité en laquelle elle est de soustenir plus long-temps cette guerre, s'il plaist à Saditte Majesté de satisfaire punctuellement au traicté, et révocquer promptement ledit sieur de Vatteville, constituer en sa place quelqu'un qui exécute plus précisément ses ordres, ceux de monseigneur le prince, et entretienne une correspondance et une bonne intelligence toute entière avec Leurs Altesses ou leurs ministres, ayant Sadite Altesse prié ledit sieur don George de Castelui de porter à monsieur don Louis d'Haro un extraict des remonstrances qu'il fait à Sa Majesté Catholique, afin qu'il puisse les y faire entendre de sa part, et y faire pourvoir selon que le veulent le traicté, ses parolles royalles et l'estat des affaires; c'est ce qu'elle espère de sa justice et de tous les témoignages que toutte sa maison reçoit de sa bonté royalle, la requérant. Et a mondit seigneur signé deux copies du présent escrit, dont elle en a donné une audit sieur don George, et mis l'autre entre les mains dudit sieur Lenet, plénipotentiaire cy-présent, pour envoyer les mémoires et instructions nécessaires audit sieur de Saint-Agoulin à Madrid. »

Voici ce qui se passait à Paris durant les mêmes conjonctures :

Paris, 14 décembre 1652.

« Vous sçaurez que les cabales qui se font icy empeschent que monsieur le cardinal ne puisse revenir sans difficulté ; monsieur le cardinal de Retz travaille puissamment pour se mettre en estat de ne pouvoir estre poussé d'icy par la cour. Je suis asseuré qu'il cherche à se raccommoder avec monsieur le prince, afin de se mettre à la teste des amis de l'une et de l'autre, et des mescontens de la cour, qui sont et seront en grand nombre par le peu d'estat de tenir les paroles qu'on ne se soucie guères de donner.

» Le parlement va demain au Louvre par ordre du Roy ; on croit que c'est qu'on veuille rappeler les conseillers exilés ; si cela n'est pas, je suis asseuré qu'ils ne tarderont guères à en parler ; et, de quelque façon que ce soit, tout est disposé pour y fronder lorsque monsieur le cardinal reviendra, mais peut-estre que quelque rencontre plus heureuse terminera tout cela.

» Je sçay de bonne part que les intentions de monsieur le prince, pour la paix, sont fort claires : il entend qu'on commence par la générale et sans aucune négociation, et que le tout se fasse en deux heures.

» Monsieur le duc d'Amville est allé trouver Son Altesse Royale de la part de la cour ; je suis asseuré qu'il n'en reviendra pas que Son Altesse ne soit accommodée.

» Mademoiselle est toujours à Saint-Fargeau, qui a de belles pensées. Monsieur de Beaufort suit aussi ses sentimens, mais je les crois fort impuissans ; mais il pourroit y avoir des rencontres où ils travailleroient bien. »

Mais les affaires de Guienne prenaient chaque jour une plus fâcheuse couleur, et, comme l'annonçait Lenet, l'état de l'esprit public de Bordeaux ne pouvait devenir rassurant que par des démonstrations positives des auxiliaires espagnols, et ils n'en faisaient aucune. La lassitude qui naît des privations devient mauvaise conseillère quand des succès ne la font pas cesser : c'est ce qui arriva à Bordeaux ; des troubles graves y éclatèrent ; Lenet en rendit compte au prince par la lettre suivante, datée du 5 décembre.

« Je fis sçavoir à Votre Altesse, par le dernier ordinaire, tout le détail de la conspiration que quelqu'uns du parlement avec des bourgeois avoient faicte en cette ville, et le procès-verbal duquel je vous envoyay copie vous doibt avoir amplement instruict de ce qui s'estoit passé jusques-là ; maintenant je vous diray, Monseigneur, que toute la populace ayant suivi monsieur le prince de Conty au palais, l'espée au côté, avec ce qu'il y avoit icy de noblesse, la pluspart de ceux qui sçavoient la vérité de la conjuration prirent peur et commencèrent à crier qu'il n'y avoit point de liberté au palais, et qu'il estoit assiégé. Monsieur de Malliot entre fièrement, et dit en entrant au peuple qu'on l'accusoit, qu'il se justifieroit bien et qu'on ne l'attaquoit que parce qu'il empeschoit qu'on ne mît garnison espagnole dans Bordeaux ; mais il n'en fut pas de même à la sortie. Monsieur le prince de Conty parla dans le parlement de la manière que je vous ay mandé qu'il debvoit faire ; l'advocat-général y porta le procès-verbal, mais le parlement, du moins ceux qui voulurent estourdir l'affaire, prirent à injure un procédé dans lequel il y avoit tout subject de louer la douceur de monsieur le prince de Conty, qui pouvoit, dans une telle conjoncture, user de main mise ; messieurs de Massip, de Mechivier, de Trancas, de La Chaise, de Nemon, et quelques autres poussèrent la chose vertement et dirent que la conspiration n'estoit que trop véritable. Aiant esté enballés pour cela, toute la petite Fronde leur insultèrent ; enfin, après de grandes chaleurs de part et d'autre, Massiot nia fortement qu'il y eust eu aucun dessein contre les princes, mais que véritablement il avoit travaillé à faire une partie pour se saisir de l'Hostel-de-Ville et se deffaire des chefs de l'Ormée pour l'abbattre ; qu'il l'advouoit, le tenoit à honneur et le feroit sçavoir au Roy. Plusieurs approuvèrent son dire et louèrent son dessein : les uns dirent qu'il falloit que monsieur le prince de Conty donnât sa requeste, les autres que monsieur le prince de Conty et Massiot se debvoient retirer, quelques-uns qu'il n'y avoit pas de quoy fouetter un chat, enfin on connut aisément, par le grand emportement du président d'Affis et de plusieurs autres contre l'Ormée, que le complot avoit esté faict du moins pour faire ce que monsieur de Massiot venoit d'advouer et qu'on ne fit pas ce jour mettre sur le registre.

» Si Votre Altesse me demande ce que j'en croy, je luy dirai qu'il est très-constant qu'on avoit, par caballe de messieurs du parlement, jetté plusieurs gros bourgeois dans l'Ormée pour la ruiner, comme on fit l'assemblée de la noblesse à Paris, et qu'ensuite on avoit pris les mesures pour rendre au parlement une auctorité toute entière, en se saisissant de l'Hostel-de-Ville et se défaisant de Dureteste, Vilars, Guiraud, Creusillac et Armand, les advocats, procureurs, officiers, trésoriers, Guionne, secrétaire, et un de ces faiseurs de complot: il y en avoit deux classes, l'une de Mazarins, qui eussent esté d'advis d'arrester les princes et nous tous pour faire le lendemain la paix; l'autre de la petite Fronde, qui ont voulu abbattre l'Ormée, s'impatroniser de l'auctorité, et faire dépendre Votre Altesse d'eux et tout le parti de Guienne, et soutenir pourtant vos intérests, *secundum quid*: et ceux-là assurément ne songèrent pas à arrester Leurs Altesses.

» Pour revenir à la procédure, on résolut de faire sur le champ le procès à monsieur de Massiot, disant que le procès-verbal des jurats demeureroit au greffe pour la décharge de l'advocat-général, et qu'on entendroit dans la chambre les témoings qui en diront encore davantage que la veille; mais cinq heures du soir sonnant et chacun appréhendant la nuict, on rompit la séance; cependant tout le peuple crioit qu'il vouloit voir faire justice de Massiot que le parlement ne fit pas emprisonner; chacun eut peur qu'il ne fût mis en pièces en sortant. Monsieur le prince de Conty dit qu'il le conduiroit bien dans sa maison, mais qu'il ne respondroit pas de sa vie, de sorte qu'il dit à la compagnie qu'il le mèneroit chez Son Altesse, ou du moins qu'il feroit son possible pour cela, mais la fureur du peuple fut telle que mondit seigneur n'en fut pas le maître, et tout ce qu'il put faire fut de laisser traîner son carrosse à force de bras dans l'Hostel-de-Ville où ils arrestèrent monsieur de Massiot, qui y est encore.

» Le soir, on manda chez madame de Longueville messieurs de Boucaut, Le Rousseau, de Métrivier, le duc de Massip, de Spagnet, de La Chèse, de Nemon, de Trancas, qui résolurent de ne se désunir jamais de Votre Altesse, d'entrer le lendemain, d'attirer avec eux cinq ou six autres des mieux intentionnés, de soutenir l'affaire jusqu'au bout, faire feu du parlement et faire retirer de la ville tous les autres; chascun pesta contre la petite Fronde et particulièrement contre monsieur Le Mirat qui dit toujours qu'il a les meilleures intentions du monde, mais qui a certainement mal parlé et mal agi dans les cinq ou six dernières assemblées, quoyque le chevalier de Thodias et moy ayons pu faire, estant ses amis, mais toujours nous soustenant qu'il faloit destruire le parlement ou l'Ormée, et s'emportant comme un enfant là-dessus sans pouvoir jamais en revenir; je luy ai conseillé de se retirer à la campagne pour quelque temps: s'il ne le fait, comme je crois qu'il fera, on luy envoiera un passeport comme l'on a desjà faict à monsieur de Blanc Mauvesin et au procureur-sindic, son fils, et au père Flotte, provincial des Feuillans. Tout le mardi se passa à recevoir les complimens de ceux qui vindrent offrir leurs services à Leurs Altesses. Hier, mercredy, monsieur le prince de Conty entra au palais pour dire la violence qu'on luy avoit faicte et le déplaisir qu'il avoit de n'avoir pu mener chez lui monsieur de Massiot, et fit faire le registre de tout ce qu'il avoit advoué le jour précédant; cependant on faict courir le bruict, on affiche des placards contre messieurs les princes, disant qu'ils vouloient perdre l'Estat, perdre Bordeaux, y mettre des Espagnols en garnison, accuser les innocens pour prétexter les violences.

» Nous avons faict publier et afficher des ordres de Son Altesse pour détruire ces bruits.

» Tous les capitaines allèrent faire leurs complimens; la Bourse et tous les gros bourgeois y voulurent aller hier en grand nombre, l'Ormée en prit peur, cria qu'on vouloit se saisir de l'Hôtel-de-Ville; Son Altesse y courut et moy à la Bourse, où je trouvai cent cinquante bourgeois qui me jurèrent de mourir pour vous, pestant néanmoins contre les chefs de l'Ormée; M. le prince de Conty y vint ensuite, on y fit boire à la santé de Votre Altesse; il dit qu'il recevroit aujourd'huy leur compliment par députés; les deux partis de l'armée le prient de se mettre à leur teste et d'y mettre telles lois qu'il luy plaira, ce qu'il faira au premier jour, ainsi que je l'ay mandé à Votre Altesse il y a desjà quelque temps; voilà au vray l'estat de Bordeaux, que je trouve beaucoup meilleur qu'il y a huict jours, et nous n'oublirons assurément rien de tout ce qui sera possible pour soutenir; mais de vérité, Monseigneur, le fardeau est bien rude, et je vous confesse en mon particulier que j'en suis accablé en ce qui me touche (1).

(1) Suivent quelques détails sans intérêt.

» Votre Altesse verra par la relation cy-jointe la prise du Mas d'Agenois par assault, et la prise du pauvre Legé de Blahon et autres. Je vous envoye aussy un billet de M. de Marchin. Si Votre Altesse ne nous escrit elle nous mettra au désespoir ; il y a deux mois entiers que nous n'avons eu aucunes de ses nouvelles que par la Gazette et par M. de Sillery. »

Au sujet de ces troubles, le prince manda à Lenet ce qui suit :

26 Décembre 1652.

« Je n'ay jamais été plus surpris que lorsque j'ay appris le désordre qui est arrivé à Bordeaux, et je l'ay esté d'autant plus que je n'en ay reçu la nouvelle que confusément ; je vous prie de m'écrire la vérité, et surtout s'il est constant qu'on ait eu dessein contre la personne de M. le prince de Conty ; en ce cas, asseurez-le de la part que j'y prends, et de l'inquiétude où j'ay été dès le moment qu'on me l'a dit ; puisque les affaires ont été poussées dans une telle extrémité, je ne pense pas qu'on s'en doive relâcher, et il faut pousser à bout, puisqu'on commence, et que les commencemens ont été heureux ; les personnes qu'on a chassées de Bordeaux doivent être considérées comme irréconciliables, et à qui il restera toujours une forte passion de se venger, tellement qu'il ne faut pas entendre à aucune modération, ni avoir égard aux services qu'ils m'ont rendus autrefois. Cette réflexion me feroit perdre Bordeaux, et je le veux conserver à quelque prix que ce soit, comme je vous l'ai toujours mandé ; mais comme, la paix se faisant, je voudrois nécessairement que les conseillers fussent rétablis dans leurs charges, et le parlement dans son autorité, je seray bien aise que les violences qu'on doit faire envers le corps du parlement et les particuliers qui le composent, puissent être attribuées à M. le prince de Conty ou à madame de Longueville, et qu'il n'y paroisse pour cela aucun ordre de moy, afin qu'un jour, si nous sommes obligés de nous revoir, il y ait plus de facilité à oublier les aigreurs passées, et à rejeter sur les absens les sujets des plaintes, et par conséquent me décharger de l'embarras où je serois de vivre avec des personnes dont je ne pourrois jamais pardonner l'intention si j'en prenois une entière connoissance. Ménagez, s'il vous plait, cela avec prudence, et tenez-m'en exactement averty aussi bien que des affaires de la guerre, desquelles je ne suis pas aussi instruit que je le désirerois. Il se faut prévaloir du temps, il ne peut jamais être plus favorable ; les troupes qui sont allées en Catalogne peuvent revenir ; c'est pourquoi songez aux places considérables : Agen, Marmande et Clérac sont des lieux d'où vous pourrez tirer grand secours pour les passages des rivières, soit pour le rafraîchissement de vos troupes, soit pour les refaire, et je crois qu'il vous est plus avantageux de vous saisir de ceux que vous avez, puisque les ennemis étant maître des autres, ils vous en peuvent chasser facilement, et toutes les fois qu'il leur plaira. Je dois vous dire le parti que j'ay pris sur la détention du cardinal de Retz, que vous aurez déjà seue ; mais auparavant il faut que vous sachiez une négociation que la princesse Palatine a commencée avec moi par l'entremise de Croissy, afin que vous en rendiez compte à M. le prince de Conty et à madame de Longueville, et qu'ils m'apprennent leurs sentimens sur tous les deux. En cas que le traité s'engage plus avant, je crois qu'ils s'en fieront à moi de ce que je ferai si l'affaire presse, dans l'asseurance que je leur donne de n'oublier pas leurs intérêts ; mais comme cela pourroit tirer en longueur, je seray bien aise de sçavoir leur advis et de faire toutes choses de concert avec eux toutes les fois que je pourrai.

» Il y a quelque temps que la princesse Palatine, parlant à Courtin, lui demanda comme Croissy étoit avec moy, et s'il sçavoit mes desseins touchant la paix et la guerre ; lequel lui ayant répondu que je m'étois assez ouvert audit Croissy sur ce sujet, elle lui proposa de savoir de lui si j'étois dans la résolution de continuer la guerre éternellement, et s'il n'y auroit pas moyen de m'obliger à entendre à quelqu'accommodement ; de quoy M. de Croissy m'ayant écrit, je lui escrivis que je n'étois nullement irréconciliable, mais que je ne voulois entendre à aucune proposition, si elle n'étoit convenable à mon intérêt et à celui de M. le prince de Conty, de madame de Longueville et de tous mes amis ; qu'on savoit assez ce qui me pouvoit satisfaire, et qu'ainsi je ne voulois pas m'engager dans une négociation qui me pourroit brouiller avec les Espagnols, et qui pourroit n'estre embarquée par la cour qu'à cette seule fin ; que jusques ici j'avois esté si souvent fourbé, que j'avois résolu de ne l'être plus davantage. La Palatine, aprenant ma volonté, s'est promis de pouvoir faire que la cour me satisferoit, et m'a fait escrire qu'elle en espéroit bien, mais qu'elle attendoit le retour du cardinal Mazarin, qu'on espéroit debvoir estre bientost de retour à Paris, aymant mieux luy rendre compte verbalement de toutes choses, qu'en luy donnant moyen, par ses lettres, de jeter l'affaire entre les mains d'autres gens qui ne seroient pas si affectionnés qu'elle; pendant tout ce temps le cardinal de Retz m'a fait faire des civilités auxquelles j'ai respondu de mesme façon, et nous en étions en ces termes quand il a esté arresté; j'ay escrit, après en avoir sceu la nouvelle, à Croissy, d'asseurer les amis du cardinal de Retz que je n'avois aucune part à son emprisonnement, croyant bien que le cardinal le voudroit faire entendre de cette sorte pour esloigner le dessein que ses amis pourroient prendre de se joindre à moy. Je luy ay de plus mandé de leur faire savoir que j'estois en estat d'escouter leurs propositions, s'ils ont à m'en faire. Tout cela ne m'engage à rien, et me sert à donner de la défiance au cardinal que je ne prenne ce party, par lequel je prétends fort l'intimider et l'obliger à faire diligemment ce que je souhaite. J'ay donné ordre à Croissy de conduire toutes ces choses avec le plus de prudence qu'il pourra. Voilà l'estat de mes affaires touchant la négociation. Il faut que je vous parle de celles de la guerre, en cas que je sois nécessité de la continuer. Mais j'oubliois à vous dire que Gourville est arrivé icy depuis hier, qui m'a dit que le cardinal étoit plus fier que jamais; ainsi, si cette fierté continue, il faut penser à soy, et travailler incessamment du costé d'Espagne. Beaucoup de ceux qui sont dans les affaires de Flandres m'avoient proposé d'envoyer en Espagne un homme de condition afin de solliciter avec plus de force dom Louis de Haro pour l'exécution de mon traité, et afin que le séjour d'une personne de cette sorte y eust pu faire, qu'estant plus considérable et de plus grand poids, j'en eusse retiré plus d'effet et plus d'assistance; mais j'ai jugé qu'en envoyant à Madrid un homme de condition, je ne pourrois conclure aucune paix, tandis qu'il eust été en ce pays, et qu'il me falloit le retirer auparavant; et comme en cette nature d'affaires un delay est toujours fort important, je ne me suis pas voulu commettre aux inconvéniens qui m'en pouvoient arriver, et c'est ce qui m'a fait résoudre de vous mander que vous escriviez à Saint-Agoulin que désormais il parle à dom Louis de Haro pour les affaires de deçà, comme pour celles de Bordeaux, et qu'il le presse d'y satisfaire, et d'envoyer des ordres positifs et en meilleure forme que ceux que j'ay receus, car je ne veux plus estre payé de pareille monnoie, et l'exécution que je verrai apporter à ceux qu'on envoyera me prouvera la bonne ou la mauvaise volonté de la cour d'Espagne, et ce sera selon cela que je régleray mes desseins et ma conduite envers eux. Si on allègue à Saint-Agoulin que l'armée de Flandres m'a servy, il leur faut répondre hardiment qu'elle ne l'a jamais fait, et qu'au contraire elle m'a manqué dans toutes les occasions importantes, après avoir eu mille paroles du comte que je serois entièrement assisté de tout. J'ai receu une preuve certaine de leur impuissance ou de leur mauvaise disposition à me servir, il n'y a que dix jours, devant Bar, où le cardinal estoit engagé. S'ils m'eussent tenu ce qu'ils m'avoient promis, je l'obligeois à lever le siége, et étois au-dessus de tout : car, après un coup comme celui-là, il n'eût jamais songé à Paris. Mais leur politique ne va qu'à m'amuser pour seulement faire leurs affaires, les miennes leur estant fort indifférentes; je n'en seray pourtant plus la dupe, je le déclare icy tous les jours, et mes intérêts ni mon humeur ne le peuvent plus souffrir, s'ils ne font un effort pour remettre mes troupes. Ils ont beau chercher des excuses, j'en recevray peu après tous leurs manquemens de parole, et je seray contraint de prendre d'autres mesures. Je seray bien aise de les servir, mais je veux aussi qu'ils me fassent considérer comme chef d'un puissant parti, et non pas comme leur général seulement. Ils me doibvent près de cinq cent mille escus icy, outre ce qui vous est deub à Bordeaux. Je suis sans un sou, et dans le plus grand abandonnement du monde; voyez si cet état ne mérite pas qu'on y remédie promptement. Faites savoir tout ce particulier à Saint-Agoulin, et qu'il y travaille sans relâche. Je vous envoye une lettre de créance pour dom Louis sur ce que vous luy escrirez et sur ce que Saint-Agoulin luy dira. Si vous estiez en estat de me pouvoir envoyer quelques lettres de change sur Bruxelles ou sur Anvers, ce me seroit un grand secours; je ne vous les demande pourtant qu'en cas que vos affaires le puissent permettre sans vous apporter la moindre incommodité, me remettant de tout à vous. Le traitement que la cour fait à notre parti est fort violent : on donne les confiscations de nos biens; on met des gens dans nos maisons; enfin, il n'y a aucune rudesse dont on ne s'advise contre nous : c'est pourquoy il n'y a plus à balancer pour le saisissement de Cadillac et des autres lieux qui sont à votre bienséance. Songez donc à faire donner aussy la confiscation par M. le prince de Conty, et sans délay; mais voyez de la mettre entre les mains de gens affectionnez et qui sachent en user; car il faut trouver moyen de faire subsister ma femme, mon frère et madame de Longueville. J'ay esté fort fasché de la mort du pauvre Léger; je vous prie de le vouloir témoigner à ses parens, et les asseurer de mon affection. Il faut prendre garde de mettre à sa place un homme qui ait du cœur et de la fermeté, et qui soit dans mes intérêts. Je viens de recevoir une lettre de Barrière, par laquelle il m'écrit qu'il a pris de l'argent de certains marchands qui demandent à être remboursés sur le convoy de Bordeaux, et me prie de luy donner une lettre de recommandation envers vous, que vous recevrez au premier jour. Voyez d'agir avec eux de sorte qu'ils n'aient pas subject d'être mal satisfaicts. Je n'ay rien à vous dire davantage. Asseurez mon frère, ma sœur et ma femme de mon service et de mon amitié, et continuez-moy la vostre. Faites aussi mes baise-mains à M. de Marchin et à madame de Tourville.

» Louis de Bourbon. »

Le 28 décembre 1652, auprès de Grandprés.

« Je viens de recevoir, tout présentement et tout à la fois, vos lettres des 25 et 28 du mois passé, 2 et 3 du courant, auxquelles je n'ay rien à respondre, après la lettre que je vous escrivis hier, dont il y a un dupplicata que je m'en vay vous dire, qui est que vous ne sçauriez croire combien je suis ravi de ce que le conspirateur a esté arresté, découvert, et le train que la ville de Bordeaux va prendre; sur quoy j'ay à vous dire qu'il ne faut pas que vous y faciez comme nous avons faict à Paris, où nous commencions beaucoup de choses, n'en finissions jamais aucune, mais que vous poussiez toutes les choses à bout, affin de vous rendre les maîtres de Bordeaux; que vous en chassiez tous ceux qui se trouveront mal intentionnés, et que vous empeschiez le retour de ceux qui l'ont déjà esté : ce que je vous prie de faire sans que mon nom paroisse dans toutes ces choses-là, afin que je les puisse recommander avec plus de facilité lorsqu'il en sera temps et que le bien de mes affaires le permettra. Je ne vous dis pourtant cecy que pour vous faire sçavoir mes sentimens, afin que, s'il estoit nécessaire d'en user autrement, vous fissiez ce qu'il faudra. Enfin, vous êtes sur le lieu et vous voyez plus clair que moy dans ces affaires, c'est pourquoy je m'en remets, comme de toutes choses, à votre prudence et votre conduite.

» Je ne veux pas oublier de vous dire une nouvelle qui, je m'assure, ne vous desplaira pas, qui est que M. de Saint-Ibar, arrivant de hier de Bruxelles, m'a dict qu'il devoit partir six cens navires hollandois pour aller à Bordeaux charger les vins et d'autres marchandises, avec cent navires de guerre pour les escorter. Voilà tout ce que j'ai à présent à vous dire.

» Louis de Bourbon. »

Tel était l'état général des affaires de Condé à la fin de l'année 1652.

L'année 1653 s'ouvrait sous des apparences assez défavorables pour ce même prince. En Guienne le comte d'Harcourt obtenait contre lui quelques succès, et plusieurs villes, jusque-là soumises au prince, ouvraient leurs portes aux troupes du Roi. Le rappel de Mazarin à Paris était chaque jour plus près de se réaliser. Vervins, que Condé avait enlevée, était reprise par Castelnau; le maréchal de la Ferté avait aussi quelques avantages sur les troupes du prince, et il réunissait son armée à celle de Turenne pour aller attaquer Rethel. Des avis particuliers, datés de Paris, le 17 janvier, portaient ce qui suit :

« On a crié quelques jours bataille, mais on en est désabusé depuis le secours qui a été jeté dans Rethel. La Reyne dit hier qu'avant que M. le cardinal revienne, il mettra l'armée en quartier; on l'attend pourtant bientost, et toute sa famille. Il y a cinq jours qu'on cherche partout Croissy pour le metre en prison; il étoit venu à Paris pour négocier avec la Palatine pour M. le prince, si bien que son valet a esté gagné par les ministres, et on voit toutes les lettres de luy ou d'elle avant qu'ils les reçoivent. On n'a pu luy en donner advis parce qu'on ne sait où il est : vous le pouvez dire à M. le prince, si vous voulez, afin qu'il s'en serve, car je sçais qu'on a veu une lettre de Croissy qui a fait grand tort à ses affaires. C'est un secret qui m'a été confié de bonne part. »

Le cardinal rentre dans Paris le 3 février; Marigny en écrit en ces termes à Lenet :

Monsieur de Marigny, à Lenet.

Paris, 5 février 1653.

« Mazarin arriva lundi dernier; le Roy alla au-devant de luy et l'embrassa fort étroitement à son abord; ce cardinal, qui a rapporté des moustaches qui lui montent jusques aux aureilles, gracieusa tous ceux qui estoient allés à sa rencontre; il fut traitté au Louvre par le mareschal de Villeroy, qui donna à souper au Roy, au cardinal et aux principaux de sa suite, dont le mareschal de Turenne étoit le chef; on fit de grands feux de joye au Louvre, où ses armes estoient à costé de celles du Roy; on entendit un grand bruit de pétards et de pets de fusées durant une heure (je ne sçay si c'est à cause que Son Eminence aime fort les cus de

38.

chapon et aultres, qu'on voulut le régaler de ceste sorte d'harmonie); les prétendans aux grâces militaires, ecclésiastiques, à celles de la robe et celles des finances font leur cour et donnent leur encens à pleines mains. Le seigneur est fier; il croit avoir fait la plus belle campagne que l'on ait jamais peu faire, et avoir effacé le lustre de M. le prince. « Elle l'a tasté en gros, dit-il, s'il le pouvoit taster en détail, *il loui feroit bien veoir dou païs.* » Et si Dieu n'y met la main, on verra des désordres étranges, dont la nécessité, la rage et le désespoir seront cause; point d'argent, point de rentes, point de paix, violence, manquement de parole, fierté, oppression de gens de bien, incertitude de l'advenir, voilà où l'on en est. »

Dès son rétablissement dans la plénitude de l'usage de l'autorité, le cardinal s'occupa de ruiner les affaires du prince de Condé, soit par l'emploi des moyens militaires, soit par de secrètes tentatives auprès des villes et des hommes qui étaient les plus nécessaires aux vues et aux intérêts du prince. De son côté le prince, ne se faisant point illusion sur la puissance de ses ennemis, ne négligeait rien de ce qu'il pouvait attendre de son armée, de ses agents et de ses alliés. Se trouvant à la tête de vingt-cinq mille hommes, il voulait pénétrer dans le cœur de la France et marcher droit sur Paris, dont la haine pour Mazarin, qu'il supposait être plus violente qu'elle ne le fut, devait lui ouvrir les portes.

Ses marches et ses entreprises militaires ont été fidèlement décrites par les historiens; leur issue malheureuse ne répondit pas au courage et à l'habileté du grand capitaine. Il avait à ses ordres les troupes du duc de Lorraine, la flotte et les patagons de l'Espagne : mais les effets ne suivaient pas toujours de près les promesses de ses alliés; et au lieu de compter au prince l'argent qui lui avait été engagé par les traités, l'Espagne accordait aux négocians Bordelais l'entrée gratuite de leurs marchandises, pourvu qu'il en fût payé les droits au trésorier du prince de Condé; son frère, le prince de Conty, qui était nanti de ses pleins pouvoirs pour les affaires de Guienne, se trouvait souvent dans d'inextricables embarras, suscités par les hésitations du gouverneur de Madrid. Il se décida, vers le milieu du mois de février, à y envoyer M. de Chouppes, avec les instructions suivantes :

« M. de Chouppes partira de cette ville de Bordeaux pour se rendre par mer à Saint-Sébastien, où estant il s'instruira par le sieur de Lonchamp, de l'estat des affaires de ce pays-là et particulièrement de l'armée navale, dont il pressera extraordinairement le retour, en tout ou en partie, sçaura les diligences qu'on fait pour nous envoyer des hommes, des armes, des munitions, et pour cela verra en passant les sieurs don Diego de Cardense, capitaine-général de la province, don Anthonio Disassi et le baron de Vatteville, afin qu'estant instruit de tout il passe en poste et en toute diligence à Madrid ; .

» S'adressera à M. de Saint-Agoulin, logera avec luy, fera voir la présente instruction, sçaura de luy l'estat des affaires, et de concert avec luy il continuera la négociation dont il est chargé, et verront ensemble M. don Louis de Haro, sans voir aucun autre ministre; et après, Sa Majesté Catholique luy rendra sa dépesche, luy parlera dans les termes dont il conviendra avec ledict sieur don Louis, et leur dira qu'il est venu en poste, qu'il n'a ordre que de demeurer quatre jours, et remonstrer :

» Que monsieur le prince, monsieur le prince de Conti, etc., ont traicté avec Sa Majesté Catholique, depuis le mois d'octobre 1651 ; qu'entr'autre chose, on doit leur fournir en Guyenne ou en Flandres cinq cens mille patagons pour les levées ; cinquante mille dès le mois de mars 1652 à M. le prince de Conti pour la Provence qui, faute de cette somme, s'est perdue; six vingts mil patagons par mois pour l'entretènement des troupes et des places ;

» Que sur toutes les sommes il reste deub plus de seize cens mil patagons jusques ici, en Flandres ou en Guyenne.

» L'on doit entretenir en tous temps trente vaisseaux de guerre dans la rivière ou vers les costes de Guyenne et circonvoisines, toute l'année. Il n'y en a eu que quinze ou seize, tant grands que petits, desquels on n'a tiré que très peu de service.

» L'on doit fournir l'artillerie, les munitions et les armes nécessaires; il y a plus de dix mois que nous en manquons dans toutes nos places sans avoir aucune espérance d'en pouvoir tirer que d'Espagne.

» On a deub donner et entretenir, pendant toute la guerre, quatre mil hommes de pied en Guyenne; on en a laissé mourir plusieurs à Bourg plustost que de les joindre à nos trouppes, et l'on n'en a jamais donné qu'environ de quatre à cinq cens à M. de Marchin sur la fin de la campagne.

» Maintenant il en est arrivé deux mil, à moitié nuds, avec sept cens mousquetz seulement et sans aucuns vivres, fonds, ny officiers pour payer leur solde.

» On avoit proposé à M. de Saint-Agoulin de prendre en paiement, sur ce qui nous est deub, mil chevaux de remonte; on a accepté la proposition, nous avons pris nos mesures là-dessus, et maintenant on forme de nouvelles difficultés sur le prix, les estimant deux cens patagons pièce, rendus icy; et quoique la somme soit excessive et inouye, nous les prendrons et les déduirons sur les sommes qui nous sont dues.

» On avoit donné parole à M. de Saint-Agoulin de révocquer M. le baron de Vatteville; nous apprenons encore qu'il est au Passage, employé au radoubement des vaisseaux, qui est fort retardé par la mésintelligence qui est entre luy et don Diego de Cardenas, capitaine-général;

» Pressera, ledit sieur des Chouppes, ladite révocation et l'envoy de quelque général qui aye le mesme employ qu'avoit ledit sieur baron de Vatteville, qui soit homme d'honneur; et d'ambition telle qu'il ne perde pas les occasions qu'a perdues et que nous a fait perdre celuy duquel il occupera la place, parmi lesquelles on peut compter celle de n'avoir pas pris Blaye comme on le pouvoit très-facilement;

» Se plaindra à M. don Louis de la désobéissance dudit sieur de Vatteville sur le suject de la livrance d'argent, ainsi qu'il est contenu au mémoire que luy porta don Georges de Casteluy;

» Remonstrera que du costé de Flandres on n'a guères mieux agi que du costé de Guyenne, estant deub, comme il est dit cy-dessus, des sommes immenses à monsieur le prince, faute desquelles ses trouppes sont réduites à peu; il a perdu Dijon, Saint-Jean-de-Losne, Verdun-sur-Sône et Montrond, et est à la veille de perdre Stenay, Clermont, Danvilliers et Bellegarde, comme il a perdu les trois quarts de la Guyenne.

» Si on objecte que Sa Majesté Catholique a assisté Son Altesse de ses trouppes, on respondra hardiment que M. de Lorraine a faict défection en deux ou trois occasions, que M. de Chouppes sçait fort bien, et nouvellement se plaindra, qu'à faute d'avoir joint monsieur le prince aussitost qu'il le pouvoit, Son Altesse ne tailla pas en pièces l'armée du cardinal Mazarin devant Bar-le-Duc, et que la cour a intercepté des lettres par lesquelles Sa Majesté Catholique donnoit ordre exprès à M. l'archiduc et à M. le comte de Fuensaldagne de ne point donner de combat général pour quelque cause et occasion que ce peult estre: ce qui est contre les termes exprès du traicté, et c'est sur cela qu'il sera demandé des ordres exprès et sincères pour les ministres du Roy Catholique qui sont ou qui seront en Flandres ou en Guyenne, d'obéir conformément audict traicté, en cas qu'il soit continué;

» Sera remonstré que le cardinal Mazarin est de retour à Paris où tout est calme, et pourtant il seroit facile d'exciter plus de désordre que jamais à cause de l'emprisonnement du cardinal de Retz, de l'exil de plusieurs magistrats, restablissement de plusieurs édits, et par le deffaut du paiement des rentiers, si l'on pouvoit soustenir avec de l'argent ceux qui auroient dessein de se soulever.

» Toute la France ne respire que la paix, et principalement la Guyenne, où nous ne tenons plus de places que par nos garnisons qui périssent faute d'argent; Bordeaux mesme est partagé de tant de factions que nous sommes à la veille de le perdre, n'ayant pas de quoi faire une bonne grâce aux particuliers qui pourroient le soustenir.

» Le parlement de Bordeaux est transféré à Agen, qui fera asseurément le mesme effet que celuy de Paris à Pontoise.

» Nous n'avons aucunes munitions, ni bledz ni argent pour en acheter. Nos trouppes sont réduites à mil chevaux et à deux mil hommes de pied.

» Les ennemis, au contraire, ont en Xaintonge, sous M. de Vandosme, neuf régimens qui sont: Montausier, La Meilleraye, Estissac, Roannes, Vandosme, et quatre nouveaux faicts en Bretaigne; en Angoumois, sont les régimens de Navarre, de Picardie, de Rambures, et de Candalle; en Limosin et Périgord, sont les troupes de Folleville, toute l'armée d'Italie envoyée par Saint-André-Monbrun; toutes les troupes qui estoient en Provence, sous M. de Mercœur en Rouergue et Haute-Guyenne, toute l'armée que commandoit M. le comte d'Harcour, qui est maintenant commandée par M. de Candalle, toute l'armée qui estoit en Catalogne sous M. de Marchin et dans la Haute-Guyenne sous M. de Mérinville à la réserve des Suisses; et toute l'armée que Le Plessis Bellièvre mena l'automne dernier en Roussillon est de retour soubz les confins de Guyenne et du Languedoc, à la réserve de ce qu'il a jetté dans les places. Les ennemis préparent à grande haste un grand équipage d'artillerie, travaillent aux recrues, font partout de grandes levées et prétendent, à la fin de mars, venir assiéger Bordeaux et Bourg avec treize ou quatorze mille hommes de pied et sept mille chevaux. C'est pour ce dessein que M. de Vandosme est à Blaye et n'attend qu'un bon vent pour faire entrer son armée dans la rivière.

» Elle n'est composée jusques icy que de sept vaisseaux, quatre frégates, deux galliottes, douze brûlots et quelques petits bâtimens, le tout en assez mauvais équipage, en telle sorte que si nostre armée navalle, en l'estat mesme qu'elle estoit, paroissoit, il seroit fort aisé de les deffaire et n'oseroient entrer en rivière si les ennemis ne sçavoient les longueurs ordinaires d'Espagne qu'ils croient telles qu'ils prétendent avoir le loisir de prendre Bordeaux à cause des diverses factions qui y sont, se retirer, se mettre en quartier de rafraîchissement, et estre assez tost en campagne pour s'opposer aux desseins d'Espagne, qui ne pourront pas avoir grand effect, quand la guerre civile sera apaisée en France, soit par la réduction de Bordeaux, soit par la paix particulière des princes et de leur party.

» Ce sont toutes les considérations qui ont porté Leurs Altesses à charger M. Lenet d'escrire à M. de Saint-Agoulin de demander pour tout ce mois quatre cent mille patagons pour travailler aux recreues, acheter des bledz et autres choses nécessaires, deffrayer les maisons et trains des princes, qui périssent depuis que le Roy s'est emparé de tous leurs biens : et est à notter que cette somme n'est pas le quart de celle qui est deue.

» Ledit sieur de Saint-Agoulin a eu charge aussi de demander les quatre mille hommes cydessus, six mille arquebuses, mil quintaux de pouldre, autant de mèche et de plomb pour la campagne, des grenades, les mil chevaux de remonte promis, et l'armée navalle pour tout le mois de mars, et, à faute d'avoir une asseurance certaine du tout dans le 15 de febvrier, de se retirer de la cour de Madrid; c'est encore ce que ledit sieur de Chouppes et luy remonstreront et demanderont avec tout empressement, et à faute de quoy ils se retireront, ne voulant plus nous fier aux paroles après tant de remises qui ne peuvent provenir que d'impuissance ou de mauvaise volonté, qui sont la mesme chose dans l'effect, si elles ne le sont dans l'intention. Quant à la diversion du costé de deçà, les Espagnols n'en peuvent faire que deux qui nous soient utiles, et l'une et l'autre nous sont tellement nécessaires, que si on ne les fait, mesme avec quelque sorte de précipitation, la perte de Bordeaux, de tout ce qui nous reste en Guyenne, est infaillible.

» La première est celle d'assiéger Narbonne par les voies et les moyens infaillibles que M. de Chouppes fera connoistre à M. don Louis. Cette place est dépourveue, est dans une plaine des plus fertiles, met à contribution une grande partie du Languedoc ; comme tout le Roussillon, et tout ce qui reste en Catalogne au Roy, est située sur une rivière qui porte des vaisseaux assez grands pour y apporter l'artillerie et tout l'équipage de l'armée, est dans le voisinage d'une mer commode qui est plage partout et qui a de bons ports, mondit sieur de Chouppes sçaura bien respondre aux difficultés qu'on pourra faire et qui sont assez plausibles en apparence de laisser derrière soy Colliourre, Roses et Perpignan, estant certain que leur conquête sera infaillible et facile quand la prise de Narbonne ostera le moyen au Roy de les secourir, outre que si l'on nous donne un prompt moyen de remettre nostre armée en estat, elle ira rejoindre celle de Sa Majesté Catholique qu'elle ne quittera plus qu'elle n'aye pris ou Perpignian ou Roses, en remettant Narbonne aux ordres de M. le prince.

» La seconde diversion est celle de Baïonne et de Dax, qui nous feroit infailliblement recouvrer toute la Haute-Guyenne, et donnera de merveilleux avantages aux Espagnols, puisque cela leur ouvre le chemin jusques aux portes de Bordeaux, d'un costé, et de Toulouse, de l'autre, et tient en échec tout le commerce de Guienne d'un costé, comme Bourg le tient de l'autre : ce sont les seuls moyens de garantir Bordeaux et tout le parti, et si l'on prend ce dernier dessein on les y joindra avec nostre armée, on les aydera à la conquête du Roussillon.

» Il sera bon de se souvenir que si les cavaliers irlandois qui sont aux environs de Victoria et de la Garonne sont bons, il faudra en demander mille pour, avec les mille chevaux de remonte, faire un corps considérable ; et est à notter qu'il est aisé à M. de Balthazard, qui est en quartier d'hiver dans Roquefort et dans Tartas de se saisir d'un passage dans la montagne et de se joindre à ses trouppes par terre.

» C'est particulièrement dans la diversion, et d'un prompt secours de vaisseaux, d'argent pour les recrues, de munitions et d'armes dont MM. de Chouppes et de Saint-Agoulin conviendront du jour au lendemain, s'il se peut ; en cas qu'ils ne voient aucune apparence, se retireront tous deux de la manière qu'il est porté dans le billet que M. Lenet escrit audit sieur de Saint-Agoulin.

» Et en ce cas, M. le prince, M. le prince de Conti et tout le parti prendront leurs mesures. Si au contraire ils concluent favorablement la présente négociation, M. de Saint-Agoulin demeurera dans son employ ordinaire, et pressera diligemment l'exécution, et M. de Chouppes reviendra à grande haste afin que nous mettions ordre d'exécuter de nostre part ce dont ils auront convenu, après toutesfois qu'il aura veu partir devant luy, de Madrid, l'argent des recreues, sans lequel tout est perdu sans aucune ressource.

» Faict à Bordeaux, ce 15 febvrier 1653.

» ARMAND DE BOURBON. »

Le prince de Condé harcelait de son côté le premier ministre d'Espagne, lui demandait sans cesse de l'argent, des hommes et des vaisseaux; il proposait aussi, comme très-utile, une diversion sur le Roussillon et Narbonne, où les troupes du Roi, qui menaçaient la Guienne, seraient obligées de se porter. Il soutenait en même temps le zèle de ses serviteurs, et promettait à M. Marchin de lui fournir mille cavaliers à pied, avec les armes et les harnais nécessaires pour les monter. Le prince sentait combien la conservation de Bordeaux était indispensable au triomphe de sa cause: mais cette ville souffrait depuis long-temps de ses propres résolutions; l'ardeur des partis contraires ne s'y affaiblissait point; l'incertitude des résultats futurs ne pouvait que l'exciter encore; et aux partis politiques se mêlaient aussi les querelles religieuses. La lettre suivante du prince de Condé est un fidèle tableau de ces malheureuses complications; elle nous révèle les espérances que le prince attachait aux projets, assez connus, des chrétiens réformés, d'établir en France le gouvernement républicain : (1)

« Je n'ay rien à vous dire sur les divisions de Bordeaux, que ce que je vous ay desjà mandé, sçavoir, qu'il faut toujours appuyer le parti qui sera le plus fort; et pour vous dire mes sentimens sur cette seconde caballe des Huguenots que vous me mandés aller droit à la République, je croy que ce n'est pas la plus mauvaise de toutes, et mon sentiment est qu'il vaut mieux la soutenir, sans pourtant la rendre la maîtresse, que de l'abbattre : car il est certain qu'elle ne pourra jamais venir à ses fins, et, conservant toujours cette pensée de République, elle empeschera les autres à l'amnistie, et de demander la paix.

» Je vous envoye les lettres pour ceux du parlement qui n'y veulent pas entrer; vous les leur rendrés si vous le jugés à propos. Je les ay faict laisser ouvertes afin que vous voyés ce qu'elles contiennent.

» Pour vous délivrer de la crainte que vous avés qu'une armée, paroissant à la veue de Bordeaux, ne fasse changer les esprits, il n'y a point à cela de meilleur remède que d'empescher que aucunes trouppes ennemies approchassent, ce qui vous sera facile quand vous tiendrés tous les postes de la Dordogne et partie de ceux de la Garonne, qui est une chose absolument nécessaire, et d'une importance qui ne se peut dire.

» Tenés la main que les vaisseaux que l'on radoube au Passage le soient promptement. Solicités ceux qu'on promet de Barcelonne, mais ne vous attendés pas à ceux de Dunkerque, car il n'y en a point du tout.

» Je doubte fort que l'argent qu'on vous promet sur le traicté de Séville soit asseuré; je ne croy pas que vous deviez faire là-dessus grand fondement. Il faudra toujours prendre les cinquante mil escus qui sont embarqués pendant qu'on en sollicitera d'autres.

» J'ai veu ce que vous m'avés escrit du voyage de Chouppes en Espagne, que mon frère a voulu qu'il fist; si vous avés le moindre soupçon qu'il ne doive pas agir comme il faut, mandés-le moy, affin que j'y envoye le comte de Fiesque, qui est une personne de condition et d'esprit, et dont la fidélité ne peut estre suspectée, lequel auroit pouvoir de contredire toutes les propositions de Chouppes si elles ne nous estoient utiles; et si vous ne le soupçonnez pas, mandés-le moy aussy afin que je ne fasse point partir.

» La résolution de travailler aux poudres et aux fortifications, et de sçavoir tout ce qui entre à Bordeaux est bien la meilleure que l'on puisse prendre, mais il faut faire les choses avec rigueur et autorité, et ne se contenter de chasser les suspects et ceux qui veulent faire des caballes; il faudroit un chastiment un peu plus exemplaire. Parlés-en à mon frère et faites-luy considérer de quelle conséquence cela est.

» M. de Tourville m'a rendu compte de ce que vous l'aviés chargé de me dire touchant M. le prince de Conty et madame de Longueville; il m'a parlé aussy de Latour et de Blainvilliers.

» J'ay à vous advertir d'une chose que

(1) On trouve, parmi les papiers du prince de Condé, un plan d'organisation de ce gouvernement, qui paraît avoir été rédigé par des réformés; on y proclame la souveraineté nationale, on y règle l'exercice des droits; et à la suite de l'exposé des griefs du peuple, sont énumérées les libertés et franchises dont il entend jouir sans restriction.

Guyonnet m'a dite depuis trois ou quatre jours sur le subjet de Mirat, qui est que ce dernier, dans un voyage qu'il a fait à Paris, a dit en forme de menace que, si l'on n'y donnoit ordre, le parlement rentrera malgré nous dans son autorité ; que l'Ormée sera abbatue dans peu, et plusieurs autres choses de cette mesme force ; et bien que Guionnet ne m'en ayt pas parlé comme d'une chose positive, je crains toutesfois que Mirat n'ayt quelqu'envie de caballe, car je me souviens que, sur le subject des premières conjurations, Guyonnet me tint desjà quelques jours auparavant un discours qui approchoit de ce qui est arrivé ; c'est pourquoi donnés ordre que Mirat ne puisse rien faire de mal, et apportez-y toutes les précautions nécessaires. Je croy qu'il seroit bon de faire à ces sortes de gens-là une punition plus sévère que celle d'estre simplement chassés de Bourdeaux, car ce leur est un prétexte d'aller à Agen tenir leur parlement prétendu. Remédiés à cela fort sérieusement ; ne dictes pas que ce soit moy qui vous l'escrive, si vous ne le jugez absolument nécessaire.

» Louis de Bourbon.

» *De Stenay*, le 10 mars 1653. »

A ces calamités vinrent bientôt s'associer celles qu'inventa le génie italien de Mazarin ; il avait réussi à lier dans Bordeaux des relations, à y entretenir des agents favorables à ses vues, qui réussirent à semer la division parmi les partisans du prince : et les moines s'y employèrent avec zèle pour le cardinal. L'un d'eux fut arrêté par les ordres du prince de Conty ; voici le procès-verbal de son interrogatoire :

« Aujourd'hui, 22 mars 1653, le père Ithier estant arresté chez madame de Longueville en présence de Son Altesse de Conti, de M. de Marchin et de M. Lenet, M. Dufay, lieutenant des gardes, a dit :

» Qu'il est à la Reyne ; que le père Berthod, estant arrivé icy lui rendit les lettres de Sa Majesté, l'exortant de la servir ; que depuis il a négotié tout ce qui s'ensuit, croyant faire ce à quoy il est obligé, n'ayant pourtant jamais manqué de respect pour Leurs Altesses ; que tout son couvent n'a eu aucune cognoissance de toute l'affaire, a demandé qu'on conserve l'honneur de sa robbe ; que le père Berthod ayant été descouvert sur les premières propositions qu'il avoit faites, il séjourna icy quelque temps, puis se sauva à Blaye, d'où il lui écrivit, le suppliant de songer aux propositions qu'il lui avoit faites et d'y travailler, luy répondit qu'il le feroit : ledit père Berthod lui avoit dit qu'on feroit plutôt la paix avec le diable qu'avec monseigneur le prince ; et que, perdant par là l'espérance de la pouvoir faire, il agit comme s'en suit :

» Il recevoit les lettres par Chenevat sans qu'il sceut rien de la conspiration ; il conféra du dessein avec une religieuse dont Son Altesse a deffendu d'escrire icy le nom, avec laquelle, raisonnant de la manière de réussir, ils conveindrent qu'il falloit se servir de l'Ormée, à quoy ladite religieuse respondit qu'elle n'y connoissoit que le sieur de Villars ; elle se chargea de l'entretenir, elle le vist ; il luy demanda et elle luy promit trente mille escus, la charge de scindic ou de clerc de ville ; l'a entretenu longtemps ; il en donna advis à la cour par le père Fauve, évesque de Glandève, qui continua avec luy la négociation. Il a conféré de tout avec ladite religieuse, fort souvent ; qu'il avoit agi dans la paroisse de Saint-Michel ; que pour cela il s'est adressé à plusieurs bourgeois d'icelle, et entr'autres au sieur Ithier, son parent, qui avoit correspondance avec Armentary, et quelques autres des noms desquels il ne se souvient pas, qui promettoit d'armer quatre cents hommes, de se saisir de Motti ; et qu'il a aussy ouy parler de Legé ; avoit promis trois cents escus audit sieur Ithier et Armentary qu'il a veu ce matin ; que le sieur Ramp devoit fournir tout l'argent nécessaire jusques à quatre-vingt-dix mille livres, et que pour cela il avoit receu des lettres de change sur divers marchans de cette ville, qu'il compterait suivant l'ordre du père Ithier ; que ledit père Ithier a un ordre du Roy pour agir de consert avec le sieur Bourgon et le père Berthod, une lettre de la Reyne qui y est conforme, et quelqu'autres papiers qu'il a envoyés quérir sur le champ par le sieur Dufay, auquel il a donné une lettre adressante au père Villaize ; que de Blaye, MM. de Vandosme, de Saint-Simon et ledit sieur Bourgon lui mandoient de temps en temps qu'on donneroit à ceux de l'Ormée et autres qu'il jugeroit à propos, tout ce qui lui conviendroit ; que s'il estoit nécessaire on enverroit des chefs dans la ville pour exécuter le projet formé, et se mettre à la teste de la bourgeoisie armée ; mais qu'on ne luy en a nommé que cinq ou six, des noms desquels il ne se souvient pas. Le père Berthod lui mandoit souvent que, s'il vouloit, on luy envoiroit Chambret, mais que, comme il a ouy dire que c'est un extravagant, il ne s'y est pas voulu fier ; il y a ouy dire qu'il y auroit diverses autres caballes dans la ville pour mesme dessein : l'une est du sieur de

Lavie, de laquelle le sieur Masson, hoste de M. de Marchin est le principal; l'autre est conduite par messieurs de Gent, dont Littery, fils du procureur, est aussi le principal ; que M. le président d'Affis appuyoit les caballes; et l'aiant interrogé sur le sujet des sieurs de Bordes et de Thosias, amys dudit sieur président, a dict n'avoir point ouy parler d'eux pour cela ; qu'il a ouy parler de ces deux dernières caballes audict père Berthod; que ladicte religieuse conféroit souvent avec ledit sieur de Villars, et qu'ils avoient pris leurs mesures ensemble, de cette sorte que, ledit sieur de Villars avec ses amys se saisiroit dudit sieur Lenet, le mèneroit au palais, se saisiroit de l'Hostel-de-Ville, manderoit à Leurs Altesses qu'il n'y avoit plus d'asseurance pour elles; qu'on leur feroit ouvrir une porte pour se retirer ; qu'en mesme temps ils feroient en sorte de faire sortir tous les religieux de leur couvent avec la croix, criant *la paix!* que pour cela ledit père Ithier tascheroit de le persuader à tous les supérieurs qu'il croyoit y estre bien disposés, et particulièrement aux Capucins, Récollés, pères de Sainte-Croix, Jacobins, Carmes, qu'il cognoist ; le père Maure, carme, le prieur des Jacobins, le père Sébastien, gardien des Récollés, qu'il alla voir hier le prieur de Sainte-Croix, pour faire cognoissance avec luy qui n'avoit aucune liaison ni habitude avec les pères Jésuites, Minimes et pères de la Mercy; qu'il avoit demandé un passeport en blanc pour renvoyer le père Berthod à Blaye, quérir l'amnistie pour la publier au palais où ladite religieuse feroit assembler la plus grande quantité de messieurs du parlement qu'il luy seroit possible : sur quoy ledit sieur Lenet luy ayant demandé pourquoy il fut le voir ces jours passés pour luy persuader que messieurs de Reymond et Despagnet estoient ses ennemis et deschiroient partout sa réputation, et pourquoy luy ayant esté respondu par ledit sieur Lenet qu'il n'étoit pas icy pour quereller personne, mais seulement y servir M. le prince, il luy repartit que son insensibilité en ce rencontre retourneroit contre lui ; et luy ayant demandé ce qu'il feroit s'il estoit en sa place, il luy respartit de les tirer de la ville sous quelque prétexte; et luy a dit présentement que la raison estoit que c'estoit une occasion de se deffaire desdits sieurs, qu'il croyoit estre tout à fait bien intentionnés pour Leurs Altesses.

» Et dit depuis ledit père Ithier qu'il n'a parlé à aucun des bourgeois du Pont-Saint-Jean et de la Rousselle, mais qu'il croyoit qu'ils estoient tous las de la guerre, et vouloient la paix et l'amnistie aussi bien que les procureurs, advocats, et autres gaignans leur vie au palais ; que le père Berthod est revenu en cette ville, travesty en séculier, et ne luy a jamais parlé qu'une fois pour conférer avec luy ; qu'il luy a faict de grandes promesses de la part de la cour; qu'il a escrit de toute cette intrigue à la Reyne, à M. le cardinal, à M. Servien, et à M. l'évêque de Glandève, desquels tous il a aussi receu des lettres qui sont avec les autres qu'il a envoyées quérir ; que ledit sieur Servien est celuy qui estoit le directeur de toute cette affaire ; qu'il y a dix ou douze jours qu'il receut un pacquet du Roy par les mains du père Berthod, retournant de la cour, où estoient les ordres dont cy-dessus est parlé, et une lettre du Roy, le nom en blanc, qui fut remplie icy du nom dudit sieur de Villars; qu'il y avoit encore un ordre aussy en blanc pour gérer, agir, etc. ; que le lendemain il porta à ladite religieuse ladite lettre remplie du nom dudit sieur de Villars, qui la luy rendit, et noua une conférence avec ledit sieur de Villars et lui dans les Cordeliers, où, s'estant entretenus de tout le contenu cy-dessus, ledit sieur de Villars luy dit qu'il avoit gaigné six hommes par le moyen desquels il mettroit force monde sur pied, et le luy feroit voir le lendemain ; et qu'en effet, hyer vendredy matin, luy ayant mené les sieurs Castin, Taudin, Guirault, Croisillac, Blarut et capitaine Rousseau, avec lesquels il s'entretint de ladite affaire, leur dit qu'ils étoient heureux de rendre ce service à l'Estat, et fit ensuite donner à deux d'iceux, à trois diverses reprises, quinze mille livres en quinze sacs qui luy auroient esté envoyés en son couvent par le sieur Roux, ensuite des ordres que ledit père Ithier luy en avoit envoyez, et leur dit que quand il seroit besoing qu'on feroit avancer l'armée; qu'il n'a jamais escrit à MM. de Vendosme et de Saint-Simon, et qu'il les avoit fort blasmez, mesmes par ses lettres à la cour, d'avoir fait avancer ladicte armée vers Lormont, disant que Bordeaux ne se prenoit pas à coups de canon ; et luy ayant esté demandé pourquoy il avoit remis l'exécution de ce dessein à mardy, a respondu que c'estoient lesdits sieurs, qui y seroient prêts lundy ou mardy, et qu'il leur auroit dit qu'il ne croyoit point à propos de faire venir les chefs que M. de Vandosme devoit faire entrer en ville, et qu'ils devoient souhaiter d'en avoir toute la gloire ; et a adjouté qu'il luy avoit ouy dire que ceux du Chappeau-Rouge estoient fort bien intentionnés pour l'accomplissement de ce dessein, sans qu'il y ayt aucune habitude particulière avec eux; qu'il a aussy ouy dire que les sieurs Delamarre, Paul Lesville, Pissebeuf, Mercier et tous ceux du Pont-Saint-Jean et de la Rousselle estoient pareillement bien intentionnés pour le mesme dessein, sans pourtant qu'il les connoisse : ce que ledit père Ithier a certifié estre véritable à Son Altesse mondit seigneur le prince de Conty, qu'il a supplié de demander à tous les susdénommez s'il n'est pas vray qu'il leur avoit dit qu'il ne consentiroit jamais qu'il fust faict aucun mal à Leurs Altesses, ni à pas un de leurs domestiques, et qu'il aymeroit mieux estre poignardé, croyant qu'il suffiroit de faire que Leursdites Altesses sortissent de Bordeaux, comme monseigneur le Prince a faict de Paris: et à ledit révérend père Ithier signé le présent mémoire avec moy, conseiller secrétaire de Son Altesse. »

Le dévoûment du parlement de Bordeaux se refroidissait aussi ; il inclinait à cesser de rendre justice ; le prince de Condé tâcha de ranimer ce dévoûment par une lettre circulaire adressée de Stenay, le 10 mars, à tous de Messieurs qui lui étaient dévoués.

La division pénétrait jusqu'au milieu des conseils les plus intimes du prince ; son frère et sa sœur, et Lenet ne s'entendaient plus : le succès est le gage le plus certain, le seul peut-être de la durée de toute coalition.

Les manéges de Mazarin n'entraient pas pour peu de chose dans ce fâcheux état des affaires du prince, et on lui parlait toujours d'accommodement : Condé répondit : « Je vous dirai, (lettre à Lenet, du 19 mars) que quand nous devrions perdre Bordeaux et toute la Guienne, il vaudroit mieux s'y résoudre que de faire une paix à contre-temps, sans honneur et sans sûreté, comme il arriveroit sy nous la faisions dans ce temps-cy, que le Mazarin continue d'agir avec ses fourberies ordinaires, et ne songe qu'à notre ruine...., tellement qu'il faut une fois pour toutes que vous ostiez cette pensée de paix de votre esprit, que vous songiez fortement à la guerre, et que vous vous appliquiez à sauver Bordeaux. Pour moi, je vous dirai que quand je serois réduit à demeurer icy avec un seul valet, j'aimerois beaucoup mieux le faire, que de me mettre entre les mains de mes ennemis. »

Une conspiration se forma à Bordeaux contre le prince de Conty, et dans le dessein de faire soulever la ville ; elle fut découverte : le prince de Condé conseillait à Lenet d'en châtier sévèrement les fauteurs, et de faire de l'argent avec leurs meubles et leurs biens.

Le comte de Fiesque fut dépêché à Bordeaux par le prince, et de là en Espagne : les plus prompts secours étaient attendus de ce côté : on jetait aussi les yeux sur l'Angleterre ; on devait retirer, d'un commerce actif avec cette île, de grands avantages pour la ville de Bordeaux qui serait par là plus en mesure de soutenir la cause qu'on avait entreprise ; on envoya donc vers la république d'Angleterre des députés munis des instructions suivantes :

Instruction à MM. de Trancas, conseiller en parlement, et de Blarut, allant de la part de Leurs Altesses et de la ville de Bordeaux en Angleterre.

« Partiront lesdits sieurs pour se rendre le plus promptement qu'il leur sera possible à Londres, où estant, s'adresseront à M. de Barrière, résident de S. A. S. monseigneur le prince, luy feront part du sujet de leur voyage, luy donneront le duplicatta de cette instruction et luy diront que Son Altesse leur ordonne de communiquer le tout à M. de Cugnac, et tous ensemble agiront pour la conduite de l'affaire comme ils le jugeront à propos, suivant le plain pouvoir duquel ils sont chargés.

» Et premièrement, sçauront dudit sieur de Barrière l'estat de sa négociation, despuis le temps de son séjour audit lieu, celui des affaires de la République, quelles forces maritimes elle a, quelle est celle qui lui est absolument nécessaire pour la manutention et conservation de ses ports et hâvres, et pour soustenir la guerre qu'elle a contre les Hollandois, afin que sur cela il se puisse prendre des mesures certaines pour ce qu'ils ont à proposer et cognoistre à plus prest ce qu'ils peuvent obtenir.

» Sçauront pareillement ceux qui ont la principale autorité dans le parlement, au conseil d'Estat, quelles sont les cérémonies, façon d'agir et d'estre receu, les honneurs et la manière des principaux ministres, afin qu'ils puissent se conduire comme des personnes consommées en affaires de cette nature.

»Après quoy rendront les lettres desquelles ils sont chargés, tous ensemble et avec la dignité accoustumée à des envoyez de si grands princes et d'une ville telle que Bordeaux.

» Remonstreront que despuis que, par la révolution des choses, la Guienne, et par conséquent laditte ville, retomba sous la domination de France, le roy Charles VII leur accorda certains priviléges, sous la foi desquels ils s'assujettirent à son obéissance, qu'ils ont esté confirmés par les Roys ses successeurs, auxquels pourtant, par la nécessité des affaires, ils ont accordé beaucoup de choses au-delà de ce qui estoit porté dans lesdits priviléges; mais qu'enfin ayant esté violés en tous leurs chefs despuis la régence de la Reyne, par les conseils du cardinal Mazarin et par la violence de M. le duc d'Espernon, ils auroient esté contraints de deffendre les loix municipales de leurs pères et tascher à se maintenir dans une honneste liberté par la force des armes; que la guerre qu'ils auroient entreprise pour un subjet si légitime, ayant esté terminée par une paix, de laquelle monseigneur le prince fust le principal auteur, estant pour lors chef du conseil du Roy, on luy en fist un crime, et parce qu'il avoit empesché l'effect de la tyrannie que l'on avoit résolu à la cour d'exercer contre des innocens deffenseurs de la liberté de Bourdeaux, on voulut prétexter l'emprisonnement de Son Altesse Sérénissime de cette prétendue entreprise sur l'autorité royale.

» On ne se contenta pas, oubliant les grands et importans services que ce grand homme avoit rendus à l'Estat, en le contenant dans une prison rigoureuse, on voulut pousser la haine et faire ressantir l'effect de la tyrannie sur monseigneur son frère et sur monseigneur le duc de Longueville; on voulut faire plus et pour jetter tout d'un coup cette grande et illustre maison dans un mesme précipice, les ordres et les trouppes furent envoyez à Chantilly pour arrester mesdames les princesses, monseigneur le duc d'Enghien, et les enfans de monsieur le duc de Longueville, dont la plupart estoient encore au berceau; madame la princesse trouva moyen, avec quelques-uns de ses serviteurs, de se sauver la nuict avec monseigneur le duc d'Enghien, son fils, pour lors âgé de sept ans; on envoya des ordres par tout le royaume de les arrester morts ou vivans, et ne pouvant trouver de refuge ailleurs, traversèrent toute la France et vinrent le chercher à Bordeaux. Là ils trouvèrent que les ordres de la cour avoient porté quelques créatures du cardinal Mazarin à leur fermer les portes, mais les Bordelois recognoissant des témoignages d'amitié et de la protection qu'ils avoient receue naguères de monseigneur le prince, et autresfois de messeigneurs ses père et ayeuls, s'armèrent, rompirent les portes, receurent Leurs Altesses; le parlement leur donna seureté, et tous les ordres de la ville se résolurent de souffrir toutes les violences de la guerre et les rigueurs d'un siége plustost que de livrer de si précieux gages au cardinal Mazarin, qui fist quitter toutes les plus importantes affaires de l'Estat au Roy et à la Reyne pour venir en personne assiéger Bordeaux.

» Les Bordelois firent une si généreuse résistance qu'ils s'auvèrent leur ville, obligèrent le Roy, par la paix qui fut faite, de donner seureté à Leurs Altesses dans leur fort chasteau de Montron, et à leur province un autre gouverneur que ledit sieur d'Espernon, qui leur avoit fait ressentir toutes les rigueurs qui peuvent retomber dans l'imagination d'un tiran; toute la France fust esmeue par l'exemple de Bordeaux, tous les ordres qui la composent firent à son imitation des remonstrances pour la liberté des princes, et forcèrent la régente à l'accorder avec l'exil dudit cardinal; mais dans l'espoir de retour, il laissa toutes ses créatures dans le ministère; ils donnèrent tous les conseils et tous les sentimens de violence pour les faire périr; ils furent contraints de se retirer de la cour pour chercher leur seureté ailleurs, ils la trouvèrent à Bordeaux qui s'unit à leurs interests. Monseigneur le prince, par luy ou par ses alliés, mit de puissantes armées sur pied, par mer et par terre, pour s'opposer à toutes les trouppes qui luy tombèrent sur les bras; ce qu'il a faict si heureusement qu'il a jusques à présent guaranty sa famille du naufrage qui la menasse despuis longtemps.

» Remonstreront en outre, que maintenant on met tout en usage de la part de la cour pour opprimer Bordeaux et les princes et princesses qui y font leur séjour; qu'on a faict entrer dans la rivière une armée navale; qu'on a fait approcher toutes les trouppes du royaume par terre; qu'on y a pratiqué et fomenté des conjurations contre la vie de Leurs Altesses et contre celles des citoyens les plus affectionnés à leur deffense, et de la liberté de leur patrie : la dernière qui fust descouverte par la fidélité et les soins du sieur de Villars et de ses amis, devoit faire destruire Bordeaux par Bordeaux mesme; en feront savoir le détail, et enfin leur diront que comme la république d'Angleterre, ainsi que tous les Estats bien réglés, et dont les loix fondamentales ne sont pas corrompues par l'intérêt particulier, faict profession de prendre la deffense des opprimés, la ville et commune de Bordeaux, unis avec messeigneurs les princes, et en secondant l'intention de Son Altesse Sérénissime monseigneur le prince qui est leur gouverneur, chef et protecteur, aussy bien que monseigneur le prince de Conty, et tous deux, en l'absence l'un de l'autre, ont envoyé lesdits sieurs devers messieurs du parlement de ladite République pour leur demander secours d'hommes, d'argent et de vaisseaux.

» Et encores que Son Altesse Sérénissime

tienne plusieurs places, comme Bellegarde en Bourgogne, Clermont, Stenay, Damvilliers, Sainte-Ménéhoul et Rethel en Champagne, Périgueux, Sainte-Foy, Bergerac, Libourne, et plusieurs sont bien fortifiées en Guienne, encore qu'elle ayt plusieurs trouppes sur pied dans l'une et dans l'autre de ses provinces, et que le roy d'Espagne lui en entretienne plusieurs autres et trente vaisseaux de guerre, que beaucoup de princes et grands seigneurs soient dans leurs intérests, et par conséquent dans ceux de Bordeaux, ils ont pourtant résolu, par la pluralité des suffrages de ladite ville, de recourir à eux comme à un Estat puissant et juste assez pour contribuer beaucoup, non-seulement à les mettre à couvert de l'oppression et des cruelles vengeances qu'on leur prépare, mais encore pour les faire restablir dans leurs anciens priviléges et leur faire respirer un air plus libre qu'auparavant.

» Et sur ce que lesdits sieurs du parlement leur pourront demander des convenances réciproques, ils les laisseront s'expliquer sur leurs prétentions.

» Et après, s'il le faut, pourront leur accorder un port dans la rivière de Bordeaux pour la retraite et seureté de leurs vaisseaux, comme Castillon, Royan, Talmont ou Paulhac, ou celuy d'Arcachon, s'ils le veulent, lequel ils pourront fortifier à leurs frais, ainsi que les Espagnols ont faict à Bourg.

» On pourra mesme leur promettre d'assiéger et prendre Blaye, à quoy nos trouppes l'ayderont en tout ce qui sera possible.

» Ils pourront encore faire une descente à La Rochelle et s'en emparer.

» Et comme le principal mobile des affaires d'Estat est l'intérest, et que celuy de l'Angleterre est de faire naistre des affaires dans la France, qui puissent l'occuper par une guerre intestine, lorsqu'en temps de paix elle voudroit agir pour le restablissement du roy d'Angleterre, ils proposeront sans doute si Bordeaux ne voudroit point prendre une forme de gouvernement toute nouvelle, et se servir de cette occasion pour mettre ceux de la religion dans leurs intérests et affermir l'un par l'autre leur liberté commune.

» En ce cas il sera fort à propos de leur respondre que, dans la diversité des intérests et dans la foiblesse ordinaire des hommes, qui leur fait appréhender les événements qui suivent souvent les establissemens nouveaux, il a esté impossible jusques icy de porter ceux de la religion dans ce mesme dessein, encore qu'ils aient divers mescontentemens des injustices qu'on leur faict tous les jours à la cour, encore qu'ils soient à présent armés dans les Sevènes et que leur religion et leurs intérests leur doivent persuader de s'unir avec ce party. Toutesfois ils ont toujours dit et disent encore à présent pour toutes réponses, que, ne pouvant prendre confiance qu'à des gens de mesme esprict et de mesme religion qu'eux, ils ne pouvoient entrer en aucune part avec nous, que quand le parlement d'Angleterre y seroit entré, et qu'estant unis avec Leurs Altesses et Bordeaux, ils pourroient, par un secours mutuel de puissance, se maintenir contre l'oppression qui leur seroit indubitablement faicte de la part du Roy, et voyant une armée angloise dans la Garonne, pour lors ils crieroient hautement liberté, et prendroient les formes et les armes pour la maintenir aux périls de leurs fortunes et de leurs vies.

» Et qu'ainsy il est tout-à-faict nécessaire avant que de faire les propositions publiques des choses qui peuvent avoir esté concertées et résolues par les plus accrédités particuliers, de se voir en puissance de leur persuader, par l'entrée de l'armée de la République, la facilité de réussir à ce grand dessein, et une impunité apparente ; faire cognoistre au vulgaire, qui ne conçoit les choses qu'autant qu'elles tombent sous leurs sens et que leur intérest leur persuade, que la communication estant libre par ce moyen, les munitions ni les vivres ne pourront leur manquer ; que le commerce les enrichira par le débit de leurs denrées et par le traffic de celles qu'ils pourront acheter dans les pays les plus reculés, establir une compagnie de marchandises.

» Et c'est pour cette raison principalement qu'il sera bon de restablir en mesme temps le commerce, et de porter les Anglois à nous envoyer des bleds dont ils pourront se payer en vins ou en argent, à leur choix, ou mesme en faire le fond des sommes que cette République pourra prester à Leurs Altesses et à Bourdeaux.

» Et se souviendront lesdits sieurs de faire mettre par exprès dans le traicté que lesdits vaisseaux anglois s'appliqueront particulièrement à maintenir la seureté et liberté du commerce ordinaire de Bordeaux.

» Et généralement fairont lesdits sieurs de Barrière et de Cugnac, de Trencars, conseiller en parlement, et de Blarut, tout ce qu'ils jugeront à propos pour obtenir les secours mentionnés en la présente instruction.

» Confèreront tous ensemble et prendront mesme l'advis de messieurs du parlement les mieux disposés pour ceste affaire, s'il est à propos d'en conférer avec l'ambassadeur d'Espagne ou non.

» *A Bordeaux, le 8 avril* 1653.

» *Signé*, ARMAND DE BOURBON.

» *Le chevalier* DE THODIAS, *premier jurat.*

» *Pour Monseigneur, signé,* SAINT-SIMON.»

« Nous, Armand de Bourbon, prince de Conty, prince du sang, pair de France, gouverneur et lieutenant-général de Champagne et Brie, tant de nostre part que de celle de monsieur le prince, monsieur nostre frère, premier prince du sang, premier pair et grand-maistre de France, gouverneur et lieutenant-général de Guienne et de Berry, tous deux chefs et protecteurs, en l'absence l'un de l'autre, de la ville, filleules et pays adjacens de Bordeaux, avec messieurs le comte de Marchin, capitaine-général, et de Lenet, conseiller-d'Estat ordinaire et plénipotentiaire de mondit sieur et frère.

» Comme aussy nous, les sieurs chevalier de Thodias, du Bourgelieu, d'Archebaut, Robert et Vrignon, Juratz, et les sieurs de Laperrière, major; Truchon, juge de la Bource; Dupuys, Bonnet, Tustat, gentilshommes; Thurier, Dureteste, de Vicars, Cactroy, Croisillac, Castaing, Guiraut, Thodin, Barbarin et Landé, tous bourgeois commis par ladite ville filleule et commune de Bordeaux, en vertu de l'union que nous avons faicte avec Leurs Altesses et sous leur authorité, avons donné et donnons par ces présentes, plain pouvoir aux sieurs de Trancas, conseiller au parlement et bourgeois de Bordeaux; de Blarut et Dezert, aussy bourgeois de Bordeaux, de s'acheminer à Londres, et là, conjointement avec les sieurs marquis de Cugnac et de Barrière, y résident de la part de mondit sieur le prince, faire tous traittés, assossiations et alliances avec messieurs du parlement de la république d'Angleterre, pour obtenir d'eux des secours nécessaires d'hommes, de vaisseaux et d'argent, pour la manutention de Bordeaux, de la province de Guyenne et restablissement de leurs anciens priviléges, à telles conditions qu'ils jugeront à propos, promettant avoir tout ce qu'ils gèreront et négotieront pour agréable, et de le rattiffier et approuver, comme dès à présent nous l'approuvons et ratiffions, comme s'il avoit esté faict par nous-mesmes : en foy de quoy, nous avons signé ces présentes à Bordeaux, le quatrième d'avril mil six cent cinquante-trois.

» ARMAND DE BOURBON.

» JEAN-FERDINAND DE MARCHIN.

» CHEVALIER DE THODIAS, *premier jurat.*

» LENET, *plénipotentiaire de Son Altesse Sérénissime monseigneur le prince.*

» LAPERRIÈRE, *major de la ville de Bordeaux.*

» *Et avec lui, les dix-huit bourgeois cy-dessus nommés.* »

Dans ces mêmes conjonctures, la disette des blés était à craindre pour Bordeaux; les Mazarins y continuaient leurs menées; la princesse de Condé et son second fils y étaient malades : tous ces détails aboutissaient au prince, et devenaient pour lui l'objet d'un surcroît de soins auxquels toutefois son activité savait suffire. « La principale occupation qu'il faut que vous ayez, mandait-il à Lenet, de Namur, le 17 avril, est de pourvoir à la seureté de Bordeaux, d'en chasser de nouveau tous les suspects; de vous servir du bien des Mazarins, non seulement de ceux de Bordeaux, mais de ceux de toutes les villes que nous tenons, pour ayder à faire subsister la guerre et bien faire vivre l'armée navalle d'Espagne, pour nous rendre les maîtres du passage de la rivière, qui est la chose la plus importante à quoy vous devez pourvoir. Ce que vous m'avez mandé de la maladie de mon second fils me met dans toutes les peines du monde. Je n'ay point receu de lettres de M. le Breton là-dessus; dites-luy qu'il m'en escrive amplement, et qu'il me fasse savoir ce qu'il en croit. Pour vous, je vous recommande de prendre bien soing que rien ne soit épargné pour sa guérison; et si la peste continue à Bordeaux, comme vous me l'aviés escrit, il ne faut plus que mon fils aille au collége, mais que cela ne le fasse pas discontinuer d'estudier à son ordinaire. Faites de ma part un compliment à ma femme sur sa maladie, et tesmoignez-luy que c'est une chose qui me donne beaucoup d'inquiétude. Je vous prie, pour me tirer de peine, de me mander quelle sorte de maladie c'est, et ce que les médecins en croyent. »

De leur côté le prince de Conty et la duchesse de Longueville écrivaient à Condé ce qui suit, le 17 d'avril :

Bordeaux, le 17 d'avril 1653.

« Ma sœur et moy nous escrivismes ensemble,

par le dernier ordinaire, l'effect que vos lettres avoient eu, et comme elles avoient secondé la disposition que nous avons l'un et l'autre à un raccommodement très-sincère, ainsi je ne vous puis rien aprendre sur cette matière que sa durée, qui sera longue à nostre advis ; mais comme il y a très-long-temps que nous ne vous avons rendu conte de l'estat de nos affaires, pour lesquelles vous croiés bien que nous prendrons tousjours le soin que nous le devons, je pense qu'il est à propos que nous le fassions présentement ; et comme il y en a de trois sortes de nature, c'est-à-dire celles qui touchent le dedans de la ville de Bordeaux, celles de la campagne et de l'armée, et celles qui regardent les Espagnols, je seray bien aise de vous instruire du bon ou du mauvais estat des unes et des autres.

» Pour les premières, qui sont celles du dedans de Bordeaux, vous pouvés vous assurer qu'elles sont au meilleur estat auquel elles aient encore esté depuis fort long-temps, puisque la milice que nous paions, les conspirations descouvertes et punies, les lumières que nous avons de toutes les caballes qui se pourroient former à l'avenir, et l'atachement qu'ont les principaux de l'armée à nos intérêts, tant parce que nous leur y faisons trouver leur part des bienfaits, que parce qu'ils se croient tout-à-fait irréconciliables avec la cour, nous rendent tout-à-fait maistres de cette ville. Je ne puis pas vous dire de mesme de l'armée et de la campagne, car les révoltes de nos meilleures troupes les ont presque réduittes à rien, et nous ont osté par mesme moien beaucoup de nos places. Basas s'est encore rendu tout nouvellement, et nous n'avons plus dans le party que Bourdeaux, Libourne, Bourg, Bergerac, Sainte-Foix, Tartas et Périgueux, car nous avons depuis trois jours perdu tous les postes de la Garonne, ou par la trahison des garnisons où il y en avoit, ou par meschant exemple.

» Pour ce qui regarde les affaires d'Espagne, je pense que M. Lenet vous aura mandé l'argent qui est venu depuis peu, et qu'il vous aura rendu compte en mesme temps, comme M. don Louis de Haros m'a témoigné dans une de ses lettres, que M. de Vatteville estant son amy particulier, c'estoit luy faire un sensible desplaisir que de presser sa révocation. Voilà l'estat de la province qui, quoyqu'il soit mauvais, se remettroit aisément avec de la patience et du soin, sans le mescontentement de tout le monde, la division et le peu de subordination qui est entre ceux entre qui elle doit estre ; et je suis obligé de vous mander qu'il y en a si peu, qu'aiant esté long-temps sans prendre cognoissance de la distribution de l'argent, et par la fatigue que cela donne, que vous sçavés bien que je n'aime pas, et par celle que j'ay toute la journée à parler à tout ce qui meut le peuple chez moy, comme j'ay voullu, pour raccommoder toutes choses et pour réunir tout le monde, prendre une cognoissance plus exacte de ces sortes d'affaires, M. Lenet s'en est offensé d'une manière si ridicule, que nous ne pouvons nous empescher de vous en informer et de vous suplier en mesme temps d'escrire à tous ceux qui sont les plus considérables dans ce party pour les tenir tous dans l'union que le bien des affaires requiert, et dans la subordination qu'ils doivent, qui est le seul moien de l'entretenir. Après cela, nous n'avons plus qu'à vous protester que nous serons éternellement plus à vous qu'à personne au monde.

» ANNE DE BOURBON.

» ARMAND DE BOURBON. »

Presqu'en même temps, le comte Du Dognon vendit au Roi, pour cinq cent trente mille livres d'argent comptant, pour le brevet de duc et pair et le bâton de maréchal, ses services et le dévoûment qu'il avait promis au prince de Condé. Celui-ci s'en expliquait en ces termes avec Lenet : « Quant à ce qui regarde le traité du comte Du Dognon, il ne faut pas s'en plaindre en façon quelconque, ni dire qu'il a pris nostre argent mal à propos : car, comme il n'y a encore rien d'exécuté, il pourra bien avoir quelque subject de le rompre, ce qu'il ne feroit pas si mon frère, ma sœur, M. de Marchin, ou vous, ou quelqu'un de ceux qui sont à moy, tesmoignoient publiquement quelque mauvaise satisfaction de luy. »

L'action du gouvernement royal devenait chaque jour plus active sur Bordeaux ; il y fit répandre une déclaration d'amnistie pour la rébellion de la ville : « Plutôt que d'user des autres remèdes que Dieu nous a mis entre les mains pour vous obliger à nous recognoistre... Et en cas que vous refusiez ladite amnistie, nous vous déclarons que vous n'y serez plus admis..., que nous en viendrons au dernier remède, qui sera le siége posé aux environs de vos murailles, pour ce que nous nous acheminerons en personne en notre province de Guyenne, d'où nous ne bougerons que vous n'ayez été réduits par la force de nos armes en nostre obéissance, vous rendant responsables, etc.

» LOUIS.

» Et plus bas, PHELIPPEAUX.

» *Paris*, 27 avril. »

Le prince était à Bruxelles dès les premiers jours de mai. On voit, par les deux dépêches suivantes, par quelles circonstances il avait été amené dans cette ville :

Bruxelles, 3 may 1653.

« Je suis obligé de vous écrire, pour vous oster de l'inquiétude que vous pourroient donner les bruits qui courront, sans doute, d'une incommodité de trois ou quatre jours seulement, mais accompagnée des plus grandes douleurs du monde, que Son Altesse a eue à Namur, comme elle estoit sur le point de venir en cette ville. Vous sçaurez donc, Monsieur, que Son Altesse, deux ou trois jours avant son départ de Namur, fut attaqué d'une colique graveleuse fort violemment, au milieu de la nuit, avec des vomissemens furieux et des efforts inconcevables, qui luy firent rendre des eaues pleines de bile et autres humeurs malignes. Ses efforts estoient si grands qu'ils estonnoient tout le monde. M. Du Pré y apporta tous les remèdes qu'il peust, dont Son Altesse se sentit grandement soulagée, et luy fist préparer un bain pour les neuf heures du matin, du dimanche 18 du passé, qui fist si grand bien à Son Altesse et luy ouvroit tellement les portes, qu'une demy-heure après elle rendist une pierre grosse comme un grain de bled sans aucune douleur. Le reste de la journée se passa fort bien, et le lendemain, lundy, sur les huit à neuf heures du soir, que ses premières douleurs recommencèrent, et avec des efforts et des vomissemens, tout semblables aux autres ; cela cessa sur les dix heures et demye qu'arriva un médecin de monsieur l'archiduc, envoyé de sa part, sur l'advis qu'il auroit eu de la maladie de Son Altesse, qui entendit le récit par monsieur Du Pré, de la maladie et des remèdes dont il approuva la conduicte. Le docteur est un des plus renommés de tous les Païs-Bas, particulièrement pour les maux de cette nature ; après avoir dit son advis en cas que le mal recommençast, il se retira, et demy-heure après la mesme incommodité travailla tout de nouveau Son Altesse, et monsieur Du Pré luy continua ses remèdes, dont elle se trouva soulagée, et nonobstant la grande foiblesse que des efforts si extraordinaires luy avoient causée, elle ne laissa pas que de se mettre en chemin le mardy, et vint coucher à un lieu nommé Limail, qui est parfaitement beau, à six lieues de Namur et quatre d'icy, où il y avoit des préparatifs de festins les plus superbes et les plus magnifiques qu'on ayt jamais veus. Les carosses de monsieur l'archiduc y estoient, monsieur le comte de Fuensaldagne, le comte de Garcie, et tous les grands seigneurs du païs l'y viendrent joindre, pour l'accompagner à son entrée. Don Juan de Borgia, gouverneur d'Anvers, estoit celuy qui vint prier Son Altesse, de la part de l'Archiduc, d'aller à Bruxelles, aux asseurances de la traicter avec toute la cérémonie et civilité qu'elle pourroit le souhaiter ; car auparavant l'archiduc s'estoit tenu un peu ferme sur le subject des civilités.

» Le mercredy, 21, Son Altesse arriva en ceste ville, où elle fut receue avec les applaudissemens que vous pouvez vous imaginer, après un mois de temps que Bruxelles attendoit cela avec des impatiences incroyables ; Son Altesse entra par le parc, où monsieur l'archiduc la vint recevoir ; ils se firent mille complimens. Son Altesse eust toujours la droicte, et quand ils se visittent l'un et l'autre, ils se traittent également ; c'est toujours en particulier et par des escaliers dérobés, comme ils logent tous deux en mesme logis, qui est la cour. Pour en revenir à l'estat de la santé de Son Altesse, je vous diray que monsieur Du Pré, incontinant qu'elle fut à Bruxelles, luy fist prendre des eaues de Spa et continuer tous les jours ; et dès la première fois que Son Altesse en prist, elle rendist sans douleur une pierre plus grosse que la première. Voilà, Monsieur, tout ce que je vous puis dire présentement, n'ayant pas le temps d'adjouster aucune chose à cette lettre ; seulement vous supplieray-je d'avoir la bonté de m'entretenir dans le souvenir et les bonnes grâces de ma bonne maistresse, et d'assurer madame de Tourville de mes respects.

» CAILLET »

Lettre du prince de Condé à Lenet.

« J'ai reçu vos lettres du 14 et du 17 du passé, et les duplicata de celles du 30 mars, 3 et 7 avril. Je commenceray celle-cy par un advis important : c'est que le comte de Fuensaldaigne m'a dit que l'ambassadeur d'Espagne qui est en Angleterre, luy avoit escrit qu'un frère de l'ordre Saint-François, nommé Georges Dulong, qui est à Bourg, avoit de secrettes intelligences avec la cour ; qu'il avoit promis à la cour de faire changer son frère de Po...(sic) et de livrer entre les mains des ennemis ; et comme c'est une chose assez dellicate, je n'ay pas de conseils à vous donner là-dessus. C'est à vous qui êtes sur les lieux à voir ce qu'il y a à faire, soit pour vous assurer de la personne du religieux ou de celle de M. de Camp ou des deux ensemble, ou bien à y pourvoir de telle autre manière que vous jugerez à propos. La seule chose que je puis vous dire sur un pareil suject, c'est de prendre bien garde que le remède que vous y apporterez puisse produire quelque bon effet pour la conservation et sûreté de la place et du régiment, ou que cela ne tire pas à conséquence pour les autres trouppes.

» Vous debvez avoir bientost les mil cavaliers à pied, et en ayant desjà près de la moytié d'ambarqués et le surplus devant suivre peu après, envoyez, comme je vous l'ai déjà escrit plusieurs fois, un commissaire de la part de mon frère à Arcachon pour les y recevoir et en faire la reveue ; car ce n'est que sur celle qui y sera faite qu'on doit se régler pour tenir compte des cavaliers que l'on y aura rendus. Celle qui a esté faite ici ne servant de rien, et s'il n'estoit pas sûr de débarquer en ce port-là, vous les ferés advertir d'aller relascher à Saint-Sébastien, pour se joindre à l'armée navale d'Espagne lorsqu'elle entrera en rivière.

» Vous aurez aussi Basse Covot dans peu de temps avec son régiment d'infanterie, l'argent de sa recrurie lui ayant entièrement esté délivré, et m'ayant luy-mesme promis desjà trois jours que, dans quinzaine, il seroit prest à s'embarquer, de sorte que, dans douze jours , il m'assure qu'il partira.

» Ne vous mettez point en peine, ny vous ny M. de Marchin, de ce que Chouppes ny ceux qui s'en voudront mesler, puissent faire ou dire contre vous à Bordeaux où ailleurs, sur la parolle que je vous donne, de vous appuyer tous deux envers et contre tous ; allés votre train ordinaire ; j'en escris maintenant à mon frère et à ma sœur, afin qu'ils les empeschent de se mesler d'avantage des choses qui ne sont point de leur fait, et j'ay donné charge au président Viole d'en escrire encore plus au long à ma sœur, afin qu'on y mette ordre de bonne heure.

» Quant à M. de Vatteville, comme on trouve bon qu'il revienne, et que c'est luy qui commandera l'armée navale, et que de ceste armée dépend le salut de Bordeaux, vous debvez estre le premier à bien vivre avec luy, et luy faire toutes les amitiés que vous pourrez. Ce n'est pas que, s'il ne faisoit pas son debvoir, je ne sois d'advis qu'en temps et lieu on en fasse plainte à Madrid, et que vous agissiez contre luy comme auparavant.

» Il faut que vous travailliez de tout votre pouvoir à la liberté de Montpouillan, tant pour sa considération que pour celle de Bergerac que nous aurions peine à conserver sans luy, qui est le poste que nous ayons le plus important sur la Dordogne. Il faut aussy que, dès aussytost que l'armée navalle d'Espagne sera en rivière, vous songiez à reprendre Rioms, Cadillac, Langon, chasser les ennemis de l'isle de Cazaule, la fortifier et y mettre si bonne garde que les ennemis ne puissent plus s'en rendre les maistres, non plus que ces trois autres places; car, s'il leur en demeuroit aucune, le temps des vandanges arrivant, ils pourroient faire de tels ravages qu'assurément vous vous trouveriez pour lors en pire estat que vous n'avez encore esté, et je ne sçais ce que Bordeaux deviendroit. Il me semble qu'on ne debvoit point encore relascher si facillement qu'on a fait le président d'Affis, et il faut estre encore plus rigoureux qu'on n'est pas à chasser les Mazarins, et à se servir de leur bien pour refaire les trouppes.

» Je vous donne encore advis qu'il ne faut pas que les députés qui vont en Angleterre y fassent aucune chose que de concert avec M. de Barrière; mandés-leur cela en cas qu'ils soient partis. Cependant je vous diray que la disposition y est telle que, outre le traffic que les Anglois feront avec les Bordelois, je crois qu'on en tirera encore quelque secours notable pour Bordeaux ; je vous prie, aussy bien que M. de Marchin, de choyer M. de Baltazard, car il nous est utile et considérable ; faites-luy quelques nouvelles amitiés de ma part.

» La réconciliation de mon frère et de ma sœur m'a donné bien de la joye; mais la mort de mon second fils m'a causé beaucoup de desplaisir ; je vous prie, sans aucun déguisement, de me mander ce qui est aussy de la maladie de ma femme et de me dire les sentimens des médecins, et me les mandez afin que je sache ce que j'en dois espérer; ostez-moy, je vous prie, par ce moyen, de l'inquiétude où j'en suis.

» Les affaires de deçà, vous en mettez point en peine ; nous nous mettrons en campagne dans quinze jours ou trois semaines avec des forces considérables, et nous avons des desseins importans que je vous manderois si je ne craignois, quoyque chiffrez, qu'ils ne viennent à estre descouverts.

» LOUIS DE BOURBON.

» *Bruxelles*, 3 *may* 1653. »

Quelques jours après Condé était à Anvers. C'est de cette ville qu'il répondit au prince de Conti et à la duchesse de Longueville, au sujet de leurs plaintes contre MM. Lenet et de Marchin. On lit dans sa lettre datée du 16 mai :
« Il ne me reste à vous parler que de l'affaire

de M. Lenet. Je suis bien fasché qu'il vous ayt donné suject de n'en estre pas absolument satisfait : mon intention estant que ceux qui sont à moy comme luy, soient dans l'entière dépendance de vous. *Je luy en escris* et pour luy et pour M. de Marchin ; je m'assure qu'ils vivront de manière que vous en serez satisfaits ; mais aussy trouvez bon que je vous parle de ne vouloir pas soustenir ceux qui s'élèveront contre eux ; et comme je veux que vous soyez les maistres aussy, après vous je souhaitte qu'ils ayent la principale auctorité. Ayez la bonté de leur témoigner de l'estime et de l'amitié, de faire que le reste le cognoisse, et vivre avec eux comme avec des gens qui sont mes amis et les vostres, et détruire les racines à toutes les divisions. Si après cela ils ne vivoient pas avec vous avec tout le respect, toute la soumission et toute l'obéissance qu'ils doivent, j'en userois de manière que tout le monde cognoistra que je veux que vous soyez obéis ; mais pour ceux qui s'eslèvent contre eux, je vous prie d'y donner aussi ordre. »

Le prince *en écrivit* réellement à Lenet, mais en lui donnant, dans toute cette affaire, la priorité des confidences, ménageant ainsi habilement la susceptibilité des princes de sa famille, et les égards qu'il devait à un homme de qui il recevait tant d'éminents services. Voici le texte de cette lettre intéressante :

« Je vous envoye cette lettre par cette voye, et c'est une réponse à une que je vous prie de brûler (1). Vous la cacheterés, la donnerés, et ne ferez pas semblant de l'avoir receue ny de sçavoir ce qui est dedans. Cependant, dites à M. de Marchin qu'il se comporte comme je le souhaite, et faites de mesme : cela est important, et de mon costé je feray ce que je dois pour vous et pour luy.

» Louis de Bourbon.

» *A Anvers*, ce 16 *may* 1653. »

Au commencement du mois de juin, ce prince croyait fermement à la prochaine venue des secours de l'Espagne et même de l'Angleterre. A la fin du même mois il écrivait à Lenet en ces termes :

A Bruxelles, le 28 juin 1653.

« Par vos despêches du 7 de ce mois, j'avois desjà appris comme les miennes des 16 et 24 du passé vous avoient esté rendues. J'ay esté bien aise d'apprendre, par la vôtre du 12, que vous ayez aussy receu celle que je vous ay faict du 30 du mois passé ; je suis bien aise aussy d'apprendre que Chouppes se soit retiré de Bordeaux, et je ne me metz guière en peine s'il yra trouver le Mazarin ou non ; pour le chevalier de Rivière, je le verray icy de très-bon cœur.

» Quant aux lettres que vous me mandés m'avoir escrites touchant la conduite de M. de Marchin, sur les propositions que la cour luy a faict faire, je ne les ay point receues, et je ne vous puis dire autre chose là-dessus, ni sur l'entrevue que vous a demandée monsieur l'évesque de Tul, sinon qu'il faut rejetter toutes sortes de propositions, et que mon frère, M. de Marchin et vous n'en escoutiez aucune ; car il est certain que la cour veut présentement moingz de paix que jamais, et qu'il y a long-temps que nous l'aurions eue si elle l'avoit désirée. Cela ne serviroit qu'à donner subject aux ennemis de mon frère et aux vostres, qui sont dans Bordeaux, d'en faire prendre des ombrages fort préjudiciables, et à la cour d'en tirer les advantages qu'elle se propose, tellement que le moingz de communication que mon frère et vous pourriés avoir avec les ennemis, ce sera toujours le meilleur, et je croy qu'il est bon de déclarer hautement dans Bourdeaux que vous ne pensez point du tout à la paix, en attendant qu'on y voye la cour autrement disposée qu'elle n'y est par à présent, et que toute votre application est à soustenir la guerre avec le plus d'esclat que vous pourrés, et le faire en effet. Par ce moyen, Bordeaux n'entrera en aucun soubçon et n'aura nulle mesfiance ; au lieu qu'escoutant tantost une proposition, tantost une autre, cela leur donne subject d'en avoir, et semblent mesme n'y estre pas mal fondez, quoyqu'en effect il ne soit rien de tout ce qu'ils se pourroient imaginer.

» Je croy que les ennemis pourroient avoir dessein de prendre leurs quartiers aux environs de Bordeaux, pour empescher la récolte ; mais je croy aussy que toute petite qu'on la puisse faire, comme cela se peut infailliblement, les ennemis ne pouvant estre de tous costez, avec ce que vous me mandés qu'il y a de bled dans Bordeaux, cela vous mènera bien jusques à ce que le secours de l'armée navalle ayt desbouché la rivière.

» Je suis bien aise de l'acte qui s'est passé pour appeller le secours de l'Angleterre, n'y ayant rien qu'il ne faille mettre en uzage pour le secours de Bordeaux, où je ne doubte pas que la présence de M. le comte de Fiesque ne

---

(1) La lettre même du prince de Conty et de la duchesse de Longueville (*supra*, pages 605 et 606), qui existe encore dans les papiers de Lenet.

fût extrêmement nécessaire pour un peu de temps, estant capable d'y restablir bien des choses : car comme c'est une personne d'honneur et de condition, et fort désintéressée, je m'asseure que tout le monde prendra créance à tout ce qu'il dira de ma part, comme, en votre particulier, je vous prie d'y prendre confiance comme à moy-mesme. Je croy bien que, dans le séjour qu'il aura à faire en Espagne, il sera fort soulagé de Saint-Agoulin; aussy mon dessein est-il de l'y laisser soubz luy ; et comme ce seroit apparemment faire quelque tort à M. le comte de Fiesque que d'envoyer quelqu'un en Espagne durant le temps qu'il y sera, si quelque affaire oblige d'y despêcher exprès, il suffist de luy envoyer des lacqués, et non des personnes qui ne briguent ces voyages que pour en tirer des gratiffications.

» Je serois bien aise du retour de M. de Luzignan et de la lettre que don Louis vous a escrite, des promesses duquel il faut tirer des effectz le plus promptement qu'il se pourra.

» Vous avez bien faict de retirer de Saint-Sébastien les cavaliers qui y estoient, pour les raisons que vous me marqués : depuis quelques jours en ça il s'en est fait une nouvelle embarquation, et l'on ne discontinuera pas jusques à ce qu'ilz soient tous embarquez, ayant envoyé Grossoles à Dunkerque, pour ce subject, avec ordre de n'en point revenir que tout soit achevé. Il faudra que vous m'envoyez des extraictz de reveue de ceux qui arriveront de delà, car n'ayant advancé que la moitié de la levée, mon marché est faict que je ne payeray l'autre que sur les certifficats que vous m'envoyerés.

» J'ay esté bien aise d'apprendre de quoy est composé le secours de l'armée navale, qui vous doibt venir. Vous debvez presser M. le marquis de Sainte-Foy et M. de Vatteville là-dessus, affin d'empescher la jonction des vaisseaux de Toulon, que vous me mandés estre arrivés à La Rochelle, bien que je croy qu'il n'y en ait pas un ayant receu aucun advis d'ailleurs ; mais quand bien il n'y en auroit pas de Toulon ni d'aucune autre part, il ne faut pas laisser que de faire entrer promptement le secours, tant pour le salut de Bordeaux que pour celuy de Bourg, où je vous recommande de jetter en diligence toutes les choses nécessaires : car il seroit fascheux que le seul port qui nous reste nous eschappast encore, le bruit estant que les ennemis ont dessein de l'assiéger.

» Je ne sçaurois trop vous recommander la bonne intelligence entre vous et M. de Vatteville, et tous les autres Espagnols qui viendront avec l'armée ; car c'est assurément la principale chose qui les fera agir comme vous voudrez.

» Je juge, par la déclaration qu'a faicte Chevalier, que la petite Fronde est maintenant beaucoup plus à craindre que tout le reste. C'est pourquoy il faut se desfaire de tout ce qui en reste le plus tost qu'il se pourra : car les intelligences que M. de Mirat conserve par icy produiroient tost ou tard quelques dangereux efforts, si on les laissoit plus long-temps à Bordeaux. Pour le regard de Théobon, je suis fort satisfait de la manière dont ceux de Villeneufve se sont comportez à son approche, et je vous prie de leur en tesmoigner ma reconnoissance.

» Sur le subject de ce commis du convoy dont vous m'escrivez, je vous diray qu'on ne peut trop sévèrement chastier tous ceux qui ont des intelligences avec les villes ennemyes.

» Saint-Micau ne pouvoit conduire plus adroitement qu'il a faict l'affaire dont vous m'escrivez, et je suis ravy qu'elle luy ayt si bien succédé.

» Quant aux jurats, j'en remets le choix à mon frère et à vous autres, Messieurs, sçachant bien que vous ny ferés entrer personne qui ne le mérite, et qui ne soit affectionné. Pour la chanoinie de Casteljalouses, que demande Cabiraut, j'ai esté prévenu pour celle qui est vaccante, et je ne puis la luy donner, mais luy pouvés asseurer de la première vaccante.

» Pour ce qui est de l'eschange que vous me proposez de M. de Montpouillan avec Vandy ou Boyer, je vous diray que je ne voy pas lieu de le pouvoir faire avec le premier, estant prisonnier des Espagnols, outre qu'ilz ont plusieurs de leurs colonelz prisonniers, dont ils prétendent retirer quelques-uns par le moyen de M. de Vandy. Mais pour Boyer, comme il est mon prisonnier, il ne deppend aussy que de moy ; je le donneray de très-bon cœur pour M. de Montpouillan, tellement qu'il n'a qu'à mesnager la chose à la cour.

» Quant à M. d'Autheuil, je veux bien qu'il sache que mon intention est que tous ceux qui sont auprès de moy ou auprès de mon filz se gouvernent à ma mode, sans aller rechercher des exemples que je ne prétends pas devoir servir de règle aux choses que je désire des gens qui sont à moy : tellement que si après cela il fait encore difficulté d'observer mes ordres, il n'a qu'à se retirer où bon luy semblera ; et je ne croy pas que ma sœur ny mon frère veuillent prendre aucun intérêt, ny s'opposer aux ordres que je donne dans mes affaires domestiques.

» Je vous envoye des lettres pour Chanlot et pour ces autres messieurs dont vous m'avés escrit, lesquelles je vous prie encore d'accompagner de quelque compliment de ma part lorsque vous les leur envoyerez. Je croy facilement ce que vous me mandez de Deslogis; ce n'est pas d'aujourd'huy que j'ay esprouvé son assiduité et son affection à mon service.

» Ce que vous m'escrivez de la santé de ma femme me met en peine, et je vous prie de me mander par tous les ordinaires l'estat où elle est.

» Il ne me reste plus rien à vous dire, sinon que je faicts partir Mazeroles cejourd'huy, pour aller en Angleterre et y achever de tout poinct une affaire dont Barrière est en traitté pour le secours de Bordeaux. Ce sont huit frégattes armées et équipées, et dont la moindre est de vingt-quatre pièces de canon, que l'on loue de quelques marchans qui ont promis de les mettre en mer quinze jours après la signature du traitté. Mazeroles y porte tout l'argent nécessaire pour le louage des frégattes, tellement qu'il ne reste qu'à pourvoir à la seureté des marchands pour le prix desdites frégattes en cas qu'elles vinssent à périr : à cela près, l'on peut tenir la chose faicte. Je croy qu'elle réussira; mais comme elle n'est pas encore tout-à-fait asseurée, je ne puis pas vous respondre si certainement; et il ne faut pas que vous la divulguiés dans Bordeaux, ni qu'elle vous empesche de tirer une seule pinasse de moings, que vous feriés de l'armée d'Espagne, si vous n'en debviez rien espérer. Et affin que rien ne retarde l'exécution de cette affaire, je vous prie d'envoyer sans aucun délay, par quelque personne seure, pour cinquante mil escus de pierreries à Mazeroles ; et si on ne le trouve à Londres et qu'il soit avec les frégattes, il faudra mettre lesdites pierreries entre les mains de M. de Barrière, qui me les fera tenir seurement partout où je seray. Et comme je ne doubte pas que M. le comte de Fuensaldagne n'en donne advis à M. de Vatteville, il est à propos que vous luy en escriviez, à M. le marquis de Saincte-Croix, mesme à M. le comte de Fiesque, afin que si on vient à luy en parler en Espagne il soustienne que ce n'est pas une chose asseurée; mais aussy que vous les priés de ma part que cela n'empesche pas et ne rende pas l'armée navale toute la plus forte qu'il pourra, comme si ce secours ne la debvoit pas joindre et n'en faire ni plus ny moings : car l'armée en sera d'autant fortifiée, et on aura d'autant moingz de peine à battre les ennemis; comme au contraire, si ceste espérance faisoit rendre l'armée navale d'Espagne moings forte et que le chef vînt à manquer, l'on tomberoit dans d'estranges embarras, et les fausses mesures causeroient peut-être la ruyne de toutes les affaires : c'est ce que je vous prie de bien représenter à M. de Vatteville,

afin qu'il y donne ordre. Je luy escris pour cette affaire-là une lettre que vous trouverez cy-jointe à celle-cy, qui n'est qu'une créance sur vous pour ce que vous luy manderez sur cette affaire. Pendant que je suis sur ce subject, je ne puis m'empescher de vous dire que je n'ay touché de tout l'hyver, jusques à l'heure présente, que deux cens mille patagons, sur lesquelz je fais la despence de la levée et de l'embarquement des mille cavaliers que je vous envoye, et celle du louage des frégattes d'Angleterre.

» Donc, vous pouvés juger le peu qui m'en reste pour mes levées et pour mes recrues, et que je n'en puis guère avoir pour les frais de la campagne où nous allons entrer. Je ne vous dis cela que pour vous faire sçavoir qu'il m'est impossible de faire aucune réserve pour une affaire importante, et pour vous advertir de mettre quelque chose à part, surtout l'argent que vous recevrés, pour s'en pouvoir servir en de semblables rencontres, comme dans la nécessité présente du secours de Bordeaux, pour lequel il ne faut espargner ny pierreries, ny vaisselle d'argent, quand on y debvroit mettre jusques à la dernière pièce.

» Je suis encore obligé de vous dire que M. le comte de Fuensaldagne m'a asseuré qu'on luy avoit escrit d'Espagne que ce qui estoit cause que leur armée navale ne se trouvoit pas présentement en l'estat qu'il seroit à souhaiter, c'est que vous leur escrivîtes, il y a déjà six mois ou environ, qu'à moingz de l'avoir pour un temps qui estoit fort court, Bordeaux estoit entièrement perdu et sans resource; si bien que se voyans dans l'impossibité de faire la chose pour le temps que vous leur marqués, ils ont négligé d'y faire travailler pour ne pas employer de l'argent mal à propos et rendre leurs soingz inutiles. C'est pourquoy mandés-leur et à moy aussy la pure vérité de vos nécessités, affin que l'on n'y prenne point de faulses mesures; car si les Espagnols s'accoustument une fois à ne pas croire les choses que vous leur manderés, il arrivera que, dans un extrême besoing, vous manqueront : à quoy il faut bien que vous preniez garde. Je vous donne aussy advis qu'il est parti une frégatte de Dunkerque bien armée et équipée.

» Au surplus, je vous recommande toujours et vous ordonne de vivre avec ma sœur et mon frère dans le dernier respect et la dernière déférence; comme aussy je les prie de vous donner à vous et à M. de Marchin, soubz leur commandement, toute l'authorité qui est nécessaire, et je vous prie de vous conduire si bien

39.

envers eux, que je n'entende plus parler d'aucune division ny mésintelligence.

» LOUIS DE BOURBON. »

La défection du comte Du Dognon avait produit de bien fâcheuses suites pour les affaires du prince de Condé : elle contribua à la ruine complète de ses affaires dans la Guienne. Le comte d'Estrades réunit ses troupes à celles des ducs de Vendôme et de Candale. Bourg fut assiégé et se rendit le 4 juillet ; Libourne capitula le 17 du même mois. La disette se fit sentir dans Bordeaux ; le parti de l'Ormée (1) s'y livra à toutes sortes d'excès, et l'oppression insupportable de ce parti engagea les habitants de Bordeaux à faire la paix avec le Roi.

Les corps de la ville s'assemblèrent par représentation à la Bourse ; ils députèrent vers le prince de Conti pour le supplier d'approuver leur dessein ; le prince ne le rejeta point, le favorisa, s'entremit pour la négociation avec les généraux de la cour, signa lui-même la suspension d'armes, déclara renoncer à tous les traités qu'il avait conclus avec la cour d'Espagne ; la paix fut conclue le 30 juillet ; les Espagnols, qui étaient entrés dans la rivière de Bordeaux, furent amnistiés et congédiés de la part du prince ; le parlement rappelé d'Agen à Bordeaux, et le troisième jour du mois d'août, les ducs de Vendôme et de Candale firent leur entrée dans la ville, dont ils prirent possession au nom du Roi.

Sur ces événements décisifs, qui mirent fin à l'autorité du prince de Condé dans la Guienne, jusque là fidèle à son parti, les manuscrits de Lenet sont absolument muets : il n'y reste aucune trace de ses efforts et de ceux de M. de Marsin pour prévenir de si funestes résultats : c'est par les mémoires du temps que nous apprenons que le prince de Condé fut informé, par des courriers dépêchés par ses serviteurs, restés plus fidèles que son frère et sa sœur, de la suite de ces événements, et de tout le chagrin que Condé ressentit de la perte de Bordeaux, de la pacification entière de la Guienne.

Lenet et Marsin refusèrent l'amnistie, et se réservèrent la faculté d'aller joindre le prince de Condé en Flandre, et y accompagnèrent la princesse et le duc d'Enghien.

C'est au départ de Bordeaux que commencent les nouvelles notes de Lenet ; les premières concernent les événements de la fin de l'année 1653 ; mais elles sont malheureusement très-succinctes.

Lenet devait donner quelques détails sur la tentative faite par l'armée navale espagnole, contre l'île de Ré ; tentative qui n'eut aucun succès, et par la faute du marquis de Sainte-Croix et de D. Emmanuel de Bagnuellos, s'il faut en croire un rapport confidentiel tiré des papiers de Lenet.

Ce fidèle conseiller quitta la princesse de Condé à la vue de Douvres, et se rendit en Angleterre pour traiter avec Cromwel au nom du prince de Condé. Le protecteur avait lui-même envoyé une personne de confiance vers le prince : le même rapport nous l'apprend en ces termes : « Ce que je peux vous dire, c'est que le depputé de Cromwel est de retour d'auprès de S. A., et que je sçay qu'il a dit à Domkerque que dans peu les Anglois seroient dans la rivière de Bordeaux (2). »

Barrière était toujours à Londres le résident du prince de Condé ; il s'agissait d'y fréter des vaisseaux ; Mazerolles en fut chargé, ainsi que de se rendre en Espagne où Fiesque avait été envoyé avant la perte de Bordeaux.

A son retour d'Angleterre, Lenet revit la princesse de Condé à Dunkerque ; et Son Altesse y fut reçue magnifiquement de la part de l'archiduc Léopold, par les soins du comte de la Motterie, de la maison de Lanois, maître-d'hôtel de l'archiduc. Il présenta à la princesse un carrosse et des chevaux de la part de son maître. La princesse attendit à Dunkerque les ordres du prince son mari, et ses instructions sur la manière de traiter avec les personnes qui la visiteraient. Elle prit la route de Furnes, passa par Bruges et Gand, et s'établit à Valenciennes ; elle fut parfaitement traitée sur toute la route.

Lenet passa ensuite à Bruxelles, d'où il se rendit par l'ordre du prince au siége de Rocroy,

---

(1) Ainsi nommé parce que ses chefs s'étaient d'abord rassemblés sous un orme.

(2) Le prince de Condé s'empressa de féliciter Cromwel au sujet du titre de *protecteur* qui venait de lui être déféré (décembre 1653). Voici le texte de sa lettre de félicitation :

Lettre du prince de Condé à Cromwel.

« Je me réjouis infiniment de la justice qui a esté rendue au mérite et à la vertu de Votre Altesse. C'est en cela seul que l'Angleterre pouvoit trouver son salut et son repos, et je tiens les peuples des trois royaumes dans le comble de leur bonheur, de voir maintenant leurs biens et leurs vies confiés à la conduite d'un si grand homme. Pour moy, je supplie Votre Altesse de croire que je me tiendrois fort heureux si je pouvois la servir en quelque occasion, et lui faire cognoistre que personne ne sera jamais au point que je suis, Monsieur, de Vostre Altesse, le très-affectionné serviteur,

» LOUIS DE BOURBON. »

où il le trouva en proie à une fièvre quarte ; néanmoins, le prince s'informa à fond de l'état de ses affaires. Bientôt après on apprit la prise de Bellegarde défendue par Boutteville, du château de Dijon où commandait La Planchette ; alors Chamilly était dans Stenay, Maille dans Clermont, Faure et Montal dans Sainte-Menehould, Lesuze dans Béfort, terre qui lui appartenait. M. de Turenne assiégeait Mousson, Quétant était à Valenciennes, et Viole en Hollande. M. de Turenne était retourné en France, mécontent de sa position; Gerze avait pris la même route.

Le prince avait dépêché Saint-Estievernes vers l'empereur pour lui demander de prendre des quartiers d'hiver dans l'état de Liége. D'un autre côté, ses relations avec Fuensaldagne et avec l'archiduc s'étaient un peu refroidies ; Lenet alla les saluer l'un et l'autre à son arrivée, d'accord en cela avec le prince, et il eut avec un des seigneurs des entretiens utiles aux affaires du prince. Ce fut dans ces mêmes circonstances qu'un nommé Le Brun vint dévoiler quelques-unes des dangereuses tentatives que Mazarin ne cessait d'ourdir contre le prince. Voici le texte des déclarations faites par Le Brun :

« Le sieur Lebrun estant arrivé à Paris au mois de juillet dernier, l'abbé de Lignerac le fit sçavoir à M. le cardinal Mazarin, luy dénonçant son nom et son logis ; monsieur le cardinal luy envoya en mesme temps le sieur d'Orignac, qui a esté capitaine dans Champagne, qui est présentement dans les troupes de monsieur le cardinal, et lui dit que s'il vouloit servir le Roy et Son Eminence, estant aupréès de la personne de monseigneur le prince, il n'avoit qu'à demander ce qu'il désiroit pour cela, et qu'on luy feroit toutes sortes de reconnoissances ; il luy donna rendez-vous au lendemain, pour le faire parler à M. l'abbé Fouquet, où ledit abbé luy fit les propositions en détail qui en suivent:

» Premièrement, de s'en retourner à l'armée de monseigneur le prince, et y étant luy donner avis de toutes choses générales et particulières, soit de l'armée, soit du domestique de Son Altesse, de donner avis à M. de La Ferté ou à M. de Beaujeu, des troupes des partys qui pourroient aller en campagne et de toutes les autres choses qui viendront à sa connoissance ; monsieur le cardinal et l'abbé Fouquet luy ayant dit que Son Eminence avoit parlé auxdits sieurs de La Ferté et Beaujeu, pour prendre créance en ce qu'il leur manderoit ou leur diroit luy-mesme.

» Ledit sieur abbé luy ayant promis, de la part et au nom de monsieur le cardinal, que de tous les cavaliers et fantassins qui tomberoient par ses advis dans les mains dudit sieur de Beaujeu ou autres de leur party, il luy seroit donné comptant, à Paris, deux pistoles pour chaque cavalier, et deux escus pour chaque fantassin ; que si monseigneur se trouvoit dans quelqu'un de ces partis, que ledit sieur Lebrun en donnast avis, et qu'ensuite de ses advis on allast à la rencontre de monseigneur le prince, et que, dans le mesme party, monsieur le prince y soit tué ou pris prisonnier, on luy donnera cent mille escus ;

» De tascher de gagner le sieur Caillet, secrétaire de monseigneur le prince, affin qu'il donne toutes sortes d'avis et qu'il fasse sçavoir les affaires les plus secrettes de son maistre, et que pour cela il pourroit luy promettre jusques à cent mille francs, lesquels, dès-à-présent, l'on consigneroit entre les mains de telle personne qu'il voudroit à Paris, après que ledit sieur Caillet auroit signé un escrit par lequel il promettroit d'exécuter le contenu du présent article.

» Que si ledit sieur Lebrun se pouvoit transporter dans quelqu'une des places qui sont au pouvoir de monsieur le prince, et y gagner un lieutenant du Roy ou major, ou quelqu'autre officier, par le moyen duquel on se puisse rendre maistre de la place, on donneroit à celui qu'il auroit gagné une pareille charge que la sienne dans une autre place, ou qu'on le conserveroit dans sa charge à la même place, à son choix, avec dix mille escus de récompense, et autant pour ledit Lebrun.

» Que pour venir plus facilement à bout de cette proposition, il luy donneroit dès à présent cinquante hommes de pied et ung officier, pour les mettre dans les trouppes de monseigneur le prince, où ledit Lebrun feroit donner une compagnie à l'officier, et s'il pouvoit dans le régiment de Son Altesse, afin qu'estant envoyé dans quelqu'une des places, on peut la surprendre le jour que ledit officier seroit de garde.

» Que comme monseigneur le prince se hasarde de passer souvent sans escorte, et qu'il luy pourroit arriver de prendre le dessein d'aller voir Son Altesse Royale ou Mademoiselle incognito, s'il se peut faire que ledit sieur Caillet en donne des advis, et que monseigneur le prince fût pris ensuite du mesme advis, on luy feroit un présent de cent mille escus et mesme beaucoup plus. Ensuite de cet entretien, l'abbé Fouquet dit audit Lebrun qu'il le vouloit faire parler à monsieur le cardinal, pour luy faire connoistre que c'étoit de sa part qu'il luy faisoit toutes ces propositions; l'ayant mené deux ou trois jours après, monsieur le cardinal le fit entrer dans sa chambre, où il le trouva seul. Son Eminence luy proposa, de sa bouche, la même chose qu'auroit fait ledit sieur abbé; sur quoy ledit Lebrun dit qu'il prendroit ses résolutions, et qu'après le retour de monseigneur le cardinal, qui devoit aller à l'armée avec le Roy, il conclueroit toutes choses: de tout cela ledit abbé Fouquet fit dresser un mémoire en forme d'article, par ledit Lebrun et de sa main, dans lequel mémoire ledit sieur abbé avoit fait mettre que si monseigneur le prince pouvoit estre tué ou venoit à mourir de quelque façon que ce puisse être, par le moyen ou ministère dudit Lebrun, on luy donneroit les mesmes cent mille escus cy-devant déclarés.

» Lequel mémoire estant signé dudit Lebrun, l'abbé Fouquet le fut porter à monsieur le cardinal, qui en réya le dernier article, disant que dans un party de guerre il approuvoit que monseigneur le prince y fût tué ou prisonnier, mais qu'il fût tué par un attentat prémédité, il ne pouvoit le proposer.

» Monsieur le cardinal rendit le mémoire audit sieur abbé Fouquet, pour le faire remettre au net par ledit Lebrun, ce qu'il a fait de sa main et signé en la présence dudit sieur abbé Fouquet, qui étoit dans son lit; lequel mémoire a esté aussy signé par monsieur le cardinal et par ledit abbé Fouquet, en la présence dudit Lebrun, dans la chambre de Son Eminence, trois ou quatre jours auparavant le départ du Roy pour Compiègne, et mis entre les mains dudit sieur abbé Fouquet; après cela ledit sieur luy demanda de la part de monsieur le cardinal ce qu'il désiroit présentement; sur cela ledit Lebrun luy dit qu'il désiroit trois choses : la première, une pension; la seconde, qu'en cas que la paix se fist, que monsieur le cardinal ny luy ne parleroient jamais à monseigneur le prince de ce mémoire; et la troisiesme, qu'au cas que ledit Lebrun ne fît pas ce qu'il promettoit, il ne luy demandoit pas de quartier; et dès-lors monsieur le cardinal luy fit donner un brevet de huit cents escus par an : et depuis le commencement de ces propositions jusqu'à ce qu'il estoit parti de Paris, qui fut le cinquiesme du mois de septembre de cette année, l'abbé Fouquet luy a donné à diverses fois trois mille et tant de livres.

» Que ledit sieur abbé Fouquet a dit que si monsieur le cardinal l'avoit voulu croire et s'il eût fait ce qu'il luy avoit voulu persuader, il y auroit long-temps que monsieur le prince seroit à bout.

» Je certifie tout ce que dessus estre véritable; en foy de quoy j'ai signé le présent escrit, au camp devant Rocroy, le 13ᵉ jour de septembre 1653, escrit et signé de ma main.

» LEBRUN.

» Outre ce que dessus, je déclare avoir pouvoir de monsieur le cardinal, par la bouche de l'abbé Fouquet, de gagner telle personne que je pourrois dans la maison de monseigneur le prince et de les assurer qu'à mesme temps qu'ils auroient fait le moindre service, on donneroit, à Paris, l'argent à qui ils voudroient, selon les services qu'ils auroient rendus.

» L'abbé Fouquet m'a dit qu'ils avoient un de leurs amis auprès de monseigneur le prince, qui leur donnoit les advis qu'il pouvoit, duquel l'ayant prié de luy dire le nom, afin d'agir de concert, il a refusé de luy nommer, disant qu'il ne pourroit pas luy découvrir qu'il n'eust rendu quelque service considérable.

» Je certifie encore que l'abbé Fouquet m'a dit en les mesmes termes : « Quand vous aurez rendu quelque service considérable, quand monsieur le cardinal ne vous tiendroit pas parolle, j'ay assez de bien pour y satisfaire, et mon frère est intendant, et je vous permets de me donner cent coups de poignard si je n'exécute ponctuellement tout ce que je vous promets, aussi si vous manquez de vostre côté, on ne vous pardonnera pas non plus qu'à Villars si on le tenoit.

» Signé, LEBRUN.

» L'abbé Fouquet m'a dit de plus que, pour faciliter leur dessein, il manderoit à M. de Beaujeu de m'envoyer huit ou dix cavaliers et deux officiers, lesquels officiers feroient ce que je leur dirois, et lesquels je devois employer pour aller donner les avis.

» Fait, ce 14 septembre 1653, au camp devant Rocroy.

» Signé, LEBRUN. »

Cependant, les adroites démarches de Lenet furent couronnées de quelques succès; l'archiduc visita le prince de Condé, et Fuensaldagne imita cet exemple, avec quelque peine cependant, redoutant l'abord du prince. Le raccommodement s'opéra en présence de Lenet, mais les démonstrations furent froides et réservées.

Le siége de Rocroy se continuait quand, à l'improviste, le duc de Lorraine prit la résolution de se retirer, et emmena ses troupes en une nuit, parce que son dernier traité avec l'Espagne était expiré; il se porta en effet entre la Sambre et la Meuse. Mais l'archiduc lui envoya le marquis Mathé, et l'obligea à rentrer au camp. Le siége était poussé avec vigueur; le chevalier de Montagu défendait la place; le soir elle capitula, et il y eut alors un échange de civilités entre le prince et l'archiduc pour faire la capitulation. Lenet s'empressa de négocier pour faire donner Rocroy au prince; les Espagnols élevèrent quelques difficultés sur les termes du traité; Lenet y répondit avec succès, et le prince fut mis en possession de la place. Les troupes du Roi en sortirent, et il y entra avec le régiment d'Enghien qu'il y mit en garnison sous les ordres de Chambolin.

Peu satisfait du résultat de la mission de Saint-Estievernes auprès de l'empereur, il acheta de son envoyé son gouvernement de Linchamp moyennant vingt-cinq mille écus, et il y fit aussitôt envoyer des munitions. Fuensaldagne avait trouvé un moyen plus économique d'entrer en possession de la place : il proposa à Lenet de s'en emparer, et d'épargner les vingt-cinq mille écus; mais le prince rejeta ce moyen.

Les troupes de France assiégèrent Sainte-Menehould; le prince était alors cruellement tourmenté par la fièvre. Le duc de Lorraine ne se pressait point d'aller secourir la place; les Espagnols voulurent en vain l'y obliger; le duc ne le fit pas : ce fut en vain aussi que Montal se défendit de la manière la plus brillante; il fut contraint de se rendre, la poudre lui avait manqué. Il se rendit auprès du prince avec sa garnison, et il en reçut le commandement de Rocroy, avec le grade de maréchal-de-camp.

Le prince souhaitait ardemment le retour de M. de Marsin; il était en chemin revenant d'Espagne par l'Angleterre.

En attendant, Lenet avait suivi les Espagnols qui s'étaient retirés par le Hainaut vers le Cambrésis et l'Artois, dans l'intention d'attendre dans des quartiers de rafraîchissements leurs quartiers d'hiver. On donna à l'équipage du prince un quartier dans le Wallon-Brabant; l'archiduc se rendit à Cambray, ensuite à Douai avec Fuensaldagne, et enfin tous deux à Bruxelles.

Presqu'en même temps Lenet fit une grave maladie à Douai; elle fut un instant dangereuse, et il se fit, dès qu'il le put, transporter à Valenciennes. Dès qu'il fut rétabli, le prince l'envoya à Rocroy avec le duc d'Enghien accompagné de Guitaut, Autheuil et Bauvais. Ils passèrent à Bossut; la duchesse de Guise s'y trouvait; Guitaut en fut particulièrement char-

mé; depuis plusieurs années il était amoureux de la duchesse.

Le prince de Condé se rendit aussi à Rocroy, le duc son fils en témoigna une joie extrême. Il prodigua à son père toutes ses gentillesses, tourna spirituellement en ridicule d'Autheuil son gouverneur; et le prince, qui le reconnut comme très-peu propre à faire l'éducation des princes, trouva un prétexte de quelques négociations pour l'envoyer en France (1).

Viole fut rappelé de Hollande. A son arrivée le prince voulut bien consulter Lenet sur le dessein qu'il avait de donner part à Viole des affaires *qu'il lui avait fait l'honneur* (2) de lui confier. Non-seulement Lenet consentit, mais il approuva fort ce projet. Viole n'était pas étranger à l'entourage du prince; il avait un commerce de lettres avec la duchesse de Longueville, comme Boutteville et Riom avec la duchesse de Châtillon, et Guitaut avec la comtesse de Fiesque.

Le prince sortit de Rocroy et alla séjourner à Namur afin d'établir son quartier dans l'état de Liége. Le duc d'Enghien fut aussi fixé à Namur; il était instruit par le père de la Falnère, jésuite, qui avait le père Berger pour compagnon.

Pour l'établissement de ses quartiers, le prince envoya Lenet à Bruxelles afin d'avancer ses affaires : mais des difficultés nombreuses embarrassaient son entreprise, c'était la résistance des habitants du pays, surtout le peu de discipline des troupes auxiliaires du prince commandées par Wurtemberg, et auxquelles les Espagnols ne donnaient que des ordres peu sévères; et aussi l'incertitude d'esprit du duc Charles de Lorraine qui prenait ses quartiers dans le même pays, et qui prétendait enlever les meilleurs à Boutteville, commandant des troupes du prince. Mais la conduite des Espagnols en cette circonstance brouilla de nouveau le prince avec Fuensaldagne; et on donna à Condé quelques quartiers en Luxembourg *pro simplici cooperto*, et soixante mille écus pour tenir lieu des quartiers que ses gens d'armes avaient eu l'année précédente en France : cette somme fut très-utile au prince en la nécessité où il se trouvait.

Chambolle avait refusé d'obéir à Montal; il fut rappelé auprès du prince qui fut contraint de l'envoyer prisonnier à Linchamp; en témoignant quelque chagrin, Chambolle avait laissé échap-

(1) Il y avait long-temps que Lenet cherchait à éloigner d'Autheuil; il l'avait proposé au prince dans plusieurs lettres qu'il lui écrivit de Bordeaux.

(2) Suppression de Lenet.

per des paroles irréfléchies. Bientôt après il se sauva en France. On songea aussi à faire courir de Linchamp et de Rocroy pour lever des contributions ; un péage fut aussi établi sur la Meuse pour le trésor du prince.

Enfin Marsin arriva de Bruxelles ; la joie du prince à le revoir fut inexprimable. Le prince lui exposa tous les embarras dont il allait le soulager par sa présence. Mais Marsin s'excusa d'entrer dans l'état de Liége son pays ; le prince en fut sensiblement fâché, et ce fut là l'origine de la froideur qui subsista depuis entre le prince et lui, ainsi que de quelque division dans les arrangements à prendre avec Fuensaldagne et le duc de Lorraine sur les quartiers d'hiver.

Ce duc était, du reste, d'un esprit incertain, d'une avarice signalée, et dans une dernière affaire il manqua à la parole qu'il avait donnée.

Le comte de Bassigny et l'abbé de Meroy furent arrêtés : il était bruit d'un complot qui allait à faire perdre toute la Flandre à Sa Majesté Catholique. Lenet était mieux instruit ; mais il n'a laissé, sur cette affaire, aucun renseignement plus explicite. Il s'occupait alors de faire de l'argent pour le duc de Lorraine ; il alla pour cet effet à Anvers, mais sans succès. Il rendait compte à toute heure de ce qui se passait à Bruxelles; les portes de la ville étaient ouvertes la nuit à ses courriers.

L'année 1654 s'ouvrait et les affaires du prince n'avaient pas reçu de sensibles améliorations des événements survenus durant celle qui venait de s'écouler. Dans les premiers jours de janvier, le prince de Wurtemberg se retirait, le prince de Condé en donnait le fâcheux avis à Lenet par la lettre suivante :

De Namur, le 7 janvier 1654.

« Voicy encore une lettre qui vous fera cognoistre la suitte des mauvaises mesures qu'on prend sur toutes choses, et comme M. de Virtemberg se retire avec toutes les trouppes, sans laisser aucunes gens commandez, ny artillerie, de sorte que si on n'y met autrement ordre et promptement, il ne faut faire estat ny de quartier ny de trouppes. Il doibt passer demain ici des régimens de cavalerie ; si vous pouviés m'envoyer toute la nuict des ordres pour prendre parmy eux des gens commandés, cela nous ayderoit d'autant ; je vous prie de donner ordre à tout cela, à faute de quoy il faut tout abandonner.

» Louis de Bourbon. »

» Songez particulièrement à l'artillerie, sans cela tout est perdu. Je m'estonne de n'avoir point de vos nouvelles despuis que vous estes party d'icy, cela est un peu fascheux.

» Le traicté n'est pas faict avec M. de Lorraine, et vous verrés par l'apostille qui est à sa lettre qu'il ne faict pas estat de retirer sitost les trouppes qui sont entre Sembre et Meuse. »

On verra par les trois dépêches suivantes, adressées par le prince à Lenet, la marche successive des événements :

De Namur, le 2 febvrier 1654.

« Je viens de recevoir une lettre de Montal, par laquelle il me mande qu'il a eu advis de Sedan que les ennemys devoient passer demain par dessus un pont de batteaux entre Ponchéry et Sedan, et qu'ilz ont deux mille chevaux et deux mille hommes de pied. Je ne vous donne pas cet advis pour plus véritable que ceux que je vous ay desjà mandés.

» Despuis cette lettre escripte, j'ay receu la vostre par Champagne, accompagnée de celle de Ricons, que je vous envoye pour adjuster les affaires avec M. de Lorraine, de la manière qu'il m'en escrit ; car je trouve qu'on ne peut faire autrement que Ricons demeure à Bruxelles jusques à ce que l'affaire soit parachevée. Quant à ce que vous a dit le comte de Fuensaldagne, qu'il ne pourroit me donner un corps d'armée la campagne prochaine, s'il vous tient encore de telz discours, traités-les de ridicules, et si vous voiés qu'il continue dans cette résolution, mandez-le moy, affin que j'en escrive en Espagne de bonne heure.

» Pour la ville de Stenay, c'est aux Espagnolz à y tenir garnison, et je me plains de ce qu'ils n'y tiennent pas assez de monde ; et pour Rocroy, comme c'est une place que Sa Majesté Catholique m'a mise entre les mains, et que c'est à moy d'en répondre et pour moy et pour luy, ils ne doivent pas trouver estrange si je n'en ay pas sorty le régiment de Crivelly.

» Louis de Bourbon. »

De Namur, 7 febvrier 1654.

« Les nouvelles que je viens de recevoir portent que les ennemis sont encore au-delà de la rivière de Meuse, et que, le 5 de ce mois, toutes les trouppes devoient se présenter devant Stenay par une certaine conspiration qu'il y avoit, laquelle a esté descouverte, et dont les complices ont été exécutés. M. de Chamilly a fait entrer dans la citadelle quatre-vingts Espagnolz de ceux de la ville, et en a envoyé autant dans la ville de ceux de la citadelle. M. de Montal m'escrit que les ennemis ne sont pas passés, et qu'il ne croit pas qu'ils passent, et j'ay les mesmes advis de Neufchasteau et Linchan. Vous en advertirés M. le comte de Fuensaldagne afin qu'il voye ce qu'il doibt faire là-dessus, ou pour faire demeurer, ou pour faire advancer les trouppes sitost qu'il le jugera à propos. Ce sont là les derniers advis qui m'en sont venus. Je continueray de vous faire part de tous ceux que j'auray.

» LOUIS DE BOURBON. »

De Namur, 23 febvrier 1654.

« Quant à ce que vous m'avez escrit du comte de Fuensaldagne, je n'aurois pas attendu jusques à ceste heure à le traister comme le mérite un homme qui est dans le poste où il se trouve, s'il avoit commencé à me rendre ce qui m'y est deub, et ce que me rendent les ducs et pairs, et les maréchaux de France, et toutes les personnes de la plus grande qualité, et tous m'escrivent *Monseigneur*, et dont je ne recevrois pas les lettres s'ilz m'escrivoient autrement; le comte de Fuensaldagne, tout au contraire, ne m'a jamais escrit que *Monsieur*, de quoy je n'ay pas voulu faire de bruict, estant libre à un chacun d'escrire à sa mode; mais aussy ne l'ai-je traicté dans mes lettres que comme je fais à tous les gentilshommes sans nulle différence. Lorsqu'il m'aura traicté autrement qu'il ne fait, et de la manière qu'il est deub à une personne de ma naissance, je le traicteray de la sorte que je fais à tous les ducs et pairs, et maréchaux de France; et cela par sa qualité de gouverneur des armées, que je tiens égale à celle d'un maréchal de France, et non pas celle d'ambassadeur, dont il ne fait nulle fonction, ny envers le Roy mon maistre, ny envers moy : ce qui fait que je ne luy doib aucune chose comme ambassadeur, et que je ne le doibt traicter de mesme que comme je ferois à M. Servien s'il estoit ambassadeur dans un pays où je me rencontrerois; ce seroit une chose différente si le comte de Fuensaldagne m'escrivoit comme ambassadeur du Roy d'Espagne de qui je suis allié, ce qui n'estant point, il ne fault pas qu'il croie que ceste qualité d'ambassadeur dans ce pays luy donne aucun droit à mon esgard d'estre traicté autrement que je ferois à un gentilhomme. Pour l'entrée dans mon logis, je ne vay recevoir ny duc et pair, ny maréchal de France; mais je les reconduis jusques au bout de ma sale, et leur donne une chaise dans ma chambre, ce que je ne fais point difficulté de faire au comte de Fuensaldagne quand il aura faict le premier ce qu'il doibt; ne demandant pas qu'il me traicte autrement que tous les ducs et pairs, et maréchaux de France; quant à ce qu'il vous a allégué de M. de Lorraine, comme je ne croy pas que mes actions servent de règle à M. de Lorraine, aussy n'est-ce pas une règle pour les miennes de me dire que monsieur de Lorraine faict telle chose. Pour m'escrire de la manière qu'il faict à l'archiduc, ce n'est pas assez s'expliquer, il faut sçavoir comment et de quelle sorte.

» LOUIS DE BOURBON. »

La date de cette dernière lettre ne précède que de deux jours celle d'un événement encore plus marquant, qui se passa presque sous les yeux du prince : ce fut l'arrestation du duc de Lorraine (1). Depuis quelque temps, le duc était considéré par le chef des armées unies, comme un allié dont le dévoûment était incertain; on lui supposait des intelligences avec Mazarin. Il fut arrêté à Bruxelles par l'ordre du roi d'Espagne, et conduit ensuite au palais où était l'archiduc (2). Deux heures avant l'exécution de ce coup de main, madame Berlot avait fait part à Lenet, de ses pressentiments sur cet événement, fondés sur ce qu'on avait fait venir, la nuit précédente, plusieurs compagnies de gardes aux portes de Bruxelles. Au surplus, l'arrestation du duc de Lorraine était résolue du temps même du marquis de Castelrodrigue, et le comte de Fuensaldagne avait l'ordre de se saisir de sa personne *toutes les fois et qu'autres* (3).

Lenet fut averti de cette détention par Mme la duchesse de Guise; il envoya aussitôt au palais prendre des informations et les écrivit au prince et à Boutteville, qui était au pays de Liége; mais on empêcha ses courriers de sortir de Bruxelles. Comme il s'était couché, Fuensaldagne se rendit à son logis et lui fit connaître les motifs de cette arrestation, faite de concert entre lui Fuensaldagne, le chevalier de Lorraine, l'abbé de Sainte-Catherine et Ligneville.

Aussitôt l'archiduc prit la résolution d'en-

(1) Les Mémoires imprimés disent que le duc fut arrêté par le comte de Fuensaldagne; les notes de Lenet, qui connaissait bien Fuensaldagne et l'événement, ne disent pas le nom; il a écrit : *le comte de* .... *arrêta le duc de Lorraine par ordre du Roy.*

(2) Les relations publiées disent qu'il fut arrêté dans le palais de l'archiduc; les renseignements donnés par Lenet, qui était sur les lieux, doivent être préférés.

(3) Paroles de Lenet.

voyer Saint-Amour chercher le duc François, à la cour de l'Empereur, pour le mettre à la tête de l'armée de Lorraine, avec l'intention de lui donner tous les biens du duc son frère. L'archiduc chargea Lenet de faire connaître ce projet au prince de Condé qui, de son côté, chercha à profiter de quelques-unes des troupes de Lorraine. En même temps le comte de Fuensaldagne demanda à Lenet, qui la lui remit, une lettre pour engager Boutteville à se tenir sur ses gardes et à faire ce que lui dirait le comte de Breni, envoyé par Fuensaldagne à l'armée de Lorraine. Sur ces entrefaites, le prince de Condé alla coucher à Lienel où Lenet s'empressa de se rendre. L'entretien roula sur la prison du duc, qui fut transféré à Anvers ; le bruit courut un instant que le prince de Condé *savoit cette prison* (1).

Le prince arriva à Bruxelles ; il avait demandé son carrosse à six chevaux pour ce voyage. Il y vit l'archiduc et Fuensaldagne. Celui-ci lui parla de la détention du duc de Lorraine, et le prince trouva le moyen de l'en blâmer délicatement. Il montra une véritable colère lorsqu'il fut informé de l'amour de Guitaut pour la duchesse de Guise. Guitaut se battit avec La Roque qui avait quitté le service du prince ; Châtelin, Baas, Saint-Martin et Longchamp l'avaient aussi quitté.

L'arrestation du duc de Lorraine avait fait une grande sensation à Madrid. Saint-Agoulin écrivait qu'il « ne sauroit jamais assez dire la joye que tout le monde a fait paroistre ici de sa prison ; Son Altesse ne sera plus traversée en ses desseins par une personne qui tenoit toujours ses intérêts contre ceux de tous les autres. » Du reste, Madrid acquittait fidèlement la pension de mille écus par mois accordée à Lenet, et don Louis de Haro lui en faisait passer le terme échu.

On ressentait aussi très vivement à Madrid le contre-coup des événements défavorables au parti du prince du Condé : tel fut l'effet du mariage inopiné du prince de Conty avec la nièce du cardinal Mazarin. « Il seroit sage, écrivait Saint-Agoulin, que Son Altesse fît quelque démonstration publique de son ressentiment là-dessus, afin d'empêcher que ces gens-cy ne soient pas capables de croire que ce mariage s'est fait par le consentement de Son Altesse, ny que ce fut pour elle un moyen de se raccommoder avec le cardinal. » L'histoire a recueilli les témoignages de la colère dans laquelle entra le prince de Condé à la nouvelle de ce mariage.

En Angleterre, une hésitation calculée ralentissait toute issue aux négociations diverses qui s'y traitaient à la fois par tous les postes ennemis : une lettre de M. de Vatteville, écrite de Saint-Sébastien à Lenet, à la date du 8 juin, contient d'utiles révélations à ce sujet :

« Vous voyez que l'affaire d'Angleterre marche avec froideur, et que nous avons perdu un grand temps de ne pas avoir procuré avec effort la conclusion de ce grand dessein avant paix d'Ollande. Maintenant que les ambassadeurs de France y sont, et que le protecteur Cromwel a mis l'affaire en balance, escoutant les offres de part et d'autre, vous voyez bien que, dans le meilleur party que nous pouvons souhaiter (qui sera le joindre à nos intérêts), nous n'avons pas tout le profit ny le bon marché que beaucoup de personnes croyent ; vous verrez qu'oultre une quantité d'argent impossible à satisfaire, Cromwel voudra avoir quelque place pour la sureté de son argent. Après cela il ne faut pas douter que, sous main, les ministres de Mazarin ne négocient quelque chose qui luy fasse moins de mal s'il ne peut tout à fait négocier son profit ; et quand cela ne seroit pas, les mesmes intérests de Cromwel veulent et demandent qu'il ne fasse pas la guerre tout de bon, et qu'il n'esloigne pas beaucoup ses forces de l'Angleterre ; car ce n'est pas son proffit de faire sucomber la France et relever l'Espagne, et encore moins de causer la paix entre ces deux couronnes ; de sorte que, quand bien mesme la froideur de nostre ambassadeur d'Angleterre aye plus de bonheur que la chaleur des Baast qui est un des mazarinistes, et que nous finirions par là de résoudre Cromwel de faire la guerre en France, vous connoissez mieux que moy qu'il la faira de la sorte qu'a fait le duc de Lorraine ; et si nous n'avons pas pu l'empescher à ce duc qui avoit ses troupes entre ses mains, sans aucun estat à sa dévotion, comment pourrons-nous penser l'empescher aux Anglois ? Outre quoy, messieurs nos ministres s'engageront facilement à promettre, et la nécessité les obligera de le faire, à cause des offres que font les mazarins, et, ne pouvant pas tenir ny accomplir exactement le traité, les Anglois auront toujours un prétexte pour faire la guerre *à leur mode et s'engager seulement selon leurs intérests*. Et quand ils nous pourroient le mieux servir, ils feront comme le duc de Lorraine, et c'est tout vous dire. Voyez l'exemple du roy de Suède qui fît trembler M. le cardinal de Richelieu, après luy avoir mis les armes à la main avec l'argent de France. »

Durant ces entrefaites, Fuensaldagne avait

(1) Paroles de Lenet.

fait, avec l'électeur de Cologne, un traité ensuite duquel il retira les troupes du prince du pays de Liége, et leur donna des quartiers dans le pays du Roi. D'un autre côté, le marquis de Fabert était entré au Luxembourg et venait au secours du pays de Liége, marchant contre les troupes du prince de Condé, avec le dessein de se joindre aux Lorrains pour venger la prison du duc son maître; mais Ligneville et autres ministres étaient gagnés.

Le prince continuait son séjour à Rocroi; c'est de là qu'il faisait connaître ses plus secrètes intentions à Lenet. Il lui adressait des lettres communes à Lenet et à Viole, d'autres à ses secrétaires; il y en joignait une de sa main pour Lenet seul, et elle contenait ses véritables et intimes pensées.

Il arriva une fois qu'une grande dépêche de Son Altesse à Lenet fut interceptée par un paysan de Guise, dans le bois de Rocroi. Le valet de pied qui la portait fut renvoyé, la dépêche transmise à Paris, et portée par l'ordre de Mazarin au parlement : ce qui fut cause que Lenet fut nommément compris, avec Viole, Marsin et Persan, dans l'arrêt donné contre le prince.

On connaît les particularités de ce jugement et de l'instruction qui le précéda; mais il faut remarquer ici que le duc de Guise y assista; La Rochefoucauld refusa (1). Le prince était condamné à mort, et il y allait de sa tête s'il tombait dans les mains du cardinal Mazarin.

Le marquis de Fabert, dévoué au duc de Lorraine, ne demeurait pas inactif. Fuensaldagne fit mine d'aller l'attaquer, et le prince qui s'y trouvait le laissa seul, afin de lui donner l'avantage d'aller à une victoire certaine, et le mettre ainsi en curée. Le prince alla à Malines où Marsin se brouilla avec lui; de là il se rendit à Anvers et raconta ce différend à Lenet qui, ayant envoyé quérir Marsin, parvint à le raccommoder avec le prince. Son Altesse visita la ville d'Anvers, ses manufactures, et retourna à Bruxelles. En attendant, Fabert s'était avancé sans que Fuensaldagne l'attaquât; le prince montra toute sa colère d'une telle inaction.

L'état de finances du prince n'était pas plus prospère que le reste de ses intérêts. Il y avait de grandes difficultés à lui procurer de l'argent. L'Espagne avait envoyé cinq mille écus pour les Espagnols, et cent mille écus au prince pour commencer la campagne. Ces deux sommes étaient en lettres de change sur les Génois; le marquis de Caracène, gouverneur de Milan,

___

(1) Le cardinal de Retz, quoique l'ennemi du prince, refusa de prendre part à cette délibération. (Voyez ses Mémoires dans cette collection, page 414, 2ᵉ colonne.)

avait fait saisir les effets par toute l'Italie, et envoyé à Anvers l'ordre de ne point payer. L'embarras était extrême; on prit la résolution de vendre les charges vacantes dans ce pays.

Néanmoins le prince avait envie d'attaquer une place sur la Somme, afin de donner chaleur aux affaires de France. Ce fut alors que la Flandre offrit de l'argent pour attaquer Arras; elle voulait surtout se délivrer des contributions qu'elle supportait. De son côté le marquis de Fabert marchait pour attaquer Stenay; Lenet proposa à Fuensaldagne de marcher pour secourir cette place; il s'en excusa sur ce qu'il pensait que le duc de Lorraine, arrivé en Flandre, était à la tête des troupes du duc son frère, ne voulant pas aller au secours de cette place parce qu'elle était naturellement une place de Lorraine, et qu'il l'aimait mieux entre les mains du roi de France que dans celles du prince. Fuensaldagne ajoutait qu'il n'y avait point d'apparence qu'il marchât en Luxembourg, pour deux raisons : l'une, parce qu'il n'y avait aucun magasin pour les vivres, quoique le prince eût chargé Lenet de le presser tout l'hiver pour y envoyer des blés; l'autre raison était qu'il ne pouvait laisser les Pays-Bas entre les mains des Lorrains pendant qu'il marcherait sur un autre point.

A ces incertitudes il se mêla de fâcheuses circonstances : le prince se brouilla avec le duc François; une scène eut lieu aux Jésuites, à Arras; la difficulté entre le prince et l'archiduc s'éleva au sujet de l'ordre. Le secrétaire Navarre voulut s'entendre avec Lenet au sujet de ce différent. L'empereur et le roi d'Espagne proposèrent de séparer les troupes; mais le prince s'y opposa pour le bien du service, et Lenet parvint à s'accorder sur ce grand sujet avec le comte de Fuensaldagne.

Le comte proposa à Lenet le siége d'Arras, et le prince discourut quelque temps sur cette proposition. Stenay était engagé, et on lui offrit La Capelle et le Catelet, s'il perdait Stenay. Il les refuse et se résout au siége d'Arras. Il fallait obtenir l'assentiment de l'archiduc François; Fuensaldagne le tenta, et Lenet, de la part de Condé, convint ensuite avec l'archiduc de tous les détails : ces deux princes en conférèrent ensuite ensemble.

En conséquence de ce qui avait été réglé, le prince investit Arras d'un côté, et le prince de Ligne de l'autre. Le siége fut formé au commencement de juillet. Néanmoins le chevalier de Créqui réussit à jeter du secours dans la ville. Turenne marchait à Mouchy-le-Preux, le prince l'aperçut d'une hauteur, et il envoya aussitôt Lenet vers l'archiduc et Fuensaldagne pour les obliger à combattre Turenne. Au 13 juillet, Longchamp écrivait de Valenciennes à Saint-Agoulin : « Le siége de Stenay est fort avancé, et je doute très-fort que nous puissions prendre Arras, car le maréchal de Turenne fait tous ses efforts pour l'empescher ; en vérité, toutes ces affaires de Flandres ne vont pas de la sorte que nous nous le persuadions. Son Altesse n'a pas petite affaire : toutes ses troupes sont ruinées. Après la prise de Stenay nous pourrons dire adieu à Clermont ; l'on nous menace du siége de Rocroy. Dieu nous assiste des Anglois, ensuite une bonne paix. » On avait d'autres sentiments à Madrid ; Saint-Agoulin écrivait à la date du 27 juillet ; le siége d'Arras y était considéré comme la plus généreuse et la plus importante entreprise, dont toute la gloire revint au prince de Condé, qui y a décidé l'archiduc et le comte de Fuensaldagne. Mais, dès le 9 septembre, on savait à la cour d'Espagne ce que valaient ces belles espérances, et que les lignes d'Arras avaient été forcées par l'armée du Roi.

De grandes difficultés étaient survenues pendant ce siége; il y eut disette de munitions, quoique Boutteville eût envoyé des convois ; souvent le prince avait proposé de lever le siége. Stenay avait capitulé le 6 d'août, et le maréchal d'Hocquincourt avait marché pour occuper le mont Saint-Eloy ; le prince l'y avait reconnu de sa personne, proposé un avis, donné ses ordres, mais ils n'avaient pas été exécutés. Dans une petite rencontre le duc de Joyeuse avait été tué; enfin, après l'attaque des lignes et le succès des Français dans cette entreprise, le prince, l'archiduc et Marsin s'étaient retirés, le prince François de Lorraine à Valenciennes, l'archiduc à Douai, et l'on sut bientôt après que le prince de Condé était arrivé aux portes de Cambrai ; le lendemain il se trouva à Bouchain où l'archiduc vint le rejoindre.

L'argent manquait au prince, il en avait une grande nécessité. Lenet lui en apporta un peu, qui fut distribué. Le prince se rendit ensuite à Valenciennes, Fuensaldagne à Bouchain, et l'archiduc à Notre-Dame-de-Hat, après avoir passé à Tournai.

Dans ces conjonctures, le prince dépêcha Lenet à Madrid. Le prince avait pris à l'égard de Fuensaldagne une résolution sur laquelle le comte n'était pas sans inquiétude. Toute la frontière demeura sous les ordres de Condé.

Il arriva quelque argent d'Espagne, et Fuensaldagne se rendit à Anvers pour le négocier.

En attendant, le vicomte de Turenne, après avoir pris possession d'Arras, en sortit peu de jours après pour aller attaquer le Quesnoi, qui ne fit aucune résistance. Les Espagnols l'abandonnèrent sans le défendre, et après l'avoir démoli. Ce succès ne laissait pas Fuensaldagne sans capituler au sujet de Cambrai. Le prince dépêcha Lenet auprès de lui ; et des troupes furent rassemblées près de Denain où elles firent montres. Quelque argent avait été distribué aux officiers espagnols par Fuensaldagne ; et le prince, qui continuait son séjour à Valenciennes, alla visiter l'armée.

De son côté le maréchal de Turenne marcha sur Stenay et Marignan où il séjourna. Les vivres lui manquaient ; le prince s'approcha de lui, et le maréchal se retira sur Maubeuge en très bon ordre. Le prince suivit sa marche de très près avec un grand corps de cavalerie, toutefois sans pouvoir prendre sur lui un avantage.

Turenne alla assiéger Clermont en Argone, qui se rendit ; la perte de cette place fut très-sensible au prince ; elle lui appartenait en propre.

Au mois d'octobre, le prince était à Cateau-Cambresis, prêt à combattre à la première occasion ; Caillet, secrétaire du prince, en écrivait à Lenet en ces termes :

Du camp de Nogisle, le 3 octobre.

« Nous passâmes avant-hier la rivière de l'Escaut, qui estoit entre les ennemis et nous, de sorte qu'il n'y en a point présentement entre les deux armées. Ils sont toujours aux environs de Cateau-Cambresis, où ils se retranchent comme nous faisons ycy ; nous ne sommes qu'à deux lieues les uns des autres ; cela fait bien cognoistre que nous ne les craignons guère : pour marque de cela c'est que nous avons rompu tous les ponts que nous avions sur la rivière, par où l'on peut voir que nous n'avons nulle pensée de nous retirer ; nous les observerons de près, et si Son Altesse trouve jour à entreprendre quelque chose sur eux, je croy que vous ne doutez pas qu'elle ne le fasse. »

Au mois de novembre suivant, le prince attendait à Rocroi un *beau* secours qui lui avait été promis pour Sainte-Menehould ; l'union manquait dans les conseils et dans les actions, et le prince écrivait à ce sujet : « Toutes ces choses estant ainsy ont mis la place dans le péril où elle est présentement, après avoir hazardé toutes mes troupes, lesquelles j'ay jetté dedans pour donner le temps de la secourir et qui maintenant courent risque d'estre faicts prisonniers de guerre. Je vous prie de vous en plaindre hautement, et à mon frère l'archiduc, et au comte de Fuensaldagne, et de leur faire cognoistre sans déguisement que ce n'est pas ainsi que je prétends d'estre traicté. »

Dans la même lettre, on trouve aussi des preuves, d'ailleurs fort consciencieuses, des soins que le prince donnait à la fois et aux affaires de la guerre, et à ses affaires domestiques. « Il faut, disait-il à Lenet, il faut que je vous advertisse d'une bestise de La Tour, et de laquelle je suis fort fâché : c'est qu'il a esté donner de mon argent trois mil patagons au controleur de ma femme. Mon fils estant ici, la despense de ma femme en est d'autant deschargée ; c'est pourquoy je vous prie de vôir à celle que ma femme peut faire, mon fils étant absent, et despensant ici pour luy ce qu'il pouvoit despenser à Valencienne, et donner ordre que l'on n'employe d'argent que ce qu'il faut pour cela. »

Le prince était soigneux et économe de son argent, quoique l'Espagne continuât de lui en promettre, et de lui en envoyer de temps à autre. Saint-Agoulin annonçait de Madrid, le 30 décembre, que le 10 du même mois, quelques vaisseaux étaient partis d'Alicante à cet effet ; à la même date, le prince envoyait Saint-Estienne en Allemagne pour régler les quartiers d'hiver.

A l'ouverture de l'année 1655, de nouveaux préparatifs étaient faits pour continuer la guerre. L'Espagne en était toujours la mère nourricière, et le prince écrivit à don Louis de Haro, dès le 20 février, pour que l'envoi des subsides fût plus régulier ; les premiers mouvements de l'armée se firent à la fin du mois de mai ; les approvisionnements et l'argent arrivèrent dès les premiers jours du mois de juin ; toutefois ils étaient insuffisants.

Une autre scène s'ouvrait à Rome : le prince de Condé y avait dépêché secrètement un gentilhomme chargé de demander l'intervention du Pape pour négocier son accommodement avec le Roi. Lionne, ambassadeur de France, s'empressa d'en donner l'avis suivant au cardinal Mazarin :

« Le gentilhomme de M. le prince de Condé, de la venue duquel monseigneur le cardinal m'avoit donné advis il y a long-temps, arriva hier icy et est logé chez l'ambassadeur d'Espagne. J'ai déjà rendu compte d'en avoir parlé au Pape, et de ce que Sa Sainteté m'avoit dit sur ce sujet ; s'il ne prend d'audience qu'avec ledit ambassadeur comme les envoyés de Sienne avec celuy de Toscane, il ne sera pas à craindre qu'il songe à engager le Pape à entreprendre son accommodement. J'auray l'œil à pénétrer, autant qu'il me sera possible les négociations, si elles passent les termes de compliment.

» 10 *Juin* 1655. »

Mais, à son arrivée, le gentilhomme du prince de Condé était tombé dans les filets de l'ambassadeur de France ; il faut laisser à Lionne tout l'honneur de ses succès avec l'honneur de leur relation textuelle au cardinal, dans la lettre suivante :

Rome, le 14 juin 1655.

« Il est arrivé heureusement que le gentilhomme du prince de Condé s'est mis entre les mains d'un homme de ma connoissance qui luy a loué sa maison, qui demeure avec luy, et qui ne l'abandonne presque jamais. Il me rendra compte de tout ; je luy ai fait espérer que je l'en récompenserois ; dès qu'il fust arrivé il eut plus d'impatience de visiter *les demoiselles que le Pape* ; j'ay prié mon homme de se mettre aussy dans ses plaisirs affin qu'aucun autre ne l'empaumast, et l'a desjà fait. Il doit faire faire une clef de son coffre, et m'a promis de m'apporter toutes ses escritures ; il escrivit au long à son maistre sabmedy dernier, mais il ne garda point de minute de sa lettre ; ainsi, s'il continue de la sorte, peut-estre ne pourrai-je voir que les lettres qui luy viendront de Flandres. Il importe que cela demeure secret de delà. Quand M. de Fontenay estoit icy, il avoit gaigné un secrétaire de l'ambassadeur d'Espagne, auquel il donnoit, de provision ordinaire, cinquante escus par mois, et quelque régale extraordinaire quand il luy donnoit quelqu'avis bien important ; le mesme homme est encore aujourd'hui chez cet ambassadeur et a tous les chiffres de Naples, de Mantoue, et de l'ambassadeur de Venise. Il m'offre les mesmes choses aux mesmes conditions, ce que j'ay accepté.

» Je supplie Votre Eminence de me mander si l'avantage qu'on en retireroit peut motiver cette dépense, afin que je continue ou que je m'en retire. »

Le 9 août, les nouvelles de Rome transmises par Lionne portaient ce qui suit :

« Le gentilhomme de M. le prince a receu depuis peu lettres de son maistre qui luy ordonne de s'establir icy, y prendre maison et carosse, et pour cela luy a envoyé lettres de change de sept cents escus, outre les cinq cents qu'il luy fit remettre dernièrement ; il luy a adressé aussy d'autres lettres : une pour le Pape, et une pour M. Rospigliosy, par lesquelles il supplie Sa Sainteté de se vouloir entremettre pour son accommodement ; il y en a eu une aussy pour le cardinal de Retz, que ledit cardinal a envoyé prendre par M. de Salle, et une autre pour le cardinal de Médicis qu'il prie d'estre son protecteur auprès du Pape. Ledit gentilhomme a respondu à son maistre qu'il a présenté sa lettre à Sa Sainteté, laquelle luy a promis de faire son possible pour un prince si glorieux. Le Pape ne m'a dit mot de cette nouvelle lettre, et je ne sçavois pas encore la chose quand j'allay à l'audience. »

Du reste, il ne se passa rien de marquant à l'armée pendant les derniers mois de 1655 ; au mois de décembre le prince prit ses quartiers d'hiver, et s'occupa de réprimer les désordres de l'armée.

L'année suivante, Valenciennes fut attaquée par les maréchaux de Turenne et de La Ferté ; le prince les força dans leurs lignes, entra dans la place, puis il visita le maréchal de La Ferté qu'il venait de faire prisonnier ; le 2 août il écrit à Lenet l'ordre de distribuer des récompenses aux troupes qui avaient bien servi dans cette affaire. Il s'empara ensuite de Condé ; et Lenet ayant informé le duc d'Enghien de ce nouvel avantage, il reçut du jeune prince la lettre suivante :

Namur, 25 aoust 1656.

« Si je ne vous ay pas encore remercié des bonnes nouvelles que vous m'avés mandé, je ne laisse pas de vous en estre bien obligé et vous le serai encore si vous continués ; j'ay sceu avec beaucoup de joye ce que vous m'avés escrit de la capitulation de Condé que j'ay trouvée assez avantageuse pour nous, et j'en ay veu passer la garnison par icy ; M. du Passage m'est venu voir avec quelques autres officiers ; je souhaiterois fort que nous eussions souvent de pareils avantages, et j'espère qu'avant la fin de la campagne j'auray la satisfaction d'en apprendre encore quelques-uns. Dieu veuille conserver toujours monsieur mon père, pour lequel je n'auray pas peu d'appréhension jusqu'à ce que j'aye l'honneur de le revoir ; adieu, je suis tout à vous.

» HENRY LOUIS DE BOURBON. »

Turenne attaqua ensuite La Capelle, que le prince tenta inutilement de secourir ; il perdit aussi Saint-Gaillain, mais il reprit cette seconde place l'année suivante (1657). Turenne voulut se dédommager sur Cambrai, mais le prince réussit à y entrer avec des troupes, et fit ainsi échouer l'entreprise de Turenne. La nouvelle du succès du prince fut très favorablement reçue à Rome ; le Pape en témoigna beaucoup de joie, s'étendit en grandes louanges sur la valeur du prince, et l'on disait alors à Rome que l'accommodement du prince avec le Roi était à la veille d'être conclu.

On disait aussi à Rome d'autres nouvelles du prince ; le bulletin suivant les renferme dans leurs détails :

5 Novembre 1657.

« Le chevalier André, irlandois, qui a esté tout le mois passé à Frascati avec le prince Pamphilio et la princesse de Rossano, me vint voir hier, et me dit avoir entretenu plusieurs fois et long-temps M. Bandinelli, maistre-de-chambre du Pape, de qui il a appris ce qui suit : que le prince de Condé faisoit presser Sa Sainteté, par Salaire, de faire en sorte que les Polonois le voulussent élire pour leur Roy, après Casimir, s'offrant de mener présentement huict mil hommes à leur service, et proposant d'autres conditions en faveur de la religion catholique ; que le Pape estoit plus enclin à procurer le royaume de Pologne pour le prince Matias, frère du grand duc. »

Mais à la fin de la même année, le prince était très-gravement malade ; le 7 décembre le duc de Longueville envoya en diligence à Ghien quelques médecins et maîtres bien experts en chirurgie, pour le soigner. Il était rétabli vers la mi-février de l'année suivante, 1658. À cette époque il s'occupait de meubler magnifiquement son logement à Bruxelles ; voici, sur ce sujet, quelques détails extraits de sa lettre à Lenet :

De Bruxelles, le 15 febvrier 1658.

« J'ay oublié de vous prier, avant vostre départ, de m'acheter de l'estoffe pour mes deux cabinets et mon lit de repos, je vous prie de m'en acheter, la plus jolie que vous trouverés à vostre fantaisie, selon le mémoire que je vous en envoye, et faictes-la moy apporter avec vous. Je vous rendray ce qu'elle aura cousté.

» Vous jugez bien que je ne partiray pas d'icy sans veoir les curieux et les amateurs ; ma chambre est desjà toute pleine de tableaux dont il n'y a pas un que vous ne voulussiez achepter.

» Il faut, pour les deux cabinets et le lit de repos de Son Altesse Sérénissime, cent cinquante-six aunes d'estoffe, moitié d'une façon et moitié d'une autre, qui sont soixante-dix-huit aunes de chaque sorte. » (*Note de Caillet.*)

Une femme jouait alors un rôle qui lui a mérité une place dans l'histoire des espions célèbres : mademoiselle de Pons, ancienne maîtresse du duc de Guise. Elle se mit ensuite au service de ceux qui voulurent la payer ; elle servit successivement le Mazarin, pour espionner Condé ; De Thou, ambassadeur de France, pour espionner l'ambassadeur d'Espagne. Chassée d'Anvers par Condé, elle se retira à La Haie. Elle avait voulu se mettre dans les bonnes grâces de don Juan d'Autriche, pour l'espionner à son aise. Les Mémoires du cardinal de Retz renferment d'autres attestations tout aussi honorables pour cette femme de qualité.

Enfin le temps des accommodements et de la paix générale étant arrivé, le prince dépêcha Lenet à Madrid, avec les instructions suivantes :

Instruction pour M. Lenet allant en Espagne.

« Arrivant à Francfort, verra M. le comte de Pegneranda, l'entretiendra sur l'estat des affaires présentes, luy dira son voyage d'Espagne, et luy en dira ce qu'il a dit par deçà, à la réserve de ce qui touche le comte de Fiesque ; le fera parler sur la paix ;

» Sçaura de luy s'il est à propos de voir quelques électeurs, ce qu'il leur fault dire, soit de ma part, soit pour les faire parler sur l'estat des choses qui me concernent, et agira en cela selon ses advis ;

» Verra le roy d'Hongrie et monsieur l'archiduc pour leur faire des complimens de ma part et rien plus ;

» Verra aussy M. l'Electeur de Trève, et luy parlera de ma part sur les affaires présentes, suivant l'advis dudit sieur comte de Pegneranda, et conclura l'affaire de Revain avec ledit sieur électeur, et pour cet effet mènera le sieur de Rouville avec luy jusques à Francfort ;

» S'il passe à Inspruk, il y verra l'archiduc de ma part aussy pour luy faire mes complimens, et non pour autre chose ;

» Passant par le Milanez, il verra M. le comte de Fuensaldagne, pénétrera des desseins de don Louis pour voir quel avantage il en pourra tirer pour l'affaire dont on m'a adverty, et escrira bien au long toute la conférence qu'il aura eue avec luy ;

» Luy parlera sur le voyage qu'il va faire en Espagne, comme cy-dessus ;

» Fera en sorte que ledit comte de Fuensaldagne escrive à M. don Louis, en conformité de cette instruction par autre voye que par luy ;

» Estant à Madrid, yra descendre chez M. le comte de Fiesque, luy dira les raisons de son voiage. Il vivra avec luy de concert sur toutes choses, tant qu'il sera par delà, et avec toute sorte d'intelligence et de bonne amitié ;

» L'advertira des advis que M. don Louis m'a fait donner contre luy par quelques ministres de par deçà, et sur cela luy dira de ma part qu'il tasche de se conformer à M. don Louis et d'eviter tous mauvais partys contre luy et contre ceux de sa cour, et de ne prendre aucune habitude avec des gens qui puissent l'embarrasser en de semblables affaires ;

» Puis, taschera par toutes voies et par toutes les raisons que je luy ay dictes, d'accommoder ledit sieur comte de Fiesque avec M. don Louis, affin que, demeurant dans cette cour-là, de son consentement et avec son agrément, mes affaires y puissent mieux réussir ;

» Commencera, de concert avec ledit sieur comte de Fiesque, à parler de mes intérêts, et premièrement des recrues et remontes de mes trouppes, pour lesquelles il me faut, sur le pied de l'hiver dernier, au moins. 107,000 escus;

» Pour mes officiers généraux.	25,000 escus;
» Pour la despense ordinaire de Rocroy.	47,000 escus;
» Pour la despense ordinaire de Linchamp. . . .	13,000 escus;
» Pour la despense ordinaire du Catelet.	17,000 escus;
» Pour les despenses extraordinaires des trois places, comme travaux, réparations, munitions, fortifications, etc. . . .	25,000 escus;
» Pour la despense du quartier d'hiver des troupes qui sont tous les ans à ma charge dans lesdites places.	20,000 escus;
» Pour la despense de ma maison par an.	25,000 escus;
» Pour celle de ma femme.	20,000 escus;
» Pour celle de mon fils. . .	12,000 escus;
» Pour celle de ma fille. .	6,000 escus;

» Le tout faisant trois cent dix-sept mille escus, sans comprendre mes despenses extraordinaires, les pensions secrettes, gratifications et autres despenses inopinées, ny les gages et appointemens de mes domestiques pour lesquels je fais estat qu'il me faut environ vingt-trois mille escus au moins; si bien que le tout va à trente-quatre mille escus, en y apportant tout le mesnage nécessaire.

» Pour le payement de toutes lesquelles sommes ils tascheront de me faire establir un fonds certain et asseuré à quoy l'on ne touche point, et qui ne soit jamais diverty pour telle considération que ce puisse estre.

» Il faut surtout avoir soing que l'argent des recrues et remontes arrive icy dans le mois de décembre, et que les lettres de change soient anticipables, autrement il n'y a pas moïen de faire les recrues et remontes dans le temps qu'on en a besoin.

» M. Lenet sçaura aussy qu'il m'est encore deub douze mille cinq cents escus par Solis pour la quatrième, cinquième et sixième paie escheue dès le mois de juin de l'année dernière, de la part d'une lettre de change de cent mil escus qui me fut envoïée au commencement de ladite année.

» Duracio me doibt aussy sa sixième paie de la part qu'il me debvoit païer sur lesdites lettres, montant, ladite sixième paie, à quatre mille cent soixante-six escus.

» Spinosa me doibt quatorze mille escus de reste de la lettre de change de vingt mille escus, tirée sur luy par Bianco, pour l'affaire du comte de Pesnelle.

» Alvares me doibt encore trois mille escus de reste de sa lettre de change de trente mille escus.

» Les banquiers italiens me doibvent encore vingt-trois mille cent dix escus de reste de la lettre de change de cent quatre mille escus du sieur Piguenoti de cette année, laquelle ilz n'achèvent pas de me païer faute d'avoir les seuretez nécessaires pour l'anticipation.

» Tous les autres, dont est cy-dessus faite mention, disent aussy n'avoir aucun ordre pour le paiement de ce qu'ils me doibvent de reste; c'est pourquoy il faut travailler incessamment à me les faire envoïer, de quoy ledit sieur Lenet se souviendra.

» Quant aux douze mille florins par mois pour l'entretènement de mes places, suivant les traictez faictz par deçà avec M. le comte de Fuensaldagne, si on s'en veut charger en Espagne, il faut aussy faire en sorte que les paiemens en soient bien réglés et assignés sur un fondz qu'on ne divertisse point, ou bien envoïer des ordres très-précis par deçà pour la continuation dudit paiement, M. don Juan m'ayant déclaré encore depuis peu qu'il ne s'en pouvoit plus charger, et qu'il ne m'en donneroit satisfaction que jusques à la fin du mois de febvrier dernier; ainsy, ce sont déjà trois mois d'escheus, sans compter cinq autres précédens pour lesquels on promet de me donner des assignations.

» Quant au quartier qu'on donne à mon équipage à Malines, ce qui m'a toujours esté païé pendant cinq mois, à raison de dix mille florins par mois, qui font cinquante mille florins, attendu que cela va sur le pied des quartiers d'hiver, obtiendra un ordre pour le ministre de deçà de me le païer icy.

» Obtiendra un autre ordre pour continuer à me donner mes quartiers dans toutes les provinces, ainsy qu'aux trouppes du Roy, comme on fait à présent.

» Pressera le desgagement de mes pierreries, et pour cela taschera de faire faire un assiento par Salles ou autres, pour remettre au sieur Tosse la somme de cent cinquante-deux mil sept cens escus, tant pour le principal que pour les intérests, faisant cognoistre la grande perte que ce me seroit de perdre des pièces d'une telle valeur qui sont dans ma maison depuis si long-temps, et que je ne les ay engagées que pour des nécessités qui regardoient le service de Sa Majesté; ladite somme comprend aussy les mil pistoles prestées par le sieur de Saint-Agoulin, et les deux cens empruntées du sieur Van Pul, sortant de Bordeaux.

» Proposera l'affaire de Revain et de Fumay, et dira les raisons d'estat qui m'ont faict songer à avoir sur cette frontière-là un establissement que je puisse conserver en temps de paix, tel que seroit celuy-là estant joinct à Rocroy, Chasteau-Renaud et Linchamp; y fera adjouster la comté d'Orchimont, et taschera de faire en sorte qu'on me la vende, et qu'on envoie à cet effect les ordres par deçà pour en faire les contracts en cas qu'il y eust de la difficulté de les passer en Espagne; obtiendra pareillement un ordre pour eschanger la seigneurie de la Manisc, appartenant à l'abbaye de Saint-Gérard, qui vaut environ deux mil livres de rente, contre quelques terres du Roy dans le comté de Namur ou aux environs, au contentement de l'évesque de Namur, abbé de Saint-Gérard, laquelle terre de la Manisc estant ainsy eschangée, me pourra estre vendue par le Roy ainsy qu'Orchimont, et je donneray quictance du prix convenu à Sa Majesté sur ce qu'elle me doibt, aussy bien que des biens qui seront donnés en eschange à M. l'électeur de Trève et prince de Chimay, pour revenir à Fumay, qu'on joindra à ladite comté d'Orchimont et terre de la Manisc, pour estre de toutes ensemble composé une seule terre. De toutes lesquelles il est nécessaire que le Roy me cède les droicts de souveraineté et tous les autres, à condition d'en relever de fief de Sa Majesté s'il ne se peut autrement; taschera pourtant de me faire céder à pur et à plain lesdits droicts de souveraineté, le tout par insinuation.

» Proposera au Roy et à M. don Louis de me vendre la comté de Charolois, qui est une simple comté dépendante de la duché de Bourgogne, et ressortissante au parlement de Dijon, qui ne vaut que quatre mil livres de rente, du prix de laquelle, selon qu'il en sera convenu, je donneray aussi quictance au Roy sur ce qu'il me doibt; et comme Sa Majesté prend la qualité de comte de Charolois dans ses tiltres, elle pourra retenir ledit tiltre si bon luy semble, et retirer ladite terre pour le prix qu'on me l'aura vendue dans tel temps qu'il luy plaira de marquer après la paix générale. Il sollicitera qu'on envoie les ordres par deçà, pour passer le contract en cas qu'on ne puisse le passer en Espagne. Il n'appuiera cette affaire qu'autant qu'il verra que la chose sera facile à obtenir; car si l'on en fait une affaire, ou qu'on tesmoigne y avoir la moindre répugnance, il en demeurera à sa première proposition et n'en fera plus aucune instance.

» Ne parlera de cet article qu'en cas que tout le reste soit conclu, et mesme n'en parlera pas pour en faire une affaire, estant aussi bonne pour une autre fois qu'à ceste heure.

» En cas que les affaires du Roy ou celles de sa maison l'obligent à m'envoyer avec mon armée, avec les siennes ou celles de l'Empereur en Allemagne ou ailleurs, on concertera les conditions; lesquelles seront avec l'auctorité qu'un homme de ma naissance et de mon poste doibt avoir, la plus ample que faire se pourra, et surtout de pourvoir aux postes de colonel, mestres de camp, cappitaines et autres officiers qui viendront à quitter ou à mourir, et les fera tomber là-dedans plustost que de leur proposer de droict fil. Mais en ce cas, il fault que les mesmes assistances cy-dessus me soient continuées, outre ce qu'il faudra de plus, selon l'exigence des cas et selon que les ministres du Roy de par deçà, ou ceux qui seront en Allemagne, en conviendront avec moy. Bien entendu qu'en tel cas je laisseray un corps par deçà, tant pour recevoir ceux qui pourront venir de France avec dessein de prendre emploi dans mes trouppes, que pour favoriser les affaires, selon les occasions qui s'en présenteront et les desseins des bien intentionnés, et ceux qui voudront se joindre à mon party, et pour sousstenir et secourir mes places en cas de besoin, lequel corps sera commandé par l'un de mes généraux, qui servira dans l'armée du Roy en mon nom et comme auxiliaire, de la mesme manière qu'il a faict jusques à présent, c'est-à-dire avec la subordination concertée pour son poste; et en cas qu'il arrive quelque chose en France, sera ledit général assisté et traité comme il est porté par le traicté de Madrid, et ne conclura rien sur cet article sans m'en avoir donné advis auparavant.

» Ne parlera de cecy qu'en cas qu'on luy en parle.

» En cas qu'il y ayt apparence de réussir au dessein cy-dessus, il en concertera les conditions, examinant l'auctorité qui a esté donnée aux princes estrangers qui ont eu ce poste avec M. don Louis, et m'en donnera advis du tout avant de rien conclure.

» Que si l'on parloit de me faire gouverneur des armes, je l'accepterois sous le prince d'Espagne; et en cas qu'on voulût faire un gentilhomme particulier ou gouverneur du pays, il me mandera les conditions qu'on luy proposera, et, en l'un et en l'autre des cas, examinera les conditions, et m'en donnera advis avant de conclure, bien entendu que je ne puis accepter sous ny avec quelqu'autre prince que le prince d'Espagne; le Roy pourra mettre les ministres et establir une forme entr'eux et moy dont on me donnera advis.

» Si l'on parle de ce qu'on a mandé, il y a quelque temps, d'augmenter l'auctorité que j'ay par deçà, il évitera les...... que cela me pourroit donner avec ceux qui gouvernent en ce pays.

» N'acceptera aucune chose de tout ce que dessus qu'après l'affaire de la subsistance réglée en la manière qu'elle est cy-exprimée, tant de moy, de mes maisons, que de mon party.

» Si on luy parle par delà de la paix générale, sur les propositions qui se font à présent en Allemagne, il parlera sur mes intérêts conformément à l'instruction ample que j'ay envoyée, il y a deux ans, à M. le comte de Fiesque, lorsque M. de Lyonne estoit à Madrid, laquelle il communiquera audit sieur Lenet, pour ensemble la suivre en tous ses poincts.

» Appuiera l'affaire d'Hesdin; il en fera cognoistre la conséquence pour les autres choses qui pourront arriver de cette nature; et obtiendra des ordres bien précis pour faire accomplir le traicté faict pour ce regard.

» Parlera de cecy comme de l'affaire de toutes que j'ay le plus à cœur, et ne conclura rien sans cela; et de l'affaire de M. d'Hoquincourt de mesme.

» Fera en sorte que M. don Louis règle une pension pour M. le mareschal d'Hoquincourt, qui soit raisonnable pour une personne de sa condition, et à proportion du poste dans lequel il est.

» Et d'autant qu'il est deub des sommes notables de la pension que j'ay obtenue du Roy pour ledit sieur Lenet, je luy permets d'en solliciter le payement, partie en argent, partie en l'achapt de la baronnie de Saint-Vicent, dans la duché, ou de quelque autre terre du Roy dans la comté de Bourgogne, luy permettant mesme de se servir de mon nom pour sa plus grande seureté, ainsy qu'il le jugera à propos.

» Quant aux affaires du païs, il n'en parlera en façon quelconque qu'après un absolu commandement, dont il fera toutes les façons le plus délicatement qu'il pourra, et enfin dira à M. don Louis seul :

» Premièrement, qu'il est de la dernière nécessité de secourir ce païs d'argent et d'hommes, surtout d'Espagnols naturels; envoiez les assistances à temps, qui autrement sont inutiles, nous trouvans tousjours en estat de ne pouvoir sortir en campagne que beaucoup de temps après les ennemis, dont il résulte un tel dommage que le plat païs est ruiné par l'armée ennemie, au lieu que si nous estions en estat de pouvoir nous mettre en campagne avant eux, nous mangerions le leur, et cela les empescheroit d'avoir les facilités qu'ils ont de nous attaquer une place en se mettant les premiers en campagne, comme ils firent l'an passé à Cambray, avant qu'on fust sorty de Bruxelles; ils y sont encore cette année long-temps avant nous, et en estat d'assiéger une place de considération, quoiqu'ils ne soient pas bien forts, toutes leurs troupes n'estans pas ensemble, et l'armée de M. de La Ferté n'ayant pas encore joinct. Cela vient de ce que l'on n'a faict entrer nos troupes en quartier d'hyver qu'à la fin de janvier, et de ce qu'il n'y a pas eu de bon ordre pour leur paiement, ce qui a empesché qu'on les ayt pu faire marcher plus tost.

» Quant aux assistances du païs, elles sont tousjours lentes et tardives, par la raison des priviléges des Etats, qui font tirer toutes choses en longueur, et qui, par conséquent, sont inutiles pour les affaires pressées; représentera là-dessus que tout dépend par deçà de la diligence, par la raison du naturel des François et de la facilité qu'on a d'advancer toutes choses estans près de Paris, de la présence du Roy et de son ministre, qui, ayant à faire à un païs et à des ministres esloignés de leur Roy, en tirent des advantages qu'ils ne tireront plus quand on envoyera de bonne heure les assistances et les ordres pour toutes choses, sur quoy est à considérer de quelle importance est la guerre des Païs-Bas, puisqu'elle a pour object le centre du royaume de France, qui faict les derniers efforts de ce costé icy, pendant qu'ilz ne regardent les affaires de Catalogne et d'Italie que comme des choses esloignées et d'une considération beaucoup moindre.

» Quant au particulier, dira qu'il est à propos de concerter les ministres, dont le peu d'intelligence fait commencer toutes choses, et faict que pas une ne s'achève, personne ne se voulant charger du bien et du mal en apparence, et dans l'effect, chacun voulant avoir l'authorité, et se voulant laver les mains des événemens.

» Quant à M. don Juan, il faut se souvenir de son caractère, comme il est de sa personne, de sa manière d'agir, de celle dont il est dans l'esprit du général et du particulier, comme il se conduit à la guerre, en particulier et dans sa maison; faut savoir de M. le comte de Flesque comment il en aura parlé pour ne se pas.........

» Pour M. de Caracène, faut parler en bien de sa manière d'agir à la guerre et dans les affaires, et comme estant de mes amis, et faire considérer aussi ce à quoy il se porte pour n'avoir pas M. don Juan pour ennemy, croyant peut-estre qu'il pourroit ruiner et retarder les affaires de sa maison, ainsy qu'il seroit à-propos de le satisfaire sur ce point, en sorte qu'il n'eust plus rien à mesnager avec luy, et ensuitte augmenter son authorité pour faire marcher les affaires d'un meilleur air. Sera bon faire savoir comme le peu de concert cause de mauvaises résolutions à la guerre, comme l'an passé, qui après deviennent irrémédiables.

» Dira du bien de don Alonço de Cardenas, comme d'un homme bien intentionné qui sçait les affaires d'Angleterre, et qui tasche à apprendre celles de par deçà; mais comme d'un homme vieil, et par conséquent lent, naturellement doux, et par cette raison ne voulant rien pousser avec vigueur.

» Dira aussy du bien du comte de Buquoy.

» Parlera de don Esteven de Gamara, et en disant le bien et le mal qu'il y a, et les choses dont il est capable et celles dont il ne l'est pas; se souviendra de l'affaire de mademoiselle de Pons.

» Parlera du roy d'Angleterre, de messieurs ses frères, de ses ministres, et de tous leurs différens intérests dans leur cour en Angleterre, et dans leurs troupes, et du peu d'apparence qu'il y a qu'ils puissent rien faire en Angleterre pendant la vie de Cromwel.

» Il affectera de ne parler de personne en

public s'il est possible, et, en cas de besoin, parlera modérément de chacun, et plustot obligeamment qu'autrement.

» Verra les parens et amis de M. le marquis de Caracène pour sçavoir d'eux en quoy on le peut servir. Quant aux autres ministres, il leur parlera comme M. don Louis lui prescrira.

» De mesme au Roy.

» Quand il parlera du comte de Fuensaldagne, il parlera d'une manière qui ne destruira rien de ce que j'ay escrit cy-devant sur son sujet et fait dire par M. le comte de Fiesque, et prendra, le plus qu'il jugera à propos, plan, en cas qu'il y ayt apparance à l'affaire cy-dessus, qui m'a esté proposée, disant adroictement ce qu'il y a de bon de luy.

» Il sollicitera l'effect de la pension de M. le président Viole, et de celle de Caillet, mon secrétaire; et pour les autres personnes qu'il sçait, il parlera de la manière que je luy ai dit.

» Remettra sur le tapis l'affaire par luy commencée pendant qu'il estoit à Madrid, avec M. don Louis, sur ce qu'il ne me donne point d'Altesse, remonstrant qu'il en donne à M. de Lorraine, à M. l'archiduc, aux Electeurs, et à M. don Juan; et moy en estant traicté de tous les rois, je ne puis plus souffrir que celui d'Espagne ne m'en traite pas.

» Ils en donnent encore aux fils d'Angleterre, qui ne succèdent pas au préjudice des filles.

» De mesme négociera avec le Roy par les raisons cy-dessus, et ne parlera de ce dernier article qu'après le reste conclu.

» Finalement, verra avec M. le comte de Fiesque, les moiens de faire prendre de promptes et favorables résolutions sur les affaires dont ledit sieur Lenet est chargé, affin qu'il ne demeure en son voiage que le moins qu'il pourra, et qu'il puisse estre de retour auprès de moy pour le mois de septembre prochain, ou tout au plus tard pour celuy d'octobre, qui est le temps que j'auray besoin de luy pour agir dans mes affaires auprès des ministres de deçà, particulièrement pour y faire régler les quartiers d'hiver pour mes trouppes.

» Fait à Bruxelles, ce 28 may 1658.

» LOUIS DE BOURBON. »

Les négociations s'ouvrirent entre la France et l'Espagne, mais les affaires du prince de Condé ne se traitaient qu'avec de grandes difficultés, et il eût été sacrifié à la haine de Mazarin sans les résolutions de don Louis de Haro, qui menaçait de lui donner un établissement en Flandre, avec plusieurs places fortes.

Au mois de mai 1659, le prince envoya aussi son secrétaire Caillet à Madrid, pour deffendre ses intérêts et ceux de ses partisans. Il lui remit les instructions suivantes :

Instruction pour le sieur Caillet, allant en Espagne.

« Premièrement, il entretiendra M. Lenet de ma part sur toutes les lettres qu'il m'a escriptes, depuis celle du 19 febvrier jusques à celle du 15 avril, luy confirmera en gros mes sentimens, selon que je les ay fait cognoistre audit sieur Lenet, par la réponse que j'ay faicte à la lettre de Dudart, touchant mon restablissement en France et celuy de mes amis, et sur la récompense que Sa Majesté Catholique m'offre, en cas que la France ne me veuille pas restituer tout ce qui m'appartient, et luy fera entendre toutes les raisons que je luy en ay dit, qui peuvent n'estre pas comprises dans ma response.

» Il s'expliquera de ma part audit sieur Lenet et mesme à M. don Louis, s'il est besoin, sur la nature de cette récompense, qui consiste à me faire gouverneur des Pays-Bas et à me donner en souveraineté les places de Charlemont, Philippeville et Mariembourg.

» Pour le gouvernement des Pays-Bas, il faudra faire voir que c'est un employ qui ne me convient point, par toutes les raisons que j'ay mandées à M. Lenet et dites plus particulièrement audit sieur Caillet, sans néantmoins tesmoigner que j'aye aucun mespris pour cet employ, qu'au contraire je l'accepterois avec joye comme une marque particulière de la confiance que le Roy et M. don Louis ont en moi, si je n'y voyois les difficultés dont je me suis expliqué audit sieur Caillet et qu'il faudra faire considérer en temps et lieu, observant tousjours de ne rien dire qui puisse faire croire que je tiens cet employ au-dessoubs de moy, mais faisant toutes choses possibles pour persuader qu'on me donne une autre récompense à la place de celle-là.

» Pour Charlemont, Philippeville et Mariembourg, il faut déclarer tout net que je n'en veux point, par toutes les raisons que j'ay mandées à M. Lenet et que j'ay dites plus particulièrement au sieur Caillet pour les luy faire entendre; que je ne veux point non plus d'autres establissemens de cette nature qui me seroient plus ruineux que profitables, et dont Sa Majesté Catholique ne tireroit aucun advantage de me les avoir donnés; il m'en faut donc un qui me rende un souverain indépendant, par le moyen de quoy je me trouve en estat de pouvoir accepter le gouvernement des Pays-Bas, ou tel autre employ qu'il plairoit à Sa Majesté Catholique de me mettre entre les mains, et risquer pour cela tous les biens que j'ay en France, ce que je ne pourrois hasarder, n'ayant que de petites récompenses.

» Pour cela, il ne faudra pas faire difficulté de dire que ce qui m'accommoderoit le mieux est la Franche-Comté en souveraineté, avec les mêmes droits que Sa Majesté Catholique la possède, selon que je l'ay mandé à M. Lenet; faut représenter le peu d'advantage que ce pays-là rapporte au Roy et le peu d'argent qu'il en tire, qui n'est pas même suffisant pour entretenir les places qui y sont, qui est un pays détaché des autres estats de Sa Majesté Catholique, qu'elle ne peut jamais le secourir, et qui, dans les plus grandes guerres que l'Espagne ait jamais eues, ne lui a esté d'aucune utilité, qu'au contraire la France en a tiré du secours par les sommes d'argent que le pays a esté contrainct de me donner pour se mettre en neutralité; faut représenter que c'est un pays qui pourra servir de retraite à tous les mécontens de France, et que, par toutes sortes de raisons, il sera bien plus utile à l'Espagne entre mes mains, que dans celles de Sa Majesté Catholique; l'on insistera là-dessus tant qu'on pourra, comme la seule chose qui me puisse accommoder dans tous les états du Roy, ce qui incommodera le moins Sa Majesté Catholique. Si l'affaire se faict, il faudra bien examiner si personne n'y a d'intérêt, comme quelqu'archiduc ou d'autres princes, pour faire la chose avec plus de seureté de tous costés.

» S'il n'y a pas moyen d'obtenir la Franche-Comté, et que les difficultés qu'on y pourroit faire fussent si grandes qu'on ne les pust surmonter, il faudra en ce cas laisser parler don Louis sans luy rien proposer, et voir quelles seront les autres récompenses qu'il offrira, affin qu'on soit en estat de les accepter ou de les refuser, selon qu'il sera de mon advantage et de mon intérest.

» Que si M. don Louis venoit à m'offrir Cambray au lieu de la Franche-Comté, après y avoir faict difficulté, jusques à ce qu'il n'y ayt plus d'espérance pour la Franche-Comté, on pourra l'accepter, pourveu toutefois que Sa Majesté Catholique ayt pouvoir d'en disposer sans que l'évesque s'y opposast ni que l'Empire et le Saint-Siége y prissent intérest : sur quoy il faudra examiner de près le droit de Sa Majesté, et, en ce cas, faire comprendre dans la donation de Cambray tout ce qui dépend du Cambrésis, et tascher d'y faire joindre le Catelest ou en obtenir la démolition, et offrir pour cela de donner, s'il est besoin, Linchamp, qui est une place qui doit estre rendue à M. de Saint-Estienne ou qui ne doit

estre conservée, et laquelle Sa Majesté Catholique n'a pas droict de comprendre parmi celles qu'elle veut rendre à la France, puisque je ne la tiens point de Sadite Majesté et qu'elle est encore entre mes mains, et à condition aussy qu'on obtiendra pour mon fils quelques establissemens en France de ceux qu'on me veut retenir, comme le gouvernement de Berry ou quelqu'autre place, avec la charge de grand-maître, faisant considérer que Cambray est un établissement pour moi beaucoup moindre que celui de la Franche-Comté.

» Que si ledit sieur don Louis ne veut entendre ni à la Franche-Comté ni à Cambray, comme je ne puis prévoir ce qu'il aura à m'offrir, aussi ne puis-je en dire mes sentimens par advance; il faudra donc l'écouter, et je ne crois pas qu'il soit malaisé de voir si ce qu'il proposera sera chose recevable ou non; si elle l'est, il faudra, s'il est possible, que Caillet me la vienne proposer lui-mesme; et en ce cas, qu'il reçoive les offres de la propre bouche de M. don Louis, et qu'on tire parole de lui qu'il ne conclura rien jusques à son retour, où jusqu'à ce que j'en aye mandé mes sentimens à M. Lenet; et si l'offre n'est pas recevable, il la faudra rejeter sans se charger de me la proposer; et s'il arrivoit qu'elle fust si advantageuse qu'on sçeust asurément qu'elle me deust satisfaire, ce que je remets au jugement desdits sieurs Lenet et Caillet, et à ce que de concert ils en croiront, on pourra l'accepter sans attendre mes ordres et ne laisser pas de m'en donner advis par quelqu'un qu'on me despeschera.

» Si l'on me veut donner la Franche-Comté pour récompense, et que pour cela il me faille renoncer à mes gouvernemens et à toutes les places que j'ay eues en France, j'y consentiray, pourveu néanmoins que mon fils y retourne jouir de mes biens et de ma charge de grand-maistre; car comme cette charge est une charge de la couronne qu'on ne peust jamais oster pendant la vie de celuy qui la possède, à moins de lui faire son procès et d'estre déclaré criminel, aussy ne consentiray-je jamais qu'on me l'oste, ni n'en donnerai-je jamais ma démission que pour mon fils, si ce n'est qu'on m'offre en échange quelque chose de grand et de considérable en France, auquel cas peult-estre ne ferois-je pas difficulté de m'en deffaire. Il n'en est pas de mesme des gouvernemens : le Roy les peut oster quand bon luy semble, qui est pourtant une chose contre l'usage immémorial; mais pour les charges de la couronne, on ne les perd jamais qu'avec la vie.

» Si la récompense consistoit seulement à Cambray et au Cambrésis, comme elle seroit beaucoup moindre que celle de la Franche-Comté, il ne la faudra accepter que de la manière que je l'ay dit cy-dessus.

» Bien entendu, néantmoins, qu'on n'acceptera aucun restablissement pour moy en France ni de récompense de la part de l'Espagne, qu'on ne soit démeuré d'accord auparavant que mes amis soient restablis dans tous leurs biens et reveuns, honneurs, dignitez, charges, gouvernemens et places; car sans cela je ne veux entendre à rien : c'est le point principal auquel je ne veux point manquer pour quoy que ce soit au monde, estant obligé d'avoir soing de leurs intérests plus que des miens propres : aussy préférai-je (s'il m'y faut résoudre) de n'avoir rien, pourveu qu'ils soient contens, que de m'establir en les abandonnant.

» Pour en venir au détail de ceux qui ont des charges et gouvernemens,

» Il faut savoir :

» Que M. le marquis de Persan a un vieux régiment d'infanterie et la charge de lieutenant de roy de Berry, qui lui doibvent estre rendus;

» M. le comte de Coligny, celle de bailly du Charolois et de gouverneur d'Authun (1); M. le comte de la Suse, le gouvernement de Béfort; M. le comte de Guitanel, celuy des isles; M. Dumont, la charge de lieutenant de roy de Saumur; M. le président Viole, celle de conseiller au parlement de Paris et de président aux enquestes; M. de Chenailles, celle de conseiller au parlement de Paris; M. de Trencas, celle de conseiller au parlement de Bordeaux; M. Lenet, celle de conseiller d'Estat ordinaire.

» Pour M. le comte de Marchin, son intérest consistant en deux choses : l'une, en de certaines sommes d'argent qui lui estoient deues par le Roy avant le commencement de la guerre; l'autre, en des prétentions, il escrit de tout cela à M. Lenet, par une lettre dont le sieur Caillet est porteur. Pour l'argent, comme c'est une debte légitime et qui ne reçoit point de difficulté, il faudra obtenir qu'il en puisse estre payé; et pour ses prétentions, il faudra l'y servir et faire tout ce qu'on pourra pour sa satisfaction, mais ne pas rompre la paix là-dessus.

» Pour M. le marquis de Persan, messieurs les comtes de Coligny et de Guitaud, je ne prévois aucune difficulté pour leur restablissement dans leurs charges et gouvernemens; aussi ne s'en faudra-il pas relascher.

» Pour le gouvernement de Béfort, il pourroit bien s'y en rencontrer quelqu'une, parce qu'il est entre les mains de M. le cardinal Mazarin et qu'il a grande envie de le garder pour luy; mais il faut insister autant qu'on pourra pour le faire rendre à M. le comte de La Suse. Je parle seulement du gouvernement, car, pour la propriété et jouissance de la terre et de tous les revenus en dépendans, cela est sans difficulté, faisans partie de ses biens et revenus qui luy doivent estre rendus, comme à tous ceux de mon party; c'est une chose que j'ay tant à cœur, que si l'on vouloit me donner quelque place en France pour me désister de cette poursuyte, aymant mieux ne rien avoir du tout que d'avoir quelque chose aux despens de mes amys, il n'en faut point accepter, de telle importance qu'elle pust estre ; c'est un reproche que je ne veux pas qui me soit jamais faict.

» Pour la charge de lieutenant de Roy de Saumur, il faut ne rien ometttre pour tascher à la conserver à M. Dumont; mais la chose ne se pouvant, il en faut tirer récompense pour luy en argent.

» Pour MM. Viole, de Trencas et Chenailles, il faut aussy insister pour leurs rétablissemens en leurs charges et ne s'en point relascher, particulièrement sur celles de MM. Viole et de Trencas : à quoy il n'y doit point avoir de difficultés, y ayant des exemples de cela en la personne de M. Le Cogueux, qui avoit suivi M. le duc d'Orléans, et en celle de M. Lejay, qui avoit suyvy feu M. mon père, et qui ne laissèrent pas de rentrer dans leurs charges dans le parlement de Paris, comme ils estoient auparavant.

Quant à M. de Chenailles, je croy qu'il y aura plus de peine d'obtenir son restablissement dans sa charge, à cause qu'il a esté condamné par sa propre compagnie, pour une affaire dans Paris depuis que je suis hors de France, et que ce n'est pas par contumace qu'il a esté condamné comme d'autres l'ont esté; il y faut néanmoins insister, mais sans opiniâtreté; et si cela ne se peut, il faut obtenir qu'on le desdommage en argent, et outre cela le faire rétablir dans ses biens, comme tous les autres, et dans les honneurs, en sorte qu'il soit en estat de pouvoir posséder des charges comme il estoit auparavant, sans qu'on se puisse prévaloir de l'arrest qui a été rendu contre luy pour le traicter différemment de tous les autres.

» Il faut ausi que M. Lenet puisse rentrer dans le conseil du Roy et exercer sa charge de

---

(1) Les bonnes intentions du prince en faveur de ce Coligny n'étaient rien moins que méritées par ce personnage. On sait en quels termes méprisans et irrespectueux il parle du prince de Condé dans une note écrite sur les marges d'un rituel, et qu'on a pompeusement qualifié du titre de *Mémoires*.

conseiller d'Etat ordinaire, comme il faisoit avant ces mouvemens.

Pour Hesdin, c'est un poinct sur lequel il ne faut point se relâcher et sur quoi il faut faire donner satisfaction aux gouvernans, comme l'on est obligé, par le traité que M. le comte de Grammont a signé, par ordre de M. don Juan et au nom de Sa Majesté Catholique, et que je n'ay signé qu'en suite de la prière que mondit sieur don Juan m'en a faicte; aussy, est-ce à Sadite Majesté à leur en donner récompense au cas que le gouvernement ne leur puisse demeurer: c'est une affaire d'honneur à laquelle je suis engagée et à quoy je ne veux pas manquer; et si, par le traité de paix, cette place vient à retourner à la France, et que l'on veuille se servir de ce prétexte pour dire que Sa Majesté Catholique ne doit pas estre chargée de la récompense, il faut faire considérer que, quoique ladite place ne demeure pas à l'Espagne, elle ne laisse pas de servir à Sadite Majesté Catholique pour en retirer quelqu'une de celles qu'on luy rend en Flandres, sans quoy on pourroit luy en rendre moins; qu'ainsi c'est Sadite Majesté qui doit estre chargée de la récompense; et comme on est obligé par le traicté de donner une ou plusieurs terres en ce païs, de la valeur de huict mil escus de revenu, il faut envoyer des ordres si précis et en si bonne forme, que la chose ne reçoive ni réplique ny difficulté, et qu'elle se puisse achever pendant que je seray icy; autrement, ces Messieurs seroient long-temps sur le pavé de Bruxelles à sollicitter cette affaire; à quoi ils employeront beaucoup de temps, et peult-estre n'en viendront-ils jamais à bout.

Que si Sa Majesté Catholique ne me peut donner de récompense qui me satisfasse, et que M. don Louis offre de rompre la paix sur mes intérests, il faudra luy faire entendre que je ne veux pas que ma considération fasse manquer au Roy une chose de cette importance: ce qui doit procurer un si grand advantage à tous ses Etats, et qu'il vaut mieux, pour l'intérest de Sa Majesté et pour le mien, que je retourne en France, despouillé de tous mes establissemens, si je ne puis les ravoir ni en obtenir un considérable de Sa Majesté Catholique, espérant qu'avec le temps je pourray trouver occasion de rentrer dans ce que je perds par le moyen de l'Infante, et que je pourrai, secrettement et sans donner d'ombrage, y mesnager mes habitudes et faire quelque chose en me joignant avec ceux qui y pourroient estre mescontens; au lieu que, prenant une récompense de Sadite Majesté qui ne m'établisse pas puissamment, cela ne serviroit qu'à me rendre suspect à la cour, et à me faire faire tous les jours mille chicanes sur mon bien, en estant éloigné, à quoi je ne pourrois remédier; qu'ainsy il vaut mieux que je m'en retourne dans mes terres: ce que je ferai sans chagrin, et y demeureray bien plus content, attendant quelque changement dans le ministère, que si j'avois accepté un établissement médiocre. C'est une chose qu'il faut bien persuader à M. don Louis, et que j'aimerois mieux prendre le peu qui me restera, que de causer au Roy, par la continuation de la guerre, le moindre dommage à ses Etats, ny m'establir aux despens de Sa Majesté (qui peut-estre aura un jour occasion de faire quelque autre chose pour moy), affin qu'il ne croye pas que je sors d'avec eux mal satisfait, luy faisant espérer qu'estant en France je pourray encore quelque jour trouver des occasions de resservir Sa Majesté.

» Quant au million d'escus que le roi d'Espagne me veut donner, il faut faire en sorte que ce soit en argent comptant, comme aussy ce qu'on donnera à aucuns de mes amis pour récompense; que cela ne tire point en longueur, et que je sçache aussy le plus promptement qu'il se pourra ce que j'auray à devenir: car il faudra dès le lendemain que les choses seront ajustées, et que l'amnistie sera publiée, que je prenne mon party de façon ou d'autre, soit pour aller dans l'establissement que Sa Majesté Catholique m'aura donné, s'il m'est convenable, soit pour m'en retourner en France, ou revestu ou dépouillé de tous les establissemens que j'y ay. C'est pourquoy il faudra despescher diligemment pour me donner part des résolutions qu'on aura prises là-dessus; car la paix estant faite et l'amnistie publiée, si je restois icy pour attendre la résolution de Sa Majesté Catholique sur mon sujet, cela diminueroit beaucoup de la bonne grâce avec laquelle je veux faire ce sacrifice de mes intérêts pour un bien si universel, et rabattroit fort de l'éclat et du mérite de cette action.

» Il faudra establir une liaison secrette et fort estroicte entre l'Infante et moy, comme M. Lenet y a desjà travaillé et donné de bons commencemens.

» Faut dire à M. Lenet que je m'estonne un peu de ce qu'on ne m'a point mandé ce que la France offroit de me rendre et à mes amis; que cela me met en peine, et que c'est ce qui est cause que je ne sçaurois faire de response déterminée là-dessus.

» Faict à Bruxelles, le 11 may 1659.

» Louis de Bourbon.

» Que si l'on me donne la Franche-Comté avec tous les revenus et les places qui en dépendent, sans aucune réserve, au mesme total que le Roy la possède présentement, et que j'en puisse jouir en toute souveraineté, sans qu'il y pust avoir d'obstacle ny d'embarras de quelque part que ce soit, et que pour cela on soit obligé de laisser ma charge de grand-maître, je pourrois bien me résoudre à l'accepter de cette façon-là, et ne presser pas qu'on me rende ma charge, pourveu néanmoins qu'on ne m'oblige point d'en donner ma démission, mais il ne le faut faire que dans l'extrémité.

» Louis de Bourbon. »

La paix générale fut signée le 7 novembre 1659 : c'est le traité des Pyrénées. L'infante d'Espagne était promise au roi Louis XIV ; le prince de Condé écrivit en ces termes à la future Reine de France :

« Madame, estant ce que j'ay l'honneur d'estre en France, je me sens obligé de prendre part plus que personne à la joie que tous les François doivent avoir du mariage de Vostre Altesse Royale avec le Roy, comme du plus grand bonheur dont le ciel les pouvoit jamais combler, et aiant d'ailleurs les obligations que j'ay à Sa Majesté Catholique, je ne puis, Madame, que je ne m'en réjouisse aussi avec Vostre Altesse Royale ; je la supplie de croire que, comme j'ay tousjours eu de l'admiration pour ses qualités incomparables, je ne me sens pas de joie de voir que la France doit avoir pour Royne une princesse de sa naissance et de sa vertu ; il me tarde, Madame, que je ne sois en estat d'aler rendre mes devoirs à Vostre Altesse Royale, et que je ne l'asseure moy-mesme de la vénération que j'ay pour sa personne, et de la passion avec laquelle je seray toute ma vie, Madame, de Vostre Altesse Royale, très-humble et très-obéissant serviteur,

» Louis de Bourbon. »

Par une déclaration spéciale, le prince adhéra expressément à ce traité, pour lui et ses partisans ; cette déclaration est ainsi conçue :

» Nous, Louis de Bourbon, prince de Condé, premier prince du sang, etc., ayant veu ce qui a esté convenu à notre égard, et à l'égard des personnes qui nous ont suivi et servi avant et depuis notre retraite du royaume, entre les plénipotentiaires du Roy, notre souverain seigneur, et celui de Sa Majesté Catholique, dans le traité depuis conclu par eux aux frontières des Pyrénées, et signé le 7 de ce mois, reconnoissons que nous nous sommes soubmis et soubmettons autant qu'en nous est, à l'exécution de ce qui est porté dans ledit traicté, tant à notre égard qu'à l'égard de ceux qui nous ont suivi et servi. Nous déclarons aussi, que nous nous départons sincèrement et renonçons de bonne foy au traicté que nous avons fait avec Sa Majesté Catholique, et à tous autres traictés que nous pourrions avoir faits avec d'autres personnes telles qu'elles puissent estre, tant dedans que dehors le royaume, et nous promettons au Roy de ne prendre ni recevoir en aucun temps à venir, de pas un roy ni potentat étranger, aucune pension, établissement, ni bienfait qui nous oblige à avoir dépendance d'eux, ni attachement à aucun autre roy ou potentat que Sa Majesté. Nous soubmettons, en cas que nous vinssions à manquer à ce que dessus, de déchoir dès-lors du restablissement qui nous est accordé par le traicté de paix susdit.

» En foy de quoy nous avons signé le présent escrit.

» Fait à Bruxelles, le 26 novembre 1659. »

Le Roi donna une ordonnance d'abolition pleine et entière en faveur du prince et de ceux qui l'avaient servi et assisté. Enfin le prince de Condé écrivit au cardinal Mazarin la lettre suivante :

A Monsieur le cardinal Mazarin.

« Monsieur, aussytost que j'ay receu les ordres de Sa Majesté, que vous avez chargé M. de Guitaut de m'apporter, j'ay travaillé à mettre les trois régimens de cavalerie et les trois d'infanterie en estat de ne pas estre indignes du service du Roy ; mais comme il s'est rencontré quelque difficulté du costé de M. le marquis de Caracène, j'ay cru vous devoir despescher ce courrier en toute diligence pour vous en avertir et vous demander le remède......

» Cependant j'espère partir d'icy lundi prochain et passer par Coulomiers, où je verray M. et madame de Longueville, et de là suivrai le chemin que vous avez fait à M. de Guitaut. Je meurs d'impatience d'avoir l'honneur de voir Sa Majesté et l'asseurer que je reviens dans l'intention de lui rendre les services ausquels ma naissance et mon devoir m'obligent.

» Pour vous, Monsieur, j'espère que, quand je vous auray entretenu une heure, vous serez bien persuadé que je veux estre vostre serviteur. Je pense que vous voudrez bien aussy m'aimer, et que vous me ferez la grace de croire que je suis vostre très affectionné serviteur,

» LOUIS DE BOURBON.

» A Bruxelles, ce 24 décembre 1659. »

Ainsi la fortune du Mazarini, issu de la plus basse extraction, l'éleva au-dessus même d'un prince du sang royal de France, de ce prince qui fut nommé par l'histoire le GRAND CONDÉ.

FIN DES MÉMOIRES INÉDITS DE PIERRE LENET.

ERRATA.

Premier titre, page 183, ligne 4e, *au lieu de* 1627, *lisez* : **1621**, ainsi que dans la Notice.
Troisième titre, page 495, ligne 9, *au lieu de* 1621—1643, *lisez* : **1643—1649**.

www.ingramcontent.com/pod-product-compliance
Lightning Source LLC
Chambersburg PA
CBHW071201230426
43668CB00009B/1035